第一次世界大戦
平和に終止符を打った戦争

マーガレット・マクミラン 著
真壁広道 訳
滝田賢治 監修

The War That Ended Peace

Margaret Macmillan

えにし書房

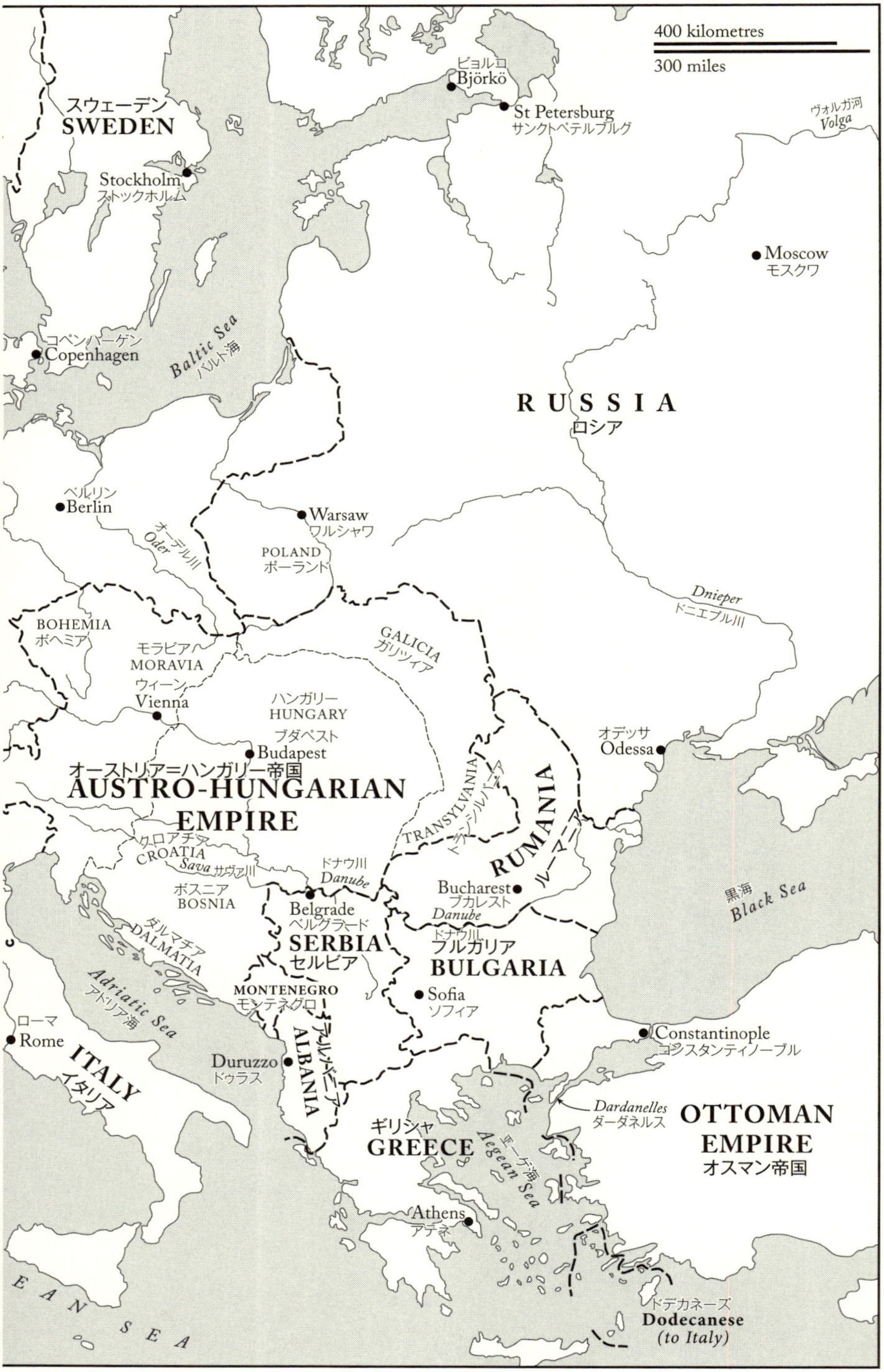
400 kilometres
300 miles
ビヨルコ
Björkö
St Petersburg
サンクトペテルブルグ
ヴォルガ河
Volga
スウェーデン
SWEDEN
Stockholm
ストックホルム
Moscow
モスクワ
コペンハーゲン
Copenhagen
Baltic Sea
バルト海
RUSSIA
ロシア
ベルリン
Berlin
Warsaw
ワルシャワ
オーデル川
Oder
POLAND
ポーランド
Dnieper
ドニエプル川
BOHEMIA
ボヘミア
GALICIA
ガリツィア
モラビア
MORAVIA
ウィーン
Vienna
ハンガリー
HUNGARY
ブダペスト
Budapest
オデッサ
Odessa
オーストリア＝ハンガリー帝国
AUSTRO-HUNGARIAN
EMPIRE
TRANSYLVANIA
トランシルバニア
RUMANIA
ルーマニア
クロアチア
CROATIA
Sava
サヴァ川
ドナウ川
Danube
ボスニア
BOSNIA
Bucharest
ブカレスト
黒海
Black Sea
Belgrade
ベルグラード
Danube
ドナウ川
ダルマチア
DALMATIA
SERBIA
セルビア
ブルガリア
BULGARIA
Adriatic Sea
アドリア海
MONTENEGRO
モンテネグロ
Sofia
ソフィア
ローマ
Rome
ALBANIA
アルバニア
Constantinople
コンスタンティノープル
ITALY
イタリア
Duruzzo
ドゥラス
Dardanelles
ダーダネルス
ギリシャ
GREECE
Aegean Sea
エーゲ海
OTTOMAN
EMPIRE
オスマン帝国
Athens
アテネ
EAN SEA
ドデカネーズ
Dodecanese
(to Italy)

Europe, 1914
ヨーロッパ 1914年
ATLANTIC OCEAN
大西洋
NORWAY
ノルウェー
Christiania
クリスティアニア
スカパ フロー
Scapa Flow
スコットランド
SCOTLAND
Edinburgh
エディンバラ
North
Sea
北海
アルスター
Ulster
UNITED KINGDOM
イギリス
ダブリン
Dublin
IRELAND
アイルランド
ウェールズ
WALES
ENGLAND
イングランド
キール運河
Kiel
Canal
ヘリゴランド
Heligoland
キール
Kiel
Elbe
エルベ川
アムステルダム
Amsterdam
ロンドン
London
Solent
ソレント
Portsmouth
ポーツマス
Isle of Wight
ワイト島
GERMAN
EMPIRE
ドイツ帝国
Brussels
ブリュッセル
ライン川
Rhine
パリ
Paris
Seine
セーヌ川
LUX.
ルクセンブルク
ドナウ川
Danube
ロワーヌ川
Loire
ソーヌ川
Saône
スイス
SWITZ.
Berne
ベルン
FRANCE
フランス
ガロンヌ川
Garonne
Rhône
ローヌ川
Po
ポー川
ドウロ川
Duero
Ebro
エブロ川
マドリッド
Madrid
リスボン
Lisbon
タホ川
Tagus
PORTUGAL
ポルトガル
Guadiana
グゥアディアナ川
SPAIN
スペイン
地中海
MEDITERRAN
Tangier
タンジール
フランス領北アフリカ
FRENCH NORTH AFRICA

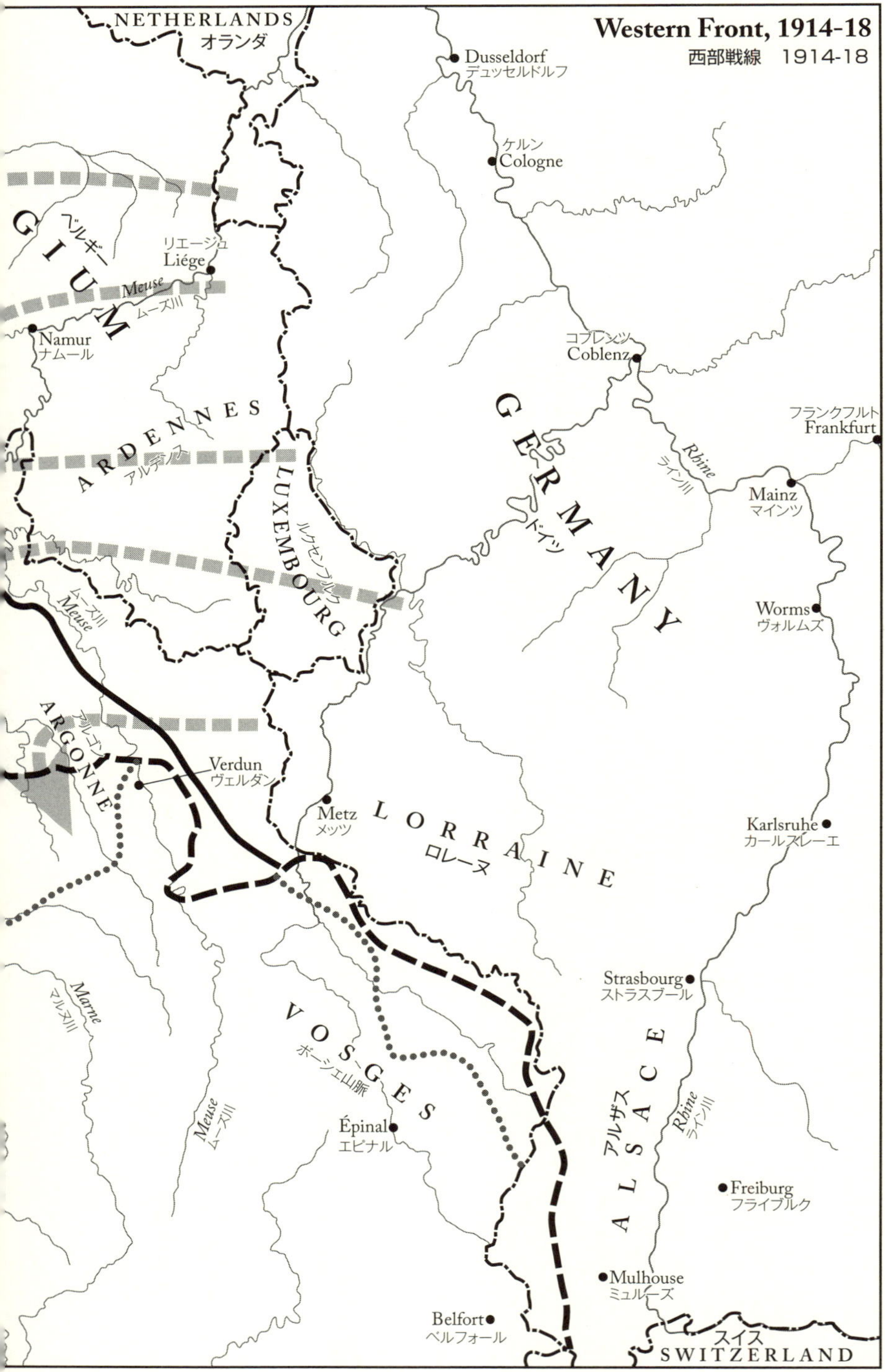
Western Front, 1914-18
西部戦線　1914-18
NETHERLANDS
オランダ
BELGIUM
ベルギー
Dusseldorf
デュッセルドルフ
ケルン
Cologne
リエージュ
Liége
Meuse
ムーズ川
Namur
ナムール
コブレンツ
Coblenz
GERMANY
ドイツ
フランクフルト
Frankfurt
Rhine
ライン川
Mainz
マインツ
ARDENNES
アルデンヌ
LUXEMBOURG
ルクセンブルク
Worms
ヴォルムズ
ARGONNE
アルゴンヌ
Verdun
ヴェルダン
Metz
メッツ
LORRAINE
ロレーヌ
Karlsruhe
カールスルーエ
Strasbourg
ストラスブール
Marne
マルヌ川
VOSGES
ボージュ山脈
ALSACE
アルザス
Épinal
エピナル
Freiburg
フライブルク
Mulhouse
ミュルーズ
Belfort
ベルフォール
スイス
SWITZERLAND

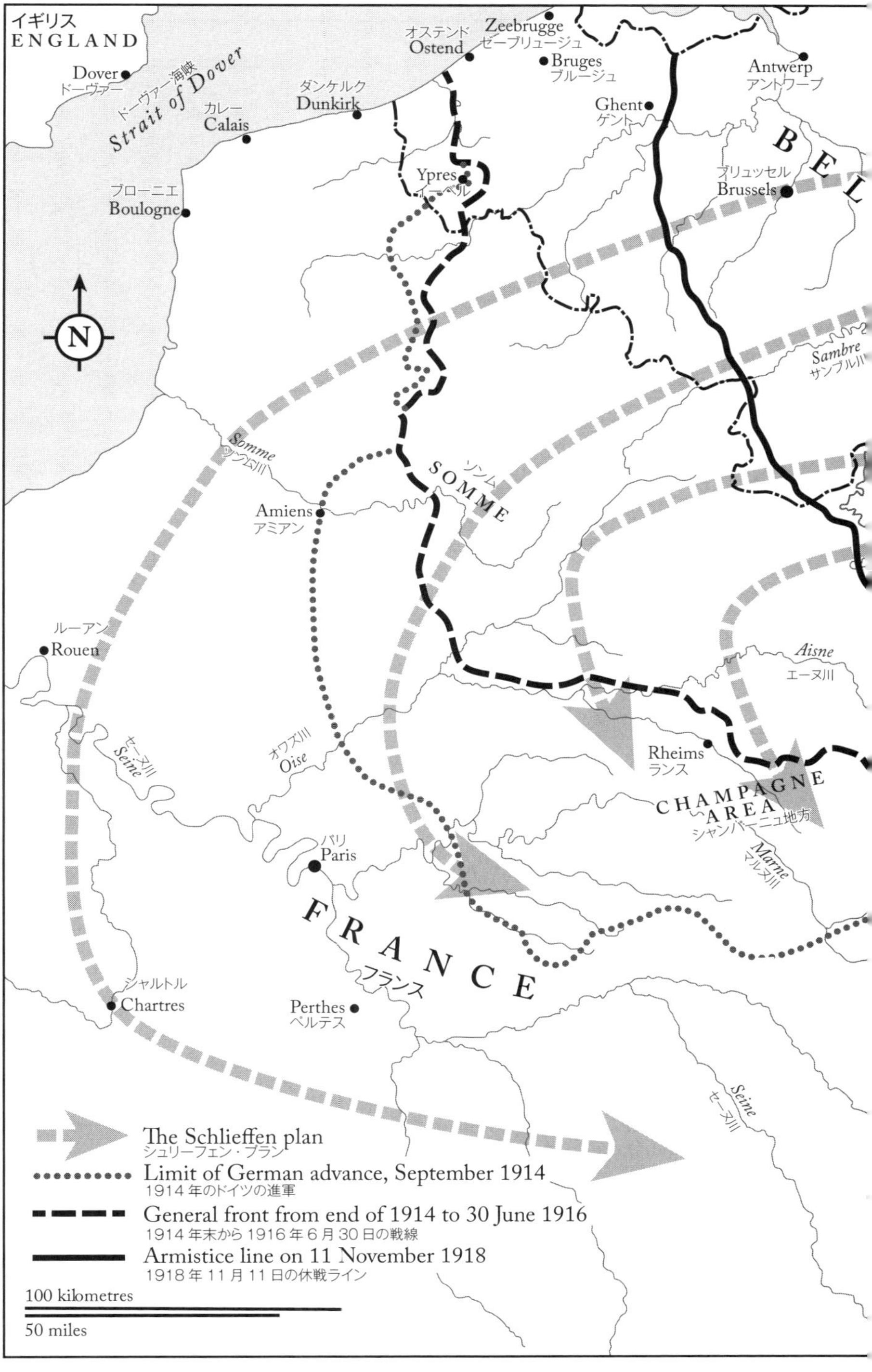
イギリス
ENGLAND
Dover
ドーヴァー
ドーヴァー海峡
Strait of Dover
カレー
Calais
ダンケルク
Dunkirk
オステンド
Ostend
Zeebrugge
ゼーブリュージュ
Bruges
ブルージュ
Ghent
ゲント
Antwerp
アントワープ
ブリュッセル
Brussels
BEL
Ypres
イーペル
ブローニエ
Boulogne
N
Sambre
サンブル川
Somme
ソンム川
ソンム
SOMME
Amiens
アミアン
ルーアン
Rouen
セーヌ川
Seine
オワズ川
Oise
Aisne
エーヌ川
Rheims
ランス
CHAMPAGNE AREA
シャンパーニュ地方
パリ
Paris
Marne
マルヌ川
FRANCE
フランス
シャルトル
Chartres
Perthes
ペルテス
Seine
セーヌ川
The Schlieffen plan
シュリーフェン・プラン
Limit of German advance, September 1914
1914 年のドイツの進軍
General front from end of 1914 to 30 June 1916
1914 年末から 1916 年 6 月 30 日の戦線
Armistice line on 11 November 1918
1918 年 11 月 11 日の休戦ライン
100 kilometres
50 miles

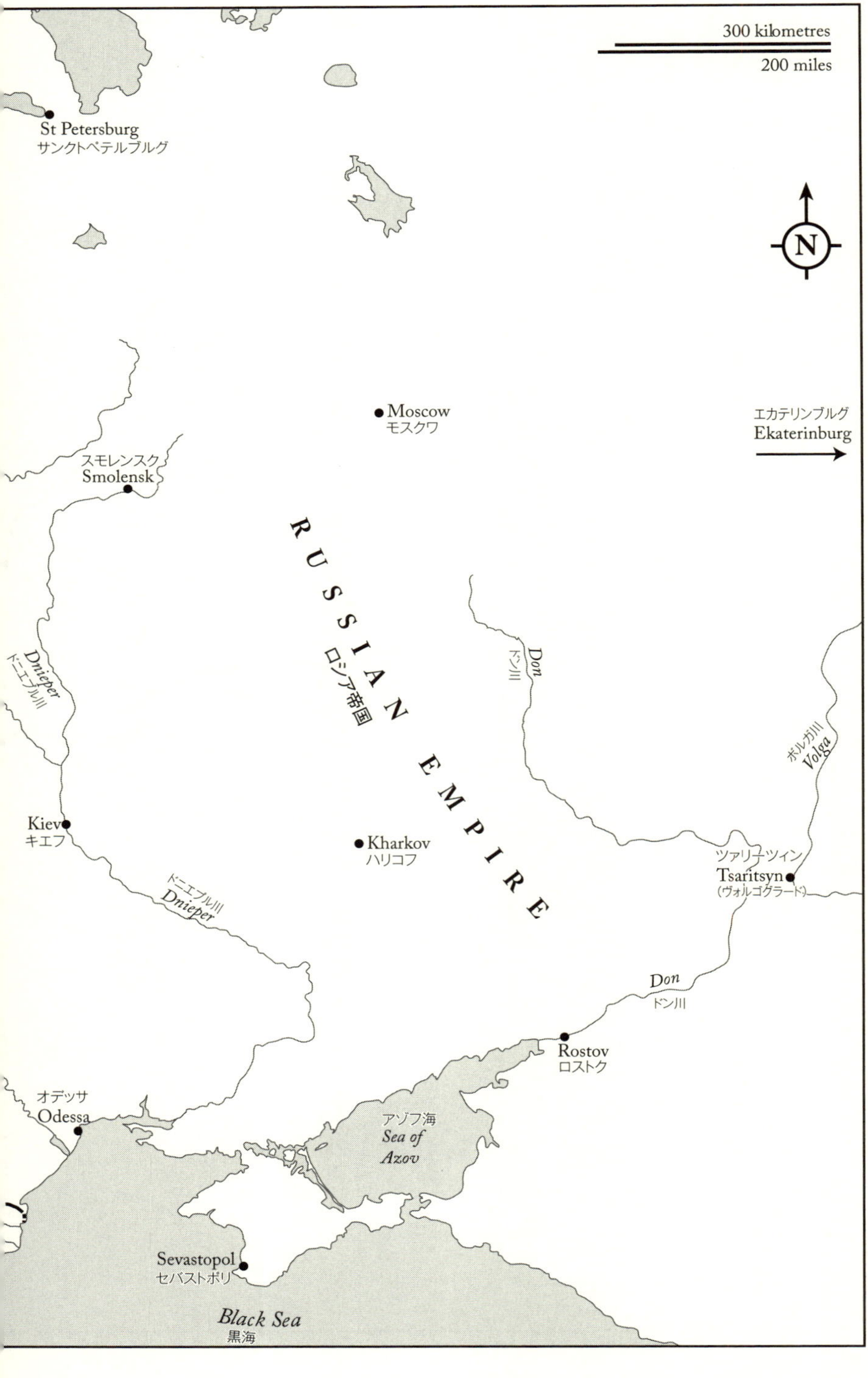
300 kilometres
200 miles
N
St Petersburg
サンクトペテルブルグ
Moscow
モスクワ
エカテリンブルグ
Ekaterinburg
スモレンスク
Smolensk
RUSSIAN EMPIRE
ロシア帝国
Dnieper
ドニエプル川
Don
ドン川
ボルガ川
Volga
Kiev
キエフ
Kharkov
ハリコフ
ツァリーツィン
Tsaritsyn
(ヴォルゴグラード)
ドニエプル川
Dnieper
Don
ドン川
Rostov
ロストク
オデッサ
Odessa
アゾフ海
Sea of Azov
Sevastopol
セバストポリ
Black Sea
黒海

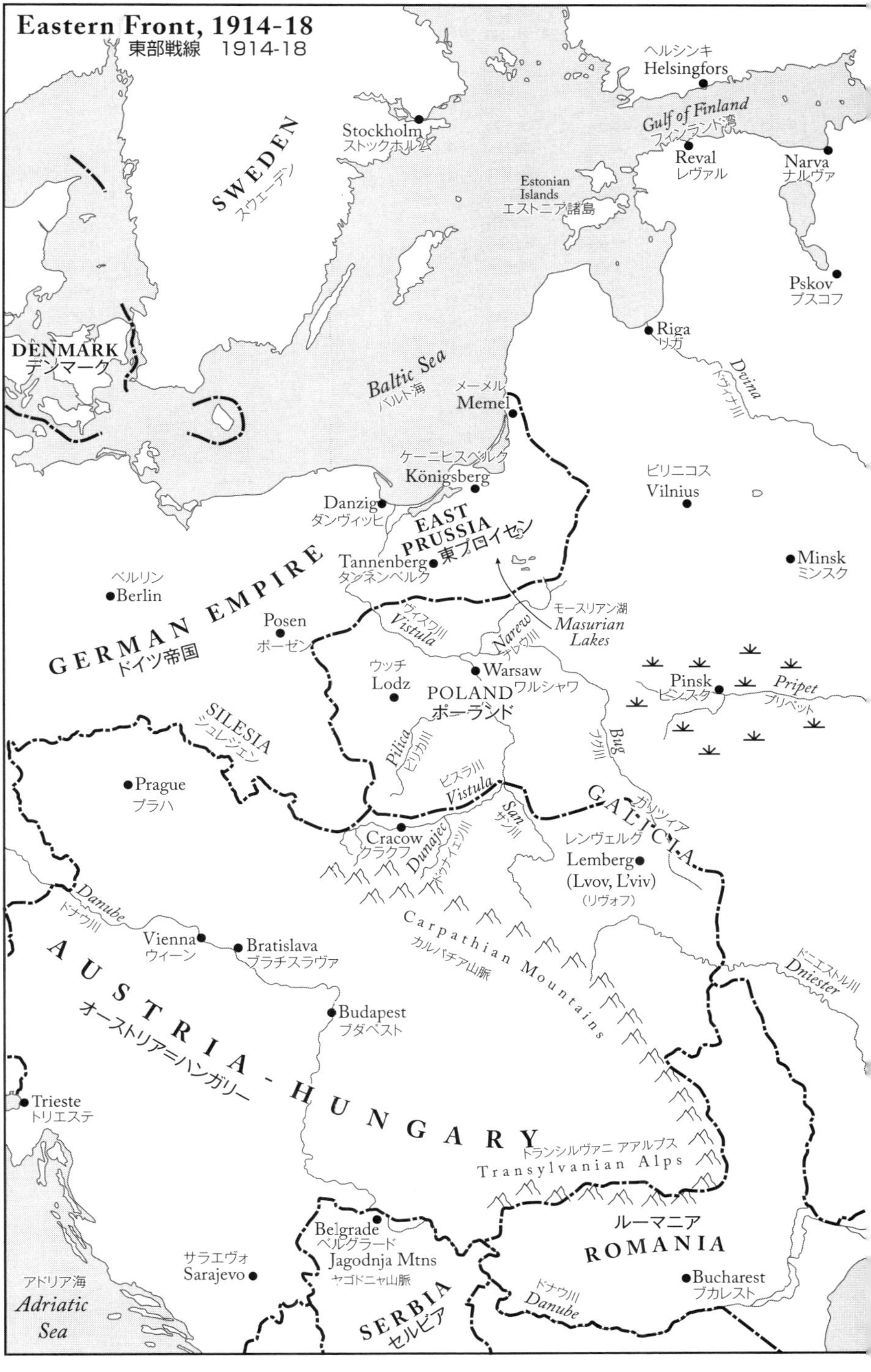
Eastern Front, 1914-18
東部戦線　1914-18
ヘルシンキ
Helsingfors
Gulf of Finland
フィンランド湾
Stockholm
ストックホルム
SWEDEN
スウェーデン
Reval
レヴァル
Narva
ナルヴァ
Estonian Islands
エストニア諸島
Pskov
プスコフ
Riga
リガ
DENMARK
デンマーク
Baltic Sea
バルト海
メーメル
Memel
Dvina
ドヴィナ川
ケーニヒスベルク
Königsberg
ビリニコス
Vilnius
Danzig
ダンヴィッヒ
EAST PRUSSIA
東プロイセン
Tannenberg
タンネンベルク
Minsk
ミンスク
ベルリン
Berlin
GERMAN EMPIRE
ドイツ帝国
Posen
ポーゼン
ヴィスワ川
Vistula
Narew
ナレウ川
モースリアン湖
Masurian Lakes
ウッチ
Lodz
Warsaw
ワルシャワ
POLAND
ポーランド
Pinsk
ピンスク
Pripet
プリペット
SILESIA
シュレジエン
Pilica
ピリカ川
Bug
ブグ川
Prague
プラハ
ビスラ川
Vistula
San
サン川
GALICIA
ガリツィア
Cracow
クラクフ
Dunajec
ドゥナイエツ川
レンヴェルグ
Lemberg
(Lvov, L'viv)
(リヴォフ)
Danube
ドナウ川
Vienna
ウィーン
Bratislava
ブラチスラヴァ
Carpathian Mountains
カルパチア山脈
ドニエストル川
Dniester
AUSTRIA-HUNGARY
オーストリア＝ハンガリー
Budapest
ブダペスト
Trieste
トリエステ
トランシルヴァニ アアルプス
Transylvanian Alps
Belgrade
ベルグラード
ルーマニア
ROMANIA
サラエヴォ
Sarajevo
Jagodnja Mtns
ヤゴドニャ山脈
Bucharest
ブカレスト
アドリア海
Adriatic Sea
ドナウ川
Danube
SERBIA
セルビア

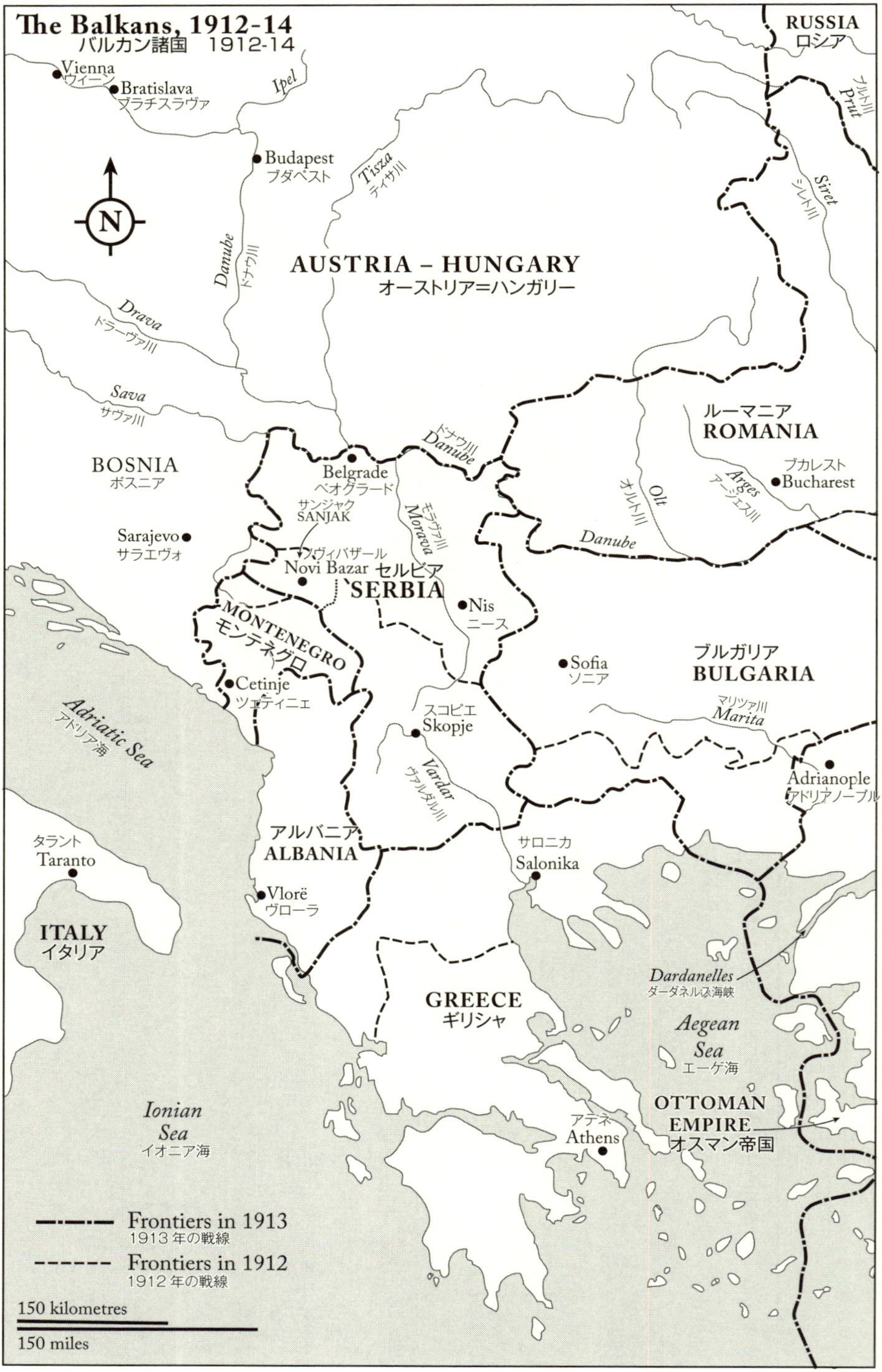

The Balkans, 1912-14
バルカン諸国　1912-14
RUSSIA
ロシア
Vienna
ウィーン
Bratislava
ブラチスラヴァ
Ipel
Prut
プルト川
Budapest
ブダペスト
Tisza
ティサ川
Siret
シレト川
N
Danube
ドナウ川
AUSTRIA – HUNGARY
オーストリア=ハンガリー
Drava
ドラーヴァ川
Sava
サヴァ川
ルーマニア
ROMANIA
BOSNIA
ボスニア
Belgrade
ベオグラード
Danube
ドナウ川
Arges
アージェス川
ブカレスト
Bucharest
Olt
オルト川
サンジャク
SANJAK
Morava
モラヴァ川
Sarajevo
サラエヴォ
Danube
ノヴィバザール
Novi Bazar
セルビア
SERBIA
Nis
ニース
MONTENEGRO
モンテネグロ
Sofia
ソニア
ブルガリア
BULGARIA
Cetinje
ツェティニェ
マリツァ川
Marita
スコピエ
Skopje
Adriatic Sea
アドリア海
Vardar
ヴァルダル川
Adrianople
アドリアノーブル
タラント
Taranto
アルバニア
ALBANIA
サロニカ
Salonika
Vlorë
ヴローラ
ITALY
イタリア
Dardanelles
ダーダネルス海峡
GREECE
ギリシャ
Aegean
Sea
エーゲ海
Ionian
Sea
イオニア海
OTTOMAN
EMPIRE
オスマン帝国
アテネ
Athens
Frontiers in 1913
1913年の戦線
Frontiers in 1912
1912年の戦線
150 kilometres
150 miles

相関図１（1900 年　パリ万国博覧会の頃）

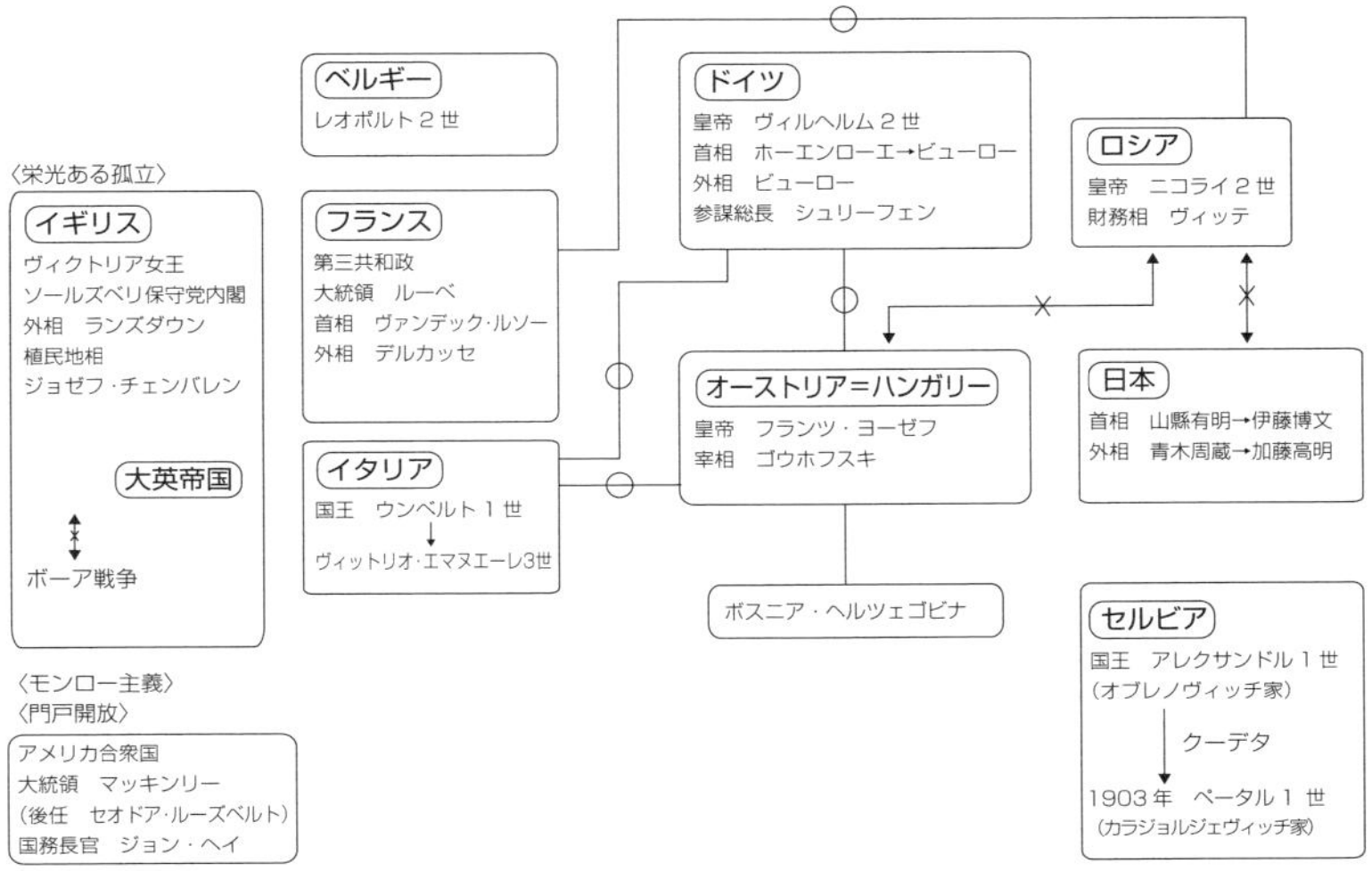

相関図２（1914 年　開戦前夜）

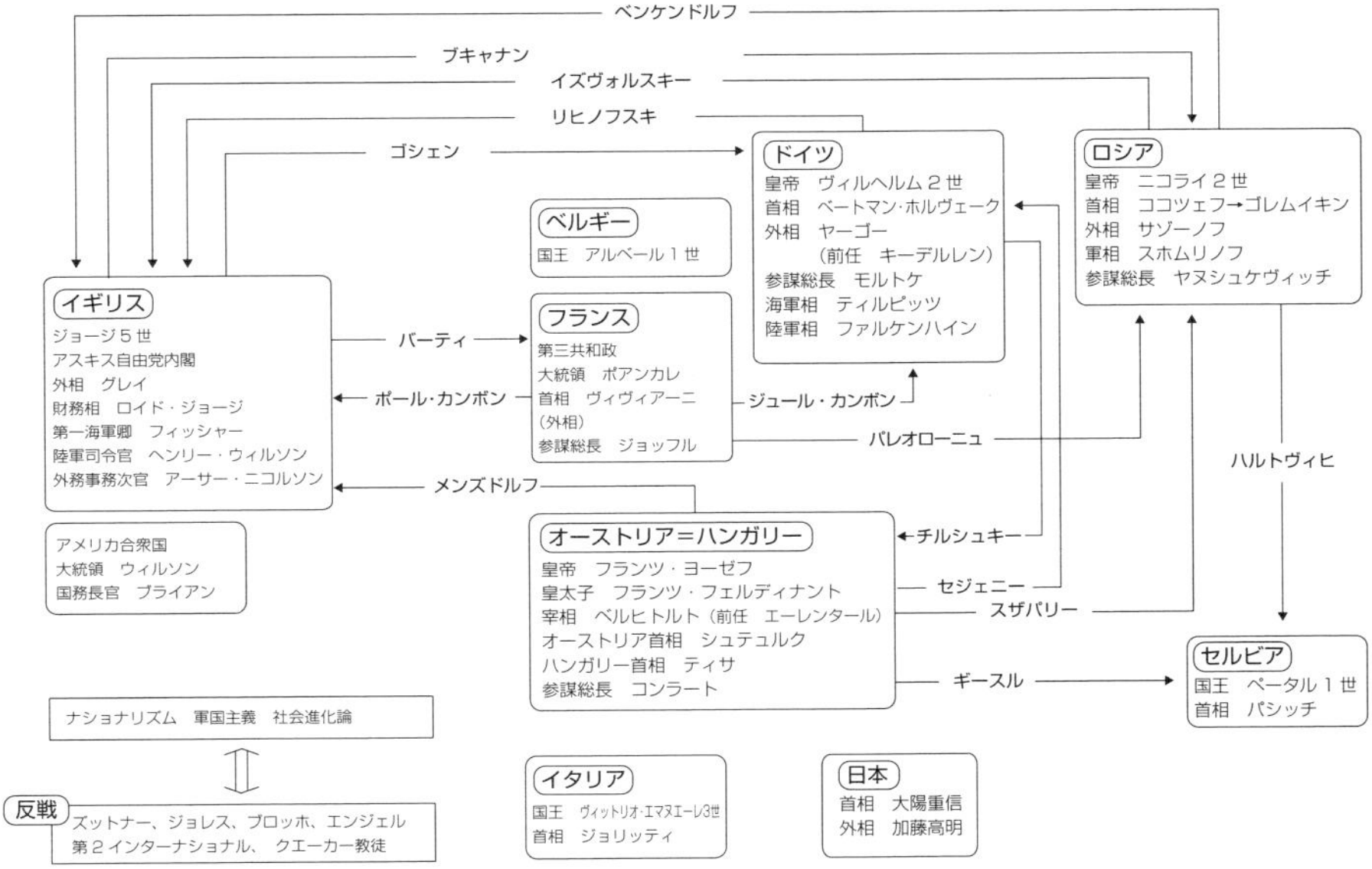

凡例　〔　〕内は訳者による注を示す。

アピス（ドラグーティン・ディミトリエヴィッチ）（1876-1917）……アピスはニックネーム。民族主義の秘密組織ブラック・ハンドのリーダー。サラエヴォ事件を画策した。

ガブリロ・プリンチプ（1894-1918）……ボスニア系セルビア人の民族主義者。オーストリア対抗負債を暗殺した。

《イタリア》

ウンベルト1世（1844-1900）……イタリア王〈在位 1878-1900〉。アナキストによりパレード中に暗殺された。

ヴィットリオ・エマヌエーレ3世（1869-1946）……イタリア王〈在位 1900-46〉。第2次世界大戦後亡命。

ジョバンニ・ジョリッティ（1842-1928）……イタリアの政治家。首相〈在任 1892-93、1903-05、1906-09、1911-13、1920-21〉。

アントニオ・ディ・サン・ジュリアーノ（1852-1914）……イタリアの外交官、政治家。外相〈在任 1905-06、1910-14〉。

《アメリカ合衆国》

ウィリアム・マッキンリー（1843-1901）……アメリカ大統領〈在任 1897-1901〉。共和党。1901 年に暗殺される。

セオドア・ルーズベルト（1858-1919）……マッキンリーの副大統領。大統領〈在任 1901-09〉。テディーの愛称で知られる。

ジョン・ヘイ（1838-1905）……マッキンリー、セオドア・ルーズベルトの下で国務長官〈在任 1898-1905〉。門戸開放宣言を発表。

ウィリアム・タフト（1857-1930）……大統領〈在任 1909-13〉。共和党。

ウッドロー・ウィルソン（1856-1924）……大統領〈在任 1913-21〉。民主党。南部出身。第一次世界大戦参戦に踏み切る。戦後の平和の策定に大きく関与。

ウィリアム・ジェニングス・ブライアン（1860-1925）……ウィルソン大統領下の国務長官〈在任 1913-15〉。

アルフレッド・マハン（1840-1914）……海軍の軍人。軍事研究者。著書『海上権力史論』が大きな影響力を持つ。

ヘンリー・ジェイムズ（1843-1916）……アメリカ生まれ。イギリスで活躍した作家。著書多数。

《その他＞

フェルディナント1世（1861-1948）……ブルガリア公〈在位 1887-1908〉を経てブルガリア王〈在位 1908-18〉。ドイツ出身。

カロル1世（1839-1914）……ルーマニア公〈在位 1866-81〉を経てルーマニア王〈在位 1881-1914〉。ドイツ出身。

レオポルト2世（1835-1909）……ベルギー王〈在位 1865-1909〉。

アルベール1世（1875-1934）……ベルギー王〈在位 1909-34〉。

ムスタファ・ケマル・アタチュルク（1881-1938）……トルコ共和国の建国者。

（訳者作成）

ハリー・ケスラー（1868-1937）……オーストリアの貴族、教養人。数多くの文化人との交流を綴った日記を遺した。『ワイマル日記』（邦訳。上下巻。松本道介訳・冨山房）。

シュテファン・ツヴァイク（1881-1942）……オーストリアのユダヤ系作家、評論家。『昨日の世界』（原田義人訳・みすずライブラリー）他邦訳多数。

《ロシア》

ニコライ2世（1868-1918）……ロシア皇帝。ロシア革命により殺害される〈在位 1894-1917〉。

ピョートル・ドゥルノヴォ（1834-1903）……内相〈在任 1889-85〉。帝国大臣委員会議長〈在任 1895-1903〉。

セルゲイ・ヴィッテ（1849-1915）……ロシアの政治家。財務相〈在任 1892-1903〉、運輸相〈在任 1892〉、首相〈在任 1903-05〉。

ピョートル・ストルイピン（1862-1911）……ロシアの政治家。首相〈在任 1906-11〉。帝政の改革を推進した。1911 年に暗殺された。

ウラジーミル・ココツェフ（1853-1943）……ロシアの政治家。財務相〈在任 1904-05、1906-14〉。首相〈在任 1911-14〉。

イワン・ゴレムイキン（1839-1917）……ロシアの政治家。内相〈在任 1895-99〉。首相〈在任 1906-07、1914.2-16.2〉。

アレクサンドル・クリヴォシン（1857-1921）……ロシアの政治家。農相〈在任 1908-15〉。

ウラジーミル・ラムズドルフ（1845-1907）……ロシアの政治家。外相〈在任 1900-06〉として日露戦争に関与。

セルゲイ・サゾーノフ（1860-1927）……ロシアの政治家。外相〈在任 1910-16〉。第一次世界大戦開戦の意思決定に関与。

アレクサンドル・イズヴォルスキー（1856-1919）……ロシアの外交官。外相〈在任 1906-10〉として英露協商の成立、ボスニア危機に関与。第一次世界大戦開戦時のロンドンに駐在。

アレクサンドル・ベンケンドルフ（1849-1917）……ロシアの外交官。イギリス大使〈在任 1903-17〉。

ニコライ・ハルトヴィヒ（1857-1914）……ロシアの外交官。テヘラン駐在大使〈在任 1906-08〉。セルビア駐在大使〈在任 1909-14〉。フランツ・フェルディナント暗殺後、ベオグラードのオーストリア大使ギースルを訪問中に突然死する。

アレクセイ・クロポトキン（1848-1925）……ロシアの軍人。陸相〈在任 1898-1904〉として日露戦争に関与。

ウラジーミル・スホムリノフ（1848-1928）……ロシアの軍人。参謀総長〈在任 1908-09〉。軍相〈1909-15〉。

ニコライ・ヤヌシュケヴィッチ（1868-1918）……ロシアの軍人。参謀総長〈在任 1914-15〉。

アレクセイ・ブルシーロフ（1853-1926）……ロシアの軍人。第一次世界大戦当初、対オーストリア戦争で成果を上げる。

グリゴリ・ラスプーチン（1869-1916）……ロシアの僧侶。皇帝夫妻に影響力を持った。

トロツキー（1879-1940）……ボリシェヴィキの革命家。

イヴァン・ブロッホ（1836-1902）……ポーランド出身。ユダヤ系の銀行家、鉄道王。近代の産業技術の発展から外交問題の解決の手段として戦争は成り立たなくなることを論じた大著を発表、影響力を持った。

《セルビア》

ミラン1世（1854-1901）……セルビア王（オブレノヴィッチ家）。1889 年に退位〈在位 1882-89〉。

アレクサンドル1世（1876-1903）……セルビア王〈在位 1889-1903〉。1903 年、カラジェルジェヴィッチ家によるクーデタで王妃とともに暗殺される。

ペータル1世（1844-1921）……セルビア王〈在位 1903-21〉。カラジェルジェヴィッチ家のクーデタ後即位。

ニコラ・パシッチ（1845-1926）……セルビアの政治家。セルビア首相〈在任 1891-92、1904-05、1906-08、1909-11、1912-18〉。ユーゴスラビア成立後も首相を務めた。

トライチュケ（ハインリヒ・フォン）（1834-96）……ドイツの歴史家。主著『19世紀ドイツ史』。

アウグスト・ベーベル（1840-1913）……ドイツの社会主義者。社会主義労働者党（後の社会民主党）をつくる。

アルベルト・バリン（1857-1918）……ドイツの大造船業者。富豪。

ベルンハルディ（フリードリヒ・フォン）（1849-1930）……プロイセンの軍人。軍事史研究者。

ヴァルター・ラーテナウ（1867-1922）……ドイツの実業家、政治家、作家。ワイマール共和国外相。極右により暗殺された。

《オーストリア＝ハンガリー》

フランツ・ヨーゼフ（1830-1916）……オーストリア皇帝〈在位1848-1916〉。弟マクシミリアンがメキシコで処刑、皇太子ルドルフが自殺、皇后エリザベートがテロリストにより暗殺される。甥の皇太子フランツ・フェルディナントはサラエヴォで暗殺。

フランツ・フェルディナント（1864-1914）……オーストリア大公。フランツ・ヨーゼフの甥。1914年6月28日皇妃ゾフィーとともに暗殺される。

ゴウホフスキ（アゲノール・マリア）（1849-1921）……オーストリア＝ハンガリーの政治家。オーストリア＝ハンガリーの共通外相（事実上の宰相）を務める〈在任1895-1906〉。

エーレンタール（アロイス・レクサ・フォン）（1854-1912）……オーストリア＝ハンガリーの政治家。オーストリア＝ハンガリーの共通外相を務める〈在任1906-12〉。

レオポルト・ベルヒトルト（1863-1942）……オーストリア＝ハンガリーの政治家。オーストリア＝ハンガリーの共通外相を務める〈在任1912-15〉。第一次世界大戦開戦時の意思決定に関与。

イシュトヴァーン・ティサ（1861-1918）……ハンガリーの政治家。ハンガリー首相〈在任1903-05、1913-17〉。

シュテュルク（カール・フォン）（1859-1916）……オーストリアの政治家。オーストリア首相〈在任1911-16〉。

コンラート・フォン・ヘツェンドルフ（1852-1925）……オーストリアの軍人。参謀総長〈在任1906-11、1912-17〉。

クロバティン（アレクサンドル・フォン）（1849-1933）……オーストリアの軍人。元帥。帝国軍相〈在任1912-17〉。

ウラジミル・ギースル（1860-1936）……オーストリアの軍人。モンテネグロ駐在大使を経て1913年よりセルビア駐在大使。オーストリアの宣戦布告をセルビアに手交。

メンズドルフ（カウント・アルベルト・フォン）（1861-1945）……オーストリア＝ハンガリーの外交官。ロンドン駐在大使〈在任1904-14〉。

ホヨス（アレクサンダー）（1876-1937）……オーストリア＝ハンガリーの外交官。外務省事務次官〈在任1912-17〉。第一次世界大戦前の7月の危機に重要な役割を演じる。

スザパリー（フリードリヒ・フォン）（1869-1935）……オーストリア＝ハンガリーの外交官。セントペテルスブルク駐在大使〈在任1913-14〉。

セジェニー（カウント・リディスラウス）（ラズロー・セジェニー - マリヒ）（1841-1916）……ハンガリー出身。オーストリア＝ハンガリーの外交官。ベルリン駐在大使〈在任1892-1914〉。

レオン・ビリンスキ（1846-1923）……オーストリアの政治家。ポーランド系。ボスニア・ヘルツェゴビナ総督〈在任1912-15〉。

オトカル・チェルニン（1872-1932）……オーストリア＝ハンガリーの外交官。ルーマニア駐在大使。外相〈在任1916-18〉。

レドル・アルフレッド（1864-1913）……オーストリアの将校。諜報活動を担当するが、ロシアの二重スパイでもあったことが判明した。

ズットナー（ベルタ・フォン）（1843-1914）……オーストリアの小説家。国際的な平和運動を展開。ノーベル平和賞を受賞（1905）。

アルフレッド・ドレフュス（1852-1935）……フランスの軍人。ユダヤ系。反ユダヤ主義の高まりのなか、ドイツのスパイ容疑で終身刑を宣告される。再審要求の運動をめぐって世論が対立した。真犯人がわかり釈放となり、第一次世界大戦に従軍した。

ジャン・ジョレス（1859-1914）……フランスの政治家。社会主義者。第二インターナショナルで反戦運動を展開。大戦直前に暗殺された。

《ドイツ》

ヴィルヘルム2世（1859-1941）……ドイツ皇帝〈在位1888-1918〉。

ビスマルク（1815-98）……ドイツの政治家。プロイセンの首相となり、ヴィルヘルム1世の下で「鉄血政策」により、オーストリアとの戦争、フランスとの戦争を利用して1871年、ドイツの統一を達成。統一後は巧みな外交政策によってフランスを孤立させ、ドイツの安定と経済発展に尽くした。ヴィルヘルム2世と対立し退陣。

大モルトケ（ヘルムート・カール・ベルンハルト・フォン）（1800-91）……プロイセンの軍人。ビスマルクの下で、対オーストリア戦争、対フランス戦争の勝利を導いた。

カプリヴィ（1831-99）……ドイツの軍人。ヴィルヘルム2世の下でビスマルクの後を受けて首相となる〈在任1890-94〉。後任はホーエンローエ。プロイセン首相はオイレンブルク。

ビューロー（ベルンハルト・フォン）（1848-1929）……ドイツの政治家。外交官、外相を経てドイツ帝国首相〈在任1900-1909〉。

ベートマン・ホルヴェーク（テオバルト・フォン）（1856-1921）……ドイツの政治家。ドイツ帝国首相〈在任1909-1917〉。

シュリーフェン（アルフレッド・フォン）（1833-1913）……ドイツの軍人。1891年に参謀総長となり、ドイツの軍事計画である「シュリーフェン・プラン」を作成した。

ショーエン（ヴィルヘルム・フォン）（1851-33）……ドイツの外交官。キーデルレンの前任の外相。第一次世界大戦開戦時のパリ駐在大使。

キーデルレン＝ヴェヒター（アルフレッド・フォン）（1852-1912）……ドイツの外交官、政治家。外相〈在任1910-1912〉。

ヤーゴー（ゴトリーブ・フォン）（1863-1935）……ドイツの外交官。外相〈在任1913-1916〉。

ティルピッツ（アルフレッド・フォン）（1849-1930）……ドイツの軍人。海相〈在任1897-1916〉として海軍の拡大を推進。

小モルトケ（ヘルムート・ヨハン・ルートヴィヒ・フォン）（1848-1916）……ドイツの軍人。大モルトケの甥。参謀総長〈在任1906-1914〉。第一次世界大戦開戦時の意思決定に関与。

ファルケンハイン（エーリッヒ・フォン）（1861-1922）……ドイツの軍人。プロイセンの陸軍大臣。小モルトケの後任として参謀総長となる。

ヴィルヘルム・グレーナー（1867-1939）……ドイツの軍人、政治家。軍の兵站、輸送を担当する。

ルーデンドルフ（1865-1937）……ドイツの軍人。1916年以後ヒンデンブルクの下で参謀次長となり軍事独裁を展開。

ハッツフェルト（パウル・フォン）（1831-1901）……ドイツの外交官。外相〈在任1881-85〉。ロンドン駐在大使〈在任1885-1901〉。

ホルシュタイン（フリードリヒ・フォン）（1837-1909）……ドイツの外交官。ドイツ外務省事務次官。ビスマルク以後の外交政策をリードした。

メッテルニヒ（パウル）（1853-1934）……ドイツの外交官。ロンドン駐在大使〈在任1901-12〉。

リヒノフスキ（1860-1928）……ドイツの外交官。第一次世界大戦開戦時のイギリス駐在大使。

チルシュキー（ハインリヒ・フォン）（1858-1916）……ドイツの外交官。外相〈在任1906-07〉。第一次世界大戦開戦時のウィーン駐在大使。

ジャッキー・フィッシャー（1841-1920）……海軍軍人。第一海軍卿として海軍改革に着手。ドレッドノート建造、人事、教育改革など徹底した改革を行った。

ヘンリー・ウィルソン（1864-1922）……陸軍軍人。第一次世界大戦前後、陸軍の中心的存在。戦後、アイルランド人により暗殺された。

ハーバート・スペンサー（1820-1903）……イギリスの哲学者。ダーウィンの進化論を社会に応用し、適者が生き残るとする社会進化論を提唱し大きな影響力を持った。

ノーマン・エンジェル（1872-1967）……ジャーナリスト。1910 年に『大いなる幻影』を発表し、戦争は経済的に見合わないものになることからあり得ないことだとする反戦論を展開し、広く支持された。第一次世界大戦中には民主管理同盟という組織をつくり、反戦運動を展開、戦後は労働党に加わり議員を務めた。1933 年にノーベル平和賞受賞。

フランク・ラッセルズ（1841-1920）……イギリスの外交官。ロシア駐在大使〈在任 1894-95〉。ドイツ駐在大使〈在任 1895-1907〉。

エアー・クロー（1864-1925）……イギリスの外交官。ドイツ生まれ。外務事務次官〈在任 1920-25〉。

チャールズ・ハーディング（1858-1944）……イギリスの外交官。ロシア駐在大使〈在任 1904-06〉。外務事務次官〈在任 1906-1910〉。インド総督〈在任 1910-16〉。外務事務次官〈在任 1916-20〉。

アーサー・ニコルソン（1849-1928）……イギリスの外交官。ハロルド・ニコルソンの父。サンクトペテルブルグ駐在大使〈在任 1906-10〉。外務事務次官〈在任 1910-16〉。

フランシス・バーティー（1844-1919）……イギリスの外交官。パリ駐在大使〈在任 1908-15〉。

エドワード・ゴシェン（1847-1924）……イギリスの外交官。ウィーン駐在大使〈在任 1905-08〉。ベルリン駐在大使〈在任 1908-14〉。

ジョージ・ブキャナン（1854-1924）……イギリスの外交官。サンクトペテルブルグ駐在大使〈在任 1910-17〉。ローマ駐在大使〈在任 1919-21〉。

《フランス》

フェリックス・フォール（1841-1899）……フランスの政治家。大統領〈在任 1895-99〉。

エミール・ルーベ（1838-1929）……フランスの政治家。大統領〈在任 1899-1906〉。

レイモン・ポアンカレ（1860-1934）……フランスの政治家。首相〈在任 1912-13〉を経て大統領となる〈在任 1923-20〉。その後首相〈在任 1922-24、1926-29〉。

ジョルジュ・クレマンソー（1841-1929）……フランスの政治家。急進派の政治家として活躍後、ジャーナリストとなりアメリカに滞在。その後ドレフュス事件でドレフュスを支持。再び政治家となり首相を務める〈在任 1906-10、1917-20〉。パリ講和会議で平和の策定に関与した。

ジョゼフ・カイヨー（1863-1944）……フランスの政治家。首相〈在任 1911-12〉。

モーリス・ルーヴィエ（1842-1911）……フランスの政治家。首相〈在任 1887、1905-06〉。

ルネ・ヴィヴィアーニ（1863-1925）……フランスの政治家。首相〈在任 1914-15〉。

テオフィル・デルカッセ（1852-1923）……フランスの政治家。外相〈在任 1898-1905〉。

ポール・カンボン（1843-1924）……フランスの外交官。ロンドン駐在大使〈在任 1898-1920〉。

ジュール・カンボン（1845-1935）……フランスの外交官。ベルリン駐在大使〈在任 1907-14〉。ポール・カンボンの弟。

モーリス・パレオローニュ（1859-1944）……フランスの外交官。ブルガリア駐在大使〈在任 1907-12〉。ロシア駐在大使〈在任 1914-17〉。

ジョゼフ・ジョッフル（1852-1931）……フランスの軍人。陸軍司令官〈在任 1911-14〉。

フェルディナン・フォッシュ（1851-1929）……フランスの軍人。1918 年に連合国総司令官となる。

ブーランジェ（1837-91）……フランスの将軍。陸相を務める。ドイツに対する復讐、議会解散、憲法改正を主張し、共和政に対する不満勢力を惹きつける。独裁制を望みクーデタを起こそうとしたが断念。その後亡命した。

人物紹介

《イギリス》

ヴィクトリア女王（1819-1901）……9人の子どもをヨーロッパ諸国の王室と縁組。イギリス王エドワード7世の母、ドイツ皇帝ヴィルヘルム2世、ロシア皇帝ニコライ2世の祖母。1887年に即位50周年祝典、1897年に即位60周年祝典を行う〈在位1837-1901〉。

エドワード7世（1841-1910）〈在位1901-10〉

ジョージ5世（1865-1936）〈在位1910-36〉

ソールズベリ（1830-1903）……保守党の政治家。首相〈在任1885-86、1886-92、1895-1902〉。

ランズダウン（1845-1927）……ソールズベリ内閣の外相〈在任1900-05〉を務める。日英同盟、英仏協商に関与。ジョゼフ・チェンバレンとともにグラッドストンのアイルランド自治法案に反対して自由党を離れ、統一党を経て保守党に加わったうちの1人。

ジョゼフ・チェンバレン（1836-1914）……ソールズベリ内閣の植民地相を務める。バーミンガムの実業家として成功したのち、市長となり急進的社会改革を行う。その後国政に転じ自由党の政治家となるが、グラッドストンのアイルランド自治法案に反対するリーダーとなり自由党と決別。社会改革に帝国主義が不可欠なものであるという立場を取り、保守党と一体化し、保護関税と帝国の維持を主張した。

ローズベリ（1847-1929）……自由党の政治家。首相〈在任1894-95〉。

アーサー・バルフォア（1848-1930）……保守党の政治家。ソールズベリの甥。首相〈在任1902-05〉。第一次世界大戦中ロイド・ジョージの連立内閣に加わり外相となる。

ハーバート・アスキス（1852-1928）……自由党の政治家。オックスフォード大学で優秀な成績を収めたのち、弁護士を経て自由党の政治家となり、1908年病死したキャンベル＝バナマンの後を受けて首相〈在任1908-16〉となる。最後の自由党の内閣として、リベラリズムを土台に進歩的な改革を推進した。

ロイド・ジョージ（1863-1945）……ウェールズ出身の自由党の政治家。自らの努力によって弁護士となった後政界に入り、ボーア戦争への反対や急進的な改革を主張し台頭。アスキス内閣の財務相となり、社会保障導入のため地主に負担を求める「人民予算」を提案。第一次世界大戦中には軍需相となる。その後、アスキスに代わり連立内閣の首相〈在任1916-23〉となって、戦争を勝ち抜く。パリ講和会議では平和の策定の中心の1人となる。著者のマクミランはロイド・ジョージの娘オルウェンの孫。

エドワード・グレイ（1862-1933）……自由党の政治家。アスキス内閣の外相〈在任1905-16〉。第一次世界大戦の開戦にあたりイギリスの意思決定の中心となる。

ホールデーン（1856-1928）……自由党の政治家。アスキス内閣の陸軍大臣、その後大法官〈在任1912-15〉。ドイツの哲学を学んだ後法律家を経て政治家となる。1912年ドイツとの関係改善のミッションを帯びてドイツで交渉に当たるも実を結ばなかった。第一次世界大戦後は労働党に関与。

ボナー・ロー（1858-1923）……カナダ生まれのイギリスの保守党の政治家。スコットランドで実業家として成功の後政治家となる。ジョゼフ・チェンバレンの流れを受け継ぎ、保守党の党首となる。第一次世界大戦中の連立内閣ではロイド・ジョージに全面協力。第一次世界大戦では2人の息子が戦死した。戦後の1923年首相就任〈在任1922-23〉。

ウィンストン・チャーチル（1874-1965）……政治家。有力な貴族の出身。陸軍士官学校を出身。ボーア戦争の時にジャーナリストとして南アフリカに従軍し取材。保守党の政治家となった後、自由党に転じアスキス内閣に参加。1911年に海相となる。第一次世界大戦では作戦の失敗から辞職を余儀なくされるが、その後ロイド・ジョージの下で復活。戦後派保守党に転じ、第二次世界大戦では首相としてイギリスを戦勝に導く。

第一次大戦——平和に終止符を打った戦争　目次

監修者による序

滝田賢治

　本書『第一次世界大戦――平和に終止符を打った戦争』は、マーガレット・マクミラン教授による“*The War that Ended Peace : How Europe Abandoned Peace for the First World War*”, Profile Books(2013) の全訳である。マクミランはカナダ・トロント出身で、トロント大学トリニティ・カレッジ学長を経て、現在、オックスフォード大学セント・アントニーズ・カレッジ学長である。専門分野は国際政治史で、本書の他に“*Paris 1919: Six Months that Changed the World* (2001)”、“*Peacemakers: The Paris Conference of 1919 and its Attempt to End War*(2002)”や“*Nixon and Mao: The Week that Changed the World*”(2007) など近現代国際政治史に関する多数の著作がある。

　第一次世界大戦を扱った研究には、A. J. P. Taylor の“*The First World War: An Illustrated History*”, Hamish Hamilton (1966)（『第一次世界大戦』新評論、一九八〇年）、James Joll の“*The Origins of the First World War*”, Longman Group Ltd. (1992)（『第一次世界大戦の起源』みすず書房、一九九七年）はじめ膨大な蓄積があるが、中でも後の研究に広く大きな影響を与えたのが Barbara W. Tuchman の“*The Guns of August*”(1962)(Reprint edition, Random House,2009)（『八月の砲声（上下）』ちくま学芸文庫、二〇〇四年）であるといっても間違いないであろう。オーストリアとセルビアの間で実質的な戦闘が始まった一九一四年八月の一カ月に焦点を当て、この一カ月の事態が戦争自体を方向付け、さらに現代世界を形作る上で決定的な意味を持ったことを強調しようとしたものである。“*Essence of Decision: Explaining the Cuban Missile Crisis*”, Little, Brown and Company(1971)（『決定の本質――キューバミサイル危機の分析』中央公論社、一九七七年）[1] の著者グレアム・アリソン（Graham Allison）は、キューバ危機への対応に苦慮していたケネディ大統領がタックマンの書を座右に置き参考にしたことを明らかにするとともに、自らが提起した政策決定過程の三類型のうちの組織過程モデルは、タックマンが明らかにした一九一四年八月の戦争決定過程に基づいて構築したことも「告白」している。こうした先行諸研究を踏まえつつ、二〇一三年にはChristopher Clarkの*"Sleepwalkers: How Europe Went to War in 1914"*,Harper Perennialとマクミランによる本書が相次いで出版された。(2)

国内外で高い評価を得ることになる、ともに大部な研究書が二〇一三年に出版されたのはなぜか。後世に「第一次世界大戦」と呼ばれることになる大戦争が勃発して二〇一四年にちょうど百年になるという形式的記念の意味ばかりでなく、米ソ冷戦が終結して四半世紀が経つにもかかわらず安定的な国際秩序は姿を現さず、それどころか百年前の「帝国主義の時代」を彷彿とさせる国際政治状況が展開しているからであろう。二十世紀に二度の大戦争と核戦争の恐怖の中で展開された四十年にわたる米ソ冷戦を経験したにもかかわらず、「帝国主義の時代」を想起させるような軍事的緊張が高まっていることに対する警鐘ともいえる。

我々は何気なしに「一九一四年に起こった第一次世界大戦は……」という表現を使ってしまう。一九一四年六月二十八日ボスニアの首都サラエヴォでオーストリア皇太子夫妻がセルビア青年に暗殺され、丁度その一カ月後の七月二十八日にオーストリアがセルビアに宣戦布告した時点で、始まったばかりの戦争を「第一次世界大戦」と言った者はいなかった。多くの人々はこの戦争を第三次バルカン戦争（第一次バルカン戦争一九一二年、第二次バルカン戦争一九一三年）と認識していたが、当時「ついに第一次世界大戦が始まった」と言った者は一人もいなかった。言える筈もなかった。「戦争を終わらせる戦争（War to end Wars）」という表現はあったし、ウィルソン大統領がアメリカ参戦に際してこの表現を使った事実はあった。少なくとも第二次世界大戦が勃発する以前は「欧州戦争（War in Europe）」「諸国民の戦争（War of the Nations）」あるいは「大戦争（Great War）」という呼称が一般的であった。マクミランの原著のタイトル『平和に終止符を打った戦争（*The War that Ended Peace*）』も、こうした表現を踏まえたものであろう。

本書のテーマである戦争が「第一次世界大戦」と認識されるようになるのは、一九三九年九月英仏がナチス・ドイツに宣戦布告して始まった戦争が「第二次世界大戦」と認識された時点で、その二十五年前に勃発した戦争が(3)

「第一次世界大戦」と初めて認識されたのである。(4) 第三次バルカン戦争が発生した時、それはすでに二回経験していた地域紛争と同様の戦争であるとの認識に影響されて、過去二回と同様に短期間で終結するという期待が諸国民の間に共有されていた。駆り出された兵士達はナショナリズムの熱気に絡めとられ「クリスマスまでには帰れるだろう」と楽観し戦場に赴いた。しかし現実には、「大国間の長期にわたる」大戦争という阿鼻叫喚の生き地獄に引き摺りこまれていったのである。それは今更言うまでもなく、十九世紀ヨーロッパで展開された第一次・第二次産業革命の結果であった。

オーストリア（＝ハンガリー）とセルビアの戦争が地域紛争に終わらなかったのは、国際政治構造が英仏露の三国協商と独墺を中核とした三国同盟に二極化していたからである。一八七〇年前後以降の「帝国主義の時代」の時代は、英仏米などの先進資本主義国家と日独などの後発資本主義国家が、海外市場と勢力圏の維持や獲得を目指して激しい競争を展開した多極構造の時代であったが、英独対立、独仏対立、墺露対立が先鋭化した結果、国際政治構造が二極化していったのである。多極構造の下でオーストリアとセルビアの間で戦争が発生したならば、地域紛争としての第三次バルカン戦争で終わったはずである。マクロ的に見るならば地域紛争であったはずの第三次バルカン戦争は、二極化した国際政治構造の中で「大国間の長期にわたる」大戦争（Great War）へと拡大したのである。

さて、膨大な先行研究がある中で、本書の特徴は何であろうか。マクミランはこの「大戦争」をどのような視角から捉え描写しているのであろうか。第一に、あたかも顕微鏡でミクロの世界を観察しているかのような筆致で描いていることが指摘できる。二極構造の下で世界市場再分割をめぐって戦われた大戦争というこの戦争の基本的性格は全面的に否定できないものの、この戦争の発生原因は単一ではなく複合的であった。彼女はまさにこの点を強調しようとしているのである。彼女が本書で描き出したものは、ひとまずマクロ的国際政治状況を遠景に置きつつ、各国政策決定者達の極めて人間臭い心理と行動様式であった。皇帝や国王、外務大臣や高位の外交官、軍司令官の意地や功名心、コンプレックスや思い込み、さらには彼らの息遣いなどを生き生きと描出している。さらに十八世紀ヨーロッパ宮廷外交の亡霊とも思えるような各国王室間の姻戚関係を含む複雑な人間関係が戦争への道に影を落としている様子を随所で浮かび上がらせている。こうした要素が絡み合い、「戦争の可能性が極めて低かった時代に」大規模戦争に突入するモーメンタム（慣性）がついていく過程を活写している。いかなる戦争でも開戦に至るプロセスは、専門家であれば大筋は理解しているものであるが、さらにそのプロセスにおける国外・国内の政策決定者の間のドロドロした人間関係まで十分に把握することは困難である。しかし筆者はこの政策決定者の人間心理やドロドロした人間関係こそが戦争の重要な原因であると強調している。場数・幕数の多い舞台劇の中で多彩で複雑な性格を持った登場人物が、複雑に絡み合う演劇を見ているかのような印象すら持ってしまう。遠景に置いたはずのマクロ的状況の中にこのドロドロした人間関係を入れ込むと壮大な人間ドラマを見ているようである。原著本文が約六百頁の大部なものであるにもかかわらず、読者をして一気呵成に了読させてしまう所以であろう。

第二に、マクミランは壮大な人間ドラマを描きつつもそれに留まらず、外交史家として政策決定者達の能力の限界とギリシャ・ローマの昔から国家の対外政策に内在する矛盾を冷徹に描出している。政策決定者間の意見の分裂、皇帝や国王などトップ・リーダー達の認識・判断の首尾一貫性の欠如、狭い視野や強迫観念、情報不足、文官と軍部の間の分裂、海軍と陸軍の分裂、などの積み重ねにより、「戦争はこりごり」と思っていても戦争に繋がった事実を具体的に指摘している。また英独間の海軍戦艦競争に象徴される安全保障のジレンマという対外政策、とりわけ安全保障政策に内在する「宿痾」とも言うべき問題を改めて強調している。二十世紀初頭の問題であったばかりでなく、米中・日中・米ロ関係に見られる二十一世紀に入った現代の問題として我々に突きつけている。

第三に、社会主義運動や平和運動が高揚していたにもかかわらず、結局はナショナリズムに絡めとられてこれらの運動が分裂し国際主義が破綻し、大戦争に突入していった経緯も詳細に描いている。国際主義に代わりグローバル・ガバナンスという用語が広く人口に膾炙され、国益ばかりでなく人類益にも配慮すべきであるという主張がリベラリストを中心に強調されているが、二度の大戦を経験した我々が今度こそ、この二つの戦争の筆舌に尽くしがたい惨禍・惨害を教訓に国境と国民・民族を超えて、継続的な国際協調を実現できるかを問い掛ける歴史書ともいえる。

第四に、十九世紀末から一九一八年末までの国際関係や、その中で展開された人間ドラマの描出に終わらずに、現代史との比較を繰り返し試みている。歴史は一〇〇%同じように繰り返しはしないが、人間の本性と人間が司る政治の本質は変わらない。マクミランは、「帝国主義の時代」における帝政ロシアの急激な国内改革を、現代の中国のそれと比較したり、ロシアのニコライ皇帝が権威を致命的に損なわない範囲で国内改革をどこまで推進するかというジレンマに直面した事実を、一九七九年イランのシャー政府が直面したジレンマと重ねたりしている。一九〇〇年前後から大戦に至る時期に発生した事態の背景や構造が現代国際政治や各国政治といかに相似しているかを、数多くの事例で説明している。

人間社会で生起する全ての現象には、発生に至るプロセス・原因、現象が展開していくプロセス、その結果の三段階があり、これをトータルに分析・評価しなければその現象の全体像を把握し評価することはできない。戦争という現象を病気と捉えれば、その病気が発症するまでのプロセスとそのプロセスに内在する発症のメカニズム・原因を突き止めることが第一の課題となる。タックマンの古典的名著は、それを戦争開始後の最初の一カ月に求め究明しようとしたのに対して、マクミランは多極構造によって特徴付けられる「帝国主義の時代」の安定剤としてのパクス・ブリタニカ[5]が相対的に衰退していく中で、国際関係が紆余曲折を辿りながらも二極構造へ変容していくプロセスで展開された人間ドラマに焦点を当てたのである。一気呵成に読み終わり、再度熟読してみると、一見、人知では如何ともし難いような国際関係が、各国指導層の人間関係にも左右されていることを再認識させられる秀逸な研究書である。

秀逸な書であることは認めつつ、それでも根本的な見地から「第一次世界大戦」という呼称には疑問が残るのも事実である。後世から見てあの戦争は「第一次世界大戦」だったというのであれば、単に千二百万人から二千万人もの膨大な犠牲者が出たというばかりでなく、地理的にも世界大の広がりがなければならなかった筈である。システム論的に見て、アジア・アフリカの大部分はヨーロッパ諸国の植民地であったので、ヨーロッパ外のこれらの地域も直接的にも間接的にも影響を受けたのだという反論もあるであろう。しかし本書では、若干、日本や中国への言及があるだけという事実が、この戦争が結局はヨーロッパ大戦であって世界的規模での世界大戦というには無理があることを示している。この見方は、世界で定着している第一次世界大戦という認識への無謀な反論と映るかもしれないが、筆者の見解を明確に否定する説明が出てくることを希望している。

注

(1) アリソンは新たに公開されたケネディの肉声テープなどの新資料も組み込み、フィリップ・ゼリコウ Philip Zelikow と第二版を出版社 Pearson から一九九九年一月に出版した。翻訳書は二〇一六年、日経BPクラシックスから上下二巻本として出版されている。

(2) 七三五頁に及ぶ大著の中で、クラークは大戦勃発に関わる膨大な史資料を駆使して戦争原因を解明しようとしたが、マクミランと同じように戦争決定に関わった政策決定者や彼らを構成員とする組織の問題点、国際・国内状況に対するミスパーセプション、非論理的で感情に走る政策決定者の弱点・欠点を重視し分析している。

(3) 一九三九年九月、英仏とドイツとの戦争勃発により「第二次世界大戦」が開始されたという認識も多分にヨーロッパ中心史観である。すでに一九三七年七月七日の盧溝橋事件をきっかけに日中戦争が発生し、やがて日本軍の「南進」により欧米植民地への侵略戦争が拡大していた。いわば、ユーラシア大陸の東端と西端で展開していた二つの戦争が、一九四一年十二月の日米開戦でリンクし、文字通りグローバルな規模での世界大戦となったと見るべきであろう。

(4) そもそも一九一四年以降の戦争が、第二次世界大戦と並列できるほどの世界的規模で戦われた世界大戦であったかという問題も残る。確かに四年間で死者千二百万人（最近では二千万人という説もあるが）という犠牲者を生み出し、ヨーロッパ大陸ばかりでなく地中海など隣接海域を含む広大な地域で戦われた戦争であり、その後の国際関係や国際関係思想に大きな影響を与えたことも事実である。また日本も連合国の一員として参加し、ヨーロッパでの戦争を横目で見ながらアジア・太平洋におけるドイツ権益を奪取するとともに中国での権益拡大に努めたのである。この意味でも世界的規模での戦争という呼称を与えることが不当であるとはいえないものの、第二次世界大戦と比較するにはかなりの無理があるといわざるを得ない。

(5) パクス・ブリタニカという用語は専門家でも必ずしも明確に定義せず使用することがしばしばである。せいぜい「イギリスが力によって平和を維持した状態」と定義するのが一般的である。しかしこれは第二次大戦後のパクス・アメリカーナとともに国際政治学や国際政治史・外交史において死活的に重要な用語・概念であり、より精緻に定義する必要がある。ここでは「（産業革命を主導したことに象徴される）イギリスの技術開発力とこれに基礎を置く工業力や経済力、とりわけ金融力、これらを背景とする軍事力や何よりも政治・外交力により、大国間の長期にわたる大戦争を回避し続けた状態」という定義を前提にしている。

第一次世界大戦

平和に終止符を打った戦争

母　エルンド・マクミランへ

序　戦争か平和か？

歴史には、戦争と同じように多くの伝染病が存在している。だが、戦争が起こったり伝染病が拡がったりすると、人々はいつも、また同じように驚きを感じるものだ。

――アルベール・カミュ『ペスト』

かつて起こったこととも、かつて意図し、計画し、思い描いたこととも違っているようには見えなかった。戦争は偶然の事故ではなく、行為の結果である。何が？と原因を問うにあたって、過去にさかのぼりすぎるということはない。

――エリザベス・ボウエン『ボウエンの法廷』

ルーヴェンは退屈な町だと、一九一〇年に出版されたガイドブックにある。しかし戦争が始まるや否や、この町は目を見張るほどに鮮やかな炎に包まれた。この美しく文化的な小さな町に、こんな運命が待ち受けていると は、誰が想像できただろうか。何世紀にもわたり平和を享受し繁栄していたこの町には、豪壮華麗な教会や、古い家が建ち並び、立派なゴシック様式の市庁舎、そして、一四二五年に〔ローマ教皇マルティヌス五世によって〕創設された世界最古のカトリック系大学があった。その附属図書館には、二十万冊あまりの蔵書があった。そのなかには、九世紀にある修道士が書いた小さな歌のコレクションや、何年もかけて修道士たちが苦労してつくり上げた装飾手写本の類などの、立派な文書コレクションとともに、神学や古典に関する書物が数多く収蔵されていた。だが、一九一四年八月の終わりに、きな臭い匂いとともに、炎がルーヴェンを覆い、焼き尽くした。その炎は何キロも離れたところから見ることができるほどだった。立派な図書館も含めてこの町の建物の多くが消失した。絶望した住民は家財道具だけを持ち、郊外に逃げ出そうとした。後の二十世紀の世界では、こうした光景をよく目にすることになる。

　不幸なことに、ベルギーの他の多くの町と同じように、ルーヴェンもまた、一九一四年の夏に始まり一九一八年十一月まで続く第一次世界大戦で、ドイツ軍がフランスに侵入するルート上にあった。ドイツの戦争計画は二方面、すなわち東部の敵ロシアに対して行動を続ける一方、西部の敵フランスに対して迅速に侵入し打倒することを想定していた。中立国ベルギーはドイツ軍が領土内を通って南方に向かって進軍するのを黙って見過ごすことが前提となっていた。しかし、現実に大戦が始まってみると、ドイツの想定は全く間違っていたことが明らかになった。ベルギー政府はドイツに抵抗することを決定したのだ。そのため、ドイツの戦争計画はすぐに頓挫した。しばらく戦争を静観していたイギリスもドイツとの戦争に踏み切った。八月十九日にルーヴェンに到着する頃には、予想以上のベルギーの抵抗にドイツ軍は憤慨し、ベルギー軍とイギリス軍からだけでなく、武器を取ることを決意した普通の市民からも攻撃を受けることに神経質になっていた。

　最初の数日間はドイツ軍からするとすべてうまくいっていた。ドイツ軍は武力にものを言わせ、恐怖に駆られたルーヴェン市民は侵入者に歯向かうことができなかった。八月二十五日、ベルギーの反攻とイギリス軍が来るという噂が拡がり、退却したドイツ軍に代わり新たな軍が到着した。そのとき、銃の発砲があった。神経質になって酒に酔ったドイツ兵たちによるものだったのだろう。しかし、ドイツ人の間にパニックが拡がった。ドイツ人は自分たちが攻撃にさらされていると〝確信〟し、報復を開始した。その夜からわずか数日の間に市民は自宅から引きずり出され、市長や大学の学長、警察官を含む多くの市民が即座に銃殺された。多くの人々が殴打され、陵辱され、最終的には、およそ十万人のルーヴェン市民のうち二百五十人あまりが殺された。赤ん坊から年寄りまで、千五百人以上のルーヴェンの市民が列車でドイツに移送され、群集から嘲られ、侮辱された。

　将校も加わったドイツ兵は、町で略奪を行い、放火した。十五世紀に建てられた教会は炎に包まれ、屋根が陥没した。八月二十五日の深夜、ドイツ兵は図書館に侵入しガソリンをまいた。夜が明けると建物はすでに廃墟と化し、蔵書は灰になった。後日、地元の学者兼聖職者であった人物が炎は数日間くすぶり続けたと、ベルギー駐在アメリカ大使に述べている。彼はドイツ軍が町を破壊する様子、そして、友人たちが撃たれたこと、哀れに逃げ回る人々のことを淡々と話した。だが、話が図書館のことに及ぶと、垂れた腕で頭を抱え、涙を流したのである。(1)「この町の中心部は灰燼に帰した」と、避難先から戻ってきたある教授が報告した。「誰も語りたがらない。誰もが逃げ出した。そのとき地下の貯蔵庫の窓には、逃げ遅れ恐怖に慄いた人々の顔が映っていた」(2)。

ルーヴェンの一幕は、第一次世界大戦においてヨーロッパが自ら崩壊していくプロセスのほんの始まりに過ぎなかった。フランスの聖堂のなかで最も美しく重要で、創設から七百年、歴代の国王がそこで王冠を戴いたという歴史のあるランスの大聖堂は、ルーヴェンが略奪された後間もなく、ドイツの攻撃によって壊滅的な被害を受けた。荘厳な天使の彫刻のうちの一つの頭部が、地面に転がっていた。天使の美しいほほえみはそのままだった。素晴らしいクロスホールがあるイープルの町は壊滅し、北イタリアのトレヴィーゾの中心部は爆弾により破壊された。すべての破壊行為がドイツ人の手によるものというわけでは決してなかったが、そのうちのいくつかはアメリカの世論に重大な影響を与え、一九一七年の参戦に向けてアメリカ合衆国の背中を押す役割を担うことになった。大戦の終わりに、あるドイツ人教授が悔恨をこめて述べている。「今私たちは、アメリカに残っていたドイツに対する共感を消し去ってしまったものとして、ルーヴェン、ランス、ルシタニア号の三つの名前を並べて挙げてもよいのかもしれない」(3)と。

ルーヴェンの損失は、実際後に起こったことに比べれば小さなものだった。つまり九百万人以上の兵士が死亡し、千五百万人の兵士が負傷し、ベルギーの大部分とフランス北部、セルビアとロシア帝国のオーストリア＝ハンガリー帝国の一部が破壊されたことに比べれば。だが、ルーヴェンは非情な破壊の象徴になった。すなわちかつては世界で最も豊かで権威があったものを、ヨーロッパ人が自ら壊したという象徴、そして本来共通するところがたくさんあるはずの民族間に拡がった、不合理で、制御できない憎しみの象徴となったのである。

第一次世界大戦は、バルカンのサラエヴォでオーストリア＝ハンガリーの皇太子フランツ・フェルディナント大公が暗殺されたことが契機になって始まった。ルーヴェンを焼いた炎のように、戦争は動き始め、ヨーロッパ全域だけでなくそれ以外の世界の大部分をも覆い尽くす闘争に発展した。最も大きな戦闘が行われ、最も大きな損失が生じたのは西部戦線および東部戦線だったが、バルカンや北イタリア、中東、カフカス、極東、太平洋、アフリカでも戦闘が行われた。世界中から大勢の兵士がヨーロッパに流入した。大英帝国に属するインド、カナダ、ニュージーランド、オーストラリアから、またフランスの植民地であるアルジェリアやサブサハラ〔サハラ以南のアフリカ〕から動員されたのである。中国は連合国のために、物資を輸送し塹壕を掘る苦力《クーリー》を送り込んだ。一方、同じく連合国の一員だった日本は、世界中の海路を警備する役割を担った。一九一七年、アメリカ合衆国はドイツの挑発に耐えられなくなって参戦した。アメリカ合衆国は十一万四千人ほどの兵士を失い、自分たちは罠にはめられ、自分たちにはたいして重要でない戦闘に引き込まれたと感じるようになった。

　平和と言えるような状態が一九一八年に訪れた。それは以前とは様変わりしたヨーロッパと世界に訪れた平和だった。四つの大帝国――西のポーランド人から東のジョージア（グルジア）人に至るまで多くの民族を支配下に置いていたロシア帝国、ポーランドと海外に植民地を所有していたドイツ帝国、ヨーロッパ中央部にある大多民族国家オーストリア＝ハンガリー帝国、今日のトルコ領とアラブ中東の大部分に加えヨーロッパにも一部領地を所有していたオスマン帝国――が崩壊していった。新しい共産主義世界を創造しようという夢を持ったボリシェヴィキはロシアで権力を掌握し、革命の気運はハンガリーやドイツ、中国など他の国に拡がりつつあった。古い国際秩序は崩れ去った。大戦前に比べて国力が衰退し経済的にも疲弊していたため、ヨーロッパは、もはや世界の絶対的な支配者ではなくなっていた。ヨーロッパの植民地では民族主義運動が起こり、日本やアメリカ合衆国といった新たな勢力がヨーロッパを挟んで東西の辺境に興りつつあった。第一次世界大戦は、西の超大国の勃興の触媒になったというよりも、すでに始まっていたアメリカの世紀の到来を加速するものだった。

　ヨーロッパは第一次世界大戦において多くの点で、巨額の代価を支払うことになった。精神的に、あるいは身体的に、回復することのない傷を負ったたくさんの元兵士、夫をなくした女性や父親をなくした子ども、多くの男性が戦死したために伴侶を見つけられなかった若い女性があとに残された。平和が訪れたのも束の間、新たな災厄がヨーロッパ社会を襲った。インフルエンザ〔スペインかぜ〕の流行である（おそらく北フランスとベルギーの細菌をたくさん含んだ土壌を攪拌した結果だろう）。インフルエンザの流行によって、全世界で二千万人の命が奪われた。戦争によって、農家の力強い働き手となる男性がいなくなったため、あるいは、市場に食料を運ぶ輸送ネットワークが破壊されたために、飢餓が生じ、栄養状態が悪かったこと、また左右両陣営の過激派がそれぞれの目的を達成するために暴力を行使したために政治騒動が起こったことも死者が増大した原因となっていた。かつてヨーロッパで最も豊かだった都市の一つであるウィーンでは、赤十字職員がチフスやコレラ、くる病、壊血病に苦しむ患者を目のあたりにした。これらの疾病はヨーロッパから消滅したと考えられていたのだ。後に明らかになったように、一九二〇年代から一九三〇年代は——現在こう表現する人々もいるのだが——「ヨーロッパの新たな三十年戦争」の中休みに過ぎなかった。二度目の大戦が勃発したために、単に大戦と呼ばれていた戦争は、一九三九年に新しい呼称——第一次世界大戦——を得たのである。

大戦は物理的にも精神的にも、今なお影を落としている。何トンもの武器が今でもかつての戦場に埋まっている。あらゆるものが埋まっていて、よくあることだが、人間が埋まっていることもある。誰だか不明だが、おそらくベルギーで土地を耕していたであろう農民が、新たに死者のリストに追加されることもある。毎年凍結した地面が融ける春になるたびに、ベルギー軍とフランス軍の部隊は地中に埋もれている不発弾を処理しなければならない。おびただしい数の回想録や小説、絵画のおかげで、また家族の体験談などから、私たちの頭のなかで大戦は、歴史の中の暗く恐ろしい一章であり続けている。私の父方・母方の祖父はともに大戦に参加した。一人はインド陸軍の軍医として中東で戦い、もう一人は西部戦線で野戦病院のカナダ人軍医として戦った。当時、祖父が授与されたメダルや、バグダッドで祖父の患者が感謝の気持ちからくれた剣や、カナダで子ども時代を過ごしたときに——多分、まだ信管が外されてないぞと誰かが気がつくまでは——おもちゃにしていた手榴弾を、私の家族は今でも持っている。

この戦争にはわからないことが多いので、大戦を忘れることができない。なぜヨーロッパが、ヨーロッパ自身や世界に対してこんなことができたのか。それを説明できる要因はたくさんある。実際、あまりにも多くの理由があり、選ぶのが難しいほどだ。まずは軍拡競争や柔軟性のない軍事計画、経済的なライバル関係、貿易戦争、植民地の争奪を伴う帝国主義、あるいはヨーロッパを対立する陣営に分断する同盟関係体制があった。思想や感情が国境線をまたがって対立することもよく見られた。他者への憎悪と軽蔑をまき散らすうさん臭いナショナリズム。栄光ある過去の喪失あるいは革命の恐怖、テロリストとアナキストに対する恐怖。変化への、あるいはより良き世界への願い。譲歩や弱さを見せたくないという意味での名誉や男らしさの欲求。人間の社会をあたかも種であるかのように序列化し、進化と進歩だけでなく人間（集団）間の闘争が不可避であるとする信仰を広めてしまった社会進化論。また、各国が果たした役割も忘れてはならない。その動機、ドイツや日本のような勃興しつつある国々の野心、イギリスのような衰退しつつある国々の感じていた恐怖、フランスとロシアが抱いていた復讐心、オーストリア＝ハンガリーにとっての生き残りのための戦いも説明の一つになるだろう。それぞれの国の内部にあった圧力もそうだ。たとえば、高まりつつある労働運動や公然と活動している革命勢力、女性の参政権要求、植民地国の独立の要求、階級間闘争、信仰を持つ者と教権に反対する者、あるいは軍人と民間人の間の闘争。これらすべての要因が、どのようにしてヨーロッパの長い平和を維持し、あるいは、戦争へと突き動かしていったのか？

軍事力、思想、偏見、制度、闘争——これらすべてが深く関わっているのは間違いない。だが、個人の存在がある。最終的にとは言わないまでも、そのうちの多くの人々は、戦争を肯定し戦争への道を開くのか、不戦かの決断をしなければならなかった。ドイツ皇帝（カイザー）、ロシア皇帝（ツァー）、そしてオーストリア＝ハンガリー皇帝（エンペラー）のように、大きな権力を持った世襲の君主がいた。フランス大統領やイギリス首相、イタリア首相のように、立憲体制下にある人々もいた。振り返ってみると、〝一九一四年〟に関わった鍵を握る人物が、戦争に向けて進む圧力に対して立ち上がる勇気と想像力を持った立派な指導者ではなかったことが、ヨーロッパの、そして世界の悲劇だった。ともかくも、どのようにして大戦が始まったのか説明する時には、過去の大きな流れと、その流れの中にあって偶然から表舞台に現れ、ときには流れの方向を変えた人々の存在も考慮しなければならないのである。

説明を諦め、大戦は不可避であったというのは簡単だが、危険な考えである。全部とは言わないまでも、いくつかの点で、現在の世界は一九一四年以前の世界に似ているから、なおさらそうである。私たちの世界は同じような危機に直面しているのだ。軍事力に訴える宗教集団、あるいは既存秩序に抵抗する運動の勃興という挑戦もあれば、中国のように勃興しつつある国とアメリカ合衆国のように衰退しつつある国との間の緊張から生まれる挑戦もある。私たちはどうすれば戦争が起こる可能性があるのか、またどうすれば平和を維持できるのか、きめ細かく考える必要がある。一九一四年当時、それぞれの国民はそれ以前の人々と同じように、〝こけおどし〟とそれに対抗する〝こけおどし〟という抑制の利いたゲームだと当時の指導者たちが想定していた状況の下で、互いに向き合っていた。だが、オーストリア大公の暗殺から五週間のうちに、かくも簡単に、かくも突然に、ヨーロッパは平和から戦争に移行したのである。一九一四年の危機と同じような危機があっても、以前ならヨーロッパの戦争という一線を越えることはなかった。ヨーロッパの指導者と彼らを支持していた人々の多くは、問題を解決し平和を維持することを選択していた。一九一四年は、何が違ったのか。

その時代を生きた人々がどのような景色を見たのか、想像することから始めてみよう。大地や植生、丘陵、小河川などはすべて、経済から社会構造に至るまで、ヨーロッパを構成する鍵となる。一方、ヨーロッパの考え方や意見を形づくる思想の流れが少しずつ変化している。自分がその時代を歩いている一人だと想像してみよう。自分の行く先々には、いくつか選択肢がある。空には小さな雲がわずかに浮んでいるが天気はよい。道は開けた平野の向こうにまっすぐ伸びている。運動は体によいし、また最終的には安全な目的地に到着したいから、歩き続けなければならないことはわかっている。歩くときにはそれなりに気をつけなければならないこともわかっている。人を狙う動物がいるかもしれないし、川を渡る必要があるかもしれない。また、前方に切り立った崖があるかもしれない。だが、それらのうちの一つが自分の運命に襲いかかってくるなど、思いもよらないことである。自分は分別も経験もたっぷりある歩行者なのだから。

しかし、一九一四年のヨーロッパは崖から落ち、破滅的な戦争に突入した。何百万という人々の命を奪い、経済を破綻させ、帝国と社会を粉々になるまで揺さぶり、ついにはヨーロッパを世界の覇権者の座から引きずり下ろす戦争だった。開戦に興奮した大都市の群集を写した写真は誤解を招くものである。ヨーロッパのほとんどの人は、われわれの戦争の到来を驚きをもって受け止めた。最初の反応は、信じられないという気持ちとショックだった。人々は平和に慣れていた。ナポレオン戦争が終わってからの十九世紀は、ローマ帝国建国以来、知られる限りで最も平和な一世紀だった。もちろんいくつかの戦争はあったが、それは南アフリカのズールー戦争のように遠く離れた植民地の戦争だったり、クリミア戦争のようにヨーロッパの辺境の地で行われたり、あるいは、普仏戦争のように勝敗が明確な短期間で終わる戦争だった。

戦争に向かう最後の揺れは、六月二十八日にサラエヴォで起こったオーストリア大公の暗殺と八月四日にヨーロッパ大戦が始まる間の、わずか一カ月間に起こった。最終的にヨーロッパを戦争へと導いたこの数週間になされた重大な決定は、驚くほど少数の人々によって行われた（彼らはすべて男性だった）。彼らがどのように行動したのかを理解するためには、私たちはもっと以前にさかのぼり、決定を促したさまざまな要因を知らなければならない。私たちは、少数の指導者たちの生みの親である社会と制度を理解する必要がある。私たちは価値観と思想、感情と偏見を理解する努力をしなければならない。彼らはそれらをもって世界を見るように教えられていたのだから。また、わずかな例外があったとしても、彼らが自分たちの国や世界がどこに向かっていくのかほとんど何も考えていなかったということを、私たちは覚えておく必要がある。ここで、彼らは時代と波長が合った。ほとんどのヨーロッパ人は大戦は起こり得ず、起こるとしてもその可能性は極めて低いか、起こったとしてもすぐに終結するにちがいないと考えていたのだ。

一九一四年の夏の出来事の意味を理解しようというのなら、私たちは拙速に責任を追及するのではなく、一世紀前に歩んだ人々の足跡に自分の靴を合わせるようにしなければならない。私たちは戦争の決定を行った人々が破壊への道を歩み始めたときに何を考えていたのか直に尋ねることはできないが、当時の記録と、後に書かれた回想録からその考えにかなり正確に近づくことは可能である。はっきりしていることは、選択を担った人々が決定を下したり、決定を回避した際、一九一四年以前に発生した危機やその初期の段階で何があったのかをかなりよく憶えていた、ということである。

たとえばロシアの指導者たちは、一九〇八年のオーストリア＝ハンガリーによるボスニアとヘルツェゴビナの併合を決して忘れてはいなかった。ロシアは保護下にあったセルビアをそのとき、そして再び一九一二年から一九一三年にかけてのバルカン戦争でオーストリア＝ハンガリーに対峙していたとき、支援することができなかった。一九四一年当時、またしてもオーストリア＝ハンガリーはセルビアを破壊すると威嚇していた。今回もロシアが傍観し何もしなかったとすれば、それは、ロシアの威信にとって、どんな意味を持っただろう？ドイツはかつて、敵と対峙したときの同盟国オーストリア＝ハンガリーを全面的に支援したわけではなかった。今度も支援しなかったとしたら、ドイツは唯一の確かな同盟国をなくしてしまうのではないか。植民地で、あるいはバルカンで起こった列強間のごく初期の極めて深刻な危機を平和的に解決したという事実が、一九一四年に関わるもう一つの要素となっていた。戦争という威嚇がそれ以前も用いられたが、最後に第三者から圧力がかかって譲歩が成立し、会議が招集されて危険な問題は解決した。瀬戸際政策がうまくいっていたのだ。一九一四年のときも、確かに同じプロセスが機能し始めていた。しかし今度は瀬戸際政策が成功しなかっただけのことである。今回オーストリア＝ハンガリーはドイツの支援を得て、セルビアに宣戦布告した。ロシアはセルビアを支援することを決め、オーストリア＝ハンガリーおよびドイツと戦争することを決定した。ドイツはロシアの同盟国であるフランスを攻撃した。イギリスは連合国の側で参戦した。一線を越えたのである。

一九一四年の開戦はショックだったが、青天の霹靂ではなかった。その前の二十年間に徐々に暗雲が立ち込めており、ヨーロッパ人の多くはその事実を不安に思いながらも、気づいていた。嵐が起こる、ダムが決壊する、雪崩が起こりそうだという描写が、当時の文献からかなり共通して見いだすことができる。一方これらの文献には、指導者が書いたものであれ、普通の市民が書いたものであれ、戦争の脅威を上手に処理し、紛争を平和的に解決し、戦争を時代遅れのものにする、より良くより強力な国際機関を樹立することができるという信頼も存在していた。おそらく、戦前のヨーロッパの最後の黄金の数年間という概念の大部分は後世の人々が考えたものであろう。しかし当時の資料の中にさえ、太陽の光が世界に拡がり、より豊かで幸福な未来に向かって人類が進んでいくというイメージがあったのだ。

歴史において、不可避であるということはまずない。ヨーロッパが一九一四年に戦争をしなければならないという必然性はなかった。大戦は、イギリスが最終的に参戦を決めた八月四日の最後の瞬間まで回避することができたはずである。振り返って考えれば、もちろん私たちは、戦争の可能性を高めたさまざまな要因を理解することができる。植民地をめぐる（列強間の）ライバル関係、経済競争、オーストリア＝ハンガリー帝国とオスマン帝国を解体した民族主義。あるいは国民が望む権利を擁護せよと指導者に圧力をかける国民主義的な世論の拡大。

私たちは当時のヨーロッパの人々が理解していたように、国際秩序の中に累積していった緊張を理解することができる。たとえば、ドイツの問題である。一八七一年にドイツ帝国が建国されたことによって、ヨーロッパの中心部に新しい大きな力が突如出現することになった。ドイツは他のヨーロッパ各国が統合へと向かう支柱となるのか、それともそれに反発する脅威となるのか。ヨーロッパ以外の勃興しつつある国々、すなわち日本とアメリカ合衆国は、ヨーロッパが支配する世界構造にどのように適合していくのか。進化論的思考の非嫡出子である社会進化論とその「いとこ」にあたる軍国主義は、国民間の競争が自然のルールの一部であり、最終的に最適者が生き残る「適者生存」という信念を助長していた。その信念によると、それはおそらく戦争によって成就する、ということになる。十九世紀後半、軍が国家の最高組織に位置づけられ礼賛したり、軍の価値観が市民社会にまで浸透したりしたことによって、戦争は生存のための偉大な、闘争上不可欠のもの、戦争は社会にとってよいものであり、いわば社会を高める役割を果たすもの、という思いが育っていったのだ。

十九世紀の人類に大きな恵みを与えた科学と技術は、一方で、これまで以上に恐ろしい新たな兵器をもたらした。国家間のライバル関係は軍備拡張競争に火をつけ、不安定な国際情勢を増幅し、競争はさらに激化した。自国の弱点を補うために各国は同盟相手を求め、その決定がヨーロッパをさらに戦争に近づけた。ドイツとの人口競争で敗れつつあったフランスがロシアと同盟を結んだのは、ロシアの巨大なマンパワーが理由の一つだった。代わりにロシアはフランスの資本と技術を手に入れた。だが、フランスとロシアの同盟によって、ドイツは包囲されていると感じるようになった。ドイツがオーストリア＝ハンガリーとの結びつきを緊密にした結果、バルカンでロシアとライバル関係になった。ドイツがイギリスを友好的にしようと目論んだ海軍競争は、かえってイギリスにドイツを上回る船をつくらせたばかりか、従来の〝栄光ある孤立〟政策を転回させ、フランスとロシアに接近させることになった。

軍拡競争および同盟関係と並行した軍事計画は、いったん動き出すと止めることができず運命の日を招くことになったと批判されることが多い。十九世紀には、イギリスを除くヨーロッパの国々はいずれも徴兵制を敷いていた。訓練を受け制服を着ている兵士は実際にはわずかで、予備役兵として市民生活に戻っている一般の人々の方がはるかに多かった。戦争の脅威が高まると、巨大な軍が数日のうちに召集された。すべての人々が適切な装備を身に着け適切な部隊に到着するよう、詳細な計画に則って大動員された。そのあと各部隊は正しく編成され、通常は鉄道を使って目的地に移動した。しかし精緻な時刻表は、柔軟性を欠くことがあまりにも多かった。一九一四年のドイツの場合のように、一つの戦線だけに部分的に動員することができなかった。だからこそドイツは、対ロシアだけではなくフランスにも動員したのである。また、可及的速やかに動員することができないという危険もあった。敵が国境に迫っているのに、自国の兵士が部隊に到着するのに、あるいは列車に乗るのに遅れるようなことがあれば、すでに戦争に負けたも同然だった。厳格な時刻表と戦争計画は文民の手から最終的な決断を奪い取るようになっていたのだ。

戦争計画が大戦を説明するスペクトラムの一方の端にあるとすれば、もう一方の端には、名誉と威信という、漠然としているもののなお侮れない要素が存在していた。ドイツのヴィルヘルム二世は偉大な祖先フリードリヒ大王を手本にしていたが、第二次モロッコ事件のときにフランスに対して譲歩したため「ギヨーム・ド・ティミド」（臆病者ヴィルヘルム）と馬鹿にされた。ヴィルヘルムはもう一度、この場面でやり直したいと思っただろうか？　一人ひとりの人物について真実であることは、それぞれの国民についても当てはまる。一九〇四年から一九〇五年にかけての日露戦争において敗北し、屈辱を味わったロシアは、大国としての威信をもう一度誇示する必要があると強く望んでいた。

恐怖もまた、大きな役割を果たしていた。それは大国がそれぞれ隣国相手に対して取る態度に、また指導者と一般の人々が戦争を政治の道具として受け入れたことに表れている。オーストリア＝ハンガリーは、国境の内側で南スラヴのナショナリズムに何らかの手を打たなければ大国としての地位を失うのではないかと考えていた。それは南スラヴという磁石と隣国の独立国家セルビアに何らかの手を打つということだった。フランスは隣国ドイツを恐れていた。ドイツは経済的・軍事的にフランスよりも強力だった。そのドイツは東側に懸念を抱いていた。ロシアは急速に発展し、再武装を始めていた。ドイツは今のうちにロシアと戦っておかなければ勝てないのではないかと恐れていた。イギリスは平和を継続することで得るところが多かったが、いつものようにある一国が単独で大陸を支配することを恐れていた。いずれの国も他の国を恐れていたが、国民のことも恐れていた。社会主義思想はヨーロッパ中に拡がっており、労働組合と社会主義政党は古い支配階級を覆そうとしていた。多くの人々が考えたように、これは暴力革命のさきがけだったのだろうか。エスニックなナショナリズムも破壊的な力を持っていた。オーストリア＝ハンガリーだけでなく、ロシアとイギリスにおいてもそうだったのである。イギリスにおいてアイルランド問題は、一九一四年の最初の数カ月間、政府内では外交問題よりも重大な関心事だった。戦争は分裂した国内を再統合し、愛国心という大きなうねりで一般の人々を一つにまとめる方法となり得たのだろうか？

　最後になるが、そしてこれは現代においても真実であるが、私たちは間違いや、混乱や、単なるタイミングの悪さといった人に関わる要素を過小評価すべきではない。ドイツとロシアの政府は複雑で非効率であったために、文民の指導者たちは戦争計画に政治的な部分が含まれているのにもかかわらず、十分な情報を得ていなかった。サラエヴォで暗殺されたオーストリア大公フランツ・フェルディナントは、オーストリア＝ハンガリーの諸問題を解決するために戦争を望んでいる人々に対し、ずっと反対の立場を取っていた。皮肉なことだが、フランツ・フェルディナントの死によって、セルビアに対する宣戦を回避することができる人物が取り除かれたのだ。かくして、すべてが連鎖的に動き始めたのである。暗殺が行われたのは夏休みの始まりの時期だった。危機が高まったとき、政治家や外交官、軍部の指導者の多くはすでに首都を離れていた。イギリスの外相エドワード・グレイ卿はバードウォッチングに行っていた。フランスの大統領と首相は七月下旬の二週間、ロシア訪問後の帰路、バルト海沿岸諸国をめぐる大旅行に出ており、船上のためパリと接触が取れないことが多かった。

だが、ヨーロッパを戦争に向かわせた要因ばかりを見ていると、反対方向、すなわち平和に揺り戻す要因を無視してしまう危険性がある。十九世紀は戦争を非合法とし国家間の争いを収める新たな仲裁機関を設けて平和を促進しようという団体や協会が次々につくられていた。アンドリュー・カーネギーやアルフレッド・ノーベルのような資産家が財産を寄付し、国際理解のための活動を推進していた。労働組合と社会主義政党は国際連帯を目指して第二インターナショナルを設立し、戦争に反対する平和動議を繰り返し決議して、戦争が起こった場合にはゼネラルストライキを打つという強い姿勢を示していた。

十九世紀は科学や産業、教育がめざましく進歩した時代だった。とくにそれは、ますます繁栄し力を持ったヨーロッパに集中していた。ヨーロッパ諸民族は互いに影響を与え合い、より速い通信伝達や貿易、投資などの手段や移民によって、公式・非公式に帝国が広がり、世界につながっていた。一九一四年以前の世界のグローバリゼーションは、冷戦終結後の現代に匹敵するくらいのものとなっていた。この新しい相互依存的な世界が新しい国際機関を樹立し、あらゆる国が普遍的基準に従って行動するようになっていると広く信じられていたのは間違いない。国際関係はもはや、十八世紀の世界のように、誰かが勝てば誰かが負けるゲームであるとは考えられなくなっていた。そうではなくて、平和を維持すれば全員が勝つことができたのだ。国家間の争いを収めるために仲裁という手段がますます用いられるようになった。たとえば、衰退しつつあるオスマン帝国の危機に対応するためヨーロッパの大国が連携することが頻繁になったり、国際仲裁裁判所が設立された。こうしたすべての機関や機構は、段階的に組織づくられ、世界の諸問題を適切に処理するための新しくより効率的な手段となることを示しているように思われた。戦争は時代遅れのものになったという希望があった。戦争は争いを収めるには効果的な方法ではなくなった。さらにいうと、戦闘員という資源が枯渇する点、また、新しい兵器と技術によって被る損害の規模が大きくなったという点で、戦争は非常にコストがかかるようになった。銀行は、たとえ戦争が起こったとしても単純に資金面で支えられないという理由から、戦争は数週間で終わらざるをえないと警告していた。

一九一四年の出来事について書かれたおびただしい文献の多くが、大戦がなぜ起こったのかということに対する答えを求めているのは理解できる。おそらく私たちはもう一つ、別の質問をすることが必要なのだと思う。なぜ長い平和が続かなかったのか。平和に向かって動いた力が、しかも強力なものだったのに、なぜ機能しなかったのか。かつては、最終的に平和が機能していたのだ。なぜ今回はこのシステムがうまくいかなかったのか。その答えにたどり着く一つの方法は、ヨーロッパにあった選択肢が、一九一四年以前にどのようにして狭められていったのかを知ることである。

もう一度、この時代の旅行者になったと想像してみよう。旅行者たちはヨーロッパのように広くて陽の当たる平原を出発するが、分岐点に着いたとき、どちらかの道を選ばなければならない。そのときは気がつかないかもしれないが、谷間にさしかかり、道がだんだん狭くなり、行きたいと思っているところにたどり着かない道を選んでしまったのかもしれない。もっと良いルートを探すことができたかもしれないが、そのためにはかなりの努力が必要となる。谷をつくる丘の向こうに何があるのか、そのときはわからない。後戻りすることもできなくもないが、お金がかかるし時が迫っている。それに、屈辱的な気もする。たとえば、ドイツ政府はイギリスとの建艦競争は間違った方向であるばかりか、莫大なお金の無駄遣いだったと自ら認め、国民に示すことができただろうか?

本書は一九一四年に至るヨーロッパがどのような道を歩んだのか、そして、どこで選択肢が狭まったのか、その転換点を取り上げる。その一つが、ドイツへの対抗策として、ロシアとの防御的な同盟を求めたフランスの意思決定である。もう一つは、イギリスと建艦競争を始めた一八九〇年代のドイツの意思決定だ。イギリスは用心しながらフランスに続いてロシアとの関係を修繕した。だが、もう一つの鍵となった瞬間は、第一次モロッコ事件のときにドイツが前年に調印されたばかりの英仏協商を壊そうとした一九〇五年から一九〇六年にかけて訪れた。ドイツのこの試みは裏目に出た。新しく友好国となった英仏は接近し、秘密裏の軍事的話し合いを含め、両国の絆を太くすることになった。その次の重大な危機は、一九〇八年のボスニア危機と一九一一年の第二次モロッコ事件だった。これらは、大国間の関係を形づくる恨みと、疑念と、記憶を積み重ねることになった。それが、一九一四年の意思決定へとつながる。

　過去から自由になり、新たにスタートを切ることは可能である。ニクソンと毛沢東は一九七〇年代初め、二十年あまり続いた両国の敵対関係を終えることがお互いの利益になると最終的に意思決定した。一方で、友好関係を変えて同盟関係を壊すこともできる。イタリアは大戦が始まったときにその道を選び、オーストリア＝ハンガリーとドイツの三国同盟の一つとして戦うことを拒否したのである。だが年月が経ち、相互の義務と個人的なつながりができあがると、関係を壊すことはだんだんと難しくなる。イギリスが戦争に介入することを支持した人々が、一九一四年に用いた説得力ある言い方の一つは、イギリスがフランスに支援の期待を抱かせるようにしてしまったのだから約束を取り消すことは不名誉になるというものだった。それでもなお、一九一三年の後半頃までは、二つに分かれて敵対する同盟体制を崩そうとする試みがあった。たとえば、ドイツとロシアは合意を模索して何度も話し合いを持った。イギリスとドイツ、ロシアとオーストリア＝ハンガリー、フランスとドイツもそうだった。しかし惰性か、過去の衝突の記憶か、裏切りの恐怖からか、その理由はどうであれ、こうした試みにもかかわらず、何も生み出されなかった。

　それでも私たちは、一九一四年の夏に権力と権威をもって戦争を肯定、あるいは否定することができた少数の将軍や君主、外交官、政治家がどうであったのかを知ることができる。軍を動員することに、妥協することに、すでに軍によって立てられていた計画に対して、どのように肯定もしくは否定したのかを。この文脈はなぜこうした人々がそのようであったのか、実際にどのように行動したのかを理解するうえで重要である。しかしながら私たちは個々人のパーソナリティを軽く扱うことはできない。ドイツの首相テオバルト・フォン・ベートマン・ホルヴェークは愛妻を亡くしたばかりだった。このことは、開戦を考えるにあたってベートマン・ホルヴェークの頭の中に宿命論的考え方を加えはしなかっただろうか。ロシアのニコライ二世は本質的に性格の弱い人物だった。このために、ロシアが即刻に兵を動員することを望む将軍たちに抵抗することは余計に難しかったにちがいない。オーストリア＝ハンガリー軍の参謀総長フランツ・コンラート・フォン・ヘツェンドルフは自国の栄光を願っていたばかりか、自分が戦争に勝つ名誉を得て、離婚歴のある女性と結婚できるようにしたいという個人的な望みもあったのである。

ついに戦争が始まった驚きはあまりに大きく、その責任の追及は、以来ずっと続いてきた。すべての参戦国は宣伝や新聞などを通じて自国には責任がないと主張し、他国に責任転嫁した。左派は資本主義と兵器製造業者と販売業者、すなわち「死の商人」を非難した。右派は左派またはユダヤ人、あるいはその両方を非難した。一九一九年のパリ講和会議で、戦勝国は戦争の責任者、すなわちドイツ皇帝と何人かの将軍および外交官を裁判にかけようと話し合った。だが、最終的には何もしなかった。もしドイツに戦争責任があるならば、ドイツが賠償金を払うのは正しいことになるから責任の所在については重要性を持ち続けた。ドイツに責任がないのなら（これはもちろんドイツでは一般的な見解で英語圏でもだんだんそうなってきたのだが）、そうなると賠償金とドイツが苦しんできたペナルティは非常に不公正で、正当性を持たないものになる。次の大戦が始まるまでに拡がっていた見解は、ロイド・ジョージが述べているように、「諸国は戦争というぐらぐら煮立った大鍋の中に、憂慮もうろたえもせずに流し込み続けたのである」(4)というものだ。大戦は誰か一人の過ちではない、すべての人の過ちである。第二次世界大戦後、フリッツ・フィッシャーに続いたドイツの歴史家の中には、実際にドイツに罪があり、第一次世界大戦前のドイツの最後の政府の意図とヒトラーの間に悪意ある継続性があると論じるため、文書の読み直しを行った者もいる。彼らの主張に異を唱える者もあり、議論は今なお続いている。

この研究はたぶん終わることはないだろうし、私自身もある国の指導者が他の国より責任があると論じるつもりである。一九一四年、オーストリア＝ハンガリーがセルビアを破壊するという狂気じみた決定をしたこと、ドイツが徹底的にオーストリア＝ハンガリーを支援するという決定をしたこと、ロシアが耐え切れずに兵を動員したということ。これらすべてが開戦に対して最大の責任があると私には思える。戦争を止めるためにフランスもイギリスも、もっと多くのことができたはずだと論じるのは可能だが、両国は戦争を望んでいなかったのである。だが最後に、さらに興味深い問題は、戦争の可能性が大きくなった一九一四年夏に、ヨーロッパがどのようにして到達したのかということだと思っている。意思決定を行った人々が自分たちのしていることをどう思ったのか。なぜ以前に行ったように今度は引き返そうとしなかったのか。言い換えると、なぜ平和が失敗したのか、ということだ。

1　一九〇〇年のヨーロッパ

一九〇〇年四月十四日、フランス大統領エミール・ルーベはパリ万国博覧会の開催にあたり、正義と人間の博愛の情を讃える演説をしたが、当時、好意的に取り上げる新聞はほとんどなかった。展示の準備も間に合わず、建設中の会場もあり埃っぽく、現場が混乱していた。入口に置かれた、女優サラ・ベルナールをモデルにしたファッショナブルなイブニングドレスをまとった巨大な彫像は、ほとんどの人々からひどく嫌われていたが、万博は成功を収め、五千万人を超える入場者があった。

万博のテーマは過去の栄光を祝福するもので、各国は絵画や彫像、希少本、巻物など国民の宝と言えるものや、国民のさまざまな活動を示すものを展示していた。たとえば、カナダのパビリオンには毛皮の山が置かれていた。フィンランドには数多くの木材が置かれ、ポルトガルのパビリオンは魚の装飾で飾られていた。スイスのパビリオンは羊飼いの小さな山小屋風だったが、ヨーロッパのパビリオンの多くは大きなゴシック建築かルネサンス建築でつくられていた。中国のパビリオンは紫禁城の一部を模したもので、シャム（現在のタイ）はパゴダ（仏塔）だった。衰えつつあるが今なお南ヨーロッパのバルカンからトルコを通ってアラブ、中東に至るまで広がる大国オスマン帝国のパビリオンは、キリスト教徒やイスラム教徒、ユダヤ人、それに多くのエスニックグループを含む人々からなるこの国のように、さまざまな様式が混在していた。彩色タイルとレンガ、アーチ、塔、ゴシック式の窓、モスクなど、コンスタンティノープル（現在のイスタンブル）のさまざまな要素を組み合わせたパビリオンは、結果としていくぶんハギアソフィアに似たものとなった。ハギアソフィアはもともとキリスト教の大聖堂であったのが、オスマン帝国征服後はモスクとして改築され、使用されてきた。

ドイツのパビリオンにはトランペットを吹く伝令官の

彫像がそびえ立っていた。おそらく、ヨーロッパの大国のうちで一番新しい国には相応しいものだったのだろう。パビリオンの中にはフリードリヒ大王の図書館が正確に再現されていた。ドイツのパビリオンはドイツ軍の勝利に焦点を当てる展示を巧みに避けていた。なぜならその多くがフランスに対する勝利だったからである。だが、パビリオン西側の正面は、ドイツと世界の大海軍国イギリスとのライバル関係を匂わせるものだった。一枚のパネルにはサイレンが鳴り響く嵐の海が描かれ、ドイツの統治者ヴィルヘルム二世の座右の銘と噂される次の一文が書かれていた。「幸運の星は、錨を引き上げ海の征服に身を投じる勇敢な男を待っている」。それ以外の展示はいずれも、一八七一年に誕生したばかりにもかかわらず、急速に発展した国の力を思い起こさせるものだった。「電気の館」には二万五千キロを持ち上げることができるドイツ製のクレーンが展示してあった。

ドイツに最も近しいヨーロッパの友人であるオーストリア＝ハンガリーは、二つのパビリオンを用意したが、そのうちの一つは二重帝国として有名になったものだった。オーストリアの展示テーマの一つは、当時ヨーロッパで流行した新しい様式《スタイル》、すなわち全盛のアールヌーボーを示すものだった。大理石のケルビム〔羽をもった天使〕とイルカがパビリオン前の噴水で戯れ、大きな彫像が階段を支えていた。その壁は約二・五センチ間隔で金の葉模様や宝石で彩られ、幸せな、あるいは悲しげな顔をした仮面や、花模様で装飾されていた。ヨーロッパ中央からアルプス山脈、アドリア海に至るまでに広がった大帝国に何世紀も君臨したハプスブルク家の人々のために大応接室を用意していた。その他、ポーランド人やチェコ人、ダルマチア海岸の南スラヴ人の作品も展示していた。彼らは二重帝国に住む数多くの民族のうちの一部に過ぎなかった。オーストリアのパビリオンの隣には、ハンガリーのパビリオンから分かれた小さなパビリオンが立ち、ボスニアという小さな地方を代表していた。法律上、ボスニアはオスマン帝国の一部だったが、一八七八年以来ウィーンの統治を受けることになっていた。ボスニアのパビリオンは首都サラエヴォから来た職人によって愛らしく飾られていたが、アシェットのガイドブックによると、両親に初めて世界に連れてきてもらった若い女の子のようだった[1]〔両親〔オーストリア＝ハンガリーとオスマン帝国〕は当時特別に幸せだったというわけではなかった〕。

他方、ハンガリーのパビリオンには民族主義的な雰囲気が漂っていた（オーストリア側の人間でこれを批判する人々は、展示してあるハンガリーの民芸品が粗野で、色が明るすぎるとこぼしていた）。展示品の中には、ハンガリー北部のコマロン城を再現したものがあった。コマロン城は十六世紀にオスマン帝国が北に勢力を伸ばしヨーロッパに侵入したとき、道の途上にあったものである。ずっとあとの一八四八年にハンガリーの民族主義がハプスブルク家に対する革命の際この城を奪ったものの、翌年にオーストリア軍の手に落ちることになった。パビリオンには、オスマン帝国に対して勇敢に戦ったことで有名な軽騎兵に捧げられた部屋もあった。しかし、展示物の中にハンガリーに住んでいたクロアチア人やルーマニア人など、他の何百万もの非ハンガリー人に関するものはなかった。

ドイツと同じく新しい国で、現実の国力というより儀礼上から大国扱いされたイタリアは、豪華絢爛な大聖堂のような建物を建てた。黄金のドームの上に巨大な鷹が止まり、勝ち誇ったように翼を広げていた。パビリオンの中は中世とルネサンス時代の芸術品であふれていたが、過去の栄光は若く貧しい国には荷が重く映った。対照的にイギリスは、いまだ貿易と製造業の多くの分野で世界の優位に立ち、最も強力な海軍と最も大きな帝国を世界のなかで所有していたが、基調は地味だった。日の出の勢いの若き建築家エドウィン・ラチェンスがデザインした木材を使用したチューダー様式のこじんまりとしたカントリーハウスのパビリオンに主に十八世紀以後のイギリスの絵画が飾られた。絵の所有者の中には、伝統的に厄介だった英仏関係が一九〇〇年の段階でさらに緊張の度が高まっているという理由から作品を貸すことを拒んだ者もいた。(2)

ロシアは、万博ではフランスの友好国として立派な場所を提供されていた。ロシアの展示内容は膨大で、シベリアのために用意されたクレムリンスタイルの壮大な館から、皇帝の母親マリー皇太后にちなんで名づけられた豊かに飾りつけられたパビリオンに至るまで、いくつかの場所に分かれて配置されていた。訪れた人々は他の何よりも、皇帝ニコライ二世がフランスに贈った立派な石造りのフランスの地図を褒め称え、ロマノフ家のあまりにも見事な所蔵物に驚きを禁じ得なかったようだ。フランスは、自国のパビリオンを持っていなかった。結局のところ万博全体が、フランスの文明や国力、産業、農業、そしてフランス植民地のモニュメントとしてつくられていて、別の特別展が行われている多くの部屋がフランスの業績を讃えるためのものだった。ガイドブックによると、「美術の宮殿」の中のフランスの展示は、当然ながら洗練された趣味と贅を尽くした見本となっていた。万博は、わずか三十年前に普仏戦争でドイツの出現を阻もうとして完敗したにもかかわらず、今なおフランスが大国であることを改めて主張するものだった。

それでもなお、万博は「全人類の調和と平和のシンボル」だ、とフランスは宣言した。パリで展示を行った国は四十を超え、それは主としてヨーロッパの国だった。しかし、アメリカ合衆国や中国、ラテンアメリカの国のいくつかもパビリオンを持っていた。だが、権力がどこにあるのかを思い起こさせるものとして、万博の大きな部分を占めていたのは、ヨーロッパ勢力がその所有者としてひけらかす植民地の展示だった。訪れた人々はエキゾチックな植物や動物に驚き、アフリカの村々のレプリカを歩き、フランス領インドシナから来た職人が作業しているのを眺め、北アフリカの市場で買い物をすることができた。「しなやかに踊る少女たちはテルプシコラー〔ギリシャ神話に登場する、合唱と舞踏を司る女神〕の継承者として知られるが、体のひねりは最低レベルだ」[3]と、アメリカの観客の一人は辛辣に述べている。訪れた人々は自分たちの文明が優位にあり、その恩恵が世界中に広がっているという心地よい〝確信〟を持ち帰った。

万博は、革命と戦争で始まった十九世紀が、進歩と平和と繁栄のうちに幕を閉じるのを記すに相応しい方法だった。ただし、十九世紀のヨーロッパに全く戦争がなかったというわけではない。しかしそれは、十八世紀にあった長期にわたる戦争や、ほぼ全ヨーロッパを巻き込んだフランス革命およびナポレオン戦争とは比べようもないほど、一般的に十九世紀の戦争は短かった。たとえば、プロイセンとオーストリア帝国の戦争（普墺戦争）は七週間で終わった。また、植民地戦争はヨーロッパから遠く離れたところで行われていた（ヨーロッパ人はアメリカ南北戦争をもっと心に留めておくべきである。南北戦争は四年間続いたばかりか、近代的な技術と粗末なものではあるが有刺鉄線、そして砲火発射の反動による砲台の後退を避けるための道具によって、防御側に有利になるように変化したのだ）。十九世紀半ばのクリミア戦争はヨーロッパの四つの大国を巻き込んだが、それは例外だった。プロイセン＝オーストリア戦争〔一八六六〕、普仏戦争、ロシア＝トルコ戦争〔一八七七―一八七六〕では、他の国は賢明にも争いの外にとどまり、平和を再構築するために努力したのだ。

ある状況下で、目的達成のため他のよい手段が見つからないときには、戦争は国にとって合理的な選択肢であると考えられていた。プロイセンはドイツ諸公国をオーストリアとともに管理するつもりなどなかったし、オーストリアは譲歩しないと決めていた。戦争は、プロイセンにとって良い結果に終わった。戦争という手段は金がかかるものの、必ずしも過度にかかるというわけではなかった。その当時は、限定された時間と範囲で戦争が行われたのである。職業軍人が互いに戦い、一般人とその財産に与える被害は最小限だった。局地的な攻撃で、決定的な勝利を得ることが可能だった。だが、一八七〇年から七一年にかけての普仏戦争は、アメリカの南北戦争のように、軍事力を行使する戦争の性質が変わりつつあることを暗示していた。徴兵制が採用され、規模の拡大した軍隊と、性能が上がり火力が増した兵器は、プロイセンとその同盟諸公国にフランス開戦において大きな損失をもたらした。セダンでのフランス軍の降伏で戦闘は終わったわけではなかった。フランス国民の大部分は〝国民の戦争〟を継続することを選択したのだ。だが、それさえ最終的に終結した。フランスと新しいドイツは講和を結び、やがて関係は修復された。一九〇〇年にベルリンの実業界はパリの商工会議所に、万博の成功を祈って次のようなメッセージを送っている。「この偉大な事業に共に尽力することで、世界の文明国は互いに歩み寄ることができるでしょう」[4]。パリを訪れるドイツ人が両国民の間に横たわるわだかまりを改善する一助となるにちがいないと、多くのドイツ人は願っていた。

アシェットガイドの特別号には地球上の全民族が万博に協力している、と記されている。「人類は驚嘆すべきもの、宝物を蓄えていて、私たちに未知の芸術や見過ごされてきた発見を提示し、平和的な形で競い合っている。征服の際にも進歩は衰えないのだ」。進歩と未来というテーマが、新しい「動く歩道」から「円形式の映画館」に至るまで、万博を通じて一貫して体現されていた。水の流れ落ちる滝、勢いよく水の飛び出る泉、これらの水を色取り取りの光が照らしている「水の城」と名づけられたパビリオンの一つでは、巨大な池の中に設置された装飾品は、未来に向けて前進し、「ルーティンと憎悪」〔型にはまったことを嫌う〕という少々奇妙な組み合わせを否定する「進歩」という観念によって導かれた「人間性」を象徴するものであった。

万博はそれぞれの国のショーケースだったが、工業、商業、科学、技術、芸術分野での近年の飛び抜けた成果を讃える記念碑でもあった。レントゲンの機械を目の当たりにすることもあれば、ヘンリー・ジェイムズ〔小説家〕のように発電機のホールに圧倒されることもあった。なかでも一番興味をそそられる発見は電気だった。イタリアの未来派芸術家ジャコモ・バッラは、パリ万博で見たものを記念して娘たちを「ルーチェ」（光）と「エレットリシータ」（電気）と呼ぶようになった〔三番目の娘の名前はエリカだったが、バッラは素晴らしいと思った近代の機械にちなんで「プロペラ」と呼んだ〕。カミーユ・サン＝サーンスは万博の電気を讃えるカンタータを書いた。オーケストラとピアノソロと合唱による『天の電気』が無料のコンサートで演奏された。「電気の館」には五千個の電球で輝き、高い屋根の頂上には馬と竜が引く車に乗る電気の妖精が立っていた。近代社会の重要な活動のための場所やパビリオンが何十も用意されていた。そのなかには機械、採掘、冶金、化学産業、公共交通、衛生、農業に関するものも含まれていた。

さらに大きな企画もあった。第二回目の近代オリンピックが万博の附属大会として近くのブローニュの森で開催されたのである。種目にはフェンシング（フランスの得意分野）、テニス（イギリスが勝利）、陸上競技（アメリカが優勢）、サイクリングにクロッケー（クロケット）が含まれていた。ヴァンセンヌの万博別館に行くと、新しい自動車に試乗したり気球レースを見ることもできた。創成期の映画監督の一人ラウール・グリモワン＝サンソンは自ら作った気球に乗り、空の上から万博の映像を撮影した。アシェットのガイドブックは、次のように記している。万博は「素晴らしい成果で、十九世紀の頂点である。実り豊かな発展があり、科学が驚異的に進歩し、世界の経済秩序が革命的に変化した」。

そのあと二十世紀に起こったことを考えると、このような自慢や自己満足は哀れにも思えてくるが、一九〇〇年時点のヨーロッパ人には直近の過去に満足し、未来に希望をつなぐだけの十分な理由があった。一八七〇年から三十年の間に生産と富は爆発的に増加し、社会と人々の生活様式が一変した。より良質でより安価な食糧、公衆衛生の向上、医学の劇的な進歩のおかげで、ヨーロッパの人は以前より長く、健康な人生を送るようになった。

ヨーロッパの人口はおそらく一億人ほど増加し、四億人となっていたと思われるが、工業の発展と農産物の増加および世界中からの輸入のおかげで人口の増大に対応できていた（また、移民が安全弁として機能しさらに劇的な人口増加を回避していた。十九世紀末の二十年の間に二千五百万人ほどのヨーロッパ人が新たなチャンスを求めてアメリカ合衆国に移住し、そのほか何百万人もの人々がオーストラリアやカナダ、アルゼンチンに渡っていったのだ）。

ヨーロッパの各都市には工場や商店などに働き口を求めて多くの人が田舎から移住し、人口は増大した。一七八九年のフランス革命前夜、パリの人口は六十万人ほどだったが、万博のときには四百万人となっていた。ハンガリーの首都ブダペストは最も劇的な増加をみせた。一八六七年には二十八万人だったのが、第一次世界大戦のときには九十三万三千人となっていたのである。ヨーロッパにおいて、農業で生計を得る人の数は減少したが、工業労働者階級と中産階級は増加した。労働者たちは労働組合を組織し、十九世紀の終わりにはほとんどの国で合法となった。フランスで労働組合に入っている労働者の数は一八九五〜一九〇〇年の間の五年間に五倍となり、第一次世界大戦直前には百万人に達していた。労働者階級の重要性が増していることを受けて、万博は労働者向けのモデルハウスと労働者の知性と道徳性を向上するためのさまざまな組織に関するものを展示していた。

パリ万博を組織したエンジニアのアルフレッド・ピカールは、来場者に「教育の館」からスタートすることを薦めていた。教育はすべての進歩の源であるとピカールは述べている。「教育の館」はフランスだけでなく、他国の幼稚園から大学に至るカリキュラムと教授方法を展示していた。アメリカ人好みの興味深い教授法を見ることができるからアメリカ合衆国の展示は行ってみる価値がある、とアシェットのガイドブックに記されている（アメリカの展示が教育に特化しているというわけではなかったが）。科学技術教育、夜間の成人学級の特別展示もあった。ヨーロッパの経済構造が変化するにしたがって、政府も実業界も良質の教育を受けた人材の必要性を認識していた。十九世紀後半に「万人のための教育」が拡がり、識字率が高まった。第一次世界大戦前夜には、ヨーロッパで最も遅れた国だと一般的に思われていたロシアでさえ、都市の子どもの半分、田舎に住む子どもの二八パーセントが小学校に通っていた。ロシアは一九二二年までに就学率を一〇〇パーセントにすると目標を立てていた。

公共図書館と成人学級の増加によって本を読む人が増え、出版社はコミック本やパルプフィクション、スリラー、『ウエスタン』のような冒険小説といった新しいジャンルの本を刊行し、大衆市場に応えていった。派手な見出しとイラストをふんだんに使った大衆紙も出現した。一九〇〇年、ロンドンの「デイリーメール」紙の発行部数は百万部を超えていた。これによってヨーロッパの地平線が知的〔精神的〕に拡がり、自分たちは先祖が属していたよりも大きなコミュニティの一員だと感じるようになった。かつてのヨーロッパ人は自分のことを町や村の一員だと思っていたが、今は「ドイツ人」、「フランス人」、「イギリス人」といったより大きな属性である「国民」なるものの一員だと感じるようになった。

政府の仕事に特化した展示はパリではなかったが、公的なものから市民の福祉に至るまで、政府が行うべき業務の数が増えていることは明らかだった。新しいヨーロッパで、行政はほんの三十年前よりはるかに複雑な業務をこなすことになった。以前より社会が複雑になったからである。民主主義の拡大と選挙権の拡大によって「市民」の数が増え、彼らはさらに多くの権利を要求していった。いずれの政府も不満を抱えた市民を大勢抱えることは望まなかった。ヨーロッパで起こった多くの革命の記憶が、あまりにも鮮明に残っていたからだ。イギリスを除くヨーロッパは、一定期間、若者を軍に徴兵するようになり、支配者層は大衆の協力と善意に頼らなければならなくなっていた。ロシアのインテリ貴族の一人エフゲニー・トルベツコイ公が述べたように、「ロシアの防衛のため民衆に頼ることが必要である時代にあっては、民衆の意に反して統治することは不可能」だった。(5)

各国政府は住民に基本的な安全を提供するだけではすまないということに気づいていた。これは、ある意味において革命につながる社会闘争などを回避する意図もあったが、より健康で、よりよい教育を受けた労働力は、経済的・軍事的に好都合だったからでもある。一八八〇年代、ドイツの大宰相オットー・フォン・ビスマルクは、失業保険と老齢年金を導入し、近代福祉国家のパイオニアとなった。ビスマルクのやり方にヨーロッパ中が倣ったのだ。各国政府はさらに以前より巧みな広報手段の必要性に気づいた。十九世紀後半になると、政府が効率的に国家を統治するためには、統計も重要なツールとなった。なぜなら統治には訓練を受けた公務員が必要で、軍人や役人を選ぶのに、家族や縁を拠りどころにした古くアマチュア的な方法では不十分になったからだ。地図を読むことができず、戦術や論理を理解しない将校は、規模が大きくなった軍隊を指揮することができなくなった。外務省は、他国との関係に首を突っ込みたがる紳士たちにとって居心地のよい逃げ場ではなくなっていた。世論という新しく予測のできない要素が加わったため、政府は国民を無視して外交を行うことができなくなったのである。

早くて安価な郵便と電報などの新しい情報伝達手段によって、ヨーロッパ人は互いに意思疎通ができるようになり、国民感情を持つようになったことに加えて、他国で何が起こっているのかをよく理解できるようになった。以前より安く簡単になった旅行も、それにプラスに働いた。都市部ではだんだんと馬車が消えていき、路面電車のような新しい交通手段に変化していった。万博に向かうパリの最初の地下鉄路線はこのとき開通した（地下鉄スリが活動を開始したときでもあった）。鉄道と運河という交通網はヨーロッパを超えて拡大し、蒸気船航路は大洋を縦横するようになった。一八五〇年に線路の長さは全大陸を合わせて二万二千キロほどしかなかったが、一九〇〇年には二十八万キロを超えた。パリ万博にはヨーロッパ中だけでなく遠いアメリカからも何千もの人々が訪れ、この夏のパリに滞在した。時を同じくして、新しい現象が出現した。大衆向けのツーリズムである。たとえば十八世紀には、若い貴族たちが行ったグランドツアーのような娯楽旅行は金持ちや有閑者だけのためのものだったが、今や中産階級、さらには裕福な労働者階級の手にも届くようになっていた。一八四〇年代、進取の気性に富むイギリス人トマス・クックは新しい鉄道を使って禁酒団体の外遊を企画した。十九世紀の終わりにはトマス・クック・アンド・サン社は何千という人々のための旅行を企画するようになっていた。当然のことながらこの会社は、一九〇〇年にパリ万博向けの特別ツアーを企画した。

ヨーロッパは現在の私たちが知るような風景になった。都市部は古いスラム街と細い路地を区画整理し、幅の広い道路と公共空間を新設した。ウィーンでは政府が昔の市壁と堀の址を開発した。巨大な建築物と優雅なアパート群が並んだリングシュトラーセ〔ウィーン市の中心部にある環状道路〕は、近代都市のシンボルとなった。ウィーンも他のヨーロッパの都市と同様に、十九世紀の終わりには、清潔で活気のある街になった。ガス灯から電灯に代わり、街は明るくなった。ヨーロッパの都市はどこを訪問してもうれしい驚きに満ちている、と著名なオーストリア人作家シュテファン・ツヴァイクは回想している。「通りは広く、立派になった。公共の建築物は堂々たるものとなり、店のたたずまいは優雅になった」(6)。たとえば、下水溝の改良やバスルームの普及、清浄な水の供給といった現代では至極当然な公衆衛生の改善により、かつて当たり前のように蔓延していたチフスやコレラのような疾病は姿を消し始めた。一九〇〇年の万博の「衛生館」には、病院や隔離室など公共建築物用の新しい室内用暖房空調システムが展示され、偉大なルイ・パスツール〔フランスの生化学者、細菌学者〕に敬意を表して胸像が置かれていた(カナダから訪問したある女性は、忌まわしいフランス男がこんなに大勢いなければ展示をもっと楽しめたのにと述べている(7))。

織物と衣類の展示コーナーでは、フランスはトップクラスのファッションデザイナーの作品だけでなく、中産階級の消費者もファッションを楽しめるようにした既製服も出展していた。自転車や電話、リノリウム、安価な新聞や本といった新しい消費者向けの商品が日常生活の一部となり、新しく出現した大百貨店とカタログショッピングによって、ゆとりのある人々がそれらを購入できるようになった。ヨーロッパの人口も増えていた。大量生産のおかげでかつての贅沢品は庶民でも購入可能となっていた。一八八〇年代、ドイツの工場は一年間に七万三千台のピアノを製造していた。庶民向けの娯楽は安価になり、手の込んだものとなった。フィルムという新しいメディアが刺激になり、映画館がつくられた。美しく装飾された映画館も多かった。フランスには「カフェコンサート」というものがあり、一杯のお酒かコーヒー代で歌手やコメディアン、ときにはダンサーのミニコンサートを見ることができた。イギリスにはパブがあり、明るく輝く電燈とピカピカに磨かれた真鍮、ふわふわの椅子、壁紙で飾られた室内で、下層階級の人々の夜の外出に豪華な気分を演出していた。

ヨーロッパ人は以前より良い食べものを口にするようになった。あるパビリオンでは、フランスの農業と食糧をテーマに展示されていた(シャンパンのボトルを神格化した巨大な彫刻があった)。たとえば「外国園芸館」のようなところでは、世界中から集めた食材を展示していた。ヨーロッパ人は、アゾレス諸島のパイナップル、ニュージーランドのマトンとラム、アルゼンチンの牛肉を食べ慣れてきていた。それらは新しい冷凍庫を備えた船で運ばれるか、缶詰として持ち込まれたのだ（キャンベルの缶詰スープはパリ万博で金賞を受賞した）。以前より安価で速い輸送手段とともに、農業分野の改善と新たに拡大した世界中の農地によって、一八七〇年に比べると食料価格は五〇パーセントほど下落した。暮らしが楽になった。特に中産階級にとってはそうだったのである。

一九〇〇年に十九歳だったシュテファン・ツヴァイクは、当時ののんびりとした若い頃の様子を作品に描いている。裕福な両親は寛大にも、彼にウィーンの大学でやりたいことを何でもやらせた。ツヴァイクは大学で最低限のことだけ学んだが、本は幅広く読んだ。作家として身を立てようと思い、初期の頃に書いた詩や文章のいくつかを出版した。晩年の作品『昨日の世界』でツヴァイクは、大戦前の若い頃を「安定した黄金時代」と呼んだ。中産階級にとっては特に、世界がまさにハプスブルク家のように安定して永遠のものであるかのように思われたのだ。貯蓄は安全に守られ、財産は子々孫々受け継がれていくものだった。人類は、特にヨーロッパ人は、明らかにより成熟した社会になっていった。さまざまな協会が設立され、組織が立派になっただけでなく、メンバーは親切で理性的になった。ツヴァイクの両親や友人たちにとって、過去は嘆かわしいが未来はますます明るいものだった。「人々がもはや幽霊や魔女を信じなくなったのと同じで、ヨーロッパが国家間の戦争といった野蛮な方向に退行する恐れなどないと信じていた。私たちの父親は寛容の力と、和解を結びつける力の不可謬性を断固として信じていた」[8]（一九四一年初め、当時ブラジルに亡命していたツヴァイクは原稿を出版社に送った。その数週間後、ツヴァイクは妻とともに自殺した）。

ツヴァイクの「安定した黄金時代」と大戦前の進歩は西ヨーロッパ（新興のドイツを含む）や、ドイツ人とチェコ人の住んでいるオーストリア＝ハンガリーにも大きく拡がっていた。富と領土、影響力、軍事力、これらすべてを兼ね備えた大国は、すべてヨーロッパ人の国だった。イギリス、フランス、ドイツ、オーストリア＝ハンガリー、イタリア、それにロシア——ヨーロッパの東端にあって完全なヨーロッパとは見られないことが多いが——は、世界勢力の中心になろうと劇的に力をつけていた。この時代になっても多くの西洋人から、十六世紀のどこかで彷徨っていると思われていたロシアだが、経済的に「離陸」しようとしていたのは事実である。パリ万博におけるロシアの展示内容は、ロシア史とロシア文明の栄光を義務として称えているものもあったが、同時に蒸気機関車や機械や武器もあった。アジア部分に特化したロシアの特別のパビリオンを訪れた人々は、まるで自分が動いているかのような錯覚に陥るようにつくられた、ゆっくり前後に揺れる鉄道の客車に座ることができた。座っている間、新たに東方へと領土を大きく広げたロシアを描いたパノラマがぐるぐる回り、過去を映していた。ロシアは精力的に新しい植民地を獲得し、シベリア横断鉄道でそれらをつなぎ合わせ、豊かな自然の資源を発展させる——そこには、ロシアが技術を含めた近代文明の恩恵を植民地にもたらすというメッセージが込められていた。

これは、ロシア人の願望に留まっていたわけではなかった。一八八〇年代以後、さまざまな手段を用いて達成したロシアの発展は目を見張るものだった。第二次世界大戦後の「アジアの四頭の虎」の成功話〔香港・シンガポール・韓国・台湾の急速な工業化と年七パーセントを超える異例の高成長率の維持〕のように、ロシアは原始的な農業経済から産業経済に移行しつつあった。ロシアの成長率は年平均三・二五パーセントで、同時代の世界の先導者であるイギリスとアメリカ合衆国の成長率に匹敵するか、それを凌駕していた。日露戦争とそのあと続いて起こった一九〇五年の革命的な蜂起により、ロシアの発展は一時後退したものの、大戦前の直近の何年間かは再び急上昇していた。一九一三年までにロシアはヨーロッパ最大の農業国となり、工業においても他の国に急速に追いついていた。大戦前夜には、工業生産力で世界第五位となっていた。(9) ロシアの社会と政治が以前よりもリベラルな方向に進んでいるということを確信させる証拠があったのである。

大戦がなかったらロシアはどうなっていただろうか。あるいはロシアが何とかうまくやって戦争に参加しなかったとしたら。その場合、一九一七年の革命〔二月革命〕はあっただろうか。戦争と旧体制の崩壊がなかったとしたら、革命的な分派に過ぎなかったボリシェヴィキが権力を掌握し、厳格でドグマ的な政策を人々に課すことができただろうか。私たちにはわからない。だが、ロシアが近代を迎えるにあたり、史実とは違って流れる血も少なく、不毛な道を進むこともなかったのではないかと想像することは難しくない。ヨーロッパにも違う未来があったのではないかと想像してみたくなる。一九〇〇年には祝福すべきことがたくさんあった。他の大国についてもそうだった。イギリスは世界中に、もちろんヨーロッパにもライバルがいたものの、なお安泰で繁栄していた。フランスは革命と政治的変動が何十年かあったが、一八七〇年から一八七一年にかけて行われた普仏戦争の敗北の屈辱から回復していた。ドイツはヨーロッパで一番の経済成長を誇り、貿易と投資を通じてその影響力を東へ南へと拡大していた。ドイツはヨーロッパの原動力となるべく定められているように映った――その強力な軍を使わなくとも。十九世紀の終わりには、それがついに実現したのだ。オーストリア＝ハンガリーはまだ生き延びていた。生きているということ自体が勝利といってもよかった。帝国内の多くの民族は、大きな経済的・政治的集団の一部であることの恩恵を享受していた。イタリアは次第に工業化し、近代化しつつあった。

万博において各国が披露した植民地に関するパビリオンは、ユーラシア大陸の端にあるごくごく小さな地域が、先立つ何世紀かの間に蓄積した異様な力を想起させるものだった。ヨーロッパの国々は、宗主国として、あるいは経済的・財政的・技術的な力で帝国以外の多くの国や地域を非公式に支配することによって、地球上で優位に立っていた。世界中の鉄道や港湾、通信線、航路、工場はヨーロッパの技術と資金により敷設され、ヨーロッパ人が経営していることが多かった。科学技術の進歩と産業革命によって、ヨーロッパの優位は十九世紀に飛躍的に高まり、少なくともしばらくの間は他の社会を凌駕した。イギリスと中国〔清〕の間で行われた一八三〇年代終盤〔林則徐がアヘン禁止策を発したのは一八三九年だが、実際の戦争は一八四〇〜四四年〕の第一次アヘン戦争では、何世紀も前から使ってきた木造帆船の「ジャンク」を中心とする中国海軍に対し、イギリスは装甲板で固めた蒸気船（その船の名が「ネメシス」〔ギリシャ神話の因果応報・復讐の女神〕というのはいかにもである）を使ったのだ。力の差が広がる前の一八〇〇年には、ヨーロッパは世界のおよそ三五パーセントを支配していたが、一九一四年になるとその数字は八四パーセントとなった。[10] もちろんその過程は平和的とは限らず、ヨーロッパ勢力は利権をかけて何度も戦争を起こしそうになった。だが、一九〇〇年になると、帝国主義により生じた緊張は収まりつつあるように思われた。アフリカや太平洋諸島、アジアなど、もはや分割できる地域はほとんど残っていなかったし、中国やオスマン帝国のような衰退しつつある国に対しては、それゆえに帝国主義者の気持ちをそそるものではあったが、唐突に土地を奪うべきでないという一般合意があり、そうすべきだと信じられていた。

このような力と繁栄があったのに、また、前世紀にこれほど多くの分野で目を見張る進歩があったのに、なぜヨーロッパはすべてを放り出そうとしたのだろうか。シュテファン・ツヴァイクの両親のように、こんな向こう見ずな、馬鹿げたことなどあり得ないと思っていたヨーロッパ人はたくさんいたのである。ヨーロッパはあまりにも相互依存し、経済も緊密に結びついていたので、二つの陣営に別れて戦争することなどあり得ないはずだった。当時、かなりの戦争賛美の風潮はあったが、合理的ではないはずだった。

十九世紀を通じて地理学から政治学に至る多くの分野で人々の知識が増えて、人間事象については以前より理性的になったと一般に思われていた。人は自分自身のことであれ、社会あるいは自然界のことであれ、知れば知るほど感情ではなく事実に基づいて意思決定するはずである。社会学と政治学という新しい社会科学を含めて、科学は人間が知る必要があるものすべてを明らかにできるはずだった。「人類の歴史は自然の歴史の一部である」と、近代人類学の父祖エドワード・タイラーは述べている。「私たちの思考や意志、行動は、波の動きや酸と塩基のように動植物の成長を支配するものと同じく、明確に法則にしたがっているのである」[11]と。当時はよく言われたが、この科学主義あるいは実証主義は、進歩あるいはヨーロッパ人がよく使った「大文字のPで表記された進歩（Progress）」に対する信仰と同義語だった。人間の発展というのは、すべての社会が同じ段階に達しておらず、一つの直線上にあると考えられていた。当時多くの読者を抱えていたイギリスの哲学者ハーバート・スペンサーは、進化の法則は種に対するものと同じで人間社会にも適用できると論じていた。さらにいうと、進歩というものには順位があると説いた。たとえば、順位の早い社会は政治や社会、技術、哲学、宗教などあらゆる点で優れており、ヨーロッパの諸民族は明らかに他をリードしている（そのなかでのランクについては一致しないこともあるが）、と。そして、他の諸民族、たとえば将来が約束されたものとして、大英帝国の古くからある白人の自治領があとに続く。そのほか万博では日本の展示にかなりの関心が寄せられ、「驚異的なスピードで近代世界に適応しつつある」とガイドブックが記しているように、日本はグローバルとは言わないまでもアジア諸国のなかでは間違いなく国際関係の中の列強の一員として加わっていたのだ。

ヨーロッパの優位に対して、新世界が挑戦した。初め、アメリカ合衆国のパビリオンはセーヌ川沿いに並ぶ重要国のパビリオンから外されていたが、万博運営委員会アメリカ首席代表であるシカゴの金持ちの実業家が、外されるべきではないと説得した。「アメリカ合衆国は極めて発展しているから、世界の国々のなかでも高いところ、進んだ文明国のなかでも最前線にいる資格がある」(12)と。一九〇〇年にはアメリカ合衆国は南北戦争の痛手から回復していた。アメリカ政府は最後のインディアンの抵抗を粉砕〔一八九〇年のウンデット・ニーの虐殺〕し、大部分の土地を支配し終えた。移民労働者が農場や工場、鉱山に流入し、アメリカ経済は急速に拡大した。十九世紀初め、第一次産業革命は石炭と蒸気と鉄を基礎としてイギリスで始まったが、十九世紀末には、電気網と無限とも思える技術革新の潜在的な力を持ったアメリカ合衆国が、第二次産業革命の最前線に立っていた。一九〇二年になるとアメリカの工場はドイツとイギリスを合わせたより多くの鉄鋼を生産するようになっていた。タバコから機械に至るまで、アメリカの輸出量は、一八六〇年から一九〇〇年の間に三倍に増えた。一九〇三年には、アメリカ合衆国は世界貿易の一一パーセントを占めるようになり、そのシェアは年ごとに増大したのである。

万博では、最終的には川沿いの素晴らしい場所に設置されたアメリカのパビリオンは、ワシントンにある連邦議会議事堂をモデルにしていた。ドームの上には「進歩の馬車」を四頭の馬が引く「自由」を表す巨大な彫刻が置かれていた。「ニューヨーク・オブザーバー」紙の特派員は、アメリカのパビリオンを次のように紹介している。オーガスタス・サン＝ガーデンズのようなアメリカ人彫刻家の素晴らしい作品、ティファニー社の立派な宝石類の展示、スイス製に匹敵する腕時計と掛時計……そして最後に見下したように、「アメリカのパビリオンが展示した金・銀を使った作品の完成度に近いのは」英仏の二〜三の展示品しかなかった。シンガー社のミシン、タイプライター、大きな発電機などアメリカの技術力を示すサンプルのほか、世界市場で取引されていた銅や小麦、金などの原料のサンプルが並べられていた。「何百万人という訪問者に、アメリカ合衆国の力と富と資源と野望を見せつけ、強い印象を与えるのに十分だった」と、特派員は自画自賛している。[13] 特派員の見解では、パリ万博は一八九三年のシカゴのワールドフェアと比べればたいしたことはない、ということになる。[14] 特派員の報告は、新しいアメリカの自信を示すものであり、同時に世界でもっと大きな役割を演じたいという野心を表すものだった。

アメリカの影響力が海を超え近隣の島々や他の国々に拡がっていく時代が来た、とフレデリック・ジャクソン・ターナーのような歴史家たちは論じた。マニフェスト・デスティニー〔「明白な運命」の意で、アメリカ合衆国の領土拡大は天命であるという考え方〕の話は、新しい市場を探しているビジネスマンから、救済すべき魂を探している福音派の聖職者に至るまで、世界中の熱心な聴衆をひきつけた。アメリカ人はヨーロッパ列強とは違い、自らの拡大を帝国主義的政策と考えなかったが、現実には領土と勢力圏の両方を獲得していた。太平洋地域では日本と中国にアメリカの存在感を誇示し、第二次世界大戦においてその名を知られるようになるグアムやミッドウェイ、ウェイクなど一連の小さな島々を掌中にしていた。一八八九年、アメリカ合衆国はサモア諸島の所有をめぐってドイツおよびイギリスと対立した。一八九八年にはハワイ諸島を併合した。同年の米西戦争の結果、アメリカ合衆国はフィリピン、プエルトリコ、キューバを支配下に置いた。アメリカの資本投資が南に拡がるにつれて、中央アメリカおよびカリブ海はますます重要な裏庭となった。一九一〇年までにアメリカ人は、メキシコ人よりも多くのメキシコの領土を所有するようになった。北の方に目をやると、カナダ併合論も再燃していた。

アメリカ大陸で大きな存在感を持つようになったために、ありがたくないことだが、アメリカ合衆国は近代的な海軍に金を掛けなければならないことに気づいた。しかも海軍は、大西洋と太平洋の両方で軍事行動することになるのだ。一八九〇年、はるかに小さな国のチリがアメリカ合衆国より強力な海軍を持っているという理由から、議会は初めて、近代的戦艦を三隻建造するのをやむを得ず承認した。軍事力の構築が進むと、他国に対して自己の権利を主張したいという気持ちがアメリカ合衆国のなかで高まった。一八九五年、最初の国務長官リチャード・オルニーは海外に駐在しているアメリカ代表の格を大使の格に引き上げ、他国の外交官と対等に話ができるようにした。同年、頑固で喧嘩早いオルニーは、イギリス領ギアナ（現在のガイアナ）との国境線をめぐるイギリスとベネズエラとの紛争に介入し、イギリスの首相ソールズベリに次のように警告した。「今日アメリカ合衆国はこの大陸に事実上主権を有している。アメリカ合衆国の決定はアメリカが干渉を制限している従属国にとっては法である」と。さらに、「孤立した立場と無限の資源によって、アメリカはその状況を支配できるし、実際どんな相手にも負けることはない」とつけ加えた。ソールズベリは当惑したが、イギリスは他に問題を抱えており、この紛争の仲裁をアメリカに任せることでよしとした。アメリカ合衆国は一八九八年の戦争でスペインからキューバとプエルトリコを獲得したが、イギリスはこのときも何もしなかった。続く何年間かイギリスはパナマ地峡を横断する運河の建設には全く関心を寄せず、カリブ艦隊を国に戻し、結局この地域における優越権をアメリカ合衆国に譲渡した。

アメリカ合衆国の新しいムードを典型的に示していたのがセオドア・ルーズベルトである。ルーズベルトが最初に行い、最も成功したプロジェクトは、自分自身だった。由緒ある一家に生まれた、病弱で人に好かれないタイプの子どもだったルーズベルトは、強い意志の力によって大胆で向こう見ずのカウボーイとなり、その後探検家、野外生活者そしてハンターになった（「テディベア」の名はルーズベルトにちなんでいる）。ルーズベルトはサン・ホアン・ヒルの攻撃で活躍し――回想録は自分一人で戦争に勝ったという印象を与えていると批判する者もいるが――、米西戦争の英雄になった。ヘンリー・ジェイムズはルーズベルトのことを「聞いたことがないぞっとする雑音を、おぞましい形で具象化した人物」と述べ、セオドア・レックス（「レックス」とは、ティラノサウルス・レックス（白亜紀の恐竜）の意）というあだ名をつけた。ルーズベルトは野心家で、理想主義者で、虚栄心が強かった。ルーズベルトの娘の次の言葉が有名である。「父はいつも、お葬式の場面だったら遺体、結婚式だったら花婿、洗礼の場面だったら赤ちゃんでいたいと思っていた人でした」。一九〇〇年九月、アナキストがウィリアム・マッキンリー大統領を射殺し、ルーズベルトは大統領となった。ルーズベルトは「国民に説教を行う場所」である執務室が好きだった。また、アメリカの外交政策を操ることに特別な喜びを感じていた。(15)

多くのアメリカ人同胞と同様に、ルーズベルトはアメリカ合衆国が世界の善のための力となり、民主主義と自由貿易と平和を拡大・推進すべきだと考えていた。民主主義と自由貿易、平和はそれぞれ単独では成立しないとルーズベルトは考えた。一九〇一年、アメリカ議会に宛てた最初のメッセージでルーズベルトは次のように述べている。「望もうが望むまいが、私たちには国際的権利と同様に国際的義務があるということを今後認識していかなければならない」。ルーズベルトは自分がリーダーシップを発揮して、アメリカ合衆国の善意を力で支えていかなければならないし、そのために強力な海軍を持たなければならないということも明確にしていた。「国内外を問わずわれわれの政策で最も重要なのは、将来のわが国民の名誉と物質的豊かさ、そして特に平和である」。ルーズベルトはいつも船と海に魅了されていた(同時代人であるドイツ皇帝ヴィルヘルム二世に似ていないこともなかった)。また有言実行だった。ルーズベルトが大統領になった一九〇一年、アメリカ海軍は十一隻の戦艦を持っていたが、一九一三年には三十六隻になり、イギリス、ドイツに次ぐ世界第三位の海軍力となった。アメリカ合衆国の経済成長と軍事力の増大は、ヨーロッパ人を不安にさせた。イギリスはアメリカとうまくやっていこうとしたが、ドイツ皇帝ヴィルヘルムは日本とアメリカ合衆国から来ると思われる挑戦に対して、個別に、あるいは連携して対応するかは別にして、ヨーロッパがともに立ち向かう必要があると述べた。ただし、ヴィルヘルムは一貫性がないことで有名だったので、別の折には日本に対してアメリカと協力すると話したこともあった。アメリカ合衆国が次の世紀にはヨーロッパに介入の度を強めるだけでなく、二度にわたってヨーロッパ大戦に参加する――そんなことは、ヴィルヘルムにとっておとぎ話だったにちがいない。ほとんどのヨーロッパ人にとっても、アメリカ人自身にとっても、そうだったのだろう。

過ぎ去ったばかりの世紀を思うと、世界は、特にヨーロッパ世界は、戦争から遠ざかっていくものと思われた。少数の例外を除けば、ナポレオン戦争以後の列強は、ヨーロッパの国際問題を取り扱うのに「ヨーロッパ協調」の名の下で行動を共にしてきていた。列強の主要な政治家は互いに相談し合う習慣を持つようになり、大使により構成される委員会が集まってオスマン政府が列強に負った外債利子の支払い不能宣言への対応など差し迫った問題を扱うこともよくあった。「ヨーロッパ協調」は一八一五年以来ヨーロッパの長い平和を維持することに成功した。条約を守り、諸国の権利を尊重し、紛争の平和的解決を奨励し、必要なときには小国に注意を与えたのである。「ヨーロッパ協調」は正式な制度ではなかったが、国際関係を処理する方法としてはよくできたシステムだったので、何世代ものヨーロッパ人に十分役立つものだった。

「進歩」が（「ヨーロッパ協調」により実現した）平和と手を携えて昂進していたので、一九〇〇年のヨーロッパは一世紀前のヨーロッパと違い、限りなく繁栄し、明らかに安定したものになっていた。パリ万国博覧会の間「コングレスパレス」で開かれた集会は、未来はもっと明るいものとなるという希望の広がりを反映していた。女性の状況と諸権利、社会主義、消防、菜食主義、哲学に関する討論を含む百三十を超えるさまざまなイベントが開催された[16]。ここで開催された第九回万国平和会議はその業績から、万国博覧会大賞を獲得した。ツヴァイクは次のように書いている。「世界には素晴らしくのんびりした雰囲気が広がっていた。何がこの成長を阻もうというのか。コンスタントに新しい力を引き出している勢いの前に立ちはだかるものなどあり得なかった。ヨーロッパはかつて、今ほど強力で裕福で美しかったことはなく、今以上に良い未来があると熱烈に信じていたこともなかったのである……」[17]。

もちろん私たちは進歩と理性に対するこのような信仰が、悲しいことに見当違いだったことを知っているし、一九〇〇年当時のヨーロッパ人が一九一四年の危機に向かっていることや、うまく対応できず、恐ろしい結果に陥ったことを知っている。二つの世界戦争と多くの小さな戦争、右と左の全体主義運動の勃興、異なる民族間の野蛮な闘争、想像もできない規模で行われた虐殺――それは理性の勝利ではなく、その理性と反対のものの勝利だった。だが、ヨーロッパ人のほとんどは自分たちが危険を弄んでいたことに気づいていなかった。私たちはこのあと起こったことについて持っている知識を切り離して考えるように努めなければならないし、当時のヨーロッパ人の大部分が、自分たちも指導者も選択肢を狭めて最終的に平和を破壊する決断をしたことに気づいていなかったことを憶えておかなければならない。繰り返すが、私たちは一世紀前の人々を理解するように努めなければならない。私たちは、当時の人々の頭の中にあったものにできるだけ近づく必要がある。当時の人々が何を憶えていたのか、恐れていたのか、あるいは望んでいたのか。当時の人々が口にしなかった想定は何だったのか、みなが共有していたために、あえて話そうとしなかった信念や価値は何だったのか。なぜ当時の人々は、一九一四年に至る数年かの間に集積しつつあったさまざまな危険に気づかなかったのか。

一九〇〇年にあった失われてしまった世界に対して公平な立場で言うと、必ずしもすべてのヨーロッパ人が、人類の未来と合理性に全幅の信頼を置いていたわけではなかった。パリ万博は科学がすべての問題を解決できるという信仰と併せて、十九世紀の思想の二つの柱である進歩と実証主義を祝福するものだったが、このような考え方には批判もあった。科学は宇宙のすべてが秩序ある法則に基づいて動いていることを解明できるという主張は、次第に土台から揺るがされるようになった。アルベルト・アインシュタインと仲間の物理学者たちは、原子と粒子の研究によって目に見える物質世界の水面下に予測不可能でランダムな事象が起こることを発見した。現実と考えられていたものに異議がさし挟まれただけではなかった。合理性もそうだったのである。心理学者と新しい社会学者は、これまで考えられてきた以上に、人は無意識の力に強く影響を受けるということを明らかにした。ウィーンで、若きシーグムント・フロイトが人間の無意識を掘り下げる精神分析の新しい実践を開発し、万博が開かれた同じ年に『夢判断』を出版した。集団になったとき、人がいかに予想だにしない非合理な行動をとるか明らかにしたギュスターヴ・ル・ボンの研究は、当時の人々に強い影響を与えた。これは、他の多くの分野でもそうなのだが、今日アメリカ軍が採用している考え方だ。一八九五年に出版された群集心理に関するル・ボンの書籍は人気を集め、すぐに英語に翻訳された。

パリ万博は物質的な進歩をも礼賛していたが、これについても疑念が生じていた。カール・マルクスは資本主義の創造的破壊を、古い社会を一掃し新たな社会組織と新たな生産方法をもたらし虐げられた人々と貧しい人々を最終的に利することになると歓迎していたが、右も左も多くの人々はそこに至る過程は受け入れづらいと思っていた。フランスの大社会学者エミール・デュルケームは、人々が大都市に移住するにつれて古い安定した社会が失われていくことを案じていた。ル・ボンのような人々は、大衆社会で理性や人間性を保つことができるのかどうか憂慮していた。理性の側の一人である、近代オリンピックの創始者ピエール・ド・クーベルタンは、スポーツの価値を高く評価した。スポーツが個人を伸ばし、近代の民主的な文明が一方で抱えている負の面、すなわち均一化や陳腐化という影響から個人を守る力となると考えたのである。[18]人生があまりにも速く過ぎていくようになったのだろうか。医師たちは新しい病気――心身の消耗と崩壊が症状として表れる神経衰弱――を発見し、ハイペースで緊張に満ちた近代生活が原因であると考えていた。[19]万博を訪れたあるアメリカ人は、パリに新しい自動車があまりに多く走っていることに衝撃を受けた。「自動車が道路を飛ぶように走っている。ビュービュー音を立てて稲妻のように街をすり抜ける。特に混んだ通りでは、馬車の地位を脅かしている」[20]。万博会場で、訪問客は動く歩道を元気に乗り降りする一方で、転倒する人々もたくさんいた。彼らを見るために大勢の人が集まったものである。

ヨーロッパ社会は本当に、他のすべての社会より優れていたのだろうか。たとえばインド史あるいは中国史に通じた学者は、ヨーロッパが文明の最先端に立っているという考え方に対し、インド文明も中国文明も現在は明らかに衰退しているが、過去においては高度に発達していたことを指摘した。それゆえ進歩は、一本の直線の上に並べて測るものではないのかもしれない。社会とは前進と後退を繰り返し、必ずしも良い方向に向かうとは限らないのかもしれない。では、文明とは何なのか。西洋の価値観や業績は、世界の他の地域や他の時代のものより本当に優れていたのか。万博のガイドブックには、日本美術の展示――小規模ではあるが――が好意的に取り上げられていた。日本の芸術家たちが伝統的なスタイルに強くこだわる一方で、新しい世代のヨーロッパの芸術家たちが、ヨーロッパ以外の文化や芸術からいかに多くのインスピレーションを得ているかが示されていた。たとえば、ヴィンセント・ヴァン・ゴッホは日本の版画様式を取り入れた。そのとき、ゴッホもピカソも、そして他のヨーロッパの芸術家たちも異文化のこうした作品を、魅力はあるが原始的あるいは昔流のものとして捉えるのではなく、ヨーロッパの芸術に欠落した異なる含蓄を持っていると考えたのである。洗練されたドイツの文化人ハリー・ケスラー伯爵は一八九〇年代に日本を訪れたとき、新たな角度からヨーロッパを見直した。「私としてはその考えに疑念を感じているものの、ヨーロッパ人は他の国や地域の人々より高い知性を持ち、強い道徳力を備えていると思っていた。だが、真理の探究と精神文明において、日本は明らかに私たちの前を進んでいる」[21]と、批判的に再発見したのである。

パリ万博は、振り返ってみるとよりわかりやすいのだが、ヨーロッパ文明をまさに引き裂こうとしていた緊張を警告する合図でもあった。結局のところ国威を誇示するためのものだった植民地と国民生活に関するパビリオンは、大国間のライバル関係を示していた。当時のある有名なドイツ人芸術評論家は、ヨーロッパ文明をリードするというフランスの思惑を嘲笑した。彼は次のように報告している。「フランスはこれらの大きな変化に少しも参加していない。この大きな変化は他国の、それも特にフランスにとっていつも危険な近隣であるイギリスとドイツの商工業が生み出したものなのだ」[22]と。フランスは、二年前に危うくイギリスとの戦争に発展する可能性のあったジャン＝バティート・マルシャンのアフリカ横断探検だけを扱った大きなパビリオンを用意していた。開会式のとき正義と人間の善意について話をしたフランス大統領ルーベは、ベルリンで万博をやろうとしていたドイツを出し抜いて一九〇〇年にパリで万博を開催することを決めていた。[23]組織運営の中心であったピカールは、フランスの特徴を反映するだけでなく「わが国が昨日と同様今日の『進歩』の最先端に立っていることを示す」のだと述べた。[24]

進歩のうちのある部分は、軍事に関する技術だった。「陸軍海軍館」（中世の要塞に似た建物だった）は、ガイドブックによると、武器の破壊力を以前より高めたこの十年間の発展を示すものだった。たとえば、強力な装甲板のようなものによって防衛能力が高まったことも望ましい対抗力として指摘していた。外国のために用意された展示コーナーにイギリスは「メゾンマキシム」をつくり、正面に砲弾と大砲を配置して、マシンガンと名づけられた新しい武器を展示するために用いた。ロシアはロシアの新しい武器を持ち込み、ドイツ皇帝は自分のお気に入りの軍服を展示していた。その他には、フランスのシュナイダー社が建てた別棟のパビリオンには大砲が展示されていた。万博の公式カタログには、戦争は「人類にとって自然な行為」と書かれていた。[25]

万博は、一九一四年以前のヨーロッパの列強がいずれかの側を選択するよう促した同盟システムの先駆けとなる要素も含まれていた。開会の日、フランス大統領はセーヌ川に架かる新しい橋を開通させたが、その名前は〔一八九四年に〕亡くなった〔ロシア皇帝〕アレクサンドル三世にちなむものだった。ロシア政府は万博で「この平和の大仕事」に精一杯協力しようと努めている、とガイドブックに記されている。露仏同盟は一八九四年に調印されたばかりだったが、ロシアの専制政治と共和政のフランスの間で結ばれた今なお注意を要する代物だった。詳細は秘されていたが、露仏同盟は防御的なものであると理解されていた。それにもかかわらず露仏同盟は、オーストリア＝ハンガリーと防衛的同盟を結んでいたドイツを不安にさせるものだった。ドイツ軍の新しい参謀総長アルフレッド・フォン・シュリーフェンは、ドイツの東部・西部の国境にそれぞれ接するロシアとフランスに対して、二正面で戦う計画を立て始めていた。

　最も大きな勢力である大英帝国はどの国とも同盟を結ばなかったが、それはこれまで問題にならなかった。だが、一九〇〇年は良い年ではなかった。前年イギリスは南アフリカで二つの小さなアフリカーナー〔アフリカに入植した白人移民＝ボーア人〕の共和国――オレンジ自由国とトランスヴァール共和国――に対して軽率にも戦争を始めていた。大英帝国全体と二つの小国との戦争だったから結果はわかりきっていたはずが、当時「ボーア戦争」と呼ばれたこの戦争で、イギリスはしくじってしまったのだ。アフリカーナーは〔一九〇一年〕夏の終わりには敗走したが、一九〇二年春まで最終的な敗北を認めなかった。同じく憂鬱なのは、この戦争によってイギリスは世界の多くの国の不評を買っていることが明らかになった点だ。マルセイユでは、万博に向かう途中のマダガスカルから来た一行がアフリカーナーと間違えられて、温かいもてなしを受けた。パリでは、気鋭のファッション店が灰色のフェルト帽を「アラボーア」と名づけた。万博でも、誇らしげに旗を掲げたトランスヴァールの小さなパビリオンは、熱心な人々を大勢惹きつけた。アシェットのガイドブックには、「南アフリカで独立を守ろうとしている英雄的な小国に対する共感を示すもの」と記されている。「英雄」「愛国者」「自由を愛する人々」に捧げられた多くの花束が、前大統領ポール・クルーガーの胸像を囲んでいた。[26]

　イギリス軍が次々に負けて苦しんでいることについて、嬉しい気持ちが入り混じった共感がヨーロッパ大陸に広がった。大陸での論評は、〔少年〕ダヴィデと〔巨人兵〕ゴリアテの比喩を多用していた。ドイツの週刊誌「ジンプリチシムス」はハシボソガラスについばまれている死んだ象の風刺画を掲載した。象には蟻がたかり、「倒れ方がひどければひどいほど……」というコメントがついていた。イギリスがアフリカーナーのゲリラと戦うために使った残忍な戦術に対する衝撃もあった。イギリス軍の指揮を執ったキッチナー将軍は、兵士たちがアフリカーナーと一緒に食事したり匿われたりすることのないように、地元の女性と子どもたちを収容所に送り込んだ。イギリスの無能力のせいで収容所は病気と死の場所となった。キッチナーをアフリカーナーの死体の上にしゃがんでいる巨大なヒキガエルとして描いたフランスの風刺画もあった。胸が悪くなるような風刺画は、ヴィクトリア女王も目にすることになった。息子で王位継承者だったエドワード王子は結果として万博に行くのを拒否した。(27)

列強が列強たる精神的支柱は自他ともに認める威信であり、それはたとえば軍事や経済のような物質的要素と同じくらいに強力だった。一九〇〇年、イギリスはかつてのような覇気に欠け、危険なほど孤立していた。完全に後手に回ったが、イギリスは他国との関係を改善し同盟国を求め始めた。だが、これは大戦勃発に向かう数多くのステップのうちの一つと見ることもできる。ヨーロッパ諸国はそれぞれ同盟を結び、やがて二つの陣営体制ができあがっていった。そして、ますます互いに相手を疑うようになり、軍備を強化したのだ。そのなかには、間違いなく少数ではあった

1899—1902年、大英帝国と南アフリカのアフリカーナー（ボーア人）の２つの独立国家との戦争で、世界の共感はアフリカーナーに傾いていた。キッチナー卿は、農場や牧場を破壊し女性と子どもを収容所に強制してアフリカーナーの抵抗を抑え込む、という残酷な政策を採ったことから、特に国際的な非難の的になった。

が、戦争の可能性に動じない、それどころかそれを歓迎する人々がいた。戦争を、人間の歴史に不可欠な気高い行為であると考えていたから、あるいは、自国内の諸問題を解決するよい方法だと考えていたからである。一方、多くの指導者を含めて全面戦争は近代世界では考えられないことだと単純に思っていたヨーロッパ人も存在していた。しかし、この信頼は危険でもあった。というのは、どんな事態に対しても安全に処理できる、特にイギリスの場合はいつも好んでしていたように、大陸に我関せず焉としていられるという思考につながったからである。

2　イギリスと栄光ある孤立

ヴィクトリア女王の治世六十年を祝福した一八九七年、イギリスはかつてないほど強力に見えた。女王即位六十年祭では、学校の生徒の行進から観艦式の花火に至るまで数々のイベントが催され、世界中にその栄光を知らしめた。カナダやオーストラリア、南アフリカのケープ植民地、インド、セイロンなど、世界の多くの場所でイギリス国旗が翻った。ラングーン〔現ミャンマーのヤンゴン〕では六千人の囚人が恩赦で釈放となり、ポートサイド〔現エジプト〕ではヴェネチア祭が行われて水上スポーツが行われた。祝福の手紙や電報が帝国のあらゆるところからロンドンに届けられた。「スペクテーター」誌によると、「まるで地球全体から喝采と忠誠を誓う声が聞こえてきたようだった」ということだ。「ニューヨーク・タイムズ」紙の特派員は、アメリカ人は女王への賞賛を総じて共有していて、アメリカ合衆国とイギリスが協調関係にあるという事実を喜ぶべきだと書いた。(1)

トランプやマグカップ、皿、スカーフ、メダル、聖書などの製造業者は、記念品の小物がたくさん売れると自信を持っていた。イギリスでは国内のあまたの都市で、これまでにないほど数多くの宴会やダンスパーティーが開かれ、世紀の変わり目には二千五百発の花火が夜空を飾った。マンチェスターでは十万人の子どもたちが特別の朝食会に招待された。ロンドンでは皇太子妃アレクサンドラが即位六十年祭祝賀会を開いた。そこには、貧富貴賤を問わず訪れた人全員にローストビーフとビールが振る舞われた。四十万のロンドン市民が集まり、教会では特別な礼拝が行われ、サー・アーサー・サリバンが祝祭のため特別につくった賛美歌「オー、キング・オブ・キングズ」が歌われていた。

精力的な新植民相ジョゼフ・チェンバレンの提案を受け入れて、女王と首相ソールズベリはこの祝典を大英帝国全体に誇示すべきであると決断した。そこでヨーロッパの王家ではなく自治領植民地の首相とインドの諸公をロンドンに招待した（これで、面倒を起こすことが心配されていた女王の厄介な孫であるドイツのヴィルヘルム二世を招かなくてもよくなったのである）。皇太子は植民地の首相を特別の晩餐会に招待した。六月二十一日には、七十八歳の女王が、バッキンガム宮殿で行われた国の祝宴を精力的に取り仕切った。女王はイタリアの王位継承者である後のヴィットリオ・エマヌエーレ三世とオーストリア＝ハンガリーの王位継承者フランツ・フェルディナント大公の間に座ったが、その後王位を継承したのは前者一人だけだった。このときのためにパリから二十四人のシェフが呼ばれ、宮殿の中央には帝国のあちこちから集めた六万本の蘭でつくられた、人の背よりも高い王冠が置かれた。

翌六月二十二日には、バッキンガム宮殿からセントポール大聖堂までロンドンを横切って大きなパレードが十キロほど練り歩いた。「ザ・タイムズ」紙によると「比類のない壮大な」パレードで、ヴィクトリア女王の長き治世と広大な帝国の両方を祝福するように考案されていて、イギリスの力を印象づけるものだったという。この様子は初期のニュース映画の記録の一つとして残っており、水兵、海兵隊員、馬にまたがった騎兵隊員、陸軍兵が階級順で映っている。インド槍騎兵隊、ローデシア騎馬隊、トリニダード軽騎馬隊、ケープ騎馬ライフル隊が含まれる帝国部隊の先頭を切っていたのはカナダ人だった。

国王一家と外国の王族や大公はオープン馬車に乗っていた。彼らは互いに血のつながりがあり、女王にもつながっていた。八頭の白馬に引かれた最後の馬車に小柄な女王が乗っていた。三十六年前に愛するアルバート公が亡くなって以来ずっと身につけていた黒のボンネット帽をかぶり、黒い衣装を見につけていた。必ずしも臣下から常に人気があったというわけではなかったが、女王はこの日、大きな熱烈な歓声を受けた。その夜、女王は日記に書いている。「十キロほどのパレードだったが、私くらい大きな喝采をいただいた人はこれまでいないと思う……耳が聞こえなくなるくらい大きな歓声だったし、どの顔も心からうれしそうだった。大きく感動し、感謝の念でいっぱいだ」[2]。亡きアルバートがつくった賛美歌を歌う礼拝はセントポール大聖堂の戸外で行われた。女王が大聖堂の階段をうまく上れないうえ、上に運んでもらうのを拒んだからである（女王は祝祭の費用を支払うことも拒否した)。

一番壮観だった催しは、イギリスの力を最も印象的に示すことになるのだが、翌土曜日〔の二十三日〕にスピットヘッドで行われた海軍の観艦式だった。イングランド南部の海岸とワイト島の間に挟まれたソレント海峡に百六十五隻が並んだのだ。戦艦は二十一隻、巡洋艦は五十三隻、駆逐艦は三十隻あった。人々の熱狂ぶりは強烈だった。イギリス中から見物人が集まり、地元の町は人であふれ、海岸には人が立ち並んでいた。観光用のボートも数多く貸し出された。(3) 大勢のドイツ人を乗せたドイツの蒸気船が何隻か沖合に浮かんでいた。ドイツ人は、このイギリスの圧倒的な海軍力に魅了された。二百人以上の記者のために、海軍は初めて公式に記者専用の船を用意した。(4) 日本とアメリカ合衆国はどちらも羽が生えはじめた程度の海軍力しか備えていなかったが、お祝いの挨拶ということでそれぞれ軍艦を派遣していた。ドイツは時代遅れの戦闘艦を派遣した。ドイツ皇帝は海軍将官だった弟に、次のように書いている。「好きに使ってほしいのだが、これ以上良い船がないのはたいへん残念だ。他の国は良い船を出して得意になっているというのに」。(5)

母ヴィクトリア女王の代わりを務めたエドワード皇太子がヨットで入港してくると、艦隊は大きな礼砲を発した。ヴィクトリア・アンド・アルバート号は艦隊に沿ってゆっくり動き、そのあとに、来賓を乗せたヨットが海軍大将のヨットのエンチャントレス号、国会議員を乗せた蒸気船が続いた。(6) 海軍の制服に身をつつんだ皇太子は海軍の船上の甲板に並んだ何千という船員から敬礼を受けた。発明家チャールズ・パーソンズが新しい船タービニア号を得意満面で登場させると、興奮のざわめきが駆け抜けた。特大の蒸気タービンがついたタービニア号は上下に揺れながら突き進み、海軍船は追いつくことができなかった〔海軍大将はこの発明を目の当たりにし、パーソンズのタービンは後に巨大な船艦ドレッドノートのエンジンとなった〕。この観艦式の場にいたラドヤード・キプリングは述べている。「天下にこんなことがあるなんて夢にも思わなかった。言葉になんかできない！」(7) と。日が沈むと船はそれぞれ、新しくつくられたばかりの電燈で明かりを灯し、再び姿を現した。サーチライトが艦隊と、まだ海岸に集まっている見物客に光を当てた。即位六十年記念祝典の計画がつくられたときに首相が述べたように「海軍の観艦式こそ祝福の形として一番相応しい」ものだった。(8)

ヴィクトリア女王が長命と秩序を、イギリス海軍がイギリスの力を表象しているとしたら、第三代ソールズベリ侯爵である首相ロバート・セシルは国家と地主階級が有している穏やかな自信を体現しているように思われた。何世紀もの間、農地の所有こそが全ヨーロッパにおいて、富と影響力の源だった。イギリスでは千エーカーほどの領地を持つ小ジェントリ〔地主階級〕から三万エーカーを越える領地を持つ大貴族に至るまで、七千程の家族が農地と都市部の土地を所有し、鉱山と産業も併せ持つ一族もあった。富の大きさには差があるものの、彼らは集団としてジェーン・オースティンとアンソニー・トロロープが小説のなかで巧みに描いた「お上品な世界」を形成していた。彼らは富と地位と共に権力を手にしていた。役所の幹部や教会、軍隊、議会の下院、そしてもちろんのことだが上院をすべて支配していたのはジェントリだった。何度か改正された選挙法によって選挙権が拡大し、都市労働者から農村労働者まで政治に関わるようになったが、一八九七年当時でも、議員の六〇パーセントはなおジェントリ出身だった。ソールズベリのような人々は、それが正しいことだと思っていた。ソールズベリは一八六二年、「クォータリーレビュー」誌に、「どのコミュニティにも自然発生的なリーダーがいるものだ。狂気の情熱に駆られて道を誤るのでなければ、人々は本能的にリーダーに決定を委ねるものである。いつも富が、国によっては出自が、知力と文化の面で人を際立たせる。感情が健全な状態にあればコミュニティはそうした人に政府を委ねようとするものである」と寄稿している。特権のある人々には、自分たちより恵まれていない仲間の統治を引き受ける義務がある[9]という考え方だ。

そうは言ったもののソールズベリは懐疑的になりがちだった。子ども時代に受けた躾は、ソールズベリの階級が総じて子どもに厳しかったとはいえ、その標準からいっても愛情に欠け、スパルタ的だった。六歳のとき初めて寄宿学校に入れられたが、ソールズベリは後に、その寄宿学校のことを「悪の一つ」と書いた。そのあと行ったイートン校がそれよりずっとましというわけではなかった。ソールズベリはひどいいじめを受けて父親が家に連れ帰ることになり、家庭教師から教育を受けることになった。子どもの頃の経験の結果、ソールズベリは人間の性質と悪に向かう傾向について、おそらくかなり悲観的になったのだろう。ソールズベリは生涯を通じて「神経症」、すなわち何日間も沈んだ気分が続く鬱の症状に苦しめられることになったのだ。[10]

その埋め合わせに、ソールズベリは頭脳と性格に恵まれ、世界で最も強力な国の支配階級の一員としてスタートする機会を与えられた。ソールズベリが政治家になると決意すると、親族は彼に下院の議席を用意したのである（ソールズベリの議席は無競争だったので選挙戦に悩むことはなかった）。ソールズベリは知的にも性格の強さにおいても自分と同じ力がある女性と、長く良い結婚生活を送ることができた。ハットフィールド〔現ハートフォードシャー〕のカントリーハウス〔貴族の館〕を訪れた人々は、やんちゃな子どもたちに囲まれた幸せな家庭生活を見ることができた。子どもたちは彼の子ども時代とは違い、遠慮なく話をすることができたのだ。

ソールズベリは洗練された社交生活にうんざりして人の名前を忘れることがよくあったが、それでも気にしないでやり過ごし、礼儀正しく振る舞った。〔保守〕党の支持者の晩餐会では、特に関心があることについて客人一人ひとりと必ず会話したが、最後に、自分の秘書に心配して尋ねたものである。「誰かわからない人がいたけれど、芥子をつくった人だと言っていたね」[11]と。ソールズベリは射撃や狩猟など、普通の貴族が過ごす余暇に頭を悩ませることはなかった。ソールズベリにとって馬は単なる下駄代わりで、その点では便利とは言えなかった。あとになってソールズベリは健康のため三輪車に乗るようになった。紫の別珍のポンチョを羽織ってバッキンガム宮殿の近くをサイクリングしたり、ハットフィールドでは特に自分用につくった道沿いを走ったりした。若い従僕が途中で待ち、坂道では三輪車を押し上げ、下りでは後ろに飛び乗って速度をコントロールしたものである（ソールズベリの孫は水筒を持って寝そべって待っているのが好きだった）。[12]

ソールズベリは化学に夢中になり、ほとんど信仰に近い気持ちを抱いていた。ハットフィールドには以前から礼拝堂があった。ソールズベリはそこに実験のための工房を建てたのである。娘のグウェンドレンによると、母親も「素人化学者の類にはよくありがちな、実験で痛い思いをすることがあった」ということである。ソールズベリはつくったばかりの塩素ガスを吸い込んで具合が悪くなり、夫人の足元に倒れこんだこともあった。実験工房で大きな爆発音がしたこともあった。そのときソールズベリは「顔と手にけがをして血まみれになっていたが、化学法則が貫徹したことに明らかに満足した様子で、驚いている家族に、十分に乾燥していないレトルトにナトリウムを入れて実験したんだと説明した」ということだ。[13]
やがてソールズベリの関心が電気の実験に向かったので、家族は救われた思いだった。もっとも、結果は必ずしも幸福なものではなかった。ハットフィールドの邸宅は、イギリスで最初に個人用に電気を引いた屋敷の一つだったが、当初、地所を管理する労働者がむき出しの電線に触れて死亡するという事故も起きた。[14] しばらくの間ハットフィールドの一家と客人は、発明初期のアーク灯のぎらぎらした強い光の下で夕食を摂らなければならなかったが、そのあと発明された新しい照明が次々に入れ代わった。グウェンドレン・セシルによると「半分消えかかった火から発する赤い発光体のぼんやりした灯りだけがともる、薄暗いなかで手探りで家事を行わなければならない晩もあった。危険なほど明るくはあったけれどそれはミニチュアの稲妻のように一瞬光り、そのあとだめになってしまった晩もあった」のだ。最初の電話が入ると、ハットフィールドの客人は床の上に這うワイヤーの上を用心して歩かなければならなかった。電話機は原始的で、はっきりゆっくり発音したフレーズしか聞き取れなかった。「父が強調するところを変えたり、声の出し方を変えたりしながら『ヘイ・ディドル・ディドル、キャット・アンド・フィドル、牛が月にジャンプした』と繰り返す」とソールズベリの声が家中に響き渡ったとグウェンドレンは述べている。[15]
長い髭を貯え、恰幅の良い大柄な体格のソールズベリは、この時代を代表するクリケット選手W・G・グレースに似ていると考えた人々もいた。「ミケランジェロが描いた神様のような人物」と言う人々もいた。[16] ソールズベリ自身は、他人が自分のことをどう思うかについてはほとんど無頓着だった。首相になったときソールズベリは、ダウニング街に住むことを拒否した。社会的に身分の低い女性と結婚すれば社会から締め出されることになると父親が不満を述べると、ソールズベリは「ミス・オーダスンと結婚したという理由で自分を切り捨てるような人たちが属しているような社会からは、自分から出ていきたい」ときっぱり述べた。[17]
なんといってもソールズベリは、イギリスの大貴族の一つであるセシル家の人だった。最も有名な先祖ウィリアム・セシル（初代バーリー卿）は、エリザベス一世の即位から四十年間、女王の傍に仕える顧問だった。その息子ロバートはエリザベス一世とその後継者ジェームズ一世の両方に国王秘書長官として仕えていた。何世紀にもわたってこの一族は財と称号を蓄えていた。ジェームズ一世はロバートを初代ソールズベリ伯爵に叙し、ハットフィールドの宮殿を与えた。ロバートはすぐに宮殿を改築して、今日まで残るレンガ造りの大きな屋敷を建てたのである。ジョージ三世はソールズベリの祖父〔ジェイムズ・セシル〕のとき、次のたった一言で侯爵の称号を与えた。「フランスの侯爵ではなく、イギリスの侯爵になってください」[18]。初代侯爵の息子は素晴らしく裕福な財産を相続することになる若い女性と結婚し、家族の資産は確かなものとなった。初代ソールズベリ侯の息子はほとんど娯楽を楽しまず、みすぼらしい格好をしているので評判が悪かったが（モンテカルロのカジノで門前払いを食ったことがあった）[19]、年に五万ポンドから六万ポンドの収入があり、たいへん裕福だった。ハットフィールドの屋敷はブレンハイム宮殿やチャッツワースハウスの規模とまではいかなくともロングギャラリー、マーブルホール、図書室、いくつもの客間と寝室を備えた大きな屋敷だった。それに加えてダンスホールのあるロンドンの屋敷とフランスのディエップ郊外にセシル城を持っていた。

因習にとらわれないところがあったが、ソールズベリ卿はイギリス人にとっても外国人にとっても、世界で最も賞賛され羨望の的となる階級を代表する存在だった。ヨーロッパ中の上流階級者たちはイギリス人の乳母と馬丁を雇い、タータンチェックの服を着て、朝食にはマーマレードをパンに塗って食べたものである。戦前のハンガリーの上流階級を舞台にしたミクロス・バンフィーの小説『彼らは分割されていた *They Were Divided*』では、遠くでイギリスに焦がれていた貴族の若者がようやくロンドンを訪れるチャンスを手にする。貴族の若者は大使に、自分がやりたいのは一つだけ、ロンドンで一番排他的なクラブであるセントジェームズ・クラブの仮メンバーになることだと話す。そこで二週間ほどクラブの窓側の席に座るのだ。「天にも昇る気持ちだった」。ロンドンでは他のどこも見なかったし、誰とも話ができなかったが、そんなことは問題ではなかった。なぜなら英語がほとんどわからなかったからである[20]。

イギリス貴族の威信は富の問題でもあった。イギリスの大貴族はいずれも、ドイツあるいはロシアの最高の金持ちと同じくらい裕福だったし、もっと裕福な貴族も存在していた。さらに言うと繁栄は下にいるジェントリに、また横にいる新興商工業者階級にまで拡がっていた。〔ドイツ皇帝〕ヴィルヘルム二世の母親となったヴィクトリア女王の娘は一八七七年に、ドイツから母親に宛てて手紙を書いている。「ドイツには本当に財産が少ないし、ほとんどの人が贅沢や、上流社会の暮らしに慣れていません」と。だが、同時期、ヨーロッパの上流階級、特に主な所得を田舎の領地から得ている場合には、周囲の世界が変化するごとにそら寒さを感じていた。産業化とヨーロッパ勢力が世界中に拡大したことによって、ヨーロッパにおける農業の重要度が低下し、以前より収益が上がらなくなっていたのだ。アメリカやオーストラリアのような地域から輸入される安価な食糧は労働者階級と雇用者には都合が良かったが、地主には不利だった。ヨーロッパの農業所得は二十年前と比べて急激に下がり、農地の価値も連動して下落したのだ。

都市部の土地を所有していた地主は運がよかった。地価が上昇しつつあったのだ。ソールズベリの所得のうち、農地から得ていたのはわずかに四分の一だけだった。残りの所得は都市部の地代か投資からのものだった。なかでも大地主は、ビジネスを始めるか産業に投資することによって、また、フランスのド・ポリニャック公がシンガー社の財産を相続した女性と結婚したように、自分の世界の外にいる「お金」と結婚することで自分の懐を肥やしていた。一方で、生き残れない人々も増えつつあった。完全に抵当に入った地所とそこで生きる没落した貴族を描いたチェーホフの『桜の園』、あるいはミクロス・バンフィーのトランシルバニア三部作は、現実を反映していた。

大戦前の何十年かの間に、土地貴族と小規模な土地を持つジェントリは階級として経済的地盤を失いつつあった。そしてヨーロッパの多くの地域で、彼らは他の形でも地盤をなくしつつあった。富を得た新興の中産階級と労働者階級の人々は、地主の特権に抗い、権力を競い合うようになった。旧階級はもはや、かつてのように社会的に優位な立場にいることができなくなった。たとえばロスチャイルド、リプトン、カッセルといったエドワード七世の友人を頭に思い描いてみるとよい。商工業出身で財産を持っていれば、旧階級に匹敵する美しい馬を所有し、娯楽に興じることができた。政界においても、ドイツのような国々でさえ、昔のように地主の利益はあてにされなくなっていた。イギリスでは一八八四年と一八八五年の選挙法改正で選挙権が拡大し、有権者数が三百万から六百万と二倍になった。それとともに選挙区を割り直したことによって、かつては地方の大物が贈り物に使っていたうまみのある議席の調整はほぼ不可能になった。(21)

ソールズベリは運に恵まれているほうだったが、この変化を好んでいないのは明らかだった。「何世紀もの間安定していたことが、もはや安全ではなくなっている」とソールズベリは述べている。大衆民主主義は伝統的な上流階級を破壊しつつあり、それは社会にとって好ましいことではないととらえていた。「ソールズベリは自分の使命にしたがい、上流階級に特権や例外を保証しないように考えて政治に取り組んだが、健全で信頼ある政府を維持するためには上流階級の維持が最良の基盤となると信じていた」と、ソールズベリの政治の同僚ジョージ・ハミルトン卿は述べている。ソールズベリは国の福祉を向上させるために任についているとハミルトンは信じていた。(22)

そうであれば、ソールズベリはうまくいっていた。ヴィクトリア女王即位六十周年祝典までにソールズベリは首相を三度、外相を三度、インド相を二度務めていた。幸いなことに、ソールズベリは根を詰めて働く能力があり、重圧に耐え得るという特に大切な能力を備えていた。心配で不眠になることはない、とソールズベリは姪に話していた。たとえば外套を着て外出するべきかどうかといったごく些細な問題でも、決断をしなければならないときには自分は最善を尽くすと家族に話していた。「すべては全く同じことだと考えている。戦争か平和かを決める電文を書くときも同じことだ。問題は決断するときの判断材料にかかっている。結果の大きさによるものではない。結果なんて関係ない」。(23)

一八九五年、三度目の首相の任に就いたとき、ソールズベリは以前のように外相を兼任することにした。「私たちの最大の責務は、国民の利益と権利を維持することである。二番目の責務は、全人類にこれらを維持することである」ためだ。ソールズベリは、世界におけるイギリスの主導権はおおむね善意によっていると思っていたので、彼の頭のなかでこの二つの目的は矛盾しなかった。ソールズベリの外交上の戦略は単純で、イギリスの利益と世界における地位を守ること、同盟関係や秘密協定に頼らない方が好ましい、ということだった。ソールズベリは女王に「積極的な方法」といった表現を使うのを好まなかった。(24)おそらくソールズベリは大きなライバル関係にあったグラッドストンと自由党を皮肉っていたのにちがいない。グラッドストンと自由党は、必要ならば人道的な理由でヨーロッパに介入することをよしとしていたのだ。「戦争は一般にすべての人々にとって悪いものだから」、イギリスがやるべきことは影響力を使って隣の国々が「喉元を狙われないようにすること」だとソールズベリは考えた。[25]だからソールズベリは、イギリスの利益が侵されると感じたときには軍事行動をも辞さない強硬な態度を取る心積もりがあった。スエズ運河の開通によってエジプトは、イギリスのインドと東アジアを結ぶ輪のなかで重要な意味を持つようになった。イギリスは他国がどう考えようともエジプトを抑えておかなければならなかったし、さらに安全弁として、ナイル川の上流をも管理する必要があった。一八九〇年代の終わりになると、ソールズベリはナイル川上流でフランスと軍事的に対峙しなければならなくなったことに気づいた。

多くのイギリス人のように、ソールズベリは外国人の方がイギリス人よりわがままで信頼ならないし、ラテン系の国の場合にはさらに感情に動かされやすいと考える傾向があった。ギリシャ人を「ヨーロッパのたかり屋」と呼び、フランスがチュニジアを侵攻したときには「これまでも習慣として行われてきたことで、十分フランスの名誉の掟の枠からはみ出すものではない」[26]と皮肉った。イギリスとドイツが一八八〇年代に東アフリカで影響力を争うと、ソールズベリはザンジバルの島に派遣していた若い領事にこう注意した。「ザンジバル問題は全体が難しく危険だ。ドイツは政治的・道義的感覚が多くの点で私たちとかなりずれているが、やむを得ずドイツと手を結ぶ」[27]。帝国を拡大しようとする「虚栄心」を不快に思うこともあったが、ソールズベリは何が起ころうとも国益は確保すると決意していた。「国の本能というのは、隣の国々が貪欲に奪い合っている戦利品の分け前を獲得せずには決して満足できないものだ」[28]。

アメリカ合衆国を除くと、ソールズベリは嫌いな国はなかった。近代世界のあらゆる負の部分のすべてがアメリカ人の中にある、とソールズベリは思っていた。アメリカ人は強欲で、物質主義者で、偽善的で俗っぽく、民主主義が最善の政治形態と思い込んでいる、と。南北戦争の間、ソールズベリは南部を熱心に支持していた。南部人の方が紳士だが北部はそうではないと考えていたことが理由の一つだった。だがもう一つ、ソールズベリはアメリカが成長して力をつけることを恐れてもいたのだ。

一九〇二年に沈んだ気持ちで、次のように書いている。「悲しいことだが、アメリカが必ずや前進するにちがいない。アメリカと対等な力関係を復活させることは無理だろう。南北戦争のときに介入していれば、アメリカ合衆国の力を管理できるくらいのところで押しとどめることができていたかもしれない。だが国の発展の過程でこういうチャンスは二度とないだろう」(29)。

外国についてこのような見方をしていたとはいえ、ソールズベリは外交問題を扱うにあたって、他国と特別な目的のために協力しないなどということはなかった。たとえば一八八〇年代に、地中海周辺の現状を維持するためにソールズベリはイタリアとオーストリアから合意を取りつけているのだ。一八八二年にイギリスはエジプトを保護国化したが、それに反発するフランスからエジプトの安全を確保しておくため、ドイツとも良好な関係を維持した。世論によって外交政策が左右されることをソールズベリは好まなかったが、望まない関係や同盟を断ち切るときに世論が便利だということにも気づいていた。一八九〇年代、ドイツがフランスに対して共同戦線を張ろうと提案したとき、ソールズベリは憲法と議会に従わなければならないことを残念に思った。「何年か前から政府が戦争をするという秘密の合意に調印しているという事実があっても、議会と国民は、その通りに動くわけではないのだ」(30)。そしてイギリスは平和時に戦争につながる可能性のある合意を結ぶことが憲法上できない、とイギリスが成文憲法を持たないことをうまい口実にして、ソールズベリはさらに簡単に議論を進めることもできた(31)。さらに重要なのは、世界最大規模のイギリス海軍と島国という地理的有利によって、イギリスは比較的、世界の諸問題から離れていることができたことだ。

ソールズベリはイギリスが国際的な諸問題に巻き込まれないように最善を尽くしたが、それに対して連合する強力なブロックに関与することを避けようともしていた。一八八八年カーナボンで行った演説で説明しているように、各国は近隣の国とともに分別のある世帯主のように振る舞わなければならないのだ。

　一緒に暮らしている人々とうまくやろうと思うなら、相手に対して少しでも有利に立とうとしていつも機会をうかがっているようではいけません。正しく周りのことを考えるという精神で、自分の主張と周りの人々の主張を聴かなければなりません。抑圧と侵略が行われようとしていると思ったら、大切で純粋な権利を犠牲にしてはなりません。また、小さな対立を大きく膨らませて悪意を含む論争にすることを控えなければならないし、あらゆる相違を重大な原則にかかる問題として取り扱わなければならないのです。

合理的で自分勝手な行動をする人々は、「周りの人々がまとまって反対していることに気づくでしょう……」[32]とソールズベリは続けた。

長く続けてきたイギリスの政策の結果、いくつかのグループが存在しているなら、二つ以上のグループが存在し、イギリスに反対するのではなく互いに反目し合うのが望ましいとソールズベリは感じていた。できるだけ多くのヨーロッパの国と友好的な関係にあって、イギリスが異なるグループの間に立って戦略を展開できるような大陸内の勢力均衡がほぼ取れているとき、イギリスのヨーロッパとの関係は、うまく機能するものだ。ソールズベリは——他のヨーロッパ列強はそうでなくとも——イギリスはこの点で全体の善のため貢献してきたと考えたかった。ソールズベリはカーナボンの演説のときにこう述べている。「周りの国々と良好な関係を維持するために行う善良な心ある努力と、『不干渉』の名の下に、もったいぶった傲慢で悪意を持った態度で臨む『孤立』精神の世界との間には、大きな違いがあります。私たちはヨーロッパのコミュニティの中の一人であって、そうした義務を果たさなければならないのです」[33]。

ソールズベリは「孤立に対する悪口」を嫌っていたが、これこそソールズベリの外交政策を特徴づけるものだった[34]。一八九六年にヴィクトリア女王がイギリスは孤立しているようだと抗議すると、孤立は「私たちに関係のない戦争に引き込まれる危険よりずっと安全だ」と、ソールズベリは鋭く切り返した。これは保守党の同僚たちと共有している見解だった。海軍大臣のゴシェン卿は一八九六年の保守党集会で、「私たちの孤立は弱さゆえの孤立でも自らを軽視するゆえの孤立でもない。私たちの孤立は熟慮のうえ選択した孤立であり、いかなる状況下でも行動を選択する自由があるということである」[35]と、述べている。同じ年、最初はあるカナダの政治家が、続いてジョゼフ・チェンバレンが「栄光ある」という形容詞をつけ加えたことによって、この言葉は驚くほど急速に拡がった。「栄光ある孤立」と、イギリスの勢力均衡を操る巧みな技は熟慮のうえの選択であるばかりか、大エリザベス一世がイギリスの安全を守るためライバル国フランスとスペインの間で巧みに動いていた時代にまでさかのぼることのできる伝統ある選択だと論じられた。「大陸の勢力均衡は一般にこの国に相応しいものであるように、エリザベス女王に相応しいものだ」と、エリザベス一世時代の歴史家が述べている。[36] オックスフォード大学のチチェリ近代史講座の教授であるモンタギュー・バローズはこの言葉に「勢力均衡《バランス》」というほとんど神秘的な重要性を与え、エドマンド・バークを肯定しつつ引用して述べている。あらゆる列強のなかで、この言葉を追求するのに一番相応しい国がイギリスであり、「これがヨーロッパを救ってきたと言っても過言ではない」[37]と誇らしげに述べている。

振り返ってみると、これがいかに自己満足に過ぎなかったかがわかる。当時でも「栄光ある孤立」に挑戦した者がいた。即位六十周年祝典が行われた一八九七年、イギリスは実際に孤立していたが、世界的な立場は「栄光ある」というには程遠かった。イギリスにはヨーロッパに安心できる友人を持っていなかったのだ。イギリスは世界中の紛争やライバル関係に関わっていた。ベネズエラについてアメリカ合衆国と、世界のいくつかのところについてはフランスと、アフリカと太平洋についてはドイツと、中央アジアと中国についてはロシアと争っていた。中国にはいろいろな恩恵があるとはいってもさまざまな要素が絡んでいた。「帝国」がイギリスに威信をもたらし、イギリスの製造業の市場を保護し、理論上大きな力を与えていたことは間違いない。大海軍観艦式のときに「パンチ」誌に掲載された風刺画には、艦隊を見ようとしている若い四頭のライオン――オーストラリア、カナダ、ニュージーランド、ケープ――と並び年老いたイギリスのライオンが描かれている。[38] だが、若いライオンは自分たちを守るという重責を引き受けようという情熱を持っていないようだし、ましてや帝国全体を守る気持ちなどなさそうである。

イギリスは現状を維持するため世界中でさらに多くの植民地と保護国を必要とし、それを獲得するにつれて帝国はますます成長した。しかし他国が領土の争奪戦に加わると、帝国はだんだんと脆弱になっていった。外務省事務次官サー・トマス・サンダーソンは数年後にこう述べている。「イギリスの新聞を読む外国人読者に、大英帝国が地球を大きく覆っているように見せなければならないと思ったことが何度もありました。痛風で痛む手足の指があらゆる方向に広がっていて、風が吹くと必ず叫び声をあげるのです」[39]。「広がりすぎた帝国」という言葉はまだできていなかったが、イギリスは一八九〇年代にはすでに苦しみ始めていたのである。キプリングがスピットヘッドの大海軍観艦式を見た直後に書いた詩「退場」はある警告を含んでいる。

素晴らしきわが海軍が溶けていく
砂丘と岬に火が沈む
見よ　昨日の栄華がすべて
ニネベとティルスとともに消えゆく
諸国民の裁きを　求めまい
忘れまい、忘れまい

イギリスは当時なお世界の製造業をリードしていたが、イギリスの産業は新しく活力のあるドイツやアメリカ合衆国の産業に追いつかれつつあった。ドイツとアメリカの産業が海外市場に割って入ってきたのだ。イギリスの子どもたちの遊ぶおもちゃの兵士がドイツ製だという話は本当ではないかもしれないが、それはイギリスが自国を守る能力があるのかということを含め、大きくなりつつある不安を反映していた。

イギリスは島国だったから小さい陸軍で十分で、自国と帝国の防衛は海軍に依存していた。技術の発展によって海軍はますます費用がかかるものとなり、それに伴って予算にかかる負担は大きくなっていた。ジョゼフ・チェンバレンは次のように述べている。「くたびれたタイタンは、運命のあまりに広大な天体の下でよろめいている」[40]と。イギリス海軍が地球規模で展開するために本国のイギリスの島々の保護が手薄になるという心配もあった。軍部内の悲観論者たちは、もしフランスが望めば、海峡で簡単にイギリス海軍を一掃しイギリスに侵攻部隊を上陸させることができると、一八八〇年代後半から警告し続けていた。ソールズベリ自身、一八八八年に手なぐさみにシナリオを描いた。そのシナリオによると、イギリスが週末を楽しんでいる土曜の夜に「革命のトップに立つ兵士」に導かれたフランスが上陸するというものである。「二人か三人のアイルランド人」の力を借りて侵入者たちは電線を切断し、イギリス軍が誰も反応できないうちにロンドンへの道を開く[41]。――ソールズベリがこのシナリオをどれだけ本気にしていたかは疑問だが、このような見通しがあったにもかかわらず彼がフランスで休日を過ごす習慣をやめることはなかった。

フランスとの脆弱な関係は第三次ソールズベリ内閣の頭痛の種だった。事実、一八九八年には極めて深刻な戦争に発展するおそれがあったのである〔ファショダ事件〕。フランスと、帝国のもう一つのライバルであるロシアが新たな友好関係を発展させていることも悩ましいことだった。ソールズベリはドイツ、オーストリア＝ハンガリー、イタリアの三国同盟と協力する方を好んでいたが、もはや十分な対抗勢力とは思えなくなっていた。三国同盟がいかに頼りにならないか、一八九〇年代に今日のトルコ東部で行われていたアルメニア人の虐殺で見せつけられていたからだ。

オスマン帝国内の不幸なキリスト教徒が周辺のイスラム教徒に虐殺され、オスマン政府は熟慮のうえかあるいは全く力がなかったためか、虐殺を止めるための手を何も打てなかった。オスマン帝国を支え、黒海から地中海につながる海域をロシアの手から切り離しておくというのが、十九世紀のイギリスの政策だった。だが、自国の利益が必ずしも常にイギリスの世論に一致するわけではなかった。オスマン帝国によるキリスト教徒のコミュニティに対するひどい扱いに、世論は憤激したのだ。グラッドストンは実際に、ブルガリア人虐殺とこの問題に取り組む国際組織をつくる必要があると全選挙運動を展開したことがあった。他国の国内問題に干渉することを嫌っていたにもかかわらず、ソールズベリのオスマン帝国への対応はいつもあいまいだった。イギリスに地中海の東端に友人がいなくてもよいなら、もっと早くオスマン帝国を見捨てられるから好都合なのにとも考えていた。一八九五年、ソールズベリはオスマン帝国に圧力をかけて、アルメニア人への攻撃をやめさせようとした。そして、オーストリアかイタリア、あるいはドイツ、あるいはロシアでもいいからその仲間にしようと努めたが、どの国も進んで行動しようとしなかった。ソールズベリはこの問題で眠れない夜を過ごし、結局、イギリスができることは何もないということを受け入れなければならなかった。そして、瀕死の腐敗したオスマン帝国を支えるより、地中海および重要なスエズ運河を経由して、インドにおけるイギリスの利益を確保するためには他の手段を探さなければならないという結論に至った。続く数年間、問題であり続けたのはいかにしてその手段を見つけるかということだった。（金がかかるが）エジプトと地中海で軍事力を強化することか。フランスあるいはロシアなどと他の国と同盟を結ぶことか。だが両国とも他の地域であえて競合関係をつくるようには思えなかった。

オスマン帝国は帝国主義の時代であるがゆえに誘惑があり、別の点で悩ましいものだった。列強とその国内の一般の人々は所有する植民地の数で世界における自国の重要性を測っていたが、誰も主張することのない領土はすでに地図上になかった。アフリカの大部分は極東と太平洋諸島と同様、一八九〇年代までに分割されていた。世界のなかで残っているのは旧秩序が崩壊しつつある——たとえば中国とかペルシャとかオスマン帝国だけだった。一八九八年、ソールズベリはロンドンのアルバートホールで有名な演説を行った。ソールズベリは保守党の聴衆に次のように話した。「みなさんは、乱暴に、世界を、生きている国と死にかけている国、という二つに分けて考えているのかもしれません。一方に、毎年力を増し、富を膨らませ、自治領を成長させ、国の組織を完璧にしていく巨大な力を持った列強があります」。もう一方には、当然犠牲者となる国々がある。それらの国々は腐敗や統治の失敗のために死にかけていたのである。ソールズベリが描いてみせた世界の行く末は恐ろしいものだった。「生きている国々は少しずつ死にかけている国々の領土を侵食します。文明国の間の闘争の原因となるものは、すぐに出現するのです」(42)。

それらは確かに現れつつあった。イギリスとフランスは一八八〇年代、名目上はまだオスマン帝国の一部だったエジプトをめぐって争っていたし、フランスとイタリアはチュニジアでライバル関係にあった。オスマン帝国政府は網にかかった魚のようにもがき、もがけばもがくほど、網紐はきつくなった。ヨーロッパ各国からの借款は外部からの財政支配を招いた。鉄道建設や商業のためには好都合だが、影響力を拡大するためのヨーロッパの利権だった。キリスト教徒の扱いについて、人道主義の名のもとに行われるヨーロッパの介入。ヨーロッパからの財政改革の要求。さらにあとになってオスマン帝国が衰退してくると、バルカンとアラブ・中東を含む領土は列強の奪い合いの対象となった。

ロシア帝国の南方および東方への拡大によって、ペルシャが中央アジアにおけるロシアとイギリスの駆け引きの対象となった。ロシアはペルシャ北部への影響力を増し、イギリスは南部とインド洋沿いに地位を固めようとしていた。両国ともペルシャのシャー〔国王〕に擦り寄っていた。駆け引きはロシアの領土とイギリスの植民地であるインドとの間にあるアフガニスタンで、チベットで、また中国南部で行われた。

アジア方面ではヨーロッパ列強は、明らかに弱体化していた中国を標的にしていた。帝国主義に反対する深い歴史的ルーツがあったにもかかわらず、アメリカ合衆国もそこに加わった。一八八〇年代および一八九三年から一八九七年の間、二期大統領を務めたグローバー・クリーブランドは、アメリカ合衆国が植民地を獲得するのに反対する中心的な人物だった。最初の大統領就任演説で、アメリカ合衆国は今なお革命に起源を持つ国で、他の大陸については何の野望もないと述べたのが有名である。だが、その後のアメリカ合衆国はカリブ海の裏庭に介入し、その後フィリピン、ハワイ、プエルトリコを獲得する運命にあった。中国に関していえば、唯一の正しいあり方は利益を独占する領域を設定するのではなく、すべての国が中国の領土にアクセスできるようにする門戸開放政策だ、とアメリカ政府は主張した。

西洋人が驚嘆し大いに称賛したのは日本だった。日本は植民地になるかもしれないという脅威に対して、世界の新しい力を素早く吸収することによって回避し、この国もまた中国に帝国主義的な野望があることをうかがわせていた。列強は、瀕死の体制の北京から譲歩に次ぐ譲歩を強いていた。外国人が中国国内において、自国の法律と政府の保護下で生活し働くことができる条約港（租借地）があった。もちろん鉄道も外国の軍隊の保護下にあった。特定の地域では鉱山採掘権や通商権も設けられた。自分たちの国がメロンのように切り取られていく姿を中国人は目の当たりにしていたのである。

中国との通商においてイギリスは、特に長江（揚子江）沿いで安穏と優位な地位を占めていたので、統治する責任を負ってまであえて中国を分割したいとは思っていなかった。だが、他国が中国に侵入し領土を併合し始めるとしたら、黙って見ていることができただろうか。一八九五年にソールズベリが首相となったとき、ロシアはすでに中国の北部でイギリスの利益に挑戦しつつあった。中国での利権争奪はドイツを含む他の国が加わったことで熱を帯び始めた。

さらにソールズベリの頭を悩ませたのは、アメリカ合衆国との関係だった。これまでも常にやっかいだったが、この時期は特に悪化していた。英領ギアナとベネズエラの国境をめぐるイギリスとベネズエラとの長期にわたる国境紛争に、グローバー・クリーブランド政府が突然介入したのだ。ソールズベリが首相になって一カ月後の一八九五年七月に、国務長官リチャード・オニールが、アメリカ合衆国はこの論争に介入する権利があるとする挑戦的なメモを発表した。クリーブランドはモンロー主義の権威を引用したのだ。モンロー主義は南北アメリカに入る外部勢力に警告を発する、不思議なほど曖昧で、しかしどこまでも弾力性のあるものだった。大西洋を挟んだ両側の新聞が騒ぎ出した。ロンドン駐在アメリカ大使はソールズベリに長い電文を読み上げた。電文は、アメリカ合衆国政府は英領ギアナの重要な部分についてベネズエラの主張を認め、イギリスがこの調停に同意するように要求した。ソールズベリはこの回答に四カ月かかった。アメリカ合衆国に新世界におけるイギリスの所有物に対して、権威を付与しているとするモンロー主義の主張をソールズベリは拒否し、イギリスの所有物と他国との間の国境論争にアメリカは「何ら明白な実際的関係」を持つものではないと反論した。クリーブランドはこれにたいへん腹を立て、イギリスとアメリカ合衆国の両方で興奮状態になり戦争が口に上った。しかしイギリスには他にやるべきことがたくさんあり、戦争する気がなかったし、アメリカの世論も割れていたことから、結局妥協に到達した。ソールズベリはアメリカのモンロー主義の拡大解釈に反対することをやめ、一八八九年の仲裁で国境に多少の変更を行った。ロンドンのアメリカ大使が「雑種の国」と切って捨てたベネズエラはほんのわずかを手にしただけだった（ベネズエラ大統領ヒューゴー・チャベスは死ぬまでこの論争となった地を主張しており、後任もそうするだろう）[43]。

ソールズベリは他の紛争でも譲歩していた。一八九六年、フランスがマダガスカルを併合すると、ソールズベリは抗議せずに成すがままに任せたのである。マダガスカルはイギリスがかなり利害関係を持っていたところだった。だが、ソールズベリはそれでもイギリスが従来のように恒久的な関係にこだわろうとすることに抵抗した。ソールズベリは過度に地球の隅々のことまで心配することをいつものように拒否したのである。ソールズベリは大英帝国の極めて重要な地域にのみ集中することの方を好んでいた。紅海の安全が脅かされたとき、エジプトの副領事サー・イーヴリン・ベアリング（後のクローマー卿）に述べたように、「私は兵士たちがあなたに進言しているこの場所の戦略的重要性をそんなに強く感じておりません。兵士たちに任せておいたら、火星から私たちを守るために月に駐屯するのが大事と主張するにちがいありません」[44]。ソールズベリの同僚は、ソールズベリが外交にあまりに無関心で、明確な政策を持っていないのではと不安に思った。しかし、彼は政策を持っていてもそれを表に出そうとしていなかったのである。ソールズベリの秘密志向は年齢とともに顕著になった。外務省の事務次官を務めたカーゾン卿は、後にソールズベリのことを「あの風変わりで、力があって、謎めいていて、頭がよくて、頑固な重量級のトップ」と述べた[45]。カーゾンはソールズベリがあまりにも、犬に投げた骨を頼みにすることが多すぎると感じていた。「犬」は明らかにフランスとロシアなのだが、もっと吠えさせる結果になるだけと思っていたのだ。同僚全員が批判的だったというわけではないが、多くの人々は、ソールズベリが外相を兼任する首相の仕事をすることはもう無理だと感じていた。ソールズベリは一八九〇年代後半になると歳を感じさせ始め、夫人の長患いのため気持ちが落ち込んでいた。その夫人は一八九九年に亡くなったのである。

一九〇〇年に公式に外務大臣を降りる前から、ソールズベリは外交問題の大きな役割を甥のアーサー・バルフォアに譲っていた。バルフォアは下院のリーダーで、植民地相がジョゼフ・チェンバレンだった。この二人の姿勢にはそれほど違いがなかった。バルフォアはイギリス社会の頂点にある貴族階級に属していた。金持ちの長男だったバルフォアはスコットランドに大きな土地を持っていた。バルフォアは多くの人から「冷たい」とか「つかみどころがない」と言われていたが、ハンサムで頭がよく、チャーミングだった。バルフォアの微笑は「墓石の上にかかる月光」だという知人もいた[46]。バルフォアの心は、彼が愛した女性がチフスで亡くなったときに壊れてしまった。近しい友人は、バルフォアは「この方面での力を使いつくし、結婚して安定している女性との気楽な情事を好むようになった」と述べている。バルフォアの主要な関心事は哲学で、奇妙なことに大戦の間はシオニズムへの情熱に発展していった。バルフォアは勤勉だったが、それを人に見せまいと努めた。議会を抜け出してゴルフに出かけ、遅くに夜用の服を着て戻ることもあった。バルフォアは議会の席に戻り、「まるで空きを見つけたかのように」席について「ほとんど前と同じところに座った」と「パンチ」誌は述べている[47]。

バルフォアはチェンバレンのことを、興味深いが共感を持てない相手だと思っていた。「みんなジョーが大好きだけれど、絶対というわけではなく、複雑に入り混じったところがあって、私たちとは化学的結合をしない」と、バルフォアはお気に入りの女性の一人に書いている。[48]チェンバレンは叩き上げの工業人で、ソールズベリが伸し上がってくるのを嘆いていた新しいタイプの人間だった。中産階級の家庭に生まれ、十六歳で学校生活を終え、最終的に金属のスクリューを製作するバーミンガムの家業に就いた。バルフォアとは違いチェンバレンは三度結婚していた。最初の二人の妻はどちらも、息子を産んで亡くなった。最初の妻の子がオースティン、二人目の妻の子がネヴィルだった。ネヴィルは一九三〇年代に宥和政策をとった首相として悪名をはせた人物である。三番目の妻はジョゼフの半分くらいの年齢のアメリカ人で、クリーブランド大統領政府の国防長官の娘だった。これはあらゆる点でたいへんうまくいった結婚だった。

エネルギッシュで、努力家で、大望があった若いチェンバレンはまず、家業をイギリス国内で業界のトップに成長させ、三十六歳のとき金持ちになったので引退した。チェンバレンはスポーツが好きではなく、あまり似つかわしくないのだが、蘭の栽培に情熱を持っていた以外にはほとんど趣味らしい趣味がなかった。蘭については温室をつくって育てていた（チェンバレンはいつも蘭を一差しボタンホールに着けていた）。チェンバレンは事業のときと同じ努力を傾けて政界入りし、バーミンガム市長となった。チェンバレンは万人のための初等教育、下水と浄水、スラム街の一掃と図書館の設置に取り組んだ。自由党員として下院議員となったときも、チェンバレンはバーミンガムの統治者だった。チェンバレンは正確で的を射た演説を議会ですることで、乱暴なデマゴーグではなく高度に洗練された討論者であることを示し、同僚たちを驚かせた。イギリスのジャーナリストJ・A・スペンダーは次のように書いている。「パフォーマンスはとにかく完璧だった。『素晴らしい、素晴らしいよ、チェンバレンさん』と、チェンバレンが助言を求めた年輩の議員が誉めた。『だがね、時として弱気になるのをなんとかできれば、議会は君のパフォーマンスに賛辞を送るだろうと』」。[49]

チェンバレンは社会の改善を提唱する急進派で、地主やイギリス国教会が持っている特権的な慣行を攻撃した。だがチェンバレンは、イギリスこそ世界の善を推進する力があると考えていた大英帝国に強い愛着を持っていた。

この思いからチェンバレンは、一八八六年自由党がアイルランド自治法を提案したとき、党と袂を分かつことになった。チェンバレンとチェンバレンを支持する人々は、アイルランド自治法は帝国の統合を損ねるものだと論じた。間もなく自由統一党と呼ばれるようになった彼らは、保守党に移ることになった。(50) チェンバレンは以前の同僚に対して自分の立場を弁護しなかった。チェンバレンはただ突き進むだけだった。チェンバレンは自分が取り組んでいることに「徹底的に集中」し、その対象は主に政治だった。「チェンバレンの見方はすべて白か黒かのいずれかだった。輪郭がはっきりしていて、半端な色合いはなかった」とスペンダーは述べている。(51)

植民地相として最初の何年か、ニューファンドランドの鱈から南アフリカの金に至るまで挑戦と嘆願に取り組んでいたとき、イギリスがいかに孤立していて、いかに無防備となっているのかチェンバレンは痛感した。さらに外交問題について新しく不確実要素である世論が地球規模でのイギリスの利益を守るよう求めていた。孤立はもはやイギリスにとって得策ではないとチェンバレンは論じ、バルフォアはチェンバレンに同調するようになった。フランスとはアフリカで近年緊張があったばかりだし、歴史上も二国間の長いライバル関係があったから同盟国とはなりそうもない。ロシアについては「悪と組む者に対しては油断も隙もあってはならない」と一八九八年の演説でチェンバレンは述べている。チェンバレンの思いはますますドイツに向かった。ドイツはイギリスとは争うことが比較的少なかったのである。こう考えたのはチェンバレンだけではなかった。他の重要人物、内閣の大臣、海軍将校、外務省の高官、影響力のある作家が同じ方向で考えるようになっていた。(52)

積極的ではないものの、ソールズベリの一応の賛同を得て、チェンバレンはロンドンのドイツ大使と協定を結ぶ可能性について話し合いを始めた。一八八九年、チェンバレンはウィンザー城でドイツ皇帝および外相ベルンハルト・フォン・ビューローと友好的な話し合いを持った。この会議でチェンバレンは、おそらくアメリカ合衆国をも含む同盟が実行可能だと考えるようになった。ドイツ皇帝らがイギリスを去ったあと、チェンバレンはレスターで一般の人々に演説を行った。「チュートニック民族と大西洋をまたがるアングロサクソンの二つの流れの間で新たな三国同盟を結べば、これからの世界に大きな影響力を持つことになりましょう」(53)と。他にも良い兆しがあった。一八九八年にイギリスはドイツとの間で、ポルトガルの植民地であるモザンビーク、アンゴラ、チモールについて協定を結んだ。植民地の所有者ポルトガルが破産しそうな状態にあり、これらの植民地が世界市場に委ねられるところだった。イギリスとドイツ（ポルトガルは相談から外された）は部外者を寄せつけないようにして、二国間でポルトガルの植民地を分割することを合意した。翌年イギリスは南太平洋のサモア諸島をめぐるドイツとの馬鹿々々しい争いを、中心となる島の支配権をドイツに譲ることで終わりにしたのである。

ロンドンのドイツ大使館員に話したように、一九〇一年までにドイツと緊密な協力関係を持つ方向、また、おそらくはイギリスがドイツ、オーストリア＝ハンガリー、イタリアの三国同盟の一員となる方向へとチェンバレンは考えが傾いていた。[54] バルフォアは同意していた。チェンバレンにとって、イギリスにとって最も戦争の可能性の高い敵はフランスとロシアの同盟だった。「イタリアがつぶされないこと、オーストリアが分割されないこと、そして思うのだが、ドイツがロシアの鉄槌とフランスの鉄床の間に挟まって死に至らないことが、私たちにとって肝心なことなのだ」。[55]

ドイツはこの考えに反対ではなかったが、協力関係を特に必要としているのはイギリスで、その逆ではないように見えたので、完全な合意を結ぶこと、あるいはイギリスが三国同盟に入るのを急いではいなかった。南アフリカでのボーア戦争は一八九九年十月、上首尾に終わった女王即位六十周年記念式典のちょうど二年後に始まったのだが、この戦争はイギリスの威信と信頼を大きく損ねることになった。最初の数カ月は屈辱的な敗北が次々に続き、フランスが侵入するきっかけとなるかもしれないとか、フランスとロシアがインド洋におけるイギリスの立場を脅かすかもしれないという現実の恐怖が拡がった。[56] 一九〇一年一月にヴィクトリア女王が亡くなったことと併せて、過ぎ去っていく旧秩序のもう一つの証だと受け止められた。

戦後の調査によると、イギリスの指揮官が無能だったこと、軍が明確な命令も正しい地図も十分な情報もなしで戦闘に派遣されたこと、また、装備が全く不十分だったことが明らかになった。「ザ・タイムズ」紙の戦場特派員だったレオ・エイマリーは、たとえばスピオンコップの戦いの大失敗について、次のように書いている。「事前に占領すべき場所の地形を確認しておく努力が何らなされていなかった。あるいは、こうした情報をもってその位置の確保を委ねるべき指揮官が配備されていなかった。指揮官自身も、塹壕を掘る前に頂上の形を見ておこうという努力を何もしなかった」[57]。この戦争の結果、軍の改革が広範にわたって行われたが、その成果が出るには時間が必要だった。

十九世紀末にイギリスの事態を悪化させたのは、中国の不安定な状況だった。そのため中国におけるイギリスの大きな利権が脅かされていた。一八九七年、ドイツは宣教師二人が殺害されたことを理由にして中国政府に天津港および鉄道と山東半島を譲渡するように要求した。これがきっかけとなって深刻な中国争奪戦が始まった。ロシアは満州南端の不凍港である旅順を一方的に奪い、イギリス海軍大尉ウィリアム・アーサーの名にちなんで「ポートアーサー」と名付けた。イギリス内閣はロシアを排除するため中国海域にいる戦隊から北方に船を出すことを検討したが、ロシアの同盟国フランスが動くことを懸念して派遣をやめた。数カ月後、ロシアは旅順のまさに北東にある大連の港も奪い取り、中国政府に両港の二十年間の租借権を認めさせた。

新聞やチェンバレンのような政治家からの強い声に押されて、イギリス政府も重い腰を上げ、できることは何でもした。ソールズベリは沈んだ様子で「『一般の人々』は中国内の領土あるいは地図の上で安心を与えるものを求めている。〔それを得てもイギリスにとって〕役に立つことはないが、金はかかるはずで、純粋に感情の問題である」と述べた。このような経緯でイギリスは山東半島の北側、満州にあるロシアの港の南に位置する威海衛港を要求した（結局、威海衛は港として役に立たなかったが、海水浴には絶好の砂浜があった）[58]。一九〇〇年には、これが少なくとも良い知らせに思えたので、ドイツとイギリスは中国で合意に至り、全列強に自由なアクセスを認める中国の門戸開放政策に両国は影響力を行使することになった。少なくともイギリスの頭のなかでは、これは満州でのロシアに対して向けられたものだった。ヨーロッパでロシアと長い国境線で接していたドイツが一番望まないことは、隣国との争いだった。このことは義和団の乱のあと明らかになった。

一九〇〇年、そもそもは王朝に反対して始まった満州民族の運動は巧みに転じて、外国人に反対する運動となった。中国北部の至るところで西洋人の宣教師や外交官、実業家が攻撃を受け、北京では各国の公使館が一九

19 世紀末までに、ヨーロッパの列強は世界の多くをそれぞれの帝国に取り込み、帝国主義のライバル関係から戦争になりかけることが時折あった。衰退しつつある清朝が立て直そうと躍起になっていた中国が次の犠牲になるように思われた。中国の本土に自分の帝国をつくることを夢見ていた日本と帝国主義に反対し「門戸開放」を主張しようとしたアメリカ合衆国が不安そうに覗き込んでいる。

〇〇年の夏に包囲された。救済のための国際的義勇軍が列強によって急ぎ結成され、ともかく一緒に行動することになった。そして義和団の乱は鎮圧され、北京は列強に略奪された。そのうえ中国政府は莫大な賠償金を支払うことを強いられ、外国の影響力がさらに国事に及ぶことを受け入れたのである。ロシアは軍隊を満州に動員する機会を得、反乱が終わってからも撤退しようとしなかった。ロシアは満州を恒久的に支配する取引を中国と交わしたのではないか、という噂が広がった。ロシアを撤退させる手立てを探るためイギリス政府はドイツに支援を求めたが、ドイツの答えは明らかだった。ビューローは一九〇一年三月十五日に帝国議会を開き、中国に関する英独間の合意には「満州は一切関わらない」と述べたのである。(59)

ドイツにはヨーロッパでトラブルを起こす犠牲を払ってまでイギリスを支援する用意がないことはあまりにも明白だった。またイギリスの中にも自問する人々がいたのだが、イギリスは本当にヨーロッパで、ドイツとフランス、ロシアの紛争に関わりたいと思ったのだろうか。だがドイツは、イギリスがドイツとの友好が一番よい選択肢だと結果的に考えたならばイギリスはドイツを選ぶと考えていた。「私たちは決して、不安だとか、焦っているといったそぶりを見せてはならない」。ビューローは一九〇一年十月に、部下のフリードリヒ・フォン・ホルシュタインにそう述べている。「希望の光を地平線にきらめかせておかなければならない」(60)と。

ソールズベリに代わって外相となったランズダウン卿はドイツとの話し合いを継続しようとしたが、うまくいかなかった。ランズダウンはロシアに対しても散漫で、生産性のない交渉を行った。それでもなおランズダウンは同僚の多くと同じく、イギリスはヨーロッパから距離を置くというソールズベリの政策に後戻りすることはできないと確信していた。インド相となっていたジョージ・ハミルトン卿は一九〇一年夏のバルフォアとの陰鬱な会話を報告している。

私たちは現在、実際の目的がどうあろうと第三級の力しか持っていないと考えざるを得ないのだとバルフォアは述べた。私たちにはヨーロッパの列強と対峙し争う利益があるにもかかわらず、第三級の力しかない。この原点に立ってみると、現在の帝国の弱点が痛いほどわかる。集中できれば私たちには効果的で潜在的な大きな力があるのだが……帝国の利益がばらばらに散らばっていて……ほとんど不可能に近い」(61)。

その秋、第一海軍卿であるセルボーン卿は内閣の同僚に、ロシアとフランスはともに、間もなく極東に九隻の戦艦を配備するというのにイギリスには四隻しかないと指摘した(62)。

だがこの段階になると、イギリス・ドイツ両国の世論が外交上の重要な要素になり始めた。たとえば一九〇一年秋から一九〇二年初冬にかけてドイツの首相となったビューローとジョゼフ・チェンバレンとの間で馬鹿げたやりとりが大っぴらに行われ、それが両国民に怒りの感情を引き起こしていた。チェンバレンはエディンバラで演説を行った際、イギリス軍がアフリカーナーの市民をあまりにひどく扱っているという非難に対して、イギリス軍を擁護した。チェンバレンは、他国はもっとひどいことをしている、たとえば普仏戦争のときのドイツがそうだった、とまで話した。ドイツのナショナリストたちは重大な侮蔑だと憤り、ビューローはイギリス外務省に正式な抗議をすると主張した。イギリスは発言の釈明はしようとしたが、正式な謝罪を拒否した。そこでビューローは一九〇二年一月の帝国議会で挑発的な演説をして、ドイツの世論に訴えたのである。ドイツ軍を批判する者は「自分が御影石に噛みついているということ」を知るというフリードリヒ大王の有名な言葉を引いたビューローの演説は喝采を受けた。三日後、チェンバレンは同じく熱をこめて、自分の拠点バーミンガムで次のように述べた。「自分が言ったことはそのとおりで、撤回しない。何も抑えたりしない。弁解することは何もない。外国の大臣にものを教えたいとは思わないし、外国の大臣から何ももらったりしない」。個人的に、チェンバレンはロンドン駐在ドイツ大使のヘルマン・フォン・エカルドシュタインに、「こんな扱いはもうたくさんです。大英帝国とドイツの間の連携など問題外です」[63]と吐露した。

イギリス政府は、すでにどこか他の国と協力する必要があるという結論に達していた。ますます疲れたソールズベリが黙認するなか、イギリスは日本と防衛のための同盟の可能性を模索していた。これは想像されるほど異常なことではなかった。日本は前途有望な国だった。一八九〇年代、日本は日清戦争で勝利を上げていた。アジアをよく知るカーゾンは、一八九七年にソールズベリに宛て、次のように書いている。「極東でヨーロッパの列強がイギリスに対抗してまとまるようなことがあれば、早晩日本と行動をともにすることになるのだと思います。これから十年のうちに、日本はこの海域で最大の海軍力を持つでしょう……」[64]と。最後の言葉は、いつも強力なロビイストであるイギリス海軍産業に訴えるものがあった。イギリスの海軍産業は日本が出し続けてくれる注文によって多額の利益を得ていたのだ。一八九八年に議員になったことで海軍軍人としてのキャリアを離れ、海軍同盟の長となっていた元海軍大将チャールズ・ベアズフォードは、ロンドンの日本協会の年次晩餐会で次のように述べている。「両国の国民の間には互いに引き合うものがたくさんあります。私たちが同盟を結べば、大いに世界の平和に貢献できるでしょう」[65]。さらにいうと日本の利益は、イギリスにとって都合の良いことに極東に限られていた。それゆえ、ドイツとの同盟がイギリスをヨーロッパの戦争に引きずり込むおそれがあるのと違い、そのような危険が存在しなかったのである。イギリスは、特に中国で、ロシアに対抗するのに日本を利用できるはずだった。ライバルの帝国ロシアがインドに向けて中央アジアを南進する前にその計画を再考させることになる可能性もあったのである。

日本からみれば、イギリスはヨーロッパの列強のなかでは一番友好的な国だった。日清戦争後の一八九五年、ロシアとドイツとフランスは結託して日本に圧力をかけ、中国からの、特に満州の獲得物のいくらかを断念させたのである。その直後にロシアは動き、満州南部の二つの港を獲得し、北を走るシベリア鉄道の支線を敷設し始めた。義和団の乱の間、イギリスと日本はよく共同した。日本もイギリスのようにロシアおよびドイツとの話を通じてもう一つの道を模索していた。しかしイギリスと同様、この方向はだめだという結論に至っていたのである。

一九〇一年のクリスマスの少し前、一八六八年以降の日本の変遷を見続けた長老の政治家伊藤博文公は、ロシアからの帰途、ロンドンに立ち寄った。ソールズベリのように、伊藤博文は日本の首相を三度経験していた（ソールズベリとは違って伊藤は悪名高い女好きでもあったが）。伊藤がイギリスに立ち寄ったのは（政治的意図はなく）純粋に自身の保養のためだった。それでもなお伊藤はエドワード七世の歓迎を受け、グランド・クロス・オブ・ディ・オーダー・オブ・ザ・バース勲章（イギリスの騎士団勲章の一つ）を授与された。ロンドン市長は伊藤の名誉のために大晩餐会を開催した。「ザ・タイムズ」紙によると、伊藤が立ち上がって乾杯に答えたとき「長く喝采の声が続いた」ということである。演説で伊藤は日本とイギリスの間の「ほぼ一世紀」にわたる長い友好的な関係について語り、若かりし頃の伊藤がイギリス留学したときの幸せな思い出について述べた。伊藤は続けた。「私たちの友好的な気持ちと相互理解が未来にさらに続いていくことを心から願うばかりですが、過去に私たちの間に存在していたこの友好的な気持ちと相互理解が未来に向かって日々ますます確かなものになっていくことは私にとっては、ごく当たり前のことと思えるのです（喝采）」[66]。伊藤はハットフィールドのソールズベリ宅とボーウッドのランズダウンのカントリーハウスを訪問し、特にランズダウンとの会話を楽しんだ。

一月三十日（一九〇二年）、日英同盟が調印された。イギリスは日英同盟がインドをも範囲に含めることを望んでいたが、日本は中国に限定することを主張した。この二国は門戸開放政策に従うことを約束し（朝鮮における日本の特殊利益は認められた）、第三国から攻撃を受けた場合には中立を維持すること、二国以上の国から攻撃を受けた場合にはそれぞれ支援に立つこととした。さらに、この地域の海軍力にかかる秘密条項もあった。イギリスと日本の海軍は、たとえばフランスとロシアのような太平洋での潜在的な敵国に対して話し合いを始めることになっていたのである。条約締結のニュースは、日本では相当な興奮をもって歓迎された。日本では日英同盟を支持する一般の人々の行進があったほどである。一方で、イギリスの反応はもっと冷静だった。政府がそう望んだのである。

必ずしも厳密な言い方ではないが、孤立政策の一つというべきか、あるいは数世紀にわたってイギリスに役立ってきたというべき政策を放棄してしまった。十九世紀の大部分は、イギリスは反対勢力が結託することを心配しなくても、気持ちよく貿易と帝国を拡大することができたのである。だが世界は変化し、今やフランスとロシアが連携して恐るべき対抗国となっていた。ドイツ、アメリカ合衆国、そして日本さえも、世界におけるイギリスの覇権を食い荒らそうとしていた。日本との条約は、イギリスがさらに同盟関係が絡まった世界の海に飛び込むのか否かを確認する第一段階だった。ボーア戦争は最終的に一九〇二年五月に終わり、トランスヴァール共和国とオレンジ自由国は大英帝国の一部となった。ドイツがこれまでよりもしっかりつながった友人になるかもしれないという期待は、完全に消えてはいなかった。ドイツでは、日英同盟に対する最初の反応は穏やかな好ましいものだった。日本と同盟を結ぶことによって、イギリスはアジアでロシアと、そしておそらくはフランスとも対立する方向に踏み出したからだ。ベルリンのイギリス大使がドイツ皇帝にこの新しい条約について知らせたとき、ヴィルヘルムの最初の反応は次のようだった。「くっついているようでも、きちんと間隔は保っていたようだな」[67]。

3　ヴィルヘルム二世とドイツ――「悲しいことだ　国王が大人でない！」

一八五九年の春、ヴィクトリア女王はベルギー王である伯父レオポルトに次のような手紙を出した。「私たちの初めての孫の洗礼を見ることができないので心が痛みます。これがこんなに辛いことだなんてこれまで私は思ってもみませんでした！　しかも残念なのは、両国民が一つになれる喜ばしい機会だからです！」[1]。プロイセンで長女ヴィクトリアから生まれた子は未来のドイツ皇帝ヴィルヘルム二世である。孫の誕生によって両国民間の未来の友好関係が必ずや実現するだろうことを、誇らしい気持ちとともに祖母は願っていた。

イギリスとドイツのパートナーシップには大きな意味があった。ドイツは偉大な大陸国家、イギリスは海洋国家だった。ドイツの利益は主にヨーロッパにあり、イギリスの利益は海外にあった。ビスマルクが支配権を持っていた一八九〇年代まで、ドイツは大陸国家であることで満足しており、両国は帝国を競い合うライバルではなかった。だからこそフランスを共通の敵にすることができたし、フランスの野望に対する理解を共有することができた。つまるところプロイセンとイギリスは共に戦い、ナポレオンを破ったのだ。ビスマルクの巧みなリーダーシップの下で一八七〇年にプロイセンがドイツ諸国を統一して新しいドイツ帝国を建国したとき、イギリスは好意的な中立の立場で見守っていた。聡明な知識人トマス・カーライル（フリードリヒ大王を賞賛する伝記を書いている）は多くの同僚に向かって次のように話している。「高貴で、忍耐強く、慈悲深く、生真面目なドイツが最終的には一つの国にまとまり、ホラを吹いているばかりで、うぬぼれが強く、形だけで、争いごとが好きで、落ち着きがなく、感情的なフランスに代わって大陸の女王となるべきであるということは、この時代誰から見ても有望な事実となったように私には思われます」[2]。ドイツがますます繁栄していくことについては、間もなく戦前のイギリスの政局のなかで関心の的となるのだが、両国間の貿易が拡大していったので当初は歓迎された。

ドイツ人とイギリス人は、どちらもチュートン民族で同じ感覚と実直な価値観を共有しているところに類似点があり、おそらくかつてもそうだったのだろう。大陸部と島嶼部のどちらもローマ帝国に勇敢に抵抗し、何世紀にもわたって独自の健全な政治・社会制度を発展させてきたと論じる歴史家もいた。十九世紀にはまだ大きな意味を持っていた宗教について言えば、どちらの国もプロテスタントが多数派だという共通点もあった。付け加えると両国のエリートの大部分がプロテスタントだったのだ。(3)

それぞれ、お互いが認め合うところを多く持っていた。イギリス人にとってはドイツの文化であり、科学だった。ドイツの大学と高等技術校は、イギリスの教育に関わる人々のモデルだった。たとえば薬学の分野でイギリスの学生が最新の科学研究を読もうとすれば、ドイツ語を学ばなければならなかった。ドイツは聖書研究学と考古学の重要な分野でも優位に立っていた。ドイツの歴史学は文書研究、事実の集積に重点を置き、証拠の使用が過去を「実際にあったように」示すものと考えられた。一方、ドイツ人にとっては、イギリスの文学、特にシェークスピアとイギリス流の生活様式が賞賛の的だった。大戦のとき〔一九一七年〕に皇太子のために建てられたポツダムのツェツィーリエンホーフ宮殿は、イギリスのチューダー朝の建築物をモデルにしていた。この宮殿の書棚にはP・G・ウッドハウスからドンフォード・イェイツに至るまで、当時人気があったイギリス人作家の作品がぎっしり並べられ、今日に至っている。

国民レベルでも、それぞれの都市の実業界から婚姻関係に至るまで、つながりがたくさんあった。いかにもイギリス人然とした詩人のロバート・グレイブズの母親はドイツ人だった。後に外務省でドイツに対する強力な反対者で知られることになるエアー・クローはドイツ生まれで、イギリス人の父親とドイツ人の母親を持ち、ほとんどの教育をドイツで受けていた。社会的な地位の向上を望む、たとえばサセックス生まれのイーヴリン・ステイプルトン＝ブレザトンのようなイギリス人女性は、プロイセンの陸軍元帥の子孫であるブラヒャー公と結婚している。また、北ウェールズのデイジー・コーンウォリス＝ウェストはドイツで最も古い一族の一つの出で、一番の金持ちであったプレス公の妻となった。階級の頂点には王家そのものがあった。ヴィクトリア女王は二つのドイツの王族の子孫だった。父方はハノーヴァー家、母方はサックス＝コブルク家である。ヴィクトリア女王はサックス＝コブルクの血筋アルバート公と結婚した。両家の下で女王夫妻は実際に、ドイツの支配階級の家族すべてと関係があった（全ヨーロッパと言ってもよいのだが）。娘が未来のプロイセン王の後継ぎと結婚した一八五八年には、イギリスとドイツを結び付ける新しい絆がさらに強まるように思われた。

それがなぜ事態がこんなにも悪化したのか。ドイツとイギリスが戦うことはあらかじめ決まっていたことで、自国の利益が失われつつあると感じている覇権国家と、力を蓄えつつある挑戦者との間の衝突だと政治学者は言うかもしれない。このようなギアの切り替えは平和的には行えないものだと政治学者たちは論じる。すでに勢力を確立した国は傲慢になり、他国に外交問題の扱い方を講釈するものだが、小国が感じる恐怖や不安に無神経になる場合があまりにも多いのだ。当時のイギリスや今日のアメリカ合衆国のような国は、自分が倒れてしまう可能性が出てくればそれに抵抗しないわけにいかない。一方、上昇中の国は植民地や貿易、資源、影響力など手に入れられるものだったら何でも、自国の正当な分け前として性急に手に入れたくなるものである。

十九世紀当時、イギリスは世界最大の帝国で、海洋と世界の貿易を支配していた。イギリスが他国の願いや関心に共感を示すことがなかったのもおそらく十分理解できるところである。歴史感覚のある政治家ウィンストン・チャーチルが大戦の直前、次のように書いている。

私たちは他の力のある国々が蛮行や内戦で無力になっていたときに自国のことに集中し、不相応な富の分け前と世界の交通〔海路〕を所有した。私たちはほしい領土をすべて手に入れ、暴力により獲得し、武力によって維持した大きく素晴らしい所有物に満足して、あとは放っておいてくれという私たちの主張は、他国から見れば理に適っていないということになろう。

さらに言うと、たとえば制度や政治について、イギリスは大陸諸国の上に立っていると過信し、「ヨーロッパ協調」の維持を嫌い、明らかに儲かるときだけ用心しながら争いごとに介入して、他のヨーロッパ諸国を苛立たせることも多かった。植民地争奪でイギリスの政治家は、他国は欲得だけでやっているけれど、イギリスはすでに持っている領土の安全のため、あるいは従属する人々に対する善意から新たな領土を獲得する、と主張する傾向があった。

対照的にドイツは不安定で、列強としては新興国であるからこそ野望を持っていた。ドイツは批判に敏感で、いつも他国からまともに扱われていないのではないかと心配していた。ドイツはヨーロッパ中心部の大国でフランス、ロシア、オーストリア＝ハンガリーという周辺の大国と比べてダイナミックで、経済的にも軍事的にも強力だった。だが、マイナス面を考えると、ドイツは包囲されているということになる。ドイツは世界の至るところで貿易を急成長させイギリスの市場に割って入ったものの、十分とはいえなかった。ドイツは世界の列強の証ともいうべき海軍基地、石炭集積地、電信網の結接点を所有せず、植民地も持っていなかった。さらに、ドイツがアフリカや南太平洋で領土を獲得しようとすると、イギリスが必ず邪魔に入るように思えた。新外相ベルンハルト・フォン・ビューローが一八九七年に帝国議会で、ドイツは陽の当たる場所を求めていると感動的な演説を行うと、国民から好感を持って受け止められたのである。

これまで世界で優位に立ったことのある他の国と同じようにイギリスも、世界が変わり始めており、新たな挑戦者に直面していることに気づいていた。大英帝国はあまりに大きく、散漫に拡がりすぎていた。そのため、国内の帝国主義者は既存の領土を守るため、さらに多くの領土と多くの船舶と電信網を強く主張するようになった。工業生産が今なお大きかったが、世界全体で見ると、ドイツやアメリカなどの新興国が急速に追いつき、両国ほど新しくない日本やロシアといった国も猛烈な速度で産業革命時代に入ったために、以前より減少していた。また、先頭にいること自体、長期的な視点で捉えるとさまざまな問題につながる要因だった。イギリスの産業構造は古くなっていたが、素早く改革することはできなかった。イギリスの教育制度は古典に重点を置きすぎ、エンジニアや科学者には不十分となっていた。

だが、疑問はなお残る。なぜイギリスは他の国ではなく、あえてドイツを主たる敵と考えるようになったのか。イギリスの世界支配の脅威としてドイツは数あるうちの一つにすぎなかった。他国もドイツと同じように陽の当たる場所を望んでいた。一九一四年以前、イギリスとアメリカ合衆国、イギリスとフランス、あるいはイギリスとロシアの間で植民地問題をめぐって戦争が起こる可能性があった。いつも危うく戦争になりかけたのだ。だが、潜在的な危機はうまく切り抜けられ、争いの主因はうまく処理できた（今日のアメリカ合衆国と中国についても同じように思慮が働いて、うまくいくことを私たちは願っている）。

何年間にもわたり、イギリスとドイツの間に緊張関係があり、相手の動機を疑い、簡単に相手の気持ちを害してしまう傾向があったことは間違いない。アフリカーナーがジェームソン襲撃事件（イギリスの冒険行為に走ったグループがトランスヴァールの支配権を得ようとした）を切り抜けたことについて、ドイツ皇帝は小独立国トランスヴァールの大統領に宛てて祝辞を述べたが、この祝辞が引き起こした一八九六年のクリューガー電報事件にイギリスは憤慨した。「ドイツ皇帝は重大な一歩を踏み出した」「わが国との友好を著しく傷つけていると見るべきである」[4]。と「ザ・タイムズ」紙は書いている。ソールズベリはこのニュースを聞いたとき、ディナーパーティーの席で隣に座っていたヴィクトリア女王の娘の一人に「なんと生意気な」と述べた[5]。イギリスの世論は沸騰した。ヴィルヘルムはイギリス王立重騎兵団の名誉連隊長の称号をもらったばかりのところだったのだ。「同僚」となった将校たちは憤慨し、露骨にヴィルヘルムの肖像画を破いて火にくべた[6]。ロンドン駐在ドイツ大使パウル・ハッツフェルトは、次のようにベルリンに報告している。「政府が理性的でなくなって、どんな理由でも戦争するなどと言い出すときには、政府の後ろに一般の人々の気持ちが隠れているのは間違いない」[7]。大戦前夜、ベルリン駐在のイギリス大使サー・エドワード・ゴシェンは同僚にクリューガー電報事件がイギリスとドイツの対立の始まりだったと思うと述べている[8]。

この問題をめぐって英独間に了解が成立した時ですら、この過程はあとに苦い感情と不信感を残した。一八九八年、ポルトガルの植民地に関する交渉で難航すると、ドイツ皇帝は苛立ち、「ソールズベリ卿の行為は陰険としか言いようがない。とんでもなく傲慢だ！」[9]と、メモを書いた。イギリスとしては、南アフリカの状況が悪化しているなかで、ドイツがイギリスの苦境を利用しようとするやり方を恨んでいた。ドイツと大きな同盟関係を結ぶことにそれほど情熱を感じていないソールズベリは、ドイツ大使にこう述べた。「あなた方は友好関係を求めすぎです」[10]。

翌年、ソールズベリがサモア諸島に関する要求を諦めるようにドイツの前に立ちはだかると、ドイツはロンドンから大使館を撤退すると威嚇した。ドイツ皇帝は黙っていられずに祖母に対して首相を批判するかなり乱暴な手紙を書いた。「ドイツの利益と感情をこんなひどいやり方で扱うなんて、国民に電気ショックを与えるものです。ソールズベリ卿はドイツよりポルトガルやチリやパタゴニアの方を気づかっているという印象を与えています」。ヴィルヘルムはさらに、脅し文句を付け加えた。「ソールズベリ卿内閣のドイツに対する高圧的な態度が続くとすれば、誤解を生み、非難合戦の種をつくるのではないかと思います。最終的に流血の争いになるのではないでしょうか」[11]。老境の女王はソールズベリに相談したあと、きっぱり返した。「ソールズベリについて書いていますが、あなたがいっとき苛立っていたのでしょう。そうでなかったらあなたがこんな無作法な書き方をするなどと思いませんから。元首が他国の元首にこんな言葉を使うなんてどうかと思います。あなたの祖母である国の元首の首相について書いているのですよ」[12]。

ボーア戦争によって新たな緊張が加わった。ドイツ政府は、イギリスに二つのボーア人共和国と和議を結ばせようとする列強に加わるのを断って、現実にイギリスを助ける役割を担っていた。だが、ビューローが他の者たちと一緒になってイギリスを見下すような高圧的態度を取ったこともあって、ドイツはもらって当然の信用を得られなかった。ドイツ外務省の有能な外交官である、フリードリヒ・フォン・ホルシュタインは後に述べている。「友好的な姿勢で臨んだり、非友好的な姿勢で話をしたり二つの道具を使うものだから、私たちはどちらもだめにしている（「私たち」は「ビューロー」を指している）」[13]。

また、皇后以下ドイツの一般の人々がほとんどボーア人を支持しているという事実から、ドイツはイギリスが負けるように積極的に働きかけを行っているのではないかというイギリスの思いが強くなった。ボーア軍の中にドイツ将校が交じっているという噂が拡がっていた。実際は、ドイツ皇帝はドイツ将校の参加を禁じていたのだが。開戦から数カ月たって、イギリスはボーア人に戦争物資を運んでいる疑いのあるドイツ船三隻を拿捕したが、それは誤りであることが判明した（ドイツ外交官エカルドシュタインによると、スイスチーズが入った箱があっただけで、他には何も危険なものはなかったとのことである）。イギリスがなかなか船を解放しなかったので、ドイツ政府はイギリスに対して国際法を侵犯していると主張し、威嚇した。しばらくチェンバレンとの対話の窓口を確保しておきたいと考えたビューローは、当時の首相ゴットフリート・フォン・ホーエンローエに次のような書簡を送った。「ドイツのイギリス嫌いが強烈で根深いというのは好ましくない。私たちにとってかなり危険なことだ。イギリスの一般の人々が、ドイツに拡がっている反英感情に気づけば、英独関係に激しい嫌悪感を持つはずだ」(14)。実際には、イギリスの一般の人々はドイツの感情に気づいていた。イギリスの新聞が詳細に報じていたからである。格式の高いロンドンのアシーナムクラブは、ドイツの諷刺画と反英的な作品の特別展を行った(15)。

世論調査が始まる前の時代の世論の大きさを確認することは難しいが、外務省、議会、軍のいずれにおいてもエリートたちの態度は、二十世紀が始まる前からどちらの国でも硬化し始めたように見える(16)。世論がますます重要性を帯びてくるというのは新しい風潮で、支配者層の間では不安な要素となっていた。「社会の上層部、またおそらく国民の下層部の間では、私たちに対する悪感情は存在していないが、その真ん中にいる頭脳とペンで仕事をしている人々の間では、その大多数が敵対的な感情を持っている」(17)と、ロンドンのドイツ大使ハッツフェルトを引き継いだパウル・メッテルニヒ伯爵は一九〇三年、ベルリンに報告している。イギリスに対して、いやイギリス政府がドイツの前に立ちはだかっていることに対して何とかせよ、とドイツの一般の人々が声を大に要求するようになったことが意思決定者に重くのしかかり、互いに協力できる幅を狭めていた。

たとえばサモアで起こった危機は、国の利害が大きく関わるわけではないから対立する必然性に乏しいものだった。だが、結果的に、一般の人々の扇動が特にドイツで行われたために、不必要に解決が困難になった。「居酒屋で政治を語る輩の大多数は、サモアという言葉が魚のことなのか鳥のことなのか、それとも外国の女王のことなのかわかっていなくとも、永遠にドイツのものだと大声でわめいている」とエカルトシュタインは述べている(18)。ドイツの新聞は突然、サモアが国民の威信と安全にとって必須だと言い始めた(19)。

だが、世論は気まぐれなことが多いものである。ニクソン大統領が北京を訪問し、中国がこれまでの手強い敵から新しい友に一変した一九七二年のアメリカ合衆国に起こった突然の変化を思い起こしてみるとよい。ヴィクトリア女王が危篤状態にあったとき、ボーア戦争がなお継続中だし、見舞いに行ったところで冷淡な扱いを受けるのではないかとドイツ政府が心配したにもかかわらず、ドイツ皇帝は女王の元に駆け付けた。ドイツ皇帝は女王の手を取って亡くなる前の二時間半看取り、叔父のエドワード七世が亡骸を棺に入れるのを手伝ったと後に明かした。女王は「とても小さく、とても軽かった」とドイツ皇帝は述べている。[20]「デイリーメール」紙はヴィルヘルムのことを「火急の友」と呼び、「ザ・タイムズ」紙はヴィルヘルムが「永遠に変わらない思い出と愛情を」持ち続けるだろうと述べた。「テレグラフ」紙は読者に、ヴィルヘルムが半分イギリス人だということを思い起こさせた。「私たちはフリードリヒ大王以来ヨーロッパの王位に就いた国王のなかで、最も印象的で天分に恵まれたヴィルヘルムのうちに、私たちと同じ血がたくさん流れているということに密かな誇りを感じている」。帰国前の昼食のときに、ヴィルヘルムはイギリスに友情を嘆願した。「私たちは英独同盟をつくるべきです。イギリスは海を保持し、私たちは陸に責任を負うのです。このような同盟があれば、私たちの許可なくしてヨーロッパで動こうなどという輩は鼠一匹いないでしょう」。[21]

経済競争と相互不信、そして時折表面化する敵対感情を伴う厄介な関係、世論の圧力――これらすべてが、ドイツ皇帝の願いが実現しなかった理由と、一九一四年以前にドイツとイギリスが違う方向に進んだ理由を理解する一助となる。だが、ドイツとオーストリア＝ハンガリーが再度敵対すれば（一八六六年までがそうだったのだが）、あるいはイギリスがフランスと戦争をすることになれば、簡単に同じ要因が作動するにちがいなかった。ドイツとイギリスが同盟を結べば、同じように簡単に説明できただろう。

ではドイツとイギリスはなぜこのように敵対することになったのか。

ドイツの統治の有り様に説明の一部を求めることができる。一八八八年から退位を強いられる一九一八年まで頂点に立った、複雑で不安定な性格の人物にあまりにも大きな権力が与えられていた。連合国はヴィルヘルム二世が大戦を始めたというプロパガンダを用いてドイツを非難し、パリ講和会議ではしばらくの間、ヴィルヘルム二世を裁判にかけようという検討が現実に行われた。しかし、公正といえるのか。ヴィルヘルムは全面的なヨーロッパ戦争を望んでいなかったし、以前の危機と同様、一九一四年にヴィルヘルムは平和を維持する方向に傾いていた。大戦前、ベルリンにおけるバイエルンの代表で洞察力があるレルヒェンフェルト伯爵は、ヴィルヘルムがきちんとした意図をもって行動していると考えていた――「皇帝は間違いを犯したが罪はない」――が、暴力的な言葉と乱暴な発言によって間違った印象を与えていたのだ。[22]しかし、ヨーロッパが二つの陣営に袂を分かつうえでヴィルヘルムは、重大な役割を果たしたのである。イギリスの海軍力に挑戦して海軍を増強しようと決めたとき、ヴィルヘルムはドイツとイギリスの間にくさびを打ち込んだのだ。そこから他の事態が続いていった。さらにヴィルヘルムの傲慢な行動と、移ろいやすい感情の高揚と、考えなしに多くのことを話してしまう性癖のため、ドイツは「危険な国」、「国際的な駆け引きを無視し世界を支配しようとする一匹狼」という印象を与えていた。

ドイツ皇帝、プロイセン王、ドイツの諸公国のうちの一番手であり偉大な戦士だったフリードリヒ大王の末裔で、統一ドイツを実現したヴィルヘルム一世の孫であるヴィルヘルム二世は、ドイツだけでなく世界の舞台においても上に立ちたいと思っていた。生まれつき落ち着きがなくてそわそわし、あちこち動き回り、言うことがめまぐるしく変わった。大戦前、ベルリン駐在ベルギー大使だったベイアンス男爵は次のように述べている。「ヴィルヘルムと会話するということは、聞き役になるということだ。生き生きと自分の考えを披歴する時間を彼に与えるのだ。時折一言でも差し挟もうものなら、回転の速い頭で次々と飛ぶように話題を変えながら食らいついてくる」[23]。面白いことがあると大声で笑い、困ったことがあると「鋼鉄のよう」に眼光が曇った。

ヴィルヘルムは端整な顔立ちで髪も豊富で柔らかく、つややかな肌と灰色の眼をしていた。公的の場では、統治者としてさまざま種類の軍服を身にまとい、輝く指輪とブレスレットを着け、直立した兵士のような態度でその役割を務めた。フリードリヒ大王と祖父ヴィルヘルム一世のように大声で命令を発し、書類に簡潔な文を綴った。書類の上に「腐った魚」「ガラクタ」「ナンセンス」など乱暴なコメントをメモすることもよくあった。厳めしい顔に見えるようポーズを取り、眼差しが冷たかった。攻撃的な印象を見る人に与える口髭は有名で、自分専用の理髪師に毎朝整えさせた。ベイアンスは次のように述べている。「少し不安になる。私たちが目にしているこの男が自分の発言に確信を持っているのかどうか、今日の政治の舞台に立てる最高の役者なのかどうか――私たちは考えてしまう」[24]。

ヴィルヘルム二世は役者だったが、彼自身は求められている役を完璧に演じ切れていないのではないかと密かに心配していた。ベルリンに長く駐在したフランス大使ジュール・カンボンは「陛下は元首として相応しい、いかめしく威厳ある態度を維持するために大きな努力をしなければならなかった。公式な会見が終わったあとで、自分の身の丈に合った打ち解けたおもしろおかしい会話をすることでリラックスした」[25]と述懐している。普段へつらった物言いをする海軍の副官アルベルト・ホップマンは、「ヴィルヘルムの性格の中には少々女性的な傾向があった。論理的な思考や事務的に処理する能力や内面の男らしい厳しさといったものを持ち合わせていなかった」[26]と考えた。高い知性を備え、洞察力に富むドイツの経営者ヴァルター・ラーテナウは、最初にヴィルヘルムを紹介されたとき、私人と公人の立場で異なる人間性が現れることをおもしろいと感じた。ヴィルヘルムは決して身に付けることができない威圧感を装おうとするタイプだとラーテナウは感じていた。「本来の性質は見た目と逆だった。間違いない。多くの人が私と同じ見方をしていた。貧しい心、優柔不断、愛情に飢えた結果としての他人頼み、何でもほしがる子どもじみた性質。スポーツ選手のような仕事ぶり、特別な張り切り方、大げさな振る舞いの背後に、これらをはっきり見て取ることができた」[27]。

その点ではヴィルヘルム二世は、フリードリヒ大王に似ていた。二人とも優しく、感受性が強くて知的な面を備えていたが、置かれた状況のゆえにこういう面を抑制しなければならないと感じていた。ヴィルヘルムにはフリードリヒのような繊細な趣味はなかったが、建築物をデザインするのが好きだった（正直なところ、どちらかというと醜く仰々しい代物をつくっていたが）。後年は考古学に情熱を傾けるようになり、気持ちが暗くなる宮廷を何週間も留守にしてコルフ島に出かけては発掘作業を行った。逆に、近代美術や文学は好みではなかった。「私の胸の内に育てているのは良い蛇だ」と。ヴィルヘルムはリヒャルト・シュトラウスの『サロメ』[28]が最初にベルリンで上演されたあとで主張した。皇帝の趣味は大音響の吹奏楽だった。[29]

ヴィルヘルムには優れた記憶力があり、いろいろなアイディアに熱中した。長く宮中で仕え、辛い思いをしたある高官が書いている。「何度も感じたのだが、皇帝が近代の動きと進歩を見るときに示す驚くべき正確さは不思議に思わざるを得なかった。今日はラジウム、次の日はバビロンの発掘、翌々日には自由で偏見にとらわれない科学研究を議論するといった具合だった」[30]。キリスト教の信仰に篤く、気分が乗ったときは説教を行った。その一つは、ホップマンが言うには「神秘主義とひどい正統主義」が入り混じった代物だったという[31]。ヴィルヘルムは癖のある考え方をしていたが、皇帝は絶対ということで、ほとんどチェックされないままだった。ヴィルヘルムは叔父のエドワードにイギリスがボーア戦争をどう戦ったらよいか訓示をたれ、イギリスの海軍省に戦艦のスケッチを送った（求められてもいないのにイギリス海軍におせっかいな助言もした）[32]。指揮者にどのように指揮したらよいか、画家にどう描いたらよいかを教えたのだ。エドワードが冷たく言ったように、ヴィルヘルムは「歴史のなかで最も輝いている失敗」だった[33]。

反論されることが嫌いで、自分に同意しない人々を極力避けるか、相手に嫌な思いをさせようとした。一八九一年、外交官のアルフレッド・フォン・キーデルレン＝ヴェヒターはホルシュタインに「皇帝が言ったことは専門家の見解となる……賛同する者は権威として引用し、反対する者は『馬鹿』ということになる」[34]述べている。宮廷に仕える人々と側近の助言者たちは概ね、主人に調子を合わせるよう学んでいた。「地位が上がれば上がるほど、この種の陰謀と奴隷根性はますますひどくなった」と、宮内長官を七年間務めたロベルト・ツェトリッツ＝トリュッツシラー伯は述べている。「というのは、恐れること、望むことをたくさん抱えているのはトップにいる人々だったからだ。皇帝の直近にいる人々はあらゆる面で皇帝の奴隷となっている」[35]。

仕える者たちは主人を楽しませ、悪ふざけに耐えなければならなかった。生涯を通じてヴィルヘルムのユーモア感覚は思春期の感覚そのままだった。人の身体的な特徴を面白がり、ベルリンにいるバーデン大公国代表の禿頭をからかった[36]。毎年夏に行う北海クルーズでは、乗船している仲間たちを朝の訓練だといって整列させ、後ろから押したりズボン吊りを切ったりして大喜びし、強い力がある右手でわざときつく握手した。指に何個か尖った指輪を着けて人の太腿を突いたり、耳を引っ張ったりした。[37] ロシアのウラジーミル大公を陸軍元帥の指令杖で「音が出るくらい」叩いたときは、もちろん冗談のつもりだったとツェトリッツは述べている。しかし、「王室につながる人々にとって、こんな無体なことが愉快であるはずがない。こんな悪ふざけで少なからざる王族の人々の気持ちを相当害したと思わざるを得ない。この種の悪ふざけは好まれるはずがない」[38]。ドイツが同盟関係を結びたいと思っていたブルガリアの国王が、ヴィルヘルムに公の場で尻をパチンとたたかれたことを不快に思い、「怒りで真っ青になって」ベルリンを出て行ったことが実際にあったのである。

女性を前にしたときには自制していたが、男性の仲間たちといるときには、屈強な兵士に女装をさせたり、猥談や卑猥な悪ふざけが好きだった。キーデルレンはヴィルヘルムと外出したあとで述べている。「こびとの真似をしたら皇帝は思い切り喜んだ様子だった。即興の歌を歌い、中国女の双子役をやった。私たち二人は巨大なソーセージを咥えてくっついたのだ」。一九〇八年、軍事内閣の長はチュチュ〔バレリーナが身に付けるひらひらした短いスカート〕と羽根帽子を身に着けて踊ったあと心臓発作で死んだのだ。[39]

ヴィルヘルムはホモセクシャルだという噂が常に存在していた。一つは、ホモセクシャルだったフィリップ・オイレンブルクと仲が良かったからである。だが、それは疑問である。青年期、ヴィルヘルムは何人かの女性と関係を持ったことがあり、そのあとは皇帝妃アウグスタ・ヴィクトリア、通称ドナに専心していたように見える。ドナだが、大戦後にドナが亡くなるとすぐに再婚した。ドナは強い反英感情を持ち、極端に保守的で厳格なプロテスタントだった。たとえば、自分の宮中にカトリックの者を入れようとしなかったし、宮廷のスキャンダルを少しでも口にしようなら一切容赦しなかった。ベルリンでは、皇室の人々が劇場から飛び出して行く姿がよく見られた。ステージで下品なことが行われたとドナが感じたのだ。ベルリン駐在ベルギー大使ベイアンスは好意的ではないものの、ドナについて正確に述べている。「ドナが目指したのは、皇室一家がプロイセンの田舎貴族の質素な家庭生活のように、居心地良く心休まる場にすることだった」[40]と。ヴィルヘルムはドナの衣装を選び、高価できらびやかな宝石を身に着けさせて優雅に見えるようにしようと努めたものの、ドナ自身はプロイセンの田舎貴族の夫人のように見えた。ある宮廷のダンスパーティーで赤いサッシュ〔飾り帯〕のついた金色のドレスを着たときは、「安っぽいパーティーの田舎女」のように見えたと、その場にいたある人物が冷たく述べている。(41) ドナはヴィルヘルムを崇拝しており子どもを七人産んだものの、ヴィルヘルムを楽しませることはなかった。そのためヴィルヘルムの気持ちは男性の取り巻きとのクルーズや狩猟に向かうことになった。取り巻きの中にいるオイレンブルクとホモセクシャルの可能性がある仲間たちがあまり女性に関心を持たないことには気づいておらず、大っぴらなスキャンダルとなったときに、ヴィルヘルムは強烈なショックを受けることになった。

オイレンブルクの場合にはっきり示されているように、ドイツ皇帝は性格に関することとなると人を見る目がなかった。他の人々が何を言いたいのか理解することも得意ではなかった。最も親しい友でありヴィルヘルムのことが好きだったオイレンブルクも、一九〇三年に書いている。「陛下は物についても人についても自分の個人的な見解ですべて見て判断する。客観性が全く欠けており、主観が暴走する」(42) と記している。自分は人に傷つけられたと思いやすいのに、他者を侮辱することがしばしばだった。ドイツは理論上、ヴィルヘルムを筆頭とした同等の諸公国の連邦だったが、同等の統治者たちに対してあまりに見下した態度をとり、怒鳴り散らしたので、多くの人々は可能な限り会うのを避けようとした。

ヴィルヘルムは人の話を聞くより自分が話す方を好んでいた。帝位について最初の二十年間に、公式の演説だけでも四百回あまり行った。(43) 皇帝は話す内容について事前に周囲に相談することがなかったので、演説をする段になると宮廷全体に不安が広がったと、レルヒェンフェルトは述べている。(44) 実際に、ひどく愚かで偏った話をすることもしばしばだった。自分やドイツの前に立ちはだかる者は「粉砕」「破壊」「抹殺」するつもりだと好んで言ったものである。皇帝となった最初の年にフランクフルトで行った軍事記念碑の除幕式のときには、先祖が獲得した領土は決して譲らないと断言した。「われわれは一切譲ることはしない。十八の軍団と四千二百万の住民を戦場に送り込むつもりだ」(45) と。最も悪名高い演説といえば、一九〇〇年に義和団の乱を鎮圧するためドイツ遠征軍を派遣するときに行ったものだろう。遠征軍は野蛮な敵に直面するだろうから、厳しく立ち向かわなければならない。だから「自分の前に現れた者はみな斬り倒せ！」。ヴィルヘルムは兵士たちに昔のフン族のようになれといったが、それはドイツ人にいつまでもまつわりつく言葉となった。「中国でドイツの名を耳にしたとき、これからの千年間、中国人がドイツ人を正面から見ることができないようにしてやるのだ。目をつぶろうがつぶるまいが関係ない」[46]。

ヴィルヘルムは剛健な人々を称え、自らも強くありたいと思っていたが、自分自身は感情が脆かった。「疑念と自責の念」でばらばらになっていたと、外交官のヴィルヘルム・ショーエンは述べている。周りの者はヴィルヘルムの神経質な性格、興奮しやすい傾向、暴力的な気分の爆発をいつも心配していなければならなかった[47]。自分の行為が原因でどうにもならなくなった状況に直面すると、挫けて退位を口にしたり、自殺すると言ったりすることもよくあったのである。「そんなときには皇后の説得で元気を出させ、きっとうまくいくからと約束して仕事が続けられるように促さなければならなかった」とショーエンは述べている[48]。ベルリンのオーストリア大使官員は、「他人が言うようにヴィルヘルムは緩んだネジなのか」どうか不思議に思っていた。ヴィルヘルムと一緒に仕事をしたことのある多くの人々が共有する恐怖だった。一九〇三年、オイレンブルクはいつもの皇帝の北海クルーズに同行した。ヴィルヘルムは普通に寛ぎ、忠実な取り巻きたちとトランプをしていたが、だんだん気持ちが沈んできた。「ヴィルヘルムは扱いが難しく、何でも複雑に考える」と、オイレンブルクは絶望的な気分でビューローに書いている。自分の意見がくるくる変わっているのに、ヴィルヘルムはいつも自分が正しいと主張した。「青い顔をして大声で怒鳴り散らし、視線が落ち着きなくさ迷って嘘に嘘を積み重ねるので、今でも耐え難いと思うくらい恐ろしい印象だった」とオイレンブルクは続けている[49]。

ヴィルヘルムのこと、そして同時代人とそのあとに続いた人々のことを理解するため少々紙幅を割いたが、ヴィルヘルムの子ども時代、それもおそらく出生のときにさかのぼって考えることが必要なのかもしれない。母親のヴィッキー〔ヴィクトリア〕がヴィルヘルムを生んだときはまだ十八歳で、出産が極端に長引きたいへんだった。生まれた子が一時的な酸素不足となって、脳にダメージを受けた可能性がある。医師たちは赤ん坊が生きていたことを確かめるや、若い母親に付きっきりとなった。かなり弱っていたのだ。赤ん坊の左腕が無理に引き出されたことに気づいたのは数時間後のことだった[50]。

左腕は、電気ショック療法から野ウサギの死体で左腕を包むことに至るまで、あらゆる処置を行ったにもかかわらず治らなかった。ヴィルヘルムのスーツと軍服はこの障害を隠すため、注意して袖を詰めていたが、軍人として馬の背にまたがり颯爽と指揮を執ることを期待され、また自分でもそうしたいと思っていた人物にとっては残念なことだった。

ヴィルヘルムの母親はヴィクトリア女王に、自分の子どもたち（全部で八人いた）のことをあまりかまってやらなかったと認めていたが、教育を一つひとつつぶさに監督することで過剰に埋め合わせをしていた。ヴィクトリア女王は娘に注意した。「度を越えて心配したり、過干渉だったりすると、できたら避けたい危険な事態につながると思うことがよくあります」[51]。女王の年の功は正しかった。ヴィルヘルムは厳格で人間味に欠ける先生や、教養を身に付けさせるために行う試みを嫌うことになった。皇太子と皇太子妃だった両親は、ドイツが健全な立憲王政となり近代国家の中身を備えることを望んでいた。ヴィッキーは自分が多くの面でドイツはイギリスに劣っていると思い、またそれをはっきりと意思表示していたので、問題の解決はますます難しくなっていた。このために皇太子夫妻は、風通しが悪く保守的なプロイセンの宮廷と、もっと重要なことだが、ヴィルヘルム一世および皇帝を超える力を持っていた強力な大臣ビスマルクと不和になっていた。後のヴィルヘルム二世は母親とは濃密で愛情ある関係を持ち続けたものの、次第に母親を疎ましく思うようになった。イギリスとの関係についても同じことが言えたのである。

ヴィルヘルムの母親は困惑していたのだが、ヴィルヘルムは彼女が大嫌いな、近代世界に反動的見解と疑念を抱く土地貴族ユンカーや偏狭で上下関係を重んじる軍隊、ヴィルヘルム一世の保守的な宮廷といった、プロイセン社会のさまざまな要素に惹かれていった。若き王子は祖父のことを、ホーエンツォレルン家の統治下にドイツを結合し栄光をもたらした君主として敬愛していた。そしてヴィルヘルム一世と自分の両親の不和から利を得ていたのだ。父親からの束縛を望まない若者である王子は、祖父に自分と父親との間に入るように説き伏せた。ビスマルクの差し金で皇太子は政治に一切関われないようにされていたが、息子のヴィルヘルムは外交使節に加わることを許され、経験のためということで一八六六年には外務省にポストを得た。これは、父親には絶対に許されていなかったことだった。ある偶然の機会に、ヴィルヘルムがビスマルクの息子に対し、祖父との良い関係を父は「不快に」思っている、と言ったことがある。「父は父親（ヴィルヘルム一世）の権威に服していないし、父親からは一銭ももらっていない。すべてを家長である祖父からもらっているから父親からは独立しているのだ」[52]。

十八歳のとき、ヴィルヘルムはエリートの連隊に加わった。後に言うように、そこはすぐに安心感が得られる場となった。「私は自分の性質を評価されない、恐ろしい歳月を送ってきた。自分にとって大切なことが馬鹿にされてきたのだ。プロイセン、軍隊、義務の成就は私がこの連隊で初めて出会ったものであり、喜びと幸福と満足を与えてくれるものだった」[53]。ヴィルヘルムは軍隊を愛し、将校たちとのつき合いを好んだ（宮廷に大勢を連れ込んだ）。なかでも、これがいつか自分のものになると思うことが好きだったのだ。その日は思いのほか早く訪れた。

年老いたヴィルヘルム一世は一八八八年に逝去した。そのときすでに咽頭癌で重篤な状態にあった息子の皇太子は、三カ月後に父親のあとを追った。それは、近代史のなかで、もしこうではなかったらどうなっていたのかと聞いてみたくなるほど絶妙のタイミングだった。もし皇太子フリードリヒが妻ヴィッキーの支援を得て、たとえば続く二十年間ドイツを統治したとしたらどうなっていたのか。絶対王政から穏当な立憲王政の確立に向けて確実に移行したのではなかったのか。軍を文民統制のもとに置いたのではなかっただろうか。ドイツは国際問題について別の道を歩み、おそらくイギリスと友好関係を求め、同盟を結ぶことさえしたのではないだろうか。しかしヴィルヘルム二世が即位したことでドイツはフリードリヒとは違う型の統治者を戴くこととなり、違う運命が課せられることになったのだ。

ヴィルヘルムの即位については、祖母と叔父と従弟がそうだったように、イギリス王の相続権を持っていたものの、王位継承について大きな問題は生じなかった。彼らもそれなりの影響力は持っていたが、ヴィルヘルムの持っている権力は持っていなかった。たとえばヴィルヘルム二世は彼が望む大臣を任命できたし、軍の指揮を執り、ドイツの外交政策の枠組をつくることができた。イギリス王は強力な議会に責任を負う首相と内閣を相手にしなければならなかったが、ヴィルヘルム二世は首相と大臣を選ぶことも首を切ることも、思うようにできた。財源を確保するため大臣たちは帝国議会に出なければならなかったが、出席した彼らはいつも必要なものを獲得することができた。大臣たちがヴィルヘルムの扱い方（不名誉を被る前のオイレンブルクが特に長けていた）を学んだことも、微妙な問題について情報を必ずしも十分に与えないように配慮したということも確かだが、大臣たちは政策と人事の決定に口を挟むことができたのである。

ヴィルヘルムが遠縁にあたるヴィートのヴィルヘルム公のようにアルバニアの国王になっていたとしたら、問題にはならなかっただろう。しかし、ドイツは世界の強国のうちの一つで、ヴィルヘルムはその統治者だった。ツェトリッツはヴィルヘルムが神経衰弱に陥ったときのことを述べている。「彼は子どもだ、いくつになっても。だが、子どもといっても、やろうと思えば何でもできる力がある子どもなのだ」。伝道書から引用して、彼はさらに続ける。「悲しいかな。国王に子どもを戴いた国なのだ」[54]。ドイツは強力で複雑な国だったから、ヴィルヘルムのような人物の手に委ねるのは危険なことだった。それは児童文学の古典『たのしい川辺 *Wind in the Willows*』に出てくるヒキガエルのトードに、馬力のある自動車を与えたようなものだった（おかしなことだが、ヴィルヘルムは自動車が馬を怖がらせるということで子どもの頃はこの話を嫌っていた。ビューローによるといざ自分で一台持つと「熱狂的なドライバー」になったとのことである）[55]。

一八七一年、諸公国が統一されてドイツ帝国となると、ロシア以西のヨーロッパの国のなかでは最大の人口を持つ国となった。それは潜在的に軍人が多くなるという利点があることを意味した。ドイツ軍は世界で最も優秀な将校がそろい、最もよく訓練された軍隊だという評判があった。一九一一年までにドイツの人口は約六千五百万人で、フランスの三千九百万人、イギリスの四百万人を凌いでいた（ロシアの人口は一億六千万人で、フランスはそれを理由の一つとして同盟国としてロシアを高く評価していた）。ドイツの経済力は急速に成長を遂げていた。一八八〇年、イギリスは輸出高で世界のトップに立ち、二三パーセントを占めていた。それに対し、ドイツは一〇パーセントだった。しかし一九一三年には、ドイツはイギリスを追い越す勢いだった。ドイツが世界の貿易の一三パーセントを占めているのに対し、イギリスは一七パーセントに下落していたのだ。当時の経済力を測るいくつかの分野において、ドイツはすでにイギリスを追い抜いていた。一八九三年に鉄鋼生産においてイギリスを追い越し、一九一三年までに機械の輸出では世界最大となった。

産業化に伴い、労働組合が出現した。社会福祉が他国より進んでいたドイツにおいても、労働不安とストライキが起こった。一八九六年から一八九七年にかけてハンブルク港で大ストライキが発生した。ドイツの他の地域で周期的に起こるストライキでも、戦争に発展しかねないものもあった。多くの場合、ストライキの目的は経済的なものだったが、次第にドイツ社会の変革を求める政治的な内容を含むようになっていった。労働組合員の数は著しく増加し、一九〇〇年には二百万人以下だったのが、一九一四年には三百万人に達していた。ドイツの支配階級にとってさらに大きな不安となっていたのは、強力な社会主義政党の出現だった。一九一二年までに社会民主党（SPD）は帝国最大の政党となり、ほぼ三分の一の得票で、議席も三分の一を占めていた。

急速な変化によってもたらされた緊張を感じていたのはドイツだけではないが、ドイツは特に、問題に対処するための政治機構が不十分だった。大政治家ビスマルクは、見かけは立派な体制と憲法をつくっていたが、それはビスマルクが首相であるときだけしか機能しない、いや当時でさえ、いつも機能するとは限らない代物だった。憲法によれば、ドイツは理論上十八の諸公国から構成される連邦国家だった。男子普通選挙で選出される連邦議会であるライヒシュターク（帝国議会）があり、連邦の予算を決める責任を負っていた。州の代表で構成された連邦参議院ブンテシュラットは、外交問題と陸海軍のような重要な分野を総攬する権利を持っていた。しかし理論は理論で、実質は違った。連邦参議院は一度たりとも重要性を持たなかった。ビスマルクは自分の権力あるいはプロイセンの権力を諸公国と分かち合おうとは露ほども考えていなかった。ビスマルクはドイツの首相とプロイセンの宰相の職を一つに結び付けて行使し、それは世界大戦が終わるまで続くことになった。ドイツの外交問題を仕切ったのは主にプロイセンの外務省で、ビスマルクは外務大臣も兼ねていた。統治に関わる権限が重なり、責任の所在が明確ではなかった。

だが、ビスマルクとその後継者たちは、ドイツを全く思い通りに運営できたわけではなかった。歳月が経つにつれて、理屈のうえではドイツ国民の意思を代表していると主張できる帝国議会と立ち回らなければならなかった。帝国議会は予算の承認を拒否すると威嚇することによって、政府の政策に対抗する侮りがたい力となったのだ。一八七一年から一九一四年にかけて次々に政治的な危機が起こり、協議は何度も暗礁に乗り上げた。ビスマルクも、ヴィルヘルム二世とその助言者たちも、憲法を廃止し、絶対王政に戻ることを検討した。「阿呆」「馬鹿」「犬」――これらはヴィルヘルムが帝国議会の議員について話すときに使った言葉である。「ドイツでは誰が本物の主人なのか教えてやるとよい」とヴィルヘルムは好んで言った。(56)

原因となった政治騒動を別にしても、このような動きがあったためにドイツ政府が一貫性と統一性を維持できたかどうか、はなはだ疑わしいところである。ビスマルクとその後継者たちは政策を練り上げ合意に至る、あるいは政府のさまざまな部門を調整し協力する内閣というものを信じていなかった。たとえば外務省は軍部の計画を知ろうとせず、その逆もまた然りだった。ヴィルヘルム二世が即位すると、事態は改善に向かうどころかますます悪化した。ヴィルヘルムは自分の助言者からなる内閣を通じて直接陸海軍を統制しようとし、ドイツの大臣たるものは皇帝に直接報告するように主張したからである。結果的に、省庁間の調整はますます行われなくなり、政府が情報を共有することも少なくなった。

新しい連邦の統治者は、荒馬を制しようとしている下手くそな乗り手に似ていた。国の領土の六五パーセントと人口の六二パーセントを所有するプロイセンが、南部の国バイエルンから北部の都市ハンブルクに至るまですべての構成国の上に覆いかぶさるように聳え立っていた。またプロイセンは、制限選挙という選挙制度を巧みに使い、保守勢力が立法機関を支配していた。プロイセンも含めて穏健な保守派や自由主義者や社会主義者が次第に増えつつあるドイツの中にあって、プロイセン議会は強力な右派の対抗勢力となっていた。またプロイセンのユンカーはプロイセン社会のなかで特権的な立場にあり、ドイツの諸機関、特に軍と外務省を支配していた。忠誠や慈悲、義務、家族への献身、伝統と秩序の敬愛、強い名誉心といったユンカーの価値観はある意味で賞賛すべきものだったが、反動的と言わないまでも保守的であり、近代ドイツの歩調と次第に噛み合わなくなりつつあった。(57)

ヴィルヘルムに一番近い取り巻きはその世界〔ユンカー〕出身で、ヴィルヘルム自身、彼らと多くの価値観を共有していた。即位して間もない頃、ヴィルヘルムはおそらくは母親の影響で、社会のなかで数多く存在する最も貧しい階級の人々の改善に関心を持っていた。これが首相ビスマルクとの対立の原因となった。ヴィルヘルムは労働状況の改善を望んでいたが、ビスマルクは芽を吹きつつある社会主義運動を摘み取ろうとしていた。一八九〇年、首相は帝国議会を統制できなくなり、政治危機を起こしてかき回し、それを抑え込むことを口実に憲法を破棄しようと考えた。ヴィルヘルム一世であればこの計画に乗ったかもしれないが、孫の方にはその用意がなかった。新皇帝はビスマルクの非妥協的な態度に驚き、どんな場合でもビスマルクの指導に（この問題については他の誰にも）従わないと気持ちを固めた。一八九〇年三月、最終的な決着がついた。皇帝は外交問題についても国内問題についても、ビスマルクが自分に情報を適切に伝えていないと批判し、皇帝こそがドイツの最終的な権威であることをはっきりさせた。ビスマルクは辞任してベルリンを去り、苦い引退生活を送ったのである。

ヴィルヘルムは今や自分自身の主であるとともにドイツの主となった。ヴィルヘルムにとってドイツ君主とは壮大なものだった。即位後間もなくケーニヒスブルクで行った演説で次のように述べている。「われわれホーエンツォレルン家はまさに天から王冠をいただき、その義務については天にのみ責任を負っている」[58]と。ビスマルクとの論争でその姿勢が明らかになったように、責任を首相あるいは内閣に委ねようとは思っていなかった。ヴィルヘルムは、自分に直接報告させる高官の数を増やし、軍部を監督する直属の本部を設置した。だが問題は、努力することなく権力と栄光と賛同を得ようとしたことだった。『たのしい川辺』のなかで、ヒキガエルのトードについてミズハタネズミのラットが言っている。「自分で運転するって言い張っているけど、全然できないんだ。ちゃんとしていて、しっかりして、鍛えられた動物を雇って、たくさんお金を払って、全部任せてしまえばうまくいくのに。でもだめだ。自分は天才ドライバーだと思い込んでいて、誰も何も教えることができないのさ。あとはごらん、あれだよ」。

ヴィルヘルムは怠け者で、何事にも長時間集中することができなかった。ビスマルクは彼を気球に例えている。「綱をしっかり握っていないと、どこに行ってしまうかわからない」[59]と。ヴィルヘルムは自分ではがんばっていると言っていたが、実際のところ、祖父が誠実に維持してきた軍の長や首相や大臣との定常的会合のスケジュールを意図的に削減した。大臣の中には年に一、二度しか皇帝と会わない者もいた。皇帝の扱いがぞんざいで、報告が長すぎると不平を言うと愚痴をこぼす者も多くいた。(60)新聞を読もうとせず、長い書類は苛立って放り投げた。新しい海軍が毎年行う艦隊の機動演習の責任を負うと主張していたのに、将校に相談して詳細について理解しなければならないことがわかると激怒した。「地獄に行ってしまえ！　私は最高指揮官だ。決めるのではない。指揮を執るのだ！」(61)と。

ヴィルヘルムは在位中、多くの時間をベルリンから、あるいはポツダムの近郊の宮殿から離れて過ごした。従弟のイギリス王ジョージ五世が言ったように、落ち着きのないヴィルヘルムは旅行好きだった。その理由の一つは、おそらくある廷臣が想像したように、皇后のいる息苦しい家庭生活から逃れたいためだった。(62)他の宮殿（何十もあった）にも通ったし、友人の狩猟小屋にも出かけた。何隻か持っているヨットで長期間クルーズに行くこともあった。大臣たちは彼がどこに行っていようとも連絡を取らなければならなかったが、必ずしも会えるとは限らなかった。「ヴィルヘルム突然王」はぎりぎりになって計画を変えることで悪名高かった。臣下の者たちは、ドイツ人はもう「征服者に万歳」と歌うのではなく「特別列車に乗っている方に万歳」と歌うのだと冗談を言ったものである。(63)

ドイツ人は統治者についてごくわずかしか冗談を言わなかった。しかし週刊誌「ジンプリチシムスSimplicissimus」誌が媚びることなく表紙にヴィルヘルムの風刺漫画を掲載したとき、ヴィルヘルムは編集者と漫画家に怒りをぶつけたが、そのために部数が増加することになった。一九〇一年、ベルリンに「勝利の並木通り」というものを考案して俗っぽい銅像を並べると、ベルリン市民はすぐに「人形横丁」と呼ぶようになった。だが、皇帝自身が冗談だったとしても、たちのよい冗談では必ずしもなかった。一八九四年、若い古典学者ルートヴィヒ・クヴィデはローマのカリグラ帝に関するパンフレットを出版し、そこで皇帝の猪突猛進振りを次々にあげつらった。「神経症ともいえる慌てぶり」「軍の勝利の渇望」、海を征服するのだという「空想」――「わざとらしさが皇帝の狂気の中身だ」と述べている。(64)このパンフレットは一九一四年以前に二十五万部売れたのである。

ヴィルヘルムは、責務中でも陸軍との関係を特に自慢していた。ドイツの憲法下では（一度も読んだことがないと述べていたが[65]、皇帝はドイツ陸軍の最高指揮官だった。将校はドイツに対してではなくヴィルヘルムに忠誠の誓いを立てた。ヴィルヘルムの皇帝即位後初の行為は、陸軍に対する下知だった。「われわれは互いに一つである。われわれは互いのためにこの世に生を受けた。静穏か嵐をつかわすことが神の意思であろうとも、互いがばらばらになることはないのだ」[66]。ヴィルヘルムと大臣たちはたびたび、帝国議会が軍事問題を調査しようとする試みをうまくかわし、選挙で選ばれた政治家と軍に疑義を抱いている一般の人々をあしらった。ある日ヴィルヘルムは、新兵相手に、この国の秩序を守るためにいつか諸君を招集する日がくることを憶えていなければならないと述べた。そして、「最近の社会主義者の動きを見ると、諸君に自分の親類を、兄弟を、いや両親を……撃てと命じることが十分あり得るのだ」[67]と。

ヴィルヘルムは「私の軍」を敬愛し、文民より軍人を好んだ。可能な限り政府および外交ポストに軍人を任命した。表に出るときはほとんどいつも軍服で、馬上で行進の先頭に立ち、敬礼をするのが好きだった。軍の競技に参加すると言い張ったため、訓練としての価値は最小限に留まることになった。いつもヴィルヘルムが勝たなければならなかったからである。部隊を一方から取り上げて別の部隊（いつもヴィルヘルムの方に）に移せるよう、すべてを止めてくれているということが理解できなかった[68]。軍の制服のことでも大騒ぎしたことがある（一八八八年から一九〇四年にかけて、三十七回にわたってデザインを変更した）。そして、愛する軍隊が腐敗した近代世界の影響を受けないように努めた。そのための命令の一つには、次のようなものがある。「陸海軍の紳士は、制服でタンゴ、ワンステップ、ツーステップも踊ってはならない。またこのようなダンスを行う家族を避けるように求める」[69]。

憲法上ヴィルヘルムには外交に関しても大きな権力があり、外交官の任命・罷免権と、条約締結権があった。だが、ヴィルヘルムシュトラーセ〔第二次世界大戦終了前までベルリンの中心にあった通りの名前〕にある外務省や外交については、軍に対するのと同じような愛情を持って考えることはなかった。外交官は怠け者の「豚」で、いつも小難しいことばかり考えると感じていた。ある折、ある上級外交官に次のように述べた。「そうだな。お前ら外交官は糞ばかりだ。ヴィルヘルムシュトラーセは臭うぞ」[70]。ヴィルヘルムは外交が得意だと過信し、他国の

オットー・フォン・ビスマルク、鉄血宰相は巧みな外交と力によって1871年にドイツ国家を創造した申し分のないプロイセンの政治家だった。続く十年間に、ビスマルクは諸国を操ってドイツの敵であるフランスを孤立させ、ドイツをヨーロッパ政治の中心とした。1888年にドイツ皇帝となったヴィルヘルム２世はビスマルクの権勢を嫌い、1890年に解雇し、その結果ドイツの外交政策は力のない者たちに委ねられた。

君主と直にやり取りすると主張したが、それは悪い結果になることが多かった。悲しいことにヴィルヘルムには、ドイツと自分自身が重要だと諸外国に思い知らせたい、できるなら戦争を避けたい、という曖昧な願望を持っているだけで、明確な政策を持たなかった。ベルリンのバイエルン大使レルヒェンフェルトはこう述べている。「彼は平和的だった。あらゆる列強と良好な関係を持ちたいと考えており、何年間もロシア、イギリス、イタリア、アメリカと同盟を結ぼうとしていた。フランスとの同盟さえ考えていた」[71]と。

ヴィルヘルムがビスマルクを解雇したとき、イギリスの風刺雑誌「パンチ」誌は「パイロットを失う」というタイトルの風刺画を載せた。ヴィルヘルム自身は勝ち誇り、ザクセン＝ワイマール大公に宛てて次のような電報を送った。「国の舵取りの役目が自分に回ってきた……エンジン全開だ」[72]。不幸なことに、実際にそうしたのである。現実の海軍に対して。

4　世界政策

一八九七年の夏、ドイツ皇帝は幸せだった。ヴィルヘルムは友人オイレンブルクに宛てて、次のような手紙を書いている。「身も心も自分に尽くしてくれる人、お互いに理解することができて、自分のことを分かってほしいと思っている人と付き合うというのは、本当にうれしいことだ」(1)。この熱狂の対象はベルンハルト・フォン・ビューローである。ビューローは新しい外相で、ヴィルヘルムにとっての「ビスマルク」になってもらいたいと考えており、ドイツ皇帝とドイツ帝国を世界の中心に据えてくれるはずの人物だった（そしてドイツの騒々しい国内政治を整理する可能性もあった）。というのは、ビスマルクを解雇してから何年間も、ヴィルヘルムにとってはうまくいかないことが多かったからである。大臣は結託して皇帝に立ち向かい、ヴィルヘルムの政策に賛同しなかった。ドイツ諸公国の王たちはプロイセンの支配下にあることに苛立ち、帝国議会は生意気にもドイツ政府に議会に参画することを要求していた。

ヴィルヘルムと大臣たちはこれに対抗し、違いを乗り越え大ドイツのために（もちろん中心はプロイセンだが）協力するようにドイツ国民に強く呼びかけた。一八九〇年、プロイセン教育相は学校の歴史教育においてはプロイセン国家と統治者が偉大であることを教育せよと布告した。すなわち、「『国民学校』（小学校）の最重要目的は国民の統合であり、独立と伝統を通じて得た素晴らしい恵みを子どもたちに示してやることだ。それらは栄光あるホーエンツォレルン家の支配者が厳しい自己犠牲的な戦いで蘇らせたものなのだ」と。ヴィルヘルムは全面的にこれに賛同した。校長を集めた会議で、ヴィルヘルムは次のように述べている。「われわれは国民意識を持ったドイツの若者を育てなければならない。ギリシャ人やローマ人に育てるのとは違う」(2)。

他の列強に勝って植民地を奪うことは、ドイツの諸公国が強力なドイツ帝国を樹立するために結集することに他ならなかった。ヴィルヘルムはドイツのため、また自分自身のために強い野望を抱いていることを、いつも国民にはっきりと示していた。ヴィルヘルムは自分の時代に新しい道ができると母親に述べている。「世界に真の皇帝はただ一人しかいなくなります。ドイツの皇帝だけです……」[3]と。ヴィルヘルムは自身をドイツ国家とともに人としても世界中に影響力を持つべきだと考えていた。一八九三年にはオイレンブルクに、「世界的な人物にならなければ惨めだ」[4]と述べている。ドイツは世界の分割について発言する必要があるとも考え、一九〇〇年、新しい戦艦の進水式のときには「遠い地域でも、ドイツおよびドイツ皇帝不在の場で重要な決定を行うべきでない」[5]と述べている。ヴィルヘルムは自分のことを「正直な仲介人（arbiter mundi）」と表現することを好むようになった——もちろんヨーロッパの、である。実際に、危篤状態の祖母をイギリスに訪ねたとき、ヴィルヘルムはその新外相ランズダウン卿に「ドイツ憲法により外交政策の決定が自分に委ねられているから、私がヨーロッパにおける勢力均衡そのものなのだ」[6]と述べている。

即位して最初の数年、ヴィルヘルムを苛立たせたのは、ドイツの外交関係が一八九〇年以後うまくいっていないという現実だった。ビスマルクはドイツが他国と良好な関係を維持するように努め成功していたが、彼の後継者はドイツが一つの陣営にまとまる方向へずるずると傾いていった。オーストリア＝ハンガリーとイタリアとの三国同盟である。最初の失敗は、ロシアとの再保障条約を更新できなかったことだ。そして、これは後に重大な重荷となった。再保障条約の内容は、第三国から攻撃を受けた場合、それぞれが中立を守る義務を負う、というものだった。条約更新が失敗したのには、一八九〇年以後ドイツの外交政策を担当した人物の無頓着な性格が関係していた。新首相レオ・フォン・カプリヴィは軍人だった。知的で繊細だが、外交問題について必要な知識を持ち合わせていなかったのだ。ロシアとの緊密な関係に反対する指導的な人物である、外務省のフリードリヒ・フォン・ホルシュタインから再保障条約を更新しないと言われ、カプリヴィはそれを受け入れた。その結果、ロシアは同盟相手にドイツ以外の国を探さざるを得なくなり、その結果、フランスに接近することになった。ロシアは一八九四年にフランスと秘密の軍事協定を結んだのだ。

ホルシュタインらが望んだのはイギリスと友好を回復

することだった。ロシアおよびフランスとの関係が悪化していたイギリスだったが、だからといって三国同盟との関係を緊密にしようとは考えていなかった。イギリスはすでにオーストリア＝ハンガリーおよびイタリアと地中海の安全を互いに保障し合うという理解〔地中海協定〕を交わしていた（ロシアがオスマン帝国に圧力をかけて黒海から地中海への重要なルートを獲得しようとするのに対して、またフランスが帝国の拡大に努めることに対して反対の立場を取る、ということだった）。再保障条約を失った結果、ロシアの不安の対象は国境線に向かうようになり、地中海でイギリスの利益とぶつかる可能性は小さくなった。ドイツは、三国同盟のパートナーはドイツの立場が弱くなると次第に勝手な行動を取るようになると感じていた。

一八九〇年から一八九七年にかけて、ドイツの政策がロシアとイギリスのどちらを味方にするかということで揺れていたのも、ドイツの指導者たちが甘言と威嚇を繰り返していたのも不都合だった。個別の政策について、ドイツは一貫性を欠くことがあまりに多かった。一八九四年、カプリヴィはロンドン駐在ドイツ大使に、ソロモン諸島はドイツにとって重大な意味があると述べたが、その二カ月後にはソロモン諸島に対する関心は消えてしまった。[7] ドイツの政策は理解できない、と考えたのはイギリスだけではなかった。外交が得意だと思い込んでいるドイツ皇帝の介入が頻繁になり、悲惨な結果に至ることがよくあったというのも、不都合だった。クリューガー電報事件についても諸説ある。電報は一八九六年にヴィルヘルムが送ったもので、イギリスとボーア人のトランスヴァール共和国の両方に対する支持を表明するものだったが、ヴィルヘルムにそれ以上ひどい行動をさせないために、実は政府が仕組んだ策の結果とも思われるのだ（ヴィルヘルムは当初、トランスヴァールをドイツの保護国としてドイツ軍をアフリカに送ると提案していた。そうなると、当時のイギリスの海上支配に挑戦することになったにちがいない）。[8]

一八九七年、ドイツ政治はイギリスと対峙する方向に進むかどうかの決定的な転換点に立っていた。ヴィルヘルムはオイレンブルクや保守主義者のリーダーから支持を得て、自分の息のかかった人物を政府内の重要な地位に就けるときがきたと考えた。いくつか変更を行うなか、アルフレッド・フォン・ティルピッツをドイツ中国艦隊から呼び戻して海軍大臣としたのだ。ここからいわゆる英独海軍競争が始まった。ローマ駐在ドイツ大使ベルンハルト・フォン・ビューローが外務省に召還された。ビューローがドイツの政策に及ぼす影響力はティルピッツほど劇的なものではなかったかもしれないが、平和から戦争に進む一歩につながった。

ドイツが抱える国際問題を解決することを期待されたビューローは、陽気で、魅力的で、教養があり、頭のよい外交官だった。そして強い野心を持ち、新たなボスとなったヴィルヘルムと同じく怠惰だった。「ビューローの弟が言ったことがある。『高い地位に追いつくだけの性格を備えていればよいのだが』[9]」という人物だった。ビューローの一族はデンマーク出身だが、父親は一八七三年、新ドイツの外相に就任しビスマルクの配下として忠実に勤めた。だがビスマルクは息子の方に期待を抱き、そのためビューローは外務省で着実に出世することができた。ヨーロッパ各地でその名が知られるようになり、根っからの女好きとしても浮名を流した。ビューローはローマの有力な一族の女性と結婚した。彼女は当時、別のドイツ人外交官の男性と結婚していたが、離婚してビューローと結婚したのだ。彼女と結婚したことでビューローのキャリアはさらに高まった。

何年か経つうちに、ビューローは同僚の間で、ひねくれた信頼できない人物だと思われるようになった。友人だと思っていたホルシュタインが言うには、ウナギのようにつかみどころがない人物ということだった。ホルシュタインは日記に、次のように書いている。「ベルンハルト・フォン・ビューローは髭をきちんと剃り、青白い顔をしている。見た目はいかにも策士で、いつもにやにやしている。洞察力があるというより口先がうまいタイプだ。不測の事態をどう解決するかということについてはあまり考えを持っていないが、他人の考えを自分の考えのように言い、礼も言わずに上手に取引する」[10]。ビューローは相手に良いことを言ったと思わせ、相手と重要情報を共有しているという印象を与えることが得意だった。義理の母親が述べている。「ベルンハルトは隠しごとが好きです。腕を取って窓の方に連れて行って言うのです。しゃべらないで。小犬が下でおしっこしているから」[11]と。ビューローを知っている女性が言うには、お気に入りのチーズを置いてネズミを捕まえる猫のようだ、とのことだった[12]。

一八九七年以後、ビューローは新しいボスであるヴィルヘルムの心をつかむことに全神経を注いだ。ビューローはヴィルヘルムに「素晴らしい」「最高です」「全くそのとおりです」と相槌を繰り返し、言うことはいつも〔ヴィルヘルムにとって〕適切だった。たとえば、イギリスを扱うのは難しいから大きな技量が要ると一九〇〇年にヴィルヘルムに述べている。「ホーエンツォレルンの鷹が双頭のオーストリアの鷹を圧倒し、フランスの雄鶏の羽をへし折ったように、神の御加護と陛下のお力とお知恵がありましたならば、イギリスの豹をもあしらうことができるでしょう」(13)。このメッセージをアピールするために、ビューローはオイレンブルク宛てに、皇帝のことを執拗に褒めまくる手紙を繰り返し送った。もちろん、ヴィルヘルムがその手紙を見るということがわかっていたからである。ビューローは外相に任命された直後、次のように書いている。「ヴィルヘルムはこれまでホーエンツォレルン家のなかで王位に就いた偉大な国王のなかで、最も重要な王である」(14)。ビューローはヴィルヘルムの「手足」となり、ドイツ中にヴィルヘルムのやり方が徹底するようにする、と本人を前に宣言した。一九〇〇年、ヴィルヘルムはビューローを首相にした。

最初の何年間かは、ビューローは皇帝をかなり上手に扱った。ゴシップを少し利用して刺激を加えた短いメモを送ったり、ヴィルヘルムが退屈するかしこまった会合を避けたり、毎朝ヴィルヘルムのお供をして散歩するのを習慣とした。フォン・ビューロー家はヴィルヘルムを食事に招待し、接待し続けた。それにもかかわらず、ベルンハルト追従侯（ビューローに批判的なある人物はこう呼んだ）は、特に皇帝は熱くなっているときにした発言を忘れてしまうことが多かったから、皇帝の乱暴な政策をできるだけ無視したり、緩和しようと一応の努力はした。またビューローは、皇帝が望んでいたドイツ議会に対するクーデターを実行しようとは思っていなかった。ビューローが望んでいたのは、ドイツの統治者だけでなくドイツの国民をうまいこと扱って、皇帝と国民の間の橋渡しをすることだった。ビューローが外相、首相に就任してから、皇帝を支持し、ナショナリストと保守勢力を結び付けた保守派の助言者は、ビューローの政策を強力に推進した。彼らは同時にプロイセンの統治を受け入れようとしない成長しつつある社会主義運動と、南部に存在する地域感情を押さえ込もうとした。

集中政策（Sammlungspolitik）として知られる政策には中核となる求心力のある原則が必要だが、それはドイツに誇りを持つことだった。政府は「国民に満足を与える勇敢で寛大な政策を、国民のエネルギーを動かす政策を、成長しつつある中産階級の人々を惹きつける政策を採用しなければならない」[15]とビューローは考えた。そのための積極的外交政策には、明らかに大きな意味があった。サモアをめぐる騒ぎについては、その「ものは何の意味もないが、理想や愛国心といった観点から考えると利害が絡む」とビューローは述べた。またビューローは、ドイツの新聞に「外交政策に対して国内の信頼を強化するように記事を書く」ように命じた。[16]ビューローの基本的な外交戦略は、ドイツが常に世界の列強のテーブルに加わっていられるようにする、というものだった。しかしそうすることで、他国間に紛争を引き起こす可能性もあった。一八九五年、ビューローはオイレンブルクに述べている。「私はイギリスとロシアの間の衝突を悲劇であるとは思わない。『一番待ち望んでいたもの』と考えている」[17]と。両国を消耗させておいて、その間ドイツは静かに力をつけていくのだ。

特定の政策を続けていれば、ビューローはオーストリア＝ハンガリーとイタリアとの三国同盟が続くと信じ、イギリスと友好関係を築く政策からは距離をおいた。イギリスとロシアが対立を続けるなかで中立を維持することがドイツにとって最善であると考えていた。ビューローは次のように書いている。「われわれは両国の間で独立した立場を維持しなければならない。まっすぐ立ってバランスを取らなければならない。振り子のように揺れてはだめだ」[18]と。二国のうちどちらかを選択しなければならないとしたら、おそらくロシアを選んだと思われる。長い目で見るとロシアの方が強力だと感じていたのだ。イギリスは、ロシアとフランスの両方に敵意を持っているから、結果的にドイツと友好関係を維持しなければならないと気づくはずだと思っていた。イギリスが孤立以外の解決策にたどり着くとは想像できなかったのである。

ビューローはドイツの外交政策の指揮を執った当初、外務省のなかで最も頭脳明晰で力があり、我の強い、政治部のフリードリヒ・フォン・ホルシュタインの支持を得ていた。オイレンブルクはホルシュタインのことを「迷宮の中の怪物」と呼び、それが定着していた。しかしこの表現は当たっていない。というのは、ホルシュタインは怪物どころか高い知性を持ってドイツ国家に献身しており、世界の舞台でドイツの利益を追求するため全力を尽くしていたからである。ただし、当たっているところもあった。ホルシュタインは秘密を好み、至るところで陰謀を張り巡らせていた。ビスマルクの息子ヘルベルトはホルシュタインのことを「病的なまでの被害妄想」を抱いていると表現した。[19] ホルシュタインは残酷に、他者を平気で傷つけることもできたが、自分自身はひどく傷つきやすかった。質素な部屋が三つある小さな家に住み、極端なまでに簡素な生活をし、射撃以外は仕事にしか関心を持たない様子だった。表舞台に出ることはめったになく、何かと理由を付けて皇帝に会うのを避けようとした。次第に皇帝に賛同しなくなっていたのだ。皇帝がホルシュタインに会うつもりで外務省に立ち寄ると、ホルシュタインはずっと散歩に出たままだった。[20] 一九〇四年、大規模なディナーパーティーで二人がやっと会ったとき、二人の話題はカモ猟の話だったと言われている。[21]

ホルシュタインは外務省内で高い地位に就くことを拒み、舞台裏で権力を握るのを好んでいた。出入りする報告書をたどって陰謀を張り巡らし、友人には報酬を、敵には処罰を与えたのだ。外務省内に執務室があり、気が向いたときにドアを開けて外務省の中をうろうろする習慣があった。ビスマルクの近くにいたにもかかわらず、しかもビスマルクはホルシュタインを重用していたにもかかわらず、ロシア問題について、老首相とその息子、そしてその支持者たちと対立した。ホルシュタインはドイツとロシアが友好関係を結ぶという考えそのものに反対し、再保障条約に反対した。外交官として当時ロシアの首都サンクトペテルブルグに滞在した若い頃の経験から、完全にロシアが嫌いになったのだろう。ロシアに対する憎悪と恐怖感がホルシュタインの外交政策に一貫して流れていた。[22] ホルシュタインとビューローはまさにこの問題で、やがて袂を分かつことになるのだ。

一八九七年十二月、帝国議会での最初の演説で、ビューローはドイツの外交政策についてのビジョンを提示した。そのなかで特に、中国分割に言及した。演説は、ドイツ世論に広く訴えようと計算されていた。「中国で活動しているドイツの宣教師のみなさん、ドイツの企業家のみなさん、そしてドイツの商品、ドイツの旗、ドイツの船舶に対して、他国と同様の敬意が払われることを要求しなければなりません」。そして、アジアにおいて他国がドイツに敬意を払えば、ドイツはその国を尊重する心積もりがある、と。「ひとことで言いましょう。私たちは日陰にいたいとは思いません。私たちは陽の当たる場所を求めます」。古い秩序が変化したことを世界は認識しなければならないと彼は続けた。「ドイツが大地を隣国に委ね、海洋を他国に委ねていた時代には、自分の国のことは天国に行ってからのことだと思っていた。そういう時代は、純粋に頭の中だけで考えて行動せずに済ませていた時代でした——そんな時代は終わったのです」[23]（ビューローの演説は賛同を呼んだ。ベルリン駐在ヴュルテンベルク公使は次のように述べている。ここで言われた一語一語が「すでに有名になっていて、ことわざのようになっている。毎日人々が口にしている」[24]と）。二年後、再び帝国議会の演説で、ビューローは初めて"Weltpolitik"という言葉を用いた。今日となってはかなり奇妙な話なのだが、この言葉は「環境政策」と翻訳されることがたびたびあった。だが、当時この言葉はグローバルな政策、すなわち世界政策を意味していた。ドイツ以外の人々はこれを深い疑念をもって捉えることになった。関連して、同様につかみにくい概念を持つ言葉として"Weltmachtellung"あるいは「世界強国」という言葉が存在している。

この言葉は愛国的なドイツ人の間で広がっている概念を反映していた。ドイツの目覚しい経済発展、投資と貿易が急激に世界中に拡大していること、科学分野での進歩に合わせ、世界のなかでドイツの地位が向上してしかるべきだ、という概念である。他国はドイツの業績を認め、立場が入れ変わったことを理解しなければならない。リベラルな人々にとって、それはドイツが道義上もリーダーシップをとるべきだということを意味した。そのうちの一人が、一九四〇年代になってようやく、懐かしそうに次のように振り返っている。「私の思考は、いつもいい汗をかいて協力し合ったあの時代に帰っていく。大ドイツのために尽くしたこと。中東で平和的な拡大と文化活動を行ったこと……平和なドイツ、立派で、名誉があって、尊敬されていた」[25]。だが、いくつもあった愛国的な協会や皇帝と皇帝側近の助言者を含む右翼のナショナリストにとって、この言葉はむしろ政治的・軍事的な力および必要であれば他の列強と戦うことを意味したのだ。

新しい皇帝とドイツが自分の国の力を実感していた時代に、年輩の歴史学者がベルリン大学の講義で大勢の聴衆を集めていた。ハインリヒ・フォン・トライチュケは「陽の当たる場所」を願う新しいドイツナショナリズムの知的分野における父となった。ドイツ史を含むトライチュケの膨大な著作と講義は人気があり、偉大なドイツの過去と、ドイツ国家をつくるにあたってプロイセンとプロイセン軍が成し遂げた目覚しい業績に誇りを抱いているドイツの指導者のほぼ一世代全員に影響を与えていた。トライチュケにとって愛国心はすべてのもののなかで最高に価値があり、人類の歴史に不可欠であるだけでなく、高貴なものであり、人々を高めるものだった。機会さえあれば、ドイツはその価値に相応しく上昇して、世界を制覇すると述べていた。[26] トライチュケに好意的だったビューローは、彼を「国民思想の預言者」だと述べている。[27] 後にドイツ参謀総長となるヘルムート・フォン・モルトケは若い頃トライチュケを読んで「魅了」され、後に「愛国心と父なるドイツの愛の精神が、全作品の底流にある。歴史の真実を損ねることがない。素晴らしい作品だ」[28]と夫人に書いている。皇帝は意外にも、熱心な読者ではなかった。トライチュケの作品全体の趣旨は好きだったが、ホーエンツォレルン家を十分に讃えていないというのがその理由だった。[29]

「世界政策」の具体的な政策と、それが現実にどんな意味を持つのかということについては、別問題だった。ヨーロッパ列強の指揮を取って、義和団の乱を鎮圧したフォン・ヴァルダーゼ伯爵はこの考えが広がっていた当時、日記に次のように記している。「私たちは『世界政策』を遂行するものと思われている。それがどんなものなのか分かっていればと思う。しばらくはただのスローガン以外の何ものでもない」[30]。だが、ほとんどの者は「世界政策」が、正当な植民地の分け前をドイツが獲得することを暗に意味していると考えていた。トライチュケも確かにそのように論じていた。講義のなかで、「歴史上のあらゆる国民は、自分に力があると感じれば、自分の権威を野蛮な国々に押し付けたくなるものだ」と述べている。ドイツは今や力がある。高い出生率はドイツ人の活力の証拠である。だがドイツは、イギリスや他の帝国と比べると精彩を欠いている。「それゆえ、この国が植民地獲得に向けて力を示すことが極めて重要である」[31]。

植民地を善と考えるのは、トライチュケのようなドイツ人だけではなかった。植民地はそれを所有する国に形になった富をもたらし、形にならない威信を与えるという仮説が、当時ヨーロッパに拡がっていた。一八七三年から一八九五年にかけて続いた農産物価格の下落と不況によって、他国同様ドイツの政財界の指導者は、輸出と外国市場を確保する必要性を痛切に認識した。帝国の存在を批判する人々は、植民地から利益が生じるというより、植民地を管理し維持することのほうが金がかかるものだという、あるいは、投資と貿易と移民はたとえばアメリカ合衆国やロシアやラテンアメリカといった世界のなかで植民地とはなっていないところに流れる傾向があるという都合の悪い事実を指摘した。そのうちの一人カプリヴィは、ドイツにとって自然な市場は中央ヨーロッパであると考えた。しかし、よくあることだが、信念というものは都合の悪い証拠があっても揺るがないものだ。地図を見て、どこかの国に所属していることを表す色の塗られた地域を眺めていると、興奮をそそられることがある。どんなに貧しかろうと、またどんなにまとまっていなかろうと、世界の中には力につながる領土と人口がきっとあるはずだ。当時のイギリス外相ローズベリ卿が一八九三年に書いたように、新しい植民地の獲得は「未来に向け主張を誇示すること」だった。(32)

ドイツでは、植民地は微妙な問題だった。世界の列強の一つではあるが、インドを所有しているわけでもなく、アルジェリアを持っているわけでもない。アフリカと太平洋で残り物をさらったものの、帝国としてはフランスやイギリスと比べるとたいしたものではなかった。小さなブルジョアの国ベルギーでさえコンゴを所有していた。他の国に追いつこう、強国として相応しい姿になろうという気持ちが、ドイツのなかでますます募っていた。外務省には軍事的・帝国主義的な期待の両方を強力に推進する力があった。外務省の植民地担当部の長が一八九〇年初頭に次のように述べている。「政府も帝国議会も植民地を断念するという立場を取れば、ドイツとヨーロッパに恥をさらすことになる。今日、植民地政策はあらゆる国民から支持されている……」(33)。汎ドイツ連盟と植民地協会の一般市民の会員数は、それほどではなかったかもしれないが、それでも声高に要求を掲げ、猛烈に主張をしていた。

もちろん、植民地の費用対効果は限定的だと指摘する懐疑的な人々が左右どちらにもいた。大ビスマルク自身、植民地（あるいは植民地を守る大海軍）にはそれほど関心を持っていなかった。一八八八年にアフリカに対する関心を高めようとしていたある探険家〔カール・ペータース。ドイツ領東アフリカの創設者の一人〕に次のように述べた。「私のアフリカ地図はここヨーロッパにある。ここにロシアがあり」――左を指差して――「ここにフランスがある。われわれはそのど真ん中にいる。これが私のアフリカ地図だ」(34)。ビスマルクを継承したカプリヴィは全く同じ姿勢をとった。「われわれにはアフリカが小さければ小さいほどよいのだ！」[35]。

ビューローは初め植民地に熱心ではなかったが、急速に自分のビジョンの中に取り入れ始めた。一八八九年十二月に帝国議会で行った演説でも、「いかなる外国勢力にも、いかなる外国の支配者にも『何をすべきか？ 世界はすでに分割されているのだ』などと言わせない」と挑戦的に述べている。ビューローはさらに、不吉な予言を付け加えた。「次の世紀にドイツは木槌、あるいは鉄槌となろう」[36]。これほど大きな世界が他の勢力によってすでに分割されているのだから、植民地をどこから手に入れるのかということは微妙な問題だった。衰退しつつあるオスマン帝国はその可能性の一つで、ドイツは鉄道建設の調査を開始し、オスマン政府に資金を貸与していた。一八九八年、中東に足を伸ばしたドイツ皇帝は、ダマスカスで一瞬われを忘れて劇的な演説を行った。「スルタンおよびスルタンをカリフとして崇める地上にいる三億のイスラム教徒に約束する。ドイツ皇帝は常にあなた方の友人である」[37]。もう一つの衰退しつつある帝国の中国も、格好の獲物に思えた。膠州湾の青島の獲得と山東半島で得た各国の譲歩は、幸先の良い一歩だった。植民地獲得に熱狂するドイツ人による奇怪な試みもあった。ティルピッツの賛同のもとのデンマークが所有するカリブ海のヴァージン諸島のある島の土地を、ドイツが筆頭所有者になるまでひそかに買い上げたのだ。その後ドイツ政府が介入し、全島をデンマークから購入して海軍基地にしようとした。幸いにヴィルヘルムはこの案に反対した。反対しなければ、アメリカ合衆国だけでなくイギリスとも不必要な紛争が起こる可能性があった[38]。

だが、ドイツの行動とドイツが用いたレトリックは、イギリス政府と、すでにドイツを疑いの眼差しで見るようになっていたイギリス国民を驚かせた。一方ドイツでは、政府内でも一般の人々の間でも、イギリスは、ドイツの世界政策をあからさまに妨げる中心だと思う傾向が強くなっていた。トライチュケの講義に出席した学生のノートには、イギリスに対する反感が繰り返し書かれていた。一八九〇年代にトライチュケは次のように述べている。「ドイツが「こんなみっともない姿勢でおばあちゃんの顔色をうかがっているから、イギリスでは小さな赤ん坊でさえわれわれを欺こうとするのだ」（別段驚くほどのことでもないが、トライチュケはイギリスを訪問したとき、自分の考えを固めただけだった。ロンドンは「酔っ払いの夢のような場所だ」と述べている）[39]。一九〇〇年、ベルリン駐在オーストリア＝ハンガリーの大使はウィーンに洞察力のある長文の覚書を送った。それには「主だったドイツの政治家は時代の先を、ずっと先を読み、ドイツがイギリスに代わって世界の中心国となると考えている」とし、ドイツで「優勢となっているイギリス嫌い」について言及した。(40) ヴィルヘルムもドイツがさらに力をつけ、イギリスが衰退する未来を期待していた。一八九九年にハンブルクで行った演説で次のように述べている。「旧帝国は消え、新しい帝国がつくられつつある」。

だが、ヴィルヘルムのイギリスに対する態度は、イギリスにいる一族との関係と同じで、多くの臣下の態度よりずっと曖昧だった。愚かにも母親があらゆる面でイギリスをモデルとした結果、当然のように息子は反発した。母親は息子にイギリス紳士のようになってほしいと思っていたが、息子はプロイセンの将校となった。母親はリベラルだったが、息子は保守となった。息子は母親を憎むようになった――実際に父親が亡くなったあと、母親にひどい仕打ちをした。だが、ヴィルヘルムの子ども時代の一番幸せな思い出は、両親とイギリスに行ったときのことだった。ヴィルヘルムは従兄弟たちとワイト島のオズボーンで遊び、イギリスの海軍造船所を訪問した。ネルソンの旗艦ヴィクトリー号に乗船し、ネルソンの偉大な同時代人の名にちなんで命名されたセントビンセント号の上で銃を撃つのを手伝ったこともあった。即位したあと、ヴィクトリア女王がイギリス海軍の名誉船長にしてくれたときには大喜びだった。「セントビンセントとネルソンが着ていたのと同じ制服を着ていると思うと、目がくらむような思いです」(41)と。ヴィルヘルムは新しい軍服を着る機会があればその都度、写真を祖母に送った。ザ・フライング・ダッチマン〔伝説の幽霊船〕を演じたときのものも含まれていたといわれている(42)（ヴィルヘルムは自分がもらった名誉職は、海軍に助言を与えることができると勘違いしていたが、それはイギリス人が決して望まないことだった）。

大人になると、ヴィルヘルムはイギリスの「忌まわしい一族」と繰り返し言っていたが、祖母ヴィクトリア女王のことは深く敬愛していた。実際、ヴィクトリア女王はヴィルヘルムが話を聞くことができる世界でわずかな人々のうちの一人だった。イギリスを傲慢だと思い、恩着せがましいと腹を立てていたが、一九一一年、セオドア・ルーズベルトにこんなことも言っている――「私はイギリスが大好きだ」と。(43) プレス公妃となったデイジー

・コーンウォリス＝ウェスト〔イギリス出身〕は、ヴィルヘルムのイギリスに対する愛情と賞賛は本物で、何度もイギリスを批判するのは彼が一族から誤解されていると思っていて、その誤解を解くためだと考えた。

それはたいへん悲しいことでした。皇帝は自分がヴィクトリア女王にもエドワード国王にもジョージ国王にも、またイギリス国民にも正しく評価してもらっていないと感じていました。自分を誠実だと思い、自分を信じていたから、自分の個性を前に出そうとしたのだと思います。力のある役者がお気に入りの場面を演じるときに魅力や巧妙さで観客の気持ちを勝ち取ろうと努力するように、皇帝はあまりにも何度も私たちに敵対する行動で――もっと悪く言うと――ただ単に私たちをうんざりさせたり、面白がらせたりする行動で――イギリスの世論を取り込もうとしたのでしょう。[44]

ヴィルヘルムがいつものように熱くなってカウズのヨットレースに参加するときが、まさにこのケースだった。（叔父エドワードの求めで）皇帝がロイヤル・ヨット・クラブのメンバーになり、ヨットを買って一八九〇年代初頭から毎年夏に行われるレガッタに出場するようになると、イギリス人は最初、お愛想だと思う傾向があった。オズボーンで皇帝の取り巻きと一緒に我慢して彼の相手をしなければならなくなったヴィクトリア女王は、「この恒例行事は全くよくない」と苦言を呈したが無駄だった。[45] 残念なことに、ヴィルヘルムはスポーツが得意ではなかった。ルールに文句を言い、ヴィルヘルムのヨット「ミーター号」にハンディキャップがつけられているのはフェアでないと主張することがたびたびあった。叔父のエドワードは、ヴィルヘルムが自分は「カウズのボス」だと思っていることに愚痴をこぼしていた。一八九五年、友人にはっきり、次のように述べている。「カウズのレガッタは昔は楽しかったが、皇帝が仕切るようになってからは不愉快なものでしかない」。[46] ヴィルヘルムが夏の日を台無しにする出来事は、他にもいくつかあった。ソールズベリは大切な話し合いで来たヴィルヘルムの金のプレートのついた蒸気機関付きヨット、ホーエンツォレルン号に挨拶の言葉もなかった。ヴィルヘルムは女王との食事が遅くなろうとも自分と叔父はレースを続けると言い張ったこともあった。

皇帝と叔父との関係は特に難しかった。ヴィルヘルムは「ウェールズの太っちょ老人」のエドワードがチャーミングで自信にあふれ、皆に好かれているという事実を羨んでいた。ヴィルヘルムはもともと内気な性格だったが、それは妻のドナのために間違いなくさらにひどくなっていて、叔父が美しい女性ややくざな友だちと楽しんでいることにやきもちを妬き、傷ついていた。ヴィルヘルムはなんとも巧妙なスキャンダルに巻き込まれている叔父に対して上から諭すような手紙を書いてしまう自分が好きになれなかった。気持ちが荒れていると、ヴィルヘルムは叔父のことを〝悪魔〟だとか「年寄りの孔雀」だとか「ヨーロッパの大陰謀家、人を仲たがいさせる奴」[47]と呼んだ。エドワードの側からすると、年長でしっかりした人物であるだけに、不安定な情緒を隠そうと大騒ぎする複雑な若者のことを理解することができなかった。エドワードと彼のデンマーク人の妻アレクサンドラは、プロイセンがデンマークからシュレスウィヒ＝ホルシュタインを奪ったことを許しておらず、ヴィルヘルムのことをプロイセン軍国主義の権化だと思っていた。「ウィリーはいじめっ子だ。ほとんどのいじめっ子は、いざぶつかると臆病者だとわかる」とエドワードは言ったことがあった。[48]一九〇九年、最後にヴィルヘルムに会ったとき、国王となっていたエドワードは、必ずしも正確ではないのだが、次のように書いている。「ドイツ皇帝が私を嫌っていて機会があればいつも陰口を叩いていることは知っている。私はいつだって優しく接し、よくしてやったのに」[49]。セオドア・ルーズベルトはヴィルヘルムの感情はもっと複雑で、エドワード王を心から愛し、尊敬しているものの、強い嫉妬心から反発もあり、そのときどきで心のなかで気持ちが極端に入れ変わり、それが言動に出ているのだと感じていた。[50]

二人の確執は、ヴィルヘルムの父親が危篤状態のとき、エドワードが愛する姉皇妃ヴィクトリアを励ましに来たときが始まりだった。エドワードは「ヴィルヘルム大王は中世ではなく、十九世紀末に生きているということを理解した方がいい」といった類のことを述べた。エドワードはヴィルヘルム二世のことを指して言ったのかもしれない。即位して二カ月後、ヴィルヘルムはウィーンに滞在していた叔父とは会わないことを明言した。それぞれ別々に計画したのだが、たまたま同じ時期にウィーンに居合わせることになったのだ。エドワードは甥がウィーンにやって来る前に出て行かなければならなかった。ビスマルクはエドワードのヴィルヘルムに対する態度を非難して、イギリス人にこの出来事について説明しようとした。「皇太子（エドワード）はヴィルヘルムのことを、叔父が甥を相手にしているように扱っている。今は若いが、やがて大人になる皇帝だということを認識していない」と。ソールズベリは、ヴィルヘルムが「少し頭を冷やす」方がいいと考えた。ビスマルクの対応にヴィクトリア女王は激怒し、ソールズベリに手紙を書いている。「真実でないだけでなく、あまりに下品であまりに馬鹿げていて信じられません。孫と甥とはいつも近しいのです。プライベートの場でも公の場と同じように『皇帝陛下』と呼べだなんて、頭がおかしいとしか言いようがありません」(51)。女王はドイツとイギリスの関係にひびが入らないように願うとソールズベリに述べた。「女王はこうした情けない個人のいさかいに（できることなら）影響されるべきではないと考えているが、こんなに頭に血が上りやすくうぬぼれの強い愚鈍な若者がカッとなると、間に入らざるを得ないと心配している」(52)。

両国とも立憲王政の国であれば、一族の中の諍いによって水面が一瞬波立ち噂が拡がったとしてもいつまでも、ダメージが続くことはなかっただろう。この場合の問題は、ドイツの統治者が相当な権力を持っており、ドイツを世界の強国にする目的を達成するためにそれを行使できることだった。これは、ヴィルヘルムと周囲の者たちの頭のなかでは、ドイツの貿易と投資を、またこれが重要なのだが、今持っている植民地とこれから獲得しようという植民地の両方を守るため、ドイツの海上権を確立できる大海軍を持つということを意味した。一八九六年にヴィルヘルムは、ドイツ国民に対して「わが帝国が、大ドイツ帝国として発展していくよう力を貸してほしい」という後にかなり有名になる演説を行った(53)。このような見解はドイツ固有のものではなかった。列強にとって海軍力が重要な要素であった時代には広く受け入れられた見方だった。イギリスが――あるいはオランダやフランスが――大帝国を建設し維持したのは、海軍力があってのことではなかったのか。

直感的にはすでにそうだと思われていたことを言葉に表すには、一人の人物の存在が必要になることもある。当時はまだ大海軍国とはいえないアメリカ合衆国の海軍大学校にいた、まだあまり知られていなかった司令官が海洋の役割に関する理論を構築した。一八九〇年、アルフレッド・マハンは古典となる作品『海上権力史論 *The*

『Influence of Sea Power History』を発表した。マハンは当時五十歳で、海に行くことが好きではない、こぎれいなやせぎすの人物だった。騒がしい水兵とは真逆のタイプで、無口で、社交的でなく、控えめで、慎重だった（ゾラの小説を読むのを娘に禁じたほどである）。また、無類の高潔な人物だった。自分の子どもたちに仕事用の鉛筆を使わせなかったのだ。[54]

ローマ史を読み、ハンニバルがアルプス越えをせず海上からイタリアに侵入していたら、また海を利用してカルタゴから支援を得ていたら歴史はどう変わっていたかわからないという認識から、後に有名になる着想を得た。「海上の支配は歴史の重要要素だが、これまで体系的に理解されることも説明されることもなかった」とマハンは述べる。[55] これをマハンは詳細に説明したのだ。十七世紀の英蘭戦争や十八世紀の英仏の七年戦争は、いずれの場合も歴史を決める要因は海上権力だったと説明し、海上権力は戦時の勝利だけでなく、平和時の繁栄の源となると確信をもって論じた。マハンは次のように書いている。「生産物を交換するのに要る生産力、交換を実行する船舶、船舶の運航を推進・拡大し、安定を高めることにより交換を保護する植民地が、海に囲まれた国にとっては、政策だけでなく歴史のなかで鍵を握った」[56] と。強力な海軍は海上の貿易と通信の重要ルートを守り、植民地の獲得と維持の道を開くものだった。特に戦艦は、戦力の重要箇所に配置すれば抑止力ともなり得る。「艦隊があれば」戦う必要はない。平和時には敵対する国への圧力となるし、それが相手の国より大きければ、自国の艦隊を危険にさらす前に相手に再考を促すことができるとマハンらは述べている。[57] だが、実際の戦争において敵を破壊することは艦隊の義務だった。

マハンおよびイギリスにおいて「大海軍主義者」と呼ばれるようになる人々は、この考えに固執し続けたわけではなかった。海軍の戦略については、敵を弱め勝利を得る方法は商船を攻撃することだと論じる、ヴィルヘルム自身の海軍参謀を最初から支持する別の一派があった。十九世紀末期の相互依存が高まった世界においては、海洋貿易なくして国家が生きながらえることはなく、ましてや戦争をするなどありえないことだった。それゆえ、大きく金のかかる軍艦の代わりに、速度が出る巡洋艦と魚雷を搭載した船を建造するとともに敵国の商船を攻撃する潜水艦をつくる方が、はるかに大きな意味がある。事実、重装備の大戦艦は、小さくて早い船である機雷や潜水艦の格好の標的になったのだ。フランス人の言う「略奪戦争」は、エリザベス女王時代のイギリスが用いたものだ。政府が海賊たちに特許状を与え、新世界から金銀を積んできたスペイン船をガレオン船〔海賊の船〕が捕獲するものだった。実際、大戦が始まると、それはドイツが連合国に対して用いた最も効果的な戦術であることがわかった。平和時には軽蔑され無視されたドイツ海軍による潜水艦戦は、イギリスが戦争を続けるのに必要な物資の供給網を危うく塞ぐところだった。

だが、マハンの理論には、明らかに歴史が示す利点があるだけでなく、国民の誇りをくすぐるものも存在していた。魚雷を装着した船は大きな戦艦とは比べるべくもないし、商船を襲うというのは実力のある船同士がぶつかり合う戦争ドラマとして相応しくなかった。マハンの本はアメリカ合衆国で大きな影響力があった。アメリカの植民地と海軍の拡大を目指すルーズベルトらの野望に弾みを付けた。マハンの著作はイギリスの世界支配を説明しているように思われたことから、イギリスでもドイツでも大きな影響力があった。ドイツ皇帝は『海上権力史論』に夢中になった。「ただ読み流しているのではない。マハンの本に夢中だ。暗記しようと思っている」と、一八九四年に友人宛てに書いている。政府の支援があってこの本はドイツ語に翻訳され、雑誌に連載された。ドイツ海軍のすべての船の書棚にこの本は並べられた。これまでドイツの主力は陸軍で海軍は小さく、沿岸警備が主な任務だった。ヴィルヘルムは、大きな戦艦で大海原に出て行けるような強力な海軍がドイツに必要だと考えるようになった。一八九七年のクレタ島をめぐるギリシャとオスマン帝国の危機に際して、海軍力のあるイギリスは争いをやめさせることができた。そのときドイツは脇でじっとしているしかなかったのだ。「ここでもまた強力な艦隊がないために、ドイツがこんなに苦しい思いをしなければならないのだ」[58]とヴィルヘルムは述べている。ヴィルヘルムはすでにドイツ憲法下で最高の海軍指揮官だったし、さまざまな部門を自分の直接の管理下に置くように組織を改編していた。必要な資金を帝国議会から手に入れることができさえすれば、海軍を増強することができる立場にあった。

ヴィルヘルムにとってマハンは知的な刺激となったが、彼が大きな海軍を願うのには、他の要素もあった。ヴィルヘルムは子どもの頃からイギリス海軍を間近に見てそれを賞賛していた。その影響力は『楽しい川辺』のトードが最初に自動車を見たときのようだった。「素晴らしい。動いている！」。若い頃、一八八七年に行われたヴィクトリア女王の即位五十周年記念式典に、ヴィルヘルムは一族の代表としてイギリスに行き、大海軍の観艦式を見て海軍への情熱に火がついた。一九〇四年、エドワード七世となった叔父がキールのドイツの海軍基地を訪問したとき、ヴィルヘルムはキールヨットクラブ（カウズのヨットクラブをモデルにしていた）のディナーに招き、乾杯をした。そして「小さな子どもの頃、私は優しい叔母や親しい海軍将官に手をつないでもらってポーツマスやプリマスに連れて行ってもらったものです。この二つの素晴らしい港にあった誇り高きイギリス船は見事だと思いました。いつかはこんな船をつくりたいという気持ちが自分の中に目覚めました。大きくなったら、イギリス海軍のような立派な海軍を持ちたいと思ったものです」――ヴィルヘルムは話しているうちに涙を流さんばかりとなって、国王に万歳三唱した。エドワードの返礼は抑え気味で、「ウィリー、なんて感謝の気持ちを言い表したらよいか困ってしまう」というものだった。ビューローは有名なニュース会社に、皇帝の気持ちが高揚したことをベルリンに伝えないように命じた。「これまでのこういう場面のときのように――同じように気持ちを込めますがもっと冷静な形で――私がこれとは別の皇帝の挨拶を作成する」と。ヴィルヘルムはこれに若干気分を害した――「一番いいところが台無しだ」。だが、ビューローは動じなかった。「これだけたくさんコストをかけて、危険も冒してつくった私たちの艦隊を、陛下ご自身のお気持ちとお若い頃の思い出の結果などといわれてしまうと、帝国議会から海軍建設のためにさらに資金を確保することが困難になります」。ヴィルヘルムは納得し、「糞、あの忌々しい帝国議会」(59)と吐き捨てた。

「忌々しい帝国議会」は実際に問題だった。大海軍に熱意を示すことはなかったのだ。数が増えつつある社会主義者、自由主義者、さまざまな穏健派、それに保守主義者の一部でさえ、特にヴィルヘルムと海軍参謀がなぜ海軍の出費が必要なのか明確に示せないこともあって、必要な予算に賛成しようとしなかった。一八九五年、ヴィルヘルムが巡洋艦を三十六隻要求したとき、帝国議会が認めたのは四隻だった。一八九六年には要求を全部切り捨てた。一八九七年の初め、帝国議会は再度、皇帝の下院予算要求を退けた。ここにきてようやく、ヴィルヘルムは望んでいた海軍を手に入れてくれる人物を見つけた。

世界の反対側でドイツの東アジア艦隊の指揮を執り、北中国沿岸に有望な港を獲得したアルフレッド・フォン・ティルピッツである（この秋にドイツが獲得する場所として膠州湾を選んだ人物である）。初めのうちは指揮を諦めてドイツに帰ることを渋っていたが、ティルピッツは皇帝の願いを受け、海軍大臣となった（その後八年間、このポストに就くことになった）。これは一九一四年に向かう重大な一歩となるものだった。この任命によって皇帝は望んでいた海軍を手に入れ、ドイツの海軍戦略を変更することになったのだ。そしてドイツは、イギリスとの衝突に向かう道を歩むことになったのである。

一八九七年当時、ヴィルヘルムより十歳年長のティルピッツは四十八歳だった。皇帝に近い多くの取り巻きとは違い、高貴な身分ではなく教育のある階級の出身だった。父親はリベラルで穏健な法律家で判事を務めており、母親は医師の娘だった。ティルピッツは現在ポーランドの一部となっている東プロイセンで育ち、プロイセンに対する深い愛情と、時代と環境の典型ともいえる国王と祖国への強い義務感を持っていた。ティルピッツが当時からずっと理想とした人物はフリードリヒ大王で、トマス・カーライルの書いた伝記を繰り返し読んでいた。だが、若い頃はそれほど期待されていたわけではなかった。学問に関心を持たず、街で喧嘩をするような学生だった。有力なコネもなかったから、陸軍でもうまくやれそうになかった。だから消去法で海軍を選んだのである。海軍では、才能がある者にはキャリアが開けていたのだ。

ティルピッツが一八六五年に入った海軍は小さく、船の多くは旧式だった。修理には外国の造船所に頼っていた。陸軍には栄光の過去があったし、プロイセン防衛のためドイツが持っている資産を膨大に使うことができた。プロイセンがドイツの諸国を牽引してドイツ帝国をつくったとき、海軍はなんら重要な役割を担わなかった。それでも、少しずつ規模を大きくし、近代化を進めていた。ティルピッツの序列は徐々に上がり、技術があるだけでなく大戦略についても考えられる人物として、その名を知られるようになった。一八八八年、ティルピッツは武装した巡洋艦の指揮を執る大佐に任命された。その若さでは眼を見張る出世だった。一八九二年にはベルリンの海軍司令部の長となった。「先生」とか「エターナル」（他の人たちと違っていつも生き延びたから）といったあだ名で呼ばれるようになっていた。

ティルピッツは時間を見つけてはさまざまなジャンル

の本を読んでいたが、特に歴史が好きだった。ティルピッツはベルリンでトライチュケの講義に出席し、ドイツの勃興は必然であるとする思想を吸収した――同時に、必然的に生じるイギリスに対する敵意も吸収した。またマハンを読んで、海上権の重要性と諸国にとっての戦闘艦隊の必要性に関する概念を理解した。(60) 一八七七年、上級将校に次のように述べている。「敵の抹殺が唯一の目的であるということが海戦の特徴である。陸戦にはたとえば地勢を選ぶように他の戦術を採る可能性があるが、海戦では存在しない。海上では相手の抹殺だけが成功とされる」(61)。一八九四年、有名な覚書を書いているが、その一部にある「艦隊の本来的目的は、戦略的攻撃である」という言葉は有名である。この覚書のなかで、ティルピッツは沿岸警備を含む海軍の防衛的な役割を論じる人々の主張を退け、海の支配は「どの時代にあっても、決するのは戦闘においてである」とした。さらにティルピッツは、ドイツは陽の当たる場所を求めて生死をかけた戦いに挑むと思い込むようになった。レースは地球上で、まだどの国も主張していない残された場所で行われていた。自分の分け前を手に入れない国はハンディキャップを負って二十世紀に入ることになるだろう。(62)

ティルピッツは眼光鋭く、額が広くて鼻が大きく、髭が濃くて先が二つに分かれ、見た目が堂々としていた。ベイエンスは述べている。「ヴィルヘルム二世の助言者のなかで、これほど力と権威をまとった人物はいない」(63)と。不思議なことにティルピッツは海がそれほど好きではなく、長い夏の休暇は黒い森にある自宅で計画を練っているのを好んだ。外見よりも感情が豊かだった。冷酷にならなければならないとき、同僚や政治家と争う決心をするときは、心に重圧がかかることもあった。一日が終わるとき、ティルピッツが机ですすり泣く姿をティルピッツの秘書は目にすることもあった。(64) 回想録などを見ると、自己正当化や自分に反対する者に対する不満がぎっしり詰まっている。

ティルピッツは、彼をよく知っている者に言わせると「精力的だった。野心家で、手段を選ばず、血の気が多かった。自分が楽しいときは気分が高揚して、創造的な活動をするときはどんなに疲れて見えようと休まなかった……」(65)人物だった。息子がティルピッツのモットーについて次のように述べている。「事に当たって勇気が不足していると思ったら、もっと強い気持ちを持たなければならない」(66)。事業をやっていても成功しただろう。というのは、組織と経営とチームの構築を理解していたからである。ティルピッツが海軍大臣になるとき、ある高官はもっと微妙な評価をしている。「責任ある地位についてうまくいかなかったケースを検討すると、問題を一方向からだけ捉えている。その仕事に一般的に必要とされているものに関心を払わず、全精力を特別な目的を成し遂げるために注いでしまう傾向が見て取れる。その結果、成功したとしても他の目的を犠牲にしたうえで、ということになる」[67]。同じことが、一九一四年以前のドイツの外交政策についても言えそうである。

ティルピッツが皇帝の下で大臣に就任したとき、二人はすでに何度か会ったことがあった。最初に会ったのは一八八七年、ヴィクトリア女王即位五十周年記念式典に出席する若きヴィルヘルム皇太子にティルピッツが随行したときだったと思われる。このとき二人が長い間話をしたのは明らかである。だが、本当に重要な出会いの場は一八九一年、バルト海のキール港だった。海軍の将来について結論の出ない一般論を述べたあと、皇帝はティルピッツに意見を求めた。ティルピッツは回想録にこう書いている。「私は自分がどうやって海軍の発展を理解したのか説明した。これまでも継続的にこのテーマに関する自分の考えを書き留めておいたので、自分が描いていた完全な絵をわけなく説明することができた」[68]。

ティルピッツは一八九七年ベルリンに到着すると、すぐに長時間、皇帝の話を聞いた。そして新しい海軍大臣は、ドイツ海軍に関する既存の考え方に対して手加減なく批判した（皇帝自身の考えを含めて）。必要なのは攻撃の戦略で、前任者が唱えていた商船への襲撃でも防衛的な手段でもなく、大きな軍艦と武装した巡洋艦を増強し、これまで好まれてきた快速軽武装の巡洋艦と魚雷船を大幅に縮小する、という趣旨だった。このような海軍はドイツ人の誇りをくすぐるもので――皇帝やビューローの耳には心地よく響いた――新たな国民の統合をつくる上でも役立つものだった。ティルピッツが明確にしたように、ドイツの海上での最大の敵はイギリスでしかあり得なかった。

トライチュケのような人物とは違って、ティルピッツはイギリスが嫌いではなかった。実際、娘を有名な私立学校であるチェルトナム・レディーズ・カレッジに留学させていた。家族全員が流暢な英語をしゃべり、イギリス人の家庭教師の世話になっていた。ティルピッツは社会進化論者そのもので、歴史を生存のための一連の闘争と捉える決定論を信じていた。ドイツは世界に向けて拡大することが必要だった。一方、世界に君臨する国としてのイギリスは、それを止めたいと思っていた。だからこそ戦いは避けられない。イギリスが譲歩するまで、経済そしておそらく軍事的な戦いがあるはずだった。

新しい海軍法案の中心的な目的は、「イギリスに対してわが国の政治力と重要性を強化すること」だとティルピッツは最初の会合のときに述べた。ドイツは全世界でイギリスを相手にすることはできない。だが、北海のドイツ基地からイギリス本土に近い島々に重大な脅威を与える姿勢をとることはできた。幸運なことに、一八九〇年の英独合意のもとで、ドイツはザンジバル〔アフリカ東海岸のインド洋上の島〕の権利と交換にヘリゴランドの岩だらけの島を手に入れており、そこが北海にあるドイツ諸港へ向かうルートを守る上で役に立った。それゆえイギリスが戦時にドイツ海岸部あるいはドイツ海軍そのものを攻撃しようとすれば、イギリスの戦艦隊は重大な損失を被るはずだとティルピッツは考えた。ティルピッツの戦略は何年間も変わらなかった。それは、ヘリゴランドの何百キロか西でイギリス艦隊を撃破することである。さらに、イギリスが世界中に艦隊を展開しなければならない一方で、ドイツは一箇所に集中できるという強みがあった。「海軍将官をはじめイギリス海軍将校ならこんなことは誰でもわかっているから、政治の点から考えても海戦はヘリゴランドとテムズの間で行われる」とティルピッツは皇帝に述べた。[69] しかし、イギリス海軍が全面展開の戦闘を避ける選択をする可能性があることをティルピッツが検討したとは思えない。イギリスの計画は、ドイツの海岸部あるいはドイツ海軍を攻撃するのではなく、海上からの供給を妨げるため遠くからドイツを封鎖するか、ドーバー海峡とノルウェーとスコットランドの間の海域を閉鎖してドイツ海軍を閉じ込める、というものだった。大戦で実際に採られた戦術がそうだった。[70] もっと重要なのは、自分の海軍拡張計画に対するイギリスの反応をティルピッツが読み違えていたことだった。

続く数年間、ティルピッツは評判のよくない「リスク理論」を皇帝とビューロー、そして同僚に提示していた。単純で大胆な理論だった。目的は、ドイツとの海戦に臨むにはあまりにもコストがかかりすぎるとイギリスにプレッシャーを与えることだった。イギリスは世界最大の海軍を所有していて、他のどの二国に対しても、イギリス海軍が優位に立つ状態にしておくことを狙っていた。

よく言われる「ツー・パワー・スタンダード」（世界第二位と第三位の海軍力を持つ二カ国よりも優位に立つという原則）である。ドイツはそこまで大きくなる必要はない。イギリスがあえて相手にしようと思わないだけの海軍力をつければよいと思ったのだ。そうすれば、イギリスが他の敵に対して深刻なまでに弱体化するようなダメージに悩むリスクを冒すことはないと思ったからだった。

ティルピッツの考えはこうだ。イギリスがドイツとの海戦を決めれば、イギリスは自ら衰退の道を選ぶことになる。というのは、勝っても負けても、重大な損失に苦しむことになるからだ。そうなると他の敵――可能性が大きいのはフランスとロシアだが――が大胆になる。両国とも強力な海軍を備えており、弱体化したイギリスを攻撃することになる、ということだ。一八九九年のティルピッツによる第二海軍法案の前文にはこうある。「国内の艦隊が最大の海軍国の艦隊と同等である必要はない。一般に当該国の海軍力は、全海軍力をわが国に対して集中する立場にない。より強力な戦力をもってわが国と相対することができたとしても、ドイツ艦隊を破壊すれば敵方も大きな損害を受けることとなり、世界強国としての当該国の立場が維持できるか疑問となろう」[71]。

ティルピッツは、ドイツの意図にイギリスは気づいていないと思っていたようだ。これもティルピッツの視野の狭さゆえだろう。

ティルピッツだけではなかった。ビューローのような同僚、そして皇帝も、この戦略を実行できるくらい海軍を拡大しようと考えたのである。ライバル国に警戒心を持たせないように、イギリスよりもずっと弱い水準にあるうちは、ドイツはこの「危険ゾーン」に達するまで計画を秘匿しなければならない。ビューローは次のように述べている。「わが国の海軍が劣っていることに考慮して、用心して動かなければならない。蝶になる前の毛虫のように」と。二十年の年月を経て最終的にイギリスに次ぐ海軍力を持つと、皇帝はフランス大使に次のように述べた。「これまでとは違う言葉で話をしよう」[72]と。だが、用心していなければ、イギリスは先制攻撃を仕掛けたかもしれない。ドイツの意思決定者たちの心の上に特に重くのしかかっていたのは、新たな「コペンハーゲン」――ナポレオンを支持したデンマークの首都を砲撃し、デンマーク艦隊の多くを捕獲するためにイギリス海軍が行った一八〇七年の先制攻撃――が起こるのではないかと恐れていたのだ。[73]

だが、もっと楽観的なムードのときには、ティルピッツと皇帝と同僚たちは、戦争をしなくともイギリスを凌駕することができるかもしれないと期待した。リスク理論は相互に相手の破壊を約束し合った冷戦のときの抑止力と似ている。ソ連とアメリカが長距離核兵器を使って互いに攻撃できなかったのは、敵の核兵器庫があったからだ。地上ミサイル、長距離爆撃機あるいは潜水艦で優位に立っていようとも、それを使えば報復として受け入れがたいダメージを受けることになると互いにわかっていたからだ。ティルピッツはドイツ艦隊を使う意図を持っていないかのような行動をすることも、そう話すこともあった。一九一四年に先立って起こった、ドイツとイギリスを巻き込む戦争の可能性があった何度目かのヨーロッパの危機の際には、海軍の準備はまだできていない、とティルピッツはいつも答えていた。単に存在するだけで、イギリスと友好関係を築けることを目指していたように思えるほどである。

ドイツがひとたび強力な地位を確立し、ドイツ海軍の存在によって、イギリスにこれからは衰退が待っているだけだという展望を突き付ければ、イギリスは避けられない事実を受け入れ、ドイツと緊密な友好関係をもつ以外選択肢はないと認識するはずで、三国同盟に加わるかもしれない。──そういった考えから、ティルピッツもビューローも、一八九〇年代末にチェンバレンが申し出た同盟には冷淡だった。まだ時期尚早だったのだ。大戦後の回顧録のなかで（ドイツには開戦の責任がないことを示そうとして書いた）、ティルピッツは次のように断言している。「世紀の変わり目の頃のイギリス人の中にあった考え方を思うと、私は、ジョゼフ・チェンバレンがドイツ人を誘惑してうっとり夢を見させようという善意の理解などという蜃気楼を信じなかった。イギリスの支配願望に基づいてまとめた協定であるとすれば、ドイツの必要性とは絶対に一致しないものだった。協定のためには平等が前提条件だった」[74]。

一八九七年の夏、ベルリンに戻って数週間のうちに、ティルピッツは戦列艦〔七十四門以上の砲を備えた軍艦〕もしくは主力艦と通常呼ばれる船に絞った完全な新海軍法案を起草した──これらの戦艦と重装備の巡洋艦が海での総力戦においては需要な役割を務めるとされた。続く七年間に戦艦が十一隻つくられ、ドイツ海軍は最終的に戦列艦を六十隻にまで増加することになっていた。重要なのは、この法律が増強した海軍力を固定化するると

海軍力こそ権力の鍵であると信じたアメリカ海軍の理論家アルフレッド・マハンに強く影響を受けて、ドイツのヴィルヘルム２世は独自の大海軍の建設に乗り出した。その結果、イギリスとコストのかかる海軍競争をすることになり、イギリスはドイツに対する同盟国を求めるようになった。

もに、船の格が時代遅れとなったときには自動的に更新されるように規定してあったことで、タイムテーブルも法案の中に含めて定義してあったことである。これによってティルピッツの言う「鉄の予算」ができあがった。皇帝に約束したように、海軍の発展に関する皇帝陛下の思いを帝国議会が妨害しようと影響力を行使するのを取り除こうとしたのだ。[75]ティルピッツは回想録で述べている。この法案と続く新法案で「帝国議会は新しいタイプの船への出費を拒否することができなくなった。劣った船をつくっているという非難が出てこないようにしておけば、船の大きさも予算も拡大することができるのだ」。[76]

ティルピッツの最初の海軍法案は恐ろしい賭けだった。というのは、皇帝とビューローの熱烈な支持があったものの、帝国議会が賛成するかどうかは全くわからなかったからである。ティルピッツは後述するように、ロビー活動と広報活動に熟達していた。海軍大臣として最初の仕事は「広報・議会対策局」という部署を立ち上げたことである。その部署は世論を形成するために働く、非常に効果的な手足となった。海軍法案を準備している数カ月の間、そしてその後も、ティルピッツの職場は、覚書や声明、資料、写真、映像を洪水のように流し続けた。

この部署は、たとえば一九〇〇年、ライン川沿いに魚雷装備船を百隻派遣するといったような特別イベントを企画・実施した。戦艦の進水式にますます念を入れるようになった。一八九八年三月、海軍法案の投票の準備のために、海軍省の代表は実業界や大学の重要なオピニオンリーダーに演説を行わせ、大いに扇動した。海軍省は百七十三回講演を企画し、十四万部のパンフレットを印刷し、マハンの海上権力に関する古典的な論文を配布した。ジャーナリストが海軍の艦船試乗会特別ツアーに招かれ、学校での宣伝活動に力を入れた。二万人の会員のいる植民地同盟あるいは汎ドイツ同盟のような大衆組織は、この大義を支持するように求められた。こうした組織は熱狂的に支援を行い、何十万部ものパンフレットが配布された。[77]これは単なる上からの操作を越えていた。海軍の発想はあらゆる階級のドイツ・ナショナリストの琴線に触れたのだ。これは特に、成長しつつある中産階級にアピールした。中産階級には、自分の子どもたちがキャリアを選ぶ際に、海軍の方が陸軍よりもリベラルで、風通しがいいように映ったのである。海軍同盟は一八九八年産業界のグループによりエリートの組織としてつくられたが、一九一四年になると百万人以上の人々が関わるようになっていた。

ティルピッツ自身も仕事に熱中した。主だった産業界と実業界の人々からなる組織をつくり、海軍法案を支持する決議を発表し、ビスマルクからの不承不承の支持の約束をも取りつけようとした。ドイツの諸公国の支配者も訪ねた。その一人、バーデン大公はティルピッツに完全に魅了され、ドイツの首相カプリヴィにこう書いている。「このような素晴らしい人格の持ち主には会ったことがない。性格も経験も同じく素晴らしい」(78)。ベルリンでティルピッツは、執務室には、選ばれた帝国議会のメンバーが訪れ、何時間も穏やかに会話して過ごした。

秋になり帝国議会が会期に入ると、皇帝とティルピッツとビューローはそろって挨拶した。キジバトが三羽、クークー鳴いているようだった。法案は単なる防衛手段であるとヴィルヘルムは述べた。「冒険的な政策はわれわれの胸の内にはございません」とビューローはつけ加えた（そうは言ったが、同じ演説でドイツの陽の当たる場所のことも言ったのだ）。「わが国の艦隊は性格上、防衛的なものでございます」とティルピッツは主張した。「この法案の結果、対外政策の性格がすべて変わるというものではございません」。この法案によって「過去の際限なく繰り返した艦隊計画」が取り除かれることで、帝国議会の仕事はずっと楽になると説明した(79)。一八九八年三月二十六日、最初の海軍法は二百十二対百三十九で簡単に通過した。皇帝は忘我状態で、「なんと力のある男だ！」とティルピッツを誉めた。ヴィルヘルムは帝国議会から海軍増強の賛成を得る必要がなくなったことを喜んだ――そして、自信を持ったのである。一九〇七年、新たな海軍法が通ったとき、ヴィルヘルムは宮内長官に自慢している。「あの男は帝国議会のメンバーを徹底的に愚弄したのだ。奴らは法が通ったあとの結果については何も考えていなかったとあの男はつけ加えた。この法律の真の意味は、望むことは何でもできるということだ」。ヴィルヘルムは続けた。これは「好きなときにいつでも開けられるコルク栓のようなものだ。泡が天井まで吹いてしまっても、犬めらは顔が真っ黒になるまで金を払わなければならない。奴らはもう私の手の内にある。ボトルが空になるまで飲んでも、世界の誰も止められはしない」(80)。

ティルピッツはすぐに、第二段階に取りかかった。一八九八年十一月初め、年に三隻の主力艦を建造するよう、さらなる建艦計画を認めるように要求した。一年後の一八九九年九月、一人の聞き手を前にして、より多くの船が「ドイツには絶対的に必要で、そうしなければドイツは破滅に瀕するかもしれない」とティルピッツは述べた。世界の四大国――ロシア、ドイツ、アメリカ、イギリスとを考えていた――のうち、米英二国には海軍力をつけさえすれば対抗できた。だから海上権力は不可欠であった。ティルピッツは皇帝に権力闘争は永遠に続くものであることを想起させた。「ソールズベリの演説です。大国はますます大きく、強力になります。小国はますます小さく弱くなるというのが私の見方です」。ドイツは追いつかなければならない。「ドイツが小国に転落したくなければ、海軍力は必須です」。ティルピッツは最初の法の期限が切れる一九〇三年までに、新海軍法案を望んでいた。艦隊を二倍にし、戦列艦四十五隻を持つのだ。なるほどイギリスにはもっと多くの船がある。「だが」とティルピッツは続けた。「イギリスに対して、わが国は地理的な立場から、軍事体制から、魚雷船から、戦術訓練から、計画的・組織的発展から、そして君主のもとで一つになっているリーダーシップからチャンスを得ることができるのです。戦っても望みがないということではありませんが、イギリスは攻撃しようという気持ちを失い、結果として陛下の海軍を前にして譲歩し……結果としてドイツは海外での大政策を展開できるようになるでしょう」[81]。

皇帝は完全に同意しただけではなく、さらに突き進んでしまった。ハンブルクで行った演説で、第二の海軍法を用意していると発表したのだ。ティルピッツは予定より早く法案を提出しなければならなかったが、実際タイミングがよかったことがあとになって判明した。一八八九年十月にボーア戦争が始まり、この年の終わりにイギリスが南アフリカの蒸気船を何隻か捕獲したことによって、ドイツの世論に火がついたのだ。第二海軍法は一九〇〇年六月に通過し、その結果ドイツ海軍の大きさは二倍となった。この年の終わりに、皇帝は感謝の気持ちからティルピッツを海軍中将の地位に昇進させ、ティルピッツの一族を中産階級から引き上げて、貴族に加えた。しかしドイツの未来は明確となり、歴史の「危険ゾーン」まで進んでいくこととなった。

だが、この勝利を得るためドイツ政府は高い代価を払うことになった。政府は重要な農業の利害団体の支持を得ていた。ドイツ保守党（DKP）に安価なロシアの穀物が入ってこないように関税を約束したのだ。そのために政府は一九〇二年保護策を導入した。重要な市場を失ったことで、ロシア人はさらに敵対心を強めた。これまでも、ドイツが中国の膠州湾を租借地としたことや、オスマン帝国に進出したことに苛立っていたのである。イギリスに対抗して大海軍を要求するドイツの世論は海軍法成立には役に立ったものの、いったん燃え上がった世論を鎮めることは容易ではなかった。もっと重要なのは、イギリスの政策決定者と一般の人々が、ドイツに注目するようになったことだ。ロンドン駐在ドイツ大使ハッツフェルトは次のように述べている。「ドイツ内でじっと静かに座っていてくれさえすれば、フライになった鳩が飛んできて口の中に飛び込んでくるというのに。ヴィルヘルム二世のヒステリックなもの言いとフォン・ティルピッツ氏の冒険的な海軍政策が続くとわが国は破壊に導かれることになる」(82)と。

ティルピッツは次の三つが対イギリス政策において重要な前提条件と考えていた。第一に、ドイツが大海軍をつくっているのをイギリスが気づかないこと。第二に、イギリスがドイツよりさらに多くの船をつくって対抗しない、できないということ（他の理由もあるが、イギリス人は海軍予算の縛りがあって大きくすることができないと想定していた）。第三に、ドイツと友好関係を結ぶように圧力がかかっている間、イギリスが他のどの国とも決して友好関係を結ばないこと。しかしこれらの前提条件はすべて間違っていた。

5　ドレッドノート——英独海軍競争

一九〇二年八月、新たな海軍観艦式が、イギリス南岸の港ポーツマスとワイト島の間の隠れた水域にあるスピットヘッドで開催された。今回はエドワード七世の戴冠を祝してのものである。エドワードは夏の初めに突然虫垂炎になり、戴冠式と関連の祝祭行事が延期され、この時期になった。そのため、イギリス海軍の海外船隊だけでなく、外国の海軍船舶（イギリスの新同盟国日本を除いて）の多くは、式の前に帰路につかなければならなかった。結果的に観艦式は小規模のものになったが、「ザ・タイムズ」紙が誇らしげに述べたように、それでもイギリスの海軍力を誇示するものとなった。スピットヘッドに並んだ船は、すでに配置についている艦隊からイギリスの内海域を守るものまで、すべて現役だった。「今回出したものは五年前に同じところで見せたわが海軍力の素晴らしいデモンストレーションと比べると、荘厳さが不足しているかもしれない。だが、外国の駐留地で任についている船を当時持っていたより数多く持っているということ、予備艦隊からは一隻たりとも動員していないということが頭にある人にとっては、荘厳さに欠けるとは見えないだろう」と。だが、「ザ・タイムズ」紙は警告する。「わが国のライバルの中には、この間、かなり積極的に努力した国もあり、着実に努力を実らせている」と。ライバルはイギリスが目を光らせていて守りを固めており、海上の主権を維持するために必要であればいくらでも金を賭ける用意があることを理解するべきである。(1)

「ザ・タイムズ」紙はライバルの名を挙げなかったが、ドイツが急速にライバルの中に割って入り先頭に立とうとしていることを考えない読者などほとんどいなかった。イギリス人は今もフランスとロシアを潜在的な敵として考えていたが、支配者層も一般の人々も、北海で隣接している国のことをますます憂うようになっていた。一八九六年、ジャーナリストのE・E・ウィリアムズによるベストセラーとなったパンフレット『メイド・イン・ドイツ』には不吉な絵が描かれている。「巨大な商業国家が立ち上がってわが国の繁栄を脅かし、わが国と世界貿易を争おうとしている」[2]。周りの家を見よとウィリアムズは読者に言う。「子どもたちが部屋でよく使っているおもちゃや人形やおとぎ話の本はどれもドイツ製。いや、お気に入りの（愛国的な）新聞の紙は、そうでない新聞と一緒でドイツ製」。陶器の飾りから暖炉の火かき棒に至るまで、家具のほとんどはおそらくドイツ製だった。さらに悪いことがあった。「ご夫人はドイツ製のオペラを見て家に帰る。オペラを演じた歌手も指揮者も演奏者もドイツ人、楽器も幕も音楽もドイツ製」[3]。

ヨーロッパの政治および国際関係のなかで感じられる、新しい要素があった。世論である。これがヨーロッパの指導者たちに先例のない圧力となり、行動の自由を制限した。民主主義の拡大や識字率の向上、新しいマスコミュニケーションの拡大によって、一般の人々は昔よりよい情報を手に入れるだけでなく、互いに国に深く関わるようになった（私たちはインターネットとソーシャルメディアの拡大により情報を入手し世界に関わることで、現代の革命に向き合っているところである）。一九一四年以前の世界では、鉄道や通信線、そして電話とラジオが先例のない速さで、国内ニュースや国際ニュースを伝達した。外国特派員は立派な職業となり、新聞は地元のニュースよりも国際関係のニュースを扱うことをますます好むようになった。ロシア人やアメリカ人、ドイツ人やイギリス人は、朝食のテーブルで自分の国の最近の災難や勝利の記事を読むことができた――そして自分の考えを持ち、政府に伝えることができるようになった。伝統的な支配階級の中には、この変化を嘆いている者もいた。「宮廷や外交に関わる個人からなる小さな閉ざされたグループ」が国際関係を操ることはなくなった、とドイツ外務省の広報部長が述べている。「国民の世論は以前には考えられないほど、政治の意思決定に一定の影響力を持つようになった」[4]と。新聞を担当する部署がドイツにあったという事実は、政府の政策に沿った記事を掲載するように新聞社の所有者に圧力をかけたり、あるいはあからさまに賄賂を贈ったりするなど、ジャーナリストを抱き込んで国内外の世論を操作することを政府が認識していることを示していた。ドイツ政府はイギリスの新聞の支持を買いつけようとしたが、少部数で影響力の劣る新聞にしか「補助」できなかったので、努力はほとんど甲斐なく終わり、イギリス人はますますドイツのことを疑うようになった。(5)

一八九七年、ノースクリフ卿の大衆紙「デイリーメール」紙は読者に、「これからの十年間はドイツに厳しく目を光らせておく」ように警告するシリーズを連載した。ドイツの脅威、イギリス人の誇り、愛国心への訴え、強力な海軍の要求など、ノースクリフの新聞（一九〇八年には「デイリーミラー」紙、もっとエリート向けの「オブザーバー」紙、「ザ・タイムズ」紙もその傘下に入っていた）(6)には、すべて共通するテーマがあった。他の、たとえば「デイリーエクスプレス」紙、それに左翼の「クラリオン」紙もそうだった。編集者たちは、一般の人々が知りたいと思っていることを書くだけで世論をつくるわけではなかった。新聞のキャンペーンとウィリアムズのような扇動家の書き物の影響が、一般の人々の感情をかき回して愛国心を好戦的なナショナリズムに盛り上げていたのだ。(7)ソールズベリは、「背後に巨大な精神病院を抱えているようだ」とこぼしていたものである。(8)

二十世紀初めの英独間の関係は、ドイツが地図上に現れて以来、最悪となった。チェンバレンとロンドン駐在ドイツ大使との会談の失敗、ドイツ皇帝の公私の場面での感情の爆発、よく知られていたドイツの反英感情とボーア人びいき、チェンバレンがプロイセン軍隊を侮蔑した云々の馬鹿々々しい問題など、こうしたことすべてがドイツだけでなくイギリスでも、互いに不信感と憤慨をあとに残した。一八九六年までベルリンに駐在した「ザ・タイムズ」紙の特派員バレンティン・チロルは、一九〇〇年の初めにある友人に宛てて次のように書いている。「私の考えでは、ドイツはフランスやロシアより本質的にイギリスに敵対的だと思っていますが、まだ準備ができていません……ドイツはアーティチョーク（和名チョウセンアザミ。若いつぼみが食用となる）を一枚ずつ剥いていくように私たちの国を裸にしていこうと思っていきます」(9)。ある理由から、イギリスがフランスおよびロシアとの争いに巻きこまれてほしいとドイツが考えているのではないかと――そればかりか事態を加速させようとしているのではないか、とイギリスの政治家は疑っていた。一八九八年、フランスとイギリスがアフリカのことで争って緊張が高まると〔ファショダ事件〕、ヴィルヘルム自身は火事場でバケツを持っている仲介者だ、鎮火のために全力を尽くすと主張した。外務省の事務次官トマス・

サンダーソンは、ドイツ皇帝が「マッチを持って火薬の入った樽の前で擦っている」ように見えるとコメントしている。[10]

一八九〇年代初頭にもイギリスには、新しく力を持ったドイツが海上での勢力均衡を変えようとしていると心配している人々もいた。[11] しかし、ドイツに対する不安を決定的に高めることになったのは、一八九八年と一九〇〇年のティルピッツの海軍法だった。水面下の目的は明らかではなかったが、ティルピッツに相当するイギリスの第一海軍卿のセルボーン卿は一九〇二年秋頃、内閣の同僚に「ドイツ海軍はわが国と新たに戦争をするという想定で周到に準備が行われている」[12] と述べている。

一九〇三年、地位ある官吏だったアースキン・チルダーズは、生涯でたった一作、スパイと冒険の物語『砂の謎 *The Riddle of the Sands*』を書き、読者の心をつかんだ。その内容はドイツ侵入の危険について警告したものであり、発売後たちまち版を重ね、今日でも出版されている（チルダーズは大戦後アイルランドの反乱軍に参加し、イギリスの銃撃隊に射殺された。息子は一九七三年、アイルランド大統領となった）。ドイツ艦隊の攻撃を避けるため予防攻撃を説く記事もイギリスの新聞に掲載されるようになった。

地理的な利点から、大陸で陸軍が強化されてもイギリスは概ね落ち着きを保つことができた。しかし、海についてはそうはいかなかった。イギリス海軍は国を守る盾そのもので、拡大する世界に向けて力と生命線を展開する手段だった。当時のイギリスの小学生は全員、海軍がどのようにして十六世紀にスペインの無敵艦隊を追い払ったのか（天候とスペイン側の無能が後押ししたが）、また十九世紀初めにナポレオンを破ることができたのかを教わっていた。海軍の存在こそが、世界中で戦った七年戦争でフランスを破り、インドからケベックまで広がった帝国を支配下に置くことにイギリスを導いたのである。帝国を守り、世界中に拡がった貿易と投資の巨大なネットワークを守るには海軍が不可欠だった。

これは支配階級だけでなくイギリスの一般の人々からも支持された政策だった。政治的・社会的枠組を超えて、イギリスは海軍と「ツー・パワー・スタンダード」に大きな誇りを抱いていた。一九〇二年の戴冠式の観艦式のとき、旅行会社「トマス・クック・アンド・サンズ」から、名をなした人々の集まりである「オックスフォード・アンド・ケンブリッジ・クラブ」、公務員の生活協同組合に至るまで、百隻を超える観光船がチャーターされた。一九〇九年、海軍がロンドンで一週間にわたる公開ショーを行ったときには、模擬戦闘や花火や子ども向けの演し物が行われ、約四百万人の見物客を集めた。(13) ティルピッツやヴィルヘルム、彼らと一緒になってイギリスの海軍に挑戦できるような大ドイツ海軍を強く求める人々は、王立海軍がイギリス人にとってどれほど大切なものなのか、どうしても理解することができなかった。これを想像できなかったことによって、ドイツ自身、そして全ヨーロッパが高い代価を支払うことになったのである。

「大英帝国は王立海軍に支えられている」と海軍大将ジャッキー・フィッシャーは述べているが、それはけっして大げさな表現ではなかった。(14) イギリスの繁栄とイギリス社会の安定も、同じく王立海軍に支えられていると人々は思っていた。イギリスは十九世紀初頭、最初に産業革命を成し遂げた国として成功したが、同時に弱点も抱えていた。イギリス経済が健全でいられたのは海外から原料を調達し、輸出することができるからだった。イギリスが海洋を支配していなかったら、イギリス以外の支配する国の成すがままになっていたのではないか。一九〇〇年には、イギリスは増加する人口を養うため、輸入に依存するようになっていた。イギリス人が消費するカロリーの五八パーセントは海外からの輸入で、後の第二次世界大戦の経験が示すように、国内生産を増やすことで賄えるものではなかったのである。(15)

皇帝ヴィルヘルムとティルピッツが海軍建設プログラムに取りかかる前の一八九〇年、ロンドンの英国王立防衛安全保障研究所〔以下「防衛研」〕（United Service Institute）がもう一つの不安材料に焦点を当てて議論を行った。王立海軍はイギリスの貿易を守る任務に耐えられるのか。たとえば世界の一番重要な貿易ルートを警備するため、あるいは戦時に敵国の艦隊の偵察を行い相手の商業を脅かすため、スピードがある巡洋艦を持っているのだろうか。一八九〇年代中頃になると、新たにつくられた海軍同盟が海軍にもっと金をかけよとやかましく要求するようになった。(16) 一九〇二年、新しい大衆紙として幅広く読まれていた「デイリーメール」紙は、戴冠式と海軍観艦式の中にさえ不安の種を見つけていた。

たまたま見た者にとっては、歴史ある埠頭に静かに錨を下ろしているこの大艦隊は勇壮そのものに見えることだろう。だが水面下を見て、これが本来の目的には遠く及ばないということを考えるのが知恵ある者の態度である。見た者が衝撃を受けるのは、今は亡き女王の記念式典が行われた一八九七年に集まった艦隊より弱体化している、ということである。わが国の小艦隊が当時より強力なのは間違いない……だが強力な海軍が北海で力をつけつつあり、勢力の均衡に関わるようになっているという事実を忘れてはならない。[17]

戦前、有能な第一海軍卿だったセルボーンは次のように述べている。「わが国の網にかかっている獲物は他国よりはるかに大きい。海戦で負ければ、史上かつてない大きな災いとなろう。海上交易が破壊され、工業製品は輸出できず、食糧が不足する。そして侵略され、ヨーロッパが崩壊することになる」[18]。

船で送られてくる食糧の供給が途絶えたら社会はどうなるのか。食糧不足は、飢餓を招き、まず貧しい人々に打撃を与える。一九一四年より前の二十年間、軍人であれ文民であれ支配階級の人々の多くは、暴動あるいは革命が起こってイギリスが内戦状態になるのではないかという陰鬱な未来を想像していた。そもそも戦時になっても安全でいられる、と上流階級は本当に考えていたのか。一八九〇年代後半、陸軍のある将軍が防衛研で行われた会合で尋ねている。「ロンドンのイーストエンドから大衆がウェストエンドに押し寄せてきて、馬を奪い、子どもたちの口からパンをくすねていく、そして言うのだ。『おれたちが飢えるなら、一緒に飢えようぜというのが正義だ』[19]」と。〔海軍が負かされると〕戦争を継続するのは一気に困難になると、海軍諜報部長ルイス・オブ・バッテンバーグ公（エディンバラ公の祖父）が一九一二年に書いている――「戦争の初期段階で海上貿易が途絶えてイギリスの住民がパニックに陥れば、政府が戦争の継続に努めたとしても〔戦争したいという気持ちは〕吹き飛んでしまうだろう」[20]。

飢餓状態、あるいはその可能性は、海軍の戦争計画に暗い影を落とすようになり、一般の人々の意識にも忍び込むようになった[21]。十九世紀の終わりには、影響力のある人々や団体が食糧供給を守り、貯蔵するように政府に行動を呼びかける運動を展開した。一九〇二年、「クリスマスの十二日」に五人の侯爵と七人の将軍、九人の公爵、二十八人の伯爵、四十六人の提督、百六人の議員が集まって、「戦時下食糧供給調査促進協会」が設立された（後にこの協会は王立委員会に引き継がれ、戦時下の食糧供給に関わる問題については一致したが、特に大きな勧告は行わなかった）。

興味深い話だが、この協会のメンバーには労働組合のリーダーも含まれていた。支配階級にとって問題のある組織でも、社会的に重要性が高まってきているので、仲間に引き込もうとしてのことだったのだろう。労働者階級が「愛国心、勇気、忍耐」について支配階級と価値観を共有していることを疑う者はいない、と協会のマニフェストは述べている。「だが、人々がずっと飢餓状態に置かれると大きな危機が生じるであろうし、それが続くと、わが国の災難は逃れようがなく、のっぴきならなくなる」[22]。もちろん、一九一四年以前には、上流・中産階級の人々は労働者階級の忠誠心と信頼感を疑っていた。ヴィクトリア時代の社会改革家チャールズ・ブースの研究によって、貧しい人々のおぞましい生活状況とその結果として起こる健康状態が明らかになっており、自分たちの社会もそんなことになるのではないかと恐れたのだ。下層階級の人々はイギリスを守るために戦うのだろうか。イギリスでは徴兵制を採用していなかったが、ボーア戦争のときには自発的な応募者が大勢いた。しかし、軍の身体基準に達しておらず、大きな戦争になったときイギリスを守る人的資源があるのかという不安が公的機関の中に広がっていた。

時間の経過とともに、イギリス社会が分断されようとしているのではないかという不安の兆しも表れた。アイルランド問題が再燃し、アイルランドのナショナリストは自治を、さらには独立を要求した。労働組合は成長しつつあり、一九〇〇年になると組合員数は二百万人になった（一九一四年になるとその二倍になった）。炭鉱や港湾などイギリスの産業にとって重要な領域に特に組合が多くつくられた。そしてストライキは長期化し、暴力的な運動になることもたびたびあった。選挙権の拡大とともに労働者階級と労働者を雇う中産階級が政治権力の中枢に入りつつあると思われた。一九〇六年の選挙後、労働党は下院に二十九議席を確保した。人気のある小説家ウィリアム・ル・クーズは『一九一〇年の侵入 *The Invasion of 1910*』という小説を書いて人気を博したが、この小説は社会主義者が平和を先導し、ロンドンの街頭で暴徒が「戦争をやめよ」と叫んでいる間、ドイツがイギリスに侵入するという内容だった。「デイリーメール」

紙はこの本をシリーズ化し、ドイツ風の尖塔型のヘルメットをかぶり、プロイセンの青い軍服を着て広告のプラカードを持ってロンドンの至るところで人々に配付した（なおノースクリフの横やりで、ル・クーズは読者の関心を最大に引き出すようドイツの進入ルートを変更した）[23]。

保守党と、一九〇五年に政権交代した自由党はいずれも、財政と安全のバランスを取るという厄介な政策に取り組んだ。ドイツの脅威が次第に大きくなり、海軍はフランス、ロシアと同じく、ドイツにも対応する必要があるというのが多くの見方だった（なおイギリス陸軍の防衛予算は海軍の半分しかなかった）。だが、技術革新――たとえば強力な装甲版、良質のエンジン、大きな銃――も、とにかく金がかかった。一八八九年から一九〇四年にかけて、重量級の戦艦のコストは二倍になり、軽量級の快速巡洋艦のコストは五倍になった。加えて、帝国が遠くまで拡大したため、イギリスは世界中に軍を駐屯させる必要があった。一九一四年に先立つ二十年間、防衛費の総額はイギリス政府支出の約四割を占めるようになった。これは他の大国に比べても比率が高く、一人当たりのイギリスの税金もそれだけ高くなっていた[24]。

同時に、社会政策についての政府支出が増えていた。大陸諸国のようにイギリス政府も国内不安を懸念して、失業保険や老齢年金といったもので不安を拭おうと考えた。一九〇六年に成立した新しい自由党内閣には、たとえばデビッド・ロイド・ジョージのような急進主義者が入った。彼は、社会福祉に対する支出は賢明な予防措置だけではなく、道義的義務だと捉えていた。しかしイギリス政府に軍艦と年金の両方をまかなうゆとりがあるのか。歴代の財務大臣は不可能だと思っていた。増税しようとすると、特に貧民階級の間で社会不安が起こる可能性があった。一九〇三年、保守党の財務大臣C・T・リッチーが次のように述べている。「心配している大きな危険というのは、所得税を一シリング（ポンドでいうと約五パーセント）引き上げる、不況時に雇用を減らす、パンの価格を引き上げるといったことをすると、暴動が起こるのではないか、ということである……」[25]。

税の引き上げと防衛費の削減との間に落としどころを見つけようと、一九一四年以前の歴代政府は、貯蓄の増加と効率化を探ろうとした。一九〇四年帝国防衛委員会が防衛計画と予算を調整することを目的に設立され、強い要望があったボーア戦争終結後の陸軍の改革を行った。海軍は新しい時代に入っていた。しかし、セルボーン第一海軍卿は知識の面で必ずしも最適とはいえなかった。セシル家の義妹（セルボーンはソールズベリの娘と結婚していた）がセルボーンについて次のように述べている。「ウィリーには昔のイギリスのユーモア感覚があると人は言うかもしれません……率直で優しくて失敗にもめげない人です」[26]。それでもセルボーンは精力的に海軍の改善にかかわり、改革者、特に海軍大将ジョン・フィッシャーを支援する気持ちを持っていた。この点は重要である。

通称「ジャッキー」と呼ばれるフィッシャーは、キャサリン・ホイール（周囲にスパイク形の突起がある車輪）のように、あらゆる方向で火花を散らす人物だった。傍観者に檄を飛ばし、見方によっては息も呑むような賞賛をもらいつつ邁進した。フィッシャーは大戦前、イギリス海軍を徹底的に揺さぶった。議会に立て続けに爆弾要求を投げ続けて屈服させ、海軍内の反対者を力で押し切った。フィッシャーは自分の気持ちを自分の言葉で自由に伝えることのできる人だった。敵に対しては、「スカンク」「女衒」「化石」「驚いたウサギ」といった言葉を投げつけた。頑固で融通が利かず、批判されても平然とし、子どものときから海軍で経歴を積んだ比較的穏やかな階級出身の人々から不満が出ても意に介さなかった。究極的な自信家でもあった。フィッシャーは問題の別の側面を見ない、とエドワード七世が苦言を呈したことがある。すると、フィッシャーは答えた。「なぜ時間を無駄にしなければならないのでしょうか。自分が正しいとわかりきっているのにすべてを見ろと言うのでしょうか」[27]。

フィッシャーは魅力的だった。ヴィクトリア女王を笑わせることもあった。これは簡単なことではなかったのだ。そのためワイト島のオズボーンに何度も招待された。ロシアのオルガ大公夫人はフィッシャーに手紙を書いている。「海軍大将殿、あなたともう一度ワルツを踊るのだったら、イギリスに行ってもいいと思っています」[28]。しかし怒らせると危険で、執念深くなることもあった。著名なジャーナリストのアルフレッド・ガーディナーはこう述べている。「彼は笑うし、冗談も言う。うんと親切に話もする。だが、この海の男のさわやかな外見の背後には〝戦争のRの三原則〟Ruthless, Relentless, Remorseless〔容赦なく、冷酷に、無慈悲に〕、〝砲撃のHの三原則〟Hit first, hit hard, keep on hard〔最初に撃て、激しく撃て、撃ち続けよ〕があった」[29]。フィッシャーは政敵に対しても敵国に対しても自ら戦いを求めることはなかったが、やるとなったら全力で戦うつもりだった。多くのイギリス人と同じく、ナポレオンに海戦で勝ったホレイショー・ネルソンを英雄視していた。一九〇一年に第一海軍卿に任命されたとき、十月二十一日のトラファルガーの海戦でネルソンが没した命日まで待ってその命を受けた。フィッシャーはネルソンの次の言葉をよく引用した。「百対一で戦えるときに十対一で敵と戦うとしたら、それは馬鹿者だ」(30)。

フィッシャーは一八四一年、セイロンで生まれた。セイロンはフィッシャーの父親が最初陸軍大尉として、そしてそのあと茶の農園主として過ごしたところだった。しかし、茶の農園主としてはうまくいかなかった。フィッシャーによると、ほとんど顔を覚えていないのだが、両親は二人とも顔立ちが整っていたとのことだった。「なぜ自分が不細工かというのは生理学上の謎で、理由がわからない」とのことだった(31)。フィッシャーの顔にはどこか奇妙な、不可解で野蛮といえるところがあったのは確かである。ガーディナーは次のように述べている。「好奇心いっぱいの小さな子どものように大きく開かれた目、分厚い唇をした大きな口は慈悲など持ち合わせていないかのようにきっぱりへの字に結ばれ、尖った顎はユーモアがあることを世間に示しているように見える。どこから見ても、慈悲を求めることもないし、それを与えることもない人だ」。フィッシャーにはマレー人の血が入っているという噂がずっとあった。あるドイツ海軍の大使館付き武官は、フィッシャーが狡猾で不徳なのはそのためかもしれないと思っていた(32)。

神と祖国がフィッシャーの大切な信仰だった。フィッシャーはイギリスが世界を支配することは正しく相応しいことだと信じていた。神はいつの日か勝利を収めて戻る、伝説のイスラエルの失われた部族を守る神のようにイギリスを守る、とかつて、「世界には五つの鍵がある。ドーバー海峡、ジブラルタル海峡、スエズ運河、マラッカ海峡、喜望峰、この五つである。すべての鍵はわが国の手の内にある。われわれは神と約束を交わした部族ではなかったか」と述べたことがある。聖書、特に戦いの話を数多く含む旧約聖書を、フィッシャーは気に入っていた。説教を聞く機会があるときにはいつでも出かけた。ある日曜日の朝、フィッシャーの家を訪ねた客の話だ。「船長はバークリーの教会に出かけています」「午後には戻られますか?」訪問客は尋ねた。「いいえ、セントポール教会でキャノン・リドンのお話を聞くと言っておりました』『わかりました。晩はいかがですか？』『スパージョンの会堂に行くそうです』[34]。フィッシャーはダンスと妻と家族も好きだった。だが、海軍こそが彼の情熱のすべてだったのだ。

そのために、フィッシャーは非効率、怠惰、妨害と戦ったのである。無能な部下を即座に首にすることは有名だった。「フィッシャーのスタッフは翌朝仕事があるかどうか誰もわからない」とある人物は述べている[35]。第一海軍卿になったとき、大きなファイルを渡された。それは海軍が上陸した際海水でだめになったスコットランド高地連隊兵のスパッツの補償を誰がするのかという議論をまとめたものだ。フィッシャーは執務室の暖炉にその紙束を放り込んだ[36]。官庁街の海軍省の屋上に無電を配置すると決定したとき、郵政省は困難だと結論を出した。しかしある日水兵が六人現れ、円蓋の上によじ登って必要な設備を取り付けた[37]。

フィッシャーは海軍内や支持者の間に必然的に不和を生じさせる人物だった。勝手に改革している、拙速だ、やりすぎだと非難された。だが、改善が必要なのは間違いなかった。王立海軍の伝統は「ラム酒と男色と鞭」だとチャーチルが嘲ったというのは冗談としても、この悪口は当たらずといえども遠くはなかった。海軍は何十年も平和が続いたことで自己満足に陥り、融通が利かなくなっていた。ネルソン時代を踏襲し、昔のやり方に固執していた。規律が過酷で、九本の紐をつけた鞭でむき出しの背中を打たれることもあった。十三歳で海軍に入った最初の日、フィッシャーは八人の男が鞭で打たれているのを目撃した[38]（鞭打ちは一八七九年に廃止となった）。一般の水兵はハンモックで眠り、主食の硬いビスケット（虫がたかっていることがよくあった）と素性のわからない肉を（自分の指と一緒に）食べた。訓練にはオーバーホールと近代化が必要だった。船が蒸気機関で動く時代に、帆走の訓練に多くの時間を費やすのは意味がないようにみえた。将校に対してさえ教育は必要悪だとみなされて、基礎的知識しか与えられていなかった。若い将校は適切な教育を受けておらず、砲撃の練習のような実践にのみ関心を持つように奨励され、戦術や戦略を考えることは重視されなかった。ある大将は、軍務についたばかりの頃の思い出を述べている。「ポロとポニー競争と娯楽の方が銃の訓練より大切だった……」。多くの上級将校は砲撃訓練を好まなかった。煙で船の塗装が汚れるというのが理由だった。(39) 海軍には戦術を教える士官学校がなく、国際関係や政治学などもってのほかだった。上級指揮官は海軍の観艦式のために船を整列させることや、入念に準備した大演習を行うことは得意だったが（ヴィクトリア時代の大スキャンダルの一つに、サー・ジョージ・トリオン大将が旗艦ヴィクトリア号をキャンパーダウン号に横から突っ込んで沈没させ三百五十八人が犠牲になったことがあったが）、戦争計画に頭を使うことはほとんどなかった。

フィッシャーの海軍改革は第一海軍卿になる前から始まっていた。地中海の指揮官で第二海軍卿だったとき、軍の士官学校の基礎をつくることを含めて海軍教育を改良するため力を注ぎ、砲撃の訓練を続けるように主張した。「大将の平均年齢が高すぎて困る」と上官に主張した。「数年のうちに痛風用の靴を履いて湯たんぽを持って消えていくのが目に見えている」(40) と批判し、聡明な若い将校の一団を昇進させ、支援した。海軍の最高指揮官になった一九〇四年以後、さらに徹底的な改革に着手した。「修理している場合ではない」と、改革を進める同僚に述べている。「感情に迎合するな！ 人の影響を受けるな！ 誰も憐れむな！」(41)。将校の抗議はあったが、時代遅れとなった船百五十隻を躊躇せず廃棄した。効率を高めるため（そしてコストを抑えるため）造船所を整備し、再編した。軽んじられていた海軍予備艦隊に、中心として働く乗員を乗せ、危機が生じたときには迅速に海上に配備できるようにした。再編成のなかで最も大胆なのは、はるかに遠くの海から近海に多くの船を集めさせ、最新の船をイギリス諸島に近いところに集中させたことだった。分散していた小艦隊を統合し、シンガポールに拠点を置く東方艦隊と喜望峰に置くケープ艦隊、さらに近くに大西洋艦隊と海峡艦隊を配置した。フィッシャーが海軍を再配備した意味は、必要なときには海軍の四分の三の力をドイツに用いられるようにすることだった。「戦場となるところが訓練場でなければならない」というネルソンの原則に従い、大西洋艦隊と海峡艦隊は北海で強化演習を行った。

第一海軍卿となるや、フィッシャーは最大の技術革新として新しいスーパー戦艦をつくるグループを立ち上げた（このグループは重量級巡洋戦艦「インビンシブル号」をつくることにもなった）。速さと重装備、そして重量級の長距離砲を備えた戦艦を持つという着想はすでに広がっていた。技術が進歩し、製造することができるようになっていたのだ。たとえば、新しいタービンエンジンによって、重量級の船を高速で巡航させることができるようになっていた（一九〇四年、カーナードはタービンエンジンを当時最大の客船である新船ルシタニア号とモーリタニア号に取りつけた）。一九〇三年、あるイタリア人の船舶デザイナーが可能なデザインの概要を示す記事を発表した。彼はこれを「王立海軍の理想となる戦艦」と表現した。日本、ドイツ、アメリカ、ロシアの海軍も新しいスーパー戦艦をつくることを検討していることが知られるようになった[42]。一九〇五年五月、日本が対馬海峡でロシアに目覚しい勝利を収めたことで、未来の海戦は快速戦艦で、新しい強力な砲弾とそれを発射する大砲にかかっていることが明らかになったように思われた（日本の艦隊は十二インチ砲を用いていた。大きさというのは砲口のことで、実際大きな砲弾を撃っていた）[43]。フィッシャーの建艦計画によって海軍軍備競争が新しい段階に進んだと批判されることもあったが、一気に進んだことを回避できたかもしれないと考えるのは困難である。

フィッシャー委員会は猛烈な速度で仕事を進め、一九〇五年十月二日、後に「ドレッドノート」と呼ばれる船の竜骨がつくられた。一九〇六年、大勢の熱狂的な群集の前で国王が正式な進水式を行い、年末に任務についた。戦艦の最新のランクとして登場した最初のドレッドノートは、大きく速く強力な海上のムハンマド・アリだった。当時の最大級の戦艦は一万四千トンほどだったが、ドレッドノートは一万八千トンだった。最速の蒸気船のスピードは十八ノットだったが、ドレッドノートは二十一ノットを出すことができたし、タービンエンジン（ヴィクトリア女王の即位六十年記念の観艦式で「タービニア号」を展示し海軍を驚かせたチャールズ・パーソンズがつくった）を使うとさらに速度がアップした。フィッシャーは装甲よりスピードが船を守ると考えていたが、ドレッドノートは装甲も十分で、水面上に五千トン、水面下にも五千トンを装備していた。ムハンマド・アリのように蜂のように刺すことができた。小さな大砲の他に十二インチ砲が十門つき、大砲は旋回砲塔の上にあって、ドレッドノート以後の戦艦は周囲全方位砲撃することが可能だった。一九〇五年、『ジェーン戦艦 *Jane's Fighting Ships*』に「これだけの速度で、砲撃力と砲撃範囲をもって重量級の砲弾を集中砲火するとすれば、ドレッドノートは現在航行している船二隻分、いや三隻分に匹敵するにちがいない」[44]と記されている。

ドレッドノートと重量級巡洋艦への移行の背後にある直接の原動力は、フランスとロシアが手を結ぶことに対する恐怖だと思われるが、イギリス海軍の計画を作成した人々は、将来の主たる敵はドイツ海軍だと考えるようになっていた。[45] フランスおよびロシアとの関係は改善に向かい始めたが、ドイツとの関係は悪化しつつあった。ドイツ政府の方針はどうであれ、ドイツ艦隊は北海で行動するためにつくられていると考えられていた。なぜなら、たとえばドイツ艦隊は巡航半径を限定し、巡航範囲は限られていて、長い航海は困難だったからだ。ドイツ皇帝がロシア皇帝に大西洋の海軍大将はあなただと不用意な手紙を書いたが、意味がなかった。[46] フィッシャーには何の迷いもなかった。一九〇六年にドイツとの海軍競争が過熱すると、「わが国が戦う可能性のある唯一の敵はドイツだ。ドイツはいつも、イギリスから数時間の範囲内に全艦隊を集中している。わが国は数時間の内にドイツに行ける範囲内にドイツの二倍の強力な艦隊を維持しておかなければならない」[47] と述べた。一九〇七年から海軍大将の戦争計画はすべて、イギリス周辺の海域でドイツと海戦を行うことに絞られていた。帝国防衛委員会が設立され、イギリス海軍の戦略の調整を行い、首相に協力を求める助言を行った。委員会は一九一〇年にこう述べている。「わが国の艦隊が細部で敗北の危機にさらされることを回避するため、遠くの海域での行動は、近海の状況が解決し海軍力が展開可能となるまで先延ばしすべきである」[48] と。

海軍の財政上の問題を解消するため、イギリス政府は帝国に目を向けた。新船は「植民地のワイン」で進水式が行われ、「ヒンドスタン号」だとか「喜望峰号」といった名前がつけられた。[49] しかし「白人の」自治領カナダ、オーストラリア、ニュージーランド、南アフリカからの動きは奇妙なほどなかった。[50] 一九〇二年、これらの自治領は十五万ポンドを納めたが、イギリス政府から相当の圧力があったにもかかわらず、翌年以後も三十二万八千ポンドに留まった。[51] 一番古い自治領であるカナダは貢献を拒否し、カナダには直接的な敵はいないと論じた。「奴らは愛国心のないちゃっかり者だ」とフィッシャーは述べた。「われわれから何か良いものが手に入れられるときだけこちらについてくる」[52] と。帝国の気持ちを変えるには、ドイツとの海軍競争を強調する必要があった。一九〇九年、ニュージーランドとオーストラリアは自国のドレッドノートをつくりはじめ、一九一〇年には、カナダが自国の海軍改造に向けて配慮のうえ動き出し、イギリスから巡洋艦を二隻購入した。

イギリス政府内で海軍と並んで鍵を握っていた外務省は、ドイツが脅威であるとする海軍の見解を共有するようになった。栄光ある孤立の時代に育った旧世代は依然として、他国すべてと友好的にとは言わずとも礼を尽くすことを望んでいたが、若い世代の間では次第に反ドイツ感情が強くなった。一八九四年以後、事務次官を務めたサンダーソンは、一九〇二年にベルリン駐在イギリス大使サー・フランク・ラッセルズに、同僚の中にドイツに悪感情を持つ者がいると書いている。「ドイツ嫌いで凝り固まっている者たちがいる――ドイツがわれわれに対してつまらぬトリックを使おうとしているのではないかという印象がある。両国にとって重要な問題が山積しているなかでは不都合なことだ。両国は協調すべきなのだ」と。[53]一九〇五年から一九一八年までパリ駐在大使を務めたフランシス・バーティー、一九〇六年から一九一〇年まで事務次官を務めたチャールズ・ハーディング、同時期にロシア大使そして後に事務次官（そしてハロルド・ニコルソンの父）となるアーサー・ニコルソンのような期待の星は、いずれもドイツに強い不信感を抱いていた。[54]反ドイツ感情を共有しない人々は窓際に送られるか、引退してしまう傾向があった。そのようななかで一九〇八年に重要な人事異動があった。一八九五年以来ベルリン駐在イギリス大使を務めたサー・フランク・ラッセルズに代わり、サー・エドワード・ゴシェンが任に就いたのだ。彼は、ドイツはイギリスに敵対的だと強く考えていた。

奇妙なことだが、ドイツについて外務省が感じている不安を強力に体現していた人物はドイツ人の血を引いていて、しかもドイツ人と結婚していた。ドイツの歴史家を讃え、音楽を愛好し――ピアノが得意でアマチュア作曲家として才能に恵まれていた――わずかにドイツのなまりがあって、飛び抜けて仕事の才に恵まれているという評判のあるエアー・クローは、この時代になってもなお上流階級出身のスタッフが大半を占める外務省の中にあっては、一風変わった存在だった。クローはイギリスの領事とドイツ人の母親のもとに生まれ、ドイツでティルピッツを育んだ環境とよく似た、教養ある中産階級の上層の世界で大人になった。両親は亡くなった皇帝フリードリヒ・ヴィルヘルムとイギリス人の皇妃ヴィクトリアのことをよく知っていて、彼らと同様、ドイツがリベラルな方向に進んでいくことを望んでいた。クローはドイツとドイツ文化に深い愛情を抱いていたが、権威主義と軍事的な価値を強調するプロイセン主義が幅を利かせている状況を嘆かわしく思っていた。また、クローの見方からすると、ドイツの一般の人々の生活を動かしている「移ろいやすく露骨な攻撃的精神」とを強く批判していた。ドイツは新たに身に付けた力に相応しい地位を求めていた。クローはこれを理解し共感さえ持っていたが、ドイツの指導者が、たとえば他国に植民地を要求し、軍事力を使って威嚇する手段を取ることに強く反対していた。一八九六年、クローは母親宛ての手紙で次のように述べている。ドイツは「死人の尻を蹴飛ばすように」なっている、「〔イギリスは〕甦って本来の獅子の雄姿をイギリスを乱暴に扱ってもかまわないと考えるように示し、少しこの狩人をへこませてやらなければなりません」[55]と。クローは、ドイツの威嚇に対し立ち上がるよう外務省の上司を説得することを自分の使命とした。一九〇七年元日、ドイツと西ヨーロッパ諸国を担当する外務省の部署に着任したばかりのクローは、外相サー・エドワード・グレイに、後に有名になる覚書を提出した。説得力のある議論、歴史の把握、ドイツの動機を理解しようという試みは、ジョージ・ケナンが冷戦開始時にワシントンに送った「長文の電報」に匹敵するものだった。ケナンはこの電報でソビエトの行動の源泉を列記し、封じ込め政策を展開したのだ。後にケナンが論じたように、クローはイギリス側で止めないとどこまでも利を得ようとつけこんでくる相手に対応していると考えた。「恐喝に屈すれば一時しのぎになる。だが、犠牲者が一時的な平和を確保したとしても、友好的に自制する期間はすぐに終わって新たな嫌がらせが始まり、さらに高い要求をしてくることはこれまでの経験からわかりきっている。恐喝を行う者を潰すためには、脅しに対して断固として立ち向かい、譲歩を重ねることをやめて不愉快な状況が生じるリスクを覚悟することが必要だ。覚悟ができなければ、二国の関係は徐々に悪化する可能性が高い」[56]。

イギリスの外交防衛政策は、ヨーロッパのはずれに位置しているという、また海外に巨大な帝国を所有しているという地理的条件によって決定されるとクローは論じる。イギリスが勢力均衡を好み、ある一国が大陸の支配権を得るのを回避しようとするのは「自然法則」に近い[57]。海上権を他国に譲れば、イギリスは自らを危険にさらすことになる。ドイツの海軍増強政策は世界におけるイギリスの地位に挑戦する包括的戦略の一部である可能性があるし、それは方向性を見失っている「曖昧で混乱し現実に対応する力を欠いた政治家」が招いた結果である可能性もある。[58] しかし、イギリスの見地からすると、どちらの理由であろうと現実には問題にならない。いずれにせよ、イギリスはドイツの海軍の挑戦に対して決意を持って、だが穏やかに応じなければならない――と（ケナンは四十年後、ソ連について同じアドバイスを行った）。クローはさらに、次のように書いている。「ドイツが船を一隻建造するごとにイギリスが二隻建造し、現状のイギリスの優位を目に見える形で見せつけることほど、ドイツに無力感を与えるものはない。ドイツは金のかかる海軍計画をどこまでも続けなくてはならないと感じるにちがいない」。[59]

イギリスが最初のドレッドノート建造に向けて動き出すと、ティルピッツとドイツ皇帝と支持者たちは明確な選択を迫られた。競争を断念し、イギリスとの関係を修復するように努めるか、あるいは競争を続けてイギリスと同等のドレッドノート級の船を建造するか、という選択である。後者を選べば、ドイツはかなりの費用を覚悟することになる。新たな資材と技術が必要であり、整備と修理にかかる費用は増加し、乗員数も増え、合計すると既存の戦艦の二倍かかる。加えて、巨大船に対応した埠頭をつくらなければならず、バルト海沿岸の安全な造船所で製造し、北海のドイツ港に安全に納めるとなると、キール運河を広げて深く掘削しなければならない。[60] さらに、海軍が予算を使うと、増大しつつあるロシアの脅威に対峙している陸軍に行き渡らなくなる。イギリスにさらに幅を拡げられる前に、どの方向を採るかという決定を延ばすことはできなかった。

一九〇五年初め、ドレッドノート起工の何カ月か前、ロンドン駐在大使館付きドイツ海軍武官は、イギリスが既存の戦艦より圧倒的に強力な新型戦艦の建造を計画しているとベルリンに報告した。[61] 一九〇五年三月、セルボーンは議会に翌年の海軍予算案を提出した。それには新しい戦艦が含まれていたが、詳細を示さなかった。フィッシャーの委員会の話をしたとき、セルボーンはこの報告を公にするのは公益に反すると述べた。その夏、ティルピッツはいつものように黒い森にある別邸に引きこもった。松と樅《もみ》のなかで、最も信頼できる助言者たちに相談したのだ。秋までにティルピッツは決断した。ドイツは新しいイギリスの巡洋艦に匹敵する巡洋艦を建造するとともに戦艦をもつくる、と。ドイツ海軍競争研究を代表する歴史家ホルガー・ヘルヴィヒは次のように述べている。「ヴィルヘルム時代のドイツの意思決定について語るとすると、かなりの分量になる。大法官、外務省、財務省、直接海軍の戦略に責任を負う海軍スタッフと外洋艦隊の二つの機関に諮らずに、ティルピッツはイギリスの挑戦を受けて立ったのだ」[62]。ティルピッツは新海軍法案を提出し、六隻の新しい巡洋艦とドレッドノートの建造の予算を踏まえて、一九〇〇年の海軍法案より三五パーセント上回る予算を計上した。ドイツは毎年ドレッドノート級を二隻、重量級の巡洋艦を一隻建造することになったのである。

ドイツ人全員がこの恐怖を共有し、大きく金のかかる海軍が必要だと認めたわけではなかった。海軍の中にも、ティルピッツがますます多くの船を持つことに的を絞っているため、人材集めと訓練の予算が不十分になると不満を言う者がいた[63]。帝国議会では、中道と左派だけでなく右派の代表も、海軍予算のために生じる財政赤字の増大を批判した。首相ビューローはドイツの予算に開いた穴を埋めようと努力し、増税を嫌がる帝国議会をあしらおうとしていたところ、新法案が帝国議会に提出された段階で、予期しなかったモロッコをめぐる大きな危機が発生し戦争騒ぎが起こった。それが奏功し、一九〇六年五月に新法案は大差で成立した[64]。それにもかかわらず、ビューローはドイツにとって次第に深刻化する財政危機と帝国議会に対応する難しさに、ますます悩むことになった。海軍の出費は限りがないように思えた。ビューローは一九〇七年に、ティルピッツに指摘している。「いつになったら、君の艦隊は満足できるのか。耐え難い政治状況を何とかしたいのだ」[65]と。危険ゾーンから脱出するまでのティルピッツのタイムテーブルは（ドイツ海軍がイギリスに圧力をかけられるだけの力を持つまで気づかれないように努力していた）、未来に向けてさらに遠くまで拡大し続けた。

ヴィルヘルム二世とティルピッツについて言えば、どのレベルまで海軍競争を続けるかどうかは、ヴィルヘルムが「サー・J・フィッシャーと国王陛下の頭がおかしいとしか言いようのないドレッドノート政策」と呼んでいるイギリスの政策にかかっていた。ドイツは、エドワード七世がドイツ包囲政策に熱心だと考える傾向があった。ティルピッツは立腹し、イギリス人はドレッドノートと重量級の巡洋艦を建造したことにより過ちを犯したと考えていた。「われわれがすぐイギリスの後を追っていることに気づけば、困惑は増すに違いない」[66]。しかしティルピッツの言う危険ゾーンが広がっていたから、イギリスはドイツとの合意を望む様子を見せなかった。ホルシュタインはビューローに冷ややかに述べている。「同盟相手など全く考えていないようだ」と[67]。イギリスが友好的になる可能性があると言える者がいるだろうか。歴史を見ても、イギリスは偽善的で、よこしまで、無慈悲な国ではなかったか。イギリスが突然攻撃を仕掛ける「コペンハーゲン」の恐怖——一八〇七年イギリス海軍がコペンハーゲンを砲撃し、デンマークの艦隊を捕獲した——は、海軍競争が始まったときからドイツの指導者の頭に残っていた。日露戦争で国際的緊張が生じていた一九〇四年のクリスマスイブのときでも、ビューローはラッセルズ大使に、日本と同盟を結んでいるイギリスが、かつてロシアにかなりの支援を行っていたドイツを攻撃するのではないかとドイツ政府は深刻に悩んでいると述べている。幸いに、ベルリンに召還されたロンドン駐在ドイツ大使が、イギリスに戦争する意図はないと、相当悩んでいたヴィルヘルム二世をはじめとする上司を説得しようと努めた[68]。しかしこのような恐怖心はドイツ社会に浸透し、パニックを引き起こした。一九〇七年初め、キール港の近くで暮らしている人々は、フィッシャーが侵略しようとしているという噂を耳にして、急いで子どもを学校から連れ帰った。その春、ラッセルズはイギリス外相サー・エドワード・グレイに書いている。「一昨日、ベルリンは恐怖でこわばり頭がおかしくなってしまったような大騒ぎに包まれました。株式市場でドイツの株が六パーセントほど落ちました。英独間で戦争が起こるかもしれないという観測が、一般の人々に広がったのです」と[69]。イギリスでは、即刻行動してドイツ艦隊を追い出そうと考えた人々もいた。特にフィッシャーは二度にわたりこの提案をした。しかし、「なんていうことを言うのだ、フィッシャー。頭がおかしいのか！」と国王は述べ、この考えは却下された[70]。

しかし、軍人であろうと文民であろうと、ヴィルヘルム周辺では、イギリスとの戦争が現実的な可能性として論じられることが多くなった。実際に戦争が起こった場合を考えて準備するとともに、防衛費の上昇に抵抗し、他のヨーロッパ諸国と友好関係の樹立を提唱する社会民主党のような「非愛国的」ドイツ人を抑え込むことが重要だった。ドイツ海軍同盟は危険が迫っていると喧伝して、さらに多くの予算を海軍のために支出せよと要求し、パトロンであるティルピッツにまで行動が遅すぎると矛先を向けるようになった。事実、右派の主要な人物の中には、一石二鳥を狙えると考える者もいた。ティルピッツが望む以上の海軍予算を帝国議会に提出して、政府は左派とリベラル穏健派に挑戦すべきであり、それに反対するのであれば、皇帝が帝国議会を解散する絶好の機会となり、望ましいナショナリストが多数を確保して、いわゆる一揆を行い、報道の自由や男子普通選挙といった面倒なものを取り除き、帝国議会をも廃止できる、というのである。新法案を準備していた一九〇五年終盤、ティルピッツは愛する海軍がドイツの政治と憲法の変革を推進する「破壊槌」として使われていることに気づいた。左派を潰すことに反対ではなかったが、こんなことをして内部から反乱が起こるのが心配だったし、ドイツ海軍が急速に拡大してイギリスに気づかれるのではないかと悩んでいた。(71)

一九〇八年に入ると、ボスニアの危機をめぐってヨーロッパの緊張が再び高まり、ティルピッツのいう海軍の拡張とドイツの孤立に価値があるのか、ビューローはさらに懐疑的になった。ドイツが「イギリスの攻撃を穏やかに、動じずに捉えることができるのか」とビューローはティルピッツに詰問した。(72)ティルピッツは、あとになってそのときは自信がないと思ったと述べているが、このときは、今のところイギリスが攻撃する可能性はないから、ドイツにとって最良の政策は海軍を増強し続けることだと答えた。「戦艦に新しい船が加わるたびに、イギリスがわれわれを攻撃した際のリスクが大きくなる」と。ロンドン駐在ドイツ大使パウル・メッテルニヒ伯爵はイギリスがドイツにそっぽを向いているのはドイツの海軍計画のせいだと警告したが、ティルピッツはこれを無視した。イギリスの敵意の主な理由はドイツとの経済的ライバル関係で、これはなくならないとしたのだ。(73)競争から退いてしまうと、国内で深刻な政治問題が生じる可能性があった。一九〇九年、ティルピッツは忠実な支援者の一人に次のように書いている。「全体の状況から、すでに大きな危険をはらんでいる海軍法案をだめにしてしまうと、われわれがどんな方向に行くのかわからなくなってしまう」。(74)海軍競争を維持するためティルピッツが最後に拠りどころとしたのは、計画を継続する、あるいは戦争することを正当化するため繰り返し言われてきた点である。すなわち、すでに多くの資産をつぎ込んだから、後退すればこれまで犠牲にしてきたことが水泡に帰してしまう、ということである。「イギリス艦隊が永遠に強力であり続けるなら、ドイツを攻撃するリスクを負うことなどありえないので、ドイツ海軍の拡大は歴史的見地から間違いだということになる」と、一九一〇年にティルピッツは書いている。[75]

一九〇八年三月、ティルピッツは帝国議会で海軍法の追加法案「第二新法」を通過させた。ドイツ海軍の既存の船の使用期間は短くなり、船の代替が加速することになった（小さい船は大きい船に置き換えられた）。毎年三隻ずつ新しい軍艦を導入するのではなく、続く四年間については年に四隻、以後は年に三隻とし、永続化することをティルピッツは望んでいた。帝国議会はこれ以上踏み込むことができなくなる海軍の計画に再び賛成した。一九一四年までにドイツのドレッドノート級は二十一隻になるはずで、イギリスが対応して新たな船をつくらなければ、イギリスとドイツの差はかなり縮まるはずだった。[76]ティルピッツはヴィルヘルムに、ドイツはうまく軍艦を増加していけると保証した。「陛下が望まれたような新法をつくりました。国内的にも国際的にもできるだけ小さく、害がなく見えるようにしてあります」[77]。ヴィルヘルムは第一海軍卿となったトゥィードマス卿を安心させようと、彼に宛てて個人的な長い手紙を書いている。「ドイツの海軍法案はイギリスを対象としたものではないし、『イギリスの海上の優位』に挑むものでもない。これからの世代の人々に挑むつもりもない」[78]と。エドワード七世は自分の甥がイギリスの大臣に手紙を書き、内政に口を挟むなどとんでもないことだと不快に感じた。イギリスの多くの人々も同じ考えだった。[79]

ティルピッツの新たな海軍計画を遂行するための資金を確保する役割を必然的に担うことになったビューローは、ドイツにはヨーロッパ最強の陸軍と二番目に大きい海軍の両方を持つゆとりがない、という意見に傾いた。一九〇八年に「わが国の運命が陸で決する以上、陸軍を弱体化することはできない」[80]と書いている。政府は深刻な財政危機に直面した。ドイツの国債は一九〇〇年以来ほぼ二倍になっており、歳入を増やすことは困難だった。中央政府の歳出の約九〇パーセントを陸軍と海軍が占め（そしてその大部分は海軍の支出）、一八九六年から一九〇八年の十二年間で軍の総支出は二倍になり、近い将来さらに増加することになっていた。ビューローが海軍支出の抑制問題を取り上げようとすると、ヴィルヘルムの取り巻きは、皇帝が「不幸」になるだけだからやめるよう懇願した。[81] ビューローは一九〇八年の一年間、帝国議会を通過する可能性のある税制改革を併せて提案しようとしたが、相続税拡大を主張したため右派の怒りを買い、新しい消費税は左派に同じような衝撃を与えた。ビューローは一九〇九年七月、最終的にこの問題を解決できないことを理由にヴィルヘルムに辞表を提出した。ティルピッツが勝ったのは、最終的には皇帝という後ろ盾がいたからだった。

そのうちにイギリス人は、ドイツの軍艦建造のテンポが上がっていることに気づくようになった。初めのうちはドイツの期待通り、一九〇六年のティルピッツの最初の海軍法に対するイギリスの反応はなかった。一九〇七年十二月、イギリス海軍本部は軍艦建造のスピードを落とすように求め、一九〇八年から一九〇九年にかけてドレッドノート一隻と重量級の巡洋艦一隻をつくっただけだった。これは予算を増やし、社会政策に支出することを国民に約束した自由党政府が望む方向と歩調があっていた。しかし、一九〇八年の夏を過ぎると、一般の人々も政府周辺も関心を高め始めた——ドイツの艦隊が大西洋を巡航した、これはどういう意味なのか、と。匿名記事「ドイツの危険」が七月に評価の高い「クウォータリー・レヴュー」誌に掲載され、ドイツとイギリスが戦争になった場合、ドイツがイギリスに侵入する可能性があると警告した。「ドイツ海軍の将校が姿を見せ、わが国の港をスケッチし、沿岸地帯を詳細に調べている」と。著者（日曜版の「オブザーバー」紙の編集者J・L・ガーヴィン）によると、約五万人のドイツ人がウェイターに偽装してすでにイギリスに入り込んでいて、合図があると行動を起こす用意が整っている、というのだ。この記事の直後、著名なドイツの飛行家ツェッペリン伯爵が新しい飛行船に乗ってスイスに飛行した。ガーヴィンは「オブザーバー」紙に署名付きの記事を書いて新たな予言を行い、イギリス中に脅威が迫っているとした。[82]

この年の八月、エドワード七世はクロンベルクの美しい小さな町に滞在していた甥のヴィルヘルムを訪ねた。エドワードはイギリス政府がドイツの海軍支出について感じている不安の概要をまとめた文書を武器に持ってきたが、ヴィルヘルムにはこの問題を取り上げないほうが賢明だろうと考えた。「二人の間の楽しい会話を損ねる可能性がある」と考えたのだ。昼食後、ヴィルヘルムはご機嫌な様子で外務省の事務次官サー・チャールズ・ハーディングに一服しようと声をかけた。二人はビリヤードの卓上に隣り合って腰掛けた。英独関係はとてもよいと思うとヴィルヘルムは述べた。このときの会話をメモに書いたハーディングは、反論しなければならないと考えた。「ドイツが大艦隊を建造している理由と意図について、イギリスが純粋に不安を感じているという事実を隠せなかった」からだ。ドイツの計画がさらに進めば、イギリス政府は議会に造船計画強化案の裁可を求めることになろうが、議会の賛同が得られるのは間違いなしだとヴィルヘルムに警告した。そうなれば不幸なことなる、というのがハーディングの意見だった。「二国の海軍のライバル争いによって相互関係が悪化し、数年のうちに重大な出来事――いや、些細な出来事によっても、それが原因で二国間に争いが起こり、重大な事態に陥るのは間違いない」と。

イギリスの不安には何の根拠もないし、ドイツの建艦計画は今に始まったものではなく、ドイツとイギリスの艦隊の相対的比率は変わらないままであるとヴィルヘルムはきっぱり答えた。だが、それは誤りだった（ビューローに送ったメロドラマ的な説明によると、ヴィルヘルムはハーディングに「全く馬鹿げている。君の足を引っ張っているのは誰だ」と述べた、とのことである）。ドイツにとって建艦計画の完成は国民の名誉に関わる問題だとヴィルヘルムは述べた。「外国政府と話し合える問題ではない。こんな要求は国民の威信を損ねるもので、政府がそんなことを受け入れたら国内で問題が生じる。こんな指図に屈するくらいなら、戦争をしたほうがよい」。ハーディングは動じず、自分は両政府が友好的な話し合いを持つべきだと言っただけで、指図しているなど問題外だと述べた。

一九〇九年になるとハーディングは、イギリスがドイツの三倍の戦艦を保有することになるという皇帝の主張に反論した。「一九〇九年の段階の両国の戦艦力を比べて、イギリスが数のうえでドイツの優位に立っているというのは理解に苦しむ。イギリス艦隊の第一級の戦艦六十二隻は時代遅れの船ばかりで、鉄くずとして売却するような代物としか思えない」。ヴィルヘルムはハーディングの発言に対し、「私もイギリスの海軍元帥だからよくわかる――君よりも。君はただの民間人だ。何も知らないだろう」と自己流の主張をしている。ヴィルヘルムはドイツの数字が正しいことを示す、ドイツ海軍年次報告による海軍力の要約を補助資料として提示した。ハーディングは皇帝が「私を教化し、信じ込ませるために」コピーをくれた、その数字が正しいと信じられるものであったらよいのだが、とヴィルヘルムに淡々と言っただけだと述べている。

ヴィルヘルムの説明はいかにも彼らしく、ハーディングの説明とは全く異なっている。ハーディングは「言葉も出ないほど驚いた」様子で、ラッセルズはドイツの数字を受け入れて「笑いを抑えることができなかった」とヴィルヘルムは主張している「建造をやめることができますか。船の数を減らしてくださいますか」というハーディングの悲しげな問いかけに「では戦うことになるな。国の名誉と威信の問題だから」と答え、会話が終わった、とヴィルヘルムはビューローに述べている。ヴィルヘルムがハーディングの顔をまじまじと見ると、ハーディングは顔を赤らめて深く頭を下げ、「間違ったことを言いました」と許しを請い、うれしくなった皇帝は「サー・チャールズ。私は間違ったことは言わないだろう」と語った、と。ビューローにはこの説明は信じ難いと思われた。会話の場に居合わせた同僚たちがその思いを裏付けている。同僚たちは、会話はとても友好的だったと言ったのだ。ハーディングは礼節を失うことなく率直に話をし、皇帝は上機嫌だった。対話が英独間の理解を深めることができなかったのは残念だったが、驚くことでもなかった。ドイツが戦艦建造のテンポを上げ続けると、イギリス政府は世論に押され「戦艦建造の大きな対抗案」をつくらなければならなくなるというハーディングの警告は無視された。ビューローによると、ヴィルヘルムはイギリスにドイツの立場の正当性を説いて認めさせたと思い込んでクロンベルクから帰って来た、ということだった。さらに、陸軍参謀総長モルトケは皇帝に対して、ドイツ軍は準備万端だと述べた。そのためドイツが戦艦建造の進行のペースを落とす理由は存在しなかった。ヴィルヘルムは「イギリス人に対しては、一番大事なのは率直にやることだ。容赦などいらない、野蛮なくらい率直にやることだ——彼らを扱う一番良い方法だ！」(83)とビューローに述べている。

現実には、イギリスの疑念はますます深まっていた。この夏、ドイツ海軍が造船所を支援するため、何気なく動いたことが疑念を深める要因となった。ダンツィヒの大きな造船業者シハウは一九〇八年夏、翌年の計画にある大戦艦のうちの一隻を建造する契約を、早いうちに結ぶように要求した。契約を早く結ばないと熟練労働者を一時解雇せざるを得なくなり、ダンツィヒ経済全体が苦境に立たされることを恐れたのである（ダンツィヒがグダニスクとして一九四五年以後ポーランドの一部となると、シハウの業務はレーニン造船所が引き継いだ。一九八〇年代の連帯運動の拠点となったところでもある）。戦艦の完成日は変更しないままだったものの、ドイツ海軍が同意したことによる、契約の決定の事実が、うかつにもイギリスの警戒心を生むことになったのだ。この秋、ベルリン駐在イギリス大使館付き海軍武官はイギリス政府に、ドイツは追加の戦艦を建造すると報告し、イギリスはドイツが戦艦建造のテンポをあげているという誤った推測に基づいて結論を出したのだ。(84)

同時期、一九一四年以前の英独関係を特徴づける不幸な出来事が発生した。十月二十八日、「デイリーテレグラフ」紙が皇帝との〝インタビュー記事〟を発表したのである。実際のところ、それは前年に、ヴィルヘルムとイギリス地主エドワード・スチュアート＝ウォートリー（ヴィルヘルムがプライベートで滞在するときに家を貸していた）の間で行われた対話を、ジャーナリストが自分なりにまとめたものだった。二人はこれまでも何度か話をしたことがあった。ヴィルヘルムはいつも英独関係が良いものであってほしいと思っているのに、イギリス人のためを思ってやることがイギリス人に理解されないと言おうとしていたようだ。ヴィルヘルムは、イギリスがフランスと新たに友好関係を結んだことを批判した。日英同盟は大きな間違いだと述べ、黄禍について汚い表現をした。「誤解されていることがたくさんあるが、あなた方を支援するため艦隊を建造したのだ」。こうしたことを全部、疑問に思うこともなく聞いていたスチュアート＝ウォートリーは、イギリス人がヴィルヘルムの真意を理解すれば、悪意ある反独新聞の間違った影響に振り回されず、両国の関係はすぐに修復できると思い込んだ。そこで一九〇八年九月、スチュアート＝ウォートリーは会話のメモを「デイリーテレグラフ」紙のジャーナリストに手渡したところ、当のジャーナリストはメモをインタビュー形式に仕立て上げ、できあがった記事をヴィルヘルムに送り確認を取った。

普段とは違ってヴィルヘルムはこのとき適切な行動をとり、この「インタビュー」を首相に送付した。後に述べているように、ビューローはおそらく忙しかったため、あるいは政敵が批判しているように、廷臣が主人に挑戦するというのは恐れ多いことだったため、文書をざっと見ただけで外務省に送付し、見解を求めた。しかし「インタビュー」は適切に精査されることなくすり抜けてしまった。ドイツ政府が混乱していることの一例だった。皇帝に思慮がないのはわかりきっていたから、誰かが適切に注意しておくべきだったのだ。ドイツ当局がそうした皇帝の面倒を被ったのは一度ならずとあり、いつ飛び出すかわからない困った発言を押さえるのにかなり用心しなければならなかった。[85] 結局、そうした経緯でこの文書は「デイリーテレグラフ」紙に掲載され、「自分はイギリスを圧倒できる」というヴィルヘルムの希望的観測が紙面に出てしまったのだ。[86]

普段自分の方が役人たちよりイギリス人のことをよく理解していると言いたがる人だということを思うと、ヴィルヘルムの言い方は自己憐憫が感じられるだけでなく相手を責める言い方で聞き苦しいし、話の中身もよくなかった。ヴィルヘルムはイギリス人について、「頭がおかしい、狂っている、三月ウサギと同じだ」と述べた。ヴィルヘルムがイギリスに対して好意を持ち、仲良く平和にやっていくことだけを望んでいる、とはとても思えなかった。「私は彼らのために話をしているのに、話に耳を傾けるどころか、話を捻じ曲げ、混乱に導く人の話に耳を傾けるのだ」[87]とヴィルヘルムは言う。このような調子で述べたあと、ヴィルヘルムは話題を変え、ボーア戦争のときにイギリスにした極めて重要な援助の話をした。ヴィルヘルムは少し真実を混ぜ込んで、ボーア戦争の間、ヨーロッパ諸国がイギリスに介入しないようにしたと述べた。ヴィルヘルムは自分自身でイギリス軍のために軍事行動計画を立て、参謀総長が確認したあとイギリス政府に送付した、という話をした。そして、拡大しつつあるドイツ帝国と貿易を守るためドイツは海軍を必要としているのに、ドイツ海軍がイギリスに敵対しているとイギリス人が考えているのはおかしい、イギリスは日本ではなく、ドイツとドイツ国民が本当の友人だということを理解すれば、ドイツ海軍をありがたいと思うことだろう、と続けた。

他の時期だったら、イギリス人はヴィルヘルムの言葉に注意を払うことなどなかったのだろうが、海軍競争が不吉な新段階に入り、夏にドイツが侵入する可能性があると一般の人々が不安を感じたあとにこの記事が出ただけに、影響力が大きかった。加えて、ボスニアをめぐってバルカン半島で深刻な危機が生じていた。モロッコをめぐってフランスとドイツの間に緊張が高まり、戦争に発展するのではないかという不安が広がっていた。多くの人々はこのインタビューを、ドイツ皇帝のバランス感覚の欠如の証として捉えただけだったが、クローはすぐに分析した。そしてイギリスの世論と大海軍のため、さらに多くの支出をと主張する人々を幻惑するため、ドイツが一体化して行った試みだと結論づけて外務省に報告した。外相エドワード・グレイはロンドンで、イギリスの感情の高揚を押さえるために尽力し、友人宛てに私信を書いている。「ドイツ皇帝のせいで歳を取ってしまいました。皇帝は蒸気を上げてスクリューを回している舵のついていない戦艦のようです。いつか何かをやらかして大きな災いを引き起こすにちがいありません」[88]と。

今回はカタストロフィーに近いもので、ドイツ内では皇帝を辞めさせせようかというところまで衝撃が大きくなった。皇帝に近い内部の者が、「最初は困惑ムードだったが、そのあとで絶望感と憤りが国民全体に拡がった」[89]と書いている。ドイツ人は国の統治者がこんな馬鹿をしでかしたことに、しかもそれが初めてのことではないだけに憤った。保守とナショナリストは皇帝がイギリスとの友好関係について告白したことを不快に思い、リベラルと左翼は皇帝を議会の管理下に置く時が来たと感じた。皇帝を強力に支持した高官はわずかだったが、そのなかにプロイセンの陸軍大臣が含まれていたのは不吉だった。カール・フォン・アイナムは皇帝に、軍は皇帝に忠実だから、必要であれば帝国議会を何とかすると述べた。ビューローは帝国議会で皇帝を擁護しても気持ちが入らなかった。例年通り秋の旅行と狩猟を続けていたヴィルヘルムは、突然深い鬱状態に陥った。彼は号泣と激怒の間を揺れ動き、狩猟のお伴をした元気なゲストは、気持ちが萎えてしまったにちがいない。[90]その一人が「私は目前でヴィルヘルム二世を見たが、生まれて初めて生の現実の世界を見て驚きました」[91]と述べている。フォン・アイナムは自分の主人にはどこか壊れたところがあると思い、以前のようにヴィルヘルムを信頼できる統治者だは思えなくなった。[92]嵐が去って、ヴィルヘルムは帝位を維持し続けたが、ヴィルヘルムも君主制も深刻なほど弱体化した。ヴィルヘルムはビューローを裏切り者と見なし、この出来事が首相を解雇する理由の一つとなった。

こうした経緯があってイギリスでは、「デイリーテレグラフ」事件は政権にある自由党内で熱のこもった議論が行われた。自由党は経済と社会の改革を行うことを約束して選出されており、特に老齢年金の導入に取り組んでいたが、海軍競争のために少なからず予算が不足するという問題となっていた。だが、ドイツの深刻な脅威と高まる一般の関心を無視することはできなかった。海軍本部は一九〇七年の控えめな計画を諦め、新しいドレッドノートが最低限六隻必要だという結論に達した。一九〇八年、第一海軍卿レジナルド・マッケナは内閣に要求を提出した。新しい首相ハーバート・アスキスは彼に同調的だったが、深刻に対立する内閣を何とかしなければならなかった。

海軍予算の増加に対して反対の立場から中心となったのは、近代イギリス政治のなかで最も興味深く論争的な二人の政治家だった。質素なウェールズの家庭出身の急進主義者デビッド・ロイド・ジョージは、イギリス貴族の一匹狼ウィンストン・チャーチルと共通の大義のもと、海軍予算の増加は必要な社会改革を脅かす不必要な支出だという考えで抵抗した。ロイド・ジョージは財務相として、ドレッドノートが承認された場合、三千八百万ポンドを確保しなければならなかった。ロイド・ジョージはアスキスに、「向こう見ずな前任者がつくった軍備に対する莫大な支出」を何とかしなければ自由党は国民の支持を失うと述べた。ロイド・ジョージは予想される結果を述べ、「三千八百万ポンドの海軍予算が発表されると、良質の自由党員は不満から党を割って公然と反対し、せっかくの議会がつぶれてしまう」(93)と首相に警告した。

保守派の反対は、新聞や海軍同盟、ロンドン商工会議所の防衛委員会といった団体からだったが、その声は大きくなった。一九〇八年の不況の打撃を受けた武器製造業者も反対した。たとえば造船所は、技師と労働者を一時解雇していた。ある保守のリーフレットには次のようにある。「わが国の海軍と失業者は飢える恐れがある。今の政府を代えなければ、すぐにも飢えてしまう」(94)と。しかも国王はドレッドノートを八隻求めているということを伝え、世論の歩調に同調していた。ある保守党議員がつくった「八隻を求める。待つことはできない。(We want eight and we won't wait)」は、人気のあるスローガンとなった。

一九〇九年二月、アスキスは内閣が受け入れられる妥協案を出した。イギリスは次の財政年度にドレッドノート四隻をつくり始め、明らかに必要だということになったら一九一〇年の春までにさらに四隻つくる、というものだった(最終的に四隻の追加分はドイツの同盟国であるオーストリア＝ハンガリーとイタリアが独自の計画に着

1914 年以前、ヨーロッパ諸国は陸と海で激しくコストのかかる軍備競争を行った。新しい進歩した技術によって、万能のドレッドノートを含む速く強力な戦艦がつくられるようになった。ここにヴィルヘルム２世、叔父のエドワード７世、エミール・ルーベ大統領がいて勝負しているが、勃興中の日本とアメリカ合衆国が加わろうとしている。

手したあと建造した)。自由党は一つにまとまり、政府の政策は帝国の安全を確保することではないという趣旨で、保守党から提出された不信任案を退けた。新聞のキャンペーンは次第に鎮まり、一般の関心は一九〇九年四月の終わりにロイド・ジョージが提出した予算案に焦点が絞られた。演説ではロイド・ジョージは相変わらず強力な急進主義者だったが、世界におけるイギリスの地位についても関心を持つようになっていた。予算案はイギリスの貧民の生活を変える資金をつくり、「貧困と不衛生」対策のために組んであった。だが、ロイド・ジョージは国の防衛を無視したわけではなかった。「このようなとんでもない愚行を行っているのは、現在さまざまな国の状態を見ると、リベラリズムではなく、狂気が原因となっている。わが国の存在だけでなく、西洋文明の命に関わる重大な利益に欠かすことのできない海軍の優位を危険にさらすことは考えていない」。ロイド・ジョージは社会改革と防衛の両方を満たすため、酒税から相続税まで、以前からある税率を引き上げるとともに、新たに土地に課税することを提案した。土地貴族を含む金持ちは強い不満を述べた。やがて知られるようになる人民予算は、イギリスの社会に革命をもたらしつつあった。地主階級は領地で働いている労働者を一時解雇すると威嚇し、バクルー公爵は地元のサッカークラブに毎年出していた一ギニーをキャンセルしなければならなくなると発言した。喧嘩が得意なロイド・ジョージは頑固だった。金持ちはドレッドノートを望んでいるくせに金を出したくないと思っているとロイド・ジョージは述べた。それなら、貴族の価値というのはいったい何なのか。「フル装備の公爵一人維持するのは、ドレッドノート二隻を維持するのと同じ金がかかる――二隻のドレッドノートが恐ろしい一人の人物と同じ――船のほうが長持ちするのに」[95]と。

おそらくロイド・ジョージが目論んだように、財政に係る法案を拒否した前例はなかったにもかかわらず、一九〇九年十一月、上院は予算案を拒否した。そこでアスキスは議会を解散し、この問題について一月に選挙で争った。議席は減ったが政府は勝ち、翌四月、上院は賢明な判断をし予算案を可決した。翌年、長く続いた政治の嵐のあとで上院は、上院の優位に終止符を打つ議会法案を受け入れた。ドイツと違いイギリスは財政危機を乗り越え、この問題について議会のコントロールを確かにした。イギリスは海軍競争にも勝った。大戦が始まったとき、イギリスがドレッドノートを二十隻持っていたのに対し、ドイツは十三隻だった。他の種類の船については圧倒的に優位にあった。

海軍競争は英独間の高まりつつある敵対心を理解するうえで重要な要素だった。貿易上のライバル関係、植民地をめぐる競争、ナショナリズムに傾く世論——これらはすべて一定の役割を果たしたが、これらの要素は英仏関係、英露関係、英米関係においても存在していた。だが、どの場合も一九一四年以前の英独関係を特徴づけるようになった深い疑念と恐怖感につながることはなかった。簡単に違う方向に転じることができたのである。ドイツとイギリスは一九一四年以前、それぞれ最大の貿易相手国だった（互いの貿易関係が大きくなれば戦争する可能性は少なくなると論じる人々にとっては不都合な例である）。戦略的な関心についていえば、ドイツがヨーロッパ最大の陸軍力であり、イギリスが最大の海軍力というように、はっきり分かれていた。

だが、ドイツが強力な艦隊を建造し始めると、必然的にイギリスは不安になった。ドイツ人はよく言うように、海外の貿易と植民地を守るために強力な艦隊を望んでいた。大きな海軍は、今日核兵器がそうであるように、大国であることの証だった。イギリス人は成長しつつあるロシアやアメリカや日本の海軍力と共存したように、ドイツとも共存することができた。受け入れることができないのは、地理上の問題だった。ドイツ艦隊がバルト海あるいはドイツ側の北海沿岸の港に配置されると、イギリス諸島のすぐそばに集結することになる。一九一四年になると、キール運河を拡張することで（この年の六月に完成した）ドイツの船はデンマーク、スウェーデン、ノルウェーを通過して北海に至る危険な航路を回避することができるようになった。

ティルピッツが計画したように、イギリスとの友好関係に向かうどころか、海軍競争によって英独間には深い溝が生まれ、どちらの国の国民も、意見が硬化することになった。同様に重要なのは、それによってドイツの脅威に対抗してバランスを取ろうと新たな同盟国の必要性をイギリスが考えるようになったことだった。ビューローがティルピッツ宛てに大戦後に書いたとおりだったのである。「わが国が不器用にバルカン問題を扱ったためにドイツが戦争に引き込まれたのだとしても……イギリスの世論がわが国の船の建造に対してこれほど憤りを感じていなかったとしたら、フランスと、特にロシアがバルカン問題を戦争にまで持っていったかどうかという問題が残っています」[96]。

海軍につぎ込んだ資金を陸軍につぎ込んでいたらどうなったのか。陸軍は多くの人と武器をつぎ込むことができて、ドイツ陸軍は一九一四年にはもっと強力だったにちがいなく、その夏の対フランス攻撃は成功したのではなかったか。実際ほぼ成功に近かったのだ。海軍競争は、歴史における個人の役割の重要性を示している。それぞれの国が維持していた経済、産業、技術の力がなければ、海軍競争は不可能だった。また、一般の人々の支持がなければ不可能だった。何よりもティルピッツの決意と推進力と、どこまでもそれを支持し続ける皇帝の賛同がなければ——加えて、不完全なドイツの憲法が皇帝に許した力がなければ——始まらなかったにちがいない。ティルピッツが海軍大臣になったとき、政府のエリートの中に大海軍を推進する強力なロビイストは存在しておらず、一般の人々の強力な支持もなかった。両者とも、海軍が大きくなり始めてから生まれたのである。

海軍競争の結果、ヨーロッパの長い平和を維持する道は狭まり、戦争への道がはっきり見えるようになった。海軍競争の結果としてイギリスが最初に大きな外交政策のイニシアチブを取ったのは——フランスとの関係修復に向かったのだが——防御的なものだったが、振り返ると、戦争に向かって秤を傾けたことが容易に見て取れる。一九一四年以前の十年間に顕著なのは、ヨーロッパ中で戦争の可能性が、おそらくそれが全面戦争であることの可能性について、頻繁に、また簡単に、普通の議論の一部になっていたことだった。

6　英仏協商――不思議な友好関係

ナイル上流に壊れた砦のある、小さな村があった。住民は百人あまりしかおらず農業でやっと生計を支えていた。その土の煉瓦でできた村が、一八九八年、危うく英仏間の戦争を引き起こしそうになった。ファショダ――現在は新国家である南スーダンに含まれ「コドク」と呼ばれている村――は、イギリスとフランスの帝国主義的野望がアフリカの北半分をめぐって反目した場所だった。フランスはアフリカの西海岸の植民地からナイル川に向かって大帝国をつくろうという野望を持ち、アフリカを横断し東方に向かって進んでいた。イギリスは、支配下に置いたエジプトの利害はスーダンに命運がかかっていると考え、既存の東アフリカの植民地に向かって南方に進んでいた。アフリカの地図上で行われたチェスの駆け引きでは、一つの国が動くと必ずもう一方の国にチェックをかけることになる。ゲームを複雑にしたのは、他の競技者――イタリアとドイツ――がゲームに参加しようとのぞき込んでいたことで、そのため一手にかける時間が短くなっていた。

一八八二年にエジプトで動乱が大きく広がったとき、フランス政府の不手際と決断力がなかったことからイギリスが単独で行動した。その結果イギリスがエジプトの支配権を獲得したことをフランス人は決して許さなかった。イギリスは占領は一時的なものと読んでいたが、出て行くより中にいることの方が簡単だと考えるようになった。何年か経つとイギリスの管理は拡大し、フランスはますます悔しいと思うようになった。ドイツにとってエジプトは、フランスとイギリスを引き離しておくための手ごろな楔だった。フランス国内では、植民地ロビーが活発に行われていた。そして、フランスの政治家と一般の人々に、フランスとエジプトの歴史的な絆――ナポレオンがエジプトを征服したこと、偉大なフランス人技師フェルディナンド・ド・レセップスによってスエズ運河がつくられたこと、を思い起こさせ、さらにフランスが代償として他の植民地を得ることを求める気持ちにさせた。フランスの植民地アルジェリアに隣接するモロッコと、チャールズ・ゴードン将軍下の在エジプト＝イギリス軍が一八八五年、マフディーに屈して以来エジプトが失ったスーダンの二つは、フランスにとって魅力だった。一八九三年、あるフランス人技師が、ナイル川上流にダムをつくれば下流のエジプトに影響を与えることができると指摘したことにフランス政府は関心を持った。ファショダと周辺地域に遠征軍を派遣する決定がパリでなされた。

ジャン＝バティート・マルシャン少佐率いる小部隊がアフリカ西海岸のフランス植民地ガボンから密かに東方に向かう計画だった。遠征軍のリーダーは、必要があれば貿易の可能性を探ることだけしか関心がない旅行者のふりをして、イギリスが事情に気づく前にファショダに杭を打ってくるつもりだった。フランスは地元民を味方につけることが可能だと考えていた。勝利者のマフディーとスーダンにいるマフディー軍が味方になると考えたのである。そうすればナイル川上流の国境を画定するため国際会議を開くことになり、エジプトの支配権の問題が再び俎上にあがる可能性もあった。しかし、フランスの期待とは裏腹に、事態は悪い方向に進んだ。まず遠征そのものがさまざまな理由から遅れ、一八九七年三月まで着手できなかった。次いで、フランスの植民地ロビーと同調する新聞は、遠征に出発する前にその見通しについてかなり大っぴらに議論し、親切にも手の内を見せたので、イギリスは対応する時間を確保することができた。マルシャンがブラザビルを出る前から、すでにイギリス政府は――フランスがナイルに向かうのは非友好的行為と見なすと――警告していた。[1] さらに、アフリカの独立国エチオピア皇帝メネリクは、ファショダのマルシャンに援軍を送るためフランス人が自分の国を通ることは認めていたのにその約束を守らず、地の利を知らないフランス人をかなり迂回させた。[2]

一年半かけてマルシャンと七人のフランス人将校は、百二十人のセネガル兵とともにアフリカを横断しようとした。ポーターが膨大な糧食を運んだ。米十トン、コンビーフ五トン、コーヒー一トン、赤ワイン千三百リットル、成功したときのお祝い用のシャンペンなどだ。大量の武器や川で使う小さな蒸気船（ポーターが分解して運ばなければならなかった。あるところでは森が二百キロ近く続いた）のほか、色のついたビーズ十六トンと色のついた布地七万メートルといった地元の人々——多くの人々はよそ者が近づくと逃げ去った——用の贈答品も併せて運んだ。加えて、自動演奏ピアノ、フランス国旗、野菜の種も持っていったのだ。(3)

一八九八年の夏の終わり、マルシャン遠征隊がファショダとナイル川に近づく頃になると、イギリスは遠征隊がどこに向かうか、何を目的にしているのか、明確に理解するようになった。フランスがファショダで地歩を固めつつあるとき、イギリスはスーダンを今一度奪取するように命を受けていたホレイショー・ハーバート・キッチナー将軍の指揮下で南エジプトに進軍しつつあった（若き日のウィンストン・チャーチルが戦争特派員として従軍していた）。九月二日、イギリスとエジプトの部隊はハルトゥームの外のオムダーマンでマフディー軍に圧勝した。キッチナーはロンドンから送られた封緘命令を開いたところ、ナイル川を南に下ってファショダに向かい、フランスに引き下がるよう説得すべしと書かれていた。九月十八日、キッチナーはフランスの人数を大幅に上回る部隊を率いて、五隻の軍艦とともに到着した。

ファショダでは、両国の関係は友好そのものだった。フランス人が庭に花を植え、野菜をつくり、特にサヤインゲンを育てて居心地良くしているやり方にイギリス人は強い印象を持った。フランス人は、フランスを二分しているドレフュス事件について知るのを怖がりながらも、故郷の最近の新聞を手に入れることができて喜んだ。「フランスの新聞を開いて一時間経つと、震えて涙が出てきた」と遠征隊の一人は述べている。キッチナーはマルシャンにウィスキーソーダを振る舞った（「国のために自分を犠牲にしたことのうちの一つが、恐ろしく煙臭いアルコールを飲んだことだった」と、そのフランス人は述べている）。フランス人は返礼に温かいシャンパンを振る舞った。両者ともに礼儀正しい態度を取ったが、周りの領域については主張を譲らず、両者とも撤退することを拒否した。(4)

平衡状態を伝える言葉が蒸気船と電報を通じて北に疾走した。パリとロンドンの反応は現地ほど穏やかではなかった。というのは、イギリスとフランスにとってファショダでの対峙は、共有している長くすさまじい歴史の記憶があるがゆえに、重くのしかかるものとなったからだ。ヘースティングズ、アジャンクール、クレシー、トラファルガー、ワーテルロー、ウィリアム征服王、ジャンヌ・ダルク、ルイ十四世、ナポレオン……、これらのことがすべて、海峡を挟んで二心あるイギリスと裏切り者のフランスが向かい合っている一枚の絵となったのである。ファショダは十六世紀以来、世界の支配をめぐって長い戦いに関係してきた。セントローレンス川からベンガルの草原に至るまで、英仏軍は帝国のために戦った。近年の競争によって昔のライバル関係の記憶が新たに甦った。エジプトもそうだが、衰退しつつあるオスマン帝国のさまざまな地域でも両国は争っていた。二つの国はさらに、アジアでも衝突――インドシナのフランス人とインドのイギリス人は、今なお独立を保っているシャムをめぐってぶつかっていた――していたし、西アフリカでも、フランスがイギリスの反対を押し切って一八九六年に獲得したインド洋の島マダガスカルでも争っていた。ファショダの危機が起こった一八九八年秋、フランスの新聞には「イギリスには負けない」という見出しが載り、イギリスの新聞にはフランス人のごまかしにはもう我慢しないという警告が載った。「デイリーメール」紙は次のように書いている。「今屈してしまうと、明日には途方もない要求に直面するだけだ」[5]と。

両国の水面下では、政府高官の行き来があり、必要な場合に備えて戦争の計画が立てられた。イギリスはブレストのフランス海軍基地を攻撃するメリットを検討し、地中海艦隊を警戒態勢に置いた。著名なイギリスのジャーナリストで実業家でもあるトマス・バークリーはフランスで、海峡沿いの港の市長たちが病院用に地元の教会の接収を命じたという噂を耳にした。彼はまた当地の英字新聞に、戦争が起こった場合、フランスにいるイギリス人がどうなるのかという記事を書いた。イギリス大使は、フランス政府に対する軍事クーデタが起こる可能性について警告した。軍部が動きつつあるというのだ。軍部が権力を奪取すれば、国の統合を図るためにイギリスとの戦争を歓迎する可能性があった。

ヴィクトリア女王はソールズベリに対して、「こんなみじめで小さな目的のための戦争なんて、とても承認できない」と述べ、フランス人との妥協の道を探るよう要請した。ソールズベリは、フランス人は戦争を望んでいないと考え、それは間違っていなかった[6]。十一月初め、フランス人はマルシャンの部隊をファショダから撤退させることに同意した（表向きは部隊の健康上の理由と説明された）。イギリスの蒸気船での帰国の申し出をマルシャンは拒否し、遠征隊は東に向かって行軍した。そして六カ月後、インド洋に面するジブチに到着した（ファショダは今なお貧困状態にあるが、人口は遥かに多くなっている。スーダン内戦と飢餓によって生じた難民が集まっているからだ）。

翌年ボーア戦争が起こると、フランス人は南アフリカの両共和国に喝采を送った。一九〇〇年のサン・シールの陸軍士官学校の卒業生は、この年を「トランスヴァールの年」と呼んだ。[7] パリ駐在イギリス大使は陰鬱な調子で、フランスの世論はイギリスの困難を見て大喜びしているとソールズベリに報告している。「貴公が、嫉妬と悪意と憤怒で気が狂わんばかりになっているこの国の女王の代表として、感じざるを得ないお気持ちをもたれていることを確信しております」。[8] フランスの大統領フェリックス・フォールはあるロシアの外交官に、ドイツではなくイギリスこそが主なる敵であって、海峡の両側で戦争の可能性に関する話が出ていると述べた。[9]

ファショダの危機とその後の顚末は両国に苦い思いを残したが、歓迎すべき効果ももたらした。一九六二年のキューバのミサイル危機のように、即座に戦争が起こる可能性があったことに指導者たちが慄き、将来起こり得るこのような危険な衝突を回避する方法を冷静に考え始めたのである。イギリスでは、孤立から脱しようと考えていたチェンバレンやバルフォアのような人々は同盟の可能性のある相手について、強いてどこの国がいいという思いは持っていなかった。大先人であるパーマストン卿のように、彼らはイギリスには恒久的な同盟国も敵対国もおらず、あるのは恒久的な利益だけだと考えた。チェンバレンは「ドイツと同盟を結ぶという考えを放棄してもよいなら、イギリスがロシアあるいはフランスと理解に達することも不可能ではない」[10]と述べている。面白い逸話を残しているが信頼度は低いドイツの外交官エカルトシュタイン男爵は、一九〇二年初め、チェンバレンと新しいロンドン駐在フランス大使ポール・カンボンとの会話を耳にしたとして次のように話した。「ディナーのあとタバコを吸ってコーヒーを飲んでいると、チェンバレンとカンボンがビリヤード部屋に入っていくのが見えた。見ていると、彼らは正確に二十八分間、かなり元気良く話をしているのがわかった。もちろん話していることは聞こえなかったが『モロッコ』と『エジプト』という二つの単語だけが聞こえてきた」[11]。これは本当のことかもしれない。

長年敵対関係にあった二つの国に友好関係を考えるこ

となど、特にフランスでは難しかった。イギリス人が世界における自国の地位に不安を感じていたとすると、フランス人は自国の衰退と現在の脆さを痛切に感じていた。そのためにイギリスに対する恨みは募り、疑念は高まりがちだった。過去の栄光と過去の屈辱の記憶は重荷となることもある。フランス人には、フランスがヨーロッパに君臨し、哲学からファッションまでフランス文明が全大陸のモデルとなっていたルイ十四世時代の、栄光ある長い統治期間が存在していた。身近なところでは、フランスのどの町にもある記念碑や絵画や本や通りの名が、ナポレオン軍がほぼ全ヨーロッパを支配したということをフランス人に思い出させてくれた。ワーテルローは帝国に終わりをもたらしたが、フランスは世界の問題に影響を及ぼす力を備えた大国であり続けた。皇帝ナポレオン・ボナパルトの甥ルイ・ナポレオンが行った戦争は、劇的な変化をもたらした。

一八七〇年、皇帝ナポレオン三世はセダンでプロイセンとドイツの諸公国の捕虜となり、フランスを壊滅的な敗北に導いた。フランスが苦くも気づいていたように、フランスを支援する国はただの一国も存在しなかった。そのため、イギリスを敵対国と認めるようになった。普仏戦争のあと、フランスは新たな政府をつくろうとしてフランス人同士が戦い、ビスマルクは重い講和を科した。フランスは莫大な賠償金を支払うまで占領され（第一次世界大戦後、ドイツがフランスに支払った金額より大きいと論じられている）、東部国境のアルザスとロレーヌを失った。最後に屈辱を刻み込むべく、プロイセン王はヴェルサイユ宮殿のルイ十四世の鏡の間で、ドイツ皇帝に即位した。あるイギリスのジャーナリストが述べた言葉が有名である。「ヨーロッパは愛人を失い、主人を得た」と。ブリュッセルでは、ロシアのある外交官がもっと長い視点で捉え、「九月二日（フランス軍がセダンで敗れた日）に未来の露仏同盟に向けた最初の一石が投じられたように思える」[12]と述べた。

一八九〇年に退陣するまで、ビスマルクはフランスが復讐できないようにしておくために全力を尽くした。ビスマルクは各国と同盟を結び、力を操り、約束し、飴と鞭を使い分け、フランスを孤立させ、ドイツが国際関係の中心でいられるようにあらん限りの駆け引きを行った。ヨーロッパ中心部に強力なドイツが誕生したことに脅威を感じ、フランスと同様に新しいドイツと長い国境で接することになったロシアは、フランスの同盟国になる可能性を秘めていたが、ビスマルクはロシアの統治者の保守主義に訴えて、第三の保守的勢力であるオーストリア＝ハンガリーとの三帝同盟に引き入れた。ロシアとオーストリア＝ハンガリーのライバル関係によって同盟が壊れそうになると、ビスマルクは一八八七年、ロシアと秘密条約である再保障条約を結んだ。不注意で一八九〇年に更新し損ねるまで、ドイツは再保障条約を維持したのである。

一方でビスマルクは、たとえばフランスと商業上の結びつきを強化する方策もとった。フランスとドイツの銀行はラテンアメリカやオスマン帝国に共同で出資を行った。二国間の貿易は関税同盟の話が出るくらいのところまで増大した（あと数十年待たなければならなかった）。西アフリカやフランス領東インドシナとなる極東でフランスが植民地を獲得するのをビスマルクは支援した。北アフリカにあったオスマン帝国の領土にフランスが進出するのも支援した。一八八一年にチュニジアを——帝国主義の隠れ蓑とするものとして知られている——保護国にしたときもドイツはフランスを支持したし、フランスがモロッコに影響力を拡大しようとしたときも好意的に見ていた。うまくいけば、とビスマルクは計算していたのだが、フランスの帝国建設は、イギリスおよびイタリアとの戦いに向かう可能性があった。少なくとも、フランスがどちらかの国と仲良くなることを食い止めるはずだった。フランスの関心が海外に向かう限り、ドイツに敗れたことと二つの地方を失ったことに対する恨みが育っていくようには思えなかった。

パリのコンコルド広場にあるアルザスの首都ストラスブールを表す銅像は、その地を失ったことを覚えておくために黒い喪服を着せられたいた。これを記念する歌や小説、絵画があり、戦場となった地域では毎年セレモニーが行われていた。フランスの教科書には、普仏戦争を終わらせたフランクフルト条約は「休戦条約であって講和条約ではない、だからこそ一八七一年以後ヨーロッパはどの国もずっと武装状態にある」と書かれていた。[13] フランスでは「プロイセン」とはひどく侮辱的な言葉だった。アルザスとロレーヌの南部——ジャンヌ・ダルクの生誕の地として、特に重要だった——が今やエルザスとロートリンゲンと名前を変えられていること、新しい国境が歩哨塔と要塞が置かれて示されていることは、フランスの愛国者にとっては恐るべきことだった。フランス軍の騎兵養成学校の卒業生は毎年、ヴォージュ山脈を走る国境を訪ね、独仏間に戦争が起こったときに備えて坂を下ることができるかどうか試していた。(14) フランスの敗北から二十六年たって、ポール・カンボンは同じく外交官だった弟のジュールと一緒にヴェルサイユ周辺を歩いた。そしてドイツの下でフランスの不名誉が「癒えることのない火傷」のように残っていることを痛切に思い起こした。(15)

だが、時の経過とともにそれは治りはじめていたのである。アルザスとロレーヌを取り戻したいという願いを諦める者はほとんどいなかったが、同時に、近い将来新たな戦争をする余裕がフランスにはないという事実を受け入れていた。やがて社会主義運動のリーダーであるジャン・ジョレスは、次のように書いている。「戦争もないし再統一もない」。有名な例外はいくつかあるが、一八九〇年代から一九〇〇年代に成人に達した世代は、アルザスとロレーヌの喪失を強く悲しむことも、ドイツに何とか復讐したいと思うこともなくなっていた。「復讐将軍」の異名を持つジョルジュ・ブーランジェのような騒々しい少数派ナショナリストは、政府がドイツに対して何らかのことをすべきだと求めていたが、戦争を主張するところまでは至らないのが普通だった。ブーランジェは一八八九年に半端なクーデタに担ぎ出されて自らの大義を傷つけた。その後ベルギーに逃亡し、一年後に愛人の墓の上で自殺した。一八七〇年から一八七一年にかけて起こった破局のあと、フランス暫定政府の初代大統領となったアドルフ・チエールは「仇や復讐について言う者は思慮に欠け、愛国者をかたる山師である。彼らの言っていることは人々の心に響かない。誠実な人々、真の愛国者は平和を望み、われわれの運命のすべてを決する責任を遠い未来に委ねるのだ。私としては平和を望む」と述べている。こうした感情は、右翼のナショナリストから攻撃を受けることを恐れ、あまり表現されることはなかったが、その後のフランスの指導者層で広く共有されていたように思われる。一般の人々も、少なくとも一九一四年直前にナショナリストが復活するまで、アルザスとロレーヌのために新たな戦争をすることについてはおおむね冷淡で、不安を感じていたように見える。(16) 知識人は軍事的な冒険を夢見ることをおもしろがっていた。

一八九一年に著名な知識人レミー・ド・グールモンは「個人的には、忘れられた土地のためには少しも食指が動かない。指は、タバコから灰を落とすためのものだ」(17) と書いている。特に左翼とリベラルのグループの間では、平和主義と反軍国主義の感情が大きくなっていた。一九一〇年、右派のチエールのような政治家は、普仏戦争においてフランスの重要な敗因となった戦いの一つから四十年周年経ったのを記念するセレモニーで、フランスの立場について取り上げた。大戦が始まったとき大統領で、フランスに留まったロレーヌ地方出身のレイモン・ポアンカレは次のように述べている。「フランスは真摯に平和を望んでいる。フランスは平和を妨げるようなことをしない。平和を維持するため威信を損なわない限り、常にあらゆる努力をする。だが、平和は私たちが忘却しようと、忠実でなかろうと、私たちを咎めたりはしない」[18]。

フランス人は一八七一年以後の数十年間は、国内のことに集中していた。革命とナポレオン期に戻ることへの反感がフランス社会を分断――教権反対に対して宗教、共和主義に対して王権主義、右翼に対して左翼、保守と反動に対して革命――し、次から次に変わる政府によって、その正統性が傷つけられていた。事実、フランス革命百年を記念した一八九八年でさえ、革命の意味と、革命をどう記憶しておくべきかということについては、深い議論があったのである。敗戦と内戦のなかで生まれた第三共和政は、さらに新たな分裂を加えた。新しい暫定政府は勝利を収めたドイツと講和しなければならないばかりか、革命の名の下に権力を掌握したパリコミューンにも直面しなければならなかった。結局、第三共和政が残す傷跡となったのだが、政府はコミューンに参加した人々に銃を向けたのだ。残酷な戦いが一週間続いたあとバリケードは取り除かれ、コミューンは解体し、最後に残った反逆者たちはペレ・ラシェーズ墓地で処刑された。

新しい共和政は、ナポレオンによって十二年後に倒された一七九二年の最初の共和政より、あるいはわずか三年後にナポレオンの甥の手によって同じ運命をたどった第二共和政より、長続きしないように思われた。第三共和政には左派のパリコミューン支持者から右派の王党派に至るまで多くの敵がいて、支持者は少なかった。ギュスターブ・フローベルは「私は哀れな共和政を擁護するが信じない」[19]と述べている。事実、いつも、政府を切り盛りしている共和派の政治家でさえ共和政を信じていなかった――よくあることだったが、一般の人々が「売春婦」だとか、「取り巻きたちでできた共和国」と呼ぶようなっていた部分にしか関心を持っていないように見えた。一八八七年、大統領の婿がいくつもの勲章――レジオンドヌール勲章でさえ――を売っているのが発覚した。

しばらくの間「古い勲章」は侮蔑の言葉となった。一八九一年から一八九二年にかけてパナマ運河会社が倒産すると何百万フランもが消え失せ、それとともに大勢の議員、大臣が名誉を失い、偉大なド・レセップスとエッフェル塔をつくったギュスターブ・エッフェルの名声も吹き飛んだ。フォール大統領が愛人の腕のなかで亡くなったのは、少なくとも違うタイプのスキャンダルだった。馬にまたがった英雄がさっそうと現れ、政府から汚物をつまみ出してくれるのを願う人々がいたとしても不思議はなかった。だが、大統領として王政を復活させようとしたマクマホン元帥（ある漫画は、少なくとも「馬は賢そうに見えた」と描いている）から不運なブーランジェに至るまで、こうした人々も失敗を重ねるばかりだった。

第三共和政にとって最大のダメージとなったスキャンダルは、ドレフュス事件だった。問題の中心はごく単純なことだった。陸軍参謀アルフレッド・ドレフュス大尉がフランスの軍事機密をドイツに漏らしたという判決を受けたのは正しかったのか、間違っていたのか、ということである。そこに偽文書、虚偽、正直な軍の将校、不正直な将校、別の容疑者が加わり、事件を複雑にしていた。捏造された証拠で誤った判決を下されたドレフュスは、不名誉にさらされ野蛮な処罰を前に異様なほどストイックで毅然とした姿勢を示していた。しかし、軍当局、特に参謀本部と政府はこの事件を穏便に処理し、ほころびが見えてきているこの事件を調査しようとしなかった。事実、参謀本部の中にはドレフュスを追い込むため新たな証拠の捏造を考える者もいたが、何年も後にアメリカ合衆国で起こったウォーターゲート事件のスキャンダルのように、最初の犯罪を隠蔽しようとしたことによってますます深い犯罪的陰謀のぬかるみにはまっていくことになった。

事件はしばらくの間ぐつぐつと沸騰し、一八九八年に爆発して公に知られることになった。ドレフュスは軍法裁判で急ぎ判決を受け、一八九四年に南アメリカの大西洋沖にあるデビルズ島にあるフランスの収容所に送られた。無実を信じる家族とわずかな支援者たちは、審理を再開するよう運動した。ドイツへのフランス機密の漏洩が続いているという事実が力となり、第二の裏切り者について調査を行ったジョルジュ・ピカール大佐が、スパイは放蕩者の指揮官フェルディナン・エステルアジと仕事をした人物で、ドレフュスに対する軍の処置は間違いだと結論づけたことで、希望を持てるようになった。望まない結果を突きつけられ、軍当局と政府の中枢の軍支持者たちは、ドレフュスの判決の正悪はどうであれ軍の威信と名声を損ねてはならないと考えた。そのためこの仕事の結果ピカールに与えられた報酬はチュニジア送りだった。そこでピカールが腐るのを期待したのかもしれない。しかしピカールはこれを拒否し、解雇され、逮捕され、訴追を受けた。しかも、これはドレフュスの場合と同じくらい薄弱な根拠に基づいてのことだった。

一八九八年一月、事件は人々の関心をかきたて始めていたが、エステルアジは軍法会議で審査を受け釈放された。二日後、偉大な作家エミール・ゾラは色事で知られる共和国の大統領フォールに宛てて有名な手紙「私は糾弾する」を発表した。そのなかで、ゾラは事件の事実を並べ、軍と政府が恥ずべき隠蔽行為をしたと非難した。ゾラはドレフュスに反対する者たちが、ドレフュスがユダヤ人だという事実を用いて反ユダヤ主義感情をかき立て、共和国と自由を傷つけていることも非難した。「フランスが真実と自由の世紀を称えて大パリ万国博覧会の準備をしているときにこんなことを」とゾラは述べた。手紙のなかで喧嘩腰に指摘したことから、ゾラは名誉毀損で訴追されることを覚悟し、政府もいささか疑問に思いつつも訴追を実行した。ゾラは裁判にかけられ、軍を侮辱したと有罪判決を受けたが、投獄される前にイギリスに逃亡した。

ここまで来ると、事件は大きな政治的危機に発展し、フランス社会はドレフュス支持者と反対者に分裂した。急進主義者、自由主義者、共和主義者、反教権主義者（カテゴリーが重なることが多かった）は前者に入る傾向があり、王党派、保守主義者、反ユダヤ主義者、教会の支持者、軍は後者に入る傾向があった。だが、それほど明確に分かれていたわけではない。この事件で、家族や友人、同業者などが二つに分かれた。イギリスのジャーナリストで実業家のトマス・バークリーは次のように書いている。「『この五年戦争』は新聞紙上が、法廷が、音楽ホールが、教会が、公道が戦場となった」[20]。ある家族のパーティーでは、反ドレフュス派の息子がドレフュス派の姑を叩いたことで裁判に持ち込まれ、妻は離婚を申し立てた。芸術家のなかでは、ピカソとモネはドレフュス派でドガとセザンヌは反ドレフュス派だった。あるサイクリングの機関紙の編集部は分裂し、反ドレフュス派は編集部を出て自動車を専門とする機関紙を立ち上げた。一八九九年二月、右翼の扇動者で悪名高い反ドレフュス派のポール・デルレードは、フォールを引き継いで大統領に選ばれたばかりのドレフュス派のエミール・ルーベに対してクーデタを試みた。デルレードはリーダーになるよりは扇動のほうがはるかにうまく、試みは失敗した。だが、その夏、オートゥイユで行われた競馬の際、反ドレフュス派のステッキで帽子を壊された。[21]

どちらの側も穏健派はますます共和政の未来を心配するようになったが、事件を沈静化するのは困難だった。一八九九年、ピカールは牢獄から釈放され、ドレフュスはデビルズ島から戻り、二度目の軍事法廷に立つことになった。ドレフュスの弁護士が通りで背中を撃たれたとき（狙撃者は捕まらなかった）、保守的なレンヌの町の人が弁護士を助けようとしなかったことは、事件に対する熱狂の程度を表している。今回は判事の意見は分かれ、ドレフュスにとって状況が以前より良くなっていたものの、再度有罪となった。この判決とルーベが結果として与えた恩赦は、ドレフュスに反対する者にとっては大きく、ドレフュスの支持者からすると物足りなかった。ドレフュスは再審請求し、一九〇六年に最終的に無罪を勝ち取った。裁判所は有罪判決を取り消し、ドレフュスは軍に復職、ピカールも続いた。一九一四年七月、ピカールは狩猟中の事故で死亡し、退役していたドレフュスは再入隊し大戦に参加した。ドレフュスが亡くなったのは一九三五年のことだ。

第三共和政は、おそらく誰もが驚くことだと思うが、この事件を乗り越えることができた。見た目よりも安定していたのだ。大きく分裂していたとしても、新たな内部闘争の危険を冒したくないというフランスの多くの者の気持ちに助けられていた。また、最初に思われていたより継続性があった。政府は何度も変わったが、同じ人の名前が何度も出たり入ったりした。猛烈な急進主義の政治家で、戦前・戦中に何度か政府に参加したジャーナリストのジョルジュ・クレマンソーは、政府をいくつも倒したと告白して非難されたときに、次のように答えている。「私が倒したのは一つだけだ。どれもいつも同じようなものだった」[22]と。官僚にも継続性があった。事実、官僚は政府が度々入れ替わるために、自律性と影響力を持つようになっていた。

外務省に、また外国に駐在するフランスの外交官の間に拡がっていた態度の一つは、政治家を軽蔑し、政治家からの指図を嫌うということだった。何人か例外もあるが、歴代の外相は外交問題に関心を持たなかったし、外交問題を理解できるほど長く外相のポストにいられなかった。大臣ポストを求めたり、政治闘争で頭がいっぱいになっている議員が集まるフランス議会は、官僚の監視役をほとんど務めることができなかった。[23] 外交と植民地の問題に責任を持つ委員会は無能で不活発だった。外務省に文書の提出を求めたり、大臣に会うこともできたのにもかかわらず、それを拒否されると黙って指をくわえるだけだった。政治家(ドレフュス派の中心)ジョゼフ・レナックは、イギリス大使にこう不満を述べている。「四十四人のメンバーはゴシップ話をしてばかりだ。内密の情報を妻に、愛人に、親しい友だちに話して聞かせる。聞いた者はまたゴシップ話をするのだ」[24]。フランスの新聞は一般に、フランス議会より多くの情報と影響力を持っていた。第三共和政下の外相のほぼ半数はジャーナリストの経験があり、新聞がどれだけ役に立ち、どれだけ危険かということを熟知していた。

それでも、ドレフュス事件の与えたダメージはいつまでもつきまとった。フランス社会の中にある古い分裂は、新たな苦しみによって勢力を強め、大きくなった。右派の多くが共和政と自由主義の価値に対する軽蔑に凝り固まっていたとすると、左派は伝統と宗教と軍に対して同じように強い敵意を抱いていた。急進主義者はドレフュス事件を利用して軍隊——保守主義の貯蔵庫、時代錯誤の貴族の拠りどころ以外の何者でもないと偏見を持って見ていた——を管理下に置こうとした。共和政を正しく理解していないのではないかと疑われた将校は、特にそれが上級の場合には追放され、軍はますます政治的なつながりとコネの類に依存するようになった。その結果、士気が落ち、軍の威信はさらに低下した。概して、それ相応の家柄の者は息子を軍に入れたくないと考えるようになった。第一次世界大戦前の十年間、将校を志す者の数と質が際立って落ちていった。一九〇七年、やがて陸軍大臣となるが、当時は軍を批判する急進派の一人だったアドルフ・メシミは議会で、将校全員に必要なのは質の良い基本的教育だと述べた。この点について軍がほとんど改善をしていないのは間違いなかった。将校のためのカリキュラムは、エリートのスタッフのレベルでもつぎはぎで、時代遅れで、一貫性がなかった。さらに、協調性が評価されるあまり、才能が見過ごされることがあまりにも多かった。大戦前夜、フランス軍の統率能力は不十分で、明らかに官僚的で、新しい思想や技術を受けつけなかった。ドレフュス事件に関わり解決できなかった人々の中心にいたエミール・ズリンデン将軍はこう述べている。「民主主義者というのは難しい。才能があって周りが注目するような人物を疑う傾向がある。資質と力を見極められないからというのではなく、共和政を不安に思っているからである」[25]。

ドレフュス事件は国際的にも波紋を投げかけた。この事件は大きな国際的陰謀の一部だと思う支持者が両側にいた。ある著名なナショナリストは、右派に共通する疑念を述べている。「フリーメイソンとユダヤ人と外国人の一味が、軍の信頼を損ねてわが国をイギリスとドイツに売ろうとしている」[26]。これに対して、反強権主義のドレフュス派の人物は、特にイエズス会を通じて教皇の手が動いていると捉えている。外国では、この事件は特に、イギリスの世論に残念な影響を及ぼした。一八九八年のファショダ事件と、翌年のドレフュスの再審有罪判決が出て間もなく始まったボーア戦争のせいで、英仏間の関係がすでに緊張しているときだったのだ。イギリス人は一般にドレフュス派で、フランス人が信頼が置けず卑しいことの新たな証拠だとこの事件を捉えていた。ハイドパークに五万人の人々が集まり、ドレフュス支持を訴えた。ヴィクトリア女王は法廷の進行を見てくるようにと主席裁判官をレンヌに派遣したが、彼は「哀れな殉教者ドレフュスに、おぞましく恐ろしい判決」を下したとソールズベリに述べた。女王は抗議して、恒例だった休日をフランスで過ごすことを取りやめた。臣下の多くも女王の例に倣った。実業界は一九〇〇年のパリ万国博覧会のボイコットを真剣に検討した[27]。パリ市議会の議長がバークリーに次のように述べている。「少なくともドイツ人については、あなた方はフランスの敵だということができる。ドイツ人はできるならすぐにもわが国を飲み込んでしまいたいという気持ちを隠さない。ドイツ人といると自分の立ち位置がわかる。だが、イギリス人といるとつかみどころがない。偽善的で二心を持っているが、無意識にやっているわけではないのだ。イギリス人は熟慮の上、約束と甘言を用いて引っ張り、崖っぷちまで押していったあとで、目を天に遣る。イギリス人が道徳的な人々であることを感謝し、心から神に祈ろうではないか」[28]。

新しい世紀がスタートしたころ、フランスは国内外とも脆い状態にあった。イギリスとの関係はどん底状態にあり、ドイツとは適切だが冷たい、スペイン、イタリア、オーストリア＝ハンガリーとは緊張した関係にあった。すべての国が地中海をめぐるライバルだった。だが、フランスはビスマルクがつくった包囲網を何とか破り、ロシアという重要な同盟国を獲得した。革命の過去が背景にある共和国と東方の貴族的な勢力との、不思議な友好関係だった。ヨーロッパが第一次世界大戦に向かうなかで重要な段階でもあった。フランスもロシアも防衛的な同盟と理解していたが、こうした同盟によくあるように、別の観点から見ると全く違ったものに見えた。ポーランドはまだ地図の上には再建されていなかったので、ドイツは東西を敵対する勢力に囲まれていると捉えることができたし、実際そう考えることが多かった。露仏同盟の結果、さらに多くの事態が生じた。ドイツが、さらに周囲を包囲されまいと、確実な同盟相手としてオーストリア＝ハンガリーに接近した。

ビスマルクであっても、フランスをいつまでも孤立させておくことができるとは思わなかっただろうが、後継者がロシアとの再保障条約の更新に失敗したことによって、フランスがドアを開いて素早く通り抜けたのだ。ロシアはフランスの孤立からの出口を提供した。地理的な条件を考えると、将来フランスと争う際、ドイツは背後を振り返って東方をも見なければならないということになった。さらに、ロシアはフランスが持っていないもの——莫大なマンパワー——を持っていた。当時フランスが直面していた、そして一九二〇年代と一九三〇年代にも直面した「人口学的悪夢」は、ドイツの人口が増加しているのにフランスは停滞している、ということだった。一九一四年にはドイツの人口が六千万人なのに対し、フランスは三千九百万人だった。軍が質より量に頼っていた時代だったから、潜在的な兵士の数がドイツの方が多いことを意味していた。

ロシアがなぜ同盟を受け入れたのか。それは資本である。一役買ったのは、フランスがロシアが強く必要としているもの——資本——を提供できることができたことである。ロシア経済は急速に拡大しており、政府がロシア国内で集められる以上の資金を必要としていた。ドイツの銀行はかつてロシアの外債の中心となっていたが、ドイツ国内への貸し出しが増大し、国内での需要が高まっていた。ロンドンも資金集めの可能性があったが、英露関係が良くないことから、イギリス政府とイギリスの銀行はいつ何時敵になるかわからない国に貸したがらなかった。そのため主だったヨーロッパの大国のなかではフランスが候補として残ったのである。フランスは国民の節約のおかげで、良い投資先を求める資本がふんだんにあった。再保障条約が途切れる二年前の一八八八年、フランスの銀行は初めてロシア政府に多額の借款を融資した。一九〇〇年頃になると、フランスは最大の借款国となり（イギリスとドイツを合わせたものより大きかった）、急速に発展するロシアの産業とインフラにフランス資本がつぎ込まれた。一九一四年、ロシア軍が前線に移動する道に沿ってつくられた鉄道の大部分がフランスの資金で賄われた。フランスの投資家は、その後帝国を引き継いだボリシェヴィキがすべての対外負債の返済を拒否したときに気づくことになるのだが、ロシアに対する外国からの投資の四分の一を引き受けていたのである。(29)

ロシアもフランスも、過去を克服しなければならなかった。一八一二年にナポレオンがモスクワを焼いたこと、その二年後に皇帝アレクサンドル一世の軍隊がパリを通って勝利の行進をしたこと、そしてクリミア戦争だ。両者とも、相手に対する疑念を飲み込まなければならなかった。ロシアはフランスの共和政と反教権主義を、フランスはロシアの皇帝独裁とギリシャ正教を。だが、ロシアの上流階級はフランスのスタイルに憧れていて、フランス人がロシア語を話すよりも上手にフランス語を使うことが多かった。一八七五年以降、フランス人はロシアの素晴らしい小説と音楽に親しむようになった。さらに重要なのは、一八八〇年代末、非友好的勢力と考えていたイギリスがドイツ、オーストリア゠ハンガリー、イタリアの三国同盟に加わる可能性があるとロシアの外相と軍の指導者たちが不安に思うようになったことだ。その場合ロシアは、フランスと同じく孤立することになる。ロシアの最終決定権は皇帝にあり、当時の皇帝アレクサンドル三世がフランスとの同盟を考えるようになったことが決定的だった。アレクサンドルの妻は、デンマークの王家の一員であったが、祖国を破ったシュレスヴィヒとホルシュタインの両公国を奪ったプロイセンをひどく嫌っていた。アレクサンドルはその妻の影響を受けていた。また、一八九〇年に再保障条約を更新しないとするドイツの決定に打撃を受けていたようにも思われる。条約が切れた一カ月後、ロシアの将軍たちは、恒例の軍の演習に参加していたフランスのある将軍と軍事協定の可能性について話をした。(30)

翌年、フランスとロシアは、どちらか一国が三国同盟の国から攻撃を受けた場合に、相互に防衛することに合意した秘密の軍事協定を策定した。どちらにとっても大胆な第一歩であり、合意を批准するにはさらに一年半を要することになった。続く十年間、両国の利害の方向が違ったり衝突したりで、露仏同盟が壊れそうになることもあった。たとえば、一八九八年のファショダ事件の際、ロシアがフランスへの支援を拒否したことでフランスは大いに落胆した。同盟そのものが一九一四年の戦争の原因だったわけではないが、しかし同盟の存在は、ヨーロッパの緊張を高めることにつながった。

合意は秘密だったが、ヨーロッパの国際関係が大きく変化したことは誰が見ても明らかだった。一八九一年、ロシア皇帝はフランス大統領に、ロシアで最も価値のある勲章を与えた。その夏、フランス艦隊がサンクトペテルブルグの西にあるクロンシュタットのロシア海軍基地に表敬訪問をした。革命歌の演奏はロシアでは禁じられていたが、フランス国歌が演奏され、その間、皇帝が起立している異様な光景を世界は目にした。二年後、ロシアの艦隊が返礼訪問としてトゥーロンにやってきた。フランス人の群衆は「ビバロシア！ ビバフランス！」と叫び、訪問者たちはディナーやレセプション、ランチ、ワイン、挨拶でもてなしを受けた。あるジャーナリストが「パリには、ロシアの水兵の願いを叶えるためなら自分の仕事など忘れてもいいと思っている女性ばかりだ」[31]と報じている。イギリス大使は、ロシア皇帝とその体制のために良き共和主義者たちが示した熱狂振りを面白いと思ったが、フランス人の感情の吐露は理解できた。「フランスの人々はケルト民族のように感じやすく、共感と賞賛に病的なほど飢えている。普仏戦争とその結果はフランス人の虚栄心を骨の髄まで傷つけた。屈辱を我慢して威信を保って耐えているが、恨みに思っていないわけではない」[32]。

一八九八年、ファショダ危機が発生する少し前、可能性は低いもののもう一つの同盟相手、すなわち今度は旧来の敵国イギリスとの同盟に舵を切ることになる人物が外相になった。テオフィル・デルカッセだ。彼は、第三共和政では珍しいことだが、モロッコの危機が生じて辞任を迫られるまで七年間にわたり外相を務めた。デルカッセの背景は地味で、ピレネー山脈近くの南部出身で、一八五七年、彼が五歳のときに母親が亡くなり、下級裁判官だった父親は再婚した。新しく迎えた妻は子どもに冷たく、祖母のもとに送られることがよくあった。大学でフランス語と古典文学の学位を取り、劇作家になったがうまくいかなかった。自立するため最初は教師、その後ジャーナリストとなった。野心を抱く多くのフランスの若者のように、政治の道に進むためのステップにしようとしたのだ。一八八七年、金持ちの未亡人と結婚し財産を自分のキャリアのために使わせてもらうと、二年後に、穏健な急進主義者としてフランス議会に選ばれた。外交問題について最初の演説を行い、彼の説明によると、大成功を収めたとのことだった。[33]

デルカッセは不器量で色が黒く小柄で（かかとの高い靴を履いていた）、外相としては人好きのしない人物だった。政敵は彼のことを「小人」だとか「幻のリリパット人」（『ガリバー旅行記』に出てくる小人国の名）と呼んだ。知的な面でも印象に残るものはなかった。それでもなお、デルカッセは決断力、説得力、勤勉さを併せ持ち、有能だった。本人は、夜が明ける前に出勤し、夜が更けてから帰宅することがほとんどだったと主張している。外相に就いていたときの多くの期間、大統領だったルーベが好きなようにさせてくれたことも幸いだった（フランスで最も重要な外交官の一人ポール・カンボンはルーベの大統領の仕事ぶりについて、「何にも役に立たない勲章以外の何ものでもない」と述べている）。[34]デルカッセの欠点は、多くの政治家を軽蔑すること、外務省をそれよりもひどく軽蔑すること、秘密好きなことだった。その結果、フランスの政策とイニシアチブを知っているべき重要な者が何も知らされないまま放置されていることがよくあった。ロシアに何年間も駐在したフランス大使モーリス・パレオローニュは「部屋を出ようとしているときに、後ろから不安げな声が聞こえてきたことが何度もあった。『一切紙に書くな』『私が言ったことは全部忘れろ』『燃やしてしまえ』」[35]と述べている。

自制心もあったが、デルカッセには強い思いがあった。その最たるものはフランスに対する思いだった。フランスは「世界で一番道徳心がある」――彼にとってのナショナリストの英雄レオン・ガンベッタの言葉を引用するのが好きだった。ジャーナリストのとき、フランスの学校の子どもたちに、彼らがドイツやイギリスの子どもたちより優れているということを教えるべきだとする記事を書いたことがあった。[36]同じ世代の人々のように、一八七〇年から七一年にかけてのフランスの敗北に心を痛めた。父親がアルザスとロレーヌのことを決して話題にしないことに彼の娘は気づいていた。だが、普通とは違って、ドイツ人とドイツ文化を嫌ったわけではなかった。ワーグナーを賞賛していたのだ。[37]それでも、フランスはドイツとは和解できないということを前提に考えており、早くからロシアとの同盟を熱心に支持したのである。

デルカッセはフランスの国民的な復活は植民地の獲得によると考えていて、政界入りするとすぐに強力な植民地ロビイストと緊密な関係を持った。フランスの目指すところは地中海だという大衆好みの見方を共有するようになり、そのためにイギリスがエジプトを獲得したのは許し難いと考えていた。この時期のフランスのナショナリストのように、きしみ始めているオスマン帝国のアラブ地域にフランスの影響力が拡大することをデルカッセは夢想していた。左派も含めた多くのフランス人のように、フランスによる支配とは、文明の恩恵を与えるものだと思っていた。社会主義の指導者ジョレスがモロッコについて、「突然の攻撃や軍事的暴力といった問題がないから、フランスが行動する権利があるのは間違いない。フランスがアフリカの原住民に示す文明が現在のモロッコの状況に勝っていることが確かだということもある」[38]と述べている。デルカッセは強い反教権主義者だったが、植民地を得るためにオスマン帝国支配下のシリアやパレスチナのような地域にいる少数のキリスト教徒を保護することに熱心だった。また、デルカッセはフランスの南に位置する北アフリカに目を向けた。北アフリカにはすでに、アルジェリアに大きな植民地を持っていたが、ますます無秩序化しているモロッコに着目した。フランスの目的のために、隣国イタリアとスペイン、可能ならばドイツと協力する用意があった。だが、もっと重要なのはイギリスと協力することだった。

一八八〇年代半ば、デルカッセはイギリスと互いに良き理解者になることを望んでいた。さらに、デルカッセには大きな計画があった。結果的にフランス、ロシア、イギリスで結ばれた三国協商をつくろうというものだった。一八九四年にフランスとロシア間で合意を結んだことは、デルカッセにとって重要な第一歩だった。一八九八年に外相に就いたとき、イギリスの大使にイギリス、フランス、ロシア間の友好的理解が「極めて望ましいもの」だと考えていると述べた。「こんなことを言うなんて、この男は正直者だと心底思いました」と大使はソールズベリに述べている。だが、イギリスの首相には孤立政策を捨てる用意がなく、一八九八年にはファショダ事件と、翌年にはボーア戦争があって英仏関係は凍りついた。[39]

ファショダ事件のあと、デルカッセはモロッコ獲得に向けて静かに動き始めた。地理学上の探検を保護する必要があるという見え透いた言い訳にかこつけて、フランス軍はアルジェリア国境から進入し、モロッコ南部の重要なオアシスを占領した。一九〇〇年、デルカッセはイタリアと取引し、イタリアがリビアを、フランスがモロッコを自由にするという約束をした。スペインとも交渉し、カンボンが言うには「見たこともないくらい興奮状態になっていて、うまい取引をしたと言っていた」とのことだった。[40] この試みはスペイン政府が交代したために失敗に終わったが、失敗したことによってデルカッセは、イギリスと何らかの形で調整することを真剣に考えるようになった。フランスの前に開けている道はエジプトを諦め、代わりにイギリスがフランスのモロッコでの優位を認めることにあると考えるようになっていた植民地ロビイストの友人から相当な圧力を受けていた。

フランスの世論――いつも計算に入れておかなければならない要素だったが――も動き始めた。ボーア戦争の終結と、一九〇二年のボーア人とのイギリスの協定〔フェリーニヒング条約〕によって、イギリスに対する憎しみの原因の一つが取り除かれた。その少しあと、ラテンアメリカで発生した突然の危機によって、イギリスの国民がドイツを嫌い、恐れているということが明らかになり、フランスは喜んだ。イギリスとドイツの業界に資金を頼っていたベネズエラが返済を拒否したことで、ドイツは二国共同で海軍を派遣することをイギリスに提案したのである。イギリスは乗り気ではなかったが同意した。しかし、イギリスは用心しなければならなかった。もともとイギリスのことを疑う傾向があるアメリカ合衆国は、神聖なモンロー宣言の侵害と捉え、激怒した。アメリカとようやく改善したばかりの関係が再び脅かされることになり、また、ドイツと協力することについて、国民の激しい抗議があり、イギリス内閣は狼狽した。一九〇二年のクリスマスの直前、「ザ・タイムズ」紙にキプリングは詩を発表し、問いかけた。「他には艦隊の姿なく／これで一味を攻撃するのか」。詩の結びは次のように盛り上がる。

平和が広がる海
狭い海域を抜け、世界の半ばを巡航しゆく
いかさま師のクルーと新たに手を組んで
ゴート族と恥知らずのフン族の組み合わせ！

良好な英独関係を強力に支持していたロンドン駐在ドイツ大使メッテルニヒ公は、イギリスが他国にこのよう

な敵意をむき出しにするのは見たことがないと述べた。(41)

一九〇三年、デルカッセはイギリスとの齟齬を調整しようと決め、信頼を置いているロンドン駐在大使ポール・カンボンに、新しいイギリス外相ランズダウン卿と公開討論を行うように指示した。(42) 実はカンボンは、外相の先を行っていた。カンボンはランズダウンに二年前のことについて、いくつか示唆をしていた。フランスがニューファンドランドのイギリス植民地の古い協定〔一七六三年のパリ条約〕に基づく権利を放棄する、あるいはモロッコをフランスが自由にする見返りに、イギリスのエジプト支配を受け入れるかフランスとイギリスでモロッコを分割する、といったことだった。ランズダウンは関心を持って聞いていたが、判断を避けた。カンボンはいつものように裏付けを持たず、自分の職の範囲だけで行動しているのではないかと疑ったのだ。実際にそうだった。

小柄で威厳があり、完璧な服装をして、片足をわずかに引きずって歩くポール・カンボンは、自分が重要人物だということを強くアピールしようとしていた。経歴は際立っていた。チュニジアのフランス代表、スペイン大使、オスマン帝国大使を歴任し、有能で誠実という評判を得ていた。上司を含めて、一貫性がないと感じる人々の命令には頑として服さないことでも知られていた。彼は外交を「外交史というものは、何かをしようと努める外交官の努力と、それに対してパリが抵抗するやり取りを延々と説明したものに過ぎない」と息子に語ったように考えていた。(43) デルカッセの政策に賛同しフランスを再び大国にしたいという思いを共有する一方で、カンボンは外交官の職を外交政策をつくるパートナーと考えていた。大使としてコンスタンティノープルに滞在したときにロシアを嫌いになり、ロシアの地中海の東端に対する野望に強い不信感を抱いていたが、ロシアを友好国にすればフランスに利するとも考える現実主義者だった。だが、カンボンはロシア——「困った存在というより役に立たない存在」——が信頼に値するとは思っていなかった。一番恐れていたのは、再度フランスをヨーロッパ内で孤立した立場に置く形で、ロシアとドイツがかつての友好関係を復活させることだった。(44) 外交官になったばかりの頃、フランスはイギリスに気をつけなければならないとカンボンは考えていた。モロッコ問題がヒートアップするとイギリスもそこに首をつっ込むことになり、フランスは可能な時にエジプト問題についてイギリスと妥協しておかないとモロッコを失いかねないと心配した。

一八九八年から一九二〇年という長きにわたりイギリスで過ごしたが、カンボンはイギリス人にもイギリス文化にも特に愛着を感じなかった。義務感だけでロンドンに行ったのである。イギリスに着いて間もない頃、ウィンザー城で行うヴィクトリア女王との食事に招かれたとき、年老いた女王は生き生きしていて楽しかったが、食事が粗末に感じた。「自分の家だとしたら、こんな食事には耐えられない」[45]——イギリスの食事についての気持ちは変わらなかった。カンボンはフランスにイギリス人学校をつくることに反対し、イギリスで育ったフランス人は精神的に欠落しているところがあると感じていた。[46]一九〇四年、英仏に新たな友好関係が結ばれたことを祝してオックスフォードが名誉学位をカンボンに与えたときのことだ。暑いなか延々と続いたセレモニーの様子を、弟のジュールにおもしろおかしく皮肉を込めて説明している。「英語のアクセントで発音されたラテン語とギリシャ語の韻文は驚くほかない」と。最後に大学を讃える祝辞があったが、それについては「聞いていたいとは思わなかった。疲れ果てた」[47]と述べている。二十年以上ロンドンで生活したが、英語をきちんと話せるようにはならなかった。一九〇五年からイギリス外相になった英語しか話せないグレイとの会話では、カンボンはフランス語でゆっくり一言ずつ区切って話をし、グレイは英語で同じようにした。[48]だが、それでも不承不承だがイギリス人を評価するようになった。ヴィクトリア女王の葬儀に際してはかなりの混乱があったが、「イギリス人が優れているところは、たとえ愚かに見られたとしても、葬儀に全く関心を持たずに平気でいられるということだ」[49]。

ロンドンでのカンボンの仕事は、イギリス人が英仏協商に対して明確な政策を持っていなかったために難行した。イギリス人は、フランス人と同じように、モロッコを自分にいいように扱おうとする傾向があった。イギリスのモロッコに対する政策は定まっていたわけではなかったが、政府内にはチェンバレンのようにモロッコを保護国化する、あるいは二十世紀の初めになってその関係が悪化するまではドイツと分割する、と真剣に考えている人々もいた。[50]海軍本部には、モロッコの大西洋側と地中海沿岸に海軍基地か港をつくる、あるいは少なくともドイツやスペインやフランスにそうさせないようにすると、いう話があった。

今日であれば、国際社会のなかで衰退しつつある国があれば問題だと考えるが、帝国主義の時代には各国はそれをチャンスだと考えた。中国、オスマン帝国、ペルシャなどの国は弱く、分裂し、簡単に分割できそうに映った。モロッコもそうで、一九〇〇年頃には無秩序状態となっていた。強力で有能なスルタンであるハッサン一世が一八九四年に亡くなり、十代のアブドゥルアジズが王位を継承した。「見た目は悪くないが、ぽっちゃりと太っている。顔立ちがよく、きれいな目をしている」と、イギリス外交官として駐在していたアーサー・ニコルソンは述べている。「不健康には見えないが、食べ過ぎている子どものようだ」[51]。アブドゥルアジズは臣下を管理できないことが判明した。政治が腐敗し、地方の強力な指導者たちが独立を主張し、海岸沿いでは海賊が商人を襲い、内陸では盗賊団がキャラバンを襲撃して金持ちを人質にとった。一九〇二年の終わりには、反逆者の一人が動揺している王朝を転覆させると威嚇した。

若いスルタンは宮殿で遊んでいた。フランス人が気づいたように、馬番から自転車の修理人に至るまでイギリス人の召使いに囲まれていた（公平にしようと、フランス人にソーダ水をつくってもらっていたが）。特にフランス人が驚いたのが、アブドゥルアジズが最も信頼している助言者でモロッコ軍の指揮官を務めていた人物は、旧イギリス軍人カイド・マクリーンだったことだ。「小柄で丸い体型で、きれいな白髭をたくわえ、バグパイプの上で陽気な目が輝いていた」とニコルソンは述べている。ニコルソンはマクリーンを親切で誠実な人物だと考えた。ターバンを巻き、白い羊毛のマントをまとい、庭の小道をバグパイプを吹きながら歩いていた。「バンク・オブ・ロック・ロモンド」のメロディーがアフリカの陽射しの下で、キーキー響きわたっていたにちがいない[52]。一九〇二年にマクリーンがイギリスを訪問した際、ボルモラルに招待されエドワード七世からナイト爵を授けられると、多くのフランス人の高官は、自分たちがイギリス人のことを疑ったのも無理ないことだったと頷いた。モロッコにいるデルカッセの代表は、イギリス人は説得から賄賂まで、ありとあらゆる手段を用いている、うまくいかないとなるとイギリス外交官の夫人たちはイギリスの利益の追求のためやらなければならないことをわきまえていると暗い調子で報告した[53]。

それにもかかわらず、カンボンはランズダウンに圧力をかけ続けた。二人は一九〇二年のうちに数回話し合いの場を持って、両国がシャムからニューファンドランドに至るまで対立している植民地について調査した。ランズダウンは関心を持ちつつも、ドイツと良好な関係を望んでいたこともあって慎重だった。ドイツが海軍競争を始めていなかったら、そしてドイツの外交がもっと上手だったら、ランズダウンは望んでいるものを手に入れた可能性もある。だが、現実を見て、ランズダウンはドイツの手法とレトリックから、外務省が感じていた苛立ちを共有するようになった。一九〇一年の終わり、同僚に次のように書いている。「比較すると、フランス人の方が友好的なので心を打たれた。今このときにどこか大使館の一つを選んでどうでもいい小さな問題を話し合わなければならないとしたら、真っ先にフランス大使館を選ぶと思う。マナーが良くて、本質的に他国より扱いやすい」[54]と。

師匠のソールズベリのように、ランズダウンも由緒ある何代も続く貴族の出で、義務感を持って公務に就いていた。細くやせ、きちんとしている人物だった。ランズダウンは一族と同じ自由党から出発してグラッドストンの内閣に加わり、その後カナダ総督になった。サケ釣りが好きなので、カナダが好きだった。その後、ランズダウンはアイルランド自治法をめぐって同僚とともに自由党と袂を分かち、自治法に反対する保守党に加わった。一九〇〇年、体力の衰えから外務省を辞めるように説得されたソールズベリが、ランズダウンを後継者に任命したのは少々驚きをもって迎えられた。とはいえ、ランズダウンは偉大な外相でも、華やかな外相でもなかったが、手堅く思慮深い外相だった。ソールズベリのように、イギリスが他国の厄介ごとにかかわらないままでいたいと思っていたが、イギリスには友人が要るという考えも不承不承受け入れて日本との同盟を推進し、ロシアとドイツと交渉を始めたが結果を生むところまではいかなかった。

一九〇二年になると、フランス、イギリス両国の新聞は商工会議所と一緒になって、両国間の理解を深めるよう提唱するようになった。エジプトでは、有能な統治官であったイギリス代表の実力者クローマー卿が、フランスにモロッコの統治を認めればイギリスのエジプト経営の状況はずっと良くなるという考え方をするようになった（エジプト債の外国人所有者を保護する公債委員会のメンバーとして、フランスはエジプトの財政改革を阻止することができた）[55]。一九〇三年初め、イギリス、フランス、スペインの銀行がモロッコに共同出資することにカンボンが合意すると、大まかな合意をするという方向で小さい一歩を、ランズダウンは踏み出した。それによって同年、エドワード国王が大臣の賛同を得て、フランスを訪問することになった。

共和主義者であるフランス人はイギリス王室の権力について大げさに考えていて、このあとに続いた英仏協商をエドワード個人の政策と考えがちだった。国王の訪問はイギリスの善意の表れとして重要で、フランスの世論がイギリスとの協商の可能性を受け入れる下準備となった。それは、一九七二年のニクソン大統領の北京訪問と同じように、両国の新しい姿勢、新しい出発を告げるものとなった。なかでも重要なのは、訪問そのものが成功したことだった。エドワードがパリについたとき、群衆の受け止め方は冷淡で、敵対的でさえあった。時折、「ビバ、ボーア人！」「ビバ、ファショダ！」といった不規則な叫び声も交じっていた。しかしエドワードを接待したデルカッセは大きな声で「なんという熱狂ぶりだ！」と言い続け、フランス政府は総出で国王を接待した（フランスの商人も加わり、はがきや国王の王冠がついたステッキ、挙句の果ては「エドワード国王」と名づけた新しいコートに至るまで土産物を用意してのお祭り騒ぎだった）。大晩餐会が行われたエリゼ宮のメニューは「クレム・ウィンザー crème Windsor」「オエフ・ア・ラ・リシュモン oeufs a la Richmond」「セル・ド・ムトン・ア・ラングレーズ selle de mouton a l’anglaise」「プディン・ア・ラ・ウィンザー pudding a la Windsor」といったものが含まれていた。外務省は昼食会に「ジャンボン・ドゥヨーク・トラッフィー・シャンペノワーズ jambon D’York truffee champenoise」を用意した。エドワードの振る舞いは終始完璧で、流暢なフランス語で乾杯に応えた。エリゼ宮の晩餐会では、エドワードはパリで経験した幸せな思い出を数多く話した。「知的で美しいものすべて」と出会う町だと述べたのだ。ある晩、エドワードが劇場のロビーで有名なフランス女優に会うと「マドモアゼル、私はロンドンであなたに拍手喝采したことを憶えています。フランスの気品と精神をすべて代表しておられました」と述べた。その言葉が聴衆に届き、エドワードがボックスに入ると喝采の声が上がった。競馬を見に行ったときにジョン・ブルという名の馬が勝ったことも、縁起がよかった。パリを離れるとき、群衆は「ビバ、エドワード！」「ビバ、すてきなテディー（エドワードの愛称）！」そして当然のように「ビバ、共和国！」と叫んだのだ。[56]

デルカッセは国王の訪問を喜び、イギリス政府には包括的な合意の用意があると確信した。その一つは、エドワードが私的な会話を交わすとき、立憲君主の立場からは度を越えて好意的に思えたからである。国王はフランスがモロッコを勢力下に置くことを全面的に支持すると述べ、デルカッセに、「ドイツ皇帝は頭がおかしく悪意ばかりだ」と警告した。[57] 二カ月後、フランス大統領のルーベとデルカッセはロンドンに返礼訪問を行った。国王がフランスの官僚に半ズボン、フランス語で言うキュロットなど公式の宮廷衣装を着用するよう求めるといったように、事前に小さな残念なこともあった。一七八九年の革命をリードした下層階級の共和主義者サンキュロットを記憶しているフランス人だから、これは騒ぎを起こしかねないことだった。そこでエドワードはそれを断念し、訪問は素晴らしい形で終了した。その秋、フランス議会とイギリス議会が相互に訪問したが、これは前例のないことで、協商が政府のトップレベルを超えるものであるということを示す印でもあった。

ルーベの訪問の間、デルカッセはランズダウンに「包括的な協定」を望んでいると述べ、両者はモロッコ、エジプト、ニューファンドランドが未解決の問題であることで一致した。続く九カ月間は難しい局面もあったが、ロンドンでカンボンとランズダウンの話し合いが続いた。シャムは英仏で勢力圏を分けることで、マダガスカルとニューヘブリデス諸島（現在のバヌアツ）で対立した主張と苦情は比較的簡単に解決した。しかしニューファンドランド問題では協定全部がつぶれそうになり、他の些細な問題についてもそうだった。具体的に問題になったのは漁業権で、一七一三年に交わされたユトレヒト条約以来、島の沿岸部はフランスの漁業民が独占していた。エビは魚なのかどうかという論議もあった。フランスはニューファンドランドの権利を諦めるなら、その代償として西アフリカのガンビアのイギリス植民地などを要求した。フランスは頑固だった。ニューファンドランドの権利が北米におけるフランス帝国の最後の残滓で、自国の漁業民とフランスの港の商工会議所からの圧力があったからだと思われる。[58] 最終的には両者とも妥協点を見出した。イギリスはガンビアの小さな一部であるナイジェリア北部の領土と、ギニアの西アフリカフランス植民地の沖合のいくつかの島々を提供した。フランスは当初望んだものより小さなもので我慢した。なぜなら合意の中心はエジプトとモロッコをめぐる問題だったからだ。フランスはエジプトに対するイギリスの宗主権を受け入れ

1900年以後、新しい予想外の友好関係——協商——がイギリスとフランスの間に育ち始めた。大きくなりつつあるドイツの力を恐れたために昔からあった憎しみを克服したのである。1903年パリを訪問して大成功を収めたエドワード7世はフランスの一般の人々の心をつかんだ。ここでは、エドワードとルーベ大統領がそれぞれの国の衣装を着ている。「イギリス、フランス永遠なれ」とキャプションがある。脇には過去の偉大な戦いである「ワーテルロー」と「クレシー」の名前を書いた看板があり、オリーブの枝に飾ってある。上にある旗には「平和、名誉、勝利」とある。

る一方、イギリスはモロッコが事実上フランスの影響下に置かれることを認めた。フランスはモロッコの現状の政治を変更しないと約束したが、便宜上、秩序の維持に責任を負うことになった。また、イギリスの地中海ルートの安全を確保するため、モロッコの沿岸のうち、ジブラルタルにあるイギリス海軍基地の南方から二十二キロしか離れていないところにフランスは要塞を置かないことした。秘密条項があり、両者ともモロッコが永続的に独立国であることはないとはっきり謳っていた。(59)

一九〇四年四月八日、ファショダ事件から六年も経っていなかったが、カンボンが合意に調印するため外務省のランズダウンの部屋にやってきた。デルカッセはパリで心配して待っていた。それからカンボンはフランス大使館に駆け込み、引いたばかりの新しい見慣れない電話口に、「調印しました!」と大声で叫んだ。(60) デルカッセが譲歩しすぎだという批判もフランス国内ではいくつか聞かれたが、合意は議会で承認された。イギリスでは、この知らせは熱狂的に受け止められた。ドイツに対する同盟国としては日本よりフランスの方が役に立つと思われた。イギリスがエジプトの支配を固めたと帝国主義者が喜ぶ一方で、帝国主義に反対する人々は、帝国主義の競争関係が終わったと歓迎した。「マンチェスター・ガーディアン」紙はリベラルと左派に向け、「新たな友好関係の価値は論争を回避したということにあるのではなく、民主主義の大義を進めるために、両国の民主主義勢力の間で、純粋な同盟が発展していく可能性があるということにある」(61)という記事を載せた。

ドイツでは、英仏間に友好関係が築かれる可能性を指導者が真剣に考えていなかったので、ショックと困惑の反応があった。皇帝はビューローに、新しい状況は面倒だと述べた。イギリスとフランスが不和でなくなると、「わが国の立場を考える必要がそれだけ少なくなるということだ」(62)。状況に通じていたシュピッツェンベルク男爵夫人は、「モロッコについて英仏の合意があったことで外務省は真っ暗になっている。二国同盟以来最悪のドイツ外交政策の敗北だ」と日記に書いている。猛烈なナショナリストの汎ドイツ主義連盟は、モロッコの合意は「ドイツを無視した屈辱的なもの」で、ドイツを第三級の勢力として扱うものだとする決議を行った。通常は政府を支持する保守政党である国民自由党は、首相に声明を求めた。一方、皇帝は演説を行い、新たな世界状況が生まれたことでドイツが介入しなければならないことに

なる可能性があると述べ、ドイツ軍にはその用意があり、力も強いと主張した。(63)

イギリスとドイツはすでに違う方向に進み、両国の世論がその過程を加速することになったが、後に英仏協商と呼ばれることになるこの合意は、両国の溝を固定化する力となった。ランズダウンのようなイギリスの政治家は、植民地の争いごとを収めただけのことだと捉えていたが、実際には英仏の友好関係は新たなヨーロッパの勢力均衡にとって重要な意味があった。すでにロシアと関係をつくっていたフランスは、程度はともかくドイツに対して以前より強力な立場となった。イギリスはドイツとフランスの間で危機が起こったときにフランスを支持するのか、それとも友好関係を失うリスクを冒すのか選択を迫られることになった。一九〇七年、パリ駐在大使だったサー・フランシス・バーティーは次のように述べている。「わが国が回避すべき危険は、フランスがわが国の支援に対する信頼を失ってドイツとの調整に向かわせることである。それはフランス人には悪いことではなくとも、わが国にとって好ましくない。同時に、わが国はフランス人が、わが国の物的支援に頼ってドイツに公然と反抗しないようにしなければならない」(64)。好むと好まざるとにかかわらず、イギリスはヨーロッパで、特にモロッコが理由で、フランスの争いに巻き込まれる可能性があった。ドイツにもモロッコに利害があり正当性もあったが、ドイツはそれが無視されだと感じたからだ。ドイツが不快に感じるのは間もなくのことだった。

ロイド・ジョージは戦後の回想録で、英仏協商が発表になった日、自由党の年長の政治家ローズベリ卿を訪問したときのことを次のように記している。「ローズベリの最初の挨拶は『ねえ、君もこのフランスとの合意に喜んでいるだろう?』だった。私はもつれて傷だらけになったフランスとの関係がようやく終わりになったことが嬉しいと答えた。ローズベリは答えた。『君は全く勘違いしている。結局はドイツと戦争になるということなのだ!』」(65)。

7 熊と鯨――ロシアとイギリス

一九〇四年十月二十一日の夜のことだ。北海に浮かぶ月は満月に近かったが、霧が少しかかっていた。ロシアのバルチック艦隊が航行していたとき、イギリスのハル港から来ていた五十隻ばかりのトロール船は、イギリス北部とドイツ沿岸の間のドガーバンクの漁場で十二キロから十三キロに広がって漁をしていた。バルチック艦隊はドーバー海峡に向かって進み、その後極東への運命の航海を行っているところだった。トロール漁船はデッキの上に網を引き上げて、アセチレン灯の下、乗組員が獲物を捌いていた。そのあと、漁師にとって決まりきった日常とは違う出来事が起きた。戦艦が放つ光と水上を走るサーチライトを見て冗談を言い、笑い合ったときのことだ。ロシア水兵の顔が見えるくらい明るくなった。トロール漁船のホエルプトン船長は「素晴らしい見世物だと思ったから他の者にも見せてやろうと、全員をデッキに集めた」と述べている。突然ラッパが鳴り響き、大砲と機関銃の音が聞こえた。「気をつけろ！ 空砲じゃねえぞ、伏せろ。気をつけるんだ」(1)。トロール漁船は重い網を引き揚げる時間もなく、砲火が二十分ほど続く間、海上で動けなくなっていた。ロシア艦隊はそのあと蒸気を上げて進んでいった。あとには死者二名と数名のけが人が出て、トロール漁船一隻が沈没しかかっていた。その後間もなく、ロシア艦隊の一隻が別のトロール船を日本の軍艦と間違って砲撃した。このエピソードすべてが、ロシアが取り組んでいる戦争が混乱を極めていることを暗示していた。

イギリスの世論はロシア艦隊に激怒した。「デイリーメール」紙は「いつものように酔っ払っていた」と書いている。政府の態度も同じだった。イギリス政府はロシア政府に徹底した謝罪を求め、損害賠償を請求した。ロシアははじめ、自国の艦隊が間違いを犯したことを認めようとしなかった。日本の駆逐艦がロシアのバルチック艦隊を攻撃しようとヨーロッパ海域にやってくるのではないかと疑う理由があったと論じたのだ。ランズダウンはこれを退け、十月二十六日、この問題が解決するまでスペインの大西洋側のヴィーゴにロシア艦隊を留め置くよう要求した。ランズダウンはロシア大使に次のように通告した。「ヴィーゴに艦隊を集めずに航海を続けるようなことがあれば、わが国は今週中に交戦状態に入る」と。翌日のロシアの反応は喧嘩腰だった。ロシアには日本が艦隊を攻撃する計画を立てていたことを示す「議論の余地ない証拠」があり、いずれにしても、トロール船が割り込んできて攻撃を受けたのであって、トロール船に非があると、バルチック艦隊の指揮官で海軍大将ロジェストベンスキーはつけ加えた。その晩、ランズダウンは、平和と戦争のどちらかを選ぶ賭けごとをしているような気持ちになった。[2] このとき戦争は回避できたが、ドガーバンクでのエピソードは今後ヨーロッパで何度も起こる戦争騒ぎの一つとなった。英露関係もこれ以上ないくらい悪化した。ロシアにとってこの事件は、日本との戦争から敷衍したカタストロフィーの一部だった。

ロシアは極東で日本と行った戦争で躓いた。能力不足と根拠のない楽観主義、人種差別主義からくる日本に対する軽蔑が入り混じったものが根底にあった。満州と朝鮮に影響力を確立し、あわよくば吸収してロシア帝国を大きくしようというロシアの野望は、ヨーロッパ諸国では特にイギリスと、極東では最も危険な日本との対立を生むことにつながった。急激に近代化した日本はアジアにおける重要勢力に成長していた。一八九四年から一八九五年にかけて衰退しつつある清朝と朝鮮の支配権をめぐって日本はロシアと争い、決定的な勝利を得ていた。講和条約で清朝は朝鮮の独立を承認し、日本が入り込む道を固めた（朝鮮は一九一〇年に大日本帝国の一部となった）。日本は台湾と近隣のいくつかの島々の領有権に加え、中国支配下にある満州の領域を通る鉄道敷設権と港湾建設の利権を得た。満州についていえば、ロシアから見るとそれは過分で、ロシアは他のヨーロッパ列強に働きかけて日本を満州から撤退させようと共同行動を起こした。ロシアは即座に、東清鉄道と満州の北部を通るシベリア横断鉄道の南部の突出部に向かう支線の敷設権と、旅順と大連の港を含む南部の先端にある領域の租借権を含むその地の利権を中国から獲得した。これによって日本は、ロシアに権利を侵されたと考えるようになった。弱体化した中国は領土を侵食する動きに対して何も抵抗できなかったが、他国はロシアの積極策に驚いた。義和団の乱はさらに緊張を高めることになった。ロシアがこの反乱を理由に、満州を通ってハルビンから南部の租借地に向かう建設中の東清鉄道沿いの重要なポイントを占領するため、軍隊を派遣したのだ。一九〇四年に日露戦争が始まる頃には、ロシアは孤立していて危険だと、ロシア自身が思うようになった。同盟国のフランスでさえ、露仏同盟が対象としているのはヨーロッパだけだと明言していた。

一九〇四年二月八日の夜、日本の駆逐艦が通告なしで旅順港に停泊していたロシア船を攻撃した。日本の一部隊が旅順北部に上陸して鉄道を分断し、港を攻撃した。また、別の部隊が朝鮮の仁川に上陸し（半世紀後の朝鮮戦争の際、アメリカ軍が上陸したところである）、ロシアとの国境アムール川に向かって北進した。日本との戦争が愚行であることはすぐに明らかになった。ロシアの兵站と補給品は、単線で未完成のシベリア横断鉄道を通って何千キロも離れた場所から輸送しなければならなかったのだ。ロシアは続く十八カ月間、負け続けた。旅順は包囲され、ロシアの極東艦隊は追い詰められた。陸からも海からも包囲を破ろうと試みたものの、ロシアの損失を大きくするばかりだった。旅順は一九〇五年一月初めに陥落し、その頃になるとロシアの太平洋艦隊の大部分は海底に沈んでいたのである。

日本の包囲から旅順を救出しようと世界を大回りしてきたバルチック艦隊にその知らせが届いたのは、マダガスカルにいたときだった（イギリス人がスエズ運河を通過するのを認めなかったことから、艦隊はアフリカの先端を大回りした）。指揮を執っていた海軍大将は、ロシアの太平洋の港ウラジオストクに向かうことを決定した。一九〇五年五月二十七日、艦隊が朝鮮と日本の間にある対馬海峡に入ると、日本の艦隊が待ち受けていた。このあと続く戦いは歴史に残る海軍の勝利のなかでも最も目覚しいものである。ロシアのバルチック艦隊は全滅し、四千人を超える人々が溺れ死に、それ以上の人々が捕虜となった。日本の損失は百十六人と駆逐艦数隻だった。

ロシアはセオドア・ルーズベルト大統領の仲介の申し出を受け入れるように迫られ、資源が尽きかけていた日本も話し合う用意があった。同年八月、ロシアと日本の代表がニューハンプシャーのポーツマスの海軍港内で会議を持った。ルーズベルトの動機は複雑だった。アメリカ合衆国は世界の文明国の一つとして平和を育む道義的義務があると純粋に思っている一方で、アメリカと自分自身が大きな出来事の真っ只中にいることができる機会をルーズベルトは嬉しく思っていた。交戦国の両国について、ルーズベルトは多くのアメリカ人のようにロシアの貴族制を好まず、最初は日本に共感を持っていた。日本が国際秩序に「加わることが望ましい」と思い、宣戦布告をしないでロシアを急襲し、戦争を始めたやり方を賞賛する気持ちさえ持っていた。だが、日本がロシアを粉砕すると、アジアでのアメリカの立場が気になり始め、日本が中国に関心を向けることを心配した。両国を一堂に引き合わせたものの、ルーズベルト自身は会議に参加せず、ロングアイランドにある地所から距離を置いてその様子を観察し、両国の交渉が長引いている間は口を挟まないように努めた。しかし「自分が本当にやりたいことは、大声で怒って飛び上り両方の頭をごつんとしてやること」だった。[3]九月、ロシアと日本はポーツマス条約に調印した。日本は樺太の半分と満州の南端のロシアの権益を獲得した。翌年、ルーズベルトは新しくできたノーベル平和賞を獲得した。

この戦争でロシアが失ったのは、領土だけではなかった。死傷者四十万人、海軍の大半が壊滅、少なくとも約二千五万ルーブルの出費があった。戦争勃発直前の一九〇三年、陸軍大臣のアレクセイ・クロポトキン将軍が皇帝に「日本との戦争は極端に評判がよくありません。当局への不満が増すばかりです」と忠告した。カフカスの総督はさらに踏み込み、クロポトキンに述べている。「戦争をお認めになってはいけません。戦争の問題は『皇帝家の問題』になりかねません」[4]と。二人は正しかった。一般の人々の間に戦争への熱意は最初からほとんどなかった。一九〇四年になると、知識人や成長しつつある中産階級、さらに新しい地方政府で活動している進歩的な地主の間に政府への不満が相当たまっていたのだ。

特に一八九〇年代以後、ロシアが経験した異常に急速な発展に適応するのは容易なことではなかった。ロシアの発展は明るい未来を約束しても、すでに分裂している社会を安定させることはできなかった。モスクワとサンクトペテルブルグの富豪は豪華な屋敷に住み、絵画などの大コレクションを収集していたが、労働者は不衛生な場所に住み、劣悪な状況下で長時間働かされていた。貧しい村落の農民はろくに肉も食べられず、特に長い冬には飢餓寸前の状態だったが、大地主は豊かなヨーロッパ諸国の地主と同等の生活をしていた。浪費家として有名なユスポフ公でさえ（後にラスプーチンを暗殺した）、ゆうに二百万平方キロメートル以上ある土地と鉱山、工場、さらには宝石の原石と真珠をぎっしり詰めた銀の花瓶がいくつもあるとなると、使い切ることなど不可能だった。一九一四年、サンクトペテルブルグの社交界のリーダーだったクレインミシェル伯爵夫人は、姪たちのために自分では小規模と思う仮装舞踏会を開催した。「招待状を三百以上送りました。これ以上大勢は私の家には入れないからです。ロシアの習慣だと、小さなテーブルに食事を用意しなければならないし、キッチンの大きさに合わせてそうしたのです」[5]と。

負傷したロシアの熊が、支配者に向かう。極東で日本に手痛い敗北を喫したロシアでは、1905 年革命が起こった。皇帝ニコライの体制は生き延び、いくつかの改革を行ったが、1917 年新たな戦争のあと二番目の革命が起こり、旧秩序を一掃した。

検閲と抑圧があったにもかかわらず、貴族制に終止符を打ち、代議制と市民の自由を求める声はあらゆるところに存在した。ロシア支配下の諸民族のなかで、バルト人、ポーランド人、フィンランド人、ウクライナ人は自治の拡大を要求していた。小さいけれども熱狂的になった少数派は、漸進的に改革できるという希望を早くから諦めており、テロ行為や武装反乱など暴力を用いて古い秩序を覆そうとしていた。一九〇五年から一九〇九年にかけて、約千五百人の地方の統治者や官僚が暗殺されていた。ロシアの産業化が進行するにつれて増加した産業労働者は、戦闘的になっていた。ニコライ二世が皇帝になった一八九四年には、ストライキが六十八回起こっていた。十年後、それは五百回を越えていた。[6]左翼の急進的社会主義政党の結成は今なお禁止されており、指導者は亡命中だったが、出現しつつある労働者の組織のなかでリーダーシップをとり始めていた。一九一四年には、整然と組織されたボリシェヴィキが労働組合の多くで支配的となり、ロシア議会ドゥーマで労働者の議席の多数を占めるようになっていた。

一九一四年以前、ロシアは同時期にいろいろな方向に食指を伸ばそうとする巨大なアメーバで、最終的な形がどうなるのか誰にもわからなかった。都市から遠く離れた田舎に行くと、何世紀も前の姿と変わらなかったが、大都市となると電灯や地下鉄、近代的な店舗があり、パリやベルリンやロンドンと何ら変わらなかった。だが、永遠に変わらない〝田舎のロシア〟という印象――後の観察者が思っただけでなく、皇帝と保守主義者の多くもそう思っていた――は全く見当違いだった。一八六一年の農奴制の終焉、情報伝達の拡大、識字率の上昇、農民が町に働きに行くこと（また家族に会うために帰ってくること）によって、村の生活基盤がくずれ、村の制度は壊れていった。年長者や聖職者、伝統などがかつて力を持っていた村という共同体は、昔のように村の生活に力を持たなくなっていた。

近代化は都市部でも田舎でも、古い権威に挑戦していた。宗教的な人々は今なおイコン（聖像）を敬愛し、奇跡と霊の存在を信じていた。新しい産業人はマティスやピカソやブラックの作品を忙しく買い集め、近代美術の大コレクションをつくることに懸命だった。ロシアの伝統的な民衆芸術が、経験主義の作家や芸術家と共存していた。スタニスラフスキーとディアギレフは劇場と舞踏に革命を起こしていた。大胆な作家が既成のモラルに挑戦する一方で、霊的なものが復活し、生命に深い意味を求める研究が存在していた。反動主義者たちは、ピョートル大帝がロシアをヨーロッパの影響下に置いた時代以前に戻ることを望んでいた。レーニンやトロツキーなど多くが亡命中だったが、極端な革命主義者はロシア社会を粉砕することを望んでいた。

西ヨーロッパで一世紀以上かかった経済的・社会的変化が、ロシアでは一世代に圧縮されて訪れた。ロシアの発展は強力ではなく、さまざまな変化を吸収するのに役立つ可能性のある制度が根を下ろしていなかった。ヨーロッパで最も安定している国イギリスは、何世紀もかけて中央議会や地方議会、法や法廷をつくってきた（それに伴って起こる内戦を含めて、危機の風雨にさらされてきた）。さらに、イギリス社会はゆっくりと成長し、何世代もかけて大学から商工会議所、クラブと協会、自由な報道に至るまで態勢や制度を発展させてきており、有効な政治制度を維持するための市民社会の複雑な網の目をつくっていた。イギリスより近くにあるロシアの隣国ドイツは、新興国だったが、都市部も諸公国も古い制度を保持しており、強力な社会を維持できる自信に満ちた大きな中産階級が存在していた。オーストリア＝ハンガリーは脆く、芽吹きつつあるナショナリズムと格闘していたが、共同体が存在し、さまざまな制度がロシアよりも整っていた。

一九一四年から十年か二十年でロシアが直面した状態を現在の例で例えると、次のような二つの事例がある。一つは、湾岸諸国である。人の一生に相当する時間のうちに、ゆっくり変化する穏やかで適応しやすい生活様式から突然富を得て、国際社会に入っていった。一階建ての土の煉瓦の建物がラスベガスのように高くそびえた派手な摩天楼に代わっていくまで、一足飛びに進んだのである。だが、湾岸諸国は地理的にも小規模で人口の点でもロシアに比べて少なく、良し悪しは別にして、内部あるいは外部の強力な軍隊や個人が国を操作することができた。統治者は外部の支援を受けて急速な変化に対応できるだけの技術があったか、それがなければすぐに別の統治者が取って代わった。しかしロシア皇帝にとってこの挑戦は限りなく険しかった。巨大で多様な人口も、面積もヨーロッパの境から太平洋に至るまですべてが広大なロシアを、何とかコントロールしておかなければならなかったのである。

大戦前のロシアの状況に似ている現代におけるもう一つの例は中国である。中国は残念ながら準備の整っていない体制の下で変化の兆しに直面し、社会のある形態から次の形態への移行を緩和するだけの活力ある制度を備えていなかった。古い王朝体制の崩壊から共産党体制の出現、すなわち安定政権を獲得するまでほぼ半世紀を要し、おぞましいほどの人命の犠牲を出すことになった――中国が徐々に、非効率で腐敗した体制に後戻りしていないとすれば、必要な永続する制度を確立するために、今なお格闘しているということもできるかもしれない。当時のロシアは古い社会から新しい社会に移行中で、さまざまな緊張下で軋み歪み始めていたことは、驚くにはあたらない。時間があれば、また、ロシアが金のかかる戦争をうまく回避していれば、事態は収まったかもしれない。だが、ロシアはこの十年間に二度も戦争をしたのである。二度目の戦争は最初の戦争より破壊的だった。ロシアの指導者は、一九一四年までは皇帝も含めて戦争の危険性を重々承知していたが、高貴な大義で社会を奮い立たせ分裂した社会を修復しようという誘惑に駆られた人々もいた。一九〇四年、内務大臣ヴャチェスラフ・プレーヴェは、ロシアには大衆の目を「政治問題」から引き離すために「小さな戦勝」が必要だと述べた、という報告がある。(7)

その考えが愚かだったことを日露戦争は明らかにした。戦争の初期段階で、プレーヴェ自身爆弾で吹き飛ばされたのだ。戦争が終わる頃には新たにつくられたボリシェヴィキがモスクワを掌握しようとした。この戦争によって、ロシア人の多くが社会と支配者に感じてきた不幸な気持ちが一つの尖った焦点に向かうようになった。ロシアが戦争を遂行するなかで、指揮系統から兵站に至るまで多くの欠陥が明らかになり、政府に対する批判と、この体制が専制体制だったことから、皇帝個人に対する批判が大きくなったのだ。サンクトペテルブルグでは、ズボンを下ろした皇帝が尻をぶたれ「俺に触れるな。俺は貴族だぞ!」と言っている風刺画が現れた。(8) フランス革命と似たところが多く、一九〇五年のロシア革命は国の支配者の周りに存在した敬意を含めて、古いタブーが破壊された。サンクトペテルブルグの官僚たちは、皇后がフランス政府からもらったマリー・アントワネットの肖像画を部屋に掲げておくのは悪い予兆だと考えた。(9)

一九〇五年一月二十二日、持っている服のなかで一番立派な服を着た労働者とその家族が大勢集まり、賛美歌を歌いながら、皇帝に政治と経済の改革を求める請願を提出しようと冬の宮殿に向かってゆっくりと行進した。人々の多くは皇帝を「小さな父親」だと思い、改革のためには皇帝自身が間違っていることを自覚してくれさえすればよいと信じていた。当局は早くも動揺し、軍を導入して容赦なく弾圧し、群衆に向けて発砲した。その日の終わりには数百人の死傷者が出た。「血の日曜日」は一九一七年の革命の最終的予行練習ともいえる動きを引き起こした。本番にごく近いものになったのだ。「悪夢の年」と皇太后が名づけた一九〇五年から一九〇六年の夏まで、ロシアにはストライキと抗議の嵐が吹き荒れた。

ロシア帝国内の多くの民族は独立の好機と捉え、バルト海地域とポーランドからカフカスに至るまで、ロシアの支配に反対する大衆のデモが広がった。農民は地主に地代の支払いを拒み、田舎では土地と家畜を奪い大きな屋敷を略奪した。ロシアの領主館の約一五パーセントがこの時期に消失した。[10]さらに不吉なことに、一九〇五年夏、黒海に浮かぶ戦艦ポチョムキンで水兵が反乱を起こした。

秋になると鉄道と電報が機能しなくなったため、皇帝はサンクトペテルブルグ郊外のツァールスコエ・セローの土地で孤立するようになった。店の棚から商品が消え、電気が止まり、怖がった人々は外出を控えた。この町では六週間、労働者代表のソビエトが政府に代わる権威となった。若い急進主義者レオン・トロツキーが指導者の一人だった（トロツキーは一九一七年の革命のときに再びソビエトのメンバーに返り咲いた）。モスクワでは、新しい革命政党ボリシェヴィキが武装蜂起を計画していた。皇帝の支持者から大きな圧力を受けて、皇帝は十月に不承不承マニフェストを発表し、市民権を約束するとともに立法の責任を持つ議会ドゥーマをつくることを約束した。

革命によくあるように、皇帝の譲歩は体制に反対する人々を元気づかせるだけだった。ドゥーマはこのような広範に拡がる無秩序状態に直面し、混乱して何もできない官僚とともに崩れていくのではないかと思われた。その冬、ニコライ自身の連隊であるピョートル大帝の時代に創立したプレオブレジェンスキー近衛連隊が反乱を起こしたが、皇帝の宮廷にいたある人物が「そんなものだ」[11]と書いている。体制側にとっては幸いなことに、一番手強い敵はまだ統一がとれておらず、権力を奪取する用意ができていなかった。一方で穏健な改革派は皇帝のマニフェストを見て支持する用意があった。軍と警察を思うように使い、政府は何とか秩序を回復した。だが、体制は権威を致命的に損ねない範囲で、改革をどこまでやらせたらよいかというジレンマに直面していた。一七八九年にフランス政府が直面した、あるいは一九七九年にイランのシャー政府が直面したジレンマと同じだった。改革の要求を拒否し抑圧に頼ると敵が生まれ、屈すれば敵を勇気づけ要求は高まるのだ。

日露戦争とその後の余波によりロシア国内の弱体化は深刻なものとなり、対外的には脆く危険な状態となった。海軍は解体し、陸軍に残された任務は主としてロシア国民に向けられた。ロシアの最も有能な将校であるユーリ・

ダニロフは次のように述べている。「歩兵連隊の指揮官として、一九〇六年から一九〇八年にかけて軍の生活に関わり、軍が必要としているものを直接理解することができた。この時期以降の長い期間、軍全体に無力感が拡がっていたと表現せざるを得ない」[12]。ロシアは軍を再建しオーバーホールする必要があったが、二つの困難に直面した。一つは、軍と文民のどちらの体制派にも存在する、変化に対する強烈な抵抗だった。もう一つは、このような再建に必要な費用を確保することだった。ロシアは経済発展する第一級の国でいたいという思いがあったが、依然として後進国だった。さらに悪いことに、二十世紀の最初の十年間、軍事技術への対価は高額となり、陸海軍はともに大規模化したため軍事費はヨーロッパ中で高騰していた。一九四五年以後、ソ連が直面した問題と同じである。軍事分野ではアメリカ合衆国に追いついていたが、それにかかる費用負担のためソビエト社会が犠牲になり、努力した結果、体制が衰退することになったのである。

ロシアでは一九〇五年以後、トップにいる人物の意思決定に左右されるようになった。ニコライ二世は思い通りに大臣を任命し罷免できる絶対君主で、政策を決定し、戦時には軍の指揮を執ることになった。一九〇五年以前には、ニコライはドイツの従兄ヴィルヘルムとは違い、憲法や選挙で選ばれた議会や臣民の権利に悩む必要はなかった。この年に譲歩しドゥーマができたあとになっても、ドイツ皇帝やオーストリア皇帝より大きな権力を持っていた。どちらの皇帝も政府をコントロールしなければならなかったし、立法府から金を出させなければならなかった。加えて帝国内に、強烈に権利を押さえつけている諸公国を抱えていたのだ。ニコライの性格と、ものの見方は、それゆえ、ロシアが大戦に向かう道を理解するうえで極めて重要である。

ニコライは一八九四年にロシアの皇帝となったとき、弱冠二十六歳だった。ヴィクトリア女王が即位六十周年を祝う前で、後にジョージ五世となる女王の孫は海軍将校だった。ドイツではヴィルヘルムが即位してちょうど六年目だった。ニコライがこのように早く統治者になるとは本人をはじめ、誰も予想していなかった。父親アレクサンドル三世は堂々としていて強い力を持っていた。列車事故の際、客車の屋根を持ち上げて支え家族を救ったことがあるという話だった。だが、四十代後半に腎臓病になった。おそらく大量に飲酒を続けたために命を縮めたのだろう。[13] 強烈な父親を愛し賞賛していたニコライは、父親が亡くなったとき悲嘆にくれた。妹のオルガ大公妃は、ニコライが絶望していたと述べている。「兄は自分たちがどうなるのかわからない、自分には統治能力がないと言い続けました」[14]と。

ニコライはおそらく間違っていなかった。世紀の変わり目のロシアは数多くの問題を抱え、どんな統治者でも重荷だっただろうが、特にニコライは田舎の領主や小さな町の長になる方がはるかに合っていた。おそらく父親の強烈な個性に気後れし、自信をなくしていたのだろう。賢く自信がある人物であれば、妥協したり柔軟でいられる場面で、ニコライは厳格に、頑固に振る舞った。反対されることや対決することを好まなかった。ニコライの師だった人物が「ニコライは聞いたことを把握するが、他との関係を無視し、他の要素、たとえば出来事とその流れや他の現象と関係づけることができず、断片的な意味しか把握できない……思考のやり取りや議論や討論を通して得た、幅広く一般的な物の見方を持ち合わせていない」[15]と述べている。決断力がないことは有名だった。ある人物が、国民がニコライをどう見ていたのか次のように述べている。「ニコライには気骨がない。大臣たちは次々に前と反対の報告をしても、いちいちうなずいている」[16]。ニコライの下、ロシアの内外政策は気まぐれで、誤りが多く、混乱していた。記憶力は優れていたが、宮廷に仕える者たちは、ニコライは頭がよいのに馬鹿みたいに騙されやすいところがあると述べていた。たとえば、ある外国の請負業者がベーリング海峡を越えてシベリアと北アメリカを結ぶ橋を建設できると途方もない話でニコライを説得したことがあった（請負業者は要求した橋につながる鉄道沿いの土地の大きな利権を手に入れることになった）[17]。

ニコライはロシアのことを理解できるようには育てられていなかった。ましてや広い世界などは無理だった。ニコライの子ども時代はヴィルヘルムとは違って幸福だった。皇帝と皇后は子どもたちが大好きだったが、厳しすぎて守ってやることができなかったのだろう。ニコライと兄弟姉妹は家庭で教育を受け、他の子どもたちとめったに交わらなかった。結果としてニコライは、ヴィルヘルムやエドワード七世やジョージ五世のように同年齢の若者と一緒に教育を受けた経験がなく、違う階級の人々に会う機会もはるかに少なかった。国のことも知らなかった。ニコライと兄弟姉妹にとってロシアは、特権と宮殿と特別列車とヨットの、極端に非現実的な泡のような世界だった。時折、別のロシアが飛び込んでくることがあった。祖父のアレクサンドル二世が爆弾で暗殺されたのだ。ニコライは祖父の死の床に連れて行かれた。ニコライの家族にとって真のロシアは、皇帝の領地で働く人々のように幸福で忠実な農民が住む国だった。教育においても生活においても、こうした単純な見方に挑戦する者はおらず、ロシア社会が経験している猛烈な変化をニコライに気づかせてくれるものはなかった。[18]

ニコライは一般の若いロシア貴族と同じような教育を受けた。さまざまな言語――フランス語、ドイツ語、英語、ロシア語――を習得し、流暢に話すことができた。好きな歴史を研究し、数学、化学、地理を学んだ。十七歳のとき、法と経済といった特別コースが与えられた。だが、法と経済に大きな関心を示したようには思えなかった。

イギリス人の家庭教師から洗練されたマナーと強い自制心も学んだ。首相のセルゲイ・ヴィッテは「ニコライ二世ほどマナーの良い若者に会ったことはない。育ちの良さがあらゆる欠点を隠している」[19]と述べている。十九歳のとき、プレオブレジェンスキー近衛連隊の将校に任命された。ニコライは同僚となった若い金持ちの貴族と一緒にいることが好きになった。娯楽に囲まれて安易な生活をすることを好み、単純な規律の下でのキャンプ生活が好きだった。我が家にいるようだ、「自分の生活のなかで純粋に安心していられるところ」だと母親に述べている[20]（制服の細かいところにあれこれ文句を言うことも好きだった）。ヴィルヘルムのように、生涯を通じて軍に強い愛情を持ち続けた。従兄のアレクサンドル・ミハイロヴィチ大公は次のように述べている。「ニコライは軍務がますます好きになった。受身の性格にアピールするのだ。命令を執行すれば大きな問題に悩むことはない。上位者が扱うことだからだ」[21]と。軍務のあと、ニコライは世界旅行に出かけたが、どちらかというとそれは好きではなかった。狂気に駆られた日本人の警察官が自分を殺そうとしたことから、特に日本と日本人が嫌いだった。

二十代半ばになっても、ニコライには奇妙なほど青臭いところが残っていた。未来の皇帝の教育を心配していたヴィッテはアレクサンドル三世に、シベリア横断鉄道建設委員会の座長に就かせ、いくらか経験を積ませたらどうかと提案した。アレクサンドルは尋ねた。「ニコライと話をして何か実際に形になったことがあったか?」。ヴィッテはなかったと答えた。「そうだ。全くの子どもだ」と皇帝は答えた。「全く子どもっぽいことしか言わない。こんな委員会をどうやって取り仕切るというのか?」[22]。皇帝になったばかりの頃、ニコライは外務大臣に愚痴をこぼした。「何もわからない。先の皇帝は自分が死ぬことを予見しなかったから、政府の仕事を何もやらせてくれなかった」[23]と。

細身で、青い目をしたニコライはハンサムで、母親似だった。母親はデンマークの王女で、姉はイギリスのエドワード七世と結婚していた。ニコライとジョージ五世は従兄弟同士で、印象に残るほどよく似ていた。特に髭を小さくきちんと整えていると似ていた。同時代の人々は、ニコライはチャーミングだがつかみどころがないところがあると思っていた。外交官の一人が皇帝に会うたびに「たいへん親切で、極端なほど洗練されている方で、わずかばかり皮肉を利かせた周到で曖昧なウィットがあって、頭の回転が速いけれど少々うわべを取り繕っているような印象を持ちました」[24]と述べている。家族と、信頼している宮廷に使える男性以外には、心を開かなかった。皇帝としてのニコライは、まず特定の大臣に信頼を置き、そのうちにその大臣に依存することが嫌になって罷免する、というパターンを繰り返した。日露戦争勃発の直前、陸軍大臣のクロポトキン将軍は、皇帝が陸軍大臣としての権威を傷つけようとしていることに抗議して辞任しようとした。クロポトキンは執務についていないときの方が皇帝が自分のことを信頼していると感じた。ニコライはそれに同意している。「変な話だが、たぶん心理的にはそのとおりだ」[25]と。

戦前ロシアで最も傑出していた政治家セルゲイ・ヴィッテをニコライは父親から引き継いだ。イギリスのある外交官がヴィッテについて、「強力でエネルギッシュな人物、全く恐れ知らずで、並外れた独創力がある」[26]と述べている。一八九二年から一九〇三年まで財務大臣を務め、財務省を国の財政運営と経済に責任を負うロシア政府の中核とした。ロシアの農業と地方政府の効率を高めようと努め、発展に必要な資金を調達するため穀物を輸出できるようにした。ロシアの急速な産業化と、極東で新たに獲得した領域からの搾取を推進したのだ。シベリア横断鉄道はまさにヴィッテのプロジェクトだった。だが、権力が集中すると敵も引き寄せることになり、皇帝もそれに加わるようになった。一九〇三年、ヴィッテは皇帝に謁見を行った。それは長時間続き、友好的な雰囲気だった。「皇帝は握手し、抱いてくださった。幸運を祈ってくださった。幸せな気持ちで家に帰ると、机の上に罷免通告が置いてあった」[27]。

ニコライは三つの基本的な信念を持って帝位についていた。ロマノフ王朝、正教の信仰、ロシアである。ニコライにとって、三つの信念は互換性があり、どれも同じだった。自分の一族は神からロシアを委託されたと考えていた。ニコライは一九〇五年の困難の時期に、官僚の一人に次のように述べている。「あまり困っていないように見えるとしたら、それは私がロシア、すなわち私自身と私の一族の運命は今私がいるところに置いてくださった全能の神の手にあるものと、堅く絶対的に信じているからだ」[28]。父に対する敬意と先祖から引き継いだ体制を守ろうという決意から、ニコライは非常に保守的になり、極端な運命論者になった。帝位に就いた最初の年、ニコライは生まれたばかりの地方政府であるゼムストヴァの代表からの、自分たちの問題についてもっと意見を言わせてほしいという控えめな要求を却下した。「私は国民の善を願い、今は亡き忘れがたき父のようにしっかり迷わずに独裁政治の原則を維持するとすべての人々に伝えてほしい」[29]。ニコライにとっては、父親と同じ独裁政治が多様性のあるロシア人に最も相応しい政治形態だった。一九〇五年十月、ドゥーマをつくることと市民の権利を認めることに反対している理由を内務大臣にこう説明している。「好きだから独裁政治にこだわるわけではない。ロシアに必要だと思っているからこのように行動しているのだ。単に自分だけの問題だったら、こんなものはやめた方が幸せだ」[30]。

問題は、ニコライが相続した権力を保持したいと思っているのに、それを使って何をしたいのかほとんど何も考えていないことだった。良い助言者を見つける、あるいは助言者の声を聞く能力もなかった。母親や、少数の例外を除くと打算的で怠け者のロマノフ家のおじたちや従兄弟たちといった、自分に近い人々に頼りがちだった。大法螺吹きとは言わないまでも、宗教にかこつけた助言者たちが続いた。一人は昔リヨンの肉屋だったフランス人ムッシュー・フィリップ、それからロシア人のなかでは最も悪名高い聖者ラスプーチンがいたが、宗教的な情熱でロシアの多くの欠陥を覆い隠すことはできなかった。それでなくともかなり宗教的だったニコライは、当時ヨーロッパ中で人気があった降霊術に手を出した。一九〇六年、イギリス大使は、皇帝が「降霊術から役に立つ助言を引き出すことはまずない」[31]と述べている。官僚は宮廷の影響が皇帝に及んでいることを心配していたが、対抗する手立ては限られていた。一九〇五年以後、大臣たちの会議を持たなければならなくなると、ニコライはできるだけそれを無視しようとした。大臣と会うのは自分が会いたいときだけ、それもたいていは個別に会った。相変わらず丁重だったが、外交や軍事あるいは国内の安全に関わる問題以外は超然としていて無関心だった。大臣は自分が信頼されていないのではと感じたが、そのとおりだった。ニコライが帝位についた頃、ある人物が述べている。「神様がどんな問題にでもほんのわずかでも皇帝に頼らなくていいようにしてくださったのだ。皇帝はどんなことについても誰も支持できないのだ」[32]。大臣と官僚は、話し合いたくないテーマが取り上げられると、丁重に、だがきっぱりと断る皇帝の行動に気づいていた。何年もかけて自信を身につけてくると、ニコライの自己主張は強くなり、望まない助言をますます聞き入れなくなった。

日露戦争が起こったのは、極東政策をヴィッテがコントロールすることにニコライが腹を立てたのと、極東の資源を手に入れたいという野心のある反動主義者のグループの話を聞くようになったことが大きな理由だ。反動主義者たちは日本と対峙する危険を侵してでもロシアの影響力を朝鮮半島北部に拡大し、満州に地歩を固めるように説得していた。彼らはニコライが官僚に不信感を持っていることと、日本を軽蔑していることに期待していた。このような「野蛮な国」には断固とした態度を取るのが一番だというニコライの考えを助長しようとしたのだ[33]。熱心な支持を得て、ニコライは一九〇三年にヴィッテを罷免した。そして極東の特命総督を任命し、日本との関係がさらに悪化した。極東で傍観者的な立場に立っていたロシア外務省は、ロシアの外交政策に一貫性がなく戦争の可能性を不安に思うようになっていた国際世論を抑えようとしたが。うまくいかなかった。ニコライでさえ多少心配する様子を見せていた。「ロシアと日本の間で戦争が起こるのを望まないし、戦争を認めるつもりはない。戦争が起こらないようあらゆる手を尽くせ」とニコライは命じた[34]。しかしここまで来ると事態は制御不能になっていた。朝鮮と満州について相互理解を主張しながら何度も拒絶された日本は、戦争を決意したのである。ロシア外相ウラジーミル・ラムズドルフ伯爵が一九〇四年に次のように述べている。「わが国の極東での政治活動は全く無秩序な状態にある。無責任な冒険家や陰謀家が集まってオカルト的な介入をしたものだから、われわれはカタストロフィーに追い込まれた」[35]。

ニコライが帝位に就いている間、大臣はロシアと皇帝の召使いとしてほとんど何もできない状況に置かれていた。特別な政策が必要だと強く感じたときも、皇帝に異を唱えることはできなかった。革命家としてまだ有名ではなかったレーニンはこれを「上層部の危機」と呼んだ[36]。彼には洞察力があった。やがて日露戦争や、もっと大規模の第一次世界大戦のように、事態が間違って進んでいるとき、体制が極端に個人に依拠していたことから、次第に重要な力となりつつあったロシアの世論は皇帝個人に批判的になった。

事態をさらに悪化させニコライの孤立に拍車をかけたのは、ニコライの結婚だった。不幸な結婚ではなかったが、結婚によって居心地のよい家庭という繭をつくり、結婚生活は世界から自らを隔てる効果的な防壁となったのである。ニコライとアレクサンドラは十代のときから愛し合っていた。アレクサンドラはドイツ人で、小さな公国ヘッセ＝ダルムシュタットの出だった。ドイツ人だがヴィクトリア女王の孫として英語で自分の名前を綴ることを好んだ。反ロシア感情が強かったヴィクトリア女王だが、幸運なことにニコライのことは好きで結婚に賛成した。最初プロテスタントの信仰を捨てロシア正教に改宗することを諦め切れなかったことから、アレクサンドラ自身が結婚の障害となった。激しい葛藤と、栄光ある縁組を望んでいる家族の強い圧力のもとでアレクサンドラはプロテスタントを諦め、涙の洪水のうちにニコライを受け入れた（不親切な人が言うには、一番上の兄の新しい妻から逃げ出したいと思ったこともあったらしい）[37]。改宗者によくあるように、アレクサンドラはロシア人より熱心な正教徒となりロシア人らしくなった。ニコライに身も心も捧げ、ニコライが関心を持っていると思ったものに献身した。

結婚式は壮麗だが陰鬱だった。式はアレクサンドル三世が亡くなる前から計画されていたので、葬儀の一週間後に行われた。後世の人々が言うように悪い予兆だったのだろうか。そうなら一年半後に行われた戴冠式はもっとそうだった。セレモニー自体はうまく進行したが、そのあとモスクワ郊外で行われた一般の人々のお祝いの集まりで、大きな災いが起こった。お祝いではビールとソーセージが振る舞われ、記念品が配られることになっていた。国中からロシア人が、その多くは新しい鉄道でやって来た。早朝までに五十万人ほどが集まった。お祝いの品が十分行きわたらないのではないかという噂で群衆はパニックになった。そして何千という人々が殺到し、千人以上の人々が踏みつぶされ、圧死したのだ。その晩、フランス大使館は何百万ルーブルもかけた舞踏会を開催した。フランスとの同盟を祝したいと思っている大臣から圧力をかけられ、事故のあといやいやながら若い皇帝夫妻は出席した。結果的に、若い夫妻は思いやりがないという評判が立ってしまったのは失敗だった。[38]

アレクサンドラはニコライより知性があり、会話、特に宗教に関する会話を好んだ。強い義務感があり、良きキリスト教徒として幸運に恵まれない人々を助けなければならないと思っていた。皇后として飢餓の救済から病人の世話まで、チャリティーに関わる望ましい行動を示していた。残念なのは、感情の起伏が激しく神経質で、痛々しいほど内気なことだった。義母は簡単にサンクトペテルブルグの社交界に入り、手の込んだ宮廷舞踏会やレセプションを難なく仕切ることができたが、アレクサンドラは人々の前では不器用で、居心地が悪そうなのがはっきり見て取れた。あるご婦人は「あの方は誰にも一言もお声をかけませんでした。氷の塊のような方です。周りにいる方々はみな凍てついてしまいます」[39]と批判した。アレクサンドラはヴィルヘルムの妻のように取り澄まし、他の人の咎を許さなかった。舞踏会には悪い評判が一つもない女性しか招待しなかった。その結果、社交界のリーダーとなる女性のリストから招待される女性がいなくなってしまったのだ。[40]自分の気に入った人々を地位につける段になると頑固だった。明らかに相応しくない場合でもそうだった。ある上級の宮内官が言うように「頭脳も知識とも結びつかない鉄の意志」を持っていたのだ。[41]

アレクサンドラは皇后として別の不利な面があったが、それは何年か経つまでわからなかった。アレクサンドラはヴィクトリア女王から血友病の遺伝子を受け継いでいた。通常、男性にしか症状の出ない病気である。血友病は凝血できない病気で、どのような傷、打撲傷、事故でも死に至る可能性があった。アレクサンドラとニコライの一人息子アレクシスはこの病気を遺伝し、子ども時代に危うく命を落としそうになったことが何度かあった。狂乱した母親は治療のためロシアをはじめヨーロッパを探し回り、我が子専属の医師、医者もどき、学者、有名な魔術師を集めた。そして、皇帝家の名を決定的に傷つけることになる、腐敗し堕落したラスプーチンを呼び込んだのである。

何度も妊娠・出産を繰り返し健康が衰えると、アレクサンドラは多くの社会生活から退いた。ニコライは特に一九〇五年以後、めったに首都を訪問しなくなった。まず息子を批判することのない母親でさえ、「皇帝は誰にも会わない。もっと多くの人に会わなくては」[42]と述べている。好みと安全上の理由から、家族はサンクトペテルブルグ郊外のツァールスコエ・セローの皇帝家の所領で、一九〇五年以後三メートルほどの高さのある有刺鉄線を張りめぐらせた、鋲のついているフェンスの中で生活した。夏にはバルト海に面するペテルゴフの同じく隔離された所領に移動した。皇帝家のヨットに乗って、皇帝家の狩猟小屋やクリミアにある皇帝家の宮殿に旅行に出かけた。

厳格で複雑なエチケットがあり、何千もの召使いと警備員と侍従が仕える壮麗な世界の中心にいるはずの家族は、実際のところ簡素で幸せな生活をしており、プライベートでは奇妙なほど世界に関わらない暮らしをしていた。アレクサンドラは倹約を誇りとし、皇帝は自分の服がくたびれるまで着て、それを自慢していた。宮廷医の息子がこの一家の世界について書いている。「ツァールスコエ・セローの魔法がかかった小さな妖精の国は、暗い落とし穴を目の前にしてやさしくハミングで『皇帝陛下よ、永遠なれ』と歌う美女の甘い声にうっとりし、平和のうちにまどろんでいた」[43]。皇帝夫妻は病気の息子と四人の娘のために尽くしていた。日露戦争の間ロシア駐在イギリス大使を務めていたチャールズ・ハーディングの意見では、やりすぎということだった。血の日曜日事件や首都で起こった蜂起に、ハーディングはニコライは不思議なほど冷静だった、と報告している。助言者に会わず、一番好きな狩りをし、赤ん坊のアレクセイと遊んで過ごしたのだ。ハーディングはロンドンに伝えている。「ニコライの性質に深くしみこんでいる神秘的な宿命論ゆえの行動としか説明できない。併せて、奇跡が起こって最後にはすべてうまくいくとも考えている」[44]と。

一九〇五年、ニコライ政権がロシアをコントロールできなくなっているという証拠が次々に明るみになった。また、母親を含めてニコライに近い者は皆彼に圧力をかけ、本質的な譲歩をしなければならない、ヴィッテを政府に引き戻さなければならないと説いた。十月初め、ニコライは不承不承、前財務大臣に会うことを承知した。ヴィッテは憲法と市民の自由を認めることを自分の条件とした。ニコライは従兄のニコライ・ニコラエヴィッチを説得して軍事独裁政権を立ち上げようとしたが、ヴィッテが任命されないのなら今すぐに自殺すると脅されて諦めた。不幸な皇帝が母親宛ての手紙に次のように書いている。「私の慰めといえば、このようなことが神の意思であり、この重大な決定によって私の大切なロシアが一年近く続いた耐え難い混乱から脱出できることにつながるということだけです」[45]と。一九〇五年以後、ニコライは奇跡が起こり、皇帝独裁という体制に戻ることを期待し続けた。戦争前、ニコライは憲法を骨抜きにし、市民の自由を制限しようとし続けた。一九〇六年四月、最初のドゥーマを開いたが、同年七月に解散した。一九〇七年には、選挙法を変えて保守的な地主勢力がドゥーマに多くの代表を送り、自由主義者と左派の議席を少なくする布告を出した。ニコライはヴィッテを最大限無視しようとし（フランスから巨額の融資を得てロシアが破産せずに済んだことで感謝をしていたが）、ドゥーマが初めて集まる前に罷免することに成功した。

それでもなお、完全にコースを逆戻りさせることは不可能だった。一九〇五年から、政府は世論という新たな要素に対応しなければならなかった。当局は新聞を取り締まろうとしたが、新聞はますます腹蔵なく書き立てるようになった。ドゥーマの代表は、訴追を恐れることなくものを言う権利があった。政党は依然として弱く、ロシア社会に深く根を下ろしてはいなかったが、時間さえあれば、侮りがたい政治勢力に発展する可能性があった。新しい憲法は皇帝を最高独裁権力とし、皇帝が外交政策、軍、正教会をコントロールし、大臣を任命・罷免する権限、立法に対して拒否し、ドゥーマを解散し、戒厳令を宣言する権利を認めていた。だが、憲法という文書が存在している事実が、皇帝の権力を縛るものであった。ドゥーマの権力についての定義が不明確で、ただ話をする場であることが多かったが、質問する前に政府の大臣を招請する権利や、やろうと思えば陸海軍に予算を割り振る権限があった（政府の軍事予算案を拒否することはできなかったが）。

ニコライは大臣会議を受け入れなければならなかった。それは内閣のようなもので、政府の政策を調整し、方向づける意図でつくられた。そしてその議長はすべての大臣と皇帝とのパイプ役を期待された。最初の議長ヴィッテは、ニコライが彼の選んだ個別の大臣に相談し続けたために自分の職務を全うすることは難しいと感じた。ヴィッテの後任であるピョートル・ストルイピンは一九一一年までその地位にあったが、それは皇帝が最初彼を信頼していたことと、一九〇五年以後は毎日政治に関わらないようになったことが理由だった。ニコライは支配者周辺の人々と同じようにストルイピンの身体的な勇気を賞賛していた。一九〇六年、テロリストがサンクトペテルブルグ近くにある皇帝の別荘を爆破した。何十人もが亡くなったり、負傷した。皇帝自身と、二人の子どもも重症を負ったが、ストルイピンは剛勇と自制により撃退したのだ。(46)

背が高くピンとした姿勢で陰影があり、正式のマナーを身につけたストルイピンは、出会った人すべてに好印象を残す人物だった。ヴィッテと同じくらい才能があってエネルギッシュで、ロシアに改革と進歩を導入しようと努めた。前任者と同じく、生まれついての権威主義者で、革命家を弾圧しようと決意していた。だが、ストルイピンには少なくともロシアに出現した新しい政治勢力のいくつかと協力しなければならないという理解があり、ドゥーマに保守派の連立をつくり、成功していた。革命家が農民にアピールするのを食い止めようと、農民に自分が働いている土地を所有することを認める改革を推進した。だが、結局古いパターンが現れ、ニコライは首相の権力に嫉妬し、恨むようになった。一九一一年になると、ストルイピンは落ち込んで、自分の立場が安全ではないと感じるようになった、とあるイギリスの外交官は述べている。九月にストルイピンの運命が決まった。恐ろしい最期だった。警察官に扮したテロリストが、キエフでオペラを見ていたストルイピンを撃ったのである。致命傷を負ったストルイピンは「身代わりにやられた」、あるいはもっとドラマチックに「皇帝の身代わりとなれて良かった」と言ったと伝えられている。(47) ストルイピンは四日後に亡くなった。彼が生きていたら、その後何年間か強力なリーダーシップを発揮したかもしれないし、一九一四年の夏にヨーロッパの大きな危機が生まれたとき、事態を慎重かつ穏やかに解決する力になった可能性もある。

ロシアがヨーロッパの一大勢力となろうとする主張には、はったりの要素が混じっていた。アレクサンドル二世の外相が一八七六年に述べているように、「わが国は大きいが力がない。まさにそうだ。真実を知ることほど大切なことはない。きれいにドレスアップして見せたとしても、ドレスアップに過ぎないということを自覚する必要がある」[48]。ロシアはドレスアップして目覚しい成果を上げたこともある。たとえば、ナポレオンを破るときに役に立ち、ナポレオン戦争の終わりに皇帝アレクサンドル一世は軍隊を率いてパリを行進した。一八四八年の革命の間、ロシア軍がハプスブルク帝国を救うのに役立ったこともあった。一方、十九世紀中頃のクリミア戦争の敗北もあった。もちろん、近いところで日露戦争もあったのだ。ストルイピンは日露戦争のあと、国内的にも国際的にもロシアに弱点があることに気づいていて、どう対応すればよいのかわかっていた。ストルイピンは首相になる少し前に、次のように述べている。「わが国の内部状況を見れば、積極的な外交政策をとる余地はない」[49]。ストルイピンは後継者とは異なり、世界に対し挑発的な動きをしないように決めていた。外国でこれ以上失敗をすれば、国内で新たな革命が起こる可能性があったからである。逆に弱さを見せると、他の勢力がロシアから利を得ようとする可能性もある。

対外関係におけるロシアの根本的な問題は、地理的な条件からきていた。侵入に対して自然の守りはほとんどなかった。歴史を通じて、ロシアはモンゴル人（ロシア人にとってはタタール人）、スウェーデン人、プロイセン人、フランス人（二十世紀にはドイツの手でさらに二度の恐ろしい経験をすることになった）に繰り返し侵入された。タタール人はロシア中心部を二百五十年にわたって支配した。だが、プーシキンが言うにはスペインのムーア人とは違って「代数学もアリストテレスももたらさなかった」[50]。このように地理的に無防備であったために、ロシアに最終的に現れたのは中央集権化した権威主義的な政府だった。ロシア史の始まりとなる十二世紀初頭、今日のウクライナにいたルス族は、潜在的にロシアの支配者となることを期待された人々として歴史書に描かれている。「われわれの土地は大きく豊かだが秩序がない。ここに来てわれわれを支配し統治してくれたまえ」[51]と。プーチンは近年ロシア史のなかでスターリンを同じように正当化している——スターリン体制は外敵からの挑戦に直面したロシアを一つにしておくために必要だった、と。中央集権に関連して生じたのは、ロシアはどこまでも国土を広げることによって安全を求め続けるということだった。十八世紀末になると、ロシアはフィンランドとバルト国家を吸収し、ポーランドを分割し分け前を取った。次第に東方に向かうようになったが、ロシアはなお自らをヨーロッパ勢力と考えていた。結局、ヨーロッパを単なる世界権力の中心というだけでなく、文明の中心と考えていたのである。

ロシアは他のヨーロッパ諸国と比べると常に大きかったが、十九世紀にはさらに膨らんで世界最大の国となっていた。外交官と官僚のあとに続いたロシアの探検家や軍人が、国境を南方・東方に押し広げ、黒海とカスピ海に向かい、中央アジア、ウラル山脈を越えてシベリアに達し、太平洋に至るまで八千キロほど拡大したのだ。他のヨーロッパ諸国だけでなくアメリカ合衆国全体もアジアに拡がったロシアの中にすっぽり収まり、さらにまだ土地が残っていた。アメリカ人旅行家で作家のジョージ・ケナン（偉大なアメリカ人のソビエト研究の専門家であるジョージ・ケナンの名付け親の、遠い親戚にあたる）は、ロシアが新たに獲得した領域の大きさを次のように説明している。「地理学者が、イギリス向けにつくってあるスティーラーの『地図ハンドブック』と同じ縮尺の普通の世界地図を用意してシベリアを描こうとすると、地図に入れるにはそのページは六メートル近くなってしまう」(52)。

帝国が大きくなったことで、威信と、まだ発掘されていないが資源と富を手にすることになった。ロシアにさらに大きな問題をもたらしたものがある。人口はそれほど増えなかったが、非ロシア人である中央アジアのイスラム教徒、東方では朝鮮人、モンゴル人、中国人を含むようになった。新しい国境によって、友好的ではない可能性がある隣国と接することになった。極東では中国と日本、中央アジアでは大英帝国、カフカスではイギリスも注目しているペルシャ（今日のイラン）、黒海周辺の衰退しつつあるが他のヨーロッパ諸国が姿をちらつかせているオスマン帝国である。加えて、海軍力が国力と富の鍵になるとみられるようになった時代に、ロシアは一年中使用できる港をわずかしか持っていなかった。黒海とバルト海の港から航海するには、戦時に封鎖される狭い海峡を通らなければならず、新しい太平洋に面する港ウラジオストクはロシアの心臓部から何千キロも離れており、不安定な鉄道に頼らなければならなかった。ロシアが特に食糧の大輸出国になると、ボスポラス海峡、マルモラ海、ダーダネルス海峡を経由して黒海から地中海に至る航路——まとめて当時「海峡」と呼ばれた——が生命線となった。一九一四年には、全輸出の三七パーセント、重要な穀物輸出の七五パーセントがコンスタンティノープル〔現在のイスタンブル〕を通って流通していた。[53] たとえばドイツにここを封鎖された場合、「ロシアにとって死の宣告」になると、当時外相のセルゲイ・サゾーノフは感じていた。[54] ロシアの観点からすると安全な不凍港を求めることは極めて重要だったが、クロポトキンがニコライに一九〇〇年に警告したように、それには大きなリスクを伴った。「黒海への出口を所有し、インド洋への道筋を獲得し、太平洋への道筋を得ようと試みれば、このような使命はほぼ全世界の利害とぶつかることになる。これを追求すれば、イギリス、ドイツ、オーストリア＝ハンガリー、トルコ、中国、日本の連合軍との戦いを覚悟しなければならない」[55]。ロシアの潜在的な敵のなかでも、世界に拡がる帝国を持つイギリスは最も差し迫った脅威だと思われた。

イギリスでも、世論は強力に反ロシアに傾いていた。人気のある文学作品では、ロシアはエキゾチックで恐ろしいものとして描かれていた。雪と金のドームがある国、暗い森を通る橇を追う狼の国、イワン雷帝とエカチェリーナ大帝の国だった。多作な作家ウィリアム・ル・クースは小説で、ドイツを使うまではロシアを敵として描いていた。一八九四年に発表された『一八九七年のイギリスの大戦争 *The Great War in England in 1897*』で、イギリスはフランスとロシアの連合軍に侵入されるが、ロシアの方がはるかに野蛮である。イギリスの家々は焼かれ、罪のない市民が撃たれ、赤ん坊が銃剣で刺される。「ロシア皇帝の兵士は野蛮で、非人間的で、弱者や保護されていない人々に容赦ない態度をとる。ロシア兵士は慈悲を願うと嘲り笑う。鬼のように残酷に、至るところで破壊を楽しむのだ」[56]。急進主義者、自由主義者、社会主義者にはみな秘密警察が見張り、検閲がある、基本的人権がなく、反対者を訴追し、エスニックな少数者を弾圧し、反ユダヤ主義――というのが、おぞましい歴史があるこの体制を憎む理由だった。[57] 一方、帝国主義者は大英帝国のライバルになるから嫌っていた。イギリスはアジアでは絶対にロシアと合意には至らないと、インド総督になる前、ソールズベリ内閣の外務政務次官だったカーゾンは述べている。ロシアはどこまでも拡張を続けるにちがいないし、いずれにしてもロシアの外交官は「二枚舌が染み込んでいる」から交渉は不毛である、[58] と。カーゾンがインドの参謀総長キッチナー卿と先見が一致することはめったにないのだが、そのまれなケースである。キッチナーは「国境にロシアが前進してくる脅威」に対するため、ロンドンに多くの物資を求めていた。イギリス人を特に悩ませたのは、すでにできているか建設中か不明だが、いずれにせよ、ロシアの新しい鉄道で、アフガニスタンとペルシャの国境に伸びていて、ロシアが軍を移動させることを可能にしていた。八十年たってからつくられる言葉であるが、イギリス人はポール・ケネディの言う「帝国主義的過剰拡張 imperial overstretch」なるものを切実に認識していた。一九〇七年、陸軍省が述べているように、ロシアの鉄道システムが拡張したために、インドと帝国を防衛する軍の負担が著しく大きくなり、「軍のシステム全体を配置し直すことが難しくなって、インドを保持しておくことに価値があるのかどうか現実の政治問題となる」[59]可能性があった。

いつもどちらの側にも、突出している植民地問題を解決して緊張を緩和し、支出を抑えることを望む人々がいた。一八九〇年代になると、ロシアが黒海と地中海の間の海峡を使って軍艦を動かすのを止めることができないとイギリスは認識し始めていたし、ロシアの軍部では、中央アジアとペルシャで積極的な政策を控えようと考えていた。[60]一八九八年、ソールズベリはロシアに話し合いを求め中国での両国の相違点を整理しようとしたが、残念ながら解決に至らなかった。そのうえロシアが義和団の乱を利用して軍隊を満州に動員すると、関係は悪化した。一九〇三年、新しいロンドン駐在ロシア大使が任命され、新たな話し合いの機会が生まれた。新しい大使アレクサンドル・ベンケンドルフ伯爵には有力なコネがあり(皇帝アレクサンドル三世の従者だったことがあった)、金持ちだったが軽率なところがある人物だった。イギリスびいきで自由主義に共感を持ち、未来の皇帝体制を悲観的に考えていた。ベンケンドルフは、コペンハーゲンに勤めていたときフランス大使にこう述べている。「ロシアでは表向き国民は感傷的だ。皇帝に親愛の気持ちを感じてもいる。革命前夜のフランスと同じだ」[61]と。ロンドンで、ベンケンドルフ夫妻は社交界に入り、ロシアとイギリスの関係改善に努めた。戦前、外交官はかなりの裁量権があり、それを利用して両方に相手は見た目より友好的な気持ちを持っていると思わせようとした。一九〇三年、イギリス外相ランズダウンとベンケンドルフはチベットとアフガニスタンのような喫緊の問題について話し合ったが、またしても結論を出すには至らなかった。

英露関係が悪化したため、イギリスの同盟国である日本とは友好改善の話が俎上に乗っても、日露戦争後まで関係を改善できなかった。

十九世紀の技術・産業革命によって、大国ロシアの負担は増加した。進歩が進歩を呼び、軍事力の競争がスピードアップすると、ますます金がかかるようになった。鉄道と大量生産によって大きな軍をつくり、兵士の動員と、兵站を確保することが可能になった。大陸諸国がその方向に進み始めると、ロシアの支配者は持っている資源が隣国オーストリア＝ハンガリーと新しいドイツに及ばないにしても、追いかけるしかないと感じた。列強の一員であることを諦める方向もあったが、その路線は難しかった。一九〇六年から一九一〇年まで外相を務めたアレクサンドル・イズヴォルスキーは次のように述べている。「第二級の勢力となってしまうのは『アジアの国』になるより悪い。ロシアにとってはカタストロフィーとなる」(62)。

冷戦のときにソ連が直面したジレンマも同じである。ロシアの野望が膨らんでも経済と租税システムが及ばない。一八九〇年代には、ロシアはフランスやドイツと比べると、兵士一人あたりに払う給料は半分以下だった(63)。しかし、軍に資金が使われるようになると開発のために使う資金が枯渇した。一九〇〇年、ある見積りによると、ロシア政府は教育に使う十倍以上の資金を陸軍に使い、海軍は農務省と法務省より多くの資金を得ていた(64)。日露戦争によって経済状況は悪化した。ロシアは破産寸前となり財政赤字を残した。軍隊には再装備と再訓練が絶対的に必要だったが、その資金がなかった。一九〇六年、ワルシャワ、キエフ、サンクトペテルブルグ周辺の西部の重要な軍事拠点は射撃訓練を行おうにも物資が不足していた(65)。

日露戦争によって、ロシアの真の利益がアジアにあるのかヨーロッパにあるのかという論争が再燃した。クロポトキンとロシアの参謀本部は、資材がヨーロッパからアジアに流れて枯渇するのではないかと心配した。ヴィッテがシベリア横断鉄道を建設している間、ロシア西部の鉄道建設は事実上停止した。この頃、ドイツとオーストリア＝ハンガリーだけでなく、ルーマニアのような小国まで鉄道を建設していた。一九〇〇年、ロシアの参謀本部の見積りでは、ドイツは国境まで一日に五百五十二両の列車を送ることができるが、ロシアは九十八両しか送れないとことになっていた。財政上の理由から、西部でロシア軍を増強することも凍結していた。クロポトキンは一九一〇年に次のように書いている。「わが国の関心が東に向かっていることをドイツは喜んでいるだろう。われわれは軍隊と物資について、ドイツとオーストリアに決定的な優位を与えている」。[66] 日露戦争の間、ロシア軍が絶対にあってほしくないと恐れたのは、ドイツとオーストリア＝ハンガリーがロシアに対して動員する機会として戦争を利用することだった。西側に出っ張っている、両国にとって危険なロシア領ポーランドをつかみ取る可能性があった。ロシアにとっては幸運なことに、ドイツはロシアをフランスから引き離そうとして戦時中は友好的中立政策をとると決めており、またウィーンで活躍していたロシアのスパイによると、オーストリア＝ハンガリーは同盟国イタリアの攻撃の可能性の方に頭が行っていた。[67]

日露戦争後、ロシアは再興と再建という困難に直面していたが、不安は変わっておらず、資源の配分と外交政策の両方で選択をする必要があった。ロシアの利害が東にあるとすれば西を安定させておく必要がある。そうだとすると、ドイツおよびオーストリア＝ハンガリーと同盟を結ぶ、あるいは少なくとも緊張緩和を図らなければならない。このような動きをすれば、イデオロギー上の議論が再び起こるはずだった。保守的な三つの帝国は、現状維持と急進的な変化に抵抗することを望んでいた。ロシアとドイツの間で同盟を結ぶ方向に向かうとすれば、大きな歴史の議論があるはずだった。ドイツ人とロシア人の絆は何世紀も遡る。たとえば、ピョートル大帝はドイツ人を移住させ、新しい産業に従事させた。何年にもわたってドイツの農民はロシアの拡大とともに開墾した新しい土地に定住した。ロシアの上流階級はドイツの上流階級と結婚し、旧家の多くにベンケンドルフ、ラムズドルフ、ヴィッテといったドイツの名がついていた。特にロシアが所有したバルト地方では、ロシア語よりドイツ語が用いられた。皇帝は——もちろんニコライ二世自身を含めて——一般にドイツの諸公国から妻を求めた。だが、ロシアにとってドイツを選択するのはフランスとの同盟を諦めるということで、そうすると確実にフランスの金融市場に近づくことができなくなる。ロシア内の変化を推進するために、フランスおよび、長期的な視点に立てば、イギリスと同盟を考えるリベラル勢力がドイツとの同盟に反対するのは間違いなかった。また、保守派がすべてドイツ寄りということでもなかった。地主はドイツの農産物と食材に保護関税をかけたことによって打撃を受けていた。一八九七年にドイツが中国北部の膠州湾を獲得したのは、ロシアの中国および朝鮮支配の野望に挑戦するためだった。さらに続く数年間、ロシアの入り口にあるオスマン帝国にドイツが投資し影響力を及ぼすようになると、公的な人々の間にドイツに対する不安がますます広がった。(68)

一方、ロシアにとっての脅威と帝国を拡げるチャンスがヨーロッパに存在していると考えたとすると、東の敵とうまくやることが必要になり、東西両方とも実際の敵に加え、潜在的な敵の存在も考える必要があった。日本との平和は、まず中国で突出した問題を解決することが必要だった。さらに重要になるのは、東におけるもう一つの帝国主義列強イギリスだった。外交政策には変更不可能ということはないから、一九一四年前の十年間にロシアの指導者は選択肢を広げておこうとしてフランスとの同盟を維持したが、緊張の源を取り除くためイギリスやドイツ、オーストリア＝ハンガリー三国のそれぞれとも交渉していた。

フランスとの同盟によって初めは難しい問題も生じたが、ロシアの世論は概ね、ロシアの人口資源とフランスの資金・技術が見合っていると好意的になっていた。もちろん、何年にもわたる緊張もあった。フランスは金融という梃を使ってフランスの必要を満たすようロシアに軍事計画をつくらせようとしたり、ロシアがフランスの会社に新しい武器を注文するように主張した。(69)ロシア人はこうした「脅し」に憤慨し、大国としての地位を貶めようとするものだと反発することもあった。一九〇四年からの十年間に、長くロシアの財務大臣を務めたウラジーミル・ココツェフは次のように不満を述べている。「ロシアはトルコではない。同盟国はわが国に最後通牒のようなものを突き付けるべきではない。直接的な要求がなくとも何とかやれる」(70)。日露戦争も緊張をもたらした。ロシアはフランスが自分たちを支持してくれていないと考え、フランスの方はロシア側に加わって新たな友好国であるイギリスの同盟国日本との戦争に引き込まれるのを何としても回避しようとした。その一方で、ドガーバンク事件で生じたダメージを解決するための交渉でフランスはロシアの力になれると考えた。デルカッセは満州に向かうロシアのバルチック艦隊に、極東のフランス植民地の港を使用することを承認した。

ドイツとの緊密な関係をなお望んでいるロシアの保守

派でさえ、フランスとの同盟によってロシアが強力になり、ドイツから見た印象がよくなると思っていた。一九〇〇年から一九〇六年にかけて外相だったラムズドルフはこう見ている。「ドイツと良い関係を保ち友好国としておくため、フランスとの同盟を維持する必要がある。ドイツと同盟を結べばおそらくわれわれは孤立する。隷属してしまう可能性もある」[71]と。小柄で小うるさいところのあるラムズドルフは、古いタイプの官僚で、皇帝に絶対的に忠実で、変化をひどく嫌っていた。後に外相となるオーストリアの外交官レオポルト・フォン・ベルヒトルトは一九〇八年にラムズドルフに会っている。

短い口髭を生やしているが、きれいに髭を剃り禿頭で背筋を伸ばして座っていた。あらゆる機会を狙って自分を良く印象づけようとしていて、礼儀正しく、知性と教養を感じさせる「歩く文書館」といった様子だった。鼠の大臣のようで、埃だらけのファイルを嗅ぎまわるので、黄色い羊皮紙になってしまうかのようだ。自分の前にいるのは異常者だという印象を持たざるを得なかった。歳をとっているのに円熟が感じられず、赤い血ではなくゼリー状の水が循環しているのではないかと思ってしまう[72]

ラムズドルフの同僚たちも、これにきっと同意するだろう。ある人が不親切な言い方をしているように、ラムズドルフは少なくとも正直で一生懸命働く人物だったが、「ひどく無能で凡庸」だった[73]。それにもかかわらず、ラムズドルフがロシアの長期的利益は列強間のバランスにあると考えたのはおそらく正しく、ラムズドルフはイギリスをはじめいずれの国ともオープンに議論した。外務省の一員マルセル・タウベ男爵は一九〇五年にこう述べている。「偉大な人物の一生のうちには、Xを選ぶかYにするかということについてはっきり方向を示さないのが最善の策だというときがあると思っている。私はこれを独立政策と呼んでいる。この策を放棄されるときには、私はもうここにはいないと思う――ロシアに幸福をもたらすとは思わないからだ」[74]と。後継者たちは新たな同盟に加わり新たな戦争に着手するが、タウベは最後は「革命で終わる」はずだと警告していた[75]。だが、一九〇五年以後、外交政策でどの国をも選択できるようにしておくことはロシアには不可能だった。弱体であるがゆえに同盟国を必要としたからであり、ヨーロッパが対立する陣営に分かれていく道を歩んだからである。

一九〇四年以後、英仏協商を結んだフランスはイギリスと同様の理解に至るようかなりの圧力をロシアにかけた。一九〇四年、外相デルカッセは述べている。「ドイツに対抗して、ロシアとイギリスと同時に提携することができたら、地平線が大きく広がるはずだ！」[76]。もちろん、長期的にフランスが望んでいたのは、三国間の完全な軍事同盟だった。ロシアの自由主義者はヨーロッパの自由な勢力の中心と友好関係を結ぶことを歓迎していたが、ロシアの指導者は腰が重かった。皇帝はイギリスの社交界が好きでなかったし、ヴィクトリア女王には良い感情を持っていたがエドワード七世のことは好きではなかった。友人になるには不道徳で自由すぎて危険だと思ったのだ。若い頃、エドワードと一緒にいたとき、たとえば、客として来た仲間の中に、馬商人がいたり、もっと悪いことなのだが、ユダヤ人がいたりすることに気づいていたのだ。母親宛てに書いている。「エドワードは状況を面白がっている様子で、私のことをからかうのです。できるだけ離れているようにしました。話をしないようにしました」[77]と。おそらくもっと重要なのは、日露戦争の際にイギリスが敵意を示したことについてニコライが腹を立てていたことだった。ヴィルヘルム二世に対し、エドワード七世のことを「世界で一番の悪たれ、一番危険な陰謀家」と言って非難していたのだ[78]。

交代を命じられる一九〇六年まで、ニコライの中心的な助言者だったヴィッテとラムズドルフは、イギリスとの理解に至るとする考えに反対とまではいかなくとも熱心ではなかった。ヴィッテは昔のドイツとの友好関係を復活させ、ドイツ、オーストリア＝ハンガリー、イタリアの三国同盟に加わる方がよいと考えていた。しかしバルカンでロシアとオーストリア＝ハンガリーの対立が発展するなか、これはかなり考えにくいことだった。ヴィッテが望んでいたイギリスを孤立させ、フランス、ロシア、ドイツが大陸同盟を結ぶという考えはさらに可能性が薄かった[79]。フランスはドイツとの相違を埋める気も、イギリスとの協商を諦める気もないということを明確にしていた。

驚くことではないが、ドイツはフランスとロシアを離間させようと全力を尽くしていた。ドイツ外務省は日露戦争の間、露仏間に疑念をつくりだそうと下手な試みをしていた。ドイツ皇帝はどちらにも通じる言葉である英語で、愛する従弟ニッキーに手紙を書き、戦争の指揮の執り方と積み重なるロシアの損失について同情の気持ちを綴った。一方でヴィルヘルムは一九〇四年六月初めにベルリン駐在フランス大使館付き武官に手紙を書き、フランスが勃興するアジア勢力に対しロシアの同盟国として支援しないのは驚きだと述べた。

私は多くのヒントを見つけた——いつも恐れていたのだが——英仏協定の一番重要な影響は、フランスがロシアを助けることができないようにするということだ！　言わずもがなだが、フランスがロシアに力を貸すという義務の下でフランスの艦隊あるいは陸軍を使うというなら、もちろん邪魔立てするつもりなどない。というのは、そんなことをしたら「黄禍！」を描いた画家からするとかなり非論理的ということになるからだ（ヴィルヘルムはこの絵をニコライに贈っていた。お気に入りの画家がそうしてほしいというのでそうしたのである）。

ロシアはドイツと商業協定を結ぶことでチャンスがある、と従弟に押しつけがましいヒントを与えて手紙を結んだために、ニコライのこの種の気持ちをむしろ萎えさせてしまう結果となった。[80]その秋、極東でロシアの敗戦が重なると、ヴィルヘルムとビューローは特にどこと特定せず、ヨーロッパの列強と同盟を結んではどうかと秘密裏にロシアに提案した。ヴィルヘルムは私信でニコライに書いている。「もちろん同盟は純粋に防衛的なものだ。専らヨーロッパの侵略国に向けたものだ。砲火に対して火災保険相互会社と契約するような形だ」。ヴィルヘルムはニコライが却下すると困惑した——「私の個人的な敗北だ」[81]と。

ヴィルヘルムは自分より若く押しの弱いニコライをうまく操れると思い込んでいた。ヴィルヘルムはニコライに初めて会ったあと、「チャーミングで人当たりの良いかわいい男の子」だとヴィクトリア女王に手紙を書いている。[82]実際にはニコライはヴィルヘルムを疲れる人だと思い、求めてもいない助言の手紙の洪水に腹を立てていた。ヴィッテはニコライの賛同を得る良い方法は、ドイツ皇帝がそれに反対しているということだと気づいた。[83]ヴィルヘルムが自分で描いたという絵を贈ったのは、気の利かなさの典型だった。たとえば「黄禍」の寓意は、男らしいドイツ兵士が気絶したロシアの美女を守るというイメージである。ビューローは非常に困った場面に遭遇したことがある。「ドイツ皇帝ヴィルヘルムは偉そうな態度で輝く軍服を着て、ロシア皇帝の前に立っていた。ロシア皇帝は上げた右手に大きな十字架を持ち、質素な、馬鹿げているといってもいい態度で、賛美するようにドイツ皇帝を見上げていた。ドレッシングガウンのようなビザンティン式の長い上着を羽織っていた」(84)。いつものようにロシア皇帝は丁重に絵を断った。ヴィルヘルムの方では、ニコライは気骨がない男だと思い苛立った。日露戦争のときヴィルヘルムがロシア皇帝にがんばれと呼びかけると、ビューローはドイツが戦争に引きずり込まるといけないから大っぴらにロシアを励まさないでほしいと警告した。それに対してヴィルヘルムは次のように答えている。「政治家の観点からするとそれは正しいのだろうが、主権者としての気持ちがある。主権者としては、ニコライがだらしない態度で自分を処すやり方にうんざりしている。主権者というものはこの種のことにみな妥協しているのだ」(85)。

一九〇五年夏、ロシアが日本との講和を求めて混乱状態にあったとき、ヴィルヘルムは再度、ニコライがフランスとの同盟から離れるように強く働きかけた。二人の皇帝はそれぞれのヨットでフィンランドのビョルコ島沖に出かけ、会合をもった。ヴィルヘルムはロシアの苦境に同情し、フランスとイギリスの背信行為を罵倒した。七月二十三日、ビューローは歓喜しているヴィルヘルムから、ロシアとドイツがロシア皇帝のヨットで協定を結んだという電報を受け取った。ビューローは後に述べている。「私は皇帝からおかしな電報をもらったことは何度もあるが、ビョルコからもらったこの電報ほど熱狂的な言葉が詰まった電報は見たことがなかった」と。ヴィルヘルムはこのときの様子を以下の通り長々としたためた。ロシア皇帝は、フランスがロシアを支援しなかったためにロシアが傷ついたと述べた。ヴィルヘルムは、ここにいるドイツとロシアが「小さな合意」を結ぶべきだと述べた。前年の冬ニコライが却下した協定の写しをヴィルヘルムが取り出すと、ニコライはそれを読み通した。ヴィルヘルムは黙って立って小さな祈りを捧げ、朝のそよ風に旗が揺らめいている自分のヨットを眺めていた。突然ニコライがこう言うのを耳にした。「素晴らしい。そのとおりだ」。ヴィルヘルムはさりげない様子を取り繕い、ニコライにペンを渡した。そのあとヴィルヘルムがサインした。ヴィルヘルムから目を離さないよう派遣されていた外務省の代表はドイツ側で副署した。ニコライに本文を読むことを許されていなかったロシアの海軍将官は、黙ってロシア側で副署した。そして、ヴィルヘルムはビューローに伝えている。「喜びの涙があふれた――汗の滴が背中を伝っていった――この瞬間、私はフリードリヒ・ヴィルヘルム三世、ルイーザ女王、祖父、ニコライ一世に近づいたにちがいない。とにかく、みな喜びいっぱいで私を見ていてくれたにちがいない」[86]。一カ月後、ヴィルヘルムはドイツとロシアがヨーロッパの中心となり、平和を支える力であることを約束する新しい同盟に大喜びしてニコライに手紙を書いた。三国同盟の他のメンバー、オーストリア＝ハンガリーとイタリアは支持するはずだし、スカンジナビア諸国のような小さな勢力は自分たちの利益が新しい陣営の軌道上にあることを必然的に気づくだろう。日本さえも加わるかもしれない。そして、「イギリスが力を誇示してしゃしゃり出るのを抑える役目を果たすかもしれない。――皇帝は続けた。ニコライはヨーロッパの他の中心同盟国のことを気に病む必要はない、『『マリアンヌ』（フランスのこと）は君と結婚したのだから、君とベッドをともにして寝る義務がある。だから今は抱いたりキスしたりするのだろうが、今度は私の番だ。島（イギリス）で謀反をたくらむ出しゃばり屋の寝室に忍び込んではいけない」[87]（最後に出てくるのはエドワード七世への当てこすりである。エドワードの情事は有名だった）と。

ビューローはこの条約を見て、少しもうれしいと思わなかった。ヴィルヘルムが、いつものように自分に相談もせずに行動したことに困惑し、協定の範囲をヨーロッパに限定するという変更を加えていることに気づいて愕然とした。ドイツにとって同盟国としてのロシアの最大の利点はインドに脅威を与えることで、ヨーロッパ内でイギリスを抑えておくことだった。この見解を共有する外務省の同僚に相談したあと、ビューローは辞表を提出した。本気ではなく、主人に教訓を与えるためだった。[88]皇帝の夢は粉々に砕け、自分自身も傷ついた。ヴィルヘルムはビューローに感情的な手紙を書いている。「何の合理的な根拠もないのに、最良の、最も親しい友からこんな扱いを受け、恐ろしい打撃で倒れてしまいそうだ。深刻な神経の障害が出てくるのではないかと心配だ」[89]。ロシア外相ラムズドルフの反応はそこまで劇的ではなかったが、同じくひどいものだった。ドイツ皇帝はロシア皇帝を利用したことになると言って、この協定はロシアのフランスに対する義務と両立しないと丁重に指摘した。十月、ニコライはヴィルヘルムに対し、協定にはフランスの賛成が必要だと返事を書いた。賛同が得られることはなかったので、ビョルコの合意は結果的に無効となった。

一九〇七年夏、ヴィルヘルムとニコライは再度ヨットで会合をもった。ビューロー——ヴィルヘルムの嘆願を慇懃に受け入れて留任した——と新しいロシアの外相アレクサンドル・イズヴォルスキーも一緒だった。この訪問は、ドイツ皇帝が自国の海軍の力を自慢し、ロシア皇帝も新しい海軍を速やかにつくることを期待すると述べた即興の演説以外、あとには何も残らなかった。ロシアの随員の一人がドイツの随員に、ドイツ皇帝について苦々しく、次のように述べている。「なくて残念だったのは、ドイツ皇帝がロシア皇帝を叱り飛ばさなかったことくらいだ」[90]。ビョルコは二人の皇帝間で行われた個人外交の最後のエピソードとなった。十九世紀にはごく普通のことだったが近代社会がますます複雑になり、絶対君主の下でも官僚の権威が大きくなった二十世紀には問題外だった。残念な結末は、ロシアの官界と一般の人々の間に存在していたドイツとヴィルヘルムその人に対する疑念をさらに深めたことだ。ロシア政府は西の隣国との関係を改善しようとした場合、ますます障害が大きくなったと認識した。イギリス大使は一九〇八年のロシア皇帝との対話について次のように報告している。

皇帝はロシアのドイツに対する関係という観点で述べた。報道の自由によって、たとえば地震や雷といった帝国の遠隔地で起こる一つひとつの出来事が即座にドイツに伝わってしまうものだから、皇帝もロシア政府もかなり困った状態に追い込まれている。ロシアの報道の〔ドイツに対する〕非友好的な論調について深刻な苦情が、皇帝と政府のもとに寄せられるようになっている[91]。

一九〇六年初め、ドイツとの同盟に向かうつもりだったヴィッテは、ビョルコ事件で気持ちを変えたのだろう、サンクトペテルブルグ駐在イギリス大使に、歴史の重要な転換点でロシアが必要としているものはリベラル勢力の共感と支援だと述べた。イギリスが、ロシアが何としても必要としている資金を供給できる財政力がある国であることも魅力だった。イギリスが具体的な友好の証拠を見せてくれれば、包括的な理解がすぐあとに続くものと感じていた。[92] 実際、融資の交渉がイギリス外務省の奨励のもとロシア政府とベアリング銀行の間で進んだが、両国で政治の変動があったため、一九〇六年の春まで結論が出なかった。[93] ヴィッテから圧力がかかるなか、ラムズドルフはペルシャとアフガニスタンについて公開で議論することに同意した。しかし動きはゆっくりだった。ラムズドルフは乗り気でなかったし、両国ともヨーロッパの大紛争につながりかねないモロッコの危機に没頭していたからだ。

一九〇六年春に、状況は突然融和に向けて動き始めた。ヴィッテは罷免され、ラムズドルフは新しいドゥーマを運営するのが嫌で皇帝に辞表を提出した。ラムズドルフはタウベにこう述べている。「ドゥーマに集まった人々に話すまで、ずっと待たなくてはならなくなる」。[94] 新しい首相ストルイピンはイギリスとの緊張緩和に積極的だった。ロシアが弱体であることと、イギリスが一九〇五年に日本と同盟を更新し、チベットと協約に調印し、そしてさらにペルシャに積極的に進出して東部および南部の境界を固めたことが理由である。ラムズドルフの後継者イズヴォルスキーは、ロシアの利益はヨーロッパにあり、大国としての地位を再建する鍵はフランスとの同盟を維持し、イギリスと何らかの理解に達することにあることを明確にしていた。両者は一九〇六年以後、ロシアの国内政治がうまくいけばドゥーマと世論は必然的に外交政策に目が向くということで一致していた。

イズヴォルスキーとタウベは、イズヴォルスキーが外相になる少し前に、長い議論を行っていた。新しい外相の目指すところは、日本との関係をしっかりした友好的な土台の上に置くことで「アジアに残るラムズドルフ伯爵の遺産を解体する」ことだとタウベに述べた。さらに、「ロシアは長いインターバルを経て、新たにヨーロッパに向かう。極東に持っていたはかない夢のために大きすぎる犠牲を払って、伝統的で歴史的な利益を事実上諦めざるを得なかったのだ……」[95]と続けた。イズヴォルスキーはヨーロッパのことを世界中で一番参加していたいクラブだと考えるロシア人の一人だった。一九一一年に外相を辞めたあとに述べているように、フランスとイギリスとの緊密な関係は「安全とはいえないかもしれないが、ロシアの過去とロシアの偉大さのためにはより大きな価値がある」のである。[96] イズヴォルスキーはストルイピンより山師的なところがあったが、ロシアの外交政策にとっては残念なことに、肝心なときに気後れしてしまうところがあった。

　イズヴォルスキーは、ほとんど誰もが同意するのだが、チャーミングで野心があって頭がよく、一方で、虚栄心があっておだてに弱かった。批判にはかなり過敏に反応した。ラムズドルフのようにきつい仕事に取り組む能力があり、細かいことにも注意深かったが、前任者とは違ってリベラルで、ロシア外部の世界でかなりの経験を積んでいた。外見は、後にオーストリア外相となるレオポルト・フォン・ベルヒトルトの言によると、「中背で、金髪を二つに分け、赤ら顔。額が広く、どんよりした目、扁平な鼻、眉毛がはみ出している。片眼鏡をかけ立派なスーツを着ていた」(97)。一般的には醜男と見られがちだが、イズヴォルスキーは外見に自信があったようで、ロンドンのサヴィル・ロー社の仕立てのよいスーツを着用し、小さすぎる靴に足を無理やり突っ込んでいたので、それを見た人が言うには、結果として鳩のような歩き方をしていたとのことだった(98)。

　家族はそこそこの収入がある小貴族だった。なんとかイズヴォルスキーをサンクトペテルブルグで一番良い学校であるインペリアル・アレクサンドル・リセにやることができた。そこでもっと身分が高く金持ちの若者と一緒に生活した。そのために俗物的で利己的で物質主義的になったとタウベは感じた。イズヴォルスキーの求婚を断った、ある良いコネを持った未亡人は、こんな立派な人と結婚するチャンスを逸して残念に思うかどうか聞かれたときに「毎日後悔しましたが、毎晩良かったと自分を祝福していました」(99)と答えている。最終的にロシアの外交官の娘と結婚したが、望んでいた贅沢な暮らしをするだけの金があった試しがなく、サンクトペテルブルグではイズヴォルスキーの下では、金持ちばかりが出世する様子を見ていつも噂が拡がっていた(100)。何年間も傍で仕事をしていたタウベは、イズヴォルスキーの中には全く違う価値観を持った二人の男——政治家と貪欲なご機嫌取り——が争っているようだといつも感じていた(101)。

　イギリスははじめ、イズヴォルスキーの任命に不安を感じていた。コペンハーゲン駐在イギリス大使はイズヴォルスキーをよく知っていたフランス大使との会話を、ロンドンに報告している。新しいロシアの外相はフランスとの同盟に熱心でなく、ドイツ支持派に近いように見える(102)、と。これが誤解だったのは、将来の英露関係には幸運だった。イズヴォルスキーはイギリスと理解のための交渉をする決意をしていた。ロシア皇帝はこの考えに反対していたが、今や賛同を与えるようになった。[103] ロシアの状況は改善し始め、革命の危機が去ったように見えたので、イギリスは交渉する相手ができたのである。イギリスには新しい自由党政府が誕生しており、新外相エドワード・グレイはこの機会を逃さないようにしようと決意していた。一九〇五年十二月、外相となって最初に会合を行った相手はベンケンドルフで、ロシア大使に対して、ロシアとの合意を望んでいると断言した。一九〇六年五月、サー・アーサー・ニコルソンがサンクトペテルブルグ駐在イギリス大使として主に三つの難しい問題――チベット、ペルシャ、アフガニスタン――についてイズヴォルスキーとまとめるように内閣から特権を与えられ、到着した。三カ国の地元の人々はもちろん相談されることなどなく、何千キロも離れたところで国の運命が決められた。

交渉は双方が予想した通り、長く単調なものだった。あるイギリスの外交官が言ったように、「それぞれ相手が嘘つきで泥棒だと考えた」のだ。[104] 話し合いが頓挫しかけたこともあった。たとえば、イズヴォルスキーがドイツは反対するのではないかと心配したとき、またイギリスの首相ヘンリー・キャンベル＝バナマンがうかつにも演説で「ドゥーマ万歳」とフランス語で言ってしまったときがそうだった。イギリスとロシアのエージェントの間で大きな駆け引きが行われたチベット問題は、解決が最も容易だった。両者とも弱いチベット政府から譲歩を引き出さないようにすること、ダライ・ラマとの間に政治的な関係を確立しないことで合意した。チベットの将来に影を落とす条項があり、ロシアはチベットに関する中国の宗主権を認めることに合意した。

アフガニスタン問題には時間がかかり、一九〇七年の夏にようやく最終的に解決した。ロシアは最大限の譲歩をし、アフガニスタンがイギリスの勢力圏にあることを認め、ロシアはイギリスを通してしかエミール〔君主〕に接触することができなくなった。代わりにイギリスは、アフガニスタンを占領あるいは併合しない――エミールが協定の合意事項を守る限り――ことを約束しただけだった。最も解決が難しい問題となったのはペルシャだった。ドイツがシャーに鉄道借款を与えるという情報があり、両者とも焦点を当てて捉えていた。イズヴォルスキーが合意までじっくり時間をかけるつもりでいたことも長期化する原因となった。一九〇六年夏、テヘランにロシア＝ペルシャ銀行を立ち上げようという議論がサンクトペテルブルグであったときに（イギリスを驚かせたにちがいない）、イズヴォルスキーはきっぱりと述べている。「われわれはイギリスと同盟を結ぼうとしている。だからわれわれのペルシャ政策は、その事実をしっかり踏まえなければならない」[105]と。境界線について何度も話し合ったあと、ペルシャ北部はロシアの勢力圏、南部はペルシャ湾とインドへのルートを保護するためイギリスの勢力圏とし、その間に中立ゾーンを置くことで合意した。テヘラン駐在イギリス大使は、ペルシャ政府が交渉の噂を耳にし、大きな不安と怒りを感じていると警告した。当時としては典型的な、非ヨーロッパ世界に対する無頓着な態度で、ペルシャ人はこの合意がペルシャの統合を尊重していることを理解すべきだとイギリス外務省は答えた。[106]十九世紀に大きな問題を引き起こした黒海と地中海の間の海峡は、この協約が対象とするのはアジアのみだという理由で除外されたが、グレイはベンケンドルフに、イギリスは海峡へのアクセスに関して将来ロシアが困難な状況にならないようにするという理解を示した。[107]一九〇七年八月三十一日「ペルシャ、アフガニスタン、チベットを対象とする合意を含む「英露協商」がロシア外務省で調印された。

この「調整」にはもっと多くのことが含まれていることは誰もが理解していた。これが平和を推進するという理由で、この知らせをドイツは表向きは歓迎していたが、ビューローは皇帝に、ドイツが今やイギリスの不安と嫉妬の第一の対象となっていると述べた。戦争の噂がベルリン周辺に広がり、ドイツの新聞はドイツが今やどのように包囲されたかという記事を掲載した。次の夏、ヴィルヘルムは観艦式の際、次のような喧嘩腰の演説を行った。「われわれはフリードリヒ大王の先例に倣わなければならない。あらゆる方面を敵に包囲されたとき、次々に打ち破っていったのだ」[108]。そして「ニューヨーク・タイムズ」紙のアメリカ人ジャーナリストのインタビューに対して、イギリスの「背信行為」について辛辣に語り、戦争が今や不可避であると述べた。アメリカの世論を勝ち得ようとして日本と同盟して白人を裏切ったとしてイギリス人を非難し、ドイツとアメリカ合衆国がともに手を携えて「黄禍」に対して戦わなければならない日が来ると述べた。ドイツの官僚たちは、完成版の原稿を見て背筋が寒くなった。幸いにして、大統領セオドア・ルーズベルトと「ニューヨーク・タイムズ」紙の編集者も同じ考えを持ったことから、この記事は発表されなかった。

だが、その中身がイギリス外務省に届き、結果的にフランス人とイギリス人の耳にも届くことになった。[109] イギリス人はこのインタビューを皇帝の気まぐれの表れと捉え、底流にあるドイツの不安を掴み損ねた。国際関係でよくあるように、自分の側では防衛的な動きのように思えるものが、別の側から見ると違うように受け取られるということを理解できなかったのだ。

イギリス政府は、多くの批判があったがロシアとの協商に喜んでいた。グレイは後に、回想録に次のように書いている。「わが国が得たものは大きかった。われわれは歴代のイギリス政府が頭を悩ませることが多かった不安から自由になった。よく摩擦を引き起こす原因と、戦争の原因となり得るものを取り除いた。平和の展望がさらに確かになった」[110]。しかし摩擦のいくつかが、特にペルシャに関する摩擦が残っていた。その緊張は大戦まで再燃し続けた。フランスはこの協商を喜び、三国協商を強力な軍事同盟に構築したいという希望を持っていた。だがイギリスもロシアもますます用心して、「三国協商」という言葉を使うことさえ避けた。事実、一九一二年、イズヴォルスキーの後継者セルゲイ・サゾーノフはこの言葉を絶対使うつもりはない、と断言している。[111]

英露協商が調印されるや、イズヴォルスキーは三国同盟に接触し、ドイツとバルト地方に関する合意に調印し、オーストリア＝ハンガリーにバルカンで協力することを申し入れた。イギリスも同様に、ドイツとの海軍競争を緩和することを望み続けた。だが結局、英仏と独墺の間で広がりつつある亀裂の橋渡しをすることはロシアの指導者の手に余ることがわかり、ロシアは高まる軍拡競争の外にとどまり続けた。一九一四年には、周期的に起こる争いからは逃れていたが、ロシアは一方の側にしっかり与するようになった。実はビスマルクは、この事態を何年も前に警告していたのだ。一八八五年、ビスマルクはヴィルヘルムの祖父に、ロシアとイギリス、フランスが同盟を結べば「ドイツにとって何よりも危険なドイツに対する連立の基礎を用意することになる」と書いていたのである。[112]

8　ニーベルングの忠誠――オーストリア＝ハンガリーとドイツの二国同盟

一九〇九年三月にロシアとオーストリア＝ハンガリーの間で生じたボスニア危機は、あわや戦争に発展する出来事だった。ドイツ首相ビューローは帝国議会に、ドイツはドナウ川下流の同盟国を「ニーベルングの忠誠」を尽くし、背後で支えると断言した。奇妙な譬えだった。ワーグナーのオペラ「ニーベルングの指輪」のことを言っているのだったら（ビューローはワーグナー一家を知っていた）、ニーベルング族は貪欲と裏切りの象徴だった。歴史上のニーベルング族のことを言うのなら（ドイツ人は中世のブルグント王の一族をこう呼んだ）、なるほど忠誠はあったが、破滅につながるものだった。なぜなら神話によると、ブルグントの宮廷は敵に取り囲まれ、ジークフリートを裏切り殺したハーゲンに屈することを拒否する。そのためにブルグント族は最後の一人まで死に絶えるのだ。

だが忠誠を誓ったにもかかわらず、ビューローはオーストリア＝ハンガリーに複雑な感情を抱いていた。多くの弱点もあるし、オーストリア＝ハンガリーとの同盟に魅力があるからといってがむしゃらなやり方をかばうことはないと思っていた。ドイツの問題はオーストリア＝ハンガリーの同盟国を見つけられる可能性がほとんどない、ということだった。ドイツは海軍競争でイギリスと疎遠になっていた。ティルピッツと皇帝が海軍競争をあきらめない限り、イギリスは友好的にはならなかった。ドイツの挑戦に対して、イギリスはフランスとロシアに接近し、三国協商を成立させた。それは防衛的なもので拘束を伴うものではない、とイギリス人は説明したし実際そう思っていたのだが、三国は次第に相談し合うようになり、計画を共有するようになっていた。軍人も文民も、官僚は三国のつながりを構築し、友好関係を築いていた。

ドイツも友好国を求めていたが、フランスは露仏同盟、英仏協商を結んでいて、ビスマルクの時代のように脅される心配はなく、自動的に、東方の隣国に合わせる選択をすることはなくなっていた。ロシアはいくつか理由があってドイツにとって同盟の可能性が多く残っている相手だったが、時が経つにつれて、フランスの資本が必要なことと、東方のイギリスとの問題を解決して楽になっていたこともあって、ドイツの説得に抵抗するようになっていた。大国のなかで残っていたのはイタリアだった。しかし、イタリアは三国同盟の一員だったが軍事的に弱体で、同盟のもう一つのメンバーであるオーストリア＝ハンガリーとかなり微妙な関係にあったので、頼りにはならなかった。南ヨーロッパで、ロシアに対抗する勢力、あるいはドイツとオーストリア＝ハンガリーを支持する勢力を求めても、可能性は薄かった。オスマン帝国は急速に衰退しており、南ヨーロッパの小国――ルーマニア、ブルガリア、セルビア、モンテネグロ、ギリシャ――は様子をうかがいながらチャンスを待っていた。

　残るのはオーストリア＝ハンガリーだった。一九〇七年以来ウィーン駐在ドイツ大使だったハインリヒ・フォン・チルシュキーは、一九一四年に陰鬱に述べることになる。「ほぼ瓦解寸前のこの国と固く結んで、身を細らせ続けながら引っ張っていくことに本当に価値があるのかどうか、私は何度も自問している。だが、中央ヨーロッパの国との同盟に存在する利点に置き換えられる他のものが見えないのだ」[1]。一九一四年以前、ドイツは正当か不当かは別にして、自国がますます包囲されたと考えていた（もちろん、周りの隣国は全く逆に捉えていてドイツをヨーロッパの中央にある経済的・軍事的大国と見ていた）。南に友好的なオーストリア＝ハンガリーがあれば少なくとも一辺だけは心配しなくてよかった。二十世紀において最も有名な軍事計画にその名を遺したドイツ参謀総長アルフレッド・フォン・シュリーフェン伯爵は、官を退いた後一九〇九年に次のように書いている。「ドイツとオーストリアの周りにつくられた鉄の輪は、今バルカン方面に向かってのみ開いている」。ドイツとオーストリア＝ハンガリーの敵――フランス、イギリス、ロシア――は相手の崩壊に関心を持っていたが、特にオーストリア＝ハンガリーの場合には民族自決によって、ドイツの場合は政治的党派によって内部分裂が起こり、悪い結果が起こるのを待っていた。シュリーフェンは警告している。時が来ると「扉が開き、可動式の吊り橋が下ろされ、百万の強力な軍隊が解き放たれ、略奪し破壊する……」[2]。

オーストリア＝ハンガリーが三国同盟から離脱する可能性があることも、ドイツの悩みの種だった。両方の皇帝を含めロシア、オーストリアのどちらの側にも、ドイツを入れる入れないは別にして、保守の同盟を求める人々が今なお存在していた。オーストリアにはイタリアを嫌い、ロシアと戦争するくらいならイタリアと戦争をする方がいいと考える人々が大勢存在していた。オーストリアの愛国主義者は、ドイツ諸公国を指導するオーストリアの伝統的な役割を断ち切ってドイツ統一を実現したことは許し難く忘れ難いと考えていた。

ドイツの指導者はニーベルングの価値ある盟約のもと、同盟国オーストリア＝ハンガリーに支えてもらうと主張したいと思っていた。だがそれは比喩としては奇妙な選択で、二重同盟の中にある曖昧なきわどい部分を示している。ここで描かれた神話によると、中世の高貴なブルグント族の兵士たちは、２人の女性の間の陰謀によって死に絶えることになるのである。

ドイツが同盟国に対して上から目線の保護者的態度をとる傾向があるのも不利だった。たとえばドイツ皇帝は、「忠実な二番手」オーストリア＝ハンガリーが戦っている、などと言ったりしたのである。ドイツの官僚がオーストリア＝ハンガリーの官僚を高飛車な態度で扱うこともよくあった。ビューローは回想録で次のように書いている。「熟練した外交官タレーランは同盟国を馬と騎手に譬えたことがあるが、それで言うとドナウ帝国との同盟ではわれわれが騎手の役割を務めなければならない」[3]。

問題はそれほど単純ではなかったし、ドイツは馬が望む方向、特にバルカンの方を見なければならなかった。オーストリア＝ハンガリーを同盟国としたことで、ドイツは世界の火薬庫バルカンでオーストリア＝ハンガリーの野望と紛争を引き受けることになった。バルカンではオスマン帝国が急速に衰え、ロシアとオーストリア＝ハンガリーの両国を引き寄せていただけでなく、小さなバルカンの独立諸国の食指も刺激していた。ドイツがなすべきことは、オーストリア＝ハンガリーを固く支持はしても、向こう見ずな行動を控えさせることだった。ビューローはこう述べている。「あとになってからの言葉だから、当時よりものがよく見えている」と。

二重帝国は、やりすぎてしまうと恐怖ですくんだ鳩が蛇に飲み込まれるように、臆病になってロシアの魔手に落ちてしまう危険があった。われわれの政策はオーストリア＝ハンガリーを忠実に従わせておいて、戦争の場合に――技があれば避けられるのだが、当然可能性に留まっていた――内部の弱さはさておき依然として強力で効率の良い帝国軍に協力すると保証してやることだった。逆に、オーストリア＝ハンガリーがわれわれの意に反して世界戦争に引きずり込むのを避けなければならなかった。[4]

紙の上では、オーストリア＝ハンガリーは好ましい同盟国に見えた。今日の地図でいうと、オーストリア＝ハンガリーは南ポーランドからセルビア北部に下り、チェコ共和国、スロバキア、オーストリア、ハンガリー、ウクライナの西南の隅、スロベニア、クロアチア、ボスニア、ルーマニアの大きな一角であるトランシルバニアを含んでいる。人口は五千万人以上、強力な農業部門、鉄から木材に至る豊富な資源、成長しつつある産業、急速に拡大する鉄道網、近代的な海軍に加え、平和時にほぼ四十万人規模の軍隊があった。大きな首都のウィーンとブダペスト、それにたとえばプラハ、ザグレブといった小さな都市は近代化が進み、下水道、地下鉄、電気が整備されて美しく、たくさんの飾りつけがなされた大きな公共建築物としっかりしたブルジョアのアパート街があった。二重帝国の大学は、クラカウのヤギェウォ大学（ヨーロッパで最古の大学の一つ）からウィーン・メディカル・スクールに至るまで幅広い分野を扱い、学校とカレッジは急速に拡大していた。一九一四年には帝国内の八〇パーセントの人が読み書きできるようになっていた。

二重帝国の中には昔と全く変わらないようなところもあった――たとえば、ガリツィアやトランシルバニアの農民の生活、あるいは社会階級の正反対には大きな宮殿の中には複雑な宮廷儀式――が存在していたが、近代世界はオーストリア＝ハンガリーも揺さぶり、新しい伝達手段、企業、技術に加え、新しい価値観と生活様式を生み出していた。たとえば、ユダヤ人を特定の職業から排除していた古い規制は消滅したが、その一方で新しい悪意に満ちた反ユダヤ主義が、悲しいことだが、一九一四年以前に出現することになった。二重帝国はロシアの成長ほどではなかったが、一八九四年～一九一四年の二十年間は年平均一・七パーセントの経済成長率だった。帝国の発展は西ヨーロッパのそれと同じで、産業が成長しそれに伴って田舎から都市に農民が移動する、好況と不況はあるが都市は徐々に豊かになり、それが広がっていった。すでに技術的・商業的に進歩していたチェコには、ヨーロッパで最良の銃を生産するスコダ社のような近代産業が高度に集中していた。ウィーンにも近代産業があり、ダイムラー社を含め周辺部に拡がっていた。一九〇〇年になると、ブダペストが追いつき、東ヨーロッパの金融センターになっていた。ハンガリー経済は農業が中心であることは変わらなかったが、一九〇〇年以後急速に産業化が進んだ。

インフラや社会政策のための政府支出はますます増加し、近代化とさらに大きな豊かさに向かって邁進した。だが、必ずしもすべてがバラ色ではなかった。オーストリア＝ハンガリーの輸入は輸出をはるかに上回り、政府の負債は上昇した。軍事支出は四大国のなかでは最低だった。一九一一年の支出はロシアのちょうど三分の一だった。(5) 国際的な緊張が高まると、オーストリア＝ハンガリーの財政に必ず悪影響を及ぼした。さらに、進歩そのものが問題と緊張をもたらすことは避けられなかった。たとえば、小農民と小土地貴族はロシアとの競争に直面し、小麦などの農作物の価格が下落していると感じていた。一九一四年より前の何十年かは農民のストライキと抗議が増加し、古い領地の中には破綻するところもあった。都市部では、近代的な工業製品により仕事を失った職人と劣悪な状況にあった産業労働者は組織化され、戦闘的になっていた。

二重帝国の政治は、他のヨーロッパの国との共通項がいくつかあった。古い地主階級は権力と影響力を保持しようと願い、急進主義者は反教権主義、中産階級の自由主義者はより大きな自由を少なくとも自分たちのために願い、新しい社会主義運動は改革、あるいは革命を願っていた。また、オーストリア＝ハンガリーには貴族制から議会制民主主義までさまざまな形態があった。オーストリア連邦の半分には一九〇七年以後、男子普通選挙権で選出された議会があった。ハンガリーでは対照的に、人口の六パーセントに選挙権が制限されていた。一八四八年から一九一六年まで皇帝だったフランツ・ヨーゼフはロシア皇帝ほど権力を持たなかったが、イギリス王ほど制限を受けていなかった。オーストリア皇帝は外交政策を決定し、軍隊の最高指揮官だったが、権力は憲法のもとに置かれていた。大臣を任命・罷免し、非常時の大権を持っていた。政府はよく非常時の大権を使って議会を経ずに統治したが、憲法を変更することはできなかった。それにもかかわらず政府の仕事は継続し、租税が徴収され、請求は支払われた。皇帝自身は多くの国民から人気があり、革命の可能性はロシアよりもはるかに低いように思われた。

ドイツの政治家が一九一四年以前、オーストリア＝ハンガリーと同盟するのが正しい選択なのかどうか自問していたのは、オーストリア＝ハンガリーが永続できるのかどうかという疑問からだった。ナショナリズムが高まる時代にあって、オーストリア＝ハンガリーはオスマン帝国のようにナショナリズムに振り回されるようになっていた。一八三八年にダーラム卿はカナダについて、〝一つの国のなかで争う二つの国民で構成されている〟と述べた。フランスとイギリスの対立は一世紀半経ってもなお続いている。十ないし十一の言語が認められるオーストリア＝ハンガリーの変化はどれほど大きなものになるのか。人々が民族ではなく宗教や支配者、村という共同体によって定義されていたこれまでの時代は、このようなことは問題にならなかった。だが、十九世紀になるとナショナリズム――自分のことを宗教、歴史、文化、民族だけでなく言語によって区別するグループのメンバーだと考えること――はヨーロッパ中で変化の牽引力となった。ドイツ人であるとかイタリア人であるという感覚が大きくなり、ドイツ国家とイタリア国家の創造につながったように、ポーランド人、ハンガリー人、チェコ人、そしてさらに多くのナショナリズムがオーストリア＝ハンガリーを内部から突き動かし、完全な独立とまではいかなくとも大きな自治に向かわせることになった。

オーストリア＝ハンガリーには、市民が結集できるような代替となる強力なアイデンティティが欠落していた。ハプスブルク家が千年かけて、巧みな戦略と結婚と戦争によって獲得した財産の集積として存在する国だったからである。フランツ・ヨーゼフには皇帝から伯爵に至るまで多くの称号があり、名前のあとに「等々」とつけて済ませていた。もちろん、多民族帝国がよいものであると信じている人々もいた。民族性そのものが混ざり合っている多民族帝国、あるいは、互いの関係や利害が帝国中やしばしばヨーロッパ全体に及んでいるような多民族帝国、さらにはハプスブルク王朝にとりわけ義務感を持っているハプスブルク王党派の人々のいる多民族帝国を、よいものであると信じている人々もいたのである。軍も純然たる多民族によって組織されており、言語の問題を扱うときには慎重だった。兵士はドイツ語の基本的な技術用語や命令を理解しなければならなかったが、理解できない場合には同じ言語を話す兵士のいる連隊に配置された。将校は指揮下にある兵士の言語を学ぶことが求められた。戦争中、ある連隊では、英語が一番共通している言語だとわかったので英語を使っていたと言われている。(6)

帝国の真の機関というものがあるとしたら、それは王家しかなかった。王家は何世紀も続き、オスマン帝国のスレイマン大帝からナポレオンに至るまで、侵入と征服を、内戦と革命を見届けてきた。その間帝国は大きくなったり縮小したりを繰り返し、十九世紀後半にはまた大きくなった。ハプスブルク家の先祖はシャルルマーニュ〔カール大帝、七四二～八一四年〕まで遡ることができるが、ヨーロッパの歴史に最初に印を残したのは〔一二四三八年〕、一族の一人が神聖ローマ皇帝に選出されたときだった。続く何世紀もの間、最終的に一八〇六年にナポレオンが廃止するまで、一族は実際にその称号を持ち続けた。〔神聖ローマ帝国が終わりを告げたが〕ハプスブルク家は生き残り、オーストリア皇帝フランツはナポレオンの敗北を見届け、一八三五年まで統治を行った。その年、穏やかで愚鈍な息子フェルディナントがあとを継いだ。孫フランツ・ヨーゼフは一八四八年、ヨーロッパ中で革命が起こった年に皇帝となった。当時王家は動揺し、オーストリア帝国は崩壊寸前だった。伯父のフェルディナントが説得されて退位し、兄よりはほんの少し有能なフランツ・ヨーゼフの父親〔「善良」というニックネームがついたが、誰も他の言葉が思い浮かばなかったからである〕も譲位することに合意した（ハプスブルク家は近親婚の結果、たびたび生じる結果が現れた場合には容赦なかった）。十八歳になったばかりの新しい皇帝は「さらば青春」と言ったと伝えられている。(7)

フランツ・ヨーゼフはハンサムで威厳があり、生涯太ることもなく、直立した軍人のような姿勢を保つ人物だった。家庭教師たちは歴史、哲学、神学に加えて言語のプログラムをつくった。言語については、母語であるドイツ語に加えて、イタリア語、ハンガリー語、フランス語、チェコ語、ポーランド語、クロアチア語、ラテン語が含まれていた。幸いなことに記憶力が優れていたし、勤勉さを持ち合わせていた。フランツ・ヨーゼフは覚悟して勉学に取り組んだ。一八四五年に、日記に次のように書いている。「誕生日。まだ十五歳だということに意味がある。十五歳——教育を受ける時間があと少ししかない！　靴下をきちんとしなければならないし、悪い癖を直さなければならない！」(8)。強い義務感を生涯持っていた。一八四八年の出来事のあとは、革命に対する憎悪と、王家と帝国を保持するという覚悟が生まれた。だが、反動的ではなかった。変化は起こるし、将来起こらなければならないかもしれないという宿命論をある程度受け入れていた。さまざまな変化があるにちがいない、と。

イタリア地域に所有していた領土の多くが徐々に失われ、一八六六年プロイセンに敗れたあと、ドイツ連邦からオーストリアは除外された。

帝国はゆっくり縮小していったが、フランツ・ヨーゼフは偉大な先祖から引き継いだ国家を維持し続けた。ウィーンだけで二つの宮殿を持っていた。巨大なホーフブルク宮殿と、マリア・テレジアが夏の宮殿として建てたお気に入りのシェーンブルン宮殿（千四百の部屋と大きな庭園がついている）だった。ほぼ二十年間にわたって皇帝の副官として仕えたアルベルト・フォン・マルグッチは最初の出会いのことを憶えている。「ひどい暑さの中、私はホーフブルク宮殿では『大法官府の階段』と呼ばれるきつい階段を上って、謁見室の控えの間に行った」。立派な制服を着た護衛が何人か階段の上に立ち、皇帝がいる部屋のドアの横には、抜身の刀を持った士官が二人立っていた。「すべてが時計仕掛けのように極めて静かに動いていた。その場にいる人々とは無関係に静寂があって、その場の印象が強くなった」(9)。

壮麗さの中心に、質素な食事、決まりきった日常仕事、狩猟と射撃が趣味の人物がいた。フランツ・ヨーゼフはカトリックを信仰していたが、特に強い思いがあったわけではなかった。同じく君主であるニコライ二世やヴィルヘルム二世と同様、軍の生活が好きで、ほとんどいつも軍服を着ていた。軍服の細かいところが違っていると、彼らと同じように腹を立てた。その点を別にすると、上下関係には厳しかったが、誰に対しても変わらず礼儀正しかった。自分が「よし」と思ったときはマルグッチと一度握手するだけだった（マルグッチは宮廷の誰一人この単調なジェスチャーを知らなかったのをいつまでも残念に思っていた）[10]。近代芸術は理解できないと思っていたが、特に王室の保護下にある者の場合には、義務感から芸術作品の展示や重要な新しい建築物を公開した[11]。音楽は軍隊の行進曲かシュトラウスのワルツが好きだった。劇場が好きで、次々にかわいい女優に好意を抱いたが、どちらかといえば昔なじみの女優の方が好きだった。時間にルーズだったり大声を出して笑ったりすることが嫌いで、おしゃべりな人々も好きでなかった[12]。ユーモアセンスもあったが、どちらかというと地味なユーモアだった。ベドウィンのガイドの力を借りて、エジプトの大ピラミッドに登ったことがあると、妻である皇后エリザベートに書いている。「ほとんどシャツ一枚しか着ていないから上っているときは肌が露になる。イギリスの女性がこんなに嬉しそうに、何度も何度もピラミッドに上るのが好きなのはそのためにちがいないと思う」[13]。

後年にはフランツ・ヨーゼフはさらに簡素を極め、あるいはマルグッチが言うように「貧乏を極めて」、寝室に軍のキャンプの簡易寝台を置いて眠った。厳格で質実剛健な日常生活を送り、朝四時過ぎには散歩に出て、冷水で体を擦った。コップ一杯の牛乳を飲み、それから助言者と会議を始める七時か七時半まで一人で仕事をした。十時から午後五時、六時まで大臣や大使といった高官と会い、昼食を一人でとる三十分だけ休憩した。夕食は一人でとるか客と食事をした。時間を無駄にすることが大嫌いで、給仕も早くするよう命令した。その結果、家族とともに食事をするとき幼い子どもたちは彼の食事が終わるまでに食べ切ることができなかった。宮廷の舞踏会やレセプションがない場合には、八時半には床に就いた。考え抜いて生活を簡素にしていたが、威厳を保とうという強い意志があり、尊敬されていた[14]。

フランツ・ヨーゼフは強い意志を持っていた母親を敬慕していた。ヴィルヘルムの母親が亡くなった話を聞いたときに、「この世に母ほど大切なものはありません。私たちが別々の人間でも母は母です。母を亡くしたとき、私たちは自分の一番良い部分を母のお墓に一緒に埋めるのです」[15]と述べている。私人としての生活は複雑で、悲しいことが多々あった。弟マクシミリアンはメキシコで王国をつくろうとして敗れ処刑され、残された妻は気がふれた。唯一の息子ルドルフは問題を抱えた不幸な若者で、マイヤーリンクの狩猟小屋で十代の愛人と心中した。当局はこのスキャンダルを隠蔽したが、噂を止めることはできなかった。多くは野蛮な陰謀説だったが噂は流れた。フランツ・ヨーゼフはいつものように生活を続けたが、おそらく世界で一番親しい友人だった女優のカタリーナ・シュラットに「ものごとは二度と同じにはならない」と書いた。[16]さらに、重荷となったのは、後継者が、特に嫌っている甥のフランツ・フェルディナントになる可能性があったことだった。

フランツ・ヨーゼフは結婚からいかなる慰めも得られなくなって久しかった。従妹のエリザベートを敬慕し十七歳のときに結婚したが、うまくいかなかった。エリザベートはチャーミングで、生き生きしていて愛らしく、愛嬌があって移り気で、少女のように感情のままに行動した。残念ながら彼女は決して大人にならなかった。宮廷や儀式や義務を嫌い、とことん避けようとした。だが、望めば夫の役に立つことができた。ハンガリー語を学んでハンガリー人を魅了し、ハンガリーのドレスを着てブダペスト郊外の夏の宮殿に王室のカップルとして登場した。乗馬や旅行が好きで、自分のことが好きだった。多くの人から美人だと思われていたが、いつも自分の外見に悩んでいた。ヨーロッパで最も美しい女性たちのアルバムをつくっていたが、それを見ては涙がこぼれるばかりだった。[17]生涯を通じて熱に駆られたように運動を行い、極力食べないよう努めていた。ヴィクトリア女王が「ウエストが想像できないくらい細い」[18]と日記に書いている。一八九八年、アナキストの暗殺者がエリザベートの心臓を刺したときコルセットをきつく締めていたので出血が遅く、息が絶えるまでに時間があったという。

フランツ・ヨーゼフは軍人そのものだった。ひたすら勤勉に、細かい点まで注意して取り組めば混乱を食い止め、帝国を一つにしておけるとでもいうかのように、束になった書類に几帳面に取り組んだ。「ラテン民族のやり方に陥らなければ、神が助けてくれる」とよく言ったものだった。[19]統治が長く続くうちに、仲のよくない二頭の馬に乗ることになった。独立した王国として長い過去があるハンガリーは、ハプスブルクの王冠の下ではいつもぎこちなかった。社会と政治を支配するハンガリーの貴族と小貴族は自分たちの言語（世界のほとんどの言語と違っていた）、歴史と文化を強く意識し、ハンガリー独自の憲法と法律に大きな誇りを抱いていた。一八四八年から翌年にかけての革命の際、ハンガリーはハプスブルク家から独立しようとして失敗した。一八六七年、オーストリア帝国がプロイセンによって壊滅的な敗北をしたのを利して皇帝と新たな交渉を行い、有名な「妥協」を勝ち得たのである。

新しい国が誕生した。オーストリア＝ハンガリー、あるいは二重帝国と呼ばれる。この名前がすべてを物語っている。それは、トランシルバニア、スロバキア、クロアチアを含むハンガリーと、便宜上「オーストリア」と呼ばれるハプスブルク家の西の領域とのパートナーシップだった。領土はアドリア海とアルプス山脈からかつて存在し今は消えているポーランド王国、さらに東に行ってロシアの国境に至るところまで含まれていた。オーストリアにもハンガリーにもそれぞれ大臣がいて、議会と官僚制、法廷、陸軍があり、それぞれが自国を運営していた。両方が共有する活動といえば外交と防衛、加えて、それを支える財政だけだった。それぞれの部門に両国共通の三人の大臣がいて、彼らは会合を持った。両者を結びつけるもう一つの絆は皇帝自身で、ハンガリーでは「国王」の称号だった。それ以外は、二重帝国は妥協というより絶え間なく続く交渉だった。それぞれの議会で指名を受けた代表が年に一度会合を持ち、たとえば共通の関税、鉄道といった必要な合意を策定した。しかしハンガリー人の主張で、共通の政府があるという概念を持たれないようにするためやり取りは文書のみで行われた。財政および通商問題は十年ごとに再交渉し、そのたびに難問が生じていた。

ヨーロッパの主な列強のなかで、オーストリア＝ハンガリーほど大臣間で情報を共有し政策をまとめる機能が貧弱な国はなかった。両国共通の三大臣はハンガリーとオーストリアの首相とともに会議を持つことがあったが、外交と防衛問題を議論している間、両首相は行政機関の長として行動することができなかった。一九一三年秋から翌年七月の危機が始まるまで、共通大臣会議と呼ばれるこの会議はたった三回しか行われず、比較的どうでもよい問題を話し合っただけだった。皇帝が包括的な政策を命ずることもなく、誰かに指示することもなかった。フランツ・ヨーゼフは大臣を個別に呼んで話すだけで、担当の大臣の責任の領域しか耳を傾けなかった。いつもの日常業務を続けていたが、だんだんと歳を取ってきた。一九一〇年に八十歳になり、ずっと元気だった健康状態も衰え始めていた。戦争が始まる頃になると、ますますシェーンブルン宮殿に引きこもって人目を避けるようになり、大臣間の論争に口を挟むのを嫌がるようになった。リーダーシップの不在は、力を持った個人や部署が彼らの範囲外の領域でも政策を決定することが多くなると、いうことを意味していた。[20]

ハンガリー人は初め「妥協」を喜び、ブダペストに新しい議会をつくった。「警戒を要する場であってはならないし、出世を期待したり、金儲けをしたりする場であってはならない」と首相は述べた。ハンガリーの建築家は首相の言葉を守った。ハンガリー議会の建物は、ゴシッククからルネサンスを経てバロックに至るあらゆる建築様式と装飾を施されたが、そのために八十四ポンドの金が使われ、完成した時点で世界最大の議会となった。内部も違う意味で特大だった。政治は国民的スポーツで、ハンガリー人は議論に勝つために相手に対してかみつくようなレトリックを使い、ときには実際の決闘に及ぶこともあった。それに飽きると、対戦相手はウィーンに向けられた。[21]ブダペストとウィーンの間で合同軍について長く厳しい対立が起こり、最悪の事態になることもあった。

歴代のハンガリーの政治指導者と支持者たちは、二重帝国軍のあらゆる部署にハンガリー人をもっと配置するように要求し続けた。ハンガリー語を話す将校がハンガリー旗を掲げて指揮を執るハンガリー人だけの連隊をつくるように求めたのである。これは軍の効率性と統一を脅かすものだった。フランス大使館付き武官が指摘したように、とにかくハンガリー語を話す将校の数が不十分だったからである。フランツ・ヨーゼフが一九〇三年の状況を鎮静化しようとして、軍は統一と調和の精神で動き、全エスニックグループに対して敬意をもって扱うべしとする声明を出したが、それはブダペストのハンガリーのナショナリストをさらに燃え上がらせる結果になっただけだった。「エスニック」はハンガリーでは「部族」と同じ意味で、ひどい侮辱だと受け止められたのである。[22]一九〇四年末、ハンガリーの首相イシュトヴァーン・ティサ（一九一四年夏に再度首相となった）が問題を解決しようとしたが、棍棒やナックルダスターやリボルバーで武装した反対派が群れをなして議場に入り込み、備品を破壊し、議会の守衛を殴打した。次の選挙では反対派が勝ち、フランツ・ヨーゼフが軍に対する要求に譲歩するまで首相就任を拒否した。しかし、フランツ・ヨーゼフは譲歩しなかった。平衡状態は一九〇六年、皇帝がハンガリーに普通選挙を導入すると脅しをかけて集結した。反対派は四分五散した。

結局、ハンガリーも民族問題を抱えていた。ここまで何とかうまく無視することができただけなのだ。ハンガリー人、あるいはこう言われるのを好むのだが、マジャール人はハンガリーの国境内で大多数を占めているというだけで、制限選挙によってほぼ全議席を持っていたのだ。一九〇〇年になると、民族運動——セルビア人、ルーマニア人、クロアチア人——がハンガリー周辺で燃え上がった。彼らが権力を持っていないこと、学校や役所でハンガリー人がのし上がっていることが原因だった。オーストリア＝ハンガリー内と国境周辺の両方でナショナリストの運動が大きくなっていることに影響を受けていた。一八九五年に民族会議なるものがブダペストで開かれ、ハンガリーが多民族国家になるよう求めた。ハンガリーはこれに驚き、腹を立てた。比較的リベラルなティサでさえ、ハンガリー内に国民として正統性を主張できる民族がハンガリー人以外に存在するということを受け入れられなかった。ティサは、たとえばルーマニア人は過激派を別にすると、自分の領地内にいる農民と同じで、ハンガリー人と協力しなければならないことを理解していると考えていた。「ルーマニア人が穏やかで、平和的で、地主に敬意を抱き、言われたことに感謝する人々だということはわかっている」[23]と。

二重帝国の至るところでナショナリズムが大きく高まり、学校について、仕事について、町の通りで聞こえるため息についてさえ、解決のつけようのない闘いが繰り広げられるようになった。国民に自分の母語を決めるよう求めた調査が民族自決の強さを表す決定的指標となることから、民族集団は人々に「正しい」答えを促す宣伝をした。ナショナリスト運動は経済的・階級的問題と重なることも多かった。たとえば、ルーマニア人とルテニア人の農民はハンガリー人とポーランド人の地主と争っていた。だが、ナショナリズムの力がこのように強力だったので、他国では社会主義、自由主義あるいは保守主義政党を形成した階級が、ハンガリーでは各民族に分裂したのである。

オーストリア＝ハンガリーの人々は何世紀もの歴史を通じて混在していたために、どの地域も特有の民族紛争を抱えていた。スロベニアではイタリア人対スロベニア人、ガリツィアではポーランド人対ルテニア人、ドイツ人はチロルでイタリア人、ボヘミアではチェコ人といったようにすべての人々がすべての人々と争っていた。一八九五年、ドイツ語を話す人々が中等学校でスロベニア語の授業に一緒に出ることに反対したことからオーストリア政府は崩壊した。二年後、ボヘミアとモラビア政府の事業で、チェコ語を使うことをめぐってチェコ人とドイツ人の争いが起こった。それは街頭での暴力に発展し、首相が辞任するに至った。一九〇四年、イタリアの弁護士会がインスブルックにつくられると、ドイツ人による暴力的なデモが行われた。新しい鉄道駅ができると、どの言語で名前をつけたらよいか合意ができず、名前がないまま放置されることもあった。小さな相違にこだわるナルシズムの概念を考え出したのが、ウィーン人のシーグムント・フロイトであるのもうなずける。フロイトは『文明とその不満 *Civilization and Its Discontent*』に次のように書いている。「領域が重なり合い、さまざまな点で相互に関係し合うコミュニティが原因となって、途切れることのない確執が続き、互いに嘲笑し合うのだ……」[24]。

ウィーンに派遣されたイギリス人ジャーナリストのヘンリー・ウィッカム・スティードは、「非現実的な雰囲気が至るところに浸透していた。人々の関心は些細なこと――オペラの場でのチェコ人とドイツ人歌手の口げんか、ボヘミアであった素性のはっきりしない人物の任命をめぐる議会の紛糾、最新のコミックオペラのアトラクション、チャリティー舞踏会のチケットの販売[25]――ばかりだ」と述べている。若い世代は政治にうんざりしているか、冷笑的になっているか、必要なら暴力的手段によって混乱を一掃すると約束する新しい政治運動に加わるか、いずれかを選んでいた。オーストリア＝ハンガリーは弱体化しており、「民族問題を解決できないために国際的な立場が悪くなっている」と、後にオーストリア＝ハンガリーの外相になるアロイス・フォン・エーレンタールは一八九九年、いとこに宛てて書いている。「オーストリア人が受け継いできた欠点――ペシミズム――がすでに若者の心を捕え、あらゆる理想主義的な高まりを窒息させようとしている」[26]。

民族の相違によって街の平安が失われただけでなく、二重帝国のそれぞれの議会も停滞することになった。言語とエスニックでほぼ分かれていた政党は、政党間の権力争いにまず関心を持っていた。代表たちは政敵を黙らせるために、トランペットを吹き、カウベルを鳴らし、銅鑼や太鼓を叩き、インク瓶と本をあたりに投げつけた。議事妨害はありふれた戦術だった。最も有名な例として、あるドイツ人の代表がボヘミアとモラビアでチェコ人がドイツ人と同等の地位に立つことを阻もうとして、十二時間話し続けたことだ。ある保守派の貴族が友人に書いている。「われわれの国では、楽観主義者は自殺しなければならなくなる」[27]と。政府はますます頻繁に、緊急時の大権を使って切り抜けるようになった。一九一四年に戦争が始まると、オーストリア議会は何年も開かれず一九一七年の春まで閉じたままだった。

ナショナリズムは官僚制をもだめにした。官僚を任命する際、報酬として自分の系譜の者を任命するようになっていたからだ。その結果、官僚数とコストは巨大に膨らんだ。一八九〇年から一九一一年にかけて、官僚の数は二〇〇パーセント増しとなり、その多くは新たな任命だった。オーストリアだけで、全人口二千八百万人に対して三百万人の官僚がいた。どんな単純な決定を行うにもお役所仕事で赤テープが巻かれてあとまわしとなり、帝国のことについては黒と黄色、ハンガリーについては赤と白と緑、併合されるとボスニアには茶色と黄色のテープが巻かれるといったように何色ものテープが巻かれあとまわしになった。ウィーンでは、一つの租税の支払いに二十七人の官僚が目を通していた。アドリア海のダルマチア州では、官僚制を改善する方法を検討する委員会が立ち上がったが、委員会がつかんだのは直接税を集めるコストが税収の二倍になっている、ということだった。委員会は国中にある非効率の現状と無駄を報告した。たとえば、公務員は一日に五～六時間仕事をすることが求められていたが、それだけ働く者はほとんどいなかった。外務省では、新人が一日に扱うファイルとは三つか四つしか渡されず、遅く来て早く帰っても誰も何も言わなかった。一九〇三年、イギリス大使館はカナダのウィスキーに関する租税についての回答を十カ月以上待たなければならなかった。あるイギリスの外交官は、ロンドンにこう愚痴をこぼしている。「この国ののろさといったら。このままいくとすぐにトルコに追いつく」[28]。

一般の人々が官僚制を〝動けなくなった年寄りの馬〟と思う傾向があったのも驚くにあたらないが、その結果は冗談では済まされなかった。ウィーンの諷刺屋カール・クラウスが「官僚主義」と呼んだものに対する軽蔑は、人々の政府への信頼をさらに損なうことにつながった。

官僚制にコストがかかるということは、果てしない政治闘争のなかで、すでに列強との差が広がっている軍隊に使う金がない、ということを意味していた。一九一二年までハンガリー議会は、言語の問題に譲歩しないなら予算を増やすことも毎年徴兵制によって数を増やすことも、合意しないとオーストリアに主張していた。二重帝国の戸口のボスニアで危機が起こると、少しは改善の兆しがあった。それでも、一九一四年になっても、オーストリア＝ハンガリーの軍への支出はイギリスが陸軍へ支出する全額より少なかった（イギリスの陸軍はヨーロッパのなかで最小だった）。二重帝国の総防衛予算は、最も恐れている敵国ロシアの半分に過ぎなかった。[29]

オーストリア＝ハンガリーは同盟国のドイツで揶揄されていたように「ドナウ川に浮いた死体」ではなかったが、病んでいたのは明らかだった。さまざまな治療法が検討されたが、拒否されるか効かないことがわかった。言語問題と軍に関してオーストリアとハンガリーの間で危機が生じているとき、二重帝国軍はハンガリーで実力を行使する計画を立てたが、皇帝が検討することを拒否した。[30] 官僚制を国民的なものとし、政治に右往左往しない制度にしたいという願いは惰性とナショナリズムでにっちもさっちも行かなくなっていたためにだめになった。大衆を帝冠と密接に結び付ける手段として普通選挙がオーストリアで試行されたが、新しいポピュリストの民族政党の投票が増えただけだった。南スラヴと妥協する「三国連邦主義」という新しい考え方は、二重帝国の南部の住民であるセルビア人、クロアチア人、スロベニア人だけでなく、バルカンの人々にも適用されていた。南スラヴブロックをオーストリア＝ハンガリーと釣り合いのとれた君主国にするというもので、南スラヴのナショナリストの要求を満たすものだった。しかしこの政策はハンガリー人の手に負えないと拒絶された。多くの人々にとって最後の希望は、皇帝の後継者フランツ・フェルディナントだった。比較的若く、エネルギッシュな彼は、権威主義的で反動的なところも多かったが、間違いなくさまざまな考えを持っていた。おそらく、フランツ・フェルディナントだったら変化を押しとどめ、二重帝国を強力な中央政府のある適切な貴族政として再建することができたかもしれない。確かに決断力のある支配者に見えたし、そのように行動していた。

フランツ・フェルディナントは背が高くハンサムで、表情豊かな大きな目をしており、命令口調の声も大きかった。口髭はヴィルヘルムにはかなわなかったが、先をきちんと巻いていた。若い頃の無分別な時代が過ぎると、私生活は非の打ちどころがなかった。愛のために結婚し、献身的な夫であり、父親だった。審美眼があり、オーストリア＝ハンガリーの建築遺産を救うのに大きな役割を果たした。知的好奇心が強く、伯父の皇帝とは違って、新聞を隅から隅まで読んだ。欲ばりでもあり、求めることが多く寛容ではなかった。欲しいと思った絵や家具を買うときには、商売人から買い叩いた。部下に対しては小さなミスも許さなかった。好き嫌いが激しく、ユダヤ人、フリーメイソン〔秘密結社〕、自分が献身していたカトリック教会を批判したり挑戦したりする人々のことをひどく嫌っていた。ハンガリー人を「裏切り者」、セルビア人を「豚」と呼び、嫌っていたうえに、彼らを粉砕しなければならないとよく言っていた。狩りが趣味で、たくさんの獲物を、銃が赤く熱くなるまで撃ち続けた。シカの群れに囲まれて二百頭撃ち、誤って射撃手の一人も撃ちたいと突然言い出したことがあると言われている。(31)

帝位に就く後継者とは思われていなかったが、叔父マクシミリアンがメキシコで処刑され、従兄のルドルフが自殺し、父親が聖地のヨルダン川の水を飲んでチフスに罹って亡くなったため、一八九六年、三十三歳で二番目の帝位の後継者となった（フランツ・ヨーゼフの一番下の弟ルートヴィヒ・ヴィクトルは生きてはいたが、あまりにも多くのスキャンダルがあった）。フランツ・フェルディナントが父の死の少し前、重い結核に罹っていたときに、人々が弟の下に詣でるのを見て困惑した。だが、船旅のあと回復し、一九一四年まで健康だった。

皇帝は新しい後継者をもともとあまり好きではなかったが、その関係はフランツ・フェルディナントが伯爵令嬢ゾフィー・ホテクと結婚すると主張したことからさらに悪化した。ゾフィーはかわいらしく評判も良い、ボヘミアの古い貴族一家の出だったが、ハプスブルク家の格に釣り合わなかった。皇帝は結果的に諦めたが、条件を課した。ゾフィーはハプスブルク家の公爵夫人としての称号と特権を与えられず、子どもは帝位の資格なし、となったのである。フランツ・フェルディナントはこの軽視に激怒し、自分の見解に対して伯父が無関心であることとあいまって、強い不安定感を抱くようになった。忠実な副官の一人が次のように述べている。「大公は自分が過小評価されているという気持ちを持っていた。この感情から、軍や公務で高い名望のある高官たちに対して強い嫉妬心を持っていたのもうなずける」[32]。おそらくその結果、いつも激しい癇癪を起こして抑えられなくなったのだろう。乱暴に拳銃を振りかざすという噂があり、随員として男性の看護師がついていた。加えて、ウィーン駐在イギリス大使の報告によると、皇帝は甥が正気ではないのではないかと疑いを感じていたため、帝位を継承させないことも検討していたという話があった[33]。

本当かどうかわからないが、ハプスブルク家にはいつも数多くの噂があったからこのような話は置いておくとして、フランツ・ヨーゼフは次第に、フランツ・フェルディナントにこれまでより重い責任を持たせるようになった。きれいなバロック建築のベルヴェデーレ宮殿を与え、彼の軍の部署を立ち上げることを許し、一九〇三年には陸軍の監察長官に任命した。フランツ・フェルディナントは変わらず総司令官のままだったが、これによってかなり高位から軍を扱うことができるようになった。ベルヴェデーレ宮殿はフランツ・フェルディナントが政治家、官僚、将校、ジャーナリストとのネットワークを構築し、第二の宮廷といってもよいものとなった。フランツ・フェルディナントはここで、二重帝国を救うための考えをまとめていった。権力と軍隊を中央に集中させ、ハンガリーとの「妥協」を清算し、ハンガリー人、ドイツ人、チェコ人、ポーランド人、南スラヴ人を抱合する新しい連邦国家をつくる。議会制度を嫌い、チャンスがあれば議会なしで統治したいとも思っていた。大戦中外相となったオトカル・チェルニン伯爵は、フランツ・フェルディナントが皇位を継承できないのではないかと考えていた。「強化し支えたいと思っている帝国の構造はすでに腐敗していて、大きな変革には耐えられない。戦争がなければおそらく革命が起こり、帝国を粉砕するだろう」[34]と。

外交政策においては、フランツ・フェルディナントはドイツとの同盟を維持し、もう一つの保守の帝国ロシアと緊密な理解を得る、という方向を考えていた。教皇の扱いに関してもかつて祖父が統治した両シチリア王国を併合したことについても、イタリアを嫌ういくつかの理由があり、イタリアとの同盟をやめてもよいとさえ思っていた[35]。主戦論者という評判だったが、実際には用心深かった。オーストリア＝ハンガリーが弱体で、積極的な外交政策をとるリスクを冒すことについては国内で意見が分かれているのを知っていたからである。一九一三年、大戦前の最後のバルカンの危機の際、外相に予言のように述べている。

　すべてを諦めずに、平和を維持するためにはどんなことでもすべきである！　ロシアとの大戦に踏み切ればカタストロフィーが起こる。わが国の左右がどう動くかなど誰がわかるというのか。ドイツはフランスと取引しなければならないし、ルーマニアはブルガリアの脅威があると言い訳をするだろう。だから、今が一番不利だ。セルビアに特化して戦争をすればすぐにハードルは乗り越えられるかもしれないが、ではそれが何なのか。われわれはどうしたかったのか。まずヨーロッパ中がわが国に襲いかかり、わが国を平和を妨害する国だと考えるだろう。セルビアを併合すれば神の加護があるのか。(36)

　一九一四年夏の悲劇の一つは、フランツ・フェルディナントを暗殺したことによって、セルビアのナショナリストはオーストリア＝ハンガリーが戦争を回避する方向に導く可能性のあった人物を取り除いてしまったことだった。しかしこれは可能性の話で、今となっては何もわからないとしか言いようがない。ナショナリズムがますます手に負えない状況になっていたから、多民族帝国は戦争がなくとも倒れる運命だったのかもしれない。

　オーストリア＝ハンガリーの内外政策は密接に絡んでいて、直面するナショナリスト勢力によって形が決まった。ドイツ人やイタリア人や南スラヴ人を統治下に置くようになってから、十九世紀の後半には守りにも入った。国境周辺の民族グループが領域を侵食するのを避けようと努めてきたのだ。イタリアの統一によって、オーストリア＝ハンガリーのイタリア語を話す領域の多くが徐々にはぎ取られた。「未回収のイタリア」を取り戻そうとしていたイタリアはさらに、南チロルに目を向けていた。セルビアは二重帝国南部のクロアチアとスロベニアを含む南スラヴに、イタリアと同じ野望を持っており、脅威となっていた。ルーマニアのナショナリストはトランシルバニアのうち、ルーマニア語を話す地域を望んでいた。ロシアの扇動者はガリツィア東部のルテニア人と一緒に活動し、ロシアに所属するよう説いていた。問題は、オーストリア＝ハンガリーの外部のナショナリストグループが「民族の牢獄」と呼ばれるようになったオーストリア＝ハンガリー内にいる同朋との結びつきを強化していたために、状況がさらに悪化しただけということだった。

オーストリア＝ハンガリー内の悲観論者――単なる現実主義者なのかもしれない――は現状を維持し、これ以上の国内の分裂と国外の衰退は回避できると思い込んでいた。皇帝は間違いなくこのグループにいた。一九〇六年まで外相を務めたアゲノール・ゴウホフスキ伯爵もそうだった。ゴウホフスキはハンサムで、チャーミングで、どちらかというと怠け者で（ニックネームがゴウチョウシャラフスキだった――シャラフの意味はスリープである――いつも眠そうだった）、リアリストだった。オーストリア＝ハンガリーの弱点を十分認識し、突然に目覚ましいイニシアチブを取ったりせず、静かな外交政策をとる方がよいと考えていた。オーストリア＝ハンガリーはドイツおよびイタリアとの三国同盟を維持すること、ロシアと良好な関係を維持することと、バルカンやオスマン帝国をめぐって不和にならないようにすることの三つが必要で、さらに可能ならば地中海について、イギリスとイタリアとの合意を継続することが必要だという見方にゴウホフスキの政策は基づいていた。

楽観論者は、二重帝国が今なお大国であることを他国に示すことが必要であり、それができると思い、そうするにあたって国民の統合を樹立することが必要だと考えていた。彼らはオーストリア＝ハンガリーの国内および近隣での弱さと、世界中で行われている植民地争奪戦に参加できないことに憤慨していた。ワシントン駐在オーストリア大使は経験のある外交官だったが、一八九九年に同僚に書いている。

列強の政策がヨーロッパ外部の問題を通して展開しているので、われわれは列強の一つとしてはさらに後ろに追いやられている。生涯のうちに八〇年代の政策が思いめぐらせた問題は時代遅れになっている。五〇年代にイタリアで優勢だったこと、六〇年代にプロイセンとライバルだったことと同じである。幸せな者は誰もいない。前の時代とは違って、われわれは現状維持を望んでいるだけであり、われわれの願いは「存在している」ことなのだ。

彼は塞ぎ込んだように、結論づけている。「わが国の威信はスイスのレベルにまで落ち込んでいる」[37]と。だが、オーストリア＝ハンガリーには戸口のバルカンで収穫を得たいという誘惑があった。オスマン帝国が消滅すれば、小アジアの海岸沿いに土地が広がっていた。[38]

七年後、オーストリア＝ハンガリーがさらに衰えると、新しい参謀総長で二重帝国で最も影響力のあったコンラート・フォン・ヘッツェンドルフが外交政策について自分の考えを展開した。オーストリア＝ハンガリーは強力かつ自信を持った存在である必要があり、これを世界に真剣に受け止めてもらわなければならないが、同様に重要なのは、国に対する誇りを市民に感じさせること、気力を殺ぐような国内論争を克服することである、と。さらに、軍事を含めて外国で成功を収めれば、国内政府に対する支持が上がることにつながり、積極的外交政策を支持する声が生まれてくる。それゆえ、オーストリア＝ハンガリーが延命可能かどうかは、強力な軍隊にかかっている、と。コンラートは数年後、「国民と王家の運命は会議の席上ではなく戦場で決まるということに留意しなければならない」(39)と述べている。

このような見解を持っていたのはコンラートだけではなかった。ヨーロッパ中の上級軍人の多くが共有する考え方だった。状況が違うのは、コンラートが自身のパーソナリティーとオーストリア＝ハンガリーの政府の矛盾を結びつけて、国内・外交政策の両方に大きな影響力を行使できるということだった。コンラートは、一九一二年の一年間を除いて一九〇六年から一九一七年まで参謀総長の地位にあった。危機が拡大し、軍拡競争があり、同盟の締めつけが強くなり、世界が戦争に突入した一九一四年の決定的な数週間を迎えたときである。さらに戦争に突入し、オーストリア＝ハンガリーが次々に災いに傾いていく時期だった。

コンラートが二重帝国でフランツ・ヨーゼフに次いで最も重要な軍の指導者になったのは、五十四歳のときだった。ウィーンのドイツ語を話す家庭に生まれ、昔の帝国の人々のように、フランス語、イタリア語、ロシア語、セルビア語、ポーランド語、チェコ語を含む言語を並行して学んだ。多くの言語を話すことがオーストリア人であることの意味だと信じていた。（参謀総長になるとハンガリー語を習得するためベルリッツ校に通った。フランツ・フェルディナントはコンラートだったら中国語を習った方がよかったと述べた(40)。

コンラートには猛烈な自信と虚栄心があった（どうにもならないとき以外は絶対に眼鏡をかけなかった）。エネルギッシュでスタミナがあり、当時のヨーロッパの軍の将校には常に重要なことだったのだが、乗馬が得意だった。チャーミングなところもあり、自分流のやり方を身につけるのが得意だった。部下は概してコンラートが好きだったが、同僚や、そもそもコンラートをこの地位に就けることを望んだフランツ・フェルディナントを含む上司とはよく喧嘩をした。コンラートの出自は他の高位の将校と比べると地味で(父親の一族は小貴族で母親の父は画家だった)、彼自身の知性と勤勉さによって軍内の地位を昇ったのである。勤勉さはおそらく母親から教わったものだったと思われる。

母親は彼をいつも夕方、食事前に宿題を終わらせるように躾ていた。母親は大きな影響力を持ち、父親が亡くなると母親とおばがコンラートと一緒に暮らした。コンラートは女性が好きで敬愛し、結婚生活は幸福だった。参謀総長になる約一年前の一九〇四年、四十四歳という若さで妻が亡くなると、コンラートは孤独に沈んだ。鬱の症状と思われるものに初めて襲われた。信仰心はそもそもなかったが、宗教が示す未来にシニカルになり、人生に疑問を持つようになった。悲観論が後の人生に影を落とすようになり、繰り返し言った「自信ある行動」という呼びかけと妙に共存した。(41)

当時の基準からすると、コンラートは少々型破りの将校だった。狩猟には退屈し、形式にこだわることに耐えられなかった。歴史、哲学、政治、小説など幅広いジャンルの本を読み、しっかりしたものの見方を身につけた。当時多くの人々が共有した考えだが、信念の一つは、存在は闘争にかかっていて、国民の浮き沈みは適応力により決まる、というものだった。オーストリア=ハンガリーにその力があってほしいと考えていたが、その力については疑うこともよくあった。政治に関しては保守的で、保護者であるフランツ・フェルディナントと同様にハンガリー嫌いだった。だが、外交政策については冒険的、言い方を変えれば向こう見ずでさえあった。イタリアを大国の一つと考えていた。イタリアはオーストリア=ハンガリーのイタリア系市民に働きかけ、アドリア海とバルカンでオーストリア=ハンガリーに挑戦しており、帝国の脅威であると考えたからである。ロシアが日露戦争のあと一時的に消沈していたとき、政府にイタリアを粉砕する予防的戦争を行うように進言した。参謀総長となったあとも、イタリアとの戦争を要求し続けた。「オーストリアは自分から戦争を始めたことは一度もなかった」とフランツ・ヨーゼフは却下した。「残念です、陛下」とコンラートは答えた。皇帝もフランツ・フェルディナントもイタリアに対して戦争するという考えを拒否したが、二人ともコンラートがイタリアとの境にある南チロルにあるオーストリア＝ハンガリーの要塞を強化することを認め、帝国軍の近代化と装備のために使うわずかな資産をそこに振り向けた。コンラートは国境沿いでこれ見よがしに軍事訓練を行った。あるときにイゾンツォ川沿いで、対イタリア戦を想定したオーストリアの防衛訓練を行った。後にこの場所は第一次世界大戦の前線中、最も血なまぐさい戦場の一つとなった。(42)

コンラートはセルビアをもう一つの敵と見ていた。コンラートは一八七〇年代末にボスニアとヘルツェゴビナの反乱を鎮圧する軍隊に従軍して以来、バルカンの南スラヴ人を嫌うようになった。未開で「血に飢えていて残酷」な行動をとる人々だと考えていたのだ。(43) セルビアが力を増して一九〇〇年以後はロシアの影響下に入ると、コンラートはセルビアに対しても予防的戦争を行うよう求めた。しかし一九一四年まで、皇帝は抵抗した。大戦後、コンラートはオーストリア＝ハンガリーの敗北は可能なときにセルビアとイタリアに戦争を仕掛けなかったためチャンスを失った代価だと論じた。「軍隊は消防車ではない。炎が家から出る段になるまで錆びつかせておいてはいけない。目的を意識した賢明な政治家が、利益を守る究極の防御手段として使う道具なのだ」(44)と。

劇的なことを大規模にやろうという思いは、コンラートが人生に苦悩を感じていたことから大きく膨らんだ。一九〇七年、コンラートは再び恋をした。ジーナ・フォン・レイニングハウスは美人で、彼の歳の半分にも満たないほど若く、夫と六人の子どもがいる女性だった。二人はあるディナーの折に同席し、コンラートは妻の死の悲しみと孤独を打ち明けた。ジーナの説明によると、コンラートは別れ際に副官に向かって、ウィーンをすぐに出て行かなければならないと言ったという。「この女性は運命の人だから」と。しかし出て行くどころか、コンラートは愛を告白し、夫と別れて自分と結婚するように告げたのだ。どちらも難しかった（いろいろあるうえ六人の子どもの保護者をなくすことになる）し、大きなスキャンダルになったために、ジーナは拒絶した。だが、続く数年間のうちのある段階で、コンラートとジーナはジーナの夫が黙認する恋人同士になった。夫はこの機を捉えて自分の恋愛を始めたのだ。コンラートは次々に情熱的な手紙を書いたが、その多くは送らないままだった。一自分の妻にしたいという願いを決して諦めなかった。一九〇八年のボスニアの危機のときには、戦争になりそうだと書いた。おそらくコンラートは、勝って帰ることを想像しようとしたのだろう。「そしたらジーナ、人生で一番幸せなところで、君を妻として得るためすべての鎖をかなぐり捨てるつもりだ。でも、そんな風にならなかったら、腐った平和がずるずる続いたら、そのときはどうしよう、ジーナ？　君の手の内に、完全に君の手の内に僕の運命がある」。ジーナはこの手紙をコンラートの死後、一九二五年に初めて読んだ。コンラートは最後に望んでいた戦争を手に入れ、一九一五年、いろいろ調整したあとでジーナと結婚した。(45)

短期的に見た場合、コンラートが一九〇八年に望んだ戦争をすることができなかったのは、ヨーロッパの平和にとっては幸いなことだった。続く一九一一年から一九一三年にかけてバルカンで起こった一連の危機のときにも戦争は起こらなかった。オーストリア大公は次第に部下に幻滅を感じるようになり、それとともに、コンラートが二重帝国のなかで一番の軍の知恵袋で戦略家だと評判が高まっていることに、多少嫉妬を感じるようになったのだろう。コンラートは弁解せず、命令を悪く取った。二人は軍の訓練と使い方について対立した。フランツ・フェルディナントはハンガリーや他の国内の反対勢力に軍を進んで使おうとしたが、コンラートは国外の敵のために取っておくべきだと主張した。最終的な決裂はイタリアに関する問題だった。一九一一年、イタリアはリビアをめぐってオスマン帝国と戦争を始め、コンラートはイタリア軍が北アフリカを占領している間がイタリアに侵入する絶好のチャンスだと考えた。皇帝とフランツ・フェルディナントは反対し、外相のエーレンタールも反対した。コンラートの見解を反映し、エーレンタールを批判する匿名の記事がウィーンの新聞に掲載されると、老皇帝は参謀総長を更迭するしかないと感じた。だが、コンラートは完全に辞任したわけではなく、軍のそれなりのポストが与えられた。一年後に再び参謀総長に復職したが、フランツ・フェルディナントは不信感を持ち続けた。新外相レオポルト・フォン・ベルヒトルトに宛て、一九一三年に次のような手紙を書き、コンラートの影響を受けないよう警告している。「当然のように、コンラートはなんといったってまた戦争をやろうとして騒ぎ立てるだろう。セルビアを征服しようというのだ。神がよくご存知だ」。(46)

フランツ・ヨーゼフとフランツ・フェルディナントはオーストリア＝ハンガリーの大国としての地位を守ろう

としており、本質的に保守主義者だった。帝国の政治家たちも外国政策のアプローチについては同じで、戦争より平和を好んでいた。敗れた一八六〇年代の戦争以来、オーストリア＝ハンガリーは防衛的な同盟をつくることと、他国との争いの元を除去することに専心していた。数十年間、隣国である西のドイツ、東のロシアとは良好な関係を続けていた。三つの大国が、フランス革命のとき、一八一五年のウィーン会議のとき、一八三〇年、そしてまた一八四八年にそうしたように、革命に反対する保守の君主国だということもあった。一八七三年にビスマルクは三帝同盟をつくったが、一八八七年までしか続かなかった。それにもかかわらず、一九〇七年後半までこの考えは繰り返し表面化したのである。

一八七九年、オーストリア＝ハンガリーはドイツとの同盟に調印することで、長期的に忠誠を尽くしていく相手はドイツだと明確にした。ドイツの主な目的はロシアを封じ込めることだった。調印した両国とも、ロシアがどちらかを攻撃した場合にはそれぞれ支援することを約束した。ロシア以外の第三国がどちらかを攻撃した場合、その第三国の後ろにロシアがいなければ、中立すなわち「善意の中立」を維持する。その場合は介入することもある。協定は更新し、大戦後まで継続した。その他オーストリア＝ハンガリーが結んだ主な条約といえば、ドイツ、イタリアとの三国同盟で、一八八二年に調印し一九一四年に大戦が勃発するまで継続した。調印国はフランスからドイツとイタリアのいずれかが攻撃を受けた場合に両国を支援し、二国以上から攻撃を受けた場合には互いに支援し合うことを約束していた。

序文では、三国同盟は「本質的に保守的で防衛的」としているものの、後の三国協商がそうだったようにヨーロッパの分裂を促進するものとなった。同盟国は、防衛というカテゴリーに分類してあっても実践では武器のように、「攻撃的に」使えるものである。三国同盟は、三国協商のように国際関係で、危機が高まる間各国が協力し合うことを促進した。協調と友好の輪をつくり、将来にわたって支持してもらえるという期待を育んだ。特にドイツとオーストリア＝ハンガリー間は計画と戦略の共有につながった。安全を確保することを意図した約束ごとは、一九一四年に三国それぞれに同盟相手に忠実であるよう圧力をかけ、地域紛争を大きな全面紛争に転換させるものとなった。ヨーロッパの列強中最も弱いイタリアは、最終的に一九一四年に、唯一自分の意思で参戦しない国となった。

イタリアが三国同盟に加わったのは、イタリアが革命に発展しかねないような社会的・政治的動乱を経験しているときに、国王ウンベルトが保守の支持がほしいと思ったことが理由だった。また、フランスからの保護を求めていたことも理由だった。イタリア人は長い間、イタリアの関心の対象だったチュニス港をフランスが獲得したこと、あるいはイタリア統一戦争のときにフランスが支持したことの見返りとしてイタリアから領土を奪ったことを許せなかった。さらに、ドイツとの同盟の一翼を担うことで大陸の支配的勢力になることは、列強の中に加わりたいというイタリアの願いを満たすものだった。

だが、三国同盟はイタリアとオーストリア＝ハンガリーを結びつけたが、決して円滑には行かなかった。両者とも国境沿いに紛争の火種を持っていた。豊かなロンバルディアとヴェネチアをすでにイタリアに取られていたオーストリア＝ハンガリーは、南チロルとアドリア海の港トリエステのイタリア語を話す地域を含めて描いているイタリアの領土構想に深い疑念を抱いていた。それは、アドリア海の奥からオーストリア＝ハンガリーのダルマチア沿岸に至るかつてのヴェネチアの領域に加えて、イタリアの愛国者の言うアルプスの尾根沿いに至る「自然国境」までを含むものだった。オスマン帝国の崩壊によって、イタリア人の拡張主義に新たな展望がアドリア海の向こうに広がった。アルバニアとモンテネグロの独立国は海軍国としてのイタリアが必要としている港を提供した。イタリア人はよく好んで不満を言うのだが、自然はアドリア海の西側を平らな浜にしてしまい、良港も自然の守りもない。反対に東側は深くて海水が澄み、自然の良港に恵まれている。オーストリアはイタリアが一九〇三年、アルバニア国民議会をナポリで開催するのを認めたこと、ウンベルトの継承者がモンテネグロの国王の娘と結婚したこと、イタリアの発明家グリエルモ・マルコーニが最初の電報局を当地に開いたことなどを不快に思っていた[47]。イタリア人の方では、オーストリア＝ハンガリーが統一を妨害し、イタリアの国民的計画に立ちはだかる壁で、バルカン半島へのイタリアの希望に対して敵対的だと思っていた。だが、イタリア人の政治家の中には三国同盟はオーストリア＝ハンガリーに領土を譲歩するよう圧力をかける上で役に立つと考えている者もいた。ある人物が一九一〇年に述べている。「戦争の用意が整うまで全力を尽くしてオーストリアとの同盟を維持すべきである。その日はまだ遠い」[48]と。しかし、その日は思っていたよりも近かった。

オーストリア＝ハンガリーにとって鍵を握っているのはドイツとの関係だった。一八六〇年代にプロイセンに敗北した記憶は時とともに薄らいだ。特にビスマルクが賢明で、寛大な講和条件を提供したからである。どちらの側も世論は友好的感情に向かって世論が、はっきりと動いていき、一九〇五年以後ロシアの力が再度大きくなると、チュートン民族はスラヴ民族に対して団結しなければならないという気持ちが広がった。社会の高いレベル、すなわち官僚と軍の将校の間では、ドイツ語を話す人々が支配的となり、ロシアよりドイツに引かれるものを感じるようになった。フランツ・ヨーゼフとフランツ・フェルディナント、ヴィルヘルム二世の関係は良く、フランツ・フェルディナントは妻ゾフィーを丁重に扱ってくれることに感謝していた。老皇帝はそもそも憎きビスマルクを罷免してくれたことからヴィルヘルムが好きで、友人だと思うようになっていた。それは老皇帝の人生のなかでは極めて稀なことだった。ヴィルヘルムはフランツ・ヨーゼフを何度も、大戦直前の時期には毎年訪問し、老皇帝の信頼を得ていた。若者が敬意を表していたし、チャーミングだと思ったのだ。ヴィルヘルムはオーストリア＝ハンガリーとの友情を繰り返し明言し、一八八九年には、フランツ・ヨーゼフと参謀総長に対して次のように述べている。「貴国がどのような理由で動員を行ったとしても、わが国は必ずその日に動員しますし、わが国の首相は望むとおりにいたします」と。特に、ドイツ人が目の前に横たわる危機に備えて約束を繰り返したことから、オーストリア人は喜んだ。フランツ・ヨーゼフはヴィルヘルムがあまりにも衝動的なので心配することもあったが、一九〇六年の訪問のあとで、ヴィルヘルムが平和を目指していることを信じていると娘に述べている。「改めて皇帝と握手することができるというのは素晴らしいことです。表面上は平和であっても水面下で嵐が起こっている現在、会って目と目を交わし、二人とも平和、平和のみをいかに真摯に願っているのか相手に伝えることは、それほど多くできるわけではありません。こうして努力することで互いが忠実であることを頼みにできるのです。私が窮状にあるとき、皇帝は私を放ってはおかないでしょう。私も同じです」[49]。

何年も経つ間に関係に緊張が走ることは避けられないことだった。ドイツはオーストリア＝ハンガリーの最大の貿易相手国だったが、たとえば、自国の農民を保護するドイツの関税は帝国の生産者に痛手を与えていた。ドイツ経済は拡大基調にあり勢いに乗っていた。オーストリア＝ハンガリーが経済力で優位に立とうとしていたバルカンでは、ドイツとの競争はますます激しくなっていた。ドイツの新聞がチェコ人を攻撃したとき、あるいはプロイセン政府がマイノリティのポーランド人にひどい扱いをしたとき、オーストリア＝ハンガリーの国境を越えて反撃が起こった。ドイツの外交政策のやり方は同盟国を不安にさせた。ゴウホフスキは一九〇二年ベルリン駐在オーストリア＝ハンガリー大使に手紙を書いているが、それは一般的なものの見方を示している。

最近のドイツの政策は実際大きな不安の原因となっている。ますます傲岸さを募らせ、至るところで学校の校長のような振る舞いをしたいと考えるベルリンが進めている配慮のないやり方は、外交問題の分野で相当に不快な雰囲気を醸成していて、長い目で見るとドイツとの関係に有害な反発が起こらざるを得ない状況になっている。(50)

だが、それぞれが互いに必要とし合い、ヨーロッパの分裂が大きくなるにつれて、それぞれのリーダーが他の選択の余地がないと感じるようになったため、関係は強力であり続けた。

オーストリア＝ハンガリーは三帝同盟のもう一つの国ロシアに手を伸ばし続ける一方で、ある若い外交官が言うには、夫の同意がなければ昔の友だちに会いに行こうとしない良き妻のように、フランス、イギリスとの関係を薄めてもよいとしていた。フェアであろうとしたが、昔の友達はそれを必ずしもよく思ったわけではなかった。フランスとオーストリア＝ハンガリーは一八七一年に第三共和政が成立してから違う方向に進んでいた。ウィーンの体制側の人々は君主制、貴族制を支持し、カトリックを信仰していて、フランスは反教権主義者とフリーメイソンと急進主義者が力を持っている国だと考えていた。外交関係では、フランスはロシアと結びつき、大切な同盟を覆すようなことなど絶対にする気がなかった。そのためフランスの金融市場はオーストリア＝ハンガリーには閉ざされていた。バルカンにおいて、フランスは、投資とビジネスによってオーストリア＝ハンガリーに切り込んでいこうとしている一方で、外交官はセルビアとルーマニアを三国協商に取り込もうとしていた。たとえば、フランスの武器製造会社シュナイデルは、二十世紀初めの十年間のうちに、バルカンで新しい注文を獲得するようになっていた。その間、オーストリア＝ハンガリーの会社は敗退していたのである。デルカッセのような政治家は、オーストリア＝ハンガリーが将来崩壊し、中央ヨーロッパに強力なドイツ国家が出現するのではないかと心配していたが、関係改善のために何かをしようとはしなかった。(51)

オーストリア＝ハンガリーとイギリスの関係は、フランスと比べれば、長年緊密だったし、誠意あるものだった。イギリスには急進主義の伝統があったが、ウィーンから見ればフランスより安定していて保守的だった。かなり当たっている見方であるが、今なお政治と公務員の世界では貴族が優勢だった。一九〇四年、オーストリア＝ハンガリー大使としてアルベルト・メンズドルフが任命されたことは賢明な選択だったと考えられた。というのは、メンズドルフがイギリス王家に近い親族で、イギリスの貴族社会が歓迎したからである。また、オーストリア＝ハンガリーとイギリスを離間させる、英露間にあったような植民地をめぐるライバル関係は存在しなかった。

両国が海軍を配備していた地中海でも、特に東端については静穏を維持しようとしている点で共通していた。両国にとって、互いに相手はロシアに対するカウンターバランスだった。ボーア戦争のとき、オーストリア＝ハンガリーはイギリスを支持した数少ない国のうちの一つだった。フランツ・ヨーゼフは一九〇〇年、「この戦争では私は完全にイギリスを支持する」と、フランス大使とロシア大使の聞こえるところで、イギリス大使に対して述べた。(52)

それでも両国の関係は次第に冷えていった。地中海で現状を維持することに関する合意は、黒海と地中海の間の海峡をロシアが制覇するのを阻む目的だったが、一九〇三年になると両国ともロシアと和解の方向に動くようになり、合意は結果的に破綻した。ロンドンから見ると、オーストリア＝ハンガリーはますますドイツの影響下に置かれているように映った。たとえば、海軍競争がヒートアップすると、イギリスはオーストリア＝ハンガリーが新たに建造した船はすべてドイツの海軍力を増強させるものと疑うようになった。一九〇七年に英露協商が結ばれると、たとえばバルカンか地中海でオーストリア＝

ハンガリーを支持するような応対をして、ロシアとの大切な関係を壊してしまいかねないような危険は一切避けようとした。オーストリア＝ハンガリーとロシアの関係が破綻すると、イギリスとの関係はますます冷めていくようになった。[53]

オーストリア＝ハンガリーは、ロシアが離れていったために、ドイツとロシアの両方と良好な関係を維持することが難しくなったと感じた。フランツ・ヨーゼフと外相はこの流れを残念に思っていたが、オーストリア＝ハンガリーはドイツとの関係よりロシアとの関係が難しいと考えた。オーストリア＝ハンガリーにおけるスラヴ民族主義の覚醒は、スラヴ人に対するロシアの関心と共感を引き起こしていたが、オーストリア＝ハンガリーにとっては国内問題にさらに複雑な要素が加わっただけだった。ロシアがヨーロッパのスラヴ人の保護者を自認しているわけではないにしても、その存在だけで隣国としては心配だった。

バルカンの変化によってオーストリア＝ハンガリーには新たな心配ごとが増えた。オスマン帝国が自らの意思にかかわらずヨーロッパから後退していくにつれて出現した新たな国家――ギリシャ、セルビア、モンテネグロ、ブルガリア、ルーマニア――は、潜在的にロシアの友好国だった。これらの国はスラヴ人が優勢で（ルーマニアとギリシャは違うと主張したかもしれないが）、正教信仰をロシアと共有していた。では、たとえばアルバニア、マケドニア、トラキアのようなオスマン帝国支配下のヨーロッパの領域はどうなのか。謀略の対象となるのか、それとも競争相手となるのか、あるいは戦争となるのか。一八七七年、二重帝国の外相ジュラ・アンドラーシは述べている。オーストリアとロシアは「直接の隣国だから、平和的にあるいは戦争をするか、いずれにせよ共存しなければならない。二つの帝国が戦争をすれば……どちらかの国が破壊され、あるいは崩壊して終えるしかないのだろう」。[54]

十九世紀末になると、ロシアはオスマン帝国の解体によって〔バルカンに〕危機が生じると捉えるようになっていた。再保障条約がなくなったあとはドイツの友好関係をあてにできないし、いずれにしても関心を極東に向けていたから、ロシアの支配者はバルカンでオーストリア＝ハンガリーとの緊張緩和を望んでいた。一八九七年四月、フランツ・ヨーゼフと外相ゴウホフスキはサンクトペテルブルグで温かい歓迎を受けた。軍の音楽隊がオーストリアの国歌を演奏し、春のそよ風にロシア旗とともに、オーストリアの黄色と黒の旗、ハンガリーの赤と白と緑の旗がはためいていた。ロシア皇帝と賓客はオープン馬車に乗ってネフスキー大通りを移動した。その晩、二人の皇帝は晩餐会で温かい乾杯を酌み交わし、平和の願いを表明した。続く会話で協力を約束し、両者はオスマン帝国に手をつけないこと、独立したバルカン国にはそれぞれ対立させて漁夫の利を得ないとはっきり示すこととした。残ったバルカンの領域を掌握する力をオスマン帝国が失う可能性があるので、ロシアとオーストリア＝ハンガリーはバルカンの分割について協力し、他国に対して統一戦線を組むとしたのである。ロシアは、何があろうとも黒海に入る外国の軍艦に対して海峡を封鎖するという約束を手にし、オーストリア＝ハンガリーは一八七八年以来、オーストリア＝ハンガリー軍が占領しているボスニアとヘルツェゴビナの領域を将来のある時点で併合するという理解を手にした、あるいは手にしたと考えた。だが、ロシア人は併合が「大きな問題を引き起こす可能性があり、適切な時間と場所を精査する必要がある」と述べたメモを後に送った。(55) 一九〇八年、この問題は両国の関係に実際特に大きなダメージを引き起こすことになった。

だが、続く数年間、ロシアとオーストリア＝ハンガリーは比較的よい関係を維持した。一九〇三年秋、ロシア皇帝はフランツ・ヨーゼフの狩猟小屋を訪ね、二人は悪化したマケドニアの状況について話し合った。マケドニアでキリスト教徒の住民がオスマン帝国の支配に対して公然と反乱を起こしていたのである（宗派の違うキリスト教徒同士でも殺し合いが行われていた）。二人の皇帝はコンスタンティノープルのオスマン政府に改革を求めて一緒に取り組むことで一致した。翌年、オーストリア＝ハンガリーとロシアは中立条約を結び、実を結ぶことはなかったが、ドイツとの三帝同盟を復活させることまで話をした。

それにもかかわらず、関係がすべてうまくいったわけではなかった。どちらも、特にバルカンに関することについては、完全に相手を信じることはなかった。オスマン帝国が消滅すれば、また実際そうなる可能性がますます高まっていたのだが、それぞれが自分の利益が守られる保証がほしいと思っていた。オーストリア＝ハンガリーは、アドリア海に近づこうとする南スラヴを阻止する強力なアルバニアが出現することを望んでいた（アルバニア人は幸運なことにスラヴ人ではなかった)。ロシアはそうではなかった。静かに、時折公然と、両国はセルビア、モンテネグロ、ブルガリアで影響力を競い合った。マケドニアについてすら、両国は改革の詳細について意見が合わなかった。日露戦争の敗北後、ロシアが関心を再び西に向けると、バルカンで衝突する可能性がさらに高まった。さらに、ロシアが一九〇七年にイギリスとの関係を修復すると、地中海でオスマン帝国を扱うに当たって、オーストリア゠ハンガリーに多くを頼る必要がなくなった。また、一九〇六年にオーストリア゠ハンガリーのリーダーシップに重大な変化があった。コンラートが参謀総長に、ゴウホフスキより積極的な外交政策を望むエーレンタールが外相となったのだ。ヨーロッパが一連の危機に突入していくなかで、二つの保守の勢力はさらに離間し、間にあるバルカンの混乱を前にしてますます深刻度を高めていったのである。

9　人々が考えていたこと——希望、恐怖、思想、言葉にならない想定

一九三〇年代初め、イギリス系アイルランド人の美女とヴィルヘルム一世から世襲の称号を授与されたドイツの銀行家を両親に持つハリー・ケスラー伯爵は、若い頃経験したヨーロッパの大戦を次のように振り返って書いている。

> 極めて偉大なる存在であり古い伝統を持ち、コスモポリタン的で、今なお圧倒的に農村的かつ封建的なヨーロッパ、美しい女性たちの住む世界、雄々しい国王たち、王家の間の婚姻関係に彩られていたヨーロッパ、だがしかし十八世紀のヨーロッパと神聖同盟は、衰退し、死に絶えた。新しく若くエネルギッシュで想像もできないものが目の前に迫っていた。われわれはこの変化（＝it）をヒヤッとするもののようにも感じ、あるいは手足の弾力のようにも感じた。前者にはかすかな痛みが伴い、後者は強烈な喜びを伴ったものであった。[1]

ケスラーは希望と恐怖の兆しを極めて個性的に表現し、一九一四年以前のヨーロッパ人が考えていたことを記録している。ケスラーは一八六八年に生まれ、十九世紀最後の年に成人になって、大戦が始まるときはまだ人生の頂点にあった（ケスラーは一九三七年、戦争が再びヨーロッパに近づきつつあるときに亡くなった）。イギリスの私学とドイツのギムナジウムで教育を受け、イギリス、ドイツ、フランスで家族と暮らした。知識人でありながら芸術家でもありたいと願うドイツ人の高貴な俗物——美しい女性だけでなく男性も愛するホモセクシャル——となり、社会や政治や性や民族の垣根を簡単に越えて渡り歩いた。生涯つけていた日記にはランチ、お茶、ディナー、カクテルに加え、オーギュスト・ロダン、ピエール・ボナール、ヒューゴー・ホフマンシュタール、ヴァー

ツラフ・ニジンスキー、ディアギレフ、イサドラ・ダンカン、ジョージ・バーナード・ショー、フリードリヒ・ニーチェ、レイナー・マリア・リルケ、ギュスターブ・マーラーとの遠出がぎっしり書かれている。芸術家のスタジオやバレエや劇場にいないときはベルリンの宮廷舞踏会に出ているか、ロンドンの紳士のクラブに出ていた。リヒャルト・シュトラウスが『薔薇の騎士』のプロットと歌詞を書くのを手伝い、ビューローのあとを継いだ首相テオボルト・フォン・ベートマン・ホルヴェークと英独関係を議論した。

ケスラーはごく特殊な人々の間を行き来していたので、見聞きしたことは必ずしもヨーロッパ人全体を代表するものではなかった（当時は世論調査がなかったから、当時の完全な情報を手に入れるには限界がある）。逆に、社会について考え描こうとする人々は、水面下の流れを感じ取るアンテナを持っていることが多く、その上で自分の意見を公表していた。一九一四年以前、芸術家や知識人や科学者たちは合理性と現実性について古い想定に挑戦するようになっていた。当時は前衛的だったが、続く何十年か後に主流となる思想を持つ人々のなかで、ケスラーは濃密な経験を積み重ねていた。ピカソとブラックのキュービズム、人やモノの動きを捉えて表現しようとするジアコモ・バラのようなイタリアの構造主義者、イサドラ・ダンカンの自由に流れるダンス、高度にエロチックなディアギレフのバレエとニジンスキーのダンス、マルセル・プルーストの小説――こうしたものの中にはすべて、ある種の反逆精神が存在していた。新しい世代の芸術家たちが考える芸術は、社会の価値を保持するものであってはならない。衝撃的で、開放的でなければならない。グスタフ・クリムトと若い画家たちは大御所のオーストリア芸術者協会を飛び出して、芸術家はリアリスティックでなければならないとする既成の概念に挑戦した。ウィーン分離派の目的の一つは、世界を現実にある形で示すのではなく、水面下にある本能と感情の生命を明らかにすることだった。(2)ウィーンの作曲家アルノルト・シェーンベルクは調性音楽（長調、短調による和声＝harmonyを重視した音楽）ヨーロッパ音楽の既成形態から自らを解放して、無調の作品を創作した。「内面、そこで本能に突き動かされる人間が人間をして動き始め、すこでうまくいけば、すべての理論は破綻する」(3)と。

古い制度と価値観に対抗して、新しい方法と新しいスタイルが出現した。世界はおそらくあまりに急速に変化しているから、感じ取る努力をしなければならなかった。一九一四年に戦争に向かって進んだヨーロッパ人について「人々は何を考えていたのか?」という質問がよく行われる。世界観に影響を与えた思想、議論になることもなく当たり前のこととして受け止めてきたこと（歴史家ジェームズ・ジョルが「言葉にならない想定」と呼んでいるもの）など、変化していたものと変化していなかったもののすべてが、戦争が、ヨーロッパの全面戦争さえもが一九一四年に可能性のある選択肢となったこの流れのなかでは、重要な部分となる。もちろん、すべてのヨーロッパ人が同じことを考えていたわけでも、感じていたわけでもない。階級や国や宗教によって大きな相違があった。今日のように、多くの人々は作家のシュテファン・ツヴァイクのように生活をあるがままに受け止めて、世界がどこに向かっているかなど深く考えなかった。一九一四年以前を振り返ると、現代の世界の誕生を見ることもできるが、人々の考え方や行動に古いやり方がいつまでも残っていて、それが力となっていたことも認識する必要がある。たとえば、何百万人ものヨーロッパ人が先祖と同じ田舎のコミュニティで生活し、同じ生活様式で暮らしていたのだ。ヒエラルキーと自分の立ち位置を知ること、権威を尊重すること、神を信じることが、ヨーロッパ人の生活の土台だった。事実、このような価値観が持続していなかったら、多くのヨーロッパ人が一九一四年に積極的に戦争に向かうことができたということを想像するのは困難である。

結局、ヨーロッパがこの戦争に突き進む決定——あるいは回避できないとする決定——は、驚くほど少数の人々によってなされた。これらの男性——女性はほとんど役割を演じていなかった——は上流階級出身が大部分だったが、全員というわけではなかった。地主である貴族か都市部の富豪出身の者もいた。カンボン兄弟のように中産階級出身の人々でも、意思決定をした人々の価値観を吸収し、見た目が似ていた。文民も軍人も支配エリートの階級は、彼らの望みも恐怖も併せて、意思決定をした人々を理解するうえで鍵になる。育ちや受けていた教育もそうだし、取り巻いていた広い世界もそうである。思想と行動様式を若い頃身につけ、自分たちの社会がどのように発展したかを理解していたし、広がった新しい思想についても知っていた。今日の民主的なリーダーが、たとえば同性婚について考え方を変えることができたように、考えを変えることができた。

ケスラーが日記で取り上げたのは芸術家や知識人や政治的エリートの感覚で、ヨーロッパは急速に変化しつつあり、その方向は必ずしも望んでいる方向ではないとする感覚だった。ヨーロッパの指導者は自身の社会を不安に思うことが多かった。産業化、科学技術の革新、新しい思想と行動様式の広がりはヨーロッパ中で社会を揺るがし、長い間確立していた伝統的な行動様式や価値観に疑問符をつけるようになっていた。ヨーロッパは力はあるが問題を抱えた大陸でもあった。列強それぞれが戦前に、長く続く深刻な政治の危機を経験していた。イギリスではアイルランド問題、フランスではドレフュス事件、ドイツでは国王と議会の対立、オーストリア＝ハンガリーでは民族紛争、ロシアでは革命に近い動きが存在した。戦争は分裂や反感を乗り越える手段と考えられることもあるし、そういうこともあるのだろう。一九一四年に参戦したいずれの国にも、国民が武器を取り、フランスの「神聖連合」のような聖なる連合をつくって戦争に協力しようという声が上がった。階級、地域、エスニシティー、宗教上の対立を忘れ、国民が自己犠牲の精神のもとで一体化する動きがあったのだ。

ケスラーの世代の人間は人類の歴史上最大規模の変化が起こった時代を生き抜いた。年齢が三十代前半に達する頃には、一九〇〇年のパリ万国博覧会に出かけ（ケスラーは「関連性のないごたまぜ」と考えた）[4]、ヨーロッパがすでに自分たちが子どもの頃とは著しく違う世界となっていたことに気がついた。人口、貿易、都市、すべてが大きくなった。科学は次々に謎を解いていった。工場が、鉄道が、電線が、学校が大きく増えた。使う金が増え、物が増えた。新しい映画、自動車、電話、電気、自転車、大量生産の衣類と家具が登場した。船の速度が増し、一九〇〇年の夏には最初の飛行船ツェッペリンが空を飛んだ。一九〇六年には最初の飛行機が登場し、ヨーロッパを飛んだ。新しいオリンピックのモットーはヨーロッパを表していた。「より速く、より高く、より強く」だ。

だが、それは一部分にすぎなかった。平和の最後の十年間を振り返るとき、われわれは罪のない時代の長く続いた黄金の夏を想像してしまうことが多すぎるのだ。ヨーロッパの優位とヨーロッパの文明が人間の歴史のなかで最も進歩したという主張があるが、現実には、外部から挑戦を受け、内部から崩壊しつつあった。ニューヨークが金融の中心としてロンドンとパリと競合し、アメリカ合衆国と日本が世界中のヨーロッパの市場とヨーロッパ勢力に割って入った。中国および西洋の諸帝国では、ナショナリストが勢力を集めつつあった。

　ヨーロッパが経験しつつある変化には代価が伴った。経済の変化は恐ろしい緊張をもたらし、繰り返す好況と不況は資本主義そのものの安定性と将来についての疑念を生んだ（ユダヤ人が資本主義と同一視されたのはウィーンだけではなかった。不安定な経済はヨーロッパ中の反ユダヤ主義の火に油を注いだ）[5]。ヨーロッパ中で、十九世紀の最後の二十年間、農作物の価格が下落した（新世界との競争が一因となっていた）。それによって農民のコミュニティには波風が立ち、小地主は破産に追い込まれ、小農民は貧困に追いやられた。都市部の人間は安価な食料に潤いを得ていたが、それぞれの国は特定の産業で景気の下降を、あるいは停滞と縮小を経験した。たとえば、オーストリア＝ハンガリーでは投機が狂乱状態となった一八七三年のブラック・フライデーのときには、銀行、保険会社、製造業を含む何万もの企業が倒産した。私たちの時代と違って、すべてとはいわないまでも多くの国には、下層階級出身の失業者や未保険加入者や不幸な人々を救うセーフティーネットが存在していなかった。

　労働条件は十九世紀の間に西洋諸国では劇的に改善していたが、東に行くと恐ろしい状況で、産業革命はまだ始まったばかりだった。イギリスとドイツのような先進国でも、今日と比べれば労働者の賃金は依然低く、労働時間は長かった。物価が上昇し始める一九〇〇年以後、労働者階級はますます搾取されていると感じるようになった。おそらく重要なのは、自分たちが権力から排除されていて、人間として低く評価されていると感じていたことだと思われる[6]。ヨーロッパから出て行く多くの移民はより良いチャンスを求めたのも理由の一つだろうが、現存する社会的・政治的構造に不満を抱いていたことの現われでもあった。イギリスでは人口の約五パーセントが一九〇〇年から一九一四年にかけて移民したが、職業別で見ると非熟練労働者が最も大きなグループとなっていた[7]。残って闘うことを選んだ人々もいて、一九一四年以前にはヨーロッパ中で、労働組合の組合員の数とストライキの数が顕著に増えていた。社会的な緊張の高まりと労働不安によって、軍と政界のエリートの間に強い懸念が広がっていた。革命を回避できたとしても、疎外された労働者階級は良き市民に、あるいはたぶんもっと重要なのだが、良き兵士になることができるだろうか。実際、自分たちの国を守ることができるのだろうか。逆に、この恐怖によって戦争が望ましいものと考えられるようになり、愛国主義に訴えたり、社会の内に存在する反逆の可能性のあるところを粉砕するのによい口実になるとされるようになった。

富の大部分を土地の所有から得ていた古い上流階級は新しい世界に不信感を持ち、自分たちの権力が弱まり、自分たちの生活様式の終わりが近づいているという理由で恐怖を感じていた。フランスではすでに革命によって旧地主貴族の地位と権力の多くを破壊していたが、ヨーロッパの至るところで貴族制と地主は農業と土地価格の下落の脅威にさらされ、新しい都市化した世界から価値観の挑戦を受けていた。フランツ・フェルディナントは、オーストリアの保守主義者に向けて話をしたときに、ユダヤ人を責め、彼らは健全なキリスト教徒の原則に基づく古いヒエラルキー社会の一番下に位置しなければならないと非難した。[8] オーストリアでもドイツでも、将校の間では未来の生活のあり方について悲観的な考え方が拡がっていた。[9] そのことも、リーダーとなった将軍たちが一九一四年に戦争に向かって進んだ気持ちに影響を及ぼしていたかもしれない。プロイセンの陸軍大臣エーリヒ・フォン・ファルケンハイン将軍は、戦争が全面戦争になる八月四日に次のように述べている。「われわれは滅んでしまうかもしれないが、それでもよい」。[10]

ヨーロッパの最後の平和の何十年かの間、上流階級は覚悟のうえで延命工作を行った。経済的・社会的変化のため上下関係は流動的になっていたが、出自が今なお重要だと考えられた。才能と富に対して開かれていたロンドン社会でも、著名なアメリカ人の鉱山技術者で後に大統領となったハーバート・フーバーはその階層的な性質について、「常に素晴らしい社会だが――心痛の種でもある」と考えた。[11] それにもかかわらず、ヨーロッパ中で新しく出現した裕福な産業家や金融家は上流階級志向で、称号を獲得することも多く、子どもたちを貴族と結婚させることもあった。富によって出自と地位を手に入れる行為だったのだ。だが、古い上流階級の人々は一九一四年、ほとんどのヨーロッパ諸国の政界や官僚機構、軍隊、教会で高官の地位を占めていた。さらに言うと、彼らの古い価値観は驚くほど弾力性を備えていて、勃興しつつある中産階級に浸透していった。中産階級は上流階級の名誉ある行動基準に従うことで、ジェントルマンになろうと願っていたのである。

姿形のあるものではないが、貴重な名誉とは、生まれからくると上流階級は信じていた。ジェントルマンには名誉があるが、下層階級にはなかった。ヨーロッパ社会が十九世紀の最後に急速な変化を遂げると、古い地主階級が自分たちを新たに出現した豊かな中産階級と区別するために、また、社会的に野心を持つ人々がより高くよりよい社会的地位の箔をつけるために名誉は寄与した。名誉とは、明確に定義できるものではなく、また、相応しくない行動によって守ることができず、失われることもあった。人は名誉を守るために、必要な場合には自殺し、あるいは自殺と同じ結果になることも多い決闘という形で命を懸けたのである。オーストリア＝ハンガリーの高級情報将校アルフレッド・レドルが、国の最高機密である軍事計画をロシアに売ったことが発覚すると、コンラートがまず行ったのは、レドルが正しい行動をとるように拳銃を渡すことだった。レドルは拳銃を持たされて一人になり、義務として自分の頭を撃ち抜いたのである。

名誉のために行う決闘は、十九世紀の間ヨーロッパで行われたばかりか、たとえばドイツとオーストリア＝ハンガリーの大学生の間では決闘の数が増えていた。この頃になると、決闘にはルールと流儀があって、たとえばどの武器——普通は剣か拳銃だった——を選ぶか、どの場所にするか、もっと複雑なのは誰が挑戦する資格があるのか（挑戦者が敵とするまでもない場合は名誉について は妥協した）、どんな理由で行うのか（トランプでいかさまをやる、侮蔑的な言葉を投げつけるなど。たとえばオーストリアの手引書によると、犬の鞭を弄ぶ人物を見つめるだけでもよかった）等々、技術上の問題を扱う手引書が必要になるほどだった。[12] 今日の一番近い例で言うと、ちょっとした軽蔑の態度を見せただけで人殺しにつながってしまう、ストリートギャングのようなものだったのだ。

ヨーロッパ諸国では決闘を違法行為としていたが、当局は一般的にそのように扱わなかったし、法廷は判決を出そうとしなかった。事実、ハンガリー首相イシュトヴァーン・ティサを含めて、権威ある地位にある者が決闘に訴えることもあった。ブダペストでは、技術が必要な人々のために、短期間で訓練する、特別のフェンシング学校があった。[13] 一九〇六年から一九〇九年にかけて、また、大戦後には再度首相を務めたフランスの急進主義政治家ジョルジュ・クレマンソーは政敵に対して十二回決闘を行った。年齢にもかかわらず、クレマンソーは毎朝フェンシングの稽古をしていた。

ドレフュス事件が起こると、事件そのものが原因となる決闘が行われた。決闘は芸術家の間でも受け入れられていて、マルセル・プルーストは若い頃、自分の作品を批判した人物に挑戦した。クロード・ドビュッシーは彼のオペラ『ペレアスとメリザンド』に脚本家の愛人に配役を振らなかったことから、ベルギーの作家モーリス・メーテルリンクの挑戦を受けた。メーテルリンクはこのオペラの台本を書いていたのだ。[14] ドイツでは、ロダンが若い男性の裸体画を描いたことを持ち出してスキャンダルを引き起こしたと責め立てる官僚に、ケスラーが挑戦した。ジェントルマンの行為として決闘は認められないとした唯一のヨーロッパの国はイギリスだった。だが、ドイツ皇帝がよく好んで言っていたのだが、イギリス人は商売人の民族だったからである。

名誉とそれを守ろうとする人々にとって、決闘はヨーロッパ大陸における軍のなかで特に深刻な問題となっていた。一八八九年のオーストリア軍のハンドブックには、次のようにある。「軍の名誉を厳密に解釈すると、将校団がその地位に相当し、騎士としての性格を帯びている」(十九世紀後半の中世に対する熱狂ぶりは、近代社会を回避しようとするもう一つの形である)。フランスでは、陸軍将校が決闘の挑戦を受けない場合には解雇されることもあった。ヨーロッパ中に決闘に反対する運動が存在していたが、軍当局に対してはほとんど前進がなかった。一九一三年、ファルケンハインは「決闘のルーツはわれわれの名誉の規範の範疇にあり、発展してきた。名誉の規範には価値があり、将校団にとっては他では代替できない宝なのだ」[15] とドイツ首相に抗議している。事実、ブルジョアジーの息子たちによって将校団の名誉を尊ぶ精神が薄まることについて最高司令部の不安が高まってくると、決闘と名誉の規範は正しい価値観を注入する手段としてという以上に、重要な意味を持つようになった。[16]

ヨーロッパの国際関係を扱う人々の多くが同じ上流階級を背景に持っていたため(親戚同士であることも多かった)、名誉と恥という言葉が頻繁に使われるのも驚くことではなかった(私たちは今日、国民の威信や影響という言葉で話をする場合が多いが、こうした言葉をときどき使うこともある)。一九〇九年、ロシアがボスニア=ヘルツェゴビナ危機で屈したとき、あるロシアの将軍が日記に次のように書いている。「恥! 恥! 死んだ方がましだ!」[17]。一九一一年、ブルガリアに新ロシア大使として派遣された人物との会話で、ロシア皇帝は急いでも一九一七年までロシアの準備は整わないと強調したあとで、「だが、ロシアの重大な利益と名誉がかかっているとすれば、どうしても必要だというなら、一九一五年であれば挑戦を受けるかもしれない……」[18]とつけ加えている。ヨーロッパにとっては不幸なことだったが、名誉と恥を構成するものは個人が感じるのと同じように主観で決まるものだった。軍事問題について有名な著述のあるフリードリヒ・フォン・ベルンハルディ将軍は、原因は些細なことに思えても、国民の名誉を守るということは戦争を正当化するとして、「国民および国家は独立、名誉、評判を維持することに全力を傾けることほど高い到達感を感じるものはない」[19]と述べている。保守的な歴史家トライチュケは、一九一四年に権力の座にあった世代に大きな影響を与えた人物だが、決闘という言葉さえ使い、「国旗が侮辱を受けた場合に謝罪を求めるのは国家の義務である。謝罪がなければ、たとえその場面がいかに些細なことに見えようとも、戦争を宣言することだ。というのは、国家たるものは国家体制が受ける敬意を守るために緊張感を持っていなければならないからである」[20]と言う。

個人にせよ国家にせよ、名誉を強調することにおいてはどこか死に物狂いになるところがあった。それは、新しい都市や鉄道、大きな百貨店に象徴される物質的成功によって、ヨーロッパが粗雑で、利己的で、俗物的な社会になっていくのではないかという恐怖を反映していた。既成の宗教では満たすことのできない精神的空白があったのではなかったか。近代世界に対する嫌悪感と、著名なドイツ人の詩人シュテファン・ゲオルゲが「つまらぬ滓のような卑劣な時代」と呼んだ時代が背景となって、戦争は社会を浄化する手段だと考える知識人も現れた。成功を収めた実業家で知識人のリーダーでもあるというユニークな存在のドイツ人ヴァルター・ラーテナウは、一九一二年に『時代批判 *Zur Kritik der Zeit*』を発表し、産業化の影響によって理想と文化を喪失するのではないかという不安を表明した。大戦直前にある友人に次のように書いている。「私たちの時代は、これまで数多くあった移行期のなかでも最も困難な時代である——氷河期や地殻の激動期のようだ」[21]。ラーテナウはそれでも楽観主義者で、世界は最終的に、資本主義と産業化の初期の時代に失われた精神的・文化的・道徳的価値を取り戻すと信じていた[22]。ラーテナウより上の世代のドイツ人フリードリヒ・ニーチェは、そんな希望を持たなかった。「今日までずっと、われわれの全ヨーロッパ文明は何十年もかけて募りゆく苦しい緊張のもとで、カタストロフィーに向かうかのように動いてきている。絶えず動き、暴れ、真っ逆さまに落ちる。海に向かう川のようだ」[23]。

二十四歳という際立つ若さでバーゼル大学教授となったニーチェは、聡明で性格が複雑で自分の正しさに自信を持っていた。おびただしい作品を書いたが、矛盾する内容も多かったから、彼を是として良いかどうかは難しいところである。ニーチェを駆り立てたのは西洋文明が間違った方向に大きく進んだという確信だった。過去二千年間違った方向に進んでいて、西洋文明で優位となっている思想と実践の大部分が完璧に間違っているというのだ。西洋文明と断絶し、明確に思考し、深く感じるようにしなければ人類はおしまいになるとニーチェは見る[24]。ニーチェがターゲットにしたのは、実証主義、ブルジョアの因習、キリスト教（ニーチェの父親はプロテスタントの牧師だった）、すべての既成の宗教組織、そしてそれだけでなく、あらゆる組織そのものだった。資本主義と近代産業社会に、そしてその社会がつくり出した「人々の群れ」に反対した。ニーチェは、生は秩序正しいものでも、因習的なものでもなく、活力に満ちた危険なものであるということを人々は忘れてしまったと読者に告げる。精神的覚醒という高みに達するには、因習的道徳性と宗教の枷を打ち破ることが必要である、と。次の有名な言葉がある。「神は死んだ」（ニーチェの思想がこれほど人の心に訴える理由の一つはアフォリズムと、後の世代の哲学者ジャック・デリダのように印象的なフレーズをつくる才があったことによるのは間違いない）。ニーチェが投げつけた挑戦を受け止める人々は超人になる。来たる世紀に人間性を高度なレベルに高める「新しい生の一団」が現れ、退化したもの、寄生的なものすべてを容赦なく破壊する。ニーチェは述べる。生とは「すべてを専有し、傷つけるもの。よそ者と弱者を征服し、抑圧するもの、激烈なものである……」[25]と。フランツ・フェルディナント大公の暗殺を実行し、大戦の火をつけたセルビアの若いナショナリストたちは、ニーチェの思想から強い影響を受けていた。

ニーチェの作品は一貫性がなく複雑だが、反逆したいと思っていても何に対して立ち上がったらよいのか確信が持てない若い世代を惹きつけた。ニーチェに心酔するとともに彼の誠実な友人でもあったケスラーは、一八九三年に次のように書いている。「今二十歳から三十歳で、ドイツでそれなりの教育を受けた者であれば、必ずや世界観の一部をニーチェから学んでいるし、少なからずニーチェの影響を受けている」(26)。ドイツのある保守系新聞がニーチェの作品を発禁にするよう求めたのも納得がいく。ニーチェの作品の魅力の一つは、読んだことを自分の仕事に簡単に生かすことができるところにある。社会主義者、ベジタリアン、女性運動家、保守主義者、後にはナチスもニーチェを利用した。悲しいことだが、ニーチェ自身は自分を説明するのにそれを役立てることができなかった。一八八九年に発狂し、パリ万国博覧会の一九〇〇年に生涯を終えたのである。

万博は理性と進歩を祝う催しだったが、ニーチェと彼の信奉者たちは、ヨーロッパで蠢いている別の力を称えていた。非合理的なもの、感情、超自然に対する熱狂である。物質的には恵まれつつあるように思えた十九世紀末の生活は何かが欠けていると感じた人々には、教会に行く以外に霊の世界に触れる方法があった。家具が動き、目に見えない、恐らく亡霊の手がテーブルを叩く音がし、突然奇妙な光が差し込んで、死者がウィジャボード（神降ろしのときに使う文字記号を記した板）や他の媒体を使って生者とコミュニケーションをとる、といった降霊術の催しはかなり人気があった。科学的な探偵小説のなかで最も有名なシャーロック・ホームズの生みの親コナン・ドイルでさえ、スピリチュアリズムと呼ばれていたものに強い関心を持っていた。ドイルは死ぬまでキリスト教徒だったが、より普遍的な神智学〔直観により神を認識しようとする信仰〕に惹きつけられた人々もいた。→創設者ヘレナ・ブラヴァツキーはロシア人で、味も素っ気もないセルゲイ・ヴィッテのいとこで、チベットのどこかで、あるいはたぶん天空で、古代の師とコミュニケーションをとったと主張していた。ブラヴァツキーと弟子たちは、西洋の神秘主義と生まれ変わりを含む東洋の宗教の断片をつなぎ合わせ、目に見えない霊的な世界を現実のリアリティーを持つものとして語っていた。ブラヴァツキーの教えによると、人種と文化は上昇と下降を繰り返し、このサイクルは変えられないということだ。一九〇五年以後ドイツ参謀総長で、陰鬱な諦念をもって全面戦争の展望を考えたヘルムート・フォン・モルトケ将軍は、ブラヴァツキーの信奉者だった。

神は死んだかもしれないし、教会に行くことも減っていたが、ヨーロッパ人は霊には強い関心を持っていた。

穏やかな哲学者アンリ・ベルクソンがパリのコレッジ・ド・フランスで行っていた講義は、学生と流行の神智学協会のメンバーであふれていた。ベルクソンは、すべてが計測し得るし説明し得るとする実証主義の考え方に挑戦していた。内部にある自我、その感情や独自の記憶、無意識、言い換えると、その精神のエッセンスは時間と空間の外部に存在する──還元論者の科学の領域を超えた存在である、と。（ありえない偶然の一致の一つということで、ベルクソンはプルーストの母親のいとこと結婚している）[27]。ベルクソンの影響は大戦前、奇妙な形で表に現れることがあった。フランス軍はベルクソンの思想を取り入れて、軍に命──レラン・ヴィタ l'elan vital──を吹き込もうとしたのだ。兵士の精神は武器より決定的に重要だと論じた。アンリ・マッシは知識人のリーダーとしてのキャリアを歩み始めた頃、ベルクソンは彼の世代の人々を「過去の体系的な否定と教条主義的懐疑論から」解放したと述べている[28]。一九一一年、マッシと友人たちは体制的アカデミズムに対し、「空虚な科学」を推進し衒学的な姿勢をとる一方で学生に精神論を教えることを無視していると糾弾し、運動を展開した[29]。

一九〇〇年の万国博覧会の「美術の宮殿」には、主に過去の芸術作品が展示されていた（フランスの現代芸術家には小さな一部屋があてがわれただけで、グスタフ・クリムトの絵画が一枚だけ、オーストリア＝ハンガリーの作品用の場所に展示されていた）が、パリやベルリン、モスクワ、ウィーンなど万博の外では、若い芸術家と知識人が伝統的な形態に、ルールに、価値観に、そしてリアリティーといわれるものがあるという考えそのものに挑戦していた。プルーストの偉大な未完作『失われたときを求めて *In Remembrance of Times Past*』では、記憶そのものが断片的で壊れやすく、語り手が自分自身や他者について確かだと感じたことがどんどん変化していく。

このようなモダニズムは反抗であるとともに、新しい思考と知覚の在り方を確立しようとする試みであり、古い世代に不安を与えた。一九一〇年、この波を押し戻そうとして教皇ピウス十世は司祭にモダニズムに反対する誓いを立てさせた。その一部には、「教会がかつて持っていた意味から離れ、次から次へと教義を変えていく虚偽の記述の連続を断固拒否する」とある。

いかに多くのヨーロッパ人が過剰ともいえる数多くの新しい思想に影響されていたか述べるのは難しい。確かなことは、若い世代の人々はますます大胆になり、年長者の価値観とルールを軽蔑し、うんざりするようになったことである。若い人々の中には自分自身の宗教より、自由で自然の流れに任せる異教の世界に魅了される者もいた。太陽のカルトであるヌーディズムは小農民のスモックを着て木靴を履き、自由恋愛をし、菜食主義を実践し、コミューンをつくり、郊外の庭まで近代の産業文明に対する反抗の場とした。ドイツでは何千という若い男女が、短期間だったとしてもワンダーフォーゲルを行い、田園地帯にハイキングやサイクリングに出かけた。(30)古い世代、特に伝統的なエリートの間では、近代世界に対して多くの人々が疑念を抱きつつまた、若い人々に対して、労働者階級と同じ理由で不安を感じていた。応召されたら戦う気があるのか、いや、もっと悪いことだが、国の支配者に反乱を起こすのではないか、と。このような恐怖は戦争のプランを練っていた人々の頭を悩ませていたが、この点については根拠のないものであったことが明らかになった。大戦が始まると、労働者階級の若者たちは軍に押し寄せたのだ。

一九一四年以前のヨーロッパ社会で、これほど多くの不安が波立っていたことを考えると衝撃的である。私たちの時代に例を取ると、西洋社会に融け込まず敵対し、社会の中に匿名で潜伏しているテロリストに対してのかなり大きな不安と同じようなものだ。二〇〇一年九月十一日以降のアルカイダのように、どれだけ多くのテロリストがいて、どのくらい力があって、どれほどネットワークを広げているのかということを、誰も知らなかった。わかっていたのは、テロリストが意のままに攻撃しているように見えることと、警察が捕まえようとしても限定的にしか成功していない、ということだけだった。十九世紀の終わりから二十世紀初めにかけて、ヨーロッパ中でテロリズムが激増していた。特にフランス、ロシア、スペイン、アメリカ合衆国で顕著だった。多くの場合、社会的・政治的組織の形態はすべて抑圧の道具だと捉えるアナキズムに、あるいは単純にニヒリズムに触発されて、テロリストが爆発物を仕掛け、爆弾を投げつけ、刀で斬りつけ、銃で撃ち、目覚しい成功を収めることもたびたびあった。一八九〇年から一九一四年にかけてテロリストは、〔一八九四年〕フランス大統領サディ・カルノー、一八九七年にスペイン首相アントニオ・カノバス、一九一二年に同ホセ・カナレハス、イタリア国王ウンベルト〔一九〇〇年〕、アメリカ合衆国大統領マッキンリー〔一九〇一年〕（暗殺者はウンベルトの暗殺に触発された）、オーストリア后妃エリザベート〔一九〇〇年〕、ロシアの首相ストルイピン〔一九一一年〕とロシア皇帝の叔父にあたるセルゲイ大公〔一九〇五年〕らが暗殺されたのだ。犠牲になったのは、権力を持っている、あるいは著名な人々に限らなかった。バルセロナで上演されていた『ウィリアム・テル』の聴衆の中に爆弾が投げ込まれ、二十九人が殺された。スペイン国王アルフォンソの結婚式のとき、国王の命を狙った爆弾は外れたが、見物に来ていた三十六人を殺害した。テロリストの行動のあと当局による厳しい抑圧が行われたが、しばらくの間さらなる暴力を引き起こしただけだった。

一八九〇年代初め、パリは二年間にわたってテロリストの攻撃を受けた。アナキストが暴動につながるデモについて有罪判決を受けると、裁判を行っている判事と検察官の家に爆弾が投げ込まれた。容疑者扱いされたウェイターは実行者を密告した。別の爆弾が、密告者であるウェイターの働いているカフェに投げ込まれた。また別のときには、激しいストライキに巻き込まれた鉱山会社の事務所に仕掛けられた爆弾を処理しようとした警察官六人が死亡した。あるアナキストは、カフェ・テルミニュに爆弾を投げ込んだ――その理由は、彼が言うには、自分のありように満足している「良き小ブルジョアジー」に怒りをぶつけるためだった。別のアナキストは自分の家族を飢餓状態に置く不正な世界に抗議して、フランス議会のフロアに爆弾を投げ込んだ。テロリストが再び攻撃するかもしれないと恐れて、しばらくの間、議員たちは公の場に出るのを控えるようになった。(31)

恐怖をさらに大きくしたのは、テロリストが彼らを非難する社会そのものを一掃しようとする以上、テロからは逃れようがないと思われたことだった。捕まったときに黙秘する場合も多かった。マッキンリーの暗殺者は「自分は務めを果たした」と言っただけだった。(32) 暗殺のターゲットも驚くほどランダムに選択された。オーストリアのエリザベートを殺害した無職のイタリア労働者ルイジ・ルケーニは、次のように述べている。「自分は断固としたアナキストだ。誰か君主を殺そうと思ってジュネーブに来た。苦しんでいる人々に、自分の社会的地位を改善することができない人々に、例を示してやろうと思ったのだ。殺す君主が誰かということは自分にはどうでもいいことだ」(33)と。あるパリのカフェで食事を終えたアナキストは一緒に食事していた人物をあっさり殺し、「自分が会った最初のブルジョアを襲うことはあっても、罪のない人を襲うつもりはない」と言っただけだった。[34]テロリズムは、これもアルカイダと同じように、ますますその方法がおぞましいものになっていったことから、当初は共感を持っていた左翼や革命グループからも、戦前には支持の多くを失った。だが、ヨーロッパ社会がテロの攻撃にさらされているという恐怖は簡単に消えなかった。

また、テロリストは実は正しいのかもしれない、西洋社会は完全に腐敗して退廃的になっていて歴史のゴミ箱に放り込まれるべきだという、人々の深いところに潜む恐怖もあった。これが軍を、また戦争そのものを美化することにつながり、さらにそれは民族を新たに活気づけ、存在のために戦う気持ちを起こさせることになった。熱狂的なフランスのナショナリストで、地味な詩人としても知られているフランソワ・コペーは、パリにいたあるイギリス人のフランス批判に不満を述べている。そのイギリス人は「フランス人は堕落している。あまりにも物質主義に傾き、享楽と贅沢の競い合いに夢中になっていて、フランスの特徴である歴史的栄光だった大義のため身を捧げることができなくなっている」[35]と言うのだ。イギリスでは、古典教育に重点が置かれていたが、ローマの没落――古代世界が「男らしくない悪徳」を偏愛したことを含めて――がアナロジーとしてよく使われた。一九〇五年、ある若い保守党の人物が『イギリス帝国衰亡史 *The Decline and fall of the British Empire*』というパンフレットを出して評判になった。そのトピックスの中には、「田園生活より都市を偏愛すること、イギリス人の振興と健康に対する破壊的な影響」「過剰な課税と都市部の浪費」「イギリス人は自分の国と帝国を守れない」といった内容が書かれていた。[36]ボーイスカウトの創設者ロバート・ベーデン＝パウエルはマニュアルとして書いた『スカウティング・フォー・ボーイ』のなかで、イギリス人は以前の帝国が歩んだ運命を回避しなければならないと繰り返し言及していた。そして若い読者に向けて、「ローマの没落に寄与した原因の一つに、兵士が身体的な力という点で先祖の水準以下になったという事実がある」[37]と述べている。世紀の変わり目から大きくなり始めたスポーツへの情熱は、労働時間の減少に反比例してレジャーのための時間が増えたことを反映しているが、スポーツを提唱していた人々は国民意識の衰退を食い止め、若い人々に戦うことを準備させる方法と考えていた。フランスの『スポーツ年鑑』はサッカー――フットボール――

を推奨していた。この新しいスポーツは一九〇〇年頃イギリスからフランスに伝わったが、「本物のミニ戦争のようで、必要な訓練ができるし、参加者は危険やぶつかり合いに慣れることができる」と書かれていた。[38]

豊かさと進歩によって人類は逆に損害を被り、若い人々が戦争に不向きになるのではないかという懸念があった。変化のスピード――自動車、自転車、汽車、新しい航空機によって文字通り早くなっていたのだが――は人の神経系の構造と機能を不安定にすると考えた医療の専門家もいた。一九一〇年にあるフランスの医師が次のように書いている。「怪物がこれほど多くの犠牲者を出したことはなかった。先祖から受け継いだ欠陥が蓄積したからか、われわれの文明の刺激が大多数の者に打撃となって、われわれが怠惰な状態に陥り、驚くほど衰弱しているからである」。[39] 一八九二年、ブダペストの正統ユダヤ教のラビの息子である医師マックス・ノルダウは、堕落した近代芸術と一般の近代世界について同じ言葉で批判し、大成功を収めた。数カ国語に翻訳されヨーロッパ中で広く売れた『堕落 *Degeneration*』は、物質主義や貪欲、尽きることのない喜びの追求など「拘束から解放された淫らさ」につながる伝統的な道徳の縛りの喪失によって文明が破壊されていると批判した。ノルダウは次のように述べる。ヨーロッパ社会は「確実に破滅に向かっている。くたびれてしまって大任を果たせないくらいふにゃふにゃになっているからだ」[40]と。セックスになぞらえた描写は面白いが、コメンテーターが自分の民族の精力のなさを嘆くことが常であった時代だけに、これは陳腐な表現というべきである。

近代世界では男性はますます弱くなり女性化していて、男らしさを強調する価値観や強さはもはや評価されないのではないかという不安があった。一八九五年から一九〇〇年までイギリスの参謀総長を務めた陸軍元帥サー・ガーネット・ウーズリーによると、イギリス社会ではバレエのダンサーとオペラ歌手の評価が非常に高いということだった。[41] 戦術に関する代表的な手引書の一つを書いたドイツ軍の権威ヴィルヘルム・バルクは、近代人は身体的な力をなくしつつあるだけでなく「過ぎ去った時代の熱狂や宗教や国民的熱狂」を失いつつあると信じ、「生活水準が着実に改善されたことで、自己保存の本能が高まり、自己犠牲の精神が小さくなっている」[42]と警告している。ドイツとイギリスでは、入隊する新兵の身体的状態が貧弱であることについて、軍部で不安を感じていた。

ボーア戦争のあと行われた調査では、志願した人々のうち六〇パーセントが不適格で受け入れられなかったことが明らかになり、イギリス人はショックを受けた。[43]

ホモセクシャルは増加しており、特に上流階級の間での広がりが疑われていた。そうだとすれば、強力な国家の礎石の一つである家族制度が損なわれるにちがいなかった。ホモセクシャルは国に忠誠心を持てるのか。ドイツ皇帝の親しい友人フィリップ・オイレンブルクに一撃を与えたマクシミリアン・ハルデンは、ホモセクシャルには求め合い、徒党を組む傾向があると語っていた。アナキストやフリーメイソンのようにその結びつきは国境を越えているように思われた。このような不安が理由となって、オスカー・ワイルドのようなホモセクシャルを含むスキャンダルが、広範な憤りと不安を引き起こしていた。ハルデンは新聞で「男らしくない」「弱い」「病んだ」といった言葉を使ってオイレンブルクとその周辺を表現した。ハルデンがその道の権威として引用したドイツの代表的な精神医学者エミール・クレペリン博士は、ホモセクシャルの特徴として「暗示にかかりやすい」「信頼できない」「嘘をつく」「自慢する」「嫉妬深い」をリストにつけ加えている。クレペリンは言う。「捻じ曲がった性的志向が病んだ堕落したパーソナリティーの土台からきていることに微塵の疑いもない」。[44]

逆に女性は、ますます強く自己主張するようになり、妻や母親という伝統的な役割を放棄しつつあった。一八九四年のエドヴァルド・ムンクの絵画に通常「バンパイア」として知られているが、もともとの題は「愛と苦痛」という題――男性から人生を取り戻せないでいる女性の一般的な恐怖を表したものとして考えてよいものなのか。一九〇六年に、ある女性のリーダーが述べている。「われわれが成そうとしているのは、身も心も男性に従属していたことに対して女性が反旗を翻すことである」[45]と。まさにその理由のため、保守的な人々はリベラルな離婚のための法律と、自由に利用できる避妊法に反対したのである。バースコントロール〔産児制限〕についての助言を含む本を母親向けに書いて圧倒的な支持を得たある医師は、同僚の協議会から「職業上の尊敬を傷つける恥ずべき行為」を行った責任があるとされた。[46]

精力が衰えていることを示すもう一つの悩ましい指標は、少なくともいくつかの国で出生率が落ちていることだった。フランスでは、年間出生率が一八七〇年代の人口千人あたり二十五・三人から一九一〇年には十九・九人と急激に落ちていた。[47]隣国ドイツの出生率は同じ時期にわずかに落ちただけで依然高くとどまり、そのことは実際的な意味で言うと、毎年軍務に就くことのできるドイツ人の数が多いということだった。この差は一九一四年以前のフランスで、一般の議論に上る問題であるとともに心配の種だった。[48]フランスの民間人にとっても好ましくないことで、代表的ドイツの知識人アルフレッド・ケルは戦争直前、「フィガロ」から来たジャーナリストにこう述べている。盛りを過ぎているから「男は兵士になりたがらないし女は子どもを産みたがらない。バイタリティーがない。若くフレッシュな民族に支配される運命にある。ギリシャとローマ帝国を考えてみるがよい！年長の兵士が若い人に地位を譲るのは歴史の法則であり、これがいつの時代においても人類が続いていく条件である。われわれの順番が来たとき、残忍なルールがわれわれに適用されるだろう。アジア人の統治が始まり、おそらく黒人の時代が来るのではないだろうか」。[49]

出生率の低迷は、未来のヨーロッパ社会について別の不安も引き起こした。間違った種類の人々が再生産されている、ということである。上流階級と中産階級は労働者階級を政治力として恐れていた。貧しい人々が、たとえば酔っ払うとか乱交といった悪徳の拠りどころとなる可能性がある、あるいは身体的・精神的欠陥を抱え、それを子どもに引き継がせ、民族を弱体化させる可能性があると考えていた。人種主義者にとってはさらに別の不安もあった。たとえばユダヤ人とかアイルランド人といった、劣等と思われる人種には人口が増えているのに、正しい階級あるいはエスニックグループは減っていたのだ。イギリスでは家族を大切にして、イギリス本来の価値観を強化しようという「道徳の十字軍」に（お馴染みのこと？）弾みがついたが、ドイツとの海軍競争が激しさを増したことと時期が一致したのはたぶん偶然ではないだろう。一九一一年、公衆道徳に関する国民会議は、イギリスの一般の人々に、若い人々には結婚を信じ健康な子どもを産み教育する責任があることを真剣に考えよと訴えた。署名者の中には、八人の貴族院議員、枢機卿数名、代表的な神学者、知識人、加えてケンブリッジ大学の二つのカレッジの学長がいて、これが「われわれの国民の幸福の基礎を傷つけている風俗壊乱に対応する」方法だと主張した。[50]一九一四年以前、人間を家畜や野菜のように産んで育てることを優生学は主張し、政界や知識人のエリート層の間で相当な支持を得ていた。一九一二年には、名誉後援者として、当時第一海軍卿のウィンストン・チャーチル、アレクサンダー・グレアム・ベル、ハーバード大学の名誉教授チャールズ・W・エリオットの名が連なっていた。[51] こうした姿勢から、戦争は運命に抗う名誉ある手段として、また社会に再び活力を与える、望ましいものと思われることが多かった。このように多くの人々にとって戦争は避けられないものとして受け入れられるようになっていたことは、ヨーロッパにとって危険な状態だった。

一九一四年、戦争の前夜に、オズワルド・シュペングラーは大作『西洋の没落 *The Decline of the West*』を完成し、さまざまな文明には自然のライフサイクルがあり、西洋世界は冬の時期に到達したと論じた。堕落と衰退に関するこのような不安の根底には、ダーウィンの進化論に由来する仮定が広く共有されていた。ダーウィンは何万年もかけて起こる種の変化について述べているが、十九世紀の多くの知識人の心を打ったのは、ダーウィンの思想が人間社会にも適用できるということだった。この方法でダーウィンの理論を用いることは、十九世紀の進歩と科学の見方に都合よく当てはまるように思われた。やがて「社会進化論者」と呼ばれるようになった人々は、自然淘汰の概念を使って異なる社会の上昇と消滅の両方を説明できると信じていた（社会進化論の重要人物の一人ハーバート・スペンサーは「適者生存」と呼ぶことを好んだ）。科学的な根拠のない人種主義理論を押し出し、人類が単一の種ではなく、人種や民族というさまざまな種類からなるものだと社会進化論者は想定した。国家として表現するものが人々のタイプなのか政治ユニットなのか必ずしもはっきりしていなかったことから、さらに混乱が増すことになった。もう一つの混乱は、進化していく民族と消滅していく民族を決めるのが難しいところにあった。進む方向を変える方法はあるのか。社会進化論者は、方法はある、民族はまとまって自分を引っ張っていくことができるし、そうすべきだと提示した。この試みに失敗すると、おそらく自分の運命に甘んじなければならないのだ。ダーウィン自身も『種の起源』のサブタイトルに、「生存競争において有利な種族を保つこと」という言葉をつけ加えているのである。

このような思想は一九一四年以前に大流行し、ダーウィンやスペンサーを読んだことのない人々でも、闘争が人間社会の進化の土台になるという考え方を疑問を持たずに受け入れていた。社会進化論が軍人の心に響いたのは当然のことだった。自分たちの使命の重要性を正当化し、高めていくように思われたからだ。そしてそれは、ゾラのような作家やソールズベリのような政治指導者、ラーテナウのような実業家など、民間人の思考にも浸透したのである。社会進化論は、弱い社会は滅亡を避ける方法がないと考える悲観論と、闘争の可能性がある限り望みがあるとする不気味な類の楽観論をつくることになった。予想されるように、戦前に危機が起こっていたとき、また一九一四年、意思決定を行った人々は一般に、後者の見方を好んだ。オーストリアの将軍コンラートには、社会進化論の影響を強く受けた著作があるが、そのなかでこう書いている。「武器を捨てる人々は自分の運命に甘んじるということだ」[52]。ある若いイギリスの大尉が大戦のときに塹壕から書いた次の手紙は、このような態度がいかに浸透していたかを示すものである。「生存のための戦いをやめた組織は破壊される運命にあると言われているのは正しいと思う」[53]。

社会進化論は、〝国際関係とはそれぞれの国民が自分が有利であるよう求めて行動することに他ならない〟とするホッブスの古い思想を強調することにつながった。この闘争においては戦争が求められ、歓迎されることさえある。一八九八年、「王立防衛安全保障研究所ジャーナル」に掲載された記事はこう問いかける。「文明国が一致して行動し、堕落した弱い、あるいはそうでなくとも有害な国家を抹殺する、あるいは強力で活力があってよい影響を与える国に同化させるといった自然の大計画は、戦争とは言わないのではないか。間違いない……」[54]。戦争から恩恵を得るのは自然だけではない、個々の国が得ている、というのだ。大戦直前に発表した論争的で影響力のあった『ドイツと次の戦争 *Germany and the Next War*』のなかで、ベルンハルディは次のように述べている。「長い平和の間小さな個人的な利益が前面に出てきていた。利己主義と陰謀が暴れ、贅沢が理想主義を廃れさせた」[55]。戦争は具合の悪い患者に与える強壮剤、病んだ部分を取り除く救命手術という比喩がよく使われた。イタリアの未来主義者で後にファシストとなるフィリッポ・トマーソ・マリネッチは、こう述べている。「戦争は世界でただ一つの衛生学だ」[56]と。ケスラーの日記には、戦争を受け入れることが一つの可能性だとあった。危機の度にケスラーの友人や知人たちは、よく現実の問題として、戦争が勃発する見通しについて話をしていた。

ヨーロッパ諸国で権力の座にあった人々が、当時の知的な流れから影響を受けないはずはなかった。たとえばメッテルニヒのようなかつての政治家が知らなかったもの、すなわち世論を無視できないということに気づいていた。社会の変化に伴い、ヨーロッパ中で政治の性質が変化しつつあった。選挙権の拡大によって新たな階級が政治に参加し、新しい政治運動に火をつけた。自由な市場、法の支配、すべての人に人権を主張した古い自由主義政党は、左にいる社会主義政党と右にいる狂信的なナショナリスト政党に敗北した。新しく出てきた政治家のタイプは、既成の議会制度から飛び出し、人々の間に広まっている恐怖や偏見に訴えるものだった。このポピュリズムは、特にナショナリスト政党の間では、反ユダヤ主義に傾くことが多かった。ユダヤ人を、キリストを殺した人々として見る古い憎悪が更新され、ユダヤ人を宗教か血統によるエイリアンとして描き、フランス人でもアメリカ人でもロシア人でもないとした。[57] ウィーンで上り坂の政治家カール・ルエーガーは、下層階級の変化と資本主義に対する恐怖、そして、豊かな中産階級への憤りというこの二つに関わるユダヤ人への憎悪に訴えることで、下層階級を動かせることを発見した。実際にそうすることで成功し、一八九七年にフランツ・ヨーゼフの反対を乗り越えて市長となり、一九一〇年に亡くなるまで高い人気とともにその職にとどまった。ルエーガーの政治のオルガナイザーとしての能力は、一九〇七年にウィーンに移って来た若き日のアドルフ・ヒトラーに影響を与えた。[58] 他者に対する憎悪と恐怖は他の社会だけでなく、自らの内部社会に映し出され、戦争がさらに心に訴えるような雰囲気をつくる力となった。

新しいメディアのおかげで、それぞれの国は自分の国の生きたイメージを獲得するようになった――ジョン・ブル、マリアンヌ、アンクル・サムを考えてみるとよい。多くのヨーロッパ人にとって、自分たちが宗教や村落ではなく民族で一つにまとまっていると認識するのは比較的新らしいことだったが、彼らの多くは自分たちの過去をつくったのだ。ナショナリストにとって民族は、構成員である個人個人よりはるかに大きく、重要なものだった。個々の構成員と違い民族は永遠であるか、それに近いものだった。十九世紀後半のナショナリズムが重要な根拠としたのは、何世紀にもわたってドイツ人、フランス人、イタリア人という別々のものがあって、それぞれが独自の価値観と習慣を共有することで、隣国の人々とは違った特徴を示している、ということだった。しかも、たいてい自分たちの価値観や習慣の方が隣国より良いと想定していたのだ。ベルハルディは次のように述べている。「最初に歴史に現れたときからドイツ人は第一級の文明人であることを示していた」[59]（なおヨーロッパでは、オーストリア＝ハンガリーとオスマン帝国については、明白な理由から強い国民感情が発展しなかった。あまりにも多くの民族を抱えていて、すでに分裂し争っていたからだ）。一般的なパターンは同じだった――言語や宗教について態度を共有していることで一つにまとまっていると意識し、歴史で結束を固める――が、ナショナリズムの中身は当然さまざまだった。イギリスにはワーテルローがあり、フランス人にはアウステルリッツがあった。ロシアでは、十九世紀末の政府は多くの少数民族をロシア化する政策を採り、たとえばポーランド人やフィンランド人の学生にロシア語で教え、正教の教会に行くように強制した。ロシアのナショナリズムはロシアそのものの過去だけでなく、全スラヴ人の自然のリーダーとしてロシアが掲げる汎スラヴ主義を含むようになった。新しいナショナリズムは、言語においても宗教においても少数者には不吉な予兆だった。ポーランド語を話す人々が本物のドイツ人であり得るのか。ユダヤ人であり得るのか。[60]

ナショナリストすべてが人種差別主義者というわけではないものの、犬と猫が違うように、民族を別々の種であると考える人々がいた。専門家と熱心な素人によって多くの研究が行われ、頭蓋骨やペニスの大きさを測って人種の特徴をリスト化したり、人種を科学的に分類し、ランク付けを行おうと骸骨を調査したりした。どのようにランク付けされるかは、それを行う民族に左右された。[61]ドイツでは医師であり人類学者であるルートヴィヒ・ヴォルトマンが、ドイツ人が本質的にチュートン族で、フランス人は劣った人種であるケルト人だと証明する丁寧な理論を発展させた。フランス人には過去に大きな業績があったが、それはフランス民族でもチュートン族にルーツを持っている部分であって、ケルトの血が入って薄められたとヴォルトマンは確信していた。ヴォルトマンはフランスで多くの時間を過ごし、過去の著名なフランス人の像を見て、チュートン族の特徴を探そうとしたのである。

ヨーロッパ中のナショナリズムの発展を後押しする役割を果たしたのは、この分野で支配的になる国民史を創造した、たとえばトライチュケのような歴史家の作品だった。ドイツの退役軍人協会、フランスの愛国者連盟、イギリスの国民軍人同盟といった愛国者のグループもそれを後押しした。過去の国民の栄光と現在の勝利を祝うお祭りや記念式典がヨーロッパ中で行われた。ある著名なイギリス人兵士が、「われわれはイギリス人が地の塩であり、イギリスが世界で最も偉大な国だと教わった。われわれはイギリスの力を信じ、地上にあるいかなる国もイギリスを滅ぼすことはあり得ないと思い込んでおり、確信は絶対に消えることはなかったし、暗い展望など入り込む隙間はなかった」[62]と述べている。一九〇五年、イギリスはトラファルガーの勝利百年を祝ったが、ロシアは一九一二年に、百年前の一八一二年にボロディーノでナポレオンに大勝利を収めたことを祝福した。翌、一九一三年、ドイツはイギリスとロシアを凌駕する規模で一八一三年のライプツィヒの戦いを祝い、二十七万五千人あまりの運動選手が演舞を行った。またナショナリズムは、政界のリーダーや教師、官僚、作家といった熱心なボランティアによってその規模を増やした。ドイツでは大戦前、若者向けに書かれた小説の多くが、ゲルマン民族にローマ軍が敗れたことからドイツ統一戦争に至るまでのこの国の偉大な軍の歴史を扱っていた[63]。わくわくするような冒険の本を八十冊以上書いた（主人公がインドでクライブと一緒だったり、ケベックでウルフと一緒だったりさまざまだったが、勇気あるイギリスの少年が勝利を得るというどれも同じ内容だった）イギリスの人気小説家G・A・ヘンティーの目的は明確だった。「私が主な目的としたのは、本のなかで愛国心を説くことだった。この点で言うと、知りうる限りで失敗はなかったと思う」[64]。

教育は若い人々に正しい考え方を教える上で、特に重要だと考えられた。おそらく、若い人々は簡単に間違った考え方をするようになると思われたからである。大戦直前に改訂されたフランスの学校のマニュアルは、愛国心を説く理由として、フランスの美しさ、フランス文明の栄光、フランス革命が世界に降り注いだ正義と人間性の思想を提示した。フランスの子どもたちは「戦争が起こる可能性はないが、あっても不思議はない。だからこそフランスには軍があり、防衛する用意がある」と教えられていた[65]。一八九七年、フランスの上級中等教育資格であるバカロレアを取得しようとしていた学生のうちの八〇パーセントは、歴史教育の目的の第一は愛国心の育成であると述べていた。しかしこれはフランスに限ったことではなかった。ヨーロッパ中の国々で教えられている歴史は民族に焦点を当て、深く根を下ろしていること、長く続いていること、過去に偉大な業績を残したことが示されていた。一九〇五年、イギリスでは新設の教育省が教員向けに「指導要領」を発表し、正しいイギリス史を教えるよう愛国的な詩を使うことを薦めていた（公平を保つため、歴史には平和の業績だけでなく戦争の業績を含めるよう示唆していた）[66]。ドイツでは歴史教育はプロイセン史を指す傾向があり、指導的な教育者は教員に「愛国心と王国精神」を伸ばすことを目指すべきであるとし、若い人々に多くの敵国からドイツを守る準備をするように自覚させるべきだと述べていた。「名誉と自由と権利を擁護すること。祖国のために命と健康と財産を捧げること。こうしたことはドイツの若者にとって常に喜びであった」[67]。

このような見方をすると、民族が存続するためには内側からの熱狂的な支持が必要だということになった。民族は自然界の有機体のようなものだと多くのナショナリストは考えていた。民族は生存競争を行い、進化するのだ。民族には他の有機体と同じように、栄養と安全で広い生息地が必要だった[68]。ベルンハルディはこう論じる。民族と国家の興亡を支配する普遍的な法が存在する「国家にはそれぞれパーソナリティーがあり、異なる人間性があり、固有の性格がある場合が多く、こうした本質的な資質が全体としての国家の発展過程で重要な要素となる」[69]。だから、不変の法則であっても正しい人々はそれを変えることができる。ドイツのように「最も大きな身体的、精神的、道徳的、物質的、政治的な力を持つ」民族は世界に拡がっていかなければならない。そうした民族は人類全体に恩恵を施すことができる、と。ベルンハルディの見方によると、ドイツが必要としているものはより大きな領域であり、それを、獲得するために必要なら武力を用いなければならないということになる（ナチスは後にこの「レーベンスラウム」の発想を目的の一つとした）。ベルンハルディは続ける。「戦争がなければ、劣っているあるいは衰退しつつある民族は簡単に、健康的に育っている部分の成長を妨げ、デカダンスが拡がっていくことになる」[70]と。ベルンハルディのようなナショナリストの見方によれば、イギリスやフランスの作家から同様の言葉を引き出すことも簡単にできるのだが――その民族の存在自体が攻撃を正当化するのである。

帝国主義はある民族の力と活力を示す尺度として、また、未来への投資として捉えられるようになった。領土拡大をするための方法ではなくなったのだ。一八九五年、大ドイツ海軍帝国を夢想していたティルピッツは次のように述べている。「全体として海上の利益をエネルギッシュにシステマチックに遅滞なく――小規模というのではなく――推進しなければ、来たる世紀にドイツは大国としての地位をすぐに滑り落ちてしまうと私は思う。この大きく新たな国の任務と、やがて得る経済的利益は、教育のある者もない者も併せて社会民主党員を抑え込むうえで大きな力になるからである」[71]（新しい植民地の多くが利益につながろうとそうでなかろうと、ヨーロッパ人が南北アメリカあるいはオーストラリアに行ける時代になってアフリカやアジアに進出する気持ちを持たなくなっていようといまいと、おかまいなしだった）。イギリスの学校は「帝国の日」を祝った。ある労働者階級のイギリス人が記憶している。「私たちは自治領の旗と一緒に国旗を掲げ、教室に掲げて誇らしい気持ちで眺め、世界地図の上に赤で塗ってある地域がたくさんあることを指摘した。『ここ、ここ、ここ。みんな自分たちのもの』と言っていた」[72]と。

一九〇一年、ソールズベリは「帝国主義に感じている今の情熱は、かなり良くない雰囲気にまで達している」[73]と不満を述べたが、他の政治家も気づいていたように、植民地の話となると、世論は移り気なうえに要求が強いと思われていた。たとえばビューローは、世紀の変わり目のときのサモアをめぐるイギリスとの諍いの間、自分にはいろいろな縛りがあると感じていた。チェンバレンから代償物を寛大に提供されたとき、ドイツの一般の人々が考えていることと、これは特に重要だが、皇帝が口を挟む可能性があることを恐れて提案を却下しなければならなかったのである。[74]アフリカと極東に関する植民地論争の多くは大戦前に解決していたが、一九一一年に不安定な共和国政府をつくる革命〔辛亥革命〕が起こった中国〔中華民国〕をめぐって、また距離的にさらにヨーロッパに近いオスマン帝国をめぐって争う可能性が、今なお残されていた。アフリカと南太平洋をめぐってイギリスとドイツが、モロッコをめぐってフランスとドイツが対立していて、ヨーロッパ人の間の反感は増していた。一九一四年一月のドイツ皇帝の子どもの十五歳の誕生日を祝う祝典で、ドイツ首相ベートマン・ホルヴェークはベルリン駐在フランス大使ジュール・カンボンに次のように述べている。

四十年間、フランスは堂々たる政策を進めてきた。それによって世界のなかで大きな帝国を確保することができた。全世界で展開したのだ。この間、不活発なドイツはこの先例に倣うことなく、今になって陽の当たる場所を求めている……ドイツは急激に増えつつある人口のことを考えている。海軍、貿易、産業は比類のない発展をしている……どこかに拡張せざるを得ないのだ。未だどこかにあるはずの「陽の当たる場所」は見つかっていない。[75]

社会進化論者にとって、民族のこのようなライバル関係はごく自然なことだった。ベートマン・ホルヴェークの助言者となった思慮深いドイツのジャーナリスト、クルト・リーツラーは、次のように述べている。「永遠の絶対的な敵というものは、民族同士の関係のなかで初めから決まっている」[76]。海軍競争に着手したときティルピッツは、力が衰退しつつあるイギリスと上昇しつつあるドイツが戦いになるのは必然だと確信していた。一九〇四年八月、著名なドイツの戦争の権威ニーマンは書いている。「何世紀も前から、戦争はどれもイギリスの利益のために行われており、まずイギリスが扇動したものといってよい」[77]。ナショナリズムは自分のプライドの問題だけではなかった。民族を定義するためには対抗者となる相手がいるし、その相手に恐怖を感じさせることが必要だった。ヨーロッパにおいて、ドイツとロシア、ハンガリーとルーマニア、オーストリアとセルビア、イギリスとフランスの関係を見ると、相手に感じる国民的・民族的恐怖から色がつき、毒を含んだものになることも多いことがわかる。ツェッペリン伯爵の飛行船が一九〇八年の嵐で壊れると、ドイツで愛国心に火がつき、代わりの飛行船のための資金を用意しようと一般の人々が募金に殺到した。その矛先がイギリスに向けられる可能性がある、とイギリス人は考えた。[78] イギリスの側でも、ドイツに疑念を持ち不安を感じていたエアー・クローが中枢にいた外務省に敵愾心の例を探そうとすれば、いくらでも簡単に見つけることができる。一九〇四年、ローマ駐在イギリス大使のフランシス・バーティーは外務省の友人に、「二番目の手紙にはドイツへの不信感が書かれていますがそのとおりです。ドイツはわれわれから搾取しようとしています。ドイツは嘘つきで貪欲で商業上でも政治上でも真の敵です」[79]という手紙を書いている。一九一四年に戦争が勃発する直前まで、イギリスとドイツは価値観を共有して対話していたし、チュートン民族の遺産を共有していたが、社会のあらゆるレベルに敵愾心が浸透しており、そうした対話の声は押しのけられた。その結果、自分たちの考え方と一般の人々からの圧力で揺れていた両国の指導者の選択肢は限定されることになった。たとえば一九一二年には、海軍競争を抑えようとする真剣な動きがあったが、両国に蓄積した疑念と世論の状況から、それは摘み取られる結果となった。

ドイツとフランスの間にある相互の反感は、英独間よりはるかに大きく複雑だった。両国とも、相手に賞賛すべきものがあるとは考えていた。ドイツ人はフランス文明を、フランス人はドイツの効率性と近代性を賞賛していた。[80]だが、ドイツは、一八七〇年から一八七一年にかけての敗北をフランスが忘れていないはずで、また、それほど大きくはないが、フランスがアルザスとロレーヌを取り戻すため戦争に打って出る可能性があると心配していた。ドイツで戦争計画を検討した人々はドイツの最大の敵がフランスだと考えており、ドイツの新聞は大戦前、ヨーロッパのなかではフランスに一番注目していた。一方でドイツは、第三共和政は腐敗して無能で、フランス内部が分裂していると考えて納得している部分もあった。[81]フランスについてコメントするドイツ人は、フランス人が軽薄で不道徳だと強調することがよくあった（パリを訪問したときには、どこに行けばその両方が見つけられるかを義務であるかのように教えていた）。[82]他方、ドイツ人は経済と人口ではフランスを追い抜いているものの想像力が欠如していて堅苦しい考えをするとフランス人は見ていた。人気作家ジュール・ベルヌは、一八七七年に小説『インド王妃の遺産 *Les Cinq cent millions de la Begum*』を出版した。フランス人の医師（善行に献身しようとした）とドイツ人の科学者が共通の祖先であるインド人女性から得た巨額の遺産を分けることになるというストーリーである（ドイツ人はその話を聞くと、「なぜフランス人はみな次から次へと退化していくことになるのか」というタイトルの反論を書いた）。それぞれがアメリカ合衆国に新しい町をつくることを決意し、フランス人はオレゴンの海沿いの地域を選び、チャールズ皇太子だったら賛同するような町をつくる。「不平等からの解放、隣人との平和、善き行政、住民の間の叡智、気前の良い豊かさ」を基礎とする町である。一方のドイツ人は、鉱山近くのワイオミングに鉄鋼の町をつくる。巨大な塔から指令を出し、労働者を悪臭のする炭鉱で容赦なくこ

き使い武器をつくる。食べ物といえば「萎びた野菜、ただのチーズの塊、スモークソーセージ、缶詰」だけである。(83)

フランスの知識人は特に、プロイセンとプロイセン主義に惹かれた。おそらく荒涼とした平坦なプロイセンの景色と曇り空のせいで、プロイセンの人々は陰気で貪欲な人々というイメージになったのだろう。あるフランスの社会学者は、何世紀もかけて北ヨーロッパを移動したという事実からドイツ人が根無し草のようになり、支配者に簡単に操られるようになったと論じた。(84)「フィガロ」誌のジャーナリストであるジョルジュ・ブルドンは一九一三年にドイツでシリーズもののインタビューをし、そこで「意味のない兵器の競争が終わり、国際的な相互不信と神経戦がなくなる」としても、「無駄に横柄で傲慢なプロイセン人を好きになったり信頼したりすることなどできそうにないと述べた。「哀れで運のない人々だ。必要に駆られ、苦労の多い生活をしてきたのだ。比較的最近になって何とか豊かさを手にしたのだ。それも力によって獲得したものである。だから力を信じているし、挑戦的な態度を緩めることができないのだ」(85)と。

両国とも、学校の教科書から大衆小説に至るさまざまな出版物などのおかげで、相手の国について露骨で不安な気持ちを感じさせるようなステレオタイプを描いてイメージを膨らませた。たいていドイツが制服を着た男性(フランス人にとってのイメージは特大の髭をたくわえた粗野な兵士で、少々コミカルで少々警戒心を起こさせるものだったが)で、フランスが女性(ドイツが描いたイメージは、頼りないか過度にセクシーな女性か、あるいはその両方だった)なのは興味深いところである。(86)フランスでは、おそらく英仏協商の見返りとして、かつてイギリスの悪と言われていたものが、ドイツの悪と言われるようになったのだろう。フランスの学術研究は、ドイツ人はフランス人よりホモセクシャルである確率が高いということを明らかにしようとした。こうした研究は、ホモセクシャルはほぼ全員、ワーグナーが好きだということを証拠の一つとして挙げていた。(87)

ヨーロッパの多くの人々は、新たなナショナリズムの熱狂を残念に思っていた。ソールズベリは「ジンゴイズム(好戦的愛国心)」と呼んで嫌い、自由主義を代表するジャーナリストで知識人のJ・A・ホブスンは「それが愛国心をひっくり返して、自分の国に対する愛情が他の国に対する憎悪に、また他の国の人々を破壊しようという激しい渇望に変容させている」[88]と批判した。ナショナリズムが戦争に及ぼす影響を心配する声が思わぬ方向から寄せられた。一八九〇年、かつてドイツ統一戦争でドイツが勝利するための計画を考えた伯父の方のヘルムート・フォン・モルトケは帝国議会で、限定した目的のために支配者が決定した昔の「内閣」の戦争の時代は終わったと述べた。「われわれが今行うことができる戦争は国民の戦争である。どんな用心深い政府でも結果を全く計算できない戦争をするのを躊躇《ためら》うだろう」。モルトケはさらに、大国はこのような戦争を終結させることが、あるいは敗北を認めることが困難だということがわかるはずだと続けた。「諸君。この戦争は七年あるいは三十年続く戦争となるのかもしれないのだ――ヨーロッパに火をつける者、火薬箱に最初に導火線をつなぐ者に災いあれ!」[89]。

モルトケは翌年亡くなり、高まるナショナリズム、増えていくヨーロッパ内の苛立ち、大げさになっていくレトリック、戦争勃発の危機が生じるたびに高まる期待、そして攻撃されるという恐怖、スパイの恐怖――後につくられた言葉だが、社会の背後に隠れて動きを待つ第五列の恐怖――を目にすることはできなかった。一般の人々が戦争の可能性をどうやって受け入れたのか、歓迎さえしたのか、モルトケが示した世界の価値観を一般市民がどのように受け止めたのかということも彼は見ることはなかったのである。

軍国主義には二つの顔がある。批判を押さえ込んで社会の一番上に軍隊を置くこと。もっと広義に捉えて、規律、秩序、自己犠牲、服従といった軍隊の価値観を最上位に置いて一般市民の社会に浸透させ、影響を及ぼすことである。大戦後、軍国主義はヨーロッパを戦争に向かわせるうえで重要な鍵を担うことになった。勝った側では、ドイツのあるいはプロイセンのといったほうがずっとなじんだ言い方になるが、軍国主義は特に侮蔑的な言葉としてそれなりの理由で使われた。ヴィルヘルム二世も、一八七一年以後ドイツ軍の核となったプロイセン軍も、軍隊は皇帝に対してのみ応じるもので一般市民の批判の届かないところにあると常に主張していた。さらに、彼らは確信していたし多くのドイツの一般市民も同意していたのだが、軍隊はドイツ民族にとって最も高貴なものを体現する存在だった。

だが、侮蔑的扱いであったにもかかわらず、軍国主義はヨーロッパのあらゆる社会で一般的な現象となっていた。イギリスでは小さな子どもがセーラー服を着ていたし、大陸では学校に通う子どもたちは小さな軍服を着ることがよくあった。中等学校や大学には初歩軍事訓練を受けるための一団が組まれていた。国の元首は共和国のフランスを除き、軍の制服を着るのが普通だった。フランツ・ヨーゼフ、ニコライ二世、ヴィルヘルム二世が軍服以外の服を着ている写真を見ることはほとんどない。官僚たちも、多くはエリート連隊で軍務に就いた経験があり、その例に倣うことが多かった。ベートマン・ホルヴェークが首相として初めて帝国議会に出席したときには、少佐の制服を着ていた。[90] 一世紀後になると、日常的に制服を着て登場する政治指導者はサダム・フセインやムアンマル・カダフィーのような軍事独裁者だけとなった。

当時、軍国主義は自由主義者や左派から資本主義と絡めて批判されることがよくあった。資本主義は世界を支配するため全力で競争をしていると論じられていた。一九〇七年、シュトゥットガルトで行われた会議で出された社会主義者の第二インターナショナルの決議文には「資本主義国家間の戦争は概して世界市場を求める競争の結果である。それぞれの国家は自国の市場を確立するだけでなく、新たな市場を征服することに関心を持ち、その過程で外国の土地と住民の征服が行われる」[91] と書かれている。支配階級はナショナリズムをかき立て、労働者の目をそらして、資本家たちの利益に注意を向けさせないようにしていた。資本家は軍事競争に油を注ぎ、そこから利益を得ていた。

ヨーロッパの緊張が経済的な競争関係の産物であるという考えは、大戦後ずっと定着していたが、それを支持するだけの証拠はなかった。戦争に関わった国々の間の貿易と投資は、一九一四年以前に増加していた。イギリスとドイツは互いに最大の貿易相手国だった。軍事競争で潤った製造業者もいた。緊張関係は直接の戦争と同じくらい効果があり、一度にいくつかの違う相手に対して商売することもでき、儲けのためにはかえって良いことさえあった。大戦前、ドイツのクルップ社はベルギーの要塞を改良する一方で、それを破壊するために使うドイツ軍の重砲を開発していた。ドイツのいくつかの会社にライセンスを与えていたイギリスの会社ヴィカーズはマキシム機関銃を製造し、ドイツのクルップ社からライセンスを得て爆弾の導火線をつくっていた。[92] 輸出入に関わった銀行家と実業家は一般的に、大きな戦争が起こる可能性について困惑していた。高い課税と貿易が破壊され、重大な損失あるいは倒産にさえつながる可能性があると考えたのだ。[93] ドイツの産業資本家ヒューゴー・シュティンネスは戦争に反対して自国の仲間に警告を発し、ドイツの真の力は軍事力ではなく経済力にあると述べた。「あと三～四年、穏やかな発展が続いたら、ドイツはヨーロッパでは誰からも挑戦を受けないくらい強力な経済力を持つ国になる」と。シュティンネス自身、フランスの鉄鋼分野の企業の株主となり、大戦直前にイギリス北部に新しい炭鉱会社を設立した。[94]

帝国主義や自由主義と同様、軍国主義に対してヨーロッパ人がどのように反応したのか、軍隊をどのように考えていたのかということは国によって異なるし、彼らが政治的にどんな位置にあったのかによって変わってくる。ざっと見て、オーストリア＝ハンガリーとロシアの二つの古い帝国は、おそらく戦前ヨーロッパの国のなかでは一番軍国主義的ではなかったと思われる。オーストリア＝ハンガリーでは、ドイツ語を話す将校が多い連隊は体制のシンボルであり、帝国内で戦闘的になっているナショナリストの運動にとっては疑念の対象だった。どのような一般市民の組織でも、軍事訓練と軍の価値観を推進している組織ではナショナリストとなる傾向があった。たとえば、オーストリア＝ハンガリーのソコル体育運動はメンバーをスラヴ人に限っていた。[95] ロシアでは、新たに出現した政治階級は軍を絶対主義体制を支えるものとして捉え、将校は狭い社会階層から選んでいた。ロシアの世論と知識人は、植民地の征服や過去の軍事的勝利に誇りを感じることもなかった。彼らにはこうしたことはほとんど無関係だと思われたからである。日露戦争がまだ続いていた一九〇五年、小説家アレクサンドル・クプリンは『決闘 *The Duel*』を書き人気を博したが、その小説の登場人物は酔っ払いで、自堕落で、打算的で、怠惰で、退屈している、粗野な軍の将校たちだった。クプリンの話が大げさだとは思えない。[96] 大戦前の数年間、ロシア皇帝と政府は学校で身体的訓練、すなわち軍事訓練を義務化することによって、また選ばれた若いグループを喚起することによって、他の若い一般市民の間の軍人精神を強化しようとした。一九一一年、ベーデン＝パウエルはロシアを訪問し視察した。一般の人々は政府の発案に疑念を感じる傾向があったが、それなりに人々の支持があっていくつもの組織がつくられた。だが、ロシアの若者はごくわずかだった。[97]

軍国主義と軍隊は、政治的にもヨーロッパ人を分割した。左派は両方に不賛成で、保守派は両方を賞賛する傾向があった。多くの国の上流階級は息子たちを将校にしたが、労働者階級は徴兵を重荷だと思っていた。だが、完全にはっきり分かれるわけではなかった。中産階級の多くは、たとえば実業家と商店主は無為に過ごしている軍隊と金のかかる装備を支えるために自分たちの税が使われることに腹を立てていたが、将校階級の価値観とスタイルに憧れる者も中にはいた。ドイツでは、予備役兵の将校になることは専門職にとっても社会的地位を表すものだった。しかしユダヤ人、左翼、下層階級の人々、あるいは妻を選ぶのを間違えた男性には選ばれるチャンスはなかった。選挙で間違った方向に投票した、あるいは急進的な立場にいると見られた予備役兵将校は即座に罷免された。[98]

ナショナリズムが高まったことにより、国民を守るものとして、ドイツの場合には国民を創造するものとして、軍隊の重要性は高まった。一九一三年、あるドイツの市長がフランス人ジャーナリストのブルドンに述べている。「どこそこの国が軍を持っているということがあるが、ドイツの場合は国を持っているのが軍なのだ。だから公的な場面で起こるあらゆる出来事が、すぐに軍に影響を及ぼす。幸福と不幸の間で感情が上下するたびに人々の気持ちは本能的に軍に向かう」[99]と。社会主義者が嘆いていることだが、ヨーロッパ中の労働者階級は軍隊に熱狂することが多く、彼らは軍隊のブラスバンドや行進や過去の勝利のお祝いに繰り出した。イギリスでは、タバコ製造業者がパッケージに有名な将軍や海軍提督を描いたカードを入れて人々の気持ちを焚きつけていた。ある有名な牛肉エキス（ボブリル）の製造業者はボーア戦争のとき、イギリスの最高司令官ロバーツ卿がオレンジ自由国を馬に乗って進む場を描き、そのなかにボブリルの文字を書き込んだ広告を出して大きな成功を収めた。[100]

教員や作家、将軍、政治家は、若者に過去の輝かしい軍事的勝利に誇りを持てと教え、講話や紙媒体で従順であれ、愛国心を持て、国のために自分を犠牲にする用意をいつもしておけと促した。男の子には国の兵士や水兵に倣え、女の子には兵隊の面倒を見る準備をせよと奨励していた。しかしそれが一つの世代に大戦に向けて心理的な準備をさせる役割を担っているとは、彼らは露ほども思っていなかった。彼らは軍の価値観を、近代世界の破壊的な影響に対抗する試みの一つとして浸透させようとした。日露戦争を観察したイギリス人サー・イアン・

ハミルトン将軍は、日本の勃興とその軍人精神に強い不安を持ってイギリスに帰国した。幸いに、日本はイギリスの同盟国だったので同様の精神を子どもたちに育成する時間があった。「子ども部屋、おもちゃ、日曜学校と士官候補生の仲間に至るまで、次世代のイギリスの少年・少女に効果が上がるように愛情と忠誠心と伝統と教育を注入しなければならない。若い心に先祖の愛国精神に敬意と賞賛の念を抱くよう強く印象づけるのだ[101]」と主張した。団体スポーツはヴィクトリア時代のイギリスの寄宿学校で好まれていたが、健康な習慣と、おそらくもっと重要なのだが、チームへの協力と忠誠心を育むから良いものだと一般的に思われていた。当時最も有名な詩の一つであるヘンリー・ニューボルトの「ヴィテー・ランパーダ」は、チームの期待が自分の肩にかかっていることをバットマンが自覚しているクリケットのゲームから始まる。「がんばれ！　がんばれ！　がんばるんだ！」とキャプテンが言う。次の節で読者はスーダンの砂漠に連れて行かれる。「血に染まった赤色」。イギリスの部隊が全滅の危機に瀕している。「だが、生徒の声が隊員を元気づける」「がんばれ！　がんばれ！　がんばるんだ！」……。

特にイギリスとドイツでは一九一四年以前、たとえば海軍連盟といった軍の性格を帯びた熱心なボランティア協会が数多く出現したが、それは軍国主義が上からだけでなく草の根からも起こっていたことを示している。徴兵制の結果ドイツでは、軍の経験がある男性の大きな集団があり、成人男子の約一五パーセントがさまざまな退役兵の協会に所属していた。それらは社交を主とするものだったが、軍の名前でメンバーの葬儀を行い、皇帝の誕生日や有名な戦いの記念日には祝典を行った[102]。イギリスで軍の増強を提唱していた人々は、ボランティアあるいは徴兵により新兵を集めて軍を拡大するように主張していた。ボーア戦争の英雄でイギリスの一般の人々から「ボブス」の愛称で知られているカンダハルのロバーツ卿は、海外軍務ではないにしても、少なくともイギリス諸島の防衛のため強壮な男性すべてに訓練を施すことを提唱する国民軍務連盟に献身するため、一九〇四年に総司令官を辞任した。一九〇六年、ロバーツ卿はル・クーズの人騒がせな小説『一九一〇年の侵入 *The Invasion of 1910*』を書くのに協力し、一九〇七年には自身で後にベストセラーになった『軍の国民 *A Nation in Arms*』を書き、国民の防衛と社会的な分裂の超克という二つの理由から、国民が軍務に就くことについて論じた。連盟は一九〇九年には三万五千人のメンバーが存在し、保守からの支持を引きつけつつあった。リベラルと左派は軍隊に不信感を抱き、義務的な軍務という考え方をひどく嫌っていた。

両国とも、若者と若者にありがちな退廃的傾向についての不安が軍国主義を太らせた。若者たちを正しい道の上に置く薬があるとすれば、それは間違いなく健康な生活と躾だった。イギリスではラッズ・ドリル・アソシエーションやボーイズ・アンド・チャーチ・ラッズ・ブリゲードといった組織が、都会の下層階級の若者に手を伸ばそうとしていた。最も有名なボーイスカウトは一九〇八年、もう一人のボーア戦争の英雄ベーデン＝パウエルが設立したものである。二年のうちに、ボーイスカウトのメンバーは十万人に達し、独自の週刊誌を発行した。パウエルは、イギリスの「顔色が悪く、胸が薄く、背中が曲がった、惨めな姿をして、ひっきりなしにタバコを吸う状態」の少年や若者たちを、健康でエネルギッシュな愛国主義者に変容させたかったのだと述べている。[103] パウエルは当初、女の子もスカウトに入ることを認めていたが、一般の人々から悲鳴が上がった。保守的な「スペクテーター」誌に寄せられた手紙には、若い男女が田園の遠足から「望ましくない興奮状態で」帰ってくると不満が述べられていた。パウエルと彼の妹は急いで動いてガールガイズ(Girl Guides)を立ち上げた。その目的として、若い女性が「侵入を受けた場合に自ら役に立てるようにすること」を掲げた。[104] ドイツ領南西アフリカではドイツがヘレロを残虐な形で制圧したが、そのアフリカで経験を積んだ二人のドイツ人将校は、ボーイスカウトをモデルにしながらも「ドイツ精神」を強調したファドフィンデルを立ち上げた。ファドフィンデルでは、ドイツ皇帝と常時武装し帝国を守る用意のある軍に忠誠を尽くすよう教えられた。軍人が執行委員会の席につき、地方支部を経営することもよくあった。[105]

ドイツでは、軍の上層部と保守派は社会に軍の訓練が拡がることに初めは抵抗していた。「軍は国民のもの」という危険な急進主義思想を人々に吹き込む可能性があったからだ。徴兵制が存在していたが、適格者すべてが応召されるわけではなく、社会主義者や自由主義者を外して信頼できる新兵だけを選択できるようにしていた。[106] 戦争直前に社会民主党が若者グループを組織することに成功したことによって、保守派は考えを改めた。一九一一年、ドイツ皇帝は「青年令」を出し、近代社会と言われるようなものから、国の若者を救出し愛国者となるべく教育するため協力するよう国民に求めた。ヴィルヘルムのお気に入りの将軍の一人、著名な思想家で軍事学者であるコルマール・フレイヘル・フォン・デア・ゴルツは、若者に軍事訓練を施すことに対する軍の抵抗を克服するために奔走してきた。ドイツ皇帝はそれに賛同し、ドイツの若者のために連盟を立ち上げ、若者の体を軍に適合するように鍛え、従順であるように訓練し、プロイセンの過去の栄光について教授し、「若者が父祖の地に奉仕することはドイツ人の最高の名誉であると認識できるようにした」のである。一九一四年には、この連盟のメンバーは、もちろん社会主義者の団体を除いた同様の若者組織のメンバーを併せて数えると、七十五万人に達したと主張するようになっていた。(107)

フランスでは、こうした組織が人々の心に訴えることはなかった。その理由の一つは、フランス人がフランス社会内部の政治的分裂に巻き込まれていたからである。また一方で、強力な反軍国主義の伝統があったからだ。それは、軍がそもそも旧体制の、そしてその後の支配者、たとえば自分の権力を維持するために軍を使ったナポレオンと甥のナポレオン三世の道具だったフランス革命時代にまでさかのぼることができた。だが、革命は反動勢力に対して武装した国民が国を守るという考えに煽られて市民軍を生み出した。右派と中産階級の自由主義者はこれに深い疑念を抱くようになっていた。普仏戦争のあと、新たな分裂をつくりだした記憶が加わった。パリの急進的な市民がコミューンを組織して国民防衛軍をつくり、フランス政府がフランス軍を使って国民防衛軍と戦争をしたのだ。

一八七〇年から一八七一年にかけての敗北のショックから、フランス人がどのようにして自分の国を守ったらよいかということについて政界でかなりの議論が行われたのは確かだ。一八八二年、政府はすべての学校に教練組織「バタリオン・スコレール」を設けるように命じた。当初、一連の活動がありパリでは大きなパレードが行われたが、フランス国内に根を下ろすことはなく政府は静かにこの計画を諦めた。一八八九年、失敗に終わったブーランジェ将軍のクーデタによって、軍事訓練は、特に間違った人々に対して行った場合には、問題を引き起こすことにつながると良質な共和主義者たちは考えるようになった。一八七一年以後、草の根でも明らかに軍事的な意味合いを持った射撃および体育協会が続々と出現した（ある懐疑的な保守系新聞が書いているように、フランスを敵から守るのにどのように軍事訓練を行い、方向転換したらよいのかは明確ではなかった）が、実際のところ協会の多くは質が落ちて社交クラブとなり、メンバーは特製のぴっちりした制服を見せびらかすだけのものとなった。こうした協会はフランスの政治に巻き込まれることもあり、村では僧侶が運営するものもあれば、反教権主義の教師が運営するものもあった。[108]

第三共和政では軍そのものが、ドイツ陸軍やイギリス海軍の持っているような威信を備えることができず、ドレフュス事件によってそれはさらに難しくなった。いずれにせよフランス社会はどんな軍を持つかということで深刻な対立があった。左派は自衛に専念する国民軍について語る一方、右派は適正な職業的軍隊を望んでいた。一般に共和主義者にとっては、将校は強い反共和主義の立場を取る保守派と貴族の（カテゴリーが重なることが多い）温床だと思っていた。ドレフュス事件は、疑わしい将校を解雇し信頼できる者を昇進させるパージのきっかけをつくることになった。カトリックであるということは、特にイエズス会で教育を受けた場合には、大きな黒丸がついたように思われる。野心のあるフランスの将校は、慌てて反カトリックのフリーメイソンに加わった。[109]一九〇四年に大きなスキャンダルが起こった。急進派の陸軍大臣が何人かのフリーメイソンのメンバーを説得し、カトリックで反共和主義の疑いのある将校二万五千人の秘密のブラックリストをつくらせたことが判明したのだ。当たり前のことだが、軍の士気は以前より低下した。政府がリストを使ってストライキや左翼のデモを抑え込むようになったことから、軍と一般の人々の関係をも悪化させることになった。[110]一九一四年以前、フランスのナショナリズムが復活していたときにも反軍国主義は復活していた。毎年徴兵が始まると、鉄道駅には抗議する人々が集まり、新しい兵隊がデモ隊と一緒になってインターナショナルのような革命歌を歌う場面があった。軍の規律の維持も難しかった。将校は酔っぱらいや、よくある不服従の行為や、あからさまな反乱をも扱わなければならなかった。[111]一九一四年以前の数年間、政府は、軍はフランスを守る任務に耐えられない、というどうにもならない事態に陥っていることをおそらく理解していて、軍の再編と改革を行おうとしていた。だが、それはあまりにも遅かった。

ドイツ皇帝はドイツから、フランスのトラブルを喜んで眺めていた。ロシア皇帝ニコライ二世が一九一三年、ベルリンを訪問したときに述べている。「どうやってフランスと同盟を組むことができるというのか。フランス人は兵士になれない状態にあるのがわからないのか？」[112]と。だが、ドイツでも軍隊、特に陸軍と社会の関係に、ときどき緊張が走った。選挙権の拡大と中道の諸政党および社会民主党の成長によって、ドイツにおける軍の特権的立場に疑問が持たれるようになった。ドイツ皇帝と宮廷がかなり困惑したのは、帝国議会が軍事予算を検証し、軍事政策について問い質すと主張したことだった。一九〇六年、ある詐欺師の冒険的行為によって事態が悪化した。軍を嘲ったのだ。ヴィルヘルム・フォークトは感じのよくない小悪党で、ベルリンで将校用の中古の軍服を購入した。どう見ても着古した本物には見えない将校の軍服を着て、彼に従順に従った小部隊の指揮を執ってケーペニック付近の町に入り市庁舎に向かって行進し、上級将校を逮捕してかなりの金額を奪ったのである。結果的に逮捕され投獄されたが、フォークトは民衆の英雄になった。劇用の脚本が書かれ、手柄を描いた映画がつくられ、フォークトの蝋人形がロンドンのマダム・タッソーの人形館の有名人の中に加えられている。フォークトはヨーロッパと北米を周ってケーペニックの大尉の物語をふれまわり、少しばかり財を築いた。フランスのようなドイツと敵対する国の多くの人々はこのエピソードを、ドイツ人は軍服を着た者に卑屈になる好例だと嘆いたが、ドイツ軍が虚仮にされたことを面白がる人々もいた。[113]

一九一三年、もっと深刻な出来事がアルザスで起こり、ドイツ内の軍隊の特権的な立場とそれを保護するドイツ皇帝の能力に焦点が当てられた。ストラスブール近くのツァベルン（現在はフランスのサベルヌ）という小さな中世の町に駐在していた若い中尉が、地元の人々に対して侮蔑的な言葉を使ったことからトラブルが始まった。抗議を受けると、出てきた上官が銃剣まで使って市民を何人も逮捕し、抗議行動は犯罪行為だとして兵士たちの前で大声で笑い飛ばしたのだ。ドイツの兵士たちも、この事件を報じた地元紙の事務所を家宅捜索した。ツァベルンの市当局は法の侵害に驚愕し、ベルリンの政府は地元およびフランスとの関係に重大な影響が及ぶことを心配した。ドイツの新聞は軍の行動を強く批判し、帝国議会でも質問が上がったが、軍の幹部とドイツ皇帝は一致してツァベルンの軍が過ちをした、あるいは何らかの懲戒措置が必要だということを認めようとしなかった（事実、彼らは罪を犯した連隊をアルザスから移動し、逮捕した責任がある将校は静穏のうちに軍法裁判にかけられた)。父親である皇帝のイミテーションであるばかりか、父親よりも劣っている皇太子は、電報を打って地元民の「厚顔」について不満を述べ、教訓を教えてやらなければならないと述べた(あるベルリンの諷刺画では、ドイツ皇帝が「あの子がどこで電報を打つなどという忌々しい習慣を習ったのか知りたいものだ」[114]と尋ねる姿が描かれている)。首相ベートマンはツァベルンの兵士が法を破ったことを確信し、皇帝に罪を犯した者を懲戒するように求めたが、結局皇帝に忠実でいた方がよいと思い、一九一三年十二月初めに帝国議会で、皇帝が望む形で軍の権威を擁護したのである。帝国議会は政府に不信任案の動議を行って対抗し圧倒的多数をもって可決したが、脆弱なドイツ憲法のおかげでベートマンは何事もなかったかのように政府を維持することができた。[115]ドイツには軍に対して文民統制を行うことに強い支持があったから、実際統制が行われた可能性があったのだ。だが、七カ月後、ドイツの指導者は自律性があると考えていた軍とともに深刻なヨーロッパの危機に際して決断を下すことになったのである。

1913年のツァベルン事件は、アルザスの小さな町で、あるドイツの将校が地元の市民に侮蔑的な発言をし、人々が抗議したことから始まった。軍当局は過剰に反応し、新聞社を襲撃し見え透いた口実で市民を逮捕した。ドイツの警察当局は軍部を抑えようとしたが、軍部は団結して引こうとしなかった。これはドイツ人を含む多くの人々にとって、ドイツ軍が文民の管理下にはないことを示すお寒い例だと考えられた。

「軍国主義」は比較的新しい言葉だった――一八六〇年代に最初に使われたようである――続く何十年かの間ヨーロッパ社会に軍国主義が与えた衝撃は、ナショナリズムと社会進化論の両方に負うところがあった。この時代の堕落に対する恐怖を反映していたし、前近代的な名誉が軍国主義に強く影響していた。ヨーロッパ人は一九一四年以前に、戦争に対する心の準備ができていた。戦争があるという見通しが興奮をそそると考えた人々もいた。生活は、特に中産階級、下級階級にとっては楽になっていたが、必ずしも面白くなったというわけではなかった。遠いところで起こっている植民地戦争は、一般の人々は興味を持って見ていたが、栄光と偉大な行為に対する憧れを満たすものではなかった。識字率、加えて新しい大衆紙、歴史小説、スリラー小説、探偵小説、西部劇の拡大によってもう一つの、もっと心が浮き立つ世界が示された。反戦の自由主義者が困ったのは、戦争が魅惑的なことだった。あるイギリス人が述べている。「戦争の現実からずっと免除されていたために、われわれの想像力が鈍っていた。われわれはラテン民族ほど興奮を好まないなどということは一切ないのだ。われわれの生活はつまらない。勝利はどんなつまらない人物でも理解できるものである」[116]。若い世代は今日と同じように、自分たちがどうやって偉大なる闘争に立ち向かえるようになるのか考えていた。ドイツでは、軍務の経験がある若者は統一戦争で戦った先人より自分たちが劣っていると感じ、自分の力を示すチャンスを願っていた[117]。

未来派のマリネッチだけが、安楽なブルジョア社会を暴力的に破壊し「腐った汚い平和」と言われているものを終わらせることを望んでいたわけではなかった[118]。もう一人のイタリア人ガブリエル・ダヌンツィオは権力、ヒロイズム、暴力を賛美してヨーロッパ中の若者に大きな衝撃を与えていた[119]。一九一二年イタリア＝トルコ戦争のときに、ダヌンツィオは自分の民族的な詩の衝撃が「イタリア人の血を沸かせ火をつけた」とケスラーに自慢した[120]。イギリスでは、将来を約束された若い世代の詩人ルパート・ブルックが「ある種の蜂起」に憧れた。保守的なカトリックの作家ヒレア・ベロックは次のように書いている。「どれだけ長く大戦を待っていたことか！　大戦は箒のようにヨーロッパの掃除をするだろう。国王たちをロースターの上のコーヒー豆のように跳ねあがらせることだろう」[121]。若いフランス人ナショナリストのエルネスト・プシカリは、フランスによるアフリカ植民地の探検によってこの世代の英雄となった人物だが、その平和主義と一九一三年に発表した『武器の求め *Call to Arms*』でフランスの衰退と考えたものを批判した。この時期のナショナリストがよくやったように、宗教的な想像を働かせて述べている。自分は「力の偉大な成果を望む。言葉に言い表せない名誉を手にし、その虜になるのだ」(122)と。プシカリは翌年八月に殺された。

10　平和の夢想

伯爵令嬢ベルタ・キンスキーはコミュニケーション能力があって愛らしいが、洗練されていない女性だった。一八七五年、経済状況からウィーンのフォン・ズットナー家の家庭教師として職に就かなければならなかった。こうしたことは未婚の高い教育を受けた女性には特に珍しいことではなかった。その家の息子の一人がベルタに恋をし、ベルタが応じても不思議はなかった。だが、両親は結婚に反対した。第一に、ベルタは息子より七歳年上だった。もっと重要なのは、ベルタが一切お金を持っていないことだった。高名なチェコの一族のなかで最も由緒ある名を受け継いでいたが、生まれたときの状況がスキャンダラスだった。母親は中産階級の出で貴族ではなく、将軍である夫より五十歳ほど年下だった。生まれた子どもは祖父母から受け入れられなかった。祖父母が「私生児」と人に言うこともあった。[1]ベルタは成人後、自分の出自を拒絶し、貴族階級の基準からすると挑戦的な自由思想家で急進主義者となったが、金銭に無頓着なことを含めて貴族階級の生活様式を持ち続けた。

かの息子とのロマンスが発覚するとウィーンの家で生活し続けることが不可能になった。ベルタは衝動的にパリに行き、スウェーデンの金持ちの製造業者アルフレッド・ノーベルの個人秘書に就いた。当時は二人ともわかっていなかったが、これは平和の大義に向かうパートナーシップのスタートだった。ベルタがノーベルのところにいたのはほんの数カ月で、その後自分の気持ちに従ってウィーンに戻り、アルトゥール・フォン・ズットナーと駆け落ちした。二人はロシアのカフカスに向かったが、そこでベルタは自分に文才があることに気づき、耐乏生活を続けながら何冊かの本と小編をドイツ語で出版した（アルトゥールはそれほど押しが強くなくエネルギッシュでもなかったが、ロシアでフランス語と乗馬を教えた）。バルカンだけでなくカフカスも巻き込んだロシア＝トルコ戦争が一八七七年に起こったとき、ベルタは戦争の恐怖を初めて知った。一八八五年、ベルタとアルトゥールがウィーンに戻る頃には、ベルタは戦争が時代遅れのものだと確信するようになっていた。一八八九年、ベルタは最も有名な作品『武器を捨てよ！ *Lay Down Your Arms!*』を発表した。破産、コレラ、最初の夫の戦死などの苦難を経験した高貴な生まれの若い女性の悲痛な、メロドラマ的な小説である。彼女は再婚するが、新しい夫はオーストリア＝ハンガリーとプロイセンの戦争に出征する。彼女は親戚が止めるのを無視して夫を探しに行き、そこでプロイセンの勝利後、怪我をして幽霊のような状態になった夫に会う。再び夫と一緒になるが、不幸にもパリにいるときに普仏戦争に遭遇する。夫はコミューンに撃たれる。トルストイはこの小説を読んだとき、「思いは強いが才能がない」と述べている。(2)それにもかかわらずこの小説は大成功を収め、英語を含む数カ国語に翻訳された。本の売り上げによって、彼女は一時的には自分と家族とを支えるだけの資金と、このあとどこまでも続く粘り強い平和のための仕事を手に入れた。

ベルタは宣伝がうまく、ロビー活動に長けていた。いろいろな活動をするなかで、一八九一年にオーストリア平和協会を設立し、何年にもわたりその機関紙を編集した。英独友好委員会でも活動をした。世界の有力な人々に次々と手紙を書き、請願を行った。記事や本や小説を書くことによって、一般市民に軍国主義の危険や戦争にかかる人的なコストや戦争を避ける手段について教育した。さまざまな会議や平和会議で演説し、講演ツアーを行った。一九〇四年、テディー・ルーズベルト大統領はベルタをホワイトハウスで行ったレセプションに招待した。ベルタは金持ちを説得した。そのなかにはモナコの王子やアメリカの実業家アンドリュー・カーネギーがいて、ベルタの仕事を支援した。なかでも一番重要なパトロンは、昔なじみでかつての雇い主のノーベルだった。ノーベルの財産の基礎は新しい強力な爆弾ダイナマイトの特許と生産だった。ダイナマイトはすぐに鉱山に使われたが、長期的には近代兵器の破壊力を大きく高めた。ノーベルはベルタにこう述べたことがある。「すべてを破壊するような恐るべき効力を備えた物体あるいは機械をつくれたらと思っている。それで戦争を全く不可能にしてしまうのだ」。(3)一八九六年に亡くなったとき、ノーベルの遺言は膨大な財産の一部を平和のための賞として提供することだった。ベルタはまたしても家計が行き詰っていたが、ロビー活動の才能を生かして、一九〇五年にこのノーベル平和賞を獲得した。

ベルタの見解では、ベルタは自信に満ちた十九世紀の産物で、科学と合理主義と進歩に信頼を置いていた、とのことだった。間違いなくヨーロッパ人は戦争には意味がないし愚かなものだと理解しているとベルタは考えた。いったん目を世界に広げれば、戦争を禁止する自分の活動に参加してくれると、熱い気持ちで信じていた。ベルタは進化と自然淘汰について社会進化論の概念を共有していたが——平和運動に関わる多くの人々に典型的なのだが——軍国主義者や、たとえば同国人のコンラートのような将軍とは異なる解釈をしていた。闘争は不可避ではない。より良い、より平和な社会に向かう進化である。ベルタは次のように書いている。「平和は、文明の進歩によって必然的に現れる状態である……何世紀もかけて好戦的な精神が著しく衰えていくのは確実である」。十九世紀後半の代表的なアメリカ人作家で講演者のジョン・フィスクは、マニフェスト・デスティニーを世界に拡大することを一般に伝える役割を果たしたとされているが、これはアメリカの経済力によって実現すると信じていた。「軍事タイプの文明に対して、ついに産業が勝利を収める」と。戦争は進化の初期段階に属するもので、ベルタから見ると変則だった。大西洋の両側にいる優れた科学者がベルタの戦争非難に加わり、戦争は生物学的に破壊を生むものだとした。戦争は社会の最良の人々、最も聡明な人々、最も気高い人々の命を奪い最も不適な人々を生き残らせることにつながるのだ、と。(4)

平和への関心の高まりは、十八世紀以来、国際関係に対する考え方が変化したことを反映していた。国際関係はゼロサムゲームではなくなった。十九世紀になると、すべての国が平和から恩恵を得る国際秩序について説く者が現れた。また、十九世紀の歴史を見ると、新しくより良い秩序が出現しつつあるように思われた。一八一五年のナポレオン戦争の終結以来、ヨーロッパは小さな中断はあったが長い平和を享受し、その進歩は驚くほどだった。この二つに関連性があったのは間違いない。国の行動に普遍的な基準があるということに合意が広がり、受け入れられたように思われた。国民の間に法と制度が行きわたったように、国際法に則った組織と新しい国際制度が間もなく出現することになると期待されていた。国同士の間の争いを解決するために調停が用いられるようになった。たとえば衰退しつつあるオスマン帝国で生じた危機にヨーロッパの大国が協力して取り組むようになって、効率的に世界の問題を扱う基盤が固まってきたように思われた。戦争は問題解決の手段としては非効率で、あまりにも金がかかる、と。

文明世界で戦争が時代遅れになったというさらなる証拠は、ヨーロッパの性格そのものにあった。ヨーロッパの国々は経済的に緊密に結びつくようになり、貿易と投資は同盟のグループを超えて行われた。イギリスとドイツの貿易は大戦前、年々増加していた。一八九〇年から一九一三年にかけて、イギリスのドイツからの輸入は三倍となり、ドイツへの輸出は二倍になっていた。(5) フランスはイギリスと同程度ドイツから輸入しており、ドイツは製鋼所のための鉄鉱石をフランスからの輸入に頼っていた(半世紀後、二度の大戦を経て、フランスとドイツはヨーロッパ鉄鋼石炭共同体をつくり、ヨーロッパ連合の基礎となった)。イギリスは世界の財政の中心で、ヨーロッパ内外の投資がロンドンを通じて出て行った。

結果として、一九一四年以前、専門家が想定したのは、列強間の戦争は国際資本市場の崩壊と貿易の停止につながりすべての国に不利益になるから、数週間以上続く戦争をすることは不可能だということだった。各国の政府は信用を得られず、国民は食料が不足して手に負えない状態になる。平和時でも軍事競争にますます多くの費用が嵩むことになり、政府は負債を抱え増税をする。それが今度は一般の人々の不安につながる。上り坂の列強、特に日本とアメリカ合衆国は同じ重荷を背負わずに税を低くしておけるのでさらに競争力が強くなる。ヨーロッパが基盤を失ない世界のリーダーシップではなくなるという深刻な危機が生じている、と国際関係の代表的な専門家は警告した。(6)

一八九八年、サンクトペテルブルグで出版された膨大な六巻本のなかで、イヴァン・ブロッホ(フランス語でいう「ジャン・ド・ブロック」としても知られている)は、戦争に反対する経済的な理由と戦争そのものの劇的な発展を結びつけて、戦争は時代遅れだと論じた。近代の産業社会の発展により、大規模な軍を展開し防衛に有利に働くよう重装備をすることが可能になった。したがって未来の戦争は大規模なスケールで行われるから、資源もマンパワーも枯渇するとブロッホは信じていた。未来の戦争は膠着状態になり、結果的に戦争に関わる社会を破壊することになる。ブロッホはウィリアム・トマス・ステッドに次のように述べている。「将来、戦争はない。

というのは不可能だからだ。戦争が自殺を意味するのは明らかだ」[7]。ヨーロッパを悩ませているような軍事競争を続けてコストを支払い続けるゆとりが社会にはない。「現在の状態を永久に続けることはできない。人々は軍国主義の重荷の下で呻いている」[8]と。先見の明のあるブロッホだったが、ブロッホが間違っているのがわかったのは、膠着状態でさえ長くは続けることができないという想定だった。ブロッホの見解では、ヨーロッパ社会は単純に、数カ月以上このような大規模なスケールで戦争をするだけの物質的能力がないということだった。他のことはさておき、戦線にこれだけ多くの人々がいるのだから労働力が不足し、工場や鉱山は止まり、農場は放っておかれる、と。ブロッホが予見できなかったのは、ヨーロッパの社会には膨大な資源を戦争に動員しつぎ込む潜在的な力がある、ということだった――使われていなかった労働力、特に女性を労働力として取り込むことだった。

ステッドはブロッホを「善意の人」[9]と書いているが、ブロッホはロシア領ポーランドのユダヤ人一家に生まれ、後にキリスト教に改宗した人物で、ジョン・D・ロックフェラーやアンドリュー・カーネギーのロシア版に相当するタイプだった。ブロッホはロシアの鉄道の発展で重要な役割を果たし、会社を数社、銀行をいくつか設立した。しかし、ブロッホの情熱は近代戦争の研究にあった。ブロッホは調査に金をかけ、統計を数多く用い、たとえば正確で早撃ちが可能な銃や性能のよい爆弾といった技術上の進歩によって、軍が防御を整えた相手を攻撃することがほぼ不可能になったと論じた。地面とシャベルと有刺鉄線をうまく使うことによって、防衛側が強力な防御線を急造し、攻撃側に対し相手を圧倒する銃撃の場を確保することができるようになった。ブロッホはステッドに次のように述べている。「殺戮ミサイルが飛んでいくと、地平線上に見えるものは何も存在しなくなる」[10]。攻撃側が銃撃ゾーンを突破するには少なくとも八対一の数の有利が必要である[11]、戦闘では多数の死傷者が出るが、「そのスケールは恐ろしいほどで、大隊が戦闘を決定的なところまで持っていくことは不可能である」[12]と（ブロッホは近代ヨーロッパ人が、特に都市部に生活している場合には、先祖に比べて貧弱で神経質になっているという悲観論を共有していた）。事実、将来の戦争では明快な勝利などあり得そうになかった。戦場が殺戮の場となっている間、国内は欠乏状態から混乱し、究極の場面では革命が起こる。戦争は「既存の政治制度をすべて破壊するカタストロフィーとなる」とブロッホは述べた。[13] ブロッホは一八九九年のハーグ平和会議で自分の本のコピーを配布し、ロンドンの王立防衛安全保障研究所のような友好的とはいえないところでも講演を行い、意思決定者と一般の人々の多くに自分の考えが届くように最善を尽くした。一九〇〇年、ブロッホはパリ万国博覧会に出資し、過去の戦争と将来の戦争の大きな違いを示す展示を行った。一九〇二年、亡くなる少し前、ブロッホはルツェルンに国際戦争平和博物館を開設した。[14]

経済的な観点からすると、戦争は全く合理的なものではないという見方は、十四歳で学校を出て世界のドアを叩き、カウボーイ、養豚経営、金採掘を行った経緯のある、おおよそ想像しがたい人間力でヨーロッパの一般の人々に広く伝えられた。その人物、ノーマン・エンジェルは小柄で、体が弱く体調を崩すことがよくあったにもかかわらず、九十四歳まで生きた。さまざまな経歴を積んだエンジェルに出会った人々はみな、エンジェルが善良で、優しく、熱心で、理想家で、どこか混乱したところがある人だと思った。[15] エンジェルは最終的にジャーナリズムの道を選び、大戦前パリの「コンチネンタル・デイリーメール」紙で仕事をした（当地で最初のイギリスボーイスカウト団を立ち上げた）。一九〇九年、エンジェルは「ヨーロッパの錯覚 *Europe's Optical Illusion*」というパンフレットを書き、編集を重ね長編版の『大いなる幻影 *Great Illusion*』を出版した。

エンジェルは広く考えられていた見方――大きな幻影――に挑戦した。個々の国が自給自足できて、互いの国をそれほど必要としておらず、勝者が戦果を持ち帰るか少なくともしばらくの間は戦果を享受できる時代には、征服に意味があったかもしれない。その当時でも征服は国の最良の人々を殺してしまうことで、少なからず国を弱体化させていた。フランスはルイ十四世とナポレオンの下で得た勝利の代価を今なお払い続けている。「軍国主義の一世紀の結果として、フランスは軍の力を維持するための身体適合基準を数年ごとに落とさなければならない。今では身長一メートルしかなくとも徴発される」。[16] 近代においては、戦争は不毛である。勝者は戦争によって得るものがないからである。経済的に相互依存する二十世紀の世界では、強力な国であっても貿易相手が必要で、そのためには安定し豊かな市場と資源と投資先を備えた世界でなければならない。敗れた敵から略奪するのも、貧乏に追い込むのも、勝者を傷つけるばかりである。逆に勝者が敗者を富ませ発展させるとしたら、そもそも何のために戦争をしたのかということになる。エンジェルは例をあげて説明する。たとえばドイツがヨーロッパを征服したらどうするのか。ドイツは征服した相手から略奪するのだろうか。

だがそれは自殺行為である。産業に従事している多くの人々はどこに市場を見つけたらよいのか。征服相手を発展させ豊かにすれば、力のある競争相手となるだけのことだ。そんな結果にたどり着くために史上一番経費のかかる戦争をしたりはしない。これはパラドックスである。征服者は空虚なのだ――私たち自身の帝国の歴史がとてもよく描いている、大いなる幻影なのだ。[17]

イギリスは個々の植民地に、特に自治領に繁栄する権利を認めて帝国を維持し、結果的にすべてが恩恵を得てきた――無駄な闘争はしなかったとエンジェルは論じる。実業家はすでにこの本質的な真実を認識しているとエンジェルは信じていた。過去何十年も、戦争になるのではないかという国際的緊張が生じたときにはいつも実業界が悩み、結果としてロンドン、ニューヨーク、ウィーン、パリのどこであっても金融が一つになって、「利他的ということではなく、商業上自己防衛の問題として」危機を終結させていたのである。[18]

だが、ヨーロッパ人の多数が今なお、戦争が必要なこともあると信じているのは危険だとエンジェルは警告した。大陸では各国が軍隊を強力にし、イギリスとドイツは海軍競争をしている。ヨーロッパ人は強力な軍隊の唯一の目的は防衛だとしているが、軍国主義と軍事競争の圧倒的な影響から戦争の可能性が大いに高まっている。ヨーロッパの政治指導者はこのことに気づかなければならないし、大いなる幻影を捨てなければならない、と。「ヨーロッパの政治家がしばらくの間心を曇らせる可能性がある筋違いの思いを脇にどければ、武力によって獲得することによるコストは、このような状況下では必然的に、適切なやり方で得た場合のそれを超えることがわかるはずだ」。[19] 当時のヨーロッパは動揺していたのでエンジェルの警告のタイミングは適切で、エンジェルの考えが受け入れられたことは、平和を提唱する者にとって励みとなった。イタリア国王はもちろん、ドイツ皇帝も

「強い関心」を持ってエンジェルの本を読んだ。イギリスでは外相サー・エドワード・グレイと野党のリーダー、バルフォアが読み、強い印象を受けた。[20] ジョン・フィッシャーも読んで「天の恵み」だと述べた[21]（フィッシャーの戦争の見方は極めて単純だった。戦争を望まないが、やらなければならないなら全力で戦うというものだった）。エンジェルの考え方に夢中になった人々が集まって組織を立ち上げ、エンジェリズムと言われる思想を大学で学べるようにした。[22]

一八九〇〜一九一〇年の間、軍事競争と軍国主義に反対する組織化された平和運動が、中産階級全体とはいわないまでも大きな支持を得ており、ヨーロッパと北米に拡がっていた。一八九八年、今日も続いている国際平和ビューローがベルンで創設され、さまざまな国民平和協会、特に、たとえば平和を目指すクエーカー教徒のフレンズ会のような宗教団体や調停と軍縮を推進する国際団体が合同した。政府に請願を行う平和十字軍や国際平和会議などが数々現れ、たとえば「パシフィスト」「パシフィズム」「パシフィシズム」と言った新しい言葉が使われるようになり、あらゆる状況下で戦争に反対する意見から戦争を限定する、あるいは回避する試みに至るまでカバーするようになった。一八八九年、フランス革命百年を記念して九つの国の九十六人の議員がパリで会合を持ち、列国議会同盟を創設して参加国の間の紛争を平和的に解決するため活動することとした。一九一二年になると、二十一カ国から三千六百四十人が参加した。ヨーロッパだけでなく、アメリカ合衆国と日本からも参加するようになった。同じ幸先の良い一八九九年は、後に万国平和会議と呼ばれる会議の第一回が開かれ、ヨーロッパとアメリカ合衆国から三百人の代表が参加した。[23] 一九一四年、列国議会同盟の会議がボストンで行われると、国務長官ジョン・ヘイが開会宣言を行った。平和の大義は立派なもので、年寄りで皮肉屋のビューローでさえ一九〇八年に列国議会同盟がベルリンで開催されると歓迎した。ビューローは多くの平和主義者たちの「幻の夢」は馬鹿げていると思っていたが、それにもかかわらず会合は「ある種の反ドイツ的偏見を打開する良い機会」だったと回想録に書いている。[24]

ビューローは自分の国で大きくなりつつある平和主義者に頭を悩ます必要はなかった。ドイツの平和運動は一万人を超えることはなかったし、主に下層の中産階級から発していた。イギリスとは違って、著名な教授や代表的な実業家や貴族を惹きつけることはなかった。イギリスとアメリカの運動は上級の聖職者が支持することもあったが、ドイツでは戦争は神の人類のための計画の一部だという理由で教会が平和運動を一般に否定していた。[25]さらにイギリスやフランスのように自由主義者が平和を支持する運動をリードすることもなかった。一八七一年のフランスに対する大勝利とドイツの統一にすっかり興奮して、ドイツの自由主義者は概してビスマルクとその権威主義的・反自由主義的体制に対する疑念を忘れて、新しい帝国を支持するようになっていた。リベラル左派の進歩党でさえ、陸海軍の予算のためには賛成票を投じていた。[26]戦争によってつくられ、軍隊がこのように名誉ある地位を維持している国では、平和は魅力ある大義ではなかったのである。

オーストリア＝ハンガリーでも、平和運動はドイツと同様に小さく、影響力を持たなかった。加えて、オーストリア＝ハンガリーはますますナショナリストの政策にとらわれるようになっていた。たとえば、ドイツ語を話す自由主義者は、一八六〇年代と一八七〇年代の戦争で、戦争反対の立場からハプスブルク家と帝国を支持する立場へと代わっていた。国際的な調停の設立を提唱し続ける一方で、徴兵制と積極的対外政策を支持していた。[27]さらに東方のロシアでは、トルストイ彼そのものを平和運動と論じることもできるが、平和主義は主に、たとえばドゥホボル派のような周縁の宗教セクトに限られていた。

一九一四年以前、最も強力な影響力を持った平和運動はアメリカ合衆国で起こっていて、そのあとにイギリスとフランスが続いた。これらの国では平和主義者は、内戦から革命に至るまでの深刻な分裂と徹底的な闘争を克服した例と、制度が機能する安定した豊かな社会の建設に成功した例を自分たちの歴史から引いてくることができた。このような恵まれた国の使命は、自分たちの優れた平和な文明の恩恵を他のすべての国に拡げることだった。テディー・ルーズベルトは次のように述べている。「われわれは偉大な国民となった。われわれは責任を負う人々として、相応しい行動をとらなければならない」。[28]

アメリカの平和主義は、アメリカ史に深いルーツを持っており、世紀の変わり目には国内の社会を改善し国外に平和と正義を拡大することを目指した進歩運動によって燃え上がった。聖職者と政治家と巡回講演者は国中にメッセージを伝え、市民は自ら組織を組んで誠実な地元の政府と協力し、スラムの一掃や禁酒政策、電気や水道などの公有や国際平和を推進した。一九〇〇年から一九一四年にかけて新しい平和団体が四十五あまり出現し、大学の学長から実業家に至るまで横断的な協会から支持を得ていた。女性キリスト教徒禁酒連合のような強力な団体は、平和に関する独自の部門を備えていた。[29] 一八九五年から、クエーカー教徒の実業家アルバート・スマイリーはニューヨーク州のモーホンク湖で行われる国際調停の年次会議に出資しており、一九一〇年、アンドリュー・カーネギーは国際平和のためのカーネギー基金を寄贈した。平和が実現した折には、基金は他の社会悪を根絶するために使えるように規定してあった。[30]

雄弁な政治家ウィリアム・ジェニングス・ブライアンは進歩主義をベースに三度大統領に立候補した人物だ。その発祥の地であるニューヨーク州から何百というアメリカの市町村に広がったチャウタウカ成人教育フェアで行った「自由の王子」と題する講演で、彼の名前は知れ渡った。ブライアンは夢中になっている聴衆に向かってこう述べている。「全世界は平和を求めている。鼓動している心臓は平和を求めている。それを守るための方法は数多くある」。一九一二年、ブライアンはウッドロー・ウィルソン大統領の国務長官となり、参加国は少なくとも一年間は宣戦しないと約束し論争を調停に委ねるという「クーリングオフ」条約の交渉に自ら取り組んだ。ブライアン――「人間トロンボーン」――は馬鹿者で、この計画は不毛だとテディー・ルーズベルトが大声を上げて批判したにもかかわらず、ブライアンは一九一四年までに三十カ国と条約を結んだのである（だが、ドイツは拒否した）。

アメリカ合衆国とイギリスの両国では、クエーカー教徒は数は少数でも影響力があり、この運動のリーダーシップの面で重要な役割を果たした。一方、フランスでは、平和主義は反教権主義が強かった。フランスでは、一九一四年以前の平和運動にさまざまな形で約三十万人が関わったことになる。[31] この三つの国では、世論の重要な部分に訴える道徳的・社会的理由に基づいて、戦争に反対する強力な自由主義と急進主義の伝統を引き寄せることができた。戦争は間違っていて無駄でもあり、多くの必要な資源を社会の悪を正すために使えなくなっている、と。そして、軍国主義、軍拡競争、攻撃的な外交政策、帝国主義はすべて、平和が続くものならば取り組まなければならない関連した諸悪である、と。ブライアンやイギリスの議会労働党のリーダーであるケア・ハーディーのような代表的な政治家がメッセージを広めていたように、いずれの国にも強力な自由主義の新聞と団体が、より大きな社会の大義のために献身していた。二十万人の構成員がいるフランスの人権連盟は平和を求める動議を定期的に決議していた。一方、教員会議も、ナショナリスト的でも軍国主義的でもない歴史のカリキュラムをつくろうとしていた。(32) イギリスの「マンチェスター・ガーディアン」紙や「ザ・エコノミスト」誌のような強力な急進主義の雑誌と新聞は、より良い世界にする方法として軍縮と自由貿易の記事を掲載し、影から支持を行っていた。一九〇五年に自由党が政権を取ると、数を増した急進派と新しく成長しつつある労働党からさらに平和に貢献するように圧力がかけられた。(33)

個人や教会グループのような団体も、潜在的に敵対する国々を結びつけようとすることで、平和に向かう役割を少しは務めた。一九〇五年、イギリス人は英独友好委員会を立ち上げ、急進的な二人の貴族院議員が長を務めた。協会の代表と未来の首相ラムゼイ・マクドナルドに率いられた労働党のグループがドイツを訪問し、クエーカーのチョコレート王ジョージ・キャドベリーがドイツの地方都市の役人の一団をキャドベリーのモデル都市ボーンビルに招待した。(34) あちこちに姿を現すハリー・ケスラーはドイツとイギリスの芸術家の公開書簡のやり取りを行うのに力を貸し、互いの文化を褒め合うとともに友好を促進するために一連の晩餐会を行った。その頂点となったのは一九〇六年、サボイホテルで行ったもので、ジョージ・バーナード・ショーと代表的な自由党政治家ホールデーン卿と並び、ケスラー自身もイギリスとドイツがより良い関係を築くためにスピーチを行ったことだ(ケスラーには出席者の中に混じっていたエドワード七世の愛人アリス・ケッペルのほとんどむき出しになった美しい背中と身につけていた真珠に気づくだけの余裕があった)。(35) フランスでは、ロマン・ロランが大作『ジャン・クリストフ』を書いていた。主役は苦悩する聡明なドイツの作曲家で、最後にパリで認められることで平穏を見いだし、音楽への愛を示すのだが、ロマン・ロランがシュテファン・ツヴァイクに述べたところによると、ヨーロッパ統一の大義を推し進め、ヨーロッパの国々の政府に自分たちが行っていることの危険を立ち止まって考えさせたいという願いも併せ持っていたとのことである。(36)

平和主義の感情の高まりにもかかわらず、どのようにして平和な世界を達成したらよいかということについては、大きく苦い不一致が存在していた。民主主義の拡大が鍵だと今日論じている人もいるように——民主主義は互いに争わないという論争の余地のある理由によって——一九一四年以前もそうだった。フランス革命の偉大な理想を引用するフランスの思想家によくあるように、共和国をつくり必要な場面で少数民族を解放して自治を行わせれば平和を保障できる、と考える者もいた。あるイタリアの平和活動家は、一八九一年に次のように述べている。「自由を前提に平等が続く。それは発展的進化により利益の一致と本当に文明化した……諸民族の友愛につながる。それゆえ文明化した人々の間での戦争は犯罪である」[37]。貿易の障壁を下げ、世界経済のさらなる統合を奨励する新たなステップを取ることが、平和を推進するもう一つの方法だと考えられた。驚くことでもないが、このような考え方はイギリスでかなり支持された。アメリカ合衆国と同様、自由貿易によって十九世紀に大きな恩恵を受けていたからである。あるいは、今日のウィキリークスの活動の先駆者のように、秘密外交と秘密協定を取り除くことも重要だと考えられた。主に英語圏の小さな少数派がトルストイに倣い、暴力に対して常に非暴力と受身の抵抗を取るべきだと考える者がいる一方で、戦争は正しいものと不正なものを分別できるし、たとえば暴君からの防御だとかいわれのない攻撃を受けるといった状況下では戦争は正当化されると反対に論じる人々もいた。

一九一四年以前、平和運動の多くが合意し、軍縮以上に発展を見せたのは、国際紛争の調停だった。十九世紀には独立した委員会による調停が行われたこともある。たとえば、一八七一年にアメリカがイギリスに対し、イギリスの港で建造された南部同盟の船舶アラバマ号の活動によって生じた問題について抗議した件については、その解決に大きな成功を収めていた。北軍の抗議にもかかわらずイギリス人が送り出したこの船は、北軍の船舶を六十隻以上沈めるか、拿捕したのだ。調停に勝ったアメリカ政府はイギリスに代償を求めた——イギリスはカナダだったらいいと提示した——が、最終的にアメリカ合衆国は謝罪と現金千五百万ドルほどで納得した。年が経つごとに列国議会同盟は世界各国の政府に、調停のために動くシステムを構築するように求める決議を行った。こうした一般の人々の圧力と、政府そのものも戦争を回避したいと思っていたこともあって、各国政府は十九世紀の終わりにはますます調停で紛争の解決を図るようになった。一七九四年から一九一四年に解決された問題は三百ほどあったが、その半分以上は一八九〇年以後のことだった。加えて、ますます多くの国が相互に調停条約を結ぶようになった。楽観的な人々は、多数の国が参加する調停の条約が結ばれる日が来る、力を持った国際法廷、国際法に則った組織、そしておそらく一番理想的な考えになるのだろうが、世界政府が実現すると願っていた。[38]あるアメリカ人が述べている。「調停がこのように評価されるのは近代の人の進歩の抗しがたいロジックだ」[39]と。

軍縮、少なくとも兵器を制限する方を好む人々もいた。武器と軍隊の存在と軍拡競争の当然の結果として、戦争の可能性が高まっていると論じることもできた。兵器製造業者が商品を売るために周到に図り緊張を高めているだけでなく、闘争を引き起こすように仕向けている存在として、平和を主張する人々の批判の対象になることもよくあった。だから、若いロシア皇帝が一八九八年に世界の列強に対して、前例のない兵器の増加の結果生じている「重大な問題」を論じ、協力して解決するために集まるよう広く呼びかけると、ベルタ・ズットナーのような平和活動家は喜んだ。招待状は将来の戦争がもたらす「恐ろしい破壊のエンジン」と恐怖について言及しており、平和活動家が書くような内容だった。ロシア皇帝の動機の一つは理想主義からで、もう一つはロシアがヨーロッパ列強のような軍事出費に追いつけないという実際的な考慮からだった。[40]続くロシアのメモには、議題としてそれぞれの国が軍隊の増強を中止し、出現しつつある新しい殺戮能力の高い兵器の使用に制限を加え、戦争の指揮に規制を行うという内容を含んでいた。[41]

しかし他のヨーロッパ列強政府はこの提案に熱が入らず、ドイツの場合にはこの考えに敵対的だった。しかし一般の人々の熱狂的な反応に各国政府は対処しなければならなかった。出席する代表に対して、平和のために協力するように呼びかける誓願や手紙が世界中から押し寄せた。ドイツでは、軍縮を支持する宣言に署名を呼びかける運動があり、百万人を超える署名を集めた。この文書はハーグに送られたが、これもまたナショナリズムが色をつけ、一九一四年以前のこの軍縮の試みを台無しにする要素を含んでいた。文書にはこうある。「われわれはわが国を取り巻く世界がわが国に銃剣を突きつけている限りドイツの軍縮を望まない。世界での地位が落ちることは望まないし、平和な競争によって手にすることができる利点を抑えることも望まない」[42]と。

ドイツ皇帝は「コメディーの会議もうまくやっていくつもりだが、ワルツを踊っている間も脇にナイフを持っているつもりだ」[43]と述べている。このときに限ってはイギリスの叔父エドワードも同意し「今まで聞いたなかで最もナンセンスでくだらない」と述べている。[44]ドイツは非難されないならこの会議を引っくり返すつもりで出かけていた。代表はパリ駐在ドイツ大使のゲオルク・ツー・ミュンスターに率いられていたが、ミュンスターはこの会議全体の構想をひどく嫌っていた。メンバーにはミュンヘンから来ていた大学教授カール・フォン・シュテンゲルもいたが、会議が始まる直前に軍縮、調停、そして平和運動全体を非難するパンフレットを出版していた。[45]ドイツ外務省のホルシュタインが代表団に与えた指示は次のようなものだ。「国にとって国益を守ることほど重要な目的はない……列強の場合には必ずしも平和の維持に歩調を合わせる必要はなく、強力な国家が適宜グループをつくり、まとまって敵や競争相手を侵害するのだ」[46]。

オーストリア＝ハンガリーは熱心ではなかった。外相ゴウホフスキが代表に宛てた指示は、次の通りだ。「既存の関係を考えると、本質的な結果が実現することはないだろう。逆にわれわれとしては、少なくとも軍事的・政治的問題に関しては、何も達成してほしくないと思っている」[47]。強力な平和運動が存在していたフランスは支持する方向にあったが、外相デルカッセは各国から集まった代表が平和的にアルザス＝ロレーヌを回復する願いを断念せよとフランスに示唆する決議を行うのではないかと心配していた。「私としては、外相であるよりまず自分はフランス人だから、他のフランス人の感情に共感を持たざるを得ない」[48]。ジャッキー・フィッシャー海軍大将を代表に送ったイギリスは、調停を論じることには積極的だったが、軍縮にはほとんど関心を示さなかった。海軍本部は政府に対して、海軍力を凍結することは「全く現実的でなく」、新しく改良された兵器使用に制限を加えることは「野蛮な国を利することになり、高度に文明化した国には不利に働く」と述べた。陸軍省の反応も同じく鈍かった。ロシアが提唱した手段はどれも各国政府にとって望ましいものではなかった。[49]アメリカ合衆国の代表の長はベルリン駐在大使のアンドリュー・ホワイトで、代表の中には海軍力の提唱者アルフレッド・マハンがいた。ホワイトは日記に書いている。「彼〔マハン〕は会議のメインとなる目的には、いささかの共感も持っていない」[50]と。アメリカの立場は、一般的に平和を支持するものの、アメリカの軍事力は陸海軍ともに非常に小さいからヨーロッパ人は干渉すべきではないという理由から、軍備を制限することに抵抗した。[51]会議の経過のなかで、ホワイトはこの点について雄弁に演説を行った。イギリスの大使館付き武官はロンドンに次のように報告している。「ホワイトの演説が終わるときに、(米西戦争で)アメリカはスペイン海軍と商業活動を壊したのだから、今やアメリカはどの国にもアメリカの海軍を壊そうなどとは思ってもらいたくないはずだ、とフランスの海軍大将が私に耳打ちした」[52]。

ヨーロッパの大半の列強に加えて、アメリカ合衆国、中国、日本を含む二十六カ国の代表と、ベルタ・ズットナーとブロッホに率いられた平和活動家たちが一八九九年五月、ハーグに集まった(ベルタ・ズットナーが泊まったホテルは、彼女がそこにいることとその大義を称え、白い旗が掲げられた)。地理上、フランスとドイツの戦争が起こることを恐れていたオランダ人は、贅沢なオープニングレセプションを行い、会議の間ずっと寛大な接待を続けた。ホワイトは述べている。「これほど大きな団体が、結果について全く期待せずに懐疑的な気持ちで一堂に集まったのは、史上初めてではないか」[53]。オランダ王室は会議のために宮殿の一つを自由に使わせた。大きなエントランスホールにはルーベンス様式の巨大な平和の絵が、いかにもその場に相応しく飾られていた。各国の代表はロシア人の思惑について憶測していた。多くの人々はロシア軍を強化するための時間稼ぎではないかと思ったのだ。[54]ドイツ代表の一人である軍の将校は過度に好戦的な演説を行い、自分の国は十分に防衛費があってドイツ人はみな軍役を「神聖な、愛国心のある者には当然の義務で、その義務を果たすことで自分の存在、財産、未来があると考えていると自慢」して、残念な印象を与えていた。[55]

兵器を正しく調査する委員会のベルギーの委員長はベルギー政府に、誰も軍縮のことをまともに考えていないと述べた。[56]しかし、軍に関する比較的小さな問題で合意を見た。たとえば、窒息性のガスの開発について猶予期間を持つこと、重大な傷を生じさせるダムダム弾と気球から投棄物を落とすことの禁止、捕虜や民間人に対する人道的な扱いに関することなど、戦争におけるルールについて、初めて一連の国際的合意が得られた。最終的に、またこれは国際的な調停に向かう重要な一歩となったのだが、国家間の紛争の場合、調査委員会をつくることを含めて数々の手段を用意した国際紛争の平和的解決のための国際協定に会議は合意した。ロシアとイギリスはロシア海軍がイギリスの漁船を銃撃した一九〇五年のドガーバンク事件を、こうした委員会を使ってうまく解決したのである。

この国際条約によって、常設仲裁裁判所の設立が実現した（数年後、アメリカの慈善家アンドリュー・カーネギーが今日もある新ゴシック様式の平和宮殿のための基金をハーグに寄贈した）。ドイツ政府は皇帝の全面的な支持を得て、当初この裁判所の設置に反対するつもりだったが、結果的にドイツだけが反対しているわけにはいかないと結論を出した。ドイツ皇帝は次のように述べている。「ロシア皇帝にヨーロッパの前で恥をかかせてはいけないから、このナンセンスに付き合うさ。だが、実際私が頼みにして力にするのは神と自分の鋭い剣だけだ。こんな決定、糞食らえ！」。ドイツ代表は最終文書に例外を多く盛り込もうと努め、ミュンスターが言うには、「多くの穴のあいたネット」のようになったということだ。(57) ドイツ政府はこの会議の「幸福な結論」に満足したことを公にしたが、代表のシュテンゲルは大声で非難したいと思った。(58) だが、ドイツ外交はまたしても不必要に不器用で、他国と協力する気持ちのない好戦的な国だという印象を残すことになった。

一九〇四年、ルーズベルトは第二回ハーグ会議の開催を要求したが、ちょうど日露戦争が起こったため一九〇七年五月まで延期となった。この年になると、平和に対する国際的なトーンは以前より暗さを増していた。英独海軍競争は全面展開し、三国協商が形づくられつつあった。新しいイギリスの首相サー・ヘンリー・キャンベル＝バナマンは、軍の制限を議題に載せることを示唆した。キャンベル＝バナマンはイギリスの海軍力は常に平和と進歩の善意の力だったと主張していたので、大陸の反応が冷笑的で敵対的であったとしてもおそらくは驚かなかったことだろう。一般の人々の間に広がっていた平和に賛同する熱い思いは冷え、たとえば政治家や軍人など、権威ある立場の人々を驚愕させた。一般の人々は戦争が国際関係に必要であり、平和主義は力を行使する能力を切り捨てるものだと感じるようになったのである。一九〇六年から一九一二年までオーストリア＝ハンガリーの外相だったアロイス・フォン・エーレンタールは友人に書いている。「君主国は平和運動に反対だ。平和運動はヒロイズムに反しているからだ——君主国の秩序のために戦争はなくてはならないものだ」[59]。

ロシアでは、政府が直近の敗戦で大きな損失が生じていたので思い通りに軍を再建したいと思い、新外相イズヴォルスキーは「軍縮はまさにユダヤ人、社会主義者、ヒステリックな女の発想だ」と述べた[60]。ビューローがこの会議が開かれる直前の帝国議会で、ドイツにはハーグで軍備の制限について議論するつもりはないと述べると、笑いと喝采を得た[61]。オーストリア＝ハンガリーも同盟国に続いた。「プラトニックな宣言」でもしてこの問題をうまく片付けてしまえ、とエーレンタールは述べた[62]。フランス人は古くからの同盟国ロシアと新たな友好国イギリスとの間で居心地の悪い立場に置かれていることに気づき、問題全体が丁重に葬り去られればよいと思っていた。アメリカ合衆国は、軍備制限という考え方を初め支持していたが次第に後退しつつあった。ルーズベルトは太平洋における日本の海軍力の拡大に懸念を持つようになり、ドレッドノートの建造を検討していたのだ[63]。

一九〇七年、ハーグに四十四カ国の代表が集まった。前回同様、ベルタ・フォン・ズットナーとイギリスの急進主義のジャーナリストで国際的な平和十字軍をつくって列強に圧力をかけていたトマス・ステッドを含む平和活動家も大勢参加していた（ステッドは直後に完全に立場を変えた。一九一二年にタイタニック号とともに海に沈んでしまう頃には、ドレッドノートをもっと建造するよう熱心に提唱するようになっていた）[64]。今回はラテンアメリカからも数カ国が代表を送っていた。あるロシアの外交官が言うには、彼らが行った宴会は「特に面白く魅力的」とのことだった。オランダは今回も接待に尽力した。代表団のために中世の騎士の馬上試合を催したベルギーが競争相手となった[65]。

イギリスは軍縮が勝ち目のない大義だということに気づき、慇懃に諦めた。たった二十五分しか行われなかった会議のセッションで、イギリスの上級代表は「各国政府がこの問題を真剣に研究を始めることがたいへん望ましい」という趣旨の決議案を出した[66]。案は満場一致で承認され、軍拡競争は今や陸軍にもその影響が及び、ますます熱を帯びた。ドイツは第一回ハーグ会議よりも外交が上手になり、国際的な調停の条約を実現する試みを頓挫させようとした。上級代表のオスマン帝国駐在大使アドルフ・マーシャル・フォン・ビーバーシュタインが演説を行い、調停を賞賛しながらも、まだ導入する時期ではないと述べ、そのあと、自分は賛成か反対か立場を決めていないとつけ加えた。ブルガリア代表は、マーシャルが調停の考えを潰したのは死にそうなほど辛いことだと考えた。[67] 外務省の反ドイツ派の代表格エアー・クローはイギリス代表としてハーグに参加していたが、ロンドンにいた同僚に、「ドイツに対する恐怖が明らかに大きな影響力を持っていた。ドイツは伝統的なやり方でやっていた。甘言を使ったかと思うと脅しをかける。いつも動いて陰謀をたくらむ」[68]と伝えた。前回と同様に、戦争のルールについては小さな改良が行われたが、一般の人々の反応をみると、この会議は失敗だった。ズットナーは述べている。「素敵な平和会議！ 聞こえてくるのは怪我をしたり病気になったりした人々のことと、好戦的な人々のことばかりです」[69]と。第三回ハーグ会議は一九一五年に予定され、一九一四年の夏には多くの国が準備のためのグループを立ち上げていた。

戦前、各国政府が平和の大義を前進させるためにしたこととはほとんど何もなかったが、平和運動には別の、大きな希望が残っていた——一八八九年に世界の労働者と社会主義政党を一つにして創設した組織、第二インターナショナルである（一八六四年にマルクスが自ら創設した第一インターナショナルは、教義の違いから十年ほど経って分裂していた）。第二インターナショナルはヨーロッパ中から、またアルゼンチン、インドそれにアメリカ合衆国から多くの政党が参加する、まさに国際的な組織であり、産業化が拡大すればそれに伴い、わずかながらでも規模が拡大していた。資本主義を共通の敵として、またカール・マルクスのイデオロギーの強力な影響によって結びついた組織であった。マルクスのかつての共同研究者フリードリヒ・エンゲルスが一回目の会議の際に出席し、マルクスの娘と義理の息子二人がその発展に深く関与していた。重要なのは、第二インターナショナルには多くのメンバーがいたことだった。大戦前夜には、二十五ほどのさまざまな政党が参加しており、そのなかには四十二議席を持ったイギリス労働党と全投票数の五分の一を得て百三議席を持っていたフランス社会党も含まれていた。なかでも一番重要な政党はドイツ社会民主党だった。百万人を超える党員がいてドイツの投票の四分の一を占め、一九一二年には百十の議席を獲得し、帝国議会で最大の単一政党となっていた。世界中の労働者が団結すれば国民は存在しない、あるのは階級の利益だけだとマルクスが述べたのは有名だが、労働者は戦争を不可能にする力を秘めていた。資本主義は労働者を搾取するが、資本主義は工場を経営するため、鉄道を動かすため、港を機能させるため労働者を必要とする——動員の際には、兵士を確保するために必要となる。あるフランスの戦闘的な社会主義者がドイツ皇帝を嘲るように述べている。「乾いた火薬だって？ そいつは結構だ。気づいたら四百万人のドイツの労働者が小便をかけてたっていうことになるぜ！」[70]（ドイツの陸軍大臣が長い期間、軍の拡大に抵抗していた理由の一つは、労働者階級出身の兵士が忠実に戦わないのではないかと恐れていたからである）。社会主義が最終的に勝利を収めれば、戦争は全くあり得ないことになるはずだった。ドイツ社会民主党左派を代表するカール・リープクネヒトは軽蔑したようにズットナーに述べている。「あなたが到達しようと努めているもの、すなわち地上の平和を私たちは手に入れるでしょう——社会民主主義のことです。それは偉大な国際平和の連盟そのものです」[71]。

ズットナーは社会主義者を好きではなかった。ズットナーは、労働者が社会の有用な一部となろうとするならば後見役が必要だと考えていた。ズットナーは次のように述べている。「労働者はまず初めに、下品なところを克服しなければならない」[72]。一般に、大きな中産階級の平和運動と社会主義者の連携は、一九一四年以前には難しかった。上流階級と中産階級は革命のレトリックに怯え、社会主義者は自由主義者というのは資本主義の親切な上っ面で、本当の性質を労働者に見せないようにする仮面だと考えていた。調停や軍縮といった自由主義者にとっての反戦の大切な問題に取り組むのは、社会主義者にとって我慢できなかった。もっと大事なのは戦争の原因である資本主義を覆すことだったのだ。エンゲルスは一八八七年に、ヨーロッパの未来の大戦のぞっとするような絵を描いて、飢餓、死、病気、経済と社会、最終的には国家の崩壊を提示した。「王冠が溝の中に転がり落ちて誰も拾おうとはしない」——どこで終わるのか予言するのは不可能であるが、「絶対に確かなのは一つだけである。総崩れが起こり、労働者階級が最終的に勝利する条件が確立する」[73]と。

だが、ヨーロッパの社会主義者はそうした代価を払ってまで勝利を望むのか、戦争に反対し、かつ平和的な手段で権力を獲得する方がよいのではないか。特に西ヨーロッパにおける選挙権の拡大と労働者階級の状況の改善を見ると、投票箱と法と血なまぐさい革命より、利益が重なっている他の政党との協力による別の道が約束されているように思われた。階級間の暴力的な衝突を通じて変化が起こるとする正統派のマルクス主義を改訂する試みは、ヨーロッパの社会主義政党内で、特にドイツ社会民主党内で苦痛を伴う決定的な分裂を引き起こし、第二インターナショナルそのものにも動揺を引き起こしていた。どちらの側も味方を得ようと、偉大な社会主義の父祖マルクスとエンゲルスの作品を引っ掻き回して数多く討論を重ねたあと、ドイツの社会主義者は投票で革命正統派を選んだ。皮肉なのはドイツの社会主義者が実践においては改良主義者となり、それなりに社会に認められるようにさえなったことである。組合員の数が増えつつあった労働組合は、実業界と協力して組合員のために恩恵を獲得する用意が完全に整っていた。地方レベルでは、町役場のような組織の社会主義政党の党員は中産階級の政党と協力していた。だが、国レベルでは社会主義政党は敵対するという昔のスタンスを維持し、どんな場面でも政府に反対し、帝国議会議員が立ち上がって皇帝に声援を送っても、頑固に席についたままだった。[74]

ドイツの社会主義のリーダーが恐れたのは、ビスマルクがつくった社会主義者鎮圧法の復活を願っている人々が政府内に多数存在することだった。ドイツ皇帝が、ドイツの兵士が自分の兄弟に銃を向けなければならなくなるかもしれないと思わせる演説をしたことで問題はますます複雑になった。一九〇七年の選挙は、南西アフリカの植民地で起きた蜂起をドイツが残虐に抑圧したあとのナショナリズムが高揚したときに行われたために、社会主義者にはショッキングな結果となった。社会主義者は極右のナショナリストから非国民だと非難され、八十三あった帝国議会の議席のうち四十議席を失ったのだ。このために、今度は党の穏健派が強力になった。新しい社会民主党の代表グスタフ・ノスケは帝国議会での最初の演説で、外国の侵略を「ブルジョアのメンバーと同じくらい」容赦なくはねつけた。[75]党の指導者は左派をコントロール下に置くように努め、ゼネラルストライキの提案や革命的な活動の一切に抵抗した。[76]ドイツ政府がもっと賢明で、社会民主党はもはや既成秩序の深刻な脅威ではないという多くの徴候を見つけていたら、社会主義者を政治の主流に置いてもかまわないと思っても不思議はなかった。しかし実際には、政府は社会主義者を疑惑の目で扱い続け、忠誠心を疑っていた。結果として社会主義の指導者は、党員が実際にどうしていようと、マルクス主義正統派に対するリップサービスを捨てきれなかったのである。

このイデオロギー上の整合性と臆病心が入り混じった状態に責任があった重要人物が、小柄で痩身のアウグスト・ベーベルだった。ベーベルは社会民主党の中心的創設者で、議会での中心的スポークスマンで、マルクス主義へのこだわりを維持するのに大きく責任を追う人物だった。ベーベルの両親は労働者階級で、父親は昔のプロイセン軍の下士官、母親は女中だった。十三歳になる前に両親を亡くし、残った親族はベーベルを大工の見習いに出した。一八六〇年代にマルクス主義に改宗し、以後、政治に献身した。一八六六年のドイツ統一に向けたオーストリアとの戦争と一八七〇年のフランスとの戦争に反対し、結果として反逆罪の判決を受けた。刑務所で過ごす時間を幅広い読書に使い、女性の権利についての小冊子も書いたが、理論を構築するより組織をつくる――実際、得意だった――ことに慰めを見いだすのが常だった。一八七五年に社会民主党を創設する力となり、大きな規律ある組織に育て上げた。

ベーベルは第二インターナショナル設立時のドイツ代表の一人で、何年にもわたってドイツ社会民主党はその規模と規律の正しさにより最重要メンバーとなった。ドイツがインターナショナルの継続メンバーに留まるための規定は、単純で厳格だった。いつも心に階級闘争を刻み込んでおくこと、妥協しないこと、ブルジョア政党と取引しないこと、ブルジョアの政府に参加しないこと、ブルジョアの大義を支持しないことの五つだった。一九〇四年、アムステルダムで行われた会議で、ベーベルはフランス社会党のリーダーであるジャン・ジョレスを、ドレフュス問題の間フランス共和党を支持したとして非難した。「王国であれ共和国であれ、どちらも階級国家だ。ブルジョア支配を維持するための国家形態で、資本家の社会秩序を守るために形づくられている」と。フランスの社会主義者やドイツ人とドイツ人に味方したもっと教条主義的な人々は、階級闘争から逸脱するすべての試みを非難する決議案を推進した。「こういうやり方をしたのでは、敵を破って政治権力を獲得することができない。既存の秩序と折り合いをつける政策をとることになる」と。社会主義者の連帯を情熱的に信じていたジョレスは決議案を受け入れた。他の人だったら絶望し、苦い思いを感じるところだが、ジョレスはフランスと国際社会主義運動の両方にいる異なる分派を一つにまとめたのであ

る。(77)

自分より大義が大事で、他人を恨んだりしないのがジョレスの特徴だった。生涯を通じて、ジョレスの友人関係はイデオロギーを超え、政治の場面ではいつも反対の立場の人にも手を差し伸べる心積もりがあった。ロマン・ロランは次のように述べている。「ジョレスの人としての共感は普遍的で、ニヒリスティックになることも、狂信的になることもなかった。しかし不寛容な行為に対しては反発した」(78)。一九一四年以前の社会主義者のリーダーのなかで、ジョレスは常識と政治の現実を掌握する力があり、妥協に協力する用意があり、楽観的で際立っていた。理性と、人間が本来善であるということに揺るぎない信頼を持ち、亡くなるその日まで政治の目的はより良い世界を構築することだと信じていた。マルクスと他の社会主義の聖典をすべて学んでいたが、ジョレスの社会主義は教条主義的なものではなかった。マルクスとは違い、ジョレスは歴史が階級闘争を通じて不可避のパターンで自己展開するものとは考えなかった。ジョレスには人間のイニシアチブと理想主義の余地が常に存在していた。平和的に未来に向かうさまざまな道が、いつも存在していたのだ。ジョレスが望む世界はすべてが正義と自由を基礎とするもので、幸福をもたらすものだった。社会主義の目的は、「今は特権を持っている人々にしか与えられていない人生のすべての喜び」を普通の人々が味わえるようにすることだとジョレスは述べている。(79)

がっちりして肩幅が広く、あけっぴろげで親しみやすい顔立ちで、きれいな濃い青い眼をしたジョレスは、一生涯を通じて巨大なエネルギーを持ち続けた。冷徹な政治家であるとともに思慮深い知識人でもあり、古典学者になることもできる人物だった。巧妙で頭の切れる人物だったが、傲慢になったり不親切になったりすることはなかった。ジョレスの関心を共有しない頭のよくない女性と結婚したが、妻には忠実だった。若い頃に神への信仰を失ったが、妻が子どもたちに宗教的な躾を行うことに何の反対もしなかった。美味しい食べ物とワインが好きだったが、会話に夢中になると食べるのを忘れてしまうことがよくあった。財産や地位にはこだわらなかった。パリのアパートは居心地がよかったがみすぼらしく、渡し板が机代わりであった。一九〇七年に社会主義者の会議で会ったラムゼイ・マクドナルドが言うには、干し草用の三つ叉熊手を持って羽織るような服を着ていた。つぶれた麦藁帽子をかぶり、全く自分のことなど意識しないでジョレスは歩き回った。マクドナルドが言うには「新しい世界からやってきた若者か、運命を悟りどうやって無意識のうちに幸せな気持ちでいられるのかわかっている旅役者のよう」だった。[80]

ジョレスは一八五九年、フランス南部のタルヌの家庭に生まれた。家は中産階級ではあったが、父親が次から次へと仕事に失敗し転々としたことから、貧乏に近い生活を経験していた。家族のなかでは力があった母親に頼んで地元の寄宿学校に行かせてもらい、これまでのどの生徒よりも多くの賞を勝ち取った。才能があり、成果を挙げたことでジョレスはパリでさらに学校教育を受けることになり、最終的にフランスのエリートの多くを輩出しているエコール・ノルマル・シューペリエールに進学した。比較的若いときからジョレスは社会問題に強い関心を示し、政治を学ぶことにしたのも納得がいくことだった。一八八五年に最初に議会に選出されたが、一八八九年には落選し、続く四年間はトゥールーズで教師となった。その後市役所に勤めて実践的な経験を積み、選挙民にとって重要なパンとバターの問題の意味を理解し、それを生涯忘れなかった。議員として三十五年間務め、そのうち十年間はフランス社会党の党首だった。演説が得意だった。一生懸命額の汗をぬぐいながら、議会でも、社会主義者の会議でも、行き来したフランスの村や町でも、深い確信のもと雄弁に情熱的に話をした。たくさんの文章を書き、一九〇四年からは新しい社会主義者の新聞「ユマニテ」紙の編集を行い、続く十年間で二千以上の記事を書いた。

一九一四年に第二インターナショナルの会議で敗れたあと、ジョレスは国際状況が悪化したことをますます不安に思うようになり、多くのエネルギーを平和のために費やした。調停と軍縮をずっと支持してきたが、戦争そのものを研究するようになった。ジョレスらしく真剣に研究に取り組み、軍事理論と戦争の歴史を読み、若いフランス陸軍大尉アンリ・ジェラールの協力を得た。ある晩、二人がパリのあるカフェにいたとき、ジョレスが将来の戦争の様子について話をした。「砲火と爆弾。すべての国民が殺し合う。何百万という兵士が血と泥にまみれる。何百万もの死体が……」。数年後の西部戦線の戦いの間、ある夕、人がジェラールに、どうして虚空を見つめているのか尋ねた。ジェラールは次のように答えた。「全部見たことがあるような気がする。ジョレスがこの地獄を、この壊滅状態を予言したのだ」。[81] フランス国内でジョレスはフランス軍を、攻撃を主眼とする職業軍隊から、六カ月の軍務についたあとは短期間訓練のために戻るスイスのような市民軍に移行するように求めた。この新しい軍は防衛のためにのみ使用するのだ。こうしてフランス革命は――国民が武装することで――敵の送った軍隊を破ったとジョレスは論じる。振り返ると、ジョレスが防衛に重点を置いたのには大きな意味があったのだが、ジョレスの考えは政治と軍当局から拒絶された。(82)

一九〇四年以後、第二インターナショナルでは会議のたびに戦争を回避するにはどうするのか、ヨーロッパ全面戦争に直面してどうすべきなのかということが議題となっていたが、第二インターナショナルを動かして行動させようとするジョレスの試みはうまくいかなかった。残念ながら、早い段階からメンバー間の意見が深いところで違っていて、潜在的に分裂をはらんでいたのは明らかだった。イギリス労働党の議員ケア・ハーディーのように、ジョレスと同じような考え方をした人々は、社会主義者は反戦のために議会で演説する、大衆デモを行う、ストライキを行う、必要なら蜂起するなど、あらゆる武器を使うべきだと信じていた。だが、ドイツの社会主義者は革命的な話はしていたものの実践において国内での行動と同じで用心深かった。両者の対立の鍵となる問題は、いざ戦争が起こったときに取る具体的な手段について合意できるかどうかだった。多くの社会主義者は（実際、ヨーロッパの政治・軍事の指導者も）ゼネラルストライキが行われれば国民が戦争できなくなると信じていたものの、ドイツ人には単純に自国も第二インターナショナルもそうした方法に打って出る心の準備がなかった。ジョレスの方は、ゼネラルストライキを主張することで社会主義運動を分裂させるつもりはなかった。結局、戦争を非難し、戦争を回避させるため、世界の労働者階級の決意を述べ、それをどのようにして行うかについては熟慮の上曖昧なままにしておくという、耳に心地よく響く決議案の背後に両者の違いは隠された。一九〇七年、シュトゥットガルト会議の決議はこう述べている。「インターナショナルは適宜行う軍国主義に反対する労働者階級の行動の正確な形態については明確にできない。当然国によって異なるものである」(83)と。七年後、第二インターナショナルは存在の危機にさらされた。

大戦までの残された期間、第二インターナショナルは平和のために効果的に活動できるという自信を持っていた。レトリックを使ってはいたが、資本主義を敵として白黒に分けて捉える昔からの傾向はなくなりつつあった。投資と貿易の拡大によって資本主義は世界を緊密に結びつけ、そのために確実に戦争のチャンスは少なくなった。昔の強硬論者のベーベルでさえ、一九一一年にこう述べている。「おそらく世界平和の最大の保障となるものは、この国際的な資本輸出にある、と私ははっきり認めている」。列強が一九一二年と一九一三年に生じたバルカンの危機をうまく処理すると、資本主義は平和の側にあるという証拠であるように思われた。一九一二年のバーゼル会議で、第二インターナショナルは今後、中産階級の平和主義者とともに活動するほど柔軟になった。[84]

国際的な緊張を前にして、社会主義者の連帯が力となる証拠もあった。一九一〇年一月、バルカン諸国のさまざまな社会主義政党がベオグラードに集まり、共通の基盤を模索した。声明文はこう述べている。「われわれは同じ文化を持つこれらの人々を、そして経済的・政治的資産を緊密に結びつけているこれらの国々を分断する境界線を破壊しなければならない。そうして諸国民が自らの運命を決定する権利を奪っている外国支配のくびきを振り払わなければならない」[85]。一九一一年春、オーストリア＝ハンガリーとイタリアの緊張が高まっていたとき、両国の社会主義者は高額な軍事支出と戦争の脅威に反対して運動を行った。[86] 一九一二年秋、第一次バルカン戦争が起こったときには大きな希望の瞬間が現れた。ヨーロッパ中の社会主義者――ベルリンでは二十万人、パリ郊外では十万人――が平和のための大デモンストレーションを行い、第二インターナショナルが緊急会議を持ったのである。二十三の社会主義政党から五百人を超える代表がスイスのバーゼルで会合を行った。白い服を着た子どもたちが先導に立ち、赤い色の大きな砂岩で建てられたゴシックの大聖堂まで歩いた。社会主義運動の中の著名人たちが説教壇に上って戦争を、戦争一般を非難し、労働者階級の力の存在を示したのだ。最後に登壇したジョレスは、最高の演説を行った。ジョレスは次のように結んでいる。「われわれは平和と文明の救済について意見を述べ、このホールをあとにする」。礼拝に来た会衆のように、人々は最後に歌を歌い、オルガンでバッハが演奏された。ロシアの革命家アレクサンドラ・コロンタイは忘我状態になり、友人に宛て、「これまでの生涯でこんなに眩暈がするような思いをしたことがありません」[87]と手紙を書いている。三カ月後、第二インターナショナルの二大政党であるフランスとドイツの党が軍拡競争を非難し、平和のために協力することを約束した共同宣言を発表した。[88] だがその夏、フランス社会党は議会でフランス軍を拡大する要求に反対したが、ドイツ社会民主党は帝国議会で、ドイツ軍の予算を増やすことに賛成したのである。

第二インターナショナルの基本的な弱点は、国によって戦略と戦術上に違いがあるということだけではなかった。弱点は、ナショナリズムそのものだった。それは、言葉の陰に隠されていた。一九一四年以前にはどの会議でも、どこの国から来た演説者も、労働者階級の国際的な兄弟愛についての高貴な気持ちを歌い上げ、自分の発言に何ら疑問を持っていなかった。だが、一八九一年初め、第二インターナショナルの第二回会議に来ていたオランダ人代表が、耳障りはよくないが予言的な言葉を残している。「社会主義が想定している国際的な感情をドイツの兄弟は持っていない」[89] と。他の社会主義政党と労働組合についても同様だと思われる。ナショナリズムは、支配階級が国民に課して煽り立てるだけのものではないことが明らかになった。ナショナリズムはさまざまなヨーロッパ社会に深く根を下ろしていた。フランスの労働者の国民意識を鼓舞する歌の中に、あるいは軍務に就いているドイツの労働者が持っていた誇りの中に、それは表れていた。[90] 振り返ると、第二インターナショナルにナショナリズムが与えていた影響を容易に見て取ることができるかもしれない。たとえば、さまざまな社会主義政党はメーデーの祝典のあり方について合意できなかったし、第一次モロッコ事件についてドイツとフランスの労働組合のリーダーが一九〇五年から一九〇六年にかけて行った論争のときに、あるいはドイツとフランスの社会主義政党が互いの仕事のやり方を批判するときに、合意はなかった。[91] 一九一〇年、バルカンの社会主義者が統一戦線をつくろうとする試みは、すでに国内の内輪もめに忙殺されていたブルガリアの社会主義者がセルビア人に目を転じた翌年に頓挫したのである。[92]

一九〇八年、オーストリア社会党は政府が行ったボスニア＝ヘルツェゴビナ併合を批判したが、一方で、セルビア人がこの行為に憤慨していることにはほとんど共感を示さなかった。事実、オーストリアの社会主義者はバルカンを文明化する使命が自分の国にあるということを前提にする傾向があった。[93] 彼らだけではなかった。社会主義の理論では帝国主義は悪だとされていたが、一九一四年以前には、優れた文明は劣っている文明に恩恵をも

1914 年以前、強力な国際平和運動があって戦争を非合法化する、あるいは少なくとも戦争を制限しようとしていた。目的の 1 つは軍備競争を終わらせることだったが、ほとんど成功を収めなかった。この風刺画では、テーブルの端で戦争の神であるマルスがドレッドノートに齧り付いている。一方では、フランスのマリアンヌ、オスマントルコ、イギリスの提督、アンクル・サムなど世界の列強を代表する者たちが怒りも露わに食べもの（兵器）を要求している。哀れなウェートレスの平和（天使）は重い皿を持って翼がずぶ濡れになり、頭が垂れている。「ドレッドノートクラブはいつもランチタイムなのだ」。

たらすという理由で植民地所有を擁護する傾向がヨーロッパの社会主義者の間に存在した。ドイツの社会主義者の中には、さらに進んで、ドイツの労働者に経済的恩恵をもたらすもっと多くの植民地がドイツには必要だと論じる人々もいた。[94] 一九一一年、北アフリカの領土を獲得しようとイタリアがオスマン帝国に対し露骨な帝国主義戦争を仕掛けると、イタリア社会党の右派は政府に賛成票を投じた。イタリア社会党は後にその代表を追放したが、党の書記が第二インターナショナルの圧力に憤慨していたのは明らかだった。「あらゆる批判を止めるべきだ。どこから批判が出て来ようと、力を誇示しての圧力は大げさで理性を欠いている、[95] と」。

翌年、第二インターナショナルの事務局を運営していたベルギー人カミーユ・ユイスマンスは、次の会議をウィーンで開くという考えを一時的に断念しなければならなかった。さまざまな国の社会主義者の間に緊張があったからである。ユイスマンスは次のように書いている。「オーストリアとボヘミアの状況は全く嘆かわしい。そこにいる同志たちはお互いに喰い合っている。不協和音はピークに達した。

感情が高ぶり、ウィーンに集まったとすれば戦いの懐疑が拡がり、最悪といってよい印象を世界に与えるだろう。オーストリア人とチェコ人だけがこうした状況にあるわけではない。同じことがポーランド、ウクライナ、ロシア、ブルガリアにも言えるのだ」[96]。ドイツとフランスの社会主義者の関係は第二インターナショナルの土台となっており（ドイツとフランスが今日ヨーロッパ連合の土台となっているのと同じである）、両者はいかにこのことが重要なのか、繰り返し強調していた。だが、一九一二年、ソルボンヌ大学のドイツ語教授で社会主義とドイツの両方に共感を持っていることで知られていたシャルル・アンドレールは、居心地の悪い真実を明らかにすることになった。一連の文で、ドイツの労働者は国際主義者というよりドイツ人であることが先で、戦争になったらどんな理由であれ、ドイツを支持することになると指摘したのである[97]。

中産階級の平和運動は第二インターナショナルよりも、ナショナリズムの感染から免れることができなかった。イタリアの平和主義者は、オーストリアの平和主義者が少数民族（もちろんオーストリア＝ハンガリー内のイタリア人を含む）の権利拡大を拒否したことにひどく幻滅した[98]。アルザス＝ロレーヌ両地方の住民はドイツ支配下で平和で豊かな生活を送っているとドイツが主張する一方で、フランスはたとえば、フランス語を話す人々の多くが移住しているというのが抑圧の証拠だと主張し、ドイツとフランスの平和主義者の間に問題を引き起こしていた[99]。一九一三年に、あるドイツの平和主義者が述べている。「われわれが武器を捨てても、フランス人が……攻撃するチャンスは百に一つはある」と。イギリスとドイツの平和主義者の間にも信頼はなかった[100]。一九一一年にモロッコをめぐって危機が生じ、イギリスとドイツの間に戦争が起こりそうになったとき、ラムゼイ・マクドナルドは議会でこう述べた。「いかなるヨーロッパの国も、この国の政党の対立によって国民の精神や国民の統合が弱まるとは一瞬たりとも思ったりしない」ことを願う、と。翌年、ドイツの代表的な平和主義者が「わが国の成長に絶対必要な安全を脅かす」イギリスを擁護しているとして同僚を批判した[101]。ヨーロッパの平和主義者はそれぞれ、攻撃的な戦争と防衛的な戦争を区別することによって、自分たちの信念とナショナリズムに折り合いをつけようとした。貴族的な体制に対して、たとえ不完全なものであったとしてもリベラルな制度を擁護することが正しいのは確かだった。たとえば、フランスの平和主義者は、自分たちの先祖が外敵からフランス革命を守ったように共和国を守らなければならないと、常にはっきり意識していた。(102) 一九一四年、危機が深まったときヨーロッパの指導者たちが目指したのは、戦争をする決定的な理由は防衛に限ると自国の人々を説得することだった。

　戦争そのものがヨーロッパの平和を維持する試みを破壊した最終的な要因だった。ブロッホは科学技術によって戦争がより多くの死をもたらし、より高度に産業化したものになることから戦争に魅力を感じさせる環境は消えてしまうと考えていた。実際は反対だった。軍国主義の拡大と戦争が引き起こす興奮そのものが、多くのヨーロッパ人の心に訴えたのだ。戦争は非理性的なものであると読者に説いたエンジェルでさえ、それを認めざるを得なかった。「戦争には何かが隠れている。戦争にまつわる話、戦争に付随して起こることには何かがある。それが感情を揺り動かし、私たちの最も平和な血管を通って血液を送るように刺激を与える。勇気を称える自然な気持ちや冒険や熱烈な運動、感情を愛する気持ちはもちろん、どれだけ遠くにあるのかわからない本能に訴えるのだ」(103)。

1.　1900 年のパリ万国博覧会は、世界におけるヨーロッパの優位を示すだけでなく平和と繁栄を祝うものだった。だが、展示には荒れ狂ったヨーロッパの歴史の中で最も長い平穏の期間に終止符を打つことになる緊張の気配を示すものも見受けられた。

2.　1894 年のコブルクで行われた結婚式に集まった一族の写真だが、ヨーロッパの王族の間に多くの親族関係があったことを示している。出席者の多くは、いつもの黒い衣装を身につけて前列に座っているヴィクトリア女王の親族である。孫のドイツ皇帝ヴィルヘルム２世はその左にいる。その後ろに後にロシア皇帝になる従弟のニコライ２世、そのすぐ後ろにイギリス王となるエドワード７世がいる。将来のロシア皇后アレクサンドラがヴィルヘルムとヴィクトリアの間に立っている。

3.　ヴィルヘルム（右）は祖母ヴィクトリア女王に尽くしていたが、ヴィクトリアの息子で後に国王となるエドワード７世（左）との関係は厄介だった。ヴィルヘルムはエドワードがドイツに反対するグループをつくろうと謀をしていると疑っていたからである。エドワードは反対に不信感を抱いて、甥をつまらぬ人物だと思っていた。

4. オットー・フォン・ビスマルクは当時最高の政治家だった。1871 年に新国家ドイツをつくっただけでなく、ヨーロッパの国際関係を支配した。

5. オーストリア皇帝フランツ・ヨーゼフはヨーロッパの中心部にある、衰退し困難を抱えていた帝国を統治した(1848-1916 年)。強い義務感を抱き、厳格に果てしない日常業務を続けた。

6. 多くの人々にとって、ロバート・セシル（ソールズベリ）はイギリス上流階級とイギリスそのものの穏やかな自信を代表していた。金持ちで、頭がよく、親族に恵まれて、1885 年～ 1902 年にかけて保守党の首相を３度務めた。

7. ジャン（あるいはイヴァン）・ド・ブロッホは新しい全面戦争が膠着状態になり、ヨーロッパ社会が経費に耐えられなくなると考えたロシアの金融家だった。

9. 押しが強く自説にこだわる海軍大将ジョン・フィッシャーはドイツの挑戦を受けてイギリス海軍の再活性化と再組織化を推進した。フィッシャーは艦隊の多くを周辺海域に戻し、巨大なドレッドノート建造に着手した。

8. アルフレッド・フォン・ティルピッツはドイツが世界の列強になるためには大海軍が要ると確信していた。ティルピッツの願いを共有していたヴィルヘルム2世は1897年に海軍大臣に任命し、ティルピッツは大海軍建設プログラムに着手した。

10. ビスマルクのドイツに敗れた屈辱のあと、フランスの力と威信を確立することに尽くしたデルカッセは、有能で第三共和国の外相を長く務めた。

11. ロシア皇帝ニコライ２世とドイツ人の妻アレクサンドラ（中央）はサンクトペテルブルグの郊外に子どもたちと隠遁生活を送っており、ロシアで不安が高まる中、ロシア人は自分たちに忠実であると信じ続けた。娘たちは左から右にマリー、オルガ、タチアナ、アナスターシャ。小さな男の子はアレクセイで、帝位の後継者だが生命を脅かす病である血友病にかかっていた。この写真の全員が 1918 年、ボリシェヴィキに殺された。

12.　1905年1月、日本との戦争で軍事的敗北を喫したあと、ロシアに広がった不安の中で血の日曜日として知られる事件が発生した。ロシア皇帝に誓願を提出しようとサンクトペテルブルグの冬宮に向かって労働者を含む大勢の人々が平和的に行進する中、軍隊は発砲した。

13.　フランスの代表的な社会主義者ジャン・ジョレスはヨーロッパで最も大きな声を上げた平和主義者の 1 人だった。ジョレスは左翼政党と労働組合の第二インターナショナルを戦争に反対する強力な統一勢力にしようと願っていた。1914 年の最後の危機に際して、ジョレスは平和の最後の日まで闘った。フランスの右翼のナショナリストが開戦直前にジョレスを射殺した。

14.　作家で活動家のベルタ・フォン・ズットナーは大戦前の国際平和運動家で最も著名な人物の 1 人だった。ベルタは軍縮と紛争解決の平和的な方法をどこまでも追求し、ダイナマイトを発明したアルフレッド・ノーベルを説得してかなりの財産をノーベル平和賞のため寄付してもらった。

15. ヨーロッパ中で、市民は軍にならい訓練や犠牲や愛国心といった資質をデモンストレーションするように奨励された。ボーイスカウトや士官候補生は軍国主義を鼓舞する役目を務めた。この写真のバルカンの少年たちは世界の最も厄介な場所で戦争の準備が進んでいることを示している。

16. 過去の大人物と出来事を記念することによってナショナリズムは強化され 1914 年以前のヨーロッパ社会の特徴となった。指導者たちはこうした記念行事で国民の中にある対立を克服しようと推進したが、ナショナリズムは草の根からも生まれてきた。この写真は、フランスの小さな町の地元民がジャンヌ・ダルクを祝っているところだが、実際ジャンヌ・ダルクが戦ったのは新たに友好国となったイギリスだったのだ。

17.　ジョゼフ・ジョッフル将軍（左）は1911年にフランスの参謀総長になった。有能で粘着質だったジョッフルは政治家から信頼を得ていた。この軍事演習に一緒に来ていた文民の中にいる大統領レイモン・ポアンカレ（中央）は熱心なナショナリストだった。

18.　ドイツ参謀総長ヘルムート・フォン・モルトケは悲観的で気持ちが沈みがちで任務に耐える力がないと思われていた。1914年の危機にダウンすることになった。

19.　明晰で有能なロシアの軍相ウラジーミル・スホムリノフは虚栄心が強く腐敗していた。戦争のための準備段階で陸軍の攻撃能力を過剰に楽観視した。1916年に権力濫用と反逆罪とで訴追された。

20. アルフレッド・フォン・シュリーフェンはドイツがロシアとフランスの二正面で戦うとしたシュリーフェン・プランの名前の元になった。ドイツが維持することを約束していたベルギーの中立を侵犯したことによって、プランはイギリスが参戦するきっかけを与えることに決定的につながった。

21. ベルンハルト・フォン・ビューローは 1900 ～ 1909 年にドイツの首相で外交政策を預かっていた。ビューローは何とかヴィルヘルムをコントロールしたもののイギリスとの海軍競争の展開を抑えることができなかった。

22. 1906 年、ドイツ皇帝ヴィルヘルムはモロッコをフランスから救ってくれるかもしれないと群衆が列になって喝采するタンジールの細い通りを馬に乗って進んだ。フランスとイギリスが最近結んだ友好関係を引き裂こうとしていたドイツ政府はヴィルヘルムは辞めたほうがいいと考えていたにもかかわらず訪問することを主張した。

23. ハーバート・アスキスは 1908 ~ 1916 年イギリスの首相を務めた。分裂していた党を 1 つにし、荒れ狂うイギリスと反逆するアイルランドを扱う熟練した政治家であるアスキスは外交問題のほとんどをグレイに委ねていた。

24. オーストリアの主要な政治家の多くと同様アロイス・エーレンタールは貴族出身だった。保守的なエーレンタールは皇帝に献身的に仕え、大国としてのオーストリア=ハンガリーを維持した。

25. 1905 ~ 1916 年イギリスの外相を務めたサー・エドワード・グレイは帝国を信じる自由党政治家で、外国嫌いの政治家で意識の低い人々をすべて疑う堅苦しい人物だった。

26. 強烈な肉体と性格を表す雄牛を意味する「アピス」という名で知られるドラグーティン・ディミトリエヴィッチ大佐は1914年にセルビアの軍の諜報部長となった。秘密のセルビアのナショナリストの組織（「ブラック・ハンド」）に深く関わり、サラエヴォでオーストリア大公フランツ・フェルディナントを暗殺する陰謀の背後にいた。

27. 1912年の第一次バルカン戦争でオスマン帝国との戦いに向かう途中のブルガリア人部隊は前もってほとんど何も考えていなかった。オスマン帝国はバルカン諸国の同盟軍に敗れたが、ブルガリア軍は袋叩きにあった。

28. オーストリア＝ハンガリーの帝位継承者フランツ・フェルディナントと妻ゾフィーはサラエヴォで夏の朝、最後の旅に赴いた。この日がセルビアの国民的な記念日と偶然に一致していたため、タイミングはさらに悪かった。テロリストが潜伏しているという情報があったにもかかわらずセキュリティーが緩んでいた。大公の死によって、戦争に反対して進言する可能性があった皇帝に近い人物の 1 人が排除された。熱烈なセルビアのナショナリスト ガブリロ・プリンチプ（挿入画像）は銃を撃ち大公夫妻を殺害した。プリンチプは当時未成年だったので処刑はされなかった。彼は刑務所に送られ、1918 年に結核で死去した。自分が引き起こしたヨーロッパのカタストロフィーを悔やんではいなかった。

29. 1914 年 7 月 31 日、ドイツは総動員に向けて最初の一歩を踏み出し、フランスおよびロシアと戦争をした。ベルリンの古い兵器廠の外で、伝統的なやり方で一人の中尉が「戦争危機状態」の宣言を行っている。

30. フランツ・コンラート・フォン・ヘツェンドルフ伯爵はオーストリア＝ハンガリーが南はイタリアとセルビア、東はロシアと敵国に包囲されていると考えていた。1914年以前何度か危機が起こるたびにコンラートは戦争を推奨した。

31. 端整で教養があり大金持ちのレオポルト・ベルヒトルト伯爵は1912～1915年、オーストリア＝ハンガリーの外相を務めた。ベルヒトルトは戦争を避けたいと思っていたが、次第にセルビアは破壊しなければならないと思うようになった。

32. イシュトバーン・ティサはハンガリーの貴族で2度首相を務めた。頭がよく、誇り高くて頑固なティサはハンガリー国境内の少数民族に対するハンガリー人の優位を維持しようとした。初め対セルビア戦争に乗り気ではなかったが、結果的に方向を転じた。

33. 他の文民の指導者と同様、1909～1917年にドイツの首相を務めたテオバルト・フォン・ベートマン＝ホルベークは軍服を着て表に出ることを好んだ。ベートマンはイギリスとの関係の改善を望んだがヴィルヘルムとティルピッツに打ち勝つだけの力がなく、海軍競争をやめられなかった。

34.　ヨーロッパ中で繰り返された光景である。ベルリンにいる家族が召集された男たちに別れを告げている。予備役からなる部隊は戦線に向かったが、フランスは予備役のことを計算に入れていなかった。結果的に、フランス軍と小さなイギリス遠征軍は予想よりも強力なドイツの攻撃に対することになった。

35. フランスのナショナリストは1871年にドイツにアルザスとロレーヌを割譲したことをどうしても受け入れられなかった。パリでストラスブールを表す彫像には喪服が着せられていた。1914年8月にフランスとドイツが戦争に突入すると群衆がコンコルド広場に殺到し、黒い喪服を引き裂いた。

36　このあとにはもっとひどい破壊が行われるようになるのだが、ドイツ軍がベルギーを通過したときにルーヴェンの大図書館を焼失させたことは、大戦がヨーロッパ文明に対して行ったことを象徴していた。こうした行為によってドイツに対する中立国の世論、特にアメリカ合衆国の世論が悪化することになった。

11　戦争について考える

ドイツ統一戦争におけるプロイセンの勝利の立役者へルムート・フォン・モルトケはハンサムだった。鉄十字を身に着け、ぴったりした軍服を身にまとい、プロイセンの主人公であるユンカー階級出身の将校そのものに見えた。その写真や絵に写った姿は真実ではあるが誤解を与えるものでもあった。大モルトケ——一九一四年時点でドイツの参謀総長であった甥と区別するためこう呼ばれる——は何世紀も北や北東プロイセンの領地で農場を経営したユンカーの階級出身で、簡素で名誉ある生活を送り、息子をプロイセン軍に送っていた。プロイセンが拡大するにつれて、男たちは世代から世代へと跡を継いで軍務に就き、戦い、戦死してきた（七年戦争時代にあった名前がヒトラーの戦争のときに再度現れている）。男であろうと女であろうと、ユンカーは身体が強く、不満をこぼさず、勇敢で、忠実で、名誉を重んじるように育てられた。フォン・モルトケは自分の階級の保守的な価値観と単純な慈悲の気持ちと義務感を持っていた。だが、風刺週刊誌「ジンプリチシムス」によると、個人的には、ユンカー出身の将校に特徴的な「頭が空っぽな男らしい男、しかも堅苦しい野蛮人」とは程遠かった。モルトケは詩や音楽、演劇などの芸術を好んだ。ゲーテからシェークスピア、ディケンズまで幅広く、数カ国語で書かれた本を読んだ。ギボンの『ローマ帝国衰亡史』の数冊を翻訳し、ロマンチックな小説を書き、ポーランドの歴史も書いた。モルトケは、ドイツとドイツ軍の進化のために大組織にはシステムと情報と訓練とビジョンとエトスを共有し、できればそれを受け継ぐことが必要だと理解している、極めて近代的な人物だったという意味で重要だった。他の時代に他の場所で生まれていたら、ドイツのヘンリー・フォードかビル・ゲイツになれたことだろう。そういうわけで、モルトケが他の誰よりもうまく、全ヨーロッパの軍の将校団が直面した挑戦に、すなわち兵士カーストが持っている価値観と工業化した戦争が求めているものをどのようにして結びつけるかという挑戦に対処することができたのだ。だが、そのことによって生じた緊張が大戦まで続くことになったのである。

モルトケはナポレオン戦争中の一八〇〇年に生まれ、一八九一年に亡くなったが、その時代はヨーロッパの社会や軍、戦争の方法が変容する時代だった。ナポレオン軍がプロイセンに徒歩や騎馬で進軍し、イエナの戦いでプロイセン軍を粉砕したのは彼が六歳のときだった。一八七〇年には、プロイセンの参謀総長としてフランスと戦い、責任者として成功を収めた。このとき軍は列車で戦場に進軍した。二十年後、亡くなる直前には、ヨーロッパ中に広がる鉄道網は三倍になり、内燃機関による最初の乗り物が出現していた。かつて軍は一緒に運べる糧食の量、あるいは連れて行く馬の糧秣によって大きさが制限され、兵士が行軍できる距離と速度によって遠征の範囲が制限されていた。しかし十九世紀末になると、列車によって大軍を遠くまで運ぶことが可能になり、鉄道の背後にあるいくつもの工場から武器から長靴に至るまで必要な物資を供給し続けることができるようになった。

産業革命によって大軍を持つことができるようになり、ヨーロッパの人口も増加して人的資源が膨らんでいた。プロイセンは人口資源を最初に利用した国だった。プロイセンは徴兵制によって市民社会から新兵を獲得し、数年間の軍事訓練を行った。そのあと訓練した兵士を市民社会に戻したが、予備役兵として定期的に訓練を行い、技術を研ぎ澄ました状態にしておいた。一八九七年、ドイツには現役兵が五十四万五千人いたが、他に求めに応じて三百万から四百万人の軍に復帰できる人々がいた。(1) 大陸の他国にはこの例に従うよりほか、選択の余地はまずなかった。イギリスは海洋と海軍に保護されていたおかげで、小さな志願兵による軍にとどめることができた。逆に大陸では、十九世紀末にはすべての列強は常備軍——言い換えると現実に武器を持って部隊に就いている兵士たち——を抱えるようになった。常備軍以外は社会のあちこちに散在しているが、動員命令が出た場合には速やかに始動する用意があった。列強にはそれぞれ大きな潜在的な軍が存在していたのだ。ナポレオンがモスクワ遠征を開始したとき、モルトケは十二歳で、フランス軍とその同盟軍は六十万人ほどに達し、ヨーロッパで過去最大の軍となった。一八七〇年、モルトケはプロイセン軍とその同盟軍百二十万人以上を動員し、指揮を執った。モルトケの死後二十年経った一九一四年、中心となって戦った列強は三百万人以上の兵士を戦場に送り出した。

膨大な数の人々を動員することは、市や町をまるまる動かすようなものだった。人々を部隊に編成し、適切な鉄道駅に送り、適切な列車に乗せなければならなかった。同様に重要なのは、食料から武器、弾薬に至るまで、また列車を降りたあと騎兵隊を輸送するために必要となる馬とラバに至るまで、適切な装備をしなければならなかった。指定された戦場に向かい運ばれる装備をした人と動物が洪水のように流れ込んで、大部隊に、あるいは二万人ほどの兵士がいる軍そのものといってもいいような師団に、さらに複数の師団を集めた軍団になることもあった。師団と軍団には、効果的に動いて戦うために、それぞれ砲兵部隊から工兵部隊まで独自の特化した部隊が存在していた。ドイツが何トンもの物資と十一万八千ほどの馬とともに二百万人以上を召集した一九一四年の夏、戦線に向かってそれらを動かすために二万八百両の列車が必要だった。五十四両連結した列車が、八月の最初の二週間に十分間隔で、ケルンのライン川に架かる重要な橋ホーエンツォレルン橋を渡って、大隊と装備を輸送した。[2]ことを間違うと——日露戦争のときにシベリア横断鉄道であったように——戦争の努力がすべて水泡に帰す可能性があった。糧食が、必要としている人々とは反対方向に行くことがあり得たし、人々や部隊がまるまるどこに行ってしまったのかを探そうと彷徨《さまよ》い、線路脇で何週間も何カ月も待つ場合もあり得た。一八五九年、ナポレオン三世はオーストリアと戦うために列車で大軍を派遣した。人々は毛布も食料も弾薬も持たずに到着した。ナポレオン三世は述べている。「われわれはイタリアに十二万の軍を派遣した。糧食を用意しないうちにだった」。ナポレオン三世は認める。「われわれがしなければならなかったのはその反対のことだった」[3]。

新時代の組織には新しいより丁寧な方法が求められていることを認識した最初の人物がモルトケだった。軍は計画を立案し、地図を作製し、事前にできるだけ多くの情報を集めなければならなかった。動員から実際の戦闘が始まるまでの時間が劇的に縮まったからだ。十九世紀以前は、軍はゆっくりと足で移動した。フリードリヒ大王やジョージ・ワシントンやウェリントン公は土地の様子を把握し、敵の位置を知るために騎馬の斥候を派遣した上で、計画を立てていた。戦いの前夜、敵に対面する頃には、ナポレオンは自分の軍勢と敵の配置をはっきり頭の中に置くことができた。戦闘計画を立て、朝には命令を出すことができた。しかし、このようなやり方はもう不可能だった。事前に計画を立てることに失敗した軍は役に立たなくなった。一八一九年にモルトケがプロイセン軍に加わったとき、やがてモルトケが自分の手で近代世界の軍にとって最も重要な制度的革新として行うことのような初期段階の形態がすでに存在していた。参謀本部が新たに存在するようになったビヒモスに、戦略と組織と究極のリーダーシップを与えた。参謀将校は他国軍の情報を収集し、用意された地図が最新のものかどうかを確認し、戦争の計画をつくりシミュレーションした。たとえば、オーストリア＝ハンガリーはロシア、イタリア、セルビアに対する戦争計画を持っていた。

　戦争計画を補強することと併せて参謀本部の最も重要な任務は、何百ページにもわたる詳細な動員計画と鉄道計画を作成することだった。そのなかには、列車の大きさや速度、水と燃料を補給するための停車時間の時刻表に至るまで、あらゆることが含まれていた。(4) ドイツはここでも他のヨーロッパの軍のモデルとなり、はるか以前から鉄道の建設と運営、調整は軍事の必要性に合わせていた。一九一四年には、たとえば西部のフランスとベルギーの国境に向かう鉄道車両は、民間の交通が通常必要とするより大きな収容能力を備えるようになっていた。(5) 大モルトケが帝国議会に対し、ドイツ中から動員ができるように単一の基準時を設けた時刻表をつくることが必要だと述べると、すぐに合意ができた。一九一四年以前、ドイツ参謀本部鉄道部門にいた八十人ほどの将校は、家柄ではなく頭脳によって選ばれた（大多数は中産階級出身で、今日であればコンピュータおたくになるような人々だった。一九一四年にこの部門長を務めたヴィルヘルム・グレーナー将軍は当初、妻と一緒に列車の時刻表をつくって週末を過ごしていた）。(6) イギリスの鉄道の話になると、ここでも他国と違っていた。一九一一年まで、軍と鉄道会社の間にはほとんどつながりがなく、相談することもなかったのである。(7)

　一八五七年にモルトケがプロイセン参謀総長になったとき参謀本部には一握りの将校しかおらず、他の将校からはほとんど存在を知られず、気に留められることもなかった。一八六六年、オーストリアとの戦争のとき、モルトケが戦場の指揮官に直接命令を出したとき、ある人物が述べた。「命令はとても良いが、モルトケって誰だ？」(8)。一八七一年になると二つの勝利が肩書につき、今日その名で知られるドイツ参謀本部は、ドイツ国民の宝の一つと思われるようになり、それに伴って影響力と権力が大きくなった。一八八〇年代になると、大モルトケは依然としてその地位にあったが、数百人の将校と数個の部門が置かれるようになった。他国の参謀本部がドイツのように独特で特権を持った立場になることはなかったが、ドイツ参謀本部は大陸の他の列強のモデルとなった。(9) 一八八三年、参謀本部は君主に直接謁見できる権利を得て、さらに自由に戦争の準備と実際の戦争に集中することができるようになり、国際関係や外交のような問題は民間人に委ねるようになった。(10) モルトケは小モルトケに述べている。「私の見方では、外交の最高の技は、あらゆる手段を使って平和を維持することではなく、有利な条件の下で戦争に踏み切れるよう、常に国の政治状況を形成しておくことということになる」。(11) こうした姿勢は危険だった。軍部と市民という二つの分野、平和と戦争という二つの活動を明確に分けることなどできないからである。参謀本部は軍を土台にして決定を行う――一九一四年にベルギーに侵入する決定が有名である――が、それが重大な政治的意味を持つことになるのだ。

戦争計画が必然的に詳細になっていくと、複雑化した新たな危険が発生した。計画の大きさ、計画の作成に関わる仕事、計画の変更に伴う仕事は、部分的に変更できないために議論となった。一九一四年、オーストリア＝ハンガリーは軍の動員を最終的に変更したが、その時には慌てて八十四箱分の命令を改訂することになった。(12) 仕事の大半の時間をできるだけ絶対確実な計画を作成することに使う将校は、それを自覚していようがいまいが作ったものに既得権と誇りを持っていた。何年もかけた作業をボツにして即興で新しいものをつくるのは、本能的に後ずさりしたくなる気持ちを感じざるを得ないのは、どこの国でも同じだった。(13) また、軍の計画を作成する人々はゆとりをもって考えるのではなく、戦争に向けた唯一のシナリオに絞って考える傾向があった。オーストリア＝ハンガリー軍の鉄道計画をつくる部署のある将校は、軍の計画はたった一つの可能性にかけており、外交政策や戦略目的が突然変更されると対応できないという危険に気づいていた。その人物の見方によると、軍は二つの要求を同時に満たすことができないことになる。「一方で、最初の行動の礎として指令通り動けるように、最速で動いて計画を貫徹しようとする。もう一方で、戦場における鉄道の基本的な任務を遂行する用意を整えようとする。いわば、『いつでも指導者の要求をすべて満たそうとする』」。何年もかけてつくったシステムは指導者たちに決定の余地を残すだろうかと彼は問いかける。一九一四年の大きな危機が答えを出した。一九一四年、ドイツ皇帝が小モルトケに、フランスとロシアと同時に戦うとしていた戦争計画をやめて、一つの戦線――ロシアに対して――のみで戦うように変更することが可能かどうか尋ねたとき、モルトケは不可能だと述べただけだった。皇帝は不満だったが、皇帝も政府もモルトケが断言したこの言葉に疑問を持たなかった。何十年間も、これはドイツに限らず、軍の指導者も文民の指導者も軍の計画は専門家の仕事であって、文民には専門家に質問したり論争したりする知識も権利もないと受け止められるようになっていた。

戦前の計画が厳格であったために、いったん動き出すと止めることができなくなる運命に導いたとする批判が、主ではないが、大戦の原因の一つだとする大きな流れが存在している。しかし、複雑ではあるが鉄道と動員のスケジュールは変更することが可能だったし、事実、毎年多くの情報が集められ、新たな路線が敷かれたり戦略目的が変更されたりすると、軍は詳細を変更していた。全体の目的は変更できたし、別の計画を作成することができたのだ。戦後、ドイツ参謀本部鉄道部門のグレーナー将軍は、自分の部署は一九一四年七月にフランスではなくロシアに対してだけ動員する――それもドイツに危険をもたらすような遅滞はなく――新たな計画を作成することができたと主張した。大戦の間、軍は一つの戦線から別の戦線に大勢の人員を動かす計画を迅速に組み立てることができると気づいた。[14] この衝撃的な例は、戦争が始まって最初の一カ月のうちに示された。東部戦線のドイツ司令部が四万人ほどの軍団の方向を変え、南に百六十キロほど動かしたのだ。動員計画は戦争そのものの引き金にはならなかった。むしろヨーロッパの文民の指導者は、第一に自国の戦争計画が最終的にどうなっているのかを知らなかったために、第二に単一の包括的な計画をつくるのではなく幅のある計画を作成するように主張しなかったため、失敗したのである。

計画によって大戦が必然となるため、意思決定を行う人々には意思決定にかける時間を短縮しなければならないというプレッシャーが加わることになった。十八世紀から十九世紀初めには、戦争を望んでいるのか、しなければならないのかを考える期間が政府には何カ月かあったが、このときには数日間しかなかった。産業革命のおかげで、いったん動員が始まると、軍はドイツの場合には一週間、距離のあるロシアの場合には二週間少々のうちに戦線に達し、戦闘準備が整うようになっていた。ヨーロッパの列強は、それぞれの国が動員し戦闘の準備をするのにかかる時間についてかなり正確な知識を持っていた。この過程で遅れないことが重要だった。敵が戦線にいてすでに動員が完成しているのに、自国が部分的にしか動員できていないことはヨーロッパの軍にとって悪夢であり、多くの文民もそれを共有した。

一九一四年の意思決定で衝撃的なのは、ほんのわずかの遅れが命取りという考え方が受け入れられていたことである。コンラートは、オーストリアの軍団がロシアとの境界にあたるガリツィアに集結するうえで一日一日が重要だ、とオーストリア＝ハンガリーで論じた。少しでも遅れれば、準備が整わないうちに大規模なロシアの攻撃にさらされる可能性がある。それぞれがフランスとドイツの参謀総長だったジョゼフ・ジョッフル将軍とモルトケは政府に対し、一日、いやおそらく数時間遅れただけでも恐ろしいほど多くの血が流されることになり、敵に領土を渡してしまうことになると警告した。自分たちの責任の重さに圧倒され専門家を信じた文民は、専門家に対して、たとえば防衛的な立場を取り、敵が攻撃するのを待った方がよくはないかと尋ねることもなかった。(15) だから、いったん隣国が動員するかその準備をしている様子を示すだけで、自国は動員せずに我慢していることは困難だった。何もしないことは自殺に他ならず、動員に遅れることもほぼ同じだと思われた。一九一四年、軍が文民の指導者に対し命令を出すように促してよいものかという議論があった。同様の議論が、何日ではなく、何分というはるかに短い時間でキューバのミサイル危機のときのケネディ大統領に対して行われた。ソ連にミサイルを発射するのを待っていたら、すでに発射している可能性があるから遅すぎるというものだった。ケネディは軍のアドバイスを無視することを選択した。一九一四年には、文民の指導者がこうした自立を示すことはなかった。

振り返ると、軍の計画担当者があまりにも多くの時間を真空状態で作業していたことが容易に見て取れる。軍事計画は力の動きに伴って変化したが、参謀本部の軍事計画担当者は自分たちのことを、国を守るための最良の方法をつくる技術者だと考え、外交と政治の検討は文民に委ねた。難しいのは、文民と軍人のリーダーシップの関係においてはいつもそうなのだが、問題を軍事と軍事以外にきっちりと分けることができないことである。ドイツ参謀本部はフランスへの攻撃を成功裏に行うとしたら、純然たる戦略上の理由からベルギーに侵入することが必要になると決断したが、一九一四年の侵入は、中立国の、特にアメリカ合衆国のドイツに対する評価を大きく損ねることになり、ベルギー侵入がなければ参戦しない可能性があったイギリスを戦争に引き込むことになった。文民は軍の計画について知らないか、知ろうとしないことがあまりにも多すぎた。イギリスとフランスの参謀本部の間では何年にもわたって議論が行われていたが、イギリスの内閣のほとんどがその存在を知って驚いたのは一九一四年のことだ。その逆もあった。フランス軍は他のところでも使えるように二個師団をフランスとイタリアの国境沿いに配置したが、七年後になって初めて、フランスとイタリアの政府が当地の緊張を取り除くために秘密協定を結んでいたことが明らかになったのである。(16)

一つの国のなかでも軍の部署が違っているだけで、情報を共有できなかったり、協力できなかったこともあった。ジャッキー・フィッシャーの下で、イギリス海軍はリークを恐れて陸軍に戦争計画を渡すのを拒否した。一九一一年、帝国防衛委員会の会議は長時間にわたって荒れたが、フィッシャーの後継者であるサー・アーサー・ウィルソンは、海軍には計画が存在していないこと、たとえ陸軍が可能性を検討していたとしても大陸にイギリス陸軍を輸送することについては関心を持っていないことをはっきり述べた。ドイツ軍周辺の人々はドイツのバルト海沿岸が陸海両面から攻撃されることを恐れていたが、ドイツの陸軍と海軍は一九〇四年にたった一度、共同軍事演習を試みただけだった。(17)大戦の二年前の一九一二年になってようやく、ドイツ首相がドイツの戦争計画の内容について知らされたことは明らかである。(18)一九一四年、海軍大将ティルピッツが回想録に書いているように、ティルピッツと海軍はドイツ陸軍が計画していることを一切知らなかった。(19)

ヨーロッパの軍が専門的な技術や知識を重宝したため、その求めに応じた多くの将校が、自分の出身階級の価値観と折り合いをつけるのが簡単ではなくなった。特に軍のなかでも人気の高いイギリス騎兵連隊出身のある将校が、イギリス陸軍が不承不承立ち上げた陸軍大学に応募しようとしたとき、仲間の将校がこう断言した。「わかった。アドバイスを一つしておこう。一緒にやることになる将校には騎馬連隊のことは何も言わないことだ。でないとうんと嫌われるぞ」[20]。オーストリア＝ハンガリーの陸軍では、騎兵隊の将校は砲兵隊の将校のことを「火薬ユダヤ人」と呼んだ。砲兵隊の将校の間でも、馬に乗ることの方が技術上の専門家が言うことより重要だと思われていた[21]。大陸の陸軍の規模がますます大きくなり、都市部の中産階級から多くの将校を獲得しなければならなくなったが、中産階級が中心になることがあまり歓迎されず、技術上のあるいは学問的実力への尊敬にもつながらなかった。事実、中産階級出身の将校は、たとえば決闘をするなど貴族的な価値観を吸収した。その逆はなかったのだ。

こうしたことは軍と社会の間の溝を深める欠点になっていたが、将校団の結束力と、貴族の間で評価され、軍も必要としていた義務感、勇敢な行動、死を恐れない態度といったある種の特徴的な徳性を高めることにもつながった。だが、彼らが思い描いた戦争は、十九世紀後半になると次第に時代遅れになっていた。ヨーロッパの軍は過去の偉大な戦士を振り返ってインスピレーションを得ようとした。アレクサンドロス大王、ユリウス・カエサル、もっと近いところではフリードリヒ大王あるいはナポレオンといったところである。また、近代の兵士は、歩兵の襲撃、直に対面しての戦闘、騎馬攻撃により成果を上げた過去の大攻撃に倣いたいと思っていた[22]。近年の戦争を扱った軍事史でさえ、戦争をロマンチックで英雄的なものとする見方が強く、個人の武勇を讃えていた。日露戦争についていえば、真の戦士のように戦い死んだ日本の兵士のことを諸手を挙げて賞賛するヨーロッパ人もいた――そしてヨーロッパ人は、同じように行動することはもうできないのではないかと心配していた[23]。だが、一九〇〇年頃には、ヨーロッパ人が直面しなければならなくなった戦争は重要な点で過去の戦争とは異なっていた。産業革命によってさらに強力で精度の高い兵器がつくられ、広範囲をカバーできるようになったことで、兵士は殺している敵の姿を見ないことが多くなった。攻撃より防衛の方がずっと簡単になった。航空機や装甲車のように強力な防御を突破する科学技術はまだ存在しなかった。あるフランスの将軍が、大戦中、長期にわたって続いたヴェルダンの戦いのあと「兵士三人と一台の機関銃があれば英雄たちの大部隊を止めることができる」と報告している。

冶金の進歩によって、兵士必携の銃から大砲に至るまで強力になり丈夫になった。アルフレッド・ノーベルによって発明されたものを含む新しい爆弾によって、さらに遠くまで攻撃することができるようになり、ライフルによって正確に撃てるようになった。ナポレオン時代の兵士はマスケット銃で、相当訓練して、弾を詰め替え、立ち上がって撃てるのは一分間に三発。正確に撃てる距離は四十五メートルだった（だからこそ敵が倒れるまで兵士が銃を撃ち続けなければならなかったし、それができたのである）。一八七〇年になると、兵士は五百メートルくらい先まで正確に撃てるライフルを持つようになった。さらに、弾を込めて一分間に六発、腰をかがめて敵の銃火にさらされないようにして撃つことができた。一九〇〇年頃になるとライフルはさらに正確――致命傷を与える――になり遠くまで、一キロほど先までカバーした。新しく出現した機関銃は一分間に何百発も撃つことができた。どの分野でも数字は上昇し続けた。一八〇〇年に平均射程距離五百メートルをやっと超えた野砲は、一九〇〇年には約数キロに達するようになった。鉄道の貨車に据え付けられることが多い重砲は、射程距離十キロだった。そのため相手側がやられないでいるためには砲火から数キロ離れなければならず、敵に向かっていくときにはライフルと機関銃の集中射撃から数百メートルの距離を置かなければならなかった。[24]

この銃火の範囲によって、防衛側に利があることで、戦場では膠着状態が起こりがちで、それは数カ月から数年続くこともあり得るということについて、ブロッホは警告していた。だが、ヨーロッパの軍事計画の担当者たちはブロッホの警告を見落としていた。結局、ユダヤ人として生まれ銀行家となり平和主義者となったブロッホは、軍事計画担当者が嫌うものを全部備えていた。一九〇〇年の夏、王立防衛安全保障研究所で三度講義を行ったとき、聞いていた大多数の軍人は丁重に耳を傾けたが、ブロッホの話に納得する様子を見せなかった。「いわゆる非好戦主義か非軍国主義だ」というのが、ある少将の見解だった。「感傷的ないわゆる人道主義というやつだ」[25]とも言われた。ドイツで当時代表的軍事史の専門家の一人ハンス・デルブリュックは次のように述べている。「科学的な見地から、この警告はあまり推奨できない。批判精神に欠け、資料を下手糞に寄せ集めただけだ。イラストを使って飾り立てているが、扱いは素人で、こまごましたことの多くは現実の問題と無関係である」[26]。ブロッホ自身不満を述べているように、軍は部外者の干渉を好まない聖職者のカーストのようだった。「軍事科学には記録のない時代から七枚のシールを貼って封印した本があり、正しく秘伝を授けられた者以外には開く資格がないと思われていた」[27]。

それにもかかわらず、ヨーロッパの軍は問題の所在を認識し、注意もしていた。そうせずにはいられなかったのだ。新しい兵器を試し、近年の戦争から証拠を集めて研究した。ヨーロッパの軍人は一八六一年から一八六五年にかけての南北戦争や一八七七年のロシア゠トルコ戦争を検討し、塹壕と迅速な銃撃を組み合わせて十分準備を整えた防衛側が攻撃側を圧倒し、より多くの損失を与えるのを確認した。数多くの中から一つ例を挙げると、（南北戦争中の）一八六二年のフレデイリークスバーグの戦いで、十分な防衛の準備をした南軍に対して、北軍は多くの兵士を次々に投入した。攻撃はすべて失敗に終わり、北軍は南軍の二倍の兵士を失った。戦場でばらばらになり傷ついた北軍の兵士は仲間に無駄な攻撃を継続しないように頼んだ。ヨーロッパに近いところでは、普仏戦争のときの証拠を挙げることができる。たとえば、この戦争では四万八千のドイツ人が十三万一千のフランス人に対して三十五キロの戦線をつくったのである[28]。ボーア戦争と日露戦争にはさらに新しい証拠があった。大地に隠れたボーア人の農民がイギリスの正面攻撃に対して圧倒的な損失を与え、同じパターンは極東でも繰り返された。

進歩が戦争を時代遅れのものにすることを平和主義者は願い、日露戦争やボーア戦争を戦争の愚かさの証拠として使ったが、ヨーロッパの軍と多くの文民の指導者は戦争のない世界を思い描くことができなかった。社会には自然に受け継がれている敵が存在し、闘争は避けられないとする社会進化論者に押しつけられた偏見を持っていた。たとえば、大戦前のフランス軍は「不朽の」ドイツという理論を発展させていた。ドイツはフランスにとって決定的な敵だというのである。ベルリン駐在フランス大使館付き陸軍武官は本国に次々に電報を送り、上司に対して、ドイツは暗い悪意に満ちた勢力で何があろうとフランスを破壊しようとしていると警告した[29]。ドイツ軍にもフランスに対する同じような見方があって、何世紀にもわたって敵意と妬みに促されて行動し、近年敗れたあとは復讐心から動いていると捉えていた。ヨーロッパの指導者たちも黙示録的というほどではないものの、戦争を国家創造に必要な道具だと考えていた。近年の歴史、特にイタリアおよびドイツの統一を見ると、戦争は比較的低コストで結果を生むことを示しているように思われた。一九一四年以前、ヨーロッパの権力の座にある人々の中には、遅きに失する前に敵の力を削いでおく予防戦争にメリットがあると考える人々もいた。一九〇五年から一九一四年にかけて起こった大きな危機のたびに、予防的な戦争が権力の座にある人々によって、一つの選択肢として真剣に検討された。ヨーロッパでは大戦の心の準備をしていたのは一般の人々ばかりではなかったのだ。指導者たちもそうだったのである。

ヨーロッパの軍事計画の担当者は攻撃に関わる問題点と兵士の犠牲が大きくなることについて何とか説明しようとした。たとえば、近年の戦争は最も進歩しているヨーロッパの軍隊だったら適切なやり方で戦うはずなのにそうしなかったというものである。あるヨーロッパの将軍が南北戦争についてブロッホに述べている。「あんな野蛮なぶつかり合いは戦争の名に値しない。自分のところの将校には、南北戦争について書かれた本を読むなと言っている」[30]。イギリス軍は、南アフリカでの損失は、地勢のせいで生じた異常事態であり、ヨーロッパの教訓としては役に立たないと論じた。日本がロシアとの戦争に最終的に勝ったのは、一般に受け入れられている見解だと、日本がロシアより多くの死傷者を出すことを覚悟して、戦争の準備をしたからだ、ということだった。結果として導き出した教訓は、攻撃がもはや機能しなくなっているということではなく、より多くの人員を使ってより激しく攻撃することだ、ということになった[31]。軍事史は、戦争についての知識・知恵の源泉としてヨーロッパの軍人には敬意をもって扱われてきたので、この議論の助けとなるべく、利用されることになった[32]。たとえば一八一三年のライプツィヒの戦いや一八七〇年のセダンの戦いのように、はっきりとした結果が出た戦いは、包括的あるいは防衛的な戦いよりも関心をもたれる傾向があった。ハンニバルがローマ人を包囲して自分たちよりはるかに大きなローマ軍を破ったポエニ戦争におけるカンネーの戦いは、士官学校で特に気に入られた戦いだった。この戦争がドイツ参謀本部のアルフレッド・フォン・シュリーフェンにインスピレーションを与え、フランス軍を挟み撃ちにして破るという計画を立てさせたのである[33]。

ヨーロッパの軍が新しい戦争の方法になかなかなじま

なかったのは、ある意味、不活発な官僚主義のせいだった。戦術や訓練の方法といったものを変更するには時間がかかり、なかなか定着しない。軍が将校に求める団結力が、オリジナリティーや忠誠心が良きチームの一員であるということほど高く評価されないという集団心理につながった。さらに、軍隊は今日と同じように問題を解決し結果を出すように訓練を受けるし、それを求められる。行動という点で考えると、その心理がわかりやすくなる。戦争においては攻撃することであり、決断をすることである。ロシアがドイツまたはオーストリア＝ハンガリーと、あるいはその両方と防衛的な戦争をすることを検討していた一九一二年以前、当該地域の指揮官たちは明確な計画を作成するのが難しいと不満を述べていた。[34]攻撃はより大胆で、より魅力的だった。十分に守られていることや要塞にじっとしていることは、むしろ想像しがたく臆病だとさえ思われた。一九一四年にイギリスのある少将は「防衛はイギリス人には絶対受け入れられない役割である。イギリス人は防衛についてほとんど、いや全く研究していない[35]」と述べている。

それでも、人は一九一四年以前に軍事計画を立てた人々が断固として攻撃にこだわったことが特異なのだと考えるようとしない。歴史と現在をみれば、見過ごしたり、矮小化したり、深く考えた想定や理論に気持ちよく合致しない証拠があればそれを言い逃れする驚くばかりの能力が人にはあるということを示す例が散りばめられている。歴史家が「攻撃のカルト」と名づけているものが、ヨーロッパの（アメリカと日本も入れたほうがフェアである）軍事計画を作成していた人々のなかで、とにかくも一九一四年以前に大きく膨らんだ。それはおそらく、もう一つの道――どちらの側にもはっきりとした勝利をもたらすこともなく膨大な損失と両者が磨耗してしまうところまで戦争が進んでいく――がおぞましく理解しがたいからだろう。

大戦中に連合軍総司令官となるフェルディナン・フォッシュは、一九〇三年当時はフランス士官学校の教官だったが、入念に試算を行って攻撃側に砲兵大隊が二個あれば防衛側の砲兵大隊一個より一万発多くの砲弾を撃つことができるから優位に立てるということを提示した。[36]科学技術と防衛力に対し、攻撃側が防衛側の数より圧倒的に多ければ防衛を突破できる。だが、数よりずっと重要なのは心理的要因だった。兵士たちは訓練を通じて、また愛国心に訴えることによって、攻撃し命を賭けるようにモチベーションを高めなければならない。兵士と将軍は大勢の兵士を失うことを受容し、気落ちしてはならない。だから、たとえば銃剣の訓練は兵士の攻撃心を醸成するから重要だと考えられた。[37] 目立つ軍服もそうだった。かつてフランスの陸軍大臣だった人物は、後継者が伝統的な赤のズボンをやめて迷彩色の服を兵士に着せるように要求したとき「赤いパンタロン、これがフランスだ！」と述べた。[38]

性格、モチベーション、士気といったものが、一九一四年以前に勝利の鍵を握る要素だと広く考えられた。心理的要因の重要性を強調したのだ。軍は当時のヨーロッパ社会を広く見て、その思想の流れを参考にした。たとえば、ニーチェやベルクソンは人間の権力に関する関心を覚醒した。戦前のフランスの軍事理論家の代表の一人であるルイ・ド・グランメゾン大佐は、一九〇六年に書いた砲兵の訓練に関する古典的な研究で次のように述べている。「戦場では心理的な要素が主になると言われているのは正しい。だが、これだけではない。正しく言うと他の要素など存在しない。他のものはすべて――兵器や戦略的展開など――道徳的反応を引き起こすことによって間接的に影響を及ぼすにすぎない……人の心が戦争のあらゆる問題の出発点なのだ」。[39]

攻撃は社会および軍の中にある亀裂を、共通の善を目指し共通の目的のために戦うように鼓舞することによって埋める方法となった。ドレフュス事件以後さんざん叩かれ、将校と一般兵士の士気が落ちていたフランス軍にとって、攻撃は道を開くものだった。ジョゼフ・ジョッフルは一九一一年に司令官となったとき、防衛の方向で考えると軍には明確な目的意識がなくなると論じた。そのためには「一貫性のある原則をつくること、将校にも一般兵士にも等しくそれを課すこと、正しい原則だと思ったものを適用する制度をつくること――これが私の喫緊の任務であると思う」[40]と。軍隊だけでなく、たとえば青年運動のような民間の軍事組織でも、自己犠牲のような価値観を強いることに重点を置くことで、戦争で攻撃することがますます有利だとした。近代社会の欠点を克服することについても、特に古い支配階級の人々が人種の退化だとか社会の堕落と感じたものを逆転することについても、戦争での攻撃が有効だと思われた。数が減っているが今なお影響力がある古い支配階級出身の将校にとっては、この試みはより良い社会、自分たちの価値観がものをいう社会であると感じられる状態に回帰する方法でもあった。イギリス系アイルランドのジェントリ出身――ドイツのユンカーの価値観の多くを共有している階級――であるヴィクトリア時代の著名な兵士サー・ガーネット・ウーズリーは、近代社会が人を弱くする影響力を持っていることに対し「解毒作用がある回復薬」となるという理由からイギリスに徴兵制を導入せよと提唱した。「徴兵による訓練は国の男性の健康と活力を保ち、退化から救い文明の大義に気高く奉仕する」[41]と。ドイツ市民が不正行為をしたケーペニック大尉のときの軍のうろたえぶりを笑うと、代表的な軍事理論家で教育家のフライターク・フォン・ローリングホーフェンは、このようなもの笑いは「純然たる利己主義と安楽な生活への依存」から生まれたものだと吐き捨てるように書いた。ローリングホーフェンは、戦死は「人生の究極の褒章」だと述べた。戦争について書いたなかで、ローリングホーフェンは過去のドイツ兵が敵の砲火を前に行進していく様子を描いた。[42] 将来の戦争を想像したとき、ヨーロッパの軍は敵軍を全滅させる決定的な戦闘を思い描き、過去の勝利に安楽を見いだした。「将校団はナポレオンとモルトケの戦争の研究を通じて思考を形成した」と、同僚であるドイツ陸軍の参謀将校グレーナーは述べている。「軍を敵の領域に迅速になだれ込ませる。わずかな強力な一撃を加えることで戦争は決する。和平が実現し、防衛力を持たない敵は勝者の条件を唯々諾々と受け入れなければならない」[43]。ドイツでも、一八七〇年のセダンの大勝利の記憶は今なお新鮮で、将校団の頭の中に取り憑いていた。第二次世界大戦の戦前から戦中にかけて、（日露戦争時の）対馬海峡での勝利の記憶が日本の海軍の思考に影を落としていたのと同じである。勝利は、交渉につながっていく部分的な勝利であってはならない。決定的なもので、敵が倒れ、平和の条件がどのようなものであろうと受け入れなければならないのだ。戦術のレベルでは、軍事計画を作成した人々は騎兵隊の役割を、ナポレオンが敵の歩兵隊のラインが動揺しているときに投入して攻撃した時代と同じ重要性を持つものだと捉えていた。南アフリカの戦争は違う使用法を強調し、銃を装備して敵の横腹に回る作戦を取ったが、ヨーロッパ軍の騎兵隊はアメリカの荒馬乗りのように扱われることに抵抗したと言われている。一九〇七年のイギリスの騎兵マニュアルにはこうある。「ライフルは効果的だが、馬の速さ、突撃の魅力、刀の力が生み出す効果に置き換えることはできない」[44]。銃火の中を素早く駆け抜ける強く速い馬を育てるという話も存在していた。

攻撃も戦闘も戦争そのものも、すべてを速く、短く実行しなければならなかった。一九一二年にフランス議会である将校が述べている。「最初の大きな戦闘が戦争全体を決する。そのような戦争は短いものとなろう。わが国の精神は攻撃で一貫しなければならない」[45]。こうした話は恐怖をごまかすためのものだった。文民も軍人も、ヨーロッパの指導者は将来の戦争が長期化する可能性があることがわかっていた。十分な糧食を無期限に補給することができず、大勢がキャンプしているときに病気が猛威をふるい、軍事行動の長さの限界がおのずと決まってしまった昔より、軍を長く戦場に置いておくことが可能になっていた。十九世紀後半に戦争を計画したヨーロッパ人は長期化した消耗戦を恐れ、自国民がそれに耐えられないのではないかと思っていた。

戦争を制御できず、結果を出せなくなるのではないかと思う人々もいた。プロイセンとその同盟国がセダンで勝ち得たようなはっきりした勝利を軍は得ることができたとしても、国民がそれを勝利としては受け入れない可能性もあった。セダンのあとフランス国民は自ら動員して戦い続けたのだ。一八八三年、ドイツの大軍事理論家コルマール・フライヘル・フォン・デア・ゴルツは影響力のある作品『武装した国民 *The Nation in Arms*』で、全国民が巻き込まれる新しい戦争という現象を分析し、こうした戦争が長期化する可能性があり、相手を破るためには受け入れがたい大きなコストがかかると警告した。「両者とも最大の努力をし、一方が消耗しきったあとに危機が起こってようやく、さまざまなことの動きが早まる」[46]と。数年後、大モルトケは帝国議会で、内閣の戦争の時代は終わり国民の戦争という新たな時代が始まったと警告した。保守的な人々には戦争の結果を恐れる特別な理由があった。経済が破綻するか、社会不安が起こるか、革命が起こる可能性があったのだ。大戦が始まる少し前、ロシアの代表的な保守主義者P・N・ドゥルノヴォは有名なメモのなかで、ロシアが戦争をすればほぼ確実に敗れることになり、必然的に革命が起こると警告した。

オーストリア＝ハンガリーでは二年前、短い間だが参謀総長を務めたブラシウス・シェミュアが自国の政府に対して同じ議論を行った。国民は戦争の結果何が起こるかを正しく理解していないと[47]。だが、シェミュアはドゥルノヴォとは違って、政府に対し、できることなら戦争を回避すべしと主張しなかった。むしろ前任者（そして

1914 年以前、ヨーロッパ列強は全面戦争が起こりそうだと思うようになった。列強は軍拡競争に専念し、攻撃の計画を立てていた。ここに５つの列強がいる。イギリス、フランス、ドイツ、オスマン帝国、ロシアが互いに向き合って全員が牙をむいている。アンクルサムが遠くから見て困惑して歌っている。「向こうにいるやつらはみんな武器を捨てたいのだが最初にやろうというやつはいない！」

後任）のコンラートのように、積極的な外交政策を論じ、結果として戦争が起こることに諦めと希望が入り混じった気持ちで受け入れていた。おそらく、オーストリア＝ハンガリーの国民は愚鈍な物質主義では精神的に満足することができないと認識したのだろう。適切なリーダーシップがあれば、新しい英雄的な時代の幕を開けることができるのだ。[48] ドイツでは一九一四年以前の軍の指導者は、おそらく大多数だと思うが、短く終わる決定的な戦争は不可能ではないかと疑っていたが、他に選ぶ余地がないためこうした戦争の計画をつくり続けていた。膠着と消耗の戦争を行うとドイツが敗れて、ドイツ社会内部で軍としての尊敬を失ってしまう可能性があった。[49] 一九一四年以前に、物資を貯蔵するとか経済を運営するために何らかの方法を考えるといったまじめな長期戦計画が驚くほど欠落していたのは、ヨーロッパの文民と軍の指導者が敗北と社会の蜂起といった悪夢に直面したくなかったことを示す明確な証拠だった。[50] 彼らが望んだのは、膠着状態の消耗戦でも長くは続かないという程度の認識だった。この点については、ヨーロッパ中の軍の資源が尽き戦争を継続する努力は崩壊するとしたブロッホに同意した。新しく賽子を振るかルーレットを回す以外に何も考えられなくなった敗者のギャンブラーのように、ヨーロッパの軍事計画を作成した人々の多くは、ドイツ人と同じように疑念を押さえ込み、短い決定的な戦争で何とかして事態を解決するにちがいないと信じていたのだ。勝利によってより良い、より一体化した社会が得られるかもしれない。敗れたとしたら、すでにそういう運命だったのだ。[51] 一九〇九年、オーストリア＝ハンガリーから来たある外交官が、サンクトペテルブルグのヨットクラブでロシアの将軍と会談した。彼はオーストリア人に述べた。「われわれには威信が必要なのだ。帝政を強化したい。威信というのはどの国でもそうだが、大勝利によって得られるものだ」と。一九二〇年代に二人は再度出会ったが、場所は新たに独立したハンガリー国家で、ロシア人の方は亡命者となっていた。[52]

一九一四年以前、ヨーロッパの指導者のなかでコンラートのように戦争を願う人々はほとんどいなかったが、大多数の指導者は戦争が使える道具で、制御できると楽観的に思っていた。ヨーロッパは一九〇四年からの十年間、一連の危機に悩んでいたし、同盟内の結びつきが強くなっていたので、指導者も一般の人々も戦争が起こり得るという考えに慣れていた。三国協商のメンバー——

フランス、ロシア、イギリス――と三国同盟のドイツ、オーストリア＝ハンガリー、イタリアは二大勢力の間の戦いがあるとすればこのパートナーで行うことになると思うようになっていた。同盟体制の内部では、約束を交わし合い、互いを訪問し、計画をつくって安心感を醸成し、危機の瞬間に裏切ることのないようにしてあった。ヨーロッパの真ん中で行われる全面戦争が想定されるようになった。危機の衝撃は、軍国主義やナショナリズムと同じくらいヨーロッパ人が大戦に向けて心の準備をする力となった。

多くの場合、ドイツでは包囲に対して、オーストリア＝ハンガリーではスラヴ・ナショナリズムに対して、フランスではドイツに対して、ロシアでは隣国のドイツとオーストリア＝ハンガリーに対して、イギリスではドイツに対してといったように、自国を破壊する勢力に対して正当防衛を行うだけと信じていた。同盟体制およびそれぞれの同盟のなかでは、パートナーが攻撃を受けた場合にのみ相互を支援することを約束していた。世論と一般の人々の戦争支持が重要になった時代にあっては、文民と軍の指導者が関心を持ったのは、いかなる敵対行為が始まった場合にも確実に自分の側に罪がないように見せることだった。

だが、いったん戦争が始まると、ヨーロッパの列強は自国を守るために攻撃の用意をした。一九一四年以前にヨーロッパの参謀将校が作成した軍事計画はどれも攻撃に寄っており、敵の領土で戦い、迅速で圧倒的な勝利を達成することを目指していた。今度はそれが圧力となって意思決定をする人々に重くのしかかり、頻繁に発生するようになった国際的な危機に際して、有利な機を捉えて迅速に戦争に出なければ、と思わせることになった。一九一四年のドイツの戦争計画の下では、宣戦布告の前にルクセンブルクとベルギーに軍隊を入れる必要があった。実際にそうしたのである。[53] 計画そのものが国際的な緊張を高めることになった。武装した軍がいつでも戦争ができるような状態をつくり、軍拡競争を奨励したからである。自分を守るための合理的な方法だと思われることも、国境の向こう側から見ると違ったふうに見えるものである。

12　戦争計画の作成

ドイツの戦争計画は今日最も論争的なテーマだが、参謀総長が鍵を持つ鉄の金庫に保管され、ごくわずかな人だけがその戦略目的を知っていた。大戦後、その中身が知られるようになるにつれて、この計画は多くの議論のテーマとなり、今日まで続いている。それは、ドイツが大戦を望んでいたことを示すものだったのだろうか。ドイツの指導者たちはヨーロッパを支配しようとしていたのだろうか。ドイツに戦争責任ありとした一九一九年のヴェルサイユ条約の不名誉な条項を支持する証拠があるのだろうか。それともシュリーフェン・プランは、他国と同様に、ドイツが決して起こり得ない不測の事態に備えた軍事計画をつくったということを論証するだけなのだろうか。これは強さからではなく弱さからつくった計画で、攻撃的性格を持っていた三国協商の包囲網に対抗する防禦的意図に基づく計画であったのだろうか。このような問いには、ドイツ参謀本部が一九一四年以前に考えていたことを理解しなれば十分に答えることができないが、ポツダムの軍事文書の一部がロシア人によって初めて略奪され（これらの記録の中には冷戦が終わってから戻されたものもある）、一九四五年に連合国の爆撃で破壊されて以来、永遠に議論と憶測の対象であり続けている。

シュリーフェン・プランについての質問に対する答えは、両極の間のどこかに存在している。ドイツは潜在的な敵に数の上で圧倒されていて、時が経つほど勝ち目がなくなっていくと感じていた。しかしドイツの指導者たちは、戦争に代わる道を探るのではなく、軍事的な解決という観点で考えることがあまりにも多かった。一九一二年になると、イギリスは結果的に海軍競争に勝ち、事実両者とも戦争に代わる道を探っていたのだが、より友好的な土台の上に英独関係を再構築する機会が存在していた。ロシアは避けられるものなら戦争をしたくなかったし、オーストリア＝ハンガリーとの緊張を弱めようと動いていた。ヒューゴー・シュティンネスが大戦前、数年のうちにドイツがヨーロッパ経済の主となると言ったのは正しかった。経済的な支配とともに、ドイツの文化と政治力が現れた。それは二十一世紀になってからのことだが、二つの世界大戦という恐ろしい回り道の末のことである。

ドイツの戦争計画は何年もかけての大勢の手による作品であり、戦争の際のドイツ軍の動員と動きを詳細に描いたもので、毎年更新し改訂されていた。今日に至るまで、それには一八九一年から一九〇五年にかけてドイツ参謀総長だったアルフレッド・フォン・シュリーフェンの名が冠されているが、実際には後継者である小モルトケによってかなり修正が行われているのだ。便宜上言われている「シュリーフェン・プラン」は、ローマのフォーラムに相応しい論争的な議論や、中世の研究者を喜ばせる重箱の隅をほじくるような仕事をつくり出し、今日も学会の関心を引き続けている。両大戦の間、シュリーフェンを擁護した人々は、シュリーフェン・プランはスイスの時計のように純粋にきっちりと調整された作品で、有名な伯父の評価を落としたモルトケのような人物がいじくり回さなければうまく機能したはずだと論じた。最初につくった通り動かしておけば戦争の最初の数カ月でドイツの勝利が実現し、長引いた大戦の苦しみも、ドイツの屈辱的な敗北も防げたはずだった。だが、正しく指摘する人々もいるように、このプランが課した任務に足る力がドイツにはあり、命令構造と動員する膨大な軍の兵站が十分だという非現実的な仮定に基づくギャンブルだった。またおそらく、最大の欠点は偉大なドイツの戦争理論家クラウゼヴィッツが「摩擦」と呼び、アメリカ人が「マーフィーの法則」と呼んだものを許容していないことだった。机上のプランは現実の状態に遭遇すると考えたようには動かない。運用を間違う可能性がある以上間違いは起こる、ということである。

戦争からこのような不確実な部分を取り除こうとし、ドイツの戦争計画と参謀本部に名を残すことになった人物は、この国の多くの高級将校と同じく、プロイセンのユンカー階級出身だった。シュリーフェンの両親は極めて大きな一族の出で、広大な領地を持ち、一族の縁が取り持つ大きなネットワークがあり、ドイツの最上層にある政治・軍事グループにアクセスすることができた。財産と権力を持っていたが、シュリーフェンのような一族は明確でまっすぐな原則の下で驚くほど簡素な生活をしていた。ヒエラルキーと勤勉、倹約の精神は、子どもの母親であろうと軍の将校であろうと、人生の確固たる目的を信じて培われていた。両親とシュリーフェン自身は、十九世紀初めに再び興ったルター派のプロテスタントで、キリストのメッセージに心を開きさえすればキリストは人を救うという信念に深い信仰を抱いていた。シュリーフェンのような経験主義者は、義務と仲間意識と信仰を持って良い仕事をすることに価値を見出していた。徹底した保守で、啓蒙主義とフランス革命につながる思想といってもよい懐疑主義を拒絶していた。(1)

内気で控えめなシュリーフェンは平凡な学生で、ことの良し悪しをわきまえていて勤勉だという評判だった。軍人としての初期の経歴は目立ったものではなかった。一八六六年の普墺戦争と一八七〇年から七一年にかけての普仏戦争に加わったが、実際の軍務にはほとんど関わらなかった。弟の一人が一八七〇年に戦死し、一八七二年には従妹だった妻を二人目の娘の出産直後に亡くした。一八七五年、連隊の指揮を執るようになって、軍人としての運が大きく開けた。大モルトケはシュリーフェンに有望な将校として関心を持つようになり、いつか参謀本部で自分の後継者になるかもしれないと考えた。軍の上級の任官はすべてドイツ皇帝が行ったので、シュリーフェンが未来のヴィルヘルム二世とその取り巻きに好印象を与えるように努めたことが役に立った。(2) 一八八四年、シュリーフェンは参謀本部に異動し、一八九一年に皇帝となっていたヴィルヘルム二世はその長に任命した。シュリーフェンはこの関係をうまく保つようにいつも気を配った。たとえば毎年行われる秋の軍事演習ではヴィルヘルムの側がいつも勝つようにし、ヴィルヘルムが突然口を挟んできても演習が混乱してしまうことがないようにした。

任官の知らせを聞いたとき、シュリーフェンは妹に書いている。「難しい任務が与えられましたが、主が私にくださった状況で、努力することも頑張ることもなかったら、主は……お許しにはならないだろうと強く信じるようになっています」(3)。外務省にいた親密な友人ホルシュタインのように、自分と部下に厳しかった。ある補佐はクリスマスイブの日に結果を出さなければならない軍の問題を与えられたが、それは翌日に回答しなければならないものだった。(4) シュリーフェンは朝の六時にはデスクに着いていることが多く、ベルリンの大きな公園ティーアガルテンで乗馬したあとは、夕食の七時まで一日中仕事をした。夜の十時か十一時まで仕事を続けることがあり、そのあと家で一時間、娘たちに軍事史を読んでやって一日を締めくくった。[5] 部下と同僚は彼を不可解で難しい人だと思っていた。プレゼンテーションや討論のときには黙って座っているが、突然予想もしない角度から質問をした。人を褒めることがほとんどなく、よく話をさえぎり、批判をした。満足のいく報告だったかと気を揉んで訊いてきた若い大佐に、寝る前に君の報告を読んでいなかったらもっとよく眠れたのにと答えた。[6] 前任の大モルトケ、後任の小モルトケとは違って、シュリーフェンは仕事以外のことにはほとんど関心を持たなかった。幹部が集まって乗馬をしているときに、補佐の一人が遠くの川の景色がきれいだと声をかけると、シュリーフェンは「どうでもよい。うるさい」と言っただけだった。[7] 読書は主に軍事史に集中していて、それは勝利の公式と戦争の不確実性を最小にする方法を発見する手段であると考えていた。ハンニバルがローマ人を破ったカンネーの戦いが好きで、それに近いのが一八七〇年にドイツ連邦〔中央ヨーロッパの三十五の領邦と四つの自由都市の連合体〕がフランスを包囲して降伏させたセダンの戦いだった。歴史の研究から、少数の軍で大きな軍を破ることができるという結論を導き出した。「横腹を攻撃するのが軍事史の真髄である」という言葉を絶対的な教義とした。[8] 攻撃計画によってのみ勝利を得られるという結論も導き出していた。一八九三年には「軍の装備は変わったが、戦いの根本的な法則は同じである。法則の一つは、攻撃しなければ敵を倒せないということである」[9] と書いている。

シュリーフェンの頭を悩ませたのは、どちらも勝者になることのない消耗戦にドイツが引き込まれる可能性だった。引退後に書いた論文のなかで、国の経済が崩壊し、産業が回らなくなり、銀行が倒産し、国民が欠乏の下でよろめく不気味な様子を描いた。そこで、こう警告する。「後ろで待ち伏せしている赤い亡霊が」ドイツの既成秩序を破壊する、と。年が経つにつれてシュリーフェンは次の戦争でドイツが勝つチャンスについて次第に悲観的になっていったが、自らは頑固に、迅速で決定的な勝利をもたらす計画を作成した。シュリーフェンの展望によると、それに代わるものは存在しなかった。戦争を除外して考えることは臆病であるだけではない、愛するドイツはすでに脅威にさらされており、長く続いた平和の間に敵や社会主義者や自由主義者が力をつけて、消耗戦と同様ドイツを破壊してしまうにちがいない、と。シュリーフェンはますます戦争に向かって突き進んだ。他の選択肢が見えなかったからである。[10]

シュリーフェンが直面した問題は、一八九〇年代に発展したフランスとロシアの同盟関係によって、ドイツが二つの戦線で戦争をするという悪夢のような可能性が出てきたことだった。戦力を分けて両方の戦線で、全力で戦う余裕などドイツにはなかったから、一方で素早い勝利を得るために猛攻撃を行っている間、もう一方では行動を抑えておかなければならないということになった。シュリーフェンは次のように書いている。「それ故ドイツは最初に相手の同盟国の一つを、もう一方を占領している間に叩き潰すように努めなければならない。だが敵の一つを征服したときには、鉄道を奪って相手の数に勝る人数をもう一つの戦場に送らなければならない。それがもう一方の敵も破壊するのだ」[11]。最初の計画ではロシアを最初に叩くというものだったが、シュリーフェンは世紀の変わり目のところで気持ちを変えた。ロシアは要塞を強化して、ポーランドの領土を通って南北に走る強力な防衛線を築き、増援部隊を動員しやすいように鉄道を敷設していた。ドイツがどのように攻撃しても、泥沼にはまって包囲され、ロシアが広大な奥地に退却するにつれて長期戦を戦うリスクを冒すことになる。それ故ドイツが東部では防衛にとどめ、ロシアの同盟国フランスを最初に攻撃することには意味があったのだ。

シュリーフェン・プランの詳細は複雑で、何百万人もの人々の動きを計画したものだったが、コンセプトはシンプルで大胆だった。シュリーフェンはフランスに軍を送り込み、二カ月以内にフランスを破るつもりだった。フランスに侵入する伝統的なルートは（フランスの場合には出て行くルート）北のベルギーとルクセンブルクの国境と南のスイスの間にあった。フランスは東部のアルザスとロレーヌ地方を失っていたが、ルートに変わりはなかった。実際にはそのために、フランスが守る国境線は少しばかり短く直線的になっていた。しかしシュリーフェンはそのルートを除外した。フランス軍の配置とフランスの軍事演習を見ると、フランスがその方向から攻撃を受けることを想定していたことがわかる。フランスは要塞づくりの伝統を長く受け継いでいて、新しい国境に百六十六の要塞を二列に並べ、さらにパリの周囲にもう一つ要塞の輪を補強していた。[12] 一九〇五年、フランス議会は国境地帯の要塞を強化するため、さらに多くの費用を追加することに賛成していた。そのためにドイツに残されていたのは、攻撃して戦うならば、スイスを通って南に入るか――山岳地帯であり、道を確保する準備をしなければならないという短所があった――平地で、道がよく素晴らしい鉄道網が行き届いているベルギー、オランダ、ルクセンブルクの低地地方を通って入るかいずれかだった。どちらにせよ、フランスの横腹を突き刺す選択だった。北部のルートを選ぶのは容易だった。シュリーフェンは、セダンのときのようにフランス軍を罠にかけようと大きく迂回してフランスの側面に入ることを決意した。

実際の戦争の暁には、ドイツ軍の五分の四ほどが西に動き、残りの五分の一が東部でロシアに対して防衛の陣を張って戦うことになった。西部では、右翼から攻撃するドイツ軍は、ドイツから西に向かい低地地方を一掃し、いわゆるドイツの右の袖先で海峡を擦って南に下りフランスに入りパリに向かう。はるかに規模の小さい左翼はルクセンブルクの下方のメッツにある大きな要塞の南に向かい、攻撃を予想して待っているフランス軍に対峙する。戦争が発展するにつれて、戦争計画はだんだん手の込んだものとなり、厳密さを増した。一九一四年には、ドイツ軍は戦争開始から四十日でパリに入ると予想されるようになっていた。フランスが予想されたように動き、ドイツとの国境越しに攻撃したとすると、フランスは主戦場からはるかに遠く離れたところに動員しているはずだった。ドイツの主たる攻撃が背後の西部に接近していることに気づいたとき、フランスの士気が崩れ混乱に陥って、ドイツに向けて進めていた軍隊の向きを転じ、西部の挑戦に呼応しようとすることが期待された（そのこと自体が危険だった。フランスの東にドイツの左翼がいたからである）。シュリーフェン・プランの通りにすべてが展開すると、フランス軍はドイツ軍の両翼に挟まれ降伏することになる。その間、もっと小さな東部のドイツ軍はゆっくりしたロシアの動員と予想される西側への攻撃に備えて防衛のため待機している。ロシアがどんな数でドイツに近づいてこようと、その頃には西部での戦争が終わり、ドイツ軍は対応するために東部に派遣されているはずだった。

シュリーフェンは他の可能性を無視するか、考えないようにしておいた。シュリーフェン・プランの下では、ロシアと戦えば自動的にフランスに対してドイツが攻撃をすることになるはずだった（こうした戦いの可能性は

1914年以前、ヨーロッパの列強の頭の中に、大きく存在していたのは相手に対する恐怖だった。ドイツは経済的に成功し、強力な陸軍があって、ヨーロッパの中心部で支配的な立場にあったのに、同盟国のオーストリア＝ハンガリーの２つの自分たちを引き裂こうと待っている敵に囲まれていると思っていた。ここでは東から進んでくるロシア、アルザスとロレーヌを通って攻撃してくるフランスがいる。イギリス――二心のあるアルビオン――は海峡を渡っている。

ドイツの同盟国オーストリア＝ハンガリーがバルカンでロシアとの対立がさらに深まるようになった二十世紀最初の十年間に、ますます大きくなっていた）。シュリーフェンは、ロシアとの協定がどのようになっていても、フランスが中立のまま留まる可能性を認めなかった（実際のところフランスは、ロシアに咎のない場合のみロシアの支援をすることになっていた）。さらに、ドイツ軍は何ら争いのない三つの小国に侵入することになっていた。ベルギーの場合には、プロイセンから引き継いだベルギーの中立を尊重した国際条約をドイツは破ることになった。イギリスはその条約に調印した国の一つだった。イギリスがドイツに宣戦する義務があると感じるのも道理だった。ドイツとの関係は悪化し、イギリスが最初にフランスと、次にロシアと接近するにつれて、ますます現実味を帯びた。シュリーフェン・プランは、一九一四年まで同じ内容だったのだが、ドイツが二正面で戦うことは、全面戦争になる恐れがあることを現実に保証していた。

一九一三年、モルトケは参謀本部が持っていたシュリーフェン・プランに代わる唯一の別計画である東部展開計画を放棄することで、さらにドイツの選択肢を狭めた。東部展開計画とはロシアのみと戦い、フランスとは中立を保つという内容だった。フランスが同盟国を支援する選択をしたとしても、ドイツは西部で防衛戦を戦えばよいというものだった。だが、参謀本部はすぐに結果が得られない戦争のための計画を作成するには、あまりにも多くの時間と労力が必要だと考えたようだ。一九一二年に行われたドイツの軍事演習はこの見方を裏付けている。ドイツがロシアに対して主要な攻撃を仕掛けても、ロシアは内部に退却して勝利が決定的なものにならないまま戦争が終わってしまう。[13]だから、一九一四年の危機に際して、ドイツはたった一つの計画しか持たなかった。フランスがドイツへの行動としてどういう選択をしたとしても、ドイツはロシアの動員の危機にさらされた場合には攻撃に出る。東部で始まった戦争はどのような結果があとに続こうとも、必然的に西部に拡大することになる。

ドイツの戦争計画には、戦争の可能性をさらに高めるリスクが織り込まれていた。ヨーロッパの動員計画のなかで、ドイツの計画だけが、軍が召集されていることに気づいてから戦争そのものに至るまで切れ目なく流れていく計画だった。一九一四年には、シュリーフェンの遺産は高度に複雑な動員の過程に発展し、はっきり八つの段階を取るようになった。最初の二段階は緊張が存在していて、たとえば休暇をキャンセルするなどして、動員の準備に向けて適切な手段が取れるように軍に内密に警告する。第三段階は「戦争危機状態」の段階で、公に知らせ予備役兵のなかで第三番目の一番低いカテゴリーの国民軍を招集し、上級レベルの予備役兵は正規軍に加わる用意をする。第四段階と第五段階は部隊ごとに集まったドイツ軍の現実の動員となり、列車で国境地帯の目的地に派遣する。最後の三段階は軍隊が列車から国境を通って「攻撃の進軍」を行い、敵の攻撃という最終段階に到達する。[14]計画は一九一四年の夏、最終段階まで素晴らしく機能した。理論上は軍を国境で止めることができたが、計画には勢いも盛り込まれていたので、その可能性は極めて低かった。だから、ドイツ政府は、最初の戦闘が行われる前の交渉が可能な段階を、動員を抑止力として使う、あるいは冷静さを取り戻す時間として使うことができなくなっていた。

シュリーフェンが考えていたように、シュリーフェンの任務はドイツにとって最善の計画を工夫することだった。シュリーフェンは参謀本部の他の多くの者のように、戦争の土台を用意することに役立つに過ぎない外交を文民に委ねた。だが、計画の詳細を文民に情報提供することは自分の責任ではないと考えていた。シュリーフェンも後継者のモルトケも、海軍や皇帝の軍事内閣、計画を遂行する責任がある軍の指揮官と調整しなかった。また、軍の大きさや軍備、動員の責任を負っているプロイセンの陸軍大臣やドイツを構成している諸公国の軍担当大臣との調整もなかった。(15) シュリーフェンとモルトケは二人とも計画を成功裏に遂行するだけの軍隊を持っていないと感じていたが、それにもかかわらず、陸軍大臣に陸軍を拡大するために強く要求することも、ティルピッツのますます海軍に流れていく予算に抵抗をせず、計画そのものにこだわったのである。

ドイツ全体の戦略と、文民であろうが軍人であろうが政府の重要部署の調整の指揮を執るにはビスマルクのような人物が必要だったが、一九一四年以前にはビスマルクの才に匹敵する人物はいなかった。ビスマルク自身、指揮系統が明確ではなく、明確にしようという意思をほとんど持たないシステムをあとに残したことで責めを負わなければならないところがあった。調整を行い、全体の指揮を執ることができる唯一の機関は君主だったが、ヴィルヘルムはそれができる人物ではなかった。ヴィルヘルムはあまりに怠惰で、あまりに気まぐれで、あまりに簡単に取り乱してしまうのに、嫉妬心があって自分の地位が最高の権威だと主張するばかりだった。海軍省の将官の一人が一九〇四年に、上級の陸海軍のリーダーと首相と皇帝が入る会議体があってしかるべきで、そこで戦争が起こった場合にドイツが一斉にどう動くか検討べきだと提案したが、ヴィルヘルムは何もしなかった。(16)

文民の指導者も、戦争計画から実際の戦争の指揮に至るまで、軍に関するすべてのことは軍の専決だと軍の指導者が主張する不自然な区別を受け入れていた（だからといって、軍に関わるかどうかはっきりしない分野に軍が介入することをやめたわけではなかった。直接ベルリンにいる上司に報告するヨーロッパの首都に駐在した大使館付き武官の活動は、ドイツの外交業務にとって大きな問題となっていた）。軍の行う決定が政治的あるいは国際的な衝撃を与える場合でさえ、ドイツの文民の指導者たちは傍観することを選択した。一九〇〇年、今なお外務省の重要人物だったホルシュタインは、シュリーフェンが計画のなかで、たとえばベルギーの中立を侵すという国際条約を無視する気でいると知らされた。しばらく考えたあと、ホルシュタインは答えた。「参謀総長が、特にシュリーフェンのような卓越した戦略の権威がこうした喫緊の問題を検討しているのであれば、協力してあらゆる可能な方法を用いて前に進めるのが外交の務めだ」[17]と。政治の指導者は責任逃れをしただけではなかった。軍の考えや計画の意図をほとんど知らなかったのだ。一九〇九年から一九一七年まで首相を務めたベートマンは大戦後、次のように述べている。「私の任期中、政治が軍に逆らって介入するような戦争会議の類は一度も開かれたことはなかった」[18]。文民が軍に抵抗した場合、皇帝は絶対に文民を支持しなかった。一九一九年、ドイツの敗北に思いを寄せてベートマンは述べている。「理性があって真剣にものを見る者であれば、二正面での戦争の危険を見落とすことなどおおよそあり得なかった。しかし絶対に必須だと言われ、考え尽くしてつくられた軍の計画を退けようとすれば、耐えられないほどの責任を文民の側が負うことになることは明らかだった」[19]と。

一九〇五年、シュリーフェンは友人の馬に蹴られ、数カ月間伏せることになった。シュリーフェンは書いている。「私は間もなく七十五歳だ。ほとんど目が見えず、耳の聴こえも悪く、足を怪我してしまった。お別れのときだ。何度もお願いした引退を今年認めていただけるものと思っている」[20]。この状況を最大に利用しようとしたのだろう。いつものことだが皇帝はシュリーフェンを信頼しなくなり、代わる人物を用意した。[21]シュリーフェンは一九〇六年の元日に職を辞した。だが、引退後もシュリーフェンをドイツの最大の将軍として尊敬している参謀将校に影響を及ぼし続けた。一九一四年、ドイツ軍がフランスに向かう際、グレーナー将軍が「神聖なシュリーフェンの精神がわれわれとともにある」[22]と書いている。おそらく、後継者はどうしてもシュリーフェンの二番煎じ扱いで、小ヘルムート・フォン・モルトケは生涯だけでなく死後も比較に苦しむことになるのだろう。

一九〇五年秋のある朝、首相ビューローはベルリンで朝の乗馬に出かけ、旧友である小モルトケのところに行った。「私は、彼の顔に不安な様子が見えて驚いた」。そして二人は並んで馬に乗って進んだ。モルトケは、心配の原因はシュリーフェンの引退だと明らかにした。「陛下は私に後継者になれと言っているのだが、私はどう考えてもこの任命が嫌なのです」。さまざまな能力が求められる仕事に自分は適切な資質を持っていないと感じているとモルトケはビューローに述べた。「即断する力がありません。考えすぎるし、考えが堅すぎるし、言っていいなら、この仕事をするには良心が強すぎるのです。一発で全部を危険にさらす能力がないのです」[23]。モルトケの言うことは正しかったのだろうが、「モルトケ」という名の重さから任務を受けねばならないと考えていたし、義務感もあった。コンラートによると、モルトケは皇帝に自分を任命しないように警告したと聞いていたので、コンラートは尋ねている。「あなたの皇帝陛下は、あなたがくじで二回一等賞を当てることができると本当に思ったのですか？」[24]と。それにもかかわらずモルトケはこの職を受け入れ、一九一四年秋、シュリーフェンだけでなく自分のものでもあった勝利をもたらすはずのドイツの計画が失敗したあと罷免されるまで、この職に就いていた。陸軍大臣でモルトケの後継者であるエーリッヒ・フォン・ファルケンハイン将軍は残酷に述べている。「わが参謀本部は完全に頭脳を失った。シュリーフェンのノートはこれ以上役に立たないし、モルトケのウィットはおしまいだ」[25]と。

モルトケは大柄でがっしりしていて大胆なプロイセン将軍のように見えたが、実際はビューローとの会話が示しているように、内省的で不安定だった。ある意味、直近の前任者よりも好人物で、幅の広い関心を持っていた――たとえばモルトケの読書のジャンルは広く、チェロを演奏し、絵を描くスタジオを持っていた――が、怠惰なところがあり、押しが弱かった。しかしスタートは上々で、仲間の将校も納得して見ていた。モルトケは秋の演習に皇帝が来るのをやめさせようとし、いつもの混乱を引き起こした（モルトケが陛下の側はいつも勝つようになっていたと言うと、皇帝は笑った）[26]。それにもかかわらず、シュリーフェンと上級将校の多くはモルトケのことを、ドイツの重要な地位に選ばれた者としては不満に思っていた。モルトケはシュリーフェンが行った詳細にわたる参謀本部の仕事を修得することはなく、さまざまな部門をこれまでなじんだ形で取り組ませ、その間モルトケは皇帝と内閣の大臣をうまく扱うことに多くの時間を割いた[27]。ベルリンに駐在していたロシアとオーストリア＝ハンガリーの大使館付き武官の意見によると、モルトケの能力はその地位に相応しい責務に達していなかった、とのことだった。オーストリア人はウィーンに「彼の軍人としての性格と専門家としての考えは、平均的な将校の水準を超えるものではない」[28]と報告している。

新しい参謀総長となったモルトケは宿命論者で、悲観論的な世界観に近いところまでいくこともあった。当時ヨーロッパ中で流行っていた新しいカルト宗教の一つに夢中になっていたのだ。モルトケ夫人は強い性格で、モルトケよりもずっと強いと言われており、マダム・ブラヴァツキーが創設した東方の宗教と心霊術が入り混じった神智学の信者だった。一九〇七年、モルトケ夫妻はその師であり、地上に新たな霊の時代が到来したと語るルドルフ・シュタイナーの弟子となった（想像力と創造性の発展を強調するヴァルドルフ学校は今日なお賑わい、中産階級に好まれている）。モルトケ夫人は新しい時代の展望を歓迎したが、モルトケ自身は憂鬱だった。「人類はその極みに達する前に多くの流血と苦痛を経験しなければならない」[29]と。

参謀総長としてのモルトケは、前任者の仕事を継続することに満足していた。シュリーフェンの伝説の大部分を占める参謀本部は円滑に機能し続けた。参謀本部はシュリーフェンの任期中にプロ意識と団結力を大きく高めており、将校の数も三百人以下だったのが八百人以上にまで拡大していた。さらに多くの将校が現場に出て、任務の巡回により出入りがあって、結果としてこの時代を表す冗句に使われる、ヨーロッパの五つの完全な機関のうちの一つと言われるエトスを共有していた（他のものとしては、ローマ教皇庁、イギリス議会、ロシアのバレエ、フランスのオペラがある）。参謀将校は「控えめで冷静で明晰で勤勉で礼儀正しい。全員がモデルに則ってつくられたようだ」とハリー・ケスラーは書いている。彼らは献身的で有能で一所懸命で、自分がエリートマシーンの一部で、目的はドイツの戦争の準備をすることだということを理解していた。一九一四年以前の二十年間は年ごとに、参謀本部は計画を実践演習で試していた——実際の演習か紙上で行われたすべてを分析し、問題点、差異、欠点を洗い出し、その結果を、計画を作成する過程に還元した。毎年四月一日、ドイツ軍の部隊はいずれも計画と命令を更新した。ケスラーは参謀本部について述べている。「参謀本部は戦争を大きな官僚機構が行う実務的事業に変貌させている」[30]。他の大事業とともに、過程の細部が幅広い戦略的な思考より重要になって、二正面戦争の必要性を含めて根本的な前提が検証されず、批判を受けないまま置かれる危険性が存在していた。

ソールズベリはかつて、こう述べたことがある。「医者を信じているということは健康でないということだ。神智学者を信じているということは罪があるということだ。兵士を信じるということは安全ではないということだ」[31]。三国協商が成立すると、ドイツ参謀本部は攻撃戦争こそドイツが包囲を突破する唯一の道だというように世界を考えるようになった。軍の指導者たちは予防戦争の可能性を受け入れるようになり、現実に予防戦争をやりたいと思うようになった。グレーナーは回想録のなかで自信を持って述べている。「戦争が回避できないと思ったときに、将校が最も有利だと思う瞬間に引き金を引くことをできるようにすることが、責任ある政治家と将軍の義務だと思っている」と。一九〇五年、ロシアが敗戦と革命によって一時的に力を失い、それがどこまで続くのか誰も想像できなかったときに起こった第一次モロッコ事件の間、グレーナーとシュリーフェンを含めドイツの指導者のトップは、イギリス、フランスとの戦争を真剣に検討した[32]。ベルリン駐在ザクセン軍代表がドレスデンに次のように報告している。「フランスとイギリスの同盟に対する戦争の可能性があると、当地の最高レベルは見ている。皇帝陛下は陸軍参謀総長と海軍参謀総長に戦争の共同計画を準備するように命じた。シュリーフェン伯爵閣下は陸軍で使える部隊をすべてフランスに対して配置し、海岸の防衛は海軍に委ねるべし……戦争は海ではなくフランスで決まると言っている」[33]。続いて起こった一九〇八年のオーストリアのボスニア＝ヘルツェゴビナ併合、一九一一年の第二次モロッコ事件、一九一二年と一九一三年のバルカン戦争の危機に際して、ドイツ軍の指導者は再度予防戦争を検討したが、純粋に平和の維持を望んでいたと思われるドイツ皇帝は、賛成しなかった。不吉にも、軍はますます自分の弱点と考えているものに我慢できなくなった。ファルケンハインは述べている。戦争が近づいている、「偉大な『平和的』皇帝も平和主義者も止められない」[34]。

もちろんドイツには防衛戦争を行う選択肢があったが、軍は決して真剣に検討しなかった。防衛戦争は、攻撃したい、あるいは包囲を打開したいというドイツにもともと内在している強い願いとうまく噛み合わなかった。最後の軍事演習のときシュリーフェンはその可能性を模索したが、当然ながら、攻撃計画にこだわった方がよいと結論を出した[35]。モルトケは単純に師に従った。シュリーフェン・プランの方向性は変更しなかったが、科学技術や国際状況といった要素の変化に合わせて更新・修正した。完璧な計画を弄り回してドイツを敗北に導いたと後に責められたが、モルトケはシュリーフェンが引退する直前の一九〇五年に書いたメモを見て、現状のままではシュリーフェン・プランの最終版は、後に現実にそぐわなくなることを前提にしていると的確に捉えていた。たとえば、ロシアが（日露戦争における）敗戦と国内問題のために脅威ではなくなっていること、フランスがドイツ南部を強襲する準備をしている可能性が薄い、ということが前提である。シュリーフェンが引退した五年後には、ロシアは予想より早く復興して、鉄道建設を急速に進める計画を推進しており、フランスはアルザスとロレーヌを攻撃することを考えているように思われた。その結果、モルトケは東部に軍をさらに多く配置して、ドイツの左翼を増強し、メッツの南に二十三師団、北の右翼に五十五師団を配備した。モルトケを批判する人々は後に、モルトケが軍の右翼から力を割いてシュリーフェン・プランを壊してしまったと述べたが、実際は右翼はそのままにしておき、前線に予備役兵を配置することで軍を拡大したのである。[36] そしてシュリーフェンのように、ドイツはロシアに対して行動を抑えながら戦おうと考え続け、西部に大攻勢をかけて迅速な勝利を得るという賭けに出た。モルトケは一九一一年のメモに、フランス軍を二つ三つの大きな戦いで破ってしまえば、戦いを継続できなくなるだろうと書いていた。[37]

前任のシュリーフェンのように、モルトケはフランス政府が絶望的な状況を認識し、ドイツ政府にひれ伏して講和を結ぶと想定した。だが、二人ともフランスがセダンで敗れたあとも戦った普仏戦争を経験していた。シュリーフェンの時代に、あるドイツの将軍が「武装し力のある大国を袋に入れた猫のようにさらっていくことはできない」[38] と懐疑的に述べている。一九一四年九月、ドイツ軍が一連の勝利を収めると、ドイツの将軍はフランスが降伏を拒否した場合、戦争を拡大する計画を作成していないことに気づいた。[39]

モルトケはシュリーフェン・プランに二つの変更を行った。シュリーフェンはドイツ軍がドイツとベルギーの間にあるオランダの一部――「盲腸」――をわずかにかすめて横断するとしていたが、モルトケはオランダの中立を尊重することにした。迅速な攻撃に対する期待と併存していた悲観論を前面に出して、戦争が予想より長引くことになった場合、オランダが他の中立国から船で運んだ糧食を入手する「気管」として役に立つと、一九一一年に書いている。この決定は、フランスに向かって進軍しているドイツ軍が狭いスペースを通って押し入らなければならないということを意味した。たとえば、右翼の西端にいるドイツの第一軍は、強力に要塞で固めたベルギーの都市リエージュとオランダの国境の間の十キロほどの領域を、馬と装備を全部持って三十二万人を動かさなければないということだった。また、二十六万人いたドイツの第二軍は、リエージュの南のちょうど同じ広さの領域にいて、実際ドイツ軍の一部はリエージュの町そのものを通過しなければならなかった。ベルギーが抵抗を決意すれば、リエージュはおそらく何週間かドイツの進軍を遅らせる潜在的可能性があった。さらに、ドイツが南方に移動するために使おうとしていた四本の鉄道がリエージュでつながっていたことから、鉄道を破損しないことが極めて重大だった。大戦後、委任を受けて行ったアメリカ合衆国の研究によると、橋を一つとトンネルを二つと険しいところにある線路の一部を破壊すれば、戦争が始まってから約一カ月後の九月七日まで、ドイツ人を乗せてフランスに向かう北ベルギーを横断する列車の運行を阻むことができたはずだと結んでいる（実際、ベルギーの指揮官の破壊命令が出されたが、実行されなかった）[40]。そのためモルトケはシュリーフェン・プランに第二の変更を行った。ドイツは、正式な宣戦布告の前に進軍し、布告後すぐにリエージュを獲得することとしたのだ。だが、そのために、事を速やかに動かさなければならないという圧力が一九一四年のドイツの意思決定者たちにかかることになった。

回想録によると、ビューローはシュリーフェンとモルトケとともにベルギーに侵入する問題点を取り上げていたが、いずれについても首相は問題点を前面に出さなかった。ビューローが確認した範囲では、軍と外務省がベルギー侵入について議論を持ったことはなかった[41]。一九一三年、新外相のゴトリーブ・フォン・ヤーゴーはベルギーの中立を侵犯する計画を知り、穏やかに抗議した。一九一四年にモルトケが計画の変更は無理だと言うと、ヤーゴーはそれ以上の反対をしなかった[42]。皇帝は先祖が締結した条約を侵犯することにいくらか不安を感じていて、ベルギー王レオポルト二世に、ドイツに友好的な国でいるように説得しようとした。残念なことに、レオポルトがベルリンに国賓として来たとき、ドイツの力を自慢するといういつものような思慮を欠いた話をした。「戦争になったとき私につかない者は、誰であろうと敵だ」と、皇帝は動揺している客に述べた。レオポルトはショックのあまり自国の将校のヘルメットを後ろ前にかぶって出て行った。[43] 一九一三年の秋、ヴィルヘルムはレオポルトの後継者である甥の若きアルベール一世（ホーエンツォレルン家の王女である母親の関係でヴィルヘルムの親族だった）がベルリンを訪問したとき、再度説得しようとした。ヴィルヘルムはアルベールにフランスとの戦争が近い、それはすべてフランスの過ちのせいだと強く述べた。ポツダムで行った公式の晩餐会で、モルトケはアルベールに、ドイツは「すべてを侵略する」と断言し、ベルギーの大使館付き武官に戦争が始まったときにベルギーはどうするつもりかと尋ねた。ベルリン駐在ベルギー大使はヴィルヘルムとモルトケの行為の背後にある目的について疑問を持たなかった。「あれは西ヨーロッパを脅かす危険に直面しているわが国に対して、もっと強い勢力に、いつでも迎え入れる用意のある勢力に身を委ねよという誘いなのだ。ベルギーをつなぎ留める――そうだ、ベルギーを押し潰すのだ」[44]。ベルギーはすぐにフランスに知らせ、戦争の準備を進めた。ドイツ軍はベルギー軍のことを「チョコレートの兵士」と呼んで馬鹿にしていたが、ドイツ軍は障害となるリエージュを含むベルギーの大きな要塞網とともに、約二十万人のベルギー軍に敵対する可能性があったのである。

イギリスは事前に関与することを堅く拒否していたが、ドイツがベルギーに侵入すれば、イギリスが戦争に引き込まれる危険が大きくなった。モルトケは可能性のある水陸両面の攻撃から自国を守るため、ドイツ北部に三個半の師団を置いていた。[45] それにもかかわらず、モルトケは、フランスとベルギーを支援するためにイギリス軍が来ることに不安を感じてはいないと主張した。ヤーゴーに「われわれは十五万のイギリス軍と対決することになろう」[46]と報告している。事実、陸海軍には、ドイツ海軍がイギリス海軍に追いつかないうちは、ドイツはフランスを使ってイギリスを大陸におびき寄せ、陸でイギリスを破るという、昔からある確信に基づく見方があった。[47]ドイツ軍は全体として、イギリス陸軍をまともな相手とは考えていなかった。特にボーア戦争で敗れたあとはそうだった。ドイツをよく観察していた人々は、ドイツ陸軍が訓練と実践演習を真剣に考えているのに対し、イギリス陸軍のそれはだらしなく混乱していると見ていた。[48]

大戦後、ある将校が「われわれは誰もがイギリス人を倒すために死を賭していた。そればかりか、一人でも捕虜を得るのに命懸けだったのだ。平和なときにはこんなことは話したことがなかった」[49]と回想している。戦争になると、イギリス海軍はドイツの港を封鎖する昔からの戦術を使うのは間違いないが、ドイツの最高司令部が計算していたようにドイツの輸入に食い込むには時間がかかるだろうし、陸地ですべてがあるべき形で展開すれば、封鎖が効果を上げる前に戦争は終わるはずだった。

ドイツの一番の心配は、一八七一年の勝利以来そうだったようにフランスだった。スパイ活動のおかげで――そのうちの一人は結果的にドレフュス事件で暴露されていた――パリ駐在大使館員の報告や、フランスの新聞と議会の討論を注意して読めば、一九一四年以前のドイツ軍はフランスの軍事力についてかなり正確に把握していた。また、フランス軍の主力がドイツとの国境――ベルギー国境の西側南部の地点から下ってスイス国境までの間――に集中していることを想定していたし、フランスはおそらくロレーヌの北部で攻撃を仕掛けるだろうと予想していた。

ドイツが図りかねていたのは、本当のところフランスがどれだけ強力なのかということと、重要なのだが、戦いが上手なのかどうかということだった。フランス軍がドレフュス事件の結果、相当なダメージを受けていたのは確かに明らかだった。政治の介入やフランス社会の内部が分裂していたことで将校団の士気が落ち、軍隊が緩んでいることに、ドイツ人は満足して、軍隊の体たらくぶりや一九一四年以前にあった公然となった反乱のことを記録していた。[50]その上、フランス人は将校も一般の兵士も訓練や軍事演習のときも緊張感のない無造作なやり方で取り組んでいた。一九〇六年、パリ駐在ドイツ大使館付き武官が「ヴィンセンヌで午後に小隊が訓練ではなくサッカーをやっているのを眼にすると、とても奇妙な印象を受ける」と書いている。模擬戦闘では、銃火が飛び交っていると思われるラインにいるはずの部隊が寛いでいたり、戦場と指定されたところをぶらぶら行き来する売り子から新聞を買って読んでいることもあった。[51]一方、フランス人は大ナポレオンとその兵士と同じ国民であり、大きな勇気を持って上手に戦う伝統も持っていた。規律に欠けているとしても、ドイツ人に対して優位に立っているのかもしれない。ヴィンセンヌのサッカーでショックを受けた同じドイツの大使館付き武官は、「おそらくフランス人を扱うにはこうするしかないのだろう。確かにフランス人の場合には、特に敵に直面したときには、じっくり時間をかけて行う日常の訓練によって培うはずのものの多くを、気質で補っている」[52]とベルリンに報告している。

ロシアに対しては、ドイツはもっと一貫した、ヨーロッパで一般に共有されている見方をしていた。ロシアは名前だけは大国だが、軍は遅れていて、組織が貧弱で統率が取れていなかった。普通のロシア人兵士は頑強で守りが固かったが、こうした資質は攻撃を主とする近代戦争には合っていなかった。日露戦争を観察したドイツのある将校は「将校たちに道徳心が欠けている。義務感も責任感もない」と述べている。ロシアが日本に敗北したことで、ロシアの欠点が露わになり、ロシア軍を回復し再建するには何年もかかることがはっきりしていた。[53]日露戦争の数年後、ロシアが回復し軍の再装備を行っていることが明らかになったときでも、ドイツ参謀本部は計画を変えず、ロシアとの東部国境に十三師団を置いたままとし、計画に従いドイツがフランスに勝利を収めて多くの軍を東部に向けられるようになるまで、東部での戦いのほとんどを同盟国オーストリア＝ハンガリーに委ねていた。ロシアの領土が大きく鉄道網が十分に発達していなかったことから、いずれにしてもロシア軍が国境まで来るのに時間がかかるはずだった。一九〇九年、モルトケはコンラートに述べている。「われわれが目指すのは、何といっても迅速な決着である。これはロシアに対してはほとんど不可能だ」[54]。

ドイツの最高司令部はオーストリア＝ハンガリーの戦闘能力について、特に高くは評価していなかったが、少なくともロシアには匹敵するだろうと想定していた。一九一三年、ドイツ参謀本部はオーストリア＝ハンガリー軍の評価を大きく下げた。同軍はエスニックグループの分裂により弱体化し、長く続いたハンガリーとの財政と政治をめぐる危機によって、十分な数の兵士に訓練を施すことも、装備を配置することもできなくなっていた。何十年も前から、軍を改革することもほとんどせず、それが始まっても一九一六年まで完成しなさそうだった。鉄道網は、軍の動員に必要な水準を全く満たしていなかった。一九一四年のあるドイツの評価記録によると、将校は皇帝に献身的で忠実だが、軍の一般的水準は低いとある。[55]それにもかかわらずドイツは、フランスが敗れドイツ軍が東に向かい戦争の決着をつけるまでの四十日間ほど、オーストリア＝ハンガリーがロシアを止めておくことをあてにしていた。シュリーフェンは亡くなる少し前の一九一二年に次のように述べている。「オーストリアの運命はブク川ではなくセーヌ川沿いで決まる！」[56]。

ドイツはもう一つの同盟国イタリアには、さらに低い評価をしていた。ローマ駐在ドイツ大使館付き武官は「行進の秩序については話にならない。誰もが好き勝手に歩いている。集団や隊の中に、買い物をするために許可なく列を乱すような落伍者がいる」[57]と報告している。イタリア軍はオーストリア＝ハンガリー軍よりもはるかに資金と人的資源が不足し、装備は時代遅れで訓練も不十分だった。上級の将校に際立って優秀な者はおらず、下士官は上司や、置かれている状況や出世の見通しがないことに腹を立てていた。軍全体の士気が低いのも驚くことではなかった。

いずれにしてもイタリアが三国同盟に留まるのかどうか、はっきりしていなかった。一九〇二年にはフランスとの関係が著しく改善されていて、イタリアは、ドイツがフランスを攻撃した場合、参戦しないことを秘密裏に約束していた。地中海に海軍を持つ国として、イタリアは世界を代表する海軍国イギリスと良好な関係を保つことを望んでいた。同時に、オーストリア＝ハンガリーとの関係が良かったことはなく、悪化しつつあった。両国はバルカンの西側部分においてライバル同士で、両国ともそれぞれ相手と戦争をするという噂や計画もあった。オーストリア＝ハンガリーのコンラートはイタリア攻撃を考え、イタリアの参謀本部は自国が弱いことを自覚し、防衛戦争を考えていた。イタリアがドイツを軍事的に支援するという約束は、オーストリア＝ハンガリーに対する不安が大きくなるにつれて不都合なものになっていた。一八八八年、三国同盟を結んだ少しあとで、イタリアはフランスの攻撃に対して、ライン川沿いでドイツを支援するためオーストリアを通過して軍隊を派遣することを約束していた。一九〇八年から一九一四年にかけてイタリアの参謀総長だったアルベルト・ポリオは、関与することを初めは嫌がっていたが、一九一四年二月、戦争が始まった場合ドイツ軍の左翼に加わるためライン川上流に三個師団と騎兵隊二個師団を派遣するとイタリア政府は保証した。七月の危機に際して、ドイツ軍の指導者はイタリアの信頼性あるいは有用性にかなりの留保をしていたが、イタリア軍を期待し続けていた[58]。

ドイツはイタリアなしでもやっていくことができただ

ろうし実際そうしたのだが、大戦前の十年間、ドイツはどうしてもオーストリア＝ハンガリーとの関係を強めておく必要があった。周期的に、ロシアやイギリスと手を組もうとしたものの、ドイツには同盟の可能性のある国がオーストリア＝ハンガリーの他にはなかった。オスマン帝国はあまりにも弱く、ルーマニアやギリシャのような小国はできることなら紛争に巻き込まれないようにしていた。何年か経って、ドイツの目の前で三国協商が強化されていくと、オーストリア＝ハンガリーとの同盟はますます重要であると思われた。今度はそのために、オーストリア＝ハンガリーがバルカンで、あるいはさらに深刻なのだがロシアと対峙するようになると、ドイツはオーストリア＝ハンガリーを後ろで支えなければならなくなった。

ビスマルクはいつも防衛のための同盟を考えていて、たとえば防衛の範囲を超える軍事協定を結ぶことなどには抵抗した。だが、ビスマルクは、ロシアがオーストリア＝ハンガリーを攻撃した場合に、ロシアに対して共同戦線を張るため相当数の軍隊を派遣するつもりだということをオーストリア＝ハンガリーに理解させるように参謀が検討することは認めていた。ヴィルヘルム二世は帝位に就くと、少なくとも口先だけは、どうしてもより緊密な関係がほしいと繰り返し合図を送った。だが、シュリーフェンが一八九一年にドイツの参謀総長になると、オーストリアがロシアに焦点を絞り続けていたのに対し、ドイツは次第にフランスを主たる敵と考えるようになり、同盟の戦略目的が分かれていった。最初の会合で、オーストリアの参謀総長フリードリヒ・フォン・ベック将軍は、シュリーフェンを「寡黙でそれほど押しが強くない」と考えた。シュリーフェンの方ではオーストリア人にあまり信頼を置かなかった。「こういう性格は逃げてしまうか、敵に駆け寄るかだ」と。一八九五年、シュリーフェンはドイツの東部戦線への関与を大幅に縮小し、ドイツはロシアに対しては小さな攻撃を行うのみとした。ドイツの決定が、何年もかけたオーストリア参謀本部の検討を無にすることに他ならないとしてベックは激怒した。[59]このとき以後、二国の参謀本部間の関係は正常化したが冷淡なものとなり、詳細な共同軍事計画はなくなった。

一九〇八年から一九〇九年になり、オーストリア＝ハンガリーがボスニアに関してセルビアと戦争をする可能性が出てきてようやく、二国同盟はビスマルクの限定的な防衛的概念から移行し、より緊密で、より攻撃的で、ヨーロッパの安定にとって危険な存在となった。

ヴィルヘルム二世はまた口を挟み、オーストリア＝ハンガリーに「フランツ・ヨーゼフ皇帝はプロイセンの陸軍元帥だから陸軍の指揮を執るだけでいい。全プロイセン軍は皇帝の指揮に従う」[60]と述べている。さらに重要なのが、オーストリア＝ハンガリーとドイツ軍の関係が修復したことだ。この時点から一九一四年の夏まで書簡と訪問を交わし、危機の際には互いに支援し合うことを確認し、共同行動するという見通しを確立することにつながった。[61]シュリーフェンとベックはこの頃すでに現役を退いており、後継者のモルトケとコンラートはより温かい関係を構築していた。コンラートは大モルトケを尊敬し、大戦の間、ドイツの大将軍をイメージさせるメダルを首の周りに下げていた。[62]一九〇九年の元日、コンラートはモルトケと手紙の交換を始め、オーストリア＝ハンガリーがセルビアと戦争をし、ロシアがバルカンの小国を支援した場合、ドイツがどう行動するのか明らかにするように求めた。このようなロシアの動きがあれば二国同盟が作動し、ドイツが必ず防衛に回ってくれるとオーストリア＝ハンガリーは期待し、ドイツはそれを受け入れた（もちろん、ロシアがドイツを攻撃した場合には同じことが行われる条件になっていた）。両国とも戦争の初期段階で、ロシアに対する攻撃に相手が関与することを望んでいた。言い換えると、自分の方から攻撃に関与するとはしなかったのだ。結果として、手紙には敬意と友情の表現があふれていたものの、堅い約束はあまりなかった。コンラートは、たとえロシアが参戦しようともセルビアを破壊しようと思っていたので、ドイツがロシアに対して北部で重要な支援をすると約束してくれることが必要だった。特に、オーストリア＝ハンガリーがガリツィアから北に攻撃を行っている間、東プロイセンからロシア領ポーランドに向けて南の攻撃を引き受けてほしいと思っていた。モルトケは、フランスを破ることに集中するために東部のドイツ軍を小さいまま置いておきたいと思っていた。最終的に、両方の同盟国はおそらくそれぞれ守ることができないとわかっている約束をしたのだ。戦争が始まると、オーストリア＝ハンガリーはできるだけすぐにロシアを攻撃することを約束し、ドイツとしてはフランスに対する戦争が終わらないうちでも北からの攻撃に加わる約束をしたのである。[63]

地理的な条件から、オーストリア＝ハンガリーはドイツ以上にあり得る戦争のシナリオを考えておかなければならなかった——ロシアだけでなく、セルビア、モンテネグロ、イタリア、一九一三年以後はルーマニアに対してもである。敵同士が結びつく可能性が常に存在していた。ロシアの支援の有無にかかわらず、セルビアとモンテネグロ、あるいはセルビアとイタリアだ。コンラート自身は初めイタリアに目を向けていたが、次第にセルビアにも魅力を感じるようになった。(64) コンラートは、戦争で「毒蛇の巣」を破壊し、その領域をオーストリア＝ハンガリーに編入するとよく述べていた。オーストリアが直面した課題に対抗するため、コンラートは可能性のある敵と戦線の組み合わせをカバーし、自分の自由度を最大に確保できるよう、異なる戦争計画をいくつか作成した。バルカン（ミニマルグルッペ・バルカン）に第一軍を、ロシアとの国境近くのガリツィア（A＝スタッフェル）に第二軍を配置し、さらに必要なときには支援に向かえる第三軍（B＝スタッフェル）を配備した。これはオーストリア＝ハンガリーの鉄道状態を考えると楽観的な見方だった。南部では、セルビアに向かうオーストリア＝ハンガリーの鉄道路線はどう見ても不十分だった。北部では、ロシアの鉄道建設はオーストリア＝ハンガリーを凌いでいて、一九一二年にはオーストリア領ガリツィアの国境まで、一日に二百五十両の列車を動かせるようになっていた。それに対してオーストリア＝ハンガリーはわずか百五十二両しか動かせなかったのだ。(65) 加えて、ハンガリー人は民族主義的な理由から国内に自前の鉄道を建設することを主張し、ハンガリーとオーストリアの鉄道網はほとんどつながっていなかった。コンラートは鉄道建設のプログラムを加速するように求めたが、必要な資金を出すのは、特に帝国のもう一方に恩恵を与えるのではないか、とハンガリーとオーストリア両方の議会がそれぞれ反対し、一九一四年までほとんど何もなされなかった。(66)

コンラートと参謀本部はイタリアに対する戦争計画を継続して準備し、一九一三年にルーマニアとの戦争計画も作成したが、一九一四年には、一番可能性の高い戦争はロシアが介入するかもしれない対セルビア戦争だと想定するようになった。他のヨーロッパの軍部と同様、オーストリア＝ハンガリーの軍部も攻撃力に信仰を抱き、防衛戦争という観点では考えなかった。(67) だが、動員したオーストリア＝ハンガリー軍はロシア軍の三分の一以下だった。オーストリア＝ハンガリーの軍事支出は列強のなかで最低で、はるかに小さい陸軍しか持っていないイギリス陸軍よりも少なかった。(68) 軍事力の状況とオーストリア＝ハンガリーにとって国際状況がますます悪化している現実、すなわちイタリアばかりか、ルーマニアも独墺二国同盟から離反し始めていたことを考えると、コンラートの計画は楽観的に過ぎ、しかもそれは根拠のない見通しに基づいていた。

ドイツとオーストリア＝ハンガリーの軍は協議を続け、おそらく期待した東部攻撃の成功が現実的には厳しいことをなんとか納得することができたのだろう。モルトケはシュリーフェンを引用して、ドイツのフランスに対する攻撃が実際にすべてを解決すること、オーストリアの運命はフランスで決まるのであって東部ではない、とコンラートに述べた。モルトケはさらに、東部の戦争は重要で、チュートン民族とスラヴ民族の間の決戦となるものだと続けた。「これを準備することは、ゲルマン文化の旗を掲げるすべての国の義務だ」。コンラートはこれに答えて、この種の十字軍はオーストリア＝ハンガリーではあまり受け入れられないと述べた。「人口の四七パーセントを占めているスラヴ人が、同朋（ロシア人）に対する戦いに熱心になることなど、まずあてにできない」(69)と。両国の調整や情報共有はごくわずかにしか行われなかった。ドイツがベルギーに侵入した一九一四年八月四日、ウィーン駐在ドイツ大使館付き武官は述べている。「二国の参謀本部が動員、攻撃開始のとき、集合する場所や正確な軍隊の力について、率直に相談するときが来た……」(70)。あまりに遅すぎたが、オーストリア＝ハンガリーとドイツの間の理解は、バルカン戦争をヨーロッパ全体の戦争に転換する役目を果たすことになった。

東部戦線におけるオーストリア＝ハンガリーとドイツの関心の的となっていたロシアは、二国同盟の計画の内容をかなり掌握していた。一九一〇年には、ロシアはドイツ軍の演習や鉄道建設、軍の傾向をよく観察し、ドイツの攻撃の中心はフランスに対して行われると結論を出していた。ロシアはドイツが東部戦線に配置する部隊の数を一〇〇パーセントといっていいほど過大評価し続けていたが、それでもロシアの方が数で勝っていること、ドイツの戦略がロシアに有利だということに自信を持っていた。予想されるように、ドイツが東プロイセンから攻撃するにしても、それはロシアを油断させておくために急襲という形でしか行う可能性はない。そのあとドイツは軍を西に移動させてマスリアン湖の要塞の背後に入り、フランスとの戦いの結果を待つ可能性がある。そう

すれば、ロシアは動員を完成させる時間を稼ぐことができる。(71)

オーストリア＝ハンガリーの戦争計画については、ロシアはさらに正確に描くことができた。列強はすべて、互いの国にスパイと大使館付き武官を置いていたが、ロシアには最大の成功例であるオーストリア＝ハンガリー参謀将校アルフレッド・レドル大佐がいた。レドルは一九〇一年頃にはすでに、ロシアにスパイとして雇われていた。ロシアはレドルが望んでいた金を出し、当時は不名誉につながるホモセクシャルであることを暴露すると脅したのだ。レドルは続く数年間にわたって、オーストリア＝ハンガリーの動員計画とガリツィアのロシア国境沿いの要塞についての詳細情報などの最高機密を、ロシアのスポンサーに手渡した。レドルはロシアにいるオーストリア＝ハンガリーのスパイたちを裏切り、その結果スパイたちは、ロシアの牢獄に送られるか処刑された。(72)驚くべきことは、たとえば一九五〇年代のイギリスの華麗なスパイ、ガイ・バージェスのように、レドルがすぐには捕まらなかったことだった。レドルは中産階級出身で、表向きは自軍の給与で生活しなければならなかったが、いつもたくさん金を持って周りにばらまき、高価な自動車や家や服（スパイを暴露されたあと、シャツを百九十五枚持っていたことがわかった）や若い男性の愛人を買っていた。一九一三年、ドイツの諜報部はオーストリア＝ハンガリーにいる同僚に裏切り者の存在を通報し、たくさんの札束の入った二つの封筒がウィーンの中央郵便局に届いていて「ニコン・ニゼタス」という人物に回収されるのを待っている、という情報を提供した。レドルは変装して郵便局に現れ、通帳を受け取ろうとしたが、そのときも、すんでのところで気づかれなかった。というのは、郵便局を監視していた捜査員らが跡をつけ損ねたからである。捜査員が再び彼を発見したのは偶然だった。夜になって参謀総長のコンラートが証拠を突きとめ、レドルを将校団に送り、自白を強制し、結果的に自殺に追い込んだのである。(73)オーストリア＝ハンガリーの最高司令部は秘密の暗号コードと鉄道の時刻表を慌てて変更したが、一九一四年以前には全体戦略を変更することはできなかった。レドルの裏切りの結果、ロシアはオーストリア＝ハンガリーがどこでどうやって攻撃するのかということについて、またセルビアに対する計画について、正確な予想図を持っていたのである。

それにもかかわらず、自国の計画をつくるにあたり、ロシアは数々の問題に直面した。まずロシアは国土の大きさのために、動員にあたって西の隣国よりもはるかに長い時間を必要とした。召集があると、平均的なロシア兵士はドイツやオーストリアの兵士の二倍の旅をしなければならなかった。ロシアの鉄道システムはフランスの借款のおかげである程度急速に発展していたし、その多くは西に、ポーランドの領域に、またロシアのヨーロッパ地域に集中していたが、ドイツやオーストリア＝ハンガリーに比べると未発達だった。たとえば、ロシアの路線のほとんどは単線で、運行する列車の速度は遅かった。複線はロシアが二七パーセントだったのに対し、ドイツは三八パーセントだった。それにもかかわらずドイツ軍は、一九一二年までに、新しい鉄道建設によってロシアがドイツ国境に来るまでの時間は今までの半分になると見積もっていた[74]（ロシアがドイツへの攻撃を選択したとしても問題があり、それはドイツの東進にも影響を及ぼすことになった。ロシアの鉄道軌間は他のヨーロッパよりも幅が広く、人も装備も含めてすべてを積み替えなければならなかったのだ）。一九一四年、鉄道の状況は良くなってはいたが、ロシアがヨーロッパ地域に軍を動員するにはたっぷり二十六日を要した。一方、オーストリア＝ハンガリーは十六日、ドイツは二十日だったのである[75]。この違いによって、ロシア皇帝には、同年の夏の危機〔タンネンベルクの戦い→ドイツとロシアの最初の戦い〕に際してロシアの動員を早く命じなければならないという圧力がかかることになった。

地理的条件によっても、ロシアには潜在的な敵を選ぶにあたって豊富な選択肢があった。ロシア東部地域は、今なお日本の脅威下にあった。ヨーロッパでは、ロシアはポーランドで特に弱点を抱えていた。十八世紀末、ポーランド解体によって、ロシアは石炭を含む素晴らしい天然資源を獲得した。二十世紀になると、強力な産業と千六百万人ほどのポーランド人という豊かな資産を得ていたが、それによって西に三百七十キロほど伸びた南北三百二十キロの突出部が生まれた。そこは、北西部はドイツに、南部はオーストリア＝ハンガリーに接していた。あるロシア軍の報告書では「わが国の傷口」と呼ばれていた[76]。さらに、ロシアにはオーストリア＝ハンガリー以外にも潜在的な敵がいて、その広大な国土のため軍を配置したり周囲で動かしたりすると、特別な挑戦を受けることになった。ヨーロッパでは、十七世紀以来スウェーデンが脅威となることもあり、ロシアの参謀本部は一九一四年まで敵とみなし続けていた。ドイツ人の国王を戴き、ロシアが一八七八年にベッサラビアの一部を奪ったことに憤慨し続けていたルーマニアは、ロシアに潜在的に敵対していた。十九世紀にはオスマン帝国との二度にわたる戦争をしており、両国はカフカスと黒海でライバルであり続けていた。

一八九一年以来、ロシアの陸軍大学で講演を行った人々は、オーストリア＝ハンガリーとドイツの二国同盟との戦いを回避するのは不可能だと強調し続け、ロシア軍部はますます、西方に存在する脅威の中心が二国同盟だと絞り込むようになった。結果としてロシアは、この二国が発展すると、ひどく悲観的に解釈する傾向があった。オーストリア＝ハンガリーの軍部が一九一二年の議会に諮った予算増加が却下されると、ロシアは、支出は本当は増加しているのにそれを隠すために上辺を取り繕っているのだと考えるようになった。ロシアの軍部は、全く見当違いなのだが、フランツ・ヨーゼフがオーストリア＝ハンガリー内の戦争派のリーダーだと考えていた。他国をよく理解しているロシア外交官の意見が軍部に届かないことが多く、皇帝は政府内の異なる部署同士を調整することもなかった。[77]だが、ロシアの指導者の間で一般に受け入れられていたのは、バルカンで戦争が起これば全面戦争になり得るということだった。[78]

最も陰鬱な見方をしがちなロシアの参謀本部は、最悪のケースとして、二国同盟がスウェーデンとルーマニアと組んで西部を攻撃し、ありそうもないことだが日本と組んだ中国が東部を攻撃するというシナリオを考えていた。[79]そこに、オスマン帝国も加わり、ポーランドも機会を捉えて立ち上がるというシナリオである。最悪のことが起こらないまでも、地理的条件によって、ロシアはかつて何世紀もそうしてきたように、戦略的な対象をヨーロッパに絞るのか、南と東に絞るのか、選択の必要性に迫られた。日露戦争後に外相となったイズヴォルスキーも、一九一一年まで首相だったストルイピンも、西方に目を向けていたが、指導者の中には、ロシアには東部で行うべき使命があり、日本が主要な敵であることに変わらないとする強い意見がなお存在していた。一九〇九年、そのうちの一人ウラジーミル・スホムリノフが陸軍大臣となった。

スホムリノフは、かなり論争の的となることの多い人物だったが、ロシア軍に強く求められていた一連の改革を行い、彼のおかげでロシアは比較的早く準備を整えて大戦に入ることができた。スホムリノフは訓練と装備を改良し、武器を新しくし、野戦砲兵のような専門部隊をつくった。大戦前の五年間、ロシアは兵士を一〇パーセント増員して訓練し、戦争の際には三百万人以上を動員できるようにした。スホムリノフは軍の構造と指揮体系を再編し、動員のための新しく効率の良いシステムを立ち上げた。加えて、スホムリノフはポーランドの西側からロシア内部に部隊を戻し、攻撃に備えて安全を確保するとともに、日本との関係が再度悪化したときには東部に派遣できるようにした。[80] ポーランドの西部にあるロシアの要塞線も取り除き、自身指摘したように、資金と資源を吸い上げ、他のところでうまく使えるようにした。これによって大きな悲鳴が上がった。皇帝の従兄弟であるニコライ・ニコラエヴィッチ大公はスホムリノフを感情的に嫌っていて、要塞の破壊に反対した。軍部にはニコラエヴィッチの支持者が数多くいたため、陸軍大臣は譲歩しなければならなかった。[81]

この時点までにスホムリノフは多くの敵を抱えていたが、その数はさらに増えていった。既成の伝統や既得権を覆したからだが、彼の個性も関係していた。スホムリノフはひねくれていて容赦なかったが、魅力的だった。背が低くずんぐりしていたが、多くの女性は抗し難い魅力を感じた。当時からスホムリノフの悪口を言いふらす人々は大勢いて、腐敗にぼけているというものから反逆だというものまで、あらゆることで責め立てた。あるロシアの外交官は、ロシアの悪の天才だと述べた。同僚はスホムリノフが怠惰であり、数多くの課題に対応しきれていないと不満を述べた。ロシアで最も有能な将軍の一人アレクセイ・ブルシーロフ将軍は述べている。「間違いなく知性の人だった。状況を掌握し速やかに自分のとる道を決断したが、心情的には深みがなく軽薄だった。一番の欠点は、底まで掘り下げて確認せず、命令や配備がうまくいっているとそれに満足した」。[82] だが、敵でさえ認めているように、スホムリノフはロシアの官僚主義的な政治を知り尽くしていた。軍全体を通して支持者のネットワークを構築し、パトロンとなってくれる陸軍省を巧妙に押さえ、同様に重要なのだが、職を続けさせてくれる皇帝に媚びたのだ。[83]

スホムリノフは一八四八年に小地主の家庭に生まれ、軍人として際立った経歴を重ねた。陸軍大学をトップクラスの成績で卒業し、一八七七年から一八七八年にかけてのロシア＝トルコ戦争で勇敢に戦ったことから名声を得た。一九〇四年には副将軍となり、重要なキエフ軍事管区の指揮を執った。日露戦争のあとキエフで動乱が起こると、スホムリノフは今日のウクライナの大部分を含む大きな地域の総督となった。スホムリノフは法と秩序を回復して、地元のユダヤ人に対する不名誉で残酷な扱いに終止符を打ったが、それは保守派の人々が決して許さないことだった。スホムリノフよりずっと年下の美しい既婚女性に恋をし、三度目の妻とした。この恋愛沙汰とそのあと続いた彼女との離婚はかなりのスキャンダルだった。彼女が贅沢品に強欲だったこともあって、スホムリノフの周りにいつも腐敗臭が漂うことにつながった。サンクトペテルブルグ駐在フランス大使のモーリス・パレオローニュは「スホムリノフ将軍には人を不安にさせるところがある。六十二歳で、自分より三十二歳も年下の女性の虜になっている。知性があって頭がよいが狡猾で、皇帝にこびへつらっている。陰謀と二枚舌の仲介を務めるつまらぬ人々に取り囲まれたラスプーチンの友人で、仕事をする習慣をなくして、全精力を夫婦のお楽しみのために使うような男だ。ずるがしこそうな姿で、いつも重たそうなまぶたの下で眼を凝らしているがその瞳は輝いており、初対面でこんなに不信を感じさせる人物はまず知らない」[84]と報告している。

スホムリノフは一九一五年まで地位に就いた。皇帝の支持があったからだが、その恩恵は複雑に入り混じったものだった。ニコライは簡単な主人ではなく、自分の権力を守るのに不安で大臣たちを離間させていた。軍事問題には素人だったが、口を挟む究極の権利があると思い込んでいた。一九一二年、皇帝は次のように述べて、戦術と戦略に関する議論を締めくくった。「軍の原則は、私が命じることをすべて行うということにある」[85]。スホムリノフは皇帝が受ける（スタッフからの）助言を整理して説明しようと努めたが、彼ですら混乱状態にあり一貫性を持たないロシアの意思決定過程を改革することはできなかった。軍部はずっと文民指導者から死活的な情報を確保した。たとえば一九一二年、ロシア軍とフランス軍は、ロシアの首相に対し軍の合意点の詳細を明らかにしないということで合意したのだ[86]。

大戦直前の数年間、スホムリノフは、以前持っていた日本が中心となる敵であるという想定を再考するようになった。さらに、バルカンの不穏な状況からロシアの関心は西に向かうようになり、当然のことだがフランスはそれを喜んだ。全面戦争が起こった場合にフランスが必要としているのは、西部でフランス軍にかかっている圧力を取り除くようにロシアが素早く東部でドイツを攻撃することだった。外国の借款を強く求めていたロシアの財政を、フランスは何年間も支えていたので、このような攻撃に関与するようにロシアを説得することができた。フランスは最善を尽くして、ロシアに鉄道敷設の借款を提供することによって、ロシア軍がドイツ国境に素早く移動できる路線をつくることを保証した。ロシアの指導者はフランスの要求に腹を立てることもよくあった。しかし一九一一年になるとロシアの参謀総長はフランスに屈し、ロシアが戦争開始後十五日でドイツの東プロイセンを攻撃することを約束した。この約束は戦争勃発まで繰り返された。だが、これは誤りだと考え、ロシアの利益は可能な限りドイツとの戦争を回避することで、とにかく中心となる敵のオーストリア＝ハンガリーに集中することにあると考えたロシア人の別の指導者も存在していたのだ。[87]

ロシアには、西部国境でいくつか戦略上の選択肢があった。反攻する用意が整うまで防衛戦争を行うこと、主たる攻撃をオーストリア＝ハンガリーかドイツに絞ること、あるいは、いっぺんに両方を攻撃すること――このいずれかである。振り返ると、まずは強力に防衛し、最初の段階ではロシアの広大な領土に下がって、適宜一つの敵に強力に反攻するというのが、ロシアにとっては最も意味のあることだった。だが、一九一二年には、軍部の考えは完全な防衛戦争を除外するようになり、ヨーロッパ全体が熱心な攻撃戦争を受け入れるようになっていた。日本に対するロシアの直近の戦争は、ロシア軍が日本が攻撃するのをじっと待っていたから負けたことを示しているように思われた。ロシアの軍の指示と規制命令は攻撃力に重点を置くようになり、防衛にはほとんど関心を払わなくなった。[88]黒海でも、ロシアはボスポラス海峡の北部で水陸両面の攻撃を行う計画を立て、黒海から重要な海峡すべてを支配しようとした。ロシアの黒海艦隊が弱体で、部隊を輸送する十分な手立てを持っていなかったにもかかわらずそうしたのである。[89]

一九一〇年から一九一二年にかけて、ロシア軍内部で、高度にハイレベルな戦略会議が行われた。あるグループは、最初にドイツに対して強力に攻撃するのはフランスに対する道義的義務だと感じていた。スホムリノフ自身は、次第にドイツのことをロシアの中心となる敵だと考えるようになった。[90]反対派は、オーストリア＝ハンガリーがバルカンでロシアの中心となる競争相手であり、ロシア軍にはドイツには勝つことができなくともオーストリア＝ハンガリーは打ち負かすことができるという自信があったことから、オーストリア＝ハンガリーに集中することを望んでいた。ロシア軍にはドイツ軍の力と効率性に対する健全な、おそらく取り憑かれたようなといってもよい敬意が存在していた。ロシア人はドイツ人と比較して、あらゆる点で自分たちが不利だと考える傾向があったが、それはロシアの支配階級が何世紀もの間持ち続けていた傾向でもあった。(91) あるフランス人将校は、ロシアの同僚の間に、ドイツに対する憎悪がほとんどといってよいほど存在しないことに衝撃を受けた。(92) さらに、レドルがスパイしてきたにもかかわらず、ロシアはガリツィアの国境に置いているオーストリア＝ハンガリー軍の数を過小評価し、ロシアの有利を過大に想定していた。戦争が始まったらオーストリア＝ハンガリーの民族問題が大きくなり、最後には帝国内のスラヴ人とハンガリー人が反逆することをロシアは期待もしていた。(93) また、これはロシア人にも重くのしかかることだが、戦争開始後十五日でオーストリア人が最初に成功を収めたとすると、ロシア支配下の不幸なポーランド人の気持ちが奮い立って自ら蜂起する可能性もあった。一九一二年、ロシアの参謀総長がフランスの参謀総長に述べている。「ロシアはオーストリアの手にかかって負ける姿を見せることなどできない。道義的影響は破滅的なものになる」。(94)

スホムリノフが仕切った一九一二年二月の会合で、軍部は「東プロイセンを攻撃することをすべて拒否するわけではないものの、オーストリアに対しては主力部隊を差し向ける」妥協案を考案した。(95) 後にあるロシアの将軍が述べたように、それは「最悪の決定」(96) だった。ロシアの新しい軍事計画「19A」は、オーストリア＝ハンガリーとドイツの両方に対して動員し、早い段階で攻撃するというものだった。しかし、ロシア軍の分割を前提としていたので、どちらの場面でもロシアが決定的に優勢に立つことはできなかった。そのうえ、戦争開始後十六日目には敵の準備は完全に整っているのに、ロシアはその場に五〇パーセントしか動員できないことになる。北を攻撃することによって、ロシアはさらに、また後に判明したように、危険な問題をつくり出した。というのは、最北に向かう二つの軍は東プロイセンのマスリアン湖の付近で要塞を固めているドイツのどちらかの脇を進まなければならなかったからである。(97) もう一つの計画「19G」は、ドイツに対してロシアが防衛に徹し、軍の大半をオーストリア＝ハンガリーに派遣するというものだった。しかし、この計画は詳細まで考えつくされたわけではなかった。軍部は唯一の敵に対して動員する計画も持っていなかったのだ。一九一四年の危機に、ロシアの指導者たちは、ドイツとオーストリア＝ハンガリーの両方に対する攻撃に深く関与してしまったことに気づくことになった。

一九一四年以前、ロシア軍部の間では新しい計画に対する懸念が広がっていた。スホムリノフは大っぴらに、ロシアには戦争の用意があると言っていたものの、内心では悲観的に捉えていた。(98) 違う軍管区の将校は兵站と糧食の問題を指摘し、伝達と拡大したロシアの戦線をコントロールすることの難しさについて不安を述べていた。一九一四年四月にキエフで行われた計画「19Ａ」の一部を試行する軍事演習によって、速さを強調すればロシアは準備が整わないうちに、オーストリア＝ハンガリーとドイツの両方を攻撃しなければならなくなること、戦争のためにつくり上げた詳細な計画がないこと、ロシアのいくつかの軍の間に協調行動がないことに参加者は気づいた。(99) ロシアの指導者が、戦争がいざ起こる段になって感じていた宿命論と楽観主義が交じり合ったものを説明するのは困難である。おそらく、唯一可能な説明があるとすれば、ロシア人がじっとしていられなかった、ということになるのだろう。直近の一九〇五年から一九〇六年にかけての革命の記憶があまりにも新しかった。体制が躓けばロシアは死に絶えてしまうかもしれない。多くの人々が避けられないと考えた戦争は、出口を用意してくれる可能性があった。おそらく戦争による敗北の方が、不名誉を受け、ロシアが西方の同盟に対して行った約束を裏切ることよりましだったのだろう。

フランスにとってロシアとの同盟は、生き延びる上で必須だった。東の脅威がなければ、ドイツはフランスに全力を向けることができるはずである。だが、フランスがロシアに全く疑いを抱いていないということは、絶対にあり得なかった。ロシアがドイツとの旧交を温めるのではないか。たとえば、ロシア皇帝がポツダムでドイツ皇帝に会ったとき、多くのフランス人は二人が何らかの同盟を結ぶのではないかと心配をしたのである。また、ロシアが安全な同盟国だとしても、ロシア軍はヨーロッパで最強のプロの軍を相手にできるのか。日露戦争の直後、フランスはロシア軍が壊滅的状態になり、戦争を行える状況にないことも十分わかっていた。ロシアは、フランスの見方からすると、フランスに軍事的に関与したがらないはずだった。一八九二年の最初の会議から、フランスはぐずぐずしているロシアに、軍隊の数と配置の詳細を教えるように急き立てた。フランスは新しい鉄道が敷かれても、ロシアの動員が遅いのではないかと心配し、ロシア軍はひたむきさに欠け優柔不断だと思っていた。あるフランスの参謀の報告書には「終わりのない冬とだらだら続くコミュニケーションの結果、ロシアは時間に無頓着だ」[100]と書かれている。ロシアの側はフランスが正確であれ、詳細であれ、とうるさく口を挟むことに苛立ち、几帳面にすぎると思われるフランスのマナーを不快に思っていた。[101]

フランスが一番に望み最後に手に入れたのは、フランスがドイツを攻撃している間にロシアの方からもドイツを攻撃するという約束だったが、両国とも関与する軍の数とタイミングについて用心深かった。それぞれの国の参謀本部が定期的に会合を持ち、軍の指導者も文民の指導者も相互によく訪問し合っていたのに、どちらも完全には相手を信頼しなかった。ロシア人はフランス人に自分たちの計画「19A」について、決裁から一年経った一九一三年に伝えただけで、以前の計画より多くのロシア軍がドイツに対して戦線に深く関与することを示しただけだった。[102] 一九一三年夏、フランスの参謀総長ジョッフルとロシアの参謀総長イアコフ・ジリンスキ将軍が平時としては最後に会合を行った際、二人はカードの勝負をしているようだったと、ロシア側で観察していた人物が述べている。「ジリンスキには切り札が足りず、勝負しないようにしていた。ジョッフルは次々に仕掛けて、相手から切り札を引き出そうとしていた」[103]と。

ロシアは他の列強のように、少なくとも二つの潜在的な敵を考えなければならなかったが、フランスは一八七一年以来それをドイツに絞っていた。イタリアが潜在的に敵なのは確かだったが、フランスとイタリアの関係は一九〇二年以後、戦争が起こってもイタリアは中立に留まるとフランスが想定するところまで改善されていた。これでフランスは軍の大部分を北方に動かして、ドイツに対面することができた。一九一四年以前は常に、フランス軍は第一に防衛戦争の観点で考えていた。アルザスとロレーヌとの国境沿いのフランスの要塞で消耗するまでドイツに攻撃をさせておき、反攻の機会を待つのである。ドイツがベルギーの中立を侵犯し、ベルギーと小さなルクセンブルクの西部を通ってその右側に配置した部隊を降下させてくる可能性をフランスは一八九二年から計算に入れるようになった。そのためフランスは、ドイツ、ルクセンブルク、ベルギー国境からそれぞれ六十キロほどのところにあるヴェルダンの大要塞を固め、そのあとの計画で多くの軍を北方に動かすとしたのである。

フランスの戦略の詳細と軍に関する管理の話になると、問題はさらに複雑になった。共和主義者は軍に長く疑念を感じていたが、文民統制をしっかりさせておくことで一貫したシステムを立ち上げていた。軍の指導者らは、陸軍省と参謀本部およびその二部署間の調整という三層構造に分散されていて、一つのものとしては機能しなかった。第三共和政の下で頻繁に政府が交代したことも一因となった。一九一一年だけで、フランスは陸軍大臣を三回代えた。一人は上級大臣に会う間もないくらい短期間だったし、三人目のアドルフ・メシミは六カ月間その地位に就き、なんとかいくつかの改革を行い、軍の指揮が統一的なものになるようにした。ドレフュス事件以来政府を握った急進派は、右翼的な思想を疑われた将校を追放した。その結果、すでに低下していた軍の士気は、さらに下降することになった。

政治は軍務に就く長さや訓練についての決定にも影響を及ぼした。左派の人々の頭の中には革命的国防軍があり、ある程度訓練は受けるものの、外見は文民であり続ける市民軍を望んでいた。右派は、良き兵士となって将校と部隊に忠実なプロの軍隊を望んでいた。左派は、防衛には社会のすべてが関わるという理由から予備役兵を大幅に利用することを望んでいた。右派は（そのなかには上級軍の将校を含んでいたのだが）、市民社会に染まってしまっているので、肝心なときに兵士として役に立たないと予備役兵を軽蔑していた。制服組でさえ、フランス軍のあり方に関して政治闘争に巻き込まれた。メシミは他のヨーロッパの軍の例に倣い、戦場で見分けるのが困難な制服を着せたいと考えた。右派はこれをフランスの栄光ある軍の伝統に対する挑戦だと捉えた。右翼の新聞は、新しい制服はおぞましく、フランスの趣味に反していると述べた。帽子は競馬のジョッキーがかぶっていそうなものだったし、将校の服装は馬丁のようだった。保守の「エコー・ド・パリ」紙は将校の権威をぶち壊す試みで、これをたくらんだフリーメイソンが喜んでいるのは間違いないと述べた（かつての陸軍大臣が「赤いズボンこそフランスだ」と叫んだのはこのときである）。しかしとにかく、軍は新しい制服に金を使って無駄にする前に古い制服を全部使い切るべきだと、ある議員は述べた。新しい制服のための予算は戦争が始まる少し前に裁可されたが、すでに時を失しており、フランスの兵士は明るい色の制服を着て戦闘に赴かなければならなかった。[104]

リーダーシップの弱さと政治的な介入によって、軍の他の問題も悪化した。訓練は時代遅れで効果的ではなかった。参謀将校の資質は低かった。戦場で人々をどのように動かすかといった重要な戦術には合意もなく、教授されることもなかった。[105] 若い改革派が攻撃の教義を軍の活性を取り戻すための方法として推進したのにはこうした背景があった。他のヨーロッパ諸国のように、拡がった社会の構成員が退廃的になり、もはや国のために命を懸けようとは思わなくなっている、ということに不安を持っていた。フランスの場合、過去の記憶が影を投げかけていた。十五世紀にイタリア人を恐れさせたフランス軍の猛烈ぶり、保守勢力のおぞましい勢力を蹴散らした一七九二年のヴァルミーの戦いのときのフランス革命軍の激しい攻撃、ナポレオンの下でヨーロッパを征服するために命を懸けて戦った軍隊というものが影響を及ぼしたのだ。参謀本部で計画部門の長を務めたルイ・ド・グランメゾンは、フランスを救うための訓令を若い同僚に示唆した。いわく、防衛戦争は臆病であり、攻撃のみが力強い国民にとって価値がある、戦闘は本質的にモラルの競い合いで意志とエネルギーが決定的な要素となる、フランスの兵士は愛国心に鼓舞され、祖先が行ったように戦い、敵を圧倒するべく戦場になだれ込んでいかなければならない、と。突然の迅速な攻撃は敵を麻痺させると、一九一一年にフランスの陸軍士官学校で行った二つの有名な講義のなかで、グランメゾンは述べている。「敵の動きはもはや封じられ、すぐに反攻できなくなる」。[106]一九一三年、フランス軍の新しい戦術規定を書いた人物はグランメゾンの見解を受け入れ、きっぱりと述べている。「攻撃のみがポジティブな結果を生む」と。規定は述べる――銃剣が今なお歩兵にとっては重要な武器であり、太鼓とラッパが鳴り響く。将校が攻撃の命令を出す、[107]と。規定は約束する――「成功が訪れる。何も失っていない者にではない。少しも動ずることなく、士気を高く維持している者に訪れるのだ」[108]と。他国と同様に、フランス軍は次の戦争は短いと想定していた。軍も政府も、糧食を蓄え産業を動員することも、ドイツ国境近くの北部にある自然資源を守る準備もすることはなかった。[109]

一九一一年のドイツとの危機の最中、政府は陸軍最高司令官に平時も戦時もこれまで以上に大きな権力を付与するため、メシミに陸軍省と軍の指揮体系を再編する権威を与えた。同時にメシミは、新しい陸軍最高司令官を何人かの候補者の中から任命した。メシミは最も攻撃の教義を信奉している人物を選択した。ジョゼフ・ジョッフルはブルジョア出身——父親は樽をつくる職人だった——で断固たる共和主義者だった。ニックネームは「蟹」で、体格と右に動かないという理由からつけられた。政治家はジョッフルを好み、ジョッフルも政治家の扱い方を心得ていた。性格は穏やかで、大きな危機に際しても動じず、覚悟して自分の道を進んだ。経歴も手堅く、目立つものではなかった。フランスの二つの植民地戦争で活躍し、有能で頼れる将校として、また工兵隊の指揮者として、その名が知られるようになった。ジョッフルは日常の決まった仕事と書類仕事が得意で、兵站と情報伝達の重要性をよく理解していた。ジョッフルの支持者は、実際数多くいたのだが、決断力と、常に持っていたフランスは勝ち抜くという自信を賞賛していた。一九一二年、戦争の可能性について考えているのかどうか問われると、「考えている。いつも考えているのだ。戦争をすることになるし、私がやる。私が勝つのだ」と答えた。(110) 反対する人々は、柔軟性と想像力に欠けていると見ていた。フランスの名高い将軍の一人が「彼は出来事を甘受する。自分でつくることをしない……ジョッフルは戦略を何もわかっていない。輸送と補給を計画する、兵器庫の管理をする——これが彼の仕事だ」(111) と述べている。

ジョッフルが陸軍最高司令官を引き継ぐ頃には、ドイツがルクセンブルクを通過し、少なくともベルギーの一部に入る計画を立てているとフランスでは考えられるようになっていた。フランス外務省と警察庁はどちらも、ドイツの暗号を解こうとした（二つの組織の間に競争関係があって情報を共有しないことが多かったのだが）(112)。一九〇三年、自分のことを「仇討ち人」と呼ぶ、ドイツの参謀将校の可能性のあるスパイが、初期のシュリーフェン・プランを手渡した。スパイは頭部に包帯を巻き、髭だけが出ているような大げさな変装をして現れた。芝居がかっていると見る者もいて、この情報は本当のところ、フランス人を騙すためのドイツの陰謀なのではないかという心配を抱かせるものだった。(113) フランスのスパイも一九〇七年以降の計画と、一九一二年と一九一三年のドイツの机上作戦の写しを手に入れ、一九一四年の大戦前には実際に効力を発する最終的なドイツの計画を入手していた。ロシアはその一カ月後にフランスに警告を送ったが、そこには、ドイツがフランスを最初に粉砕したあとロシアに向かうと示してあった。[114] ドイツの意図には何年間もの豊富な証拠があった。ドイツはフランスとの国境の北部にある要塞を強化した。ベルギーとルクセンブルクとの国境であるラインラントに鉄道網を拡張した。小さなドイツの村に新しい鉄道駅をつくった。せいぜい、軍が人や荷物や装備を列車から降ろすことにしか使えない代物だった。ベルギー北部に移動しやすくするように、デュッセルドルフのライン川に架かっている橋を改良した。[115]

フランス軍部は、ドイツのベルギー侵入の可能性を真剣に考えていた。軍事計画を改訂するたびにヴェルダンの北および北西の軍を増強した。[116] 戦争の少し前、フランスの参謀総長はベルギーを定期的に巡回した。一九一三年のサン・シールの陸軍士官学校の最終試験の問題は、いかにしてフランス軍とベルギー軍がドイツの侵入を阻むかという問題だった[117]（大きな戦闘に巻き込まれないように試みてきたベルギーは防衛の準備を強化し、中立を侵犯する国にはいかなるものであっても自ら防衛することを明確にしていた）。ジョッフルは自国の政府に、ドイツがベルギーに入る前に軍隊をベルギーに移動できるかどうか尋ねたが却下された。ドイツが最初に中立を破った場合だけ、ベルギーへの移動が認められた。フランス政府はイギリスに離間してほしくないと思っていたのだ。イギリスの支援は、特に海では対ドイツ戦では必須だと考えられていて、フランスは結果的に勝つと世論に保証する上でも重要だった。[118]

だが、ドイツのベルギー侵攻計画を検討している中、フランスは致命的な想定（後に判明するのだが）をした。南北に流れるマース川の西岸と海の間のリエージュの西に、ドイツが大きな軍隊を送ることができるとフランスは考えなかった。ここでフランスの軍部は、予備役兵に対する偏見にとらわれてしまったのだ。フランス軍部は自分たちと同様に、ドイツの将校も予備役兵は市民生活に近すぎて信頼できる兵士にはなれないと考えていて、情報伝達ラインを守るとか、要塞を包囲するとか、最前線ではなく、戦線の後ろで病院のような役割を務めるといった、あまり重要ではない任務に就けると想定していたのである。[119] フランスはドイツ軍の下にいる兵士の数を正確に把握し、ドイツはアルザス＝ロレーヌ国境沿いのフランスの攻撃に対して防衛し、リエージュとマース川の東のベルギーに侵入することができることがわかっていたが、ベルギー西部に広がるほどではないと思っていた。実際、ドイツ軍は多少無理をしたが、予備役兵の最前線への配置を考えるようになったのである。ドイツがマース川の西に移動する計画を立てているという証拠は、一九一四年直前に数多くあった。一九一〇年には、ドイツ軍が特に平地で道が良い西ベルギーで役に立つ自動車を数多く購入していることにフランスは気づくようになっていた。[120] 一九一二年、ブリュッセルにいたフランス軍部の代表は、ドイツが直接リエージュを攻撃するか、西に回る力があるように思われると警告していた。[121]

ここで、ジョッフルの頑迷さが障害となることが判明した。ジョッフルは自分が決めたことに反する証拠を受け入れることを、単に拒否したのである。その証拠を打ち消すものが出てくると――たとえば、明らかにドイツの将軍エーリッヒ・ルーデンドルフが書いたもので、ドイツは予備役兵を最前線で使わないと述べた文書――ジョッフルはそれを信じる方を選択した。[122] ジョッフルだけではなかった。フランス軍部の多くは、攻撃の魅力に取り憑かれると、ドイツが本気で攻撃をしてくる前に、迅速に戦争を決着させることと願い、ドイツを攻撃することに戦術を絞り込み続けていた。一九一四年初め、上級のフランスの将軍何人かがドイツのベルギー侵入はマースの西になると意見を述べると、ジョッフルはまたしても聞こうとしなかった。[123] ロレーヌおよびその北、ベルギー東部とルクセンブルクでドイツと戦わなければならず、フランス軍は開戦時の戦いではざっと見てドイツ軍と同等だとジョッフルは信じて大戦を始めた。イギリス軍が間に合えば、両軍を合わせるとドイツより数で勝ると考えた。[124] ジョッフルは、ベルギー国境のすぐ南に位置するフランスの町イルソンから海峡まで東に伸びる百九十キロほどの地帯を無防備のままにした。イギリスが軍隊を派遣すれば――確実とは全くいえなかったのだが――その間隔を埋めてくれるはずだった。一九一四年八月、イギリスの四個師団は、自分たちが二つのドイツ軍の通り道にいることに気づくことになった。[125]

ジョッフルの悪名高い「プラン17」は、一九一三年五月に政府が裁可し、さらに詳細を詰めて翌年軍に配付された。ジョッフルはフランス軍をベルギー国境の北方にさらに動かして配置し、ベルギー、ルクセンブルクや北ロレーヌからやってくるドイツ軍を迎え撃とうとした。ジョッフルは回想録で明確に述べているが、この計画は軍を集中配備するためのもので、実戦計画ではなかった。ジョッフルはそれぞれの指揮官にドイツに対する複数の作戦を与えていたが、フランス全軍が所定の位置に着いたら北東のどこかで攻撃するつもりだという以外には、自分が考えていることを何ら示さなかった。一九一三年八月、ロシアとの会合で、フランスが動員から十一日目の朝ドイツに対する攻撃作戦を開始するとジョッフルは約束した。[126] フランスの国境に防衛戦略を考えたのだとしても、ジョッフルは一九一四年以前には、一度もその考えを共有しなかった。

一九一二年と一九一三年の軍事演習を見ると、個々の兵士の能力と指揮の間に大きな問題があることがわかった。ジョッフルは戦後の回想録で述べている。「将軍の多くが近代戦争の条件に適合できていないと気づいた」。[127] フランス軍は重量級の野戦砲の整備が、他のヨーロッパ諸国、特にドイツに深刻なほど遅れていた。これは何年にもわたってきちんと計画を立ててこなかったこと、資源が不足していたこと、大砲をどう使うのか、攻撃の前に敵の抵抗を弱めるのか、兵士の攻撃の波を支援するのかということについて兵士の間で不一致があったことの結果だった。遅くてつらい仕事を何とかしようとして、フランス軍は攻撃を支援するほうを選ぶ傾向があった。攻撃を主張した人々は、将来の戦闘は非常に速く展開するから、移動が厄介な重量級の大砲は維持できないので、軽量の野戦砲を頼みにするほうがよい、フランスが優位なところで攻撃する部隊を支援できるときに重量級の大砲を使うと論じた。[128] ジョッフルは、フランス軍が攻撃しなければならないという確信を揺るがすことは一切認めなかった。

平和の最後の数年、フランスは自信のうねりを経験した。少なくともパリでは、ナショナリズムが目立って高まった。ジョッフルの下で軍には新しい目的意識が生まれた。東にいる偉大な同盟国ロシアは日露戦争と続いて起こった革命もどきの痛手から回復したように思われ、急速に近代化していた。メシミは次のように述べている。「わが国では軍の総司令部の間でも一般の人々の間でも、一九一四年にはロシアの力を信じる気持ちが、特にロシア軍の無数にいる兵士の数の豊かさを信じる気持ちが世論として確立した」。[129]

主な大陸の列強の戦争計画は、攻撃に対する深く根ざした信仰と、それに代わる防衛戦略を検討することを嫌う気持ちを反映していた。ジョッフルの計画は曖昧ではあったが、少なくとも柔軟性があるというメリットがあった。ドイツとロシア両国の場合は、計画は即座に二つの敵に対してそれぞれ戦線を開くことを決めていて、軍にはいずれか一方と戦うという選択肢がなかった。政治家が軍事計画の中身を知ることができるようにはなっていなかったし、指示できるようにもなっていなかった。一九一四年までに大陸の列強の戦争計画は、わずかな障害物にも反応する引き金のように危うかった。軍部と軍部の計画が自動的に大戦を引き起こしたわけではないが、攻撃を弄び戦争を必要で避けられないものとして受け入れていたことが、危機が起きたときに開戦の意思決定をする人々には圧力となっていた。軍部のアドバイスはいつも戦争に向かう傾向があった。さらに、異なるグループの指導者間のコミュニケーションがなかったことで、軍部は時には危険な形で、意思決定者の前にある選択を狭めることになった。

一九〇五年から一九一三年の間に起こった一連の危機は軍拡競争に油を注ぎ、軍事計画とその手はずを用意しただけではなかった。危機によって二つの緩やかな同盟がそれぞれ絆を固くし、両者の溝が深まった。一九一四年の夏には多くの約束がなされ、義務と相手への期待はますます重くなっていた。政策決定者と一般人の頭のなかでは、これらの記憶と明らかに一連の危機から学んだ教訓が、あの運命の夏に巡らせた思考の一部となって、過去に武器を悪用した人々に対処するために自ら武器を手にすることになったのである。

13　危機の始まり——第一次モロッコ事件

一九〇五年早春、皇帝ヴィルヘルムはいつものクルーズに出ていた。ドイツの蒸気船ハンブルク号に乗り、今回は大西洋岸を南に下る旅だった。客にイスラム教徒の世界を味わってもらおうと、ジブラルタル海峡を通って地中海に入る前に、モロッコ大西洋岸のタンジール港を訪問することを検討していたが考え直していた。ハンブルク号は大きすぎて埠頭に入れないし、波が荒れていると、小さなボートに乗って海岸に行くのも難しそうだったからだ。タンジールの町も、ヨーロッパから亡命したアナキストが大勢いるとのことだった。さらに、モロッコの地位が国際問題になりつつあるときに、政治的な性質を帯びたことをしたくないと思っていた。だが、ドイツ政府は違う考えを持っていた。首相のビューローと、ビューローと近い外務省のホルシュタインは、フランスがモロッコをすべて所有することはできないということをドイツが示すときが来たと感じていた。船上の外務省の代表は、皇帝を上陸させるようにとの厳命を受けていた。ビューローはベルリンから大急ぎで電報を送り、皇帝が後戻りできなくなるように、ドイツのいくつかの新聞に計画した訪問の話の種を蒔いた。(1)

三月三十一日の朝、ハンブルク号がタンジールに錨を下ろすと、東から強い風が吹いてきた。タンジール駐在のドイツ代表が、傍に停泊していたフランス巡洋艦の指揮官が着ているように、拍車を装着した軍靴と騎兵の正装をして船上によじ登った。風がわずかに弱まり、皇帝は様子を見るために警備隊長を上陸させた。上陸がそれほど難しくなく、大勢の興奮した群集が待っていると聞くと、ヴィルヘルムは最終的に訪問することに同意した。上陸すると、ヴィルヘルムはスルタンの伯父とともにタンジールにある小さなドイツ植民地代表に迎えられた。乗馬用にアラブ種の白馬が用意され、町の狭い通りを通ってドイツ領事館に向かうことになった。馬はヴィルヘルムのヘルメットを見ると尻込みし、乗るのに一苦労した。モロッコの兵士が風になびく何百という旗を掲げ、皇帝の一行は隊列になっている間を馬で進んでいった。女性たちがホーホーと声を上げ、屋根の上から花を浴びせた。野性味ある興奮した部族の人々が、あらゆる方向に銃を放った。(2)

ドイツ領事館では、他国の代表と、ドイツ人が後に知ってうろたえることになる有名な山賊エル・ライスリを含む地元のお偉方が、皇帝を歓迎するために待っていた。丁重に、フォーマルな形で臨むようにとビューローは繰り返しアドバイスしていたが、ヴィルヘルムは興奮し、われを忘れた。スルタンが信頼する助言者である旧イギリス兵カイド・マクリーンに「私は協定があるとは全く認識していない。私はここに元首として、もう一人の完全に独立した元首のところを訪問している。このことをスルタンに伝えてくれ」(3)と述べた。ビューローは皇帝に、タンジールのフランス代表には一切何も言わないようにアドバイスしていたが、ヴィルヘルムは我慢できず、モロッコは独立国だ、ドイツの法にかなった関心がここにあることをフランスが認めることを期待すると繰り返した。皇帝はビューローに述べている。「大臣が私と話そうとしたときには、『おはよう』と言って立たせておいたよ」。ヴィルヘルムはモロッコ人が用意した贅沢な晩餐会に長居しなかったが、海岸まで馬に乗って戻る前、スルタンの伯父にモロッコはコーランに従って改革を行うことを明確にすべきだと述べた(皇帝は一八九八年に中東に旅行して以来、自分は全イスラム教徒の保護者だと自認していた)。ハンブルク号はジブラルタルに向けて出発し、そこでエスコートする船の一隻が偶然だとはいえ不覚にもイギリスの巡洋艦にぶつかってしまった。(4)

ベルリンに戻ると、ホルシュタインはこの訪問がうまく言ったのかどうか確認するのを待っている間、緊張で具合が悪くなっていた。数日後、ホルシュタインは「仕事が終わるまで緊張の連続です」(5)と書いている。これはずいぶん控えめな言い方だった。第一に、皇帝のタンジール訪問は、モロッコにおけるフランスの野望に対するドイツの挑戦を表していた。少なくとも、ドイツはモロッコにおける門戸開放政策を望んでおり、そこで対等にビジネスができるようにならなければ、おそらくアフリカのということになるだろうが、代償として他の植民地の提供を望んでいた。だが、皇帝の訪問はモロッコ一国の運命に影響を与えるよりはるかに大きな影響を与えた。

列強は 1905 - 1906 年の第 1 次モロッコ事件解決のためアルヘシラス会議に集まってきたのだが、泡パイプを咥えておとなしく座っているように見える。本当は、手に銃を構え爆弾を持っているのだ。ライバルのフランスとドイツは隣同士に座っているが、イギリスの代表ジョン・ブルは新しいイギリスとフランスの友好関係を壊そうとしているのではないかと疑わしいドイツを心配そうに見ている。北アフリカに自分の植民地を持っていたスペインとイタリアは待っている。アンクルサムは賛成していないようである。

ドイツはビスマルクの下で持っていた、ヨーロッパの国際問題を解決する中心としての地位を改めて獲得しようとしていた。ビューローとホルシュタインは、植民地問題でも、ヨーロッパそのものに影響を及ぼす問題でも、ドイツの関与と賛同なくして大きな国際問題の合意はあり得ないということを確認したかった。彼らは英仏協商と露仏同盟を破壊し、ドイツが包囲されている状況を打開するチャンスだと捉えていた。そのためヴィルヘルムのタンジール訪問は、ドイツとフランスの間で、それにもしかするとイギリスも加わって戦争が起こる可能性という大きな国際危機を引き起こしたのである。これらの三国ではいずれも世論に火がつき、そのため意思決定を行う人々が策を講じる選択の余地を狭めることになった。モロッコ問題は結果的に、一九〇六年にアルヘシラスで行われた国際会議で決着がついたが、指導者だけでなく関係国の一般の人々の間にも、後に不信感と怒りの危険な残滓がそれぞれ残ることになった。一九〇七年にミュンヘンのイギリス代表が報告している。「ドイツの一般人は普通外交問題にまず関心を持たなかったが……それ以来事態が一変した」[6]。

ドイツ人の観点からすると、一九〇五年の春は国際的にイニシアチブを確保するのには良いタイミングだった。英仏協商は成立したばかりで——前年の四月に調印されたばかりだった——まだ試されていなかった。ロシアは一九〇四年初めから日本との戦争に巻き込まれていて、同盟国フランスを助けに来る状況にはなかった。さらに、前年十月のドガーバンク事件はロシアとイギリスがいとも簡単に戦争をする可能性があることを示していた。アメリカ合衆国はドイツに友好的だと思われたし、中国で要求しているのと同じように、モロッコでも門戸開放政策を支援するにちがいなかった。ドイツ皇帝は黄禍のことを一時忘れ、世界にまたがるドイツ＝日本＝アメリカという将来の同盟を考えていた。だが、ルーズベルトは中国とモロッコは別問題だとはっきりと表明していた。アメリカ市民の大半がその名前を聞いたこともないモロッコの門戸開放がなぜアメリカの利益になるのかルーズベルトには説明する用意がなかった[7]。ドイツ皇帝がタンジールを訪問した少しあと、ルーズベルトはワシントン駐在ドイツ大使に次のように述べている。「全面的にバックアップしようと思わないときに、こういう問題に関わりたくない。モロッコにおけるわが国の利益を考えると、この問題にわが国の政府が関わることが正しいとは思えない」(8)。第一次モロッコ事件の間、ドイツの指導者が事態を悪化させた例はこれだけではなかった。

ホルシュタインは、ビューローや皇帝より強硬路線を取っていたが、この危機を使ってフランスとの関係をドイツに満足できる基盤の上に構築できると確信していた。イギリスはファショダ事件のときに、硬い姿勢を貫けばフランスが応じることを親切にも披瀝してくれた。フランスは退却し、以前の敵を友好的に捉えるようになったのだ。だが、ホルシュタインはさらに、イギリスはあてにならないということをフランスに示したいと考えた。ホルシュタインはモロッコ事件の危機が深まった段階で次のように書いている。「フランス人はイギリスの友好が……不十分でフランスのモロッコ獲得をドイツに承認させられないとなったときになってようやくドイツと和解する方向に向かうのだ。だが、ドイツはそんなことのためにではなく、本気で好きになってほしいと思っている」(9)。そうすればフランスはアルザスとロレーヌを取り戻したいという願いを公に放棄し、普仏戦争を終結したフランクフルト条約が不変だということを認識できるようになる。フランスを従わせれば、イタリアにも良い影響を与えることになる。イタリアがフランスとの友好を妨害する象徴となっていたのだ(10)。

イギリスとの力比べも行き過ぎになっていた。前年にドイツは、突出したすべての植民地問題について話し合いたいとイギリスに通告していたが、イギリスは数多くある債権国の一つとして、ドイツにもその権利があるエジプトについて合意しただけだった。英仏協商が破綻すれば、孤立したイギリスはもっと友好的になるだろうとホルシュタインは信じていた。さらにホルシュタインは一九〇四年の夏に、ドイツは弱く見えるようであってはならないと書いていた。「イギリスの側に対するわれわれの正統な要求がぞんざいに拒絶されることにわが国が屈すれば、ドイツが行う、少なくとも現在のドイツ政府が行うすべての要求が、どこで誰に起こる問題だろうと関係なく、これからの将来も同じように無頓着に拒絶されることになる。ドイツとイギリスの間の話し合いが重要だといっても、エジプトのケースを考えると問題外である」。ホルシュタインは同じ議論をモロッコについても行った。「資源の問題があるということだけでなく威信を守るためにも、ドイツは意図されたモロッコの併合に反対しなければならない」(11)。

もっと楽観的な気持ちでいられるときは、ホルシュタインは、国際関係に関わる主役国を完全に組み換え直すことを夢想した。イギリス、フランス両国で協商は間違いだと考えている人々は、紛争の徴候が出た段階で攻撃するはずだった。ホルシュタインはフランスが屈服してイギリスのもとを去り、ドイツの同盟国となると信じていた。ロシアには、そのあとに従う以外まず選択の余地がないはずだ。ドイツはロシアに条約を持ちかける。一九〇四年には失敗したが時機がまた来る。この間、ドイツ皇帝は従弟のロシア皇帝と良好な関係でいるように見えた。ロシア皇帝に、日本との戦争のやり方について助言の手紙を送っていたのだ。長い目で見ると、ヨーロッパにはドイツ、フランス、ロシアの三国同盟が出現し、イギリスは普仏戦争後のフランスのように、孤立することになる――。

モロッコの情勢そのものは、国際社会の関与を大いに必要とするようになった。若いスルタンは国の大部分に押さえが利かず、ドイツ人を含む外国人は、法と秩序を保つように繰り返し改革を要求した。一九〇四年五月、エル・ライスリは大胆にも金持ちのアメリカ人アイオン・パーディカリスとその婿をタンジール郊外の贅沢な別荘から誘拐し、馬に乗せて内地に連れて行った。ルーズベルトはすぐに、たまたま南大西洋からモロッコの大西洋岸に巡航していたアメリカ海軍を派遣し、二人の解放を求めた。パーディカリスがアメリカ市民ではないことを示す証拠が出てきても、その姿勢を保ち続けた。その夏シカゴで行われた共和党大会は、ルーズベルトがスルタンに発したメッセージに大きな喝采の声が上がった。「パーディカリスが生きるか、ライスリが死ぬかを求める」[12]。莫大な身代金が支払われ、やせ細り日焼けしたパーディカリスが婿と一緒に現れた。その年の十二月、モロッコの独立が危機に瀕していることに国際的な関心が集まることを心配したスルタンは、突然、すべての外国派遣軍に退去を命じた。フランスは命令を取り消させ、首都フェズにフランスの派遣軍を受け入れるように同意させたが、モロッコの現状と将来は、今や国際的な議論の対象となった。とにかく、人々が思い出したのは一八八〇年にアメリカ合衆国だけでなくヨーロッパの主だった国が調印したマドリード条約で、モロッコのような地域では列強は対等な貿易の権利がある、ということだった。

フランスは特にドイツの権益が関わる地域で、高圧的な態度によってこれを無視したことにより立場が良くなったわけではなかった。たとえば、一九〇四年六月、フランスはモロッコに借款を与え、将来も借款の相手としてフランスを特にひいきにするよう手はずを整えた。その秋、フランスはドイツに情報提供することも相談することもなく、スペインとモロッコを勢力圏に置く協定を結んだ。強力なフランスの外相デルカッセは、ドイツの海軍建設の背後には地中海と北アフリカでフランスに挑戦する意図があるのではないかと心配して、断固としてモロッコについてドイツと話し合いを持たなかった。ドイツと話し合うことを薦め失敗に終わったある助言者は、デルカッセがドイツのことを「いかさま師」と呼んでいることに対して、次のように不満を述べた。「だが、絶対にロマンチックな言葉を交わそう、恋人の指輪を交換しようとお願いしているわけではない。ビジネスの話がしたいのだ！」[13]。ベルリン駐在フランス大使は、フランスがモロッコで火遊びをしていてドイツが真剣に悩んでいる、とパリに繰り返し報告した。一九〇五年一月、フランスの派遣軍がフェズに到着し、スルタンから無理やりフランスにモロッコでより大きな権力を与えるという譲歩を引き出すと、ドイツはスルタンに抵抗するように促した。[14]

ホルシュタインはドイツの利益を推進するため、回避したいとは思っていたが、戦争のリスクを冒すことにした（他はともかく、ヴィルヘルムは交戦状態になると、軍が指揮を執ることになると想定した。そうするとホルシュタインは「自分には軍事的には何の力もないから、恐ろしいカタストロフィーにつながる」と述べている）。[15]ドイツの見地からすると、ここでもタイミングが良かった。フランス軍は今なおドレフュス事件の後遺症があり、ひどく士気が落ちていた。ロシアは東方で戦争をしていた。イギリス陸軍はボーア戦争から立ち直りつつあったが、いかんせん規模が小さかった。イギリス海軍について言うと、ドイツの冗談にあるように、車輪がないから迅速な陸戦には役に立たないはずだった。

皇帝もビューローも楽天的ではなかった。皇帝はおそらく本能的に、タンジールへの訪問はトラブルになるにちがいないと認識していて、戦争をしたくないという気持ちを固めていた。ヴィルヘルムは自分を無理やり行かせたとビューローを責め立て、その夏に怒りを込めて手紙を書いた。「父祖の国の利益のために行かせたいと言うから上陸したのだ。左手が不自由だから乗馬は難しかったのに変てこな馬に乗ったら、危うく命を落としそうになった。こんなゲームをやらせたからだ！　やれというからスペインのアナキストの間を馬に乗っていかなければならなかった。それで政策に益するのか！」[16]と。首相自身はフランスとイギリスを切り離そうとしたことを悔やんではいなかったが、モロッコでのフランスの立場を承認する代わりに、ドイツが別のところで代償を得るというもっとソフトなアプローチの方が、協商を破壊せよと威嚇するのと同じくらい効果が上がる可能性があると考える傾向があった。危機が一九〇六年二月に頂点に達したとき、ホルシュタインに次のように指摘している。「世論も、議会も、諸公も、いや軍でさえ、モロッコ問題で戦争をするとは考えていない」[17]と。シュリーフェンの引退の折の一月、皇帝は将軍たちに演説を行い、同じ点を指摘した。「だがここで言っておこう。モロッコのために戦争はしない。あとは諸君らの判断に任せよう。この場だけの話としてくれ」[18]。外部の世界からはドイツの上層部の分裂ははっきり見えなかったし、ドイツが弱い者いじめと分別ある行動の間で方向転換するための戦術をめぐって不一致があったことで、外国はドイツの意図に対して誤解を深めるばかりだった。

イギリスは、ホルシュタインが望んだ通りには行動しなかった。エドワード七世は「タンジール事件はドイツ皇帝が帝位に就いてから行ったなかで最も有害で余計な出来事だ。政治芝居の大失敗だ。世界の目に良く見せようとしてやったのだとしたらとんでもない勘違いだ」[19]と述べた。「ザ・タイムズ」紙はヴィルヘルムの訪問を「政治の大デモンストレーション」と呼び、ウィーンの駐在特派員は、フランスの側に立つというイギリスの決意を過小評価したと示唆した。[20]フランス外務省の強力な反ドイツ派はドイツが突然モロッコに関心を示したのは協商を破壊しようとするビューローの試みであるのは間違いないと考え、イギリスが立場をしっかり守るように促した。海軍本部のフィッシャーは、ドイツはおそらくモロッコの大西洋岸の港を狙っているはずであり、イギリスにとって「死活問題に関わる不利益なこと」をもたらすかもしれないと警告した。フィッシャーは外相ランズダウンにこう述べている。「これはフランスと同盟を結んでドイツと戦う絶好の機会のように思える……」[21]と。続く数カ月間、戦争の可能性について話をしたのはフィッシャーだけではなかった。

ランズダウンはもっと抑制的だった。戦争の可能性を考えたが、それはイギリスの生死に関わる利益が脅かされたときに限ると考えていた。[22]だが、ランズダウンはドイツの動機について、ロンドンに一般に広がっていた疑念を共有していた。危機が始まる前からランズダウンは、ドイツがイギリスの同盟国日本とアメリカ合衆国の両方と緊密な関係を求めているという報告を受けて不安に思っていたし、ドイツの外交は可能な場合いつもイギリスを妨害したいという動機で動いていると考えていた。ランズダウンはその四月に、ベルリン駐在イギリス大使に「ほぼ間違いないと思っているのだが、皇帝はわが国を妨害できる機会があればすべて利用しようとしていることがわかる」(23)と手紙を書いている。ランズダウンの政策は、危機が深まったときにはフランスを支えるが、向こう見ずな行動をさせないようにするというものだった。(24)四月二十三日にランズダウンと首相バルフォアはデルカッセに、「できる限りの支持を」するという強力なメッセージを送った。五月、ランズダウンはロンドン駐在フランス大使のポール・カンボンと、イギリスおよびフランスの政府は状況が悪化した場合共同で動く用意をすることに合意し、後に「十分に内々の議論」をするとつけ加えた。(25)フランスが防衛的同盟といった形で明確に関与するよう圧力をかけたが、保守党政府はそれ以上先には進まなかった。

だが、他の人々はそうしたのだ。強力な反ドイツ派で頑固なバーティーが、外務省にいる同僚に「エジプトでわが国とフランスの間に傷口が開いたように、モロッコでフランスとドイツの間の傷口を開かせよ」とパリから述べ、デルカッセにイギリスは全力を挙げてフランスを支えると断言し続けた。ドイツと一戦を交えるときが熟したという見方をフィッシャーがデルカッセと共有していた証拠もあった。(26)四月、エドワード七世は地中海をヨットで巡航し、いつものようにフランスの港にだけ訪問してから足を伸ばし、数日間北アフリカのアルジェの港に滞在した。イギリスに戻る途中、数日間パリで過ごし、デルカッセと二度会見した。(27)その夏の終わりに、エドワードがオーストリア＝ハンガリーのお気に入りの温泉地を訪問したときには、意図的にドイツ皇帝への訪問を避けた。あるベルリンの新聞はイギリス国王にこう言わせている。「大事な甥に会わないようにしてマリエンバードに行くにはどうしたらよいか？　顔が赤くなってしまうが、アントワープ、カレー、ルーアン、マドリード、リスボン、ニース、モナコ――どこもひどく危険だ！　困った！　ベルリン経由で行くしかない。ベルリンでは会わないことにしよう！」(28)。仕返しにドイツ皇帝は、その秋のウィンザーへの招待に息子である皇太子が出席するのを断った。[29]

タンジール訪問のあと、ドイツはフランスに圧力をかけ続けた。ドイツはフェズに使節を送り、ドイツの借款について議論し、フランスがモロッコに求める改革あるいはさらに統制を強めようとすることに抵抗するようにスルタンに促した。ドイツはスペインに、以前に交わしたモロッコを勢力圏に分割するフランスとの合意を破棄するように圧力をかけた。また、アメリカ合衆国を含む他の列強に対して、ドイツはモロッコの将来に関する国際会議を望んでいると述べた。[30]フランスの首相モーリス・ルーヴィエとの秘密の接触によって、ドイツはデルカッセの罷免を望んでいるということを知らせた。

ドイツはいつもデルカッセのことをフランス政府内の第一の敵と考えていて、一九〇五年の春には継続している日露戦争の仲介を申し出ることで自分の立場を強めようとしていると心配したことがあった。五月二十七日に日本の艦隊が対馬でロシア艦隊を破壊すると、両国は講和を模索するようになった。デルカッセは経験があったし、交戦国それぞれと良好な関係にある国の出身という利点があってわかりやすい選択だったから、自分自身この任務を引き受けたいと考えていた。ルーヴィエが愚直にもそれをドイツに伝えたところ、ドイツは憤慨した。デルカッセが引き受ければ、それはデルカッセとフランスの勝利となり、フランスのロシアとの関係をさらに緊密なものにするはずだった。フランス、ロシア、イギリスによるもう一つの三国同盟につながりかねなかった。あるいは、おそらく日本も加えて四国同盟になる可能性もあった。[31]デルカッセ自身が後に述べているように、フランス政府内のデルカッセの立場は、日露戦争終結のために行動したとしたら揺るぎないものとなったにちがいない。[32]ビューローはワシントン駐在大使に手紙を書き、ルーズベルト大統領を説得して仲介者を務めるよう、フランスあるいはイギリスのイニシアチブに先んじるよう求めた。[33]モロッコ問題は、ホルシュタインが言うには、このときの国際問題でフランスあるいはイギリスに対して成功を収める見通しと比べれば「ごく小さな問題」に過ぎなかった。

五月末、ドイツ政府はフランス政府に強い圧力のメッセージを送り続けた。デルカッセは辞任せよ、さもなければ結果はどうなるかわからない、[34]と。ルーヴィエはパニックに陥り、ぼろぼろになった。ルーヴィエはドイツが突然攻撃するのではないかと一年中心配した。そうなれば一八七〇年から一八七一年にかけて起こったことと同じようにフランスが敗れ、革命が起こるというのがルーヴィエの見方だった。その二月、ルーヴィエはフランス議会の軍および財政委員会の主要なメンバーと会合を持ち、フランス軍の戦争準備状態を調査するよう求めた。メンバーは述べた。「何も準備していない。武器も装備も糧食の蓄積もない。軍の士気も低く、この国の状況は悪化している」。ルーヴィエは泣き出した。(35) デルカッセは直接ドイツと話し合う、あるいは自分の同僚に相談することを拒否し、立場が悪くなっていた。四月十九日、デルカッセのモロッコ政策が議会で攻撃を受けた。右も左も、ことごとくデルカッセにドイツと話し合うように促した。ジョレスは、ドイツ皇帝がタンジールを訪問するはるか前から、デルカッセがモロッコ政府に譲歩を求め危機をつくっていたと指摘した。「自分から説明して話し合いを始めるべきだ」。デルカッセはドイツに直接の話し合いを提案したが、ビューローは勝利を匂わせて国際会議を主張した。デルカッセは抵抗し、ドイツのやっているのは脅しだ、イギリスはいざ戦争となればフランスを支持する用意があると主張した。(36)

デルカッセの同僚は同意せず、六月第一週にはルーヴィエはドイツの罷免要求に屈服する気持ちになっていた。六月六日の閣議でルーヴィエは全員一致の支持を得て、デルカッセに罷免を告げた。せめてもの復讐に、デルカッセは首相に、外務省で解読したルーヴィエがドイツと秘密裏に取引したことを示す電報のファイルを手渡した。(37) デルカッセの罷免のニュースが出ると、戦争の噂がフランス議会とサロンを駆け巡り、多くの人々が厚いウールのソックスとブーツを動員の準備として購入した。(38) ロンドンでは狼狽とショックが起こった。ランズダウンは英仏協商が存続できるのか考えた。ランズダウンはバーティーに、フランス人は奔走しているようだと述べた。(39) ベルリンでは、対照的に歓喜が走った。「デルカッセは敵がわれわれを破壊するために選んだ道具だった」とビューローは叫び、皇帝は解雇の日にビューローに公爵の称号を与えた。ビューロー自身はこのこととは何の関係もないといつも述べていたが。(40) ホルシュタインは述べている。「一番頭が良く一番危険な敵が倒れた」、「わが友」ルーズベルトが日露戦争の終結を仲介しているから、イギリスもフランスもこの件で国際的威信を獲得することはあり得ない、と。(41)

フランスに対する勝利から、ドイツは自分を過大評価するようになった。自ら外相を兼任することを決めたルーヴィエは直接の話し合いを申し出たが、ドイツがどこか別の地域の植民地という形で代償を得ると約束した。ビューローは背後で促していたホルシュタインとともに国際会議を主張し続け、フランスに、モロッコの問題についてはロシアもイギリスの支持も得られず孤立していることを示した。皇帝は後に「前もって話を聞いていたら自分で最初から参加して、あんな馬鹿げた会議にはしなかったのだが」[42]と述べている。七月初めにフランスは不承不承会議に合意したが、ドイツの圧力がルーヴィエにかかり続けた。その年の後半、ルーヴィエは近しい人物に「ベルリンが私を脅せると思っていたならば間違いだ」[43]と述べている。フランスの世論は、ドイツとの連携を強化することと英仏協商の価値のありがたさを感じることの間で揺れ動いていた。一九一四年にロシアに大使として派遣されることになるモーリス・パレオローニュは、当時外務省にいたが、七月の終わりに次のように書いている。「回復した。恐怖が消え、臆病風もなくなった。ドイツの意思にこれ以上屈しない。戦争という考えが受け入れられた」[44]。

フランス国内の新しい雰囲気にイギリス人は安心した。ランズダウンはロンドン駐在フランス大使のポール・カンボンに、イギリスは「フランスが一番良いと思ったやり方で」モロッコについて解決することを支持することを伝えた[45]。その年の夏の終わり、フランスとドイツは議題をめぐって争い続けたが、イギリスはフランスとの友好関係を世界に示した。イギリス海軍の船が何隻も、七月の「バスティーユ週間」の間フランスの大西洋岸の港ブレストを訪問した。一カ月後、フランスの船がポーツマスで贅沢な接待を受け、議会のウェストミンスターホールで大晩餐会が催された[46]。イギリスとフランスの海軍はその夏、戦略的協力のため内々の話し合いを開始した可能性がある[47]。

一九〇五年末イギリスのバルフォア保守党内閣は倒れ、キャンベル＝バナマンの下、新しい自由党政府が成立した。ホルシュタインはフランスに対する強硬路線を推進し続けていたが、政権交代を良い知らせだと考えた。自由党はドイツとの友好関係を望んでいると思っていたからである[48]。だが、またしても間違った想定をしていた。すでに重い病を患っていたキャンベル＝バナマンは、イギリスの外交問題の大部分を外相サー・エドワード・グレイに委ねていた。グレイはランズダウンの政策を突然壊す意図など持ち合わせていなかった。ランズダウンのように、英仏協商の維持がイギリスにとって極めて重要であるとグレイは思っていた。これが破られれば、フランスとドイツとロシアが仲良くなり、イギリスが再び孤立する可能性があった。前任者と同様、グレイはフランスが向こう見ずな行動をしないように牽制しながらドイツに対してフランスを支持したいと思っていた。グレイはカンボンに「好意的中立」を約束したが、フランスを強力に支持しているイギリスの世論であっても、モロッコについてはドイツと戦争することを支持してはいないと注意した[49]（グレイは自分がやりたいときも、何もやりたくないときも、世論に訴えるのが便利だと気づいていた）。ドイツについて言えば、ベルリンから和解のメッセージがあったが会議の開催前には一切取引をしないつもりだった。ビューローのうまい言葉で言えば、「口先ばかりで価値がない。価値があるものにしようとするならば会議でやらなければならない。英仏協商に反しない結論で結べばすっきりする……」とのことだった[50]。

イギリスの外交政策に責任があり一九一六年までその地位についていた人物は、ドイツ皇帝の見方によると、「カントリージェントルマンとしては有能な部類」で特に間違いを犯す人物ではない、ということだった。サー・エドワード・グレイは長い間イギリス社会で主導的な役割を果たしてきた、古い、有力な係累のある地主家庭出身だった。若い頃、グレイは準男爵の称号とイングランド北部の居心地の良い領地フォールドンを相続し、自由党の政治も継承した。本能からすると保守的だったが穏健な改革派で、新しい階級と新しいリーダーが政治の顔を変えるということを受け入れていた。同時代のヨーロッパ人と同じように、大戦争によって革命が起こるのを恐れていたが、平和的な革命を望んでいた。一九一一年に、「私たちの前の時代には不快なことがあった」と述べている。「年に五百ポンド以上の所得に慣れている私たちは良いとは思わないかもしれないが、何かより良いものに向かって働き続けなければならない」[51]。

イギリスの有名な伝統校であるウィンチェスター校の同級生はグレイのことを素晴らしい才能に恵まれていると見ていたが、グレイは勉強よりも近くのイチェン川で魚釣りをすることに関心があった。だが、ウィンチェスターで学んだ影響がいつまでも残った。グレイは誇りを抱きながら自らウィンチェスター出身だと述べ、大人の不誠実な行いにはショックを受けるような品が良く頭の良い少年特有の性質を持ち続けた。「国際関係に関するドイツの政策については、道義的な誠実さや、愛他的な動機を持つことをあてにしてはいけない、ということを基礎にしているように思える」とかつて述べたことがある。[52]他の高貴な人々のように、グレイは自分自身も慈悲を欠く行動をしたり、ずるい行動をしたりすることに無自覚だった。おそらく自分の動機が純粋だということを当たり前のことと思っていたからだろう。当然のように、控えめで自分の感情を隠すことも学んでいた。同僚は一様に、グレイが危機にあっても穏やかであるという印象を持っていた。グレイがローマの元老院議員のような姿をしており、毅然としながらも抑制を利かせて話をすることも人物評に役に立った。倹《つま》しい家庭を背景にしたウェールズの急進主義者ロイド・ジョージは、グレイの外見がずっと変わらないと感じていた。「薄い唇、固く閉じた口元、鑿《のみ》で彫ったような顔立ちをした印象的な人相は、冷たい鋼鉄のようだ」。[53]

グレイはウィンチェスターからオックスフォードのベリオール・カレッジに進学した。未来の指導者にとっては強力な大学だったが、ここでも最小限の努力しかしなかった。グレイはある時期、怠けがおさまるのではないかと学校を出されたが、反省することもなく戻ってきて何とか三等の学位にしがみついた。これでも彼にしてはよくやった方だったのだ。[54]後に自分の幸せがフォールドンにあることがわかり、イチェン川の小さな小屋で、バードウォッチングや魚釣りや散歩をし、読書をして一日を過ごした。二十三歳という比較的若いときに、イギリスの田舎を情熱的に愛する気持ちを共有する女性と結婚した。ドロシーはロンドンを避けてそこで一生生活したら幸せだったにちがいない。ドロシーはロンドンを堕落や病気を吐き出している近代のソドムとゴモラだと見ていたのだ。たぶん不器用で内気であるため、あるいは他の人々より自分の方が優れていると思っていたために、社交生活を嫌っていた。ドロシーは二十三歳のときに自己満足しているかのように「私たちは出会う人々からは良いものなど得られない国にやってきたのだと思っています」と書いている。ドロシーは夫を愛し夫が立派だと思っていたが、ハネムーンから帰ると自分はセックスがぞっとするほど嫌だと打ち明けた。いつも紳士であるグレイは、兄妹として生活することに合意した。[55]

だがグレイの活気のなさそうな外見の下には野心が隠

れていた。あるいは少なくとも、強力な義務の意識があった。家族のコネでグレイはある大臣の私設秘書に任命され、一八八五年には議員に当選し政治家としての経歴を始め、一九一六年辞任するまで続けることになった。予想外の能力を示して勤勉に仕事をしたが、グレイは時間の無駄だと思った社交活動に参加することを拒否した。グレイ夫妻はできるだけロンドンを離れて小屋に出かけ、召使いを一人だけ置いて簡素に暮らし、訪問者にはほとんど会わなかった。「普段の人生の流れの外にある特別で神聖な所」とグレイは述べている。(56)

一八九二年、グレイは自由党の外相ローズベリ卿の政務次官となった。どう見ても、外交問題についてグレイが相応しいからという選択ではなかった。同時代のジョージ・カーゾンとは違い、スコットランドに狩猟や釣りに行く以外は旅行に関心がなく発展がなかった。大陸のことをほとんど知らず、外相として大陸に行ったのは一九一四年にただ一度、国王のパリ訪問に随行したときだけだった。それにもかかわらず、一九〇五年に外相となると世界についてわずかだがしっかりした考えを持つようになった。自由党内でグレイは帝国主義者とみなされ、大海軍を支持していた。世界を分割する時代は過ぎ去り、すでに所有しているものを賢く統治するのがイギリスの責任になっていると感じていた。(57) ランズダウンが孤立政策を変更したことに賛成しており、一九〇五年の選挙前に、ヨーロッパにおけるイギリス政策の要であると考えた英仏協商を含めて自分の政策を推進する意志をはっきり述べていた。一九〇六年、グレイは同僚の自由党帝国主義者の友人リチャード・ホールデーンに「フランスとの協商を守りたいが簡単ではない。壊れるようだったら私の出番だ」(58)と手紙を書いている。ドイツはイギリスの第一の敵で最大の脅威だとグレイは同じく明確に考えていて、考え直す余地はほとんどないと見ていた。一九〇三年に次のように述べている。「われわれにきちんと対応するドイツ人が大勢いることは疑わないが、少数派だ。大多数はわれわれをひどく嫌っているから、皇帝や政府の友情などといっても、実際にわれわれに役に立つはずがない」(59)。グレイが見たように、過去のイギリスはドイツに過度に親密で、結果としてフランスとロシアとの仲が悪かった。「われわれは何度か、どちらかと戦争するところだったのだ。ドイツは自分の都合でわれわれに損をさせる」(60)。

モロッコに関する国際会議のイギリス代表サー・アー

サー・ニコルソンに対する指示は明確だった。

モロッコ会議は危機的なものになるとまでは言わないが、難しいものになるだろう。私が気づいた限りでは、フランスに対してモロッコで特別な立場を認めることをドイツは一切拒絶するだろう。われわれはフランスに対して特権を認めるだけでなく、外交手段でフランスを支援することを約束してきたのだ。われわれの力を使ってフランスが特権を得られれば、英仏協商にとって大成功ということになろう。得られなければ協商の威信が揺らぎ、その重要性が落ちてしまう。それゆえわれわれの主たる目的は、会議でフランスの目的を実現させるよう後押しすることである。[61]

会議は一九〇六年一月十六日、ジブラルタルのちょうど北東にあるスペインの都市アルヘシラスで開催された。その少しあと、グレイは悲劇に遭遇した。妻がフォールドンで仔馬の馬車から落ちて怪我をし、亡くなったのだ。グレイは回想録に書いている。「思考が停止し、仕事が進まなくなった」[62]と。グレイは辞任を申し出たが、キャンベル＝バナマンは続けるよう励ました。

会議がある種の気晴らしになった。会議が始まる頃にはドイツはフランスとの争いを収拾しようとしているのだとして国際世論を説得しようとしていた。[63]モロッコに関する争いは、二月には暗礁に乗り上げた。議題はモロッコの警察を訓練し指揮を執る仕事をどの国が行うかということ（フランス人は自分たちが行うと主張し、ドイツとスペインは国際的な共同管理を求めた）、国立銀行を運営する国をどの国にするかということだった。事実上これは、モロッコを究極的に管理するのはどの国か、という問題だった。ビューローは「モロッコはわれわれ、特に皇帝にとって名誉の問題となった」と述べた。[64]だが、ドイツは孤立を深めた。唯一頼りになる同盟国オーストリア＝ハンガリーは警察の問題については諦めよとドイツに圧力をかけた。[65]イタリアは半端な態度で、イタリア代表がやったことといえば論争を避けるくらいのことだった。アメリカ合衆国から来たルーズベルトも妥協を勧めた。[66]ニコルソンは指示に従い、フランスの背後でイギリスの支持を維持した。二月二十八日、イギリスの大きな艦隊がジブラルタル近くに到着し、力を行使する可能性を強調した。ドイツとしては今なお自分の側にロシアを誘い込みたいと思っていたが、ロシアはフランスの同盟国として動じなかった。ロシアにはほとんど選択の余地がなかったのだ。日露戦争と国内に続く革命のせいで財政が破綻していた。破産を避けるためには外国の大きな借款がどうしても必要で、フランスが一番可能性のある相手だった。フランスはアルヘシラスで協力することを、ロシアに対する借款の条件としていた。

三月末までに、ビューローは我慢せよとするホルシュタインの助言にもかかわらず、ドイツの損失を小さくする準備をし始めた。三月二十七日、協定が結ばれフランスが警察組織の上級のパートナーとなり、新しい国立銀行の主導権を握ることになった。モロッコ人自身は驚いた。「彼らは、この会議はフランスが譴責《けんせき》を受け、列強が改革についていくつか穏やかな助言を〔モロッコに〕与える法廷のような性質のものと思っていたのだ」(67)。ドイツは面子を保ったが、自分たちが負けたことを理解していた。ドイツにはモロッコの国際管理を主張するだけの理由があったし、国際的な出来事は数カ月前までドイツに好意的に動いていたが、無力なドイツ外交が有利な立場を放棄してしまったのだ。ビューローとホルシュタインはビスマルクがやったような、潜在的な敵を切り離しすべての国と関係をつくるといったことをしようとしたが、二人にはその技術がなかった。ホルシュタインはまた辞任をすると言い出し、今度はビューローが辞任を受け入れてもらえるよう策を弄した。これでホルシュタインの五十年にわたるドイツへの奉仕が終了した。残った歳月、ホルシュタインは孤独で惨めで貧しく過ごしたが（投機で金を失っていた）、舞台の背後で糸を引くために努力した。ホルシュタインはドイツの有名なジャーナリストであるマクシミリアン・ハルデンを駆り立てて、皇帝のお気に入りのオイレンブルクを攻撃させた。ホルシュタインはマドリードでの弱腰をずっと疑っていて、少なくともオイレンブルクがホモセクシャルだと非難されることで満足を得ようと考え、法廷に引っ張り出し、皇帝の内輪のサークルから追い出そうとした。ビューローの皇帝との関係はモロッコのためにぐらついて、罷免されるのではないかという噂が広がった。四月のアルヘシラス会議に関する帝国議会の討論の間、首相は倒れ、しばらく療養のためにベルリンを離れなければならなかった(68)。

皇帝は打ちひしがれた。皇帝はモロッコを戦争の原因にすることにはいつも反対してきた。一つは、ドイツの状態があまりにも危険だったからである。社会主義者たちが一九〇六年一月に大きなデモを計画し、プロイセン議会の選挙権が大きく制限されていることに対して抗議しようとしていた。皇帝は大晦日にパニックに陥り、ビューローに手紙を書いている。「最初に社会主義者を脅し、首をはねて害を取り除く。必要ならば血桶を用意するのだ。外国での戦争はそれからだ。二の次だ。両方一緒はだめだ」[69]と。ドイツはイギリスの権勢の下でフランス、スペイン、イタリアのラテン諸国が敵対的な同盟を組んでいるのに直面して頭がいっぱいになり、一時的に皇帝の思考から黄禍が消えた。メモしていたノートの端に「われわれにはもう友がいない。ローマが残した男女の別もわからない民族が、ごったになった遺物が、われわれを心から憎んでいる」[70]と嘆いている。

振り返って驚くのは、モロッコ事件に関わった国々がいとも簡単に戦争を予想したことである。たとえば、グレイは友人のホールデーンに対し、ドイツが一九〇六年春にフランスを攻撃するという報告を数多く入手していると述べている。一方ベルリンでは、フランスとイギリスから攻撃を受けるとビューローが考えていた。[71]ドイツの支配階級の中には、真剣に予防戦争を考える者もいた。結局、近年ロシアとの戦争に成功を収めた日本が、攻撃こそまず効果を発するということを示したように思われた。シュリーフェンは引退前に計画の最後の言葉を作成していたところだったが、フランスに対する予防戦争を提唱する可能性もあったし、上級の軍事指導者の中にはそちらを好む者もいた。[72]外務省の報道局長は一九〇五年十二月、アルヘシラス会議の結果、ドイツが世界で面目を潰すか戦争に突き進むか、いずれかに追い込まれる可能性があると警告するメモを上司から受け取った。「春にこういう戦いがあるのではないか、と当地では多くの者が予想している。また多くの者が望んでいる」[73]。

ドイツの願いにもかかわらず、ロシアはフランスとの同盟に忠実であり続けた。会議が終わるとすぐに、当時の首相レイモン・ポワンカレはパリ駐在ロシア大使に、借款の話を始めてよいと述べた。四月十六日、ロシア政府の代表が、資金の半分を用意するフランスの銀行が主導権を握る国際借款団と莫大な借款の合意に調印した。「彼はアルヘシラスで与えたサービスについて私にとっては厄介ごとであるかのような調子で話していた。欲張りな、実際そうなのだが、フランスの銀行の要求に愚痴をこぼしていた」とポアンカレは述べている。[74]ドイツは逆に、先の見通しが利かない動きをした。アルヘシラスの報復として、ドイツの銀行に対してロシアへの借款に参加するのを禁じたのだ。「……やつらはわれわれからは一銭たりとももらえない！」とドイツ皇帝は述べた。[75]

イギリスとフランスの新しい友好関係は最初のテストに合格し、結果として以前よりもかなり強力になった。一九〇八年、英仏協商を祝って英仏展覧会がロンドンで開催された。あるイギリス人のガイドは述べている。「私たちの間では、気を遣ってフランス語に敬意を表して、巧妙でチャーミングな英仏協商（Entente Cordiale）という言い方を一般にしているのですが、単なる言葉以上の意味があります。共通の目的と利益のために、互いに理解し合い善意を持つのです。英仏協商という言葉には感情と理解と具体的な関係が含まれています……」[76]。デルカッセとポール・カンボンは、確かにそれ以上のことを含んでいると考え、イギリスがある時点で防衛的な同盟を仄めかしてくると考えていた。[77] イギリスは深く関与するのは回避したと感じていたが、フランスが以前より緊密になったことを認識した。グレイはアルヘシラスで最大の暗礁に乗り上げたときに、次のように書いている。

フランスとドイツの間に戦争があるとすると、われわれが局外にいることは極めて困難である。英仏協商と、それ以上に継続的に強調して愛情を表明してきたこと（政府として、海軍で、政治的に、商業上、地方レベルで、それに新聞で）によって、われわれが戦争の際にはフランスを支持するものという信念がフランスに生まれている。トゥーロンにいる大使館付き海軍武官からの最新の報告では、モロッコについてフランスとドイツの間で戦争が起こった場合には、フランスの将校はみな当然のこととして捉えていると述べている。この期待が裏切られれば、フランス人はわれわれを絶対に許さないだろう

そしてグレイは、もしイギリスがフランスを後押しすることができなければ、英仏協商の支持者としての立場を保てなくなると仄めかした。グレイはつけ加えている。「そうはいうものの、われわれがヨーロッパの戦争に巻き込まれる可能性がある、ということは恐ろしい」[78]。グレイは一九一四年まで、フランスと協同することと、もっと正式な同盟に関与するのを拒否する、あるいは約束に縛られるのを拒否することの間で、バランスを取り続け

た。

グレイのバランスを取る行動は、イギリス軍事作戦部の長官とロンドン駐在フランス大使館付き武官が一月半ばに会談することが正式に認められたために必要なくなった。実際には話し合いは、すでに非公式に行われていたのだ。グレイが情報を伝えた一握りの同僚に言っていたように、この話し合いは二国が互いに提供できる支援がどのようなものかを探るだけのものだった。グレイは「すべての問題をアカデミックに研究した」[79]と主張している。だが、始まりは小さかったが、続く数年間のうちにフランス軍とイギリス軍の間の一連の話し合いに発展し、情報交換が行われ、計画がつくられた。フランスのドイツに対する諜報、フランスの戦争計画、フランスに派遣可能なイギリス部隊と馬の数、港湾の機能、鉄道輸送など、イギリスがドイツの攻撃に対してフランスを支援するために武隊を送る際に必要な詳細と調整の数々を議論し、一九一四年以前に合意に至った。二国の海軍もときどき議論をしたが、正式な話し合いをイギリス内閣が認可したのは一九一二年の夏だった。

何年間かにわたって最も論争が行われたのは、軍に関する話し合いだった。高潔なウィンチェスター出身者のグレイが、秘密裏に行われた話し合いと調整を隠し、内閣とイギリス国民をうまく欺いたのか。さらに重要なことだが、この話し合いはドイツがフランスを攻撃した暁にイギリスがフランスを支援しに行くというところまで踏み込んだものだったのか。グレイは一九一四年以前も以後も、両方の質問に対して繰り返しノーと答えたが、現実はそれほど明確ではない。一九〇六年に話し合いが始まると、グレイは首相キャンベル＝バナマンに情報を伝えたが、内閣全員には伝えなかった。おそらく自由党の急進派の反対を恐れていたからだったと思われる。内閣には一九一一年にモロッコをめぐって新たに深刻な危機が生じるまで、この話し合いは正式には伝えられていなかった（下院と一般大衆はイギリスが一九一四年に参戦するまで知らなかった）。ロイド・ジョージによると、内閣の大半はショックを受けた。「敵意がこんなに露骨に示されたことはまずなかった。このことが明らかになって感情が爆発したのだ。度肝を抜かしたというのに近かった」。イギリスはそれでも好きなことを自由にやれると言い、グレイは同僚を安心させた。[80]これも議論の余地がある。

グレイと同僚と部下が、条件付きでフランス側と大まかな話をしていたのは確かである。イギリスにとっては可能性にすぎないが、フランスの支援に行くかもしれなかった。だが、イギリスは主張しているのだが、話し合ったことが堅い約束になるとは受け止めていなかった。イギリスはこう考えて、いざ戦争が起こったときにやることを決める裁量権を担保したのだ。一九一一年、内閣は、イギリスは陸軍あるいは海軍の介入については、直接的にも間接的にも関与しないと強調する最終決議をするところまで進んだ。[81]それにもかかわらず、たとえばイギリスがフランスに対してモロッコに関して外交上繰り返し与えた支援の約束は、いかにグレイが英仏協商の維持を強く思っていたのかということを示している。グレイ自身とグレイと同じように感じていた外務省の高級官僚にとって、フランスとの友好関係は必須で、イギリスがボーア戦争のときのように再び孤立することがないようにするとすれば、ロシアとの友好関係もますます必要になった。[82]結局、背後で力をちらつかせずに外交上支援を約束しても、フランスの敵に対しても、フランスそのものに対しても、機能しないのだ。フランスが軍事的な支援という点でイギリスに頼れないと感じたならば、嫌なことをなんとか耐えてドイツと仲良くするかもしれなかった。

イギリスの戦略的思考は、フランス支援の可能性を大きくする方向に移っていった。一九〇七年までイギリス軍の関心の中心は大英帝国そのものだった。世紀の変わり目にアメリカ合衆国との関係を改善したことは、一つは、イギリスが新世界におけるアメリカの優位を認めたことだが、他方で、イギリスが北米の植民地についても心配しなくてもいいということを意味していた。一九〇七年に開催された、イギリス＝ロシア間の会議によって、王冠の宝石であるインドに対するロシアの脅威への心配が取り除かれた。陸軍はボーア戦争のあと再編成され改良され、その役割を果たせる状況となった。陸軍はいつもそうだったように、侵入に備えてイギリス諸島を守る責任を持っていたが、イギリスの指導者たちはますます大陸へ遠征軍を派遣する観点で考えるようになっていた。[83]ドイツの力が大きくなったことで、イギリスの貿易が向かう先を横切ってオランダの海岸、ベルギー、フランスさえも支配する単一国になるのではないかという、昔からイギリスが抱いていた恐怖が拡がった。海岸をドイツが管理することによって、ドイツ次第でイギリスに侵入することが可能な立場になる可能性もあった。[84]

イギリス軍は、イギリスの支援がなければフランスが負けるのは必至だと考える傾向があった。[85] 一九一二年、イギリスの戦略に責任を持つ組織である帝国防衛委員会の委員長モーリス・ハンキーは、フランス人についてイギリス人の間でかなり共有されていた見方を表現した。「フランス人には健全な人々だという印象がない」。フランスは衛生状態がひどくて水が悪いし、鉄道が遅いとハンキーは述べた。ハンキーは続ける。「ドイツ人はいつでもフランスを『打ちのめしてぼろぼろに』できるのではないかと思う」。[86] 一九一一年の夏には、イギリス軍は歩兵師団六個と騎兵隊二個旅団、総勢十五万人と馬六万七千頭をフランスに送ることを考えていた。ドイツが西部戦線で使う人数についてのフランスの想定が正しいとすると、イギリス遠征軍は英仏協商側にバランスを傾けることになるはずだった。[87]

陸軍には計画があったが、イギリス海軍にはなかった。あるいはあったとしても、フィッシャーと後継者のアーサー・ウィルソンは自分たちの考えを誰とも、特に資金をめぐる競争相手だと考えていた陸軍とは共有しなかった。イギリス遠征軍は金がかかり無駄だ、と頑固に反対した。海軍はいつもそうだったように、国内の島々を守り、海上でイギリスの商業を保護し、港を封鎖し、可能ならば上陸して敵に対して戦争を行う責任がある重要な任務だった。フィッシャーはグレイの言葉を借りて、陸軍は「海軍が発射する飛び道具として」役目を果たすことができると認めた。[88] 一九〇九年にフィッシャーは、ドイツの海岸に一連の小攻撃を行うことを考えていたように思われ、次のように述べている。「蚤が齧るようなものだが、いくつも齧られればヴィルヘルムは怒りで自分を掻きむしることになる!」[89]と。新しい科学技術の時代にフィッシャーは偏見を持たなかった――フィッシャーは次第にドレッドノートより快速巡洋艦に気持ちが傾き、ドイツ艦隊を押し込めておくため機雷と潜水艦を使うように提唱した――が、戦略計画をつくるのは得意ではなかった。フィッシャーが初めて任務に就いたとき、海軍には計画がなかった。フィッシャーは、戦争の中心計画は安全な自分の頭の中にしまってあると好んで言った。[90]「これまで会ったなかで一番ぼんくらな素人」と、フィッシャーの最初の任期中、海軍省の計画に関わった若い大佐が述べている。彼は戦争について一般的なことを言う――「敵を激しく叩け、何度も何度も。それに他の警句をいくつも」――が、落ち着いて堅実な戦術を練り上げるよう、じっくりと取り組むことのない人だとフィッシャーを非難した。[91]

戦前の多くの時間、イギリスの陸軍と海軍は独自の道を歩み、独自の計画をつくり、犬が一本の骨を争うような眼で互いを見ていた。だが、一九一一年に第二次モロッコ事件が起こり、戦争が避けられないかもしれないという騒ぎに発展すると、イギリスの戦略全体を見直すため、一九一一年八月二十三日に帝国防衛委員会の会合を持たなければならなくなった（このような見直しが行われたのは一九一四年以前ではこのときだけだった）。[92] 首相のアスキスが議長を務めた。委員には、政治家としては陸軍大臣リチャード・ホールデーン、二人の上り坂の若者ロイド・ジョージとウィンストン・チャーチル、陸軍を代表して新しい軍事作戦部長ヘンリー・ウィルソン、それに海軍からはフィッシャーの後継者アーサー・ウィルソンらがいた。陸軍のウィルソンは大陸の状況について才気あふれる説明を行い、遠征軍の目的と計画の概要を提示した。海軍の方では、ぞっとするような仕事をした。陸軍が大陸に軍を派遣するという考えそのものに反対し、代わりに時宜に応じて水陸両面で急襲を行うとともにドイツの北海沿岸を封鎖する曖昧な計画の概要を提示したのだ。海軍はフランスに遠征軍を輸送することにはほとんど関心を示さず、情報伝達を保護するという考えも持っていなかった。[93] アスキスは委員会でやっていることを「子どもっぽい」と考えた。[94] 会議後すぐにアスキスは、第一海軍卿にウィンストン・チャーチルを就任させた。チャーチルは即座にアーサー・ウィルソンをやめさせて、戦争計画を作成する海軍の参謀を立ち上げた。チャーチルはイギリス遠征軍を背後から支持し、海軍は陸軍と協力し始めた。[95]

一九一二年、かつて社会主義者だったがうまく右に動き陸軍大臣となったアレクサンドル・ミルランは、イギリス陸軍について次のように述べている。「機械の準備はできている。革紐は解いてあるのか？　全く不確実だ」。[96] 軍と文民の指導者の中には、ミルランより血の気の多い者もいたが、フランスは大戦が始まるまで、イギリスが介入してくれるのか自信がないままだった。ロンドンにいて影響力のある大使だったポール・カンボンは、グレイが繰り返す友好の保証とグレイが陸・海軍間の協議を正式のものにした事実から、イギリスが英仏協商を同盟と認めているという確信を持つようになった（しかしカンボンは、それが何を暗示しているのか十分確信することができなかった）。[97] 一九一九年、ジョッフルは述べている。

「個人的にはイギリスが来ると確信しているが、結局イギリス側は正式に関与をすることを認めたわけではない。積み込みと積み降ろし、それにイギリス軍のためにとっておく位置についての研究があるだけである」[98]と。イギリスとドイツの間に敵愾心が大きくなるのをフランスは救われる思いで見ていた。そして、ヨーロッパの均衡を維持する伝統的なイギリスの政策が（ナポレオン戦争の時にはフランスとは反対に動いていたのだが）、今役に立つようになると論じていた。フランスの指導者たちはグレイが繰り返し言っていたように、イギリスは戦争を決断するに当たって誰が責めを負うのかということに影響されることをつかんでいた。[99]それこそが、フランスが一九一四年の夏の出来事にあれほど注意深くなって、攻撃的だと思われるステップを取らなかった理由の一つだった。

フランス軍は一九一〇年以後、ヘンリー・ウィルソンが軍事作戦部長であることで勇気づけられた。ウィルソンは堂々とした姿で、身長は百八十センチ以上ある。仲間の将校が言うには、鬼のような顔をしていた[100]（ある人物がはがきに「イギリス軍で一番醜い男へ」と宛てて書いたら、何の困難もなく彼の元に届いた）[101]。ウィルソンは「自己中心的で狡猾な」人物で、別の同僚が言うには、政治的な陰謀に長け、影響力のあるパトロンを見つけるのが得意だった。適度に裕福なイギリス＝アイルランド系の家庭の出だった（アイルランドのプロテスタントの大義がいつも大切だった）が、世界に自分の道を切り開かなければならなかった。帝国防衛委員会でプレゼンテーションを行うときには頭の良さを示し、説得力があった。エネルギッシュで強い意志を持ち、戦略についてはっきりした見解を持っていた。一九一一年に参謀本部に提出した文章に、次の見解を引いている。「われわれはフランスに加わらなければならない」。ドイツがフランスを攻撃した場合、ロシアはそれほど役に立たないとウィルソンは論じた。そして、フランスが敗れ、ドイツが君臨するヨーロッパを救うのは、イギリス遠征軍の迅速な動員と派遣である、[102]と。任務に就くと、ウィルソンはこれが必ず起こると気持ちを固めた。「あらゆる点で問題の状態に不満だ」と日記に書いている。イギリス遠征軍あるいは予備役兵を展開する適切な計画が一切なかった。「きれいな覚書を書いているうちに多くの時間が無駄に過ぎた。できるなら全部壊す」[103]。

ウィルソンはフランス軍と良好な関係を迅速に築いた。

フランスが好きで、流暢なフランス語を話すことが役に立った。フランス士官学校の司令官でカトリックに深い信仰を持つフェルディナン・フォッシュ（将来の元帥）はウィルソンと固い友情を結んだ。あるとき、ウィルソンはフォッシュに尋ねた。「これまで検討してきたような挑戦が行われたときに、最小どのくらいの規模のイギリス軍がいたら現実に役に立つと思うか？」。フォッシュはすかさず答えた。「一人だ。彼の死を大切にするはずだ」[104]。イギリスが関与するならフランスはどんなことでもするつもりだった。一九〇九年、フランスはドイツのイギリス侵入計画を示す文書を入念に捏造した。旅行中のフランスの商人が列車でバッグを間違えて持ってきたときに見つけたとしたのだ[105]。

ウィルソンはフランスを何度も訪問し、戦争計画について情報交換し、共同作戦のための調整をした。フランスの国境沿いを何キロも自転車で走り、要塞と戦場になる可能性のある場所を研究した。一九一〇年、任官直後にはロレーヌのなかでフランスに残されたところにある、普仏戦争で多くの血が流された戦場の一つを訪問した。そして、「私たちはいつものように、『フランス』の女神像が立っているところを訪ねた。いつものように美しい像だった。像の足元に持ってきた地図を広げ、フランスの領内にイギリス軍を集中して置く場所を示した」[106]。フランス側で接待役を務めた人々同様、ウィルソンは、ドイツ軍の右翼側部隊がベルギーのマース川の西の海に接近できるほど強力ではないと考えていた。イギリス遠征軍はドイツ軍の攻撃が弱いと思われるところを想定して、フランスの左翼側に配置することになっていた。イギリスがアントワープに行くという話もあったが、ウィルソンと同僚たちは柔軟性を持たせ、いったんイギリス軍が上陸してから決定すると論じていた。

イギリスは軍事計画に柔軟性を持たせていたが、政治的な点ではますますがんじがらめになっていた。一九〇五年から一九〇六年にかけての第一次モロッコ事件によって英仏間の協力と理解は進んだが、それだけ束縛も大きくなった。危機によって、ヨーロッパの列強間を隔てる線はますますはっきりと引かれるようになった。一九〇七年の英露協商の調印とともに、今度は以前の敵同士の間にまた新たな線が引かれ、新たな義務と期待の糸が織り込まれた。世論を無視することはますます難しくなった。フランスとドイツ両国で、たとえばドイツ駐在フランス大使のジュール・カンボンのような重要人物ばかりか、実業界の重要な利害が関係改善を促したのだ。一九〇九年、フランスとドイツはモロッコについて友好的な合意に到達した。両国のナショナリストは、政府がこれ以上友好に進み、経済関係の改善を論じることを不可能にした。(107) ヨーロッパはそれぞれに戦争計画を準備し二つの反目する陣営に分かれるような運命にあったわけではなかったが、第一次モロッコ事件に続いてさらなる危機が起こり、パターンを代えることがますます難しくなっていた。

14　ボスニア危機――ロシアとオーストリア＝ハンガリーの対立

一八九八年、ドイツ皇帝ヴィルヘルム二世は自身のヨット、ホーエンツォレルン号で（エーゲ海から）ダーダネルス海峡を上ってマルマラ海に入り、オスマン帝国のスルタン、アブドゥル・ハミトに国賓として二度目の訪問をした。ヴィルヘルムは自分のことをオスマン帝国の友人であり保護者であると考えるのを好んでいた（オスマン帝国の鉄道敷設権のような特権を、ドイツができるだけ数多く獲得したいという意図もあった）。ヴィルヘルムはコンスタンティノープルの魅力そのものにも惹かれていた。世界最大で最も古い都市の一つであるコンスタンティノープルは、アレクサンドル大王からコンスタンティンティヌス帝、それよりずっと新しくスレイマン大帝に至るまで、多くの支配者を見てきた。壮大な宮殿やモスク、教会の壁面や土台に組み込まれたギリシャ建築、ローマ建築、ビザンティン建築の円柱や装飾が、すでに過ぎ去った偉大な帝国の遺品として残されていた。

ドイツの皇帝夫妻はトルコのカーイークという小さな船で上陸し、皇帝がアラブ種の馬に乗って市の城壁巡りをしている間、皇后はアジア側の海岸に出向いた。その晩、スルタンは賓客のために、この日のために特別に建てた宮殿の新しいウィングで贅沢な晩餐会を催した。晩餐会に続いて壮麗な花火が打ち上げられた。埠頭の下では電灯の明かりが皇帝のヨットに随行したドイツの戦艦のシルエットを映し出していた。訪問を記念して、皇帝はこの町に大きな西洋風四阿をプレゼントした。中には七つの泉があって、すべてドイツ製だった。斑岩の円柱、大理石のアーチ、青銅製のドーム状の屋根があり、内面は金のモザイク模様で装飾され、ヴィルヘルムとアブドゥル・ハミトのイニシャルが石に彫られ、かつてローマ人が競馬や戦車競争をした古代のヒッポドローム（競技場）の端に今なお残っている。スルタンのために、ヴィルヘルム二世は最新のドイツ製ライフルを持ってきた。

プレゼントしようとするとアブドゥル・ハミトは最初、暗殺されるのではないかと心配して尻込みした。四世紀ほど前にヨーロッパを震撼させたスレイマン大帝を受け継ぐスルタンは惨めな独裁者となっており、陰謀を恐れ宦官を近くに置き、タバコを吸う度に最初の煙を確かめる役目だけをやらせていた。

オスマン帝国を観察した人々はほとんど、オスマン帝国は滅びる運命にあると考えていた。外資が借金の大半を握り、破産寸前だった。臣下は手に負えない状態になっていた。行政は無能で腐敗していた。最大の世界市場だった帝国にとっては悲しい終焉だった。オスマン・トルコは十三世紀にアナトリア西北部で生まれ、アナトリアを越えて容赦なく西方に進んだ。一四五三年オスマン・トルコは〔ビザンツ帝国を滅ぼして〕コンスタンティノープルを獲得した。ビザンツ帝国最後の皇帝は戦って死ぬことを願い――実際そうなった――かくして正教の心臓部にあたるところがイスラム教徒の町になった。オスマン・トルコは前進し続け、ヨーロッパ南東部のバルカン半島の北に入り、中東に入り、地中海の南岸沿いにエジプトに入り、さらに進んだ。自国のやり方を維持しようとした支配者は一掃され、そこにいた人々は征服された。十五世紀の終わりには、オスマン帝国はバルカン半島の大半を支配下に収め、一五二九年にオスマン軍はウィーンに達した。ウィーンはようやくのところで包囲に耐えることができた。約十年後、ブダペストは陥落し、ハンガリーの大半はオスマン帝国の一部となった。十七世紀の半ばになると版図は最大となり、ヨーロッパのオスマン帝国には今日のハンガリー、ブルガリア、ルーマニア、クロアチア、セルビア、モンテネグロ、アルバニア、マケドニア、ギリシャを含むようになった。オスマン帝国は今日のウクライナと南カフカス〔後のジョージア、アルメニア、アゼルバイジャンが出現するところ〕の大きな断片をも獲得した。加えて帝国はトルコ、ペルシャとの境から下ってアラビア半島の南端までのアラブ中東、西はモロッコに至るまでの北アフリカをも含んでいた。

帝国に関していうと、オスマンの統治は比較的穏やかだった。大部分がイスラム教スンニ派であるオスマンは、シーア派だけでなく、キリスト教やユダヤ教など、臣下自身のさまざまな宗教を信奉することを認めた。また、クルド人やセルビア人、ハンガリー人に至るまで、多くのエスニックグループに限られた範囲内ではあるが、自分たちの言語と文化を維持することを認めていた。だが、何世紀かかけて、帝国は衰退していった。オスマンの艦隊は地中海で敗れ、陸上では大きなライバルであるオーストリア帝国が（トルコの版図を）次第に南に押し戻すようになり、一六九九年にはハンガリーを勝ち取った。次の世紀、オーストリアとロシアはオスマン帝国の領土を剥ぎ取り、十九世紀にはフランスとイギリスが解体に加わってフランスがアルジェリアとチュニスを、イギリスがエジプトとキプロスを手に入れた。オスマン帝国を破壊していったのは時の経過と敵の復活だけでなく、帝国内の全領域に、最初はヨーロッパ方面からナショナリズムが成長したことだった。ギリシャは一八三二年に独立を勝ち取り、セルビア、ルーマニア、ブルガリアは完全な独立に向けてオスマン帝国内で自治を求めて動いていた。

長く予想されてきたオスマン帝国の最終的解体が始まると、（バルカンにもまだかなりあったが）中東に大きく残っていた領土は、略奪の場となった。中東および北アフリカに対するドイツ、フランス、ロシア、イギリスの野望が渦巻きヨーロッパに緊張をもたらしている一方、オーストリア＝ハンガリーとロシアの間にもライバル関係があり、ヨーロッパの長く続いた平和は重大な脅威にさらされることになった。二つの勢力には死活に関わる相容れない利害がかかっていた。オーストリア＝ハンガリーはオスマン帝国の領土にほとんど関心がなかったが、バルカンの南の戸口で起こっていることを気にせずにはいられなかった。拡大したセルビアあるいはブルガリアというものを、穏やかに考えることはできなかった。それは南に向かってコンスタンティノープルとエーゲ海の港に至るオーストリア＝ハンガリーの貿易ルートを阻むもので、特にセルビアの場合には、ダルマチア沿岸のオーストリアの直轄地を脅かしていた。さらに、大きな南スラヴの国が生まれると、オーストリア＝ハンガリーの溶剤として活動して、クロアチア、スロベニア、南ハンガリーにいるオーストリア＝ハンガリー内のナショナリズムを高揚させる可能性があった。バルカンの国々がロシアに向かって集結すると、オーストリア＝ハンガリーは恐ろしい連合体に直面するはずだった。

ロシアとしては、オスマン帝国の海峡の管理が他の勢力の手に落ちるとなると、傍観はできなかった。ロシアの貿易の多く、一九一二年には輸出だけでその四〇パーセントほどがこの狭い海峡を通過していたので、封鎖されるとロシアの経済にとって致命的である。歴史的・宗教的理由でも、コンスタンティノープルはかつてビザンツ帝国の首都であり、ロシアはその継承者であると主張していた。カトリックのオーストリア＝ハンガリーがコンスタンティノープルを占領するという事態は、少なくとも信心深い正教徒にとっては、イスラム教徒にとってと同じくらい悪いことだった。ロシアの汎スラヴ主義者たちは、ますます声高に主張するようになっていたが、大多数はロシア人と同じ正教徒であるバルカンの同じスラヴ人もこの地域が、オーストリア＝ハンガリーの支配下に置かれていることに寛容ではいられなかった。

十九世紀、イギリスを筆頭に列強は「ヨーロッパの病人」と揶揄されていたオスマントルコを支えて、危険な領土の争奪戦が起こらないようにした。一八七八年、露土戦争に勝利したオスマン帝国の領土の多くを剥ぎ取ってマケドニアを含む大ブルガリアをつくろうとするロシアの試みは、他の列強によって阻まれ、マケドニアをオスマンに戻し、ブルガリアを縮小し、名目上オスマン帝国の主権下に置いた。マケドニアには大勢のキリスト教徒がいたが、オスマン帝国に統治能力がなかったことと、マケドニア内で身内の争いを繰り返して問題を引き起こすばかりのさまざまなテロリストグループに、国外から資金を提供するバルカンのキリスト教徒たちの活動によって、以前から続いていた混乱状態が急速に悪化していた。

一八七八年のベルリン会議で、オーストリア＝ハンガリーは代償としてバルカン西部のボスニア＝ヘルツェゴビナの占領と管理を認められた。ここでもボスニア＝ヘルツェゴビナは名目上はオスマン帝国の主権下に置かれた。また、ボスニア＝ヘルツェゴビナの南に伸びる小さな突出部サンジャク・オブ・ノヴィバザールに軍隊を駐留することが認められた。これによってセルビアはモンテネグロと一つになることができなくなり、オーストリア＝ハンガリーに、今なおオスマンの領土であるマケドニアとエーゲ海の南方につながる狭い回廊が認められた。新しい領土は最初から厄介だった。オーストリア＝ハンガリーは、キリスト教徒の支配下に置かれることを望まないボスニアのイスラム教徒の蜂起を鎮圧するため、かなりの軍隊を派遣しなければならなかった。

十九世紀の終わりまでには、ロシアもオーストリア＝ハンガリーも、オスマン帝国の残った領土をめぐって両者の間に潜在的な戦いの危険があることを認識するようになり、一八九七年にはバルカンの領土の現状を尊重する協定を結んだ。両者は既存のバルカン諸国家の内政には干渉しないと合意した。ロシアは合意によって、オーストリア＝ハンガリーのボスニア＝ヘルツェゴビナに対する統治権を尊重することを約束した。最終的には、二つの国は合意した原則に反する民族主義の台頭には一緒に反対することになった。一九〇〇年、サンクトペテルブルグにいたオーストリアの外交官アロイス・フォン・エーレンタールは、ウィーンにいた外相ゴウホフスキに、ロシアとオーストリア＝ハンガリーは互いに信頼し合うことを学んだと楽観的に書いている。「信頼がなければ、バルカンの外交上の発展は不可能だ。大切なことは信頼を高めることだ」(1)。結果的に、バルカンの西部を支配するオーストリアと、黒海と地中海の間の水域とコンスタンティノープルそのものだけでなく東部を支配するロシアとで、勢力圏の合意に至ることは可能だとエーレンタールは期待していた。次の数年間の外交はエーレンタールの願いを満たす方向で動いているように思われた。一九〇二年にロシアの外相ラムズドルフは次のように述べている。「ロシアとオーストリア＝ハンガリーがバルカンの諸民族に対する愛情だけで仲たがいする時代は過去のものとなった」。一九〇三年、マケドニアの状況はさらに悪化した。両国はオスマン帝国の当局に必要な改革をさらに進めるように共同で圧力をかける、さらなる協定に調印した。翌年、日露戦争が始まると、両国は中立協定を結び、ロシアがオーストリア＝ハンガリーとの国境から東に軍隊を動かすことを承認した(2)。

だが、一九〇六年、甥であり皇位継承者であるフランツ・フェルディナントの圧力で、フランツ・ヨーゼフは二つの重要な任官を行い、それによってオーストリア＝ハンガリーは新しい、積極的な政策に着手することになった。コンラートが参謀総長となり、エーレンタールが外相となったのだ。特に若い世代の将校と政府高官の多くは、二重帝国が民族独立による帝国の解体を阻止することを願い、今なお生命力を維持し力があることを示して、国内と外交の問題を解決し、国内外で強力な国家をつくりたいと感じるようになり、帝国内のさまざまな民族がゲルマン民族の君主国家に結集することを望んでいた。そうすれば、活力を取り戻したオーストリア＝ハンガリーは自由になって、ますます大きく、屈辱的なものとなっているドイツへの依存から脱却し、独立した存在であることを世界に示すことができるはずである。二人は全体の目的には合意したが、外相は戦争より外交の方を好んでいた。絶えず戦争を急かし続けたコンラートは、後にエーレンタールの性格を「虚栄心の強いわがままな間抜けだ。くだらぬ曖昧な外交でしか野心を実現できない。上辺が成功したように見えるだけだ」と述べ、エーレンタールは軍のことを、雨が降るまで食器棚の上に置いた傘だと考えていると主張した(3)。これはコンラートが同僚について述べるときにいつもそうなのだが、正確とは言えなかった。エーレンタールは戦争も視野に入れていたが、それはどうしても必要な場合に限ると考えていたのだ。

新しい外相は背が高くやや猫背、上品な整った姿で、重いまぶたの下から目を光らせた。エーレンタールはいつも不安そうに見えるとビューローは述べている。ビューローはエーレンタールを「控えめで活気がなく、ほとんど感情がない」と見ていた(4)。だが、実はエーレンタールは勤勉で、オーストリア＝ハンガリーの外交政策を推進するために自分の人生を捧げ、ロシア大使として駐在した時には成功し、尊敬された。多くの同僚と同じように、エーレンタールは貴族出身だった。参謀将校の一人は「わが国の外交団は万里の長城のようだ。貴族階級以外が入る入口がない」(5)と述べている。エーレンタールの一族はもともと国家に奉仕したことで社会的な地位を上げたチェコの貴族だった（敵対する人々はエーレンタールの先祖がブルジョアで、おそらくどこかのユダヤ人かもしれないと指摘したがった）。だが、エーレンタールは忠誠という点では全くチェコ人ではなかった。エーレンタールの階級の多くの人々と同じ国際人で、第一の忠誠の義務は皇帝家でありオーストリア＝ハンガリーだった。公務においては、エーレンタールはひたむきで、狡猾で、二枚舌で、容赦なかった。弱点は、ものごとを複雑に考える傾向があったことだ。アドバイスをすることは得意ではなかった。同僚で後にエーレンタールの後継者となったレオポルト・ベルヒトルトは、自分が考えた「複雑な机上の空論に一致しない事実は都合よく見逃してしまうエーレンタールの驚くべき性格」について愚痴をこぼしていた(6)。

エーレンタールは根っからの保守派で、同じ階級の人々が持っているリベラリズムと社会主義に対する反感を共有していたが、オーストリア＝ハンガリーが生き延びようとするならば改革をしなければならないと信じていた。師であるフランツ・フェルディナントのように、帝国内に南スラヴのブロックをつくり、オーストリアと

Le Petit Journal

Le Petit Journal
CHAQUE JOUR — 6 PAGES — 5 CENTIMES
Administration : 61, rue Lafayette
Les manuscrits ne sont pas rendus

5 CENTIMES　SUPPLÉMENT ILLUSTRÉ　5 CENTIMES

Le Petit Journal agricole, 5 cent. ~~ La Mode du Petit Journal, 10 cent.
Le Petit Journal illustré de la Jeunesse, 10 cent.
On s'abonne sans frais dans tous les bureaux de poste

ABONNEMENTS

	SIX MOIS	UN AN
SEINE et SEINE-ET-OISE	2 fr.	3 fr. 50
DÉPARTEMENTS	2 fr.	4 fr. »
ÉTRANGER	2 50	5 fr. »

Dix-neuvième Année　DIMANCHE 18 OCTOBRE 1908　Numéro 935

LE REVEIL DE LA QUESTION D'ORIENT
La Bulgarie proclame son indépendance. — L'Autriche prend la Bosnie et l'Herzégovine

アフリカと太平洋の多くは1900年までに分割されていたが、ヨーロッパの戸口のところで衰退しているオスマン帝国はますます誘惑をかき立てていた。ここにいるのはオスマン帝国の支配者アブドゥル・ハミト２世だが、皇帝フランツ・ヨーゼフの姿をしたオーストリア＝ハンガリーが1908年にオスマン帝国のボスニアとヘルツェゴビナの司法を獲得し、ブルガリアのフェルディナント１世が名目上はオスマン帝国に留まっている場所を自分の独立国だと主張する機会をうかがっている間、ハミト２世は頼りなげに見ているだけである。この結果生じた危機はヨーロッパの緊張を高めた。

ハンガリーの間の終わりのない緊張を何とか緩和することを望んでいた。さらには、帝国内に南スラヴ人の領域ができれば、この領域はバルカン、セルビア、モンテネグロあるいはブルガリアに住む南スラヴ人を引き寄せる磁石として働き、彼らをオーストリア＝ハンガリーの軌道に引き寄せ、おそらく南スラヴ人たちを帝国内に取り込むことになったであろう。[7] 外交問題では、オーストリア＝ハンガリーが生き残るためにはドイツとの同盟が重要だという前任者たちの堅い考えを共有していたが、今やヨーロッパを分割しつつあるラインを飛び越えて、ロシアと強力な関係を築くことを望んでいた。保守主義とヨーロッパの安定には相関関係があると考え、その大義を促進するため、オーストリア＝ハンガリー、ドイツ、ロシアの三帝同盟を再生することを願っていた。[8] サンクトペテルブルグに滞在していたことによって、エーレンタールはロシア派だと言われるようになっており(ビューローが言うには、社交界の華との恋愛関係があったことも影響していた)[9]、可能ならばロシアと協力したいと思っていた。

だが、エーレンタールの下でオーストリア＝ハンガリーとロシアはひどく不和となり、その結果バルカンの西側にあるボスニア＝ヘルツェゴビナという小さく貧しいオスマン帝国の地方の運命に、取り返しがつかないほど重くのしかかっていくことになった。二国間に存在していたバルカンにおける緊張緩和と協力の政策は最終的に瓦解し、両国を破滅に追い込んだ。両国が長く恐れていたバルカンでの武力衝突は一九〇八年に危うく起こりかけ、再び一九一二年に起こり、最終的に一九一四年に爆発し、ヨーロッパのほとんどを巻き込んで崩壊したのだ。

オスマン帝国の衰退によって戦利品をかき集めたいという誘惑は、両国にとって抗し難いものだった。オーストリア＝ハンガリーは一度も植民地を持ったことがなかったが、流行りの帝国主義に感染し、コンラートを含めて、バルカンでもいいし、さらに踏み込んでオスマン帝国の領有するアジアでもいいから植民地を獲得したいと考え始める者もいた。一方ロシアは一九〇五年の日露戦争の敗北後、西方に目を向け、ヨーロッパだけでなく現実に存在するバルカンの潜在的な同盟国がこれまで以上に重要になっていた。バルカンに影響力を及ぼすことは、ロシアが今なお大きな力があることを示す方法だった。一九〇七年には、オーストリア＝ハンガリーと交わしたバルカンでの現状維持の協定は、たとえばオスマン帝国の領土であるマケドニアで必要な改革をめぐって両国が一致しなかったように、脅かされ始めた。(10)

十九世紀という時間の流れのなかでオスマン帝国から出現したバルカンの諸民族が国際問題の表舞台に参加するようになった。彼らはそれぞれを不安な眼をしながら、ロシアとオーストリア＝ハンガリーという二つの列強の間で駆け引きをしなければならなかった。近代のコミュニケーション力の拡大と、人間というものは人種あるいは民族に適切に分かれているという西ヨーロッパの思想が広く行き渡ったことと、詩人と歴史家の作品によって、小さく分かれていた宗教あるいはエスニックグループのアイデンティティが凝固して、ブルガリア人、ギリシャ人、セルビア人、ルーマニア人、モンテネグロ人のナショナリズムとなった。バルカンの平和のためには不幸なことだったが、バルカン中に存在している歴史のいたずらと民族の混合のために、これら出現した民族それぞれが他者の領土を主張することが可能となり、ブルガリア、モンテネグロ、ギリシャ、セルビアの場合にはオスマン帝国の残ったヨーロッパの領土を主張することができた。急進的な民族主義者が支配的になりがちなそれぞれの政府がエスニックな、あるいは宗教的な絆を要求する、あるいはそれぞれから、オスマン帝国から、セルビアとルーマニアの場合にはオーストリア＝ハンガリーからさらに多くの領土を獲得するための論拠を見つけ出そうと、過去を捜し回ったことから、バルカンの諸民族はますます地域の国際関係の複雑さと不安定さに直面するようになった。

カトリックでホーエンツォレルン家出身の断固として強力な支配者カロル一世下のルーマニアは、一八八〇年にはオスマン帝国から独立していたが、ルーマニアの民族主義者にとってルーマニア国家はまだ完全ではなかった。約三百万人のルーマニア語を話す人々がトランシルバニアにいて、ハンガリーの支配下に置かれ、必ずしも幸福な状態ではなかった（ルーマニアの全人口は七百万人以下だった）。反対にルーマニアはブルガリアとその隣国ロシアとの関係が悪く、この二つの国はルーマニアの考えでは自分のものであるはずの領土を奪い取っていた。エーレンタールがかつて述べたように、ルーマニアに対するオーストリア＝ハンガリーの政策は「人為的に醸成されたルーマニア人のハンガリーへの憎悪が、はるかに根源的なロシアに対する恐怖より大きくならないよ

うに」しなければならないことだった。(11)

一八八三年、ビスマルクの圧力の下で国王カロルはオーストリア＝ハンガリーと秘密の防衛的同盟を結んだが、それを知っていたのは国王と大臣二人だけだった。ウィーンでは、全面戦争となったときにルーマニアが同盟国であるかどうか完全に信頼することはできなかった。オーストリア＝ハンガリーの戦略的立場を考えたとき、コンラートがルーマニアに望むことができた最善の策は、ルーマニアがロシアに対して約十六個師団を戦場に配置しておくことで、次善の策はルーマニアが中立を保ち、それで少なくともロシア軍をいくらか止めて置けるというものだった。最悪の場合は、ルーマニアがロシア側につくことだった。ドイツ皇帝は一族の絆を大げさに信じていて、ホーエンツォレルン家の上位のメンバーとしてカロルを三国同盟に忠実でいさせることができると信じていた。(12)大戦前の数年間、大公フランツ・フェルディナントはトランシルバニアをルーマニアに割譲し、嫌いなハンガリーを弱め、ルーマニアとの関係を固めることを検討していた。(13)大公も、大公夫人ゾフィーをブカレストで王室としての完全な名誉をもって招待することを約束してくれたカロルに好意を抱いていた。フランツ・ヨーゼフがゾフィーを拒絶していたからだ。(14)しかし、こうした希望は幻想だった。ハンガリー人は多くの人々が「ハンガリーの揺りかご」と考えている領土を失うことに同意するなど、絶対にあり得ないことだった。秘密の同盟の将来にとっては残念なことだったが。ハンガリーは国境内にいるルーマニア人の政治的権利を拒否し続けた。一九一四年には、ハンガリーにいる三百万人のルーマニア人は、ハンガリー議会に五人の代表を送るようになった。一方、一千万人のハンガリー語を話す人々は約四百人を送っていたのである。(15)

ルーマニアの南の隣国ブルガリアは、独立後の早い段階ではロシアに近かった。ラテン系の言語を話し自分たちのことをローマ帝国の移住者の子孫であると考えることを好むルーマニア人と違って、ブルガリア人はロシアに近いスラヴ系の言語を話し、一八七〇年代にオスマンの支配から自由になろうとする戦いのなかでロシアの支援を求めた。大きな独立したブルガリアを、というブルガリアの夢は一八七八年に阻止され、それは未来のバルカンの安定にとっては不幸なことだったが、サン・ステファノ条約で認められベルリン条約ですぐに否定された国境だけが正しいという信念にこだわっていた。一八八〇年代、ブルガリアのパトロンを自認するロシアが反対したにもかかわらず、ブルガリア政府はオスマン帝国の領土である東ルメリアを管理下に置いた。ニコライの父、皇帝アレクサンドル三世は激怒した。ブルガリアを統治するためにドイツから呼び寄せていたアレクサンドル公のロシア軍内の地位を剥奪しただけでなく、ブルガリアの王位から引きずり下ろそうと全力を尽くしたのだ。一八八六年、ロシア皇帝は王位剥奪に成功し、翌年ブルガリアは「フォクシー・フェルディナント」として広く知られることになる別のドイツの王族を選出した。ブルガリアとロシアの関係は相変わらず冷たいままだった。ロシアの観点からすれば、おぞましい恩知らずの行動を取っていた、そのブルガリア人を解放するためロシアはオスマン帝国と戦争をして、資源と善良なロシア人の血を無駄にしたということになった。二十世紀初めには、汎スラヴ主義の兄弟という話が出ているにもかかわらず、ロシアはブルガリアのことを、オスマン帝国からマケドニアを切り離すことにはっきりと利害関係を持つ国で、バルカンの安定やロシアが一八九七年にオーストリア＝ハンガリーと結んだ現状維持の協定をさらには海峡の安全を脅かす存在と捉えるようになっていた。

バルカンにおける影響力について、ロシア最大のライバルであるオーストリア＝ハンガリーとブルガリアの関係はいくらか温かいものがあった。オーストリア＝ハンガリーはブルガリアに兵器を売り、国際貿易で優位に立っていた。二重帝国の観点からすると、ブルガリアにはさらに好ましい点があった。セルビアではないということだった。オーストリア＝ハンガリーに住んでいるブルガリア人で、帝国の国境外で民族統一を願って歌う魅惑的なナショナリストの歌に幻惑される者は存在しなかった。[16] フェルディナントがブルガリア公になって数年後の一八九一年、フランツ・ヨーゼフはフェルディナントをウィーンに招いた。ロシア人がそのことについて不満を述べると、二重帝国の外相は驚きを表明した。「小さなフェルディナント」は子どものときからフランツ・ヨーゼフを知っていたのだ、と。だから一九〇四年にブルガリアがセルビアと関税について協定を結ぶと、ウィーンでは二つのバルカンの勢力が統一に向かって動いているのではないかという警鐘が鳴った。[17]

オーストリア＝ハンガリーと、十九世紀にオスマン帝国から自治権を獲得し、一八七八年に独立国となったセルビアの関係は、最初は良好だった。一八八〇年代と一八九〇年代、セルビアの経済は北に隣接する大国と緊密に結びついていたし、セルビア王ミランは一八八五年、オーストリア＝ハンガリーに、自分が退位してヨーロッパの美食を楽しめるように年金をくれるなら自分の国を併合してもいいと提案したくらいだった。ウィーンはロシアがどう出るかわからないからそれを恐れて申し出を却下し、外相が不幸なミランに、あなたには自分の国に留まる義務があり、よき支配者にならなければならないと伝えた。[18] 次の数年間、ミランはオーストリア＝ハンガリーに従属することでセルビアの民族主義者を遠ざけようとし、ベオグラードのいろいろなカフェでロシア生まれの妻と大っぴらに喧嘩をして支持者にショックを与えた。一八八九年、ロシア生まれの妻と離婚したミランは、十三歳の息子アレクサンドルにようやく譲位することができた。この一家とセルビアにとっては不幸なことに、この少年は親にそっくりな子どもになった。一九〇〇年、ひどく胡散臭いと評判の年上の女性と結婚した。一九〇三年に二人は首相と陸軍大臣と一緒にナショナリストの将校によってひどく残忍なやり方で暗殺された。ライバルである王家のペータル・カラジョルジェヴィッチが国王となり、政治的な大混乱があったあとに、用心深く狡猾なニコラ・パシッチの下で強力なナショナリスト急進派が政府を押さえ、大戦まで優位を占めた。

前王夫妻の暗殺は、セルビアをオーストリア＝ハンガリーと対峙する新しい道につけただけでなく、一九一四年夏につながる一連の出来事をつくる力ともなった。一九〇六年、ベオグラードの新体制がオーストリア＝ハンガリーから自由になると決意したことを明らかにする中、セルビア政府は、以前には二重帝国から兵器のほとんどを購入していたのだが、フランスのシュナイダー社と契約を結んだ。[19] 報復として、オーストリア＝ハンガリーはセルビアとの貿易協定を中断し、動物が病気にかかっているという理由をでっち上げ、セルビアの輸出（主に家畜）に対し国境を閉じた。「豚戦争」は一九一一年まで続いたが、セルビアに痛手を与えることはできなかった。経済的には苦しんだが、セルビア人はたとえば金を貸し、兵器を売ってくれる他の国、たとえばフランスを見つけることができた。だが、とりわけロシアを頼りにしたのである。

ベオグラードの新体制は初めから北隣の大国に敵対的で、強いロシアびいきだった。ロシアとしては、感情的な部分と計算から、小さなバルカンの弟を守ることが自分の役目と考えるようになった。また、この小さい弟はオーストリア＝ハンガリーに対する憎しみと恐怖だけでなく、大きな野望から動いていた。セルビアのナショナリストは歴史的事実から十四世紀に皇帝ドゥシャン〔皇帝（在位一三四六—一三五五）アルバニアとマケドニアを併合してセルビア王国の最大の版図を達成し皇帝を名乗った〕の王国だった領土を主張しており、そこにはアルバニア人、ブルガリア人、トルコ人が主に支配するセルビア南部の土地を含んでいた。モンテネグロは争う余地なくセルビアそのものだったが、被支配者一族がセルビア王家と仲たがいすることがよくあり、統合には時間がかかる可能性があった。モンテネグロの国王は狡猾なニコラ一世で、たくさんいる子どもたちのうち、二人をロシアの大公に、一人をイタリアの国王に、そして一人をセルビア王のペータルと結婚させた。歴史だけでなく、セルビアの民族主義者は言語とエスニックという証拠を用いて、他の南スラヴ人、主にカトリックのクロアチア人とボスニア＝ヘルツェゴビナのイスラム教徒が本来はセルビア人で、変節し背教者となったが宗教的には正教徒であるべきだとした。したがって、オーストリア＝ハンガリー内にいるボスニア、ダルマチア、イストリア、クロアチア、スロベニアはすべて大セルビアの一部となる可能性があった。二十世紀になると、セルボ＝クロアチア語で「南スラヴ」を意味する、民族を超えたユーゴスラビア運動が広がった。南スラヴ人が会議や集会のためにベオグラードに出かけ、いつか実現するにちがいないセルビア人、クロアチア人、スロベーヌ人、ブルガリア人の統一について熱い話し合いが行われたことがハプスブルク当局にとってはかなりの不安になっていた。[20]

　セルビアの民族主義者にとって、ボスニア＝ヘルツェゴビナは触ると痛いところであり、誘惑でもあった。この地域の人口の約四四パーセントがセルビア人もしくは正教徒（二つは現実的に同義語とみなされた）で、三三パーセントがイスラム教徒、二二パーセントがクロアチア人もしくはカトリックだった。[21]セルビアの民族主義者の観点からすると、あとの二つは彼らにその自覚がなくてもセルビア民族の一部だった。両地方はセルビアの民族主義者がますます敵と考えるようになったオーストリア＝ハンガリーの支配下にあったが、重要な点は、名目上は今なおオスマン帝国の一部であることだった。帝国が最終的に消滅すれば、おそらくバルカンの隣国のいずれかが少し手を貸すだけで、ボスニアとヘルツェゴビナは大セルビアの一部になっても不思議はなかった。そうすると今度はセルビアがモンテネグロと国境を接することになり、統一できればなおよいことに、陸に閉じ込められたセルビアが、アドリア海にアクセスできる。セルビアからやってきた扇動者たちはすでにマいて強く望んでいたものを手にすることができるはずだった。セルビアからやってきた扇動者たちはすでにマケドニアで忙しく活動していて、一九〇〇年以後、次第にボスニア＝ヘルツェゴビナにやってくるようになった。ベオグラードとサラエヴォ両方のセルビア語の新聞はオーストリア＝ハンガリーの圧制を非難し、両地域の人々に立ち上がるように求めていた。一九〇七年、ボスニア＝ヘルツェゴビナのセルビア人は自分たちの民族議会の選挙を行い、オスマン帝国からの独立を求め、サラエヴォで会合を行った。(22)

独裁的であってもボスニア＝ヘルツェゴビナを効果的に管理してきたオーストリア＝ハンガリーだが、ボスニア＝ヘルツェゴビナ内にはほとんど支持者がいなかった。ハンガリーが、そこで使う共通の資金がほとんどない、あるいは鉄道がつくられるにしてもハンガリーにはほとんど恩恵がないと主張していたので、ボスニア＝ヘルツェゴビナの多くの地域は田舎のままで発展から取り残されていた。住民の多くはイスラム教徒だが、地主を獲得しようとしたがうまくいかず、両地域の総督は古臭い土地保有制度に頼らざるを得ず、結果的にセルビア人の小作人を疎外していた。イスラム教徒は今なおコンスタンティノープルに目が行きがちだったが、セルビア人の目はベオグラードを向いていた。クロアチア人だけがオーストリア＝ハンガリーにいくらか忠誠心を持っていた。(23)ウィーンから来たある代表的な自由主義者が次のように書いている。「一八九二年に初めてここに来たときには進歩的で活気があり、健全で、未来にたくさん希望を持っている様子だった。今日では不活発で、疑念が広がっていて、不安な様子がうかがわれる」(24)。信用という点では、二重帝国は前任のオスマン帝国よりも安心感を大きく与えていたし、情報伝達と教育においては進歩がみられ、他の植民地を所有する帝国でもよくあるように、二重帝国の下での社会の発展は、教育を受けたナショナリスト階級を育むのに役立っていた。エーレンタールが外相として就任する頃になると、オーストリア＝ハンガリーの指導者にとってセルビアはバルカン内で最も危険な隣国となり、ボスニア＝ヘルツェゴビナでの帝国の威信を傷つけ、南スラヴ人の間に民族主義の渇望をかき立て、帝国の存在に対する脅威となっていた。オーストリア＝ハンガリーの多くの人々が引き出した結論は、セルビアがなくなればこんなトラブルはなくなる、というものだった。コンラートと軍部はセルビアと戦争をすることと、セルビアを帝国に併合することによって生じる問題を議論した。エーレンタールは最初、ロシア外相イズヴォルスキーに対して、自分の目的はバルカンの平和を維持し、今なおトルコ支配下にいるキリスト教徒の状態を改善すること（加えて、もちろんロシアとの良好な関係を一番大切にすること）だと伝えたが、一九〇七年になると、平和的な手段でセルビアを獲得するという望みを諦めるようになっていた。[25]翌年の覚書でエーレンタールは、オーストリア＝ハンガリーにとっての有望な展望として、マケドニアをめぐるセルビアとブルガリアの対立が大きくなって戦争につながるという見通しを描いた。そのときオーストリア＝ハンガリーがセルビアに残されたものを掬い取れることをエーレンタールは願っていた。長い眼で見ると、アドリア海に面しオーストリア＝ハンガリーの保護下にある独立したアルバニア国家が出現する可能性がある（アルバニア人はバルカンのなかで最も古い民族で、スラヴの隣国の言葉とは全く違う言語を用い、独自のナショナリズムをちょうどよい具合に発展させ始めたところだった）。ブルガリアについて言うと、ウィーンが理想とするシナリオでは、セルビアとの戦争で大きな負債を抱えオーストリア＝ハンガリーに寄りかかることになるはずだった。[26]

エーレンタールは一九〇七年二月、「われわれの受動的な態度に終止符を打つことが必要だ」とメモに書いている。セルビアに対処する一方で、オーストリア＝ハンガリーは前進しボスニア＝ヘルツェゴビナを併合すべきだった。こうすることでイタリア統一で二重帝国が失った土地を埋め合わせることができるはずだ。皇帝は新しい両地域に憲法を与え、オーストリア＝ハンガリーの南スラヴブロックに加えて二重帝国の三分の一を占めることになる構成要素とするはずだ。[27]強力に再活性化した帝国はドイツに「つき従う羊」ではなく、再びヨーロッパの問題に対して独立した役割を演じることができるはずだ。前年のアルヘシラス会議のあとでドイツ皇帝が帝国のことを「立派な二番手」と呼んだことが、今なおウィーンでは痛みとなってうずいていた。エーレンタールはサンクトペテルブルグ駐在大使を引き継いだベルヒトルトに次のように述べている。「私は現在の状況下でドイツ

＝オーストリア＝ハンガリーの同盟を強調することが、それほど賢明なものでもないし、目的に向かって機能しているわけではないと考える――少なくともわれわれの立場からはそう考える」[28]と。

近年、オーストリア＝ハンガリーがバルカンで鉄道を建設したり、これが重要な要素なのだが、正式にボスニア＝ヘルツェゴビナを編入し秩序をしっかりさせることによって、経済的・政治的に自己主張していることを他国は好意的に見ているとエーレンタールは思っていた。ドイツは一九〇五年から一九〇六年にかけての第一次モロッコ事件で後退したあと孤立を恐れ、同盟国を支持する以外ほとんど選択の余地がないはずだった。フランスは親切だが、いずれにしてもモロッコでの新しい役割に忙殺されていた。イギリスは伝統的にオーストリア＝ハンガリーに友好的だったが、ちょっとした問題もあった。イギリスはロシアに接近していてマケドニアで改革を行うに当たり国際的な介入を要求することで、バルカンにおけるオーストリア＝ハンガリーの立場を傷つけようとしていた。[29]エドワード七世はスペインとイタリアの国王を訪問していたが、これはオーストリア＝ハンガリーとドイツを包囲しようという新たな試みなのだろうか[30]という疑いもあった。とはいえ、イギリスは海峡が脅かされない限りバルカンに干渉しそうにはなかった。イタリアは問題だったが、関係は改善できるはずだった。ロシアは何を感じようとも日本との戦争のあと弱っていて、イギリスにためらいながら呼びかけてはいるが、友好関係には発展していなかった。エーレンタールはロシアの外相イズヴォルスキーと協力する必要があると説得しようとした部下に述べている。「わかった、わかった。だがはっきりしている（!!）もし彼が万難を排してバルカンでわれわれと一緒にやるのでなければ、イギリス人に最初に相談する！」[31]。

エーレンタールはバルカンをかき回すことにリスクがあると認識していた。一九〇七年秋にオーストリア＝ハンガリー共通大臣会議でエーレンタールは、国際状況は一般的に良好だが、バルカンやモロッコのような厄介な地域もあるし、世界には不穏な勢力が存在していると述べた。「舞台の用意ができた。役者もそろった。始めるには衣装だけがない。一九二〇年代の人々は重大な出来事を目撃することになるのかもしれない。燃えやすい物があれば、すぐに火が点くかもしれない」[32]。一九〇八年、エーレンタールは火を点けそうになったが、彼には運があった。世界にはまだ時間があったのである。

サンジャク・オブ・ノヴィバザールを通って南方に向かいマケドニアに至る鉄道を建設し、エーゲ海の港もしくはコンスタンティノープルに下るオスマン鉄道と結ぶつもりであるとその年の初め、会議でオーストリアとハンガリーの代表者に向けて、エーレンタールは発表した。エーレンタールは、提案の鉄道はあくまで経済的なもので、バルカンの既存の協定には抵触しないと物柔らかに述べたが、外国の新聞の多くを含めてオーストリア＝ハンガリー以外の人々は、誰もそれを信じなかった。セルビアは、この鉄道がサンジャクの掌握を固めるためのオーストリア＝ハンガリー流のやり方で、二重帝国の影響力をオスマン帝国に拡大するばかりかセルビアとモンテネグロの統一を阻むものだと捉えた。イギリスは、オーストリア＝ハンガリーが舞台裏で動いて、スルタンから鉄道の承認を得る見返りにロシアとパートナーを組んで提案しているマケドニアの改革を阻むものだと確信した。[33]イギリスは二国同盟のオーストリア＝ハンガリーのパートナー、すなわちドイツについて不安を抱いた。海軍競争が続き、帝国議会が三月に新たなティルピッツの海軍法を通したのだ。提案の鉄道は、セルビアとロシアがドナウからマケドニアを越えてアドリア海に至る鉄道をつくるとした計画の価値を落とすものだった。事前に適切な情報提供がなかったロシアは、エーレンタールに激怒した。鉄道は当時、政治的影響力を固める方法であり、バルカンの現状を尊重するとした一八九七年のオーストリア＝ハンガリーとの協定に反するものだった。[34]イズヴォルスキーは、虚栄心が強くうぬぼれの強い外相だったので、サンジャク鉄道を個人的な侮辱と捉え、ドイツ大使にエーレンタールのことで愚痴をこぼした。「股間に爆弾を投げつけられた」[35]と。オーストリア＝ハンガリーの外相は後悔しなかったし、いずれにしてもイズヴォルスキーをほとんどあてにしていなかった。危険なほど自由主義的で、ロシアの新たな友人イギリスに影響されすぎていると思ったのだ。[36]

それにもかかわらず、日本との戦争後、ロシアは弱い立場になっていると現実的に認識していたイズヴォルスキーは、相手のもう一つの計画について――オーストリア＝ハンガリーが公然とボスニア＝ヘルツェゴビナを併合する――エーレンタールと話し合いを継続する用意をしていた。というのは、ロシアが常に望んでいたボスポラス海峡の管理と取引できるかもしれないと考えたからである。二人の外相は一九〇七年秋、イズヴォルスキーがウィーンを訪問した際に公開で話し合いを始め、そのあとサンジャク鉄道をめぐって騒ぎがあったにもかかわらず書簡で、一九〇八年夏まで話し合いを継続した。予定表を示さなかったが、エーレンタールは併合を実行する意図を明確にしていた。代わりにエーレンタールは、サンジャクにおける帝国の権利を放棄し、駐屯軍を引き上げる用意をした。イズヴォルスキーは後に指摘したように取引材料をほとんど持っておらず、オーストリア＝ハンガリーが管理している海峡の国際協定の内容を変更し、ロシアの戦艦が、ロシアの戦艦のみが黒海と地中海の間を自由に行き来することができるようにするのを支援してくれた場合に併合を承認すると示唆した。

六月、イズヴォルスキーは別の方向からの支援の保証を得た。いやそう思い込んだ。二国間の協商を固めるため、エドワード七世とニコライ二世がその月、ロシアのバルト海の港レヴァル（今日のエストニアのタリン）でそれぞれヨットを停泊し会合を行った。二人の君主の助言者たちに、ロンドンの外務省事務次官チャールズ・ハーディング、海軍大将ジャッキー・フィッシャー、ストルイピン、イズヴォルスキーが加わり、恐ろしいほどの陣容となっていたのだが、イギリスとドイツの海軍競争、マケドニアの困った状況、ペルシャの南岸からペルシャの北のロシア国境まで至る鉄道建設を共同で行う計画（コンスタンティノープルからバグダードに至るドイツの鉄道計画にちょうど挑戦することになった）など、共通して関心のある問題について話し合った。[37] ハーディングは、イギリスが海峡の問題についてロシアと何らかの約束をしたということを否定しているが、イズヴォルスキーは海峡をめぐる国際合意を改定するに当たってイギリスが好意的な立場でロシアを支持してくれるものと確信してサンクトペテルブルグに戻った。[38]

レヴァルの会合はもう一つ、思いも寄らない結果をもたらした。ドイツ皇帝が、会合は自分の叔父ともう一人の「ならず者」がどうやってドイツを包囲するか陰謀をめぐらした証拠だと考えたのだ。[39] そのためにまたオーストリア＝ハンガリーとの同盟の大切さが強調されることになった。ヴィルヘルムはレヴァルの会合が行われているときに、お気に入りの海軍将校たちに「われわれにはオーストリアとの同盟がある。フランス、ロシア、イギリスの同盟など恐れるに足らずだ。わが陸軍はどこにも劣らないし、わが海軍はまだしばらくの間はイギリスに及ばないとしても段ボールでできているのではない」[40]と自慢した。オスマン帝国のはるか南方で、「統一と進歩の委員会」の改革派将校たちは、レヴァルの会合はイギリスとロシアがマケドニアの分割の計画を立てているという意味だと結論づけた。[41]七月後半、「青年トルコ」がスルタンに対して反乱を起こし、スルタンに憲法を受け入れるよう強いた。今度はそのことによってエーレンタールに圧力がかかり、ボスニア＝ヘルツェゴビナを併合する予定を先に進めることになった。「青年トルコ」が強力な政府を樹立することに成功すれば、年寄りのスルタンより手強い敵となるにちがいなかった。ヨーロッパの新聞は、コンスタンティノープルの新体制はバルカンおよび他の地域で起こっているオスマン帝国の解体を逆戻しすることを意図していると報じた。「青年トルコ」はアナトリアとバルカンの両地方の住民に、コンスタンティノープルの新しい議会に代表を送るよう招待した。逆にオスマン帝国が崩壊して混乱し内戦となれば（その可能性も同様にあったように思われるが）、領土を獲得しようと列強間で全面的な争奪戦となり、オーストリア＝ハンガリーとしては最初に介入する必要があった。

その夏の終わりには、エーレンタールは政府に併合の実行を裁可していた。また八月二十七日にイズヴォルスキーに手紙を送り、状況によってオーストリア＝ハンガリーがボスニア＝ヘルツェゴビナを併合しなければならなくなった場合に、ロシアが「善意を持って友好的で」いてくれるよう希望を伝えた。その返礼に、オーストリア＝ハンガリーはサンジャクから部隊を撤退すると繰り返した。ただし、ロシアとオーストリア＝ハンガリーがバルカンの他の地域で現状を維持するために協力できることを願うこと以上の約束はしなかった。愛想がよいが無能なドイツの外相ショーエンに対し、エーレンタールは、ロシアが併合に不安を抱く可能性は薄いと述べた。「熊はうなり騒ぐだろうが、噛みついたり爪で引っかいたりしない」。イズヴォルスキーはうなり声を上げるような人物ではなかった。イズヴォルスキーは併合を認める用意があったが、ロシアが反対しない見返りとして何でもいいから手に入れられるものが何か、それを見たいと思っただけだった。[42]

九月十六日、エーレンタールとイズヴォルスキーは、サンクトペテルブルグ駐在オーストリア＝ハンガリー大使ベルヒトルトの所有するモラビアの中世の城ブクラウ城で静かに会合を持った。目的は、併合と海峡問題の両方について満足のいく合意を取り付けることだった。この時点になると、二人の外相の間にあった好感情も信頼もなくなっていた。昼食の用意ができたことを告げに、ベルヒトルトが会合を行っている部屋に入ると、二人が怒っていることに気づいた。午前の大半をイズヴォルスキーがサンジャク鉄道について不満を述べるのを聞いて過ごしたとエーレンタールは後に述べている。イズヴォルスキーは何時間もかかった「嵐のような交渉で」疲れ切ってしまったと主張している。それにもかかわらず、その日の終わりには二人は明らかに合意した。オーストリア＝ハンガリーがボスニアとヘルツェゴビナを併合しなければならず、同時にオーストリア＝ハンガリーがサンジャクを手放すならば、ロシアは善意を持って受け止める。オーストリア＝ハンガリーは、ロシアが海峡の協定内容の変更を要求することを支持する。モンテネグロとセルビアが、オスマン帝国が崩壊した場合にサンジャクを分割することを認める。最終的に、またこれが重要になるのだが、両者は、ブルガリアが近いうちに完全な独立を宣言する可能性があり、その場合には承認する。イズヴォルスキーがロシア皇帝ニコライに知らせを伝えると、皇帝は「異常なほど」喜んだ。(43) ベルヒトルトは喜びのあまり、自分の城でこのような記念すべき会合が行われたとして、すぐに据え付ける飾り看板を用意した。(44) エーレンタールはウィーンに戻り、イズヴォルスキーはその晩ベルヒトルトとブリッジをして過ごした。(45) イズヴォルスキーはたぶん、国際的な交渉より、カードでつきがあったことの方が嬉しかったのだろう。

この会合に関する記録はなく、ボスニア＝ヘルツェゴビナ問題が紛糾して深刻な国際問題となると、両者は何があったのか、それぞれ自分の立場で説明をした。驚くことでもないが、鍵となる詳細部分が違っていた。イズヴォルスキーはエーレンタールから代償となる具体的なものを手に入れたのか。ロシアが併合を支持したのか。ロシアが海峡で望んでいたものを手に入れることをオーストリア＝ハンガリーが支持したのか。エーレンタールは否定した。責任逃れをしようとして、イズヴォルスキーは、エーレンタールが併合をあまりにも性急に行って自分を裏切ったと主張した。ロシアは海峡のことを論じようという国際的な世論を用意するだけの時間がなかったと、イズヴォルスキーは論じた。これはすべて真実ではない。イズヴォルスキーはブクラウを離れると、併合がすぐに行われるということを、おそらくオーストリア＝

ハンガリーの議会代表が恒例の十月初めに集まった直後に行われるだろうことを理解していた。[46]また、イズヴォルスキーが併合に正統性を与える列強の国際会議を要求する計画を立てたことは自分自身が言ったこととも矛盾する計画であった可能性もある。ブクラウの会合の少し前に、イズヴォルスキーはサンクトペテルブルグに報告している。「オーストリアは責めを受ける立場となるが、われわれはバルカンのスラヴ人の保護者の立場、トルコの保護者の立場でさえいられるだろう」（エーレンタールは、オーストリア＝ハンガリーが同意した、あるいは同意しようとしたのは併合してから、その事実を認めるための会議だと後に主張した）。[47]明らかなことはブクラウで二人がオスマン帝国から引き出せるものを手に入れようとシニカルな取引をしたということと、どちらもこのあと起こった大きな国際的騒動を予想しなかった、ということである。

ブクラウの会合のあと、イズヴォルスキーはかねてから計画していたヨーロッパの首都をめぐる旅行に出かけた。一方エーレンタールは同盟国ドイツとロシアに、日付けを特定することなく、ボスニア＝ヘルツェゴビナに対する意向を伝えた。だが、併合の他にも、「青年トルコ」の権力獲得により民族運動が加速したバルカンの動きがあった。長きにわたりオスマン帝国の一部としての地位に苛立っていたブルガリアは、独立を宣言するチャンスを生かそうと準備していた。イズヴォルスキーは全力を尽くしてブルガリアの意気を挫こうとした。イズヴォルスキーはこれがオスマン帝国を破壊するための大きな陰謀であるかのように見られたくないと思っていた。加えて、オスマン帝国にはブルガリアを攻撃するだけの武力があった。[48]エーレンタールにはこのような心配はなかった。九月後半にフェルディナント公がブダペストを訪問したとき、エーレンタールはバルカンの事態が急変するかもしれないと大きなヒントを与え、それが何かブルガリアが自身で見つけるよう仄めかした。フェルディナントにはオーストリア＝ハンガリーが十月六日にボスニア＝ヘルツェゴビナを併合する計画でいることは伝えなかった。その一方で、フェルディナントは、「フォクシー」と呼ばれることになる狡猾な人物とは当時知られておらず、ブルガリアがその前日に独立を宣言するつもりだとは洩らさなかった。[49]ブルガリアは先んじて、フェルディナントは皇帝の称号を名乗り、劇場用のコスチュームをモデ売る店が自分のためにしつらえたビザンツの皇帝をモデルにしたローブを着て現れた。[50]オーストリア＝ハンガリーによるボスニア＝ヘルツェゴビナ併合の発表は予定通り翌日行われ、併合には全面的なロシアの支持があると主張した。ロシアは見返りに期待したものを得ていないので――戦艦のために海峡を開くこと――自分たちは騙されたのだと感じた。オーストリア＝ハンガリーとしてはロシアに、また同じくボスニア＝ヘルツェゴビナを主張していたセルビアにも代償を与える必要はないと感じていた。ブルガリアの独立宣言と併合はともにバルカンで騒動を引き起こし、オーストリア＝ハンガリーとロシアを争わせることとなり、それぞれの同盟国が戦争を口にするほどの大きな国際的危機に発展し、翌年の春まで続いた。

併合のニュースは、ヨーロッパではそれほどの驚きはなかった。パリ駐在オーストリア＝ハンガリー大使は、フランス大統領が週末に出かけるので、その三日前にフランツ・ヨーゼフがフランス大統領に宛てて書いた親書を手渡していた。この動きがあるという噂がリークされることは避け難かった。大使自身は後悔することなく、エーレンタールに書いている。「性格上衝動的なところがあるのです。自分でもよくわかっていますが、私くらいの年齢になると基本的な性格を変えるのは困難です」。[51]同様の手紙をロシア皇帝に届けたベルヒトルトは、フィンランド湾まで皇帝のヨットを追いかけなければならなかった。ロシア人は併合が行われた速さと、併合が行われる当日まで公式には知らされていなかったことに困惑した（事実、ベルヒトルトはオーストリア＝ハンガリー大使の地位を辞任したいと考えた。エーレンタールがイズヴォルスキーに完全に誠実であったわけではなかったからである）。[52]ドゥーマと新聞では、仲間のスラヴ人が住んでいる二つの地域がオーストリア＝ハンガリーに行ってしまったことについて抗議の嵐が起こり、イズヴォルスキーはバルカンにおけるロシアの利益を守っていないとして激しい批難にさらされた。政府内では同僚の大臣が、ニコライもイズヴォルスキーもブクラウの会合が行われたあとまでオーストリア＝ハンガリーとの議論を知らせる労を取らなかったことについて、すでに十分腹を立てていた。事実、首相のストルイピンは辞任すると言い出し、財務相のウラジーミル・ココツェフとともに併合の知らせがロシアに届いたあと、イズヴォルスキーに対する批難の中心人物となった。ニコライは月日が経つにつれて自分の立場が弱くなったと思うようになった外相か

ら離れ始めた。(53)

ドイツも併合の発表の仕方には気分を害していた。ドイツ皇帝はエーレンタールがロシアとフェアプレーをしていないと感じ、新聞でこのニュースを知ったことについて不満を述べた。オーストリア＝ハンガリーに長く仕えた大使ラディスラウス・セジェーニー伯爵は皇帝を宥めるために東プロイセンにあるヴィルヘルムの狩猟小屋を訪問しなければならなかった。何時間も列車に乗ったあとで、不幸なセジェーニーは「素晴らしい帝国の自動車」なるものに乗せられたのだが、車はすぐに転覆したのだ。(54)ヴィルヘルムが心配するのももっともで、ドイツには何年も前から念入りに築いてきたコンスタンティノープルに持っていた影響力を失う恐れがあった。ヴィルヘルムは、二国同盟にはロシアを英仏協商から切り離そうという望みがまだあるのに、エーレンタールが不必要にロシアを離反させていると感じていた。(55)だが結局、ドイツは第一の同盟国を支持する以外に選択の余地はほとんどなかった。一九一四年に再び直面することになるジレンマである。

オーストリア＝ハンガリーでは、反応は複雑に入り混じっていた。ハンガリー政府は領土が増えたことを歓迎したが、二重帝国内に三番目のパートナーとしての南スラヴなるものを受け入れないことは明らかだった。結果として、ボスニア＝ヘルツェゴビナの地位は、あるハンガリー人の政治家が述べたようにウィーンにいる共通財務大臣の管理下で「ムハンマドの棺桶のように空中に浮かんでいる」ままになっていた。(56)

ますます政治的に活発になっていた帝国内の南スラヴ人は、併合に乗り気ではなかった。クロアチア議会内にクロアチア＝セルビア連合が出現し、公然と併合に反対した。クロアチアの総督は五十人ほどの代表者を逮捕し、反逆罪で訴追した。結果として行われた裁判は茶番で、裁判官には偏見があり、薄っぺらなあるいは偽造された証拠が提出された。有罪判決はひっくり返さなければならなかった。ハンガリーの代表的な新聞には次のような記事が載った。「この裁判は併合政策の初期の果実である。中に詰まっているものはすべて、一つひとつが政治に他ならない」。(57)偽造文書が同時期に行われた別のセンセーショナルな裁判でも一定の役割を演じた。代表的な民族主義の歴史家で、政治にも関わった人物であるハインリヒ・フリージュンクはオーストリア＝ハンガリーの中にいる南スラヴの重要な政治的指導者たちがセルビアから金をもらっている証拠があると主張する本を出版した。その文書は、二重帝国の外務省が利用しようと提供した(そして偽造した)ものであることが判明した。どちらの裁判も政府と、特にエーレンタールを貶めるもので、さらに帝国内の南スラヴ人を離反させることにつながった。

だが、オーストリア゠ハンガリーの支配階級の間には、併合のニュースに歓喜する者も存在していた。フランツ・フェルディナントはエーレンタールに、「われわれは今なお大国であることをヨーロッパに見せつけたのだ! 素晴らしい!」と書いている。フランツ・フェルディナントはエーレンタールに、これらの新しい地域に対して鉄拳をもって扱い、セルビアが扇動者を送り込もうとする試みに対しては銃弾か、挨拶程度に一人か二人吊るし上げて応じよと助言した。また、他の列強からの敵対的な反応については何とかできると大公は自信を持っていた。「イギリスの怒りは金がかかるが、でぶのエドワードにはシャンペンのボトル少々といわゆるご婦人のお仲間をくれてやればよい」[58]。

事はそんなに簡単には進まなかった。この時点になると、イギリス外務省内はドイツと二国同盟に対する疑念が支配的になった。イギリスはオーストリア゠ハンガリーがバルカンの国際的な協定を破ったことにも困惑し、オスマン帝国に与える衝撃について心配していた。自由党政府は「青年トルコ」を認め、帝国がつぶれてほしくないと思っていた。オスマン帝国が崩壊してしまうと、地中海の東端でのイギリスの利益が脅かされるはずだった。この危機に際して、イギリスの政策は当地でのドイツおよびオーストリア゠ハンガリーの影響に対抗してオスマン帝国を支援することと、ロシアが望む海峡に関する合意の変更を支持しないものの、できるだけロシアと良好な関係を維持することとの間でバランスを取って行動することだった(イギリスが最終的に示したのは、すべての国の戦艦に海峡を解放することで、これはロシアが最も望んでいないことだった)[59]。

イギリスからするとこの危機のタイミングが悪かった。ドイツが侵入するのではないかという海軍の戦争騒ぎが、大きく広がっていたところだった(ある野党議員が言うには、ドイツの諜報員がロンドンの心臓部に五万丁のモーゼルライフル銃と七百万発の弾薬を隠匿しているという事実を知っているとのことだった)[60]。政府はイギリス海軍への支出を増加するように求められていた。十月の終わりに、「デイリーテレグラフ」紙がドイツ皇帝との有名なインタビューを掲載した。「イギリス政府は英独関係を悪化させている」とヴィルヘルムが非難したと伝えた。この記事によって、ドイツに反対するイギリスの世論がますます高まった。グレイはベルリン駐在イギリス大使に、「どの国も安全に火花を飛ばせるときではない」[61]、と述べている。緊張に加えて、フランスとドイツの間に、北アフリカのフランス外人部隊から三人のドイツ脱走兵を出す深刻な危機が生じていた。九月二十五日、フランスはこれらの脱走兵を捕まえたが、脱走兵はカサブランカのドイツ領事に助けられた。ドイツ政府は即座に謝罪を要求した。当時はますます簡単に出てくるようになったのだが、戦争の話が出てきた。この十一月には、イギリス政府が仏独間に敵対関係が生じた場合にはどうするか真剣に検討するようになっていた[62]。幸いにこの問題は両者が仲裁に付することで合意し解決した。

このカサブランカの出来事に加えて、フランスは国内問題で頭がいっぱいになっていた。労働者階級が戦闘的になり、右派のなかでは新しい攻撃的なナショナリズムが成長していたのだ。フランスが最も望まないことは、バルカンの争いに引きずり込まれることだった。フランスもイギリスのように、オスマン帝国が安定しバルカンが平和であることを望んでいた。フランスの投資家はオスマン帝国、セルビア、ブルガリアの国債を併せてその七〇から八〇パーセントほどを所有していた[63]。それにもかかわらず、当時の外相ステファン・ピションはロシアとロシアとの同盟を嫌っていたが、フランスには同盟国を支援する以外選択肢がほとんどないと認識していた。それ故フランスは併合を非難し、ロシアが行った国際会議の要求を支持した。ピションは個人的に、フランスが海峡問題についてイギリスと協調していきたいとロシア人に知らせ、危機が悪化するとロシア人に、理性的になって平和的な解決をするよう促した[64]。

コンスタンティノープルでは、地元の人々がオーストリア＝ハンガリーの商店などを襲い、街頭で二重帝国の市民を攻撃し、オスマン政府はオーストリア＝ハンガリーとの貿易を取りやめた。一番激しい反応があったのは、当然ながらセルビアだった。大きなデモがベオグラードの街を行進し、一人の暴徒がオーストリア＝ハンガリー大使館の窓を割った。皇太子は、すべてのセルビア人と同じく大セルビアのためには命を投げ出す覚悟があると述べた（皇太子にはそのチャンスがなかった。翌年、腹を立てて召使いを蹴り殺し、王位継承から外された。一九七二年、チトー政権下のユーゴスラビアで年老いて死去した)。新しい準軍事組織であるナロドナ・オブラドナ(国民防衛軍)がつくられ、次の数年間、政治上重要な役割を担うことになった。また、政府は見て見ぬふりをしたのだが、セルビア義勇軍がボスニア＝ヘルツェゴビナ国境に忍び込み、オーストリア＝ハンガリーに対する反対運動を扇動した。[65]

セルビア政府はヨーロッパに代表を送り世論を勝ち得ようとした。何ら法的根拠がなかったが、代償を求めることもした。オーストリア＝ハンガリーのロンドン駐在大使に、ロンドン駐在セルビア大使は次のように求めている。「牧場か工場がほしい。わが国の気持ちを和らげるものなら何でも」[66]と。実際は、セルビアはもっと多くのもの――セルビアとモンテネグロをつなぐサンジャク・オブ・ノヴィバザール、あるいは併合の取り消しさえ求めていた。モンテネグロも代償を求めていて、特に、海軍を持つことを禁じられた、一八七八年のベルリン条約で課せられた状態を終わらせたかった。セルビアもモンテネグロも軍を動員することに踏み切り、新しい兵器を外国に注文した。[67] これから起こることの不吉な前兆となるのだが、セルビアの高官たちは必要ならば戦争に打って出ると公言していた。十月後半、一九一四年に首相となるニコラ・パシッチは、著名な汎スラヴ主義者たちに加えて皇帝と大臣を含むロシアの指導者に、オーストリア＝ハンガリーに対して何があろうと決然として立ち向かうよう求めた。イズヴォルスキーとの会話で、パシッチは「存立、名誉、国民の威信の問題となれば」セルビアは単独で行動しなければならないかもしれないと仄めかした。[68]

イズヴォルスキーはほんの数週間前にオーストリア＝ハンガリーと交渉がうまくいって得意になっていたところだったが、国際的な反応に困惑した。イズヴォルスキーが述べているのだが、ロシアが自分の要求をまだ手に入れてないのに時期尚早にエーレンタールが併合を行ったことに激怒した。ロシアは華麗な孔雀から大暴れする七面鳥に変貌した、とベルヒトルトは意地悪く述べている。[69] 望んでいたものを手に入れ、ドイツの支持を確保したエーレンタールは、気にしなかった。裏切りだとイズヴォルスキーが猛り狂うと、エーレンタールは、以前の秘密のやり取りと、ブクラウでのやり取りについて自分としての説明を発表すると脅すだけだった。そうすればイズヴォルスキーが〝驚いた〟としている主張を覆すことになるはずだった。エーレンタールはバルカンの国が何を言い、何をしようと、イズヴォルスキーが主張する国際会議を開くこと、あるいはオスマン帝国に代償を与えること、ましてやセルビアやモンテネグロに代償を与えることを断固として拒否した。

コンラートは併合を強力に支持していたが、政府に対しセルビアとモンテネグロに予防戦争を行うチャンスを生かすよう主張した。介入しようという気配があればイタリアに対してもそうするよう主張した。コンラートはこの三国すべてを簡単に破ることができると約束した。そして、オーストリア＝ハンガリーは南の国境沿いの戦場に七十万人以上を配置できるが、セルビアはせいぜい十六万人、モンテネグロはたった四万三千人、イタリアは戦うことはありそうにもないが四十一万七千人、さらにオーストリア＝ハンガリーの装備と訓練は敵方よりもはるかに勝っているし、[70]セルビアが敗れたとすれば帝国に編入すべきだ、と。最後のセルビア併合は、エーレンタールには荷が重すぎた。政治的な難しさを理解していたのだ。セルビアに対して一番やりたいのは無理やり関税同盟に入れることだった。エーレンタールは危機を解決するには外交という金のかからないルートを好んでいたが、戦争を除外していないのは間違いなかった。[71]危機の始まりが近づいた頃、フランツ・フェルディナントに宛てて次のように書いている。「おそらく次の数カ月間のうちにわれわれはセルビアと戦わざるを得ないかもしれない。それがはっきりしたら、すぐに全力を使ってセルビアを悪魔に仕立て上げる」[72]。

一九〇八年から一九〇九年にかけての冬の間は戦争寸前のように感じられた、とウィーンの外務省のある職員は述べている。[73]コンラートは政府を説き伏せて戦争の準備をさらに進めさせた。新しい兵器を注文し、軍をボスニア＝ヘルツェゴビナに動員し、年季を終えた徴兵の動員解除を延期した。セルビアとの国境にいるオーストリア＝ハンガリー軍を増強し、ロシアとの国境近くのガリツィアにも動員し、準備した。[74]フランツ・フェルディナントは、「バルカンのやくざ者」を憎んではいたが、コンラートが大慌てで戦争に向かっていくのに対するブレーキとなった。オーストリア＝ハンガリーは戦争で失うものが多いとフランツ・フェルディナントはエーレンタールに述べた。大公はコンラートの補佐人に、「コンラートを抑えてほしい。この戦争の挑発をやめなければだめだ。セルビア人を倒してしまいたいのだろうが……三つの戦線で不可能な戦争のリスクを冒す可能性があるのにこんな安っぽい名誉を何に使うのか。そんなことをしたら一巻のおしまいだ」[75]と書いている。残念なことだが、一九一四年にバルカンで新たな危機が生じたとき、フランツ・フェルディナントはもはやそこで何も抑えることはできなかった。

エーレンタールが併合の成功を味わっている間、イズヴォルスキーはニュースが広がった時点でパリにいた。望みが薄くなってはいるが、最低でも国際会議開催の支持を得ようとヨーロッパの首都を回っている最中だった（サンクトペテルブルグへの帰還を遅らせた本当の理由は、可愛く贅沢なマダム・イズヴォルスキーがクリスマスの買い物をしたかったからだとビューローは意地悪く述べている）。[76]ロシアの同盟国はほとんど何もしようとしなかったが、周旋人が危機を終わらせるのを手伝おうと申し出た。イズヴォルスキーがグレイにこの十一月、ロシアがバルカンをめぐってオーストリア＝ハンガリーと戦争をしたらイギリスはどうするかと露骨に尋ねたところ、グレイは姑息な答えをした。「争いがどんなふうに起こったのかということによる。あとはどちらが攻撃したのかということだ」と。だが、グレイは近しい同僚には個人的に「イギリスが巻き込まれないでいることは難しい」[77]と述べている。ベルリンではビューローが共感的だったが（ビューローはロシアの支持を得る望みを完全には諦めてはいなかった）、イズヴォルスキーにドイツは何もできないと述べた。ビューローはロシアの財政状況が悪く、戦う立場にはないと正しく理解していた。イズヴォルスキーが戦争だと威嚇していると書かれた机上のメモに、ドイツ皇帝は嬉しそうに「こけおどし」と書いた。[78]イズヴォルスキーが十一月初めにサンクトペテルブルグに戻ると、ベルヒトルトはイズヴォルスキーが打ちひしがれていることに気づいた。「アームチェアに疲れて寄りかかっていた。目がぼんやりしていて声はしわがれていた。今にも死にそうだった」。[79]イズヴォルスキーには打ちひしがれる理由があった。ロシアは弱さを見透かされ、孤立しており、彼自身の立場も深刻なダメージを受けていた。ストルイピン内閣の他の閣僚は、イズヴォルスキーにはもはや外交政策を担当する力がないことをはっきり理解していたが、大臣会議に諮らなければならなかった。事態を悪くしたのは、ロシア外務省のなかでは誰一人、エーレンタールが喜んで指摘したように、ロシアがボスニア＝ヘルツェゴビナの併合に反対しないと一八七〇年代と一八八〇年代の二回にわたって合意していることを知らなかったことが判明したことだった。ロシア皇帝が母親に書いている。「このことがどんなに不快なことか、私たちがどんなに困った立場にあるのかおわかりでしょう」[80]。

バルカンの厳しい冬の攻勢のため戦争が始まる可能性は次の三月までなかったが、激しい外交のやり取りが続いた。イギリスとフランスとロシアは今なお公式な会議を主張していたが、実際、イギリスには双務的な合意を考える用意があった。イギリスは率先して、ブルガリアとオスマン帝国の和解の仲介を務めていた。オスマン帝国は、オスマン帝国の契約で建設した鉄道などの支払いをブルガリアがすれば、その見返りにブルガリアの独立を認めるつもりだった。皇帝フェルディナント（今やそうなった）は子羊のように従順になることを約束したが、オスマン帝国が要求した金額を支払うことを拒否し、オスマン帝国と戦争をすると威嚇した。イギリスはロシアに必要な資金を提供するよう説得した。一九〇八年十二月、原則的な合意には達したが、詳細をめぐる押し問答は四月まで続くことになった[81]。

一九〇九年の初めにはオーストリア＝ハンガリーとオスマン帝国は和解し、オーストリア＝ハンガリーがオスマン帝国に併合の承認の見返りとして賠償金を支払うことになった。ここでイギリスがオスマン帝国の側に立って介入し、オスマン帝国のために本格的な解決をつけようとした。このことによってオーストリア＝ハンガリーの世論は、断固たる敵であるイギリスがドイツ海軍と戦うことになるよう、バルカンの揉めごとを利用してヨーロッパの全面戦争に突き進んでもかまわないと思うようになったとエーレンタールは思い込んだ。エーレンタールはフリージュンクに叫ぶように、こう述べている。「イギリスがわれわれを引き裂こうとするなら、私は断固として反対する。やつらを簡単に勝たせたりしない」[82]。両国とも、新聞は熱狂的に相手国を攻撃し始めた。十九世紀を通じてイギリスとオーストリア＝ハンガリーの間に長く続いていた友好関係は、ヨーロッパを分かつラインがはっきり引かれるようになるにつれて、過去の中に消えていった。

併合のあと解決が最も難しかった問題は、セルビアに代償を与えるのかどうかという問題だった。ロシアがセルビアの要求を支援し、ドイツがオーストリア＝ハンガリーを支持していたという事実があり、問題が複雑になった。エーレンタールがセルビアに提供しようと用意した最大のものはアドリア海の港へのアクセスといった経済的な譲歩だったが、それはセルビアが併合を承認し、オーストリア＝ハンガリーと平和な関係を築くことを認めた場合に限っていた。セルビア政府は妥協を拒み、春になってバルカンの雪が解けると、ヨーロッパのあちこちの首都で戦争の話が再燃した。ドイツ政府は第一次モロッコ事件のときの敗北を気にしていて、同盟国の後ろで固まったままだった。外相代理のキーデルレンは述べている。「今度は他のやつらがへこむことになる」[83]。オーストリア＝ハンガリーとセルビアとの間の戦争にロシアが介入した場合には、ドイツはオーストリア＝ハンガリーの側で戦争をするという保証を与えていたことは、当時、公に知られていなかった。ドイツは一九一四年の危機のときにも同じ約束をした。

サンクトペテルブルグでは三月初め、戦争に反対を続けていたストルイピンが、イギリス大使に、ロシアの世論がセルビアを強く支持しているので政府はセルビアの防衛に行くのに抵抗できないと述べた。「その場合、ロシアは動員しなければならない。大火事が迫っている」[84]。ベルリンでは「デイリーテレグラフ」事件が危機を引き起こしていたところだったが、軍部の高官を含む戦争支持派は、ドイツにとって戦争が国内外のこの厄介ごとから逃れるチャンスだと考えた[85]。この事件で意気消沈したところから回復中だったドイツ皇帝は戦争に熱心ではなかったが、積極的には反対していないように思われた。廷臣の一人は、皇帝は「新しい顎紐の種類、ヘルメットの鎖の新しい止め具、兵士のズボンの二本の縫い目、衣裳部屋を何度も点検すること」[86]など、「もっと由々しい問題で頭がいっぱい」だった。ウィーンでは、エーレンタールは現実の問題として戦争のことを話していた。「セルビアのならず者がわれわれの庭からりんごを盗もうとしている。そいつを捕まえ、もう決してしませんと約束させるなら行かせてやろう」[87]。

三月半ば、セルビア政府は不必要に挑発的だとイギリスが思うような調子でオーストリア＝ハンガリーの申し出を拒絶した。エーレンタールが回答を書いているうちにドイツ政府は行動を決定した。ロシア政府は併合を認めなければならない、というサンクトペテルブルグに対する最後通牒になるものを、ドイツは送付したのだ。「言い訳じみた条件付きの不明瞭な返答」が返ってきた場合には、ロシアが拒否したものとみなす。「われわれは要求を撤回し、事態を当然あるべき形で進める」[88]。三月二十三日、陸軍大臣から軍はオーストリア＝ハンガリーと戦うことを望んでいないとすでに言われていたロシア政府は降伏した[89]。セルビアは一週間後に屈し、ウィーンに書簡を送り、併合に抗議することを断念し、軍の準備を取りやめること、立ち上がっていた義勇軍を解散させ、オーストリア＝ハンガリーと「友好的な隣国関係」を持つと約束した[90]。サンクトペテルブルグでは、ベルヒトルトがイズヴォルスキーとイギリス大使ニコルソンとそれぞれ夫人を招いて「危機の終わり」のディナーを催した[91]。ドイツ皇帝は、ロシア皇帝に平和を守る一助となってくれたことについて感謝を込めたイースターの卵を送った[92]。しばらくあとでドイツ皇帝はウィーンの聴衆に対して、自分自身は輝く鎧を見にまとった騎士のようにフランツ・ヨーゼフと肩を寄せ合って平和を守ったと述べた[93]。

ドイツは断固とした立場を取ったが、危機によって、指導者たちの間に国の戦争の準備状況について不安が生じた。ビューローは初めティルピッツと海軍計画を強力に支持していたが、資金について帝国議会の賛同を得るのにすでに苦労をしていた。併合の少し前にホルシュタインに「陸軍を弱くすることはできない、わが国の運命は陸上で決まる」と述べている。危機の間、ビューローはティルピッツに、海軍がイギリスの攻撃に持ちこたえられるのかどうか露骨な質問をした。海軍大将はいつもの決まった答えに戻った。「数年のうちにわれわれの艦隊はかなり強力になるから、イギリスが攻撃してくるのも大きな軍のリスクのうちの一つくらいになるだろう」[94]。一九〇九年の夏に職を辞して自由になる前に、ビューローはイギリスとの海軍競争を終わりにする可能性を模索していた。後継者のベートマン・ホルヴェークは全く同意見で、イギリスにも同じような声が上がっていることに気づいていた。財務相のロイド・ジョージをリーダーとする内閣と議会にいる急進主義者が、予算の削減とドイツとの緊張緩和の両方を決意していたのだ。一九〇九年の秋に話し合いが始まり、新たなモロッコの危機の発生によって押しとどめられる一九一一年夏まで継続した。当時、あるいはもっとあとで、それが成功するチャンスがどのくらいあったのかは議論の余地がある。ティルピッツと最終的に決定する皇帝にはドイツの建造のスピードを落とすことを申し出る用意はあったが、大型船イギリス三隻についてドイツ二隻としておくというものだけで、これはその差が小さすぎてイギリスには受け入れ難かった。海軍の建造のスピードを落とす代わりに、ドイツはイギリス以外のヨーロッパの勢力と戦争になった場合、イギリスが中立を約束する政治的和解も期待していた。今や外務省内に、またグレイを含む内閣の中に、ドイツに対する疑念が深く刻み込まれていたイギリスにとっては、三国協商を破壊するとまではいかなくとも傷つけてしまうような約束がなされる可能性はほとんどなかった。イギリスが本当に望んでいたのは、海軍の出費を大きく削減させてくれるような兵器に関する協定だった。その後になってようやく政治的和解について話をする用意があった。両者の間の話し合いは一九〇九年秋に始まったが、ドイツとイギリス政府は距離を置いたままで、一九一一年に新たな危機が、またしてもモロッコで起こり、両者を押しとどめるまでほとんど進展がなかった。

第一次モロッコ事件と第二次モロッコ事件のように、ボスニアの危機は共通の記憶を残した。苦い記憶であり、教訓をも与えたように思われた。コンラートは予防戦争の機会が費えるのを見て落胆した。コンラートは友人に、「バルカンの危機の解決とともに、私のたくさんの願いは……葬られてしまった。職業上の喜びもなくしてしまいました。十一歳のときからどんな環境の下にあっても自分を支え続けてくれたものを失ったのです」[95]と書いている。後にコンラートは、この危機の間にセルビアを軍事的に叩いた方がよかった、避けられない戦いを延期するべきではなかったと長い覚書を書いている。将来オーストリア＝ハンガリーは複数の戦線で戦争をする選択に直面するか、いずれにせよ帝国そのものを破壊する可能性がある「大きな譲歩」をすることになる。しかしコンラートは、ドイツが最後通牒を発して軍事動員すれば、ロシアとセルビアは手を引くことになると結論づけて満足していた。「自分のやりたいようにできる力があるときに、どうしたら成功を確実にできるかという教科書に載っている実例こそが今回だ」[96]とエーレンタールも同意した。愚かにもエーレンタールは、ロシアに寛大な態度を示すことはなく、イズヴォルスキーについても「この腹黒い猿との議論にはうんざりだ。奴の手の届かないところにいると決めた」[97]と言っている。エーレンタールは一九一二年に白血病で死去したが、反セルビア・反ロシア的見解と、オーストリア＝ハンガリーは積極的な外交政策を行うべきで特にバルカンでは自己主張しなければならないという信念は若い世代の外交官に強い影響を与え、そのうちの何人かは一九一四年の出来事の際、重要な役割を演じることになった。[98]

ロシア人では、オーストリア＝ハンガリーあるいはドイツとの関係を修復したいと思う者はまずいなかった。イズヴォルスキーはしばらく間をおいて職を辞した後ロシア大使としてパリに派遣され、エーレンタールのことをバルカンでの二国間の協力関係を破壊したとして非難し、ドイツ大使に二国のライバル関係は必ずや戦争で終わることになると警告した。[99]ドイツの最後通牒を受けたあと、ロシア皇帝は母親に宛てて次のように書いている。「ドイツの行動の形とやり方は——私たちに対してのことを言っているのですが——野蛮であるというように他なりません。忘れるつもりはありません」。ドイツはロシアを同盟国フランス、イギリスから切り離そうとしていると皇帝は続けた。「こんな方法をすれば逆の結果が起こるというものです」。[100]ボスニア危機の決着は、あるドゥーマの代表が言うには、日露戦争でのおぞましい敗北と同じくらい悪い「外交上の対馬」だった。ドゥーマは即座に防衛費の新たな増加に賛成した。軍部の間では、必ず次の数年間のうちに起こるにちがいないオーストリア＝ハンガリーとの戦いの準備をするという話が高まっていた。[101]ロシアのすべての階級の人々がスラヴの同胞を見捨てたことをひどく恥じている、とニコルソンはグレイに書いている。「ロシアは強い屈辱を感じています。これまで南東ヨーロッパで果たしてきた伝統的な役割を、過去に非常に多くの犠牲を払って果たしてきたのですが、それを放棄してしまったのです」。[102]このような記憶は六年経っても消えなかった。[103]ジョレスは大戦前夜にフランスのジャーナリストに向かって叫んだ。「われわれは世界戦争というものを解き放とうとしている。イズヴォルスキーが今もボスニア事件のときにエーレンタールが欺いたことに腹を立てているためではないのか？」。[104]一九一四年に向かって次々に起こった主要な出来事の数々には、他にも多くの結びつきがあったが、答えはある部分イエスと言えるにちがいない。

ボスニアの危機によってドイツとオーストリア＝ハンガリーの二国同盟は強化された。だが、オーストリア＝ハンガリーとイタリアとの関係は悪化した。イタリアは三国同盟の三番目のパートナーだったが、二重帝国がイタリアに対する戦争の準備をしていることは十分認識済みだった。一九〇九年秋、イタリア国王ヴィットリオ・

エマヌエーレ三世はイタリア北東の隅のラッコジーニにある王室の狩猟小屋に、ロシア皇帝とイズヴォルスキーを迎えた。ロシア人の一団はオーストリア＝ハンガリーに足を踏み入れるのを避けて、これ見よがしにドイツを通過する回り道をした。イタリアも防衛費を増やしていてアドリア海でオーストリア＝ハンガリーとドレッドノート競争をし、陸の国境沿いの要塞と軍を強化していた。オーストリア＝ハンガリーとしてはイタリア以外にも不安な敵を抱えていたが、危機以来、一九〇七年から一九一二年の間に七〇パーセント以上防衛費を増やしていた。(105)

危機によって三国協商の中にも緊張が生じていたが、深刻なダメージを与えるものではなかった。事実、フランス、イギリス、ロシアは国際問題について互いに相談し合うことに慣れていた。フランスの外相ステファン・ピションは大使に、一般原則の問題としてフランスの二つのパートナーと協力するように訓令を出した。(106)イギリスは行動の自由を主張し続けたが、この危機の間イギリスがモロッコ事件のときにフランスにそして世界に示したように、イギリスがロシアを支えるということを示した。イタリアだけが三国同盟のパートナーと一定の距離を置き続け、三国協商と良好な関係を維持した。他の列強は、互いに同士を求め合っているオーストリア＝ハンガリーとドイツあるいはロシアとフランスにつくのか、いずれにしても自分の国が現在ある位置に留まる以外選択の余地がほとんどないと感じた。先のモロッコ事件がイギリスとフランスが真剣な軍事的な話し合いを始めるきっかけとなったように、今回はコンラートとモルトケの話し合いの手はずを整えることになった。

バルカンそのものにおいては、危機は去っても安定も平和も得られなかった。オスマン帝国はこの問題に対する部外者の干渉にますます憤慨していたが、可能な限り放置された。ブルガリアは独立によって一時的に宥められただけだった。ブルガリアは一八七八年に短期間存在した大ブルガリアを今なお夢想し、マケドニアの領土を指をくわえて見ていた。エーレンタールがオスマン帝国に対する善意のジェスチャーとして放棄したサンジャクは、可能性があるというよりほぼ確実なことなのだが、オスマン帝国がさらに弱体化した場合、セルビアとモンテネグロが獲得したがる誘惑の対象だった。セルビアはオーストリア＝ハンガリーに屈しなければならなかったが、約束を守ろうという気持ちはなかった。セルビアは大セルビア運動に対して密かに支持を強め、軍の改良に着手した。寛大なフランスの借款のおかげで、自国の武器工場を立ち上げるとともにフランスから兵器を購入することができた（イギリスはフランスによって市場からほとんど締め出されていた）[107]。セルビアとオーストリア＝ハンガリーの関係は悪化し続けた。両国とも相手に対して危険なほど疑心暗鬼になっていた。

世論とオーストリア＝ハンガリーに復讐したいという願いに駆られて、ロシアはバルカンに干渉し続けた。ロシアの外交官は、ロシアの保護の下、二国同盟によるバルカンとオスマン帝国への侵入に対する障壁として行動するから、いつかはオーストリア＝ハンガリーに対抗してバルカンでロシアの同盟国となってほしいと願い、バルカン諸国との同盟を促進しようと努めた。ロシアとセルビアの結びつきは特に強力だった。一九〇九年、バルカンにおけるロシアの積極政策を公に提唱していたニコライ・ハルトヴィヒはベオグラード駐在ロシア大使となった。ベルヒトルトの言葉では、「快活を装った地味な髭を生やしたモスクワ人」であるハルトヴィヒは情熱的なロシアのナショナリストで、オーストリア＝ハンガリーを激しく嫌っている汎スラヴ主義者だった（奇妙なことにウィーンは世界のなかではお気に入りの町で、機会を捉えてはウィーンに行っていたのだが）。ハルトヴィヒは一九一四年にはセルビアにいて、押しが強くエネルギッシュで、セルビアにかなりの影響力を素早く及ぼすことのできる立場を勝ち得ていた。ハルトヴィヒは大セルビアを願うセルビアのナショナリストを後押ししていたのだ[108]。

ボスニアの危機が去って一年後、イギリス外務省の事務次官ハーディングはウィーン駐在イギリス大使に書いている。「バルカンについて、オーストリアとロシアの間にある種の理解が絶対的に必要だというあなたの見方を共有している。そうでないと何年にもわたってこの地域に堅い平和を維持することは不可能だ……他の政策を勧めれば間違いなくヨーロッパの戦争になる」[109]。残念ながら、このような理解に至ることはなかった。ヨーロッパには次の危機が訪れるまで三年の平和があり、その次の危機が訪れるまでまた三年の平和があった。いずれの危機のときも、ヨーロッパの列強の二つのグループは万難を排してパートナーを支持する完全な同盟関係のようになったのである。

15　一九一一年——第二次モロッコ事件

一九一一年七月一日、パンター号という小さなドイツの砲艦がモロッコの大西洋の海岸アガディール港沖に停泊した。ドイツ皇帝の小馬鹿にした言い方によれば「甲板に小さな紙鉄砲みたいなものを二～三門つけた」代物だった。(1)外国の貿易商には閉ざされた小さく、汚く、静かなアガディールは西洋の帝国主義者たちの関心からはほとんど免れていた。内陸のアトラス山脈には鉱産物があるという噂があったが、ドイツ人のなかでは一握りの会社が採鉱を始めただけだった。いくらか漁業が行われていた——地元産のイワシがおいしいと言われていた——水が確保されているところではわずかに穀物の収穫があった。地元の羊と山羊は痩せて不健康で、地元のドイツ代表は「ドイツの農民を惹きつけるところでも奨励できるような地域でもないのは間違いない。なんといっても気候が耐え難い」(2)と報告している。

ドイツ政府はパンター号と、数日後に到着する予定のパンター号より大きく立派な軽巡洋艦ベルリン号をアガディールに派遣し、モロッコ南部のドイツ国民を保護すると主張した。細かいことへの注意が欠けていたし、この事件全体を特徴づけているのだが、やり方を間違えがちだった。ドイツ外務省は事件が発生したあとで、利害関係のある他の列強に知らせただけだったのだ。そのために他の列強はこんなやり方をしなければ何でもなかったはずなのに困惑してしまった。なぜアガディールに船を派遣する必要があるのかという説明を、ドイツは上手くできなかった。外務省はパンター号がアガディール沖に到着する二週間前、モロッコ南部でドイツの利益とドイツの臣民が危険な状態にあるという主張に応じようとしただけだった。ドイツ外務省は十ばかりのドイツの会社にドイツの介入を要求する請願（多くの会社は読むさえ取らなかった）に署名するように求めたのだ。ドイツ首相ベートマンが帝国議会でこの話をしたときに失笑を買ったほどだった。アガディールにはドイツ国民はいなかった。百十キロほど北にいたワールブルク会社関係の地元代表は七月一日の晩、南に向かって出発した。岩だらけの道沿いを馬で行く厳しい旅のあと、代表は七月四日にアガディールに到着し手を振り回したが、パンター号とベルリン号の関心を引くには海岸からでは何の効果もなかった。「南モロッコで脅威にさらされている」ドイツ人の唯一の代表は翌日になって何とか発見され、拾ってもらった。(3)

ドイツでは、特に右派にとっては後に、「パンターの春」と呼ばれることになるニュースに対する反応は好意的で「屈辱」が終わる救いであり、ドイツがついに先手を取ったという喜びを持って受け止められた。かつてはモロッコで後れをとり、植民地競争でも一般的に後れをとっていたことに加え、ヨーロッパでは三国協商によって包囲されるという恐怖が続いたが、ドイツが重要であるということをついに示したのだ。「夢を見ていたドイツ人は眠れる森の美女のように二十年の眠りの後に目を覚ましたのだ」とある新聞は書いた。(4) 他の列強の見方、特にフランスそして、イギリスの見方は違っていた。ヨーロッパの平和を混乱させる新たな植民地争奪競争であり、国際秩序の安定に対する新たな脅威と捉えたのだ。この危機が生じたのは、ヨーロッパ各国の政府がすでに国内問題に取り組んでいるときだった。一九一一年、大陸の経済は景気後退局面に入っていた。物価は上昇していたが賃金は下がり、貧しい階級に打撃を与えていた。労働者階級の戦闘性が高まっていた。たとえば一九一〇年、イギリスでは五百三十一回、三十八万五千人の労働者を巻き込むストライキが発生した。一九一一年にはその倍の数のストライキが発生し、八十三万一千人の労働者が参加した。スペインとポルトガルでは、地方のストライキと暴力が国の大部分に拡がり内戦寸前となっていた。(5)

ドイツの突然の動きは、当時誰もが気づいたように、南モロッコの一人のドイツ人の運命あるいは探鉱中の鉱物資源の権利を超えるものだった。それはモロッコにおけるフランスの優越と三国協商の安定性に対する挑戦を表していた。フランス政府はドイツにどれだけ譲歩したらよいのか、あるいは抵抗する、特に軍事的に抵抗する立場にあるものなのか決断しなければならなかった。三国協商側のイギリスとロシア、三国同盟側のオーストリア＝ハンガリーとイタリアは、現実には自国と何ら利害関係がない遥か遠いところにある植民地闘争に引きずり込まれていくことに対して、同盟のパートナーを支援する必要があるのかどうか秤にかけなければならなかった。また、一九〇四年から一九〇五年にかけての第一次モロッコ事件の際に、一九〇八年から一九〇九年にかけてのボスニア危機の際のように、またしても戦争の話がヨーロッパの首都を駆け巡った。ルーズベルトを引き継いだウィリアム・タフト大統領は驚き、アメリカ合衆国が仲介役を行うと申し出た。

事実、ドイツにはモロッコでフランスに対抗するだけの理由があり、事をうまく運ぶことができれば、モロッコの国際的管理を立ち上げた一九〇六年のアルヘシラス会議で調印した他の列強からかなりの共感と支持さえ得られる可能性があった。アルヘシラス会議以来、後を引き継いだフランス政府と外務省の高官は、モロッコと弱いスルタンに対して政治的・経済的優越を確立しようとして、条約の精神と規定を愚弄していた。ドイツは初め、モロッコを経済的に搾取するにあたってドイツのビジネスがフランスと同等の権利を持つ限りは、フランスがモロッコの大部分について保護国と同等の立場にあることを進んで受け入れていた。一九〇九年二月、ボスニアの危機が最高潮に達していた頃、ドイツとフランスは実際にそうした協定を結んでいた。ジュール・カンボンの弟でフランス大使のポール・カンボンはベルリンで、二国間の経済的・政治的関係を良好なものにするために精力的に動いていた。それが両国にとって、またヨーロッパにとって良いことだとポール・カンボンは論じていたが、最終的にはうまくいかなくなった。

将来のことを考えると不幸なことだったが、この短期間の約束は当時実現しなかった。フランスとドイツはコンゴ川の北にあるフランス領コンゴと西アフリカのドイツ植民地カメルーンの間の境界について協定を結ぼうとしたが失敗した。モロッコで、地元のフランス人高官はますます権力を振り回すようになった。一九〇八年、スルタンのアブドゥルアジズが弟のアブドゥル・ハフィドに退位させられると、フランスはすぐに新しい支配者を借款と協定で縛りつけた。ジュール・カンボンのような経験豊かな人物はドイツとのトラブルにつながるはずだと警告したが、外務省は軽率に事を前に進めた。外務省はその多くが新設の「パリ政治学院（シアンスポ）」出身の、頭のよい、自信たっぷりの若者たちで占められるようになっていた。彼らは反ドイツ感情を強く持っていて、ヨーロッパでフランスがさらに重要な役割を演じて、かつてあったよりはるかに大きな帝国をつくるのだという野心を抱いていた。彼らは、オスマン帝国はオーストリア＝ハンガリーと同じように時代遅れであり、フランスは素早くその残滓の分け前をつかみ取らなければならないと論じた。既存のアルジェリアに加えて新しくモロッコに植民地を持つことで、フランスはイギリスのインドと同等の王冠の宝石を持つことになるはずだった。外務省の新人類はフランスのナショナリストの新聞の支持を受けていた。それらに内々の情報をリークすることもよくあったものだ。また、特に植民地関係の強力なロビーの支持も得ていた。弱く準備不足の大臣が続いたことで、外務省の高官はほとんど誰からの介入も受けることなく独自の道を歩んだのだ。[6]

一九一一年三月、よくある第三共和政の内閣の変更の一つで、自分の新たな責任についてほとんどわかっていないジャン・クルッピが外相を務めることになった。あとで判明するのだが、任期は四カ月しかなかった。この短い期間にクルッピは、高官たちの助言に従ってフランス＝ドイツ間にかなりのダメージを与えることを行った。最初の一つは、モロッコの鉄道建設に係るドイツとの合意を破ったことだった。クルッピはさらに進んで、他の地域の経済的な協力を阻み、アブドゥル・ハフィドに対し独立した支配者としての権利を放棄させ、フランスの保護下に置くように強制した（帝国主義的な曖昧な言葉が使われた）。モロッコの無秩序を言い訳にして、クルッピはフランス軍に首都フェズを占領するよう命令を下した（フランスはスルタンに、到着したあと三週間支援するよう説得した）。フランスの目的がこの国全体を獲得することにあると捉え不安が大きくなっていたスペインは、これまで影響力を持っていた地域であるモロッコの地中海沿岸に即座に軍を動員した。モロッコはあらん限りの方法で不満を述べ、他の列強もそれに倣った。フランスはフェズと周辺の田園地帯からの撤退を約束したが、なぜここに留まるべきなのか、次から次へと理由を考え出した。

ドイツでは、十年前には植民地に関心などほとんどなかった世論が、今や重要だと捉えるようになっていた。[7]ドイツ政府はすでに植民地ロビーとモロッコに利害のあるドイツの実業界からかなりの圧力を受けていたが、断固とした姿勢を取ることで得るものが大きいと感じていた。ドイツの国際的な立場は三国協商の出現によって悪化しており、隣国であるフランスとロシアは軍事力を強化しつあった。イギリスと海軍をめぐる話し合いは継続していたが、ボスニアの危機が生じたあとの一九〇八年に最初に始めたときと変わらず、堅い合意に至るには程遠かった。ドイツ皇帝による海軍への支出の増大に対するドイツ内部の反対は左右いずれからも大きくなりつつあり、政府が必要な指揮を執ることはますます難しくなっていた。右派と左派の政治的分裂は深まり、王室そのものも「デイリーテレグラフ」事件がはっきり示しているように、ますます不人気になっていた。ドイツの新しい首相テオバルト・フォン・ベートマン・ホルヴェークと閣僚たちの、国際危機をうまく使って全ドイツを一つにし、国民を政府の支持に向かわせたいという誘惑は相当なものだった。(8) ビューローによると、ベートマンはドイツとオーストリア＝ハンガリーが共にボスニア併合を喜んだときのような劇的な成功を収めることを願っていた。その後ベートマンのことを優柔不断だと憤慨し軽蔑するようになるビューローは、ベートマンが引き継ぎの間どちらかというと感傷的になって「私はすぐに外交政策を理解することになろう」と言ったと愚痴をこぼしている。(9)

ベートマンの経歴はプロイセンだけで、ドイツ公務員としての任務で外交問題には直接の経験がなかった。ベートマンは頭の良さと勤勉さによって着実に昇進した。また、ドイツ皇帝を含めて一族の強力なコネもあった。ヴィルヘルムがまだ精神的に不安定だった十八歳のとき、ベルリンの真東のホーエンフィノーにあるベートマン・ホルヴェークの領地で初めて鹿を撃ち、以来よくそこを訪問するようになった。一九〇五年になると、ベートマンは強烈な印象を与える若いプロイセン内務大臣となり、一九〇七年にはドイツ全体の内務大臣に、一九〇九年には首相となった。ハンブルクを代表する実業家でビューローの友人だったアルベルト・バリンはベートマンのことを「ビューローの復讐」と呼び、「ベートマンには人に名誉を与えるが政治家をだめにする資質がすべて備わっている」と述べた。(10) 意地悪い言い方だったが、全くの間違いということでもなかった。

ベートマンは背が高く堂々とした体格で、見た目は強いプロイセンの政治家そのものだった。子どものとき祖母が「テオバルトは何になるの？ とても醜いから！」と叫んだことがあったが、気品がある大人になり、顔が長く灰色の髭をたくわえた。(11) だが、表面下では脆い存在で、子どもの頃は恐ろしい頭痛持ちで、いつも健康状態を心配していた。もともとかなり悲観的な性格で、自分自身について、自分の所属する階級の将来について、自分の国について、疑念に苛なまれていた。ホーエンフィノーを相続したとき、木を植えても育つ前にロシアが蹂躙してしまうのではないかと思って木を植えなかったと言われている。出世するたびに、能力を超えた職分にいる自分を神が罰するのではないかと考えた。プロイセンの内務大臣になったとき、「自分の能力と義務が釣り合っていない経験ばかりで毎日辛い」とこぼしていた。[12] 若いときに表れた気分の塞ぎやすさと、内省的で他人となかなか親密になれない内気な傾向は完全に消えることがなかった。頭がよく教養があって強い同時代的な常識を身に付けていたが、物事を決断するのが苦手だった。まだ学生だったときに、親しい友人に「良い解決法があるから実行しようと思う」と書いている。[13] 良い解決法だけでは十分ではなく、友人も敵もベートマンのぐずぐずする傾向についてコメントを残している。ビューローの妻は、マダム・ベートマンがテオバルトには首相の地位についてほしくないと、次のように打ち明けたと報告している。「ベートマンはいつも決められないのです。ひどくためらって、本当にいつも自分がやっていることがわからなくなるまで小さなことにくよくよするのです。家族のなかでは冗談の種になっていました」[14]と。

ベートマンよりも決断力がある人物だったとしても、首相の地位には困難があったにちがいない。ドイツ政府のシステムに固有の問題は何にせよ以前より悪化していた。ドイツ皇帝とさまざまな取り巻き連とお気に入りの大臣たちは独自に行動し、首相と反対の目的のために動くことがよくあった。帝国議会はますます偏向し、社会民主党が選挙のたびに議席を増やしていた。軍隊と社会プログラムのために必要な租税収入を生むための租税制度改革を政府はどうしても必要としていた。ドイツ社会に広げて考えると、古い保守階級が自分たちの権利と地位を擁護するため断固として後ろ向きの行動をとる一方、中産階級と労働者階級は今以上に大きな分け前を求めていた。ベートマンはあらゆる方向から、皇帝、同僚、帝国議会から寄せられる要求をうまくこなそうと努めた。だが、それは役に立たず、社会民主党の拡大とともに、特に一九一二年以後、ビューロー以上に帝国議会との厄介ごとを抱えるようになり、皇帝との緊密な関係ももたなかった。衝動的な皇帝を扱わなければならないことが前任者以上に大変で、繰り返し困難にぶつかり、緊張を強いられた。[15]

ビューローが意地悪く言っているのだが、ベートマンは自分の立場を「ハードルが自分には見えないからサラブレッドや跳躍馬としてではなく、ゆっくり着実に歩く善良な耕作馬として自分の立場を守った」[16]。この言葉にベートマンの背景がうかがわれる。近隣の古い貴族一家の娘と恵まれた結婚をしたものの、歴代のドイツの首相ほど高い身分ではなかった。ベートマン・ホルヴェーク家は十八世紀に裕福なフランクフルトの銀行家として出発し、世代を重ねるにつれて地主の上流階級となった。ベートマンの祖父はヴィルヘルム一世によって貴族に叙された著名な法律家・学者で、父親はかなりあった財産を使ってホーエンフィノーを購入し、生まれついてということではなく、生活のスタイルとしてプロイセンのユンカーになった。父親のベートマンの運営でホーエンフィノーは千五百人ほどの住民がいる豊かな領地となった。将来の首相は十七世紀に建てられた大きな荘園領主の邸宅に育ち、寄宿学校に送られるまで家庭教師たちから教育を受けた。寄宿学校は軍人か官僚として政府に仕える高貴な子どもたちを育てることを使命としていた。ベートマンは自分の所属する階級の偏見、たとえば商業やユダヤ人を嫌うといった偏見を吸収した。ベートマンは仲間の学生に説明している。「ご存知のように私は高貴な血筋ではないのですが、特権のある人々の間に外の生活の機能が侵入してきたとき、そこから一歩たりとも外に踏み出すのは軽率で間違ったことです」[17]。

ベートマンは父親と同様、自分たちの世界にいるプロイセンの反動主義者の強硬派のことを馬鹿げていると思うことがよくあったが、ものの見方は断固として保守的だった。たとえば唯物論のような近代世界に関するものの多くを嫌っていたが、伝統的なものと新しい価値観を橋渡しする方法を探そうとした。ドイツが統一したのは十代の頃で、ベートマンは情熱的な民族主義者となり、それは後々まで変わらなかった。一八七七年、狂信者による皇帝ヴィルヘルム一世の暗殺未遂事件にショックを受け、ベートマンは近しい友人に「私たちが愛しているドイツの人々が、一つの民族であると同時に一つの国家であることがあり得ないことが信じられない」と手紙を書いている。ベートマンはドイツの政治が分裂していることを残念に思い、「卑劣な社会主義者と不明確でドグマ的な自由主義者」のことを嘆いた。[18] 官僚および政治家として、ベートマンは統一と社会平和のために働き、穏健な改革を行って貧しい階級の多くを改善することで国家に対する忠節を勝ち取ることができると思っていた。

外交政策について、ベートマンの底流にある見方は明快だった。平和は戦争よりも好ましいが、ドイツは外交が失敗した場合に備えて利益と名誉を守るために戦う用意をしなければならない、ドイツは第二次モロッコ事件が悪化していた一九一一年夏に退却する余地がない、というのは「われわれの世界での信用が現在だけでなく将来の外交の行動にとっても耐え難いものになっているから」である。(19) パンター号が「アガディールの春」をもたらす前の冬、ハリー・ケスラーはベルリンのディナーパーティーでベートマンと長時間話し合った。首相は国際問題の状況についてはそこそこに楽観的で、ドイツの対ロシア関係は改善しつつあると感じていた。実際その証拠がいくつかあった。前年、ニコライはポツダムのヴィルヘルムを訪ねていて、二国はオスマン帝国内の鉄道について合意に至っており、これで緊張の原因が一つ取り除かれた。またドイツはバルカンで、オーストリア＝ハンガリーの側のこれ以上攻撃的な動きには加わらないと約束していた。(20) イギリスはドイツについてもっと合理的な考え方をするようになるかもしれないと、ベートマンはケスラーに述べた。ロシアは今なおインドや他の地域でもイギリス人にとって脅威であり、長い目で事実を見た場合はドイツにとって良いことばかりだった。「居心地が悪いにちがいない。だからわれわれにアプローチしてくるのだ。これが私の期待し続けていることだ」(21) と述べている。ベートマンは多くのドイツ人と違い、イギリスが嫌いではなかった（事実、息子をオックスフォードにやっている）が、フランスおよびロシアとの協商はドイツにとって脅威であると考え、壊れることを望んでいた。モロッコ事件のとき、著名な思慮深い実業家ラーテナウは、ホーエンフィノーの領地でベートマンと食事した。首相はドイツがフランスと対決するのは正しいと断言した。「モロッコ問題はイギリスとフランスを溶接しているから『溶解』しなければならない」と。だがベートマンは戦争が起こる可能性があることに消沈し、不安に思っていた。自動車まで歩いているときにラーテナウに述べた。「内々の話だが、これははったりだ。屈服ばかりしてはいられない」(22)。

ベートマンは実際、使命を与えてパンター号を送ることについて疑念を抱いていたが、外務省と押しの強い外相アルフレッド・フォン・キーデルレン＝ヴェヒターに説得されて納得したのだった。[23]ベートマンは外交問題をキーデルレンに任せるのが普通で、キーデルレンは任されることがこの上ない幸せだった。背が高く、ブロンドの髪で、野蛮で無遠慮で、決闘の傷が顔にあるキーデルレンは誰も、皇帝さえ恐れず、戦争を含めて怖いものなし。キーデルレンはウィットがあり、皮肉屋で、無遠慮で、粗野であることでも知られていた。ロンドンに大使として派遣するという話があったとき、グレイは叫んだと報告されている。「ドレッドノートを増やすだけでなく、マナーの悪いキーデルレンだって——ひどすぎる！」[24]。そもそもキーデルレンは危ない冗談と話が好きな皇帝のお気に入りだったが、よくあることだがやりすぎてしまって主に対する粗野なコメントをしてしっぺ返しを受けることになった。罰としてキーデルレンはルーマニア駐在ドイツ大使として苦労しろ、とかの地に送られたのだ。皇后も敵のうちの一人で、キーデルレンの生活のありようを嫌っていた。キーデルレンはある未亡人を何年間も公然と家に囲っていたのだ。ビューローがこの問題を指摘すると、キーデルレンは男らしくないことにこう答えた。「閣下、あなたの調査のために罪の主体をつくるのだったとしたら、私とあんな太った年寄り女の間に不義の関係があるなんて信じ難いと思うでしょう」[25]。

ドイツ皇帝は最初、ベートマンがキーデルレンを外相としてベルリンに戻したいと望んだことに抵抗したが、諦めて、首相は毛皮の中にシラミを飼ったのだということがわかるはずだ、とだけ述べた。キーデルレンはベートマンをミミズ呼ばわりしていてほとんど感謝をしなかったし、敬意も持たなかった。一方ベートマンは、彼が頑固で秘密主義ということを知っていてラバとあだ名をつけた。[26]キーデルレンが在職中、ドイツの外交政策にいつも間違いがあったり、一貫していなかったりした理由の一部は、キーデルレンが外国にいる大使や部下や同僚とのコミュニケーションを拒否したためだった。ある点で、何に取り組んでいるのか理解するために外務大臣を酔っ払わせなければならなかったとベートマンは友人たちに述べている。[27]キーデルレン自身、何をやっているのかわからなかったのかもしれない。陸軍省のある上級の将軍は、モロッコ事件の危機が最高潮に達していると き、パンター号の派遣がドイツ外交政策の一貫性のなさをあまりにも典型的に表していると不満を述べている。

原因から生じる結果、起こり得ることの検討といったことを全く考えていなかった。地元の状況、投錨地といったことについて正確な知識もなく、ある午後の数時間のうちに命令が形となる。結果的に生じた政治的な困窮を前にしてわれわれが大なり小なり困惑したとしても、ほとんど驚くにはあたらない。[28]

危機をつくるにあたって、キーデルレンはフランスに、モロッコについての交渉を意図したように思われる。ベートマンのように、キーデルレンはイギリスを三国協商から切り離せると考えていた。しかしキーデルレンはモロッコにするのか他の場所にするのか、フランスに対して要求するドイツのための代償となるものを、頭の中に十分練った戦術として描いておらず、最初から他の閣僚にそれをはっきり言っていなかった。[29]キーデルレンには何らかの根拠があって、フランスは戦う準備ができていないから、瀬戸際政策とこけおどしをする必要があると考えていた。[30]

フランスとドイツの理解を図るために尽力していたジュール・カンボンは、キーデルレンのことを交渉が難しい人物だと強く感じた。キーデルレンは突然、六週間にわたってある温泉に出かけ、外務省を留守にした。カンボンは六月の終わりに当地を訪ね、モロッコについてフランスにはある形態の譲歩を提供する用意ができる可能性があると提示した。すでにパンター号を派遣していたキーデルレンは「パリから何か持ってきてほしい」[31]と言っただけだった。キーデルレンのカンボンとの会談はパンター号到着のニュースが公になったあとの七月八日に再開し、モロッコにおけるドイツの地位とアフリカのいずれかの地域の代償の可能性を話し合った。一週間後、カンボンはドイツが具体的に何を望んでいるのか露骨に尋ねた。キーデルレンはアフリカの地図を要求し、フランス領コンゴ全体を指さした。カンボンは「ほとんど卒倒しそうだった」と、キーデルレンは後に述べている。この要求はリークされ、ドイツにはアフリカを横断する広大な帝国をつくる意図がある、結果的に広大なベルギー領コンゴとポルトガルの植民地アンゴラとモザンビークを取ることになるという不安がフランスとイギリスに広がった。[32]実際は、キーデルレンもベートマンもアフリカに関心を持っておらず、ドイツは無視できない存在だということを示したかったのだ。[33]

無視されてはならないこと、これが危機を解決するにあたって難しいことだったのだが、これこそがドイツの世論だった。フランスに戦争騒ぎを起こすよう強硬路線を取るように働きかけていたキーデルレンは、植民地ロビイストと民族主義者の汎ドイツ連盟を抑え込むのが難しくなったことに気づいた。ジュール・カンボンは危機が去ったあと、こう捉えている。「ドイツで国民は平和的だが政府が戦闘的だというのは偽りだ——真逆が真実である」[34]。社会民主党のリーダーのベーベルは、ドイツの世論が熱くなっていることを心配して、チューリヒのイギリス領事にロンドンに警告するように頼んだ。「恐ろしい結末を避けられないように思える」[35]と。平和の最後の数年間、ドゥーマが外交と軍事問題でますます盛り上がっているロシアから、情報が十分与えられた世論が長く政治風土に根づいているイギリスに至るまでヨーロッパ中で、各国政府の人々を誘導する力が、一般の人々の感情と期待によってますます制限されるようになったことに気づいていた。

　フランスではドイツの動きに対してショックと怒りの反応が起こったが、危機のタイミングが悪かった。五月終わりに航空ショーの事故で陸軍大臣が死亡し、首相が重傷を負ったのだ。政府は一カ月後には崩壊するしかなかった。新しい内閣が六月二十七日に発足したのは、パンター号がアガディールに到着する四日前だった。新外相は外交問題を扱った経験が全くなかった。首相ジョゼフ・カイヨーにはいかがわしい噂があった。カイヨーは離婚歴のある女性とスキャンダラスな結婚をした金持ちで、外交問題を自分の手で扱おうとした。カイヨーには一つ大きな徳目があり、それは現実主義だった。危機が生じるとカイヨーは、参謀総長になったばかりのジョッフルにフランスが戦争で勝つ見込みについて相談した。勝目はあまりないとジョッフルがカイヨーに告げると、カイヨーはフランスには交渉以外、選択肢がないと決断し、何カ月もモロッコ問題の解決を望んでいたジュール・カンボンにキーデルレンと協力するよう指示した[36]。ドイツ同様、フランス人も自国の新聞や世論が外交交渉を制約するものであると気がつくようになった[37]。外務省の高官たちは激しく反対し、全力でカンボンを失敗させようとした。カンボンは信頼していた同僚に「彼らは何を望んでいるのかわかっていない。絶えず私の邪魔をして、新聞を興奮させ火遊びをしている」[38]と述べている。カンボンはその夏、ベルリンのフランス大使館付き武官を使うのをやめ、カイヨーへの報告を陸軍省を通して行った。[39]このような困難の結果、カイヨー自身パリ駐在ドイツ大使を通して秘密交渉を行うことになった。そのために、後に謀反の責めを負うことになったのだ。[40]

ドイツに対するフランスの反応が複雑になったのは、同盟国ロシアがモロッコをめぐる戦争に引き込まれることには関心がないということを明らかにしたことから来ていた。今やパリ駐在ロシア大使となっていたイズヴォルスキーは、三年前のボスニアの危機の際にフランスが生ぬるい対応を取ってロシアを支援しなかったことを思い起こしていた。イズヴォルスキーはこう述べている。「ロシアはもちろん同盟には忠実だが、世論がこのことで戦争を受け入れるのは困難なはずだ」と。またロシアはフランスが攻撃された場合フランスを支援するのかどうか、特に明確にはしていなかった。ロシア軍は少なくとも戦争の準備をするのに二年間は必要だとイズヴォルスキーは主張した。ロシア皇帝はサンクトペテルブルグ駐在フランス大使に混乱したメッセージを与えた。必要ならフランスに保証を与えるつもりだが、ドイツとうまくやるのがフランスの分別というものだろうと述べたのだ。[41]

もう一つのフランスの重要な同盟国イギリスは最初、イギリスが関わることなくフランスとドイツの間で問題を整理できる、という立場を取っていた。労働不安とは別に、他の国内問題で政府は手一杯だった。六月にジョージ五世の戴冠式、再燃したアイルランド自治法をめぐる問題、ますます規模が拡大するとともに暴力的な示威活動を行うようになった女性の参政権を要求する婦人参政権運動、議会改革をめぐる下院（庶民院）と上院（貴族院）の最高潮に達した戦いもあった。国際状況では、イギリスは三国協商の両方のパートナーと問題を抱えていた。外務省の職員の一人が述べている。「フランスと協力するのはとても難しい。まっすぐに行動をするようには思えないから」[42]と。イギリスとロシアの関係は再び下降中で、特に両国が影響力を競い合っていたペルシャではそうだった。[43]

対照的にドイツとの関係は、海軍競争は膠着状態になっていたものの幾分改善しつつあった。危機が始まる前の五月、ドイツ皇帝は祖母の記念碑の除幕式でロンドンを訪問していたが、この訪問はうまくいったように見えた（たまたま上級のイギリス海軍提督を勤めていたドイツの貴族の一人であるルイス・バッテンベルクに対して、声高にイギリスについて愚痴をこぼしてはいたが）。[44]オスマン帝国では、ドイツとイギリスは金融面で、たとえば鉄道のようなプロジェクトについて協力していた。[45] 内閣の急進派と穏健派、さらにそれを支持する議会のメンバーは海軍への大きな支出を批判し、外交政策を監督する、特にドイツが関係している場合に監督する内閣の委員会を立ち上げるよう求めていた。[46]

グレイ自身はイギリスが過去にあったように列強間の仲介役として行動するという考えを好んでおり、ドイツがアフリカに植民地を拡大するという見通しには関心を持たなかった。グレイはフランスに穏便でいるよう促したが、ドイツにはイギリスがフランスを支援するかもしれないと仄めかした。重要なのは、モロッコでどう新たに解決しようともイギリスの利益が尊重されることだとグレイは両者に述べた。強力な反ドイツ派でアーサー・ニコルソンの指揮下にあった外務省は、初めから暗い見方をしていた。この危機は最初のモロッコ事件の復活で、グレイがフランスを眼に見える形で強力に支持しなければ協商がおしまいになる、と。グレイと首相アスキスは、ドイツがフランス領コンゴのすべてを要求しているとの噂が七月半ばにロンドンに届くまで圧力に抵抗した。[47] ドイツの外交政策に深い疑念を抱いていたことで知られるエアー・クローは外務省宛てのメモに次のように書いている。

ドイツは一番高い賭けに出ている。ドイツの要求がコンゴかモロッコか――いや私はドイツがやろうとしていると思っているのだが――両方ともであっても、満たされたとすれば、それは明らかにフランスが屈服したということになる。要求されている状態は、独立した外交政策を行う国が受け入れられるようなものではない。今は条項の詳細が重要なのではない。これはとにかく力を試しているのだ。譲歩は利益を失うことでも威信を失うことでもない。避けられない結果がどうあれ、それは敗北である。

ニコルソンは同意した。「ドイツがわれわれの側に少しでも弱味を見て取れば、フランスに対する圧力はフランスにとって耐え難いものとなり、戦争をするか降伏しなければならなくなろう。降伏した場合には、直接的な予想される結果がどのようなものであろうと、ドイツのヘゲモニーがしっかり確立されるにちがいない」[48]。内閣は、グレイがドイツに宛てた、パンター号の到着の結果としてイギリスは今やこの危機について強い危惧を抱いておりフランスを支える義務があるというメッセージに賛同した。ドイツは（問題全体を十分に扱いきれていないことを示すものでもあるが）二週間以上返答をしなかった。そしてそれはイギリスの疑念を深めるだけだったのである。

グレイにとっては不快な夏だった。グレイはこの年の初めに、新たな個人的な悲劇に遭遇していた。愛する弟のジョージがアフリカでライオンに殺されたのだ。モロッコの危機のためにグレイはロンドンに居続けて、フォールドンの領地で心を休めることもできなかったのだ。内閣はドイツにしっかりつくのか、フランスに多くの支援を与えるのかで意見が割れた。国内ではストライキの波が続き、熱波が過去の記録を破っていた（晩になるとチャーチルはグレイを伴って自分のクラブに泳ぎに連れて行った）。七月二十一日、かなり議論を行ったあとで内閣は、イギリスはイギリスが参加しないモロッコをめぐる解決には一切応じる気がないとドイツに通告することを決定した。その晩、ロイド・ジョージはロンドン市長の公邸（マンション・ハウス）で行われたフォーマルなディナーで演説をし、イギリスは伝統的に自由と平和を支持するために影響力を用いてきたと主張した。

イギリスは何世紀にもわたる英雄的な行為によって偉大な恵み深い地位を勝ち得てきた。それを放棄することによってしか、また、イギリスなど何の意味もないかのようにあしらわれ、国の利益の核心に影響が及ぶようなひどい扱いをされてもかまわないとすることによってしか、平和を保つことができない状況に追い込まれたとしたら、私は力を込めて言いたい。そんな犠牲を払った平和というのは、わが国のように永遠に続く偉大な国には耐え難い屈辱である。国の名誉は政党の問題ではない。(49)

このマンションハウス演説は、ドイツに対して穏健な見方で知られる人物が行ったという意味でもセンセーションを巻き起こした。ドイツ大使は演説の好戦的なトーンに抗議を行った。

ドイツでは、イギリスの立場が硬化していることに、すでにいくつもの困難に遭遇していたキーデルレンはショックを受けた。ドイツの同盟国オーストリア＝ハンガリーは静かに反対した。エーレンタールは親友に述べている。「われわれは東部ではドイツを忠実に支えるし同盟に関わる義務に忠誠を尽くす。だが、キーデルレンに従ってアガディールには行けない……政治の威信が保てない」[50]と。ドイツ皇帝は、コメントや脱線した話のなかでは熱狂的であっても、戦争の可能性があるといつも変わらず後ずさりするのだが、ノルウェーへの夏のクルーズから戻ると脅しをかけた。「私がその場にいないなかでわが政府にこんな行動をさせられるものか。結果を監督し、手を貸さなければ。そうしないと弁解のしようがない。私がただの議会の支配者のように見えてしまう！ 私を楽しませてくれ！ そこでわれわれは動員に突き進むのだ！ いないところでやってはだめだ！」[51]。七月十七日、皇帝のヨットから戦争は望まない、月末までにドイツに戻るという言葉が届いた。

起こったことに照らして考えると、どれだけヨーロッパが神経過敏になっていたのか、国際的な合意によって簡単に解決することができるただの植民地紛争でどれだけ簡単に戦争の可能性が受け入れられたのかを考えると、困惑してしまう。八月初めにはイギリス軍は遠征軍を迅速に大陸に送ることができるかどうか検討するようになり、海軍本部がドイツ海軍の航跡を二十四時間たどれなくなると大きな狼狽が生じた。[52] イギリス軍当局は、たとえば武器貯蔵所を守るために兵士を派遣するといった防衛的な手立てもいくつか講じるようになった。[53] その月の後半、続く危機への対応として帝国防衛委員会の特別会議が召集され、イギリスの戦略的立場と戦争プランを検証した。グレイが内閣の閣僚にイギリスとフランス軍の間の参謀の話し合いを継続するという事実を明らかにした。ドイツ軍がアガディールに上陸しようと調査している、ヴィルヘルムが動員の予備命令を発したという噂が広がった。[54] 九月四日、戦争作戦部の長ヘンリー・ウィルソンはドイツのイギリス大使館付き武官から来た報告と、ドイツが麦のストックを購入しているという話に恐れおののき、ピカデリー〔ロンドンの中央通りの名〕の「カフェロワイヤル」に電話して、そこでディナーを取っていたチャーチルとグレイに警告した。三人はウィルソンの家で国際状況について深夜まで話し合った。[55] ドイツでは予防戦争について真剣な議論があり、ベートマンでさえドイツ人はやるかもしれないと感じた。[56]「不快なモロッコの話が神経に障り始めた」とモルトケは妻に書いている。

われわれが再び尻尾を股に挟んでこの事件から引

くようなことがあれば、剣を使って突き進む用意がある積極的な要求を推進することができなければ、ドイツ帝国の未来に絶望する。そうなったら私は去る。だがその前に軍を取り除き、わが国を日本の保護下に置く要求をしたい。そうすればわれわれは邪魔されることなく金儲けができるし、完全な馬鹿になることができる。(57)

八月一日、バルト海の港シフィノウイシチェ(一九四五年連合国の爆撃でひどいダメージを受けることになる)でドイツ皇帝と会合を持ったあと、キーデルレンはフランス領コンゴ全体の要求をやめて、フランスとの妥協を求める用意があると示した。ドイツの民族主義の新聞は「屈辱」「恥辱」「侮辱」について嘆いた。(58)代表的な保守の新聞は、「言葉にならない恥辱、国民的不名誉のこのときを無駄にすることはできない。昔のプロイセン精神が消えたのか、われわれはわずかな数の異人種の商人に支配される女の民族になったのか?」と書いている。外国人は皇帝のことを「臆病者ヴィルヘルム、口先ばかりの腰抜け!」と呼んでいると、その新聞は主張した。(59)一方、バリンを先頭にした著名な実業家たちは、ドイツの経済状況が悪化しないうちに解決するよう要求した。九月初め、戦争の恐怖からベルリンの株式市場が暴落した。

キーデルレンとジュール・カンボンは速やかに原則的合意に到達した。モロッコにおけるフランスの優位をドイツが認める見返りに、フランス領のアフリカの一部をドイツに与えるというものである。交渉にはよくあることだが、たとえばもちろん何を望んでいるのかなど相談されることもない地元民は別にして、誰も何も知らないアフリカ内部の川の堤防だとか、小さな村だとかいった詳細について値切るのに三カ月を要した。北カメルーンの「アヒルの嘴」というニックネームがついた細い小さな領域が特にトラブルの原因となった。キーデルレンはフランスの諜報員ではないかという噂があった愛人とフランス東部のリゾート地であるシャモニーで短い休暇を取って騒動を引き起こした。お忍びで旅行しようとしたが、地元の長官と儀仗兵に駅で出迎えを受けたのだ。フランスのナショナリストの新聞は激怒した。愛人に対してというのではなく、行く場所についての選択についてあまりにも配慮がないと思われたことに対してだった。キーデルレンは愛人を数週間放置し、フランス人が読むことを想定した手紙を書いて、ドイツは交渉で満足が得

られなければ戦わなければならないかもしれないと警告した。(60)

十一月四日に最終的に調印した協定は、ドイツの経済的権利を尊重するという留保をつけてフランスのモロッコに対する保護権を与えるものだった。ドイツは中央アフリカに十六万平方メートルほどの土地を見返りに獲得した。キーデルレンとカンボンは写真を交換した。キーデルレンは「私の恐るべき敵で魅力的な友人に」と書き、カンボンは「私の魅力的な敵で恐るべき友人に」と書いていた。(61) フランスのリヨンの鉄道の駅で、あるポーターがカンボンを見つけた。「ベルリン駐在大使ではありませんか？」。カンボンはそうだと答えた。「あなたとロンドンにいるあなたのお兄さんは、私たちにとてもよいことをしてくださいました。あなた方がいなかったら私たちは混乱の真っただ中だと思います」(62)。

だが、グレイは後に「このような外国の危機がこれで終わるはずがない。終わったように見えるが地下に潜って、あとでまた現れるのだ」(63) と述べている。列強には互いに誤解し合う新たな理由があり、重要な政策決定者たちと一般の人々は戦争の可能性を受容していた。今やフランス駐在ロシア大使となっていたイズヴォルスキーはサンクトペテルブルグにいる後継者に、ヨーロッパの国際秩序が深刻なほど弱体化していると書いている。「列強間で起こる衝突は、どんな地方的な出来事でも、間違いなくヨーロッパの全面戦争という結果を招くはずである。ヨーロッパの列強すべてとともにロシアは参加しなければならなくなる。神の御加護があればこの戦いの始まりを遅らせることができようが、いつでも起こり得るし、われわれは一時間ごとにその準備をしなければならないということを、常に頭に刻み込んでおかなければならない」(64)。

英仏協商はどちらの側も互いに相手に非があると感じていたが継続した。フランスはイギリスが最初からもっとしっかりと支えることができたはずだと感じ、一方イギリスは、フランスがコンゴについてくどくど言ってモロッコにあるスペイン領を手に入れようとしていることに困惑していた。(65) イギリス内閣は英仏間の軍事に関する会議の内容を心配し続けた。十一月、内閣は嵐のような会合を二度行い、フランスに軍事的に関与することに反対した穏健派の何人かが辞任すると威嚇した。アスキスでさえ足元が寒くなった。その九月にアスキスはグレイに、「話し合いはむしろ危険で、フランスには、現在の状況下ではこの種の想定を土台にした計画を立てるように勧めるべきではない」[66]と書いている。グレイは外交問題で縛られないと強く論じていたが、内閣がある程度コントロールすることを初めて認めなければならなくなった。イギリスの側で戦争において陸軍が関与する、あるいは海軍が介入する結果につながるやり取りは、イギリスとフランスの参謀本部の間ですべきではないこと、またこのようなコミュニケーションが行われる際には事前に内閣の賛同がある場合に限るということで一致した。それにもかかわらず軍部同士の話し合いは継続し、ヘンリー・ウィルソンはフランスに足を運び続け、フランスの同レベルの役職に対してイギリスはフランスを支えると保証した。また海軍の話し合いもスタートし、一九一三年二月、地中海および英仏間の海域で協力する合意が結ばれた。フランスは前者に、イギリスは後者に力点を置いていた。イギリスはフランスとの軍事同盟には調印しないとしていたが、二国を結びつける絆は太く、強力になった。

フランスでは、ドイツとの協定の調印は勝利であり、偉大なものであり、一八三〇年代のアルジェリアの獲得に匹敵する、という者もいた。[67]だが、カイヨーがドイツと秘密裏に接触していたことが暴露されたことが一因となってカイヨー内閣は倒れ、反ドイツのナショナリストであるレイモン・ポアンカレの下、新しい内閣が成立した。ポアンカレは、今回の危機はドイツが望むものを得るためには戦争を用いる用意があるという証拠だと考え、フランスの世論に重大な影響を与え、また刺激となって、フランスは戦争の準備を進めた。[68]ベルリン駐在フランス大使館付き武官は、ドイツの一般の人々は好戦的な雰囲気でモロッコでの敗北に激しく憤慨しており、将来危機が生じた場合には妥協の余地がなく代償を受け入れないと、後に警告した。彼はフランスとドイツの間で軍が対峙することは避けられないとみていた。一九〇六年から一九一一年にかけて外相を務め、一九一三年に外相に復活したステファン・ピションとジョッフルと主要な将軍の何人かは、この報告の影響を強く受けた。[69]

ドイツでは、協定は第一次モロッコ事件に匹敵する新たな敗北だと考えられた。ベートマンは帝国議会で協定の合意について擁護しなければならなかったが、右派から怒りを込めたコメントをぶつけられた。「負けだ。そう言おうと言うまいと」[70]。皇太子が傍聴席で不満の声を上げた。普段は政治に介入しない皇后だったが、「私たちはフランスが出てきたときにはいつも退いて、その横柄な態度に我慢しなければならないのですか？」[71]とキーデルレンを非難した。皇帝自身が多くの責めを負うことになった。ある右翼新聞は、「ホーエンツォレルン家に何があったのか。かつては大選帝侯フリードリヒ・ヴィルヘルム一世、フリードリヒ大王、ドイツ皇帝ヴィルヘルム一世を輩出したのではなかったか？」[72]という記事を載せた。ドイツを旅していたあるアメリカの政治家は、一九〇五年と一九一一年、ドイツ皇帝のせいで馬鹿だと思われてしまった、もう二度とそんなことはさせないと軍の将校が言うのを耳にした。[73]

一九一一年の夏に生じた現実の戦争の可能性によって、ドイツの戦略的立場がよくないことをドイツ人は痛感した。危機によって、多くのドイツ人の頭の中にドイツは敵に包囲されているという見方がさらに刻み込まれた。[74]陸ではフランスとロシア、海ではイギリスという三つの戦線で戦わなければならない可能性があったし、使える資源が十分あるのかどうかはっきりしていなかった。[75]海軍がイギリスに対抗できるレベルに達していないのではないかという疑念がますます高まった。大戦艦がバルト海から北海まで安全に往来できるよう、またドイツが二つの海に存在感を示せるようキール運河を広げる工事は、一九一四年まで完成しない見込みだった（運河は一九一四年六月二十四日に開通した。サラエヴォ事件の四日前である）。ティルピッツは以前のようにこの危機を捉えて新しい海軍法を要求した。ティルピッツは次の数年のうちに海軍に六隻以上の大規模船に加えて三つ目の小艦隊を就役させることを望んだ。こうすれば右翼と中産階級が左翼に対して結集することになり、「社会民主党と左派の自由主義政党を出し抜くことができる」とティルピッツは論じた。[76]しかしティルピッツは、国際的な緊張が高まっているときにドイツがさらに多くのドレッドノートを建造すると発表すればイギリスと戦争する可能性があると論じる部下の大将たちから抵抗を受けた。ベートマンもコストと危険を考えてティルピッツに反対した。結局ティルピッツは皇帝を説得できず、皇帝はティルピッツのことを臆病者と呼び、自分はイギリスに怖じ気づいたりしないと述べた。そしてヴィルヘルムは海軍官房長官に、「帝国首相に対し、私は時が来たと思ったときにはためらわず行動した大選帝侯とフリードリヒ大王の後継者だと言った。政治の神を考慮に入れるべきだ、とも言った。政治の神は、イギリス人のように安心しきっ

368 Supplément illustré du Petit Journal
AU COURS D'UN COMBAT SOUS LES MURS DE TRIPOLI
UN SOLDAT ITALIEN S'EMPARE D'UN ÉTENDARD VERT DU PROPHÈTE

列強のなかでは一番小さなイタリアも、他国と同様、植民地に野心を持っていた。1911 年にオスマン帝国が崩壊に近づくと、イタリア政府は地中海の南岸にあるオスマン帝国領トリポリとキレナイカを獲得する決意をした。風刺画はオスマン帝国が敗れ、勝ち誇るイタリアの士官が預言者ムハンマドの緑の旗を振っているが、実際にはイタリアは強力な抵抗にあい、何年間も戦わなければならなかった。イタリアの動きに触発されたバルカン諸国は翌年オスマン帝国を攻撃した。

ている民族がいつかは落ちぶれるように取り計らうものだ」[77]と自慢した。

何年にもわたってますます多くの資産が海軍に流れていくのを黙って見ていた陸軍だったが、今や陸軍の拡大を要求するようになった。それは「自己保存」の問題だとモルトケは述べた。[78]皇帝は妥協に合意し、陸軍と海軍は両方とも幾分削除されはしたが、請求したものを手に入れた。ドイツの世論と出費の増加に抵抗していた帝国議会は、今や支出に賛成するムードに変わっていた。一九一二年の新しい艦隊法によって新しくドレッドノート三隻と軽巡洋艦二隻を用意する一方、陸軍法の下、平和時の陸軍が次の五年間のうちに三万人以上拡大し、たとえば軍の輸送体制を強化するなど組織上の変更も行われた。[79]ベートマンは譲歩として、イギリスとの話し合いを再開することが認められた。イギリスがこれにいくらか疑いを持って近づいたのも驚くことではない。

モロッコの危機はヨーロッパの指導者の頭のなかで他の危険を誘発する残滓となった。それによって一九一一年秋にイタリアとオスマン帝国の間に戦争が起こり、それが今度は一九一二年と一九一三年のバルカン戦争へと至る道を固めることになったのだ。世界に広がる植民地争奪戦を羨望の眼差しで見ていたイタリアは、今ある海外の領土に少しばかり領土をつけ加える時が来たと決意した。弱体化しているオスマン帝国はさらに、アルバニアとイエメンでの反乱軍との戦いで内部分裂し、他の列強はモロッコのことで手いっぱいになっていた。イタリアは何年もかけて、イギリス、フランス、オーストリア＝ハンガリー、ロシアから、イタリアには北アフリカにあるオスマン帝国のキレナイカとトリポリ（今日のリビア）という二つの領域に特別な権利を有している、という約束を取りつけていった。北アフリカの状況が変われば、一九一一年にモロッコではっきりしたように、イタリアはリビアについて何らかの形で地歩を固めてもかまわないはずだった。植民地獲得はイタリアのナショナリストの持っていた他の夢――たとえばオーストリア＝ハンガリーからトリエステの大きな港とトレンチーノのようなイタリア語を話す地域を獲得する――を実現するよりもかなり簡単なことのように思われた。夢が実現できるにしてもイタリアの弱さを考えると、はるか遠い将来のことだったのだ。[80]オーストリア＝ハンガリーにとっても、イタリアの関心が地中海の南の対岸に向かい、アルプスとアドリア海から遠ざかっていくのはかなりありがたいことだった。[81]

だが、かつてイタリアは、帝国をつくろうと試み派手に失敗していた。イタリアの民族主義者は今なお、一八八一年のフランスのチュニジア獲得に腹を立てていた。歴史（カルタゴの敗北以後、ローマがチュニジアを穀倉地帯にした）、地理（チュニジアの海岸はシチリアを渡ってすぐだった）、移民（大戦までに十三万人ほどのイタリア人がチュニジアにいた）、こうしたことすべてを考えると、チュニジアはイタリアのものでフランスのものではなかった。イタリアはアフリカの角にあるエリトリアとソマリランドに小さな遅れた植民地を二つつくっていたが、さらにエチオピアを獲得しようと試みたものの、一八九六年にアドワでエチオピア人に衝撃的な敗北を喫する結果となった。ヨーロッパ人として世界の舞台で役割を演じたいと強く望んでいたイタリアにとって、大きな屈辱だった。

イタリアは現実に力があるからというより、主に儀礼上から列強の一つとされていた。貧困状況以外はすべて他国に後れを取っていた。人口はわずか三千五百万人で、隣のライバル国のオーストリア＝ハンガリーは五千万人だった。また、その人口も失いつつあり、一九一三年だけでも八十七万三千人が移民として出て行った。[82] 他の西洋の列強のように工業化せず、農業国だった。軍事費はロシアを含めた他の列強よりも少なかった。[83] イタリアは新しい国で、今日のように、さまざまな地域や都市がイタリア以外のところに強い忠誠心を抱き、それに動かされることも多かった。新しい労働者階級と雇用者の間に、北と南の間に、カトリック教会と国家の間に深い分裂があった。一九一四年以前に際立った政治家といえばジョバンニ・ジョリッティだけだった。イタリアの経済、社会、政治を近代化しようと努めリベラルな改革を進めたが、他の政治家や一般の人々には即興的で全く効果がないと受け止められるところがあった。閣僚レベルでは、たとえば軍部と文民の指導者のような重要な高官たちは互いに意思疎通をはからなかった。たとえばイタリアの参謀総長は、三国同盟を支えるためにいつの日か戦争をしなければならない三国同盟の条項を知らなかった。理論上は国王が外交問題と軍事の指揮を執ることになっていたが、実際には、一九〇〇年にヴィットリオ・エマヌエーレ三世は大臣たちの間で孤立し続けていた。小柄な人物で、自分よりずっと大柄なモンテネグロ人の妻を含む、愛する家族と硬貨のコレクションに関心を注ぐ、凝り性の人物だった。

外国人は気候がよく美しい場所がたくさんあるからイタリアにやってきたが、馬鹿にしてもいた。イタリア人は魅力的だが聞き分けがなく子どもじみていると見られ、まじめに受け取られなかった。外交では、他の列強は、三国同盟の同盟国でさえイタリアのことを無視できる存在として扱いがちだった。たとえばボスニア併合の危機の間、解決に向けたイタリアの提案は無視され、イタリアにバルカンのどこかを代償として与えるという考えなど存在しなかった（メッシナで起こった恐ろしい地震のために、一九〇八年はイタリアにとって特に暗い年となった）。イタリアの外交官には、伝統ある南部の貴族出身者が多く就任していたが、他国の外交官からは、複雑な交渉、特に貿易や経済を含む問題には向かない文化人で、見た目も保守的な人々だと思われた。自動車が嫌いで四頭立ての馬車に乗り、オーストリア＝ハンガリーの外交官とウィーンの会合に出かけるイタリア大使がいい例だった。イタリアには有能な外交官もいたが、貧しいために仕事が難しかった。大使がタイプライターのような近代の基本的道具を持ち合わせていなかったのだ。[84]

イタリアの外交関係はイタリアの弱さと戦略的な立場から、ある程度決まった。イタリアには陸と海の両方に潜在的な敵が存在した。長い海岸線を適切に防衛することが不可能だったし、海軍は大きな港をすべて守る事は不可能だと認めていた。陸軍は北に集中し、フランスとオーストリア＝ハンガリーからの攻撃に備えていた。ある代表的な陸軍の副官がイタリアの頭は鉄のヘルメットで守られているが体は裸だと述べている。[85] イタリアの指導者たちは当然ながら神経質である場合が多く、至るところに悪意を見て取り、イタリアの敵は非理性的で正当な理由なく突然に攻撃してくると、あまり合理的ではない想定をしていた。一九〇〇年以後、共有する国境線沿いにオーストリアが侵略の準備をしている証拠が現れるとイタリアの恐怖は高まった。一九一一年にコンラートが引退すると――引退は短い間だけだったことが判明するのだが――救われる思いをした。[86] ヨーロッパが二つの勢力圏に分かれていくにつれて、イタリアの代々の外相は二つの勢力圏の間で策を弄そうと、絶望的な努力をした。一九〇七年、ある副官が議会で「三国同盟に忠実であり続けること、イギリスとフランスと誠意ある友好関係を維持すること、他の列強と誠意ある関係を持つこと、これらが常にわが国の外国政策の基礎である」[87]と述べている。
イタリアの外交・軍事政策はその必要性から注意深く、防衛的なものだったが、だからといってイタリアの民族主義者が、外国人がイタリアに悪意を持っていると夢想することをやめるわけではなかった。彼らもまた社会進化論に慰めを見出していた。イタリアの兵士は厳しい生活に耐えているから堕落しているフランス人や柔なオーストリア＝ハンガリー人よりも強いにちがいないと考えていた。[88]さらに重要なのは、イタリアの統一によって世界のなかで機能し、重要だと思われる国が生まれたことを誇示する決意を民族主義者がしていたことだ。イタリア政府は、イタリアは主要な外交の発展を代表している存在だと主張した。一九〇〇年に義和団の乱を鎮圧するため、イタリアは国際軍の一部として少人数の兵士を中国に派遣することさえした。[89]他国と同様に、新聞の広がりと特殊利益を持ったロビイストたちの成長とともに世論の重要性が高まり、一九〇〇年の世界の列強は帝国を持つようになったから、イタリアは自分の帝国をつくるべきであるという考えは一般に好意的に受け止められていた。反帝国主義のレトリックを使う社会主義者でさえ、完全に反対ということではなかったのである。

一九一一年の夏、モロッコの危機が深刻化するにつれて、イタリアでは民族主義者の扇動が高まった。植民地協会とナショナリスト協会系の新聞はすべて、リビアの話題を取り上げた。いわゆる「イタリア統一」の最終段階五十年を記念するところだったので、ローマに巨大なヴィットリオ・エマヌエーレの記念碑を建てるよりももっとドラマチックな紙面にするにはよいタイミングだった。外相アントニオ・ディ・サン・ジュリアーノは海軍参謀の副官が同じホテルに泊まっていることに気づき、二人は侵入を行うにあたっての兵站について議論した（曖昧で皮肉屋のサン・ジュリアーノは、他の多くの同僚と同じシチリアの貴族出身だったが保養のためにリビアに来ていた。サン・ジュリアーノは自分が数多く抱えている病気の原因は母親があまりに厳しい生活をさせたことにあるとしていた）。[90]
ローマに戻ると、サン・ジュリアーノはジョリッティにリビアでオスマンに対して動く一番のタイミングは秋か春だと述べた。二人は九月と決定し、軍にさえ最後の瞬間までこのことを告げなかった。[91]
「シルエット政策」とあだ名されることになったこの政策のなかで、イタリアは一九一一年九月二十八日、オスマン帝国が受け入れることのできるはずのない最後通牒を突きつけ、回答にかかわらずとにかく前進し、リビアの二つの地方を占領すると発表した。イタリアの船はすでに出発していた。イタリアは薄弱としか言いようのない根拠、すなわち「イタリアの利益とイタリア国民を守る」ことを口実にした。サン・ジュリアーノはローマ駐在イギリス大使に、たとえばトリポリにあるイタリアの製粉工場が、オスマン当局の策謀の結果、地元の生産者から穀物を得るのが難しくなっていると説明した。(92) イタリアの左派は抗議してストライキを要求したが、イギリス大使はロンドンにこう報告している。「社会主義政党のなかでさえ世論が割れていて、扇動には力が入っていない」。(93)

ドイツ帝国議会ではイタリアの侵入について「海賊行為」だと声が上がり、イタリア以外の世論は概ねその線で一致していた。戦争が長引き、イタリア人が地元の帝国民に対してますます残虐な方法に頼るようになると特にそうだった。(94) 第二インターナショナルはイタリアを非難したものの、後進的で文明化する必要があると考えているオスマン帝国に対しては、ほとんど共感を示さなかった。(95) 他の列強はイタリアを駆り立てることによって反対陣営に向かうことを恐れ、介入しようとしなかった。イタリアを三国同盟から切り離したいと願っていたグレイはイタリア大使に、「行き過ぎて困った結果になるようなことをしないように節度をもって行動する」ことを願うと述べた。イタリア大使がイギリスはどうするつもりなのか尋ねると、グレイは「非介入」の観点で話しているのだと答えた。(96) 翌春、イタリアが小アジア沿岸のロードス島とドデカネーズ諸島を獲得したが、列強の反応は鈍かった。サン・ジュリアーノはオスマンの兵士がリビアから撤退すればこれらの島々を放棄すると約束したが、一九一四年より前にその日は来なかった。

イタリア人は征服に大きな代価を支払った。最初の年に巨額の赤字を抱え、八千人ほどの兵士の死傷者が出た。しかしリビアの住民はその後も苦しんだ。抵抗は一九二〇年代まで続き、イタリアの新しい支配者ベニト・ムッソリーニが少なくとも五万人のリビア人を殺害するという残酷なやり方で終止符を打ったのだ。オスマンの支配は比較的穏やかで開けていたが、イタリア人の下で、内陸部も含むようになったリビアは後進的だった。植民地にはそれぞれ独自の歴史と文化を持つ地域や集団が数多く存在し、本当の意味で一つの国として一体化することはなかったし、今日のリビアは地域および部族のライバル関係のなかでその代価を今なお支払い続けている。ヨーロッパもイタリアの侵略の重い代価を支払った。列強間でオスマン帝国は維持すべきだという暗黙の合意が、今や疑問視されるようになったのだ。ルーマニアの首相がその秋、オーストリア＝ハンガリーの大使に述べている。「二人がダンスをリードしているが、多くは後ろに固まっている」[97]。皇帝ヴィルヘルムはイタリアが動いたとき、ロミンテンにあるお気に入りの狩猟小屋にいたが、さらに多くの国々がオスマン帝国の弱さを突いて海峡の管理の問題や領土を求めてバルカン問題を再燃させるだろうと予言した。そうなると、「あらゆる暴力を伴う世界戦争の端緒となる」のではないかと恐れた[98]。ヴィルヘルムの予言が正しかったことは、翌年証明された。バルカン諸国がまとまってオスマン帝国に立ち向かったのだ。

一九一一年のクリスマスの少し前、ベルリン駐在イギリス大使のサー・エドワード・ゴシェンはベートマンと食事をしたとロンドンに報告した。二人は前年の出来事について友好的な雰囲気で話し合った。大使はベートマンに、床に就く前の習慣にしているのだが、あとでいつものベートーベンのソナタを弾く時間があるかどうか尋ねた。「友よ。君も僕もシンプルでわかりやすいハーモニーのクラシック音楽が好きだけれど、近代の不協和音だらけの雰囲気のなかでどうやって好きな古い音楽を奏でたらよいでしょうか」とベートマンは答えた。ゴシェンは当惑し、「昔の作曲家でも不協和音を使ってハーモニーをつくったのです。そのハーモニーは前に不協和音があるからこそ甘く響くのです」と述べた。ベートマンは同意したが、こうつけ加えた。「近代の音楽では現在の政治の雰囲気と同じように、不協和音が支配的です」[99]。この信念はヨーロッパの神経を逆立てる新たな不協和音をもたらすことになった。今度はヨーロッパそのもので起こる最初の一連のバルカン戦争だった。

16　第一次バルカン戦争

一九一二年元日、ロンドン駐在フランス大使ポール・カンボンはベルリンにいる弟に「今年はわれわれにどんなことが起こるだろう。大きな戦いは避けたいと願っている」(1)と書き送った。ジュールもこれからのことに不安を感じていた。

オーストリア皇帝の健康状態の悪化、後継者が考えている遠大な計画、トリポリの戦争、他国の争いがいっしょくたになってしまったことから生じた困難から解放されたいというイタリアの願望、ブルガリアの野望、マケドニアでトラブルが生じる恐れ、ペルシャの困難、中国の信用ショック、これらすべてが近い将来深刻な混乱状態が起こることを示していた。唯一の希望は、こうした危険性の重力がかかる方向が変化するかもしれないということだ。(2)

ジュール・カンボンはイギリスとドイツのライバル関係、あるいはロシアとオーストリア＝ハンガリー間で相互に抱いている恐怖と敵対心のことを挙げてもよかった。だが最大の危険が生じるにちがいない場所はバルカンだった。バルカン諸国の間で一九一二年と一九一三年に二つの戦争が起こり、あわや列強が介入する事態にまでなった。外交(最終的にはこけおどしと瀬戸際政策の外交)によって平和を回復できたが、ヨーロッパ人は無意識のうちに一九一四年夏のリハーサルをしていたのだ。演劇などでよく言われるように、最後のリハーサルがうまくいってしまうとオープニングは散々なものになるに決まっていた。南のギリシャからセルビア、ブルガリア、北のルーマニアに至るまで、バルカン諸国とヨーロッパとの関係は貧弱だった。天然資源がほとんどなく、社会基盤も未発達で近代の産業と経済活動が始まったばかりのところだった。

一九一二年、セルビアの首都ベオグラードは小さな地方都市で、メインストリートを木製のブロックで舗装し始めたばかりで、良いホテルは一軒しかなかった。ルーマニアでは、住民はローマ軍の子孫のラテン民族だという国民的な神話があり、ブカレストはバルカンのパリになりたがっていた。フランス語を話し、最新のフランスの衣装を身に着けた上流階級は、特に「夜のパリ」に憧れていると批評眼に秀れたロシアのジャーナリストは述べている。革命活動によりロシアから亡命していたレオン・トロツキーは、キエフの代表的な新聞の匿名特派員としてルーマニアにいた。優雅な女性と堂々と着飾った軍の将校がブカレストの大通り沿いを行き来していた、と記事は続けている。交差点で立小便を見たのはパリと同じだが、辻馬車の去勢された御者（二人の子どもの父親となると男性は去勢される地域の宗派出身）からナイトクラブでバイオリンを弾くジプシーや通りで物乞いをする裸足の子どもたちに至るまで、違いの方がはるかに多かった。[3] モンテネグロの首都は村が大きくなったものに過ぎず、新しい王宮はドイツ軍の寄宿舎のように見えた（古い宮殿ビヤルダは海岸から山に運び上げたビリヤード台にちなんで名前がつけられた）。山ばかりの国を治める国王ニコラ一世は平地にわずかに生えている木々の下に座り、臣下に対して自己流の正義を施行していた。ニコラ一世は姻戚を通じてイタリアとロシアに結びついていた――娘の一人がイタリア王と結婚し、他の二人の娘たちはロシアの大公の妻となっていた――が、常にどのヨーロッパ勢力が金を出してくれるかによって外交政策が決まっていた。一九一二年にコンラートはフランツ・ヨーゼフに述べている。「陛下、ニコラ王を見ると枝付き燭台を思い出します。ほら、いつも自分に何かをくれる人を待って手を伸ばして立っているのです」。[4] 皇帝はコンラートの例えを面白いと感じた。

ルーマニアは当時は今日よりはるかに小さく、一九一〇年の段階で人口は七百万人以下だった。ブルガリアは四百万人ほど、セルビアは三百万人ほどだった。モンテネグロには二十五万人しか住民がいなかった（大戦前、首都ツェティニェに勤めていた不幸なオーストリア＝ハンガリーのある外交官は「孤立した世界の皺」と言っている）。[5] 何年にもわたるオスマンの統治によって、土地を持った上流階級とわずかばかりのブルジョアジーは西洋化と近代化を切に願うようになっていたが、今なお産業の大半を農業が占め、極めて保守的な社会が残っていた。

保守党、自由党、急進党、社会党を名乗る政党が出現したが、党名のラベルの下にはもっと昔流の、一族や地域、エスニックなつながりといったネットワークが単純な独裁と並存していた。山々のおかげでモンテネグロはバルカン諸国のなかでは唯一、オスマン帝国の一部とならず、ニコラは飽きたときにはいつでもただ引っ込めてしまえばよい憲法を持って政治を弄んでいた。反対する者がいれば、時には忠実な支持者でさえ投獄し、その気になったときには処刑した。セルビアでは急進主義者と特にその指導者ニコラ・パシッチが運よく弱い国王ペータルを利用していたが、ブルガリアもルーマニアも、ドイツから〝輸入〟した強力な国王が政治を牛耳っていた。

他のヨーロッパの国々にとってバルカン諸国は冗談の類で、『ゼンダ城の虜 *The Prisoner of Zenda*』といったロマンス小説やオペレッタ（モンテネグロは『メリー・ウィドー *The Merry Widow*』の着想の基となった）の舞台となっていたが、政治状況は恐ろしいほど深刻だった――また、テロリストによる陰謀や暴力や暗殺が恐ろしく頻繁に起こっていた。一九〇三年、国王ペータルの前任のセルビア国王夫妻は不人気で、遺体は叩き斬られてばらばらにされ、宮廷の窓から放り捨てられた。モンテネグロのニコラは、セルビアのパシッチとその同僚の急進主義者たちをひどく嫌っていた。爆弾を持った暗殺者を自分のところに派遣したと疑っていたからである。その疑いは正しいものだった。民族主義者の運動が高まると人々はまとまりそれぞれ固まっていったが、カトリックやイスラム教は正教を、スラヴ人はアルバニア人を、クロアチア人、セルビア人、スロベーヌ人、ブルガリア人、マケドニア人は互いに分断していた。バルカンの諸民族は共存し、混在し、何世紀もの間平和な長い期間を送ることが多かったが、十九世紀の国民国家の成立とともに、村が焼かれ、殺人が行われ、少数者が排除され、復讐がいつまでも続くこともしばしばだった。

ナショナリズムを利用し、国民の栄光を約束して権力の階段をのし上がっていった政治家は、自分たちが制御できない力に捕えられてしまったことに気づいた。フリーメイソンやイタリア統一運動を行った地下のカルボナリ党、ヨーロッパを脅かし始めたテロリスト、昔流の強盗などを含む折衷的混合物をモデルにした秘密組織がバルカン中に拡がり、それぞれの国の文民および軍の機関に入り込むようになった。内部マケドニア革命組織（IMRO）はマケドニア人のためのマケドニアを語っていたが、マケドニアを含む大ブルガリアのためブルガリアの民族主義者と運動をともにしているのではないかと疑われていた。セルビアでは政府と軍は、ボスニア危機のときにつくられたナロドナ・オブラドナ（国民防衛隊）とそのさらに極端な分派であるブラック・ハンドの支持者に散々かき回されていた。第一次バルカン戦争では、将校たちが自国の政府に従わないことが何度かあり、たとえば譲渡できなくすることを期待して、モナスティル（秘密協定でセルビアがブルガリアに譲渡を約束した）の町を獲得するなどした。(6) オスマン帝国とオーストリア＝ハンガリー当局は南スラヴあるいはアルバニアの臣民の間のあらゆる革命運動と政治活動を抑圧しようと全力を尽くしたが、困難な闘いを強いられた。というのは、自国で育った陰謀とテロリズムが外部からの支持を得ていたからである。たとえばウィーン大学のボスニア人学生たちは自分たちの地が併合されることに対抗して秘密組織をつくっていた。彼らは「オーストリア＝ハンガリーがわれわれを飲み込もうというなら胃袋をかじりとる」と宣言し、学生の多くは軍事訓練のために国境を越えてセルビアに入り込んだ。(7)

秘密組織に惹かれた若い世代は年長者より過激になる場合が多く、互いに争うことも多かった。あるボスニアの急進的な民族主義者は次のように述べている。「われわれの父祖、われわれの暴君どもは自分たちのいいようにこの世界をつくり、われわれに対してそこに住むよう強制している」。(8) 若い人々は暴力を愛し、自分自身の伝統的な価値観や制度さえ新たな大セルビア、大ブルガリア、大ギリシャをつくるためには破壊してもよいと考えていた（ニーチェを読んでいなかったとしても、「神が死んだ」、「ヨーロッパ文明は人類を解放するために破壊されなければならない」といった言葉を耳にしていた）。一九一四年に先立つ最後の数年間、バルカン諸国の当局は、オスマン帝国あるいはオーストリア＝ハンガリーの高官に対しスラヴの抑圧者として暗殺やテロ攻撃を行う若い急進主義者の活動に寛容であるか制御する力がなかったかのいずれかだった。彼らはナショナリストの大義に献身的でないと判断した指導者に対して、あるいは単純に適切でない場所でたまたま適切でない宗教を信仰している、あるいはたまたま適切でないエスニックグループに属している普通の市民に対してテロなどを行っていたのだ。フランツ・ヨーゼフが一九一〇年にボスニアを訪問したとき、暗殺の陰謀があった。クロアチアでは繰り返し同じ試みがあり、何回か成功してハプスブルクの高官らの命を奪ったこともあった。
　独立の初期段階で、バルカンの諸国家はヨーロッパの列強に阿ることに甘んじていた、いや、少なくともそうせざるを得なかったのだ。また列強は、特にロシアとオーストリア＝ハンガリーはボスニアの併合をめぐって不和になる前はバルカンでの現状維持を望み、オスマン帝国を継続させ、残っているヨーロッパの領土を支配させ続けようとしていた。しかし、十九世紀の最後の十年間、オスマン帝国が目に見えて衰退したことで、バルカンの指導者たちは大胆になり、問題を自分の手中に収めようとした。マケドニアなどで今なおオスマン支配下にあるキリスト教徒を保護するという名目の下に、セルビア、ブルガリア、ギリシャはいずれも資金と武器と諜報員を送り、抵抗を鼓舞した。「青年トルコ」とオスマン帝国による土地の支配を取り戻そうとする（さらにそこをもっとトルコ的にしようとする）政策が立ち上がったことでバルカン諸国家がこぞって、またオスマン帝国内のキリスト教徒の臣民が警戒したのも、驚くことではなかった。一九一〇年には、オスマンの支配者に伝統的に忠実だったアルバニア人はキリスト教徒もイスラム教徒も同様に、公然と反乱を起こすようになった。翌年、アルバニアの革命家たちはマケドニアの革命家と結びついた。オスマン当局は残虐な鎮圧に出たが、不安と暴力をさらに募らせるばかりだった。一九一一年秋、イタリアがオスマン帝国と戦争をすると、キリスト教徒がまた新たに蜂起し始めた。マケドニアではその十二月、一連の爆破事件により警察署とモスクが破壊された。報復としてイスラム教徒の群衆は地元のブルガリア人を攻撃した。バルカンの独立国家すべてで、オスマンに対する抗議集会とデモが行われた。[9]
　バルカンの指導者たちは、列強がオスマン支配下のキリスト教徒を保護するかどうか信頼できないと公然と不満を述べるようになり、自ら行動をとることを仄めかした。なぜバルカンの現状を維持する必要があるのかと、セルビアを代表するある政治家がトロツキーに尋ねた。「オーストリアがボスニアとヘルツェゴビナを併合した今、どこが現状維持といえるのか。イタリアがトリポリを獲得したときに列強が現状を守れないのはなぜだ」。また、なぜバルカン諸国はヨーロッパ並でなくモロッコのような扱いを受けなければならないのか、[10]と。セルビアの外相ミロヴァン・ミロセヴィッチはベオグラード駐在イギリス大使に、次のように述べた。バルカンのいずれかの国がオスマン帝国の領土を獲得することがあればオーストリア＝ハンガリーが介入するだろうが、セルビアは死力を尽くして戦うべきだ。オーストリア＝ハンガリーがバルカンのさらに南方に拡大するなら、セルビアはいずれにせよ独立王国ではいられなくなるからだ。(11)

プライドと民族主義者の野望、目の前にある衰退している帝国に対する欲、イタリアが行ったむき出しの侵略の例、向こう見ずな性質、これらすべてがバルカンの諸民族を一つにし――あとでわかるように短期間ではあるが――オスマン帝国を残ったヨーロッパ領から締め出すことになった。一九一一年の秋から、外交使節が秘密裏にバルカンの首都を往来し、偶然であるかのようにヨーロッパのあちこちで会議をした。ロシアは、特にコンスタンティノープルのロシア大使は、オスマン帝国を含むバルカン同盟という構想をずっと進めてきていた。この地域に安定をもたらすとともに、南および東へのドイツとオーストリア＝ハンガリーの拡大を阻止するのが望みだった。バルカン諸国自体は、オスマン帝国からもっと領土を分捕り、しっかりした形にしたいと考えていたから、そのような関心はなかった。一九一〇年にイズヴォルスキーに代わって外相となったサゾーノフはブルガリア、セルビア、モンテネグロ、ギリシャを同盟として結びつけて、オスマン帝国が崩壊した場合にオーストリア＝ハンガリーが南に動こうとするのに対し障壁にしようと努めた。(12)

一九一一年秋、オスマン帝国に崩壊が差し迫った。セルビアとブルガリアは一九〇四年以来、どのような協力関係をとるか話し合いを断続的に行ってきたが、皇帝フェルディナントの下、ブルガリアは常に他からの制約を受けないことを好んでいた。今や話し合いは新たな緊急性を帯びるようになった。ブルガリアの首都ソフィアの新政府は親ロシア派で、オーストリア＝ハンガリーを侵害することには不安を感じない傾向があったということも役立った。何か起こりそうだとロシアから警告を受けたイギリスとフランスは二つのバルカンの勢力の間で穏健な関係を保つことに反対しなかった。三国協商のパートナーは、ドイツとオーストリア＝ハンガリーがオスマン帝国に勢力を拡大するのを封じるのに、安価で、現地で解決できる方法を探したいというロシアの考えを共有していた。(13) ソフィアとベオグラードで、アナトール・ネクリュドフとロシア大使ハルトヴィヒが、ブルガリア人とセルビア人を一つにするために懸命に働いた。ネクリュドフは少なくとも潜在的に存在する問題を予見していた。「ブルガリアとセルビアの連合には危険な要素がある――攻撃的な目的に使いたくなる、という誘惑である」[14]。

ハルトヴィヒにはこうした不安はなかったのだ。一九〇九年にベオグラードに赴任した瞬間から、ハルトヴィヒは熱心にセルビアの大義を支持するようになった。ハルトヴィヒはすぐにセルビアの政治に欠かすことのできない人物となった。国王以下誰もがハルトヴィヒに相談するようになり、ハルトヴィヒの書斎には毎朝、セルビアの社交界の著名なメンバーが大勢集まった。ハルトヴィヒとパシッチは特に親密で、うなずくこととウィンクで、ハルトヴィヒはセルビアの指導者たちにロシアからの警告を丁寧になぞって深刻になりすぎる必要はないと教えた。サゾーノフがセルビア政府に外交政策については穏便であるように促すメッセージを送ると、ハルトヴィヒはもったいぶって読み上げた。「おしまいですか」とパシッチは尋ねた。「そうです。これから真剣に話し合いましょう」[15]。サゾーノフはハルトヴィヒのことを不安に思ったが、召還するだけの力がなかった。おそらくはハルトヴィヒの妻が宮廷とロシアの汎スラヴ主義者のサークルによいコネをもっていたからだと思われる。

一九一一年九月末、ブルガリアはロシアに対して、最初はセルビアと、続いてモンテネグロ、ギリシャと条約を交渉する用意があると知らせた。ブルガリア政府を代表するある人物はネクリュドフに、ブルガリアとセルビアはオスマン帝国内のキリスト教徒を保護するためだけではなく、中央ヨーロッパの勢力から独立を保つために共に立つ必要があると述べた[16]。サゾーノフはダボスで重い病気から快復したところだったが、ネクリュドフが伝えてきた知らせを聞いて喜び、叫んだ。「よし。これは完璧だ！　実現さえすれば！　ブルガリアは政治・経済領域でセルビアと緊密に同盟する。バルカンを守る五十万の銃剣だ――これによってドイツとオーストリアが侵入する道を阻むにちがいない！」[17]。合意の詳細ができ上がるまでにはまだ数カ月必要だった。新しい同盟国間に生じる注意すべき一番難しい問題は、マケドニアの分割だった。ブルガリアとセルビアの主張は小さな村に至るまで重なっていたのである[18]。一九一二年三月に最終的に調印した条約にはオスマン帝国に向けた秘密条項が含まれており、マケドニアの分割に関して将来論争が起こった場合にはロシアを仲介人とするとしていた。ブルガリアはセルビアがオーストリア＝ハンガリーと戦争をする場合、セルビアを支援すると約束した。

この時点になると、外交官は新しい関係についての噂を耳にするようになり、新聞にも記事が載り始めた。サゾーノフはロシアの協商相手に、条約は純粋に防衛的なもので、ロシアも影響力を行使して防衛的なものであり続けるよう保証すると穏やかに言い切った。ドイツとオーストリア＝ハンガリーは当初、ほとんど関心を示さなかった。[19]だが、一九一二年春、秘密条項の詳細がリークされると列強は防衛的な合意以上のものが含まれているのではないかと疑い出した。外務省の事務次官となっていたニコルソンはサンクトペテルブルグ駐在のイギリス外交官に「略奪したマケドニアの分割を決めていることは明らかだ」と書いている。サゾーノフはおそらく少しばかり冒険的になりすぎたのだろう、とニコルソンは不満を述べたが、イギリスにはロシアとできるだけ良い関係を維持することが必要だったから、あえて批判しようとはしなかった。[20]

マケドニアをめぐって長く対立していたブルガリアとギリシャが接近し始めたことが明らかになるにつれて、国際的な関心が高まった。新しいギリシャの首相エレフテリオス・ヴェニゼロスは、オスマンの支配からギリシャの心のふるさとともいえるクレタ島を解放するために踏み込んで、少なくともしばらくの間は同盟国を得るためにマケドニアにおけるギリシャの利益を犠牲にする心積もりがあった。五月、ブルガリアとギリシャの間の条約――もちろんここでも防衛的とだけ書かれているのだが――によって、オスマン帝国に対するバルカン諸国の同盟がさらに一歩近づいた。ブルガリア人とモンテネグロ人は翌月、フェルディナントとニコラがフランツ・ヨーゼフを訪問している間、皮肉なことにハプスブルク家のホーフブルク宮殿で話し合う機会を持った。その夏に達した合意は防衛を装う必要をなくし、単純にオスマン帝国に対して戦争をすることを前提とした。九月末、セルビアとモンテネグロは同盟に調印した。バルカン同盟はここに完成し、ブルガリアが中心に座った。

オスマン帝国自体、断末魔の状態にあるかのように呻いた。コンスタンティノープルでは、「青年トルコ」はその夏の初め、秩序の回復のためとして右翼の軍の将校により政府を追われていた。アルバニアの反乱が勢力を増し続け、マケドニアの不安と暴動が続いた。八月、ある市場で爆弾が爆発し、無関係の人々が何人か亡くなった。オスマンの警察はパニック状態になり、集まった群集に発砲した。百人以上の人々が殺されたが、その多くはブルガリア人だった。ブルガリアの市民は政府がマケドニア解放に介入するように要求した。オスマン帝国はマケドニアの南部国境に軍隊を動員し、バルカン同盟の諸国家も数日後、動員を行った。ロシアは保護下にある者たちを抑えようとしていたが、この頃には効果がなくなっていた。他の列強も安穏とした状態から目覚めていたが、慌てて議論した後、ロシアとオーストリア＝ハンガリーはバルカン諸国とオスマン帝国に対して戦争に反対する警告を行い、今なお続いている「ヨーロッパ協調」のために行動すべきだということで合意した。列強は、戦争の結果として行われるバルカンの領土変更は一切受け入れないと強く宣言した。サンクトペテルブルグにいたフランスの外交官はもっと現実的だった。「東方問題の歴史上初めて小さな国々が列強から独立した立場を獲得したので、小さな国々は列強なしで行動できるし、列強を自由にできるとさえ感じていた」[21]。

列強からの警告がバルカンのそれぞれの首都に届いた十月八日、モンテネグロのニコラはいつものように賭けに出てオスマン帝国に宣戦布告した。ニコラは国境沿いやオスマンの領内で熱心に騒動を引き起こしていたにもかかわらず、ツェティニェ駐在イギリス大使には選択の余地がなく、「なかでも国境でキリスト教徒の同胞が継続的に虐殺されていることに衝撃を受けていた」[22]と述べた（後の噂によると、ニコラの第一の動機は開戦のタイミングを予め知っていることを利用してパリで経済の混乱を起こすことだったということである）[23]。十月十八日、ニコラが自分たちの側には咎がないと説得力のない弁明を試みたあと、バルカン同盟の他のメンバーが戦争に加わった。装備の悪いセルビアの農民兵士が元気に戦場に向かって行進していたとき、トロツキーはベオグラードに滞在していた。

農民たちの大きな声を聞くと、心の中に独特の悲劇的感情が自然に湧いてくる。この気持ちは遠くからは伝えることができない。バルカンのトライアングルに閉じ込められた諸民族に近づきつつある歴史の運命に直面した無力感でもあり、破滅に導かれていくこれらの人々の一団全員が味わうことになる苦悶でもある……[24]。

バルカン中に強烈な興奮が広がり、大勢の群集がデモを行い、愛国的な歌を歌った。昔のライバル関係は短い間忘れられ、新聞各紙は「バルカン諸民族のためのバルカン」を語った。ベオグラードのブルガリア大使館の外でセルビア人が、「フェルディナント国王永遠なれ！」と叫んだ。[25]

団結したバルカン軍はオスマン帝国の二倍以上ある一方、オスマン軍は士気が低く準備がなかった。すぐにいくつかの戦線で戦いを強いられ、次々に敗北を喫した（フランス人は、バルカン軍の勝利は同軍がフランスのクルーゾ社の武器を使っているのに、オスマン軍はドイツのクルップ社の銃を使っていたからだとした）。[26]十月末までに、オスマン帝国は残っていたヨーロッパの領土をほぼすべて失った。昔のビザンツ帝国の王冠をかぶりセント・ソフィア大教会で勝利のミサを歌う夢の虜になったフェルディナントはブルガリアの部隊にコンスタンティノープルを攻撃するように促したが、ブルガリアの部隊は町の北東の背に配置されていた。ブルガリア人は補給ラインを超えて進んでおり、兵士たちには武器や衣類や食料が不足し、病人が増えていた。加えて、水面下に隠されていたバルカン同盟内の緊張が表面化しつつあった。ブルガリアが困ったのは、ギリシャがマケドニアの港サロニカ（今日のテッサロニキ）を獲得したことだった。一方、セルビアとモンテネグロは両国を隔てているボスニア南部の地サンジャク・オブ・ノヴィバザールとアルバニアのできるだけ多くの部分を占領しようと乗り出していた。同盟のいずれの国も、ブルガリアがオスマンの領土の最大部分を押さえているという事実を好まなかった。十二月三日、バルカンの劇的な変化にショックを受けるとともに不安を感じていた列強の圧力の下で、バルカン同盟国とオスマン帝国は休戦に調印し、その月の後半にロンドンで講話の話し合いを始めることに合意した。

バルカンをこれほどまでに危険なものにしたのは、列強の利益と野望が入り混じった基盤の上に存在した爆発の危険をはらんだ状況だった。イギリスとフランスはバルカンには利害がなかったが、近年第二次モロッコ事件によって引き起こされたのと同じようなことが再度ヨーロッパで起こるのを見たくなかった。また、どちらの勢力もオスマン帝国が消失して結果として領土争いが起こるのを見たくないと思っていた。オスマン帝国のスルタンが――世界のイスラム教徒スンニ派の宗教的リーダーであるカリフでもある――廃された場合、これまでイギリスのインド支配の忠実な支持者であった英領インドの多くのイスラム教徒（その大半はスンニ派）の間に、あるいはフランスの北アフリカ植民地にいる何百万というイスラム教徒の間に不安をかき立てる可能性があった。[27]フランスはオスマン帝国に貸し出していた大量の借款がどうなるのかということについても心配していた（フランスは最大の外国の債権者だった）。さらに、両国ともバルカンでロシアとオーストリア＝ハンガリーが対立する結果になることを恐れていた。大統領となっていたポアンカレは、一九一二年八月初め、バルカンをめぐるロシアとオーストリア＝ハンガリーの闘争に引きずり込まれることにフランスは何の関心もないとロシアにはっきり告げていた。だが、パリからの指令は複雑だった。ポアンカレは、ドイツがオーストリア＝ハンガリーの側で巻き込まれた場合、フランスはロシアに対する義務を全うするとも約束していた。[28]一九一二年十二月、ロシアとオーストリア＝ハンガリーの関係が急速に悪化すると、フランスは戦争が起こった場合、ロシアを支持することをはっきりと示した。[29]ポアンカレが実際信じていたのか、あるいはこうあってほしいという願いを委ねただけなのかは別にして、フランスがドイツに攻撃された場合、イギリスが遠征軍を派遣すると口約束をしたことをロシアに断言した。[30]

グレイはいつものように、イギリスには危機に際して何をするか決定する自由があると主張していたが、実際にはロシアにかなりの支援を与えていた。グレイは平和的な解決をもたらすように支援する一方で、ロシアが海峡を友好的な勢力の下に置いておく必要があるということをイギリスは理解していると断言していた。[31]全面的な戦争の脅威が高まると、グレイはフランスに対して、ドイツがオーストリア＝ハンガリーを支持することを選択し西のロシアの同盟国を攻撃したとしても、イギリスにはフランスを支援する義務はないと再度指摘した。それにもかかわらず、第一次バルカン戦争が激しさを増すにつれて、イギリス遠征軍をどのようにしてフランスに届けるかロンドンで話し合いがあり、グレイはドイツ大使に、フランスがドイツに潰されないようにすることは「絶対的に必要」であり、イギリスはフランシスの支援に向かう以外選択肢はないと述べた。[32]イギリスとフランスが自分たちの選択肢がますます限られてきたと感じたとすると、それはバルカンで利害が重なっている二つの隣り合う勢力――ロシアとオーストリア＝ハンガリーにとってはもっと現実味を帯びていた。
経済的な観点からは、ロシアにはバルカンに直接利害が絡むものはほとんどなかったが――ロシアのバルカン諸国との貿易と投資はフランスのような他国と比べると小さかった――ロシアのバルカンでの揉めごとに対する態度は強い野望と恐怖によって形づくられていた。[33] 海峡の管理の危機はオスマン帝国が崩壊すれば、その可能性がますます高まり、即座に重大な問題となった。ロシアの経済的繁栄と将来の発展は外国貿易にかかっていた。鍵となる穀物の多くは海峡を通って輸出され、工場と鉱山のために求めていた近代的な機械は同じルートから輸入された。ロシアは一九一一年に、また一九一二年にイタリアがオスマン帝国と戦争をした際に、海峡が一時的に閉鎖され、そのときに貿易がいかに損なわれたのかを思い起こした。穀物がロシアの黒海の港に積まれたままになり、価格は急激に下落し、パニックに陥った商人たちは政府に何らかの対策を講じるよう要求した。ロシアの輸出品の価値は急落し、利子率が上昇したのだ。[34] 一九一二年秋に勃発した戦争でブルガリアの前進する速度は、サンクトペテルブルグでは現実の警告となった。ある時点で政府は真剣にコンスタンティノープルを守るために軍隊を派遣し、おそらくボスポラスの海岸沿いの土地を獲得することまで検討した。しかしロシアには必要な船舶がなく適切な陸海統合軍がないと認識して、踏みとどまったのだ。[35]
ロシアにはオスマン帝国の揉めごとを恐れる別の理由もあった。この時点まで、南の隣国がひどく後進的であるのはとても都合がよかったのだ。鉄道システムが導入され始めたばかりで、未開発のアナトリア高原は大陸の他の列強と中央アジアのロシア帝国との間の便利な陸の障壁となっていて、ロシアはさらに遠くまで、特にペルシャに至るまで他と比較して何の制約もなく支配を拡大することができた（このことによってイギリスとの摩擦が繰り返し引き起こされていたが、グレイと他の閣僚はロシアとの友好関係を維持するため我慢していた）。だが、一九〇〇年以来、オスマン帝国の地にドイツが入り込み、ベルリンからバグダードに伸びるドイツの鉄道敷線計画が喧伝されるようになると、ロシアの帝国主義的な野望に対する新たな歓迎すべからざる挑戦となっていた。[36]
最後に、バルカンそのものについて、ロシアの指導者は一九〇八年にボスニア＝ヘルツェゴビナをめぐる問題のときのように再度オーストリア＝ハンガリーにしてやられたり辱められたりしないと決意しており、それに影響された。オーストリア＝ハンガリーが行う、たとえば借款を提供するとモンテネグロとブルガリアに言い寄ったり、バルカン中にオーストリアのカトリック教会から僧侶を送って活動させるといった動きはすべて、サンクトペテルブルグからは疑いの目で見られていた。ロシアのバルカンに対する見方は、汎スラヴ主義とロシア人と同じく正教徒が多い仲間の南スラヴ人を保護したいという願いによって形づくられていた。一貫性のある政治運動やイデオロギーというより、感情と態度が一つになったものである汎スラヴ主義は、大戦前ロシアや中央ヨーロッパの他の地域で熱を帯びたレトリックを醸成していた。ロシアの汎スラヴ主義者にとって、汎スラヴ主義は「歴史的な使命」「わがスラヴの兄弟」であり、ハギア・ソフィアの大モスクをセント・ソフィア教会に戻すということだった。「鍵と門をロシアの家」――地中海と黒海の間の海峡――に取り戻すという話が数多く存在した。そうすればロシアの商業と海軍は世界に出て行けるのだ（ロシア人はイギリスの場合のように、地中海をスエズとジブラルタルに鍵がついた黒海の拡大バージョンだとは必ずしも見ていなかった）。このようなレトリックが直接ロシアをバルカンの政治に導かなかったとしても、ロシアの選択肢を狭める役割をした。サゾーノフはバルカン諸国を支持するように、またロシアがバルカンの現状を維持するというかつての合意を再建することが賢明であったとしても、オーストリア＝ハンガリーと協力しないように圧力がかかっていることに気づいた。[37] 確かに、反スラヴ主義はサゾーノフが進んで大義のために自分を犠牲にしてくれると思ったのだ。

外交政策の責任を負う人物が感情と偏見に影響されやすい人だったことはロシアにとって、バルカンの安定にとって、また長い眼で見ればヨーロッパの平和にとって、不幸なことだった。ロシアの歴史的な使命はオスマン帝国の抑圧から南スラヴ人を解放することだとサゾーノフは信じていた。この大きな責務は本来二十世紀初めまでに完成させるべきものであったが、ロシアは今なおバルカン諸国に対する脅威に対して、復活したオスマン帝国でも、オーストリア＝ハンガリーでも、その同盟国ドイツからであっても保護する立場にあった。サゾーノフはブルガリアのフェルディナントに強い疑念を抱いており、「バルカンの巣の中にいるドイツのカッコウだ」と捉えていて、ユダヤ人のフリーメイソンの指導下にあると思い込んでいた「青年トルコ」を恐れていた。[38]サゾーノフが前任者の知性、経験、性格の強さをほとんど持ち合わせていなかったことも不幸だった。サゾーノフをこの地位に就けることになったのは、ボスニア危機以後広く不信の目で見られていたイズヴォルスキーでないということであり、首相ストルイピンと義理の兄弟関係にあることからだった。

ロシアのトップの高官の多くがそうであるように、新外相は古い貴族の一族出身だった。政敵でさえ、他の閣僚とは違って、高潔で誠実で完全な紳士であり、皇帝とロシアの忠実な僕《しもべ》だということを認めていた。サゾーノフは宗教を深く信じ、外務省で一緒に仕事をしたタウベ男爵の意見では、ロシア正教会のヒエラルキーに入ったら上位にいただろうというものだった。タウベの見方によると、サゾーノフは外相には適任ではなかった。「性格が病的で、極端に感じやすく、少し感傷的で、神経質で神経症的でさえあった。特に女性的なスラヴ人のタイプで、気安く寛大だが軟弱で曖昧で、印象と直感でころころ考えを変えて、考え続ける努力をせず、論理的な結末に至るまで理屈に従っていけなかった」。[39]

一九一一年と一九一二年、バルカン諸国がオスマン帝国の残骸を取り囲むとサゾーノフは激励し、回想録に次のように書いている。「セルビアとブルガリアの目的の達成を推進するのに何もしなかったために、ロシアは歴史の使命を放棄しただけでなく、スラヴ民族主義者の敵に対して抵抗もせずに敗北したことになる。長年の努力によって守ってきた政治的立場を放棄したことになる」。[40]サゾーノフはバルカン同盟の形成を推進し、哀れな魔法使いの見習いのように、コントロールできるという幻想を抱いていた。サゾーノフはセルビアとブルガリアの指導者にロシアはバルカンでの戦争を望まないと言っても、本当はそうではないと想定していた。ソフィア駐在のイギリス臨時大使代理が第一次バルカン戦争の前夜に書いている。

危険な状況は、ブルガリアもセルビアも、ロシアがバルカンで何世紀も行ってきた政策に抵抗することも放棄することもできないと思っているという事実にある。バルカン諸国はロシアによってまとめられている――防衛的な目的というのが本当のところだが――だが防衛と攻撃は、ある状況下では表裏一体だ。彼らは今まとまって協力している。用意ができてチャンスが来たと思えば、引き戻せるのはフランスの借款でもロシアあるいは全ヨーロッパの忠告でもない。彼らはヨーロッパ戦争が起ころうと起こるまいとほとんど気に懸けはしないのである。(41)

ハルトヴィヒがセルビアの大セルビア建設の野望を温かく支援すると、サゾーノフは不満を口にしたが、止めようとはしなかった。サゾーノフは回想録で認めているように「政府が事態の進展をコントロールできなくなるのではないかという恐怖」を感じていたにもかかわらず、強力なセルビア派の世論に立ち向かう心積もりもなかったのだ。(42)「カタストロフィーを回避する自制心や冷静な危険の計算といったものが必ずしも見られない」(43)と述べているように、サゾーノフにはセルビアが扱い難いこともわかっていた。ロシアは、列強によくあることだが、保護下にあるはるかに小さく弱い国がパトロンに法外な支援を要求した場合、成功することが多いことを理解すべきだった。たとえば第一次バルカン戦争の間の一九一二年十一月、セルビアの指導者パシッチはロンドンの「ザ・タイムズ」紙に、ロシアに諮ることなくセルビアの目的についてドラマチックな手紙を書き、自分の国はアドリア海沿いの約五十キロの海岸線を所有しなければならないと断言した。「この最小限のことのために、セルビアはあらゆる犠牲を払う心積もりがある。そうしなければ国民の務めに背くことになる」と。アドリア海に少しでもセルビアが存在するということは、パシッチが十分理解しているように、オーストリア＝ハンガリーにとっては絶対に認め難いことだった。パシッチの手紙は、ロシアがセルビアを支持せざるを得ないような立場に追い込もうという試みだった。(44)このときロシアは結果的に引きずり込まれることを拒んだが、サゾーノフと内閣の同僚たちは二年後、セルビアと同じジレンマに立たされることになった。オーストリア＝ハンガリーの攻撃を前にしてセルビアを見捨てればロシアは弱く見られてしまうが、ロシアがセルビアに動じない支援を保証すれば、ベオグラードの向こう見ずな行動を奨励することになる可能性があったのだ。

オーストリア＝ハンガリーもバルカンの展開に大きな関心を持っていた列強だったが、弱く見られるのではないかというロシアと同様の不安を共有していた。だが、ロシアが強力なバルカン諸国を望んでいたのに対し、オーストリア＝ハンガリーはそのような見通しに恐怖を感じており、特にセルビアの問題となるとそうだった。セルビアの存在そのものが古い多民族帝国の存在にあっては危険だった。帝国内の南スラヴ人の磁場として、モデルとして、インスピレーションとして行動するのだ。オーストリア＝ハンガリーの支配階級のエリートたちは、ピエモンテの王国がイタリア統一の主導権を取ったことと、プロイセンがドイツで同じ役割を務めたこと、どちらの場合もオーストリア＝ハンガリーを犠牲にしたことをよく憶えており、セルビアが同じ危険な役割を担うと考えていた（セルビアの民族主義者が同じことを考えていて、極端な立場を取る新聞の一つが「ピエモンテ」という名前だったのは不安を募らせた）。半島中でまた帝国内で、ナショナリストの感情をかき立てる一九〇三年のクーデタ以後のセルビアのナショナリストの指導者の活動はオーストリア＝ハンガリーの恐怖心を募らせるばかりだった。

それがどんな人物であるかということも、戦争において重要な要因となるのだが、不幸な偶然の一致の一つは、オーストリア＝ハンガリーも一九一二年に、ロシアの場合と同じ、前任者より弱く決断力の乏しい人物を新しい外相に任命したことだ。レオポルト・フォン・ベルヒトルトは二重帝国の大金持ちの一人で、ハンガリー王室の女性と結婚していた。一族は旧名家で、社会的に有名な人々と実際に関係があった。少なくとも先祖の一人は中産階級出身のモーツァルトの姉妹の一人と結婚して因襲を破っていたが、ベルヒトルト自身は恐ろしいほど見栄っ張りの気取り屋で、エドワード八世がほとんど社交界で受け入れられていないことに気を回す、男女関係に小うるさい人物だった。ベルヒトルトはイギリス王が前の愛人をマリーエンバートにある優雅な温泉地に連れて行ったときに「退廃的な君主制だ。ヴィクトリア時代の立派な道徳のあと嘆かわしく価値のないジョージ王時代に戻ったのだ」[45]と日記に書いている。優雅で魅力的で、非の打ちどころのないマナーで振る舞うベルヒトルトは、社交界の中を自由に行き来した。「美しいプードル」みたいな男、と数多くいたベルヒトルトを批判する者たちは述べているが、ベルヒトルトは政治より自分の楽しみや極上品を収集することに関心を持っていた。趣味が悪いことが大嫌いだった。フランツ・フェルディナントが持っている城の一つにつくった新しいウィングを訪ねたとき、ベルヒトルトは大理石が「ヘッドチーズ（仔牛の頭を煮込んでチーズのようにしたもの）のように見えて肉屋で売っている物を思い出す」と感じた。(46) ベルヒトルトはいつも、政府の大臣になりたい、競馬に勝ちたいと思っていた。はじめは見込みのある若い外交官として、その後外相の後継者候補として、エーレンタールの関心を引くことによって大臣となり、贅沢に金を使うことで競馬に勝った。ベルヒトルトは自分の競馬場をつくり、最上のイギリスのトレーナーを雇い入れ、最高の馬を購入した。

エーレンタールが亡くなると、ヨーゼフの後継者の選択肢は限られていた。社会的に地位が高く、皇太子が受け入れることのできる人物でなければならなかった。フランツ・フェルディナントの反対によってすでに二人の候補者が除外されていた。ベルヒトルトは皇帝と皇太子の両方が気に入っていたし、ロシア駐在オーストリア＝ハンガリー大使として良い経歴があったので、最適の候補であると思われ、亡くなる前のエーレンタールはベルヒトルトに外相になるよう依頼した。(47) ベルヒトルト自身は、自分がその地位に相応しいかどうか疑念を抱いていた（同僚もそう考えていた。同僚の一人は手の込んだセレモニーに責任を負う宮廷の高官としては卓越しているが、外相となったら災難だと述べている）。(48) 皇帝の面接のとき、ベルヒトルトは自分の欠点を挙げ連ねた。ベルヒトルトは外務省の内部の仕事に精通しておらず、オーストリア議会を扱った経験がなかった。さらに、自分のことをオーストリア人とハンガリー人の両方の血が混ざっていると思っている人はそうなのだが、ベルヒトルトは両方の民族から嫌悪されがちだった。最後に、ベルヒトルトは外務省が身体的に要求する水準に達していないように見えた。それにもかかわらずベルヒトルトは、皇帝に対する義務感からこの地位を引き受けたのである。(49)

ベルヒトルトは知性があり経験のある外交官だったが、話には思い込みがあった。ベルヒトルトには自信と決断力の両方が欠けていた。決断をするまでに果てしなく時間を使った。幹部とともに堂々巡りをし、自分の子どもに意見を聞くことさえあった。(50) 平和を好んでいたが、タカ派に断固として立ち向かうことは難しいと思い、特にイタリアに対する戦争を、あるいは一九一二年、一九一三年、一九一四年とセルビアに対する戦争を主張するメモ爆弾を次々に送ってくるコンラートにはそうだった。(51) ベルヒトルトは職務に必要な知識が欠けていた。南スラヴ人の問題やバルカン問題、あるいはオーストリア＝ハンガリーとイタリアの同盟間の詳細のような問題をほとんど知らなかった。[52] 結果として、ベルヒトルトは自分よりも知識がある高官の脅しを受けることになり、彼らの意見に振り回されることになった。オーストリア＝ハンガリーは敵意を抱いた隣国の脅威にさらされ、唯一の友はドイツであった。一度はロシアとの和解を望んだが、ボスニア危機以来、そんなチャンスはまずないと確信した。オーストリア＝ハンガリーはロシアのことを「待つことはできても忘れたくない敵」だと考えなければならないとベルヒトルトは思い込んでいた。[53]

一九一二年の夏の終わりにバルカンで緊張が高まり戦争の話が広がると、ベルヒトルトは現状維持のために、昔の「ヨーロッパ協調」のように共に行動することを列強に呼びかけた。支配下のキリスト教徒の扱いを改善するようオスマン帝国に圧力をかけることができれば、バルカン諸国はもはや戦争の言い訳に使えなくなるはずだからだ。ヨーロッパが敵対する陣営に分裂してしまっているから、三国協商のロシアとフランスの最初の出方が疑念の材料となっている。両国は三国同盟に先手を取らせないように決めているのだ。[54] サゾーノフはサンクトペテルブルグ駐在イギリス大使に、オーストリア＝ハンガリーがキリスト教徒の保護者であることを引き継いだと見られてしまうと、バルカンにおけるロシアの威信に重大なダメージを受けると述べた。[55]

最終的に九月末にバルカンで戦争が始まると、オーストリア＝ハンガリーの指導者はその期に及んでも驚きをもって受け止めたようだ。ベオグラードとコンスタンティノープル両方の大使館付き武官は休暇を取っていたのだ。[56] バルカン同盟の一連の速やかな勝利によってウィーンには大きな不安が生まれ、多くの議論が行われた。オーストリア＝ハンガリーが維持している最低限の統一状態をこの二重帝国に保証する共通大臣会議は、新たに提出された軍事支出を意図的にのろのろと審議した。そしてやっと新しい大砲と要塞のための巨額な支出に賛成をした。オスマン帝国がヨーロッパに残っている領土の大部分を失いつつあり、バルカンの古い秩序が崩壊したことが明らかになると、オーストリア＝ハンガリーにとって喫緊の問題は新しい秩序がどのようなものになるかということだった。大ブルガリアは受け入れられるしアルバニアの独立は望ましい。その理由は、セルビアをアドリア海から阻むことになり、オーストリア＝ハンガリーの保護国になる可能性もあるからだった。だが、大セルビア、もしくはモンテネグロとバルカンでロシアの影響力が増すことはもちろん、ウィーンにとって南の国境で起こってほしくないことだった。セルビアの要求にはサンジャクが入っていて、モンテネグロ、コソボの一部との境となり、アドリア海への道となるにちがいなかった。モンテネグロがアドリア海岸の小さな部分を手にするのもよくなかったが、セルビアが西に押して領土が海に届けば、すでにイタリアの挑戦を受けていたオーストリア＝ハンガリーのアドリア海での優越的立場は、新たな脅威に直面することになるはずだった。すでにオーストリア＝ハンガリーの資源の多くを吸収していたプーラの海軍基地が無駄になる可能性があり、アドリア海の上部にある非常に重要なトリエステの港が使えなくなることもあり得た。セルビアに敵対的になっていた世論は、セルビアがオスマン帝国の領土に入ってオーストリア＝ハンガリーの外交官を一人捕虜にし、噂では去勢したという知らせが入ると、さらに燃え上がった（外交官は無事だったことがわかった）[57]。

　政府がセルビアとモンテネグロを管理下に置くよう行動できないとすれば、オーストリア＝ハンガリーは列強としての地位を失いかねないと、コンラートに変わって短期間参謀総長を務めたブラシウス・シェミュア将軍は警告した[58]。コンラートはセルビアの成功にひどく落胆し（顔の筋肉が絶えず引きつっていたと友人が述べている）[59]、今回は普段以上に激しい調子でセルビアを破壊せよといつもの長い覚書を送った。ベルヒトルトは皇帝と、最初はフランツ・フェルディナントから支持を得て抵抗したが、オーストリア＝ハンガリーの最小限の目的を他の列強に提示した。アルバニアを独立国とすることと、セルビアにアドリア海岸の領土を持たせないことだ。ヨーロッパの平和にとっては残念なことだが、ロシアが保護下にある国を支えているということを示すためにまずセルビアを支持してほしいとセルビアは求めていたのだ。

　ロシアはまずい立場にいることに気づいた。ロシア軍の指導者たちは、ロシアはあと何年間かは大きな戦争をする用意がないと思っていたのに、傍観することができず、バルカン諸国がオーストリア＝ハンガリーから乱暴な扱いを受けるのを黙って見ていられなかった[60]。オーストリア＝ハンガリーとドイツを思いとどまらせる努力として、ロシアは一九一四年夏に再び用いることになる戦術を用いた。一九一二年九月末、バルカン諸国が軍を動員したまさに同じ瞬間に、ロシア軍は最も西のワルシャワ軍区に試験的な動員を行ったのだ。ワルシャワ軍区は

バルカンは列強とバルカン諸国の競争関係が入り混じり、野望が渦巻くヨーロッパの厄介な場所だった。1912年、バルカン諸国は残っていたオスマン帝国の領土を獲得するため短期間手を結んだが、獲物をめぐってすぐに分裂した。列強は最後まで平和を課そうとしていたが、図のキャプションのように「不幸なことに、連合したヨーロッパ消防隊は消火に失敗した」。

ドイツとオーストリア＝ハンガリー両方と国境を接するところだった。ロシアは解除することになっていた徴兵部隊の任期を拡張した。その結果、活動できる兵士の数は二十七万人ほど増加したのである。(61)

　ロシアの行動にオーストリア＝ハンガリーが反応した。オーストリア＝ハンガリーではバルカンの現状の崩壊とセルビア、モンテネグロ、程度は少ないがブルガリアの力が拡大していることに暗澹たる思いが膨れ上がっていた。十月末、ベルヒトルトは共通大臣会議で同僚――二重帝国の陸軍大臣と共通財務大臣――と長く難しい会合を持った。会議では深刻な可能性としてバルカン同盟との戦争を検討し、すでにボスニアに配置している軍隊に相当の増援部隊を派遣するように皇帝に求めることで合意した。(62) 少しあとでベルヒトルトはイタリアを訪問し、イタリアがオーストリア＝ハンガリーを支援するよう説得しようとした（古物商とアートギャラリーを訪ねることで自分を励ましていた）。(63) 十一月、バルカン同盟がトルコに対して勝利を確かなものにすると、オーストリア＝ハンガリーはロシアに、臨戦態勢で軍隊をボスニアとダルマチアに配置すると通告した。オーストリア＝ハンガリーはロシアとの国境付近のガリツィアにも駐屯兵を

増員した。これによって地元民の間に、戦争が勃発するという恐怖からパニックが起こった。(64)

ヨーロッパは実際、全面戦争に近づいた。ロシアの支配階級ではオーストリア＝ハンガリーと決するときが来た、ボスニア騒動の復讐のときが来たという確信が存在したと、サゾーノフは後に回想録に書いている。(65)十一月二十二日、オーストリア＝ハンガリーが手立てを講じた二日後、ロシア皇帝は自ら座長となって政府に軍の増強を求め、オーストリア＝ハンガリーと軍事的に対決することを論じてきたロシア西部の重要地域の軍司令官のトップを集め会議を開いた。(66)ニコライに関しては、イギリス大使の意見によると、政府より汎スラヴ主義の立場を取り、ボスニアのときに苦しんだような屈辱を繰り返すことには我慢ならないと繰り返し述べていた、ということだった。(67)会議では、ロシア領ポーランドのワルシャワ地区の大部分と西ウクライナをカバーするキエフ軍区全体を動員することが決定した。黒海を境にするオデッサ地区の軍隊を動員する準備も行われることになった。陸軍大臣のスホムリノフはこの劇的でリスクのある決定を文民の同僚に知らせようとはしなかった。皇帝自身から皇帝の頭の中にあることを聞くのがよいと、スホムリノフは文民の同僚に述べた。翌日、サゾーノフと首相となっていたココツェフを含む文民はサンクトペテルブルグ郊外にある宮殿の書斎に呼ばれ、話を聞いて驚愕した。ニコライは自分が決断し、動員の電報は用意できていると述べたのだ。この時点でロシアはオーストリア＝ハンガリーに対して動員するだけだと指摘し、ヴィルヘルムがオーストリア＝ハンガリーに分別のある行動をするように促して支持してくれる可能性があると期待していた。ココツェフは動員計画を公然と非難した。オーストリア＝ハンガリーと戦争になるリスクがあり、同盟国のドイツとロシアには単純にその用意がない、と。サゾーノフはスラヴの大義に情熱を持っていたが怖気づいてセルビアへの支持を抑え、たとえばオーストリア人とイタリア人にロシアはセルビアがアドリア海に港を獲得することを支持してはいないとはっきりと言うようになった。イギリス大使は意地悪く述べている。「サゾーノフはくるくる話の土台を変える。悲観論と楽観論が行き来するのについていくのが困難だ」。(68)このときは、文民が軍部の圧力に抵抗することに成功し、計画した動員は棚上げになった。だが、軍の任期を拡張したことで現役の部隊の人数は増加したのだ。(69)スホムリノフは陸軍省にいるためにロシア軍の弱点をよく知っていたが、それにもかかわらずドイツおよびオーストリア＝ハンガリーとの戦争は避けられない、うまく乗り越えられればよいと論じ続けた。スホムリノフはサンクトペテルブルグのフランス大使館付き武官にこう述べた。「安心して休んでいいと伝えてくれ。ここではすべて準備できている。混乱はない。わかるね」。[70]

ロシアが危険を弄んでいる間、同じように不吉な会合がベルリンで行われていた。フランツ・フェルディナントと当時オーストリアの参謀総長だったシェミュアが、ロシアから攻撃された場合にドイツからの支援の保証を取りつけようとしていた。ドイツ首相ベートマンと外相キーデルレンは、最初バルカンをめぐる国際的緊張を緩和するためイギリスに協力はするもののオーストリア＝ハンガリーには支持を示すことでバランスを取ろうと望んでいた。同時に、たとえばオーストリア＝ハンガリーが一九〇八年に蜂起したサンジャクを併合するといったように、同盟国の行き過ぎを抑えようという意図もあった。ドイツの指導者たちはオスマン帝国の破壊も望まなかった。ベルリン―バグダード鉄道の開設を含む重要な利益が絡んでいたのである。[71]ドイツ皇帝はいつものように先が読めず、現在の指導者が「わが友スルタン」に反抗していてバルカン同盟に共感を持っているという理由から、最初はオスマン帝国に敵対的だった。しばらく前まで「ブラックマウンテンの羊泥棒」と呼んでいた男のことを「モンテネグロ国王陛下」とまで言うようになった。[72]だが、フランツ・フェルディナントとシェミュアが訪問するときまでに、ヴィルヘルムはすぐに振り子を戻してオーストリア＝ハンガリーを支持するようになっていた。事実、最初はベルリン、そのあとは東部のヴィルヘルムの狩猟小屋で行われた会話のなかで、ヴィルヘルムは政府が望んでいるよりも先に進んでバルカンをめぐってオーストリア＝ハンガリーとロシアの間で戦争が勃発した場合には、ドイツが支持すると訪問者たちに約束した。一週間後、ベートマンは帝国議会で詳細に踏み込むことを用心して避けつつも、ドイツは同盟国を支援すると述べた。[73]ロシア国境近くのシュレジエンでは、ドイツ人家族が予想される侵入から逃れるために西に移動し、ベルリンでは高官たちが自分の金を安全のためにスイスの銀行に移しているという噂があった。ティルピッツは上級の将校たちに、完全に海軍を動員する前にどのような予備段階を取るのか尋ねた。ドイツ参謀総長のモルトケは一九一四年の際の精神的な崩壊の前触れとなる状態にあり、神経質になるとともに無気力状態になっているのが見て取れた。(74)

ヨーロッパ中で株式市場が過敏に動くようになり、新聞は部隊の移動と他の軍の準備の報告で紙面が埋まった。「ザ・タイムズ」紙のウィーン特派員は「必ずしも信頼が置けない噂が流布している。だが、集めてみると、近東の紛争がヨーロッパの紛争にならないようにヨーロッパ各国の政府に洞察力と慎重さが求められる段階に迫りつつあることがわかる」(75)と報告している。オーストリア＝ハンガリーはベオグラード、ツェティニエ、サンクトペテルブルグに駐在している外交官に戦争に備えて最重要文書を荷造りし、送る準備をするよう命じた（オーストリア＝ハンガリーは二年後に同じ命令を用いることになった）(76)。バルカンの休戦後間もない十二月七日、コンラートはオーストリア＝ハンガリーの参謀総長に再任された。コンラートはその知らせを受けるとすぐに愛するジーナに伝えようとしたが、ジーナに会ったときには問題に頭を抱えて話すことができなかった。オーストリア＝ハンガリーはバルカンで以前よりも大きな問題を抱えていると、コンラートはジーナに言った。バルカン諸国ははるかに強力になっていたのだ。(77) それにもかかわらずコンラートは、セルビアとモンテネグロに対し軍事行動を行うよう、ベルヒトルトに圧力をかけ続けた。しばらくして、コンラートは普段ならベルヒトルトのように穏健な立場を取るフランツ・フェルディナントの支持を得た。(78)

十二月の初め、休戦が調印され第一次バルカン戦争が終わると、グレイは国際的な緊張を緩和するため、列強の大使の会議と、それとは別のバルカンの諸民族の代表の会議の両方をロンドンで開くよう求めて、平和を策定しようとした。政府側の発言として陸軍大臣であるホールデーンも、新しいロンドン駐在ドイツ大使カール・リヒノフスキ公に対して、オーストリア＝ハンガリーがセルビアを攻撃した場合にイギリスが支持する可能性はないし、全面戦争が起こった場合、フランスが粉砕されることを防ぐために必ずイギリスが介入すると警告した。ドイツ皇帝はイギリス人に激怒した——「臆病者」「商人の国」「飼い葉桶の中にいる犬のような態度（自分に用のないものを他人が楽しむのを邪魔する態度）」——が、政府にはイギリスと協調し危機を終結させる用意があった。キーデルレンもベートマンもイギリスとの友好を獲得することは諦めたが、将来ヨーロッパ戦争が起こった場合にイギリスが中立でいることを望んでいた。[79] オーストリア＝ハンガリーは同盟国の生温いとしか思えない支援に憤慨した。[80]

他の列強はグレイの招待を受け入れた。フランスはバルカンをめぐる戦争を望まなかったし、イタリアはいつものように大国として扱ってもらうチャンスに飛びついた。オーストリア＝ハンガリーとロシアは軍の準備に財政的な負担を感じていて、両国とも特に保守的なグループから二大帝国間の相互理解を求める声が上がっていた。ロシア政府はすでに十一月に、ぎりぎりのところからあと戻りをする決断をしていた。だが、サゾーノフは進んで妥協したとして、一般の人々から激しい非難を受けていた。ドゥーマのある代表は「外交上の瀋陽（昔の奉天）」だと述べ、日露戦争のときのロシアの陸戦での重要な敗北の一つと同じだとした。十二月十一日、オーストリア＝ハンガリーのトップの指導者たちは戦争か平和か決めようとフランツ・ヨーゼフと会見した。コンラートはフランツ・フェルディナントの支持をもって強烈に戦争を押した（大公はすぐあとでもっと穏健な立場に戻った）。ベルヒトルトと文民の大臣のほとんどはコンラートに反対した。皇帝は「普段とは違い、まじめで、落ち着いて、覚悟して」おり、平和の決定を与えた。しかし一九一四年七月、皇帝は逆の決断を下すことになった。[81]

大使によるロンドン会議は一九一二年十二月下旬から一九一三年八月まで、グレイを座長にして外務省で開催された。その進行は「長引いて耐えられないほど退屈になることもあった」とグレイは後に述べている。ポール・カンボンはフランスを代表していたが、この会議はテーブルについている六人が骸骨になるまで続くにちがいないと冗談で述べた[82]（この会議は親族関係にある貴族が会する昔のヨーロッパの典型だった。オーストリア＝ハンガリー大使アルベルト・メンズドルフ伯爵、ドイツのリヒノフスキ、ロシア大使のアレクサンドル・ベンケンドルフ伯爵は親族だった）。イタリア大使は他の残りの全員を合わせたよりも多弁だとメンズドルフはこぼしていた。[83] 列強は可能な限り戦争を回避することに合意していたが、バルカン諸国を落ち着かせるのは容易ではないと考えた。バルカン同盟は民族同士対立し、オスマン帝国は再び混乱に陥った。一月、短い間だが追われていた「青年トルコ」のエンベル・パシャはコンスタンティノープルで行われた閣議に武装グループの長として現れ、政府が列強に屈したことを糾弾し辞任を求めた。この要求を強調するため、「青年トルコ」は陸軍大臣を撃ち殺した。

列強間の不一致の中心となったのはアルバニアの位置づけと形だった。オーストリア＝ハンガリーは新しいアルバニアは王政であるべきだと論じた。アルバニアに無能な国王がつけば自殺に追い込んで介入の理由をつくることができる、アルバニアを保護国にすればオーストリア＝ハンガリーにはすこぶる都合がよいことになると、カンボンはシニカルに考えた。[84] アルバニアの国境も尽きることのない困難を引き起こした。問題の一つは、アルバニア人がバルカンの原住民の子孫であったかもしれないが、さまざまな民族と宗教を持っている南スラヴ人と混じり合っていたことだった。アルバニア人は氏族と宗教によっても分かれていた――南部の人々は主にイスラム教徒で、北部は主にキリスト教徒だった――それが外部の勢力が介入するきっかけとなった。加えてオーストリア＝ハンガリーはスラヴ諸国に対してバランスを取り、セルビアを海から切り離すために大アルバニアを望んでいた。一方ロシアは、オスマンの領土をできるだけ保護下にあるスラヴ人に与えたいと思っていた。[85] 結果としてほとんどの人がその名を聞いたこともないような小さな村々について、果てしない議論が続けられた。「アルバニアの辺境の一～二の町に関する争いのためヨーロッパの大部分が戦争に巻き込まれるというのは不合理で耐え難い」とグレイはこぼした[86]（ネヴィル・チェンバレンは一九三八年にチェコスロバキアをめぐる危機についてラジオで同じことを叫んだ。「はるか遠くにある国のわれわれが何も知らない人々の間の争いのために塹壕を掘りガスマスクを用意するなど、恐ろしく、奇怪で、信じがたいことだ」）。

スクタリ（今日のシュコドラ）の小さな町の運命が特別な緊張につながり、戦争の恐怖を新たに引き起こした。オーストリア＝ハンガリーはこの町がカトリックの中心地でオーストリア＝ハンガリーの影響が及んでいることからこの町をアルバニアに編入することを望んだ。モンテネグロもしくはセルビアに編入するのはオーストリア＝ハンガリーの威信と利益を傷つけるとベルヒトルトらは信じていた。[87] フランツ・フェルディナントは初めの頃の好戦的な態度から後退していて、一九一三年二月半ばにベルヒトルトに不安を感じながら――先見の明がある――手紙を書いた。

すべてを諦めるのではなく、平和を維持するためになんでもすべきだ！　ロシアと対戦することになればカタストロフィーが生じよう。左右ががどう機能するかなど誰にもわからない。ドイツはフランスに対さなければならないしルーマニアはブルガリアの脅威があると言い訳するだろう。だから今は全く不利な状況なのだ。セルビアとだけ戦争をすれば、すぐにハードルを越えられるだろうが、そのあと何が起こるか。われわれは何を求めているのか。まず全ヨーロッパがわれわれに襲いかかり、平和の障害と捉えるだろう。神のご加護がなければ、セルビアは併合できない。[88]

ロシアとオーストリア＝ハンガリーの間の緊張が再度高まるにつれて、フランツ・ヨーゼフは信頼している大使ゴットフリード・フォン・ホーエンローエ＝シュリングフュルストをサンクトペテルブルグに派遣し、オーストリア＝ハンガリーでは文民が今なお将軍をコントロールしているとロシア皇帝に改めて保証しようとした。だが、ヨーロッパのトップに立つ指導者が今や大規模な戦争が起こるという展望を当然のこととして考える状態に陥っていることを示す不気味な例になるのだが、ホーエンローエはアルバニア問題が解決しない場合、六週間から八週間のうちに戦争になる可能性があると警告したのである。[89] 二つの勢力は再び戦争から後退し、三月になるとロシアとオーストリア＝ハンガリーが部隊を国境から退かせて、いくつかの町をセルビアに引き渡す代わりにスクタリをアルバニアに編入するという合意に至り、最新のヨーロッパの危機は収まった。

だが根本では、状況は解決には程遠く、バルカン諸国は自分のゲームを継続していた。一時的に親しくなったモンテネグロとセルビアは、戦争中にスクタリを獲得してしまうことで和解の先取りをしようとしていたが、オスマン帝国の守備隊が目覚しい戦いをして寄せつけなかった。モンテネグロとセルビアは包囲をやめるようにというますます強くなる列強からの要求に耳を閉ざしたままだった。三月末、オーストリア＝ハンガリーはアドリア艦隊を送りモンテネグロの港を封鎖した。サゾーノフは「この孤立した行為がヨーロッパの平和を巻き添えにする恐ろしい危険」をはらんでいると警告し、ロシア政府は軍を再度増強することを検討した。[90] イギリスとイタリアは慌てて協同で海軍を行動させることを提案し、自国の船を出発させ、ロシアとフランスもあとで加わった（スクタリは二十キロほど内陸にあるので列強がこの行動で得られると期待されるものは必ずしも明らかではなかった）。ロシアは不承不承セルビアに圧力をかけることに合意し、四月初めセルビアは包囲に参加するのをやめた。だがモンテネグロのニコラは簡単には引き下がらなかった。ニコラは防衛側の一人であるオスマン軍のアルバニア人将校に賄賂を贈り、町を引き渡させた。エサド・パシャ・トプタニはニコラと同じならず者の類だったので、予め守備隊の司令官を殺しておいて、そのあと当の司令官が八万ポンド入ったスーツケースを失くしたから返せと要求した。(91)

四月二十三日、エサドはスクタリを約束どおりモンテネグロに引き渡した。モンテネグロの首都ツェティニェでは荒々しい祝典が行われ、酔っ払った反逆者たちがあちこちに向けて銃を放った。ウィットがあったのか、オーストリア＝ハンガリーの大使館に黒い衣装を着せたロバを使って野蛮なメッセージを記した大きな看板を届けた者もいた。バルカン中で、またサンクトペテルブルグで、群集が南スラヴの同胞の勝利に熱狂した。(92)ウィーンとベルリンは暗いムードだった。コンラートはモンテネグロがスクタリを諦めるのを拒否した場合モンテネグロに対して軍事行動を取る計画を用意するように参謀に命令し、四月末にキーデルレンが突然亡くなったあと外相を引き継いだゴトリーブ・フォン・ヤーゴーはドイツがオーストリア＝ハンガリーを支持することを約束した。五月初め、オーストリア＝ハンガリーはモンテネグロに最後通牒を発することを決め軍の準備を始めた。他のことと併せてボスニアには戒厳令を宣言した。ロシアは準備段階をステップアップし、他のことと併せて軍馬を注文した。(93)五月三日には、モンテネグロのニコラはオーストリア＝ハンガリーが本気だと認識するようになり、五月四日、軍はスクタリから撤退すると宣言し、あとを列強に委ねた。オーストリア＝ハンガリーとロシアは戦争の準備を取りやめた。ヨーロッパの平和はしばらくの間は保たれたが、誰もがこのことを喜んだわけではなかった。ウィーンでは、コンラートはオーストリア＝ハンガリーが行動しなかったことを後悔した。モンテネグロに勝っておけば、少なくとも威信を維持できたはずだった。あるディナーパーティーで、コンラートがひどく落ち込んでいる様子に友人が気づいた。加えて、オーストリア＝ハンガリーは二倍にも大きくなったセルビアに対処しなければならなくなった。(94)

五月末に調印が行われたロンドン条約の下で、アルバニアは独立国となった。アルバニアは国際管理委員会の対象となったが、委員会はオーストリア＝ハンガリーが妨害したために効果的に機能することはなかった。貧しく、分裂した小さな国には、能力はないが人のよいドイツの王族の一人が国王となった。ヴィルヘルム・ツー・ヴィードは王位を狙っていたエサド・パシャが彼を放逐するまでの六カ月間、王位にあった。条約はバルカン同盟によって得たものを固めてもいたが、平和にはつながらなかった。バルカン同盟はすぐに瓦解した。セルビアもギリシャも、ブルガリアが大きな勝利者となって本当は自分たちのものであると考えていた領土を併合したことに憤慨し、即座に条約の改定を要求した。ルーマニアは最初戦争を避けていたが、オスマン帝国がブルガリアを押し返したいと思っているうちはブルガリアの一部を獲得するチャンスだと考えた。一九一三年六月二十九日、条約の調印から一カ月後、戦争賛成の世論に傾いていたブルガリアはセルビアとギリシャに先制攻撃を行った。ルーマニアとオスマン帝国はブルガリアに反対して参戦した。今度は、ブルガリアは一連の敗北に苦しむことになった。一九一三年八月十日、バルカン勢力はブカレストで講和を結び、ルーマニア、ギリシャ、セルビアすべてがブルガリアの領土を獲得した。ベルヒトルトは回想録にこう書いている。「ブカレストの平和の鐘はうつろな響きだった」[95]。二つのバルカン戦争はオーストリア＝ハンガリーの名誉と威信に大きなダメージを与えたのである。

バルカンの不安は唸り続けた。今やオスマン帝国のコソボとマケドニアの一部を支配下に置くようになっていたセルビアは、多くの人口を抱えるアルバニアのイスラム教徒の間で起こった反乱に対処しなければならなかった。セルビア政府はあらゆる抵抗を残虐に潰したが、そのことによってアルバニア人の間で憎悪と憤怒が蓄積され、世紀の終わりにまた困難を引き起こすことになった。アルバニアの国境については南でギリシャが、北でセルビアが争った。特にセルビアは、列強に相対するとしても後に引かないと決めていた。

二度のバルカン戦争の勝利によって、セルビア人は一般の人々も指導者たちもますます自信過剰になった。ベオグラードの「ザ・タイムズ」紙の特派員は「彼らは聞く耳を持たず、愚行を何でもやってしまいそうだ」[96]と報告している。軍部と過激な民族主義組織であるブラック・ハンドは政府が交代する姿勢を示すと激しく不満を述べたが、文民の高官も一般的に同じように妥協しなかった。パシッチは一九一三年初め、サンクトペテルブルグ駐在大使に、次のように述べている。「セルビアが戦場で負けるなら、少なくとも世界は馬鹿にしない。世界はオーストリアに隷属しないで生きる人々を高く尊敬するからだ」。セルビアの欲は勝つたびに大きくなった。一九一四年初め、パシッチはサンクトペテルブルグでロシア皇帝に会見した。セルビアの全スラヴ人（パシッチが寛大にクロアチア人を含めて定義したもの）を統一したいという願いは、今や現実に近づいたように思われた。オーストリア＝ハンガリー内には六百万人の落ち着く場所のない「セルボクロアチア人」がいるとパシッチはニコライに述べた。南スラヴの一族に入っているという事実にまだ目覚め始めたばかりのスロベーヌ人は含まれていなかった。[97]

オーストリア＝ハンガリーはこの夢の中心的な障害物であり続けていた。一九一三年秋、オーストリア＝ハンガリーはセルビアに対し、占領した北アルバニアの部分から撤兵するよう要求した。セルビア政府は拒否しただけではなかった。十月初め、善意あるバルカンの賢人に見える灰色の長い髭を生やしたパシッチは政府と話し合いをするためにウィーンを訪ねた。ベルヒトルトは日記にこう書いている。「質素な人だ。愛想のよさで、われわれの間にある根本的な隔たりを忘れてしまう。ねじくれた性質も見過ごしてしまう」と。パシッチは善意に満ちていたが、具体的な合意をすることは拒否した。[98]パシッチは理解していなかったが、共通大臣会議は、同時にセルビアに対してどういう対応をするべきか議論する会議でもあった。コンラートはいつもと違ってこの文民の会議に出席し、オーストリア＝ハンガリーはただ前に進み、厄介な隣国を併合せよと主張していた。文民はまだそこまで行く用意がなかったが、戦争が将来ある時点で起こる可能性があるということを受け入れるようになり、望ましいものだとさえ思う者も出てきた。普段は穏健派のベルヒトルトでさえ、今や軍備の増強を指示する心積もりができていた。[99]

出席した大臣の中に、ハンガリーの首相イシュトヴァーン・ティサがいた。ティサは強硬路線を取り、一九一四年の危機の際にはオーストリア＝ハンガリーがセルビアとの戦争を決定する上で重大な役割を果たすことになる。同国人は、政敵でさえティサの勇気と決断力と強い意志に畏怖の念を感じていた。代表的な政敵がこう述べている。「ティサはハンガリー一スマートな人物だ。多くのわれわれ全員を合わせたよりもっとスマートだ。多くの引き出しがついたマリア・テレジアの整理ダンスのようだ。それぞれの引き出しにはてっぺんまで知識がぎっしり詰まっている。ティサに関する限り引き出しにないものは存在しない。このスマートで頑固で誇り高い人物はわが国の脅威である。私の言葉に印をつけておいてほしい、と言ったときのティサはむき出しの剃刀の刃のように危険なのだ」[100]。フランツ・ヨーゼフはティサが好きだった。というのは、ハンガリーの独立のことしか考えず、軍事予算を増やすためハンガリー議会で行うあらゆる試みを阻んできたハンガリーの過激な人々をティサはしっかり効果的に扱うことができたからだった。

以前に一度首相を務めたことがあるティサは、すぐに強力なハンガリーの愛国者となり、ハプスブルク帝国の支持者となった。ティサの見方によれば、ハンガリーには有利な立場があった。オーストリア＝ハンガリーの内部にあってたとえばルーマニアのような敵から守られ、大きな領土を持つ旧ハンガリー王国が生き延びることを許されていた。ティサは極めて保守的で、自分の地主階級の支配的な地位の維持と、クロアチア人、スロバキア人、ルーマニア人を含む非ハンガリー人の臣民の上にハンガリー人が君臨し続けることを決意していた。たとえばハンガリーのマイノリティに普通選挙権を与えたとすると、「この国を去勢することになる」とティサは述べた[101]。

外交政策では、ティサはドイツとの同盟を支持し、バルカン国家を疑いの目で見ていた。ティサはバルカン国家との平和の方を好んだが、戦争する心積もりもあった。特にいずれかの国が強力になりすぎた場合にはそうするつもりだった[102]。共通大臣会議で、ティサはアルバニアから軍を撤退するよう、セルビアに最後通牒を突きつけることを指示した。ティサはベルヒトルトに私信で書いている。「アルバニアとセルビアの国境で起こっている出来事から、われわれは統治力として存続できるのか、諦めて喜劇的な退廃の中に沈んでいくのかという問題を突きつけられています。決定できない日が一日過ぎるごとに尊敬を失い、利点のある平和的解決のチャンスがどんどん妥協に流れていっています」。オーストリア＝ハンガリーが自己主張するチャンスを逃してしまえば、まさに列強の間での地位を失くしてしまうでしょうとティサは続けた[103]。

十月十八日、オーストリア＝ハンガリーはセルビアに最後通牒を発し、回答に八日間を与えた。列強のなかで、イタリアとドイツだけが事前に知らされた。これもまた「ヨーロッパ協調」が存在しなくなったことの表れで、次の何カ月か三国協商と三国同盟はバルカンの問題ではますます別個に動くようになった。(104) 同盟国のいずれもオーストリア＝ハンガリーの動きに反対せず、ドイツはさらに先に行って堅い支持を与えた。ドイツ皇帝は特に熱烈だった。ベルヒトルトから受け取った感謝の手紙の上に書いている。「やるなら今だ！ しばらく時間を置くと、また平和の話が出て命令をつくり変えなければならなくなる」(105)。十月二十五日、セルビアは降伏しアルバニアから部隊を撤退した。翌日、ウィーンを訪問したドイツ皇帝はベルヒトルトとお茶を飲みオーストリア＝ハンガリーは強固な姿勢を続けなければならないと述べた。「フランツ・ヨーゼフ皇帝陛下が要求なされればセルビア政府は諦めざるを得ない。そうでない場合にはベオグラードは爆破され、陛下の意思が成就されるまで占領されることになろう」。サーベルに手を伸ばすジェスチャーをして、ヴィルヘルムはドイツにいつでも同盟国を支持する用意があることを約束した。(106)

バルカンでの危機は平和のうちに治まったが、後に新たな遺恨と危険な教訓を残した。セルビアは明らかに勝者であり、十一月七日、モンテネグロとサンジャク・オブ・ノヴィバザールを分割する合意に調印してさらに多くの領土を獲得した。だがセルビアの大セルビア構想は未完成だった。モンテネグロとの合併あるいは新たなバルカン同盟の結成なるものが浮上した。(107) セルビア政府はオーストリア＝ハンガリー内の南スラヴ人の間で扇動を行っているセルビア内のさまざまなナショナリスト組織を抑えることができなかったし、抑えようという気持ちもなかった。一九一四年春のイースター祭の間、いつもは正教会で大きな祭りが行われるのだが、新聞はセルビアそのものの復活に言及する記事でいっぱいだった。仲間のセルビア人がオーストリア＝ハンガリー内で弱っており、セルビアの銃剣のみが勝ち取ることができる自由を望んでいると代表的な新聞が書いた。「もっと一つに結びつこう。われわれと共に今年の復活の祝宴の喜びを感じることのできない人々の支援を急ごうではないか」(108)。ロシアの指導者たちは頭の固い小さな同盟国を不安に思っていたが、中に入って抑えようという気持ちはほとんど示さなかった。

オーストリア＝ハンガリーでは、政府がようやくセルビアに対する行動を取ったという満足感があった。ベルヒトルトはセルビアが最後通牒に屈したすぐあとに、フランツ・フェルディナントに書いている。「ヨーロッパは、保護がなくともわが国の利益が脅かされ同盟国が背後に密着して支えている場合には、独立して行動できることを認識するでしょう」[109]。だが、ウィーン駐在ドイツ大使は「不名誉、抑制された怒りと、ロシアとロシアの友人に汚されたという気持ち」があるのに気づいていた[110]。ドイツが最終的に同盟に忠実であったことは救いだったが、オーストリア＝ハンガリーの同盟国への依存度が大きくなることに苛立ちもあった。コンラートは不満を述べている。「今やわれわれはドイツの衛星国以外の何ものでもない」[111]と。南に独立したセルビアの存在が常に存在するし、さらに以前より強力になっているということは、バルカンでオーストリア＝ハンガリーが失敗した事実を想起させ続けた。ベルヒトルトはオーストリアとハンガリーの政治代表から、また新聞からも弱腰だと広く批判を受けた。一九一三年の終わりに辞任を申し出ると、フランツ・ヨーゼフは冷たかった。「理由がない。わずかな代表たちと新聞一紙を前にして屈することは許されない。それに、君には後継者がいない」[112]。

多くの同僚と同じで、ベルヒトルトはセルビアの脅威とオーストリア＝ハンガリーの列強としての地位に取り憑かれ続けた。この二つは絡み合っているとベルヒトルトは捉えていた。回想録でベルヒトルトは、帝国がバルカン戦争でいかに「無力化」したかということについて語っている[113]。オーストリア＝ハンガリーはますます存在を賭けて戦うのか、あるいは地図上から消滅するのか、硬直した選択を迫られるようになったと思われた。ティサは最初、ロシアと協力してセルビアを説得し、獲得物のいくらかを断念させる不可能な考えを思いめぐらせたが、この時点までに、オーストリア＝ハンガリーの指導者たちの多くはセルビアを平和的に勝ち取れるという願いを放棄するようになっていた。セルビアには力という言語しか通じないかのように思われた。コンラートと新しい陸軍大臣アレクサンドル・クロバティン将軍とボスニアの軍総督オスカル・ポチョレックは全員、確信的な強硬派だった。共通財務大臣レオン・フォン・ビリンスキはオーストリア＝ハンガリーの均衡を保とうと努めてきたが、今や軍事支出を大幅に増強するのを支持するようになった。「現状より、戦争があった方がおそらく安上がりだ。金がないと言っても無駄だ。変化が訪れるまで支払わなければならないし、ヨーロッパのほぼすべての国を敵対させてはおけない」[114]。コンラートは大戦の前夜まで、ロシアがセルビアとモンテネグロに対するオーストリア＝ハンガリーの限定攻撃を受容する可能性があると期待し続けていたが、セルビアと、またおそらくロシアとの決着を延期できないということがトップの指導者たちの間で広く受け入れられていた[115]。戦争を回避することを今なお望んでいた一人がフランツ・フェルディナントだった。

第一次バルカン戦争の勃発から一九一三年秋まで、ロシアとオーストリア＝ハンガリーは何度か戦争に接近した。同盟国がそれぞれ背後に控えるようになり、全面的な戦争の影がヨーロッパ全体にのしかかっていた。列強は最後に何とか危機を処理することができたが、国民は、指導者も一般の人々も同様に、いずれ早晩戦争が起こる可能性があると考えることに慣れてきていた。コンラートがフランツ・フェルディナントに相手にされていないと感じ辞任すると脅しをかけたとき、モルトケは再考するよう、こう懇願した。「今やわれわれは戦いに向かっている。あなたは残らなくてはいけない」[116]。ロシアとオーストリア＝ハンガリーは戦争準備、特に動員による抑止力を行使したが、同時に互いに圧力のかけ合いになった。オーストリア＝ハンガリーの場合はセルビアにも圧力をかけていた。三国のいずれも他者の脅しに応じる意思はなく、最終的に、平和を維持するという声の方が戦争を求める声よりも大きかったため、今回は威嚇が機能したのだ。将来危険となるのは、オーストリア＝ハンガリーとロシアのそれぞれが、こうした威嚇がまた機能するかもしれないという考えを引きずったことだった。あるいは、これも同じように危険なのだが、次は後退しないと決意したことだった。

列強はまた何とかやり抜けたという事実から、ある種の慰めを引き出していた。過去八年間に、第一次・第二次モロッコ事件、ボスニア事件、そして今二度のバルカン戦争があり、いずれも全面戦争が起こる可能性を示していたが、外交によってそれを回避していた。直近の緊張のとき、「ヨーロッパ協調」は何度か生き延びて、イギリスとドイツは協力し妥協を見いだし、それぞれの同盟国を抑制した。一九一四年の夏、次のバルカン危機が起こったとき、グレイは同じことがまた起こるという期待を少なくとも持っていた[117]。

心配しながら事態を見守っていた平和運動も救われた

と感じた。一九一二年晩秋にバーゼルで開かれた第二インターナショナルの緊急会議は、民族という枠を越えて平和の大義のために協力できるという新たな高い目標を掲げていると見られていた。一九一三年二月、フランスとドイツの社会主義者は軍拡競争を非難し、協力することを約束した共同マニフェストを発表した。反戦勢力は資本主義のなかでも育つし、列強間の良好な関係が地平線上に現れ始めたのは間違いないと平和主義者たちは考えた。[118] 国内に戦争の恐ろしさを伝えようと、あるドイツの映画会社は第二次バルカン戦争をフィルムに収めた。その映画は一九一四年の夏にヨーロッパ中の平和協会で上映され始めたところだった。[119] アメリカの億万長者アンドリュー・カーネギーの寛大な寄付によってつくられた新しい国際平和のためのカーネギー基金は、バルカン戦争を調査するためオーストリア、フランス、ドイツ、イギリス、ロシア、アメリカの代表で構成される使節団を派遣した。委員会の報告書は、人々が敵を非人間的な存在と考えて戦っていること、敵の兵士や民間人の両方に対して虐殺が非常によく起こっているといった傾向について、困惑した様子が記録されている。報告書に次のように書かれている。「古い文明においては、安定性を与え、人々の感情をつくり、安全をつくり出す法と制度に具現した道徳的・社会的力を統合したものが存在していた」。[120] 報告は一九一四年夏の初めに発表された。ちょうどそのときヨーロッパは、文明というものがいかに脆いものかということを学び始めたところだった。

17　戦争あるいは平和への準備――ヨーロッパにおける平和の最後の数カ月

一九一三年五月、二つのバルカン戦争の短い狭間のことだ。イギリスのジョージ五世とロシアのニコライ二世、ドイツのヴィルヘルム二世の三人の従兄弟はベルリンで行われたドイツ皇帝の一人娘とブリュンズウィック公爵（全員と親族関係にあった）との結婚式で一緒になった。花婿の母親は結婚式の夜ずっと娘との別れに泣いていたが、式は「素晴らしい成功」だったとイギリス大使のサー・エドワード・ゴシェンはグレイに述べた。ドイツ人のもてなしは極めて手厚く、国王夫妻はすっかり楽しんだ。「陛下は私に、政治のことをこんなに自由に腹蔵なく話す王室間の訪問は経験したことがなかったと話された。国王陛下とロシア皇帝が話題になったすべての点で完全に一致したと話してくださるくらい喜ばれていた」。従兄弟たちは、特にブルガリアのフォクシー・フェルディナント――「陛下はあだ名を強調していた」――には目を光らせておかなければならないと一致し、ゴシェンは次のように結んでいる。「私の印象ではこの訪問はかなりうまくいっており、その影響はおそらく通常の外国元首の国賓としての訪問の場合よりも長続きするのではないかと思う」[1]。

国王としては、それほど熱狂を感じるほどでもなかった。ニコライと差しで話そうとすると、ヴィルヘルムの「耳の穴が大きくなった」。ドイツ皇帝はイギリスのフランスに対する支持について、ジョージ五世に長演説をぶった。「君らはフランスのような堕落した国やロシアのような半ば野蛮な国と同盟を結んで、進歩と自由を支えるわれわれと対立している……」[2]。ヴィルヘルムは自分が強い二人に印象を与えたいと、また英仏協商を弱めたいと思い込んでいたのは明らかだった[3]。このときが従兄弟たちの会う最後の機会となった。一年少し経ったあと、互いに戦争することになったのである。

この最後の平和の時期、ヨーロッパには今なお選択肢が存在していた。一九一三年に各国を悩ませる事態があったのは確かである。敗北するのではないかという恐怖、数で圧倒されるのではないかという恐怖、隣国の攻撃力の方が勝っているのではないかという恐怖、国内に不安が広がり革命が起こるのではないかという恐怖、戦争があとに続くのではないかという恐怖。このような恐怖のいずれかが形になる可能性があった。列強はさらに注意深くなり、あるいは戦争の賭けに出る用意をした。だが、ヨーロッパの指導者は戦争の選択肢を選ぶ必要がない間は、戦争の「可能性」に訴えることが多くなった。イギリスとドイツの海軍競争、バルカンにおけるオーストリア＝ハンガリーとロシアのライバル関係、ロシアとドイツの亀裂、フランスのドイツに対する不安は、協力すれば多くを得られるはずの国々を引き裂いた。さまざまな疑念と記憶を積み重ねた先立つ十年ばかりの期間が、意思決定を行う人々と一般の人々の頭の中に重くのしかかっていた。ドイツがフランスを破り孤立させたこと、イギリスのボーア戦争、二度にわたるドイツのモロッコ事件、ロシアが経験した日露戦争とボスニア危機、オーストリアが関わった二度のバルカン戦争など、それぞれの列強は苦い経験を共有しており、人々は繰り返したくないと願っていた。自国が列強の一つだと示して屈辱を受けないようにするのが、国際関係においてはアメリカ合衆国であれロシアであれ今日の中国であれ、あるいは一世紀前のヨーロッパの列強であれ、強固であることの証だった。ドイツとイタリアが陽の当たる場所を求めるなら、イギリスは衰退を防ぎ巨大な帝国にしがみつこうとした。ロシアとフランスは自分に相応しい思っているものと地位を再獲得しようとする一方、オーストリア＝ハンガリーは生存を賭けて戦っていた。どの列強も軍事力を用いることを検討し、緊張はあったが、どうにかしてヨーロッパはいつも何とか軍事力を使わずに平和に戻ることができた。一九〇五年、一九〇八年、一九一二年、一九一三年、「ヨーロッパ協調」はだいぶ弱くなっていたが持ちこたえた。だが、危険な瞬間はますます近づき、一九一四年、恐ろしいほど危機に慣れてしまった世界で、ヨーロッパの指導者はまたしても選択しなければならなかった。戦争か平和の選択だった。

再び爆発しそうな恐怖と、自国の一般の人々に広がる高揚したナショナリズムを扱わなければならなかった。ロビイストと特殊利益を持ったグループは、世論をかき回す腕を磨いていた。たとえばドイツでは、ドイツ海軍同盟で活動していたオーギュスト・ケイム少将は一九一二年初めに同様の組織をつくり、陸軍拡大を要求する扇動を行った。ケイムが設立した国防協会は五月までに四万人の会員を集め、翌年の夏にはそれが三十万人になり、アルフレッド・クルップ社のような大産業から基金の提供を受けた。ケイムは帝国議会に出された軍事法案のそれぞれを支持したが、いつも全く不十分だと述べていた。(4)イギリスでは大衆紙が、ドイツの侵入計画と本当は将校である身分を隠しているドイツ人のウェイターの物語を掲載し続けた。突然、国民間の新聞戦争に火がついた。一九一三年、ドイツの新聞はフランスの役者が『槍騎兵フリッツ *Fritz le Uhlan*』という名の演劇にドイツの軍服を着て現れたときに大騒ぎした。一方、ベルリンでは翌夏にうまい具合にバルハラ（戦死した英雄を祭る記念堂の意）という名の劇場が『外国軍の恐怖あるいはシディ・ベル・アッベスの地獄 *The Terror of the Foreign Legion, or the Hell of Sidi-bel-Abbes*』というメロドラマを上演しようとしていた。(5)一九一四年初め、あるドイツの新聞は、公的なロシア人の集まりのなかでドイツに対する敵意が大きくなっているというサンクトペテルブルグの特派員による記事を掲載した。ロシアの新聞はそれに応じ、ドイツ人がロシアに対して予防戦争の準備をしていると非難した。陸軍大臣のスホムリノフは代表的な新聞に戦意に満ちたインタビューを行いロシアには戦争の用意があると述べた。(6)

一九一四年の初夏、大戦でロシアの数少ない成功した攻撃を率いることになるアレクセイ・ブルシーロフ将軍は南ドイツのリゾート地バード・キッシンゲンで水浴をしていた。ここでブルシーロフ夫妻は地元の祭りを見て仰天した。「中央広場はたくさんの花で囲まれていて、モスクワのクレムリンを表す素晴らしいセットが置かれていた。教会、城壁、塔があり、正面にはセント・バーゼル大聖堂が置かれていた」。祝砲が鳴り響き、素晴らしい花火が打ち上げられて夜空を彩り、楽団がロシアとドイツの国家を演奏した。そのあとチャイコフスキーの序曲「一八一二年」が演奏され、クレムリンのセットが焼け落ちた。ドイツの群衆は喜んで喝采していたが、ブルシーロフ夫妻とわずかばかりいたロシア人は悔しい思いで、憤りを感じつつ黙っていた。(7)

ヨーロッパ中の支配階級は一般の人々のナショナリズムを共有することが多かったが、信頼度については不安も感じていた。左派の政党は大きくなっており、いくつかの国では指導者が公然と革命的な姿勢を取るようになっていた。イタリアでは、北アフリカの戦争のときに最初にあった熱狂ぶりは社会主義政党とその支持者たちの間では急速に冷めていった。若い急進派ベニト・ムッソリーニは、軍隊が戦争に赴いて社会党の穏健な指導者が追放され急進的な人物に取って代わると、デモを組織して抗議した。一九一二年のドイツの選挙で社会民主党は新しい議席を六十七獲得し、右派はパニックに近い反応をした。保守でナショナリストの農業同盟のリーダーは『もし私が皇帝だとしたら *If I Were Kaiser*』という本を出版して、戦争で勝つのだと論じ、それを政府が普通選挙を廃止する言い訳に使おうとした。(8) また労働者たちの組織は改善され、戦闘的になっていた。北イタリアの都市部と田舎では、ストライキとデモを鎮圧するために軍が導入された。イギリスでは、ストライキに参加する労働者の数が著しく増えて、一八九九年には十三万八千人だったのが一九一二年には百二十万人になった。一九一三年には数が減少したが一九一四年の七月までにほぼ一千件のストライキが発生し、それも多くは明らかに些細なことについて起こったストライキだった。さらに、大陸の労働者階級のようにイギリスの労働者階級は次第に革命的な思想を受け入れるようになり、政治目的のためにストライキやサボタージュといった直接行動を使う用意があった。一九一四年初め、戦闘的な組合である鉄道労働者と運輸労働者と炭鉱労働者の組合が結合して三組合による同盟を結成した。同盟は選択すれば炭鉱を閉じ、鉄道を止め、ドックを使用不能にすることができたから、イギリスの産業の脅威となり、ひいてはイギリスの権力にとって脅威となり、支配階級の間に不安を生んでいた。

ヨーロッパの反対側のロシアは、他国のように近代ヨーロッパ世界に向かって断続的な動きを続けていた。だが、一九一一年秋のストルイピンの暗殺によって、ニコライと宮廷の反対を乗り越えて、遅きに失する前に皇帝体制を改善しようとする人物が失われた。ロシア皇帝はますます宮廷の反動主義者の影響の下に置かれるようになり、立憲体制に向かおうというロシアの動きを押しとどめようと尽力していた。ロシア皇帝は自分の言いなりになる右翼の大臣を任命し、できる限りドゥーマを無視した。一九一四年初め、ロシア皇帝は突然、首相ココツェフを解任して穏健派を困惑させた――「家中のことのように処理した」とある大公は述べた。ココツェフは残っていた数少ない有能で改良への意志を持っていた大臣だったのだ。[9]ココツェフの後継者は皇帝のお気に入りの年長者イワン・ゴレムイキンだった。ゴレムイキンは、チャーミングで、反動的で、すでに困難の中にあったロシアの負担を軽くするように導く能力を全く持ち合わせていなかった。外相サゾーノフはゴレムイキンについて、次のように述べている。「自分自身の平和と安寧以外にはすべて関心を失くしてしまったばかりか、自分の周りで進化している活動を考えに入れる力も失くしてしまった老人」[10]と。ゴレムイキン自身は新しい地位に対する自分の能力について何の幻想も抱いていなかった。ゴレムイキンはリベラルを代表する政治家にこう述べている。「私はなぜ自分が求められているのか全くわからなかった。私はずっと昔にトランクにしまい込んで、樟脳を振り掛けていた古いアライグマの毛皮のコートのようだった」[11]と。

さらに悪いことに、ラスプーチンを取り巻くスキャンダルがますます人々の知るところとなっていた。ラスプーチンが皇帝一家に不健全な影響力を持ち、皇后や娘たちとあまりにも親密になりすぎているという噂がロシア社会に渦巻いていた。皇帝の母親は泣きながらココツェフに述べた。「哀れな嫁は自分が皇帝家と自分自身を滅ぼしつつあることをわかっていません。野心家の聖性を心から信じていて、必ずやって来るにちがいない災いを払いのける力がないのです」[12]。一九一三年はロマノフ朝三百年記念の年だった。ニコライとアレクサンドラはその春にロシア中を旅行した。人々の前に出る珍しい遠出の機会だった。皇帝夫妻と宮廷の取り巻きは、普通のロシア人、特に小農民はロマノフ家が好きで敬愛していると今なお信じていたが、主に随行したココツェフは集まった群衆の少なさと熱狂が起こらなかったことに衝撃を受けた。三月の風は冷たく、皇帝はいろいろなところにあえて出ようとは思わなかった。モスクワでも群衆の数はまたしても少なく、コサックのボディーガードの手に抱えられて進んでいくと、具合の悪そうな皇帝の惨めな様子に不安げな声が上がっていた。[13]

ドゥーマでは保守と急進派の対立が深まり、小さいが果てしない議論と非難の応酬があって、真ん中の民主的な諸政党は左右両極によって押し潰されるようになった。上院として機能することが想定された国家会議は、自分たちの役目はドゥーマから出てきたリベラルな方法をとにかく阻止することだと思っていた年長の反動主義者が君臨していた。[14]右派の側には絶対主義を復活させるためにクーデタを起こそうという話があり、左派の側は革命が変化を起こす唯一の方法だと思っていた。都市部では、労働者はボリシェヴィキを含む極左の影響下に落ちていた。戦前の最後の二年間、ストライキの数は急激に増え、暴力的になっていた。地方では、小農民の間の雰囲気はますます陰鬱になりつつあった。一九〇五年と一九〇六年、ロシアの多くのところで小農民は地主階級から農地を獲得しようとした。当時は失敗したが、それを忘れてはいなかった。バルト地方でもウクライナでもカフカスでも、ロシア臣下の諸民族は、たとえばポーランドの学生がポーランド文学をロシア語の翻訳で読むことを強制されるような馬鹿げた状況を生む政府のロシア化政策に反応して、怒りが高まり一つにまとまり始めていた。

ロシア内部の不安に対する当局の反応は、革命家であろうとフリーメイソンやユダヤ人であろうと、扇動者を責め立てることだった。一九一三年、反動的な内務大臣と法務大臣は皇帝の裁可を得て、キリスト教徒の少年を犠牲《いけにえ》として殺したというかどでキエフのユダヤ人メンデル・ベイリスの裁判を行うことを認めて、ロシアの反ユダヤ主義に阿った。証拠は薄弱だっただけでなく、後に明らかになるのだが、捏造されたものだった。皇帝と大臣たちでさえ、裁判が始まる頃にはベイリスの無実を承知していた。しかしこのときは真実は違ったとしてもユダヤ人が儀式として殺人を行うことを知らしめようという理由で、先に進めることを決めた。裁判はロシア人とリベラルな外国人の間に怒りを引き起こし、政府が有罪判決を得ようと無様な努力をしたことで——弁護側の証人を逮捕することを含めて——政府の信頼性をさらに貶めた。ベイリスは釈放されてアメリカ合衆国に亡命した。ベイリスはアメリカの安全な場所で一九一七年旧秩序が崩壊するのを見ることになった。(15)

一九一四年までに、ロシア人も外国人もロシアを火山の頂上にある国だと描写するようになった。日露戦争後の一九〇五年と一九〇六年になると、噴火した溶岩が表面下に再び滞積し始めたと考えたのだ。サンクトペテルブルグ駐在オーストリア＝ハンガリー大使のオットー・フォン・チェルニン伯爵は、「頭が熱くなった民族主義者が極右と一緒に、抑圧された諸民族と社会主義者のプロレタリアートの連合を生み出したならば、未熟な権力者は炎を煽って大火事にしてしまうかもしれない」(16)と述べている。ロシアの知識人は新しい社会がまだ生まれる用意がないのに古い社会が崩壊するのを見て、無力感と絶望感と不満を述べていた。[17] 戦争は次第に、ロシアがジレンマから抜け出す方法、ロシア社会が一つになる方法として、見做されるようになっていた。ロシアの上流階級と中産階級の考えは一致していて、政府はただ一つのもの――ロシアの過去の栄光――に立脚し、大国としての役割を再び取り戻す必要があると考えていた。日本に負けたことは恐ろしい屈辱で、一九〇八年のボスニアの危機と最近のバルカン戦争でロシアの弱さを露呈したことによって、リベラルな人々は軍の再建と積極的な外交政策を支持する熱狂的な反動主義者に反対するようになった。[18] 新聞とドゥーマでは、たとえそれでドイツとオーストリア＝ハンガリーとの戦争になろうと、あるいはもっと熱烈なロシアの民族主義者が言うように、スラヴ人とチュートン民族との避けられない戦いになろうとも、バルカンにおけるロシアの歴史的使命と海峡の権利について、多くを語るようになっていた。[19] ドゥーマの代議士は大部分の時間を政府攻撃にあてていたが、ドゥーマはいつも軍事支出を支持していた。一九一三年春、ドゥーマで演説を行った人物が述べている。「海峡はわれわれのものである。喜んで戦争を受け入れる。戦争をすれば帝国の力の威信がますます高まる」[20] と。

バルカンにおけるロシアの敵、オーストリア＝ハンガリーは、ロシアよりはわずかばかり形勢がましだった。しかし経済状況の見通しは悪く、バルカン戦争によって生じた出費に大きな打撃を受けており、一九一四年初めには停滞していた工業化が再び進むにつれて、大きく戦闘的な労働者階級が出現していた。二重帝国の半分のハンガリーでは、社会民主党が普通選挙権を要求していたが、権力を共有する意志がないハンガリーの上流階級の抵抗を受けていた。一九一二年春、ブダペストで起こった労働者の大きなデモは政府軍との大衝突に発展した。二重帝国のどちらの側でも民族問題はあちこちでくすぶり、森林火災のように現れた。オーストリアの側では、ウクライナ語に近い言語を話し、独自の教会を持つルテニア人がポーランド人地主に政治的権利と言語上の権利の拡大を要求しており、一方ではチェコ人とドイツ人は権力を求めて終わりのない戦いの中に閉じ込められていた。ウィーンの議会は統制が取れなくなり、オーストリア政府は一九一四年春まで議会を休止した。ようやく再開したのは一九一六年だった。ハンガリーでは、ルーマニア国民党が選挙権を要求し、中にはルーマニア人が多数を占める地域に大きな自治を求めるものもあったが、ハンガリー人が多数の議会は決して受け入れなかった。ティサの影響下でハンガリー人は少なくとも二重帝国内に留まることに満足していたが、反ハンガリーで有名なフランツ・フェルディナントが伯父のあとを継げば、状況は違うことになるはずだった。一九一四年春、老皇帝が重病になるとハンガリーの将来は暗いものに思われた。悲観的なドイツ大使ハインリヒ・フォン・チルシュキーが言うには、「縫い目が解けてばらばらになる」ということだった。[21] また、セルビアの力が増すと、オーストリア=ハンガリーは今以上に軍の資産を南に振り向けなければならなくなるが、それはロシアに対して同盟国の支援をあてにしているドイツ軍の計画を作成する者にとっては悩ましい問題だった。

ドイツは、たとえば経済や貿易、継続した人口増加など多くの指標では好ましい傾向を示していたが、指導者と一般の人々の気持ちは平和の最後の数年間、不思議なほど不安定になっていた。包囲されているという恐怖、ロシア勢力の成長、フランスの再活性化、イギリスが海軍競争に譲歩しないこと、同盟国の信頼度が低いこと、社会民主党の得票が顕著に増えていることなど、こうしたことすべてがドイツの将来についての悲観論を育んでいた。戦争は不可避というわけではないにしても、現実の可能性として次第に受け入れられるようになっていた。フランスは一番可能性のある敵国だと思われたが、おそらく協商のパートナーが防衛に回るはずだった（ベートマンはそれでもイギリスとロシアとの良好な関係を望んでいたが）。[22] 前首相のビューローは一九一四年初めに、「ドイツに対する憤怒がフランスの政策の魂だと言ってもいいのかもしれない」と述べている。裏に「プロイセン王のための糞」と書かれたはがきがフランスに出回ると、ドイツの外交官は自分たちの疑いが正しかったのだと感じた。ベルリン駐在フランス大使館付き武官は、一般の人々の間に好戦的なムードが広がっていることを報告している。このムードによって「皇帝に無理やり決断させて大衆を戦争に導かせることになる怒りと国民意識の爆発」が生じる可能性があったのである。[23] 穏健な作曲家リヒャルト・シュトラウスでさえ、反フランス感情にわれを忘れるほどだった。シュトラウスは一九一二年の夏、戦争が始まったら自分は戦場に行くとケスラーに述べた。あなたに何ができると思うの、とシュトラウスの妻が尋ねた。シュトラウスは自信なげに看護師になると述べた。「まあ、リヒャルト。血を見たら我慢できないんじゃなかった！」。妻がぴしゃりと言った。シュトラウスは困った様子だったが主張した。「最善を尽くすさ。でもフランス人が鞭を振るっているならそこに行きたいんだ」。[24]

ドイツのトップの指導者——ベートマンとドイツ皇帝——は今なお戦争を回避したいと思っていた（皇帝には考古学への情熱が新たに芽生えていて、毎春、発掘のためにコルフ島に行っていた。それでベートマンの生活はずっと楽になった）。血気盛んな話が好きだったが穏健派の外相キーデルレンは、一九一二年末に心臓発作で亡くなった。後継者のゴットリーブ・フォン・ヤーゴーはあまりに主張が弱く、将軍たちの前に立ちはだかることができなかった。「小さな青二才」と皇帝はヤーゴーを表現した。ヤーゴーは小柄で、プロイセンの貴族一家出身の印象の薄い人物だった。ヤーゴーの目的の第一はできる限りドイツの利益を守ることだったように思われる。[25]

危険だったのは、軍部がますます戦争を不可避のもの、むしろ望ましいものとして受け入れるようになったことだった。軍部の多くはヴィルヘルムが一九一一年のモロッコ事件のとき、また最近の第一次バルカン戦争のときに後退したことを許していなかった。有力なコネのあるシュピッツェンベルク男爵夫人は次のように報告している。「彼らは皇帝があまりにも『平和への愛』が強すぎだといって非難し、ロシアがバルカンにかかりきりになっているうちにフランスに勝てるはずだったところを、チャンスを逃してしまったと信じ込んでいた」。[26]

参謀本部は将来、陸での二正面戦争の可能性を当然のこととして受け止めていた。一九一三年一月、シュリーフェンが亡くなったとき、最期の言葉ははっきりと、「右翼（＝対露防衛）を強力に保て」だった。そのシュリーフェンの戦略思想が今なおドイツの軍事計画を形づくっていた。後継の参謀総長モルトケは悲観論的な性格そのもので、ドイツが戦争で敵に対して優位でいられるか、特に同盟国なしで単独で戦った場合はどうなのか疑問を持ち続けた。職務に就いた当初は労働者階級を徴兵することに不安を抱いていたが、次第に陸軍の大きさを論じるようになり、上り坂の若い将校たちと一緒になった。そのなかに参謀本部で道を切り開こうという野望を抱いた中産階級出身の知識人エーリッヒ・フォン・ルーデンドルフがいた。一九一二年の夏に帝国議会で陸軍法案が通ったが、その秋の第一次バルカン戦争の危機は、オーストリア＝ハンガリーの弱さを示すとともにロシアの戦争への意思が示され、陸軍の増強が実現した。ルーデンドルフはモルトケのために、政府に対して人の数と物資を急ぎ増強すること、たとえば機関銃用の特殊部隊をつくることを提案した。警告的な調子で「来るべき世界戦争」を実際的な言葉で述べていた。(27)

一九一二年十二月八日、バルカンの緊張した状況が続いていたとき、大戦への途上最も論争的な出来事の一つとなる出来事が起こった。ポツダムの宮殿で行われたドイツ皇帝主宰の戦争会議である。その朝、ヴィルヘルムはロンドン駐在大使から送られた電文を読んだ。それは、大陸で全面戦争が起こった場合、フランスがドイツに破壊されることのないようイギリスは確実に軍を送ることになると、グレイとイギリスの陸軍大臣ホールデーンが警告したという報告だった。その可能性は、ドイツ皇帝には目新しいものではなかったが、イギリスの出しゃばった物言いに激怒した。ヴィルヘルムは裏切られたとも感じた。チュートンとスラヴの来たるべき最終決戦で、イギリス人はゴール人とともに間違った側に立つことになるのだ。ヴィルヘルムは急ぎ、最も信頼のできる助言者を何人か召還し、他にモルトケ、ティルピッツ、海軍の補佐役ゲオルク・フォン・ミューラーを含む軍部全員を集めた。一番詳細にそのときのことを記録しているミューラーの日記によると、皇帝はかなり長く話し続けた。イギリスの立場がはっきりしたのはよかったとミューラーは感じた。以後、ドイツはフランスとともにイギリスも相手にして戦わなければならないことになる。「艦隊は当然、イギリスに対して戦争の準備をしなければならない」。ヴィルヘルムは続けた。オーストリア＝ハンガリーはセルビア人に対処しなければならないので、必ずロシアが入ってくることになる。ドイツはどちらの方面の戦争も避けられない。ドイツはそのため同盟に加わる国を集めなければならない――ルーマニアとブルガリアとおそらくオスマン帝国を望んでいた。モルトケは戦争が不可避だということに同意したが（他の誰も反対しなかった）、ドイツの新聞を使って一般の人々の気持ちを正しい枠にはめるようにしなければならないと述べた。ティルピッツは戦争を一年半延期したほうがよいと思うと述べた。愛する海軍を先陣に使ってほしくないと思っていたようだ。モルトケは「海軍はそのときでも準備ができていないのだろう」と皮肉を込めて答え、敵が強力になっていくから時間が経つごとに陸軍の立場は弱くなるだろうと警告した。「戦争は早ければ早いほどよい」。危機のときに慌しく召還された会議であまりにも多くのことが決まったが、背筋が寒くなるのは、戦争に致るということを出席者たちがかくも簡単に受け入れていたことである。(28)

会議の直後、ベートマンに宛てたメモで、モルトケはドイツの一般の世論を説得し、戦争は正しく必要な手段だと信じさせることが重要だとも警告した。

戦争が起これば重大な責任がドイツの肩にずっしりとのしかかるのは間違いない。敵によって三つの側から掴まれることになるだろう。それにもかかわらず、国民が一体になって熱狂的に武器を取れるように戦争の原因を系統立ててうまく説明することができれば、われわれは現状の下で、最も困難な任務にさえ自信を持ってぶつかっていくことができる。(29)

一九一四年の危機のとき、すべての国の政府が自国民に罪のない側であるように見せるため最善を尽くすことになった。

会議のあと、熱狂したドイツ皇帝は「陸海軍から大物を呼び、キーデルレンと私の後ろで戦争会議を開いて新しい陸海軍の用意を命じた」。ベートマンは驚愕した。一つは、どれだけ費用がかかるかわからなかったからだった。ベートマンはヴィルヘルムを説得し、一年に三隻の巡洋戦艦というティルピッツの要求を退けようとした。一九一三年、ドイツ皇帝は陸軍司令官に対する新年の演説で、「海軍は使える資金の分配で陸軍に大きく遅れを取るだろう」(30)と誇らしげに述べている。陸軍は一九一四年までにドイツの常備軍を八十九万人にするために、新たに十三万六千人を追加することができた（だが、東にはロシアがいて、すでに百三十万人の陸軍が配置されていた。人口はドイツの三倍以上で、潜在的な兵士の数ははるかに多かった）。皇帝によると、ベートマンは戦争という考えを受け入れるようになり、ジュール・カンボンが一九一三年秋にパリに報告しているように「ドイツ皇帝はフランスとの戦争が不可避であり、いつかは必要になると思い込むところまできている」(31)ということだった。

ドイツが軍を増強させたことは敵を不安に思わせることになった。ロシアはすでに徴兵を数カ月延長することで陸軍のサイズを大きくし、拡大する鉄道網沿いに動員を行っていた。一九一三年、ドイツの動員に反応したのと、フランスから大きな借款を得て勇気づけられたことによって、ロシア皇帝は新たな十カ年の「大計画」を作成した。平和時の陸軍を即座に二十万人以上拡大し、続いてさらに数を増やし編成を増やすことにしたのだ。最終計画は一九一四年七月に裁可された。[32]

フランスはドイツの挑戦に対抗するため、独自の対策をとった。ジョッフルの計画はドイツの攻撃に対抗するとともに、自国軍をドイツに進軍させて戦争が始まるときに十分な数の部隊を用意するというものだった。[33]軍部とその支持者にとって二つ目の選択肢の方が魅力的だったが、フランスの人口問題と突き当たった。陸軍は毎年徴兵で応召することができたが――このときまでそうしていた――人口三千九百万人のフランスは、六千八百万人のドイツより潜在的な兵士の数がはるかに少なかった。そのため陸軍大臣は徴兵の期間を二年から三年に延長することで軍を拡大するように要求していた。三年法は軍の性質と役割について共和国内で新たな対立を目覚めさせた。右翼と軍部は大きな軍を支持する傾向があったが、社会主義者と急進主義者の多くはこの法を、共和政のよき価値観というよりも、反動的な価値観を持つ職業軍を創設するための、軍部による企みだとして真っ向から批判した。ジョレスは市民軍を支持して、情熱のこもった演説を行った。それに対して軍部と右派はドイツの脅威を指摘し、モロッコでは地元民がフランスの支配に対して抵抗しているので、それを平定するために軍を派遣しなければならなかった。その結果国内の軍が危険なほど不足していると警告した。[34]ジョッフルによると、三年法は兵士を七十万人まで増やすということだった。ドイツには現在でも八十七万人の兵士がいたが、ロシアに対するため東部戦線に十分配置する必要があり、西部戦線だけで秤にかけるとフランスが有利になるはずだった。[35]兵役期間を長くすると軍にとってずっと不安材料となっていた訓練を改善できる機会にもなった。[36]三年法は七月に採決されたが、その後も議会と新聞紙上で一九一四年まで論争が継続した。

フランスには第三共和政に典型的な、複雑なスキャンダルの一つが存在していた。一九一一年に始まった大臣を巻き込んだ財政上の腐敗に関する汚職話が、ジョゼフ・カイヨーに焦点を当てた批判運動に発展していた。カイヨーはいつも、すぐにドイツと妥協する、おそらくドイツから金をもらっていると民族主義者から疑われていた。保守的な雑誌「フィガロ」の編集者が、カイヨーの複雑な個人生活のみならず、法務大臣としての地位を使って腐敗の訴追調査を阻もうとした証拠に関する文書を手に入れたという噂があった。

それにもかかわらず、平和の最後の二年間、この頃としてはあり得ないほど、フランスは比較的穏やかで安定しているように見えた。外国人もフランス人自身も、この国は誇りと自信を取り戻しつつあると考えていた。一九一一年のモロッコ事件によって、フランスの世論は、右だけでなく左も、ドイツはフランスを苛めることを絶対にやめない、誰の眼からも明らかな敵だと思うようになっていた（この危機を引き起こすのにフランスも多く関わっていたという事実は単純に見過ごされた。フランスでコメントする者は一様に、フランスには罪がないと考えていた）。一九一一年の夏、モロッコ事件の危機が最高潮に達していたとき、陸軍大臣は現役兵のリストに改めて載せてほしいと求める元兵士たちの要望書を何百通も受け取った。ある将軍は次のように書いている。「指揮官になるには歳を取りすぎていると言われていますが、一介の騎兵として戦場に送ってほしいとお願いしているだけです。フランスの若い兵士たちに昔のレジオンドヌール勲章をいただいた連隊の指揮官――がどんな風にして死ぬのか示したいのです」[37]。ほんの十年前、学生たちはシニカルで厭世的で、民族やフランスの過去のプライドに懐疑的だったが、今やフランスのために進んで命を捧げたいと話すようになっていた。ラテンクォーターでは三千人がデモ行進し「ビバ、アルザス！　ビバ、ロレーヌ！」と叫び、パリの劇場では愛国主義的な演目が新たに人気を集めていた。田舎から来た者たちは、小農民の間にある好戦的な雰囲気に気づいていた[38]。一九〇九年に祝福されたジャンヌ・ダルクには新たな人気が集まっていた。だが、今回の敵はイギリスではなかった。ハリー・ケスラーは一九一二年、パリに住んでいた妹ウィルマの情報として「周りの誰もが戦争に夢中になっている。誰もが自分たちは攻撃されると確信している」[39]と報告している。ドイツのツェッペリンが一九一三年の春、フランスのある町にやむなく着地すると、地元の群衆は乗員に石を投げつけた。フランス政府は「嘆かわしい」行為を謝罪した。ヴィルヘルムは怒りをむき出しに「これはまだ穏やかな方だ。野蛮人の国にいるただの平民、卑しい輩なのだ！　この元にあるものは反ドイツの扇動だ！」[40]と書いている。この数カ月後、ドイツの将校がアルザスの住民を軽蔑して取り扱ったサヴェルヌ事件が起こり、フランスの新聞は大きく取り上げ、プロイセンの軍国主義の一例だとされた[41]（モルトケはフランスの新聞の好戦的な姿勢はドイツ軍の拡大を正当化するのに役に立つと捉えていた)[42]。特に一人の人物がフランスの新しいムードを典型的に現していた。レイモン・ポアンカレは代表的な保守の政治家で、一九一二年に第二次モロッコ事件でカイヨー内閣が倒れたあと首相に就任した。一九一三年の初めには、大統領に選ばれ、一九二〇年までその地位を保つことになった。一八七一年以後その多くがドイツに奪われたロレーヌの出身だったためであろう、ポアンカレは情熱的なフランスの民族主義者で、フランス社会の内部にある分裂を癒し、フランスを世界のなかで相応しい地位に復活させようと決意していた。若い頃には熱心なカトリックだったがこの頃にはその信仰を失っていた。しかし教会は大多数のフランス人にとって重要な機関であると考えていた。首相として宗教的な学校に寛容を示す一方、非宗教的な学校を支持することで、カトリックと反教権主義の間で長く続いた教育をめぐる争いの火種を取り除くために尽力した[43]。世界はフランスの影響から得るものが多いとポアンカレは信じていた。一九一二年の演説で「知恵、冷静、威厳」はフランスの政策の象徴であり、「それゆえわが国の生命のエネルギーを保存し、拡大する努力をしよう。陸海軍の力のことだけを言っているのではなく、とりわけ国民に偉大さ、栄光、不朽性を与えてくれるこの政治的な信頼と一つになった国民感情のことを言っているのだ」[44]と述べた。理性に価値を置くポアンカレは戦争に反対したが、フランスの軍事力を強化しようとも思っていた。ポアンカレはフランスの民族主義者のヒーローとなり、彼にあやかり、多くの赤ん坊がレイモンという洗礼名をいただくという大きな流行もあった。

世間的な評価が高いことを自覚していたが、ポアンカレ自身はナポレオンでも後の時代のシャルル・ド・ゴールでもなかった。派手であるどころか、小柄できちんとしていて凝り性で几帳面だった。頭がよく、尋常でないほど勤勉だった。これは一族の伝統のようにも思われる。父方も母方もブルジョア家庭の出身で、判事、公務員、大学教授、あるいは父親のようにエンジニアを輩出していた。フランスを代表する数学者のアンリ・ポアンカレは従兄だった。レイモンはパリのリセ〔日本の高等学校に相当〕で頭角を現し、在学中の一八八〇年にパリで最年少の法律家となった。他の野心のある若者たちと同じ道を通ってジャーナリズムと政治の世界に入ったが、法律を学んだことによって形式とプロセスに対する敬意を身につけた。公の場ではポアンカレは感情を表に出さず冷静だった。猛烈な急進主義者ジョルジュ・クレマンソーはポアンカレを「生き生きした小動物。ドライで、気障で、勇気がない」我慢できない人物だと思っていた。[45] しかしこれはクレマンソーの他の発言と同様、正しくない。一九一四年以前と大戦中の暗黒の日々の政治のなかで、ポアンカレは勇気と不屈の精神を示した。また、たとえクレマンソーでも、第三共和政の他の多くの政治家たちのようにポアンカレを腐敗していると責めることはできなかった。

ポアンカレは、この時代、この階級にあってはあまりないことだが、フェミニストで動物の権利を強力に支持し、たとえば大統領の田舎の領地で行う慣例の狩猟パーティーに行くのを拒否した。芸術、劇場、特にコンサートが好きで、一九〇九年にはフランスアカデミーのメンバーになった。[46] おびただしい日記にも、情が深く感じやすいこと（大統領に選ばれたときに泣いた）、軽蔑されたと感じたときや敵から攻撃を受けたときに傷つくことが多い人柄が表れている。一九一二年のクリスマスの直後、大統領に立つと発表すると、急進主義者と左派から悪意ある攻撃を受けた。離婚経験のある妻にいろいろな過去があったと言われ、キャバレーかサーカスでパフォーマンスをしていたというゴシップさえあった。[47] クレマンソーはポアンカレの妻が北アメリカに送り込んだ郵便配達夫と結婚していたことがあると主張した。クレマンソーは大きな声で言ったものである。「マダム・ポアンカレと寝たいって？　オーケーだ。約束した」。[48] ポアンカレはこの攻撃に激怒し、一度クレマンソーに決闘を申し出た（ポアンカレには幸運なことだったが決闘は行われなかった。というのはクレマンソーには決闘の経験がふんだんにあったからである）。

大統領になると、ポアンカレは自分の地位の権力を最大に生かし、外交問題を自分で処理しようと決意した。ポアンカレは毎日外務省を訪問し、大使たちをよくもてなし、電報を書き、重要な外務省のポストに就いている人物の中から信頼できる人を友人として選んだ。外務大臣には第二バイオリンを弾ける人物を選んだ。一九一四年七月十二日、ヨーロッパの最終的な危機が爆発する少し前、穏健な社会主義者ルネ・ヴィヴィアーニは愛国心と雄弁以外にこれといった才能がないにもかかわらず、外相を引き受けた。ヴィヴィアーニは外交問題をほとんど知らなかった。ミスをするとポアンカレは叱るだけだったが、ヴィヴィアーニには幹部を責める傾向があった。ヴィヴィアーニがオーストリア＝ハンガリーの外務省の名前といった外交の基礎的なことさえ知らないことにポアンカレはかなり苛立っていた。「ウィーンからの電報を読んでいると、ボル＝プラッツなのかバリプラッツなのか区別できなくて、バルプラッツ（外務省のこと）と言えない」と不満を述べた。[49]

だが、ポアンカレはフランスの外交政策を自分でコントロールすると決意していたものの、必ずしも実際の政治においてリーダーシップを取ることができたわけではなかった。ロンドンからはポール・カンボンが――次第にポアンカレに不承不承敬意を抱くようになるのだが――「頭が混乱したままで断言してしまう」とポアンカレを非難した。[50] ポアンカレは戦争を望まなかったが、彼の目的はヨーロッパだけでなく中東でもフランスをより強くし、より強く自己主張することだった。中東では、フランスはすでにオスマン帝国の領土のシリアとレバノンに強い関心を抱いていた。一九一三年二月のフランス議会開会の挨拶で、ポアンカレは戦争の準備ができてさえいれば平和が可能だと述べた。「自らの失敗で脅威にさらされ屈辱を受けて小さくなったフランスはもはやフランスとはいえない」。[51]

それにもかかわらずポアンカレはドイツとの限定的な緊張緩和に向けて働く意思があったのだ。アルザスとロレーヌを失ったことを残念に思っていたが、戦争によって取り戻そうとは考えていなかった。[52] 一九一二年と一九一三年のバルカンの危機の間フランスはドイツと協力したし、一九一四年一月、ポアンカレはパリ駐在ドイツ大使と会食をした。一八七〇年の戦争以来、フランスの元首がそうしたのは初めてのことだった。ヨーロッパを二つの陣営に分断している同盟体制が何とか安定につながることを、またヨーロッパの列強がたとえばオスマン帝国の分割に関してより広い世界で合意をつくり出せるようにすることをポアンカレは望んでいた。[53] 同時に、フランスの他の多くの人と同じように、いじめっ子のドイツ人に断固たる態度で対さなければならないと思っていた。ポアンカレはヴィヴィアーニによく言う教訓の一つを教えた。「ドイツに対してはいつもぐらつかず、意志を固めていることが必要だ。ドイツの外交は多くの場合『こけおどし』で、われわれが抵抗する意思を固めているのか屈服する可能性があるのかを見るために、いつも試しているのだ」。[54] 一九一四年には、ドイツと協力する可能性についてポアンカレはさらに悲観的になっていた。プライベートの日記に次のように書いている。「ドイツは自国が世界に君臨するように定められていると思い込むようになっている。ドイツ民族が優れているということ、帝国の人口が常に増え続けているということ、経済的必要性の圧力が継続的に高まっているということから、さまざまな国の中にあってドイツには例外的な権利があると想像しているのだ」と。ポアンカレは、将来の危機の際、ドイツが実際に引かないのではないかと思うようになった。[55]

そのために、諸国との友好関係をつくることがかつてないほどフランスの偉大さと世界での地位を保つための鍵となった。フランスにはロシアと軍事同盟を育て深める必要があった。ポアンカレの決裁によってロシアの鉄道建設のための借款は戦前の二年間、五億フランほど増加した。[56]ポアンカレはパリ駐在ロシア大使となっていたイズヴォルスキーに、フランスの外交政策に影響力を行使して「ロシアとの緊密な絆」を保証すると述べた。[57]言葉だけでなく、第一次モロッコ事件で職を追われていたフランスの頑固な民族主義者のデルカッセをサンクトペテルブルグ駐在大使に任命した。ポアンカレは自分自身もロシアを訪問することで、ポイント稼ぎもした。最初に行ったのはまだ首相のときだった。サゾーノフは「ニコライ皇帝は自分にない資質を他者に見いだすと誉めることが多いのだが、フランスの首相の決断力と意志の強さにまず強い印象を持った」[58]と述べている。

ポアンカレは三国協商の一国であるイギリスがさらに強い絆で、フランスとロシアとの軍事同盟を結ぶという、一般に広がっていた見解を共有していた。問題はグレイがしっかり外交政策を握っているイギリスが、善意と支持を保証するということを超えて動くことに関心をほとんど示さないことだった。さらに悩ましいのはイギリスの国内政策で、不幸な時代のフランスにむしろ似ている状況にあるように映った。ロイド・ジョージら自由党の主立った人物の何人かに複雑な政治資金にまつわるスキャンダルがあり、保守党が熱心に訴追していた。内部情報を使って、大英帝国中に政府の無線基地をつくる契約を結ぶことになっていたマルコーニ会社の株式を事前に購入していたのである。議会の調査によって、訴追を受けた人々は無実だと明らかになったが、その理由の一部は、この契約から利益を得ることのない、会社のアメリカ支部が株を購入していたからだったが、印象は悪く、ロイド・ジョージと仲間だけでなく政府全体としても名を損ねることになった。一九一三年から一九一四年の前半にかけて、イギリスと同盟国にはさらに悩ましいことだが、イギリスには深刻な社会的・政治的対立があった。暴力的なデモや爆弾やバリケードを使って武装した市民軍まで現れた。また、アイルランド問題が再度大きくなり、十七世紀以来初めてイギリスが内戦の危機に直面するという切実な状況だった。

この突然の嵐に巻き込まれたイギリスに君臨した国王は、一九一〇年にエドワード七世を継いだジョージ五世だった。多くの点でジョージ五世は父親とは正反対だった。シンプルを好み、外国を嫌い、社交界の流行にうんざりしていた。ジョージ五世の宮廷は(誇りを込めて言っていたのだが)、退屈だが分別があった。この国王の下では愛人や相応しくない友人のスキャンダルなどあり得なかった。ジョージ五世の外見は従兄のロシア皇帝とよく似ていた(二人は間違えられることがよくあった)。マナーはかつて所属した海軍将校のままだった。船にいた時のようにできるだけ制服を着て、日常生活は時間を厳守し宮廷を駆け回った。妻に尽くしてはいたが、命令に従うように求めてもいた。妻と最初に会った一八九〇年代に着ていたファッションが好きで、そのために王妃は一九五三年に亡くなるまで長いドレスを着続けた。国王夫妻が一九一四年に初めにパリを訪問したあと、廷臣の一人が「パリの群衆は女王に夢中になった。時代遅れの帽子とヴィクトリア朝のガウンが来年のファッションになるかもしれないという噂が広がった!」[59]と報告している。ジョージは国王の仕事が重荷で、国王として行う恒例の挨拶を恐れたが、良心的に務めを果たした。自分は立憲制の下での君主であることを理解して受け入れ、大臣たちの助言に従った。自身の政治的見解はトーリーの田舎の地主のもので、社会主義の匂いのあるものに対しては本能的に目を背け、主要な自由党の政治家の多くは本物の紳士ではないのではないかと疑っていた――好意を持ったし尊敬もするようになったが、首相のアスキスもそのなかに入っていた。[60]

ハーバート・アスキスはイギリスが平和から戦争に入ったときに首相を務めた人物だが、頭が良く野心的で、イングランド北部の裕福な製造業者の家庭出身だった。安定した子ども時代だったが、父親が幼い子どもを含む家族を残して亡くなってからは妻の兄弟にすがって生活しなければならなくなった。ハーバートと兄は最初おじの一人に引き取られたが、その後ロンドンで学校に通う間、別の家庭の間を転々とすることになった。病気がちな兄とは違ってハーバートは元気に育ち、オックスフォードのなかでも最も知的だということで、権威があり、公的な仕事において主導的な立場を務めた人々を輩出したことで有名なベリオール・カレッジの奨学金を獲得した。[61] そこでアスキスは頭がよく勤勉な学者であるとともに恐るべき力を持った弁士として名を成した。弁士としての資質は法律家となって大きな成功を収めることにつながった。若くして恋愛結婚し、あらゆる点で献身的な父親であり夫となった。だが、一八九一年にチフスで最初の妻が亡くなる頃には、アスキスはすでに別の女性と恋愛関係にあった。裕福な実業家の娘で、活発で自分の意思を持ったマーゴット・テナントだ。マーゴットは知的で社交界の俗物で、粗野なほどあけすけにものを言い、じゃじゃ馬で――狐狩りに行って乗馬することに憧れていた――何を考えているのかわからないところがあった。アスキスは妻が致命的な病に罹る数カ月前、下院で開かれたディナーパーティーでマーゴットの隣に居合わせた。アスキスは後に「誰でも人生に一度は経験すると思う情熱が自分に訪れて、囚われてしまった」（一九一四年にまた同じ情熱に囚われた）と友人に述べている。マーゴットはアスキスが（内戦のときに国王に対して議会軍を率いた）オリバー・クロムウェルを想起させると思い、「私を救うことができてすべてを理解してくれる人」だと感じた。[62] 実際、マーゴットはアスキスが最初の妻を埋葬して数週間ほどして最初に愛を告白してから二年以上戸惑った。一八九四年、マーゴットは他の相手もよく見たあとで、いつものように突然に、アスキスと結婚することを決めた。マーゴットは義理の子どもたちの面倒を見ることにし（子どもたちはマーゴットの上から押さえつけるようなやり方を必ずしも喜んではいなかった）、将来を約束されたアスキスの政治のキャリアを前に進めることにした。

一八八六年、アスキスは自由党議員として議会に選ばれ、何年間かかけて党のなかで、またイギリス社交界のなかで徐々に株を上げ、マーゴットを含めて上流階級の中から新しい影響力のある友人を獲得した。一九〇五年の末に自由党が政権に就くと、アスキスは財務大臣となり、一九〇八年には首相となった。アスキスは巧みなリーダーで、たとえば一方ではロイド・ジョージ、もう一方ではグレイのような帝国主義者といったような、平和主義者と急進的改革者を含む党内のいろいろな人々を結びつけていた。平和の最後のとき、一九一四年から一九一五年の海軍予算をめぐってチャーチルとロイド・ジョージの間で延々とした戦いが始まると、アスキスはうまくそれを収めた。一九一一年に第一海軍卿となっていたチャーチルは立場を一転してさらに多くの海軍予算を確保しようとしていたが、昔の仲間ロイド・ジョージは財務大臣となって一線を引こうと決意していた。この論争はアスキスの後押しにより、チャーチルが望んでいた予算の増加を手に入れた一九一四年一月になってようやく落ち着いたのである。

ロイド・ジョージの一九〇九年の予算をめぐって下院と上院の間で政治的な争いが長く続いたとき、あるいはその後続いた厳しい危機のとき、アスキスはかなりの政治的な勇気を発揮することができた。だが、一九一四年になるとアスキスは以前のように、どうでもよさそうだがどうしても必要な政治の詳細について関心を持たなくなっていた。同意を得られるまで決定を待ち、そのために遅れてしまうアスキスに、政敵は「ウェイト・アンド・シー」とあだ名をつけた。一九〇五年から一九一二年まで陸軍大臣を務めた友人で自由党の同僚のホールデーンは次のようにコメントしている。「だが、ロンドンの社交界となると話は別で、アスキスは大きな魅力を感じていた。私とともに長く分かち合ってきた生き方に厳格であろうとする振る舞いから、次第に逸脱するようになった」[63]。別の昔の友人はアスキスが「赤ら顔でむくんでしまい昔とはすっかり変わってしまった」と思っていた。[64]

アスキスのエネルギーが失われつつあるときに、アスキス内閣がますます手に負えない国内問題に直面したのは不幸なことだった。イギリスの労働者と雇用者の間の闘争が続く一方、参政権を要求するあらゆる階級およびあらゆる政治的宗派の女性と、アスキス自身を含めてそれに反対する人々との間で、新たな闘争が始まっていた。アスキス内閣はこの問題で対立した。女性参政権運動に関わるほとんどの女性は平和的で比較的遵法的だったが、恐るべきパンカースト夫人と同じく、妥協を一切しない娘のクリスタベルに率いられた騒々しく急進的な一派は思いついたさまざまな武器を使って武装闘争をした。支持者たちは集会を分裂させ、女性の投票権に反対する者に唾を吐き、少しでも長く話していられるよう自分自身を政府の建物の柵に縛りつけて排除されないようにして大臣たちを悩ませ、美術館の絵画に水をかけ、ダウニング街でさえ窓を割った。「恐ろしくて吐きそうになった」とマーゴット・アスキスは不満を述べている。[65]一九一三年には、女性の参政権を支持していたロイド・ジョージがロンドン郊外に建てた新居を破壊した。一九一四年一月から七月にかけて、戦闘的になった女性参政権運動は教会と学校を含む百を超える建物に火を放った。逮捕された女性が有罪判決を受けて牢屋に入れられると、ハンガーストライキが行われた。一九一三年には、ある女性参政権運動家がダービーのときにジョージ五世の馬の前に飛び込み、最初の殉教者となった。当局は警察が女性たちを手荒く扱うことを容認し、ハンガーストライキ中の人々に無理やり食べさせることでさらに多くの犠牲者を出したように思われた。あるいはしばらくの間は、犠牲が増えても構わないと決めこんだ。一九一四年夏までに、アスキスは反対を断念し、議会に女性参政権法案を提出する気持ちになっていたが、大戦が始まったために女性の投票権は待たなければならなくなった。

当時イギリスにとって最大の危険はアイルランド問題だった。アイルランド自治法の要求が、特にカトリックの多い南部で強力な勢力となっていた。自由党の一翼は偉大な指導者であるグラッドストンの例に倣って共感を持っていたが、政治の急が重要な役割を演じた。一九一〇年の選挙のあと、自由党政府はもはや多数派ではなくなり、アイルランドのナショナリストの投票に頼るようになっていた。一九一二年初め、政府はアイルランド自治法案を提出し、イギリスとの連邦の範囲のなかでアイルランドに独自の議会を与えるとした。不幸なことだが、アイルランドの中の重要な少数派、すなわち北部のアルスターで多数を占めている主にプロテスタントの人々は自治を望まなかった。自治によってカトリックが優位になり、その下にプロテスタントが置かれることになると考えたのだ。イギリスの保守党の大部分は彼らの抵抗を支持した。保守党の党首ボナー・ローもアルスターのプロテスタント系だったのだ。

アイルランド自治問題によってイギリス社会は分裂した。昔の友情を互いに断ち切り、人々はディナーパーティーのときに隣り合うことを拒絶した。だが、これはもっと悪い流れの上に浮かんだ泡に過ぎなかった。アイルランドでは、自称アルスター統一党が一九一一年に綱領を発表し、自治が可決した場合には自分たちの政府をつくると宣言した。一九一二年初め、最初の準軍事組織である義勇軍が訓練を開始し、武器を獲得した。すぐに南部のアイルランド自治を主張する人々がその例に倣った。九月終わりにアルスター住民のほぼ三十万人が自治を打ち破ることを約束する誓約書に署名した。中には自分の血で署名した者もいた。イギリスからボナー・ローと保守党の上層部の人々が公然と、無謀で感情的で挑発的な言葉を使って彼らを激励した。一九一二年七月、ローと下院の同僚の多くは保守党貴族院議員と団体と一緒に、モールバラ公のブレンハイム宮殿で行った大集会に出席した。長く熱のこもった演説のなかで、政府がアイルランドに自治を与えることは憲法に反する行動であるとローは明言し、政府が内戦のリスクを冒す覚悟でいると繰り返し非難した。ローは結んだ。「アルスターがいつまでも抵抗を続けることはできないと思える。私には政府を支持する気持ちは全くないし、イギリス国民の圧倒的大多数は政府を支持しないだろう」[66]。ローが反自治運動の火に油を注いでいる間、陸軍省軍事作戦部の長であるもう一人のアルスター人サー・ヘンリー・ウィルソンは、アスキス（「スキッフ（酔っぱらい）」）のことを嘆き、多くの自由党員のことを嘆いて、自治の暁には軍によって権力を奪取する計画を立てているアルスターの野蛮な支持者たちを鼓舞した[67]。ウィルソンは免職されても仕方ないところだった。おそらくは大戦始動時のイギリス軍の展開にダメージを与えることになったからである。さらに、ウィルソンは保守党の人々に軍および軍の危機に対する対応について機密情報を漏らしていた。将校と入隊した人々の多くはアルスターもしくは南のプロテスタント出身だったから、自治の危機は彼らが自分の国の反逆者に対して動員を余儀なくされるのではないかというかなり大きな不安を引き起こしていた。

一九一四年三月、危機はさらに深刻化した。下院では自治法案が二度通過したものの、統一党の貴族院議員が優位を占めていた上院はその都度拒否した。アスキスは妥協案――当面の間、自治の地域からアルスター六州を除外しておくとする――を提案したが、反対派は検討を拒否した。事実、上院では一六八八年以来、毎年討論することなく通してきた軍の存在に正統性を与える法案を拒絶することによって政府に圧力をかける動きがあった。ローが「強硬派の貴族院議員」として知られるようになる人々を支持しようという考えを弄んだのは間違いない（近年のアメリカの政治を例にとると、共和党が増大する負債にシーリングをかけることに慣習的に同意するのを拒否して、作戦に必要な資金を調達できるようにしていることに相当する）。同じ月、最も悩ましい事件が起こった。アイルランド南部に駐屯したイギリス軍将校の間で起こった、いわゆる「カラッハの反乱」である。愚かで、思慮が足りない、そしておそらくは無能な陸軍大臣サー・ジョン・シーリーとアイルランドの最高司令官サー・アーサー・ペイジェット側の悪意の結果として、カラッハ基地の将校たちはアルスターの義勇軍に対して軍事行動を取るように命じられる可能性があり、出撃を望まない場合には辞任もあり得ると警告を受けていた。将校のうちの何十人かは辞任するとはっきり述べていた。その時点で、アルスターに自治を強制するようには求められていないという保証を与えて、シーリーは勝手に納得していた。アスキスはこの問題を前面に出したくないと思っていたが、シーリーの任を解き、陸軍大臣を自ら引き継いだ。

一九一四年、季節が春から夏に変わろうとしている頃、自由党と保守党はかつてないほど対立を深めており、そのためにアイルランドの地では武器が両陣営に次々に流れてゆき訓練が続いていた。七月、妥協の最後の試みとして、両党から中心的な指導者を国王がバッキンガム宮殿に招き、会議を開いた。イギリスの支配階級もイギリスの一般の人々もイギリスの新聞もアイルランド問題でほぼ完全に頭がいっぱいになり、大陸で起こっていることには、たとえばオーストリアの帝冠の継承者であるフランツ・フェルディナントが六月二十八日にサラエヴォで暗殺されたときでさえ、ほとんど関心が払われなかった。自分よりもはるかに若いヴェネチア・スタンリーに恋をしていたアスキスは、七月二十四日、バッキンガム宮殿の会議がまた失敗に終わったその日初めて、毎日書いていた手紙に大陸で危機が大きくなりつつあることを述べている。だが、イギリス人は隣国で起こっていることに気がついていなくても、ヨーロッパの列強側ではイギリス社会が明らかに内戦の瀬戸際にあるということに目が釘づけになっていた。ロシア皇帝はイギリスの状況を理解するのが困難だとイギリス大使に述べて、イギリスの国際的な立場に影響を及ぼさないことを願っていた。[68]ドイツとオーストリア＝ハンガリーは違う見方をしていた。イギリスが内部分裂して内戦が起きて、外と戦争できなければよいと思っていた。[69]

一九一四年初めはほとんどのヨーロッパ人にとって、前の十年間と変わることがあるようには思われなかった。もちろんいつもの緊張は存在していた。イギリスとドイツは今なお海軍競争を続けていたし、フランスとドイツは友好的になろうと接近していたわけではなかったし、ロシアとオーストリア＝ハンガリーは今なおバルカンで互いに策略を弄していた。一九一四年になると、ロシアのナショナリストはオーストリア支配下のガリツィアのルテニア人の間に揉めごとを引き起こそうとするようになっていた。ウィーンではその動きに苛立ちを感じるとともに、悩ましく感じていた[70]（それはお互い様だった。二重帝国もカトリックの僧侶を促して国境を越えさせ、ロシア領内にいるルテニア人を改宗させようとしていた）。同盟内部にも緊張があった。バルカン戦争後、ドイツとオーストリア＝ハンガリーの関係が悪化した。ドイツ人は同盟国の向こう見ずな行動でロシアとの戦争のリスクが生じると感じる一方、オーストリア＝ハンガリーではドイツが頼りにならない友人だという恨みが生じていた。二重帝国はバルカンとオスマン帝国でドイツの投資と影響力が増していることにも強い憤懣を感じていた。三国同盟があるにもかかわらず、イタリアとオーストリア＝ハンガリーはアルバニアへの影響力を競い合い、イタリアの世論は二重帝国内のイタリア語を話す人々の権利に関心を持ち続けた。二つの勢力の関係は、一九一四年夏までにはイタリア国王も公式の代表者もフランツ・フェルディナントの葬儀に出席しないところまで悪化していた。[71]一九一二年、ドイツとオーストリア＝ハンガリーは、おそらく相互の信頼を再確認するため三国同盟を更新することに同意したが、それはイタリアをつなぎ留めようとする試みでもあった。

ドイツ駐在ロシア大使は次のように述べている。「三国協商は常に内々の合意である。これに対して三国同盟は全く正反対である。オーストリア＝ハンガリーが何かを考えたとすれば、慌てて考えを実行する。イタリアが反対に回ることもある。ドイツは最後の瞬間に自分の意図を発表するが、良し悪しは別にして同盟国の支持に回らなければならなくなる」[72]。だが、三国協商内でも、中央アジアとペルシャをめぐるイギリスとロシアのライバル関係は現実に消えたわけではなく、一九一四年の春にはグレイと助言者の幹部はロシアがペルシャ北部、イギリスが南部を勢力圏とする扱いが破綻するのではないかと心配するようになっていた。

予想されるオスマン帝国の解体によって、外部の勢力は海峡とコンスタンティノープルだけでなく、トルコ語を話す小アジアと今日のシリア、イラク、レバノン、ヨルダン、イスラエル、アラビア半島の大半を含むアラブの領土をめぐって競うことに魅惑を感じるようになった。ロシア政府は海峡を獲得できるほどの能力は民族主義者にないと認識していた可能性はあるが、ロシアが正当なロシアの遺産と捉えているものを獲得するため扇動し続けた。オーストリア＝ハンガリーは植民地争奪戦の局外にいたが、近年のバルカンの災いの代償として、今や小アジアに自らの存在を確立することに関心を示すようになった。そのことによって同盟国ドイツ、イタリアと問題を起こしていた。ドイツとイタリアは、オスマン帝国が消滅したあと中東に植民地をつくるという独自の夢を持っていた。[73] しかし、（オスマン帝国が）病弱であることと自体、まだ生命があるということの驚くべき証でもあった。「青年トルコ」が再び力を取り戻し、政府を中央集権化して再活性化しようとしていた。「青年トルコ」は軍事力を強化し、イギリスからドレッドノートを三隻購入した。それが届けば、ロシア海軍に対するバランスが決定的に変化するはずだった。ロシアは独自のドレッドノートを建造し始めることでそれに応じたが、オスマン帝国は一九一三年から一九一五年までは有利だった。[74]

一九一三年末、ドイツがオスマン帝国への軍事使節団を増強し、指揮官として上級の将軍オットー・リーマン・フォン・ザンデルスを派遣したというニュースがリークされると、三国協商諸国の間に不安が広がった。リーマンはオスマン軍の訓練と昇進に特別に大きな力を持つだけでなく、コンスタンティノープルに基地を置く軍団の直接指揮を担うことになっていたことから、ドイツのオスマン帝国への影響力が激増するにちがいなかった。ヴィルヘルムは最も近い軍事顧問と秘密裏に計画を立て、リーマンに劇的な調子で述べた。「ドイツの旗がボスポラスの要塞の上にすぐに掲げられるか、私がセントヘレナの偉大な亡命者と同じ悲しい運命に遭遇するかだ」。[75] だが、またしてもドイツの文民の指導者は、無責任で傍若無人な皇帝の行動から生まれた歓迎すべからざる結果を処理することになったのだ。

この時点までは、ロシアとドイツはオスマン帝国でかなりうまく協力し合っていた。一九一〇年十一月、ロシア皇帝ニコライはポツダムのヴィルヘルムを訪ねて、二人はオスマン帝国に関する協定に調印し、少なくとも一つの緊張の元を取り除いた。ロシアは新しい「青年トルコ」の政府を傷つけないことを約束し、ドイツはオスマン帝国の改革を支援することを引き受けた。ドイツ人はペルシャ北部のロシアの影響権を認め、計画していたベルリン―バグダード鉄道をもっと南に移動することでロシアの不安を緩和した。ベートマンは喜んだ。「ロシア人の訪問は予想よりもよかった。皇帝は二人とも開けっぴろげでリラックスして、楽しいといっていいくらいの気に入りようだった」[76]。二人の君主は一九一二年夏、ロシアのバルト海の港（今日のエストニアのパルディスキ）で、ヨットの上で再会した。バルカンの危機が爆発する直前のことだった。サゾーノフによると、アレクサンドラは「こうした折にはいつもそうなのだが、疲れきっている様子だった」。だが会見は「穏やかで友好的な雰囲気」だった。ココツェフとベートマンもその場に居合わせていて、防衛費を増やすにあたって一般の人々からの抵抗を抑えることがどれだけ厳しいか、静かに愚痴を言い合った。ヴィルヘルムは大きな声でいつまでも冗談を飛ばし続けた。サゾーノフは「皇帝の発言は必ずしもすべてが自分の趣味に合うものではなかった」と述べている。ドイツ皇帝はロシア皇帝に、東を見て日本に対して力を増強するように助言した。「ありがとう！」会合が終わったあとでニコライは次のようにココツェフに述べた。「言葉を一つ一つ気にすることなんかないぞ。解釈しなくてよい。夢にも思っていないようなことを言っているのだから」。だがニコライは、ヴィルヘルムが自分はバルカンの状況を世界戦争につなげたりしないと繰り返し言っていたので救われた。[77]

リーマン・フォン・ザンデルス事件は、すぐに明らかになったように、オスマン帝国におけるドイツとロシア協力関係を破壊し、この事件に対する反応によってこの時点までヨーロッパ各国がいかに神経過敏になっていたかを表すものとなった。ロシアはこの任命に激怒し、同盟国フランスとイギリスに、リーマンの権力を限定するよう「青年トルコ」に圧力をかけてほしいと要求した。サゾーノフは圧力をかけるためオスマン帝国の港を獲得する可能性を取り上げ、再び全面戦争の可能性が出てきた。ロシア首相ココツェフは穏便であるように促し、オスマン帝国をめぐって戦争に引き込まれたくないフランスとイギリスもそれに続いた（イギリス政府はコンスタンティノープルに駐在しているイギリス海軍の使節団の長がリーマンと同じ権力を持っていることに気づいて困惑した）。だが、以前のように特にフランスはロシアを支える必要があると認識した。イズヴォルスキーはサンクトペテルブルグに、ポアンカレが「わが国との同盟が課している義務から責任逃れしないという決意を穏やかに示しているし、当地のフランス大使デルカッセはロシア政府を無条件で支持すると保証している」と報告した。(78)

　幸いなことに、今回ヨーロッパは何とか猶予の時間を得た。ロシアとドイツは事件を最終決着に持ち込みたいとは考えず、「青年トルコ」は騒動に驚いて解決を求めた。一月、面目を保つためにリーマンの地位が引き上げられ上級職に就いて連隊の指揮を執ることはなくなった（リーマンは一九一八年に敗れるまでオスマン帝国に滞在した。長く残った伝説の一つとして、将来を約束されたトルコの将校ムスタファ・ケマル・アタチュルクのキャリアを大きく引き上げたということがあった）。この事件はドイツの三国協商に対する疑念をさらに高めることにつながり、ロシアとドイツはさらに離間することになった。ロシア政府内では、特に一九一四年一月にココツェフが倒れた後は、ドイツが戦争を企てているということを受け入れるようになった、その月のデルカッセとの会話で、ニコライは訪れるであろう戦いについて、フランス大使に穏やかに話した。「われわれは彼らに権利侵害させる気はない。今度は極東のような戦争ではないだろう。国民のムードはわれわれを支持している」。(79)一九一四年二月、ロシアの参謀本部は、スパイが入手した二つのドイツのメモを政府に提供した。そのなかでドイツは二正面戦争について述べており、ドイツの世論をいかに動かしてあらかじめ戦争の準備をさせるかということが書かれていた。同じ月に、ロシア皇帝は全面戦争が生じた場合にはオスマン帝国に対して攻撃の準備をすることを裁可した。(80)

　それにもかかわらず、リーマン・フォン・ザンデルス事件と一九一二年および一九一三年のバルカン危機の国際的な取り組みがうまくいったことは、ヨーロッパがまだ平和を維持できるということ、列強が一緒に仲介に入って解決に取り組めばかつての「ヨーロッパ協調」をなんとか続けられることを示しているように思われた。事実、観察していた人々の多くが、一九一四年になるとヨーロッパのムードは以前よりも改善したと感じていた。チャーチルは著書の『大戦の歴史』で、この平和の最後の月日のことを「例外的な静寂」と述べていたし、グレイは振り返ってこう書いている。「一九一四年の初め、世界の空は以前より澄んでいるように思われた。バルカンの雲は消えていた。一九一一年、一九一二年、一九一三年の険悪な歳月のあと、わずかな安寧が可能でありそうあってほしいものだと思われた」[81]と。一九一四年六月、オックスフォード大学はドイツ大使リヒノフスキ公と作曲家リヒャルト・シュトラウスに名誉学位を与えた。

ヨーロッパは確かに二つの同盟体制に分裂していたし、二国間に争いが生じれば他の同盟国を巻き込むリスクを冒したからこれが大戦の原因の中心の一つであると大戦後には見られたが、当時から、防衛的な同盟は攻撃の抑止力として機能し、安定のための力となり得ると論じることもできた。結局のところ、北大西洋条約機構（NATO）とワルシャワ条約機構は冷戦の間ヨーロッパに平和の均衡をもたらしたのだ。グレイが一九一二年下院で賛同して述べたように、列強は「別々のグループに分かれただけで反対するグループに分かれたのではなかった」。ポアンカレも含め、多くのヨーロッパ人はグレイに同意していた。大戦後に書いた回想録で、グレイは同盟の価値を主張し続けた。「われわれは協商とドイツの三国同盟が仲良く共存することを望んでいた。それが実行できる最善のことだった」[82]と。フランスとロシア、ドイツとオーストリア＝ハンガリーとイタリアは軍事同盟を調印していたが、イギリスは今なお軍事同盟を拒否し、グレイが主張したように自由な立場を維持していた。事実、一九一一年外務省事務次官となっていたアーサー・ニコルソンは、イギリスが今なお十分に三国協商に関与していないと不満を述べた。「平和と現状を維持するために支援しなければならないとすると、われわれの責務を認識しなければならないし、必要な場合に友好国あるいは同盟国に、今以上に物質的な支援を、またその他有効な支援を与える心積もりがなければならないということを国民が認識しているとは思えない」[83]。

現実に、同盟が防衛的だった可能性もあり、イギリスが自由に舵を取って自分の道を進むことができると感じている限り、何年にもわたってヨーロッパの分裂は受容されている事実だった。このことは、あまりにも一方の側についていると見られることに常に配慮していた政治家たちの言葉にも投影されていた。一九一三年になると、わずか一年前にはサンクトペテルブルグ駐在のドイツ大使に三国協商という言葉を使うことを拒否していたサゾーノフは、この言葉を使うようになっていた。サゾーノフの使いたくないという気持ちを共有していたグレイは翌年、この言葉を使わないでいようとするより、分裂を取り除く方がまだ見込みがあると譲歩した。いずれにしても、協商はイギリスに好都合だとグレイは論じた。

「別の選択をするということになればヨーロッパで完全に孤立する政策を選ぶか、ヨーロッパ勢力のいずれかのグループと明確な同盟を結ぶかどちらかということになる……」[84]。

外交官と軍部が互いに協力することに慣れていくにつれて、二つの同盟内で相互支援についての期待と理解が蓄積されていくことは避けられなかった。パートナーは互いに保証し合うことが必要だと気づいた。さもなければ同盟国を失うリスクを冒すことになった。ドイツにはバルカンで得られる利益は何もなかったが、バルカンでのオーストリア＝ハンガリーを支持しないという選択肢は次第に難しくなった。フランスにとって、ロシアとの同盟は列強としての地位のために重大なものだったが、フランスはいつも、ロシアが再び強力になればフランスを必要としなくなり昔の同盟、すなわちドイツとの同盟に戻ってしまうかもしれないと恐れていた[85]。そのためフランスは危険を感じつつもロシアの目的を支持することになった。セルビアをめぐるロシアとオーストリア＝ハンガリー間の戦争にフランスが参戦するという印象をポアンカレがロシアに与えていたのは明らかだった。ポアンカレは一九一二年、パリでイズヴォルスキーに「底流にあるのは、すべてが同じ結果になるということだ。すなわち、ロシアが戦争に突入すれば、この問題についてはドイツがオーストリアの後ろに立つことがわかっているから、フランスも参戦するということだ」[86]と述べている。フランスのロシアとの条約は防衛的なもので、どちらかが攻撃を受けた場合にのみ効力を発することになっていたが、ポアンカレはこれを超えて、フランスはドイツが単に動員するというだけでも参戦しなければならないと感じていることを示した。一九一四年になると、同盟関係はそれぞれのメンバーに対するブレーキとして働くより、アクセルとなる場合が多くなった。

三国協商は、イギリスが注意していたにもかかわらず、三国同盟以上にそれぞれを結ぶ絆——外交や特にフランスとロシアの場合には財政、改良した無線電信による情報伝達——が、その数と力を増すようになるにつれて、強い密着力と深さを備えるようになった。フランスはイギリスとロシアに軍事的な話し合いに参加するように促しただけでなく、イギリスに以前よりもっと明確に関与するように迫った。イギリスの内閣はこの問題で対立し、グレイ自身フランスに支持を保証するのと、そこに含まれる可能性があるものを特定することは拒否することとの間を曖昧にしておく方を好んでいたが、フランスはヘンリー・ウィルソンという積極的で活動的な協力者を得た。ウィルソンはフランスと話し合うために一九一三年だけで七回フランスを訪問したのだ。[87] 一九一二年になると、イギリスとフランスの海軍は地中海、大西洋、極東でさらに密接な協力をする方向に進むようになっていた。

これはフランスの圧力の結果というよりは、イギリスがジレンマに直面したためだった。イギリスの海軍は直面するすべての挑戦に対処できなくなっていた。特に地中海では、イタリア、オーストリア＝ハンガリー、オスマン帝国がいずれもドレッドノートを建造し、海上でドイツ海軍に勝ること、そして、イギリスの利益を守ることが難しくなっていた。イギリスがドイツとの海軍競争を管理できなくなると——一九一二年の終わりになると話し合いが失敗したこともあって見通しが暗くなっていた——海軍にさらに多くの資金を使わなければならなくなるか、重要な海域で責任を共有する有効的な勢力の海軍と協力しなければならなくなるはずだった。これはアスキスにとっては政治問題となった。保守党は一般に海軍の支出を支持していたが、アスキスの自由党急進派はそうではなく、多くの自由党員は国際問題に関与しイギリスを戦争に導くことを心配した。

イギリスの新しい第一海軍卿は、野心家でエネルギッシュで若い、自由党時代のウィンストン・チャーチルだった。海軍大臣は次のように述べている。「ウィンストンは海と海軍のことと自分が成そうとしている素晴らしい仕事のこと以外は何も話をしない」。[88] チャーチルは無限の情熱と自信を持って新しいポストに就いた。船、造船所、埠頭、装備のすべてをマスターしたばかりか、イギリスの戦略的なニーズを通して考えた。チャーチルは大戦の説明のなかで書いている。「偉大な時代だった。夜明けから深夜まで押し寄せてくるさまざまな問題の魅力と新しさに全精神が吸収されていった」。[89] 戦争の三年前、チャーチルは八カ月を海軍のヨットであるエンチャントレス号に乗り、重要な船と地中海およびイギリス周辺海域の海軍施設を訪問した（ウィルソンはこうした旅行の一つを「公費を使っての休暇」と記している）。[90] チャーチルは多少大げさに「最終的に求められていたことにはすべて手をつけ、わが海軍の現状について完全に理解した」[91] と主張している。チャーチルは上級海軍将校たちより自分の方がよい仕事ができると無邪気に考えて彼らの苛立ちを買ったものの、必要な改革を行った。チャーチルは初めて、適切な民間人スタッフを雇用した。水兵の労働条件を改善し、海軍の船を石炭船からより効率がよく労働集約的でない石油燃料に移行させた。[92]この移行によって、中東の油田地帯がイギリスの死活を握る重要性を持つことになり、長期的な戦略上の含みが生じた。しかし、大戦を可能にする新たな要素となり、事態を複雑にする地中海艦隊を再編成し、配置換えしたのはチャーチルの決定だった。

地中海は重要なスエズ運河へのアクセスとなり、イギリスにとって常に大きな意味を持っていたが、イギリス諸島周辺の大西洋が死活問題になっていた。ドイツがその海域に同数の戦艦を導入できるまでになったのだ。そのためチャーチルと海軍顧問は一九一二年初め、地中海の基地から大西洋への入り口にあたるジブラルタルに戦艦を移し、マルタ高速巡洋艦の戦隊のみを地中海に残すことによって優劣を改善することを決めた。その含みはすぐには理解されなかったが、意味するところは、イタリアとオーストリアの戦艦と、事態がさらに悪くオスマン帝国の艦隊も加わった相手の脅威に直面した場合、地中海の安全に一義的に責任を負うのはフランスということになった。このためフランスは自国の艦隊を大西洋の港から地中海に即座に移動しなければならなくなった。そこでフランスは、イギリスがフランスの大西洋岸の安全を保障し、死活を握る海峡の航路を守ることを結果的に当然のこととして期待できるようになった。チャーチルが一九一二年グレイに当てた覚書で指摘したように、フランスはイギリス海軍が存在していなかったとしても北アフリカ植民地を守るため地中海に集中しなければならないが、イギリスが戦艦を撤退したことにより、いざ戦争が起こった場合フランスが大きく道義的優位に立つことになった。チャーチルはグレイに述べている。「考えてみてください。フランスが『あなた方の海軍当局の助言と協定によって、私たちは北部の海岸を無防備のままとしたのです』と言おうものなら、わが国を介入させようというフランスが持っている武器がどれだけとてつもなく強力なものになるかを」。チャーチルは完璧に正しく結んだ。「私たちには利益もないのに、とりわけ正確な定義もないのに、同盟の束縛を受けるという事実を誰もわかっていないということを、全員が感じておかなければなりません」[93]。

同盟を正確に定義することはもちろん、ロンドン駐在フランス大使ポール・カンボンとフランス政府が望むところだったし、グレイとイギリス政府が避けたいと思うところだった。フランス軍とイギリス軍の話し合いによって、フランスはすでに、いくらグレイがイギリスは束縛されないとしていても、陸上でイギリスの支持をあてにすることができると考えるようになっていた。海軍の話し合いも数年間、散漫で結論が出ない形で続けられていたが、一九一二年七月、イギリス内閣は正式に継続することを裁可したことで重要な意味を持つようになった。一九一三年末、イギリス海軍とフランス海軍は戦争が起こった場合協力し合うという理解に到達した。イギリス海軍は海峡の最も狭いポイントであるドーバー海峡を管理する一方、イギリスとフランスは他の部分の責任を共有する。地中海では、フランスは西半分を警護する一方、イギリスはマルタの艦隊で東端を管理する。二国の海軍は極東でドイツに対して協力する。以上のような詳細な作戦計画が、特に海峡用につくられた。[94]

カンボンはさらにどちらかが攻撃を受ける可能性がある場合の、イギリスとフランスのそれぞれの協力について文書化するようにグレイに迫った。同盟を求めているわけではなく、二国が事実上の共同行動を取るということを縛る協定を求めているわけでもなく、単に相談し合うという確認を求めているだけだとカンボンはグレイに保証した。グレイはあるがままに放っておきたかったのだが、フランスに保証する何かを示さないと英仏協商が崩れ去ってしまうと認識した。一九一二年十一月、内閣の賛同を得て、グレイはカンボンと手紙をやり取りした。グレイは手紙のなかで、イギリスとフランスの陸海軍の専門家による話し合いに言及し、行動を取ると約束したわけではないと強調した。だが、グレイは続けて、危機の際に互いの勢力が相手が軍備を持って支援に回るのかどうかを理解することは必須であり、このような状況下ではすでに立てた計画を計算に入れておくことは意味があると譲歩した。グレイは次のように書いている。「どちらかの政府に第三勢力によるいわれのない攻撃あるいは全体の平和を脅かすことが予想される重大な理由がある場合には、両国政府が侵略を回避し平和を維持するためともに行動すべきなのかどうか即座に相手と協議し、そうなればどのような手段であれ、共通に行動する用意をするものとする」[95]。

グレイと首相アスキスは戦争勃発直前まで、イギリスはフランスに関する限り全くフリーハンドだと主張し続けた。技術的には真実だが、全体としては真実ではない。

陸海軍の話し合いによって、戦争が勃発した場合イギリス軍とフランス軍は味方がそばにいるという信頼を分かち合えるようになった。廷臣で防衛の専門家で裏情報に長けたエシャー卿は一九一三年友人に宛てて次のように書いている。「もちろん条約も協約も存在しなかったが、参謀本部がどのようにして名誉をもって関与しないでいられたか、私には理解できない。私たちにはすべてがあてにならないもののように思われる」[96]。陸海軍の話し合いと外交上の協力が行われ、両国で一般の人々が英仏協商を受け入れていた十年の間に、次の危機が生じたときに無視できない相互の絆が網の目のように生まれていた。フランスとイギリスの間には何ら正式な合意は存在していないとグレイが言ったとき、ポール・カンボンはグレイに思い起こさせるように、「道義的な『協商』以外何も存在していません。けれどもそれは何らかの折に二つの政府が望んだ場合には正式な『協商』となる可能性がありますと」[97]と言った。

グレイ自身、いつものようにフランスにはいろいろ入り混じったシグナルを送っていた。一九一四年四月、グレイはジョージ五世を伴ってパリに初めて公式の外国旅行をすることによって（九年間外相を務めたあと）、フランスとの関係の重要性を示そうとした。外相も国王も外国旅行が好きではなかった。グレイは視力が衰えつつあることを悟ったばかりで憂鬱になっていて、この夏の終わりにドイツの専門家を訪ねることを予定していた。[98]だが、心地良く穏やかな天気とフランス人のもてなしにイギリス人は喜んだ。グレイは英語を話すことができないポアンカレと会談を持つことさえ行った。ポール・カンボンは「聖なる亡霊がサー・エドワード・グレイの上に降臨した。彼がフランス語を話している！」[99]と述べている。グレイはオーストリアとドイツの大使に、（フランス滞在中）多くの時間を観光で過ごし、フランスとの話し合いのなかでは「攻撃的なもの」は何もなかったと説明したが、[100]実際にはフランスの圧力に屈してロシアと海軍の話し合いを始めることに同意した。このことについて新聞にコメントと質問が載ったのをよいことにして、グレイはロシアとの話し合いを八月まで延期した。ロシアとの海軍の合意は存在しなかったしそこには至らなかったものの、ドイツはバルト海と大西洋から共同攻撃を受けるという可能性に驚き、ドイツが包囲されているとこれまで以上に強く思い込むようになった。[101]

ヨーロッパの対立をさらに危険な状態に追い込んだの

は、ますます強化された軍拡競争だった。イタリアを除く列強は一九〇八年から一九一四年まで戦争をしなかったが、列強の防衛費は併せると五〇パーセント増加していた（アメリカ合衆国でも増加していたが、ずっと少なかった）[102]。一九一二年から一九一四年にかけての二つのバルカン戦争によって軍事支出の増加は新たな段階に入った。バルカン諸国と列強は軍備を拡大し、大きく改良された兵器とヨーロッパの科学技術の驚異が生み出した潜水艦、機関銃、飛行機といった新しい兵器に投資したのだ。列強のなかでもドイツとロシアは際立っていた。ドイツの防衛費は一九一一年に八千八百万ポンドだったのが一九一三年には約一億千八百万ポンドとなり、ロシアは同時期、七千四百万ポンドから約一億千百万ポンドになっていた[103]。財務大臣らは支出が大きすぎること、あまりにも防衛費が急上昇していて財政を維持できないこと、大衆の不安につながることを心配した。だが、一方では軍備を増強することに忙しい敵側に遅れをとることにさらに大きな恐怖を感じていた悩める政治家と将軍に、ますます押されるようになっていた。ウィーンの軍の諜報機関は一九一四年初めに、「ギリシャは三倍、セルビアは二倍、ルーマニアとブルガリアおよびモンテネグロでさえ相当に軍備を増強している」[104]と報告している。オーストリア＝ハンガリーは軍を拡大する新たな軍事法案（ドイツやロシアに比べてはるかに少なかったが）を出して対抗した。ドイツの陸軍および海軍法案、フランスの三年法、ロシアの大綱領および増加したイギリスの海軍費は、それぞれ脅威への対抗策だったが、他者にはそう見えなかった。ある面から防衛的だと見えるものは、別の面から見ると脅威だった。また、いつも国内にはロビイストと新聞記者が存在し、軍需製造業者の支援を受けていることもあり、国民が危機にあるという恐怖をかき立てていた。ティルピッツは海軍にさらに多くの資金を要求する段になるといつも口が悪くなり、一九一二年の新海軍法の際にはさらに新たな理由を持ち出した。「イギリスの攻撃に対して十分な防衛対策を採らなければ、われわれの政策はイギリスのことを常に考慮しなければならなくなり、われわれが行ってきた犠牲は無駄になってしまう」[105]と。

リベラルと左派は平和運動を行うとともに、当時の軍拡競争と「死の商人」を攻撃した。大戦後、それはカタストロフィーをもたらすうえで中心となった要素の一つであり、相当に重要な要素だといえた。この見方は一九二〇年代と一九三〇年代、特にアメリカ合衆国で共鳴を得ることになった。アメリカが参戦したことに対する幻滅が大きくなっていたのだ。一九三四年、ノース・ダコタの上院議員ジェラルド・ナイが上院の特別委員会の座長となって、大戦をつくり出した軍需製造業者の役割を調査し、「戦争および戦争のための準備は、国民の名誉や国民の防衛の問題ではなく、少数者の利益の問題である」ということを明らかにすると約束した。委員会は何十人かの証人と会ったが、驚くに当たらないが、これを証明することができなかった。大戦はたった一つの原因でつくられたものではなく組み合わせと、最終的には人の決定によって生み出されたものだった。軍拡競争がもたらしたのは、ヨーロッパの緊張のレベルを引き上げることと、意思決定者に圧力をかけて敵が行う前に引き金を引かせることだったのである。

振り返ってみると皮肉なことだが、当時の政策決定者たちは軍の準備を健全な抑止力だと考える傾向があった。一九一三年、パリ駐在イギリス大使はジョージ五世に謁見し「私は列強間の最良の平和の保障は互いに恐れ合うことですと提案した」[106]。抑止力は相手側がこちらが力を行使するかもしれないと思うときにしか機能しないので、行き過ぎや偶然から戦いを始める可能性がある——あるいは怯えてしまって最後まで耐えきれず、信じられなくなって戦いを始める可能性がある。また、さまざまな国の人々が当時呼んでいた名誉なるものが（私たちは今日「威信」と呼ぶかもしれない）、この計算の一部だった。列強は利益と同様に自分たちの地位も意識しており、あまりに簡単に譲歩したり臆病に見えたりすることはダメージにつながりかねなかった。一九一四年以前の十年間の出来事は抑止力が機能することを示しているように思われた。モロッコをめぐってイギリスとフランスがドイツを後退させたとき、バルカン戦争の間にセルビアに好きなようにさせるようオーストリア＝ハンガリーに圧力をかけるべくロシアが動員したときがそうだった。当時よく使われた「こけおどし」を意味する英語の単語「bluff」がドイツ語の中に取り入れられ、「der Bluff」として使われるようになった。だが、こけおどしが封じられたら、どうすればいいのか。

戦前の軍拡競争はタイミングを考慮に入れていた。戦争が起こるならば、優位にあるうちに戦った方がよい。イタリア、ルーマニア、オスマン帝国といったわずかな例外はあるが、ヨーロッパの国々は戦争においてどの国と戦うのかわかっていたし、またスパイのおかげで敵の力と計画について通常は相当の知識を持っていた。たとえばドイツは、ロシアの軍隊と鉄道建設の発展ぶりと近代化について十分わかっていた。ドイツの参謀本部は一九一七年になると、ロシアと戦って勝つことができなくなると計算していた。大きく膨らんだロシア軍の動員はドイツ軍よりも三日余計にかかるだけのはずだった（ドイツが大きく金がかかる東部の鉄道建設を引き受けないとすれば）[107]。銀行家マックス・ヴァールブルクとの陰鬱な会話のなかで、ドイツ皇帝は来るべきロシアとの戦争を一九一六年初めと捉えていた。「不安に襲われて皇帝は、待っているより先制攻撃をした方がよくないかどうか検討さえした」[108]という。一方西を見て、ドイツは、一九一四年七月にフランスのある上院議員が公に批判する前から、重量砲がないというフランスの現在の欠点について知っていた。最終的に、ドイツはオーストリア＝ハンガリーがもはや持ちこたえられないのではないかということを恐れていた。こうしたすべての検討によって、鍵を握るドイツの政策決定者たちは、戦争をしなければならないとしたら一九一四年がよいと考えるようになっていた（日本の軍部は一九四一年にアメリカ合衆国との戦争を検討していたときに同様の計算を行った）。ドイツは時が尽きてしまうのではないかと感じていたが、ロシアとフランスは事態は自分たちに良い方向に進んでいると感じていて、特にフランスは待つゆとりがあると感じていた[109]。オーストリア＝ハンガリーはそれほど元気ではなかった。一九一四年三月、帝国の参謀総長コンラートは「フランスとロシアが合同でわが国に侵入する用意をするまで待つべきなのか、もっと早い時期に避けられない戦争をするのが望ましいのか」と同僚に問題を出した[110]。

あまりに多くのヨーロッパ人が、特にコンラートのように軍部と政府の上層部にいるような重大な地位にある人々が、今や戦争が訪れるのを待つようになっていた。ロシアの将軍ブルシーロフは一九一四年夏、妻とともに慌ただしくドイツの温泉地に出かけた。「私は世界戦争が一九一五年に起こると絶対的に確信していた。だから私たちは軍事行動の前に家に戻れるよう、療養と休暇を延期すまいと決意した」[111]。攻撃力への信頼は今なお多くの人々に戦争は短いものになると思わせていたが、ベートマンやモルトケのような人々はこうした予想をかなり悲観的に捉えていた。一九一三年四月、ロシアとオーストリア＝ハンガリーが第一次バルカン戦争のあとで対面すると、ベートマンは帝国議会に「どれだけの規模で世界が炎上するのか、悲惨な状況が広がり破壊が行われるのか想像できる者は誰一人いない。さまざまな国民がこれを経験することになるのだ」[112]と警告した。だが、ベートマンはモルトケのように、次第に変更不可能だと感じるようになっていた。一方グレイは第一次世界大戦前夜になってなお、全面戦争が関わったすべての人々にとってカタストロフィーとなるということにヨーロッパの政治家はもっと留意すべきだと信じていた。「一九〇五年から今まで続いた困難のなかで、列強は戦争の瀬戸際から後戻りしたのではなかったか?」[113]。

戦争の可能性が高まるにつれて、新たな同盟国を見つけることがますます重要になってきた。二つの同盟体制の陸軍は、たとえばギリシャやベルギーといった小国でさえバランスを変えることができるほど対等に均衡が取れていた。ギリシャは賢明に関与することを拒否したが、ドイツ皇帝はホーエンツォレルン家の国王が時期が来たら正しい行動を取るものと自信を持っていた。ベルギーは別問題だった。ベルギー王を獲得しようというヴィルヘルムの威張り散らすやり方はできる限り中立を守るという意思を、ベルギー人に固めさせただけだった。一九一三年、ベルギーは徴兵制を導入し陸軍を拡大した。ベルギーは陸軍を再編成してドイツ国境付近のリエージュにある大きな要塞を強化し、ベルギーの中立を守っている国のなかでどの国が一番侵犯する可能性があるのかをはっきり示した。だが、ドイツの軍事計画を立てている人々は今なお、「チョコレートの兵隊」から抵抗を受けることを計算に入れていなかった。

ほかに獲得の可能性のある重要なところはバルカンだった。オスマン帝国はドイツに傾いているように思われた。ヴィルヘルムはもう一つホーエンツォレルン家の支配者を戴いているルーマニアにも希望を持っていた。加えて、国王カロルはドイツおよびオーストリア＝ハンガリーと秘密協定を結んでいた。おそらく二重帝国はカロルがそれを公に認めていないように気をつけていたことをもっと疑っておくべきだったのだと思われる。ベルヒトルトが「頭がよく、用心深い官僚のリーダー」のようだと書いていたカロルは、自分の国の世論に反して動く心積もりがなかった。世論はハンガリーがルーマニア人を支配下に置いているやり方に反発して、次第に帝国に敵対的になっていた。ハンガリーの首相ティサはこの問題を認識し、主にトランシルバニアに集中しているルーマニアのナショナリストに宗教や教育といった分野で自治を与えることで懐柔しようとしていたが、ハンガリー領内にいるルーマニア人にとっては十分なものではなく、交渉は一九一四年二月に断絶していた。その間ロシアは、友好的な姿勢を示していた。ロシア皇帝は一九一四年六月にルーマニアを訪問し、娘の一人とルーマニアの王位継承者の間に婚姻話を持ち込んだ。皇帝の一行に加わっていたサゾーノフはルーマニアとオーストリア＝ハンガリーの国境まで旅行し、トランシルバニアまであと数キロのところまで訪問するという、挑発的な行動をとった。

ベルヒトルトは自分がブルガリアとルーマニアの間にある卵の殻の上を歩いているようだと書いていたが、ブルガリアとルーマニアは第二次バルカン戦争のあとで互いに憎み合っていて、ベルヒトルトはブルガリアを三国同盟に引き込もうと努めていた。[114] 国王フォクシー・フェルディナントのことを嘆いていたヴィルヘルムからは強い抵抗を受けたが、ベルヒトルトは最終的にドイツ政府を説得し一九一四年六月、ブルガリアに相当な借款を提供することとした。ベルヒトルトの努力はルーマニアを協商に向かわせることにもつながったが、多くの警戒すべき予徴があったにもかかわらず、ベルヒトルトは大戦の前夜までカロルを信頼し続けた。だが、コンラートは一九一三年末、将校に命じてルーマニアに対する戦争の計画を用意させた。コンラートはルーマニアが敵対した場合の埋め合わせとしてさらに多くの部隊をモルトケに要請した。モルトケはいつものように用心深く約束を避けたが、ドイツが東部に十三個から十四個師団を配置することになりそうだった。最悪のケースは、ドイツとオーストリア＝ハンガリー軍（戦場に四十八個師団を配置することが可能である）を併せて配置しても、ロシアの九十個師団に併せてルーマニアとセルビア十六個師団とそれぞれ半個師団それにモンテネグロの五個師団を相手にすることになり、全体のバランスは三国協商百二十八個師団に対して二国同盟六十二個師団となり、三国協商が優位になる。これが実際に起こる可能性のあったことだった。[115]

平和の最後の期間、それぞれの側からの対立を超えた試みも今なお存在していた。ロシアとドイツとオーストリア＝ハンガリーには、保守的な君主国の同盟を論じる人々も存在していた。一九一四年二月、保守的なロシア人で元内相のピョートル・ドゥルノヴォはロシア皇帝に

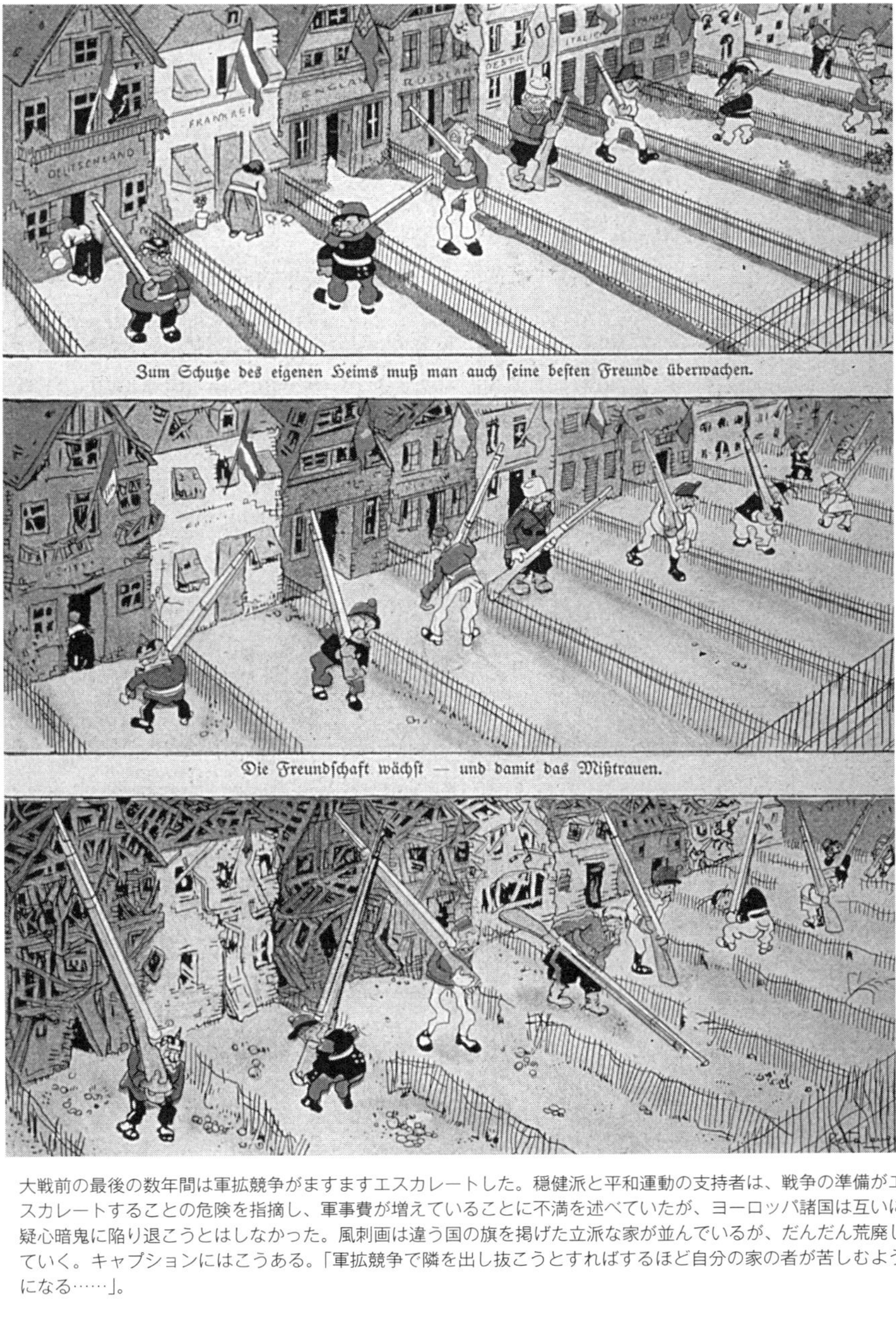

大戦前の最後の数年間は軍拡競争がますますエスカレートした。穏健派と平和運動の支持者は、戦争の準備がエスカレートすることの危険を指摘し、軍事費が増えていることに不満を述べていたが、ヨーロッパ諸国は互いに疑心暗鬼に陥り退こうとはしなかった。風刺画は違う国の旗を掲げた立派な家が並んでいるが、だんだん荒廃していく。キャプションにはこうある。「軍拡競争で隣を出し抜こうとすればするほど自分の家の者が苦しむようになる……」。

長文の手紙を書いて、ロシアがフランスとドイツ、あるいはイギリスとドイツの間の争いの局外に立つように促した。ロシアにはドイツと良好な関係を持つことで得るものは多く、そうでないとすべてを失うことになる、ヨーロッパ戦争は日本との戦争以上にロシア社会を揺さぶることになる、ロシアが負ければ「最も極端なことを主張する社会革命が起こり」苦しむことになる、と。[116] オーストリア＝ハンガリーでは、ハンガリーの首相のティサがウィーンに眼を光らせておくために任命した旧友シュテファン・フォン・ブリアン男爵がロシアとヨーロッパおよび海峡に関する理解の可能性を浮上させた。ブリアンの策は一九一四年一月までほとんど進捗しなかったが楽観的であり続けた。[117]

緊張緩和の試みのなかで最も重要で、ヨーロッパを戦争から遠ざける潜在的な可能性は、ドイツとイギリスの間にあった。一九一三年夏、もっとも古い同盟国を息を呑むように無視して、帝国をつくりたいというドイツの願いを満たしてやろうと試み、イギリスはポルトガルのアフリカ植民地を提供した。ポルトガルの帝国は瓦解するところまできていたが、一九一四年夏には調印はまだなされていなかった。イギリスとドイツはベルリン―バグダード鉄道に関しても合意に達していた。イギリスはもはやその建設に反対しておらず、ドイツは海岸を含むバグダードの南の地域をイギリスが管理することに同意していた。これらは勇気づけられる展開だったが、良好な関係の鍵はいつものように海軍競争だった。

一九一二年初め、ドイツが新たな海軍法案を用意すると、イギリスは両者で話し合うことを提案した。イギリスの見通しでは、ドイツの拡大はイギリス海域には受け入れがたい脅威を代表するものであり、アスキス政府にとってさらに多くの海軍費を得ようとするのを議会が賛成するというのはあり得ないことだった。ドイツと良いつながりを持ったイギリスを代表する金融家サー・アーネスト・カッセルは、一九一二年一月下旬に何らかの形の合意をドイツに打診するように内閣の賛同を得てベルリンを訪問した。カッセルは、同じく海軍競争を終えることを望んでいて、ベートマンとドイツ皇帝と会議を何回か行っていた友人である船舶業の大御所アルベルト・バリンと会見した。バリンはドイツ皇帝に短いメモを送ってた。メモの中には三つの重要な点が含まれていた。最初の一番重要な点は、イギリス海軍の優位がこの島国帝国には必須だということとドイツのプログラムはそれゆえ凍結するか削減するかしなければならないということをドイツが承認すること。二番目は反対に、ドイツが植民地を獲得するのをイギリスができるだけ手伝うこと。最後に、二国が攻撃的なプランや互いに反対し合う同盟には参加しないと約束すること。ベートマンは喜び、ヴィルヘルムは「まるで子どもみたいにうっとりした」とカッセルは伝えている。(118) ドイツは話し合いのために大臣をベルリンに派遣するよう、イギリスに提案した。

一九一二年二月五日、イギリス内閣は陸軍大臣リチャード・ホールデーンを大使に選んだ。ホールデーンはずんぐりとした体型のうぬぼれの強い法律家で、若い頃ドイツとドイツ文化に心酔し、印象的なほどドイツ語を上手に話した（このことは大戦中ホールデーンの汚点となった）。ホールデーンは内閣のタカ派に位置し特にグレイに近かった。グレイとは共有している家もある間柄だった。公にはホールデーンはドイツの教育について研究するということになっていたが、旅行の真の目的はドイツに探りを入れて、両者が合意に至ればチャーチルかグレイ自身が喜び勇んでベルリンを訪問して最終決定することだった。ホールデーンは二日間ベートマン、ドイツ皇帝、ティルピッツと話し合った。ホールデーンは、ティルピッツは気難しく、皇帝は友好的だと判断した——ヴィルヘルムはホールデーンに自分のブロンズの胸像をプレゼントした——ベートマンは誠実に平和を望んでいると考えた。(119)

実際には両国の立場がかけ離れていることが、間もなく明らかになった。イギリスは海軍競争に終止符を打つことを望んでいた。ドイツは大陸で戦争が起こった場合にイギリスが中立に留まっていることを保証することを望んでいた。もちろんこれは対ロシア・フランス戦にあたってドイツに自由裁量を与えることになる。ドイツが一番やりたいことは、その保証が得られた場合に造船の速度を落とすことだった。一方、イギリスが一番約束したいのは、ドイツが攻撃を受けた場合に中立でいて、それゆえ戦争に責任を持たない立場にいるということだった。ヴィルヘルムはイギリスが横柄だと思い、「私はドイツ帝国の名の下にある皇帝として存在しており、わが軍の名の下の司令官である。われわれの名誉に合致しないこのような見方は断固として拒絶する」(120) と激怒した。ホールデンがロンドンに戻ったあとも交渉は続けられたが、交渉が決着しないことは明らかであった。(121) 三月十二日、ドイツ皇帝は、感情的にイギリスを嫌っていた皇后からイギリスにへつらうのをやめよと言われたあとで、新海軍法案を裁可した。ティルピッツは初めから交渉に強く反対していたので、ドイツ国民皇后の手にキスし、ドイツ国民の名の下で皇后に感謝した。[122]ベートマンはいなかったので辞表を提出したが、ヴィルヘルムはそれに腹を立て臆病者と叱責し、受け入れなかった。ベートマンは忠実に職にとどまった。ヴィルヘルムが邪魔に入りさえしなければイギリスと取引ができたのに、と後に悲しそうに述べている。[123]

チャーチルは、ホールデーンが任務に失敗した直後一九一二年から一九一三年にかけての海軍予算を提出したとき、イギリスはドイツに対抗するためだけに戦艦を建造しており、決定的な優位を保たなければならないと公に発言した。善意のジェスチャーとして、また支出を管理下に置く試みとして、チャーチルは「海軍の休日」をドイツに提案し、そのときは同国とも戦艦の建造に一息入れることとした。この提案をチャーチルは二年間繰り返した。チャーチルの動機は防衛費の大きな増加に反対する党の同僚を宥めたいということだった。また、この時点で「海軍の休日」を設ければイギリスに有利な形でバランスを凍結することになると認識していた。しかし提案はドイツの指導者から拒絶され、イギリスの保守勢力から攻撃された。温かく歓迎したのはアメリカ合衆国だけだった。新しい大統領ウッドロー・ウィルソンは熱心で、下院は海軍建造の凍結を話し合う国際会議を要求した。一九一四年、ウィルソンは一番近しい親友をヨーロッパの首都に派遣した。その人物とは、小柄で謎めいたエドワード・ハウス大佐で、アメリカ合衆国が海軍の軍縮協定の仲介役をすることができるかどうか検証させた。ハウスは五月、ベルリンから次のように報告している。「状況は異常です。軍国主義が狂ったように広がっています。あなたのように行動する人物が違う考えを伝えなければ、いつか恐ろしい地殻の大変動が起こるでしょう」。[124]

ウィルソンの国務長官ウィリアム・ジェニングス・ブライアンも他国の政府に手紙を送り、第三回ハーグ万国平和会議の開催を提案した。一八八九年に第一回の会議が行われたが、第三回会議は一九一五年の秋に開催されることになり、一九一四年には多くの国が準備を始めていた。[125] 国際平和運動は今なお活発だった。八月二日アメリカの慈善家アンドリュー・カーネギーの支援を受けた国際平和会議がドイツのコンスタンツで行われることになっていて、列国議会同盟がその月の後半、ストックホルムで会議を行うことを計画していた。平和主義者の多くが戦争はますます不可能になったと自信を持っていたが、ベテランの一人は憂鬱な気分に包まれていた。ベルタ・フォン・ズットナーはこう日記に書いている。「相互不信、非難、扇動以外何もない。そうだ。これは数を増している大砲、爆弾を落とすテストをしている飛行機、さらに多くを求める大臣たちに見合ったコーラスなのだ[126]」。ズットナーはフランツ・フェルディナントがサラエヴォで暗殺される一週間前に亡くなった。

運命の出来事が近づくにつれて、ヨーロッパは不安と自己満足が奇妙に結合したものとなっていった。フランスの社会主義者ジョレスはそれを指摘した。「ヨーロッパは何年間も多くの叫び声に悩まされてきた。戦争が起こることはなかったが、ヨーロッパは何度も危険なテストを受けてきた。威嚇を信じなくなり、果てしなく続いているバルカンの争いのさらなる動きを、だんだん関心をなくしつつも、不安に鈍感になりつつもじっと見守っている[127]」。政治家たちは以前、訳もわからず何とか乗り切ってきた。今日そうできない理由などあるだろうか。

18 サラエヴォの暗殺

一九一四年六月二十八日は暖かくよい天気の日曜日だった。休暇中の人々はヨーロッパの娯楽施設や公園や海岸に押し寄せていた。フランス大統領ポアンカレは夫人とともにパリ郊外で行われたロンシャンの競馬に出かけていた。群衆は幸福で不安などないように見えた、とポアンカレは後に日記に書いている。青い芝生を敷きつめた競馬場のコースは美しく、優雅に着飾った女性たちが大勢来ていた。多くのヨーロッパ人にとって、夏の休暇はすでに始まっていた。ヨーロッパ各国の内閣、外務省、軍司令部は半ば空になっていて、たくさんの人がどこかに出かけていた。オーストリアの首相ベルヒトルトはモラビアに鴨狩りに出かけていた。ドイツ皇帝ヴィルヘルムはバルト海で毎年行われるレガッタに出かけ、ヨット、ミーティア号でレースに参加していた。ドイツ参謀総長のモルトケは温泉に出かけていた。訪れようとしていた危機は、非常に多くの重要人物が情報が届かないところまで出かけているか、十分真剣に考えなかったために悪化し、対応は遅きに失してしまった。

ポアンカレが特別にしつらえた大統領のボックスで外交団から来た客人とともに楽しんでいると、フランスのニュース会社アバスからの電報を手渡された。フランツ・フェルディナン大公とその妻ゾフィーが、オーストリア＝ハンガリーが最近獲得したボスニアの首都サラエヴォで暗殺されたところだという。ポアンカレはすぐにオーストリア大使に伝えた。大使は真っ青になって大急ぎで大使館に戻った。競馬場のレースは続いていたが、ニュースがポアンカレの客人の間に広がった。多くの人々はヨーロッパはそんなに変わることがないだろうと思っていたが、ルーマニア大使はかなり悲観的だった。オーストリア＝ハンガリーはこの事件をセルビアと戦争をする口実にしたがるのではないかと考えたのだ。(1)

それから五週間のうちに、ヨーロッパは平和から、最初はイタリアとオスマン帝国を除くすべての列強を巻き込む全面戦争に向かっていった。この何十年の間に各国の指導者たちを後押しして戦争か平和に向かわせた一般の人々は、今や脇に追いやられ、それぞれヨーロッパの主な首都にいる一握りの人々が運命の決定を弄んでいた。深く染み込んでいた帝国としての威信と名誉（こうした言葉が当時の興奮状態にあった日々にはよく使われた）を信じ込み、さまざまな背景や時代の産物であった彼らが決定の拠りどころとしていたのは、いつも自分でもはっきり言葉にはできない思いだった。彼らは過去の勝利と敗北の記憶に、また将来に対する希望と恐怖に引きずられるままだった。

大公夫妻暗殺のニュースはすぐにヨーロッパ中に広がったが、ポアンカレのボックスにいた外交団の人々と同じように無関心と不安が入り混じった気持ちで受け止められた。大公をあまり好いていなかったウィーンでは、人気のあるプラーター公園の乗馬と出し物が引き続き行われていた。だが、上流階級の間では繰り返し継承者を失った帝国の将来について絶望が広がり、大きな責任があると思われていたセルビアに対して新たな気持ちが起こっていた。ドイツの大学街フライブルクでは、ある市民の日記によると、夏の収穫の状態と休暇のことが、多くの市民にとっての気がかりだった。著名な研究者フリードリヒ・マイネッケは、おそらく歴史家だったから、市民とは違う反応をしたのだろう。「すぐに目の前が真っ暗になった。戦争になる、私は独り言を述べた」[2]と。キールにニュースが届くと、当局はドイツ皇帝のヨットを見つけるために汽艇を出航させた。ヴィルヘルムはフランツ・フェルディナントのことを友人だと思い頼みにしていたのでショックを受け、「レースを諦めたほうがよいかな」と尋ねた。ヴィルヘルムは指揮を執るためすぐにベルリンに戻ると決め、平和のために働くつもりだと知らせようとした。そうは言うものの数日の間、ヴィルヘルムは時間を見つけては、自分の新しいヨットの内装をどうするかについての思案に没頭していたのである。[3]キールではすぐに半旗を掲げ、社交的なイベントは中止した。儀礼でやって来ていたイギリスの艦隊は六月三十日に帰っていった。ドイツは「楽しい旅を」という信号を送り、イギリスは「昔の友、永遠の友」と返礼した。[4]一カ月以上経って両国は戦争をすることになったのだ。

ヨーロッパを大戦に向かう死出の旅に送ることになったテロを行ったのは、狂信的なスラヴのナショナリスト、

「青年ボスニア」とセルビア国内の黒幕だった。暗殺者と彼に近いサークルは、大半がセルビア人とクロアチア人の小農民の少年たちで構成され、勉強と仕事のために田舎を去って二重帝国とセルビアの都会に行った人々だった。伝統的な衣装の代わりにスーツを着て年長者たちの保守主義を非難していたが、それにもかかわらず近代世界に驚き、戸惑っていた。彼らのことを一世紀後のアルカイダのようなイスラム原理主義者の過激派組織と比べずにはおれない。後の狂信者たちのように、「青年ボスニア」は通常、強烈にピューリタン的で、アルコールやセックスのようなものを軽蔑していた。また、南スラヴの臣下を腐敗させているという理由から、オーストリア＝ハンガリーを憎んでいた。「青年ボスニア」のメンバーはほとんど定職に就いていなかった。むしろ家族からの仕送りに頼り、そのためいつも家族と喧嘩していた。わずかばかりの持ち物を共有し、それぞれの家の床で眠り、安いカフェで一杯のコーヒーを飲みながら何時間も生活や政治のことを議論していた。[5] 理想主義者でボスニアを外国の支配から解放することに情熱的に関与し、新しい、より公正な世界をつくろうとしていた。大ロシアの革命家やアナキストの強い影響を受け、「青年ボスニア」は暴力によって、そして必要ならば自らの命を犠牲にすることによってのみ目的を達成することができると信じていた。[6]

暗殺計画のリーダーはボスニアのセルビア人ガブリロ・プリンチプだった。勤勉な農民の息子で、体つきは細身で、性格は内向的で繊細だった。プリンチプは詩人になりたいと思っていたが、さしたる成功を収めることもなく次々に学校を代わっていった。六月二十八日に逮捕されたあと、「どこへ行っても弱虫だと思われた。だから本当は弱くないけれど、弱い人間の振りをしたのだ」[7]と警察に述べている。プリンチプは一九一一年に地下の革命的な政治の世界に引き込まれた。共同で陰謀を行う仲間となった友人と一緒に、老皇帝であれ皇帝に近い人物であれば誰でも重要な標的にしてテロを行うことに身を捧げた。一九一二年と一九一三年のバルカン戦争でセルビアが勝ち領土を拡大したことによって霊感を得て考えを新たにし、南スラヴの最終的な勝利は遠くないと思うようになっていた。[8]

セルビア内部でも「青年ボスニア」とその活動について相当な支持があった。十年以上、セルビア政府のいくつかの部門ではオスマン帝国であろうとオーストリア＝

ハンガリーであろうと、セルビアの敵国において準軍隊的組織と陰謀機関の活動を奨励していた。陸軍はマケドニアの武装したセルビア人部隊に資金と武器を提供し、イランが今日レバノンのヒズボラにやっているように、ボスニアに武器を密輸入した。セルビアにも独自の秘密組織が存在していた。一九〇三年、主に将校からなるグループが不人気な国王アレクサンドル・オブレノヴィッチと夫人を暗殺し、ペータルを王位に就けた。その後何年間も、新たな国王はセルビア内で強い影響力を持ち続け、セルビアのナショナリズムを国外で喧伝する陰謀者たちの活動を大目に見ることが好都合だと考えた。そのなかに魅力的で、容赦なく、悪意があって、途轍もなく強力なドラグーティン・ドミトリエビッチという重要人物がいた。雄牛として描かれるエジプトの神の名にちなんで「アピス」というあだ名で呼ばれていた。アピスには大セルビアのためには、自分や家族と友人の生活を犠牲にする覚悟があった。一九一一年、アピスと仲間の陰謀者は「ブラック・ハンド」という組織を設立し、正邪あらゆる手段を使って全セルビア人を一つにするために尽力するとした。(9) 首相のパシッチは隣国との戦争を回避したいと思っており、「ブラック・ハンド」の存在を知っていたため、たとえば軍の将校のなかで民族主義者の危険な人物の何人かに年金を与えて引退させるなどして、コントロール下に置けるようにしていた。一九一四年の初夏、パシッチとアピスの対立は急迫した段階に達した。六月二日、パシッチは辞任したが六月十一日に復帰し、六月二十四日、大公がボスニアへの旅行を準備していたとき、議会の解散と夏の終わりに新たな選挙を行うと発表した。国王ペータルも引退し、息子のアレクサンドルを摂政にした。ボスニアの陰謀者たちが六月二十八日に大公を暗殺する計画の最後の仕上げをしている頃、オーストリア＝ハンガリーを挑発したくないと考えていたパシッチは自分の政治生命を賭けて戦っていたが、いまだに「ブラック・ハンド」を取り除いてアピスを退けることができないでいた。

フランツ・フェルディナントの旅行が迫っているという知らせはその年の早春に広報があった。陰謀をたくらむ者たちはその時点でベオグラードに何人かいて、フランツ・フェルディナントを暗殺することを決めた。セルビア軍に所属し「ブラック・ハンド」に共感していたある少佐が、軍の武器庫から爆弾六発とリボルバー四丁を調達して手渡した。五月末にプリンチプを含む三人は、武器と暗殺後に自殺をするためのシアン〔化合物〕のカプセルを持ち、セルビアの国境を越えてボスニアに入り込んだ。彼らに共感していたセルビアの将校たちはこれを黙認した。パシッチは何とか先手を打とうとしたが、何もできなかった。おそらくいずれにしても遅すぎたのだ。陰謀を企む者たちは安全にサラエヴォに到着し、地元のテロリストと連携した。次の数週間のうちには、考えを変える者も出てきて延期しようという議論もしたが、プリンチプの考えが変わっていないのは明らかだった。プリンチプは裁判のときに判事に述べている。「暗殺の延期に賛成しなかった。ある種の暗い渇望が自分の心の中に目覚めていたからだった」[10]。

陰謀者たちの仕事はオーストリア＝ハンガリー側が無能で傲慢なために容易になった。何年もの間、南スラヴのナショナリストのオーストリア＝ハンガリーに対する陰謀の噂があった。現実に何人かの高官の命が狙われ、皇帝さえ狙われた。ウィーンとボスニアとクロアチアの問題を抱える当局は、ナショナリストの学生や組織、新聞を、注意深く観察していた。ハプスブルク家の継承者のボスニア訪問は、併合からまだ六年しか経っておらずセルビア人の怒りが収まっていなかったことから、ナショナリストの感情を煽るのは間違いなかった。そのうえ訪問は、セルビアとモンテネグロに対していつか使う可能性のある二重帝国の軍事演習のためでもあった。訪問のタイミングが、セルビアの大きな国民の祭典、すなわち毎年恒例のセルビアの守り主である聖ヴィトゥスの饗宴の日であり、同時に一三八九年六月二十八日のコソボの戦いでオスマン帝国によって国民的な敗北を喫した日を記念する日でもあったことが、事態をさらに悪化させた。この祭典のために警備が手薄だったもかかわらず、熱心に大公の安全を確保しようという姿勢には、どう見ても欠けていた。ボスニアの反動的で頑迷な総督ポチョレック将軍は、いくつかの部署から大公が危険なところを通ってくるという警告が来ていたのにそれを無視して、サラエヴォの街頭の警備に軍を派遣するのを拒否した。ポチョレックはボスニアを平定し統治している自分の実績を誇示し、二重帝国の他の地域では常に拒否されていた帝国の最高の栄誉の下、ゾフィーをもてなすことによって、フランツ・フェルディナントに自分の名を売ろうとしていたのだ。訪問の調整を行うために立ち上げた特別委員会は、ほとんどの時間とエネルギーを大公に出すワインの種類だとか、食事の間に流す大公が好きな音

楽に費やしていた。(11)

六月二十三日の晩、フランツ・フェルディナントとゾフィーはウィーンでトリエステ行きの列車に乗った。フランツ・フェルディナントは出発前にある側近の妻に述べた。「この訪問は特に秘密ではない。セルビアの銃弾が数発私を待っていたとしても驚かない！」と。列車の明かりが壊れていたので代わりにロウソクを使わざるを得なかったのだが、それによって納骨堂のような雰囲気が醸し出されていると思った者もいた。水曜日の朝、大公一行はドレッドノート、ヴィリブス・ユニティス号（「結束した力」号）に乗船し、ボスニアに向けてダルマチア海岸を航行した。一行は翌日上陸し、サラエヴォ近くのリゾート町イリジャに出かけ、そこに宿泊した。その晩、大公夫妻は突然思いついてサラエヴォの有名な工芸品を探しに出かけた。大公夫妻がカーペット店に入ったとき、プリンチプは明らかにその群衆の中にいた。

金曜日と土曜日、大公がサラエヴォの南の山岳地帯で行われた軍事演習に参加している間、大公夫人は地元の観光に出かけていた。土曜日の晩、地元の高官たちがイリジャで晩餐会に出席した。大公夫妻に対する陰謀を警告していた一人クロアチアを代表する政治家ヨシプ・スナリクが大公夫人に紹介された。大公夫人は快活に話した。「あなたですね。でも間違いよ。いつも言っていることと違うじゃないの。私たちずっと田舎にいましたが、セルビアの人たちは例外なく全員、こんなに友好的な態度で受け入れてくださっています。こんなに誠実で遠慮なく温かさを示してくださって、本当に幸せな気持ちです」と。「妃殿下、明日の晩にまたお会いできる栄誉をいただくことができましたならば、同じ言葉をまたかけてくださることを神に願いましょう。そのときには私の心に重くのしかかっている大きな石が取り除かれることでしょう」(12)とスナリクは答えた。その晩、大公一行は計画していた翌日のサラエヴォ訪問をキャンセルするかどうか話し合ったが、計画通りに進めることに決定した。

六月二十八日日曜日の朝、サラエヴォは晴れていて、列車から降りた大公夫妻はオープンカーに腰を下ろした。この手のオープンカーはヨーロッパでは数が少なかった。大公はオーストリアの騎兵将軍の制服で青いチュニック、羽のついた帽子をきらびやかないでたちで、大公夫人は赤いサッシュ以外はすべて白で身を包んでいた。陰謀者たちは全部で七人いたが、すでに所定の位置につき、訪問のルート沿いに集まった群衆の中に点在していた。自動車の行列がサラエヴォの中心部を流れる川べりのアペル・ケイ沿いを走っていくと、若いネジェリエコ・チャブリノヴィッチが大公の自動車に向かって爆弾を投げつけた。後の時代に自爆テロを行った人々同様、チャブリノヴィッチは家族や友人に別れを告げ、自分が持っていたわずかばかりのものを形見分けしていた。運転手は爆弾が飛んでくるのを見てアクセルを踏んだ。その結果、爆弾は次の車の下で爆発し、乗っていた何人かと通行人が負傷した。大公は側近に起こったことを見に行かせ、予定通りに進めるように命じた。一行は動揺し、憤慨していたが、市長が歓迎の演説をしようと待っている市庁舎に向かって進んだ。市長はつっかえながらも歓迎の挨拶をし、大公は返礼を読むためにノートを取り出した。ノートにはスタッフの一人の血が染み込んでいた。慌てて相談が行われ、一行はけが人を見舞うために軍の病院に行くことを決定した。自動車がアペル・ケイ沿いに急いで戻ると、警備担当の長とサラエヴォ市長を乗せて先頭を行く二台が右に曲がり、ずっと細い路地に入った。大公の自動車が続こうとすると、サラエヴォの総督ポチョレックが「止まれ！ 道を間違えた」と叫んだ。運転手がブレーキを踏むと、立って待っていたプリンチプは車のステップに上がり、大公と大公夫人を直射した。大公夫人は夫の足元に倒れ、大公は「ゾフィー、ゾフィー、死ぬな。子どもたちのために生きてくれ」と叫んだ。そのあと大公は意識を失った。二人の体は総督の宮殿に運ばれ、そこで死が宣告された。[13] プリンチプは自殺しようとしたが見物人に捕まった。仲間の陰謀者たちは遅まきながら行動を始めた警察に検挙された。

　廷臣がこの知らせをイシュルの小さくきれいなリゾートにあるお気に入りの別荘にいた皇帝に届けると、フランツ・ヨーゼフは目を閉じてしばらく沈黙したままだった。最初の言葉は深い感情を吐露したものだったが、それはゾフィーと結婚して皇帝に公然と反抗したばかりか、皇帝が考えていたようにハプスブルク家の名誉にダメージを与えた継承者との溝の深さを示していた。「恐ろしい！ 神は咎めないではいられなかったのだ……高いところにある力が、残念ながら私が維持できなかった古い秩序をお戻しになったのだ」[14] と。それ以上は何も言わなかったが、ウィーンに戻ると命令を出した。帝国がどのようにしてセルビアに報復できるか皇帝が考えていたかどうかはわからない。過去に皇帝は平和を選び、フランツ・フェルディナントがそれを支持した。暗殺は、ヨーロッパの長い平和の最後の週にあって、皇帝を抑え得る皇帝に近い唯一の相談役を取り除いてしまったのである。八十三歳の皇帝は体が衰えつつあり――春には重病だった――ただ一人で政府と軍部のタカ派に立ち向かわなければならなかった。

七月三日にウィーンで行われた大公夫妻の葬儀は、重要性の低い行事となった。ドイツ皇帝は腰痛で旅行できないと参列を断っていたが、真の理由は、ヴィルヘルム自身もドイツ政府もヴィルヘルムを暗殺する計画があるという噂を聞いていたからだった。とにかく、二重帝国は外国の元首の出席を求めず、ウィーンにいる大使たちだけを呼んだ。不幸なカップルには亡くなってなお厳格な宮廷の作法が適用された。大公の棺は夫人の棺より大きく高い教壇に置かれたのだ。ハプスブルク家の礼拝堂で行われた葬儀は十五分という短さで、棺は霊柩車に積まれ鉄道の駅に運ばれた。大公はずっと以前からハプスブルク家の納骨堂で妻は自分の隣に置いてもらえないことを知っていたから、その時が来た場合には二人ともウィーンのアルトシュテッテンにあるお気に入りの城に埋葬するように用意していた。二人は今もそこに眠っている。葬儀のやり方に自発的に怒りを表して、帝国の名家の人々は棺の後ろを歩いて駅まで赴いた。ウィーン市民は悲しみを感じてというより好奇心で葬列を見守り、プラーター公園の観覧車は楽しそうに回り続けていたとロシア大使が報告している。棺は列車に積み込まれ、嵐の中ドナウ川を渡る平底船に乗せられた。嵐がすさまじく、川に放り出されそうになるほどだった。(15)

葬儀が行われる前に、セルビアの極悪非道な挑発に直面してオーストリア＝ハンガリーはどうすべきか議論が始まっていた。二〇〇一年九月十一日の悲劇が強硬論者に、ブッシュ大統領とブレア首相にかねてから提唱してきたことを――アフガニスタンとイラクへの侵入――促す機会を与えたように、サラエヴォの暗殺は、南スラヴ問題を一気に解決しようとしたオーストリア＝ハンガリーの人々に大きくドアを開けることになった。それはバルカンでオーストリア＝ハンガリーの優位を押し出し、帝国内の南スラヴ人を管理下に置く手始めとして、セルビア――一般に暗殺の背後にいると想定されていた――を破壊することだった。ナショナリストの新聞はセルビアと南スラヴ人のことを、社会進化論の言葉を借り、オーストリア＝ハンガリーの永遠の敵と表現していた。保守を代表する政治家で知識人のヨーゼフ・レドリッヒは六月二十八日、次のように日記に書いている。「今となって誰の眼にも明らかなのは、平和的な共存は、ドイツと姉妹関係のある半分ドイツの帝国と熱狂的で血に飢えているバルカンのナショナリズムの間では不可能だということだ」[16]。フランツ・フェルディナントのことを悲しむ支配階級の人々の間でさえ復讐が口に上っているのに、敵対する人々は心なくもフランツ・フェルディナントがもっと前の段階でセルビアとの戦争を回避してしまったことを責めた。[17]

一九〇八年のボスニアの危機以来、参謀総長としてずっと戦争を主張し続けていたコンラートは、ザグレブで列車を乗り換えるときに知らせを聞いた。コンラートはすぐに愛するジーナに手紙を書いた。セルビアが暗殺の背後にいるのははっきりしているのだから、オーストリア＝ハンガリーはずっと前から対処すべきだった。二重帝国の未来は今や暗いとコンラートは続けた。ロシアはおそらくセルビアを支持するだろうし、ルーマニアも敵と数えなければならないだろう、それでも戦争はしなければならないと、コンラートはジーナに述べた。「希望のない戦いになるだろう。だが、やらなければならない。帝国は古く軍には栄光があるから、その栄誉をなくすことはできない」。翌日、ウィーンの参謀総長と首相に宛てたコンラートのメッセージは、単純に「戦争。戦争。戦争。」だったとベルヒトルトは書き留めている。[18]戦争。」だったとベルヒトルトは書き留めている。コンラートにとって、たとえば軍を外交的な解決のために圧力をかける手段として動員するしかしないのは問題外だった。バルカン戦争の際これが行われたとき、コンラートはベルヒトルトに軍の士気はひどいダメージを受けたと述べた。コンラートは次のような言い方を好んで使った。「ハードルの前に三回連れて行ってジャンプしないで立ち止まってしまう馬は、またハードルに近づこうとはしないものだ」[19]。七月終わりに危機が差し迫ると、外交目的でセルビアあるいはロシアのいずれかに部分的な動員を行うことにコンラートは断固として反対した。グレイらが提案しようとしていたベオグラードで止めるセルビアに対する限定的な戦争も検討しなかった。[20]コンラートの好戦的な姿勢は陸軍大臣アレクサンダー・クロバティン将軍や、大公を守りきれなかったことに思い悩みセルビアに対する復讐を断固として主張していたボスニアのポチョレックを含む仲間の将校たちから広範な支持を得ていた。

外務省でも、特に若い幹部の間では、その多くはエーレンタールとその積極的な外交政策を賞賛していたのだが、意見の流れは暗殺に対して強硬な対応を取る方向だった。オーストリア＝ハンガリーは南の隣国オスマン帝国のように無意味なものとなって消えていってほしくないという議論があった。次の数週間重要な役割を演じることになるアレクサンダー・ホヨス伯爵はレドリッヒに述べている。「まだ解決できる！　病人になりたくないしなってはいけない。すぐに壊されてしまう方がましだ」[21]と。この間、ホヨスの部下はベルヒトルトに、セルビアに対して速やかに断固として行動するように働きかけ続けた。ロシアは介入しなければならないと感じる可能性があるのは間違いないが、ロシアがもっと力を持つようになる前、今のうちに対決した方がよい。あるいは、おそらく二つの保守帝国の間の連帯意識があるからロシアは傍観を決め込む可能性もある。二重帝国の国内状況に話が及ぶと、時が尽きつつあるという議論も用いられた。オーストリア＝ハンガリーの南スラヴ人は今なおウィーンの政府を支持している可能性もあるが、セルビアの宣伝がすでに注入されているから、待つことは危険だった。[22]根拠のない楽観主義から、外相はルーマニアがオーストリア＝ハンガリーとブルガリアの間の密接な関係を恐れて、忠実なまま留まるという不名誉に甘んじる可能性があると期待していた。[23]

頭が固く傲慢で争いごとが好きなドイツ大使ハインリヒ・フォン・チルシュキーは、自分の意見をつけ加えている。オーストリア＝ハンガリーはしっかり立って、セルビアに誰が主人なのかを教えるべきだ、と。ベルリンの上司が政策を決定する前から、チルシュキーはウィーンで会った高官全員に、ドイツは何を決定しようと二重帝国を支援すると述べていた。オーストリア＝ハンガリーがまたしても弱体ぶりを示せば、ドイツは他に同盟国を求めるかもしれないとチルシュキーは警告した。[24]ベルヒトルトには説得の必要がほとんどなかった。以前危機の際に戦争に反対してきたが、一九一三年の第二次バルカン戦争の終わりからオーストリア＝ハンガリーはいつかセルビアと戦争をしなければならなくなると確信していた。その時が来たのだ。[25]七月一日、ベルヒトルトは動揺しているフランツ・ヨーゼフと会議を持った。皇帝はオーストリア＝ハンガリーが列強として自らを押し出さなければならないことに同意した。皇帝は「ヨーロッパで一番保守的な勢力であるわが国はイタリアとバルカン諸国の拡大政策によってこのような苦境に追いやられている」[26]と述べている。

戦争に傾く人々のなかで唯一まともに戦争に反対したのはハンガリー人、特に首相のティサだった。オーストリア＝ハンガリーはこの小さい国セルビアに罪があると世界に説得するだけの根拠を十分に持っていないと、ティサは七月一日に皇帝宛てに書いた。さらに、二重帝国の国際的な立場が弱くなっていた。ルーマニアは秘密条約があるにもかかわらずそれを守る可能性が低く、ブルガリアが支持する可能性があったとしてもルーマニアの代わりとなるほど十分ではなかった。ティサの助言は、オーストリア＝ハンガリーがセルビアと平和的な解決に向けて協力し続けるということだった[27]。次の数週間、ティサは戦争支持派に加わるように大きな圧力を受け続けた。ハンガリーの支持がなければ、ウィーンの政府は行動できなかったからだ。

解決しなければならないもう一つの問題は、オーストリア＝ハンガリーの同盟国ドイツがどういう準備をしているかということだった。チルシュキーからのシグナルは勇気づけられるものだった。七月一日にはドイツ外相ヤーゴーに近いことで知られる影響力のあるドイツ人ジャーナリストのヴィクトル・ナウマンがホヨスを訪ね、ドイツ皇帝ヴィルヘルムは適切に扱えばオーストリア＝ハンガリーの後ろに断固として控えるし、ドイツの世論もそうだと述べた。ナウマンは続けた。「オーストリア＝ハンガリーはこの瞬間を生かさなければ帝国として、また列強として終わってしまう」[28]。ベルヒトルトはドイツの公式の政策がどうあるのかという重大な問題については、ベルリンと直にやり取りすることを決めていた。大使を務めたのはおそらく偶然の一致というわけではないのだが、ホヨスだった。タカ派の代表として、またドイツに良い係累があることで知られていた（姉はビスマルクの息子と結婚していた）。コンラートはこの任務を耳にすると、フランツ・ヨーゼフに尋ねた。「ドイツがわが国につくという答えが返れば、われわれはセルビアと戦争をするということでしょうか」。老皇帝は答えた。「その場合はイエスだ」[29]。

ホヨスは七月四日の晩にウィーンを出発した。バルカンの状況について書かれた長い覚書とフランツ・ヨーゼフからヴィルヘルムに宛てた私信を携えていた。どちらの文書も戦争の決定については触れていなかったが、トーンは好戦的で、たとえばオーストリア＝ハンガリーとセルビアの穿ちがたい溝のことや、二重帝国は敵が投げてきた網の糸を断ち切る必要があるといったことが書かれていた。皇帝がヴィルヘルムに宛てた手紙はこう結んでいる。「ボスニアで恐るべき出来事が起こった今、われわれとセルビアを分かつ対立を和解させることはもはや考えられないし、ヨーロッパの君主国が長く続けてきた平和政策はベオグラードの犯罪的な扇動の竈が罰せられることなく燃え続ける限り脅かされ続ける」[30]。ホヨスは年長のベルリン駐在大使ラディスラウス・セジェニー＝マリヒ伯爵にベルヒトルトからの口頭のメッセージを伝えた。その内容は、オーストリア＝ハンガリーはセルビアを処理するときが来たと感じているというものだった。ベルリンで、ホヨスはこれらの命令のさらに先を行き、オーストリア＝ハンガリーはセルビアを占領し分割するつもりだとドイツ人に述べていた[31]。

七月五日、外相がウィーンからのメッセージの意味を検討していた間、セジェニーはドイツ皇帝と昼食を摂っていた。ヴィルヘルムは文書を読み通し、最初は時間稼ぎをした。非常に重大なことで、首相ベートマンと相談しなければならないとしたのだ。だが、大使が強く押すと、ヴィルヘルムは用心を解いた。フランツ・ヨーゼフはドイツの全面的な支持をあてにしてかまわないとヴィルヘルムは約束した。セルビアおよびロシアと戦争になったとしても、ドイツは同盟国の側を支える、と。その日の午後、ドイツ皇帝は遅ればせながら、高官たちに相談した。ベートマンは約束に賛成し、陸軍大臣ファルケンハインは軍には戦う用意があると簡潔に述べた。翌日、ベートマンはセジェニーとホヨスに対し、ドイツの支持を再び保証した。ホヨスは任務の成功を喜びウィーンに帰った。「私たちが当時どれだけ強くドイツの力を、またドイツ軍が無敵であることを信じていたのか、今日では誰も想像できないだろう」と戦後、ホヨスは述べている。オーストリア＝ハンガリーの政府はセルビアを服従させるための第二段階に突入した[32]。

そういうわけで、暗殺の一週間後にはドイツは「白紙手形」として知られることになるものを発行し、ヨーロッパは全面戦争に向けて大きな一歩を踏み出した。ドイツが自らの目的のためにこのような戦争を行う決意をしたと論じる人々もいるが、そうではなかった。むしろドイツの指導者たちは戦争が起こるとしたらこの時期はドイツに都合がよいという理由から、またオーストリア＝ハンガリーを同盟国として繋ぎ止めておきたいという理由から戦争の可能性を受け入れる準備をしたのである。また、当時は特にヴィルヘルム自身とベートマンがそうなのだが、戦争か平和かを決める権力を持ち、最終的に戦争がドイツにとってより良い選択肢であると納得した個人が存在していた――あるいは単純に自分にかかる圧力と、戦争を望む人々の議論に抵抗する勇気に欠けていたのである。また、おそらく多くのヨーロッパ人のように、いくつもの緊張と危機に疲れていて、大変革を望んだのだろう。ベートマンが個人秘書のクルト・リーツラーに述べたように、暗闇の中に飛び込むことに魅力を感じたのだ。(33)

ドイツの行動は、平和の最後の時期の他国の行動と同様、先行する何十年かの駆け引きと指導者たちの思考を支えていた想定のなかで捉えなければならない。最終的にごくわずかな人々――特にベートマン、モルトケ、ドイツ皇帝――がドイツの政策を決定した。彼らと彼らを動かした配下の者たちに影響を与えていたのは、好機よりむしろ脅威だった。彼らは国内の左派に怯え、外国に目を転じると昔からあった包囲がこれまでになく厳しく恐ろしいものになっていた。一九一四年になるとドイツの軍部は二正面の陸地で戦争することを当然のことと受け止めるようになっていた。その五月、ドイツ軍の主計総監ゲオルク・フォン・ヴァルダーゼは、ドイツは同時に攻撃を行う可能性があり、意を決して武装の速度を増して複数の敵に直面していると論じたメモを書いた。ドイツの指導者はあらゆる犠牲を払ってまで平和を支持する必要がなかった。むしろ必要ならばできる限り多くの若者を徴兵して陸軍を強化し、いつでも戦える用意をしなければならなかった。(34)三国同盟が弱体化しているのに三国協商が強力になっていくように映ったことも不吉だった。フランスとロシアの軍事同盟はさらに大きな軍事協力に向かって動いているように見えた。その夏のイギリス・ロシア間の海軍の話し合いは何も生み出さなかったが、ドイツの不安のレベルを引き上げることには役立った。大公暗殺の翌日、ベートマンはロンドン駐在大使マックス・フォン・リヒノフスキに、イギリスの貨物船がロシアの部隊をドイツのバルト海の海岸に輸送することに合意する用意があるという信頼性のある報告があると述べた。(35)一週間後、オーストリア＝ハンガリーがドイツに白紙手形を要求しそれを手に入れると、ベートマンはナショナリストを代表する政治家に「フランスと戦争が起これば、イギリスは最後の一人までわれわれに向かって進軍するだろう」(36)と述べた。状況をさらに悪化させたのは、ドイツとオーストリア＝ハンガリーが他の同盟国をあてにできないということだった。ルーマニアはおそらく離脱するだろうし、イタリアは頼りにならなかった。イタリアの参謀総長ポリオは有能で、ドイツおよびオーストリア＝ハンガリーと協力したがっているように見えたが、ヴァルダーゼがその五月に尋ねたように「彼の影響力はいつまで続くのか？」という状態だった。ポリオはサラエヴォで暗殺が行われたその日に亡くなり、イタリア政府は七月末近くまで後継者を任命しようとしなかった。イタリアが同盟国とともに戦う気持ちはいつもそうだったように、疑わしいままだった。[37]

ドイツの指導者たちに最大の悪夢を演出したのは東方の隣国だった。当時の社会進化論の流行を反映して、多くのドイツ人はスラヴ人を、特にロシア人をチュートン民族の自然の敵だと捉えていた。スラヴ民族の群れが西に拡がっていくのを恐れていたのはヴィルヘルムだけではなかった。ヴィルヘルムは、今日のイギリスの右翼政治家が東ヨーロッパの人々がイギリスの港に押し寄せているることを不安に思っている、あるいは保守的なアメリカ合衆国の共和党の人々のようにメキシコ人を不安に思っているのに似ていることがよくあった。ヴィルヘルムはオーストリア＝ハンガリーから来た大使館付き武官に対して、驚くほど何も考えずに、二重帝国内に数多く住んでいるスラヴ人についてこう述べている。「私はスラヴ人が大嫌いだ。それが罪だということはわかっている。だが我慢できないのだ」。セルビアは「豚の王国」だと好んで言っていた。ヴァルダーゼやモルトケのような上級の将軍は、ドイツが民族と文化のために戦うことが急務だと黙示録的な言葉を使って語っていた。彼らは一九一四年の春と初夏に陸軍の大規模な増強を政府に要求しているとき、このような議論は便利だと考えた。[38]

振り返ると、ドイツの指導者たちが包囲を打開する方法として戦争以外の選択肢をほとんど考えていなかったというのは奇妙なことである。ベートマンがイギリスとの和解を望んでいたのは確かだったが、二年前のホールデーンの訪問以来、ますますその可能性が薄くなったように思われた。ドイツ皇帝は時折、ドイツとロシアの保守的な君主国間の同盟を復活する希望を表明していたが、本当にできると思っていたのかどうかは疑わしいところである。一九一四年、著名な銀行家マックス・ヴァールブルクはヴィルヘルムとの会話を次のように記録している。「ロシアの軍備、ロシアの鉄道建設は彼の意見によると戦争の準備で、一九一六年に戦争が始まる可能性がある、ということである……不安に取り憑かれた皇帝は待っているより先制攻撃をした方がよくないかどうか検討さえしている」[39]。ドイツ皇帝は、他のドイツの指導者同様に、ロシアとの戦いは避けられないと考えていて、真剣に予防戦争を検討していた。外務省ではヤーゴーと副官のツィンメルマンを含む多くの人々が、一九一四年の外交的・軍事的状況は特にドイツに有利だと考えていた[40]。彼らはビスマルクの有名な次の言葉を思い出すべきだった。「予防戦争は死の恐怖から自殺を企てるようなものだ」。

軍のトップの指導者は、文民と比べてとにかく心理的に戦争の心積もりがあった。キール運河の拡張工事はほぼ完成に近づき、七月二十五日までにドイツのドレッドノートが北海とバルト海の間を安全に行き来できるようになっていた。陸軍は増強を実現してはいなかったが、ロシアの計画はまだ始まったばかりだった。七月三日のフランツ・フェルディナントの葬儀のとき、ザクセン軍の代表はヴァルダーゼと話し込んだ。将軍は戦争がいつ起こってもおかしくないと感じていると代表はザクセン政府に報告した。ドイツ参謀本部は戦争の準備ができていた。「戦争が今すぐ起こったら極めて好都合だという印象を持った。条件と見通しを考えるとこれ以上のときはない」[41]。ドイツの軍部の指導者たちに自信を与えたのは、精密に計画した戦略があるということだった。参謀本部のグレーナーは後に次のように書いている。「われわれはシュリーフェン・プランの下軍備を整えているから、隣国との避けられない戦争を穏やかに待つことができると信じていた……」[42]。

サラエヴォ事件の数週間前、モルトケはヤーゴーに、ドイツに勝利のチャンスがあるうちにロシアと対決するのが重要だと感慨を込めて述べた。そしてヤーゴーに、「近い将来戦争を起こすという目的を持って」外交政策を展開すべしと参謀総長は述べた。同じ頃、モルトケはロンドンの大使館から来たあるドイツ人に「事態が最終的に煮詰まりさえすれば――われわれには用意がある。早ければ早いほどよい」[43]と告げた。モルトケにとっても早い方がよかったのだ。一九一二年の第一次バルカン戦争のときに、モルトケは姪に「戦争が来るのならば、歳を取りすぎて満足にことを運べなくならないうちに、今すぐにも来てほしい」[44]と述べている。一九一四年になるとモルトケの健康状態はさらに悪化した。モルトケは四月と五月の間カールスバートの温泉で四週間過ごして気管支炎の治療を受け、六月二十八日にさらなる療養のためベルリンに戻っていた。[45]モルトケは口で言うほど、ドイツの成功に自信を持ってはいなかった。長期戦になる危険性に気づいていた。コンラート・フォン・ヘッツェンドルフが一九一四年五月、ドイツがフランスに対して迅速な勝利を得られなかった場合にどうするつもりなのか尋ねると、モルトケは「できることをやるだけだ。われわれがフランスよりも優位にあるというわけではない」と、言い逃れをした。ベートマンは最後まで、イギリスが中立を選ぶことを期待し続けていたが、モルトケはイギリスがフランスの側で参戦することを当然のことと考えていた。だが、モルトケと同僚は、ドイツは短期戦で簡単にフランス、ロシア、イギリスを破ることができるという自信を文民に伝えていた。[46]

一九一四年になると、オーストリア＝ハンガリーとの協力関係はこれまでにないほどドイツにとって重要なものであると考えられるようになっていた。ヤーゴーは七月十八日にリヒノフスキにあけすけに述べた。「ドナウ川沿いに散らばっている国々と同盟することが良い投資となるのかどうか、議論の余地があるところである。だが私は詩人――ブッシュだと思うが――の言葉で答えたい。『仲間のことを好きになれなくなったら、別の仲間を探すことだ。他にいればのことだ』[47]」。国際関係において驚くほどよくあることだが、そのためにオーストリア＝ハンガリーはもっと力のある国ドイツの力となったのだ。一九一四年になるとドイツの指導者たちは、危険な政策を推進していたとしても同盟国を支持する以外ほとんど選択肢がないと感じるようになっていた。今日、アメリカ合衆国がイスラエルやパキスタンを支持し続けているのと似ている。重要なことだが、ベートマンは以前の危機の際にはオーストリア＝ハンガリーに妥協するよう助言してきたのだが、今度は同盟国の選択がどうであれドイツは支持しなければならないということを受け入れるようになっていた。ベートマンは心を許して話をすることができるリーツラーに、次のように述べている。「われわれはバルカンでのオーストリアの行動にジレンマを感じる。行動するように助言すればわれわれが押したからだという。行動しないように助言するとわれわれが見捨てたというのだ。そうすると彼らは手を広げて迎える西の勢力にアプローチする。その結果われわれは、最後の力のある同盟国をなくすことになる」[48]。

一九一四年七月の危機の数週間、ベートマンは特に陰鬱な状態にあった。愛する妻のマルタが病気で苦しんだあと、五月十一日に亡くなっていたからである。前任者のビューローに「普段の生活につながるすべてのものが死によって壊れてしまった」[49]と書いている。リーツラーは危機の何週間かベートマンとどういう会話をしたか、日記につけていた。七月七日、首相が白紙手形への支持を与えた翌日、二人はベルリン東部にあるホーエンフィノーのベートマンの古城で夏の夜空の下、遅くまで座っていた。リーツラーはベートマンが世界の状態を嘆いているその悲観論にショックを受けた。ドイツ社会は道徳的・知的に衰退しており、既存の政治・社会秩序は自ら更新できないのではないかとベートマンは感じた。ベートマンは悲しそうに「すべてがすっかり歳を取ってしまった」と述べた。未来も荒涼として見えた。ロシアは「ますます重さを増した悪夢」となり強力になっていく一方、オーストリア＝ハンガリーは同盟国としてドイツとともに戦うことができないところまで衰退している（ベートマンが領地に木を植えないと前述したことを思い起こしてほしい。ベートマンは数年のうちにロシアがドイツ東部を蹂躙すると想定していたのだ）[50]。

ベートマンのようなドイツの重要な指導者たちは、フリッツ・フィッシャーのようなドイツの歴史家などにしばしば指摘されるように、大戦を始めるにあたって十分に考えを持っていなかった可能性もある。それにもかかわらず、戦争が起こることを当然のこととして受け入れ、望ましいこととさえ思い、オーストリア＝ハンガリーに白紙手形を渡し、ドイツが二正面で戦うことを避けられないものとした戦争計画にこだわったのだ。ドイツの指導者たちは戦争が起こることを容認していた。緊張が高まりゆく何週間かの間に何度も、自分たちがリスクを冒し、ほとんどありえないシナリオといってよいものに慰めを見いだしていることが重大な犯罪行為だということを掌握したように思われた。オーストリア＝ハンガリーがセルビアを処理するために迅速に動いたならば、協商側は受け入れる可能性があるとベートマンはリーツラーに述べた。あるいはドイツとイギリスが――結局バルカンで以前そうしたように――オーストリア＝ハンガリーが他の列強を巻き込ませないようにするよう協力できる可能性がある。ヤーゴーはこれを「偽善的な願望のカテゴリー」だとして切り捨てた[51]。だが、ヤーゴー自身も甘かった。たとえば七月十八日にリヒノフスキに「言われていること、行われていることすべてを検証すると、現在のロシアは戦争の用意ができていない」と書いているのだ。ロシアの同盟国であるイギリスとフランスは、本当にロシアについて戦争をしたいと思っているのだろうか。グレイは常に、ヨーロッパの勢力均衡を維持することを望んでいたが、ロシアがオーストリア＝ハンガリーを破壊しドイツを打ち負かしたら、ヨーロッパには新たにヘゲモニーを握る国が出現することになるのではないか。フランスも戦う用意ができていない可能性があった。

オーストリア皇帝の後継者、フランツ・フェルディナント大公の暗殺後、オーストリア＝ハンガリーとセルビアは対立し、他の列強を危険に巻き込んでいった。セルビアは計画された暗殺をおそらく知っていたと思われるが、ロシアの支持があったから大胆になってオーストリア＝ハンガリーに立ち向かった。オーストリア＝ハンガリーの帝国の鷹がセルビアの鶏を攻撃しようとしている中、ロシアの熊が小さなバルカンの友を守ろうと岩陰に潜んでいる。

三年の軍務に関する国内の対立はその秋に再燃する可能性があり、フランス軍が装備も訓練も深刻なほど不足していることはよく知られていた。七月十三日、フランス上院が、たとえばフランスは野戦砲を持っていないといった実情の詳細を明らかにしたことにより、ドイツは、フランスが近い将来戦争する可能性が薄く、ロシアは同盟国を頼みにできないと結論を出す可能性があると考えて勢いづいた。何か“幸運”があれば、協商は離間する可能性がある[52]、と。

戦争になったとしても、おそらくバルカンに限定した戦争になる可能性がある——楽観が極まると、ドイツの指導者たちはそこまで期待した。あるいは軍事力の威嚇だけで勝利が得られる可能性もある、と。このこけおどしは、ボスニアの危機のときにロシアにうまく機能した。オーストリア＝ハンガリーの軍の準備を進め、ドイツが最後通牒を突き付けたことで、そのときロシアは後退したのだ。バルカン戦争のときも、こけおどしがまたしてもうまくいった。オーストリア＝ハンガリーはセルビアとモンテネグロをスクタリから駆逐し、ロシアは傍観することを選んだのである。セルビアとその保護者ロシアは今度も、断固とした二国同盟の結束に対して後退する可能性がある。一九一四年十月、ベートマンの報道官の長オットー・ハマンは次のように述べている。「われわれは戦争をせずにロシアに屈辱を与えることを望んでいた。こうできれば素晴らしい成功だった」[53]。

ドイツの指導者たちが断固として平和を追い求めようとしなかったのは、弱く、男らしくないと見られることを恐れていたからで、自分たちとドイツの名誉のために立つのではなかった。ヤーゴーは「私は予防戦争は望まないが、戦うことを求められれば怖気づいてはならない」[54]と述べている。ドイツが戦争をするのかしないのか、ドイツ皇帝が最終決定をすることになっていたが、いつもそうだったように、平和の維持を望む気持ちと、激しい好戦的感情の間で揺れ動いていた——たとえば「セルビア人をやっつけなければならない。しかもすぐに！」と、六月三十日にノートの端に書き留めていた[55]。ほぼそれから一世紀後、チャンスがあるときにサダム・フセインにとどめを刺さなかったことで父親を非難していた息子のジョージ・ブッシュのように、ヴィルヘルムは常に、弱く優柔不断だと思っていた父親と自分とを区別しようとしていた。ヴィルヘルムはドイツの最高司令官であることに誇りを抱いていたが、陸軍の将校を含め多くの臣下が、先立つ危機の際に彼が示した無様な姿に責任があると思っていることを知っていた。在位期間を通じて平和のために働いてきたと主張したが、「平和の皇帝」という飾り言葉がつけられるようになっていた。白紙手形を出した直後の七月六日、友人の実業家グスタフ・クルップ・フォン・ボーレン・ウント・ハルバッハとの会話のなかで、ドイツ皇帝はオーストリア＝ハンガリーがセルビアに対して行動を取るつもりであることを知っていると明言した。「今度は屈しない」とヴィルヘルムは三度述べた。クルップは同僚への手紙に書き留めている。「今度は誰も決断力がないとは言えないだろうと繰り返し皇帝が言っているのは滑稽にさえ聞こえた」[56]。ベートマンはおそらくこうしたことを最もはっきり表す言葉を使った。ドイツが敵を前に後退すれば自分に対して去勢行為を行ったということになると言ったのだ[57]。このような姿勢はドイツの指導者たちの社会階級と時代に由来していたが、同じ世界出身のビスマルクには自分の意思でその規範に挑戦できる力があった。ビスマルクは自分に戦争が強制されるのを許さなかった。ビスマルクの後継者たちがビスマルクのような人でなかったことはドイツの悲劇であるとともに、ヨーロッパの悲劇だった。

　ドイツの指導者がオーストリア＝ハンガリーを支持する決意をすると、同盟国がすぐに動員するのを期待したが、ヨーロッパの世論は今なおショックを受けていて、共感する雰囲気があった。ドイツがウィーンによく思い起こさせていたように、セルビアの非を固定化することは国内的な理由から重要だった（戦争勃発の直前まで、ドイツの指導者たち――労働者階級と労働組合と社会民主党の指導者――はいつも繰り返していることに忠実で戦争に反対することに怯えていたのだ）。ウィーンからベオグラードへの最後通牒、セルビアが屈しなければすぐに短期間の戦争で勝利を得る、そうすれば他の列強は遅れてしまって介入できなくなる。

　ドイツはウィーンの政府を急がせなければ実現不可能だと考えた。消化中の大クラゲのように、二重帝国は独自の、複雑なペースで堂々と動いていた。陸軍は兵士の多くを「収穫休暇」に出しており、七月二十五日まで軍務には戻らなかった。「われわれは何と言っても農業国家だ。一年間の収穫の結果を頼りに生活しているのだ」と、その政策に責任を負うコンラートはドイツの大使館付き武官に述べた。兵士を早く戻そうとすれば鉄道に混乱を引き起こす可能性があり、さらに悪いことに、他国に何かあると警告を与えるかもしれなかった。だが、待っているもう一つの理由は、フランス大統領ポアンカレと外交問題に責任があった首相ヴィヴィアーニが七月二十三日まで国賓としてロシアを訪問していたことだった。二人がフランスに戻る船に乗ってしまってからは、コミュニケーションが取りにくくなり、最後通牒に対する対応をロシアと協議するのに数日間を要することになった。この遅れはオーストリア＝ハンガリーに負担となった。大公暗殺から最後通牒が提出されるまでのほぼ四週間のうちに、ヨーロッパ人が感じていた共感の多くが消えてしまい、自然な反応と思えたものが冷血な権力政治のように見えるからだった。(58)

オーストリア＝ハンガリーが遅れた最も重要な理由はティサだった。ティサは、セルビアに対する強硬路線が正しいとはまだ確信を持っていなかった。七月一日に手紙で皇帝に述べたように、結果がどうであれ戦争はダメージを引き起こすと恐れていた。敗北すれば多くの領土の喪失もしくはハンガリーの終わりにつながる可能性があったし、勝てばセルビアが併合されその結果二重帝国内に強力すぎる南スラヴブロックがつくられる可能性があった。(59) 七月七日、オーストリア＝ハンガリー全体に責任を負う唯一の組織である共通大臣会議がウィーンで開催された。仲間の大臣たちがどうやれば一番うまくセルビアを粉砕できるか、戦争が終わったらセルビアをどう扱うかを話し合っているなかで、ティサは自分が孤立していると感じた。ベルヒトルトと陸軍大臣のクロバティンは、セルビアに関してまず外交上の勝利を試みるというティサの提案を却下した。過去には外交が成功したこともあったがセルビアはやり方を変えず、大セルビアを求めて扇動し続けているとベルヒトルトは述べた。セルビアを扱う唯一の方法は武力である――オーストリアの首相シュテュルクはバルカンの危機の初めの頃から強硬派で、「剣での解決」を主張した。決定はオーストリア＝ハンガリーだけで行われるが、ドイツが後ろで忠実に立っていることがわかれば大きな安心につながるとシュテュルクは述べた。コンラートは大臣ではなかったが、ロシアがセルビアの防衛に回った場合、何が起こる可能性があるか論じるために会議に加わっていた。ティサ以外全員が最後通牒に含まれる要求はセルビアが拒否せざるを得ないように作成し、それによってオーストリア＝ハンガリーに戦争の理由を与えるようにすべきだということで一致した。ティサは最後通牒を固めることを受け入れたが、それをセルビアに送る前に条文を見せるように求めた。(60)

次の週、ティサは同僚から、また間接的にドイツから厳しい圧力下に置かれた。ティサにとってドイツとの同盟は「政策全体の要」であり、オーストリア＝ハンガリーが大国としての地位を維持するうえで必須のもので、ハンガリーの地位を維持するうえではなおさら必要なものだった。ティサが同僚ほどセルビアに敵対的でないなどということはなかった。ティサが反対したのはむしろ戦術だった。ルーマニアが中立に留まり（カロル王はフランツ・ヨーゼフに改めて約束するとする安心感を高める手紙を送っていた）、ブルガリアはベルリンが借款を与えることを約束したから三国同盟に引き込めると自分に言い聞かせていたようにも思われる。七月十四日、ベルヒトルトとの会合でティサは譲り、四十八時間の猶予つきの厳しい最後通牒をセルビアに送ることに同意した。セルビアが条件に応じなければ戦争がそのあとに続く。ティサが得ようとした譲歩の一つは、オーストリア＝ハンガリーが戦後、セルビアの領土の獲得を意図しないことを明確にするということだった。(61)

その午後遅く、ティサはドイツ大使チルシュキーと会談し、チルシュキーがそれをベルリンに報告した。ティサは、自分は過去に用心するよう論じたが、過ぎた日を一つひとつ振り返ると二重帝国は今なお生きているということを示すために行動を取らなければならないという確信を強めたと主張し、さらにチルシュキーはイタリックで「南東の耐え難い状況に終止符を打たなければならない」と書き添えていた。オーストリア＝ハンガリーはもはやセルビアの傲慢さに耐えられない。今度は行動するときだとティサは感じていた。「通牒は実際にセルビアが受け入れることがないように組み立てられた」。オーストリア＝ハンガリーのセルビアに対する動員は期限が来るやすぐに行われることになっていた。別れ際にティサはチルシュキーの手を握りしめ言った。「これからわれわれは一緒に、穏やかに、しっかりと向き合って、将来を見ることになるでしょう」。ヴィルヘルムは報告書の隅に賛意を表して「よし。やっと真の男になった！」とメモした。(62)

最後通牒の概要の骨格はすでに七月の第二週にできていた。それにはセルビア軍から民族主義者の将校を追放することと、民族主義者の団体を解散することが含まれていた。セルビア王は自国はもう大セルビアを推進しないと公に宣言しなければならなかった。セルビアが他の要求も加えてこれらの要求を達成することを確認するために、オーストリア＝ハンガリーはベオグラードに特別の機関を設立する——条文は独立国が受け入れるには極めて困難な内容だった。さらに、オーストリア＝ハンガリーの高官が、最後通牒と併せて、セルビアが何年にもわたってオーストリア＝ハンガリーに対して陰謀を行ってきたことを証明しようとする一件書類を一緒に作成したこともあり、さらに厳しい内容になっていた。この件について梃入れするため、外相はサラエヴォに法律顧問を派遣し暗殺について調査した。不幸なことに法律顧問はセルビア政府が背後にいるという証拠を見つけることができなかった。最終的に一件書類は間違いだらけのものとなり、最後通牒のコピーとともに列強に手渡すことができなかった。結果として、ロシアはセルビアが自分たちは全くの無実だと主張するセルビア政府を信じ続け、フランスとイギリスはオーストリア＝ハンガリーが立証できなかったと考えた。[63]

ウィーンでは舞台裏で強烈な活動が行われていたが、政府は通常通り仕事が行われている印象を与えようと尽力していた。ウィーンとブダペストの新聞はセルビアに対するコメントのトーンを落とすよう要請を受けた。チルシュキーはベルリンに、ベルヒトルトがいかなる不安をも払拭するようコンラートと陸軍大臣に夏休みを取らせたと報告した（「子どもじみている！」とドイツ皇帝は戻る途中のヨットから書き送った。自分の国の政府が同じ理由から、皇帝に外にいてほしいと願っていたとは思ってもみなかった）。[64] それにもかかわらず、セルビアが不快に思う何かをオーストリア＝ハンガリーが計画しているという噂が広がり始めた。ローマ駐在ドイツ大使はイタリアの外相サン・ジュリアーノに他の用事とともに白紙手形の話を伝え、外相はサンクトペテルブルグ駐在イタリア大使とベオグラード駐在イタリア大使に警告した。ロシアがイタリアの外交の暗号を読み解いていたことは知らなかった。[65] ウィーンでは、ロシア大使はオーストリア＝ハンガリーがどうするつもりか尋ねたが、満足のいく答えを得られず、調査が完了するまで待つように言われ、最後通牒がセルビアに手渡される二日前に休暇に出かけた。[66] 七月十七日、イギリス大使はロンドンに報告した。「ウィーンの新聞の話題が一つしかない。苦境にあるアルバニアのことさえほぼ締め出されている――あるのは、いつセルビアに対する抗議が行われるのか、抗議の中に何を含めるのか、ということだけである。抗議が行われるということについては誰も疑いを持っていない。抗議には、セルビアに屈辱を与える意図を持った要求がついてくるだろう」と。外務省には「不吉な沈黙」があったが、セルビアがすぐに屈服しなければオーストリア＝ハンガリーが武力を用いる、さらに言うと必ずやドイツの支持があるということにはよく通じていた。そこで、大使は追伸をつけた。「私はベルヒトルトと話をしたところです。ベルヒトルトは魅力的で、来週の日曜日私たちの大使館を訪問すると言っていました。一緒にブクラウに滞在するよう招かれました。エーレンタールとイズヴォルスキーの有名な話し合いが行われたところです。最近競馬で走った馬が何頭かいると言っていました。しかし、一般の政治やセルビア人のことは一言も言いませんでした」(67)。

後の歴史家が追及しているように、ドイツ政府は戦争を検討しているといった疑いが起こらないようにできる限り工夫して、穏やかな夏の様子を演出していた。ヤーゴーは七月第一週、新婚旅行からベルリンに帰ってきたが、ドイツ皇帝はいつものクルーズで北海を旅行し、上級の文民も軍人も多くは休暇を取ったままだった。参謀本部は普段の平和時の日常業務をこなしていた。ヴァルダーゼは義父の所領にいて、七月十七日にヤーゴーに書いている。「ここに残ってジャンプする用意をしていますよ。参謀本部は全員用意をしています。何もすることはありません」と。それにもかかわらず、主要な指導者は確実にベルリンとコンタクトを取れるようにしていた。事実ベートマンはホーエンフィノーに特別の電信線をしつらえていた(68)。ドイツ政府はウィーンで起こっていることに目を光らせていた。アルトゥール・ツィンメルマンは、オーストリア=ハンガリーがセルビアに復讐するのが正しいと感じていた強硬派の外務副大臣で、ベルリンで職務についたまま、ウィーンの政府にスピードアップするように繰り返し促していた。ツィンメルマンは七月十三日までにオーストリア=ハンガリーがセルビアに手渡そうとしている条文についてかなり意見を持っていた。これについてドイツ政府は、当時もあとにも最後通牒の中身とは関係がないことがわかっていると主張している(69)。

イギリスの代理大使によると、セルビアでは暗殺の知らせは初め「遺憾に感じるというより、麻酔に罹ったようにぼーっとした状態」で受け止められたが、過激なナショナリストの新聞は慌てて殺人を正当化しようとした。困難な選挙運動のただ中にいたパシッチはこの知らせを聞いて次のように述べた。「全くよくない。これは戦争になる」。パシッチは喪に服している印として、すべてのホテルとカフェに午後十時までに閉店するよう命じ、ウィーンに弔辞を送った。オーストリア=ハンガリーからの圧力があったが、調査を行うことを拒否し、ドイツの新聞のインタビューに挑戦的な言葉で答え、政府が暗殺に関係があることを一切拒否した(70)。

それにもかかわらず、オーストリア=ハンガリーの意図についてセルビアでは不安が高まり、七月十日にベオグラードで起こった奇妙な出来事によって不安はいっそう焚きつけられた。何年間にもわたってセルビアの野望に強い影響力を持っていたハルトヴィヒはその晩、オーストリア＝ハンガリー大使ウラジーミル・ギースル・フォン・ギースリンゲン男爵に呼ばれた。かなり太っていたハルトヴィヒは骨の折れる仕事に息を切らしていた。ハルトヴィヒはコーヒーを断って好きなロシアの煙草を取り出した。ハルトヴィヒは暗殺の晩ブリッジをしていて大使館に半旗を掲げるのを断ったという残念な噂を一掃したいのだと述べ、ギースルは問題の解決を考えていると述べた。そこでハルトヴィヒは訪問の目的に話題を変えた。「私たちの真剣な友情の名において、できるだけすべてお答え願いたいのです。オーストリア＝ハンガリーはセルビアに何をするつもりなのか。ウィーンでは何を決めているのですか」と訊ねた。ギースルは政府の線にしたがって「セルビアの主権を侵害することはないことをはっきり保証できます。セルビア政府の善意があれば、この危機は両国にとって好ましい解決に至るでしょう」と答えた。ハルトヴィヒは大きく感謝すると、突然床に倒れ足をもがきだし、そのあとすぐに亡くなった。ハルトヴィヒの家族はギースルが毒を盛ったと非難し、オーストリアが跡を一切残さずに人を殺せる特殊な電気椅子をウィーンから持ち込んでいたという野蛮な噂がベオグラード中に広がった。この事件はすでに悪化していたオーストリア＝ハンガリーとロシアの関係を改善することには何ら役に立たなかった。さらに深刻なことに、ハルトヴィヒの死によってセルビア政府が最後通牒の要求の一番横暴なところを受け入れるにあたって影響力を持つ可能性があった人物が取り除かれたのである。(71)

パシッチは戦争が起こる可能性があることを心配するようになっていたが、七月十八日にセルビアにある大使館すべてに、セルビアは主権を侵害するオーストリア＝ハンガリーの要求すべてに抵抗するというメッセージを送った。(72)

パシッチの心配は、翌日ウィーンで行われた秘密会議のことを知っていたら、もっと切実なものになったと思われる。ベルヒトルトの家に人目につかないように自動車が次々と到着し、オーストリア＝ハンガリーの最も影響力のある人々が降りてきて、ヨーロッパの全面戦争につながる決定を行ったのだ。ベルヒトルトは外務省で自身と幹部が作成した最後通牒のコピーを配付した。その年の後半ほとんどのヨーロッパが戦争状態になったとき、ベルヒトルトの夫人は友人に述べている。「かわいそうなレオポルトはセルビアへの最後通牒を書いた日に眠れませんでした。受け入れられるかどうかひどく心配していたのです。夜中に何度も起き上がって、少しでもリスクを小さくするために条項を変更したり追加したりしていたのです」[73]。出席者はセルビアが条文を拒否すると想定し、話し合いの大部分はオーストリア＝ハンガリーの動員と他の必要な軍事手段のことだった。コンラートは行動が早ければ早いほどよいと述べ、ロシアの介入の可能性には何も関心を示さなかった。ティサはいつものようにセルビアの領土の併合があってはならないと主張した。会議は合意したが、コンラートは去り際に陸軍大臣のクロバティンに皮肉を込めて述べた。「そのうちわかるさ」[74]と。ティサは直後に姪に手紙を書き、今なお戦争を避けたいと思っているが今は神を信じるばかりだと述べた。ティサ自身の気持ちは「深刻だけれども不安で落ち着かないというわけではない」。「私は通りの隅にいていつ頭を撃ち抜かれてもおかしくないが、いつだって大きな旅の支度をしている人物みたいなものだから」とティサは姪に述べている[75]。

会議の翌日の七月二十日、ベルヒトルトは最後通牒のコピーに鑑をつけてヨーロッパ中の大使館に送付した。ベオグラード駐在大使は七月二十三日木曜日の晩に自分のコピーをセルビア政府に手渡した。他は七月二十四日の朝まで待たなければならなかった。ドイツは困惑した。同盟国は七月二十二日まで最後通牒のコピーを回してこなかったのだ[76]。それにもかかわらずドイツは支持の約束を守る心積もりをしていた。七月十九日、一般に政府の見解を代表していると見られている新聞「ノルドイチェ・アレジマイン・ツァイトンク」紙は、オーストリア＝ハンガリーがセルビアとの関係を正常化することを望んでいるのは正しいといった趣旨の短い記事を掲載した。セルビアは譲り、対立する二国間の争いが地方的なものに限定されるよう、他のヨーロッパ諸国は局外に立つべきだと記事は続けた。七月二十一日、ベートマンはロンドン、パリ、サンクトペテルブルグ駐在大使にこれと同じ趣旨のことをそれぞれの政府に求めるよう電報を送付した。翌日、ベルリン駐在フランス大使ジュール・カンボンはヤーゴーに、最後通牒の詳細を尋ねた。カンボンは辛辣に、何と答えてよいかわからなかった。ヤーゴーはパリに報告している。「これを聞いて驚きを感じざるを

得なかった。ドイツが何とも勢いよくオーストリアの側に立とうとしていたからだ」と。(77)

ベルヒトルトは今なお老皇帝から正式な裁可を得ることが必要で、そのため七月二十日午前中、ホヨスと一緒にイシュルに出かけた。フランツ・ヨーゼフは文書を読み通して、条件の中には非常に厳しいものもあるとコメントした。皇帝は正しかった。最後通牒はセルビア政府が国内で犯罪活動を容認していると非難し、こうしたことをやめさせるため、オーストリア＝ハンガリーが名前を挙げた文民あるいは軍の高官を罷免し、ナショナリストの新聞を閉鎖し、オーストリア＝ハンガリーに向けたプロパガンダと解釈できるものを取り除いて教育カリキュラムの改善を行うことを含むステップを即座に取ることを求めていた。さらに、最後通牒はセルビアの主権を侵害していた。最後にセルビアに突きつけている二つの条文のなかで、セルビア国境内で起こる破壊運動を抑圧するのに、また暗殺に責任があるセルビアの陰謀者の調査と裁判に二重帝国が参加するのを受け入れることを命じていた。応答する時間として、セルビア政府には四十八時間が与えられた。それにもかかわらず、皇帝は最後通牒をそのまま裁可した。ベルヒトルトとホヨスは昼食を摂り、その晩ウィーンに戻った。(78)

七月二十三日、ベオグラード駐在オーストリア＝ハンガリー大使ギースルはその後、外務省を訪問する約束をした。パシッチは選挙運動で留守だったので、財務大臣ラーザ・パシュが対応した。パシュはチェーンスモーカーだった。ギースルは最後通牒を読み始めたが、最初の文を読んだところでパシュが口を挟み、パシッチの不在中にこのような文章を受け取る権限がないと述べた。ギースルは断固として意思を変えなかった。セルビアは七月二十五日の午後六時までに回答しなければならなかった。ギースルは最後通牒をテーブルの上に置き出ていった。セルビアの高官たちはその中身に目が吸い寄せられ、死んだように静かになった。最後に内務大臣が話した。「戦う以外選択肢がない」。パシュはロシアの臨時代理大使のもとに駆け込み、ロシアの支持を求めた。摂政アレクサンドル公はオーストリア＝ハンガリーがセルビアを攻撃するならば「鉄拳」を食らうことになると述べ、セルビアの防衛大臣は国を守る準備に着手した。だが、挑発的な反応を示したものの戦うにしてはセルビアは貧弱だった。バルカン戦争から回復しつつあるところで、軍の大部分は獲得した新しい領土の秩序を整えるため南部にいた。次の二日間、絶望的ではあったが努めて政府はセルビアにのしかかる運命から逃れようとした。ボスニア危機のときと第一次、第二次バルカン戦争のときにもオーストリア＝ハンガリーの怒りに直面したことがあった。だが、いつも自国の譲歩と「ヨーロッパ協調」からオーストリア＝ハンガリーにかかる圧力の組み合わせによって、何とか生き延びてきたのだ。[79]

パシッチは翌朝午前五時にベオグラードに戻った。イギリスの臨時代理大使によると「ひどく不安で落胆した様子」だった。政府が首都を離れ、オーストリア＝ハンガリーとの境界のサバ川にかかる橋に地雷を仕掛ける計画が立てられた。ロシア大使は母国に、国立銀行から引き出された資金と政府の重要書類が船で運び出され、セルビア軍が動員を始めたと報告した。セルビアの大臣たちは七月二十四日に何時間も閣議を行って、最後通牒に対する回答を起草しようとした。草案はオーストリア＝ハンガリーにセルビアの国内問題に介入する権利を与えるという条項以外はすべての要求を受け入れると結んでいた。セルビアはウィーンに期限を延ばすように求めて時間稼ぎをしようとしたが、ベルヒトルトは大使に、満足のいく答えを求めている、さもなければ——とそっけなく述べた。パシッチも他のヨーロッパの政府に緊急の支持を求めた。パシッチは、フランスやイギリス、イタリア、ロシア、それればかりかおそらくドイツにさえ、バルカンの危機のときのように協力して解決してくれることを望んでいたように思われる。返事が返ってきたが、各国の反応はパッシチの気持ちを挫くものだった。セルビアのすぐ隣の国ギリシャとルーマニアは、オーストリア＝ハンガリーとの戦争を支援する可能性はないとはっきり述べ、モンテネグロはあてにならない曖昧な約束をした。イギリス、イタリア、フランスはセルビアが最善を尽くして妥協するように助言し、この初めの段階では仲介しようという気持ちをほとんど示さなかった。

一番強いメッセージを送ってくれた唯一の列強がロシアだったが、それでもその内容は複雑だった。七月二十四日、サゾーノフはサンクトペテルブルグ駐在のセルビア大使に、ウィーンからの最後通牒がおぞましいものであると思い、ロシアはセルビアを支援する約束をしたと伝えたが、具体的な回答を返す前に、ロシア皇帝およびフランスに相談しなければならないと述べた。セルビアが戦うと決めるならば、防衛に回り南部に後退するのが賢明だと、ロシアの外相は助け舟を出すかのようにつけ加えた。七月二十五日、期限が迫ると、サゾーノフはもっと力強いメッセージを大使に与えた。ロシアの中心的な大臣が皇帝とともに集まり「セルビアの防衛のため限界までやる」と決定したとベオグラードに報告した。軍事的な支援を堅く約束したとまでは言えないが、オーストリア＝ハンガリーに最終的な回答を用意していたセルビア政府を勇気づけることになる可能性もあった。ベオグラードはその日非常に暑く、街では徴兵を呼びかける太鼓の音が響き渡っていた(80)。

　協商国の間では、まだこの時点では指導者たちが大きくなりつつあるバルカンの危機にそれほど注目していなかったが、最後通牒へのセルビアの対応はショックを感じ困惑し、自国の立場を慌てて何とかしようとしていた。ポアンカレと首相ヴィヴィアーニはバルト海上の船中で、パリおよび同盟国と情報伝達がうまくいかず苦慮していた。ロンドンにいるグレイとロシアにいるサゾーノフはそれぞれ別に、オーストリア＝ハンガリーに対して期限を延長するよう求めた。しかしベルヒトルトは譲歩を拒否した。

　ドイツとオーストリア＝ハンガリーで反応は異なっていたが、民族主義者と軍の関係者の間ではこの知らせは熱狂的に歓迎された。ウィーンのドイツ大使館付き武官は次のように報告している。「本日、陸軍省は高揚した雰囲気だった。今の段階では紙の上だけだが、帝国のエネルギーがついに目覚めた証である」。だが、またしてもセルビアが罰から苦しみながらも逃れ出るのではないかということが一番の恐怖だった。期限が来たその日、サラエヴォから軍の司令官が友人に宛てて次のように書いている。「この暗殺国家の高慢な鼻を折り、殺人を犯す分子をかくまっているこの国を始末してしまうことができるなら、そのために私の老骨と生活を犠牲にすることがどれだけ大きな無上の喜びとなることか——私たちが断固としていられますように、今日ベオグラード午後六時、運命の賽が私たちによい方向に転がりますように！」(81)。

　期限の少し前、パシッチがギースルに持っていった回答はこの願いを叶えるものだった。文体は和解的だったが、セルビア政府はオーストリア＝ハンガリーがセルビアの国内問題に介入する重要な点については譲歩を拒否した。「われわれの願いを、オーストリアの将軍としての忠誠心と騎士道精神に委ねる」と言ってパシッチはギースルの手を握り別れた。答えが満足のいくものではないことをすでに想定していた大使は、文書に一瞥をくれた。ベルヒトルトからの指示は明快だった。セルビアが全条件を受け入れなければ、外交関係を断たなければならない。事実そうする覚書をギースルはすでに用意していた。使者がそれをパシッチに持っていくと、ギースルは庭で大使館の暗号の本を焼き払った。ギースルと夫人と職員はそれぞれ小さな手荷物を持って、群衆で混雑した道を通って自動車で鉄道の駅に向かった。外交団の大部分が見送りにやってきた。セルビアの部隊が列車を警備し、煙が上がると出発する大使館付き武官に向かって「さようなら、ブタペストで」と叫ぶ声があった。オーストリア＝ハンガリーの最初の停車駅で、ギースルはプラットホームに呼ばれティサからの電話を取った。「本当にそうなのか?」ティサは尋ねた。「そうです」ギースルは答えた。遠く北にあるイシュルでは、フランツ・ヨーゼフとベルヒトルトが心配しながら知らせを待っていた。ちょうど午後六時過ぎ、ウィーンの陸軍大臣が電話でセルビアとの関係が断絶したと伝えた。皇帝の最初の反応は「結局そうか」だったが、沈黙のあと皇帝は関係を断絶することは必ずしも戦争につながるわけではないと考えた。ベルヒトルトも短い間その藁にしがみつこうとしたが、軍を動員し始めた。ベルヒトルトは軍に抵抗する強い性格を持ち合わせてはいなかった。(82)

タカ派を率いてきたコンラートは突然、オーストリア＝ハンガリーの正式な宣戦布告を八月第二週まで引き延ばすように要求した。その理由は、軍の準備が間に合わないということだった。少しでも遅れれば他国が交渉を言い出すことを恐れ、素早く動員するようにというドイツからの圧力下にあったベルヒトルトはこれを拒否した。実際の戦闘は八月の第二週まで始まらなかったが、七月二十八日、オーストリア＝ハンガリーはセルビアに宣戦した。オーストリア＝ハンガリーとドイツはセルビアの力を借りて、ヨーロッパを危険な地点まで引っ張ったのだ。今や多くのことが、他の国がどう出るかということに懸かっていた。次の週、ヨーロッパは戦争と平和の間で宙ぶらりんになったのである。

19 「ヨーロッパ協調」の終焉——オーストリア＝ハンガリーの対セルビア宣戦

七月半ば、疲れ知らずのベアトリスとシドニー、ウェッブ夫妻はフェビアンのサマーキャンプで産業の管理と保険について話をし、革命歌を歌いビールを飲みすぎて酔っぱらうオックスフォードの手に負えないグループについて不満を述べた。大陸で起こっているトラブルは時折話題になったが、シドニーが言うように、列強間の戦争は「正気の沙汰ではない」ものだった(1)。事実、この月の大半、ヨーロッパ中の外務省と新聞を不安に思わせていたのはセルビアではなく、悪化しているアルバニアの状況だった。そこでは新たな支配者ヴィルヘルム・フリードリヒ・ツー・ヴィートと呼ばれる不運なドイツの王族が、広がる反乱と内戦に直面していた。七月二十三日のセルビアに対するオーストリア＝ハンガリーの最後通牒は多くのヨーロッパ人にとって、さらに深刻な事態がバルカンで形成されつつあるということを初めて気づかせてくれるものだった。そしてセルビアの回答が七月二十五日に拒否されると、不安は警報に変わりはじめた。ロンドンとパリの友人、そのなかにはアスキス、レディー・ランドルフ・チャーチル、ディアギレフ、ロダンが含まれていたのだが、彼らを訪問して楽しい数週間を過ごしていたハリー・ケスラーはドイツに戻ることを真剣に考え始めた(2)。

だが、権力の中枢近くにいた人々は他の同様な危機のときにそうだったように、それでも戦争を避けることが可能だと考えていた。七月二十七日、ドイツを代表する新聞「ベルリナー・タゲブラット」の編集者であるテオドール・ウルフは家族とともに毎年行っているオランダの海岸に休暇で出かけていたが、一人でベルリンに戻った。外相ヤーゴーはウルフに、状況は重篤というわけではないし、主な国はいずれも戦争を望んではいないから、家族をオランダに残しておいても全く大丈夫だと述べた。軍人でさえ、今度の危機が深刻なものだと思うことは難しかった。ドイツ参謀本部のメンバーが戦争勃発後に、日記に次のように書いている。「世界が一カ月後炎に包まれることになると言われたら、哀れなやつだと思って見るだけだったかもしれない。というのは、モロッコ＝アルヘシラスの危機、ボスニア＝ヘルツェゴビナの併合の危機といった戦前のさまざまな出来事を経験すると、人はゆっくり、だが確実に戦争を信じなくなるものだからだ」(3)。

バルカンで問題が起こると警鐘が鳴ることの多いロシアでさえ、暗殺の知らせに対する反応は、初めは不安というより無関心だった。ドゥーマはすでに夏休みで閉会しており、戻る必要などないように思われた。ウィーンのロシア大使は政府に「少なくとも直近のオーストリア＝ハンガリーの政策は抑制的で、穏やかに進むと思われる理由がすでに存在する」と断言した(4)。それにもかかわらず、同盟国フランスとライバル国ドイツとオーストリア＝ハンガリーのように、一九一四年のロシアは未来を心配していた。イギリスが海軍協定を考えているようには見えなかったし、ペルシャが緊張の源になっていた。ロシアはブルガリアに対する影響力についてオーストリア＝ハンガリーと争っていたが敗れそうに思え、オスマン帝国については同盟国のフランスとドイツの両方から挑戦を受けていた。影響力のあるサンクトペテルブルグの新聞は一九一三年末に「チュートン民族のつながりがロシアと全スラヴ世界を脅かし致命的な結果に至るようだ……」(5)と警告している。五月、ロシアの警察長官はロシアの参謀本部に対して、ドイツは勝つチャンスがあるうちに攻撃の口実を探そうとしているという話をスパイから聞いたという警告を手渡した(6)。ロシア政府にとって、国内の状況は国際的な状況よりもさらに問題が多かった。五月と六月、ルーブルの価値が引き下げられ不況がくるのではないかという不安が広がっていた。ロシア中で年間を通じてストライキやデモが行われ、七月は前月よりも数多く起こっていた(7)。

アレクサンドラの神経症の治療のためという理由で、クリミアで春の多くの日々を過ごしたロシア皇帝と家族は、サンクトペテルブルグの郊外で隠遁生活に戻っていた。七月初旬、皇帝家のヨットが海外の海に浮かんでいる間に敗血症の息子が倒れひどく出血したこともあって、皇后の状態は、改善されなかった。皇后にとってさらによくなかったのは、ラスプーチンが何千キロも離れたところにいたことだった。ラスプーチンはオーストリア大公がサラエヴォで暗殺された同じ日、ある狂人に胃を刺された。ロシア皇帝は治療のため皇帝家の外科医を派遣したが、ラスプーチンの容態は非常に悪く、夏の終わりまで旅行することができなかった。これから起ころうとしている出来事の中心からラスプーチンが遠く離れたところにいたことはおそらく不幸なことだったと思われる。というのはラスプーチンは平和主義に関わり、第一次バルカン戦争の間戦争に反対し皇帝にも助言していたのである。ラスプーチンから病床で電報を送り「恐ろしい嵐の雲がロシアにかかっています。災難、悲嘆、漆黒の暗闇、涙の大海……そして多くの流血。どう言えばいいのでしょう。この恐怖を言い表す言葉が見つかりません」(8)と警告した。

ヨーロッパの反対側では、外務省は初め暗殺に対してウィーン駐在ロシア大使と同じく穏やかな姿勢を取っていた。事務次官のニコルソンはオーストリア＝ハンガリーがセルビアに対して行動を起こさないのではないかと思っていた。イギリスの世論は、当初二重帝国に強い共感を持っていた。国王ジョージ五世は、暗殺後の翌朝オーストリア＝ハンガリー大使館を予告せずに弔問しお悔やみを述べた。大使アルベルト・メンズドルフはイギリスの上流階級の中にいる数多くの友人からもらった手紙の束に感謝を表明した。グレイとアスキスは主要な保守党の人々とともに議会で哀悼のスピーチを行ったが、それ以上に喪失感を引き起こしていたのはもう一つの死――七月二日のジョゼフ・チェンバレンの死――だった。(9)七月十日の下院の外交問題に関する討論で、グレイはバルカンのことにはわずかしか触れず、多くの時間をヨーロッパ以外の問題に費やした。アスキスはすっかりヴェネチア・スタンリーの虜になり毎日ラブレターを書いていたのだが、暗殺のことは六月三十日に述べ、次にこのことに触れたのは七月二十四日だった。手紙の内容はほとんどがアイルランド問題、ペンギンを含むヴェネチアのペットのこと、ヴェネチアに会いたいということで占められていた。(10)

イギリスの一般の人々と指導者にとって、アイルランド自治をめぐる継続した危機とそれに伴う内戦の恐怖は、ヨーロッパのはるか遠いところで起こった出来事より直接的で、重荷となる心配事だった。今なおゆっくりと議会で進んでいる自治法案からプロテスタントのアルスターの一部を除外するという合意に至るぎりぎりの試みのなかで、国王は夏休みを延期し、七月二十一日にバッキンガム宮殿で会議を招集した。うだるように暑い四日間、アスキスとアイルランドの民族主義の指導者であるジョン・レドモンドは保守党党首ボナー・ローとアルスターのプロテスタントのスポークスマンであるカーソンと対面し、合意に至ろうとしたがうまくいかなかった。会議が決裂した七月二十四日、オーストリアがセルビアに最後通牒を送ったという知らせが届いた。ジョージ五世はロンドンに滞在するのを延長しなければならないと覚悟し、友人のリッチモンド公と行く競馬をキャンセルした。ジョージ五世は公爵に宛て、「アイルランド問題について政治的危機が切迫しているし、ヨーロッパの全面戦争の可能性が出てきたので今のところロンドンに留まっていることが必要になります……天気がよくてレースが楽しいことを祈ります」[11]と書いている。アスキスは少なくとも最初は、高まるヨーロッパの危機について、もっと明るい見方をしていた。「これによって関心がアルスターからそれるかもしれない。良いことだ」と、アスキスはあるロンドンの代表的なサロンの女主人に述べた。[12]

フランスは大きくなる危険をゆっくりと意識し始めた。陸軍大臣に戻ったばかりのアドルフ・メシミは、バルカンで少しばかり厄介ごとが起こっているのがわかったが、「他の厄介ごとがそうだったように、何とかなるだろう」[13]と考えた。外務省では、大統領ポアンカレと首相ヴィヴィアーニのサンクトペテルブルグ訪問の計画に掛かりきりになっていた。ロシアに派遣されたフランス大使モーリス・パレオローニュとパリとの間の無線では、バルカンの問題よりも乾杯のときにどんな言葉を使うのかといったことに関心を注いでいた。

フランスの政治家と一般の人々の関心は、急進派を代表する政治家ジョゼフ・カイヨーの夫人を巻き込むセンセーショナルなスキャンダルで持ちきりになっていた。カイヨーは政敵から腐敗していると追及され――それはおそらくその通りだったのだが――また、ドイツに友好的だと責められた。それは確かにその通りだった。カイヨーは結局、ドイツとフランスが協力することでフランスが得るものは大きいと信じる現実主義者だった。カイヨーは第二次モロッコ事件のとき首相として大きな役割を果たし、平和的な解決を実現していた。このため、フランス軍をさらに拡大するように考案された三年間の義務的軍務の導入に反対し、フランスの民族主義者から憎まれていた（同じく彼にとってよくなかったのは、所得税の導入を提唱していたことだった)。一九一四年初め、パリを代表する日刊「フィガロ」の編集者ガストン・カルメットは「裏のある財務官」「ドイツの人」というタイトルの記事を掲載する、野蛮なやり方でカイヨーに反対する運動を仕掛けた。加えて、カルメットはカイヨーが二度目の妻アンリエットに書いたあけすけなラブレターの何通かに手をつけようとしていた。ラブレターを書いた当時、アンリエットは別の人物とまだ結婚していたのだ。カルメットはそれらのラブレターを出版すると脅しをかけた。三月十六日、いつものように美しく着飾ったアンリエットは「フィガロ」の事務所を訪ねた。カルメットに引き合わされると、アンリエットは毛皮のマフラーからピストルを取り出し、カルメットを撃った。怯えるスタッフに対してこう述べた。「フランスには正義がないわ。こうするしかなかったの」。アンリエットは殺人罪で逮捕されるのを穏やかに待った。裁判は七月二十日に始まった。八日後、オーストリア＝ハンガリーがセルビアに宣戦した日、判事は痴情に駆られての犯罪だという理由でアンリエットを釈放した。フランスが戦争に向かって動いたとき、フランスの穏健派の声となる可能性があった夫が、政府から辞任しなければならなかったのは、彼女の行動が招いた不幸な結果だった。[14]

七月も下旬になると、バルカンで醸成中の新たなトラブルは、ヨーロッパの新聞の第一面に載るようになった。オーストリア＝ハンガリーがセルビアと決着をつけようとしていてロシアが小さな同盟国を今度は支持する覚悟だという噂が広がると、株価は過敏に動くようになった。だが、人々が、結局この危機も以前の危機のように終わると考えていたのは間違いない。外交文書の行き来があり、圧力をかける手段としてオーストリア＝ハンガリーとロシアが軍の準備をしているかもしれないが、結果的に他国が介入して解決の仲介をし、相方の軍は撤退するはずだった。ずっとそうだったように、「ヨーロッパ協調」は平和を維持するはずだった。「こけおどし、すべてはこけおどしだ」と、第一次バルカン戦争の間の一九一二年にドイツ外相キーデルレンは書いている。「これまで三度見てきた。アルヘシラス、モロッコ、そして今回だ。どう人はいつもこけおどしで他国に勝とうとしている。どうしようもないくらい愚かなこけおどしで、相手が後退できないまでになって銃を撃ってしまうほどのひどいものにならなければ戦争はまず起こらない。今どきの政治家がそんなに鈍いとは思わない」[15]。キーデルレンは自分がどれだけ間違っていたのか見るほど長生きすることはできなかった。キーデルレンの死は、大公が暗殺されたことやラスプーチンが刺されたこと、カイヨーが辞任を強いられたことのように、歴史の上で偶然が果たした役割の例でもある。もしキーデルレンが一九一四年の夏に職務に就いていたら、軍部に対して立ちはだかるベートマンとドイツ皇帝を説得し、平和の道を歩ませることができたかもしれない。

一九一四年七月の危機は、そもそもセルビアの向こう見ずな行動、オーストリア＝ハンガリーの強い復讐心、ドイツから手にした白紙手形によってつくられた。今や、戦争を避けることができるか、あるいは戦争となったらどうすれば自国に有利なように持ってこれるかがヨーロッパ列強の肩にかかっていた。歴史の議論の多くはドイツの問題、オーストリア＝ハンガリーの問題、あるいはセルビアの戦争責任に集中する一方で、三国協商――フランスがドイツに対する復讐政策をとってきたこと、ロシアがフランスと同盟を結びセルビアを支持したこと、イギリスがドイツに対して陽の当たる場所と、世界の植民地の分け前をもっと多く与えられることを求める合法的な要求を認めなかったこと、あるいは初期の危機の際にフランスとロシアの側に立って介入する、ということをはっきりさせなかったこと――を責める者もいる。こうした議論はかつても今も歴史家と政治学者を魅了し続けているのだが、どの論にもそれぞれ強力な反論があることを考えると決定的な答えはあり得ないということを受け入れなければならないのかもしれない。フランスは本当にドイツに復讐する意図があったのだろうか。ポアンカレのような民族主義者でさえアルザスとロレーヌの喪失を諦め、両地方を取り戻すために戦争のリスクを冒す心積もりは持っていなかった。露仏同盟によってドイツは包囲されていると感じるようになったていたが、フランスとロシアからすると、同盟は防衛的なものでドイツが攻撃した場合にのみ引き金を引く、というものだった（国際関係ではよくあるように、一方からは防衛的に見えるものが他からは威嚇に見えるものであり、ドイツは確かにそのように露仏同盟を解釈していた）。セルビアのナショナリズムを奨励したことでどれだけロシアが責任を負わなければならないのか。サゾーノフは大使のハルトヴィヒを監督下に置いておくよう努めるべきだったが、ナショナリストの団体の汎スラヴ主義的なレトリックにもかかわらず日露戦争のカタストロフィーとなった敗北のすぐあとに、セルビアを守るため新たに大きな戦いのリスクを冒すことになるとなれば、ロシアの指導者たちは必ずしもみなセルビアの防衛に出ることを望んだわけではなかった。イギリスについて言えば、躊躇なくフランスの側で戦うという初めの頃の宣言はドイツに対する抑止力として表明した可能性もあるが、明確ではない。ドイツ軍はイギリス遠征軍を無視できる存在と捉えていて、海軍力が動き出すはるか前にフランスに勝つことを望んでいた。とにかく、イギリスは内閣が賛同しないうちはこのような宣言をすることができなかった――しかも、戦争が始まる最後の数週間、内閣は深く対立していたのである。

三国協商のうち、フランスは一九一四年に最も明確な政策を持っていた――戦争が来たらフランスは罪のない側としてロシアと団結して戦争に入る、と。フランスは同盟国に挑発的な行動をさせたくないと思っていた。ドイツとオーストリア＝ハンガリーに、ロシアの攻撃から身を守るだけのために戦うとは主張させまいとしたのだ。七月三十日の緊急の閣議では「世論のために、ドイツを悪者にする」ことが強調された。(16) これが国内的にも国際的にも重要だった。フランスの指導者たちは、一八七〇年から一八七一年にかけての敗戦の記憶とその後の長い孤立に、フランス国内の対立に、ドイツと比べてフランスが人口的に弱いということに、また同盟国が支えてくれないのではないかという恐怖に頭を悩ませ続けた。フランスはイギリスが介入してくれることを願っていた。しかし、方々から疑われていたことだが、ドイツがベルギーの中立を侵害しようとしてもイギリスの介入が全面的にあてにできるとは思っていなかった。だが、戦争が始まったときに東部でロシアが動き、ドイツ軍を素早く攻撃するということはフランスにとって必然だった。一九一四年直前の数年間、フランスは最大の力を使って、予想されるドイツの猛攻撃の圧力からフランスを救うためにロシアが早い段階で攻撃するという固い約束を手に入れた。しかし、ロシアの鉄道建設と産業の発展のための莫大な借款で、フランスはロシア軍から約束を取りつけたが、ロシアが約束を守るという確信を完全に持つことはできなかった。拡大するロシアの力でさえ、フランスにとっては両刃の刃で、ジュニアパートナーに陥る危険があった。さらに悪いことに、ロシアが強力になって、フランスとの同盟を必要としなくなるという可能性もあった。(17)

ドイツとの和解を論じ続けていたロシアの保守主義者が優位に立つ危険性も常に存在していた——これがフランスの頭を悩ませていた。パリに警告を与える報告を送ったパレオローニュはイギリス大使に、一九一四年五月に次のように述べている。「皇帝は移り気だし大臣は不安定である。宮廷にはドイツとの理解を押すグループが常に存在している」[18]。ドイツが同盟相手を失っては困るという恐怖からオーストリア＝ハンガリーを支持するように、フランスも一九一四年夏にはロシアがバルカンでオーストリア＝ハンガリーと対決する方向に動くと、不承不承ロシアにブレーキをかけた。社会党のリーダー、ジョレスは外交問題を深く理解しており、差し迫るポアンカレとヴィヴィアーニのサンクトペテルブルグ行きが論じられた七月七日のフランス議会で「条文も、意味も、限界も、結果もない条約のために、フランスが野蛮なバルカンの冒険に巻き込まるのは……許しがたい」[19]と述べた。

社会主義者からの反対にもかかわらず、ポアンカレとヴィヴィアーニは予定通り七月十五日にロシアに向けて出発し、ドイツ領を避けて巡洋艦フランス号に乗って旅行した。彼らは知る由もなかったが、その前日、最終的にオーストリア＝ハンガリーがセルビアに最後通牒を出すことに対する反対をティサが引っ込め、最後通牒はウィーンで最終的に固まっていた。フランスの戦艦が北海を通ってバルト海に入ると素晴らしい天気となり、ポアンカレはデッキに座ってイプセンを読みヴィヴィアーニとおしゃべりした。ヨーロッパ中、良い天気だった。フランスの首相は外交に責任があったが、その問題をほとんど理解していなかった。それでも文学の生き字引であることは確かで、かなりの量の散文や詩を暗誦していた。ポアンカレは国内のカイヨーの裁判のことを時折思い出していたが、国際状況については心配していなかった。あるいは後に出版した日記のなかでそう主張した。自分は平和に向かって他国と良好な関係を築くために、フランスとロシアの同盟を再確認するために航海していると確信していた、とポアンカレは書いている[20]。実際は、ポアンカレは自分で認めている以上に同盟のことを心配していた。フランス議会が秋に、ようやく勝ち取った三年法を引っくり返す可能性があった。そうなるとロシアが同盟国としてのフランスの価値をさらに疑いかねなくなるかもしれなかった[21]。

七月二十日にフランスの一行がロシアに上陸すると、

ロシア皇帝自身が当地で出迎え、サンクトペテルブルグの真西にあるペテルゴフの大宮殿に宿泊することになった（町のなかでは、労働者がゼネラルストライキを要求し、街頭で武力衝突が行われていた。ポアンカレは原因を尋ねて主を憤慨させた）(22)。次の数日間には晩餐会、レセプション、観軍式といった行事が詰まっていた。ヴィヴィアーニはカイヨーの裁判がクライマックスに達しているし、わがままな愛人が勝手に楽しんでいるパリに戻りたいと思い、絶えず退屈だ、疲れたとこぼしていた。ヴィヴィアーニには肝臓にトラブルがあって、地元のフランス人医師は何度も呼びつけられた。ポアンカレは旅の連れに共感を持つことが困難だと感じていた。「乱暴で臆病で俗悪で、それを憂いある沈黙で隠している」(23)。

旅行の重要な部分は舞台裏のフランス人とロシア人の間のプライベートな会話のなかで行われていたが、残念ながら何を話していたのかはほとんどわかっていない。記録は概要だけだし、喪失してしまったものもあるのかもしれない。両者がペルシャをめぐるロシアとイギリスの間の緊張について話したことはわかっており、フランスはロシアにイギリスと海軍協定を結ぶように勧めた(24)。イギリス大使によると、あとになってサゾーノフとフランス大使から、話し合いはオーストリア＝ハンガリーとセルビアのことも話題にしたということ、フランスとロシアは一緒にウィーンにアプローチしてセルビアの独立を脅かすことのないように警告するつもりであることを確実に聞かされたということだった(25)。バルカンの状況がロシアとフランスの指導者たちの頭の中の多くを占めていたことは間違いない。七月二十一日の晩、サンクトペテルブルグで行われた外交団のためのレセプションで、ポアンカレはオーストリア＝ハンガリーから来ていた大使に、いずれの国も自国の領土で行われたからといって陰謀には責任を負えるものではないと述べた。そしてセルビアにはロシアを含めて「友人」がいるからオーストリア＝ハンガリーが強い手を打ったとすれば「驚く」だろう、と。大使はウィーンにいるベルヒトルトに警告を送った。ベルヒトルトはこれを無視した(26)。フランスとロシアがドイツとの戦争を引き起こす陰謀を企てたという証拠はないが、七月二十二日になると公然と戦いの可能性を話し合うようになった。フランスのサンクトペテルブルグ大使館付き武官によると「数日前には夢にさえ見ないようなこと」だった(27)。

ウィーンから広がった噂をだんだん心配するように

なったロシアは、フランス人が来る前から警告を発していた。七月八日、サゾーノフはオーストリア＝ハンガリーの代理大使に、いかなることでもウィーンがセルビア内部のことに介入しようとすれば、ロシアに「ひどい悪印象」を与える危険な一歩となると述べた。[28] 一週間後、ある夏のパーティーで、ロシア外務省から来ていた高官の一人がイタリア大使に、ロシアはセルビアの独立の脅威となるものに対しては堪忍しないというメッセージをオーストリア＝ハンガリーに伝えるように頼んだ。二日後、サゾーノフはオーストリア＝ハンガリーの大使であるフリードリヒ・スザパリーにロシアの懸念を伝えることを忘れなかった。スザパリーは安心して――サゾーノフは「子羊のように穏やか」と述べた――自国の政府は深く平和を愛しておりセルビアとの関係がこれ以上難しくなるのを望んでいないと述べた。[29] そこでしばらくの間ロシア政府はこれから起こることを見守ろうとした。

大きな国際的な嵐に向かって進んでいくには指導者が力不足だったのはロシアにとっては不運だった。ロシア皇帝同様サゾーノフ自身も平和に向かう傾向があったが、二人とも弱く、簡単に揺れ動いた。両者ともロシアの名誉と威信に強い感情を持っていて、バルカンの以前の危機の際に後退を強いられたことに強い遺憾の念を感じていた。首相のゴレムイキンは重要人物ではなく、大臣会議で優位に立っていたのは農業大臣のアレクサンドル・クリヴォシンだった。クリヴォシンはロシアの対外的威信が傷つけられるときには強硬派になった。もう一人はスホムリノフで、向こう見ずでプライドにこだわり、ロシア軍はいつでも戦う用意があると主張していた。[30] 参謀総長のニコライ・ヤヌシュケヴィッチ将軍は職に就いてまだ五カ月で、皇帝から気に入られているという以外は、この地位に相応しい眼に見える資質をほとんど備えていなかった。イギリス大使館付き武官が言うには、この任命は「一般に驚きを引き起こした。軍人というより廷臣という印象だった」。[31] 他のトップの指導者のなかでは、ニコライ・ニコラエヴィッチ大公が経験と常識を備えていたが、危機が高まると戦争のリスクを冒してでも早く動員することを提唱するようになった。夫人はモンテネグロ国王の娘の一人で、よい結婚生活を送っており、セルビアを情熱的に、無批判に支持していたのだ。ポアンカレは訪問していた七月二十一日、サンクトペテルブルグ駐在フランス大使パレオローニュに述べている。「戦争になるのでしょう。オーストリアには何も残らないでしょう……私たちの軍はベルリンで衝突して、ドイツは滅ぼされるでしょう！」[32]。

戦争賛成で影響力があったもう一人の人物はパレオローニュだった。パレオローニュはドイツをひどく嫌っていて、ドイツと大きな戦争をするのは避けられないと確信してきた。頭がよく、邪まで、感情的で、虚栄心の強いパレオローニュは学生時代に出会っていたデルカッセやポアンカレのような有力な人物にへばりつくことによって外務省内で着実に出世した。政治家だけでなく作家になりたいという願いがあったパレオローニュは古代の高貴なビザンツ貴族の一族だと主張していたが、政敵たちは彼の両親——父親はルーマニアから亡命したギリシャ人、母親はベルギーの音楽家だった——はつつましい出自で、背景が疑わしいとさえ言っていた。一九一四年一月デルカッセに変わってサンクトペテルブルグに任命されると、当時のフランス首相ガストン・ドゥメルグは、戦争がいつ始まってもおかしくない、フランスの安全はいかに早く同盟国が戦いに来てくれるかに懸かっているとパレオローニュに述べた。パレオローニュは自分のことを政府の公僕というより独立した役者だと考えていて、三国協商を育てていくことと、戦争になったときにロシアをフランスの側に持ってくるのが自分の務めだと思っていた。[33] 七月二十四日、オーストリアの最後通牒がセルビアに手交されたという知らせが届いた。ポアンカレとヴィヴィアーニはすでに帰国の途についており、パレオローニュはイギリス大使サー・ジョージ・ブキャナンおよびサゾーノフと昼食をとった。ロシアの外相はオーストリア＝ハンガリーの動きについて立腹していて、「不道徳で挑発的」と表現した。イギリスがすぐにフランスおよびロシアとの連帯を宣言することをサゾーノフは望んでいる、とブキャナンはロンドンに報告した。パレオローニュの物言いはさらに激しかった。「フランス大使の言葉からすると、フランスとロシアはわれわれが参加を断ったとしても強い姿勢で立つと決めているように聞こえた。だが、外務大臣の言葉はこの点についてそれほど決意しているわけではなかった」[34]。数日経って、パレオローニュはサゾーノフにフランスのロシア支持を保証すると繰り返しただけでなく、このフランスの立場がオーストリア＝ハンガリーとドイツに伝わる可能性があるイタリア大使に何度も繰り返していた。[35]

パレオローニュは訓令を越えていた可能性があるが、危機においてロシアにフランスの支持を保証していたポアンカレに近かった。ロシア皇帝との別れの会で、ポアンカレは皇帝に、両国はオーストリア＝ハンガリーとドイツがセルビアを攻撃した場合には緊密に協力しなければならないと述べた。「状況が困難になればなるほど私たちは連合し、緊密にならなければならない」。二人がロシアとフランスがどのように軍事協力するかについて長く話したのは明らかである。[36] もちろんこのような話し合いが行われたのはこれが最初ではなかった。十年以上の間、ロシア軍とフランス軍は対ドイツ戦用の計画を共同で作成し、時が経つうちに直接の無線通信を含めて結びつきは強力になっていた。[37] 一九一四年七月、オーストリア＝ハンガリーに憤って、ロシアは参戦することを決意したが、フランスはロシアを思いとどまらせたいとは思わなかった。事実ドイツの指導者と同様に、フランスの指導者たちは戦争が起こるとすれば今が最良だと考えていた。一九一四年六月、参謀本部の報告には、ルーマニアは今やオーストリア＝ハンガリーの潜在的な敵となっており、ロシアはドイツに対する脅威以上のものとなっていると書かれていた。[38]

最後通牒を知った七月二十四日の朝、サゾーノフの最初の反応は「これはヨーロッパ戦争になる」ということだった。サンクトペテルブルグ南部のクラースノエ・セロの村で行われた夏の軍事演習に出席していたロシア皇帝はこう言っただけだった。「厄介なことだ」。ロシア皇帝は当初、ドイツは最後通牒については何も聞いていないというドイツ皇帝の断言を少なくとも信じていて、ドイツとロシアは以前の危機の際にいつも何とか合意してきたという皇帝の言葉に慰めを見いだしていた。その日の午後、緊急の大臣会議がクラースノエ・セロで行われた。サゾーノフは戦争が回避されることを今なお望んでいたが、ロシアの立場は、セルビアを粉砕することによってバルカンにおけるロシアの影響力を破壊しようというオーストリア＝ハンガリーを認めることはできない、という立場を取った。後に驚いたことにオーストリア＝ハンガリー大使にコメントしているように、個人的にはセルビアがロシアに対して行った要求と大きな同盟国を戦いに引きずり込むやり方に憤慨していたが、支持をする以外他の道が見つからなかったということだ。ロシアの威信と要求がそれ以上に大きかったのだ。[39] クリヴォシンは他の人々の気持ちを揺さぶる重要な演説のなかで、ロシアは戦争のリスクを冒してもしっかりと立っていなければならないと述べた。同僚のピョートル・バークは、いつも用心深い人物だったがそれに同意した。「ロシアの名誉と威信、大国としての全存在の話になれば、財務大臣は内閣の多数派に加わるべきだ」。会議はドイツを含めた他の列強と協力して、セルビアの最後通牒への回答期限を延長することによって外交的解決のための時間を与えるようオーストリア＝ハンガリーを説得すると決定した。だが、圧力をかけるために、会議はバルト海および黒海艦隊を動員することと、四つの軍区でロシア軍を部分動員することをも決定した。動員はドイツよりオーストリア＝ハンガリーに対して脅威と映るように見えるように努めたが、対峙する二国同盟には挑戦であったことからさらにリスクの高い動員だった。判明したように、軍部がオーストリア＝ハンガリーだけに対する動員計画を練ってこなかったことから、軍事的にも実践的ではなかった。ゴレムイキンが会議の終わりにロシアの政策を要約したように、「われわれは戦争を望んでいないが恐れてもいない」のだった。その晩、サゾーノフはドイツ大使に、ロシアが最後通牒にひどく不快を感じているということについて、ドイツ大使は明らかに狼狽して伝えた。[40]

翌日、セルビアのオーストリア＝ハンガリーへの最後通牒に対する回答期限が近づくと、ロシアの態度は硬化した。「ロシアはオーストリアがセルビアを押し潰すことと、バルカンで支配的な勢力になることは認められない。フランスの支持があって安全だから、あらゆる戦争のリスクに耐える」とサゾーノフはブキャナンに述べた。ブキャナンは当然ロンドンに電報を送った。二人の会談に立ち会ったパレオローニュは、フランスはロシアの側で戦う用意がある、ロンドンが友人の側に立つのかどうか知りたいと断言した。イギリスはロシアに現実に支持を与えるのか友好関係を失うのか選択しなければならないとサゾーノフはつけ加えた。[41]その日の午前中に再度集まったロシアの大臣会議はすでに、戦争に向けてのさらなる手立てを取ることに賛同していた。全要塞が戦争の準備を整え、国境地帯の駐屯地には完全に兵士が配置された。残っている軍区に動員の準備が行われた。ロシアの最上位にいる将軍たちはこれを見て総動員と戦争に向かう段階だと考えた。[42]ロシアは数日間普段と違ったことをしているわけではないと言い続けたが——スホムリノフはドイツ大使館付き武官に七月二十六日に誓って述べていた——ロシアの西部国境を越える人々は、至るところで軍の活動が拡大している徴候を見て取っていた。[43]

その夜、ある退官したロシアの外交官がペテルゴフとクラースノエ・セロ間の道沿いにある村で友人と食事をしていると、サンクトペテルブルグに向かって連隊が行進していく音を聞いた。「私たちは全員庭の門まで飛び出して行って、夏の夕暮れの埃だらけの道を静かに行進していく近衛兵の大きな集団を見た。この光景を見て感じた差し迫る運命の不吉な印象を忘れることはないだろう」[44]。その運命がどうなろうとも、ドイツとオーストリア＝ハンガリーのようにロシアも、最終的には一人の人物に懸かっていた。一九〇六年に新しい憲法がつくられてはいたが、ロシア皇帝は今なお外交政策と軍部の指揮を執っていた。ベルリン駐在フランス大使ジュール・カンボンはオーストリア＝ハンガリーがセルビアに最後通牒を突きつけたあと同僚に次のように述べている。「今日、フランスの運命とヨーロッパの平和の維持は外国の意思にかかっている。ロシア皇帝の意思に。ロシア皇帝は何を決め、どんな助言をするのだろうか？」[45]。

ロシア政府は戦争に向かって進んでいたが、ポアンカレとヴィヴィアーニはオーストリア＝ハンガリーが目論んでいたように、七月二十四日から海上にいて、パリと外国にあるフランス大使館と断続的にしかコミュニケーションが取れなかった。最後通牒の知らせがフランスに届いたとき船はストックホルムに向かって航海中で、ヴィヴィアーニは急ぎ、おそらくはポアンカレが書いたと思われる電報をサンクトペテルブルグに送り、パリとロンドンに転送するように求めた。電報はセルビアが名誉と独立に矛盾しない範囲で最後通牒の全条件を受け入れるよう勧めていた。また、この電報のなかで、オーストリア＝ハンガリーがセルビアの共謀について独自に調査を行うのではなく、国際的に調査することを求め、三国協商がこの問題を国際問題とすることも提案していた[46]。死にかけている「ヨーロッパ協調」が何とかして息を吹き返し、新たなヨーロッパの危機を解決するかもしれないという希望に、次の数日間、フランス、イタリア、そして特にイギリスはそれにしがみつこうとした。

ポアンカレとヴィヴィアーニはスカンジナビア諸国を訪問する予定を断念し、すぐにフランスに向かうことも話し合ったが、そのことによって訪問国とフランス国内に不必要な警戒心を引き起こす可能性があると結論を出した。そこで彼らはバルト海を周り続けたが、バルカンからの知らせが悪化するにつれ不安が大きくなっていった。ドイツがここにきてフランスとパリの間のすべてのラジオ電波を妨害するようになっていたので（フランスとロシアの間も同様）連絡を取ることが困難だった。パリでは閣僚が自分たちのイニシアチブで予防策を取ることを決めた。参謀総長は休暇から呼び戻され、鉄道と他の重要な場所を守るために部隊が派遣された。参謀総長ジョッフル将軍は状況の重大性に何の幻想も抱いていなかった、と後に主張した。「われわれは戦争に向かって突き進み、ロシアはわれわれと同時に引き込まれていた」。ジョッフルと陸軍大臣はロシア大使館付き武官に、フランスは同盟を全うする用意をして構えていると断言した。その月の終わりには、フランスは戦争の準備をかなり進めていて、男性の衣類を扱う市町の店では、重い長靴と厚い靴下を陳列し始めていた。(47)

フランス政府はオーストリア＝ハンガリーのセルビアに対する最後通牒から七月二十八日の宣戦布告の間はほとんどが受け身の役割を演じていた。一方、イギリスの関心はようやくアイルランドから大陸に向かい、行動を取り始めた。グレイはバルカンにのしかかっている危険の大きさについて掌握が遅れ——あまりにも遅れ——いずれにしてもイギリスが三国協商のメンバーだということによって制約を受けていることを受け入れようとしなかった。七月九日、ドイツ大使のカール・フォン・リヒノフスキは、グレイが状況を解決し得ると明るく楽観的でいることに気づいた。グレイはいつものように他国にとらわれないでいくと主張したが、フランス、ロシアと緊密な関係を維持するともつけ加えた。グレイはフランスと軍事問題についていくらか「話し合い」を行ってきたことを認めたが、それはごくわずかな程度だという印象を与えた。一週間後の会合で、グレイはリヒノフスキに、ロシアの世論がセルビアについて立ち上がろうということになってきたら、イギリスは「ロシアの感情を宥めなければならないことになると警告した。(48)グレイは自身と外務省がロシアとの関係について心配していることをドイツに説明しようとしなかった。メソポタミア（現在のイラク）の石油の支配をめぐって新たな緊張の種となるものが出現していた。ペルシャにおける影響力をめぐる争いが続いていた。外務省のニコルソンと同僚は、一九〇七年の英露協商が一九一五年に更新できるかどうか自信を持っていなかった。ニコルソンはその早春にサンクトペテルブルグに駐在しているブキャナンに「ロシアがわれわれにうんざりしてドイツと取引を行うのではないかと、あなたと同じ恐怖に悩まされている」(49)と書いている。グレイと幹部はロシアがドイツに傾いていくのを恐れて、オーストリア＝ハンガリーとの対決姿勢から後退するように強く押すことをためらっていた（もちろんドイツも同じ恐怖を感じていた。オーストリア＝ハンガリーを支持しなければ重要な同盟国を失う可能性があった）。オーストリア＝ハンガリーがセルビアに宣戦した七月二十八日、ニコルソンはブキャナンに次のような私信を書いた。「あなたと同じく、この危機をロシアがわれわれの友好関係を試すためのものとして使う可能性があると見ています。ロシアの期待を裏切れば、ロシアと友好的、永続的理解を維持したいという願いは消滅するでしょう」[50]。

グレイの願いは、危機が悪化するにつれて、イギリスが厳しい選択をするのを回避することであった。第一次と第二次のバルカン戦争のときのようにロンドンで大使の会議を開く、あるいは直接的に関与している列強に互いに話し合うように圧力をかけることによって、「ヨーロッパ協調」の線でもう一度列強が行動すればどうにか解決するにちがいなかった。おそらくロシアはセルビアに、ドイツはオーストリア＝ハンガリーに圧力をかけられるのではないかとグレイは提案した。ロシアがセルビアの側に立つことがはっきりすると、グレイはフランス、イギリス、ドイツ、イタリアがロシアとオーストリア＝ハンガリーを説得して直接話し合わせることができるという可能性に飛びついた。ヨーロッパが七月二十八日のオーストリア＝ハンガリーの対セルビア宣戦という里程標を越えると、グレイは話し合う時間を与えるため、オーストリア＝ハンガリー軍をベオグラードで止めるという考えを思いめぐらした（実際の戦争の現実に直面して尻込みしていたヴィルヘルムは同じときに同様の提案を考えていた）。グレイは次々に提案をしていったが、フランスと自国の同僚に、何年もかけた陸海軍の話し合いにもかかわらず、イギリスは義務や秘密条約によってフランスに縛られているわけではない、自分の判断で決めると述べた。グレイは同僚にもイギリスの一般の人々にも決して率直であった試しがなく、おそらく自分と軍部によるフランスとの協力にイギリスがどれだけ関与しているのか、自分自身に対してさえ率直ではなかったのだと思われる。逆に、以前よくそうしたように、グレイはドイツに、イギリスはフランスが粉砕されるのを傍観することはできないし、ベルギーの中立を侵害することには強く反対すると述べていた。

七月二十三日、ロンドン駐在オーストリア＝ハンガリー大使メンズドルフはグレイにセルビアに提示することになっている最後通牒の内容を明らかにした。グレイがショックを受けたのは明白だった。その夜、グレイと陸軍大臣ホールデーンはドイツの実業家アルベルト・バリンと会食した。バリンはドイツ政府から、戦争が大陸で起こった場合に可能性のあるイギリスの対応を探るという非公式の命を受けてロンドンに派遣されていた。この最後の気が狂いそうな日々に起こった多くのことと同じように、出来事のあとの人々の記憶もさまざまに異なっている。ホールデーンはグレイとともにバリンに対して、ドイツがフランスを攻撃したら、イギリスが中立に留まると思ってはいけないと警告したと記憶している。だが、バリンは違うメッセージをベルリンに持ち帰った。バリンの見方では、イギリスの関心は主に大陸の勢力均衡にあるから戦争のあとフランスを飲み込もうとしない限り（おそらくわずかにフランスの植民地を奪うことだと思われる）イギリスは介入しないというのだった。(51)

翌日、グレイは最後通牒の全文を読んだ。「ある国が独立している国に述べた文書としてはこれまで見たなかで最も恐るべきものだ」とグレイはメンズドルフに述べた。ベルヒトルトの指示で、メンズドルフはこの文書がそれほど重要ではないと思わせようと、説得力のない試みをした。これは実際には最後通牒というより期限付きの申し入れだ、オーストリア＝ハンガリーは回答の期限が過ぎたあと軍の準備を始めるつもりであり、軍事行動と同じではない、と。(52) そのあとバッキンガム宮殿で行われた閣議はアイルランド会議の失敗を話し合うためのものだったが、そのときグレイは初めてバルカンの危機を取り上げ、ロシアがオーストリア＝ハンガリーを攻撃した場合、ドイツは同盟国の保護に回ると確信していると述べた。閣僚の大多数はそのとき、イギリスが戦争に関わるようになることに強く反対していたが、次の週には、主にドイツの行動の結果、そのバランスは大きく傾いた。最後通牒によって第一次バルカン戦争以来最もアルマゲドンに近づいたとグレイは陰鬱に述べた。グレイの解決策は大してドラマチックなものではなかった。ドイツ、フランス、イタリアとイギリスが一つになってオーストリア＝ハンガリーとロシアに行動を取らないように促すことを提案しようというものだ。だが、同日、イギリスもためらいがちに戦争の準備を始めた。イギリス海域のイギリス全艦隊が前の週に夏の軍事演習を行い、政府は動員した状態でいるように命じた。ロシアとフランスの準備動員のように、またドイツで始まろうとしていた動員のように、こうした軍事演習はその意図については防衛的なものだったが、外から見た場合には必ずしもそうは映らず、すでに高いレベルにあったヨーロッパの緊張をさらに引き上げる新たな要素となった。

七月二十四日の晩、グレイはリヒノフスキを呼んで、イギリスは回答の期限を延長するようにドイツとともにオーストリア＝ハンガリーに要求する気持ちがあるとドイツ政府に伝えてほしいと求めた。そうすれば他の国がオーストリア＝ハンガリーとロシアの間で大きくなりつつある争いを緩和する時間ができるかもしれない、と。翌日、リヒノフスキの報告を読んだドイツ皇帝は次のようにメモしている。「無駄だ。オーストリアが私にそう求めてこなければ加わらない。そんなことはあり得ない。生死に関わる問題や名誉に関わる問題については、他の者に相談しないものだ」[53]。

七月二十五日土曜日、グレイはリヒノフスキに会って全体状況について話し合った。ドイツ大使は自国の政府の立場を守るのがますます困難だと考えた。イギリスとイギリスの制度を賞賛していたリヒノフスキはずっと、ロンドンとベルリンの間で理解し合うことを提唱してきた。一九一二年、すでに退官していたにもかかわらずドイツ皇帝によってこの地位に任命され、イギリスに行き「楽しい良い仲間」になるように命じられていた。ベートマンと外務省はこの任命を好まなかった。リヒノフスキには経験が不足しているし、イギリスについてあまりにも友好的すぎると感じたからである。[54] 事実、リヒノフスキはこの危機にあっても良心的によい助言をグレイに与えた。すなわち、ドイツはオーストリア＝ハンガリーを励ますにあたって危険なコースを歩んでいること、全面戦争が起これぱイギリスは引きずり込まれること、リヒノフスキの上司が戦いがあってもバルカンに限定した地域的なものになると本気で考えているとすれば夢を見ていることになる、とリヒノフスキは伝えたのだ[55]（ニコルソンはブキャナンに辛辣に述べている。「戦争を地域に限定するという話は、オーストリアが静かにセルビアを絞殺している間、すべての国が高見の見物をしているということになる」[56]）。

その午後、緊急の電報がヨーロッパを飛び回り続けると、グレイは普段どおり週末はウィンチェスター近くの田舎に引き込むことにした。[57] 電報は届くところにいたも

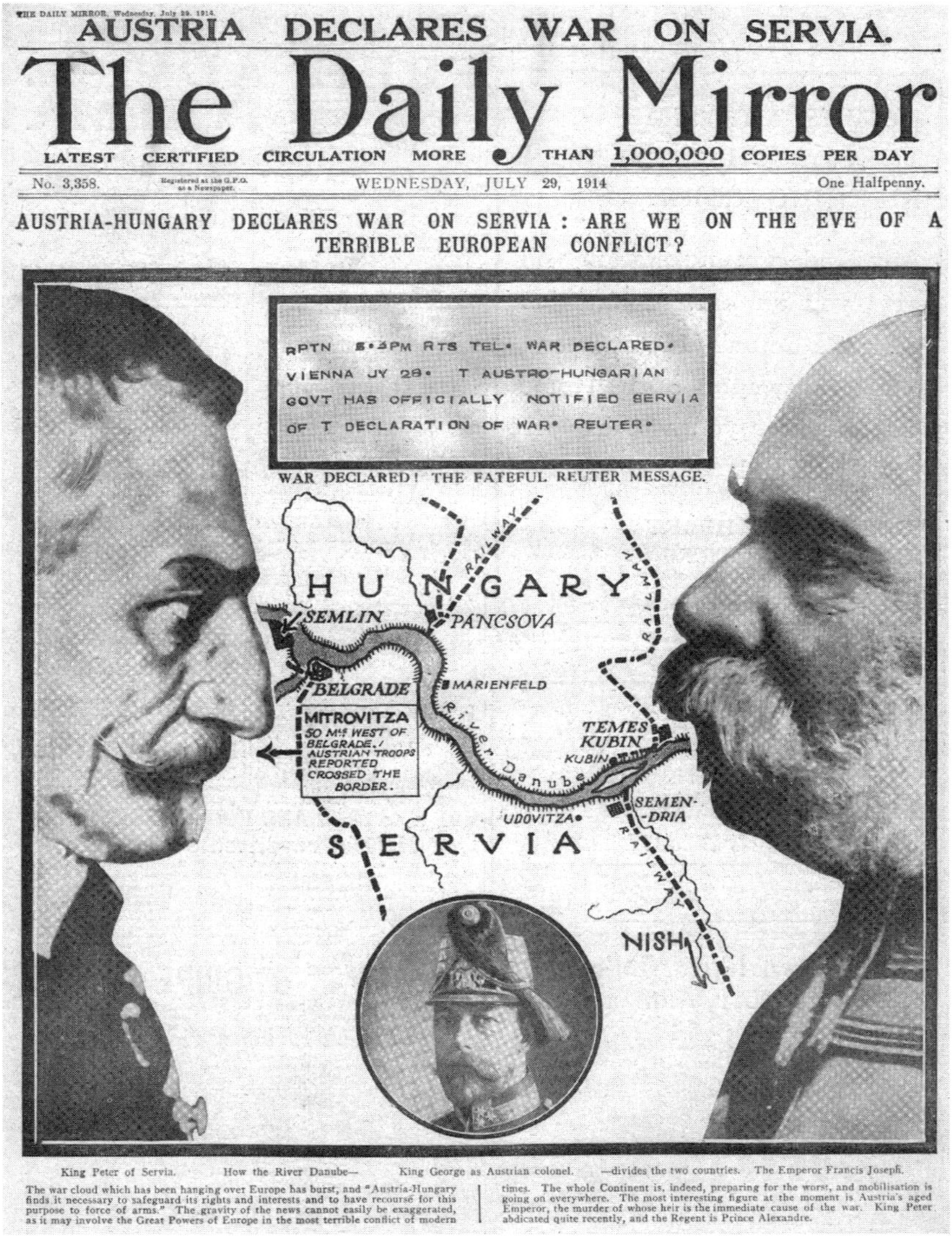

THE DAILY MIRROR, Wednesday, July 29, 1914.

AUSTRIA DECLARES WAR ON SERVIA.

The Daily Mirror

LATEST CERTIFIED CIRCULATION MORE THAN 1,000,000 COPIES PER DAY

No. 3,358. Registered at the G.P.O. as a Newspaper. WEDNESDAY, JULY 29, 1914 One Halfpenny.

AUSTRIA-HUNGARY DECLARES WAR ON SERVIA: ARE WE ON THE EVE OF A TERRIBLE EUROPEAN CONFLICT?

King Peter of Servia. How the River Danube— King George as Austrian colonel. —divides the two countries. The Emperor Francis Joseph.

The war cloud which has been hanging over Europe has burst, and "Austria-Hungary finds it necessary to safeguard its rights and interests and to have recourse for this purpose to force of arms." The gravity of the news cannot easily be exaggerated, as it may involve the Great Powers of Europe in the most terrible conflict of modern times. The whole Continent is, indeed, preparing for the worst, and mobilisation is going on everywhere. The most interesting figure at the moment is Austria's aged Emperor, the murder of whose heir is the immediate cause of the war. King Peter abdicated quite recently, and the Regent is Prince Alexandre.

見出し——「われわれは恐ろしいヨーロッパ紛争の前夜にいるのか？」——が示しているように、1914年7月にバルカンで展開した危機はヨーロッパの大部分を驚かせた。大公の死後、オーストリア＝ハンガリーはセルビアに受け入れ難い最後通牒を発した。セルビア政府は条項を受け入れることを検討したが、7月28日、オーストリア＝ハンガリーは宣戦した。ここでは、セルビア国王ペータル1世が皇帝フランツ・ヨーゼフと対面している。イギリス王ジョージ5世が小さく挿入されているが、かつてあったが今は失われた友好関係の証しとして、オーストリア大佐の制服を着用している。

のの、このように急速に状況が変わっていく段階にあっては奇妙な決定だった。ロンドンに戻ってから、七月二十七日にドイツが四カ国の調停の提案をざっくり切り捨てたことをグレイは知った。その理由は、ヤーゴーが主張するように、国際仲裁裁判所に係る問題であり、直接関わっているロシアとオーストリア＝ハンガリーが要求したときにのみ開かれ得ることになっていたからだった。(58)イギリスはこの段階になると、支持を明確にするようにというロシアとフランスからの高まる圧力の下にさらされていた。ブキャナンは土曜日にサゾーノフに会って、平和のためにロシアの動員を遅らせることで状況を打開し、オーストリア＝ハンガリーと協力するように勧めていたが、月曜日には、ロシアの立場は硬化したとロンドンに電報を送った。「外務大臣は、われわれがフランスおよびロシアとの連帯を公表しなければ、平和のためドイツを獲得することに成功するとは思えないと回答した」。(59)パリでは、イズヴォルスキーがあるディナーパーティーでイギリスの外交官に、戦争は確実に来る、それはイギリスの責任だと述べた。危機が生じたとき、イギリスがロシアおよびフランスとともに戦うと明確にしさえすれば、オーストリア＝ハンガリーとドイツは躊躇するかもしれない、と。イズヴォルスキーは不吉な調子でつけ加えた。今回は弱いロシアが後退しなければならなかったボスニアの危機のときとは違う、今度は、ロシアは戦う立場にいる、と。(60)七月二十八日、ポール・カンボンはポアンカレとヴィヴィアーニが不在中の政府に助言を与えていたパリから慌ててロンドンに戻り、グレイに「イギリスが確実にヨーロッパ戦争を傍観すると想定されると、平和を維持するチャンスは大きな危険にさらされる」と警告した。(61)カンボンはロンドンにいる間、三国協商を温かな友情関係というよりもっと本質的なものに変えることに力を尽くしていたが、危機の初めの頃からグレイが「動揺し躊躇し」、そのためにドイツが大胆になって前に進むのではないかと恐れていた。それにもかかわらずカンボンは「イギリスは最終的にはわれわれに加わるのは間違いないが、かなり遅くなる」とパリの同僚に断言した。(62)カンボンはグレイから堅い約束を得ようと努めたが、翌週は苦悩することになった。

ヨーロッパ各地で普段では見られない活動が行われているという報告が伝えられた。七月二十五日から二十六日にかけての週末、ドイツのスパイが、パリのエッフェル塔とロシア西部の大きなロシア基地の間で無線通信が増加していると報告した。ロシア国境警備は完全警戒状態に入り、東プロイセンとの国境に近いロシアの町々に鉄道が車両を移動しているとのことだった。(63) 七月二十六日、ドイツ政府はヴィルヘルムを北海の安全なところにとどめておきたいと考えていたが、ヴィルヘルムは突然、自分のヨットがドイツに戻るのでエスコートするようにドイツ艦隊に命じた。ヴィルヘルムが、ロシアが急襲して魚雷を撃つ計画を立てているのではないかと恐れていたのは明らかだった。ヴィルヘルムはベートマンが軍の問題について適切に理解をしていないとも感じていた。(64) 翌日、ポアンカレとヴィヴィアーニは計画していたコペンハーゲン訪問を突然キャンセルし、フランスに戻った。サンクトペテルブルグでは、最初は数が少なかったが週が進むにつれて数を増した群衆が、ロシア皇帝ニコライの肖像画と国旗を持ち「主よ、汝の民を救いたまえ」を歌いながらパレードをするようになった。(65) ニコライ自身がクラースノエ・セロの地元の劇場に現れると、聴衆は何度も自発的にスタンディングオベーションを行い、その場にいた軍の将校たちは歌い出した。パリでは群衆がオーストリア＝ハンガリー大使館の外でデモを行い、ウィーンでは地元民がロシア大使館の外でデモを行った。制服を着た将校たちが大きな喝采を受け、「荒々しい熱狂が広がっている」とイギリス大使は報告した。ベルリンでは、オーストリアの最後通牒に対するセルビアの回答の知らせが届くと、大群衆が愛国的な歌とオーストリアの国歌を歌った。大学生が歌って、愛国的なスローガンを詠唱しながらウンター・デン・リンデンを行ったり来たり行進した。(66)

しかし、イタリアでは通りは静かで、世論は暗殺に関与したセルビアと、オーストリア＝ハンガリーの露骨に過酷な反応の両方を非難しているとイギリス大使は報告している。イタリアの一般の人々は「多少不安げな期待という態度」で待っていると報告には書かれていた。大使の見方によると、政府は三国同盟のメンバーとしての義務から逃れるためのもっともらしい理由を探しているということだった。(67) イタリア政府にとってのジレンマは、オーストリア＝ハンガリーがセルビアを破り、バルカンで最強となるのを見たくないが、逆に同盟相手と、特にドイツと敵対したくないと思っていた（イタリアは他のヨーロッパの多くの国と同じで、ドイツの軍事力について健全な、もしくは大げさと言ってよいほどの敬意を抱いていた）。現実にヨーロッパ戦争が起これば問題はさらに深まることになる。ドイツとオーストリア＝ハンガリーが勝つと、イタリアは今以上に両国の成すがままになり、従属国のような存在になってしまう。二国同盟の側について戦争に加われば、オーストリア＝ハンガリーのことを今セルビアに対して行っているようにイタリアをいじめ、抑圧してきた伝統的な敵国と考える傾向が国民にあり、世論の支持が得られない可能性がある。とはいえ最終的に検討すべきは、イタリア自体の弱さだった。イタリア海軍は、イギリスおよびフランスの海軍と戦わなければならないとしたらやられてしまうし、陸軍はリビアをめぐるオスマン帝国との戦争から回復するための期間を必要としていた。実際のところ、イタリア軍は新しい北アフリカの領土で強い抵抗にあって戦っていたのである。[68]

賢明で経験のあるイタリアの外相サン・ジュリアーニは七月、効果の上がらない痛風の治療のためローマの南の丘陵地帯にあるフィウッジ・フォンテで過ごしていた（地元の水が腎石の治療にもよいと評判で、「自分が好きになれない唯一の石」を治したということでミケランジェロが太鼓判を押していた）。イタリア駐在ドイツ大使は当地にいたサン・ジュリアーニを七月二十四日に訪ね、最後通牒の詳細を手渡した。ドイツとオーストリア＝ハンガリー両方からかなりの圧力を受けていたにもかかわらず、サン・ジュリアーニは、イタリアは明らかに防衛的でない戦争には参戦する義務はないがある条件——特にオーストリア＝ハンガリーからイタリア語を話す住民が住んでいる領土の提供を受けるといった——下であれば参戦を決定する可能性があるという立場を、そのときから何週間か取り続けた。オーストリア＝ハンガリーがバルカンでいくつかの地域を獲得した場合には、イタリアが代償をもらうことも前提だった。八月二日、オーストリア＝ハンガリー政府はイタリアを頼りにならないウサギだと乱暴に述べて、不承不承ドイツからの圧力に屈して領土の代償の提供を曖昧に約束したが、そこにはオーストリア＝ハンガリーの領土は一切含めず、しかもイタリアが参戦した場合に限るとした。翌日、イタリアは中立に留まることを宣言した。[69]

イギリスでは七月の最終週の間、世論は自由党の強力な急進派と労働党の両方が戦争に反対して世論は真っ二つに割れた。七月二十七日の月曜日の午後に、内閣が集まると、ちょうど意見が半分に分かれた。グレイは曖昧な態度を取り、どう行動するのか明確に提示しなかった。

逆にグレイは、イギリスがフランスおよびロシアに加わることができなかった場合のことについて述べた。

> われわれは当然、永遠に信頼を失うことになるし、ロシアの動員中にドイツはフランスをほぼ確実に攻撃するにちがいない。逆にわれわれが三国協商に賭ける用意があれば、ロシアはすぐにオーストリアを攻撃するはずである。結果的に、われわれが平和を維持することに影響力を及ぼそうとすれば、それはわれわれが明確に決定をしないということに懸かっている。イタリアはいつものように不誠実だから、オーストリアが最後通牒の前に相談しなかったという理由で三国同盟の義務を放棄している。[70]

影響力のある財務大臣ロイド・ジョージは平和を望む人々のグループにいたが、会議のあとで友人に、「一番に戦争に参加することなど問題外だ。グレイは賛成する大臣など一人もいないことをわかっているのだ[71]」と語っている。

海峡の向こうでは、以前は好戦的だった政策決定者の中に、短い間で考えを翻す人々もいた。七月二十七日、ベルリンに戻ったばかりのドイツ皇帝はセルビアの最後通牒に対する回答は受容できると考えた。陸軍大臣ファルケンハインは次のように日記に書いている。「皇帝の演説は混乱していた。はっきりわかった唯一のことは、たとえオーストリアが気落ちしたとしても、皇帝がもはや戦争を望んでいないということだ。皇帝はもはや状況をコントロールできなくなっているということを指摘しておく[72]」。ロシア皇帝はサゾーノフにメモを送り、ロシアがオーストリア＝ハンガリーとセルビアを説得してハーグの常設国際司法裁判所で話し合いをさせて平和を維持するために、フランスおよびイギリスと、そしておそらくドイツとイタリアとも力を合わせることを提案した。「致命的なことが起こるまで、まだ時間があるはずだ[73]」と皇帝は考えていた。サゾーノフはオーストリア＝ハンガリーとの直接の対話を引き受け、ベルリンにいたベートマンはオーストリア＝ハンガリーに対話に参加するよう助言した。平和のためというより、二国同盟の国内世論を前に、ロシアの立場を悪化させる好機にするためだったように思われる。

ドイツ皇帝とおそらくベートマンは、今流れている強い流れに巻き込まれながらも浮かんでいる藁にすがろうとし続けたが、この時点でドイツの指導者たちの間には、戦争は不可避という雰囲気が広がっていた。彼らは自分たちには罪がないと自分に言い聞かせていた。モルトケは七月二十八日に書いた陰鬱な覚書のなかで、オーストリア＝ハンガリーがセルビアを攻撃すればロシアが動員するにちがいないし、そこでドイツは必ず自ら動員して同盟国を支援すると書いた。ロシアはそれに対してドイツを攻撃し、フランスが入ってくる。「こうして、純粋に防衛的な約束での同盟として賞讃を受け、ドイツの攻撃計画に対抗することだけを目的につくられたフランスとロシアの同盟は積極的なものとなり、ヨーロッパの文明諸国が互いに殺し合う場が生まれた」[74]。ロシアとオーストリア＝ハンガリーの話し合いは七月二十七日に始まったが、翌日には再び決裂した。その日、オーストリア＝ハンガリーは、素早く動員するようにというドイツからの圧力の下でセルビアに宣戦した[75]。

セルビアに対するオーストリア＝ハンガリーの宣戦布告は、このような悲劇的な結果に終わらなければ面白いものだった。ベルヒトルトはメロドラマのようにベオグラードの大使館を閉じたので、どうやってセルビアに知らせを伝えたらよいか途方にくれてしまったのだ。ドイツはオーストリア＝ハンガリーが計画していることを知らないという印象を与えようと努めていたから特使となることを拒み、そのためベルヒトルトは暗号化していない電報をパシッチに送るという手段に訴えた。こんな形で宣戦が行われたのは初めてだった。セルビアの首相は、ウィーンの誰かがセルビアに罠を仕掛けて最初にセルビア側が攻撃をするようにしているのではないかと疑っていて、サンクトペテルブルグ、ロンドン、パリのセルビア大使館から確認があるまで開戦を信じようとしなかった[76]。ブダペストでは、ティサがハンガリー議会で宣戦を情熱的に指示する演説を行い、野党のリーダーは「ついに来たか！」と絶叫した[77]。スホムリノフはサンクトペテルブルグのディナーパーティーでこの知らせを聞くと、隣に座っていた人物に「今度はわれわれが行進します」[78]と述べた。七月二十八日の夜、サヴァ川の北側の岸辺からオーストリア軍がベオグラードに向け砲声を放った。ヨーロッパに残された平和はあと一週間だった。

20　消えた明かり――ヨーロッパの平和の最後の一週間

七月二十八日のオーストリア＝ハンガリーの対セルビア宣戦によって、戦争に向かって着実に歩み続けていたヨーロッパは崖っぷちに駆け上ることになった。セルビアへの支持を公にしていたロシアはこれに反応して、オーストリア＝ハンガリーを威嚇する可能性があった。そうなった場合、ドイツは同盟国の支援に出てロシアと戦争になる可能性もあった。そこで同盟体制の性質から、フランスが義務としてロシア側で参戦する可能性があった。いずれにしても、ドイツの戦争計画は秘密だったが、ドイツがロシアだけでなく西部をも攻撃することをフランスはすでにかなり明確に理解していた。ルーマニアやブルガリアといった小国とともにイギリスとイタリアがどうするのかは、これらすべての国が潜在的な参戦国と既存の友情関係や絆を持っていたものの、誰もが思う疑問だった。

オーストリア作家のシュテファン・ツヴァイクはベルギーの港オステンドの近くで休日を過ごしていた。そこでのツヴァイクの記憶によると、雰囲気はいつもの夏と同じ呑気なムードだった。「訪問客は休日を楽しみ、明るい色のテントの中やビーチで横になるか、海水浴をしていた。子どもたちは凧を上げ、若者たちは埠頭の壁の上にあるプロムナードのカフェの外で踊っていた。考えられるあらゆる国の人々がそこに、仲良く集まっていた」。新聞の売り子が大きな声で、〝動員がさらに東部に拡大する恐れ〟などといったぎょっとする見出しを読み上げたり、訪問客の間にベルギーの兵士が目立っていたりすると時折雰囲気が暗くなったが、休日の精神はすぐに戻った。だが一晩で、ヨーロッパに集まってきている雲を無視することができなくなった。ツヴァイクは「全く突然、恐怖の冷たい風がビーチに吹いてきてムードを一掃した」と回想している。ツヴァイクは急いで荷造りし列車で家に向かった。ウィーンに着く頃には大戦が始まっていた。何千何万というヨーロッパ人と同様に、ヨーロッパの平和がこれほど早く、これほど一気に終わることが信じられなかった。(1)

ヨーロッパの国際関係が突然悪化したことによって、各国の首都では最後の瞬間に向けて狂気の作業が始まった。各国内閣は二十四時間ぶっ通しで緊急閣議を開いた。外務省の明かりは夜通し灯された。統治者や、最も著名な政治家でさえ、電報が来て解読されるとベッドから抜け出した。地位のある人々がすべて戦争を避けたいと思っているわけではなかったが——オーストリアのコンラートあるいはドイツのモルトケを考えてみるとよい——政策決定者は次第に消耗してくると、運命を前にして危険な無力感が頭の中に忍び込んできた。全員が自国の側には罪がないと主張することに関心を持っていた。このことは戦いにおいて国民を一つにするため、国内に聞かせる必要があるばかりでなく、ルーマニアやブルガリアやギリシャ、それにヨーロッパ内のオスマン帝国、さらに遠くのアメリカ合衆国といった関与していない国からマンパワー、資源、産業を獲得するためにも必要だった。

オーストリアが宣戦をした翌七月二十九日の朝、ポアンカレとヴィヴィアーニはダンケルクに上陸し、すぐにパリに向かった。パリでは、彼らは「フランス万歳！共和国万歳！大統領万歳！」と叫ぶ、時折「ベルリンに」という声も混じる大勢の熱狂的な群衆から歓迎を受けた。ポアンカレは驚愕し、「こんなに圧倒されたことはなかった。フランスは一つになっている」(2)と日記に書いた。ポアンカレはすぐに政府を掌握し、無知で頼りにならないと思っていたヴィヴィアーニを左遷した。(3)ロシア政府が部分的な動員を命じたという噂——本当だということが判明するのだが——が広がった。パレオローニュは既成事実を政府に提示しようと思ったのか、政府がロシアを押しとどめようとするのを恐れたのかいずれかの理由で、ロシアが動員する前にパリあるいは大統領にあえて警告をしなかった。パレオローニュはサゾーノフに「必要なときには同盟国として義務を全うする用意が完全にできている」と繰り返し保証していた。(4)その日遅く、ドイツ大使がヴィヴィアーニを訪ねて、ドイツはフランスが軍の準備を停止しなければ動員に向けて第一歩を踏み出すと警告した。その晩、ロシアは動員を停止するように、というドイツの要求を拒否したとの言葉がサンクトペテルブルグから到着した。フランス内閣は、観察者の言によると穏やかで真剣だったとのことだが、翌日閣議を開き、ドイツに応じるようにロシアを説得することはしないと決定した。陸軍大臣メシミはフランス軍を辺境まで動員する手段を取ったが、それはドイツといかなる悶着が起こることも避けるために国境から十キロ内側に入ったところだった。フランスの一般の人々と、まだ立場を明言していない重要なイギリスの両方に対して、フランスは先に攻撃することはない、ということを示すことが必要だということがフランスの指導者の頭の中に最後まで留まっていた。[5]

はるか東の方では、戦争に向かって動きが加速していた。軍事計画には、部隊を適切な場所に移動し、敵の用意が整う前に辺境への攻撃を開始するという攻撃の要素が含まれていたため、動員をかけるうえで議論の的となっていた。どれだけ言葉を抑えようとも、指揮官と参謀総長はますます圧力に抵抗することが困難になっていた文民に対し、勝利への自信を言葉にしなければならなかった。遠く離れていたロシアでは、スホムリノフと軍部は二国同盟の両国に対する総動員が避けられないということに同意した。オーストリア＝ハンガリーはすでに動員を始めており、ドイツは休暇を取っていた兵士を召還するといった準備段階に入っていた。七月二十九日になると、スホムリノフの同僚はこれ以上遅れるのは危険だとサゾーノフを説得するようになった。外相はニコライに話すことに合意したが、ニコライは決心をつけかねずにいた。

ロシア皇帝はいったん始まると戦争は止めることが困難で、大惨事につながりかねないと恐れていて、今なおヴィルヘルムの平和的な意図に信頼を抱いていた。[6] ニコライは大臣の主張に応じて二つの命令に署名した。一つはオーストリア＝ハンガリーとの主要な国境沿いに部分的に動員する命令で、もう一つはドイツに対する総動員の命令だった。だが、ニコライは今なおどちらを取るのか決めかねていた。七月二十九日、ヴィルヘルムに電報を送った（英語だった。二人のコミュニケーションは普段からそうだった）。「あなたが退いてくれるとうれしい」とニコライは書き、ドイツの従兄に平和を維持するのを助けてほしいと頼んだ。だが、ニコライは自身と国民がセルビアに対する攻撃に激怒していると警告した。「すぐにかかっている圧力に圧倒されてしまって、戦争につながる極端な手段を取らなければならなくなるのではないかと思っています」[7]と。ヴィルヘルムは心を動かすことなく、電文の隅に「弱さの告白だ。責任を私の方に転嫁しようとしている」とメモした。ベートマンの提案で送った電報で、ヴィルヘルムはオーストリア＝ハンガリーの行動を擁護したが、ヴィルヘルムは友人としてオーストリア＝ハンガリーとロシアの間に理解がもたらされるように尽力していると述べた。(8) 二人の統治者は二国の間の亀裂が埋めることが不可能なほど深くなっていく間、八月一日まで十通の電報のやり取りをした。

七月二十七日の晩、スホムリノフと参謀総長のヤヌシュケヴィッチと一緒にいたサゾーノフはニコライに電話し、大臣たちは総動員を推奨していると述べた。電話の終わりに皇帝が同意すると、全員が熱狂した。(9) だが、その晩遅くなって、必要な命令を送付するためサンクトペテルブルグの中央電報局に将校が待機していると、ヤヌシュケヴィッチはニコライがおそらくヴィルヘルムのメッセージを読んだ結果心変わりをして、オーストリア＝ハンガリーに対する部分動員のみ認めるようだと電話で述べた。「私は恐ろしい大量殺人には責任を負えない」と言っている、というのだ。(10) ニコライはこの期に及んでも動員を戦争の始まりではなく外交の道具と考えていた節がある。翌日のヴィルヘルムに宛てた電報で、ロシアの動員は純粋に南の隣国に対する防衛手段であり、今なおヴィルヘルムがオーストリア＝ハンガリーに圧力をかけてロシアと話をするように勧めてくれることをニコライはあてにしていた。ドイツ皇帝は腹を立てながらメモをした。「われわれよりも一週間も前に動員をしているではないか。これ以上調停することには同意できない。調停を求めるロシア皇帝は、同時に隠れて動員を行っている。ただの軍事演習などとぬかす。われわれを後退させるためだし、すでに始めたスタートを加速させるためなのだ！」(11)

ニコライの政府は困惑しながらも、皇帝の決意の知らせを歓迎した。オーストリア＝ハンガリーはセルビアに譲歩する姿勢をほとんど見せなかったし、ドイツは総動員に向けて動いているように見えた。部分的な動員を行えば、ロシアは危険にさらされる可能性があった。実際、主計総監のユーリ・ダニロフ将軍は、それによって「すべてを最大限正確に予測した計算を基礎としなければならない領域で躊躇と無秩序の病原菌」を忍び込ませることになると強く論じていた。(12) 七月三十日朝、スホムリノフとヤヌシュケヴィッチは皇帝に総動員を命じてくれるよう電話で要請した。ニコライは心を変えるつもりはないと意志が固かった。サゾーノフは電話に出て、午後に直接皇帝に面会することを申し出た。ニコライは予定が詰まっているが午後三時なら外相に合わせられると答えた。そのとき二人はおよそ一時間話をした。ニコライはやつれた様子で、苛立っていて神経質になっていて、ある時点でさえぎった。「決定するのは私だけだ」。サゾーノフは最後に、ロシアの世論の状態を考えると、ドイツと戦争することがニコライにとって自分の命を守り、王冠を息子に手渡すことができる唯一の手段だと述べて統治者の抵抗を打ち破った、とサンクトペテルブルグの社交界では言われている。ロシア皇帝は翌日総動員を始めることに同意した。サゾーノフはヤヌシュケヴィッチに電話してその知らせを伝え、それから言った。「君の電話をぶち壊せ」(13)と。

ロシア側がどう対応してくるかを、ドイツ政府はベルリンから目を凝らして見ていた。ドイツ皇帝はロシア軍の準備の知らせを聞いて激怒した。オーストリア＝ハンガリーに対して向けただけでも裏切りの行為と捉えたのである。ヴィルヘルムはフランスとイギリスを責め、亡き叔父エドワード七世がロシア皇帝をたらし込んで正しい同盟から抜けさせたと述べた。ヴィルヘルムは大英帝国を破壊し、イスラム世界にいる友人を招集して、イギリスに対するジハードを行うと宣言した（少なくとも最後の言葉については約束を守った）。「われわれが死を賭けて血を流すとなれば、イギリスは少なくともインドを失うことになる」(14)と。たとえばファルケンハインのように最高司令部にいた者の中には、動員を押していた者もいたが――ドイツの場合には冷酷に戦闘につながることになっていた――彼らは抵抗にあった。モルトケは初め状況がそれほど深刻なものとは考えず、ベートマンはドイツを攻撃の犠牲者として描こうとして動員を遅らせていた。バルカンについてオーストリア＝ハンガリーと平和的な解決をしようという試みをどうしようもないほど妨害しているばかりか、ドイツに脅威となっているのはロシアの軍事手段だと、ベートマンは七月二十八日にイギリス大使に述べた。七月二十九日、ロシア政府が総動員するかしないかでもがいている頃、ベートマンはサンクトペテルブルグの大使に電報を送った。「これ以上ロシアの動員が進展するとわれわれも動員しなければならなくなり、ヨーロッパ戦争が避けられなくなり、ひどく深刻だということを丁寧に伝え、サゾーノフ氏に意識させてほしい」(15)。

イギリスでは七月二十九日午前十一時半に閣議が開かれ、オーストリア＝ハンガリーの対セルビア宣戦について話し合った。そのなかでかなりの時間を割いたのは、ベルギーに中立と独立を保障した一八三九年のロンドン条約に関わった国の一つとしてイギリスがベルギーに負っている義務についてだった（他の調印国はフランス、オーストリア、ロシア、プロイセンで、プロイセンについては一八七一年以後ドイツが引き継いだ）。商務相で戦争に強く反対する急進的な自由党の一人ジョン・バーンズは、日記に次のようにメモしている。「あらゆる観点から見て状況は深刻だ。結論を出さないことが決まった」。グレイはカンボンとリヒノフスキの両方に「この段階でわれわれは、どんな条件下でも局外に立つとするか、何らかの条件があって中に加わるかはあらかじめ約束することができない」と伝えた。(16) だが、内閣は重要な決定を二つした。一つは、チャーチルに海軍の動員の準備に向けた電報を打つのを許可したことだった。その夜、艦隊は明かりをつけず海峡を通って北海の戦いの拠点を目指し北に向けて航行した。二つ目は、政府が新しい「軍事書」に含めるものとしてイギリスの陸軍に「予防段階」を導入したことだった。この行程をどのように始めるべきか正確にわかっている者が誰もいないということに気づいたときに少々混乱があったからだ。地方守備隊部門が平和時にはほぼあり得ない歩哨勤務のために召集されるとわかったときに国民の間で狼狽が起こった。政府は急ぎ新聞に注意書きをし、イギリスは動員しているのではないと述べた。「命じられる唯一のことは純粋に予防的で防衛的な性格のものである」。(17)

グレイは閣議のあとすぐにポール・カンボンとリヒノフスキに会った。グレイはカンボンにイギリスの自由裁量を強調したが、リヒノフスキには内閣が賛同したことを超えて踏み込み、警告を与えた。イギリス政府はオーストリア＝ハンガリーとセルビアの争いの仲介を今なお期待しているが、ロシアとドイツが引き込まれた場合にはイギリス政府はすぐに心を決める、と。グレイは続けた。「このような場合には局外に立っていつまでも待っているというのは実際的ではないだろう」。その晩遅く大使の電報を読んだとき、端にメモを書くヴィルヘルムのペンは炸裂した。「つまらぬ奴！」「つまらぬ野良犬！」「悪党！」「商人たちの国だということだ」。(18)

危機の最後の段階で、ドイツ皇帝とベートマンは、二人とも以前の危機のときは平和への道を選んだのだが、戦争に向かうなかで強いられてきた神経に緊張が表れていた。フランスはすでに準備を始めている。ベルギーは予備役兵を召集し、特に重要なリエージュ周辺の防衛を強化している。イギリス海軍は戦いの拠点に移動した。なかでも最も危険なのは、ロシアが総動員に向けて急速に動いていることだった。七月二十九日、ベートマンはサンクトペテルブルグのドイツ大使である従兄のプルタレースに、ロシアが動員を続けた場合ドイツは同じことをする以外選択の余地がないと警告するように指示した。プルタレースは金持ちで人がよく、ドイツ皇帝のお気に入りだったので、ロシアはこけおどしをしているだけだという趣旨の安心させるような報告書をベルリンに送ってきていた。プルタレースは自分がそのこけおどしをするという居心地のよくない立場にいることに気づいた。プルタレースはただの友好的な意見として受け取ってほしいと思っていたが、サゾーノフはこの脅しを聞くと怒り、「これでオーストリアが妥協しない本当の理由がわかった」と叫んだ。プルタレースはこのような人を傷つける発言に激しく抵抗した。サゾーノフは、ドイツにはまだプルタレースが間違っていることを証明するチャンスがあるとぶっきらぼうに答えた。(19)

同じ日、この時点までオーストリア＝ハンガリーに妥協するように圧力をかけることを求めていたイギリスあるいはロシアの説得を拒否してきたベートマンは、翻って調停役を受け入れるとした。平和を維持する試みがどれだけ誠実なものだったのかどうかは、今なお議論がある問題である。ドイツや他国の世論にベートマンも目を向けた。右派の民族主義者の多くは予防戦争であっても、戦争に賛成することを明らかにしていた。一方、多くの穏健な人々は防衛戦争ならば支持する心積もりがあった。右翼とリベラルの新聞はますます名誉と犠牲といった言葉を使うようになり、ロシアの専制主義の恐怖、その「アジア的な」野蛮がドイツの中に入り込み、女性と子どもたちが野獣のようなコサックの成すがままになるといった絵を描くようになった。(20)だが、反戦感情は今なお労働者階級の間で強力であるように見えた。その週、七十五万人ほどが参加した全国規模の大きな平和デモが行われ、ベルリンだけでも十万人が通りに出て、愛国主義的な行進の数をしのいでいることが判明した。(21)それにもかかわらず、ベートマンは（あとになると正しかったことがわかるのだが）、労働者と社会民主党のリーダーがロシアから攻撃を受けた場合には祖国の下に集結することを望んでいた。そのためベートマンは、皇帝と右派の人々の、この危機を利用し、社会民主党を粉砕するため軍を用いよという要求に強く抵抗した。(22)

だが、ベートマンはウィーンに駐在している大使チルシェキーに、オーストリア＝ハンガリー政府に調停を受け入れるように強力に勧めることを指示した。この時点までに、ベートマンはイギリスが介入する可能性があるというリヒノフスキから送られた警告を眼にしていて、雰囲気は暗かった。だが、ベートマンはオーストリア＝ハンガリー政府を説き伏せられるという期待はほとんど持っていなかった。七月三十日朝、ベルヒトルトはセルビアに対する軍事行動はずっと先だから、ベオグラードに止めておくのは世論の状態と軍部の感情を考えると問題外だと言っただけだった。(23)ヴィルヘルムからフランツ・ヨーゼフへの直接のアピールは、ベートマンがベオグラードに留まって調停を続けるという要求を反映したものだったが、ほとんど影響力がなかった。しかし、ドイツ皇帝とベートマンは、ドイツ軍が全く違ったメッセージを送って、オーストリア＝ハンガリー軍に総動員と、ロシア国境まで軍を移動するように促していたことを知らなかった可能性がある。七月三十日の晩遅く、モルトケはコンラートに感情のこもった電報を送った。それにはこうある。「オーストリア＝ハンガリーはロシアに対してすぐに動員して待っていなければならない。ドイツが動員を行う」。(24)

ベルリンから届いた異なるメッセージは、オーストリア＝ハンガリー政府を混乱させた。調停を受け入れるように強烈な国際的な圧力がかかっていて、ボスニアの危機のときや第一次・第二次バルカン戦争のときのようにドイツが退いて支持しなくなるのではないかと恐れていた。動揺したベルヒトルトは「ベルリンを仕切っているのは誰か。モルトケかベートマンか」と同僚に尋ねた。ベルヒトルトはそれはモルトケだと信じることにし、述べた。「私にはドイツが退却するのではないかという印象があった。だが、今は責任ある軍部の部署から一番安心できる発言をもらった」。(25)七月三十一日の朝の会議で、共通大臣会議はベオグラードに留まって国際的な調停を受けるというイギリスからも来た要求を即座に却下した。ロシアはセルビアの救世主としてのみ現れる、とベルヒトルトは述べた。セルビア軍は手つかずのままになり、オーストリア＝ハンガリーは将来セルビアとの関係で弱い立場になる。オーストリア首相ヨーゼフ・シュテュルク伯爵と共通財務大臣ビリンスキはどちらも、オーストリア＝ハンガリーが後退を強いられた第一次・第二次バルカン戦争で行われた調停で苦い思いを味わっていた。ビリンスキはこう述べている。「これを政治の劇場で再演するとなれば、国民全体が反乱を起こすことになる」[26]。戦争を求める声に抵抗するのに力となってくれたフランツ・フェルディナントはもはや存在せず、コンラートが「帝国は危機にあります」と言っているなかで、老皇帝は同じ日にオーストリア＝ハンガリー軍の総動員令に署名した[27]。ベルヒトルトはこれを「ロシアの動員によって追われたガリツィアにおける防衛的・軍事的対抗手段」と世界に対して表現し、オーストリア＝ハンガリーはロシアが動員をやめればすぐにやめると述べた[28]。ヨーロッパ戦争に向かう次の大きなステップが取られたのである。

ベートマンは七月の終わりの二日間、オーストリア＝ハンガリーが交渉に応じるとは実際思っていなかったが、イギリスを説得して中立にしておけるかもしれないという期待をまだ持っていた。日記をつけていたファルケンハインに述べている。「イギリスの件は望ましい。首相の意見では、ロシアがオーストリアを攻撃することによって全面戦争を引き起こしてしまうと、イギリスはロシアとは一緒になれないだろうということだからだ」[29]。ドイツは、皇帝の弟ハインリヒ公がこの週の初めにジョージ五世と朝食をとったときに、国王が「私たちは可能な限りここから抜け出して中立でいるつもりだ」と言ったという報告がベルリンに届いていることから、これが可能かもしれないと期待を抱いていた[30]。七月二十九日、ベートマンは全面戦争を避けるための純粋な努力とも、単にドイツに罪がないということを示す試みに過ぎないとも見られる動きをし、イギリスの中立を得ようともした。その晩遅くなって、ベートマンはベルリン駐在イギリス大使サー・エドワード・ゴシェンと会合を持った。ゴシェンはすぐにこの会合をロンドンに報告した。すなわち、ロシアに対してドイツ・オーストリア＝ハンガリー戦争が避けられないとドイツ首相は述べたが、首相はイギリスが中立でいることを願っていること、大陸の関心の中心はフランスが粉砕されるのを見ることではないこと、イギリスから中立の保証を得る代わりに、ドイツは植民地についてはいくつか取ったとしても、フランスから一切領土を取らないことを約束する意志があること、ドイツにはオランダに侵入する気もない、ということを。そして「ベルギーについては、首相はフランスの行動のいかんによってどんな軍事行動をしなければならなくなるのか言うことはできないが、ベルギーがドイツに反対する側に回らなければ、ベルギーの統合は戦後尊重される」。ベートマンはイギリスとドイツがこのような協定を結べば、常に目的としていた良好な関係につながる可能性があると言った、とゴシェンは結んだ。

ゴシェンの電報を翌朝読んだロンドンではベートマンの申し出は嘲笑の的となった。外務省の強い反ドイツ感情を反映して、クローが書き留めている。「この仰天してしまうような要求に対してしなければならない唯一のコメントは、これがこれをつくった政治家が信用ならないということを反映しているということだ……ドイツが実際に戦争を決意していることははっきりしていて、これを抑えることができるものがあるとすれば、フランスとベルギーの防衛にイギリスが参加することに対する恐怖に他ならないということは明らかだ」[31]。グレイはベートマンの提案を知り怒りのあまり顔が青ざめた。午後にベルリンにいる大使に送った回答の言葉は、これまで自分で使ったことがないくらい強い調子になった。ドイツのベルギー侵害をイギリスが黙認し、ドイツがフランスを攻撃している間中立に留まるという提案は「受け入れられない」と。グレイは続けた。「われわれがフランスを犠牲にしてドイツと取引をすれば不名誉なことで、わが国の名声は二度と回復できなくなる」[32]。

立場を明らかにせよというイギリスにかかる圧力は高まった。パリでは、ポアンカレがイギリス大使バーティーに次のように言った。大陸で戦争が起こったらイギリスは利益を守るためにほぼ確実に引き込まれることになるだろう——今そう言っておけば、ドイツはほぼ確実に隣国の攻撃を踏み留まるはずだ、と。次第に絶望的になってきていたポール・カンボンは外務省にいる友人のもとに足繁く通い、グレイを訪ねて一九一二年十一月に交わした、二国が大きな危機の際にどのように共同行動を取るか相談することを約束した手紙のことを思い出させた。だが、イギリス内閣では戦争が大陸で起こった場合に取る政策について、今なおしっかりした結論には至っていなかった。自由党の外交問題委員会は、はるか以前からグレイに批判的で、フランスへの関与を秘密にしていることに疑念を抱いていたのだが、イギリスが介入すると決定する場合には支持を引っ込めるとアスキスに脅しをかけた。メンバーの一人はアスキスに、自由党議員の十人中九人は政府に反対することになると主張したのだ。

逆に、グレイと仲間の自由帝国主義者は、フランスを支持しなければおそらく政府に留まることを拒否しただろう。自由党の指導者は、あたり前のことだが、政府が倒れて保守党が政権に就く道を開くことを恐れていた。(33)

七月三十一日金曜日、内閣は再度閣議を開き、カンボンにはいかなる約束も与えないということだけ決定した。ロシアはすでに動員を始めていて、そのときはまだ知り得なかったことだが、オーストリア＝ハンガリーは総動員を宣言しようとしていたし、ドイツは自国の総動員の最初の段階に入るところだった。閣議で、グレイはイギリスが行動を決定する自由は完全にイギリスの手の内にあることに変わらないと主張し続けた。(34) エアー・クローは同意しなかった。同じ日、力のこもったメモのなかで論じている。

> イギリスが大戦争に参加できないという理論は、独立国家であることを辞めるということである。戦争をすることができるいかなる国、いかなるグループ、そのうちのいくつかの国の命令にイギリスは跪いて従ってもいい、ということになるのだ……争いのときにイギリスが友人に寄り添うことなどどうでもいいことだとしてしまえば、協商の政策全体に意味がなくなってしまう。われわれに対して名誉ある期待が寄せられている。これを放棄すれば、われわれの名声が重大な批判にさらされることになる。(35)

今やイギリスの運命を左右している小さな集まりの外では、世論も割れてはいたが、戦争に介入する方向に動いているようだった。たとえば、「ザ・タイムズ」紙は、イギリスにはフランスとロシアに道義的な義務があり、イギリスが支持できない一方で大陸はドイツ側に勢力が傾いていると論じるようになっていた。(36)

イギリスが動員の前にジレンマと格闘している間、ドイツは動員を始める運命の決定を行っていた。ドイツの動員は他国のものとは違っていたから、ヨーロッパの平和にとって特に危険なことだった。美しくコーディネートされた継ぎ目のないステップ――包囲状態あるいは「戦争危機状態」を宣言するところから完全な総動員を命じ、部隊を編成し糧食を与え、最後に軍を国境に進めるところまで――はいったん始まると止めることがほぼ不可能だった。平和時であっても軍は一瞬の命令で動く準備が常にできていた。参謀本部の通信伝達局は時計の周りに人がいて、独自の電話交換機があり、中央郵便局と電報局に無線で直接つながっていた。[37]というのは、ドイツの動員は外交の道具ではなかったからである。それは戦争そのものだった。ベートマンとドイツ皇帝はこの動員を求める軍の圧力に抵抗したが、七月三十一日までに軍部はこれを自分の下に引き取り始めた。ベートマンは諦めて権力の移行を受け入れた。ベルリンのザクセン代表は報告している。「責任ある君主と政治家の手から抑止力が滑り落ちて、ヨーロッパ戦争は統治者も国民も望んでいないのに始まることになる」[38]。

初めの頃動員はまだ待てると論じていたモルトケが、前夜突然拠りどころを変えたことは重大である。ファルケンハインは日記に書いている。「彼が気持ちを変えたのは説明するのが難しい。いや全く不可能だ」[39]と。だが、実際にはモルトケにはそれなりの理由があった。ドイツは宣戦の前にリエージュを取る準備をしておくことが必要だったが、ベルギーが急ぎ増援しているという報告を受け取っていた(モルトケはドイツの戦争計画のこの部分を、文民には一切知らせていなかった)[40]。モルトケが単に決定しないでいることの緊張に耐えられなくなっただけだ、ということもあり得る話である。七月三十日、ベートマンとファルケンハインの間の「どこまでも続いた話し合い」のあとで決定が行われ、翌日の正午、ロシアの動員の有無にかかわらず「戦争危機状態」、つまり動員の必要な準備段階にあることを発表することになった。夜中に、眼に見えて興奮していたモルトケが皇帝の宣言を起草するのに忙しくしているのに副官の一人が気づいた。皇帝はイギリスが介入し戦争が世界中に広がることを恐れていたと参謀総長は述べている。「この戦争の大きさ、長さ、終わりがどのようになるのか想像できる者はほとんどいない」[41]と。

七月三十一日正午になろうかという頃、ロシアが動員を行ったという確認が届くと、ベートマンはヴィルヘルムに電話し、「戦争危機状態」を宣言する許可を得た。バイエルンから来ていた大使館付き武官が次のように日記に書いている。ベルリンの陸軍省では「至るところに喜びに満ちた顔があふれ、廊下では手を握り合っていた。ハードルがなくなって喜んでいる者もいた」。バイエルンの大使はミュンヘンに「参謀本部はこれから始まるフランスとの戦争に大きな自信を持っている。四週間以内にフランスを破ると読んでいる」[42]と電報を送った。昔のプロイセン流のやり方で、ドイツの一般の人々は午後四時頃に決定を知った。分遣隊がベルリンの宮殿から行進して出てきて、ウンター・デン・リンデンの大通りで立ち止まった。鼓手がそれぞれの方角で太鼓を叩き、将校が宣言を読み上げた。ドイツ政府はまず、ロシアに最後通牒を送った。ほぼ確実に拒否されることがわかっている内容で、十二時間以内にドイツとオーストリア＝ハンガリー両国に対するすべての戦争の準備を停止することを要求していた。全ドイツ諸公国の代表と翌朝会い、ロシアが後退を拒否した場合は戦争に賛同するよう求めたとき、ベートマンは最後の最後まで平和のために働いたと強く述べ、「しかし、われわれはヨーロッパの大国であることをやめたいと思わないから、ロシアの挑発には耐えることができない」(43)とつけ加えた。二つ目の最後通牒がフランスに対して出された。十八時間の猶予を与え、いかなる戦いにおいても中立であることを約束させよという内容だった。このような約束を守る証拠として、フランスは辺境地帯にあるトゥールとヴェルダンの重要な要塞の鍵を手渡すこと、となっていた（ドイツはロシアとの戦争が終わって秩序が回復したら鍵を戻すことを約束した）。ドイツはギリシャ、ルーマニア、オスマン帝国にも電報を送り、来る戦争に三国同盟に加わるように求めていた。

ドイツは二正面の戦争を準備していた。だが、一番重要な同盟国オーストリア＝ハンガリーが、七月二十七日以後に届いたロシア軍の活動が活発になってきていると いう報告にもかかわらず、すでに全軍のおよそ三分の二ほどをセルビアに向けて動員していたことに、ドイツは不安になった。(44)七月三十一日の総動員令のあと、オーストリア＝ハンガリー軍の主力はバルカンに向けて南下し続けた。コンラートは、決定するときに思いが先行することが多いのが特徴だが、このときもロシアが軍をハンガリー国境に近いところまで動かして、オーストリア＝ハンガリーがセルビアを素早く打ち破る間はその場にじっとしていてほしいと思っていた。(45)これは、ドイツが考えて、求めていたことと違っていた。

同盟によくあるように、戦争によってもともと異なるパートナーの関心事が表面化してきていた。オーストリア＝ハンガリーは平和時にはできるだけすぐにロシアを攻撃すると約束していたが、セルビアを破壊することに取り憑かれていた。ドイツとしては、フランスを破るまではオーストリア＝ハンガリーを守るために軍を西から振り向ける考えはほとんど持っていなかった。ドイツの観点からすると、オーストリア＝ハンガリーがロシアに対してできるだけ多くの兵を北に向かわせることが必須だった。モルトケはすでにオーストリアの参謀総長コンラートに軍を北と東に移動するように促していて、七月三十一日にドイツ皇帝はフランツ・ヨーゼフに強い調子の電報を送った。「この大きな戦闘においては、オーストリアが主力軍をロシアに対して動員することが基本的に重要であり、セルビアに対して同時に攻撃することで軍をばらばらにして動かすべきではありません」と。ドイツ皇帝は続けた。「セルビアは私たちが肩を組んで行っている大きな戦いにおいては、極めて補助的な役割を担っているだけです。必要最小限の防衛だけでいいのです」[46]。だが、コンラートは再び、八月四日まで南北に部隊を展開した。これはオーストリア＝ハンガリーが軍事的大惨事に至る原因となった。

八月一日土曜日の午後になっても、ドイツの最後通牒に対するロシアの回答はなかった。この週の初めの頃の愛国的デモは静まり、ドイツの一般の人々は不安な気持ちで、むしろ打ちひしがれた気持ちで展開を待っていた。あるジャーナリストがフランクフルトの様子を次のように報告している。「すべてに大きな深刻な雰囲気が横たわっている。恐ろしいほど平和で静かだ。静かな部屋のなかで、妻たちや若い女性たちが未来に不安を抱きながら考えている。別れ、恐ろしいことに対する恐怖、起こるかもしれないことに対する恐怖」。主婦は食料を貯え始め、人々が貯金を下ろすため銀行に詰めかけていた。ドイツ皇帝はロシア軍が拡大している間に時が過ぎてしまうと考えていた将軍たちからの、また、男になれと言っている妻からの、総動員を宣言せよという大きな圧力の下にあった。ヴィルヘルムは午後五時に命令に署名した[47]。ベルリンの宮殿のバルコニーから次のような演説を行った少しあとのことだった。「愛と忠誠を表している諸君に私は心の底から感謝している。これから行う戦いにおいて、わが民族の中には党派などないことがわかる。われわれの間にはドイツ人しか存在しない……」。皇帝は普段より多くの喝采を受けた。あらゆる政治宗派のドイツ人が、この時点では中心的な敵であるロシアに対して祖国を守る用意があった。戦争が現実となると、熱狂的な愛国心が大きく高まることについて後の民族主義者が神話をつくっているが、一般の人々の雰囲気は他の何よりも諦めに近いものだったように思われる[48]。

ドイツ皇帝が総動員令に署名した少しあとで、リヒノフスキから電報が届いた。リヒノフスキによると、イギリスはドイツがフランスを攻撃しなければ中立でいることを約束したというのだった。この知らせは「爆弾のよう」だったとある人物は述べている。ドイツ皇帝とおそらくベートマンは救われた。モルトケに向かってヴィルヘルムは快活に述べた。「それでは全軍を東部に展開するだけだ！」。部屋のムードは急に嵐のようになった。モルトケはロシアに対してのみ展開する可能性を検討することを拒否した。計画を粉砕し、これから行うフランスに対する戦争に勝つチャンスをすべて諦めなければ、西部の展開を止めることができなかった。モルトケはつけ加えた。「加えてわれわれの警備隊はすでにルクセンブルクに入っていて、トリエルからの師団がすぐあとに続くことになっています」。モルトケは皇帝に無遠慮に述べた。「陛下が全軍を東部に回すと主張されれば、攻撃の用意のある軍は存在しなくなって糧食を持たない無秩序な軍人の混乱した集団しかいなくなるでしょう」。ヴィルヘルムは答えた。「君の伯父だったら違う答えをくれただろう」[49]。

一正面のみでドイツが戦うには遅すぎたというモルトケが正しかったのかどうかをめぐって、その後も議論が続いている。当時、参謀本部の鉄道部門長グレーナー将軍はあとになって可能性としてはあり得た話だと主張している[50]。結局、妥協案が取られた。両面での展開は計画通り続けるが、西部のドイツ軍はフランスの立場がもっと明確になるまでフランス国境の前で止めるとしたのだ。モルトケはこの日受けた心理的な打撃から実際には回復しなかった。皇帝の部分的動員の要求のあと家に帰ったときのことを、妻が回想している。「私はここで何か恐ろしいことが起こったのだとすぐに思いました。顔が紫色で数えられないほど速く脈打っていました。私の前にいる夫は絶望していました」[51]。

その晩遅く、リヒノフスキから二つ目の電報が届いた。最初の電報は誤りだった、というものだった。正しくは、イギリスはドイツのベルギー侵入も、フランス攻撃もあってはならず、さらに西部でフランス攻撃のために用意しているドイツ軍がロシアに対して用いるために東部に移動することもまかりならぬと主張している、というのだった。モルトケがベルリンの王宮に戻りベルギーとフランスに対する動きを再開する許可を求めると、ドイツ皇帝はすでに床に就いていて、ぶっきらぼうに「好きにやれ。どちらでもよい」と述べ、眠りに入った[52]。ロシアと戦争に突入することについて正式な宣言が必要かどうか議論をしていた皇帝の大臣たちには寝る時間はなかった。モルトケとティルピッツは必要だと考えていたが「そうしないと社会主義者を引き込めない」と論じたベートマンが、軍部に対して最後の勝利と言ってよいものを勝ち取った。[53] 宣戦が用意されサンクトペテルブルグのプルタレースに電信が送られた。ドイツの動員決定で、ヨーロッパの五大列強の三つが総動員を開始したことになった。オーストリア＝ハンガリーはすでに正式に交戦状態に入っており、ロシアとドイツも間もなくそうなることになっていた。残った列強のうち、イタリアは中立を選び、フランスはドイツの最後通牒を無視すると決め八月二日に独自の総動員を始めていた。イギリスは今なおどうするか決めていなかった。

八月一日はイギリスの週末のバンクホリデーの始まりだった。多くの家族が海辺に出かけ、ロンドンではマダム・タッソーの店が休暇中の人たち向けに新しい蝋人形展の広告を出していた。「ヨーロッパの危機。本物そっくりの肖像。オーストリア皇帝陛下、セルビアのペータル国王、その他ヨーロッパの君主たち。自治法の危機。サー・エドワード・カーソン、ミスター・ジョン・レドモンド、その他セレブリティーたち。陸海軍の絵画。楽しい音楽。お手ごろなリフレッシュメント」。[54] 官庁街には休日の雰囲気はほとんどなく、ますます陰鬱になったグレイは田舎のコテージに行くこともできなかった。

悪い知らせが断片的に次々と届いた。ロンドンの金融街はパニック状態だった。公定歩合が一晩で二倍になり、何百という人々が紙幣を金に交換しようとイングランド銀行の前の広場に列を成した。株式市場の幹部は新たな通知があるまで市場を閉じと決定した（翌年の一月まで閉鎖された）。財務相のロイド・ジョージとアスキスは、必要なら経済の安定のために政府が介入することを保証しようとして主要な実業家と会合を開いた。大陸から敵の動きが報告され、結局偽りだとわかるのだが、ドイツの部隊がすでにフランス国境を越えたとする話が伝わった。外務省のニコルソンに宛てた私信で、ベルリン駐在イギリス大使ゴシェンは悲しげに書いている。「たいへん恐ろしいことだ！ 私の使用人がみな出征しなければならないのではないかと思っている。私はイギリス人の従者一人とスイス人のコックと残ることになると思う。君がこんなに疲れていなければよいと願う」。[55]

内閣は八月一日土曜日の午前中遅くに閣議を開いた。

「正直言って、私はこんなに苦しい思いをしたことはない」とアスキスはヴェネチア・スタンリーにあとで書いている――だがアスキスは、この週の間はヴェネチアに会えないとも書いていた。アスキスは続ける。国際危機は解決に近づくどころではなく、内閣は何をするか決めないままだ、と。あるグループが、アスキスが手紙で「マンチェスター・ガーディアンかぶれ」と表現していることと――イギリスはいかなる状況下でも大陸の戦争に加わるべきでないということ――をまだ取り上げているが、反対側には、グレイとチャーチルとアスキス自身のようにグレイを支持する者がいて戦争を排除するのを拒否している。グレイは内閣が断固たる不介入政策を採用した場合に辞任することを再度仄めかした。その真ん中にいてまだ態度を決めていない人々がいたが、その中心がロイド・ジョージだった。気持ちとしては平和を志向していたが、イギリスは大国としての地位を維持することが必要だということにも強い思いを持っていた。閣議は結局、イギリス遠征軍をフランスに派遣することの賛同を議会に求めないということに合意できただけだった。[56]

閣議のあと、グレイはカンボンに会った。カンボンは外務省でイギリスの意向を聞こうと思って待っていた。フランス大使のカンボンは、フランスがドイツ陸軍と、むき出しになっている大西洋岸のドイツ海軍から重大な危険にさらされていると指摘し、少々大げさに、それはフランスを保護することを約束したイギリスとの合意の結果だと主張した。グレイはほとんど安心につながるようなことは言わず、またしてもカンボンを前にして手を振り、イギリスは自由な立場にあるという合図をした。だが、ベルギーの中立はイギリスにとって重要だった。外相は月曜日に、下院に対して、内閣の合意があればイギリスがベルギーの中立の侵害を認めないと断言するように求めようと考えた。カンボンはフランスの世論がイギリスの反応が遅れていることにひどく落胆していると指摘し、グレイの説明によると、カンボンはここで警告したという。「イギリスがフランスを支援しなければ協商は消滅する。ドイツが勝つにしてもフランスとロシアが勝つにしても、戦後のイギリスの状況はひどく不快なものになる」と。[57] そのあとカンボンは真っ青な顔でニコルソンの執務室によろめきながら入り、こう述べただけだった。「彼らはわれわれを見捨てようとしている。われわれを見捨てようとしている」。[58] フランス大使館を訪ねた仲のよいイギリス人ジャーナリストに、カンボンは次のように述べている。「『名誉』という言葉が英語の語彙から抜けてしまったのかと思った」。ニコルソンは上の階に駆け上がると、カンボンが言ったことは本当なのかどうかグレイに尋ねた。グレイがそうだと言うとニコルソンは辛辣に、「あなたはわれわれを……いろいろな国から物笑いの種にしようとしている」と述べ、外相はいつもカンボンにドイツが攻撃した場合にはイギリスはフランス側に立つという印象を与えてきたのではなかったかと抗議した。グレイは「そうだ。だが彼は文書になったものを持っていない」と答えた[59]。その夜、外務省内で介入を強く主張していたクローは妻に書いている。「政府はついに逃げ出してフランスが求めているときにフランスを見捨てる決定をした。省内の気持ちは、不名誉な臆病者の政府に仕えるくらいなら実際全員やめてしまいたいというものだった」[60]。

その同じ日、ヨーロッパの反対側ではロシアとドイツが関係を断った（オーストリア＝ハンガリーは今なおセルビアを粉砕することを夢見ていて、八月六日までロシアに宣戦しなかった）。午後六時に、感情が高ぶっていたドイツ大使プルタレースはサゾーノフに、ロシアがドイツへの動員をやめよという要求に応じられないかどうか三度尋ねた。サゾーノフはそのたびにロシアは話し合いに応じるつもりだが命令は取り消せないと答えた。サゾーノフは述べた。「私には他の答えはありません」。プルタレースはそこで深いため息をついて辛そうに述べた。「その場合には、私は政府からこの覚書を手渡すように命令を受けています」。震える手でプルタレースは宣戦の覚書を差し出し、窓のところに行ってすすり泣いた。プルタレースはサゾーノフに述べた。「私がこんな条件下でサンクトペテルブルグを去っていかなければならないとは信じられません」。二人は抱き合った。翌朝、ドイツ大使館の職員はドイツ諸公国の代表とともにレーニンが三年後に革命を起こすために到着したのと同じフィンランドの駅から特別列車で去っていった[61]。サゾーノフはロシア皇帝に電話し、断絶が行われたと伝えた。ニコライは「私の気持ちはすっきりしている――私は戦争を避けようと最善を尽くした」とだけ述べた[62]。皇帝の一家は不安そうにニコライがディナーに来るのを待っていた。ニコライは真っ青な顔でやって来て、家族にロシアとドイツは今戦争に入ったと述べた。子どもたちの教師の一人が回想している。「知らせを聞いて、皇后は泣き出した。母親の絶望を見て大公夫人たちはいっせいに涙を流した」[63]。これから起ころうとしていることとは比べるべくもないが、その日、ヨーロッパでは多くの涙が流された。戦争という事実が重くのしかかり、徴兵された兵士が連隊に加わるために行進していったからである。

国際平和運動家たちは恐怖の念を感じながら、急速に戦争に移行していくのを凝視していた。いくつかのヨーロッパの都市では平和を求めるデモが行われていたが、影響力はほとんどなかった。フランスの社会主義者の大物ジャン・ジョレスは、危機が展開していく中、反戦の闘いのためにヨーロッパの労働者階級の団結を維持しようと疲れを知らず努めていた。「恐ろしい第三次を避けるために労働者の行動は一つになっていかなければならない！」とジョレスは七月二十五日、フランスで最後の演説を行った[64]。七月二十九日、ジョレスは第二インターナショナルを一つにしておく最後の試みとして、ブリュッセルで行われたヨーロッパの社会主義政党の代表者会議に参加した。彼らは互いに同志と呼び合い、ドイツ社会民主党のリーダーはジョレスを抱擁したが、第二インターナショナルをいつも脅かしていたナショナリズムが、それぞれの国の労働者階級を祖国の防衛に向かって揺り動かし、労働者階級の政党が戦争に賛成して政府に票を投じる用意をしているなかで、団結を引き裂こうとしていた。多くの議論が行われたあと、全体会議の日程を八月九日に変更し、当初の計画のウィーンではなくパリで開催するということだけが決定した。イギリスの代表は、オーストラリアがそこに行く時間が十分確保されていないと不満を述べていた。ジョレスは悩み、悲しい気持ちになり、ひどい頭痛を感じていた。それにもかかわらず、ジョレスはその晩ブリュッセルで最も大きなコンサートホールであるシルク・ロワイヤルで行われた大集会で演説を行った。ジョレスはまた、戦争を回避するように全力を尽くさなければヨーロッパの前には死と破壊と疾病が広がるという恐ろしい運命が横たわっていると警告した。翌朝のジョレスは前日より元気で、ベルギーの社会主義者の友人に述べた。「浮き沈みがあるだろうが、全部がだめだなんてあり得ない。汽車に乗るまで二時間ある。博物館に行って君の国のフランドルの昔のものを一緒に見よう」[65]。

七月三十日パリに戻ったジョレスはいつものように闘い続け、左翼紙「ユマニテ」のコラムを書き、会合を組み、政府の大臣たちと会おうとしていた。その晩遅く、ジョレスが友人たちとお気に入りのカフェで飲み物を一杯ひっかけていたとき、外の舗道に忍び寄っていた若い髭を生やした男に気づく者はいなかった。狂信的なアナキストのラウール・ヴィランは、国際主義者で平和主義者のジョレスを反逆者だと決め込んでいた。ヴィランは拳銃を持っていたが、その夜は使わなかった。翌日、ジョレスは外務省の事務次官アベル・フェリーに都合をつけて会っていた。フェリーはジョレスに、戦争を避けるためにやれることはないと無遠慮に述べた。ジョレスは大槌で殴られたような反応をしたが、自分は平和のための戦いを続けると述べた。「近くの通りの角で暗殺されてしまうぞ」とフェリーは警告した。その晩、ジョレスと数人の友人たちは再びそのカフェに寄り、仕事を続ける前に食事をした。一行は窓のそばに座った。蒸し暑い夜だったので、空気を入れるために窓を開けておいた。ヴィランが突然外に現れ、二度発砲した。ジョレスはほぼ即死だった。モンマントル通りのカフェ・デュ・クロワッサンには、その場所を示す看板が今もある。(66)

ジョレスが死んだという知らせは七月三十一日の晩、フランス内閣に届いたが、また緊急閣議を開いているところだった。大臣たちはみな緊張を感じていた。ドイツとオーストリア＝ハンガリーの総動員が現実のものとなり、参謀総長のジョッフルは一日遅れるごとにフランスはさらに危険な立場に追いやられると警告し、フランス独自の総動員を求める爆弾発言をした。ポアンカレは他の人々の面前では強い態度を維持しようとしていたが、心のなかではひどく困っていたと日記に書いている。どこまでも続く会議の間に唯一休憩できた時間、ポアンカレは夫人とともにエリゼ宮の中を散歩した。二匹の犬が足下で飛び回っている中、ポアンカレは書いている。「オーストリアが悪意を持ってヴィルヘルム二世の剣と戦わせたいと決意したため、ヨーロッパが現実に全面戦争の犠牲になろうとしているのかどうか自問した」(67)。ドイツ大使がフランスの首相に、ロシアとドイツが戦っているときに中立でいられるかどうか尋ねたところだった。ヴィヴィアーニは午前中にははっきりした答えをすると述べた。大使が、ロシアが総動員を命じたのは本当かと尋ねるとヴィヴィアーニは知らされていないと答えた。その朝送られた、ロシアの総動員の決定を知らせるパレオローニュからの電報は、届くのに十二時間ほどかかっていた（ヨーロッパ中で情報伝達が壊れていた証拠である）ために、閣議の時間に間に合わなかった可能性もある。いずれにしてもフランス政府の政策は、危機が始まったときから変わっていなかった。ロシアとフランスはドイツの侵略を受けた罪のないグループであると誰からも確実に見られるようにすることだった。これに先立つ何日か、ポアンカレとヴィヴィアーニはロシアに用心して動くように、挑発的な行動を避けるようにと繰り返し言い続けた。[68]その晩の閣議の記録は存在していないが、夜中に終わったとき、翌日に動員することが決まっていた。ロンドンからの要求に答えて、フランスがベルギーの中立を尊重することをイギリスに約束することも合意した。陸軍大臣メシミもロシア大使イズヴォルスキーに会い、フランスがロシアとともに戦うことを保証した。[69]

八月一日の朝、再び閣議が行われたとき、ポアンカレはフランス部隊の総動員をこれ以上遅らせることができないと述べ、同僚も、何人かは渋っていたが同意した。すでに用意していた電報が午後に発出され、フランス国内のすべての市や町では、店の窓に貼り付けた青い小さな覚書を読むために、国民が集まった。パリでは、大勢の民衆がコンコルド広場に集まった。失われたアルザスのストラスブールを表す像の周りに駆け寄り、一八七一年以来着せてあった黒い喪服を剥ぎ取る人々もいた。国民の統一を求めるフランス国民に対するメッセージのなかで、ポアンカレはフランス政府が平和を維持するために全力を傾け続けたと言い切った。動員は戦争を意味するものではないと約束した。気の利いた人物が次のように述べている。「本当のことをいうと、彼の言葉を信じていた人は誰もいなかった。これが戦争でないなら、間違いなくそれに近い恐ろしいものなのだ」。[70]続く数日の間、フランスの若者たちを戦線に連れて行くため、国中から列車がかき集められた。参謀本部は予備役兵のうち一〇パーセントほどが動員命令を拒否するのではないかと恐れていた。実際のところは一・五パーセント以下だった。[71]

八月二日までに、ロシア、ドイツ、オーストリア＝ハンガリー、フランスが動員していた。ロシアとドイツは正式に交戦状態となっていた。オーストリア＝ハンガリーとセルビアもそうだった。ロシアの騎兵隊が国境を越えてドイツに入り、ドイツ部隊はベルギーのすぐ南のルクセンブルクに移動した。この小さな公国の中立は、列強によって保障されていたのだ。ドイツもそのうちの一つだった。イタリアは、次第にはっきりしたのだが、中立を主張しようとしていた。大西洋の向こうからアメリカが興味と恐れが入り混じった気持ちで見ていた。

ウィルソン大統領は、大使を通じて調停の申し出を送ったが遅きに失して、誰も聞く耳を持たなかった。この時期ウィルソンは、多くの時間を妻の最期を看取るために使っていたのだ。ヨーロッパが戦争に達するまであと一歩だった。残ったのは、イギリスの参戦だった。

その日曜日の朝、願っていた英独間の和解が打ち砕かれて悲嘆にくれていたリヒノフスキは、イギリスにフランスの側に与しないように請うため、朝食中のアスキスを訪ねたが、今となっては遅すぎたといってよかった。イギリスの世論はドイツに対して硬化していた。内閣のなかで一番頑固に戦争に反対している者の一人、インド相のモーリー卿はその日、友人に手紙を書いている。「ドイツの横暴な行動が閣内の和平派の努力を弱めている」[72]。さらに重要なのは、ドイツのベルギーに対して行った威嚇が、フランスおよびロシアに対する準備の際には起こらなかったような形で内閣の意見を揺さぶっていたことだ。地理的な要件を考えると、ずっと何世紀も、他国は商品（それに軍隊である場合も多かった）が大陸とイギリスの間で行き来する狭いけれども重要な水路がある低地地方を引き継いできたが、イギリスは無関心で傍観していることなどできなかった。保守党は党首ボナー・ローからの手紙という形で、アスキスに圧力をかけ始めていた。その手紙でボナー・ローは「フランスとロシアに対する支持を躊躇うことはイギリスの名誉と安全にとって致命的なことにつながる」と論じ、支持した場合には党が政府を全面的に支持することを約束していた[73]。

午前十一時、内閣は日曜日に、これまでのすべての前例を破って閣議を行った。難しい会議となり、大臣たちが今なお深く対立していることを表していた。だが、ドイツのベルギー中立侵犯が戦争の大義となると考える人々が多数派を形づくるようになった。だが、その朝に合意したことは、ドイツ艦隊が北フランス海岸を攻撃するのをイギリスは認めないと言ってもよいとグレイがカンボンに言うことだけだった。内閣も前の晩に行った海軍の予備役兵を動員するというチャーチルの決定を裁可し、午後六時半にもう一度閣議を開くことに合意した。今なお立場をはっきりさせていなかったロイド・ジョージと平和派の何人かが昼食を一緒にとった。グレイは一時間、ロンドン動物園に行き鳥を見ていた。一方アスキスは時間を利用してヴェネチア・スタンリーに手紙を書いていた。「今朝は君からの手紙が来ない。悲しい空白の時間だ」とアスキスは書いている[74]。イギリスの内閣は午後六時半に閣議を再開した。モーリーと商務相のジョン・バーンズは、二人とも結果的に辞任することになるのだが、今なお徹底的に戦争に反対したが、ロイド・ジョージは路線を変えてベルギーのために支持するようになった。ロイド・ジョージにはドイツの支配から大陸を自由にしておくことによってイギリスの利益があることも十分わかっていた。ベルギーの中立に対して「実質的な」侵犯があれば介入を支持する方が不安定ながら多数派を占めるようになった。多数派を固めるのは、ベルギーがドイツに抵抗すると決め、支援を求めるかどうかにかかっていた。[75]

イギリス時間の午後七時、イギリスは今なおヨーロッパの危機についてどうすべきか議論していた頃、ブリュッセル駐在ドイツ大使は七月二十九日以来事務所に置いてあった最後通牒を持ってベルギーの外務大臣を訪ねた。最後通牒を起草したのはベートマンではなくモルトケだった。これもまた軍部がドイツの政策を押さえていたことを示す指標である。フランスがドイツを攻撃するのにベルギーを経由して前進する計画を立てているという「信頼できる情報」を得たとドイツは文書で主張した（実際のところ、フランス政府はジョッフルにドイツが侵入する前にベルギーに入ってはいけないと強く述べていた）。ドイツ政府は、ベルギーがフランスの進軍を拒むことができないということしか考えられず、ドイツはフランスの成すがままになると考えた。自己防衛のため、ドイツはフランスの攻撃に対して行動を取らなければならない可能性がある。文書は次のように続ける。「ベルギーの地にドイツが入ることをベルギーが自らに対する敵対行為と見るならば、ベルギーが敵の行為から自己防衛を行うとするならば、ドイツ政府は非常に残念なことを行うことになる」。ドイツはベルギーに「善意の中立」とドイツの部隊が領土を自由に通行することを要求した。その見返りとして、ドイツは戦後のベルギーの統一と独立を保護する――ベルギー政府には回答に十二時間が与えられた。[76]

ベルギーは強い意志で常に中立を守り、隣国と軍事同盟を検討することを拒否してきたが、必要があればいつでも戦う用意があった。一九一四年でさえ、ドイツ軍がベルギーに前進してくると、ベルギーの部隊のいくつかは南部と海岸沿いにいて、ベルギーがすべての敵に対して中立を守る意志があることを示しており、可能性の薄いフランス、イギリスに対してさえも攻撃に備えていた。

少なくとも一九一四年まで、ベルギーの世論は敵も友人も一国に固定して考えることはなかった。イギリスには、世紀の変わり目に国際的な運動に発展した、強欲なベルギー国王レオポルト二世がコンゴで行ったおぞましい権力の濫用について積年の後悔があった。ベルギー外務省と保守派およびカトリックのグループはドイツ寄りだと見られていたが、フランスは極めて大きな文化的な影響力を行使していた。[77] ベルギー人は独立を誇りとし、自由を重んじた。一九一三年の軍の改革と予算の増額は、こうしたことを守るために行ったことだった。フランスとドイツの間で戦争の可能性が高まると、ベルギー政府は七月二十九日に徴兵の数を増やして召集し、リエージュの司令官に大要塞の防御を強化し、ドイツの方向にある東側の入り口を破壊するように指示した。七月三十一日、ベルギー政府は軍の総動員を命じた。

最後通牒はドイツ語からフランス語に翻訳されたが、ベルギー政府の決断は早かった。首相シャルル・ド・ブロクヴィルと国王アルベール一世は即座に、ドイツの要求を拒否すると決定した。夜中に慌てて集まった政府の大臣たちも全員一致で賛成した。おそらく自分たち自身も驚いたことだろうが、ベルギーはドイツの前進に対してできる限りの抵抗をすることを躊躇なく決定した。その話を聞いたとき、ブリュッセルに駐在していたドイツの外交官は述べた。「かわいそうに、愚かなことを！　スチームローラーが通るというのに道をあけないなんて！」。最後通牒を拒絶したという知らせがフランスの外交官によって新聞にリークされ、翌八月三日の朝の記事ではベルギーの一般の人々は賛同する意思を示した。至るところにベルギーの旗がはためき、ベルギー国民としての誇りに関する話があちこちで出てきた。国王自身、国民に対する宣言のなかでこう述べている。「われわれは名誉を失うことをはねつけたのだ」[78]。アルベールが広く尊敬されていたことも役に立った。アルベールはどこからも批判を受けることがなく、亡くなった伯父のレオポルトとは違っていた。誠実で、ドイツ人の夫人と三人の子どもたちとつつましく幸せな家庭生活を送った。伯父のように十代の愛人たちを抱えるよりも、読書と山登りが好きだった。国王と王妃が議会の特別会のために翌朝宮殿を離れると、大群集から喝采を受けた。議場に入ると国王夫妻はスタンディングオベーションを受けた。戦争を含む政府の提案した方策はすべて満場一致で通過した。社会党は声明を出し、党員は「軍国主義の野蛮」

に対して自衛し、自由と民主主義のために戦うと述べた。(79)

八月三日月曜日の朝、イギリスでは閣議が開かれ、その午後のグレイの議会での発言内容を検討し、併せて陸軍の動員を決定した。詳細はまだわからなかったが、ドイツのベルギーに対する最後通牒の内容がアルベールからジョージ五世に宛てたイギリスに支援を求める電報とともに到着した。イギリスの見方では、アスキスがヴェネチア・スタンリーに後に書いた手紙によると、ドイツのベルギーに対する攻撃によって「問題は単純になった」(80)。ロイド・ジョージは、自由党の左派を政府に結びつけておくうえで不可欠な存在となっていたが、今やベルギーの中立を支持しフランスの側に立って介入することを主張するグループに入っていた。グレイは午後二時頃外務省に戻り、急いで昼食をとり、演説の準備をしようとした。ドイツ大使リヒノフスキが待っていて、グレイに内閣が決定したことについて尋ねた。「宣戦することにしたのですか?」。グレイはどちらかというと「条件につい

シュリーフェンプランとして通常知られるドイツの戦争計画は、ドイツがフランスとロシアに対して二正面で戦うことを想定していた。西部の敵を一刻も早く打倒するため、ドイツ軍部はベルギーと北フランスに素早く前進する計画を作成した。ドイツはベルギーに平和的に通過させるように要求したが、ベルギー政府は抵抗することを決めた。このことによってドイツの前進は遅れ、イギリスが小さく勇敢なベルギーを守るために参戦することになった。

ての声明」だと述べた。議会に伝えるまでグレイはリヒノフスキに言うことはできなかった。リヒノフスキはベルギーの中立を条件にしないように頼んだ。グレイは何も言えないと繰り返すだけだった。(81)

午後四時、青ざめ疲れたグレイは下院の前に立った。見ていた者が述べている。「声がはっきりしていて温かみのある感じではなかった。飾るような言葉は全くなく、正確で、簡素で、厳密で、厳粛で堂々としていた」(82)。席と通路は混み合い、カンタベリー大主教とロシア大使を含む傍聴人でギャラリーはいっぱいだった。いつものようにグレイは、イギリスは全く誰にも束縛されていないと主張した。だが、フランスとの友好関係（「それにドイツとの」と叫んだ議員がいた）とベルギーの中立を尊重する約束によって「名誉と利益の義務」が生まれた、フランスはイギリスを信じ、大西洋側の海岸を無防備にしてきたとグレイは述べた。そして、「自分の心の中をのぞいて自分の気持ちを確かめるとよい。そうすれば自分で義務の度合いがわかる。私は自分で感じたままで解釈したが、他の人に押しつけようとは思わない。この義務をどう感じるべきなのかということについては、自分の気持ちが決めるものだ」と続けた。グレイは自分の立ち位置をわきまえていた。イギリスは今、名誉と利益の義務を受け入れるか、あるいは逃げ出すかという立場にあるとグレイは述べた。イギリスが戦争の局外にいたとしても、大陸との通商の死活を握る生命線にはよくないことが起こるだろうし、海岸はヨーロッパを支配する国の勃興によって脅かされるだろう。グレイは、「われわれの道義的立場はすべての尊敬を失ってしまうようなことになることを強く確信している」と結んだ。大きな喝采で最後の言葉は掻き消えた。保守党のボナー・ローとアイルランドのナショナリスト、ジョン・レドモンドが支持を約束した。ラムゼイ・マクドナルドは小さな労働党に向けて、イギリスは中立でいるべきだと述べた。イギリスのドイツ宣戦はこの日も後にも投票を行わなかったが、政府が介入すると決めれば圧倒的な支持があるのは明確だった。

ニコルソンがあとでグレイの執務室に来て演説の成功にお祝いを述べたとき、哀れなグレイは答えずに拳で机を叩いてこう言っただけだった。「戦争は嫌いだ……戦争は嫌いだ」。その日しばらくしてから、グレイは多くのヨーロッパ人にとって戦争が意味するものを要約する言葉を述べた。ガス灯が燈されていくセント・ジェームズ公園を臨む窓から外を見ているときのことだ。「ヨーロッパ中で明かりが消えつつある。生涯のうちに再び燈された灯を見ることはないだろう」[83]。グレイは後に、自分は「イギリスの代弁者に過ぎなかった」と控えめに述べたが、イギリスが戦争に介入するにあたって多くのことをしたのである。[84] 内閣が戦争に向かって動くときに重要な役割を演じたロイド・ジョージは、北ウェールズにいた夫人に書いている。「悪夢のような世界を行きしている。平和のために努力し、しばらくの間は内閣が戦争に傾かないようにうまくやってきたが、小国ベルギーがドイツに攻撃されるとなると、偏見を含めて自分がこれまでやってきたこととの流れを踏まえ、戦争の側につくと結論を出した。これからの見通しを考えると恐ろしい気持ちでいっぱいだ」。アスキスはもっと単調だった。いつも習慣にしているブリッジのときに、こう述べている。「これから入っていこうというこの憎むべき戦争のなかで、明るい点があるとすればアイルランド問題の解決だ。われわれの至上の国の利益を維持するため、政府を支援してアイルランドの軍勢が誠心誠意一つになることだ」[85]。大戦がイギリスを内戦から救ったということはあり得るし、当時多くの人々がそう考えた。

パリでは同じ月曜日の晩、ドイツ大使ヴィルヘルム・ショーエンはベートマンから送られたひどくわかりにくい電報を解読しようともがいていた。何とか間に合い、すぐにフランスの首相にドイツの宣戦の文書を持っていくことができた。ドイツ政府は、フランスが国境を越えてアルザスに前進し、フランスの飛行機によって悪意ある攻撃を受けたことで戦争に打って出ることにしたのだと主張した。ある人物がドイツの鉄道の線路に爆弾を投げつけたとさえ述べていた(ヒトラーは一九三九年にポーランドを攻撃する際、真実にはほど遠い同じ言い訳を用いることになった)。ショーエンには最後の要求——パリに残っているドイツ人がアメリカ大使館の保護下に置かれること——と不満——会議に行く途中、ある男が脅し文句を言ってショーエンの自動車に飛び乗ったこと——があった。二人は丁重に、暗いムードで別れた。[86] ポアンカレは後に日記に書いている。

辺境を繰り返し侵犯されたとしても、こちらから宣戦に至らないことの方が百倍もよい。攻撃の全責任があるドイツには、公に利益を認めさせることがどうしても必要だったのだ。フランスが宣戦したとすれば、ロシアとの同盟は論争の的になっただろうし、フランスの統合と意気が損なわれただろう。イタリアは三国同盟に縛られてフランスの敵に回ったかもしれない。(87)

翌八月四日、喝采が繰り返される中、ポアンカレからのメッセージがフランス議会で読み上げられた。ドイツは完全に戦争の責めを負うことになる、歴史の判断を前に防衛しなければならないとポアンカレは述べた。全フランスが一つになって「聖なるユニオン Union sacrée」となった。この「聖なるユニオン」は壊してはならないものだった。反対の声は上がらなかった。社会党はすでに戦争支持を決定していた。左派を代表する反対派だった人物が、その日埋葬されたジョレスに対して弔辞を述べた。「敵はもはやいない。フランス人がいるだけだ」。議場では「ビバ、フランス」の叫び声がいつまでも続いた。(88)

同じ日、イギリス政府はドイツに最後通牒を送付した。そのなかには、イギリスはベルギーの中立を尊重するという保証があった。期限はイギリス時間午後十一時となっていた。ドイツが合意するとは誰も思っていなかったので、宣戦の文書はリヒノフスキに渡す準備ができていた。世界中のイギリスの大使館と領事館には、イギリスが戦争をすることになると警告する印刷電文が何年間も外務省のファイルに保管されていた。敵の名前だけが空欄だった。事務官はその日一日、どこかに「ドイツ」と書き込んで過ごすことになった。

一方、ベルリンでは同じ日に、ドイツ議会でドイツは防衛をしているだけだと、ベートマンが説明した。ドイツは実際にベルギーとルクセンブルクという中立国に侵入していたが、それはフランスの脅威があるからというだけのことだ、戦争が終われば、ドイツはいかなるダメージも両国に与えないことになっていた。長いこと資本主義国間戦争に反対して数百万の党員を指導すると約束していた社会民主党は、戦争賛成の投票をして別の党に合流した。ベートマンは彼らを獲得しようと努めてきたが、彼らの方からベートマンの方にやってきたのだ。八月三日、社会主義者の代表による長く難しい会合で、多数派は戦債の発行に賛成投票することを決めていた。出征した仲間たちを裏切れないからであり、またドイツがロシアの攻撃の犠牲者だと考えていたからだった。党の団結のため、残りの者は折り合いをつけることに同意した。(89)

八月四日、ドイツの回答期限の前ではあったが、イギリス大使ゴシェンはパスポートをつくりにベートマンを訪ねた。ゴシェンは無駄とわかりつつ、ドイツがベルギーの中立を尊重できないのかどうか尋ねたとき、ベートマンは、「あまりにも恐ろしいことになる」と叫んだ。そしてさらに、イギリスはただの「中立」という言葉のために恐ろしい一方を踏み出したと、大使に熱弁を振るった。ベルギーとの条約はただの「紙切れ」にすぎないとベートマンは言ったが、この言葉によってドイツの世界での評判は大きく損なわれた。ベートマンは続けた。イギリスはフランスの復讐とロシアの汎スラヴ主義をうまく操ることができたのにけしかけてしまった、戦争はイギリスの責任だ、と。ゴシェンは涙を流しその場を去った。[90] ベートマンにはドイツに責任があるとは考えられなかった。ベートマンは後に友人にこう書いている。「われわれがフランス、ロシア、イギリスにもとからある敵対心をかわして、われわれに一体となって向かってくるのを避けることができたかどうかはかなり疑問が残るところである」[91]と。ドイツ皇帝はイギリスの裏切りをなじり、平和を維持しようというヴィルヘルムとニコライのあらゆる試みを無視して「無節操で気まぐれ」だと責めた。モルトケは、イギリスが以前からずっと戦争を計画していたのだと考え、アメリカ人にカナダを与えると約束してアメリカ合衆国を同盟国にすることができるかどうか考えた。[92]

　ロンドンでは、近づきつつある午後十一時の期限を待っていた。外務省では、ドイツに関する間違いがあるのに、誰かが早まってリヒノフスキに宣戦の文を送ってしまったことに気づき、一時パニックになった。修正した宣言がつくられ、下級官僚が間違った文書を取り戻すため派遣された。内閣の大臣たちはダウニング街に集まっていた。ほとんどの者は不安で顔が引きつっている様子だったが、チャーチルは例外で、きびきびとして自信がある様子で、大きな葉巻を口にくわえていた。事務官は内閣の部屋の外で待っていた。「とにかく戦争は長く続くまい」と誰かが述べた。間もなく午後十一時になろうという頃、下級官僚が外務省に電話し、知らせが入っているかどうかを尋ねた。「ここにもドイツ大使館にも入っていない」と返答があった。ビッグベンのチャイムが鳴り始め、イギリスは交戦状態に入った。官庁街のホワイトホールと陸軍省のあったペルメル街に集まった群衆は手を組み、愛国的な歌を歌った。チャーチルは艦隊に電報を送った。「ドイツに対する戦争を開始せよ」[93]と。

十九世紀を通じて平和で豊かなヨーロッパを結びつけていた絆が今、急激に壊れていった。鉄道と電信は断絶し、船舶の航行は規制された。銀行の預金は凍結され、国際為替相場は停止された。貿易は減っていった。一般市民は突然に、これまでとは全く違った世界に放り出され、絶望的な気持ちで家路を急いだ。パリのドイツ大使館では混乱が起こり、母親たちが泣いている赤ん坊を抱きかかえ、何百というスーツケースが床に散らばった。おそらく十万人ほどのアメリカ人が大陸に残された。そのほとんどが、銀行が閉鎖したため帰る金がないという理由からだった。何とかしてイギリスに渡った人がたくさんいた。イギリスでは、アメリカ大使ウォルター・ページと職員が最善を尽くしていた。ページはウッドロー・ウィルソン大統領に宛てて書いている。

神のご加護がありますように! なんという一週間でしょうか……最初の二日間はもちろん大混乱でした。頭がおかしくなった男や泣いている女が哀願し、悪態をつき、いろいろなことを要求していました――秩序を失った精神病院といった有様でした。私は緊急事態にあって、ある人たちからは偉大な才能を持った天才だと言われ、またある人たちからはどうしようもない馬鹿だと言われ、両極端の間のありとあらゆる侮蔑の言葉をぶつけられました。

アメリカ政府は市民に資金を提供するため、金を積んだテネシー号を派遣した。この軍艦はまた、フランスから海峡を渡るアメリカ人も輸送した。[94]参戦した国々の大使はそれよりは丁重な扱いを受け、特別列車で出発し、敵国の部隊に守られた。ジュール・カンボンとロシア大使はすでに週末にベルリンを去っていた。八月五日、疲れ果てたリヒノフスキはロンドンを離れる用意をしていた。ページはリヒノフスキに会ったあと、ウィルソンに書いている。「彼は反戦の立場でしたが、全くうまくいきませんでした。彼とのやり取りでは自分の人生のなかで最も強い哀愁を感じました……」[95]。

一九一四年、ヨーロッパの指導者たちは考え抜いて戦争を選択したことによって、あるいは戦争に反対する力を見いだせなかったことによって失敗した。それから半世紀以上経って、若いが経験の乏しいアメリカの大統領が自分自身の危機に直面し、自分自身の選択をした。一九六二年、ソ連がキューバにアメリカ合衆国の東部海岸を攻撃できる核弾頭つきのミサイルを含む軍事力を配備したときに、ジョン・F・ケネディはソ連と全面戦争のリスクを冒しても行動を行うべしという強烈な圧力を軍部から受けていた。ケネディは抵抗した。一つは、軍部が必ずしも正しくないということを前年のピッグス湾事件の大失敗から学んでいたからであり、それだけでなく、ちょうどバーバラ・タックマンが書いた『八月の砲声 *The Guns of August*』を読み終えたばかりのところだったからだ。いかにしてヨーロッパが失敗し大戦に突入していったかを説明した、非凡な作品である。ケネディはソ連と公開交渉をすることを選び、ソ連と世界はぎりぎりのところで止まったのだ。

　ショック、興奮、憂鬱、諦念——ヨーロッパ人はさまざまな思いをもって戦争を迎えた。国民が一つになるように思えるという形で安心感を、いや、霊感さえも見いだした人々もいた。ドイツの偉大な歴史家フリードリヒ・マイネッケはこの戦争を、「突然に私の魂を、わが国民に対する深い信頼と心の底からの喜びで満たしてくれた偉大な瞬間」と表現した。[96] 対照的に、ヘンリー・ジェイムズは友人に苦悶しながら次のように書いている。

> 私たちが生きてきたこの時代にあって、さまざまな不調和があることはわかっているが高度に洗練された文明だと当たり前のように思っていたこの時代にあって、あまりにうつろで、あまりに不名誉で、全く何も想像することができない。結局このおぞましいものを血の中に取り込むのを見ること、その間ずっとその役割を果たすのを見ることは、自分の家族や良き友人のグループが殺人者と詐欺師と悪者の一団だと突然認識しなければならないということだ——同じショックなのだ。[97]

ヨーロッパは違う方向に足を踏み出すことができたかもしれない。しかし、一九一四年八月には、道の終わりに向かって踏み出し、その眼の前には破壊が存在していたのである。

エピローグ——戦争

八月四日、セオドア・ルーズベルトはヨーロッパ中で「大きな黒い竜巻」が起こったと述べた。[1] 突然の夏の嵐のように、戦争は多くの人々から驚きをもって受け止められたが、最初、そこから逃れようとする動きはほとんどなかった。長い待機状態が終わって救われたという気持ちや、社会が一つに結びついてほっとするという気持ちさえ存在していた。ヨーロッパの平和運動は、国境線に沿ってばらばらになり、大陸中で、社会主義者は中産階級や上流階級に加わって、圧倒的多数の者が戦争に賛成の票を投じた。あるドイツの社会主義者はこう感じた。「恐ろしい緊張が解決した……ほぼ四半世紀ぶりに、心から、良心に咎めを感じることなく、この圧倒的に力強い歌の合唱にやましい思いを感じずに参加できる。『世界に冠たる我がドイツ *Deutschland,Deutschland,über alles*』」。[2] このドラマに高揚感を感じたのはウィンストン・チャーチルだけではなかった。チャーチルは妻に次のように書いている。「すべてがカタストロフィーと崩壊に向かっています。面白いと思うし、気持ちが高揚して幸せな気分です。自分でも、そんな方向に行くことが恐ろしくないのかと思います」。[3] 大多数のヨーロッパ人はただ単に、ヨーロッパの長く続いた平和が終わっていく速度と決着の仕方に対して完全に麻痺してしまっていたと言ってもよいだろう。彼らは戦争が来ることを、諦めと義務感から受け入れ、開戦は脅威を与えている外国勢力からの攻撃にあったせいで、自分たちには罪がないと言い聞かせていた。

大戦には数多くの神話があるが、一九一四年八月には兵士たちは、クリスマスまでには帰れると家族に告げていたのだ。キャンバリーのイギリス軍士官学校では、卒業する学生はガーデンパーティーを行い、クリケットを楽しみ、指示を待ってうろうろしたりするのが普通だったが、ついに任官の命が下った。多くがイギリス遠征軍に配属され、大陸に行くことになった。士官学校そのものは知らせがあるまで閉校となり、教授陣には将校のポストが与えられた。当局は短期間の戦争にこれ以上将校の養成を行う必要がないと考えたのだ。(4) イワン・ブロッホやモルトケのような専門家、あるいはベルタ・フォン・ズットナーやジャン・ジョレスのような平和主義者は、どちらの側も相手を打倒するほど力があるわけではなく、人材から武器に至るまで社会の資源が枯渇することから、攻撃は膠着状態に陥るとしていたが、こうした人々のことは少なくともしばらくの間、ヨーロッパ諸国が戦争に突き進むなかで忘れられた。司令官から普通の市民に至るまでほとんどの人々は、戦争はたとえば普仏戦争のように短いものになると考えていた。普仏戦争では、フランスを降伏させるのにドイツの同盟軍は二カ月足らずしかかからなかったのだ(フランス国民が戦いを引き継いだために戦闘が継続したことは別の問題である)。銀行家や財務大臣のような金融の専門家は、当然のように戦争を短期間のものとしなければならないと考えていた。貿易が破壊され、国際資本市場が枯渇し、政府が資金を調達できなくなれば、必然的に銀行が破綻し、戦争を行っている国々が戦闘を継続することが不可能になるにちがいないからである。ノーマン・エンジェルが『偉大なる幻影』のなかで警告したように、ヨーロッパが戦争を行うほど愚かであったとしても、結果として生じる経済の混乱と国内の惨めな状況によって、戦争をしている国々は速やかに平和交渉を行わなければならなくなるはずだった。ほとんどの人々が気づいていなかったのは——ブロッホは気づいていたが——ヨーロッパの諸政府が課税や経済統制や女性の労働力を用いることによって、男性が戦争に行くことができるようにすることは、社会の外から資源をひねり出してこれまで試したことがない潜在的な大きな能力を示したことであり、ヨーロッパ人自身が恐るべき損失があっても何年間も戦い続けられるだけの禁欲主義と不屈の精神を持っていたということだった。大戦について驚くのは、ヨーロッパの社会と個人が結果的に緊張下で捻じ曲がったというのではなく——必ずしもすべてがというわけではないし、完全にというわけでもないのだが——ロシア、ドイツ、オーストリア＝ハンガリーが崩壊して革命、反乱、絶望に至るまで、これほどまで長く耐え続けたということである。

戦争の最初の数週間で、ヨーロッパのその後の運命が定まったように思われた。ドイツがフランスを迅速に破ればロシアは東部で講和を結ぶ可能性があったし、イギリスは戦争に関与することを再考した可能性もあった。フランス国民が一八七〇年から一八七一年にかけてやったように戦うと決めたとしても、結局降伏しなければならなかったにちがいない。ドイツ軍が北フランスに向かう途中、ベルギーとルクセンブルクを通ってなだれ込んだとき、ドイツの計画は予定通り展開するように思われた。だが、全くそうではなかった。ベルギーが抵抗すると決めたことによって、ドイツの前進の速度が遅くなった。リエージュの主要な要塞は八月七日に落ちたが、ドイツは部隊をあとに残して前進しなければならなかった。海峡に向かってマース川を渡り急襲し、パリに向かって南に旋回し、目覚しい勝利をもたらすことになっていたドイツ軍の大きな右翼側部隊は計画していたよりも弱く、速度が遅かった。八月二十五日、モルトケは東部のロシアの前進の速度に――ロシア軍はユンカーの領地を蹂躙し、ロミンテンにあったドイツ皇帝のお気に入りの狩猟小屋を焼き払った――驚いて八万八千人ほどになる二つの部隊に命じて、西部から東プロイセンに移動させた。(5) イギリス遠征軍は予想より早く到着しフランス軍を増援した。

ドイツの前進は連合国の抵抗にあって遅れ、止まった。九月初め、勢いはドイツとは反対の方向に傾いており、連合国は敗北するような状態では全くなかった。九月九日、モルトケはフランスに進軍していたドイツ軍に北部への撤退と再編成を命じ、二日後すべての戦線から後退すべしとの総司令を出した。モルトケは当時理解していなかったのだが、これはシュリーフェン・プランとドイツがフランスを迅速に破るチャンスの終わりだった。九月十四日、ドイツ皇帝は健康上の理由でモルトケを解任した。

ドイツと連合国はその秋、互いに相手を圧倒する絶望的な最後の試みを行った。損失は大きかったが勝利は得られなかった。一九一四年末までに二十六万五千人のフランスの兵士が死亡し、イギリスは九万人を失った。ドイツの連隊の中には六〇パーセントの死傷者を出したところもあった。ドイツ軍は十月、フランドルの町イープル周辺の戦いだけで八万人を失った。(6) 冬が近づくと、それぞれの軍は春に再開する攻撃を予想して塹壕を掘った。スイス国境からフランスの東部および北部を越えてベルギーに至る一時的な塹壕がますます深さを増し、強力になり、精巧なものになって、一九一八年の夏まで続くとわかっていた者はほとんどいなかった。

東部戦線では距離がもっとあったので塹壕網は同じ規模にはならなかったし浸透しなかったが、ここでも鈍い攻撃に対する防衛力は、戦争が始まった何カ月かで明らかになった。オーストリア＝ハンガリーは強力な反攻に苦しみ、ロシアは決定的な勝利を得られなかった。戦争が始まり最初の四カ月が経過して、オーストリア＝ハンガリーは約百万人の死傷者を出した。ドイツはシュリーフェンとその後継者の予測に反して、タンネンベルクの戦いでロシアの二つの軍を攻撃して破ったが、戦場での勝利によって戦争は終わらなかった。ロシアにも敵側にも、戦い続ける資源と決意があったのだ。

嘘のような本当の話がある。南極探検家のアーネスト・シャクルトンは一九一四年秋に南極に向かって出発した。一九一六年春にサウスジョージア島の捕鯨基地にようやく戻ったとき、シャクルトンがヨーロッパの戦争はどこが勝ったと尋ねたところ、まだ続いていると聞いて面白いと思ったと報告されている。産業、国富、労働、科学、技術、芸術でさえも、すべてが戦争のために利用された。一九〇〇年のパリの万国博覧会で誇りをもって祝福したヨーロッパの進歩は、進歩そのものを破壊するために、持っている資源をすべて動員することをも可能にしたのだ。

最初の段階で、続く数年間の恐ろしいパターンが定まった。鈍い攻撃が時折行われる。防衛側の大砲が決定打をつぎ込む。将軍たちは繰り返し大攻勢を行って膠着状態を打開しようとするが、たくさんの死傷者を出す。特に平地が爆弾ででこぼこになった西部戦線では、弾痕が点在し、有刺鉄線が張り巡らされ、戦線はめったに動かない。戦争が長引くにつれて、想像しがたい規模で人の命が奪われていった。一九一六年だけで、ロシアの夏の攻撃によって百四十万人の死傷者が出た。イタリアに対してコンラートが行ったドロミーティ地方の攻撃で四十万人のイタリア人が捕虜となった。七月一日のソンムの戦いの初日、イギリスの死傷者は五万七千人だった。この戦いが終わる十一月頃には、連合国側では六十五万人の死傷者が出る一方、ドイツでは四十万人の死傷者が出た。ヴェルダンでは、要塞の支配権をめぐってフランスとドイツが戦い、防衛側のフランスの死傷者が五十万人以上、攻撃側のドイツの死傷者が四十万人以上に上った。一九一八年十一月に戦争が終わるまでに、六千五百万人が戦い、八百五十万人が死亡した。八百万人が捕虜や行方不明となった。二千百万人が負傷したが、人数は数えられた限りである。心理的にどれだけ多くのダメージを受け、あるいは壊れてしまったかについては、誰もわからない。比較になるが、ベトナムで戦死したアメリカ人兵士は四万七千人、イラクの侵入と占領で戦死した連合軍は四万八千人である。

そもそもヨーロッパの戦争だったこの戦争は、すぐにグローバルな戦争になった。最初から帝国は自動的に巻き込まれた。カナダ人やオーストラリア人、ベトナム人やアルジェリア人に、帝国のために戦いたいかどうか立ち止まって考える者など誰もいなかった。フェアな立場で見ると、多くの人々が戦おうと思ったのだ。「白人の」自治領では多くの人々がイギリスと今なお家族のつながりを持っていて、母国を守らなければならないと単純に考えた。さらに驚くべきは、インドの民族主義者の多くがイギリスを支持するために集まったことである。若き急進派の法律家マハトマ・ガンジーはイギリス当局が戦争のためにインド人の兵を集めるのに協力した。他国は次第に、どちらかの側を選択するようになった。日本は一九一四年八月の終わりにドイツに宣戦し、中国と太平洋におけるドイツの所有物を獲得するチャンスを掴んだ。オスマン帝国はその二カ月後にドイツとオーストリア＝ハンガリーに賭けることを決め、ブルガリアは一九一五年にそれに加わった。これがドイツ、オーストリア＝ハンガリーが同盟国を獲得した最後だった。ルーマニア、ギリシャ、イタリア、ラテンアメリカのいくつかの国、中国が結果的に連合国に加わった。

アメリカ合衆国は、自国の利益にほとんど関わらないように思われる戦争なので、どちらの側にも初め強い支持をしていなかった。「大西洋があることを神に何度も感謝している」と、ロンドン駐在アメリカ大使ウォルター・ページは書いている。エリートやリベラル、東部あるいはイギリスとの家族の絆がある人々は連合国に向かう傾向があったが、おそらくアメリカ人の四分の一はドイツ人の子孫で、ある意味マイノリティだった。大きなアイルランドのマイノリティはイギリスを嫌う強い理由があった。戦争が始まると、ウィルソンは夫人の病床から離れ、記者会見を行い、アメリカ合衆国は中立に留まると宣言した。ウィルソンは次のように述べている。「他の誰ならずアメリカ人には冷静さがあり、世界の他のところを助けるため穏やかな考えとしっかりした目的を持って心積もりをして待つ、という誇りがある」。アメリカを中立状態から駆り立てるにはドイツの政策、いや特にドイツの最高司令部の政策が必要だった。一九一七年、アメリカ合衆国はドイツの潜水艦による船舶に対する攻撃と、ドイツがアメリカ合衆国を攻撃するためにメキシコと日本を説得しているという、イギリスからワシントンへ伝えられた親切な知らせによって激怒し、連合国側で参戦した。

一九一八年までに、結集した敵の力がドイツとオーストリア＝ハンガリーにとって過重となり、少しずつ平和を模索するようになって、ドイツは最後に休戦の要求をした。十一月十一日、銃声が消えると、一九一四年の世界とは全く違う世界になった。ヨーロッパ中で、戦争が始まったときに一時的に取り繕った社会の古い裂け目が戦争が長引くにつれて再び姿を現し、ますます重い負担を課すようになった。社会的・政治的不安が広がると、古い体制はもがき苦しみ、一般の人々の信頼を維持できず、期待に応えることができなくなった。一九一七年二月、ロシアの皇帝体制がついに崩壊し、それを引き継いだ弱い暫定政府が十カ月後には新しいタイプの革命勢力、ウラジーミル・レーニンのボリシェヴィキに追放された。政治上のライバルや旧秩序の残滓が行う攻撃から体制を救うため、一九一八年初めレーニンはドイツおよびオーストリア＝ハンガリーと講和を結び、西にあるロシアの領土の大きな部分を譲渡した。ロシアが内戦の間、ロシア帝国に従属していた諸民族は独立するチャンスを得た。ポーランド人、ウクライナ人、ジョージア人、アゼルバイジャン人、アルメニア人、フィンランド人、エストニア人、ラトビア人はみな、あるところでは短期間にとどまったものの、独立を得た。

オーストリア＝ハンガリーは一九一八年夏に崩壊した。最終的に民族問題があまりにも大きな問題だったのである。ポーランド人は突然、ロシアとドイツから自由になり、一世紀以上ぶりにポーランド国家を創設した。チェコ人とスロバキア人は一つになってチェコスロバキアとなり、クロアチア、スロベニア、ボスニアにいた二重帝国の南スラヴ人はセルビアと一緒になって、ユーゴスラビアとして知られることになる新しい国家を形成した。ハンガリーはクロアチアの喪失と戦後の平和条約によって大きく領土を減じながら独立国となり、ハプスブルク家の領土の残りは小国オーストリアとなった。中央ヨーロッパの他の勢力についていえば、ブルガリアでも革命が起こり、最後までずるがしこかったフェルディナントは息子に王位を譲り退位した。オスマン帝国も崩壊した。勝った連合国はオスマン帝国からアラブの領土とヨーロッパに残っていた大部分の地域を引き剥がし、トルコの中心部だけが残された。オスマン帝国の最後のスルタンは一九二二年静かに亡命し、新しい世俗の統治者ケマル・アタチュルクがトルコの近代国家を樹立した。

一九一八年ドイツ軍が崩壊すると、ドイツの一般人々は今や文民の政府にも大きな力を持つようになっていたヒンデンブルクとルーデンドルフによって暗闇の中に置かれていたが、全体制に対して怒りを持って立ち上がった。しばらくの間、水兵と兵士が反乱を起こし、労働者の評議会が地方政府を牛耳るようになり、ドイツもロシアの道をたどるかもしれないと思わせた。渋るドイツ皇帝は一九一八年十一月初めに退位を迫られ、社会主義者たちによって新しい共和国の宣言が行われた。あとで判明したのだが、革命を何とか阻むための動きだった。

勝利を収めた国々にもそれなりの変動があった——一九一八年までにフランス、イタリア、イギリスでは暴力的なストライキとデモが行われるようになっていた——がしばらくの間は旧秩序が存在し続けた。しかし、全体としてのヨーロッパはもはや世界の中心ではなくなっていた。大きな富を使い尽くし、消耗していた。遠くから行われる支配をほぼ黙って受け入れてきた帝国の諸民族が動き出し、外国にいる主たちがヨーロッパの戦場で四年にわたって繰り広げた野蛮な行為によって回復できないほど動揺しているということに自信を持っていた。新しい民族主義の指導者たちは、ヨーロッパの文明が生み出し得たものを自分の眼で見た兵士たちであることが多かったが、彼らは遠い将来ではなく、今このときの自治を求めた。イギリスの「白い自治領」は帝国内に留まることに満足していたが、自治を拡大するという条件の下に限定していた。ヨーロッパ以外の新しい選手が国際問題で大きな役割を行うようになった。極東では日本が力と自信の両方を持ち、近隣諸国に対して優位に立っていた。大西洋の向こうでは、アメリカ合衆国が今や大きく力のある存在となり、産業と農業が戦争によってさらに成長し、ニューヨークが次第に世界の金融の中心となっていった。アメリカ人はヨーロッパを古く、退廃的で、すでに役目を終えた存在であると捉え——多くのヨーロッパ人もそのことに同意していた。

戦争はヨーロッパの遺産の何百万もの人々を破壊したばかりでなく、生き残った人々にも残酷な仕打ちをした。

戦争中にヨーロッパ人を支えた民族主義者の情熱は、ベルギーでドイツ人、ガリツィアでロシア人、ボスニアでオーストリア人が行ったような民間人に対する理由なき殺人行為にもつながった。占領軍は民間人を囲み、強制労働や「間違った」エスニシティに対する追放措置を行った。戦後、ヨーロッパの多くのところで政治は暴力で特徴づけられるようになり、暗殺や反対する党派間の衝突がよく起こるようになった。非寛容な全体主義的な新しいイデオロギーであるファシズムとロシア型の共産主義が軍部から組織と規律を取り入れ、ファシストの場合には戦争そのものからインスピレーションを得ていた。

大戦はヨーロッパ史における断絶の表れだった。一九一四年以前、ヨーロッパはさまざまな問題を抱えていたが、世界がより良いものとなり、文明は前進しているという希望を持っていた。一九一八年以後、その信仰はもはやヨーロッパ人にはあり得ないものとなった。戦前の失われた世界を振り返って、感じるのは、喪失感と徒労感だけだった。一九一八年の夏、ドイツの敗北がある程度明らかになると、ハリー・ケスラー伯爵は何年間も訪れることのなかったワイマールにある昔の家に戻った。ケスラーは一九一四年には民族主義の熱に取り憑かれていなかったが、戦争が起こったことをはるか以前から悔やむようになっていた。昔の御者と犬が駅でケスラーを待っていて、ほんの数日間離れていただけのように出迎えた。家は眠れる森の美女のように何も変わることなく自分を待っていたとケスラーは回想している。

印象派と新印象派の絵画、フランス語、英語、イタリア語、ギリシャ語、ドイツ語の本が並び、マイヨールの幾分強すぎる太った女性たちや小さなコリンのあとに作成した美しい若い裸像が並んでいる。一九一三年年以前に今なおあるかのように、かつてはここにいて今は亡くなった、行方知れずとなった、散って逝ってしまった多くの人々、あるいは戻ってくることができてヨーロッパの生活を新たに始めた敵国の人々のようだ。『アラビアンナイト』から出てきた小さな宮殿のように思える。あらゆる類の宝物と半ば色褪せつつあるシンボルと思い出が詰まっていて、別の時代から来た者だけが味わうことができるのだ。ダヌンツィオがくれたものを見つけた。クロード・アネットがイスファハンで買ったペルシャのシガレット、モーリス・デニスの末っ子の洗礼のときのボンボニエール、一九一一年から行われたニジンスキーの写真入りのロシアバレエのプログラム、ジュリア・ワードが送ってくれたバイロンの孫ラブレース卿の近親相姦についての秘密本、ロスからの手紙がついたオスカー・ワイルドとアルフレッド・ダグラスの本、まだ開けていないロベール・ド・モンテスキューの美しいカスティリーネ伯爵夫人について書いた戦前からの悲喜劇の傑作。彼女の死後になって愛するようになったのだ——彼女の寝巻きが宝石箱か小さなガラスの棺に入ってロベールの応接室に置いてあるということだ。運命がこうしたヨーロッパの生活をいかに恐ろしいほど後ろに追いやってしまったのか。羊飼いと戯れる時代、ボシュエとヴォルテールの啓蒙精神の時代から始まる歴史のなかで、二度目の血なまぐさい悲劇のようだ。時代がより確かな平和に向かうのではなく戦争に向かったということを私たちはみな現実に理解したが、そのときにわかっていたというわけではなかった。膝の上で泡立っている地獄のような力が、もう良し、と思ったときに突然割れてしまって、跡形もなく消えてしまう石鹸の泡のように漂っているという感覚なのだ。(7)

ヨーロッパが大戦に向かって進んでいくときに役割を演じた人々の中には、終結を見ないで生涯を終えた人々もいた。モルトケは療養休暇の後にドイツ参謀総長の務めに戻ることはなかった。モルトケは一九一六年に脳卒中で亡くなり、後継者となったファルケンハインはヴェルダンで犠牲の多い不毛な攻撃を繰り返した。サラエヴォでフランツ・フェルディナントを暗殺して命の一連の動きを仕込んだプリンチプは、オーストリア＝ハンガリーの法廷で有罪判決を受けたが、青年に達していなかったために処刑されなかった。プリンチプは一九一八年春、オーストリアの刑務所で結核のため死亡した。自分の行為が解き放ったことについては最後まで後悔していなかった。(8) 皇帝フランツ・ヨーゼフは一九一六年に亡くなった。よろめいている王冠は若く経験のない大甥のカールに引き継がれた。カールが権力の座にあったのは一九一八年までだった。イシュトヴァーン・ティサは最終的にオーストリア＝ハンガリーがセルビアに対する戦争を行うとした決定を受け入れた人物だったが、一九一八年に夫人の面前でハンガリーの革命家の兵士によって殺された。ラスプーチンは一九一六年にサンクトペテルブルグで、ラスプーチンがいなければ体制が救われると考えた貴族の陰謀家により暗殺された。ニコライは翌年退位した。ニコライとアレクサンドラと子どもたちは一九一八年春にボリシェヴィキによってエカテリンブルクで殺された。遺体は名前を記さずに埋葬されたが、ソ連崩壊後、発見された。他の遺体はアレクサンドラの大甥に当たるエディンバラ公のサンプルを含むDNAを使って人物を特定し、ロシア正教会は両親と子どもたちを聖人に加えている。

ニコライの大臣の中には運のよい人々もいた。イズヴォルスキーはパリからロシアに戻ることなく、フランス政府からわずかな年金をもらってフランスで生活した。外相のサゾーノフは一九一七年初めに罷免された。サゾーノフはコルチャーク提督の反ボリシェヴィキ軍に加わり、内戦に参加してフランスに亡命し、一九二七年にニースで生涯を終えた。スホムリノフは戦争でのロシアの失敗の責めを受けた。一九一六年にロシア皇帝は陸軍大臣の任を解き、腐敗とロシア軍の無視とドイツおよびオーストリア＝ハンガリーのためにスパイ行為を行ったということで訴追し、裁判にかけさせた。腐敗は間違いなく本当だったが、政府が持っていた他の訴追を支持する証拠は脆かった。一九一七年初めに権力を引き継いだ暫定政府はスホムリノフと美しい夫人エカテリーナを投獄し、夏の終わりに裁判にかけた。エカテリーナは釈放されたがスホムリノフは終身刑となった。だが、一九一八年五月ボリシェヴィキが権力を握ると大赦の一環として釈放した。スホムリノフはその秋ロシアを去ってフィンランド経由でベルリンに向かった。そこでスホムリノフはほぼお決まりの回想録を書き、極貧のなかで生き抜こうと努めた。エカテリーナは今では新しい金持ちの保護者を見つけてロシアにとどまった。ボリシェヴィキがエカテリーナを一九二一年に殺したのははっきりしている。一九二六年二月のある朝、ベルリンの警察官が公園のベンチで、一人の老人の遺体を見つけた。かつてはロシアで最も金持ちで最も権力のある人物だったスホムリノフは、一晩で凍死していた。(9)

戦争の終わりに、オーストリア＝ハンガリーのためにドイツの白紙手形を獲得するのを手伝ったタカ派のホヨスは、自分の戦争責任と二重帝国の終焉を考えて一時は自殺を考えたが、思い直して一九三七年に平和のうちに亡くなった。外相ベルヒトルトは戦争の初期段階で、イタリアの中立を確保するためにイタリアが望んでいるオーストリアの領土の一部をイタリアに与えることを皇帝と閣僚が先を読まずに拒否したことに抗議して辞任した。ベルヒトルトは一九四二年までハンガリーの領地の一つで生き、今はブクラウの城に埋葬されている。一九〇八年のボスニア危機を用意することになった前任者エーレンタールとイズヴォルスキーが会議を行ったところである。オーストリア＝ハンガリーの参謀総長コンラートは、ようやくフランツ・ヨーゼフの許可が下りてジーナ・フォン・レイングハウスと一九一五年に結婚したが、一九一七年に新皇帝に罷免された。戦後、コンラートとジーナはオーストリアの山岳地帯で質素な生活を送り、コンラートは英語を勉強し——コンラートにとっては九つ目の言語——前ブルガリア国王フェルディナントと散歩し、五巻に及ぶ自分を正当化する大回想録を書いた（一九二〇年代には重要な役割を演じた人々が、戦争について自分を免責し他の人々を非難しようとしていたために、このような回想録が洪水のように出現した）。コンラートは一九二五年に亡くなり、新しいオーストリア共和国政府により国葬が行われた。ジーナはさらに長く生きてオーストリアがドイツ第三帝国に急襲されていくのを見た。ナチスは常にジーナを保護した。ジーナは一九六一年に亡くなった。

アスキスは戦争遂行にあたってやる気がないという批判にさらされるようになり、一九一六年に辞任をしなければならなくなった。後継者はロイド・ジョージで、気持ちは戦争に反対していたが、戦時にあっては強力なリーダーであることが判明した。二人のライバル関係は自由党を割ることにつながり、党は以前の力を回復することはなかった。グレイはほとんど目が見えなくなっており、同じく戦争反対派に回ったが、戦争末期にはアメリカ駐在大使になることに合意した。回想録で、グレイは自分がフランスに踏み込んで関与したことを否定し続けた。亡くなる直前、グレイは鳥の魅力について書いた本を出版した。イギリスとフランスの関係を樹立する上で多くの役割を果たしたサー・ヘンリー・ウィルソンは、開戦時には陸軍元帥を勤めていた。一九二二年、ウィルソンは南部が独立したときにイギリスの一部にとどまった北アイルランド政府の安全保障顧問となった。その直後、ウィルソンはロンドンの自宅の階段で二人のアイルランドの民族主義者により暗殺された。

ポアンカレは戦争の間は大統領の地位にとどまり、自分の指揮下でフランスの勝利とアルザスとロレーヌの復活を実現した。大統領としての任期は一九二〇年に終わったが、一九二〇年代に二度首相として復活した。ポアンカレは一九二九年、健康が悪化したことを理由に引退したが、ヒトラーとナチスが一九三三年に権力を掌握するのを自分の眼で見た翌年に亡くなった。ドレフュスは戦争が始まったとき自分を不名誉に陥れた陸軍で義勇兵として戦い、最後まで任に就いていた。ドレフュスは一九三五年に亡くなったが、葬祭の列は部隊が一列に並ぶ中コンコルド広場を通って行進した。

ドイツでは、ベートマンは一九一七年夏にヒンデンブルクとルーデンドルフによって放逐された。商船に対する無制限の潜水艦攻撃の再開と、二人の拡大論者の戦争目的に反対したためだった。ベートマンは愛するホーエンフィノーの領地に引っ込み、残った日々をドイツの戦争責任を拒否するだけでなく自分自身と自分の政策を正当化しようと努めて過ごした。ベートマンは一九二〇年に六十四歳で亡くなった。ドイツ皇帝の耳を競い合ったライバル、ティルピッツは戦後右翼政治に手を出して、一九三〇年に亡くなるまで自分の海軍政策は正しかったとし、皇帝から陸軍に至るすべての人々にドイツの敗北の責任があると責め続けた。

ヴィルヘルムは何年も生き続け、最後まで大言壮語で威張り散らし、自分は正しいと言い続けた。戦争の間ヴィルヘルムは「影の皇帝」となっていた。将軍はみな彼の名前を使って事を運ぶが、彼には実際ほとんど関心を払わなかった。ヴィルヘルムは西部戦線の後方にあるスパというベルギーの小さな町に本部を置き、毎日朝早く乗馬をし、一時間ほど仕事をして（将校に勲章を与えるのとお祝いの電報を送るのが主な仕事だった）、病院を訪問し、午後に観光と散歩をし、将軍と会食して十一時に床に就いた。ヴィルヘルムは銃声が聞こえるくらい戦線の近くへ行くことが好きで、スパに戻ると自分は戦場にいたと自慢したものだった。第二次世界大戦のヒトラーのように、ヴィルヘルムは戦争が終わったらどうするのかを夢想することが好きだった。ヴィルヘルムには計画がいっぱいあって、自動車レースを奨励するとかベルリンの社交界の改善とかを考えていた。ホテルでパーティーはやらない。貴族は必ず自分の宮殿を建てなければならない、と。[10] 戦争が続くと、侍従たちはヴィルヘルムが皺が増え、気持ちが落ち込みやすくなっていることに気づいた。侍従たちは次第に悪いニュースを知らせないでおくようになった。[11]

ドイツの敗北が一九一八年の秋にはっきりしてくると、軍部は皇帝が戦場で最後の攻撃を行って英雄的に死ぬ計画を立てた。ヴィルヘルムはそんなこととは露知らず、帝位にとどまり続けることができると虚しく思っていた。ドイツの状況が悪化すると、ヴィルヘルムはついに十一月九日に特別列車でオランダに行くように説き伏せられ、ドイツは同日共和国となった。ヴィルヘルムが受け入れてくれたオランダの貴族の領地に到着したときに最初にリクエストしたのは「本当に美味しいイギリス紅茶」だった。[12] 連合国からの圧力があったが、オランダは引き渡しを拒否し、ヴィルヘルムはドールンの小さな宮殿で残された日々を過ごした。ヴィルヘルムは一九二〇年代の終わりまでに二万本あまりの木を切ることで忙しく過ごした。回想録を書いたが、その内容は驚くことでもないが、戦争にあるいは戦争につながった政策について何の悔いも示さなかった。P・G・ウッドハウスが書いた英文の長い引用を周りの者に読み聞かせた。ワイマール共和国、社会主義者、ユダヤ人に対して怒鳴り散らした。ドイツ国民が自分を貶めたと非難していたが、いつかは自分を呼び戻してくれると信じていた。ヒトラーとナチスの勃興について複雑に入り混じった気持ちでメモを残した。ヒトラーは下流階級で俗悪だと思ったが、ヒトラーの考え、特にドイツの偉大さを復活させるとしているところは同意していた。だが、ヴィルヘルムは警告している。「彼からは逃げていく。私のときもそうだった」。[13] ヴィルヘルムは第二次世界大戦の始まりを歓迎し、最初の頃のドイツの一連の勝利を喜んだ。ヴィルヘルムは一九四一年六月四日に亡くなり、ドールンに埋葬された。[14] ヒトラーがロシアに侵入するまで三週間を切っていた。

ヴィルヘルムには大戦の責めを負うべきだったのか。ティルピッツは、グレイは、モルトケは、ベルヒトルトは、ポアンカレは。そうではなくて制度や思想を見なければならないのか。あまりにも大きな権力を持っていたのは参謀本部、専制主義的な政府、社会進化論、攻撃にまつわるカルト、民族主義なのか。多くの疑問があり、多くの答えがある。おそらく私たちに望めるのは、できるだけ戦争と平和の間で、強さと弱さの間で、愛と憎悪と偏見の間で選択をしなければなかったこれら一人ひとりを理解することなのだろう。そうするために、私たちは彼らの世界を、世界が想定していたこととともに理解しなければならないのだ。私たちは政策決定者たちが行ったように、一九一四年のあの最後の危機の前に起こっていたことと、彼らがモロッコで起こった二度の危機、ボスニアの危機、あるいはバルカン戦争であった出来事から学んでいたことを覚えておかなければならない。こうした以前の危機をヨーロッパがうまく切り抜けたことが、逆説的に一九一四年夏の、また最後の瞬間に解決が見つかって平和が維持されるという危険な安心感を導いたのである。私たちが二十一世紀から指摘したいと思えば、二つの点から戦争に導いた人々を責めることができる。一つは、こうした闘争がいかに破壊的なものになるかということを予見する想像力が欠けていたこと、二つ目は、戦争をする以外に選択肢がないと言う人々に対して立ちはだかる勇気が欠けていたことである。別の選択肢は常に存在するのだ。

謝辞

このたびもこの本を書くにあたり、多くの皆様からご支援を頂戴したことはたいへん幸せなことだった。この本について良いところがあるとすればこうした皆様のおかげで、至らないところがあるとすれば私の責任である。

まず初めに、素晴らしい研究助手の皆様にまず感謝を申し上げたい。根気よく組織立って取り組み、支援してくださった。この作品になくてはならない共同制作者だと思っている。ドーン・ベリー、ユリア・ナウモーヴァ、レベッカ・スノー、カタリーナ・ウール、トロイ・ヴェティーズ。数カ国語で書かれた素晴らしい資料を発掘・分析し、重要で興味深いものを的確に探し出す直感を発揮してくださった。最後の段階でドーンが関わり原稿を通読して注を作成し、私がつくった参考文献を形にしてくださった。トロントではミーシャ・カプランもこうした仕事をしてくださった。

過去数年間、私はオックスフォード大学およびセントアントニーズ・カレッジに所属していることで多大な恩恵を頂戴している。大声で自分の頭がいかれてしまったとこぼしているモンティー・パイソンの漫画のキャラクターのように感じるときもあったが、オックスフォードでの並外れて知的な社会生活を楽しいと感じるとともに深く感謝している。ここで多くを学び、今も同僚と学生たちから学び続けている。ボドリアン図書館、カレッジの図書館の資料を使用できたことで大きな恩恵を頂戴した。

セント・アントニーズ・カレッジの運営組織は寛大にも二〇一二年から二〇一三年までの学年について休暇をくださった。学長代理を快く引き受けてくださったローズマリー・フット教授には特に感謝している。学長職を普段のように誠実に効率的に勤めてくださった。私が不在にしていた間カレッジの運営に関わるかなりの仕事を流れるように円滑に行ってくださった次の同僚の皆様にも感謝している。副学長のアレックス・プラウダ、管財担当のアラン・テイラーと後任のカーストン・ギリンガム、会計担当のピーター・ロビンソン、開発部長のランジット・マジュムダール、事務担当のマーガレット・コウリング、私の個人助手ペニー・クック。それに同僚の皆様。

オックスフォードにいる間、私はもう一つの大きな機関であるトロント大学にも所属していた。トロントの同僚の皆様と学生とのコンタクトからも、素晴らしい図書館を利用させていただいていることからも変わらぬ恩恵を頂戴している。ムンク・センター・オブ・グローバル・アフェアーズと創設者のピーター・ムンクおよび所長のジャニス・ステインに特に感謝している。トロントでこの本を書いていた年、フェローシップを与えてくださり、活発で刺激的なアカデミックなコミュニティの仲間に加えてくださった。

五年前、大戦の勃発について本を書くつもりはなかった。あまりにも研究され尽くしているし、他のプロジェクトの途中でもあった。プロファイル・ブック社のアンドリュー・フランクリンが私にこの案を示してくださったとき、私は抵抗した――そのあとひと夏を使ってこの案を考えることになった。そういうわけで、少しだけ何か言いたい気持ちもあるが、夢中にさせてくれるテーマに巻き込んでくださったことをたいへん感謝している。フランクリンとプロファイル社の素晴らしいチーム――ペニー・ダニエル、ダニエル・クルー、故ピーター・カーソン――がいなければ、この本は形にならなかったことと思う。私の本を出版しているアメリカ合衆国のランダムハウス社、カナダのペンギン社にも同様の感謝を申し上げる。ニューヨークのケイト・メディーナ、トロントのダイアン・ターバイドは理想的な編集者で、建設的なコメントと示唆を与えてくださり、そのことによってこの本ははるかによいものになったと思う。セシリア・マッケイは素晴らしい画像リサーチャーでトレヴァー・ホーウッドはそれに匹敵するコピー編集者である。長い旅路のように思われる執筆のなかでチアリーダーとして応援してくれた出版社のエージェントであり友人のキャロライン・ドーネイ、カナダではいつも熱心でいてくださったマイケル・リーヴァインがいてくださったことはありがたかった。

ボドリアン図書館の学芸員の方々とエア・クロー文書からの引用を許可してくださったサー・ブライアン・ク

ローに感謝申し上げたい。ハリー・ケスラー伯爵の日記の翻訳の使用を許可してくださったレアード・イーストン教授とクノフ・ダブルデイ出版グループにも感謝申し上げる。ヴィクトリア女王の日記からの引用はエリザベス二世女王陛下の親切な許可により使用させていただいている。

ヘンリー・キッシンジャー、アリステア・ホーン、ノーマン・デイヴィーズ、マイケル・ハワード、ユージーン・ローガン、エイヴィー・シュレイム、ポール・ベッツ、アラン・アレクサンドロフ、ハルトムート・ポッグ・フォン・シュトランドマン、リアカット・アシェイムド。これらの皆様はわざわざ時間を割いて私の考えについて議論し助言してくださった。多くの友人と家族が終始温かい食事と激励をくださった。トマス・バークセイ、デイヴィッド・ブレウィット、ロバート・ボスウェル、グウェイニス・ダニエル、アーサー・シェップス、アンドリュー・ワトソンの皆様である。私のことをいつも気にかけて、オーストリアの大公やロシアの伯爵やドイツの将軍やイギリスの大臣の亡霊しかいないところで一人だけで暮らす完全な隠者にならないようにしてくれた大きな温かい家族にいつも感謝している。アン・マクミラン、ピーター・スノー、トーマスとキャサリーナ・マクミラン夫妻、マーゴット・フィンリィー、ダニエル・スノーも原稿の一部を読んでいつものように測り知れない価値があるコメントと批判をくださった。私の最高の勤勉な読者は母エルンド・マクミランである。今度も一語一語読んでくれた。子どもを批判するのはつらいこともあるだろうが誠実でありがたかった。すべての皆様に深く感謝申し上げる。

年	月	
1896	1	クリューガー電報事件
	3	アドワの戦い（イタリア、エチオピアを植民地化しようとしたが敗れる）
1897	6	イギリス、ヴィクトリア女王即位60年祝典
		ティルピッツ、海軍大臣就任（大海軍に向け動き始める）
1898	4	米西戦争
	9	ファショダ事件
1899	5	第1回ハーグ平和会議開催（本書第10章）
	10	ボーア戦争（~1902）
1900	4	パリ万国博覧会（~00.9）
	6	義和団の乱
1901	1	イギリス、エドワード7世即位
1902	1	日英同盟締結（本書第2章）
1904	2	日露戦争（~05）
	4	英仏協商締結（本書第16章）
	10	ドガーバンク事件
1905	1	ロシア、血の日曜日事件
	3	第1次モロッコ事件発生（本書第13章）
	9	ポーツマス条約
	10	フィッシャー、第一海軍卿就任
1906	2	ドレッドノート進水
	10	「ケーペニックの大尉」事件
	11	コンラート、オーストリア参謀総長就任
1907	8	英露協商締結
1908	7	青年トルコ革命
	10	ブルガリア独立宣言
		オーストリア＝ハンガリー、ボスニア・ヘルツェゴビナ併合（本書第14章）
		デイリーテレグラフ事件
1910	8	日本、韓国併合
1911	7	第2次モロッコ事件発生（本書第15章）
	9	イタリア＝トルコ戦争
1912	10	第1次バルカン戦争（~13.5）（本書第16章）
1813	6	第2次バルカン戦争
	11	ツァベルン事件
1914	6	アイルランド自治法案成立
		28. サラエヴォ事件（オーストリア大公夫妻暗殺）（本書第18章）
	7	28. オーストリア＝ハンガリー、セルビアに宣戦布告（本書第19章）
	8	1. ドイツ、ロシアに宣戦布告
		3. ドイツ、フランスに宣戦布告、ドイツ、ベルギーに侵攻
		4. イギリス、ドイツに宣戦布告
		8. 日本、ドイツに宣戦布告

第一次世界大戦関連年表

年	月	
1814	9	ウィーン会議（~15）
1848	12	オーストリア皇帝、フランツ・ヨーゼフ即位（~1916）
1853	10	クリミア戦争（~56）（19 世紀、ヨーロッパで最大の戦争。戦死者 26 万人）
1861	4	南北戦争（~65）（戦死者約 90 万人）
1862	9	ビスマルク、プロイセン首相に就任（鉄血政策推進）
1866	6	プロイセン＝オーストリア戦争（七週間戦争、プロイセン、オーストリアを破り、ドイツ統一の主導権獲得）
1867	6	オーストリア＝ハンガリー二重帝国成立
1868	1	明治維新
1870	7	普仏戦争（~71）（プロイセン、対フランス戦争でドイツ諸侯国を結集し、ドイツ統一を実現）
	9	フランス第三共和政成立
	10	イタリア統一
1871	1	ドイツ帝国成立（ヴェルサイユ宮殿鏡の間で宣言）
	3	パリコミューン
	5	フランス、アルザス、ロレーヌをドイツに割譲、ドイツに賠償金を課される
1873	10	三帝同盟締結（ドイツ、オーストリア＝ハンガリー、ロシア）（フランス孤立化を図るビスマルク外交）
1877	4	ロシア＝トルコ戦争（~78）
1878	7	ベルリン条約（モンテネグロ、セルビア、ルーマニア独立承認、ブルガリアは半主権国、ボスニア・ヘルツェゴビナはトルコの主権下でオーストリア＝ハンガリー管理となる）
1881	3	マフディーの乱（~98）
	9	アラービー革命（翌年、イギリスが革命運動を鎮圧し、エジプトを保護国とする）
1882	5	三国同盟締結（ドイツ、オーストリア＝ハンガリー、イタリア）
1884	11	アフリカ分割に関するベルリン会議開催
1887	6	独露再保障条約締結（ドイツ、ロシア）
	5	ブーランジェ事件（~89）
1888	6	ドイツ皇帝ヴィルヘルム 2 世即位
1889	7	第 2 インターナショナル発足
1890	3	ビスマルク、ヴィルヘルム 2 世と対立し、辞任する
	6	独露再保障条約失効（ビスマルク外交からの転換）
1891	6	シュリーフェン、ドイツ参謀総長就任（~1906）
	8	フランスとロシアの政治協定締結（露仏同盟に向かう）
1894	1	露仏同盟成立
	3	日清戦争（~95）
	10	ドレフュス、スパイ容疑で逮捕
	11	ロシア皇帝ニコライ 2 世即位
1895	12	ジェームソン襲撃事件

訳者あとがき

本書は Margaret Macmillan, *THE WAR THAT ENDED PEACE; How Europe Abandoned Peace for the First World War*, Profile Books, 2013 の全訳である。ウィルソン大統領が大戦中に述べた「戦争を終わらせるための戦争 the war to end war」、その元になったというH・G・ウェルズが一九一四年に発表した *The War That Will End War* を連想する題がつけられている。

著者マーガレット・マクミランは、一九四三年生まれ、カナダのトロント出身である。専門は国際関係史で扱っているテーマは広範である。カナダのライアソン大学、トロント大学を経て、現在オックスフォード大学セント・アントニーズ・カレッジの教授で学長を務めている。なお、マクミランはロイド・ジョージの曾孫に当たる。ロイド・ジョージの娘オルウェンが母方の祖母とのことである。

マクミランの代表的な著作は、二〇〇一年に出版した *Paris 1919: Six Months that Changed the World* である。一九一九年のパリ講和会議における平和策定のプロセスを、ウィルソン大統領、クレマンソー、ロイド・ジョージを中心に、他に関わった多くの人物像を、ときにはゴシップ風のユーモアにあふれたエピソードを交えて描きながら包括的に論じ、サミュエル・ジョンソン賞、ヘッセル・ティルトマン賞など数々の賞を獲得しベストセラーとなった。邦訳も出版されている（『ピースメイカーズ――一九一九年パリ講和会議の群像』、上下巻、稲村美貴子訳、芙蓉書房出版、二〇〇七年）。

マクミランは二〇〇八年、大学で行った講義をまとめて、歴史の使用と歴史を誤用し歪曲することの危険を警告した *Uses and Abuses of History* を出版した。マクミランの歴史に対する姿勢が明確に示されており、示唆に富んでいる（『誘惑する歴史――誤用、濫用、利用の実例』、えにし書房、拙訳、二〇一四年）。

ほかの作品としては、十八世紀から英領インドに渡った数多くの女性の姿を、彼女たちが残した一つひとつの記録をたどりながら、イギリスのインド支配、異文化間の接触を、人物を通して生き生きと叙述した *Women of the Raj*, 1988, 2007、一九七一年のニクソン大統領の電撃的な訪中をめぐる舞台裏を、ニクソン、キッシンジャー、毛沢東、周恩来など関わった人物を通して描いた *Nixon in China: Six Days that Changed the World*, 2008 がある。いずれも読み物として面白く、一般の読者が楽しめる作品である。

二〇一五年十一月には、カナダ放送で、マクミランがこれまで書いた人物を中心に、歴史に登場する人物のエピソードを取り上げ、歴史における人物の役割について論じた一連の講演を行っており、それを本にまとめた *History's People: Personalities and the Past*, 2015 を出版している。「説得力のあるリーダー」の章にルーズベルト、ビスマルク、「傲慢」の章にウィルソン、サッチャー、スターリン、ヒトラー、「勇気」の章にニクソンが入っていてそれも面白い。

また、マクミランは書評を含めて数々の評論を Times Literary Supplement 誌や London Review of Books 誌、Financial Times 紙、The Economist 誌などに寄稿するとともに、数多くの講演を行っていて講演のいくつかはウェブ上のユーチューブで閲覧することもできる。

マクミランの歴史の見方は *Uses and Abuses of History* の中に示されているが、*History's People: Personalities and the Past* では、特に歴史における人物について「過去に対する私たちの理解と、過去の面白さは、歴史の流れ――底流にある力や動き、テクノロジーや政治構造や社会の価値観――を無視してはならないとわかっていても、一人ひとりの人間が存在しなければ豊かなものにはならない」とする。そして「歴史の誤用とは歴史を無視するという話とは違う。むしろ私たちは、現在の人々が過去には複雑なものがあるということを踏まえて学び、そこから歴史には唯一正しい見方は存在しないという単純だが重大なメッセージを引き出すことができるようにしなければならない。むしろ歴史は、新しい資料、新しい解釈、新しい疑問によって進歩していく研究である。そのことを理解するのは、自信を持って単に歴史の命ずるところにしたがっていただけだというヒトラーやスターリンのような人々に対する予防接種となり得る」と警告する。最後にこう結んでいる。「私たちはリーダーとオピニオンメーカーが自信たっぷりに過去の教訓を引き出しているというときに、どんなことが起こり得るのかこれまで見てきた。歴史には多様性があり広がりがあるから、人々は良きにつけ悪しきにつけ、自分の望みを正当化してくれるもの、あるいはまずそれを例示してくれるものを見出すことができる。歴史と歴史のなかに登場する人物は、もっとつつましい洞察力とある種のつつましい励ましを与えてくれるだけである。私たちはみな時代がつくりだす生き物だが、私たちは限界を超えるあるいは限界に挑戦することができる。私が過去から選んできた一人ひとりの人々が、現在の私たちに人間の複雑な性質を、その多くの矛盾を、一貫性のなさを、邪悪なこと愚かなことを、だが、その美徳をも示すのに役だったらと願っている。とりわけ、歴史の中に登場してくる人々は、良きにつけ悪しきにつけ、私たち誰もが持っている可能性に気づかせてくれる」。

さて本書は、*Paris 1919: Six Months that Changed the World* の前段にあたる第一次世界大戦に至るまでの経過を扱っている。なぜ、ナポレオン戦争以後長く続いた平和が終わってしまったのか、なぜ、多くの指導者たちが戦争を避けることができなかったのか、戦前の十年あまりの間、何度も危機を回避してきたのになぜ一九一四年の夏、止められなかったのか、経済的に世界が結びついているから戦争は不可能だ、テクノロジーの発展によって戦争は無理だとする主張が多くの共感を呼んでいて平和運動が広く展開していたのに人々はなぜ戦争を受け入れるようになったのか、戦争を容認する、いや積極的に受け入れる価値観が醸成されたのはなぜかといったことを、政治、経済、外交、思想、技術、人物、偶然の出来事などさまざまな要因から論じている。叙述の中に数多くの人物のエピソードがゴシップを交えてちりばめられていて、生き生きしていて面白い。マクミランは本書を一九〇〇年のパリ万国博覧会から始めているが、同じテーマを扱ったクリストファー・クラークの *The Sleepwalkers: How Europe Went to War in 1914*, Allen Lane,2012 は一九〇三年のセルビア国王夫妻のテロによる惨殺から始めていて、読み比べるのも一興である。

第一次世界大戦に関連する本は数多く出ているが、百年が経過したことから、ここ数年、第一次世界大戦を扱う作品が次々に出版されている。上述のクリストファー・クラークの著作の他、デビッド・レイノルズの *The Long Shadow ; The Great War and the Twentieth Century*, 2013、戦死者の記念のありようから、人びとにとっての大戦の意味を論じるジェイ・ウィンターの *Sites of Memory, Sites of Mourning*, 1995, 2014、平和から戦争に移行した一九一四年の一年間のイギリスの断片をスケッチしたマーク・ボストリッジの *The Fateful Year; England 1914*, 2014、第一次世界大戦後の国際関係を論じたアダム・トゥーズ *The Deluge ; The Remaking of World Order*, 2014 など、自ら手にして読むことができたものはわずかだが、読み応えのある作品が多い。なお、マクミランは本書の終わりに文献を数多く取り上げており参考となる。

二〇一五年四月、マクミランは来日し「第一次世界大戦が今なお考察されるのはなぜなのか」という題で、国連大学で学長のデビット・マローン教授と対談し、また「一九一四年と現在、その共通点」という題で、オックスフォード大学日本事務所で講演を行った。マクミランは、勢いがあってスピード感のあるスピーチと切れ味のよいユーモアで聴衆を魅了した。講演に際しては、マクミランは訳者のインタビューに快く応じ、気さくに話をしてくださった。最近の国際情勢についてスパイスの効いたコメントをする一方で、インドをテーマにしたマクミランの最初の作品 *Women of the Raj* に登場する数多くの無名の女性たちにどのようにして出会ったのかを尋ねたところ、「偶然」とにこやかに応えてくださったのが印象的だった。

本書の出版にあたり、快く監修を引き受けてくださり訳稿を丁寧に読み、数多くの修正をしてくださるとともに「監修者序」を書いてくださった滝田賢治先生、さまざまな観点から訳者に助言と刺激をくださり、文章や語句について数々の助言をくださった、えにし書房の塚田敬幸氏にはお世話になりました。心から感謝申し上げます。

二〇一六年五月

真壁　広道

——, 'Foreign Policy and the Nationality Problem in Austria-Hungary, 1867–1914', *Austrian History Yearbook*, vol. 3, no. 3 (1967), 37–56

——, 'Pessimism in the Austrian Establishment at the Turn of the Century', in S. Wank, H. Maschl, B. Mazohl-Wallnig, and R. Wagnleitner, *The Mirror of History: Essays in Honor of Fritz Fellner* (Santa Barbara, 1988)

Weber, E., *France: Fin de Siècle* (London, 1986)

——, *The Nationalist Revival in France, 1905–1914* (Berkeley, 1968)

Weinroth, H. S., 'The British Radicals and the Balance of Power, 1902–1914', *Historical Journal*, vol. 13, no. 4 (1970), 653–82

Welch, M., 'The Centenary of the British Publication of Jean de Bloch's Is War Now Impossible? (1899–1999)', *War in History*, vol. 7 (2000), 273–94

White, A. D., *The First Hague Conference* (Boston, 1912)

Wilhelm II, *Reden des Kaisers. Ansprachen, Predigten und Trinksprüche Wilhelms II* (Munich, 1966)

Williams, E. E., *'Made in Germany'* (London, 1896)

Williams, W., *The Tiger of France: Conversations with Clemenceau* (Berkeley, 1949)

Williamson, S. R. J., *Austria-Hungary and the Origins of the First World War* (Basingstoke, 1991)

——, 'General Henry Wilson, Ireland, and the Great War', in W. R. Louis (ed.), *Resurgent Adventures with Britannia: Personalities, Politics and Culture in Britain* (London, 2011), 91–105

——, 'German Perceptions of the Triple Entente After 1911: Their Mounting Apprehensions Reconsidered', *Foreign Policy Analysis*, vol. 7 (2011), 205–14

——, 'Influence, Power, and the Policy Process: The Case of Franz Ferdinand, 1906–1914', *Historical Journal*, vol. 17, no. 2 (1974), 417–34

——, *The Politics of Grand Strategy: Britain and France Prepare for War, 1904–1914* (London, 1990)

Williamson, S. and May, E., 'An Identity of Opinion: Historians and 1914', The Journal of Modern History, vol. 79, no. 2 (2007), 335–387

Wilson, K. M., 'The Agadir Crisis, the Mansion House Speech, and the Double-Edgedness of Agreements', *Historical Journal*, vol. 15, no. 3 (1972), 513–32

——, *The Policy of the Entente: Essays on the Determinants of British Foreign Policy, 1904–1914* (Cambridge, 1985)

Winzen, P., 'Prince Bulow's Weltmachtpolitik', *Australian Journal of Politics and History*, vol. 22, no. 2 (1976), 227–42

——, 'Treitschke's Influence on the Rise of Imperialism and Anti-British Nationalism in Germany', in P.M. Kennedy and A. J. Nicholls (eds.), *Nationalist and Racialist Movements in Britain and Germany before 1914* (London, 1981), 154–71

Wohl, R., *The Generation of 1914* (Cambridge, MA, 1979)

Wolff, T., *Tagebücher 1914–1919. Der Erste Weltkrieg und die Entstehung der Weimarer Republik in Tagebüchern, Leitartikeln und Briefen des Chefredakteurs am „Berliner Tagblatt" und Mitbegründer der „Deutschen Demokratischen Partei". Erster Teil* (Boppard am Rhein, 1984)

Zedlitz-Trützschler, R. v., *Twelve Years at the Imperial German Court* (New York, 1924)

Zuber, T., Inventing the Schlieffen Plan: German War Planning, 1871–1914 (Oxford, 2002)

Zweig, S., *The World of Yesterday* (London, 2009)

Taylor, A. J. P., *The Struggle for Mastery in Europe* (London, 1998)

Thaden, E. C., *Russia and the Balkan Alliance of 1912* (University Park, PA, 1965)

Thompson, J. L., *Northcliffe: Press Baron in Politics, 1865–1922* (London, 2000)

Tirpitz, A. v., *My Memoirs* (London, 1919)

——, *Politische Dokumente*, vol. I: *Der Aufbau der deutschen Weltmacht* (Stuttgart, 1924)

Tombs, R. and Tombs, I., *That Sweet Enemy: The French and the British from the Sun King to the Present* (New York, 2008)

Travers, T. H. E., 'Technology, Tactics, and Morale: Jean de Bloch, the Boer War, and British Military Theory, 1900–1914', *Journal of Modern History*, vol. 51, no. 2 (1979), 264–86

Trotsky, L., *The Balkan Wars, 1912–13: The War Correspondence of Leon Trotsky*, ed. G. Weissman and D. Williams (New York, 1991)

Trumpener, U., 'War Premeditated? German Intelligence Operations in July 1914', *Central European History*, vol. 9, no. 1 (1976), 58–85

Tuchman, B., *The Guns of August* (New York, 1963)

——, *The Proud Tower: A Portrait of the World before the War, 1890–1914* (London, 1967)

Turner, L. C. F., 'The Role of the General Staffs in July 1914', *Australian Journal of Politics and History*, vol. 11, no. 3 (1965), 305–23

——, 'The Russian Mobilization in 1914', *Journal of Contemporary History*, vol. 3, no. 1 (1968), 65–88

Tylor, E. B., *Primitive Culture: Researches into the Development of Mythology, Philosophy, Religion, Art, and Custom* (London, 1873)

Urbas, Emanuel [Ernest U. Cormons], *Schicksale und Schatten* (Salzburg, 1951)

Verhey, J., *The Spirit of 1914: Militarism, Myth, and Mobilization in Germany* (Cambridge, 2000)

Vermes, G., *Istv'an Tisza: The Liberal Vision and Conservative Statecraft of a Magyar Nationalist* (New York, 1985)

Victoria, Queen of Great Britain, *The Letters of Queen Victoria: A Selection from Her Majesty's Correspondence between the Years 1837 and 1861*, vol. III: *1854–1861* (London, 1908)

——, *Queen Victoria's Journals*, www.queenvictoriasjournals.org

Vinogradov, V. N., '1914 God: Byt' Ili Ne Byt' Vojne?', in anon. (ed.), *Poslednjaja Vojna Rossijskoj Imperii: Rossija, Mir Nakanune, v Hode i Posle Pervoj Mirovoj Vojny Po Dokumentam Rossijskih i Zarubezhnyh Arhivov* (Moscow, 2004), 161–4

Voeikov, V. N., *S Tsarem I Bez Tsarya: Vospominaniya Poslednego Dvortsovogo Komendanta Gosudarya Imperatora Nikolaya II* (Moscow, 1995)

Wandruszka, A. and Urbanitsch, P.(eds.), *Die Habsburgermonarchie 1848–1918* (Vienna, 1989)

Wank, S., 'Aehrenthal's Programme for the Constitutional Transformation of the Habsburg Monarchy: Three Secret "Mémoires"', *Slavonic and East European Review*, vol. 41, no. 97 (1963), 513–36

——, 'The Archduke and Aehrenthal: The Origins of a Hatred', *Austrian History Yearbook*, vol. 38 (2002), 77–104

——, 'The Austrian Peace Movement and the Habsburg Ruling Elite', in C. Chatfield and P.van den Dungen (eds.), *Peace Movements and Political Cultures* (Knoxville, 1988), 40–63

——, 'Desperate Counsel in Vienna in July 1914: Berthold Molden's Unpublished Memorandum', *Central European History*, vol. 26, no. 3 (1993), 281–310

Soroka, M., 'Debating Russia's Choice between Great Britain and Germany: Count Benckendorff versus Count Lamsdorff, 1902–1906', *International History Review*, vol. 32, no. 1 (2010), 1–24

Sösemann, B., 'Die Tagebücher Kurt Riezlers. Untersuchungen zu Ihrer Echtheit und Edition', *Historische Zeitschrift*, vol. 236 (1983), 327–69

Spender, J. A., *The Public Life* (London, 1925)

Spitzemberg, H. v., *Das Tagebuch der Baronin Spitzemberg. Aufzeichnungen aus der Hofgesellschaft des Hohenzollernreiches* (Göttingen, 1960)

Spring, D. W., 'Russia and the Franco-Russian Alliance, 1905–14: Dependence or Interdependence?', *Slavonic and East European Review*, vol. 66, no. 4 (1988), 564–92

Stargardt, N., *The German Idea of Militarism: Radical and Socialist Critics, 1866–1914* (Cambridge, 1994)

Steed, H. W., *Through Thirty Years, 1892–1922: A Personal Narrative* (London, 1924)

Steinberg, J., *Bismarck: A Life* (Oxford, 2011)

———, 'The Copenhagen Complex', *Journal of Contemporary History*, vol. 1, no. 3 (1966), 23–46

———, 'The Novelle of 1908: Necessities and Choices in the Anglo-German Naval Arms Race', *Transactions of the Royal Historical Society*, vol. 21 (1971), 25–43

———, *Yesterday's Deterrent: Tirpitz and the Birth of the German Battle Fleet* (New York, 1965)

Steinberg, J. W., *All the Tsar's Men: Russia's General Staff and the Fate of the Empire, 1898–1914* (Baltimore, 2010)

Steiner, Z., *The Foreign Office and Foreign Policy, 1898–1914* (Cambridge, 1969)

———, 'Grey, Hardinge and the Foreign Office, 1906–1910', *Historical Journal*, vol. 10, no. 3 (1967), 415–39

———, 'The Last Years of the Old Foreign Office, 1898–1905', *Historical Journal*, vol. 6, no. 1 (1963), 59–90

Steiner, Z. and Neilson, K., *Britain and the Origins of the First World War* (London, 2003)

Stengers, J., 'Belgium', in K. M. Wilson (ed.), *Decisions for War, 1914* (London, 1995), 151–74

Stevenson, D., *Armaments and the Coming of War: Europe, 1904–1914* (Oxford, 1996)

———, 'Militarization and Diplomacy in Europe before 1914', International Security, vol. 22, no. 1 (1997), 125–61

———, 'War by Timetable? The Railway Race before 1914', *Past and Present*, vol. 162, no. 2 (1999), 163–94

Stieve, F. (ed.), *Der diplomatische Schriftwechsel Iswolskis, 1911–1914* (Berlin, 1924)

Stone, N., *Europe Transformed, 1878–1919* (Glasgow, 1983)

———, 'Hungary and the Crisis of July 1914', *Journal of Contemporary History*, vol. 1, no. 3 (1966), 153–70

———, 'V. Moltke–Conrad: Relations between the Austro-Hungarian and German General Staffs, 1909–14', *Historical Journal*, vol. 9, no. 2 (1966), 201–28

Strachan, H., *The First World War*, vol. I: *To Arms* (Oxford, 2001)

Stromberg, R. N., 'The Intellectuals and the Coming of War in 1914', *Journal of European Studies*, vol. 3, no. 2 (1973), 109–22

Sweet, D. W., 'The Bosnian Crisis', in F. H. Hinsley (ed.), *British Foreign Policy under Sir Edward Grey* (Cambridge, 1977), 178–92

Szamuely, T., *The Russian Tradition* (London, 1988)

Tanenbaum, J. K., 'French Estimates of Germany's Operational War Plans', in E. R. May (ed.), *Knowing One's Enemies: Intelligence Assessment before the Two World Wars* (Princeton, 1986), 150–71

Tanner, M., *Nietzsche: A Very Short Introduction* (Oxford, 2000)

Taube, M. d., *La Politique russe d'avant-guerre et la fin de l'empire des tsars (1904–1917): Mémoires du Baron M. de Taube ...* (Paris, 1928)

Freien Universität Berlin, Anlässlich seines fünfundsechzigsten Geburtstages Am 22. Juni 1957 (Berlin, 1958), 523–50

Robbins, K., *Sir Edward Grey: A Biography of Lord Grey of Fallodon* (London, 1971)

Roberts, A., *Salisbury: Victorian Titan* (London, 1999)

Rogger, H., 'Russia in 1914', *Journal of Contemporary History*, vol. 1, no. 4 (1966), 95–119

Rohkrämer, T., 'Heroes and Would-be Heroes: Veterans' and Reservists' Associations in Imperial Germany', in M. F. Boemeke, R. Chickering, and S. Förster (eds.), *Anticipating Total War: The German and American Experiences, 1871–1914* (Cambridge, 1999), 189–215

Röhl, J. C. G., 'Admiral von Müller and the Approach of War, 1911–1914', *Historical Journal*, vol. 12, no. 4 (1969), 651–73

—— *The Kaiser and His Court: Wilhelm II and the Government of Germany* (Cambridge, 1996)

Rose, K., *King George V* (London, 1983)

Rosen, R. R., *Forty Years of Diplomacy* (London, 1922)

Rossos, A., *Russia and the Balkans: Inter-Balkan Rivalries and Russian Foreign Policy, 1908–1914* (Toronto, 1981)

Rotte, R., 'Global Warfare, Economic Loss and the Outbreak of the Great War', *War in History*, vol. 5, no. 4 (1998), 481–93

Rüger, J., *The Great Naval Game: Britain and Germany in the Age of Empire* (Cambridge, 2007)

——, 'Nation, Empire and Navy: Identity Politics in the United Kingdom, 1887–1914', *Past and Present*, vol. 185, no. 1 (2004), 159–87

Sanborn, J., 'Education for War, Peace, and Patriotism in Russia on the Eve of World War I', in H. Afflerbach and D. Stevenson (eds.), *An Improbable War? The Outbreak of World War I and European Political Culture before 1914* (New York, 2007), 213–29

Sazonov, S. D., *Fateful Years, 1909–1916: The Reminiscences of Serge Sazonov* (London, 1928)

Schmidt, S., *Frankreichs Aussenpolitik in der Julikrise 1914. Ein Beitrag zur Geschichte des Ausbruchs des Ersten Weltkrieges* (Munich, 2009)

Schoen, W., *The Memoirs of an Ambassador: A Contribution to the Political History of Modern Times* (London, 1922)

Schorske, C., *Fin-de-Siècle Vienna: Politics and Culture* (New York, 1981)

Sharp, A., *Anglo-French Relations in the Twentieth Century: Rivalry and Cooperation* (London, 2000)

Shatsillo, K. F., *Ot Portsmutskogo Mira k Pervoi Mirovoi Voine* (Moscow, 2000)

Showalter, D., 'From Deterrence to Doomsday Machine: The German Way of War, 1890–1914', *Journal of Military History*, vol. 64, no. 3 (2000), 679–710

——, 'Railroads, the Prussian Army, and the German Way of War in the Nineteenth Century', in T. G. Otte and K. Neilson (eds.), *Railways and International Politics: Paths of Empire, 1848–1945* (New York, 2006), 21–44

Shukman, H., *Rasputin* (Stroud, 1997)

Smith, D., *One Morning in Sarajevo: 28 June 1914* (London, 2008)

Snyder, J., 'Civil–Military Relations and the Cult of the Offensive, 1914 and 1984', in S. E. Miller, S. M. Lynn-Jones, and S. van Evera (eds.), *Military Strategy and the Origins of the First World War* (Princeton, 1991), 20–58

——, *The Ideology of the Offensive: Military Decision Making and the Disasters of 1914* (Ithaca, 1984)

Sondhaus, L., *Franz Conrad von Hötzendorf: Architect of the Apocalypse* (Boston, 2000)

O'Brien, P.P.(ed.), *The Anglo-Japanese Alliance* (New York, 2004)

Offer, A., *The First World War: An Agrarian Interpretation* (Oxford, 1991)

——, 'Going to War in 1914: A Matter of Honor?', *Politics & Society*, vol. 23, no. 2 (1995), 213–41

Oppel, B., 'The Waning of a Traditional Alliance: Russia and Germany after the Portsmouth Peace Conference', *Central European History*, vol. 5, no. 4 (1972), 318–29

Otte, T. G., '"Almost a Law of Nature?": Sir Edward Grey, the Foreign Office, and the Balance of Power in Europe, 1905–12', in E. Goldstein and B. J. C. McKercher (eds.), *Power and Stability: British Foreign Policy, 1865–1965* (London, 2003), 75–116

——, '"An Altogether Unfortunate Affair": Great Britain and the Daily Telegraph Affair', *Diplomacy and Statecraft*, vol. 5, no. 2 (1994), 296–333

——, 'Eyre Crowe and British Foreign Policy: A Cognitive Map', in T. G. Otte and C. A. Pagedas (eds.), *Personalities, War and Diplomacy: Essays in International History* (London, 1997), 14–37

Ousby, I., *The Road to Verdun: France, Nationalism and the First World War* (London, 2003)

Paléologue, M. and Holt, F. A., *An Ambassador's Memoirs, 1914–1917* (London, 1973)

Palmer, A. W., *Twilight of the Habsburgs: The Life and Times of Emperor Francis Joseph* (London, 1994)

Patterson, D. F., 'Citizen Peace Initiatives and American Political Culture, 1865–1920', in C. Chatfield and P.van den Dungen (eds.), *Peace Movements and Political Culture* (Knoxville, 1988), 187–203

Pless, D. F. v. and Chapman-Huston, D., *Daisy, Princess of Pless* (New York, 1929)

Poincaré, R., *Au Service de la France: Neuf Années de Souvenirs*, 11 vols (Paris, 1926–74)

Porch, D., 'The French Army and the Spirit of the Offensive, 1900–1914', in B. Bond and I. Roy (eds.), *War and Society: A Yearbook of Military History* (New York, 1975), 117

——, *The March to the Marne: The French Army, 1871–1914* (Cambridge, 1981)

Radziwill, C., *Behind the Veil at the Russian Court, by Count Paul Vassili* (London, 1913)

Rathenau, W. and Pogge von Strandmann, H., *Walther Rathenau, Industrialist, Banker, Intellectual, and Politician: Notes and Diaries, 1907–1922* (Oxford, 1985)

Rathenau, W. (ed.), *Briefe* (Dresden, 1926)

Redlich, J., *Emperor Francis Joseph of Austria: A Biography* (New York, 1929)

——, *Schicksalsjahre Österreichs, 1908–1919: Das politische Tagebuch Josef Redlichs* (Graz, 1953)

Renzi, W. A., *In the Shadow of the Sword: Italy's Neutrality and Entrance into the Great War, 1914–1915* (New York, 1987)

Reynolds, M. A., *Shattering Empires: The Clash and Collapse of the Ottoman and Russian Empires, 1908–1918* (Cambridge, 2011)

Rich, D. A., *The Tsar's Colonels: Professionalism, Strategy, and Subversion in Late Imperial Russia* (Cambridge, 1998)

Rich, N., *Friedrich von Holstein, Politics and Diplomacy in the Era of Bismarck and Wilhelm II* (Cambridge, 1965)

Ridley, J., *Bertie: A Life of Edward VII* (London, 2012)

Riezler, K., *Tagebücher, Aufsätze, Dokumente* (Göttingen, 1972)

Ritter, G., *The Sword and the Scepter: The Problem of Militarism in Germany*, vol. II: *The European Powers and the Wilhelminian Empire, 1890–1914* (Coral Gables, 1970)

——, 'Zusammenarbeit der Generalstäbe Deutschlands und Österreichs', in C. Hinrichs (ed.), *Zur Geschichte und Problematik der Demokratie. Festgabe für Hans Herzfeld, Professor der Neueren Geschichte an der*

Messimy, A., *Mes Souvenirs: Jeunesse et Entrée au Parlement. Ministre des Colonies et de la Guerre en 1911 et 1912: Agadir. Ministre de la Guerre du 16 Juin au 16 Août 1914: La Guerre. Avec un Frontispice et une Introduction* (Paris, 1937)

Miliukov, P.N. and Mendel, A. P., *Political Memoirs, 1905–1917* (Ann Arbor, 1967)

Miller, S. E., Lynn-Jones, S. M., and Van Evera, S. (eds.), *Military Strategy and the Origins of the First World War* (Princeton, 1991)

Moltke, H. v., *Erinnerungen, Briefe, Dokumente 1877–1916. Ein Bild vom Kriegsausbruch und Persönlichkeit des ersten militärischen Führers des Krieges*, 2nd edn (Stuttgart, 1922)

Mombauer, A., 'German War Plans', in R. F. Hamilton and H. H. Herwig (eds.), *War Planning: 1914* (Cambridge, 2009), 48–79

——, *Helmuth von Moltke and the Origins of the First World War* (Cambridge, 2001)

——, 'A Reluctant Military Leader? Helmuth von Moltke and the July Crisis of 1914', *War in History*, vol. 6, no. 1 (1999), 417–46

———, 'Of War Plans and War Guilt: the Debacle Surrounding the Schlieffen Plan', Journal of Strategic Studies, vol. 28, no. 5 (2008), 857–85

Mommsen, W., 'The Debate on German War Aims', *Journal of Contemporary History*, vol. 1, no. 3 (1966), 47–72

——, 'Domestic Factors in German Foreign Policy before 1914', *Central European History*, vol. 6, no. 1 (1973), 3–43

Monger, G., *The End of Isolation: British Foreign Policy, 1900–1907* (London, 1963)

Morison, E. E. (ed.), *The Letters of Theodore Roosevelt*, 7 vols (Cambridge, 1954)

Morrill, D. L., 'Nicholas II and the Call for the First Hague Conference', *Journal of Modern History*, vol. 46, no. 2 (1974), 296–313

Morris, A. J. A., 'The English Radicals' Campaign for Disarmament and the Hague Conference of 1907', *Journal of Modern History*, vol. 43, no. 3 (1971), 367–93

Morris, E., *Theodore Rex* (New York, 2001)

Mortimer, J. S., 'Commercial Interests and German Diplomacy in the Agadir Crisis', *Historical Journal*, vol. 10, no. 3 (1967), 440–56

Musulin, A. v., *Das Haus am Ballplatz. Erinnerungen eines Österreich-Ungarischen Diplomaten* (Munich, 1924)

Neilson, K., 'The Anglo-Japanese Alliance and British Strategic Foreign Policy, 1902–1914', in P.P.O'Brien (ed.), *The Anglo-Japanese Alliance* (New York, 2004), 48–63

——, *Britain and the Last Tsar: British Policy and Russia, 1894–1917* (Oxford, 1995)

——, 'Great Britain', in R. F. Hamilton and H. H. Herwig (eds.), *War Planning, 1914* (Cambridge, 2009), 175–97

Neklyudov, A. V., *Diplomatic Reminiscences before and during the World War, 1911–1917* (London, 1920)

Nicolson, H. G., *Portrait of a Diplomatist: Being the Life of Sir Arthur Nicolson, Bart., First Lord Carnock: A Study in the Old Diplomacy* (London, 1930)

Nish, I., 'Origins of the Anglo-Japanese Alliance: In the Shadow of the Dreibund', in P.P.O'Brien (ed.), *The Anglo-Japanese Alliance* (New York, 2004), 8–25

Nolan, M., *The Inverted Mirror: Mythologizing the Enemy in France and Germany, 1898–1914* (New York, 2005)

O'Brien, P.P., 'The Costs and Benefits of British Imperialism 1846–1914', *Past and Present*, no. 120 (1988), 163–200

——, 'The Titan Refreshed: Imperial Overstretch and the British Navy before the First World War', *Past and Present*, vol. 172, no. 1 (2001), 146–69

——, 'Pro-Germans and Russian Foreign Policy 1890–1914', *International History Review*, vol. 2, no. 1 (1980), 34–54

——, *Russia and the Origins of the First World War* (Basingstoke, 1987)

Lincoln, W. B., *In War's Dark Shadow: The Russians before the Great War* (Oxford, 1994)

Linton, D. S., 'Preparing German Youth for War', in M. F. Boemeke, R. Chickering, and S. Förster (eds.), *Anticipating Total War: The German and American Experiences, 1871–1914* (Cambridge, 1999), 167–88

Lloyd George, D., *War Memoirs of David Lloyd George* (London, 1933)

Lubbock, P.and James, H., *The Letters of Henry James* (London, 1920)

Lukacs, J., *Budapest 1900: A Historical Portrait of a City and its Culture* (New York, 1990)

Macartney, C. A., *The Habsburg Empire, 1790–1918* (London, 1968)

MacKenzie, N. and MacKenzie, J. (eds.), *The Diary of Beatrice Webb*, vol. III: *1905–1924* (Cambridge, MA, 1984)

Mahan, A. T., *The Influence of Sea Power upon History, 1660–1805* (Boston, 1890)

Mansergh, N., *The Commonwealth Experience: From British to Multiracial Commonwealth* (Toronto, 1983)

Marder, A., *From the Dreadnought to Scapa Flow: The Royal Navy in the Fisher Era, 1904–1919* (Oxford, 1961)

Margutti, A., *The Emperor Francis Joseph and His Times* (London, 1921)

Martel, G., *The Origins of the First World War*, 3rd edn (Harlow, 2003)

Massie, R. K., *Dreadnought: Britain, Germany, and the Coming of the Great War* (New York, 1992)

Maurer, J., 'Churchill's Naval Holiday: Arms Control and the Anglo-German Naval Race, 1912–1914', *Journal of Strategic Studies*, vol. 15, no. 1 (1992), 102–27

——, *The Outbreak of the First World War: Strategic Planning, Crisis Decision Making and Deterrence Failure* (Westport, 1995)

May, E. R. (ed.), Knowing One's Enemies: Intelligence Assessment before the Two World Wars (Princeton, 1986)

Mayne, R., Johnson, D., and R. Tombs (eds.), *Cross Channel Currents: 100 Years of the Entente Cordiale* (London, 2004)

McDonald, D. M., *United Government and Foreign Policy in Russia, 1900–1914* (Cambridge, 1992)

McLean, R. R., *Royalty and Diplomacy in Europe, 1890–1914* (Cambridge, 2001)

McMeekin, S., *The Berlin–Baghdad Express: The Ottoman Empire and Germany's Bid for World Power, 1898–1918* (London, 2010)

——, The Russian Origins of the First World War (Cambridge, Mass., 2011)

Menning, B., 'The Offensive Revisited: Russian Preparation for Future War, 1906–1914', in David Schimmelpenninck van der Oye, and B. Menning (eds.), *Reforming the Tsar's Army: Military Innovation in Imperial Russia from Peter the Great to the Revolution* (Cambridge, 2004), 215–31

——, 'Pieces of the Puzzle: The Role of Lu. N. Danilov and M. V. Alekseev in Russian War Planning before 1914', *International History Review*, vol. 25, no. 4 (2003), 775–98

——, *Bayonets before Bullets: the Imperial Russian Army, 1861–1914* (Bloomington, Ind., 1992)

——, 'War Planning and Initial Operations in the Russian Context', in R. F. Hamilton and H. H. Herwig (eds.), *War Planning 1914* (Cambridge, 2010), 80–142

Menning, R., 'Dress Rehearsal for 1914? Germany, the Franco-Russian Alliance, and the Bosnian Crisis of 1909', *Journal of the Historical Society*, vol. 12, no. 1 (2012), 1–25

Menning, R. and Menning, C. B., '"Baseless Allegations": Wilhelm II and the Hale Interview of 1908', *Central European History*, vol. 16, no. 4 (1983), 368–97

Kissinger, Henry, Diplomacy (New York, 1994)

——, 'The White Revolutionary: Reflections on Bismarck', Daedalus, vol. 97, no. 3 (1968), 888–924

——, A World Restored: Metternich, Castlereagh and the Problems of Peace, 1812–1822 (Boston, 1957)

Kleıˇnmikhel', M., *Memories of a Shipwrecked World: Being the Memoirs of Countess Kleinmichel* (London, 1923)

Kokovtsov, V. N., *Out of My Past: The Memoirs of Count Kokovtsov, Russian Minister of Finance, 1904–1914, Chairman of the Council of Ministers, 1911–1914*, ed. H. H. Fisher (London, 1935)

Kramer, A., *Dynamic of Destruction: Culture and Mass Killing in the First World War* (Oxford, 2008)

Kröger, M., 'Imperial Germany and the Boer War', in K. M. Wilson (ed.), *The International Impact of the Boer War* (London, 2001), 25–42

Kronenbitter, G., 'Die Macht der Illusionen. Julikrise und Kriegsausbruch 1914 aus der Sicht des Militärattachés in Wien', *Militärgeschichtliche Mitteilungen*, vol. 57 (1998), 519–50

——, '"Nur los lassen". Österreich-Ungarn und der Wille zum Krieg', in J. Burkhardt, J. Becker, S. Förster, and G. Kronenbitter (eds.), *Lange und kurze Wege in den Ersten Weltkrieg. Vier Augsburger Beitraeger zur Kriesursachenforschung* (Munich, 1996), 159–87

Krumeich, G., *Armaments and Politics in France on the Eve of the First World War: The Introduction of Three-Year Conscription, 1913–1914* (Leamington Spa, 1984)

LaFeber, W., *The Cambridge History of American Foreign Relations*, vol. II: *The American Search for Opportunity, 1865–1913* (Cambridge, 1993)

Laity, P., *The British Peace Movement, 1870–1914* (Oxford, 2001)

Lambi, I. N., *The Navy and German Power Politics, 1862–1914* (Boston, 1984)

Langsam, W. C., 'Nationalism and History in the Prussian Elementary Schools under William II', in E. M. Earle and C. J. H. Hayes (eds.), *Nationalism and Internationalism: Essays Inscribed to Carlton J. H. Hayes* (New York, 1950)

Laurence, R., 'Bertha von Suttner and the Peace Movement in Austria to World War I', *Austrian History Yearbook*, vol. 23 (1992), 181–201

——, 'The Peace Movement in Austria, 1867–1914', in S. Wank (ed.), *Doves and Diplomats: Foreign Offices and Peace Movements in Europe and America in the Twentieth Century* (Westport, 1978), 21–41

Lee, D. E., *Europe's Crucial Years: The Diplomatic Background of World War One, 1902–1914* (Hanover, 1974)

Lee, S., *King Edward VII: A Biography* (London, 1925)

Lerchenfeld-Koefering, Hugo Graf von und zu, *Kaiser Wilhelm II. Als Persönlichkeit und Herrscher* (Regensburg, 1985)

Lerman, K., *The Chancellor as Courtier: Bernhard von Bülow and the Governance of Germany, 1900–1909* (Cambridge, 1990)

Leslie, J., 'The Antecedents of Austria-Hungary's War Aims: Policies and Policy-Makers in Vienna and Budapest before and during 1914', *Wiener Beiträge zur Geschichte der Neuzeit*, vol. 20 (1993), 307–94

——, 'Osterreich-Ungarn vor dem Kriegsausbruch', in R. Melville (ed.), *Deutschland und Europa in der Neuzeit: Festschrift für Karl Otmar Freiherr von Aretin zum 65. Geburtstag* (Stuttgart, 1988), 661–84

Levine, I. D. and Grant, N. F., *The Kaiser's Letters to the Tsar, Copied from the Government Archives in Petrograd, and Brought from Russia by Isaac Don Levine* (London, 1920)

Lichnowsky, K. and Delmer, F. S., *Heading for the Abyss: Reminiscences* (London, 1928)

Lieven, D. C. B., *Nicholas II: Twilight of the Empire* (New York, 1993)

Ignat'ev, A. A., *50 Let v Stroyu* (Moscow, 1986)

Ignat'ev, A. V., *Vneshniaia Politika Rossii 1907–1914: Tendentsii, Liudi, Sobytiia* (Moscow, 2000)

Izvol'skiı˘, A. P.and Seeger, C., *The Memoirs of Alexander Iswolsky, Formerly Russian Minister of Foreign Affairs and Ambassador to France* (London, 1920)

Jarausch, K., *The Enigmatic Chancellor: Bethmann Hollweg and the Hubris of Imperial Germany* (New Haven, CT, 1973)

Jeffery, K., *Field Marshal Sir Henry Wilson: A Political Soldier* (Oxford, 2006)

Jelavich, B., *History of the Balkans*, vol. I: *Eighteenth and Nineteenth Centuries* (Cambridge, 1983)

——, *Russia's Balkan Entanglements 1806–1914* (Cambridge, 1991)

——, *'What the Habsburg Government Knew about the Black Hand', Austrian History Yearbook, vol. XXII* (Houston, 1991), 131–50

Jelavich, C. and Jelavich, B., *The Establishment of the Balkan National States, 1804–1920* (Seattle, 1977)

Johnston, W. M., *The Austrian Mind: An Intellectual and Social History, 1848–1938* (Berkeley, 1972)

Joll, J., *1914: The Unspoken Assumptions: An Inaugural Lecture Delivered 25 April 1968 at the London School of Economics* (London, 1968)

——, *The Second International, 1889–1914* (New York, 1966)

Joll, J. and Martel, G., *The Origins of the First World War* (Harlow, 2007)

Joly, B., 'La France et la Revanche (1871–1914)', *Revue d'Histoire Moderne et Contemporaine*, vol. 46, no. 2 (2002), 325–47

Jusserand, J. J., *What Me Befell: The Reminiscences of J. J. Jusserand* (London, 1933)

Kaiser, D. E., 'Germany and the Origins of the First World War', *Journal of Modern History*, vol. 55, no. 3 (1983), 442–74

Keiger, J., *France and the Origins of the First World War* (Basingstoke, 1983)

——, 'Jules Cambon and Franco-German Detente, 1907–1914', *Historical Journal*, vol. 26, no. 3 (1983), 641–59

——, *Raymond Poincaré* (Cambridge, 1997)

Kennan, G., *Siberia and the Exile System* (New York, 1891)

Kennan, G. F., *The Other Balkan Wars: A 1913 Carnegie Endowment Inquiry in Retrospect* (Washington, DC, 1993)

Kennedy, P.M., 'German World Policy and the Alliance Negotiations with England, 1897–1900', *Journal of Modern History*, vol. 45, no. 4 (1973), 605–25

——, 'Great Britain before 1914', in E. R. May (ed.), *Knowing One's Enemies: Intelligence Assessment before the Two World Wars* (Princeton, 1986), 172–204

——, *The Rise of the Anglo-German Antagonism, 1860–1914* (London, 1982)

——, *The Rise and Fall of the Great Powers: Economic Change and Military Conflict from 1500 to 2000* (New York, 1987)

——, The War Plans of the Great Powers, 1860–1914 (London, 1979)

Kennedy, P.M., Nicholls, A. J., Nationalist and Racialist Movements in Britain and Germany before 1914 (London, 1981)

Kessler, H., *Journey to the Abyss: The Diaries of Count Harry Kessler, 1880–1918* (New York, 2011)

Kieβling, F., *Gegen den 'Grossen Krieg'?: Entspannung in den internationalen Beziehungen 1911–1914* (Munich, 2002)

Kipling, R. and Pinney, T., *The Letters of Rudyard Kipling* (Houndmills, 1990)

Hertling, G., Graf von, and Lerchenfeld-Köfering, H., Graf, *Briefwechsel Hertling-Lerchenfeld 1912–1917. Dienstliche Privatkorrespondenz Zwischen dem Bayerischen Ministerpräsidenten Georg Graf von Hertling und dem Bayerischen Gesandten in Berlin Hugo Graf von und zu Lerchenfeld* (Boppard am Rhein, 1973)

Herwig, H., 'Conclusions', in R. F. Hamilton and H. Herwig (eds.), *War Planning, 1914* (Cambridge, 2010), 226–56

——, 'Disjointed Allies: Coalition Warfare in Berlin and Vienna, 1914', *Journal of Military History*, vol. 54, no. 3 (1990), 265–80

——, 'The German Reaction to the Dreadnought Revolution', *International History Review*, vol. 13, no. 2 (1991), 273–83

——, 'Imperial Germany', in E. R. May (ed.), *Knowing One's Enemies: Intelligence Assessment before the Two World Wars* (Princeton, 1986), 62–97

——, *'Luxury' Fleet: The Imperial German Navy, 1888–1918* (London, 1987)

——, *The Marne, 1914: The Opening of World War I and the Battle that Changed the World* (New York, 2009)

——, 'From Tirpitz Plan to Schlieffen Plan: Some Observations on German Military Planning', *Journal of Strategic Studies*, vol. 9, no. 1 (1986), 53–63

Hewitson, M., *Germany and the Causes of the First World War* (New York, 2004)

——, 'Germany and France before the First World War: A Reassessment of Wilhelmine Foreign Policy', *English Historical Review*, vol. 115, no. 462 (2000), 570–606

——, 'Images of the Enemy: German Depictions of the French Military, 1890–1914', *War in History*, vol. 11, no. 4 (2004), 4–33

Heywood, A., '"The Most Catastrophic Question": Railway Development and Military Strategy in Late Imperial Russia', in T. G. Otte and K. Neilson (eds.), *Railways and International Politics: Paths of Empire, 1848–1945* (New York, 2006), 45–67

Hinsley, F. H. (ed.), *British Foreign Policy under Sir Edward Grey* (Cambridge, 1977)

Hobhouse, C., *Inside Asquith's Cabinet: From the Diaries of Charles Hobhouse* (London, 1977)

Hoetzendorf, Gina Agujari-Kárász Conrad von, *Mein Leben mit Conrad von Hötzendorf: Sein geistiges Vermächtnis* (Leipzig, 1935)

Hoetzsch, O. (ed.), *Die Internationalen Beziehungen im Zeitalter des Imperialismus. Dokumente aus den Archiven der Zarischen und der provisorischen Regierung*, vol. IV: *28. Juni Bis 22. Juli 1914* (Berlin, 1932)

Holstein, F. v., *The Holstein Papers*, ed. N. Rich et al. (Cambridge, 1955)

Hopman, A., *Das Ereignisreiche Leben eines 'Wilhelminers'. Tagebücher, Briefe, Aufzeichnungen 1901 bis 1920* (Munich, 2004)

House, E. M. and Seymour, C., *The Intimate Papers of Colonel House* (New York, 1926)

Howard, C., 'The Policy of Isolation', *Historical Journal*, vol. 10, no. 1 (1967), 77–88

Howard, M., 'Men against Fire: Expectations of War in 1914', in S. E. Miller, S. M. Lynn-Jones, and S. van Evera (eds.), *Military Strategy and the Origins of the First World War* (Princeton, 1991), 3–19

——, *The Franco-Prussian War: The German Invasion of France, 1870–1871* (London, 1961)

Howorth, J., 'French Workers and German Workers: The Impossibility of Internationalism, 1900–1914', *European History Quarterly*, vol. 85, no. 1 (1985), 71–97

Hughes, W. M., *Policies and Potentates* (Sydney, 1950)

Hull, I., *The Entourage of Kaiser Wilhelm II, 1888–1918* (Cambridge, 2004)

Hynes, S. L., *The Edwardian Turn of Mind* (Princeton, 1968)

Geyer, D., *Russian Imperialism: The Interaction of Domestic and Foreign Policy, 1860–1914* (Leamington Spa, 1987)

Gieslingen, W. G. v., *Zwei Jahrzehnte im Nahen Orient: Aufzeichnungen des Generals der Kavallerie Baron Wladimir Giesl* (Berlin, 1927)

Gildea, R., *Barricades and Borders: Europe, 1800–1914* (Oxford, 1996)

Gilmour, D., *Curzon* (London, 1994)

Goldberg, H., *The Life of Jean Jaurès* (Madison, 1968)

Gooch, G. P.and Temperley, H. W. (eds.), *British Documents on the Origins of the War, 1898–1914*, vols. I–XI (London, 1926–38)

Gooch, J., 'Attitudes to War in Late Victorian and Edwardian England', in B. Bond and I. Roy (eds.), *War and Society: A Yearbook of Military History* (New York, 1975), 88–102

——, 'Italy before 1915', in E. R. May (ed.), *Knowing One's Enemies: Intelligence Assessments before the Two World Wars* (Princeton, 1986), 205–33

Gordon, D. C., 'The Admiralty and Dominion Navies, 1902–1914', *Journal of Modern History*, vol. 33, no. 4 (1961), 407–22

Gregory, R., *Walter Hines Page: Ambassador to the Court of St. James's* (Lexington, 1970)

Grey, E., *Twenty-Five Years, 1892–1916* (London, 1925)

Grigg, J., *Lloyd George: The People's Champion, 1902–1911* (Berkeley, 1978)

——, Lloyd George: From Peace to War, 1912–1916 (London, 1985)

Groener, W., *Lebenserinnerungen. Jugend, Generalstab, Weltkrieg* (Göttingen, 1957)

Groh, D., 'The "Unpatriotic Socialists" and the State', *Journal of Contemporary History*, vol. 1, no. 4 (1966), 151–77

Haldane, R. B. H., *An Autobiography* (London, 1929)

——, *Before the War* (London, 1920)

Hamilton, G. F., *Parliamentary Reminiscences and Reflections, 1886–1906* (London, 1922)

Hamilton, R. F., 'War Planning: Obvious Needs, Not so Obvious Solutions', in R. F. Hamilton and H. H. Herwig (eds.), *War Planning: 1914* (Cambridge, 2009)

Hamilton, R. F. and Herwig, H., Decisions for War, 1914–1917 (Cambridge, 2005)

———, The Origins of World War I (Cambridge, 2003)

———, War Planning 1914 (Cambridge, 2010)

Hankey, M. P.A. H., *The Supreme Command, 1914–1918* (London, 1961)

Hantsch, H., *Leopold Graf Berchtold: Grandseigneur und Staatsmann* (Graz, 1963)

Harris, R., *The Man on Devil's Island: Alfred Dreyfus and the Affair that Divided France* (London, 2010)

Haupt, G., *Socialism and the Great War: The Collapse of the Second International* (Oxford, 1972)

Hayne, M. B., *The French Foreign Office and the Origins of the First World War, 1898–1914* (Oxford, 1993)

——, 'The Quai d'Orsay and Influences on the Formulation of French Foreign Policy, 1898–1914', *French History*, vol. 2, no. 4 (1988), 427–52

Hazlehurst, C., *Politicians at War, July 1914 to May 1915: A Prologue to the Triumph of Lloyd George* (London, 1971)

Heinrich, F., *Geschichte in Gesprächen. Aufzeichnungen, 1898–1919* (Vienna, 1997)

Helmreich, E., *The Diplomacy of the Balkan Wars, 1912–1913* (London, 1938)

Herring, G., *From Colony to Superpower: US Foreign Relations since 1776* (Oxford, 2008)

Herrmann, D. G., *The Arming of Europe and the Making of the First World War* (Princeton, 1997)

Fischer, F., 'The Foreign Policy of Imperial Germany and the Outbreak of the First World War', in G. Schöllgen (ed.), *Escape into War? The Foreign Policy of Imperial Germany* (New York, 1990), 19–40

——, *Germany's Aims in the First World War* (London, 1967)

——, *War of Illusions: German Policies from 1911 to 1914* (New York, 1975)

Fisher, J. A. F. and Marder, A. J., *Fear God and Dread Nought: The Correspondence of Admiral of the Fleet Lord Fisher of Kilverstone* (London, 1952)

Foley, R. T., 'Debate – the Real Schlieffen Plan', *War in History*, vol. 13, no. 1 (2006), 91–115

——, *German Strategy and the Path to Verdun: Erich von Falkenhayn and the Development of Attrition, 1870–1916* (Cambridge, 2005)

Förster, S., 'Der Deutschen Generalstab und die Illusion des kurzen Krieges, 1871–1914', *Militärgeschichtliche Mitteilungen*, vol. 54 (1995), 61–95

——, *Der doppette Militarismus. Die deutsche Heeresrüstungpolitik zwischen Status-quo-Sicherung und Aggression. 1890–1913 (Stuttgart, 1985)*

——, 'Dreams and Nightmares: German Military Leadership and Images of Future Warfare, 1871–1914', in M. F. Boemeke, R. Chickering, and S. Förster (eds.), *Anticipating Total War: The German and American Experiences, 1871–1914* (Cambridge, 1999), 343–76

——, 'Facing "People's War": Moltke the Elder and Germany's Military Options after 1871', *Journal of Strategic Studies*, vol. 10, no. 2 (1987), 209–30

——, 'Im Reich des Absurden. Die Ursachen des Ersten Weltkriegs', in B. Wegner (ed.), *Wie Kriege entstehen. Zum historischen Hintergrund von Staatskonflikten* (Munich, 2000), 211–52

France. Ministère des Affaires Étrangères, *Documents diplomatiques français, 1871–1914*, 3rd series

French, D., 'The Edwardian Crisis and the Origins of the First World War', *International History Review*, vol. 4, no. 2 (1982), 207–21

Freud, S., *Civilization and its Discontents* (New York, 1962)

Fuller, W. C., *The Foe Within: Fantasies of Treason and the End of Imperial Russia* (Ithaca, 2006)

——, 'The Russian Empire', in E. R. May (ed.), *Knowing One's Enemies: Intelligence Assessment before the Two World Wars* (Princeton, 1986), 98–126

——, *Strategy and Power in Russia, 1600–1914* (New York, 1992)

Funder, F., *Vom Gestern ins Heute. Aus dem Kaiserreich in die Republik* (Vienna, 1953)

Gardiner, A. G., *Pillars of Society* (London, 1916)

Geinitz, C., *Kriegsfurcht und Kampfbereitschaft. Das Augusterlebnis in Freiburg. Eine Studie zum Kriegsbeginn 1914* (Essen, 1998)

Geiss, I., 'Deutschland und Österreich-Ungarn beim Kriegsausbruch 1914. Eine machthistorische Analyse', in M. Gehler (ed.), *Ungleiche Partner? Österreich und Deutschland in ihrer gegenseitigen Wahrnehmung. Historische Analysen und Vergleiche aus dem 19. und 20. Jahrhundert* (Stuttgart, 1996), 375–95

Geiss, I. (ed.), *July 1914: The Outbreak of the First World War: Selected Documents* (London, 1967)

Geppert, D., 'The Public Challenge to Diplomacy: German and British Ways of Dealing with the Press, 1890–1914', in M. Mösslang and T. Riotte (eds.), *The Diplomats' World: A Cultural History of Diplomacy, 1815–1914* (Oxford, 2008), 133–64

German Foreign Office, *Die grosse Politik der Europäischen Kabinette 1871–1914. Sammlung der diplomatischen Akten des auswärtigen Amtes*, vol. XXXIX: *Das Nahen des Weltkrieges, 1912–1914* (Berlin, 1926)

Dülffer, J., 'Chances and Limits of Arms Control 1898–1914', in H. Afflerbach and D. Stevenson (eds.), *An Improbable War: The Outbreak of World War I and European Political Culture before 1914* (Oxford, 2007), 95–112

——, 'Citizens and Diplomats: The Debate on the First Hague Conference (1899) in Germany', in C. Chatfield and P. Van den Dungen (eds.), *Peace Movements and Political Cultures* (Knoxville, 1988), 23–39

——, 'Efforts to Reform the International System and Peace Movements before 1914', *Peace & Change*, vol. 14, no. 1 (1989), 24–45

——, 'Kriegserwartung und Kriegsbild in Deutschland vor 1914', in W. Michalka (ed.), *Der Erste Weltkrieg: Wirkung, Wahrnehmung, Analyse* (Munich, 1994), 778–98

Dumas, F. G. (ed.), *The Franco-British Exhibition: Illustrated Review, 1908* (London, 1908)

Dungen, P.v. d., 'Preventing Catastrophe: The World's First Peace Museum', *Ritsumeikan Journal of International Studies*, vol. 18, no. 3 (2006), 449–62

Eby, C., *The Road to Armageddon: The Martial Spirit in English Popular Literature, 1870–1914* (Durham, NC, 1987)

Echevarria, A. J., 'Heroic History and Vicarious War: Nineteenth-Century German Military History Writing', *The Historian*, vol. 59, no. 3 (1997), 573–90

——, 'On the Brink of the Abyss: The Warrior Identity and German Military Thought before the Great War', *War & Society*, vol. 13, no. 2 (1995), 23–40

Eckardstein, H. F. v. and Young, G., *Ten Years at the Court of St. James', 1895–1905* (London, 1921)

Einem, K. v., *Erinnerungen eines Soldaten*, 4th edn (Leipzig, 1933)

Ekstein, M. and Steiner, Z., 'The Sarajevo Crisis', in F. H. Hinsley (ed.), *British Foreign Policy under Sir Edward Grey* (Cambridge, 1977), 397–410

Epkenhans, M., *Tirpitz: Architect of the German High Seas Fleet* (Washington, DC, 2008)

——, 'Wilhelm II and "His" Navy, 1888–1918', in A. Mombauer and W. Deist (eds.), *The Kaiser: New Research on Wilhelm II's Role in Imperial Germany* (Cambridge, 2003), 12–36

Esher, R., *Journals and Letters of Reginald, Viscount Esher* (London, 1934–8)

Eubank, K., *Paul Cambon: Master Diplomatist* (Norman, OK, 1960)

——, 'The Fashoda Crisis Re-Examined', *The Historian*, vol. 22, no. 2 (1960), 145–62

Evera, S. V., 'The Cult of the Offensive and the Origins of the First World War', in S. E. Miller, S. M. Lynn-Jones, and S. Van Evera (eds.), *Military Strategy and the Origins of the First World War* (Princeton, 1991), 59–108

Exposition Universelle Internationale de 1900, *1900 Paris Exposition: Guide pratique de visiteur de Paris et de l'Exposition …* (Paris, 1900)

Feldman, G. D., 'Hugo Stinnes and the Prospect of War before 1914', in M. F. Boemeke, R. Chickering, and S. Förster (eds.), *Anticipating Total War: The German and American Experiences, 1871–1914* (Cambridge, 1999), 77–95

Fellner, F., 'Die "Mission Hoyos"', in H. Maschl and B. Mazohl-Wallnig (eds.), *Vom Dreibund zum Völkerbund. Studien zur Geschichte der internationalen Beziehungen, 1882–1919* (Vienna, 1994), 112–41

Ferguson, N., *The Pity of War* (New York, 1999)

Fesser, G., *Reichskanzler Fürst von Bülow. Architekt der Deutschen Weltpolitik* (Leipzig, 2003)

——, *Der Traum vom Platz an der Sonne. Deutsche 'Weltpolitik' 1897–1914* (Bremen, 1996)

Figes, O., *A People's Tragedy: The Russian Revolution, 1891–1924* (London, 1996)

———, 'War, Peace, and Social Mobilization in Imperial Germany', in C. Chatfield and P. Van den Dungen (eds.), *Peace Movements and Political Cultures* (Knoxville, 1988), 3–22

Churchill, W. S., *The World Crisis, 1911–1918*, vol. I: *1911–1914* (London, 1923)

Cimbala, S. J., 'Steering through Rapids: Russian Mobilization and World War I', *Journal of Slavic Military Studies*, vol. 9, no. 2 (1996), 376–98

Clark, C., *Iron Kingdom: The Rise and Downfall of Prussia, 1600–1947* (London, 2007)

———, *Kaiser Wilhelm II* (Harlow, 2000)

———, *The Sleepwalkers: How Europe Went to War in 1914* (London, 2012)

Clifford, C., *The Asquiths* (London, 2002)

Cooper, M. B., 'British Policy in the Balkans, 1908–1909', *Historical Journal*, vol. 7, no. 2 (1964), 258–79

Cooper, S. E., 'Pacifism in France, 1889–1914: International Peace as a Human Right', *French Historical Studies*, vol. 17, no. 2 (1991), 359–86

———, *Patriotic Pacifism: Waging War on War in Europe, 1815–1914* (Oxford, 1991)

Cornwall, M., 'Serbia', in K. M. Wilson (ed.), *Decisions for War, 1914* (London, 1995)

Craig, G. A., *Germany, 1866–1945* (Oxford, 1978)

———, *The Politics of the Prussian Army, 1640–1945* (Oxford, 1964)

Crampton, R. J., 'August Bebel and the British Foreign Office', *History*, vol. 58, no. 193 (1973), 218–32

———, 'The Balkans as a Factor in German Foreign Policy, 1912–1914', Slavonic and East European Review, vol. 55, no. 3 (1977), 370–90

———, 'The Decline of the Concert of Europe in the Balkans, 1913–1914, Slavonic and East European Review, vol. 52, no. 128 (1974), 393–419

———, *The Hollow Detente: Anglo-German Relations in the Balkans, 1911–1914* (London, 1979)

Cronin, V., *Paris on the Eve, 1900–1914* (London, 1989)

Csáky, I., *Vom Geachteten zum Geächteten: Erinnerungen des k. und k. Diplomaten und k. Ungarischen Aussenministers Emerich Csaky (1882–1961)* (Weimar, 1994)

Czernin, C. O., *In the World War* (London, 1919)

Dangerfield, G., *The Strange Death of Liberal England, 1910–1914* (New York, 1961)

De Burgh, E., *Elizabeth, Empress of Austria: A Memoir* (London, 1899)

Deák, I., *Beyond Nationalism: A Social and Political History of the Habsburg Officer Corps, 1848–1918* (Oxford, 1992)

Dedijer, V., *The Road to Sarajevo* (London, 1967)

Diószegi, I., *Hungarians in the Ballhausplatz: Studies on the Austro-Hungarian Common Foreign Policy* (Budapest, 1983)

Dockrill, M. L., 'British Policy during the Agadir Crisis of 1911', in F. H. Hinsley (ed.), *British Foreign Policy under Sir Edward Grey* (Cambridge, 1977), 271–87

Doughty, R., 'France', in R. F. Hamilton and H. H. Herwig (eds.), *War Planning, 1914* (Cambridge, 2010), 143–74

———, 'French Strategy in 1914: Joffre's Own', *Journal of Military History*, vol. 67 (2003), 427–54

——— *Pyrrhic Victory: French Strategy and Operations in the Great War* (London, 2005)

Dowler, W., *Russia in 1913* (DeKalb, 2010)

——, *From Sadowa to Sarajevo: The Foreign Policy of Austria-Hungary, 1866–1914* (London, 1972)

——, 'Tarde Venientibus Ossa: Austro-Hungarian Colonial Aspirations in Asia Minor 1913–14', *Middle Eastern Studies*, vol. 6, no. 3 (1970), 319–30

Bridge, W. C., *How the War Began in 1914* (London, 1925)

Brinker-Gabler, G. (ed.), *Kämpferin für den Frieden: Bertha von Suttner. Lebenserinnerungen, Reden und Schriften: Eine Auswahl* (Frankfurt am Main, 1982)

Brock, Michael and Brock, Eleanor (eds.), *H. H. Asquith: Letters to Venetia Stanley* (Oxford, 1982)

Brusilov, A. A., *A Soldier's Notebook 1914–1918* (London, 1930)

Bülow, B., *Memoirs of Prince von Bulow* (Boston, 1931)

Burkhardt, J., 'Kriegsgrund Geschichte? 1870, 1813, 1756 – historische Argumente und Orientierungen bei Ausbruch des Ersten Weltkriegs', in J. Burkhardt, J. Becker, S. Förster, and G. Kronenbitter (eds.), *Lange und kurze Wege in den Ersten Weltkrieg: Vier Augsburger Beitraeger zur Kriesursachenforschung* (Munich, 1996), 9–86

Burkhardt, J., Becker, J., Förster, S., and Kronenbitter, G. (eds.), *Lange und kurze Wege in den Ersten Weltkrieg: Vier Augsburger Beitraeger zur Kriesursachenforschung* (Munich, 1996)

Burrows, M., *The History of the Foreign Policy of Great Britain* (London, 1895)

Bushnell, J., 'The Tsarist Officer Corps, 1881–1914: Customs, Duties, Inefficiency', *American Historical Review*, vol. 86, no. 4 (1981), 753–80

Butterworth, A., *The World that Never Was: A True Story of Dreamers, Schemers, Anarchists and Secret Agents* (London, 2010)

Cairns, J. C., 'International Politics and the Military Mind: The Case of the French Republic, 1911–1914', *Journal of Modern History*, vol. 25, no. 3 (1953), 273–85

Callwell, C. E., *Field-Marshal Sir Henry Wilson: His Life and Diaries* (London, 1927)

Cambon, P., *Correspondance, 1870–1924*, vol. III: *1912–1924* (Paris, 1940–46)

Cannadine, D., *The Decline and Fall of the British Aristocracy* (New Haven, CT, 1990)

Cannadine, D., Keating, J., and Sheldon, N., *The Right Kind of History: Teaching the Past in Twentieth-Century England* (New York, 2012)

Carter, M., *The Three Emperors: Three Cousins, Three Empires and the Road to World War One* (London, 2009)

Ceadel, M., *Living the Great Illusion: Sir Norman Angell, 1872–1967* (Oxford, 2009)

——, *Semi-Detached Idealists: The British Peace Movement and International Relations, 1854–1945* (Oxford, 2000)

Cecil, G., *Life of Robert Marquis of Salisbury*, 4 vols (London, 1921–32)

Cecil, L., *Albert Ballin: Business and Politics in Imperial Germany, 1888–1918* (Princeton, 1967)

——, *The German Diplomatic Service, 1871–1914* (Princeton, 1976)

——, *Wilhelm II*, vol. II: *Emperor and Exile, 1900–1941* (Chapel Hill, 1989)

Chandler, R., 'Searching for a Saviour', *Spectator*, 31 March 2012

Charykov, N. V., *Glimpses of High Politics: Through War & Peace, 1855–1929* (London, 1931)

Chickering, R., *Imperial Germany and a World without War: The Peace Movement and German Society, 1892–1914* (Princeton, 1975)

——, 'Problems of a German Peace Movement, 1890–1914', in S. Wank (ed.), *Doves and Diplomats: Foreign Offices and Peace Movements in Europe and America in the Twentieth Century* (London, 1978), 42–54

Barraclough, G., *From Agadir to Armageddon: Anatomy of a Crisis* (London, 1982)

Becker, J. J., *1914, Comment les Français sont entrés dans la Guerre: Contribution à l'étude de l'opinion publique printemps-été 1914* (Paris, 1977)

Beesly, E. S., *Queen Elizabeth* (London, 1906)

Berghahn, V., *Germany and the Approach of War in 1914* (London, 1973)

——, 'War Preparations and National Identity in Imperial Germany', in M. F. Boemeke, R. Chickering, and S. Förster (eds.), *Anticipating Total War: The German and American Experiences, 1871–1914* (Cambridge, 1999), 307–26

Bernhardi, F. v., *Germany and the Next War* (London, 1914)

Bestuzhev, I. V., 'Russian Foreign Policy February–June 1914', *Journal of Contemporary History*, vol. 1, no. 3 (1966), 93–112

Bethmann Hollweg, T. v., *Reflections on the World War* (London, 1920)

Beyens, H., *Germany before the War* (London, 1916)

Bittner, L. and Ubersberger, H. (eds.), *Österreich-Ungarns Aussenpolitik von der Bosnischen Krise 1908 bis zum Kriegsausbruch 1914. Diplomatische Aktenstücke des Österreichisch-Ungarischen Ministeriums des Äussern* (Vienna, 1930)

Bloch, I. S., *The Future of War in its Technical Economic and Political Relations: Is War Now Impossible?* (Toronto, 1900)

——, 'The Wars of the Future', *Contemporary Review*, vol. 80 (1901), 305–32

Blom, P., *The Vertigo Years: Change and Culture in the West, 1900–1914* (London, 2008)

Bodger, A., 'Russia and the End of the Ottoman Empire', in M. Kent (ed.), *The Great Powers and the End of the Ottoman Empire* (London, 1996), 76–110

Boemeke, M. F., Chickering, R., and Förster, S. (eds.), *Anticipating Total War: The German and American Experiences, 1871–1914* (Cambridge, 1999)

Boghitschewitsch, M. (ed.), *Die auswärtige Politik Serbiens 1903–1914* (Berlin, 1931)

Bond, B., *The Victorian Army and the Staff College 1854–1914* (London, 1972)

Bosworth, R., 'Britain and Italy's Acquisition of the Dodecanese, 1912–1915', *Historical Journal*, vol. 13, no. 4 (1970), 683–705

——, *Italy and the Approach of the First World War* (London, 1983)

Bourdon, G., *The German Enigma* (Paris, 1914)

Boyer, J. W., 'The End of an Old Regime: Visions of Political Reform in Late Imperial Austria', *Journal of Modern History*, vol. 58, no. 1 (1986), 159–93

Bridge, F. R., 'Austria-Hungary and the Boer War', in K. M. Wilson (ed.), *The International Impact of the Boer War* (Chesham, 2001), 79–96

——, 'The British Declaration of War on Austria-Hungary in 1914', *Slavonic and East European Review*, vol. 47, no. 109 (1969), 401–22

——, 'The Entente Cordiale, 1904–14: An Austro-Hungarian Perspective', *Mitteilungen des Österreichischen Staatsarchivs*, vol. 53 (2009), 335–51

——, *The Habsburg Monarchy among the Great Powers, 1815–1918* (New York, 1990)

——, 'Isvolsky, Aehrenthal, and the End of the Austro-Russian Entente, 1906–8', *Mitteilungen des Österreichischen Staatsarchivs*, vol. 20 (1976), 315–62

参考文献

Adam, R. J. Q., *Bonar Law* (London, 1999)

Adamthwaite, A., *Grandeur and Misery: France's Bid for Power in Europe 1914–1940* (New York, 1995)

Addison, M. and O'Grady, J., *Diary of a European Tour, 1900* (Montreal, 1999)

Aehrenthal, A. L. v., *Aus dem Nachlass Aehrenthal. Briefe und Dokumente zur Österreichisch-Ungarischen Innen- und Aussenpolitik 1885–1912* (Graz, 1994)

Afflerbach, H., *Der Dreibund. Europäische Großmacht- und Allianzpolitik vor dem Ersten Weltkrieg* (Vienna, 2002)

——, *Falkenhayn. Politisches Denken und Handeln im Kaiserreich* (Munich, 1994)

——, 'The Topos of Improbable War in Europe before 1914', in H. Afflerbach and D. Stevenson (eds.), *An Improbable War? The Outbreak of World War I and European Political Culture before 1914* (New York, 2007), 161–82

——, 'Wilhelm II as Supreme Warlord in the First World War', *War in History*, vol. 5, no. 4 (1998), 427–9

Airapetov, O. R. (ed.), *Generalui, Liberalui i Predprinimateli: Rabota Na Front i Na Revolyutsiyu 1907–1917* (Moscow, 2003)

——, *Poslednyaya Voina Imperatorskoi Rossii: Sbornik Statei* (Moscow, 2002)

——, 'K voprosu o prichinah porazheniya russkoi armii v vostochno-prusskoi operatsii', zapadrus.su/rusmir/istf/327-2011-04-26-13-04-00.html

Albertini, L., *The Origins of the War of 1914* (London, 1957)

Allain, J., *Joseph Caillaux: Le Défi victorieux, 1863–1914* (Paris, 1978)

Anderson, M. S., *The Rise of Modern Diplomacy, 1450–1919* (London, 1993)

Andrew, C., 'France and the German Menace', in E. R. May (ed.), *Knowing One's Enemies: Intelligence Assessments before the Two World Wars* (Princeton, 1986), 127–49

——, *Théophile Delcassé and the Making of the Entente Cordiale: A Reappraisal of French Foreign Policy 1898–1905* (London, 1968)

Angell, N., *The Great Illusion* (Toronto, 1911)

Angelow, J., *Der Weg in die Katastrophe: Der Zerfall des alten Europa, 1900–1914* (Berlin, 2010)

——, 'Der Zweibund zwischen Politischer auf- und militärischer Abwertung', *Mitteilungen des Österreichischen Staatsarchivs*, vol. 44 (1996), 25–74

Armour, I. D., 'Colonel Redl: Fact and Fantasy', *Intelligence and National Security*, vol. 2, no. 1 (1987), 170–83

Austro-Hungarian Gemeinsamer Ministerrat, *Protokolle des Gemeinsamen Ministerrates der Österreichisch-Ungarischen Monarchie (1914–1918)* (Budapest, 1966)

Bach, A. (ed.), *Deutsche Gesandtschaftsberichte zum Kriegsausbruch 1914. Berichte und Telegramme der Badischen, Sächsischen und Württembergischen Gesandtschaften in Berlin aus dem Juli und August 1914* (Berlin, 1937)

Baernreither, J. M. and Redlich, J., *Fragments of a Political Diary* (London, 1930)

Balfour, M. L. G., *The Kaiser and His Times* (New York, 1972)

Bánffy, M., *They Were Divided: The Writing on the Wall* (Kindle version, 2010)

Barclay, T., *Thirty Years: Anglo-French Reminiscences, 1876–1906* (London, 1914)

Bark, P.L., 'Iul'skie Dni 1914 Goda: Nachalo Velikoy Voinui. Iz Vospominany P.L. Barka, Poslednego Ministra Finansov Rossiiskogo Imperatorskogo Pravitel'Stva', *Vozrozhdenie*, no. 91 (1959), 17–45

33. Theobald von Bethmann-Hollweg, c. 1914. Photo: Mary Evans/Sueddeutsche Zeitung Photo
34. Departure of conscripts from Berlin to the front, c. August 1914. Photo: ullstein bild/Topfoto
35. Removal of the veil that covered the Strasbourg statue in Paris during a patriotic demonstration to celebrate the arrival of French troops in Alsace, 10 August, 1914. Photo: Roger Viollet/Topfoto
36. Remains of the University Library, Louvain (Leuven), 1914. Photo: Private Collection

写真

1. View of the Alexandre III bridge and of the Grand and Petit Palais (respectively left and right on the image) during the Paris Exposition, 1900. Photo: Brown University Library, Providence, RI
2. Royal group at the Palais Edinburgh, Coburg, 1894. Private Collection. Photo: Bernard Platman Antiquarian Collection/The Bridgeman Art Library
3. Kaiser Wilhelm II with Edward VII. Photo: Mary Evans/SZ Photo
4. Otto von Bismarck, 1890. Photo: akg-images
5. Franz Joseph I. Photo: Illustrated London News Ltd/Mary Evans
6. Robert Gascoyne-Cecil, 3rd Marquess of Salisbury, c.1900. Photo: IAM/akg-images
7. Jean de Bloch. Photo: New York Public Library/The Bridgeman Art Library
8. Admiral Alfred von Tirpitz, c.1910. Photo: akg-images
9. Vice-Admiral Sir John Arbuthnot Fisher, c.1896. Photo: Robert Hunt Library/Mary Evans
10. Théophile Delcassé. Photo: Roger-Viollet/Topfoto
11. Tsar Nicholas II and his family. Photo: Library of Congress Prints and Photographs Division Washington, D.C.
12. Bloody Sunday on Nevsky Prospekt, St Petersburg, 9 January 1905. Photo: ullstein bild/Topfoto
13. Jean Jaurès, making a speech, 1914. Photo: akg-images
14. Bertha von Suttner, 1908. Photo: Imagno/akg-images
15. Greek boy scouts training in first aid, 1912. Photo: Roger Viollet/Topfoto
16. The Feast of Joan of Arc, Orléans, May 1909. Photo: Roger-Viollet/Topfoto
17. President Raymond Poincaré and General Joseph Joffre, observe French army manoeuvres, Toulouse, 1913. Photo: Roger Viollet/Topfoto
18. Helmuth von Moltke, 1908. Photo: Roger Viollet/Topfoto
19. Vladimir Sukhomlinov, 1909. Photo: © RIA Novosti/TopFoto
20. Alfred von Schlieffen. Photo: Mary Evans/SZ Photo/Scherl
21. Bernhard von Bulow in Italian uniform, 1908. Photo: Bundesarchiv, Koblenz
22. Kaiser William II riding through Tangier, 31 March 1905. Photo: The Granger Collection/Topfoto
23. Herbert Asquith, 1915. Photo: Illustrated London News Ltd/Mary Evans
24. Alois Aehrenthal, c.1907 Photo: akg-images/ullstein bild
25. Sir Edward Grey. Photo: Mary Evans
26. Colonel Dragutin Dimitrijević (Apis), 1900
27. Bulgarian troops taken by train to the Turkish border during the Balkan wars of 1912–13. Photo: Mary Evans/SZ Photo/Scherl
28. Archduke Franz Ferdinand and his wife Sophie, on the morning of the assassination, Sarajevo, 28 June, 1914. Photo: Robert Hunt Library/Mary Evans

28a. (inset) Gavrilo Princip.Photo: Topfoto

29. A lieutenant reads an announcement to crowds outside the Zeughaus, Berlin, 31 July, 1914. Photo: akg-images
30. Count Franz Conrad von Hötzendorf, c. 1900. Photo: Mary Evans/SZ Photo/Scherl
31. Count Leopold Berchtold, 1915. Photo: Illustrated London News Ltd/Mary Evans
32. István Tisza. Photo: Mary Evans/SZ Photo/Knorr & Hirth

イラスト・写真　出典

イラスト

1. Lord Kitchener announcing the annexation of the Transvaal, cartoon by Jean Veber, *L'Assiette Au Beurre,* 28 September, 1901. Photo: The Granger Collection/Topfoto, p.3
2. 'A Troublesome Egg to Hatch', cartoon by John S. Pughe, *Puck*, 6 April, 1901. Photo: Library of Congress Prints and Photographs Division Washington, D.C., p.27
3. 'Dropping the Pilot', caricature of Otto von Bismarck and Kaiser Wilhelm II, *Punch,* 29 March, 1890. Photo: Topfoto, p.52
4. 'The Kaiser sets out to be Lord of the Sea' unattributed illustration, *Der wahre Jacob,* 3 August, 1909. Photo: Mary Evans, p.75
5. 'No Limit', cartoon by L. M. Glackens for the cover of *Puck*, 22 September, 1909. Photo: Library of Congress Prints and Photographs Division Washington, D.C., p.101
6. 'The Cordial Agreement', cartoon by Jules Faivre, *Le Rire*, 1903. Photo: Topfoto, p.132
7. 'The Russian bear, wounded in his fight with Japan, turns on his master, the Tsar', cartoon by Roubille, *Le Rire* 4 February, 1905. Photo: Mary Evans, p.161
8. Illustration by Carl Otto Czeschka, *Die Nibelungen,* 1909. Photo: Mary Evans, p.198
9. 'The Zabern Incident', cartoon by Olaf Gulbransson, from *Simplicissimus,* November 1913. Photo: IAM/akg-images. © DACS, 2013, p.229
10. 'Every hour is lunch hour at the Dreadnought Club', cartoon by Udo Keppler, *Puck*, 31 May, 1911. Photo: Library of Congress Prints and Photographs Division Washington, D.C., p.268
11. 'Them fellers over there want to disarm but none of 'em dast do it first!' cartoon, 1906, by John Scott Club. Photo: Library of Congress Prints and Photographs Division Washington, D.C., p.297
12. 'The Perfidy of Albion', satirical map of Europe, 1914. Collection of the Museum Europäischer Kulturen, Berlin. Photo: © 2013 Scala, Florence/BPK, Berlin, p.315
13. 'At the Moroccan Conference', cartoon by J. H. W. Dietz in *Der Wahre Jacob,* 6 February, 1906. Photo: akg-images, p.355
14. Bulgaria and Austria whip parts of the Ottoman Empire from beneath the feet of Abdul Hamid II of Turkey, *Le Petit Journal,* 18 October, 1908. Photo: Mary Evans, p.379
15. An Italian soldier grabs the green standard of the Prophet during the annexation of Tripoli, *Le Petit Journal,* 12 November, 1911. Photo: akg-images, p.413
16. 'Fire in the Balkans', cartoon by Thomas Theodor Heine, from *Simplicissimus*, 28 October, 1912. Photo: akg-images. © DACS, 2013, p.438
17. 'The more the nations try to outdo their neighbours in the arms race, the more their own people suffer', cartoon by Rata Langa, *Der Wahre Jacob,* 1909. Photo: Mary Evans, p.470
18. 'The Power Behind', cartoon by L. Raven Hill, *Punch,* 29 July, 1914. Photo: Mary Evans, p.512
19. Austria-Hungary declares war on Serbia, front page of the *Daily Mirror,* 29 July, 1914. Photo: John Frost Newspapers/Mary Evans, p.542
20. 'Bravo, Belgium!', cartoon by F. H. Townsend, *Punch,* 12 August, 1914. Photo: Mary Evans, p.564

96. Joll, *1914*, p.15.

97. Lubbock, *Letters of Henry James*, p.389.

エピローグ　戦争

1. Morison, *Letters of Theodore Roosevelt*, p.790.

2. Bosworth, *Italy and the Approach*, p.78.

3. Brock and Brock, *H. H. Asquith*, p.130n2.

4. Bond, *The Victorian Army and the Staff College*, pp.294–5, p.303.

5. Strachan, *The First World War*, vol. I, pp.239–42.

6. 同、pp.278–9.

7. Kessler, *Journey to the Abyss*, pp.857–8.

8. Smith, *One Morning in Sarajevo*, pp.264–8.

9. Fuller, *The Foe Within*, 第8章参照.

10. Craig, *Germany, 1866–1945*, p.368.

11. Cecil, *Wilhelm II*, pp.210–12.

12. 同、p.296.

13. Joll, *1914*, p.6.

14. ヴィルヘルムの生涯の最後についての叙述はCecil, *Wilhelm II*,第14章から第16章を参照のこと。

liamson, *Austria-Hungary*, pp.206–8.

46. Stone, 'V. Moltke–Conrad', p.217.

47. Afflerbach, 'Wilhelm II as Supreme Warlord', p.433n22.

48. Verhey, *Spirit of 1914*, pp.46–50, pp.62–4, p.68, p.71; Stargardt, *The German Idea of Militarism*, pp.145–9.

49. Mombauer, *Helmuth von Moltke*, pp.216–20.

50. Groener, *Lebenserinnerungen*, pp.141–2, pp.145–6.

51. Mombauer, *Helmuth von Moltke*, pp.219–24.

52. 同、pp.223–4.

53. Jarausch, *The Enigmatic Chancellor*, pp.174–5.

54. *The Times*, 1 August 1914.

55. BD, vol. XI, p.510, pp.283–5.

56. Robbins, *Sir Edward Grey*, p.295; Wilson, *The Policy of the Entente*, pp.136–7; Brock and Brock, *H. H. Asquith*, p.38.

57. DDF, 3rd series, p.532, pp.424–5; BD, vol. IX, p.447, p.260.

58. Nicolson, *Portrait of a Diplomatist*, p.304.

59. Williamson, *Politics of Grand Strategy*, p.353n34; Nicolson, *Portrait of a Diplomatist*, pp.304–5; Hazlehurst, *Politicians at War*, p.88.

60. Bodleian Libraries Oxford, Papers of Sir Eyre Alexander Barby Wichart Crowe, MS Eng. E. 3020, 1–2.

61. Bridge, *Russia*, pp.76–9.

62. Voeikov, *S Tsarem I Bez Tsarya*, p.110.

63. Lieven, *Nicholas II*, p.203.

64. Goldberg, *Life of Jean Jaurès*, pp.463–4.

65. 同、pp.465–7; Joll, *The Second International*, pp.162–6.

66. Goldberg, *Life of Jean Jaurès*, pp.469–72.

67. Poincaré, *Au Service de la France*, pp.432–3.

68. Keiger, *Raymond Poincaré*, pp.174–7; Albertini, *The Origins of the War*, vol. III, pp.88–91.

69. Albertini, *The Origins of the War*, vol. III,p.x p.85, p.89; Krumeich, *Armaments and Politics*, p.227.

70. Albertini, *The Origins of the War*, vol. III, pp.106–7; Keiger, *Raymond Poincaré*, pp.180–82.

71. Keiger, *Raymond Poincaré*, p.189.

72. Wilson, *The Policy of the Entente*, p.147n82; Lichnowsky and Delmer, *Heading for the Abyss*, p.422.

73. Adam, *Bonar Law*, p.170.

74. Hazlehurst, *Politicians at War*, pp.96–7; Brock and Brock, *H. H. Asquith*, p.145; Wilson, *The Policy of the Entente*, p.136ff.

75. Hankey, *The Supreme Command*, pp.161–2; Hazlehurst, *Politicians at War*, pp.97–100.

76. Geiss, *July 1914*, p.231.

77. Stengers, 'Belgium', pp.152–5.

78. 同、pp.161–3.

79. BD, vol. XI, p.670, pp.349–50; Tuchman, *The Guns of August*, pp.107–8; *The Times*, 4 August 1914.

80. Brock and Brock, *H. H. Asquith*, p.150.

81. Grey, *Twenty-Five Years*, vol. II, pp.12–13.

82. Robbins, *Sir Edward Grey*, p.296.

83. Grey, *Twenty-Five Years*, vol. II, p.20; Nicolson, *Portrait of a Diplomatist*, pp.305–6.

84. Grey, *Twenty-Five Years*, vol. II, pp.321–2; Wilson, *The Policy of the Entente*, pp.145–6; Great Britain, Parliamentary Debates, Commons, 5th series, vol. LXV, 1914, cols 1809–34; *The Times*, 4 August 1914.

85. Hazlehurst, *Politicians at War*, p.32; Grigg, *Lloyd George*, p.154.

86. BD, vol. IX, p.147, pp.240–41; Schoen, *Memoirs of an Ambassador*, pp.200–201, p.204.

87. Krumeich, *Armaments and Politics*, p.229.

88. *The Times*, 5 August 1914.

89. Joll, *The Second International*, pp.171–6.

90. Hollweg, *Reflections on the World War*, p.158n; Jarausch, *The Enigmatic Chancellor*, pp.176–7; BD, vol. XI, p.671, pp.350–54.

91. Jarausch, *The Enigmatic Chancellor*, p.181.

92. Cecil, *Wilhelm II*, pp.208–9.

93. Williamson, *Politics of Grand Strategy*, p.361.

94. Gregory, *Walter Hines Page*, pp.51–2.

95. 同、p.151.

68. Renzi, 'Italy's Neutrality', pp.1419–20.
69. 同、pp.1421–2.
70. Hobhouse, *Inside Asquith's Cabinet*, p.177.
71. Williamson, *Politics of Grand Strategy*, p.345.
72. Afflerbach, 'Wilhelm II as Supreme Warlord', p.432.
73. Ignat'ev, *Vneshniaia politika Rossii, 1907–1914*, pp.218–19.
74. Geiss, *July 1914*, p.283.
75. Jarausch, *The Enigmatic Chancellor*, p.171.
76. Albertini, *The Origins of the War*, vol. II, pp.460–61.
77. Vermes, *Istv'an Tisza*, p.234.
78. Rosen, *Forty Years of Diplomacy*, p.163.

20　消えた明かり

1. Zweig, *The World of Yesterday*, pp.243–5.
2. BD, vol. XI, p.270, p.174; Poincaré, *Au Service de la France*, p.368.
3. Keiger, *Raymond Poincaré*, p.171.
4. Schmidt, *Frankreichs Aussenpolitik*, p.335–42; Turner, 'The Russian Mobilization', p.83.
5. Schmidt, *Frankreichs Aussenpolitik*, pp.345–7; Herwig, *The Marne*, p.17.
6. Lieven, *Nicholas II*, pp.199–200.
7. Geiss, *July 1914*, pp.260–61.
8. 同.
9. Bridge, *Russia*, p.50; Turner, 'The Russian Mobilization', p.86.
10. 同、pp.87–8.
11. 同、p.78; Geiss, *July 1914*, p.291.
12. Cimbala, 'Steering through Rapids', p.387.
13. Bridge, *How the War Began*, pp.65–6; Bark, '*Iul'skie Dni 1914 Goda*', pp.31–2; Kleĭnmikhel', *Memories of a Shipwrecked World*, pp.202–3.
14. Cecil, *Wilhelm II*, pp.204–5.
15. Geiss, *July 1914*, pp.284–5; Fuller, *Strategy and Power in Russia*, p.447; Jarausch, *The Enigmatic Chancellor*, pp.168–9.
16. Ekstein and Steiner, 'The Sarajevo Crisis', p.404; Williamson, *Politics of Grand Strategy*, p.347.
17. Hankey, *The Supreme Command*, pp.154–6.
18. Geiss, *July 1914*, pp.288–90.
19. Albertini, *The Origins of the War*, vol. II, pp.300–302; Geiss, *July 1914*, pp.296–7; Turner, 'The Russian Mobilization', p.86.
20. Verhey, *Spirit of 1914*,pp.17–20.
21. 同、pp.53–6.
22. Jarausch, *The Enigmatic Chancellor*, pp.151–2, p.164, pp.168–9.
23. Geiss, *July 1914*, pp.291–2, pp.308–9.
24. Turner, 'Role of General Staffs', p.315.
25. 同.
26. Austro-Hungarian Gemeinsamer Ministerrat, *Protokolle des Gemeinsamen Ministerrates*, pp.156–7.
27. Albertini, *The Origins of the War*, vol. II, pp.669–70.
28. Geiss, *July 1914*, p.323.
29. Mombauer, *Helmuth von Moltke*, pp.199–200; Hewitson, *Germany and the Causes*, p.197; Turner, 'Role of General Staffs', pp.314–15.
30. Cecil, *Wilhelm II*, p.204.
31. BD, vol. XI, p.293, pp.185–6.
32. BD, vol. XI, p.303, p.193; Robbins, *Sir Edward Grey*, pp.293–4.
33. Wilson, *The Policy of the Entente*, pp.140–3; Hazlehurst, *Politicians at War*, pp.84–7.
34. Williamson, *Politics of Grand Strategy*, p.349.
35. BD, vol. XI, p.369, pp.228–9.
36. *The Times*, 29, 30 and 31 July 1914.
37. Bucholz, *Moltke, Schlieffen*, pp.280–81.
38. Bach, *Deutsche Gesandtschaftsberichte*, p.107.
39. Mombauer, *Helmuth von Moltke*, p.205.
40. 同、p.208.
41. 同、p.206.
42. Herwig, 'Imperial Germany', p.95; Fischer, *War of Illusions*, pp.502–4.
43. Jarausch, *The Enigmatic Chancellor*, p.174; Verhey, *Spirit of 1914*, pp.59–60.
44. Stone, 'V. Moltke–Conrad', pp.216–17.
45. Albertini, *The Origins of the War*, pp.670–71; Wil-

pp.278–83.

18. 同、pp.265–8.

19. Goldberg, *Life of Jean Jaurès*, p.460.

20. Poincaré, *Au Service de la France*, pp.224–6, p.230.

21. Krumeich, *Armaments and Politics*, p.217; Schmidt, *Frankreichs Aussenpolitik*, p.283.

22. Figes, *A People's Tragedy*, p.232; Ignat'ev, *50 Let v Stroyu*, p.423.

23. Poincaré, *Au Service de la France*, p.259, pp.269–70; Krumeich, *Armaments and Politics*, p.291n153.

24. Poincaré, *Au Service de la France*, pp.246–7.

25. BD, vol. IX, p.101, pp.80–82.

26. 同、pp.253–5; Williamson, *Austria-Hungary*, p.203.

27. Schmidt, *Frankreichs Aussenpolitik*, p.78.

28. Hoetzsch, *Die internationalen Beziehungen*, vol. IV, p.128.

29. Bridge, *How the War Began*, p.27.

30. Lieven, *Nicholas II*, p.201; Lieven, *Russia and the Origins*, pp.108–9.

31. Turner, 'The Russian Mobilization', p.74.

32. 同、p.78.

33. Hayne, *French Foreign Office*, pp.116–21; Schmidt, *Frankreichs Aussenpolitik*, pp.227–8; Cairns, 'International Politics', p.285.

34. BD, vol. IX, p.101, pp.80–2.

35. Turner, 'The Russian Mobilization', p.81, p.83.

36. Schmidt, *Frankreichs Aussenpolitik*, pp.89–91.

37. Doughty, 'France', pp.146–7.

38. Schmidt, *Frankreichs Aussenpolitik*, pp.202–4.

39. Bittner and Ubersberger, *Österreich-Ungarns Aussenpolitik*, p.805.

40. Bark, *'Iul'skie Dni 1914 Goda'*, pp.32–4; Bridge, *How the War Began*, pp.30–32; Ignat'ev, *Vneshniaia Politika Rossii, 1907–1914*, pp.213–14.

41. BD, vol. IX, p.125, pp.93–4.

42. Turner, 'The Russian Mobilization', pp.76–7.

43. 同、p.77, p.80.

44. Rosen, *Forty Years of Diplomacy*, p.163.

45. Stengers, 'Belgium', p.158.

46. Schmidt, *Frankreichs Aussenpolitik*, pp.335–42; Poincaré, *Au Service de la France*, p.288; Krumeich, *Armaments and Politics*, pp.219–20.

47. Turner, 'The Russian Mobilization', pp.82–3; Poincaré, *Au Service de la France*, p.302; Doughty, 'French Strategy in 1914', p.443.

48. Lichnowsky and Delmer, *Heading for the Abyss*, p.375.

49. Nicolson, *Portrait of a Diplomatist*, p.295.

50. 同、p.301.

51. Bridge, 'The British Declaration of War', p.407; Haldane, *An Autobiography*, pp.288–9; Cecil, *Albert Ballin*, pp.205–9.

52. Bridge, 'The British Declaration of War', p.408; Wilson, *The Policy of the Entente*, pp.135–6; BD, vol. XI, p.91, pp.73–4; p.104, pp.83–4.

53. Geiss, *July 1914*, pp.183–4.

54. Bülow, *Memoirs of Prince Von Bulow*, vol. III, pp.122–3.

55. Lichnowsky and Delmer, *Heading for the Abyss*, pp.368–469.

56. Nicolson, *Portrait of a Diplomatist*, p.301.

57. Hobhouse, *Inside Asquith's Cabinet*, pp.176–7; Robbins, *Sir Edward Grey*, pp.289–90.

58. BD, vol. IX, p.185, p.128.

59. BD, vol. IX, p.170, pp.120–1.

60. BD, vol. IX, p.216, p.148.

61. Eubank, *Paul Cambon*, p.171.

62. 同、p.169.

63. Trumpener, 'War Premeditated?', pp.66–7; Bittner and Ubersberger, *Österreich-Ungarns Aussenpolitik*, p.739, p.741.

64. Cecil, *Wilhelm II*, pp.202–3.

65. Bridge, *Russia*, p.52.

66. BD, vol. IX, p.135, p.99; p.147, p.103; *The Times*, 27 July 1914; Bark, *'Iul'skie Dni 1914 Goda'*, p.26; Bittner and Ubersberger, *Österreich-Ungarns Aussenpolitik*, p.759; Verhey, *Spirit of 1914*, pp.28–31.

67. BD, vol. XI, p.162, p.116; p.245, pp.160–61.

56. Fischer, *War of Illusions*, 478; Cecil, *Wilhelm II*, pp.193–6.
57. Joll, *1914*, p.8.
58. Kronenbitter, 'Die Macht der Illusionen', p.531; Williamson, *Austria-Hungary*, pp.199–200.
59. Bittner and Ubersberger, *Österreich-Ungarns Aussenpolitik*, p.248.
60. Geiss, *July 1914*, pp.80–87; Sondhaus, *Franz Conrad von Hötzendorf*, p.141; Williamson, *Austria-Hungary*, pp.197–9.
61. Stone, 'Hungary and the July Crisis', pp.166–8; Vermes, *Istv'an Tisza*, p.226; Leslie, 'The Antecedents', p.343.
62. Geiss, *July 1914*, pp.114–15.
63. Jelavich, *What the Habsburg Government Knew*, p.133.
64. Williamson, *Austria-Hungary*, 200–201; Geiss, *July 1914*, pp.90–92.
65. Williamson, *Austria-Hungary*, p.201.
66. Jelavich, *Russia's Balkan Entanglements*, p.256.
67. BD, vol. XI, p.56, pp.44–5.
68. Turner, 'Role of the General Staffs', p.312; Fischer, *War of Illusions*, pp.478–9; Geiss, *July 1914*, pp.89–90.
69. Hoetzsch, *Die internationalen Beziehungen*, vol. IV, pp.301–2; Jarausch, *The Enigmatic Chancellor*, pp.161–2; Hertling and Lerchenfeld-Köfering, *Briefwechsel Hertling-Lerchenfeld*, p.307.
70. BD, vol. XI, p.27, pp.19–20; p.45, p.37; Albertini, *The Origins of the War*, vol. II, pp.272–5.
71. Gieslingen, *Zwei Jahrzehnte im Nahen Orient*, pp.257–61; Albertini, *The Origins of the War*, vol. II, pp.276–9.
72. Williamson, *Austria-Hungary*, p.201.
73. Macartney, *The Habsburg Empire*, p.808n.
74. Austro-Hungarian Gemeinsamer Ministerrat, *Protokolle des Gemeinsamen Ministerrates*, pp.150–54; Williamson, *Austria-Hungary*, p.203.
75. Vermes, *Istv'an Tisza*, pp.232–3.
76. Albertini, *The Origins of the War*, vol. II, p.265.
77. Geiss, *July 1914*, p.142, pp.149–50, p.154.
78. Macartney, *The Habsburg Empire*, 808n; Hantsch, *Leopold Graf Berchtold*, pp.602–3. 完全なテキストは Albertini, *The Origins of the War*, vol. II, pp.286–9.
79. Gieslingen, *Zwei Jahrzehnte im Nahen Orient*, pp.267–8; Albertini, *The Origins of the War*, vol. II, p.346; Bittner and Ubersberger, *Österreich-Ungarns Aussenpolitik*, pp.659–63; Cornwall, 'Serbia', pp.72–4.
80. BD, vol. XI, p.92, p.74; p.107, p.85; Stokes, 'Serbian Documents from 1914', pp.71–4; Cornwall, 'Serbia', pp.75–9, p.82.
81. Kronenbitter, 'Die Macht der Illusionen', p.536; Kronenbitter, '"Nur los lassen"', p.159.
82. Albertini, *The Origins of the War*, vol. II, pp.373–5; Gieslingen, *Zwei Jahrzehnte im Nahen Orient*, pp.268–72.

19 ヨーロッパ協調の終焉

1. MacKenzie and MacKenzie, *The Diary of Beatrice Webb*, vol. III, pp.203–5.
2. Kessler, *Journey to the Abyss*, pp.631–40.
3. Mombauer, 'A Reluctant Military Leader?', p.422.
4. Lieven, *Nicholas II*, p.198.
5. Bestuzhev, 'Russian Foreign Policy February–June 1914', pp.100–101.
6. Lieven, *Russia and the Origins*, p.49.
7. Rogger, 'Russia in 1914', pp.98–9.
8. Shukman, *Rasputin*, p.58.
9. Bridge, 'The British Declaration of War', pp.403–4.
10. Brock and Brock, *H. H. Asquith*, p.93, pp.122–3.
11. Rose, *King George V*, pp.157–8.
12. Hazlehurst, *Politicians at War*, p.31.
13. Messimy, *Mes Souvenirs*, pp.126–7.
14. Cronin, *Paris on the Eve*, pp.427–9.
15. Afflerbach, 'The Topos of Improbable War', p.179.
16. Doughty, 'France', p.149.
17. Schmidt, *Frankreichs Aussenpolitik*, pp.271–2,

ernment Knew, pp.134–5.

10. Dedijer, *The Road to Sarajevo*, pp.294–301, p.309; Jelavich, *What the Habsburg Government Knew*, p.136.

11. Leslie, 'The Antecedents', p.368; Funder, *Vom Gestern ins Heute*, p.483; Dedijer, *The Road to Sarajevo*, pp.405–7, pp.409–10.

12. Kronenbitter, *Krieg im Frieden*, p.459; Dedijer, *The Road to Sarajevo*, p.312; Funder, *Vom Gestern ins Heute*, p.484.

13. Dedijer, *The Road to Sarajevo*, pp.11–16, p.316.

14. Margutti, *The Emperor Francis Joseph*, pp.138–9.

15. Smith, *One Morning in Sarajevo*, p.214; Hopman, *Das ereignisreiche Leben*, p.381; Albertini, *The Origins of the War*, vol. II, pp.117–19; Hoetzsch, *Die internationalen Beziehungen*, pp.106–7.

16. Stone, 'Hungary and the July Crisis', pp.159–60.

17. Kronenbitter, *Krieg im Frieden*, pp.460–62.

18. Sondhaus, *Franz Conrad von Hötzendorf*, p.140; Hantsch, *Leopold Graf Berchtold*, pp.558–9.

19. Musulin, *Das Haus am Ballplatz*, p.226.

20. Leslie, 'The Antecedents', p.320.

21. Wank, 'Desperate Counsel', p.295; Leslie, 'Osterreich-Ungarn', p.664.

22. Leslie, 'Osterreich-Ungarn', p.665.

23. Stone, 'Hungary and the July Crisis', p.161.

24. Albertini, *The Origins of the War*, vol. II, pp.150–55.

25. Leslie, 'The Antecedents', pp.375–80.

26. Hantsch, *Leopold Graf Berchtold*, p.559.

27. Bittner and Ubersberger, *Österreich-Ungarns Aussenpolitik*, p.248.

28. Fellner, 'Die "Mission Hoyos"', p.122; Albertini, *The Origins of the War*, vol. II, pp.129–30.

29. Turner, 'Role of the General Staffs', p.308.

30. Bittner and Ubersberger, *Österreich-Ungarns Aussenpolitik*, p.252; Albertini, *The Origins of the War*, vol. II, pp.133–5.

31. Fellner, 'Die "Mission Hoyos"', pp.125–6, 137.

32. See for example: Albertini, *The Origins of the War*, vol. II, pp.137–48; Geiss, *July 1914*, pp.70–80; Kronenbitter, '"Nur los lassen"', p.182 参照.

33. Sösemann, 'Die Tagebücher Kurt Riezlers', p.185.

34. Mombauer, *Helmuth von Moltke*, pp.168–9, p.177.

35. Jarausch, *The Enigmatic Chancellor*, pp.153–5.

36. Mommsen, 'The Debate on German War Aims', p.60n16.

37. Mombauer, *Helmuth von Moltke*, pp.168–9.

38. Cecil, *Wilhelm II*, p.172; Dülffer, 'Kriegserwartung und Kriegsbild', p.785; Joll and Martel, *The Origins of the First World War*, p.274; Förster, 'Im Reich des Absurden', pp.251–2; Mombauer, *Helmuth von Moltke*, p.177, p.181.

39. Förster, 'Im Reich des Absurden', p.233.

40. Wolff, *Tagebücher 1914–1919*, pp.63–5.

41. Bach, *Deutsche Gesandtschaftsberichte*, p.63.

42. Groener, *Lebenserinnerungen*, p.140.

43. Stevenson, *Armaments*, pp.363–4; Mombauer, *Helmuth von Moltke*, p.182.

44. Mombauer, *Helmuth von Moltke*, p.135.

45. 同、p.173.

46. Herwig, 'From Tirpitz Plan to Schlieffen Plan', p.58; Mombauer, *Helmuth von Moltke*, pp.159–60, pp.212–13.

47. Lichnowsky and Delmer, *Heading for the Abyss*, p.379–80n.

48. Sösemann, 'Die Tagebücher Kurt Riezlers', p.183.

49. Jarausch, *The Enigmatic Chancellor*, p.105.

50. Herwig, 'Imperial Germany', p.80; Sösemann, 'Die Tagebücher Kurt Riezlers', pp.183–4.

51. Sösemann, 'Die Tagebücher Kurt Riezlers', pp.184–5; Lichnowsky and Delmer, *Heading for the Abyss*, p.392.

52. Mombauer, *Helmuth von Moltke*, p.195n44; Lichnowsky and Delmer, *Heading for the Abyss*, p.381; Sösemann, 'Die Tagebücher Kurt Riezlers', p.184.

53. Fesser, *Der Traum vom Platz*, p.181.

54. Lichnowsky and Delmer, *Heading for the Abyss*, p.381.

55. Turner, 'Role of the General Staffs', 312; Geiss, *July 1914*, p.65.

of My Past, pp.321–3.
78. Stieve, *Der diplomatische Schriftwechsel Iswolskis*, pp.17–18.
79. McLean, *Royalty and Diplomacy*, pp.67–8.
80. Shatsillo, *Ot Portsmutskogo*, pp.272–4; Stevenson, *Armaments*, pp.343–9.
81. Churchill, *The World Crisis*, vol. I, p.178; Grey, *Twenty-Five Years*, vol. I, p.269.
82. Grey, *Twenty-Five Years*, vol. I, p.195.
83. Wilson, *The Policy of the Entente*, p.68.
84. Spring, 'Russia and the Franco-Russian Alliance', p.584; Robbins, *Sir Edward Grey*, p.271.
85. Schmidt, *Frankreichs Aussenpolitik*, p.266–76.
86. 同、pp.252–3, pp.258–9.
87. Jeffery, *Field Marshal Sir Henry Wilson*, p.103.
88. Marder, *From the Dreadnought to Scapa Flow*, p.253.
89. Churchill, *The World Crisis*, vol. I, p.118.
90. Williamson, *Politics of Grand Strategy*, p.274.
91. Churchill, *The World Crisis*, vol. I, p.119.
92. Marder, *From the Dreadnought to Scapa Flow*, pp.254–6, pp.265–6.
93. Churchill, *The World Crisis*, vol. I, p.113.
94. Williamson, *Politics of Grand Strategy*, pp.320–25.
95. BD, vol. X, part 2, p.416, pp.614–15.
96. Esher, *Journals and Letters*, vol. III, p.331.
97. BD, vol. X, part 2, p.400, pp.601–2.
98. Robbins, *Sir Edward Grey*, p.285.
99. Rose, *King George V*, p.164.
100. Bridge, 'The Entente Cordiale', p.350.
101. Angelow, *Der Weg in die Katastrophe*, pp.60–61.
102. Stevenson, *Armaments*, pp.2–9.
103. 同、p.4.
104. Herrmann, *The Arming of Europe*, p.207.
105. Epkenhans, *Tirpitz*, Kindle version, loc. 862.
106. Kießling, *Gegen den 'Großen Krieg'?*, pp.67–8.
107. Heywood, 'The Most Catastrophic Question', p.56.
108. Förster, 'Im Reich des Absurden', p.233.
109. Stevenson, *Armaments*, pp.358–9; Schmidt, *Frankreichs Aussenpolitik*, pp.208–11, pp.242–4.
110. Herwig, 'Imperial Germany', pp.88.
111. Brusilov, *A Soldier's Notebook*, p.1.
112. Kießling, *Gegen den 'Großen Krieg'?*, pp.43–4.
113. Grey, *Twenty-Five Years*, vol. I, p.292.
114. Hantsch, *Leopold Graf Berchtold*, p.458.
115. Sondhaus, *Franz Conrad von Hötzendorf*, p.134; Hantsch, *Leopold Graf Berchtold*, pp.252–3; Kronenbitter, '"Nur los lassen"', p.39.
116. McDonald, *United Government*, pp.199–201.
117. Leslie, 'The Antecedents', pp.334–6, pp.338–9.
118. Churchill, *The World Crisis*, vol. I, p.95.
119. Haldane, *Before the War*, pp.33–6.
120. Cecil, *Wilhelm II*, p.172.
121. Cecil, *Albert Ballin*, pp.182–96.
122. Hopman, *Das ereignisreiche Leben*, pp.209–10.
123. Cecil, *Wilhelm II*, pp.172–3.
124. House and Seymour, *The Intimate Papers*, vol. I, p.249.
125. Marder, *From the Dreadnought to Scapa Flow*, pp.283–4; Maurer, 'Churchill's Naval Holiday', pp.109–10.
126. Brinker-Gabler, *Kämpferin für den Frieden*, p.167.
127. Haupt, *Socialism and the Great War*, p.108.

18 サラエヴォの暗殺

1. Poincaré, *Au Service de la France*, vol. IV, pp.173–4.
2. Geinitz, *Kriegsfurcht und Kampfbereitschaft*, pp.50–53.
3. Cecil, *Wilhelm II*, p.198.
4. Massie, *Dreadnought*, pp.852–3; Cecil, *Wilhelm II*, 198; Geiss, *July 1914*, p.69.
5. Smith, *One Morning in Sarajevo*, p.40.
6. Dedijer, *The Road to Sarajevo*, pp.175–8, pp.208–9, p.217 第10章参照.
7. 同、p.197.
8. 同.
9. 同、pp.373–5; Jelavich, *What the Habsburg Gov-*

9. Rogger, 'Russia in 1914', p.96.
10. Sazonov, *Fateful Years*, p.80.
11. Miliukov and Mendel, *Political Memoirs*, p.284.
12. Kokovtsov, *Out of My Past*, p.296.
13. 同、p.361.
14. Figes, *A People's Tragedy*, p.216.
15. 同、pp.241–5.
16. Rogger, 'Russia in 1914', pp.95–6.
17. 同、pp.101–2.
18. Geyer, *Russian Imperialism*, pp.249–54.
19. 同、pp.274–5.
20. Lieven, *Nicholas II*, p.168.
21. Bridge, *From Sadowa to Sarajevo*, p.371.
22. Hewitson, 'Germany and France', p.578; Kieβling, *Gegen den 'Großen Krieg'?*, p.196.
23. Tanenbaum, 'French Estimates', pp.167–8.
24. Kessler, *Journey to the Abyss*, p.609.
25. Bülow, *Memoirs of Prince von Bulow*, vol. III, p.33; Cecil, *German Diplomatic Service*, p.317.
26. Spitzemberg, *Das Tagebuch*, p.563.
27. Stevenson, *Armaments*, pp.286–9.
28. Röhl, *The Kaiser and His Court*, pp.173–4; Röhl, 'Admiral von Müller', p.661; Stevenson, *Armaments*, pp.252–3.
29. Mombauer, *Helmuth von Moltke*, p.145.
30. Herwig, 'Imperial Germany', p.84.
31. Röhl, 'Admiral von Müller', p.665; Balfour, *The Kaiser and His Times*, pp.339–40; Tanenbaum, 'French Estimates', p.169.
32. Stevenson, *Armaments*, p.316–20.
33. Krumeich, *Armaments and Politics*, 第2章.
34. Stevenson, *Armaments*, p.221.
35. Doughty, 'France', p.163.
36. 同、p.162.
37. Weber, *The Nationalist Revival in France*, p.97.
38. 同、pp.94–5, p.102.
39. Kessler, *Journey to the Abyss*, p.580.
40. German Foreign Office, *Die grosse Politik*, vol. XXXIX, p.292.
41. Nolan, *The Inverted Mirror*, p.40, pp.82–3.
42. Stevenson, *Armaments*, p.222.
43. Keiger, *Raymond Poincaré*, pp.122–3, pp.130–31.
44. 同、p.145.
45. Williams, *Tiger of France*, p.286.
46. 同、pp.11–14, pp.24–7, p.154.
47. 同、p.147.
48. Adamthwaite, *Grandeur and Misery*, p.8; Hughes, *Policies and Potentates*, pp.223–7.
49. Hayne, *French Foreign Office*, p.274.
50. Cambon, *Correspondance*, vol. III, p.39.
51. Keiger, *Raymond Poincaré*, p.151.
52. Hayne, *French Foreign Office*, p.238.
53. Keiger, *Raymond Poincaré*, pp.155–7.
54. Schmidt, *Frankreichs Aussenpolitik*, pp.236–7.
55. 同、pp.238–40.
56. Williamson, 'German Perceptions', pp.206.
57. Goldberg, *Life of Jean Jaurès*, p.439.
58. Sazonov, *Fateful Years*, p.56.
59. Rose, *King George V*, p.80.
60. 同、p.71.
61. Clifford, *The Asquiths*, pp.2–3.
62. 同、pp.13–14.
63. Haldane, *An Autobiography*, p.111.
64. Clifford, *The Asquiths*, p.186.
65. 同、p.145.
66. Adam, *Bonar Law*, pp.107–9.
67. Jeffery, *Field Marshal Sir Henry Wilson*, pp.115–16.
68. BD, vol. X, part 2, p.537, pp.780–83.
69. Churchill, *The World Crisis*, vol. I, p.185; Dangerfield, *The Strange Death*, p.366.
70. Leslie, 'Osterreich-Ungarn', pp.669–70.
71. Afflerbach, *Der Dreibund*, pp.793–4, pp.806–8, pp.810–11.
72. Angelow, *Der Weg in die Katastrophe*, p.26.
73. Wandruszka and Urbanitsch, *Die Habsburgermonarchie*, pp.331–2; Bridge, *From Sadowa to Sarajevo*, pp.364–5.
74. Bodger, 'Russia and the End', p.88.
75. Herwig, 'Imperial Germany', p.87.
76. Jarausch, *The Enigmatic Chancellor*, p.117.
77. Sazonov, *Fateful Years*, pp.43–4; Kokovtsov, *Out*

Moltke, Schlieffen, p.276.

62. Hantsch, *Leopold Graf Berchtold*, p.323; Afflerbach, *Der Dreibund*, pp.731–3; Williamson, *Austria-Hungary*, p.127.

63. Hantsch, *Leopold Graf Berchtold*, p.328.

64. Williamson, *Austria-Hungary*, p.132.

65. Sazonov, *Fateful Years*, p.78.

66. Herrmann, *The Arming of Europe*, p.178.

67. BD, vol. IX, part 2, p.303, pp.227–8.

68. 同.

69. Rossos, *Russia and the Balkans*, pp.104–5.

70. Herrmann, *The Arming of Europe*, p.178.

71. Fischer, *War of Illusions*, pp.155–6.

72. Röhl, 'Admiral von Müller', p.659.

73. Fischer, *War of Illusions*, pp.157–8.

74. Röhl, 'Admiral von Müller', p.664; Bucholz, *Moltke, Schlieffen*, pp.276–7.

75. *The Times*, 22 November 1912.

76. Helmreich, *The Diplomacy*, p.216.

77. Sondhaus, *Franz Conrad von Hötzendorf*, pp.120–21.

78. Williamson, *Austria-Hungary*, pp.130–31.

79. Fischer, *War of Illusions*, pp.158–61.

80. Hantsch, *Leopold Graf Berchtold*, p.388.

81. Williamson, *Austria-Hungary*, pp.130–31.

82. Grey, *Twenty-Five Years*, vol. I, p.256.

83. Helmreich, *The Diplomacy*, p.250.

84. Eubank, *Paul Cambon*, p.161.

85. Crampton, 'The Decline', pp.393–4.

86. BD, vol. IX, part 2, p.626, p.506.

87. Hantsch, *Leopold Graf Berchtold*, p.377.

88. 同、p.381.

89. Williamson, *Austria-Hungary*, p.134; Helmreich, *The Diplomacy*, pp.282–4.

90. Williamson, *Austria-Hungary*, p.136; Helmreich, *The Diplomacy*, pp.296–7.

91. Crampton, 'The Decline', p.395 and fn 12.

92. Helmreich, *The Diplomacy*, pp.313–14.

93. Williamson, *Austria-Hungary*, pp.139–40.

94. Sondhaus, *Franz Conrad von Hötzendorf*, p.123.

95. Hantsch, *Leopold Graf Berchtold*, p.471.

96. Cambon, *Correspondance*, vol. III, p.27.

97. Jelavich, *Russia's Balkan Entanglements*, pp.246–8.

98. Williamson, *Austria-Hungary*, p.151.

99. Vermes, *Istv'an Tisza*, p.203.

100. 同、p.131.

101. Stone, 'Hungary and the July Crisis', p.157.

102. Leslie, 'The Antecedents', pp.323–4.

103. Hantsch, *Leopold Graf Berchtold*, 498; Williamson, *Austria-Hungary*, pp.133–4.

104. Crampton, 'The Decline', pp.417–19.

105. Albertini, *The Origins of the War*, vol. I, pp.483–4.

106. Helmreich, *The Diplomacy*, p.428.

107. Bridge, *From Sadowa to Sarajevo*, pp.366–7.

108. 同、p.442.

109. Williamson, *Austria-Hungary*, pp.154–5.

110. Afflerbach, *Der Dreibund*, p.748.

111. Sondhaus, *Franz Conrad von Hötzendorf*, p.129.

112. Hantsch, *Leopold Graf Berchtold*, p.513.

113. 同、p.312.

114. Herrmann, *The Arming of Europe*, p.179.

115. Williamson, *Austria-Hungary*, p.135; Leslie, *The Antecedents*, pp.352–3.

116. Albertini, *The Origins of the War*, vol. I, pp.483–4.

117. Crampton, *The Hollow Detente*, p.172.

118. Haupt, *Socialism and the Great War*, p.107.

119. Cooper, *Patriotic Pacifism*, pp.159–60.

120. Kennan, *The Other Balkan Wars*, p.271.

17 戦争あるいは平和への準備

1. BD, vol. X, part 2, p.476, pp.702–3.

2. Rose, *King George V*, pp.166–7.

3. McLean, *Royalty and Diplomacy*, p.197.

4. Craig, *Germany, 1866–1945*, p.295; Herwig, 'Imperial Germany', p.84.

5. Kieβling, *Gegen den 'Großen Krieg'?*, pp.195–6.

6. Rosen, *Forty Years of Diplomacy*, p.154.

7. Brusilov, *A Soldier's Notebook*, pp.3–4.

8. Gildea, *Barricades and Borders*, p.419.

97. Rossos, *Russia and the Balkans*, p.35.
98. Albertini, *The Origins of the War*, vol. I, p.346; Barraclough, *From Agadir to Armageddon*, pp.144–5.
99. BD, vol. VII, p.763, pp.788–9.

16 第一次バルカン戦争

1. Cambon, *Correspondance*, vol. III, p.7.
2. Albertini, *The Origins of the War*, vol. I, p.357.
3. Trotsky, *The Balkan Wars*, pp.360–61.
4. Hoetzendorf, *Mein Leben mit Conrad von Hötzendorf*, p.105.
5. Aehrenthal, *Aus dem Nachlass*, p.232.
6. Trotsky, *The Balkan Wars*, p.72.
7. Dedijer, *The Road to Sarajevo*, pp.179–80.
8. Jelavich, *History of the Balkans*, p.110.
9. Rossos, *Russia and the Balkans*, pp.34–5.
10. Trotsky, *The Balkan Wars*, p.80.
11. BD, vol. IX, part 1, p.249, pp.283–4.
12. Helmreich, *The Diplomacy*, pp.29–30.
13. 同、pp.32–3.
14. 同、p.33.
15. Thaden, *Russia and the Balkan Alliance*, pp.27–8.
16. Neklyudov, *Diplomatic Reminiscences*, pp.38–9.
17. 同、p.45.
18. 同、pp.80–81.
19. Helmreich, *The Diplomacy*, pp.62–4, p.67.
20. BD, vol. IX, part 1, p.570, p.568.
21. Fischer, *War of Illusions*, p.150.
22. BD, vol. IX, part 2, p.5, pp.3–4.
23. Helmreich, *The Diplomacy*, pp.141–5.
24. Trotsky, *The Balkan Wars*, pp.65–6.
25. Rossos, *Russia and the Balkans*, p.79.
26. Helmreich, *The Diplomacy*, pp.203–4.
27. Wilson, *The Policy of the Entente*, p.92.
28. Thaden, *Russia and the Balkan Alliance*, pp.116–17; Jelavich, *Russia's Balkan Entanglements*, p.231.
29. Thaden, *Russia and the Balkan Alliance*, p.118; Albertini, *The Origins of the War*, vol. I, pp.412–13.
30. Ignat'ev, *Vneshniaia Politika Rossii, 1907–1914*, p.141.
31. Neilson, *Britain and the Last Tsar*, pp.328–9.
32. Wilson, *The Policy of the Entente*, p.92.
33. Jelavich, *Russia's Balkan Entanglements*, p.203.
34. Bodger, 'Russia and the End', p.84.
35. Thaden, *Russia and the Balkan Alliance*, p.132.
36. Bodger, 'Russia and the End', 79.
37. Rossos, *Russia and the Balkans*, p.85.
38. Sazonov, *Fateful Years*, pp.49–50; Hantsch, *Leopold Graf Berchtold*, p.234n.
39. Taube, *La Politique russe d'avant-guerre*, pp.225–7.
40. Sazonov, *Fateful Years*, p.54.
41. BD, vol. IX, part 1, p.711, pp.683–5; Helmreich, *The Diplomacy*, p.154–5.
42. Sazonov, *Fateful Years*, p.78.
43. 同、p.80.
44. Rossos, *Russia and the Balkans*, p.102.
45. Hantsch, *Leopold Graf Berchtold*, p.119.
46. 同、pp.484–5.
47. Musulin, *Das Haus am Ballplatz*, p.178.
48. Vermes, *Istv'an Tisza*, p.199.
49. Hantsch, *Leopold Graf Berchtold*, p.246.
50. Csáky, *Vom Geachteten zum Geächteten*, p.129; Leslie, 'Osterreich-Ungarn', p.663.
51. Albertini, *The Origins of the War*, vol. I, p.385.
52. 同、pp.383–4.
53. Hantsch, *Leopold Graf Berchtold*, p.176.
54. 1912年8月29日付、バーディーからグレイに宛てた手紙を参照のこと。BD, vol. IX, part 1, p.671, pp.653–5.
55. BD, vol. IX, part 1, p.695, pp.671–3.
56. Heinrich, *Geschichte in Gesprächen*, p.380.
57. Helmreich, *The Diplomacy*, pp.214–15.
58. Boghitschewitsch, *Die auswärtige Politik Serbiens*, vol. III, p.159.
59. Sondhaus, *Franz Conrad von Hötzendorf*, p.124.
60. Helmreich, *The Diplomacy*, p.153.
61. Williamson, *Austria-Hungary*, p.132; Bucholz,

31. Williamson, *Politics of Grand Strategy*, p.143.
32. Barraclough, *From Agadir to Armageddon*, pp.127–8.
33. Stevenson, *Armaments*, p.183.
34. Jarausch, *The Enigmatic Chancellor*, p.124; Mommsen, 'Domestic Factors', p.23.
35. Crampton, 'August Bebel and the British', pp.221–2.
36. Keiger, *France and the Origins*, p.35.
37. Messimy, *Mes Souvenirs*, pp.64–5.
38. 同、p.60.
39. 同.
40. Keiger, 'Jules Cambon', 646; Keiger, *France and the Origins*, p.35.
41. Herrmann, *The Arming of Europe*, p.153.
42. Steiner and Neilson, *Britain and the Origins*, p.75.
43. Neilson, *Britain and the Last Tsar*, p.321.
44. Rose, *King George V*, pp.165–6.
45. Weinroth, 'The British Radicals', p.664.
46. Neilson, *Britain and the Last Tsar*, p.318.
47. Wilson, 'The Agadir Crisis', pp.514–15; Dockrill, 'British Policy', pp.274–5.
48. BD, vol. VII, p.392, pp.371–3.
49. *The Times*, 22 July 1911.
50. Redlich, *Schicksalsjahre Österreichs*, pp.95–6.
51. Fesser, *Der Traum vom Platz*, p.145; Balfour, *The Kaiser and His Times*, pp.313–14.
52. Callwell, *Field-Marshal Sir Henry Wilson*, vol. I, pp.97–8.
53. Marder, *From the Dreadnought to Scapa Flow*, pp.244–6.
54. Eubank, *Paul Cambon*, 139; Messimy, *Mes Souvenirs*, p.61.
55. Jeffery, *Field Marshal Sir Henry Wilson*, pp.99–100.
56. Riezler, *Tagebücher, Aufsätze, Dokumente*, p.180.
57. Mombauer, *Helmuth von Moltke*, p.124.
58. Barraclough, *From Agadir to Armageddon*, p.135.
59. Fischer, *War of Illusions*, p.83.
60. Andrew, *Théophile Delcassé*, p.70n1.
61. Rathenau and von Strandmann, *Walther Rathenau*, p.157.
62. Eubank, *Paul Cambon*, p.141.
63. Grey, *Twenty-five Years*, vol. I, p.233.
64. Stieve, *Der diplomatische Schriftwechsel Iswolskis*, pp.194–5.
65. Steiner and Neilson, *Britain and the Origins*, pp.79–80.
66. 同、pp.80–81.
67. Messimy, *Mes Souvenirs*, p.68.
68. Krumeich, *Armaments and Politics*, pp.21–9.
69. Schmidt, *Frankreichs Aussenpolitik*, pp.217–21.
70. Jarausch, *The Enigmatic Chancellor*, p.124.
71. Beyens, *Germany before the War*, p.61.
72. Fesser, *Der Traum vom Platz*, p.148.
73. Craig, *The Politics of the Prussian Army*, p.291.
74. Mombauer, *Helmuth von Moltke*, p.125.
75. Ritter, *The Sword and the Sceptre*, p.172.
76. Epkenhans, *Tirpitz*, Kindle version, loc. 852–9.
77. Röhl, 'Admiral von Müller', p.656.
78. Herwig, 'Imperial Germany', pp.81–2; Mombauer, *Helmuth von Moltke*, p.131.
79. Herrmann, *The Arming of Europe*, pp.161–6.
80. Bosworth, *Italy and the Approach*, p.57.
81. Albertini, *The Origins of the War*, vol. I, p.342.
82. Bosworth, 'Britain and Italy's Acquisition', p.683.
83. Bosworth, *Italy and the Approach*, p.10.
84. 同、pp.38–9.
85. Gooch, 'Italy before 1915', p.222.
86. 同、pp.225–8.
87. 同、p.206.
88. Bosworth, *Italy and the Approach*, pp.6–8; Gooch, 'Italy before 1915', pp.216–17.
89. Bosworth, *Italy and the Approach*, p.34. **p.90.** 同、p.36.
91. Gooch, 'Italy before 1915', p.209.
92. BD, vol. IX, part 1, p.257, pp.289–91.
93. BD, vol. IX, part 1, p.241, pp.278–9.
94. Barraclough, *From Agadir to Armageddon*, pp.143–4.
95. Haupt, *Socialism and the Great War*, pp.58–62.
96. BD, vol. IX, part 1, p.250, p.284.

82. Sweet, 'The Bosnian Crisis', pp.182–3; Heinrich, *Geschichte in Gesprächen*, p.169.

83. Menning, 'Dress Rehearsal for 1914?', *p.7*.

84. BD, vol. V, p.576, p.603.

85. Berghahn, *Germany and the Approach of War*, p.81.

86. Zedlitz-Trützschler, *Twelve Years at the Imperial German Court*, p.263.

87. Afflerbach, *Der Dreibund*, p.655.

88. Jelavich, *Russia's Balkan Entanglements*, p.224.

89. Fuller, 'The Russian Empire', p.99.

90. Bridge, *From Sadowa to Sarajevo*, p.438.

91. Hantsch, *Leopold Graf Berchtold*, p.174.

92. Carter, *The Three Emperors*, p.371.

93. Palmer, *Twilight of the Habsburgs*, p.305.

94. Epkenhans, *Tirpitz*, Kindle version, loc. pp.755–64.

95. Sondhaus, *Franz Conrad von Hötzendorf*, p.96.

96. Stevenson, *Armaments*, p.122; Bridge, *The Habsburg Monarchy*, p.295.

97. Aehrenthal, *Aus dem Nachlass*, p.726.

98. Fellner, 'Die "Mission Hoyos"', p.115.

99. Herrmann, *The Arming of Europe*, p.131.

100. Lieven, *Nicholas II*, pp.193–4.

101. Herrmann, *The Arming of Europe*, p.131.

102. Grey, *Twenty-five Years*, vol. I, p.182.

103. Lieven, *Russia and the Origins*, p.37.

104. Goldberg, *Life of Jean Jaurès*, p.470.

105. Stevenson, *Armaments*, p.136.

106. Cooper, 'British Policy in the Balkans', p.261.

107. Stevenson, *Armaments*, pp.131–3; Boghitschewitsch, *Die auswärtige Politik Serbiens*, vol. III, p.77.

108. Jelavich, *Russia's Balkan Entanglements*, p.244; Hantsch, *Leopold Graf Berchtold*, p.33; Neklyudov, *Diplomatic Reminiscences*, pp.46–50; Gieslingen, *Zwei Jahrzehnte im Nahen Orient*, p.253.

109. Cooper, 'British Policy in the Balkans', p.279.

15 1911年

1. Barraclough, *From Agadir to Armageddon*, pp.1–2.

2. Mortimer, 'Commercial Interests and German Diplomacy', p.454.

3. Barraclough, *From Agadir to Armageddon*, p.2; Cecil, *Albert Ballin*, p.178; Massie, *Dreadnought*, pp.725–7.

4. Fesser, *Der Traum vom Platz*, p.141; Fischer, *War of Illusions*, pp.74–5.

5. Barraclough, *From Agadir to Armageddon*, pp.31–2.

6. Keiger, 'Jules Cambon', pp.642–3; Keiger, *France and the Origins*, pp.31–3.

7. Hewitson, 'Germany and France', p.591.

8. Berghahn, *Germany and the Approach of War*, p.94.

9. Bülow, *Memoirs of Prince von Bulow*, vol. III, p.12.

10. Cecil, *Albert Ballin*, pp.122–3.

11. Jarausch, *The Enigmatic Chancellor*, p.16.

12. 同、p.43.

13. 同、p.29n34.

14. Bülow, *Memoirs of Prince von Bulow*, vol. III, p.19.

15. Cecil, *Albert Ballin*, pp.122–3.

16. Jarausch, *The Enigmatic Chancellor*, p.68.

17. 同、pp.25–7.

18. 同、pp.27–9.

19. 同、p.122.

20. Fuller, *Strategy and Power in Russia*, p.422.

21. Kessler, *Journey to the Abyss*, 5p.09.

22. Rathenau and von Strandmann, *Walther Rathenau*, p.134.

23. Jarausch, *The Enigmatic Chancellor*, p.121.

24. Spitzemberg, *Das Tagebuch*, p.545.

25. Bülow, *Memoirs of Prince von Bulow*, vol. II, p.464.

26. Cecil, *German Diplomatic Service*, pp.310–12.

27. Jarausch, *The Enigmatic Chancellor*, p.123.

28. Herrmann, *The Arming of Europe*, p.160.

29. Allain, *Joseph Caillaux*, pp.371–7.

30. Hewitson, 'Germany and France', pp.592–4.

19. Stevenson, *Armaments*, p.82.
20. Jelavich, *Russia's Balkan Entanglements*, p.240; Jelavich and Jelavich, *The Establishment*, pp.255–6.
21. Jelavich, *Russia's Balkan Entanglements*, p.239n53.
22. Macartney, *The Habsburg Empire*, p.774.
23. Williamson, *Austria-Hungary*, p.65.
24. Baernreither and Redlich, *Fragments*, pp.21–2.
25. 同、p.35, p.44.
26. 同、pp.43–4.
27. Aehrenthal, *Aus dem Nachlass*, pp.449–52.
28. 同、p.599.
29. Bridge, 'Isvolsky, Aehrenthal', p.326.
30. Bridge, 'The Entente Cordiale', p.341.
31. Bridge, *From Sadowa to Sarajevo*, p.433.
32. Baernreither and Redlich, *Fragments*, p.37.
33. Bridge, 'Isvolsky, Aehrenthal', p.326.
34. Bridge, *From Sadowa to Sarajevo*, pp.298–9.
35. Lee, *Europe's Crucial Years*, p.326.
36. McDonald, *United Government*, p.127.
37. Cooper, 'British Policy in the Balkans', p.262.
38. Taube, *La Politique russe d'avant-guerre*, pp.185–7; Nicolson, *Portrait of a Diplomatist*, p.200; Lee, *Europe's Crucial Years*, pp.184–5.
39. Margutti, *The Emperor Francis Joseph*, p.225.
40. Hopman, *Das ereignisreiche Leben*, pp.147–8.
41. Reynolds, *Shattering Empires*, p.22.
42. Schoen, *Memoirs of an Ambassador*, p.77; Bridge, 'Isvolsky, Aehrenthal', pp.332–3.
43. Fuller, *Strategy and Power in Russia*, p.419.
44. Bülow, *Memoirs of Prince von Bulow*, vol. I, p.373.
45. Bridge, 'Isvolsky, Aehrenthal', p.334; Hantsch, *Leopold Graf Berchtold*, pp.121–2.
46. Bridge, 'Isvolsky, Aehrenthal', p.335.
47. Fuller, *Strategy and Power in Russia*, p.419.
48. Bridge, 'Isvolsky, Aehrenthal', p.334.
49. 同、p.339.
50. McMeekin, *The Russian Origins*, p.225.
51. Bridge, *From Sadowa to Sarajevo*, p.437.
52. Hantsch, *Leopold Graf Berchtold*, p.144.
53. McDonald, *United Government*, pp.136–51.
54. Bridge, *From Sadowa to Sarajevo*, pp.435–6.
55. Bülow, *Memoirs of Prince von Bulow*, vol. I, p.373, pp.379–80; Balfour, *The Kaiser and His Times*, p.287.
56. Bridge, *The Habsburg Monarchy*, p.296.
57. Steed, *Through Thirty Years*, pp.308–14.
58. Aehrenthal, *Aus dem Nachlass*, p.624.
59. Sweet, 'The Bosnian Crisis', pp.178–9.
60. Eby, *The Road to Armageddon*, p.151.
61. Otte, 'Almost a Law of Nature?', p.92.
62. Marder, *From the Dreadnought to Scapa Flow*, pp.149–50.
63. Menning, 'Dress Rehearsal for 1914?', p.8.
64. 同、pp.11–15.
65. Bülow, *Memoirs of Prince von Bulow*, vol. I, p.374.
66. Boghitschewitsch, *Die auswärtige Politik Serbiens*, vol. III, p.78.
67. Stevenson, *Armaments*, pp.115–16.
68. Boghitschewitsch, *Die auswärtige Politik Serbiens*, vol. III, p.93; Jelavich, *Russia's Balkan Entanglements*, pp.241–2.
69. Hantsch, *Leopold Graf Berchtold*, p.137.
70. Herrmann, *The Arming of Europe*, pp.123–5; Stevenson, *Armaments*, p.116.
71. Heinrich, *Geschichte in Gesprächen*, pp.124–5, pp.221–2.
72. Aehrenthal, *Aus dem Nachlass*, p.628.
73. Musulin, *Das Haus am Ballplatz*, p.168.
74. Stevenson, *Armaments*, pp.117–18, pp.125–6.
75. Turner, 'Role of the General Staffs', p.306; Aehrenthal, *Aus dem Nachlass*, p.629.
76. Bülow, *Memoirs of Prince von Bulow*, vol. II, p.439.
77. Wilson, *The Policy of the Entente*, p.91.
78. Herrmann, *The Arming of Europe*, pp.118–19.
79. Hantsch, *Leopold Graf Berchtold*, p.142.
80. McDonald, *United Government*, pp.141–4; Lee, *Europe's Crucial Years*, pp.193–4.
81. Sweet, 'The Bosnian Crisis', pp.183–4; Nicolson, *Portrait of a Diplomatist*, p.215.

65. Bridge, *From Sadowa to Sarajevo*, pp.281–2.
66. Herring, *From Colony to Superpower*, p.363.
67. BD, vol. III, p.401, pp.337–8.
68. Lerman, *The Chancellor as Courtier*, pp.147–8.
69. Balfour, *The Kaiser and His Times*, p.262; Lerman, *The Chancellor as Courtier*, p.144.
70. Balfour, *The Kaiser and His Times*, p.264.
71. Otte, 'Almost a Law of Nature?', *p.*83.
72. Foley, 'Debate – the Real Schlieffen Plan', pp.44–5.
73. Craig, *The Politics of the Prussian Army*, pp.284–5.
74. Joll and Martel, *The Origins of the First World War*, p.197.
75. Oppel, 'The Waning of a Traditional Alliance', pp.325–6.
76. Dumas, *The Franco-British Exhibition*, p.4.
77. Williamson, *Politics of Grand Strategy*, pp.38–40.
78. BD, vol. III, p.299, pp.266–8.
79. Williamson, *Politics of Grand Strategy*, p.76.
80. Lloyd George, *War Memoirs*, vol. I, pp.49–50.
81. Wilson, *The Policy of the Entente*, pp.85–7.
82. 同、pp.93–6.
83. Williamson, *Politics of Grand Strategy*, pp.90–92.
84. Kennedy, 'Great Britain before 1914', p.173.
85. Wilson, *The Policy of the Entente*, p.125.
86. Offer, *The First World War*, p.303.
87. Doughty, *Pyrrhic Victory*, p.39.
88. Marder, *From the Dreadnought to Scapa Flow*, pp.384–8.
89. Wilson, *The Policy of the Entente*, p.126; Fisher and Marder, *Fear God and Dread Nought*, vol. II, p.232.
90. Marder, *From the Dreadnought to Scapa Flow*, pp.246–7.
91. Williamson, *Politics of Grand Strategy*, pp.106–7.
92. Steiner and Neilson, *Britain and the Origins*, p.213.
93. Neilson, 'Great Britain', pp.183–5; Williamson, *Politics of Grand Strategy*, pp.187–93.
94. Jeffery, *Field Marshal Sir Henry Wilson*, pp.96–7.
95. Williamson, *Politics of Grand Strategy*, p.196.
96. Porch, *The March to the Marne*, p.228.
97. Eubank, *Paul Cambon*, p.114, p.123, p.155 他.
98. Doughty, 'French Strategy in 1914', p.435.
99. Schmidt, *Frankreichs Aussenpolitik*, pp.138–41.
100. Jeffery, *Field Marshal Sir Henry Wilson*, p.37.
101. Williamson, 'General Henry Wilson', p.91.
102. 同、p.pp.94–6.
103. Callwell, *Field-Marshal Sir Henry Wilson*, vol. I, p.89.
104. 同、pp.78–9.
105. Andrew, 'France and the German Menace', p.137.
106. Callwell, *Field-Marshal Sir Henry Wilson*, vol. I, p.105.
107. Keiger, 'Jules Cambon',p.642.

14 ボスニア危機

1. Aehrenthal, *Aus dem Nachlass*, p.196.
2. Diószegi, *Hungarians in the Ballhausplatz*, pp.197–200.
3. Hoetzendorf, *Mein Leben mit Conrad von Hötzendorf*, p.63, p.237.
4. Bülow, *Memoirs of Prince von Bulow*, vol. I, p.372.
5. Kronenbitter, *Krieg im Frieden*, pp.248–51.
6. Bridge, *From Sadowa to Sarajevo*, p.290.
7. Wank, 'Aehrenthal's Programme', p.520–22.
8. Aehrenthal, *Aus dem Nachlass*; 参照 pp.385–8.
9. Bülow, *Memoirs of Prince von Bulow*, vol. II, p.371.
10. Jelavich, *Russia's Balkan Entanglements*, p.217.
11. Musulin, *Das Haus am Ballplatz*, p.57.
12. Williamson, *Austria-Hungary*, p.95.
13. Czernin, *In the World War*, p.50.
14. Williamson, 'Influence, Power, and the Policy Process', p.431.
15. Williamson, *Austria-Hungary*, p.97.
16. Bridge, *From Sadowa to Sarajevo*, p.279; Bridge, *The Habsburg Monarchy*, pp.189–90.
17. Diószegi, *Hungarians in the Ballhausplatz*, p.200.
18. Macartney, *The Habsburg Empire*, pp.597–8; Bridge, *From Sadowa to Sarajevo*, pp.149–50.

123. Tanenbaum, 'French Estimates', pp.170–71.
124. Doughty, 'France', p.163.
125. Williamson, *Politics of Grand Strategy*, p.226.
126. Doughty, 'France', pp.165–8; Doughty, 'French Strategy in 1914', p.434.
127. Doughty, 'France', p.165.
128. Porch, *The March to the Marne*, pp.232–3.
129. Messimy, *Mes Souvenirs*, p.179.

13 危機の始まり

1. Schoen, *Memoirs of an Ambassador*, p.20; Rich, *Friedrich von Holstein*, vol. II, p.694.
2. Schoen, *Memoirs of an Ambassador*, pp.22–3.
3. BD, vol. III, p.71, p.62.
4. Balfour, *The Kaiser and His Times*, p.255.
5. Rich, *Friedrich von Holstein*, vol. II, p.695.
6. Hewitson, 'Germany and France', p.579.
7. Rich, *Friedrich von Holstein*, vol. II, pp.691–3.
8. 同、p.702n1.
9. Hewitson, 'Germany and France', pp.585–6.
10. Rich, *Friedrich von Holstein*, vol. II, pp.680–81.
11. 同、p.683, p.684.
12. Morris, *Theodore Rex*, pp.334–5.
13. Andrew, *Théophile Delcassé*, pp.269–70.
14. 同、p.272.
15. Kaiser, 'Germany and the Origins', p.453.
16. Bülow, *Memoirs of Prince von Bulow*, vol. II, p.162.
17. Kaiser, 'Germany and the Origins', p.453.
18. Craig, *The Politics of the Prussian Army*, p.285.
19. Lee, *Edward VII*, vol. II, p.340.
20. *The Times*, 31 March 1905.
21. Marder, *From the Dreadnought to Scapa Flow*, p.116.
22. Monger, *The End of Isolation*, p.192.
23. 同、p.187.
24. 同、p.190.
25. Andrew, *Théophile Delcassé*, pp.287–8.
26. 同、p.281, p.283, p.285.
27. 同、p.286.
28. Balfour, *The Kaiser and His Times*, p.265.
29. Monger, *The End of Isolation*, p.224 and n2.
30. Nicolson, *Portrait of a Diplomatist*, p.119.
31. Andrew, *Théophile Delcassé*, p.291–2.
32. 同、p.299.
33. 同、pp.292–3.
34. 同、pp.296–7.
35. 同、p.289.
36. 同、pp.276–8, pp.278–9.
37. 同、pp.296–301.
38. Weber, *The Nationalist Revival in France*, p.31.
39. Monger, *The End of Isolation*, p.202.
40. Bülow, *Memoirs of Prince von Bulow*, vol. II, p.135, p.138.
41. Rich, *Friedrich von Holstein*, vol. II, p.707.
42. Nicolson, *Portrait of a Diplomatist*, p.122.
43. Andrew, *Théophile Delcassé*, p.303.
44. Weber, *The Nationalist Revival in France*, p.32.
45. Williamson, *Politics of Grand Strategy*, pp.40–41.
46. 同、p.42.
47. Marder, *From the Dreadnought to Scapa Flow*, p.117.
48. Rich, *Friedrich von Holstein*, vol. II, p.731.
49. Grey, *Twenty-five Years*, vol. I; 1906年1月31日の手紙を参照, pp.176–9.
50. Otte, 'Almost a Law of Nature?', pp.82–3.
51. Wilson, *The Policy of the Entente*, p.13.
52. Grey, *Twenty-five Years*, vol. I, p.128.
53. Lloyd George, *War Memoirs*, vol. I, p.91.
54. Gilmour, *Curzon*, p.26n.
55. Robbins, *Sir Edward Grey*, pp.23–4, p.29.
56. Massie, *Dreadnought*, p.585.
57. Steiner and Neilson, *Britain and the Origins*, pp.41–2.
58. Wilson, *The Policy of the Entente*, p.35.
59. Steiner and Neilson, *Britain and the Origins*, pp.42–3.
60. Otte, 'Almost a Law of Nature?', *p.*79.
61. BD, vol. III, p.200, p.162.
62. Grey, *Twenty-Five Years*, vol. I, p.98.
63. Rich, *Friedrich von Holstein*, vol. II, p.733.
64. Oppel, 'The Waning of a Traditional Alliance', p.324.

59. Maurer, *The Outbreak of the First World War*, p.33; Herwig, 'Disjointed Allies', pp.271–2; Ritter, 'Zusammenarbeit', p.535.
60. Herwig, 'Disjointed Allies', p.271n9.
61. Williamson, *Austria-Hungary*, pp.87–8.
62. Kronenbitter, *Krieg im Frieden*, p.282.
63. Stone, 'V. Moltke–Conrad', pp.201–2 他
64. Sondhaus, *Franz Conrad von Hötzendorf*, p.85.
65. Stevenson, 'War by Timetable?', pp.181–2.
66. Stone, 'V. Moltke–Conrad', p.204n7.
67. Kronenbitter, '"Nur los lassen"', p.39.
68. Herrmann, *The Arming of Europe*, p.234, p.237.
69. Stone, 'V. Moltke–Conrad', pp.213–14.
70. Herwig, 'Disjointed Allies', p.278.
71. Menning, 'The Offensive Revisited', p.226.
72. Armour, 'Colonel Redl: Fact and Fantasy', pp.175–6.
73. 同、pp.179–80; Sondhaus, *Franz Conrad von Hötzendorf*, pp.124–7.
74. Stevenson, 'War by Timetable?', pp.177–8; Heywood, 'The Most Catastrophic Question', p.46, p.54.
75. Menning, 'The Offensive Revisited', p.224.
76. Menning, 'Pieces of the Puzzle', p.782.
77. Fuller, 'The Russian Empire', p.109, pp.122–4.
78. Shatsillo, *Ot Portsmutskogo*, p.199.
79. Fuller, 'The Russian Empire', p.110.
80. Stevenson, *Armaments*, pp.151–6.
81. Fuller, *Strategy and Power in Russia*, pp.427–33.
82. Brusilov, *A Soldier's Notebook*, p.11.
83. Fuller, *The Foe Within*, pp.46–8.
84. Turner, 'Role of the General Staffs', p.317; Paléologue, *Ambassador's Memoirs*, vol. I, p.83.
85. Rich, *The Tsar's Colonels*, p.221.
86. Fuller, 'The Russian Empire', pp.100–101.
87. Spring, 'Russia and the Franco-Russian Alliance', pp.568–9, pp.578–9 他
88. Menning, 'The Offensive Revisited', p.219.
89. Airapetov, *Poslednyaya Voina Imperatorskoi Rossii*, pp.174–5; Shatsillo, *Ot Portsmutskogo*, pp.65–7.
90. Menning, 'Pieces of the Puzzle', p.788.
91. Fuller, 'The Russian Empire', pp.111–12, pp.118–21.
92. Snyder, *The Ideology of the Offensive*, p.178.
93. Fuller, 'The Russian Empire', pp.111–13; Menning, 'The Offensive Revisited', p.225.
94. Fuller, *Strategy and Power in Russia*, pp.440–41.
95. Menning, 'Pieces of the Puzzle', p.796.
96. Menning, 'War Planning', p.121.
97. Airapetov, 'K voprosu o prichinah porazheniya russkoi armii'; Snyder, *The Ideology of the Offensive*, pp.189–94.
98. Fuller, 'The Russian Empire', pp.110–11.
99. Airapetov, 'K voprosu o prichinah porazheniya russkoi armii'; Menning, 'War Planning', pp.122–5.
100. Andrew, 'France and the German Menace', p.147.
101. Ignat'ev, *50 Let v Stroyu*, pp.390–91.
102. Schmidt, *Frankreichs Aussenpolitik*, pp.182–3.
103. Ignat'ev, *50 Let v Stroyu*, p.392.
104. Messimy, *Mes Souvenirs*, p.118n1; Porch, *The March to the Marne*, pp.184–5.
105. Porch, *The March to the Marne*, pp.216–23.
106. Tanenbaum, 'French Estimates', p.163.
107. Doughty, 'France', p.160.
108. Doughty, *Pyrrhic Victory*, p.26.
109. Doughty, 'France', p.159.
110. Becker, *1914, Comment les Français*, p.43n174.
111. Tanenbaum, 'French Estimates', p.164.
112. Porch, *The March to the Marne*, pp.129–32.
113. Tanenbaum, 'French Estimates', p.137.
114. Doughty, 'France', p.154.
115. 同、p.154; Tanenbaum, 'French Estimates', p.156.
116. Doughty, 'France', p.153.
117. Herwig, 'Imperial Germany', p.70.
118. Schmidt, *Frankreichs Aussenpolitik*, pp.165–7.
119. Tanenbaum, 'French Estimates', p.163.
120. 同、p.159.
121. 同、p.166.
122. Snyder, *The Ideology of the Offensive*, pp.102–3.

48. Kronenbitter, *Krieg im Frieden*, pp.126–31.
49. Förster, 'Dreams and Nightmares', p.345, p.360.
50. Maurer, *The Outbreak of the First World War*; 第1章を参照.
51. Förster, 'Der deutschen Generalstab', pp.61–95.
52. Csáky, *Vom Geachteten zum Geächteten*, p.137.
53. Mombauer, 'German War Plans', p.59.

12 戦争計画の作成

1. Steinberg, *Bismarck*, pp.57–60; Bucholz, *Moltke, Schlieffen*, pp.110–13.
2. Bucholz, *Moltke, Schlieffen*, pp.120–21.
3. 同、p.127.
4. Snyder, *The Ideology of the Offensive*, p.134.
5. Bucholz, *Moltke, Schlieffen*, pp.130–31.
6. 同、p.124, pp.129–31.
7. Craig, *The Politics of the Prussian Army*, p.277.
8. Echevarria, 'Heroic History', p.585; Mombauer, 'German War Plans', p.52n10.
9. Snyder, 'Civil–Military Relations', p.35.
10. Förster, 'Dreams and Nightmares', pp.359–60.
11. Craig, *The Politics of the Prussian Army*, p.277.
12. Herwig, *The Marne*, p.33.
13. Mombauer, *Helmuth von Moltke*, pp.100–105; Snyder, *The Ideology of the Offensive*, p.117.
14. Bucholz, *Moltke, Schlieffen*, pp.301–2.
15. Foley, *German Strategy*, pp.6–7.
16. Herwig, 'From Tirpitz Plan to Schlieffen Plan', p.55.
17. Craig, *Germany, 1866–1945*, p.317.
18. Ritter, *The Sword and the Sceptre*, p.206.
19. 同.
20. Mombauer, *Helmuth von Moltke*, p.46.
21. 同、pp.42–6.
22. Craig, *The Politics of the Prussian Army*, p.300.
23. Bülow, *Memoirs of Prince von Bulow*, vol. II, pp.201–2.
24. Maurer, *The Outbreak of the First World War*, p.37.
25. Herwig, 'From Tirpitz Plan to Schlieffen Plan', p.59.
26. Mombauer, *Helmuth von Moltke*, p.59.
27. Bucholz, *Moltke, Schlieffen*, pp.223–5.
28. Kronenbitter, *Krieg im Frieden*, p.311.
29. Hull, *The Entourage of Kaiser Wilhelm II*, p.240.
30. Kessler, *Journey to the Abyss*, p.658; Foley, 'Debate – the Real Schlieffen Plan', p.222.
31. Snyder, *The Ideology of the Offensive*, p.203.
32. Groener, *Lebenserinnerungen*, p.84.
33. Fischer, *War of Illusions*, p.55.
34. Hull, *The Entourage of Kaiser Wilhelm II*, pp.258–9; Afflerbach, *Falkenhayn. Politisches*, p.79.
35. Mombauer, *Helmuth von Moltke*, p.165.
36. Bucholz, *Moltke, Schlieffen*, pp.263–4.
37. Mombauer, 'German War Plans', p.57.
38. Craig, *The Politics of the Prussian Army*, p.280.
39. Showalter, 'From Deterrence to Doomsday Machine', p.696.
40. Snyder, *The Ideology of the Offensive*, p.152.
41. Bülow, *Memoirs of Prince von Bulow*, vol. II, pp.88–9.
42. Fischer, *War of Illusions*, p.390.
43. Bülow, *Memoirs of Prince von Bulow*, vol. II, pp.84–5.
44. Fischer, *War of Illusions*, pp.225–9; Beyens, *Germany before the War*, pp.36–8.
45. Mombauer, 'German War Plans', pp.48–79.
46. Fischer, *War of Illusions*, p.390.
47. Hewitson, *Germany and the Causes*, p.118.
48. Herrmann, *The Arming of Europe*, pp.96–7.
49. Mombauer, *Helmuth von Moltke*, p.210.
50. Hewitson, *Germany and the Causes*, pp.131–3; Hewitson, 'Images of the Enemy', 参照.
51. Herrmann, *The Arming of Europe*, pp.132–3.
52. 同、p.84.
53. 同、pp.91–5.
54. Mombauer, 'German War Plans', p.57.
55. Herwig, 'Imperial Germany', p.71.
56. Herwig, 'Disjointed Allies', p.273.
57. Herrmann, *The Arming of Europe*, p.101.
58. Gooch, 'Italy before 1915', pp.211–22; Mombauer, *Helmuth von Moltke*, pp.167–9.

87. 同、pp.91–2; Joll, *The Second International*, pp.152–7.
88. Haupt, *Socialism and the Great War*, pp.102–3.
89. Joll, *The Second International*, p.70.
90. Howorth, 'French Workers and German Workers', p.75; Chickering, 'War, Peace, and Social Mobilization', pp.16–17.
91. Joll, *The Second International*, pp.49–54; Howorth, 'French Workers and German Workers', pp.78–81.
92. Haupt, *Socialism and the Great War*, pp.68–9.
93. 同、pp.69–70.
94. Joll, *The Second International*, pp.123–4.
95. Haupt, *Socialism and the Great War*, pp.64–6.
96. 同、p.77.
97. 同、p.114; Goldberg, *Life of Jean Jaurès*, pp.435–8.
98. Cooper, *Patriotic Pacifism*, p.171.
99. 同、pp.165–7.
100. Chickering, *Imperial Germany*, p.317.
101. Weinroth, 'The British Radicals', p.676; Chickering, *Imperial Germany*, p.118.
102. Cooper, 'Pacifism in France', p.365.
103. Angell, *The Great Illusion* Kindle version, loc. 2928–30.

11 戦争について考える

1. Howard, 'The Armed Forces', p.217.
2. Stevenson, 'War by Timetable?', pp.167–8; Herwig, 'Conclusions', p.232.
3. Howard, *The Franco-Prussian War*, p.14.
4. Stevenson, 'War by Timetable?', *p.*167.
5. Bucholz, *Moltke, Schlieffen*, pp.146–7, p.229, p.232.
6. 同、p.150.
7. Stevenson, 'War by Timetable?', p.171.
8. Craig, *The Politics of the Prussian Army*, p.197n3.
9. Bucholz, *Moltke, Schlieffen*, pp.64–6.
10. Craig, *The Politics of the Prussian Army*, p.216.
11. Moltke, *Erinnerungen*, p.11.
12. Herwig, 'Conclusions', p.231.
13. Showalter, 'Railroads', p.40.
14. Stevenson, 'War by Timetable?',pp.192–3.
15. Evera, 'The Cult of the Offensive', pp.73–6.
16. Hamilton, 'War Planning', p.13.
17. Herwig, 'Imperial Germany', p.90.
18. Herwig, 'From Tirpitz Plan to Schlieffen Plan', p.57.
19. Tirpitz, *My Memoirs*, vol. II, p.290.
20. Bond, *The Victorian Army and the Staff College*, p.133.
21. Kronenbitter, *Krieg im Frieden*, p.88.
22. Echevarria, 'Heroic History', pp.573–90.
23. Echevarria, 'On the Brink of the Abyss', pp.31–3.
24. Howard, 'The Armed Forces', pp.206–9.
25. Travers, 'Technology, Tactics, and Morale', p.268.
26. Welch, 'The Centenary', pp.273–94.
27. Bloch, 'The Wars of the Future', p.307.
28. 同、pp.314–15.
29. Cairns, 'International Politics', pp.280–81.
30. Bloch, 'The Wars of the Future', p.314.
31. Travers, 'Technology, Tactics, and Morale', 273–4.
32. Burkhardt, 'Kriegsgrund Geschichte?', pp.72–4.
33. Mombauer, 'German War Plans', p.52n10.
34. Snyder, *The Ideology of the Offensive*, 26–30; Evera, 'The Cult of the Offensive', 参照.
35. Travers, 'Technology, Tactics, and Morale', p.271n22.
36. Doughty, *Pyrrhic Victory*, 2p.5.
37. Howard, 'Men Against Fire', pp.10–11.
38. Messimy, *Mes Souvenirs*, p.119.
39. Porch, 'The French Army', p.120.
40. 同、p.118.
41. Gooch, 'Attitudes to War', p.95.
42. Echevarria, 'On the Brink of the Abyss', pp.27–8, pp.30–31.
43. Foley, *German Strategy*, p.41.
44. Howard, 'Men Against Fire', pp.8–10.
45. Cairns, 'International Politics', p.282.
46. Foley, *German Strategy*, pp.28–9.
47. Kieβling, *Gegen den 'Groβen Krieg'?*, pp.43–50, p.139; McDonald, *United Government*, pp.199–201; Kronenbitter, *Krieg im Frieden*, p.139.

22. Laity, *The British Peace Movement*, p.189.
23. Cooper, 'Pacifism in France', pp.360–62.
24. Bülow, *Memoirs of Prince von Bulow*, vol. II, p.383.
25. Chickering, 'Problems of a German Peace Movement', p.46, p.52.
26. Chickering, *Imperial Germany*, pp.239–53.
27. Wank, 'The Austrian Peace Movement', pp.42–3; Dülffer, 'Efforts to Reform the International System', p.28.
28. Herring, *From Colony to Superpower*, pp.358–60.
29. Patterson, 'Citizen Peace Initiatives', pp.187–92.
30. Herring, *From Colony to Superpower*, pp.357–8.
31. Chickering, *Imperial Germany*, p.345.
32. Cooper, 'Pacifism in France', pp.366–7.
33. Morris, 'The English Radicals' Campaign', 参照.
34. Weinroth, 'The British Radicals', pp.661–2.
35. Kessler, *Journey to the Abyss*, p.336, pp.368–9.
36. Zweig, *The World of Yesterday*, p.226.
37. Cooper, 'Pacifism in France', p.363.
38. Anderson, *The Rise of Modern Diplomacy*, pp.253–5.
39. 同、p.255.
40. Morrill, 'Nicholas II and the Call', pp.296–313.
41. Dülffer, 'Chances and Limits of Arms Control', p.98.
42. Dülffer, 'Citizens and Diplomats', pp.30–31.
43. Joll and Martel, *The Origins of the First World War*, p.258.
44. Massie, *Dreadnought*, p.429.
45. Chickering, *Imperial Germany*, p.225.
46. Dülffer, 'Citizens and Diplomats', p.25.
47. Laurence, 'The Peace Movement in Austria', p.55.
48. Andrew, *Théophile Delcassé*, p.121.
49. BD, vol. I, p.274, pp.224–5; p.276, p.226.
50. White, *The First Hague Conference*, p.114.
51. Tuchman, *The Proud Tower*, p.252.
52. BD, vol. I, 282, pp.229–31.
53. White, *The First Hague Conference*, p.8.
54. 同、pp.18–19.
55. Dülffer, 'Citizens and Diplomats', p.24.
56. Dülffer, 'Chances and Limits of Arms Control', p.102.
57. Chickering, *Imperial Germany*, p.227.
58. 同、p.228.
59. Aehrenthal, *Aus dem Nachlass*, p.388.
60. Stevenson, *Armaments*, p.109.
61. Laity, *The British Peace Movement*, pp.171–2.
62. Laurence, 'The Peace Movement in Austria', p.29.
63. Stevenson, *Armaments*, pp.109–10.
64. Ceadel, *Semi-Detached Idealists*, p.166.
65. Charykov, *Glimpses of High Politics*, p.261.
66. Marder, *From the Dreadnought to Scapa Flow*, p.133.
67. Chickering, *Imperial Germany*, pp.229–30.
68. Steiner, 'Grey, Hardinge and the Foreign Office', pp.434–5.
69. Dülffer, 'Efforts to Reform the International System', p.40.
70. Howorth, 'French Workers and German Workers', p.85.
71. Chickering, *Imperial Germany*, p.269.
72. Laurence, 'Bertha von Suttner', p.194.
73. Joll, *The Second International*, p.107.
74. Craig, *Germany, 1866–1945*, pp.267–9; Joll, *The Second International*, pp.89–90.
75. Groh, 'The "Unpatriotic Socialists"', pp.153–5.
76. Chickering, *Imperial Germany*, p.272.
77. Joll, *The Second International*, pp.100–105; Goldberg, *Life of Jean Jaurès*, pp.329–30.
78. Goldberg, *Life of Jean Jaurès*, p.13.
79. 同、pp.63–5.
80. 同、p.15, p.375; Heinrich, *Geschichte in Gesprächen*, pp.327–8.
81. Goldberg, *Life of Jean Jaurès*, p.385.
82. Porch, *The March to the Marne*, pp.247–9.
83. Joll, *The Second International*, pp.126–43, p.197.
84. Chickering, *Imperial Germany*, p.275; Haupt, *Socialism and the Great War*, pp.90–91, p.107.
85. Haupt, *Socialism and the Great War*, pp.67–8.
86. 同、p.64.

82. Nolan, *The Inverted Mirror*, p.56.
83. Herwig, *The Marne*, pp.32–3.
84. Nolan, *The Inverted Mirror*, p.30.
85. Bourdon, *The German Enigma*, pp.163–4.
86. Nolan, *The Inverted Mirror*, p.58.
87. 同、p.61.
88. Gooch, 'Attitudes to War', p.96.
89. Förster, 'Facing "People's War"', pp.223–4.
90. Ritter, *The Sword and the Scepter*, p.102.
91. Joll, *The Second International*, p.196.
92. Stevenson, *Armaments*, p.38.
93. Ferguson, *The Pity of War*, pp.31–3.
94. Förster, 'Im Reich des Absurden', pp.213–14; Feldman, 'Hugo Stinnes', pp.84–5.
95. Steed, *Through Thirty Years*, p.359.
96. Lieven, *Russia and the Origins*, pp.16–17; Bushnell, 'The Tsarist Officer Corps', 他.
97. Airapetov, *Poslednyaya Voina Imperatorskoi Rossii*, pp.44–58.
98. Ritter, *The Sword and the Sceptre*, pp.102–3.
99. Bourdon, *The German Enigma*, p.207.
100. Eby, *The Road to Armageddon*, p.4.
101. Howard, 'Men Against Fire', p.17.
102. Rohkrämer, 'Heroes and Would-be Heroes', pp.192–3.
103. Steiner and Neilson, *Britain and the Origins*, p.169.
104. Hynes, *The Edwardian Turn of Mind*, pp.28–9.
105. Linton, 'Preparing German Youth for War', pp.177–8.
106. 同、p.167.
107. 同、pp.180–83.
108. Weber, *France: Fin de Siècle*, 215–17; Porch, *The March to the Marne*, pp.207–10.
109. Porch, *The March to the Marne*, pp.92–3.
110. 同、第5章, pp.106–7; Harris, *The Man on Devil's Island*, pp.365–6.
111. Porch, *The March to the Marne*, 第7章.
112. 同、p.189.
113. Clark, *Iron Kingdom*, p.596–9.
114. Balfour, *The Kaiser and His Times*, p.333.
115. Berghahn, *Germany and the Approach of War*, pp.174–8.
116. Gooch, 'Attitudes to War', p.97.
117. Rohkrämer, 'Heroes and Would-be Heroes', pp.199–203.
118. Stromberg, 'The Intellectuals', p.109.
119. Urbas, *Schicksale und Schatten*, pp.67–8.
120. Kessler, *Journey to the Abyss*, p.581.
121. Stromberg, 'The Intellectuals', p.117–18n37.
122. 同、p.120; Weber, *The Nationalist Revival in France*, pp.108–9.

10 平和の夢想

1. Laurence, 'Bertha von Suttner', pp.184–5.
2. 同、p.196.
3. Blom, *The Vertigo Years*, p.192.
4. Laurence, 'Bertha von Suttner', pp.186–7; Joll and Martel, *The Origins of the First World War*, pp.260–61; LaFeber, *The Cambridge History of American Foreign Relations*, p.43.
5. Kennedy, *Rise of the Anglo-German Antagonism*, p.293.
6. Rotte, 'Global Warfare', pp.483–5.
7. Bloch, *The Future of War*, xxx.
8. 同、lxxi.
9. 同、ix.
10. 同、xix.
11. Travers, 'Technology, Tactics, and Morale', p.266.
12. Bloch, *The Future of War*, xvi.
13. 同、xi.
14. Dungen, 'Preventing Catastrophe', pp.456–7.
15. Ceadel, *Living the Great Illusion*, p.4, pp.20–21.
16. Angell, *The Great Illusion*, Kindle version, loc. 4285.
17. 同、loc. 947–9.
18. 同、loc. 633–4.
19. 同、loc. 1149.
20. Steiner and Neilson, *Britain and the Origins*, p.142; Ceadel, *Living the Great Illusion*, pp.8–12, p.22.
21. Offer, *The First World War*, p.250.

16. Kronenbitter, *Krieg im Frieden*, p.33.
17. Lieven, *Russia and the Origins*, p.22.
18. Neklyudov, *Diplomatic Reminiscences*, p.5.
19. Bernhardi, *Germany and the Next War*, p.28.
20. Offer, 'Going to War in 1914', p.216.
21. Rathenau, *Briefe*, p.147.
22. Rathenau and von Strandmann, *Walther Rathenau*, pp.142–3.
23. Stromberg, 'The Intellectuals', p.115, p.119.
24. Tanner, *Nietzsche*, p.4 他.
25. Blom, *The Vertigo Years*, p.354.
26. Kessler, *Journey to the Abyss*, p.128.
27. Cronin, *Paris on the Eve*, pp.43–6.
28. 同、p.47.
29. Wohl, *The Generation of 1914*, pp.6–7.
30. Blom, *The Vertigo Years*, 第8章.
31. Tuchman, *The Proud Tower*, pp.88–97.
32. 同、p.106.
33. De Burgh, *Elizabeth*, pp.326–7.
34. Butterworth, *The World that Never Was*, p.323.
35. Barclay, *Thirty Years*, p.142.
36. Gooch, 'Attitudes to War', p.95; Hynes, *The Edwardian Turn of Mind*, pp.24–7.
37. Hynes, *The Edwardian Turn of Mind*, pp.26–7.
38. Weber, *France: Fin de Siècle*, p.224.
39. 同、p.12.
40. Tuchman, *The Proud Tower*, 32; Blom, *The Vertigo Years*, pp.184–5.
41. Travers, 'Technology, Tactics, and Morale', p.279.
42. Miller et al., *Military Strategy*, p.14n28.
43. Steiner and Neilson, *Britain and the Origins*, p.171.
44. Hull, *The Entourage of Kaiser Wilhelm II*, pp.133–5.
45. Hynes, *The Edwardian Turn of Mind*, p.201.
46. 同、p.199.
47. Gildea, *Barricades and Borders*, pp.268–7.
48. Ousby, *The Road to Verdun*, pp.155–6.
49. Bourdon, *The German Enigma*, p.170.
50. Hynes, *The Edwardian Turn of Mind*, pp.286–7.
51. Blom, *The Vertigo Years*, p334、第13章
52. Leslie, 'The Antecedents', p.312.
53. Captain Wilmot Caulfeildの未発表の日記から引用する許可をくださった Brigadier に感謝申し上げる。
54. Gooch, 'Attitudes to War', p.94.
55. Bernhardi, *Germany and the Next War*, p.26.
56. Joll and Martel, *The Origins of the First World War*, pp.276–7.
57. Lukacs, *Budapest 1900*, pp.130–32.
58. Schorske, *Fin-de-Siècle Vienna*, pp.133–46.
59. Bernhardi, *Germany and the Next War*, pp.57–8.
60. Berghahn, 'War Preparations and National Identity', pp.311ff.
61. Nolan, *The Inverted Mirror*, p.25.
62. Steiner and Neilson, *Britain and the Origins*, p.165.
63. Hewitson, *Germany and the Causes*, p.92.
64. Eby, *The Road to Armageddon*, p.6.
65. Martel, *The Origins of the First World War*, pp.280–81.
66. Cannadine et al., *The Right Kind of History*, pp.19–20, pp.23–4.
67. Langsam, 'Nationalism and History', pp.250–51.
68. Joll and Martel, *The Origins of the First World War*, pp.274–5.
69. Bernhardi, *Germany and the Next War*, p.57.
70. 同、p.20.
71. Berghahn, 'War Preparations and National Identity', p.316.
72. Cannadine et al., *The Right Kind of History*, p.53.
73. Roberts, *Salisbury*, p.799.
74. Kennedy, 'German World Policy', pp.616–18.
75. Fischer, 'The Foreign Policy of Imperial Germany', p.26.
76. Joll, *1914*, p.18.
77. Hewitson, *Germany and the Causes*, p.95.
78. Thompson, *Northcliffe*, pp.155–6.
79. Steiner, 'The Last Years', p.76.
80. Ousby, *The Road to Verdun*, pp.154–6.
81. Hewitson, 'Germany and France', pp.574–5, pp.580–81.

25. Steed, *Through Thirty Years*, vol. I, p.196.
26. Wank, 'Pessimism in the Austrian Establishment', p.299.
27. 同; Johnston, *The Austrian Mind*, p.47.
28. Boyer, 'The End of an Old Regime', pp.177–9; Stone, *Europe Transformed*, p.304; Johnston, *The Austrian Mind*, p.48; Urbas, *Schicksale und Schatten*, p.77; Bridge, *From Sadowa to Sarajevo*, p.254.
29. Boyer, 'The End of an Old Regime', pp.174–7; Palmer, *Twilight of the Habsburgs*, p.291; Stone, *Europe Transformed*, p.316; Stevenson, *Armaments*, p.4; Williamson, *Austria-Hungary*, pp.44–6.
30. Palmer, *Twilight of the Habsburgs*, p.293.
31. Czernin, *In the World War*, p.46; Macartney, *The Habsburg Empire*, p.746; Steed, *Through Thirty Years*, p.367; Wank, 'The Archduke and Aehrenthal', p.86.
32. 同.
33. Steed, *Through Thirty Years*, vol. I, p.367; Bridge, *The Habsburg Monarchy*, p.7.
34. Czernin, *In the World War*, p.48.
35. 同、p.50; Afflerbach, *Der Dreibund*, pp.596–7.
36. Hantsch, *Leopold Graf Berchtold*, p.389.
37. Aehrenthal, *Aus dem Nachlass*, pp.179–80.
38. Bridge, 'Tarde Venientibus Ossa', 参照.
39. Sondhaus, *Franz Conrad von Hötzendorf*, pp.82–4; Ritter, *The Sword and the Sceptre*, p.229.
40. Hoetzendorf, *Mein Leben mit Conrad von Hötzendorf*, pp.174–5.
41. Sondhaus, *Franz Conrad von Hötzendorf*, pp.73–4.
42. Hoetzendorf, *Mein Leben mit Conrad von Hötzendorf*, p.66; Sondhaus, *Franz Conrad von Hötzendorf*, p.89, p.104.
43. Hoetzendorf, *Mein Leben mit Conrad von Hötzendorf*, p.30.
44. 同、p.210.
45. 同、p.31; Sondhaus, *Franz Conrad von Hötzendorf*, p.111; Williamson, *Austria-Hungary*, pp.49–50.
46. Bridge, *From Sadowa to Sarajevo*, p.440.
47. 同、p.267.
48. Bosworth, *Italy and the Approach*, pp.55–7.
49. Herwig, 'Disjointed Allies', p.271; Angelow, 'Der Zweibund zwischen Politischer', p.34; Margutti, *The Emperor Francis Joseph*, pp.220–28; Williamson, *Austria-Hungary*, p.36.
50. Bridge, *From Sadowa to Sarajevo*, pp.254–5, pp.427–8; Margutti, *The Emperor Francis Joseph*, p.127, p.228.
51. Musulin, *Das Haus am Ballplatz*, p.80; Stevenson, *Armaments*, pp.38–9; Williamson, *Austria-Hungary*, p.114.
52. Bridge, 'Austria-Hungary and the Boer War', p.79.
53. Bridge, *From Sadowa to Sarajevo*, p.260; Steiner, *The Foreign Office and Foreign Policy*, pp.182–3; Williamson, *Austria-Hungary*, p.112.
54. Wank, 'Foreign Policy and the Nationality Problem in Austria-Hungary', p.45.
55. Bridge, *From Sadowa to Sarajevo*, pp.232–4; Jelavich, *Russia's Balkan Entanglements*, pp.212–13.

9 人々が考えていたこと

1. Kessler, *Journey to the Abyss*, xxi.
2. Schorske, *Fin-de-siècle Vienna*, pp.213–19.
3. 同、pp.346–8.
4. Kessler, *Journey to the Abyss*, p.230.
5. Lukacs, *Budapest 1900*, pp.129–32.
6. Offer, *The First World War*, p.121–7.
7. 同、p.128.
8. Wank, 'The Archduke and Aehrenthal', p.83n33.
9. Sondhaus, *Franz Conrad von Hötzendorf*, pp.84–5.
10. Förster, 'Der deutschen Generalstab', p.95.
11. Offer, *The First World War*, p.129.
12. Deák, *Beyond Nationalism*, pp.128–9, pp.134–6.
13. Lukacs, *Budapest 1900*, p.184n.
14. Weber, *France: Fin de Siècle*, pp.218–20.
15. Offer, 'Going to War in 1914', p.217.

76. 同、p.4.
77. Carter, *The Three Emperors*, p.138.
78. Albertini, *The Origins of the War*, vol. I, p.159.
79. Lieven, 'Pro-Germans and Russian Foreign Policy', pp.43–5.
80. Levine and Grant, *The Kaiser's Letters to the Tsar*, p.118, p.120.
81. Andrew, *Théophile Delcassé*, pp.250–52.
82. Carter, *The Three Emperors*, p.130.
83. Cecil, *Wilhelm II*, p.14.
84. Carter, *The Three Emperors*, p.185; Bülow, *Memoirs of Prince von Bulow*, vol. II, p.146.
85. Balfour, *The Kaiser and His Times*, p.248.
86. Albertini, *The Origins of the War*, vol. I, pp.159–60; Bülow, *Memoirs of Prince von Bulow*, vol. II, pp.152–3; McDonald, *United Government and Foreign Policy in Russia*, pp.78–9.
87. Levine and Grant, *The Kaiser's Letters to the Tsar*, pp.191–4.
88. Lerman, *The Chancellor as Courtier*, pp.128–30.
89. Bülow, *Memoirs of Prince von Bulow*, vol. I, p.161.
90. Hopman, *Das ereignisreiche Leben*, p.144.
91. Lieven, *Nicholas II*, p.192.
92. BD, vol. IV, p.205, pp.219–20.
93. Neilson, *Britain and the Last Tsar*, pp.102–3.
94. Taube, *La Politique russe d'avant-guerre*, p.90.
95. 同、p.101.
96. Soroka, 'Debating Russia's Choice', p.15.
97. Hantsch, *Leopold Graf Berchtold*, p.49.
98. Csáky, *Vom Geachteten zum Geächteten*, p.67.
99. 原文は 'Je l'ai regretté tous les jours, mais je m'en félicité toutes les nuits'. Bülow, *Memoirs of Prince von Bulow*, vol. II, p.325.
100. Radziwill, *Behind the Veil*, p.380.
101. Taube, *La Politique russe d'avant-guerre*, p.105.
102. BD, vol. IV, p.219, pp.235–6.
103. Fuller, *Strategy and Power in Russia*, p.416.
104. Soroka, 'Debating Russia's Choice', p.3.
105. Taube, *La Politique russe d'avant-guerre*, p.103.
106. Nicolson, *Portrait of a Diplomatist*, pp.183–5.
107. Hinsley, *British Foreign Policy under Sir Edward Grey*, p.158.
108. Bülow, *Memoirs of Prince von Bulow*, vol. II, p.352.
109. Menning and Menning, '"Baseless Allegations"', p.373.
110. Grey, *Twenty-five Years*, vol. I, p.154.
111. Spring, 'Russia and the Franco-Russian Alliance', p.584.
112. Albertini, *The Origins of the War*, vol. I, p.189.

8 ニーベルングの忠誠

1. Geiss, 'Deutschland und Österreich-Ungarn', p.386.
2. Angelow, 'Der Zweibund zwischen Politischer', p.58; Snyder, *The Ideology of the Offensive*, p.107.
3. Bülow, *Memoirs of Prince von Bulow*, vol. II, p.367.
4. 同、p.362.
5. Stevenson, *Armaments*, p.4.
6. Stone, *Europe Transformed*, p.315.
7. Redlich, *Emperor Francis Joseph*, p.40.
8. Palmer, *Twilight of the Habsburgs*, p.23.
9. Margutti, *The Emperor Francis Joseph*, pp.26–7.
10. 同、p.50.
11. Palmer, *Twilight of the Habsburgs*, pp.230–31.
12. Margutti, *The Emperor Francis Joseph*, pp.35–50; Redlich, *Emperor Francis Joseph*, pp.17–18, p.188.
13. Palmer, *Twilight of the Habsburgs*, p.172.
14. Margutti, *The Emperor Francis Joseph*, pp.45–6.
15. 同、p.52.
16. Palmer, *Twilight of the Habsburgs*, p.265.
17. 同
18. RA VIC/MAIN/QVJ (W) 4 August 1874 (Princess Beatrice's copies).
19. Margutti, *The Emperor Francis Joseph*, p.48.
20. Leslie, 'The Antecedents', pp.309–10; Williamson, 'Influence, Power, and the Policy Process', p.419.
21. Lukacs, *Budapest 1900*, pp.49–50, pp.108–12.
22. Deák, *Beyond Nationalism*, p.69.
23. Vermes, *Istv'an Tisza*, p.102.
24. Freud, *Civilization and Its Discontents*, p.61.

War's Dark Shadow, p.225.
8. McDonald, *United Government*, p.71, p.73.
9. Lieven, *Nicholas II*, p.144.
10. Figes, *A People's Tragedy*, pp.179–86.
11. Lieven, *Nicholas II*, p.149.
12. Airapetov, *Generalui*, p.12.
13. Figes, *A People's Tragedy*, p.16.
14. Lieven, *Nicholas II*, p.39.
15. McDonald, *United Government*, p.16n39.
16. 同、p.16.
17. Izvol'skiĭ and Seeger, *The Memoirs of Alexander Iswolsky*, p.270n.
18. Carter, *The Three Emperors*, pp.64–71; Lieven, *Nicholas II*, pp.40–42, pp.58–9, pp.166–7.
19. Carter, *The Three Emperors*, p.69.
20. Steinberg, *All the Tsar's Men*, pp.29–31.
21. 同、p.30.
22. Lincoln, *In War's Dark Shadow*, p.33.
23. Lieven, *Nicholas II*, p.42.
24. Neklyudov, *Diplomatic Reminiscences*, p.4.
25. McDonald, *United Government*, pp.65–6.
26. Neilson, *Britain and the Last Tsar*, p.70.
27. Carter, *The Three Emperors*, p.225.
28. Lieven, *Nicholas II*, p.64.
29. 同、p.71.
30. 同、p.141.
31. Neilson, *Britain and the Last Tsar*, p.62.
32. Lieven, *Nicholas II*, p.102.
33. McDonald, *United Government*, p.70.
34. 同、p.70.
35. 同、p.73 and 第2章及び第3章.
36. 同、pp.40–41.
37. Radziwill, *Behind the Veil*, p.226.
38. Lieven, *Nicholas II*, pp.65–6.
39. Kleĭnmikhel', *Memories of a Shipwrecked World*, pp.211–12.
40. Radziwill, *Behind the Veil*, p.230.
41. Lieven, *Nicholas II*, p.227.
42. 同、p.55n8.
43. Carter, *The Three Emperors*, p.221.
44. Neilson, *Britain and the Last Tsar*, p.55.
45. Lieven, *Nicholas II*, p.149; Figes, *A People's Tragedy*, p.191.
46. Radziwill, *Behind the Veil*, p.357; Lincoln, *In War's Dark Shadow*, p.343.
47. Figes, *A People's Tragedy*, p.230; Radziwill, *Behind the Veil*, p.361.
48. Lieven, *Russia and the Origins*, pp.23–4.
49. Fuller, *Strategy and Power in Russia*, p.415.
50. Szamuely, *The Russian Tradition*, p.19.
51. 引用 Robert Chandler, 'Searching for a Saviour', *Spectator* (London), 31 March 2012.
52. Kennan, *Siberia and the Exile System*, p.55.
53. Dowler, *Russia in 1913*, p.198.
54. Vinogradov, '1914 God: Byt' Ili ne Byt' Vojne?', p.162.
55. Fuller, *Strategy and Power in Russia*, p.378.
56. Neilson, *Britain and the Last Tsar*, 86 及び第3章.
57. Weinroth, 'The British Radicals', pp.665–70.
58. Gilmour, *Curzon*, p.201.
59. Hinsley, *British Foreign Policy under Sir Edward Grey*, pp.135–6.
60. Fuller, *Strategy and Power in Russia*, pp.364–5; Neilson, *Britain and the Last Tsar*, pp.113–15.
61. Jusserand, *What Me Befell*, p.203.
62. Lieven, *Russia and the Origins*, p.6.
63. Stevenson, *Armaments*, p.53.
64. Lieven, 'Pro-Germans and Russian Foreign Policy', p.38.
65. Airapetov, *Generalui*, pp.10–11.
66. Fuller, *Strategy and Power in Russia*, pp.379–82.
67. 同、p.404.
68. Lieven, 'Pro-Germans and Russian Foreign Policy', pp.41–2.
69. Spring, 'Russia and the Franco-Russian Alliance', 参照.
70. 同、p.569.
71. Soroka, 'Debating Russia's Choice', p.14.
72. Hantsch, *Leopold Graf Berchtold*, p.33.
73. Taube, *La Politique russe d'avant-guerre*, p.15.
74. 同、p.43.
75. Soroka, 'Debating Russia's Choice', p.11.

5. Thompson, *Northcliffe*, pp.55–7.
6. Roberts, *Salisbury*, pp.706–8.
7. Mayne et al., *Cross Channel Currents*, p.5.
8. BD, vol. I, p.300, p.242.
9. Mayne et al., *Cross Channel Currents*, p.5.
10. Kennedy, *Rise of the Anglo-German Antagonism*, p.234.
11. Eckardstein and Young, *Ten Years at the Court of St. James*, p.228.
12. Rich, *The Tsar's Colonels*, p.88.
13. Weber, *France: Fin de Siècle*, pp.105–6.
14. Ousby, *The Road to Verdun*, pp.168–9.
15. Weber, *France: Fin de Siècle*, 1p.06.
16. Joly, 'La France et la Revanche', 参照
17. Porch, *The March to the Marne*, p.55.
18. Ousby, *The Road to Verdun*, p.169.
19. 同、pp.122–4.
20. Barclay, *Thirty Years*, p.135.
21. Weber, *France: Fin de Siècle*, pp.121–4.
22. Ousby, *The Road to Verdun*, p.120.
23. Hayne, *French Foreign Office*, pp.28–40; Keiger, *France and the Origins*, pp.25–9.
24. Hayne, *French Foreign Office*, pp.38–9.
25. Porch, *The March to the Marne*, p.83, pp.218–21, pp.250–52 他
26. Tombs and Tombs, *That Sweet Enemy*, p.426.
27. 同、pp.426–7.
28. Barclay, *Thirty Years*, pp.140–41.
29. Lincoln, *In War's Dark Shadow*, p.17.
30. Keiger, *France and the Origins*, pp.11–12; Fuller, *Strategy and Power in Russia*, p.353–4.
31. Sanborn, 'Education for War and Peace', pp.213–14.
32. BD, vol. II, p.35, pp.285–8.
33. Andrew, *Théophile Delcassé*, pp.1–10.
34. Hayne, 'The Quai d'Orsay', p.430.
35. Andrew, *Théophile Delcassé*, p.67.
36. 同、p.90.
37. 同、pp.18–19.
38. 同、p.54.
39. 同、p.24, p.91.
40. 同、p.191.
41. Monger, *The End of Isolation*, pp.104–5.
42. Andrew, *Théophile Delcassé*, p.190, pp.196–7.
43. 同、p.181.
44. Hayne, *French Foreign Office*, p.109.
45. Eubank, *Paul Cambon*, p.65.
46. Hayne, *French Foreign Office*, p.103.
47. Eubank, *Paul Cambon*, p.95.
48. 同、p.209.
49. 同、p.65, p.68; Hayne, *French Foreign Office*, p.103.
50. Andrew, *Théophile Delcassé*, pp.186–7.
51. Nicolson, *Portrait of a Diplomatist*, p.86.
52. 同、p.84.
53. Andrew, *Théophile Delcassé*, p.186.
54. Monger, *The End of Isolation*, p.772.
55. Andrew, *Théophile Delcassé*, 207–8.
56. Cronin, *Paris on the Eve*, p.63; Tombs and Tombs, *That Sweet Enemy*, pp.439–41; Mayne et al., *Cross Channel Currents*, pp.14–16.
57. Andrew, *Théophile Delcassé*, p.209.
58. Hayne, *French Foreign Office*, 94.
59. Andrew, *Théophile Delcassé*, pp.212–14; Williamson, *Politics of Grand Strategy*, pp.10–13.
60. Eubank, *Paul Cambon*, p.87.
61. Williamson, *Politics of Grand Strategy*, p.27; Weinroth, 'The British Radicals', pp.657–8.
62. Clark, *Kaiser Wilhelm II*, p.192.
63. Fischer, *War of Illusions*, pp.52–4.
64. Sharp, *Anglo-French Relations*, p.18.
65. Lloyd George, *War Memoirs*, vol. I, p.3.

7 熊と鯨

1. *Scarborough Evening News*, 24 October 1904.
2. Neilson, *Britain and the Last Tsar*, pp.255–8.
3. Herring, *From Colony to Superpower*, pp.360–61.
4. McDonald, *United Government*, pp.70–71.
5. Kleĭnmikhel', *Memories of a Shipwrecked World*, p.176.
6. Lincoln, *In War's Dark Shadow*, p.224.
7. McDonald, *United Government*, p.71; Lincoln, *In*

40. 同、p.33.
41. 同、p.36.
42. Herwig, *'Luxury' Fleet*, p.55.
43. 同、pp.54–5.
44. Massie, *Dreadnought*, p.485.
45. Herwig, 'The German Reaction to the Dreadnought Revolution', p.276.
46. Marder, *From the Dreadnought to Scapa Flow*, p.107.
47. Herwig, *'Luxury' Fleet*, p.50.
48. O'Brien, 'The Titan Refreshed', pp.153–6.
49. Rüger, 'Nation, Empire and Navy', p.174.
50. Gordon, 'The Admiralty and Dominion Navies, 1902–1914', pp.409–10.
51. O'Brien, 'The Titan Refreshed', p.150.
52. 同、p.159.
53. Steiner, 'The Last Years', p.77.
54. 同、p.76, p.85.
55. Otte, 'Eyre Crowe and British Foreign Policy', p.27.
56. BD, vol. III, Appendix, pp.397–420, p.417.
57. 同、pp.403–4.
58. 同、pp.415–16.
59. 同、pp.419.
60. Stevenson, *Armaments*, p.101.
61. Epkenhans, *Tirpitz*, Kindle version, loc. 695–9.
62. Herwig, 'The German Reaction to the Dreadnought Revolution', p.278.
63. Epkenhans, *Tirpitz*, Kindle version, loc. 831–5.
64. Herwig, *'Luxury' Fleet*, pp.8–9.
65. 同、p.62.
66. Herwig, 'The German Reaction to the Dreadnought Revolution', p.279.
67. 同、p.281.
68. Steinberg, 'The Copenhagen Complex', p.38.
69. Steinberg, 'The Novelle of 1908', p.28.
70. Marder, *From the Dreadnought to Scapa Flow*, pp.112–13.
71. Berghahn, *Germany and the Approach of War*, pp.57–8.
72. Herwig, *'Luxury' Fleet*, p.62; Epkenhans, *Tirpitz*, Kindle version, loc. 764–7.
73. Massie, *Dreadnought*, p.701.
74. Epkenhans, *Tirpitz*, Kindle version, loc. 813–17.
75. Ritter, *The Sword and the Sceptre*, 298n76.
76. Steinberg, 'The Novelle of 1908', p.26, p.36.
77. 同、p.39.
78. Epkenhans, *Tirpitz*, Kindle version, loc. 749–56.
79. Marder, *From the Dreadnought to Scapa Flow*, pp.140–42.
80. Epkenhans, *Tirpitz*, Kindle version, loc. 758–61.
81. Bülow, *Memoirs of Prince von Bulow*, vol. I, p.357.
82. Thompson, *Northcliffe*, p.153.
83. BD, vol. VI, p.117, pp.184–90; Bülow, *Memoirs of Prince von Bulow*, vol. I, pp.358–60.
84. Steinberg, 'The Novelle of 1908', pp.41–2.
85. Hopman, *Das ereignisreiche Leben*, p.152.
86. Otte, 'An Altogether Unfortunate Affair', pp.297–301.
87. 同、pp.301–2.
88. 同、pp.305–7, p.314.
89. Clark, *Kaiser Wilhelm II*, pp.239–40.
90. Otte, 'An Altogether Unfortunate Affair', p.329.
91. Balfour, *The Kaiser and His Times*, p.291.
92. Einem, *Erinnerungen eines Soldaten*, p.122.
93. Wilson, *The Policy of the Entente*, p.7.
94. Marder, *From the Dreadnought to Scapa Flow*, p.156.
95. Cannadine, *The Decline and Fall of the British Aristocracy*, pp.48–9; Grigg, *Lloyd George*, pp.203–8, p.223.
96. Kennedy, *Rise of the Anglo-German Antagonism*, p.423.

6 英仏協商

1. Eubank, 'The Fashoda Crisis Re-examined', pp.145–8.
2. Andrew, *Théophile Delcassé*, p.45.
3. Tombs and Tombs, *That Sweet Enemy*, pp.428–9; Roberts, *Salisbury*, p.702; Eubank, 'The Fashoda Crisis Re-examined', pp.146–7.
4. **Tombs, p.126.**

59. Bülow, *Memoirs of Prince von Bulow*, vol. II, pp.36–7.
60. Epkenhans, *Tirpitz*, Kindle version, loc. 345.
61. 同、loc. 375–6.
62. 同、loc. 391–5.
63. Beyens, *Germany before the War*, p.129.
64. Massie, *Dreadnought*, p.165.
65. Steinberg, *Yesterday's Deterrent*, p.69.
66. Epkenhans, *Tirpitz*, Kindle version, loc. 93–4.
67. Balfour, *The Kaiser and His Times*, p.203.
68. Epkenhans, *Tirpitz*, Kindle version, loc. 383–7.
69. 同、loc. 427–31.
70. Herwig, 'From Tirpitz Plan to Schlieffen Plan', pp.53–5.
71. Epkenhans, *Tirpitz*, Kindle version, loc. 592–5; Lambi, *The Navy and German Power Politics*, p.147.
72. Kennedy, *Rise of the Anglo-German Antagonism*, 2p.39.
73. Steinberg, 'The Copenhagen Complex', 参照。
74. Tirpitz, *Politische Dokumente*, vol. I, p.1.
75. Herwig, *'Luxury' Fleet*, p.35.
76. Epkenhans, *Tirpitz*, Kindle version, loc. 598–601.
77. 同、loc. 438–43, 465–77; Herwig, *'Luxury' Fleet*, p.35; Rüger, *The Great Naval Game*, pp.37–43.
78. Epkenhans, *Tirpitz*, Kindle version, loc. 479–83.
79. 同、loc. 529–48.
80. Zedlitz-Trützschler, *Twelve Years at the Imperial German Court*, pp.183–4.
81. Kennedy, 'German World Policy', p.620.
82. Fesser, *Der Traum vom Platz*, p.184.

5 ドレッドノート

1. *The Times*, 16 August 1902.
2. Williams, *'Made in Germany'*, p.10.
3. 同、p.11.
4. Geppert, 'The Public Challenge to Diplomacy', p.134.
5. 同、pp.143–4.
6. Thompson, *Northcliffe*, p.45.
7. Steiner and Neilson, *Britain and the Origins*, pp.178–81.
8. Roberts, *Salisbury*, p.666.
9. Kennedy, *Rise of the Anglo-German Antagonism*, p.247.
10. 同、p.237.
11. 同、p.248.
12. Steiner and Neilson, *Britain and the Origins*, p.33.
13. Rüger, *The Great Naval Game*, p.12, p.98.
14. Rüger, 'Nation, Empire and Navy', p.162.
15. Offer, *The First World War*, p.82.
16. French, 'The Edwardian Crisis and the Origins of the First World War', pp.208–9.
17. Thompson, *Northcliffe*, p.296.
18. Kennedy, *Rise of the Anglo-German Antagonism*, p.416.
19. Offer, *The First World War*, p.222.
20. 同、pp.223–4.
21. 同、第15章
22. French, 'The Edwardian Crisis and the Origins of the First World War', pp.211–12.
23. Thompson, *Northcliffe*, p.134.
24. O'Brien, 'The Costs and Benefits of British Imperialism, 1846–1914', p.187.
25. Wilson, *The Policy of the Entente*, p.11.
26. Roberts, *Salisbury*, p.109.
27. Gardiner, *Pillars of Society*, p.53.
28. Massie, *Dreadnought*, 404.
29. Gardiner, *Pillars of Society*, p.54.
30. 同、p.56.
31. Massie, *Dreadnought*, 408.
32. Marder, *From the Dreadnought to Scapa Flow*, 14.
33. Gardiner, *Pillars of Society*, 57.
34. 同、p.57.
35. Marder, *From the Dreadnought to Scapa Flow*, p.15.
36. 同、p.18.
37. Gardiner, *Pillars of Society*, pp.55–6.
38. Massie, *Dreadnought*, p.410.
39. Marder, *From the Dreadnought to Scapa Flow*, pp.7–9.

65. Zedlitz-Trützschler, *Twelve Years at the Imperial German Court*, p.233.
66. Balfour, *The Kaiser and His Times*, p.119.
67. Wilhelm II, *Reden des Kaisers*, p.56.
68. Holstein et al., *The Holstein Papers*, p.175.
69. Clark, *Iron Kingdom*, p.564.
70. Craig, *Germany, 1866–1945*, 228; Cecil, *German Diplomatic Service*, pp.211–12.
71. Lerchenfeld-Koefering, *Kaiser Wilhelm II*, p.23.
72. Herwig, *'Luxury' Fleet*, p.17.

4 世界政策

1. Hull, *The Entourage of Kaiser Wilhelm II*, p.31.
2. Langsam, 'Nationalism and History', pp.242–3.
3. Herwig, *'Luxury' Fleet*, p.18.
4. Epkenhans, 'Wilhelm II and "His" Navy', p.15.
5. 同、p.16.
6. Balfour, *The Kaiser and His Times*, p.232.
7. Craig, *Germany, 1866–1945*, pp.244–5.
8. 同、p.246.
9. Cecil, *German Diplomatic Service*, p.282.
10. Lerman, *The Chancellor as Courtier*, p.1.
11. Cecil, *German Diplomatic Service*, pp.281–2.
12. Balfour, *The Kaiser and His Times*, p.201.
13. Lerman, *The Chancellor as Courtier*, pp.86–90.
14. Cecil, *German Diplomatic Service*, p.283.
15. Berghahn, 'War Preparations and National Identity', p.315.
16. Kennedy, 'German World Policy', p.617.
17. Kennedy, *Rise of the Anglo-German Antagonism*, p.226.
18. 同、p.235.
19. Massie, *Dreadnought*, p.126.
20. Eckardstein and Young, *Ten Years at the Court of St. James*, p.33.
21. Massie, *Dreadnought*, pp.129–30; Cecil, *German Diplomatic Service*, pp.294–5.
22. Massie, *Dreadnought*, p.124; Craig, *Germany, 1866–1945*, p.127.
23. Hewitson, *Germany and the Causes*, pp.146–7.
24. 同、p.147.
25. Craig, *Germany, 1866–1945*, p.249.
26. Winzen, 'Prince Bulow's Weltmachtpolitik', pp.227–8.
27. Bülow, *Memoirs of Prince von Bulow*, vol. III, p.100.
28. Winzen, 'Treitschke's Influence', p.155.
29. Cecil, *Wilhelm II*, p.51.
30. Epkenhans, 'Wilhelm II and "His" Navy', p.17.
31. Winzen, 'Treitschke's Influence', pp.160–61.
32. Wilson, *The Policy of the Entente*, p.4.
33. Kennedy, *Rise of the Anglo-German Antagonism*, p.209.
34. Epkenhans, 'Wilhelm II and "His" Navy', p.13.
35. Ritter, *The Sword and the Sceptre*, p.110.
36. Kennedy, 'German World Policy', p.622.
37. McMeekin, *The Berlin–Baghdad Express*, p.14.
38. Cecil, *Albert Ballin*, pp.152–3.
39. Winzen, 'Treitschke's Influence', p.159.
40. Kennedy, *Rise of the Anglo-German Antagonism*, p.241.
41. Carter, *The Three Emperors*, p.105.
42. Balfour, *The Kaiser and His Times*, p.140.
43. 同、p.84.
44. Pless and Chapman-Huston, *Daisy, Princess of Pless*, pp.263–4.
45. Balfour, *The Kaiser and His Times*, p.180.
46. Eckardstein and Young, *Ten Years at the Court of St. James*, p.55.
47. Balfour, *The Kaiser and His Times*, p.265.
48. Massie, *Dreadnought*, p.106.
49. Balfour, *The Kaiser and His Times*, p.296.
50. 同、p.265.
51. Roberts, *Salisbury*, pp.485–6.
52. Massie, *Dreadnought*, p.107.
53. Clark, *Kaiser Wilhelm II*, p.184.
54. Tuchman, *The Proud Tower*, pp.131–4.
55. 同、p.132.
56. Mahan, *The Influence of Sea Power upon History*, p.28.
57. Rüger, *The Great Naval Game*, pp.205–6.
58. Clark, *Kaiser Wilhelm II*, p.184.

6. Balfour, *The Kaiser and His Times*, p.195.
7. Steiner and Neilson, *Britain and the Origins*, 21.
8. 同、p.195.
9. Kennedy, 'German World Policy', p.614.
10. Kennedy, *Rise of the Anglo-German Antagonism*, p.234.
11. Massie, *Dreadnought*, p.358.
12. 同、p.259.
13. Kröger, 'Imperial Germany and the Boer War', p.38.
14. Balfour, *The Kaiser and His Times*, pp.222–3.
15. Kennedy, *Rise of the Anglo-German Antagonism*, pp.246–7.
16. 同、第14章
17. Steiner and Neilson, *Britain and the Origins*, p.22.
18. Eckardstein and Young, *Ten Years at the Court of St. James*, p.112.
19. Kennedy, *Rise of the Anglo-German Antagonism*, p.238.
20. Balfour, *The Kaiser and His Times*, p.231.
21. Carter, *The Three Emperors*, pp.267–71; *The Times*, 6 February 1901.
22. Lerchenfeld-Koefering, *Kaiser Wilhelm II*, p.65, p.58, p.34.
23. Beyens, *Germany before the War*, pp.14–15.
24. 同、p.14.
25. Balfour, *The Kaiser and His Times*, p.82, pp.138–9.
26. Hopman, *Das ereignisreiche Leben*, p.125.
27. Hull, *The Entourage of Kaiser Wilhelm II*, p.17.
28. Balfour, *The Kaiser and His Times*, p.162.
29. Lerchenfeld-Koefering, *Kaiser Wilhelm II*, p.11.
30. Zedlitz-Trützschler, *Twelve Years at the Imperial German Court*, pp.58–9.
31. Hopman, *Das ereignisreiche Leben*, p.140.
32. Epkenhans, 'Wilhelm II and "His" Navy', p.12.
33. Balfour, *The Kaiser and His Times*, p.143, p.142.
34. Cecil, *German Diplomatic Service*, p.212.
35. Zedlitz-Trützschler, *Twelve Years at the Imperial German Court*, p.36.
36. Lerchenfeld-Koefering, *Kaiser Wilhelm II*, p.33.
37. Balfour, *The Kaiser and His Times*, p.82, p.139, p.148; Röhl, *The Kaiser and His Court*, pp.15–16.
38. Zedlitz-Trützschler, *Twelve Years at the Imperial German Court*, p.69.
39. Röhl, *The Kaiser and His Court*, pp.15–16; Balfour, *The Kaiser and His Times*, p.148.
40. Beyens, *Germany before the War*, pp.58–9.
41. Kessler, *Journey to the Abyss*, p.199.
42. Röhl, *The Kaiser and His Court*, p.13.
43. Wilhelm II, *Reden des Kaisers*, pp.32–3.
44. Lerchenfeld-Koefering, *Kaiser Wilhelm II*, p.19.
45. Wilhelm II, *Reden des Kaisers*, p.44.
46. Balfour, *The Kaiser and His Times*, pp.226–7.
47. Hull, *The Entourage of Kaiser Wilhelm II*, pp.15–16.
48. Schoen, *Memoirs of an Ambassador*, p.138.
49. Röhl, *The Kaiser and His Court*, pp.23–4.
50. 同、pp.25–6; Balfour, *The Kaiser and His Times*, pp.73–4.
51. Balfour, *The Kaiser and His Times*, pp.75–6.
52. Clark, *Kaiser Wilhelm II*, pp.1–2, pp.16–18.
53. Carter, *The Three Emperors*, p.22.
54. Zedlitz-Trützschler, *Twelve Years at the Imperial German Court*, p.233.
55. Bülow, *Memoirs of Prince von Bulow*, vol. II, p.22.
56. 参考、for example, Zedlitz-Trützschler, *Twelve Years at the Imperial German Court*, p.184, p.235, p.272.
57. Craig, *Germany, 1866–1945*, 第2章;Clark, *Iron Kingdom*, pp.558–62.
58. Wilhelm II, *Reden des Kaisers*, p.51.
59. Balfour, *The Kaiser and His Times*, p.126.
60. Hull, *The Entourage of Kaiser Wilhelm II*, pp.31–3.
61. Herwig, *'Luxury' Fleet*, p.23.
62. Zedlitz-Trützschler, *Twelve Years at the Imperial German Court*, pp.37–8, p.67; Clark, *Kaiser Wilhelm II*, p.120.
63. Fesser, *Reichskanzler Fürst von Bülow*, pp.46–7.
64. Rüger, *The Great Naval Game*, p.93.

12. Roberts, *Salisbury*, pp.714–15; Tuchman, *The Proud Tower*, p.6.
13. Cecil, *Life of Robert, Marquis of Salisbury*, p.176.
14. Roberts, *Salisbury*, p.111.
15. Cecil, *Life of Robert, Marquis of Salisbury*, pp.3–4, p.6, p8.
16. Gilmour, *Curzon*, p125.
17. Massie, *Dreadnought*, p195.
18. Roberts, *Salisbury*, p6.
19. 同、p.34.
20. Bánffy, *They Were Divided*, Kindle version, loc. 6086.
21. Cannadine, *The Decline and Fall of the British Aristocracy*, pp.36–9.
22. Hamilton, *Parliamentary Reminiscences and Reflections, 1886–1906*, p.253.
23. Roberts, *Salisbury*, p.624, p.651.
24. 同、p.626.
25. 同、p.65.
26. 同、p.647; Gilmour, *Curzon*, p.125.
27. Cecil, *Life of Robert, Marquis of Salisbury*, p.247.
28. Roberts, *Salisbury*, p.44.
29. 同、pp.46–50.
30. 同、p.628.
31. Howard, 'The Policy of Isolation', p.82.
32. Cecil, *Life of Robert, Marquis of Salisbury*, p.90.
33. 同
34. Howard, 'The Policy of Isolation', p.81.
35. 同、pp.79–80.
36. Beesly, *Queen Elizabeth*, p.107.
37. Burrows, *The History of the Foreign Policy of Great Britain*, p.34; Otte, 'Almost a Law of Nature?', pp.75–6.
38. Rüger, *The Great Naval Game*, p.179.
39. Steiner and Neilson, *Britain and the Origins*, p.19.
40. Kennedy, *Rise of the Anglo-German Antagonism*, p.229.
41. Roberts, *Salisbury*, pp.495–6.
42. 同、p.692.
43. 同、pp.615–16; Herring, *From Colony to Superpower*, pp.307–8.
44. Cecil, *Life of Robert, Marquis of Salisbury*, p.3, p.218.
45. Gilmour, *Curzon*, p.128.
46. Mansergh, *The Commonwealth Experience*, vol. II, p.27.
47. Tuchman, *The Proud Tower*, pp.46–7.
48. 同、p.56.
49. Spender, *The Public Life*, p.81.
50. Massie, *Dreadnought*, pp.233–9.
51. Spender, *The Public Life*, p.89.
52. Kennedy, *Rise of the Anglo-German Antagonism*, pp.230–32.
53. Roberts, *Salisbury*, p.748.
54. Taylor, *The Struggle for Mastery in Europe*, p.396.
55. Neilson, 'The Anglo-Japanese Alliance', p.52.
56. Kennedy, *Rise of the Anglo-German Antagonism*, pp.230–31; Roberts, *Salisbury*, p.745.
57. Bond, *The Victorian Army and the Staff College*, p.191.
58. Taylor, *The Struggle for Mastery in Europe*, p.376.
59. 同、p.395.
60. Massie, *Dreadnought*, p.306.
61. Neilson, 'The Anglo-Japanese Alliance', p.49.
62. Steiner and Neilson, *Britain and the Origins*, p.29.
63. Massie, *Dreadnought*, p.308; Balfour, *The Kaiser and His Times*, pp.235–6; Eckardstein and Young, *Ten Years at the Court of St. James*, p.227.
64. Nish, 'Origins of the Anglo-Japanese Alliance', p.12.
65. 同、p.13.
66. *The Times*, 4 January 1902.
67. Balfour, *The Kaiser and His Times*, p.240.

3 ウィルヘルム2世とドイツ

1. Benson and Esher, *Letters: A Selection from Her Majesty's Correspondence*, vol. III, p.414.
2. Kennedy, *Rise of the Anglo-German Antagonism*, p.119.
3. 同、p.104.
4. *The Times*, 4 January 1896.
5. Roberts, *Salisbury*, p.624.

注

省略形BD – Gooch, G. P.and Temperley, H., eds., *British Documents on the Origins of the War*; DDF – France. Ministère des Affaires Étrangères, *Documents diplomatiques français, 1871–1914*, 3rd series; RA – Royal Archives, Windsor Castle, available at http://www.royal.gov.uk/. ここに示した記載及び他の文献についてはすべて参考文献に挙げてある。

序　戦争か平和か？

1. Kramer, *Dynamic of Destruction*, pp.8–9.
2. *New York Times*, 29 September 1914.
3. Kramer, *Dynamic of Destruction*, p.30.
4. Lloyd George, *War Memoirs*, vol. I, p.52.

1　1900年のヨーロッパ

1. 参照。アシェットガイドの万博案内 *Paris Exposition, 1900: guide pratique du visiteur de Paris et de l'exposition,* はオンラインで入手可能である。 http://archive.org/details/parisexposition00pari
2. *The Times*, 24 May 1900.
3. *New York Observer and Chronicle*, 25 October 1900.
4. *The Times*, 18 April 1900.
5. Lieven, *The Aristocracy in Europe, 1815–1914*, p.7.
6. Zweig, *The World of Yesterday*, p.215.
7. Addison and O'Grady, *Diary of a European Tour, 1900*, p.30.
8. Zweig, *The World of Yesterday*, p.26.
9. Dowler, *Russia in 1913,* 第1章参照。
10. Kennedy, *The Rise and Fall of the Great Powers*, 第4章参照。
11. Tylor, *Primitive Culture*, p.2.
12. Blom, *The Vertigo Years*, p.8.
13. *New York Observer and Chronicle*, 27 December 1900.
14. *New York Observer and Chronicle*, 11 October 1900.
15. Herring, *From Colony to Superpower*, p.345.
16. Cronin, *Paris on the Eve*, p.37.
17. Zweig, *The World of Yesterday*, p.216.
18. Weber, *France: Fin de Siècle*, pp.230–31.
19. Blom, *The Vertigo Years*, pp.265–8.
20. *New York Observer and Chronicle*, 18 October 1900.
21. Kessler, *Journey to the Abyss*, p.81.
22. Hewitson, 'Germany and France', p.580.
23. Weber, *France: Fin de Siècle*, pp.243–4.
24. Cronin, *Paris on the Eve*, p.36.
25. Weber, *France: Fin de Siècle*, p.243.
26. Andrew, *Théophile Delcassé*, p.136; *New York Observer and Chronicle*, 1 November 1900.
27. Ridley, *Bertie*, p.338.

2 イギリスと栄光ある孤立

1. *New York Times*, 24 June 1897; *Spectator*, 26 June 1897.
2. RA VIC/MAIN/QVJ (W) 22 June 1897 (Princess Beatrice's copies).
3. Massie, *Dreadnought*, xviii.
4. Rüger, *The Great Naval Game*, 200, p.74.
5. Massie, *Dreadnought*, xx.
6. Roberts, *Salisbury*, pp.664–5; Rüger, *The Great Naval Game*, pp.184–5; Massie, *Dreadnought*, xviii–xx.
7. Kipling and Pinney, *The Letters of Rudyard Kipling*, vol. II, p.303.
8. Massie, *Dreadnought*, xxx; Rüger, *The Great Naval Game*, pp.191–2; Roberts, *Salisbury*, p.661.
9. Cannadine, *The Decline and Fall of the British Aristocracy*, pp.9–11; Lieven, *The Aristocracy in Europe, 1815–1914*, p.205; Cecil, *Life of Robert, Marquis of Salisbury*, p.159.
10. Roberts, *Salisbury*, pp.8–12, p.28.
11. Tuchman, *The Proud Tower*, p.9.

〈レ〉

〈ロ〉

〈ワ〉

〈ヤ〉

〈ユ〉

〈ヨ〉

〈ラ〉

〈リ〉

〈ル〉

〈ホ〉

〈へ〉

〈ナ〉

〈ニ〉

〈ツ〉

〈テ〉

〈ト〉

〈セ〉

〈ソ〉

〈タ〉

〈チ〉

〈ス〉

〈ウ〉

〈エ〉

索 引

アラビア数字は写真ページ

〔著者紹介〕 マーガレット・マクミラン (Margaret Macmillan、1943 年–)
カナダのオンタリオ州トロント出身の歴史家。イギリス首相ロイド・ジョージの曾孫。
トロント大学トリニティ・カレッジで現代史の修士号取得。オックスフォード大学セント・アントニー・カレッジで博士号取得。現在セント・アントニーズ・カレッジ学長、オックスフォード大学国際史教授。専門はイギリス帝国現代史、国際関係論。カナダ国際問題研究所(CIIA)のメンバー。ピースメイカーズでカナダ総督賞・サミュエル・ジョンソン賞受賞。代表作のピースメイカーズでは 1919 年のパリ講和会議とその参加者達を詳細に描いており、日本全権団の提出した人種差別撤廃案については一章を割いて記述している。
邦訳書:『誘惑する歴史:誤用・濫用・利用の実例』(えにし書房、2014 年)、『ピースメイカーズ——1919 年パリ講和会議の群像』上下巻(稲村美貴子訳、芙蓉書房出版、2007 年)

〔訳者紹介〕 真壁 広道 (まかべ ひろみち)
1957 年生まれ。1981 年一橋大学社会学部卒業。現在、神奈川県立鎌倉高等学校に勤務。
訳書:マーガレット・マクミラン『誘惑する歴史:誤用・濫用・利用の実例』(えにし書房、2014 年)、ジョン・パードゥ「イギリスの同時代日本評、1924-41、新聞、書籍、書評およびプロパガンダについて」『日英交流史第 5 巻』(東大出版会、2000 年)、A.J.P. テイラー『トラブルメイカーズ:イギリス外交史に反対した人々』(法政大学出版局、2002 年)

〔監修者紹介〕 滝田 賢治 (たきた けんじ)
1946 年 8 月横浜に生まれる。1970 年東京外国語大学英米語学科卒、1977 年一橋大学大学院法学研究科博士課程修了、1979 年中央大学法学部専任講師、1980 年助教授、1987 年教授。1991 年 3 月〜 1993 年 3 月ジョージワシントン大学(ワシントン DC)ヴィジティング・フェロー、2002 年 4 月〜 2008 年 3 月中央大学政策文化総合研究所所長。
単著『太平洋国家アメリカへの道』(有信堂、1996 年)、編著『アメリカがつくる国際秩序』(ミネルヴァ書房、2014 年)、論文「平和憲法と日米同盟の狭間で」『日本の外交　第 6 巻』(岩波書店、2013 年)など。

えにし書房
Enishi Shobo

第一次世界大戦——平和に終止符を打った戦争

2016 年　5 月 30 日 初版第 1 刷発行

■著者　マーガレット・マクミラン
■訳者　真壁広道
■発行者　塚田敬幸
■発行所　えにし書房株式会社
〒 102-0073 東京都千代田区九段南 2-2-7 北の丸ビル 3F
TEL 03-6261-4369　FAX 03-6261-4379
ウェブサイト　http://www.enishishobo.co.jp
E-mail　info@enishishobo.co.jp

■印刷/製本　モリモト印刷(株)
■装幀　又吉るみ子
■ DTP　板垣由佳

ISBN978-4-908073-24-3 C0022